KB190500

제3판
수용자를 위한 **감옥법령집**

제3판

수용자를 위한 감옥법령집

4·9통일평화재단, 천주교인권위원회 엮음

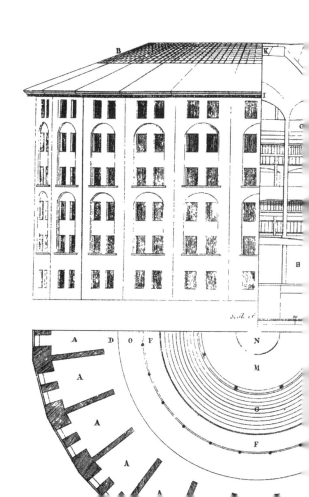

경계

표지

영국의 철학자이자 공리주의의 창시자인 제러미 벤담이 수용자를 효과적으로 감시할 목적으로 고안한 감옥, '파놉티콘'의 설계도.

(The works of Jeremy Bentham, vol.Ⅳ, 172~3)

일러두기

1. **법령의 수록** : 이 법령집에서 권리구제 부분은 독자들의 이해를 돕기 위해 관련 법령과 판례 등을 발췌, 가공하여 편집하였으며, 나머지 부분은 법제처에서 공포한 법령을 동일한 편집 원칙 아래 가공 없이 그대로 수록하였다.

2. **법령의 수록 범위와 마감 시점** : 이 법령집에는 2025년 4월 24일 기준으로 헌법·법률·시행령·시행규칙을 비롯하여 훈령·예규 및 별표·서식 등을 수록하였다.

3. **별표·서식의 수록 기준** : 분량을 줄이기 위해 별표·서식 가운데 수용자의 권리와 밀접하게 연관된 것만 수록하였다.

4. **수록근거** : 이 법령집에 수록된 법률·시행령·시행규칙을 비롯하여 훈령·예규 및 별표·서식 등은 관보에 의거하여 잘못된 부분이 있어도 정정공고가 없으면 법제처에서 공포한 대로 수록하는 것을 원칙으로 하였다.

5. **법령의 공포 및 공포번호** : 법령제목 아래에는 제정 또는 전문개정 및 부분개정된 공포 연월일과 공포번호를 표기하였다. 개정된 조문에는 조, 항, 호별로 개정연월일을 되도록 철저히 표시하여 적용에 착오가 없게 하였다.

6. **다른 법령에 따른 개정표시** : 예를 들어 B 법령의 "부칙"에 의해서 개정된 A 법은 A 법령 제목 아래에 일반개정의 경우와 같이 그 연월일과 공포번호 및 근거법령을 덧붙여 적었다.

7. **법령의 한글·띄어쓰기 표기** : 법제처의 '알기쉬운 법령 정비기준'에 맞춰 개정 사항이 반영된 일부 법령 및 법령제목은 그에 따랐으나, 아직 개정 사항이 반영되지 못한 법령 및 법령 제목은 법제처에서 공포한 법령 그대로 수록 표기하였다.

8. **주석의 표기** : 이 법령집에서 주석은 +표시를 하여 각주 처리하였다.

한 사회의 감옥 현실은 그 사회의 인권 지표가 된다고 해도 과언이 아닙니다. 감옥은 사회로부터 단절되어 있는 폐쇄적 공간이기 때문에 수용생활의 모든 면을 교도관이 결정하고 통제합니다. 반면 수용자들은 가석방이나 작업 지정, 접견 등에서 조금이나마 혜택을 받기 위해 굴욕적인 인권 침해 상황을 감내하기 일쑤입니다. 징벌, 보호장비, 의료, 접견, 서신, 호송, 분류처우 등 수용자 일상생활의 모든 영역에서 인권침해가 일어나고 있지만, 외부와의 접촉이 극히 제약되어 있어 효과적인 법적 구제와 도움을 받기 어렵습니다. "죄를 지은 사람에게 무슨 인권이냐?"라는 왜곡된 인권 의식 속에서 감옥에서 벌어지고 있는 처참한 인권 유린은 외면당하고 있습니다.

몇몇 인권단체에서 감옥 문제에 관심을 기울이고 있지만, 감옥이 워낙 사회로부터 단절된 공간이어서 효과적인 대응을 하기가 쉽지 않습니다. 따라서 수용자 처우 개선을 위해 무엇보다도 중요한 일은 인권 침해를 받은 수용자 스스로 자신의 권리를 지키는 것입니다. 이는 자신에게 가해지는 처우가 인권 침해임을 수용자 스스로 인식하는 것으로부터 시작됩니다. 우리가 이 책을 발간하는 가장 큰 이유가 이것입니다. 이 책에는 수용자들의 처우를 규정하고 있는 법률, 시행령, 훈령, 예규 등을 담았습니다. 수용자 처우의 최저선으로 국제적으로 인정받고 있는, 유엔이 정한 국제인권규범도 포함했습니다. 정보공개청구, 국가인권위원회 진정, 고소·고발, 국가배상청구, 행정소송, 헌법소원 등 권리구제 방법에 대한 안내도 덧붙였습니다.

이 책은 현행법에서도 보장하고 있지만, 현장에서는 종종 무시되고 있는 여러 권리를 수용자들이 스스로 찾아 나가는 토대가 될 것입니다. 불합리한 법·제도는 수용자들이 스스로 문제 제기를 하여 고쳐나갈 수 있는 계기도 될 것입니다. 더 나아가 현행법은 침묵하고 있으나 감옥 처우의 인간화를 위해 새롭게 보장되어야 할 권리가 무엇인지 찾아 나가는 데 이 책이 도움이 되면 좋겠습니다.

2000년대 초반 인권운동사랑방에서 당시 행형법 및 관련 법령을 모아 《감옥관련 법령자료집》과 《감옥관련 훈령예규집》을 발간했습니다. 그러나 2007년 행형법이 '형의 집행 및 수용자의 처우에 관한 법률'로 전면 개정됨에 따라 하위 법령, 훈령, 예규 등의 체계와 내용이 거의 전부 바뀌었습니다. 이후 감옥 관련 법령집이 따로 출판되지 않아 수용자들이 법령을 구할 길이 마땅치 않았습니다. 감옥 바깥에 사는 비수용자들은 인터넷을 통해 손쉽게 현행 법령을 찾아볼 수 있습니다. 하지만 수용자들은 인터넷 사용이 금지되어 있어 법령을 접하는 일 자체가 쉽지 않습니다.

자신의 처우를 규정하는 법령이 무엇인지도 알지 못하고 시키는 대로만 생활해야 하는 수용자들 앞에서 법치주의를 운운할 수는 없습니다. 따라서 이 책은 우리 위원회와 같은 민간단체가 아니라 감옥을 관리하는 법무부에서 마땅히 만들었어야 합니다. 이 책의 출간을 계기로 법무부가 감옥 처우의 인간화에 더욱 관심을 가지게 되기를 바랍니다.

　감옥 문제는 감옥 담장 안에만 머물지 않습니다. 가난하고 병들고 소외된 이들일수록 감옥 문을 더 자주 열게 된다는 사실, 감옥에 갇혀 본 이들일수록 가난하고 병들고 소외될 가능성이 높다는 사실을 우리는 날마다 확인하고 있습니다. 감옥 문제와 여타 다른 사회 문제가 서로 달라 보이지만 결국 그 뿌리는 서로 얽혀 있는 것입니다. 갇힌 이들의 권리를 존중하는 사회에서는 소외된 다른 이들의 목소리도 무시 받지 않을 것이라고 우리는 믿습니다.

　인간은 누구나 보장받아야 할 권리가 있고, 그것은 갇힌 자들에게도 예외가 될 수 없다는 원칙이 우리의 출발점입니다. 자신의 권리를 알고 지킬 수 있는 사람만이 다른 사람의 존엄을 위해 함께 싸울 수 있다고 우리는 믿습니다. 감옥에서 겪는 갖가지 문제를 자신만의 문제가 아니라 모두의 문제로 여기는 사람들에게 이 책이 작은 도움이라도 되면 좋겠습니다.

2025년 4월
4·9통일평화재단
천주교인권위원회

감옥 안으로,
감옥 밖으로

이호중(서강대 법학전문대학원 교수)

감옥이 아닌 세상에서는 누구나 자유롭게 인터넷 검색을 통해 자기의 삶과 관련된 법령이 무엇인지 찾아볼 수 있고, 법원의 판결, 국가인권위원회의 결정도 쉽게 찾아서 읽어볼 수 있다. 하지만 감옥에서는 할 수 없다. 높은 담장으로 상징되는 감옥은 사회와의 접촉과 소통이 기본적으로 차단되어 있어 수용자들은 외부의 도움을 받기도 상당히 어렵다. 법치국가라 불리는 나라에서 나는 권리와 자유를 박탈당하거나 제한받고 있는데 그 근거가 되는 법령이 무엇인지조차 알 길이 없다면, 교도관의 요구가 부당하다고 느끼면서도 따르는 것 외에 달리 방도를 찾기가 쉽지 않은 게 감옥의 현실이다.

형집행법은 "범죄자의 교정교화와 건전한 사회복귀 도모"가 형집행의 목적이라고 한다. 교정교화와 인권은 대립하고 충돌하는 관계가 아니다. 교도관의 말을 잘 따른다고 교정교화가 저절로 되지 않는다. 범죄를 저질렀어도 다시 사회로 복귀하여 잘 살 수 있도록 도와주는 출발점은 수용자들이 스스로 자기의 존엄함의 가치를 느끼고 그 존엄함을 다른 사람들로부터 존중받는 데 있다. 시민사회의 동료 구성원으로 존중받는다는 느낌, 그 소통의 감각이 자신을 일깨우고 더 나아가서 감옥의 인권 토대를 증진한다.

감옥에서 발생하는 인권침해는 크게 세 가지 차원에 걸쳐 있다. 첫째는 교정공무원의 권한남용에 의한 인권침해이다. 보호장비의 사용이나 징벌, 의료 등의 영역에서 주로 문제된다. 둘째는 관행과 제도적으로 고착된 직무습관에 의한 인권침해이다. 접견·서신, 호송, 분류처우 등의 영역이 그러하다. 관행에 따른다는 아주 간단한 이유만으로 인권침해가 반복되지만 교정공무원들의 인권침해에 대한 인식은 상대적으로 낮은 편이다. 세 번째로 일상생활과 소통의 영역에서도 인권침해의 문제가 도사리고 있다. 교정공무원이 혐오적 표현을 사용하는 경우라든가 수용자를 존중하지 않는 권위적 태도도 여기에 포함된다. 게다가 거실의 화장실, 통풍 등 구조적 환경 자체가 인권침해이기도 하다.

이처럼 감옥의 도처에 만연한 인권침해의 현실을 개선해야 하는 이유는 자명하다. 감독도 사람이 사는 곳이며 사람으로서의 인격과 인권을 존중받을 때 교정교화도 비로소 가능해지기 때문이다.

세상을 좀 더 살만한 곳으로 만드는 동력은 언.제.나. 부당함을 느낀 사람들의 지속적인 문제제기였다. 당사자의 강력한 문제제기와 그 연대하는 노력이 어우러져 법을 바꾸고 판결을 만든다. 우리 역사가 그러하다. 감옥도 다르지 않다. 그동안 더딘 걸음이긴 해도 감옥의 인권개선에 의미있는 법원 판결과 헌법재판소 결정을 끌어낸 주체는 바로 수용자들이었다. 인권을 안다는 것은 스스로 인간다운 삶의 주체가 된다는 뜻이다. 이 책이 수용자들이 감옥 내의 삶을 규정짓는 법현실을 직시하고 부당한 인권침해의 문제에 스스로 맞서 해결하는 주체적 삶의 밑거름이 될 것이다.

천주교인권위원회는 오랫동안 수용자의 인권 개선과 감옥의 인권친화적 개혁을 위해 열심히 활동해 왔다. 감옥법령집의 발간도 그 활동의 일환으로 시작되었다. 개정판이 발간된 지도 벌써 6년여의 세월이 흘렀고, 그 동안 바뀐 법령과 자료를 보완하여 이제 제3판이 발간되기에 이르렀다. 감옥 관련 법령과 자료를 꼼꼼하게 챙기면서 초판부터 제3판에 이르기까지 한결같이 열성을 다해 법령집 발간에 힘쓴 4·9통일평화재단과 천주교인권위원회 활동가들에게 고마움을 표한다.

감옥 밖에서 감옥 안의 인권문제 개선을 위해 노력하는 사람들이 있다. 감옥 안에서 인권의 소중함을 자기 삶과 존엄함의 문제로 인식하고 애쓰는 수용자들이 있다. 가장 외면받는 공간인 감옥에서의 외침이 감옥 밖으로 울려 퍼지는 세상이 진정 살기 괜찮은 세상이라 믿는다. 감옥법령집은 그 소통을 위한 소중한 자원이 되기를 바란다.

감옥에서
갈등을 해소해 주는
지침서가 되기를

박래군(4·9통일평화재단 이사)

감옥에 몇 번 다녀온 적이 있다.

전두환 독재정권 시절이었던 1986년과 1987년의 감옥은 혹독했다. 86년 12월, 강추위가 몰아치던 어느 날의 풍경이 지금도 가슴 한편에 저리게 남아 있다. 당시 감옥은 바깥 날씨보다 더욱 꽁꽁 얼어붙어 있었다. 양심수들에게는 한 치의 자유도 허용되지 않았고, 입만 벙긋해도 곧장 보안과 지하실로 끌려가던 시절이었다.

그날 아침, 대여섯 명의 수감자가 그 추위에도 불구하고 웃통을 벗은 채 사동 밖에서 얼차려를 받고 있었다. 그들이 무엇을 잘못했는지는 모른다. 그저 그들은 눈 위에 머리를 박고 있었고, 교도관들은 몽둥이로 그들의 엉덩이를 인정사정없이 두들겨 팼다. 다른 때 같으면 그 모습을 보고 불같이 화를 내며 항의를 했겠지만, 그때는 보안과 지하실에 다시 잡혀갈 생각에 그냥 눈을 감아버리고 말았다. 그리고 나는 여전히 그때 무슨 일이 있었는지 알지 못한다.

1987년 1월, 서울대학교에 재학 중이던 박종철이 남영동에서 고문으로 죽었다는 소식을 들었을 때는 이것저것 가릴 것 없이 전 사동의 양심수들이 들고일어나 이른바 샤우팅(구호를 외치는 일)을 하다가 보안과 지하실로 끌려갔고, 지금은 사라진 먹방이란 곳에 갇혔다가 하루 만에 풀려났다.

이런 모든 일들은 교도관들이 자의적으로 저지른 인권침해였다. 그 혹독했던 겨울, 재소자들이 눈밭을 뒹굴며 당했던 체벌은 당시에도 엄연한 불법이었고, 우리가 먹방에 갇혔던 일도 절차를 어긴 불법 징계였다.

2006년 평택구치소와 수원교도소에도 잠깐씩 갇혔던 적이 있었다. 평택 미군기지에 반대하는 투쟁 중에 영어의 몸이 된 것이었다. 당시의 감옥은 많이 달라져 있었다. 80년대의 감옥과는 달리 교도관들이 함부로 수용자들에게 반말을 하거나 체벌을 가하는 것은 엄두도 내지 못할 일이었다. 그들은 오히려 인권운동을 한다는 내게 수용자들을 다루기 어렵다며 하소연했다. 걸핏하면 수용자들이 국가인권위원회에 진정을 했고, 그 덕에 교도관들은 국가인권위원회의 조사를 받아야 했기 때문이었다. 국가인권위원회가 만들어지고 가장 많이 변한 곳이 바로 감옥이었다. 폐쇄적으로 운영되던 그곳을 국가인권위원회 조사관들이 수시로 드나들었다. 면전진정까지 가능하기 때문에 누구도 함부로 행동하지 못했다. 유치장을 비롯해 구치소, 교도소의 벽에는 인권침해를 당하면 국가인권위원회에 진정하라는 안내문까지 걸려 있었다.

그렇다고 감옥에서 인권침해가 사라졌을까?

2010년 용산참사 범국민대책위원회 집행위원장으로 활동하던 중, 나는 다시 서울구치소에 수감되었다. 4개월가량의 짧은 기간이었지만, 예전에 내가 경험했던 인권침해는 이제 감옥에서 많이 사라진 것 같은 인상을 받았다. 그럼에도 당시 전국의 감옥에서는 평균적으로 한 달에 한 명 정도 자살자가 생겨났다. 그리고 나는 구치소를 나오게 되었고, 감옥에서는 자살을 예방한다며 구멍이 촘촘한 철망을 이용해 모든 창을 메워버렸다. 자살을 예방하기 위해서는 제대로 된 조사와 진단이 필요한 것인데, 그러잖아도 쇠창살이 설치되어 답답한 창을 작은 구멍만 뚫린 철망으로 메워놓으면 그 방에서 생활하는 사람들의 건강은 어떻게 될까?

구치소에서 제공되는 진료나 약 처방의 수준은 형편없다. 외부 진료 역시 참으로 어려운 과정을 밟아야 가능하다. 그렇게 감옥은, 폭력은 사라졌지만 가난한 사람들에게는 더욱 힘든 공간이 되어버렸다. 사회에서처럼 부익부 빈익빈의 원칙이 그대로 적용되는 곳이 감옥이다. 돈 많은 사람들은 이러저러한 혜택을 받는다. 감옥에서는 물 한 동이가 아쉽다. 방 밖에서 적당히 '개길' 수 있는 것도 돈 많은 이들이 누리는 혜택이다.

이럴 때 감옥에 관련한 법률 지식이나 판결문, 예규집 같은 것이 있다면 수용자에게는 마치 천군만마를 만난 듯이 든든할 것이다. 이전에는 감옥 관련 법령집을 교도관들이 보지 못하게 했었다. 수용자들이 알면 골치 아프다는 이유에서였다. 지금도 이러저러한 경로로 수용자들이 감옥 내 인권 문제를 지적하고, 그럴 때마다 교도관들은 골치를 앓는다. 교도관들은 수용자들이 똑똑하기를 바라지 않는다. 수용자들이 알고 따지는 것보다는 모르고 대충 넘어가는 것이 근무하기에 편하기 때문이다.

감옥은 말할 수 없이 답답한 곳이다. 그곳에 갇히게 되면 세상으로부터 고립된다. 억울한 일을 당할 때마다 변호사가 달려올 수도 없었다. 변호사가 온다고 해도 감옥에서 일어나는 구체적이고 세세한 문제까지 다 해결해 주지는 못했다. 인터넷 검색을 해보면 좋겠지만, 감옥에서는 인터넷 사용이 금지되어 있다.

이럴 때 나의 권리를 가르쳐 주는 책이나 자료들이 있다면, 내가 억울한 일을 구제받는 방법까지 알려주는 그런 것이 있다면 천군만마를 얻은 것처럼 힘이 될 것이다. 이번에 4·9통일평화재단과 천주교인권위원회가 엮은 〈수용자를 위한 감옥법령집〉이 바로 그런 책이다.

이 책은 억압적인 감옥에서, 그리고 누구 하나 내 편이 되어 나의 권리를 친절하게 가르쳐 줄 리 없는 고립무원의 무인도에서 수용자가 권리를 찾을 수 있도록 안내해 줄 것이다. 보다 최신 자료로 업그레이드된 법령집은 수용자의 고민을 많이 풀어줄 것이 틀림없다. 구치소와 교도소에서도 항시 비치해서 법령집을 필요로 하는 수용자에게 대여해준다면 훨씬 더 수월하지 않을까? 게다가 수많은 법령과 예규들을 체계적으로 정리해 놓은 이런 책이 교도관의 입장에서나 수용자의 입장에서나 갈등을 줄여가는 데 도움이 되지 않을까 싶다.

아무쪼록 이 책을 통해 억울한 이들이 권리를 구제받을 수 있고, 그러잖아도 울뚝불뚝 솟아나는 갈등으로 서로 간에 상처를 받는 일이 줄어들 수 있기를 바란다. 특히 가난한 사람들과 힘없는 사람들이 그곳에서 자신의 권리를 유린당하지 않아도 되는, 그런 감옥생활을 위해 이 책이 기여할 수 있으리라 생각한다. 상생의 감옥생활을 위한 지침서가 되기를 바라는 의미에서 이 책을 추천한다.

차 례

1부 국제인권규범

2부 법령

3부 훈령·예규

1. 급식 · 보관 · 구매 · 피복

3부 훈령·예규

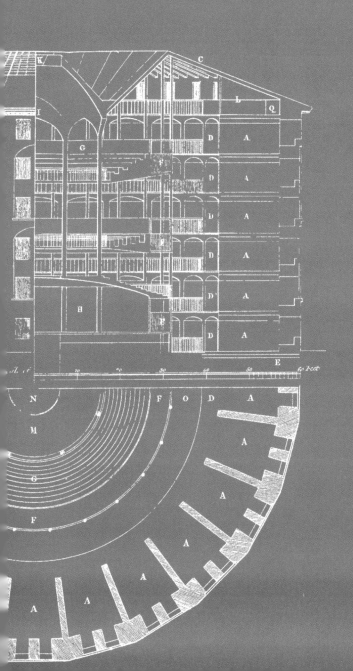

1부
국제인권규범

유엔 피구금자 처우에 관한 최저기준규칙 (넬슨만델라규칙)

[1955년 8월 30일, 제1회 국제연합 범죄방지 및 범죄자처우회의에서 채택됨 : 1957년 7월 31일 국제연합 경제사회이사회 결의 663 C(24)로서 승인됨 : 1977년 5월 13일, 경제사회이사회 결의 2076(62)로서 수정되어 제95조가 새로 추가됨 : 2015년 12월 17일, 국제연합 총회 결의로 전면 개정됨]

서 칙

서칙 제1조 본 규칙이 의도하는 바는 행형시설의 모범적 체계를 세세한 점까지 기술하고자 하는 것이 아니다. 본 규칙은 오직 이 시대의 사조로서 일반적으로 합의된 바와 현재로서 가장 적합한 체계를 위한 필수적인 요소들을 기준으로 하여, 일반적으로 피구금자에 대한 처우와 교도소 운영에서 올바른 원칙과 실무로 여겨지는 것을 밝혀놓고자 하는 것일 뿐이다.

서칙 제2조 ① 세계의 법적, 사회적, 경제적 및 지리적 조건들이 매우 다양하다는 점에 비추어볼 때 본 규칙의 전부가 모든 곳에서 언제나 적용될 수 없음은 명백하다. 그러나 본 규칙은 전체로서 UN에 의하여 적절한 것으로 인정되는 최소한의 조건을 나타낸다는 것을 알게 함으로써 그 적용과정에서 발생하는 실제상의 어려움을 극복하려는 부단한 노력을 촉진할 것이다.

② 한편, 본 규칙이 다루는 영역에서 사조는 끊임없이 발전하고 있다. 본 규칙은 전체로서 그 본문에서 파생되는 원칙들과 조화를 이루면서 그 목적들을 촉진하고자 하는 것인 한 실험과 실습을 배제하지 않는다. 중앙교정당국이 이 정신에 따라 본 규칙에서 벗어나는 것을 허가하는 것은 항상 정당화될 것이다.

서칙 제3조 ① 본 규칙 제1부는 교도소 운영 일반을 다루며 법관이 명한 '보안·개선처분'에 놓인 피구금자를 포함하여 형사범이나 민사범, 미결수용자나 수형자 등 모든 범주의 피구금자에게 적용될 수 있다.

② 제2부는 각 절에서 다루는 특정 범주에 대하여만 적용될 수 있다. 그러나 수형자에 대하여 적용되는 A절의 규칙들은 B, C, D절에서 다루어지는 피구금자들에게도 똑같이 적용될 수 있다. 다만 A절의 규칙이 B, C, D절의 규칙과 모순되지 않고 또한 그들의 이익에 해당하는 경우에 한한다.

서칙 제4조 ① 본 규칙은 소년구금시설 또는 교정학교 등 소년들을 위하여 따로 마련된 시설의 운영을 규율하려는 것이 아니다. 그러나 일반적으로 제1부는 이러한 시설에 동일하게 적용될 수 있다.

② 소년피구금자의 범주에는 적어도 소년법원의 관할에 속하는 모든 소년들이 포함되어야 한다. 원칙적으로 이들 소년들에게 구금형이 선고되어서는 안 된다.

제1부 통칙

기본 원칙

제1조 모든 피구금자의 처우는 인간의 존엄성과 가치에 입각한 존중에 기반을 두어야 한다. 어떠한 피구금자도 고문, 기타 잔인하거나 비인간적이거나 모욕적인 처우 또는 처벌을 받지 않도록 보호되어야 하며, 어떠한 방

식에 따르더라도 이러한 상황은 정당화될 수 없다. 피구금자, 직원, 용역 제공자 및 방문자의 안전과 보안은 항시 유지되어야 한다.

제2조 ① 이 규칙은 공평하게 적용되어야 한다. 피구금자의 인종, 피부색, 성별, 언어, 종교, 정치적 견해 또는 그 밖의 견해, 국적, 사회적 신분, 재산, 출생 또는 그 밖의 지위에 의하여 차별도 있어서는 안 된다. 피구금자의 종교적 신념과 도덕률은 존중되어야 한다.

② 차별금지의 원칙을 적용하기 위하여 교정당국은 개별 피구금자의 필요, 특히 교도소 시설 환경 중 가장 취약한 부분에 대한 필요를 고려하여야 한다. 특수한 필요를 가진 피구금자의 권리를 보호하고 지원하기 위한 조치가 필요하며, 이는 차별로 간주되지 않는다.

제3조 구금행위 및 범죄자를 외부와 격리시키는 그 밖의 처분은 자유를 박탈하여 자기 결정의 권리를 빼앗는다는 사실 자체로서 고통을 주는 것이다. 따라서 형집행 제도는 정당한 격리나 규율유지에 수반되는 경우를 제외하고는 그 상황에서의 고유한 고통을 가중시켜서는 안 된다.

제4조 ① 구금형 또는 이와 유사하게 자유를 박탈하는 처분의 주된 목적은 사회를 범죄로부터 보호하고 재범을 줄이는 것이다. 이 목적은 가능한 한 피구금자가 사회 복귀 이후 반드시 재통합하게 되도록 하여 그들이 법을 준수하고 자활하는 삶을 영위할 수 있도록 구금기간이 이용됨으로써만 달성될 수 있다.

② 이 목적을 위하여 교정당국 및 기타 담당 관청은 교육, 직업훈련, 작업, 기타 다른 형태의 보조수단으로서 적합하고 가능한 수단을 피구금자들에게 제공해야 한다. 이에는 교화적·도덕적·정신적·사회적 활동 등과 보건 기반 활동 및 스포츠 기반 활동들이 포함된다. 이러한 프로그램, 활동, 서비스는 피구금자의 개별적 처우상의 필요에 따라 제공되어야 한다.

제5조 ① 구금제도는 구금시설 내에서의 생활과 자유로운 외부생활 간의 차이를 최소화하여, 이 격차로 인하여 피구금자의 책임감이 저하되고 인간으로서의 존엄성이 침해되지 않도록 하는 방향성을 지녀야 한다.

② 교정당국은 형평성에 입각하여 신체적·정신적·기타 장애가 있는 피구금자들이 구금시설 내에서 원만한 생활을 할 수 있도록 합당한 배려와 조치를 취해야 한다.

피구금자 파일 관리

제6조 피구금자를 구금하는 모든 장소에서는 표준화된 피구금자 파일 관리 시스템이 존재하여야 한다. 이 시스템은 전자 데이터베이스 기록을 이용하거나 페이지 번호를 붙이고 서명한 등록부 형식을 이용할 수 있다. 이에 대한 감사 절차가 존재하여야 하며, 이 시스템에 담겨진 정보에 대한 권한없는 접속 및 수정을 방지하기 위한 절차가 마련되어야 한다.

제7조 유효한 구속영장에 의하지 아니하면 누구라도 교도소에 수용되어서는 안 된다. 모든 피구금자의 입소 시에는 다음과 같은 정보를 피구금자 파일 관리 시스템에 입력하여야 한다.

(a) 피구금자의 신분을 확인할 수 있는 정확한 정보. 이 때 피구금자 자신이 인식하고 있는 성별을 존중하여야 한다.

(b) 구금 이유 및 책임기관, 체포 일시, 시간, 장소

(c) 입소 일시, 석방 일시, 이송 일시

(d) 육안으로 확인 가능한 부상과 입소 이전 학대에 관한 내용

(e) 개인 소지품 내역

(f) 가족 성명, 해당하는 경우 자녀의 성명, 자녀의 나이, 거주지, 보호자 여부

(g) 가까운 친척의 비상연락처

제8조 적절한 경우라면, 다음과 같은 정보를 구금기간 중 피구금자 파일 관리 시스템에 입력하여야 한다.

(a) 사법절차에 관련된 정보. 공판기일 및 변호 정보를 포함한다.

(b) 초기 판정 및 분류보고서

(c) 피구금자의 태도와 규율 준수 여부에 관한 정보

(d) 청원 및 불복신청. 고문 또는 기타 잔인하거나 비인간적이거나 모욕적인 처우 또는 처벌에 관한 주장을 포함한다. 다만 기밀내용은 제외한다.

(e) 규율적 징벌내역에 관한 정보

(f) 부상 또는 사망의 정황 및 원인에 관한 정보. 사망의 경우 시신의 안치 장소.

제9조 제7조와 제8조에서 명시한 정보는 기밀로 다루어져야 하고, 업무 수행을 위하여 이 정보에 대한 접근이 요구되는 사람에 한하여 열람이 가능해야 한다. 피구금자는 자국의 법률에서 허용하는 경우 본인과 관련된 기록을 열람할 수 있어야 하며, 석방 시 해당 기록에 대한 공식 사본을 받을 권리가 부여되어야 한다.

제10조 피구금자 파일 관리 시스템은 교도소 수용률을 포함하여 수용인원의 동향과 특성에 관한 신뢰할 수 있는 데이터를 생성하여 증거기반 의사결정의 기초를 형성하는데 이용되어야 한다.

피구금자의 분리

제11조 상이한 종류의 피구금자는 그 성별, 연령, 범죄경력, 구금의 법률적 사유 및 처우상의 필요를 고려하여 분리된 시설 또는 시설 내의 분리된 구역에 수용되어야 한다. 따라서

(a) 남성과 여성은 가능한 한 분리된 시설에 구금하여야 한다. 남성과 여성을 함께 수용하는 시설에서는 여성용으로 할당된 공간 전체를 완전히 분리하여야 한다.

(b) 미결수용자는 수형자와 분리하여 구금하여야 한다.

(c) 채무로 인하여 수용된 자 및 그 밖의 민사피구금자는 형사피구금자와 분리하여 구금하여야 한다.

(d) 소년은 성년과 분리하여 구금하여야 한다.

거주설비

제12조 ① 취침설비가 각 방에 설치되어 있을 경우, 개개의 피구금자마다 야간에 방 한 칸이 제공되어야 한다. 일시적인 과잉수용 등과 같은 특별한 이유로 중앙교정당국이 이 규정에 대한 예외를 둘 필요가 있을 경우에도 방 한 칸에 2명의 피구금자를 수용하는 것은 바람직하지 않다.

② 공동침실이 사용되는 경우에는 그 환경에서 서로 원만하게 지낼 수 있는 피구금자를 신중하게 선정하여 수용하여야 한다. 이 경우에는 시설의 성격에 맞추어 야간에 정기적인 감독이 수행되어야 한다.

제13조 피구금자가 사용하도록 마련된 모든 거주설비, 특히 모든 취침 설비는 기후상태와 특히 공기의 용적, 최소 건평, 조명, 난방 및 환기에 관하여 적절한 고려를 함으로써 건강유지에 필요한 모든 조건을 충족하여야 한다.

제14조 피구금자가 기거하거나 작업을 하여야 하는 모든 장소에는

(a) 창문은 피구금자가 자연광선으로 독서하거나 작업을 할 수 있을 만큼 넓어야 하며, 인공적인 통풍설비의 유무와 관계없이 창문으로 신선한 공기가 들어올 수 있도록 설치되어야 한다.

(b) 인공조명은 피구금자의 시력을 해치지 아니하고 독서하거나 작업하기에 충분하도록 제공되어야 한다.

제15조 위생설비는 모든 피구금자가 청결하고 적절한 방식으로 생리적 욕구를 해소하기에 적합해야 한다.

제16조 적당한 목욕 및 샤워설비를 마련하여 모든 피구금자가 계절과 지역에 따라 일반 위생상 필요한 만큼 자주 기후에 알맞은 온도로 목욕하거나 샤워할 수 있게 하고 그렇게 할 의무가 부과되어야 하되, 단 온대기후의 경우 그 횟수는 적어도 매주 1회 이상이어야 한다.

제17조 피구금자가 상시 사용하는 시설의 모든 부분은 항상 적절히 관리되고 세심하게 청결이 유지되어야 한다.

개인위생

제18조 ① 피구금자에게는 신체를 청결히 유지할 의무를 부과하여야 하며, 이를 위하여 건강 및 청결 유지에 필요한 만큼의 물과 세면용품을 지급하여야 한다.

② 피구금자가 그들의 자존심에 부합하는 단정한 용모를 유지할 수 있도록 두발 및 수염을 다듬을 수 있는 기구를 제공하여야 하며, 남성은 규칙적으로 면도할 수 있게 하여야 한다.

의류 및 침구

제19조 ① 자기의 의류를 입도록 허용되지 아니하는 피구금자에 대하여는 기후에 알맞고 건강유지에 적합한 의류가 지급되어야 한다. 이러한 의류는 결코 저급하거나 수치심을 주는 것이어서는 안 된다.

② 모든 의류는 청결하여야 하며 적합한 상태로 간수되어야 한다. 내의는 위생을 유지하기에 필요한 만큼 자주 교환되고 세탁되어야 한다.

③ 예외적인 상황에서 피구금자가 정당하게 인정된 목적을 위하여 시설 밖으로 나갈 때에는 언제나 자신의 사복 또는 너무 눈에 띄지 아니하는 의복을 입도록 허용되어야 한다.

제20조 피구금자에게 자기 의류를 입도록 허용하는 경우에는 피구금자의 교도소 수용 시 그 의류가 청결하고 사용에 적합하도록 적절한 조치를 취하여야 한다.

제21조 모든 피구금자에게는 지역 또는 나라의 수준에 맞추어 개별 침대와 충분한 전용침구를 제공하여야 하며, 침구는 지급될 때 청결하고 항상 잘 정돈되어야 하고 또 그 청결을 유지할 수 있도록 충분히 자주 교환되어야 한다.

급식

제22조 ① 교정당국은 모든 피구금자에게 통상의 식사시간에 건강과 체력을 유지하기에 충분하고 영양가와 위생적인 품질을 갖춘 잘 조리된 음식을 제공하여야 한다.

② 모든 피구금자는 필요할 때 언제나 음료수를 마실 수 있어야 한다.

운동 및 스포츠

제23조 ① 실외작업을 하지 아니하는 모든 피구금자는 날씨가 허락하는 한 매일 적어도 1시간의 적당한 실외 운동을 하도록 하여야 한다.

② 소년피구금자 및 적당한 연령 및 체격을 가진 그 밖의 피구금자에게는 운동시간 중에 체육 및 오락훈련을 받도록 하여야 한다. 이 목적을 위하여 필요한 공간, 설비 및 용구가 제공되어야 한다.

보건의료 서비스

제24조 ① 피구금자에게 보건의료 서비스를 제공하는 것은 국가의 의무이다. 피구금자는 사회에서 제공되는 것과 동일한 수준의 보건의료 혜택을 누릴 수 있어야 하며, 무상으로, 법적 신분으로 인한 차별 없이 필요한 보건의료 서비스를 이용할 수 있어야 한다.

② 보건의료 서비스는 일반 공공 보건당국과 긴밀한 협조를 이루고 있어야 하며, HIV 감염, 결핵, 기타 감염성 질환 및 약물의존 등에 관한 것을 포함하여 치료 및 케어의 지속성을 보장할 수 있는 방식으로 조직되어야 한다.

제25조 ① 모든 교도소에는 피구금자의 육체적·정신적 건강을 진단, 증진, 보호, 개선하는 것을 업무로 삼는 보건의료 서비스가 마련되어 있어야 하고, 특별한 보건의료 조치가 요구되거나 재사회화에 저해가 되는 건강상의 문제가 있는 피구금자에게 각별한 주의를 기울여야 한다.

② 보건의료 서비스는 의학적으로 완전히 독립적으로 행동할 수 있는 충분한 자격을 갖춘 전문가, 그리고 충분한 수의 심리학 및 정신의학 분야의 전문가로 구성된, 즉 여러 전문영역에 걸친 팀에 의해 이루어져야 한다. 모든 피구금자는 자격을 갖춘 치과의사의 진료를 받을 수 있어야 한다.

제26조 ① 보건의료 서비스에 있어서 모든 피구금자에 대한 정확한, 최신의 개별 의료기록을 작성하고 관리하고 보안을 유지하여야 한다. 또한 피구금자는 요청 시 자신의 의료기록을 열람할 수 있어야 한다. 피구금자는 제3자에게 자신의 의료기록을 확인할 수 있도록 권한을 위임할 수 있다.

② 피구금자의 이송 시 그에 대한 의료기록은 수용시설로 전달되어야 하며, 의료상 비밀의무의 대상이 된다.

제27조 ① 모든 피구금자는 응급상황 발생 시 즉시 의료지원을 받을 권리가 있다. 전문적 치료 또는 외과수술을 요하는 피구금자는 특수 교정시설 또는 국·공립병원으로 이송되어야 한다. 교도소에 의료설비가 갖추어진 경우, 해당 의료설비는 진료를 위하여 오게 된 피구금자에게 원활한 치료와 업무를 진행할 수 있도록 적정한 인력과 장비를 갖추어야 한다.

② 의료와 관련된 결정은 권한이 있는 보건의료 전문가가 내려야 하며 비의료분야에 종사하는 교도소 직원은 그 결정을 거부하거나 간과해서는 안 된다.

제28조 여성 교도소에서는 산전 및 산후의 모든 간호 및 처치를 위하여 필요한 특별한 설비가 갖추어져 있어야 한다. 가능한 경우에는 항상 시설 밖의 병원에서 분만할 수 있도록 조치하여야 한다. 아이가 교도소 내에서 태어난 경우 이 사실은 출생증명서에 기재되어서는 안 된다.

제29조 ① 피구금자의 자녀가 피구금자와 함께 교도소에서 생활하는 것을 허가하는 결정을 내릴 때에는 그 자녀의 이익을 최우선으로 고려하여야 한다. 피구금자의 자녀가 교도소에서 부모와 함께 생활하는 곳에서는 다음과 같은 대비책이 마련되어야 한다.

(a) 피구금자가 자녀를 돌볼 수 없을 때 자녀가 생활하여야 할, 자격있는 직원이 근무하는 내·외부 보육시설

(b) 아동전문 보건의료 서비스. 전문가에 의한 입소시의 건강검진 및 발육에 대한 지속적 모니터링을 포함한다.

② 교도소에서 생활하는 피구금자 자녀는 어떠한 경우에도 피구금자로 처우해서는 안 된다.

제30조 의사 또는 기타 자격이 있는 보건의료 전문가는 의사에게 보고할 의무 여부와 관계없이, 모든 피구금자에 대하여 입소 후 가능한 한 조속히 면담 및 진찰을 실시하여야 하고, 이후에도 필요에 따라 이를 실시하여야 한다. 다음의 사항에 각별한 주의를 기울여야 한다.

(a) 각 피구금자에게 필요한 보건의료서비스가 무엇인지 확인하고 치료를 위한 모든 필요한 수단을 취할 것.

(b) 신규 입소 피구금자가 입소 전 학대를 받았는지 여부를 확인할 것.

(c) 구금으로 인한 정신적 또는 기타 스트레스 증상, 특히 자살 또는 자해의 위험 및 마약, 약물, 알코올 사용에 대한 금단증상을 확인하고, 모든 종류의 적절하고 개별화된 치료 또는 기타 처우를 실시할 것.

(d) 피구금자에게 감염성 질환이 의심되는 경우, 감염기간동안 임상격리를 실시하고 적합한 치료를 제공할 것.

(e) 작업, 신체활동, 기타 활동 참여의 적합성 확인.

제31조 ① 의사 또는 자격이 있는 보건의료 전문가는 질환을 앓고 있는 피구금자, 신체적·정신적 건강 및 부상 문제를 호소하는 피구금자, 그리고 각별히 주의가 필요한 자 전원을 매일 진찰하여야 한다. 모든 의학적 검사는 철저한 보안을 유지하여야 한다.

제32조 ① 의사 또는 기타 보건의료 전문가 피구금자와의 관계는 사회에서 적용되는 동일한 윤리적·전문가적 기준에 따라야 한다. 특히 다음과 같은 기준에 주의하여야 한다.

(a) 피구금자의 신체적·정신적 건강을 보호하고 질병을 오로지 의료적 관점에서 예방·치료하여야 할 의무

(b) 자신의 건강에 대한 피구금자의 자기결정권을 지킬 것, 그리고 의사와 환자 간 관계에서 요구되는 설명과 동의

(c) 의료 정보의 비밀 유지. 다만, 이로 인하여 환자 또는 제3자에게 실제적, 직접적 위험을 초래하는 경우는 그러하지 아니한다.

(d) 고문 또는 기타 잔인하거나 비인간적이거나 모욕적인 행위 또는 처벌에 해당할 수 있는 작위 또는 부작위의 엄격한 금지. 금지되는 행위는 예를 들어 피구금자의 세포, 신체조직 또는 장기 적출과 같은 피구금자의 건강에 해를 끼칠 수 있는 의료적·학문적 시도를 포함한다.

② 제1항 (d)호를 제한하지 않는 범위 내에서 피구금자는 자신의 건강 회복에 직접적이고 현저한 도움이 될 것으로 기대되거나 친척에게 자신의 세포, 신체조직, 장기를 기부하기를 원하는 경우, 본인의 자유로운 의사에 의하여, 또한 의무적 설명을 거친 후의 동의하에, 현행법에 부합하는 방법으로 교도소 밖에서 실시하는 임상실험이나 기타 건강조사활동에 참여할 수 있다.

제33조 의사는 피구금자의 신체적 또는 정신적 건강이 계속된 구금으로 인하여 또는 구금에 수반된 상황 어느 것에 의해서든 손상되었거나 또는 손상되리라고 판단하는 때는 언제든지 교도소장에게 보고하여야 한다.

제34조 입소 후 피구금자의 건강검사 또는 이후 치료과정에서 보건의료 전문가가 고문 또는 기타 잔인하거나 비인간적이거나 모욕적인 처우 또는 처벌의 징후를 인지한 경우 해당 보건의료 전문가는 이를 기록하고 관련 의료, 행정 또는 사법 기관에 보고해야 한다. 이 경우 해당 피구금자 또는 관련자를 예측할 수 있는 위험으로부터 보호할 수 있는 적합한 절차적 안전장치가 마련되어 있어야 한다.

제35조 ① 의사 또는 담당 공공보건기관은 정기적으로 검사를 행하고 다음 각 호에 대하여 소장에게 조언하여야 한다.

(a) 음식의 분량, 질, 조리 및 배식

(b) 시설 및 피구금자의 위생과 청결

(c) 시설의 위생관리, 난방, 조명, 및 통풍

(d) 피구금자의 의류 및 침구의 적합 및 청결

(e) 체육 및 스포츠 활동에 관하여 이를 담당하는 훈련된 인력이 없는 경우, 체육 및 스포츠 관련 규칙의 준수

② 소장은 의사가 제35조 제1항과 제33조의 규정에 따라 제공한 조언 및 보고를 참고하여야 하며, 그 조언 및 보고서의 권고내용이 효과를 발휘하기 위한 즉각적인 조치를 취하여야 한다. 만약 그 조언 또는 권고내용이 교도소장의 권한에 속하는 사항이 아니거나 동의하지 아니하는 내용인 경우에는, 교도소장은 자신이 작

성한 보고서, 의사 또는 담당 공공보건기관의 조언 또는 권고내용을 즉시 상급관청에 보고하여야 한다.

제한, 규율 및 징벌

제36조 규율 및 명령은 안전한 구금과 교도소의 안전한 운영, 그리고 질서 있는 공동체 생활을 유지하기 위하여 필요한 한도를 넘어 제한되어서는 안 된다.

제37조 다음 각 호는 항상 법률 또는 권한 있는 행정관청의 규칙으로 정하여야 한다.

(a) 규율위반을 구성하는 행위

(b) 부과할 징벌의 종류 및 그 기간

(c) 그 징벌권을 갖는 기관

(d) 독방격리수용, 격리, 분리, 특수 관리시설, 구속시설 등 다른 피구금자들로부터 강제적으로 분리구금하는 형식. 이러한 구금방식이 규율에 따른 징벌로 행해지거나 질서 유지 및 보안을 위해 행해지는지의 여부를 불문하며, 모든 강제적 분리구금 형식의 이용, 검토, 도입 및 폐지를 위한 지침제정 및 절차를 포함한다.

제38조 ① 교정당국은 규율 위반을 방지하고 갈등을 해결하기 위하여 가능한 범위 내에서 갈등예방, 중재 및 기타 대안적 분쟁해결방법을 사용하도록 장려되어야 한다.

② 교정당국은 분리구금되고 있거나 이전에 분리구금된 적이 있는 피구금자에 대하여 필요한 조치를 취하여, 분리구금이 발생시킬 수 있는 피구금자에 대한 유해한 영향, 그리고 그의 석방 이후 사회에 미칠 유해한 영향을 완화시키도록 하여야 한다.

제39조 ① 어떠한 피구금자도 제37조에서 언급된 법률 또는 규칙에 의한 경우를 제외하고는 징벌을 받아서는 안 되며, 피구금자에 대한 징벌은 공정의 원칙과 적법절차원칙에 따라야 한다. 피구금자는 동일한 행동 또는 규율위반에 대해 이중으로 징벌받지 않아야 한다.

② 교정당국은 징벌 및 그 징벌의 원인이 된 규율위반 사이의 비례성을 보장할 수 있어야 하며, 부과된 모든 징벌내역을 정확하게 기록하여야 한다.

③ 교정당국은 규율에 따른 징벌을 부과하기 전에 피구금자의 정신질환 또는 발달장애가 그의 행동, 규율위반행위, 규율상 비난을 받아야 할 행동에 영향을 미친 것인지, 그런 것이라면 어느 정도의 영향을 미쳤는지 확인하고 위반사실에 대한 원인을 규명하여야 한다. 교정당국은 정신질환이나 발달장애로 인한 규율위반을 징벌하여서는 안 된다.

제40조 ① 어떠한 피구금자라도 교도소의 업무를 부여받거나 규율권한이 부여되어서는 안 된다.

② 그러나 이 규칙은 특정한 사교, 교육 또는 스포츠 활동이나 책임을 직원의 감독 하에 처우목적을 위하여 그룹으로 분류된 피구금자들에게 맡기는 자치에 기초한 제도의 적절한 활용을 배제하지 않는다.

제41조 ① 피구금자의 규율 위반에 대한 모든 혐의는 관련 기관에 즉시 보고되어야 하고 이를 보고받은 기관은 즉시 이에 대한 조사를 실시하여야 한다.

② 피구금자는 그가 이해할 수 있는 언어로 자신에 대한 혐의사실에 대하여 즉각적인 통보를 받고 자신을 방어할 수 있는 적당한 시간과 시설을 제공받아야 한다.

③ 피구금자는 사법행정적 이익상 필요한 경우, 특히 중대한 규율위반 사항의 경우, 자신을 직접 방어하거나 필요시 법적 지원을 받을 권리가 있다. 만일 심의절차가 피구금자가 이해하거나 말할 수 없는 언어로 진행되는 경우 전문 통역가에 의한 지원이 무상으로 이루어져야 한다.

④ 피구금자는 자신에게 부과된 징벌에 대하여 사법심사를 요구할 기회를 가져야 한다.

⑤ 규율 위반이 범죄로 형사기소되는 경우 피구금자는 법률자문에 대한 장애없는 접근 등 형사소송절차에 적용되는 모든 절차적 권리를 보장받아야 한다.

제42조 조명, 환기, 온도, 위생, 영양, 식수, 야외활동, 운동, 개인위생, 보건, 적합한 개인 공간과 관련된 것을 포함하여 이 규칙에서 다루고 있는 일반적인 생활에 대한 조건은 모든 피구금자에게 예외 없이 적용되어야 한다.

제43조 ① 제한 또는 규율에 따른 징벌은 어떠한 경우에도 고문 또는 기타 잔인하거나 비인간적이거나 모욕적인 처우 또는 처벌과 다름없는 것이어서는 안 된다. 특히 다음과 같은 취급은 금지되어야 한다.

(a) 무기한 독방격리수용

(b) 장기 독방격리수용

(c) 피구금자를 암실 또는 늘 불이 켜진 공간에 구금하는 행위

(d) 체벌 또는 피구금자의 식사·식수 공급을 제한하는 행위

(e) 집단 처벌

② 규율위반에 대한 처벌로 보호장비를 사용해서는 안 된다.

③ 규율위반에 대한 처벌 또는 제한적 조치로 가족과의 연락을 금지해서는 안 된다. 가족과의 연락은 제한적 시간에 한하여, 그리고 보안 및 질서 유지를 위하여 필요한 경우에 한하여서만 제한될 수 있다.

제44조 본 규칙에서 "독방격리수용"이라 함은 1일 중 최소 22시간을 실제 타인과의 접촉 없이 격리하는 것을 의미한다. "장기 독방격리수용"이라 함은 연속 15일을 초과하여 독방 격리수용함을 의미한다.

제45조 ① 독방격리수용은 예외적인 경우에 한하여 최후의 수단으로만 이용되어야 하며, 가능한 최소한의 시간으로 한정해야 하고, 독립적인 심사를 조건으로 하며 담당기관의 승인 이후에 처분할 수 있다. 피구금자에 대한 형사판결을 이유로 하여 독방격리수용이 부과되어서는 안 된다.

② 정신적·신체적 장애가 있는 피구금자에 대한 독방격리수용 처분으로 인하여 그 상태가 악화될 수 있다면 독방격리수용 부과는 금지되어야 한다. 범죄예방 및 형사사법에 대한 유엔 기준 및 규범[+]에서 규정하고 있는 여성 및 아동에 대한 독방격리수용 및 유사처분의 금지는 이 규칙에도 적용된다.

제46조 ① 보건의료 담당자는 규율위반에 따른 처벌 또는 기타 제한적 처분을 부과할 수 없다. 그러나 보건의료 담당자는 강제적으로 격리된 피구금자의 건강상태에 각별한 주의를 기울여야 한다. 특히 해당 피구금자를 매일 방문하여야 하며, 피구금자 또는 교도소 직원의 요청에 따라 의료지원 및 치료를 하여야 한다.

② 규율위반에 따른 처벌이나 기타 제한적 처분이 그 처분을 받는 피구금자의 신체적·정신적 건강상태에 부정적인 영향을 미치는 경우 보건의료 담당자는 이를 즉시 교도소장에게 보고하고, 신체적·정신적 건강을 이유로 처벌이나 처분의 종료 또는 변경이 필요한지에 대한 의견을 전달하여야 한다.

③ 보건의료 담당자는 피구금자의 강제적 격리에 대하여 심사하고, 피구금자의 건강상태 또는 정신적·신체적 장애가 격리로 인하여 더 악화되지 않도록 처분 변경에 대한 의견을 제시할 권한이 있다.

보호장비

제47조 ① 굴욕을 주거나 고통을 주는 쇠사슬, 발목수갑 또는 보호장비 사용은 금지되어야 한다.

② 기타 보호장비는 법으로 정해 두고 다음 각 호의 경우에만 제한적으로 사용되어야 한다.

[+] 「자유를 박탈당한 소년의 보호에 관한 유엔 규칙」(결의안 45/113, 부속서) 제67조 및 「유엔 여성수용자 처우와 여성범죄자 사회내처우에 관한 규칙」(방콕 규칙, 결의안 65/229, 부속서) 제22조 참조.

(a) 호송 중 도피에 대한 예방책으로 사용되는 경우. 다만 사법 또는 행정당국에 출석할 때에는 보호장비를 해제하여야 한다.

(b) 피구금자가 자기 또는 타인에게 침해를 가하거나 재산에 손해를 주는 것을 다른 수단으로써는 방지할 수 없어서 소장이 명령하는 경우. 이 경우 소장은 지체 없이 의사 또는 기타 자격이 있는 보건의료 전문가에게 알리고 상급행정관청에 보고하여야 한다.

제48조 ① 제47조 제2항에 의거하여 보호장비의 사용을 허가하는 경우 다음과 같은 원칙이 적용되어야 한다.

(a) 보호장비는 보호장비 없는 상태에서의 행동으로 인한 위험을을 예방하기 위한 다른 대체수단이 없을 경우에 한하여 사용되어야 한다.

(b) 보호장비는 위험의 정도와 유형에 따라 피구금자의 행위를 통제하기 위해 필요한 합리적인 방법으로 사용되어야 한다.

(c) 보호장비는 꼭 필요한 시기에 한정하여 사용되어야 하며 피구금자에 대한 보호장비가 없을 때의 행동에 위험성이 더 이상 존재하지 않는다면 즉시 제거하여야 한다.

② 진통 중, 분만 중 및 분만 직후의 여성에게 보호장비를 사용하여서는 안 된다.

제49조 교정당국은 보호장비 사용의 필요성 및 그로 인한 침해를 줄이고, 보호장비 사용법을 교육하여야 한다.

피구금자 및 거실에 대한 검사

제50조 피구금자 및 거실의 검사에 대한 적용 법령은 국제법적 의무에 따라야 하며, 교도소의 안전을 보장할 필요성을 고려하면서 국제기준과 규범을 참작하여야 한다. 검사는 피검사자의 인간으로서의 본질적 존엄성과 사생활을 존중하고 비례성, 합법성, 필요성 원칙을 지키는 방식으로 실시되어야 한다.

제51조 검사는 피구금자를 괴롭히거나 위협하거나 불필요하게 사생활을 침해하려는 목적으로 실시되어서는 안 된다. 교정당국은 책임의무를 이행하기 위하여 검사에 관한 내용을 적합하게 기록하여야 한다. 특히 알몸수색, 체강검사, 거실수색을 기록하고 검사의 이유, 검사 실시자 및 모든 검사결과를 기록하여야 한다.

제52조 ① 알몸수색과 체강검사와 같은 침해적 검사는 불가피하게 필요한 경우에 한하여 실시되어야 한다. 교정당국은 침해적 검사를 대체할 수 있는 적절한 수단을 개발하여 사용하여야 한다. 침해적 검사는 다른 사람이 없는 곳에서 실시되어야 하며 교육을 받은 동성(同姓)의 직원이 실시하여야 한다.

② 체강검사는 피구금자의 보건의료 주책임자가 아닌 자로서 자격을 갖춘 보건전문가, 또는 적어도 의료전문가로부터 위생, 보건, 안전 기준에 적합한 교육을 받은 직원에 의해 실시되어야 한다.

제53조 피구금자는 자신의 소송절차와 관련된 서류를 열람하거나 소지할 수 있어야 하며, 이 서류에 대한 교정당국의 접근은 허용되지 않는다.

정보 및 불복신청

제54조 ① 모든 피구금자는 수용과 동시에 지체 없이 다음의 정보를 서면으로 제공받아야 한다.

(a) 교도소법 및 구금 관련 법규

(b) 규정된 방식으로 정보를 구할 권리. 법률구조 프로그램을 포함하여 법률 자문을 받을 권리. 청원 및 불복 절차.

(c) 피구금자의 의무. 규율위반에 대한 처벌을 포함한다.

(d) 교도소 내 생활에 적응하기 위하여 필요한 기타 모든 사항

제55조 ① 제54조에 명시된 정보는 피구금자의 필요에 따라 가장 통용되는 언어로 제공되어야 한다. 피구금자가 해당 언어를 이해하지 못할 때에는 통역지원이 제공되어야 한다.

② 피구금자가 문맹인 때에는 전항의 정보는 구술로 알려주어야 한다. 피구금자가 감각 장애가 있는 때에는 이 정보는 그들의 필요에 따른 적합한 방식으로 제공되어야 한다.

③ 교정당국은 해당 정보의 요약본을 교도소 내 공용지역에서 눈에 잘 띄는 장소에 비치하여야 한다.

제56조 ① 모든 피구금자에게는 매일 소장 또는 그를 대리할 권한을 가진 직원에게 청원 또는 불복신청을 할 기회가 주어져야 한다.

② 피구금자는 자신에 대한 조사 중에 조사관에게 청원 또는 불복신청을 할 수 있어야 한다. 피구금자에게는 소장 또는 기타 직원의 참여 없이, 자유롭고 비밀이 유지된 상태에서 담당조사관 또는 다른 조사관에게 말할 기회가 주어져야 한다.

③ 모든 피구금자는 내용의 검열을 받지 않고 허가된 경로에 따라, 검토 또는 구제권한을 부여받은 사람을 포함하여 중앙교정당국, 사법관청 또는 기타 관청에 자신의 처우와 관련하여 청원하거나 불복신청하도록 허용되어야 한다.

④ 본 규칙 제1항 내지 제3항에 명시된 권리는 피구금자의 법률자문가에게도 적용된다. 이 때 만일 피구금자와 그 법률자문가 모두가 해당 권리를 행사할 수 없을 경우 피구금자의 가족이나 사안에 대한 지식이 있는 제3자가 해당 권리를 행사할 수 있다.

제57조 ① 모든 청원 또는 불복신청은 즉시 처리되고 지체 없이 회답되어야 한다. 만일 청원 또는 불복신청이 거부되거나 부당하게 지체되는 경우, 이 상황을 사법기관 또는 관련기관에 제소할 수 있다.

② 피구금자들이 청원 또는 불복신청을 안전하게 제기할 수 있도록, 그리고 신청자가 요구하는 경우 비밀이 유지될 수 있도록 보안장치가 마련되어 있어야 한다. 피구금자 또는 제56조 제4항에 명시된 자는 청원 또는 불복신청을 제기하였다는 이유로 위협 또는 불이익을 당하거나 보복의 위험에 노출되지 않아야 한다.

③ 피구금자에 대한 고문 또는 기타 잔인하거나 비인간적이거나 모욕적인 처우 또는 처벌사실에 대한 주장은 즉각 처리되어야 하며 제71조 제1항과 제2항에 의거하여 독립된 국가기관의 지체없는 공정한 조사가 실시되어야 한다.

외부와의 교통

제58조 ① 피구금자는 필요한 감독 하에 일정 기간마다 가족 또는 친구와의 의사소통이 다음과 같은 방법으로 허용되어야 한다.

(a) 서신, 또는 이용가능한 통신, 전자, 디지털 및 기타 수단을 통한 의사소통

(b) 접견

② 배우자의 접견이 허용되는 경우 이는 어떠한 차별 없이 동등하게 허용되어야 하며 여성 피구금자의 경우 남성과 동등한 권리를 행사할 수 있어야 한다. 안전과 존엄성을 고려한 공정하고 평등한 접촉기회를 보장하기 위하여 접견절차가 존재하고 공간이 마련되어야 한다.

제59조 피구금자는 가능하면 가정이나 사회복귀 장소와 근접한 곳에 구금되어야 한다.

제60조 ① 교도소를 방문하는 접견자의 입장은 접견자가 보안검색에 동의함을 전제로 한다. 접견자는 언제든지 이에 대한 동의를 철회할 수 있으며 이 경우 교정당국은 접견자의 입장을 거부할 수 있다.

② 접견자에 대한 보안검색 및 입장절차는 접견자에게 모욕감을 주어서는 안 되며, 적어도 본 규칙 제50조

내지 제52조에 명시된 기본원칙에 상응하는 것이어야 한다. 체강검사는 피해야 하며, 어떤 경우에도 아동에게 실시할 수 없다.

제61조 ① 피구금자는 스스로 선임한 법률자문가 또는 법률구조제공자와 접견, 소통, 상담할 수 있는 적절한 기회와 시간, 장소가 제공되어야 하며, 이는 지체·감청·탈취·검열 없이 이루어져야 하며, 어떤 법적 사안에 대해서도 비밀이 유지되어야 하며, 적용되는 자국 법규와 조화를 이루어야 한다. 법률상담 진행 시 교정직원의 감시는 허용되나 교정직원이 대화를 청취하여서는 안 된다.

② 피구금자가 구금지역의 언어를 구사하지 못하는 경우 교정당국은 독립 통역사의 지원을 허용해야 한다.

③ 피구금자는 효과적인 법률구조를 받을 수 있어야 한다.

제62조 ① 외국인인 피구금자는 소속 국가의 외교대표 또는 영사와 소통하기 위한 상당한 편의가 허용되어야 한다.

② 구금된 국가에 외교대표나 영사가 없는 국가의 국적을 가진 피구금자와 망명자 또는 무국적자에게는 이들의 이익을 대변하는 국가의 외교대표 또는 이러한 자의 보호를 임무로 하는 국가기관 또는 국제기관과 소통할 수 있는, 전항과 동일한 편의가 허용되어야 한다.

제63조 피구금자는 신문, 정기간행물 또는 시설의 특별간행물을 읽고 방송을 청취하고 강연을 들음으로써, 또는 교정당국이 허가하거나 감독하는 유사한 수단에 의하여 보다 중요한 뉴스를 정기적으로 알 수 있어야 한다.

도서

제64조 모든 교도소는 모든 범주의 피구금자가 이용할 수 있는 오락적, 교육적인 도서를 충분히 비치한 도서실을 갖추어야 하며 피구금자들이 이를 충분히 이용하도록 권장하여야 한다.

종교

제65조 ① 교도소 내에 같은 종교를 가진 피구금자가 충분히 있는 경우 그 종교의 자격 있는 대표자가 임명 또는 승인되어야 한다. 피구금자의 인원수로 보아 상당하다고 인정되고 또 여건이 허락하는 경우 이 조치는 상근제를 기초로 하여야 한다.

② 동조 제1항의 규정에 의하여 임명 또는 승인된 자격 있는 대표자는 정기적으로 종교의식을 행하고, 적당한 시간에 그 종교 소속의 피구금자와 종교적 개별 접견을 하도록 허가되어야 한다.

③ 어느 피구금자에게도 어떠한 종교의 자격있는 대표자에 대한 접근도 거부되어서는 안 된다. 반면 피구금자가 어떠한 종교적 대표자의 방문을 거절하는 경우 그의 태도는 충분히 존중되어야 한다.

제66조 실제적으로 가능한 한 모든 피구금자는 교도소 내에서 거행되는 종교행사에 참석하고 또 자기 종파의 계율서 및 교훈서를 소지함으로써 종교생활의 욕구를 충족할 수 있도록 허용되어야 한다.

피구금자의 소유물 보관

제67조 ① 교도소 규칙에 의하여 피구금자가 소지하는 것이 허가되지 아니하는 물건으로서 그의 소유에 속하는 모든 금전, 유가물, 의류 및 기타의 물건은 입소할 당시에 안전하게 보관되어야 한다. 보관물에 관하여는 명세서를 작성하고 피구금자의 서명을 받아야 한다. 보관물을 양호한 상태에 두기 위한 조치가 취해져야 한다.

② 모든 보관금품은 피구금자를 석방할 때 그에게 반환되어야 한다. 다만 석방 전에 피구금자가 금전을 사용

하거나 보관물품을 교도소 밖으로 송부하는 것이 허가된 경우 또는 위생상의 이유로 의류를 폐기할 필요가 있을 경우에는 그러하지 아니한다. 피구금자는 반환받은 금품에 관하여 영수증에 서명하여야 한다.

③ 외부로부터 피구금자를 위하여 수취한 금전 또는 물품도 동일한 방법으로 취급되어야 한다.

④ 피구금자가 약물을 반입하는 경우, 의사 또는 기타 자격이 있는 보건의료 전문가는 약물의 용도를 확인하여야 한다.

통지

제68조 모든 피구금자는 자신의 구금, 다른 시설로의 이송 및 중병 또는 부상 발생에 대하여 즉시 가족 또는 통지인으로 지명된 제3자에게 알릴 권리를 가지며, 이러한 통지가 가능하도록 하여야 한다. 피구금자의 개인정보의 공유는 자국의 법규에 따른다.

제69조 피구금자의 사망 시 교도소장은 피구금자의 근친 또는 비상연락처로 즉시 이 사실을 알려야 한다. 피구금자의 건강상태에 대한 정보를 수취하기로 지명된 사람은 교도소장으로부터 피구금자의 중병, 부상, 의료기관으로의 이송 등에 대한 통보를 받아야 한다. 피구금자가 자신의 질병 또는 부상을 배우자나 근친에게 알리는 것을 거부하는 경우 피구금자의 의사는 존중되어야 한다.

제70조 교정당국은 피구금자의 근친 또는 배우자의 중병이나 사망소식을 피구금자에게 즉시 통지하여야 한다. 사정이 허락하는 한 피구금자는 단독으로 또는 계호 하에 위독한 친지 또는 배우자를 방문하거나 그들의 장례식에 참석할 수 있어야 한다.

조사

제71조 ① 교도소장은 피구금자의 사망, 실종, 심각한 부상 발생 시, 내부 조사와 관계없이 이를 법원 또는 교정당국과는 독립적인 기관으로서 이러한 사건의 상황과 원인을 빠르고 공정하고 효과적으로 조사하도록 위임된 담당기관에 이를 지체 없이 알려야 한다. 교정당국은 이 기관에 최대한 협조하고 모든 증거물을 보존하여야 한다.

② 교도소 내에서 고문 또는 기타 잔인하거나 비인간적이거나 모욕적인 처우 또는 처벌이 행해졌음을 의심할 만한 정당한 근거가 있으면 공식적인 진정 제기 여부와 관계없이 본조 제1항의 의무사항이 동일하게 적용되어야 한다.

③ 본조 제2항에 명시된 행위를 하였다는 혐의를 인정할 만한 정당한 근거가 있는 경우 혐의 가능성이 있는 자가 조사에 관여하지 못하도록 하고 증인이나 피해자, 피해자의 가족과 접촉하지 못하도록 필요한 조치를 즉각 취하여야 한다.

제72조 교정당국은 사망한 피구금자의 시신을 존엄성을 존중하면서 대하여야 한다. 피구금자의 시신은 그의 최근친에게, 수인가능한 범위 내에서 최대한 빨리, 늦어도 조사가 완료된 이후에는 인계되어야 한다. 교정당국은 장례식을 치를 사람이 없는 경우 문화적으로 적절한 장례식을 치르고 모든 관련 사항을 기록하여야 한다.

피구금자의 이송

제73조 ① 피구금자를 이송할 때에는 가급적 공중의 면전에 드러나지 아니하도록 하여야 하며 모욕, 호기심 및 공표의 대상이 되지 않도록 적절한 보호조치를 취하여야 한다.

② 환기나 조명이 불충분한 교통수단에 의하거나 불필요한 육체적 고통을 주는 방법으로 피구금자를 이송하

는 것은 금지되어야 한다.

③ 피구금자의 이송은 교정행정의 비용으로 행하여져야 하며 모든 피구금자에 대하여 균등한 조건이 적용되어야 한다.

교도소 직원

제74조 ① 시설의 적절한 운영관리는 직원의 진실성, 인간성, 업무능력 및 직무에 대한 개인적인 적합성에 달려 있는 것이므로, 교정당국은 모든 계급의 직원 채용 시 신중을 기해야 한다.

② 교정당국은 교정업무가 매우 중요한 사회공공사업이라는 확신을 직원 및 일반대중 모두에게 일깨우고 유지시키기 위하여 끊임없이 노력하여야 하며, 이러한 목적을 위하여 대중에게 정보를 전달하는 모든 적당한 방법을 사용하여야 한다.

③ 위 목적을 실현시키기 위하여 직원은 상근직의 전문 교정직원의 지위로 고용되어야 하고, 선량한 품행, 능력 및 건강이 결여되지 않는 한 임기가 보장되는 공무원 신분을 지녀야 한다. 직원의 보수는 적합한 남녀를 채용하여 계속 머물게 하기에 충분한 것이어야 한다. 고용상의 복리 및 근무조건은 고된 직무의 성격에 비추어 적합하여야 한다.

제75조 ① 모든 교도소 직원은 적정한 교육수준을 갖추고 있어야 하며, 자신의 직무를 전문적으로 수행할 수 있는 자격과 수단을 제공받아야 한다.

② 모든 교도소 직원은 직무를 부여받기 전에 일반적 임무 및 특수 임무에 관하여 교육과정을 거쳐야 하고, 이 교육은 행형학 중 현대의 실증 기반의 최상의 실무를 반영한 것이어야 한다. 교육 이수 후 이론 및 실무 시험을 합격한 자만이 교도소 직무를 수행할 수 있다.

③ 교정당국은 직원들이 직무수행을 시작하고 업무를 수행하는 동안 지식과 전문성을 유지·향상시키기 위한 교육 코스를 계속적으로 제공하여야 한다.

제76조 ① 제75조 제2항이 규정하는 교육에는 최소한 다음의 교육이 포함되어야 한다.

(a) 자국의 관련법규 및 지침, 그리고 적용가능한 국제적·지역적 법적 수단들로서, 그 조항이 교도소 직원의 업무 및 피구금자와의 상호작용의 지침이 되는 것들.

(b) 교도소 직원의 업무수행시의 권리와 의무. 이에는 모든 피구금자의 인간의 존엄에 대한 존중, 그리고 특히 고문 및 기타 잔인하거나 비인간적이거나 모욕적인 처우 또는 처벌과 같은 특정한 행위를 하지 않도록 금지하는 것이 포함된다.

(c) 보안 및 안전. 이에는 동적 보안(dynamic security) 개념, 강제력과 보호장비의 사용, 폭력범 관리 등이 포함된다. 이 때 협상, 중재와 같은 예방적·완화적 수법을 고려하여야 한다.

(d) 응급조치, 피구금자의 심리사회적 필요 및 그에 상응하는 교도소 환경 역학, 그리고 사회적 보호조치 및 지원. 정신건강 문제에 대한 조기 발견이 포함된다.

② 특정 부류의 피구금자를 관리하거나 기타 특수 직무를 담당하는 교도소 직원은 그 부분에 중점을 둔 교육을 받아야 한다.

제77조 모든 교도소 직원은 항상 모범을 보여 피구금자를 감화하고 존경을 받을 수 있도록 행동하고 임무를 수행하여야 한다.

제78조 ① 가능한 한, 정신과의사, 심리학자, 사회복지사, 교사 및 직업교육강사와 같은 전문가가 교도소 직원으로 충분히 확보되어야 한다.

② 사회복지사, 교사 및 직업교육강사는 상근직으로 확보되어야 한다. 그러나 시간제 또는 자원봉사자를 배제하는 것은 아니다.

제79조 ① 교도소장은 성격, 행정능력, 적절한 교육과 경험에 의하여 그 직무를 감당하기에 충분한 자격을 지녀야 한다.

② 교도소장은 자기의 모든 근무 시간을 그 공적 임무에 바쳐야 하며 비상근직으로 임명되어서는 안 된다. 교도소장은 교도소 또는 인접한 장소에 거주하여야 한다.

③ 2개 이상의 교도소가 소장 1인의 소관 하에 있는 경우, 교도소장은 각 시설을 자주 방문하여야 한다. 이러한 시설의 경우 각 시설을 담당하는 상근 책임공무원을 두어야 한다.

제80조 ① 교도소장, 그 대리자 및 기타 대다수의 교도소 직원은 최다수의 피구금자가 사용하는 언어 또는 최다수의 피구금자가 이해하는 언어를 구사할 수 있어야 한다.

② 필요한 경우에는 언제라도 능숙한 통역사의 도움을 받을 수 있어야 한다.

제81조 ① 남녀 피구금자를 함께 수용하고 있는 교도소에서 여성구역은 여성 담당직원의 책임 하에 관리하며, 이 여성직원이 그 구역의 모든 열쇠를 관리하도록 하여야 한다.

② 남성직원은 여성직원의 동반 없이는 여성구역에 들어갈 수 없다.

③ 여성피구금자는 여성직원에 의하여서만 보호, 감독되어야 한다. 그러나 남성직원, 특히 의사 및 교사가 여성교도소 또는 교도소 내 여성구역에서 전문적 직무를 수행하는 것을 배제하지는 않는다.

제82조 ① 교도소 직원은 정당방위의 경우, 피구금자의 도주 시도, 법령에 의거한 명령에 대항하는 적극적, 소극적, 신체적 저항의 경우를 제외하고는 피구금자와의 관계에서 물리력을 행사하여서는 안 된다. 교도소 직원이 물리력을 사용할 경우 엄격히 필요한 한도를 넘지 않아야 하며 즉시 소장에게 사태를 보고하여야 한다.

② 교도소 직원은 공격적인 피구금자를 제지할 수 있도록 특수체력훈련을 받아야 한다.

③ 직무상 피구금자와 직접 접촉하는 교도소 직원은 특별한 경우를 제외하고는 무기를 휴대하여서는 안 된다. 더구나 무기의 사용에 관한 훈련을 받지 아니한 교도소 직원에게는 어떠한 경우에도 무기를 지급해서는 안 된다.

내 · 외부 감독

제83조 ① 교도소와 형집행에 있어 정기적인 감독은 다음과 같은 이원적 체계로 구성되어야 한다.

(a) 중앙 교정당국에서 실시하는 내부 감독 또는 행정적 감독

(b) 교정당국으로부터 독립적으로 존속하는 기관에 의한 외부 감독. 이러한 기관에는 전문적인 국제기관 및 지역기관이 속할 수 있다.

② 내·외부 감독에서 감독의 목적은 교도소가 현행법령, 지침 및 절차에 따라, 행형목적의 달성이라는 관점 하에서 운영되고 피구금자의 권리가 보호되고 있는지 확인하는 것이다.

제84조 ① 감독관은 다음과 같은 권한을 가지고 있다.

(a) 피구금자 인원과 장소에 관한 모든 정보 및 피구금자의 처우에 관한 모든 정보에 접근할 수 있다. 이는 그들에 관한 기록과 구금조건을 포함한다.

(b) 어느 교도소를 방문할 것인지 자유롭게 결정하고, 자발적으로 사전 통보 없이 방문할 수 있으며 어떤 피구금자와 면담할 것인지를 자유롭게 결정한다.

(c) 방문 시 피구금자 또는 직원들과 단독으로 비밀면담을 실시 할 수 있다.

(d) 교정당국과 기타 담당기관에 권고사항을 전달할 수 있다.

② 외부감독팀은 자격이 있고 경험이 많은 감독관으로 구성되며, 담당기관으로부터 임명받으며, 보건전문가가 포함된다. 또한 양성을 공평하게 대표할 수 있도록 구성되어야 한다.

제85조 ① 감독을 실시한 후에는 담당기관에 서면 보고서를 제출하여야 한다. 외부감독에 관한 보고서를 출판하는 것을 충분히 고려해 볼 수 있다. 보고서 출판 시에는 피구금자의 명시적 동의를 얻은 경우에만 피구금자의 개인정보를 수록할 수 있다.

② 교정당국 또는 경우에 따라 기타 담당기관은 합당한 시일 내에 외부 감사를 통해 제시된 권고사항을 반영할 것인지를 명시하여야 한다.

제2부 특별한 범주에 적용되는 규칙

A. 수형자

지도원리

제86조 아래의 지도원리는 교정시설이 운영되어야 할 정신 및 지향하여야 할 목적을 본 규칙 서칙 제1조의 선언에 맞추어 제시하려는 것이다.

제87조 형기종료 이전에 수형자를 사회에 단계적으로 복귀시키기 위하여 필요한 조치를 취하는 것이 바람직하다. 이 목적은 경우에 따라 같은 교도소 또는 다른 적당한 시설에 마련된 석방준비제도에 의하거나 일정한 감독 하에서 시험적으로 행하는 석방에 의하여 달성될 수 있다. 이 경우 감독은 경찰에 맡겨져서는 안 되고 효과적인 사회적 원조와 결부되어야 한다.

제88조 ① 수형자의 처우는 사회로부터의 배제가 아니라 사회와의 계속적인 관계를 강조하는 것이어야 한다. 그러므로 지역사회기관들은 가능한 한 어디서든지 수형자의 사회복귀사업에 관하여 교도소 직원을 원조하기 위하여 참여해야 한다.

② 사회복지사는 모든 교도소와 연계하여 수형자와 가족 및 유용한 사회기관 사이의 모든 바람직한 관계를 유지하고 발전시키는 임무를 맡아야 한다. 법률 및 형사판결에 반하지 아니하는 한 수형자의 사법상의 이익에 관한 권리, 사회보장상의 권리 및 그 밖의 사회적 이익을 최대한 보전하기 위하여 필요한 조치가 취해져야 한다.

제89조 ① 이 지도원리를 실현하기 위해서는 처우의 개별화가 필요하며, 이 목적을 위하여 피구금자를 그룹으로 분류하는 신축성 있는 제도가 필요하다. 그러므로 이들 그룹은 각각의 처우에 적합한 개별 교도소에 배분되는 것이 바람직하다.

② 교도소가 모든 그룹에 대하여 동일한 정도의 보안조치를 할 필요는 없다. 상이한 그룹의 필요에 따라 다양한 수준의 보안조치를 취하는 것이 바람직하다. 개방교도소는 도주에 대한 물리적 보안조치 없이 피구금자의 자율을 신뢰하는 바로 그 사실에 의하여 신중하게 선발된 수형자의 사회복귀에 가장 유익한 상황을 제공한다.

③ 폐쇄교도소 내 수형자의 수는 개별처우가 방해받을 정도로 많지 않은 것이 바람직하다. 몇몇 나라에서는 이들 교도소의 수용인원이 500명을 넘지 않아야 하는 것으로 생각되고 있다. 개방교도소의 수용인원은 가능한 한 적어야 한다.

④ 다른 한편으로, 적당한 설비를 마련할 수 없을 만큼 작은 교도소를 유지하는 것은 바람직하지 아니하다.

제90조 사회의 의무는 수형자의 석방에서 그치는 것이 아니다. 그러므로 석방된 수형자에 대한 편견을 줄이고 사회복귀를 돕기 위하여 효과적인 갱생보호를 제공할 수 있는 정부기관 또는 사설기관이 있어야 한다.

처우

제91조 구금형 또는 이와 유사한 처분을 선고받은 자에 대한 처우는 형기가 허용하는 한 그들이 석방된 후에 준법적이고 자활적인 생활을 할 의지를 심어주고 이를 준비시키는 것을 목적으로 삼아야 한다. 처우는 그들의 자존심을 키워주고 책임감을 고취하는 것이어야 한다.

제92조 ① 이 목적을 위하여, 종교적 배려가 가능한 국가의 경우 종교적 배려, 교육, 직업지도 및 훈련, 개별상황에 맞춘 사회원조활동, 취업상담, 신체의 단련과 덕성의 강화를 포함하는 모든 적당한 방법이 활용되어야 한다. 또한 수형자 개개인의 필요에 따라 그 사회적, 범죄적 경력, 신체와 정신의 능력과 적정성, 개인적 기질, 형기 및 석방 후의 전망이 참작되어야 한다.

② 교도소장은 적당한 형기에 놓인 모든 수형자에 대하여 수용 후 가능한 한 신속하게 동조 제1항의 사항 전부에 관하여 완전한 보고를 받아야 한다. 이 보고에는 반드시 수형자의 신체와 정신상태에 관하여 의사 또는 그 밖의 자격을 가진 보건의료 전문가의 보고가 포함되어야 한다.

③ 보고서와 그 밖의 관계문서는 개별 문서철에 편철되어야 한다. 이 문서철은 항상 최신의 정보를 담도록 유지되고 필요한 때에는 언제라도 책임 있는 직원이 참고할 수 있도록 분류되어야 한다.

분류 및 개별화

제93조 ① 분류의 목적은 다음과 같은 것이어야 한다.

(a) 범죄경력이나 성격으로 인하여 악영향을 줄 가능성이 있는 수형자를 다른 수형자로부터 격리하는 것

(b) 수형자의 사회복귀라는 관점에서 처우를 용이하게 하고자 수형자를 그룹으로 분류하는 것

② 상이한 그룹의 수형자의 처우를 위해서는 가능한 한 별개의 교도소 또는 분리된 구역이 사용되어야 한다.

제94조 적당한 형기를 받은 수형자를 수용하고 인성검사를 실시한 후 가능한 한 신속하게 그 수형자의 처우에 관한 계획을 수립하여야 한다. 이 때 처우는 개인적 필요, 능력 및 성향에 관하여 얻은 정보를 참작하여야 한다.

특전

제95조 수형자의 그룹과 처우방법에 따라 각각 적합한 특전제도를 모든 교도소에 두어 선행을 장려하고 책임감을 향상시키며 처우에 관한 수형자들의 관심과 협력을 불러일으키도록 하여야 한다.

작업

제96조 ① 형을 받은 수형자에게는 작업활동 및/또는 사회복귀를 위한 활동에 적극적으로 참여할 수 있는 기회가 주어져야 하고, 이에 대하여는 의사 또는 그 밖의 자격을 가진 보건의료 전문가가 수형자의 신체적·정신적 적합성이 있는 것으로 확정할 것을 조건으로 한다.

② 통상 작업일에는 수형자가 활동적으로 작업하도록 유용하고 충분한 작업량이 주어져야한다.

제97조 ① 교도작업은 성질상 고통을 주는 것이어서는 안 된다.

② 수형자는 노예상태로 취급되어서는 안 된다.

③ 수형자는 교도소 직원의 개인적·사적 이익을 위해 작업하여서는 안 된다.

제98조 ① 가능한 한 수형자에게 제공되는 작업은 그가 석방 후 정직한 생계를 꾸릴 능력을 유지시키거나 증진시키는 것이어야 한다.

② 실용적인 직종의 직업훈련은 그 직종으로 소득을 얻을 능력이 있는 수형자와 특히 소년수를 위하여 실시

되어야 한다.

③ 수형자는 적당한 직업선택에 부합하고 시설관리와 규율의 필요에 부합하는 범위 내에서 원하는 종류의 작업을 고를 수 있어야 한다.

제99조 ① 교도작업의 조직 및 방법은 가능한 한 교도소 밖의 동종 작업과 유사하게 하여 수형자를 정상적인 직업생활 환경에 준비시켜야 한다.

② 그러나 수형자의 이익 및 이들의 직업훈련의 이익은 교도소 내 사업에서 얻는 재정적 이익이라는 목적에 종속되어서는 안 된다.

제100조 ① 시설의 공장 및 농장은 되도록 교정당국에 의하여 직접 운영되어야 하고 개인 계약자에 의하여 운영되지 않아야 한다.

② 수형자는 교정당국이 관리하지 아니하는 작업에 종사할 경우에도 항상 교도소 직원의 감독 하에 있어야 한다. 작업이 정부의 다른 공공부서를 위하여 이루어지는 경우가 아닌 한, 작업을 제공받는 자는 이러한 작업에 대한 충분한 통상임금을 교정당국에 지급하여야 하며, 이 때 수형자들의 생산고가 참작되어야 한다.

제101조 ① 자유노동자의 안전과 건강을 보호하기 위한 규정은 교도소 내에서도 동일하게 준수되어야 한다.

② 직업병을 포함하여 산업재해로부터 수형자들을 보호하기 위한 규정이 마련되어야 하며, 이 규정은 법률에 의하여 자유노동자에게 인정되는 조건보다 불리한 것이어서는 안 된다.

제102조 ① 수형자의 하루 및 주당 최대 작업시간은 자유노동자의 고용에 관한 지역적 기준과 관습을 참작하여 법률 또는 행정규칙으로 정하여야 한다.

② 정해진 작업시간은 주당 하루의 휴일과 수형자에 대한 처우 및 사회복귀 원조의 일부로서 요구되는 교육과 그 밖의 활동을 위한 충분한 시간을 남겨두는 것이어야 한다.

제103조 ① 수형자의 작업에 대한 공정한 보수제도가 있어야 한다.

② 이 제도 하에서 수형자는 적어도 수입의 일부를 자신의 용도를 위하여 허가된 물품을 구입하는 데 사용하고 일부를 가족에게 보내는 것이 허용되어야 한다.

③ 이 제도는 아울러 교정시설이 수입의 일부를 떼어 저축기금을 마련하여 석방 시 수형자에게 교부하도록 규정하여야 한다.

교육 및 오락

제104조 ① 성인교육에 관한 규정을 두어 이로써 혜택을 받을 수 있는 모든 수형자에게 행하여지도록 하여야 하며, 이 교육에는 종교교육이 가능한 국가의 경우 종교교육도 포함된다. 문맹자 및 소년수형자의 교육은 의무적이어야 하고 교정당국은 이에 특별한 관심을 기울여야 한다.

② 가능한 한 수형자 교육은 그 국가의 교육제도에 통합하여 수형자가 석방 후 어려움 없이 계속 교육받을 수 있도록 하여야 한다.

제105조 오락 활동과 문화 활동은 수형자의 정신적·신체적 건강을 위하여 모든 교도소에서 제공되어야 한다.

사회관계 및 갱생보호

제106조 수형자와 그 가족의 관계를 쌍방의 최상의 이익을 위하여 바람직한 것으로 유지하고 발전시키기 위하여 특별한 주의를 기울여야 한다.

제107조 수형자의 형기가 시작될 때부터 석방 이후의 미래에 관한 배려를 하여야 하며, 교도소 외부의 개인 또

는 기관과의 관계를 유지하고 수립하도록 권장하고 원조하여 수형자 자신의 사회복귀와 수형자 가족의 최상의 이익을 촉진하여야 한다.

제108조 ① 석방된 수형자의 사회복귀를 지원하는 정부의 또는 그 밖의 부서와 기관은 가능하고 필요한 한도 내에서 피석방자가 적절한 문서 및 신분증명서를 지급받고, 돌아갈 적절한 주거와 직업을 가지며, 기후와 계절을 고려하여 적당하고 충분한 의복을 입고, 목적지에 도착하여 석방 직후의 기간을 살아갈 수 있는 충분한 자금을 받도록 하여야 한다.

② 이들 기관의 승인된 대표자는 교도소 및 수형자와 필요한 모든 접촉을 가져야 하며 또 수형자의 장래에 대하여 형기 시초부터 상담을 하여야 한다.

③ 이 기관들의 활동을 가능한 한 중앙에 집중시키거나, 효용이 최대화될 수 있도록 조정하는 것이 바람직하다.

B. 정신장애 및/또는 정신질환 수형자

제109조 ① 형법상 책임능력이 없는 것으로 판명된 자 또는, 범죄 이후에 중증정신장애 및/또는 중증정신질환으로 진단받은 자의 교도소 생활이 그 상태를 더욱 악화시키는 경우, 이들은 교도소에 수용되어서는 안 된다. 이들을 가능한 한 신속히 정신보건시설로 이송하기 위한 준비대책이 세워져야 한다.

② 기타 정신장애 및/또는 정신질환 수형자는 필요한 경우 승인된 보건전문가의 감독 하에 특수한 시설에서 관찰되고 치료될 수 있다.

③ 보건의료서비스 부서는 정신의학적 치료가 필요한 기타 모든 수형자들에게 정신의학적 치료를 제공하여야 한다.

제110조 적절한 기관과의 협의를 통해 필요한 경우 석방 후 정신치료를 계속하고 사회정신학적 사후보호 제공이 보장되어야 한다.

C. 미결수용자

제111조 ① 범죄의 혐의로 체포 또는 구속되어 경찰서 유치장 또는 교도소에 유치중인 채 아직 사실심리와 선고를 받지 아니한 자는 이 규칙에서 이하 '미결수용자'라고 한다.

② 유죄판결을 받지 아니한 피구금자는 무죄로 추정되고 무죄인 자로서 처우되어야 한다.

③ 개인의 자유를 보호하기 위한 법령이나 미결수용자에 관하여 준수되어야 할 절차를 규정하는 법령에 반하지 아니하는 한 미결수용자는 이하의 규칙에서 핵심사항에 관하여서만 기술하고 있는 특별한 제도에 의하여 혜택을 받아야 한다.

제112조 ① 미결수용자는 수형자와 분리수용되어야 한다.

② 소년 미결수용자는 성인과 분리되며 원칙적으로 별개의 시설에 구금되어야 한다.

제113조 미결수용자는 기후에 따라 상이한 지역적 관습이 있는 경우를 제외하고는 개별 거실에서 혼자 자야 한다.

제114조 시설의 질서와 부합하는 범위 내에서 미결수용자는 희망하는 경우 자기의 비용으로 교정당국, 가족 또는 친구를 통하여 외부로부터 들여온 음식을 먹을 수 있다. 그 밖의 경우에는 교정당국이 이들의 음식을 제공하여야 한다.

제115조 미결수용자에게는 청결하고 적당한 사복을 입는 것이 허용되어야 한다. 미결수용자가 죄수복을 입는 경우 그 죄수복은 수형자에게 지급하는 것과는 다른 것이어야 한다.

제116조 미결수용자에게는 항상 작업의 기회가 주어져야 하나 작업의 의무가 부과되어서는 안 된다. 미결수용자가 작업하기로 선택한 경우 보수가 지급되어야 한다.

제117조 미결수용자에게는 자기 또는 제3자의 비용으로 사법행정 및 시설의 안전과 질서를 해하지 않는 서적, 신문, 필기용구 및 기타 소일거리를 구입하는 것이 허용되어야 한다.

제118조 미결수용자가 합리적인 근거를 가지고 신청하고 모든 비용을 지급할 수 있는 경우 자신의 의사 또는 치과의사의 방문과 치료를 받는 것이 허용되어야 한다.

제119조 ① 미결수용자는 자신의 구금사유 및 제기된 혐의가 무엇인지 즉시 알 권리가 있다.

② 미결수용자가 스스로 선임한 법률자문가가 없는 경우, 미결수용자는 사법행정적 이익상 필요한 모든 사안에 대하여 법원 또는 기타 기관으로부터 법률자문가를 선임받을 권리가 있으며, 이 때 미결수용자가 비용을 지불할 수 없을 경우 법률자문 선임은 미결수용자의 비용 지불 없이 제공되어야 한다. 법률자문가의 조력을 거부하는 경우에는 지체 없이 별도의 심의를 거쳐야 한다.

제120조 ① 미결수용자의 변호를 목적으로 미결수용자가 법률자문가 또는 법적으로 지원하는 자와 접견할 수 있는 권리 및 그 방식은 제61조에 규정되어 있는 기본원칙과 동일하게 다루어져야 한다.

② 미결수용자가 희망하는 경우 그의 변호에 관련된 서류 - 이에는 법률자문가 또는 법적으로 지원하는 자에게 전달하기 위한 비밀의 지시문서가 포함된다 - 작성을 위한 필기용구가 주어져야 한다.

D. 민사상의 피구금자

제121조 법률상 채무로 인한 구금 또는 기타 비형사적 절차에 따른 법원의 명령에 의하여 구금이 허용되고 있는 국가에서 이들 피구금자는 안전한 구금과 질서를 확보하기 위하여 필요한 한도를 넘는 어떠한 속박이나 고통도 받아서는 안 된다. 이들에 대한 처우는 작업의 의무가 과하여질 수 있다는 점을 제외하고는 미결수용자에 대한 처우보다 불리하여서는 안 된다.

E. 혐의없이 체포 또는 구금된 자

제122조 시민적 정치적 권리에 관한 국제규약[+] 제9조에 저촉되지 아니하는 한, 범죄의 혐의 없이 체포 또는 구금된 자는 본 규칙 제1부와 제2부 C절에 규정된 바와 동일한 보호를 받아야 한다. 본 규칙 제2부 A절의 관련규정도 그 적용이 이 특수한 그룹에 속한 피구금자에게 이익이 될 때에는 동일하게 적용되어야 한다. 다만 범죄에 대한 유죄판결을 받지 아니한 자에게 어떤 방식으로든 재교육이나 갱생조치가 타당하다는 것을 암시하는 조치가 취해져서는 안 된다.

[+] 결의안 2200 A(XXI), 부속서 참조.

모든 형태의 억류·구금하에 있는 사람들을 보호하기 위한 원칙[+]

[Body of Principles for the Protection of All Persons under Any Form of Detention or Imprisonment,
약칭 유엔 피구금자 보호원칙] [1988년 12월 9일 투표없이 채택]

국제연합총회는,

1980년 12월 15일 결의 35/177에서 모든 형태의 억류·구금하에 있는 사람들을 보호하기 위한 원칙초안의 기초를 제6위원회에 위탁하고, 그 목적을 위하여 기한을 정하지 않고 실무소위원회(Working Group)를 설치하는 결정을 한 것을 상기하고, 제43차 회기중에 개최된 위 실무소위에서 모든 형태의 억류·구금하에 있는 사람들을 보호하기 위한 원칙초안을 완성한 소위의 보고에 유의하며, 이 소위가 이 원칙 초안을 심의하고 채택하기 위하여 제6위원회에 제출할 것을 고려하고, 이 원칙 초안의 채택이 인권옹호에 중요한 공헌이 될 것임을 확신하며, 이 원칙을 광범위하게 보급할 필요가 있다는 것을 고려하고,

1. 이 결의에 부속된 모든 형태의 억류·구금하에 있는 사람들을 보호하기 위한 원칙을 승인하고,
2. 모든 형태의 억류·구금하에 있는 사람들을 보호하기 위한 원칙안 완성을 위하여 위 소위가 중요한 공헌을 한 것에 대하여 감사의 뜻을 표명하며,
3. 사무총장에 대하여 이 원칙 채택을 가맹국 정부 및 특별기관에 알리도록 요청하고,
4. 이 원칙이 널리 알려지고, 존중되도록 모든 노력을 경주하도록 요망하는 바이다.

+ 국제형사개혁위원회(Penal Reform International, PRI)·국가인권위원회, 인권운동사랑방·이호중 옮김, 국제피구금자처우준칙(Making Standards Work), 2007.12, 196~202쪽.

부속문서

모든 형태의 억류 · 구금하에 있는 사람들을 보호하기 위한 원칙

이 원칙의 적용 범위 이하의 원칙은 모든 형태의 억류 또는 구금하에 있는 사람들을 보호하기 위하여 적용된다.

용어 이 원칙에서는,

    a. '체포'라고 하는 것은 범죄의 혐의로 인하거나 또는 권한행사에 의해 사람을 체포하는 행위를 말한다.

    b. '억류된 자'라고 하는 것은 범죄에 대한 판결의 결과에 의한 경우를 제외하고, 인신의 자유를 박탈당한 모든 사람을 말한다.

    c. '구금된 자'라고 하는 것은 범죄에 대한 판결의 결과 인신의 자유를 박탈당한 모든 사람을 말한다.

    d. '억류'라고 하는 것은 위에서 정의된 억류된 자의 상태를 말한다.

    e. '구금'이라고 하는 것은 위에서 정의한 구금된 자의 상태를 말한다.

    f. '사법기관 등'이라고 하는 것은 법에 근거하고 그 지위 및 재임자격에 의하여 권한, 공평성 및 독립성에 대하여 가장 강한 보호를 받고 있는 법관, 기타 기관을 말한다.

원칙1 모든 형태의 억류 또는 구금하에 있는 사람들은 인도적이고도 인간 고유의 존엄성을 바탕으로 처우되도록 해야 한다.

원칙2 체포, 억류, 구금은 법률의 규정에 엄격히 따르고 권한 있는 공무원 또는 그 목적을 위하여 권한이 부여된 자에 의하여만 집행되도록 해야 한다.

원칙3 어떤 나라도 법률, 조약, 규칙 또는 관습에 의하여 인정되거나 존재하는 모든 형태의 억류 또는 구금된 자를 위한 인권에 대해서는 이 원칙이 그들의 권리를 인정하지 않거나 인정하는 범위가 보다 좁다는 이유로 그들의 기존의 권리를 제한하거나 침해해서는 안되도록 해야 한다.

원칙4 모든 형태의 억류 또는 구금된 자를 위한 인권에 영향을 끼치는 모든 조치는 사법기관 등의 명령에 의해 이루어지든가 또는 그 효과적 통제에 따르지 않으면 안되도록 해야 한다.

원칙5 ① 이 원칙은 국내의 모든 사람에 대하여 인종, 피부색, 성, 언어, 종교 혹은 종교적 신조, 정치적 또는 기타의 의견, 민족 또는 사회적 출신, 재산, 출생, 기타 지위 등에 의한 어떠한 종류의 차별도 없이 적용되어야 한다.

② 법률규정에 따라 부인(특히 임산부 및 수유중의 모), 어린이, 소년, 노인, 환자, 장애자에 대하여 권리 및 그 특별한 지위를 옹호할 목적으로 고안된 조치는 차별로 간주되지 않도록 해야 한다. 이와 같은 조치의 필요성과 그 실시는 사법기관 등으로부터 항상 심사되도록 해야 한다.

원칙6 억류 또는 구금된 자는 고문 또는 가혹하고 비인도적이며 굴욕적인 취급 또는 형벌을 받지 않도록 해야 한다. 어떠한 경우에도 고문과 기타 가혹하고 비인간적인 혹은 굴욕적인 취급 또는 형벌은 정당화 되지 아니 한다.

원칙7 ① 각국 정부는 이 원칙에 포함된 권리의무에 반하는 행위를 모두 법에 의해 금지하고 그와 같은 행위에 적절한 제재를 가하며, 불복신청에 대해서는 공평한 조사를 실시해야 한다.

② 이 원칙에 위반하는 행위가 행해졌든가 또는 행해질 것 같다고 믿기에 충분한 이유를 갖고 있는 정부직원은 이를 상급기관에 보고하고, 필요한 경우에는 심사 또는 구제권한이 주어진 다른 적절한 기관에 보고해야 한다.

③ 이 원칙에 위반하는 행위가 행해졌거나 또는 행해질 것이라고 믿기에 충분한 근거를 갖고 있는 누구라도 관련 공무원의 상급기관 및 심사 혹은 구제권한이 주어진 적절한 다른 기관에 보고할 권리를 갖는다.

원칙8 억류된 자는 유죄판결을 받지 않은 자로서의 지위에 상응하는 처우를 받도록 해야 한다. 따라서 억류된 자는 가능한 경우에는 언제라도 구금된 자와 분리되도록 해야 한다.

원칙9 사람을 체포하고 억류하거나 사건을 수사하는 기관은 법률에 의하여 주어진 권한만을 행사하는 것으로 하고 그 권한 행사는 사법기관 등의 심사를 받도록 해야 한다.

원칙10 체포된 자는 누구라도 체포시에 체포이유를 고지받고 즉시 자기에 대한 피의사실을 고지받도록 해야 한다.

원칙11 ① 누구나 사법기관 등에 의해 즉시 청문받을 실질적 기회를 받지 아니하고서는 억류되어서는 안된다. 억류된 자는 스스로 방어하거나 법에 정해진 변호사의 조력을 받을 권리를 갖는다.

② 억류된 자(만일 변호사가 있는 경우에는 그 변호사)는 억류명령 및 그 이유에 대해 즉시 그 모든 내용의 통지를 받을 수 있는 권리가 보장되어야 한다.

③ 사법기관 등은 억류의 계속이 적절한지 여부를 심사할 수 있는 권한을 가져야 한다.

원칙12 ① 다음 사항은 정확히 기록되어야 한다.

　a. 체포이유

　b. 체포 시간, 피체포자를 구류장소에 연행한 시간 및 최초의 사업기관 등 앞에 인치한 시간

c. 관계된 법집행관의 성명

d. 구류시설에 관한 정확한 정보

② 위의 기록은 억류된 자(만일 보호자가 있는 경우에는 변호사)에게 법에 규정된 형식에 의해 통지되어야 한다.

원칙13 누구나 체포 및 억류, 구금의 개시시 혹은 그후 즉시 체포·억류·구금을 집행하는 당국으로부터 체포·억류·구금에 관한 피구금자의 권리 및 권리행사의 방법을 고지, 설명받을 수 있어야 한다.

원칙14 체포·억류·구금을 집행하는 당국에 의하여 사용되는 언어를 충분히 이해하지 못하거나 말할 수 없는 사람은 그가 이해하는 언어에 의해 원칙 11의 ②항, 원칙 12의 ①항 및 원칙 13에 관한 정보를 즉시 고지받을 권리를 갖고 체포에 이어지는 법률상 절차에 관하여 필요하다면 무료로 통역을 받는 권리를 갖도록 해야 한다.

원칙15 원칙 16의 ④항 및 원칙 18의 ③항에 규정된 예외의 경우라도 억류 또는 구금된 자와 외부(특히 가족과 변호사)와의 교통은 수일간 이상 거부되어서는 안된다.

원칙16 ① 체포후 즉시 그리고 체포·억류·구금의 장소에서 이송이 있을 때마다 억류·구금된 자는 가족 혹은 그가 선택하는 기타의 적절한 사람에게 체포·억류·구금 사실, 이송 사실 및 현재 구금되어 있는 장소를 통지하거나 관계당국에 대하여 통지하도록 요구하는 권리를 갖도록 해야 한다.

② 억류 또는 구금된 자가 이국인인 경우에는 그가 속하는 나라 또는 국제법에 의해 통지받을 권한을 갖는 나라의 영사관 또는 대사관에 억류 또는 구금된 자가 난민 또는 국제기관의 보호하에 있는 경우에는 권한을 갖는 국제기관의 대표에게, 적절한 방법으로 통신을 할 권리도 즉시 고지받도록 해야 한다.

③ 억류 또는 구금된 자가 소년 또는 자기의 권리를 이해할 능력이 없는 경우에 관계기관은 직권으로 이 원칙에서 주어지는 통지를 행하도록 해야 한다. 부모 또는 후견인에게 통지를 하는 것에 특별한 주의를 기울이도록 해야 한다.

④ 이 원칙이 언급하는 통지는 지체없이 실시되고 허가되어야 한다. 단, 관계기관은 수사를 위하여 예외적인 필요성이 있는 경우에는 통지를 합리적인 기간 지체할 수 있다.

원칙17 ① 억류된 자는 변호사의 조력을 받을 권리를 갖도록 해야 한다. 억류된 자는 관계당국에 의해 체포 즉시 그 권리를 고지받고 권리 행사를 위한 적절한 편의를 제공받도록 해야 한다.

② 억류된 자가 사법의 이익이 있으면서도 자력이 없어 자기가 선임하는 변호사를 갖지 아니하는 모든 경우에는 무료로 사법기관 등에 의하여 변호사의 선임을 받을 권리를 갖도록 해야 한다.

원칙18 ① 억류 또는 구금된 자는 자기의 변호사와 상담하기 위해 적당한 시간과 시설이 주어지도록 해야한다.

② 억류 또는 구금된 자는 자기의 변호사와 통신하고 상담하기 위해 적당한 시간과 시설이 주어지도록 해야한다.

③ 억류 또는 구금된 자가 지체없이, 검열이 없고 완전한 비밀이 보장되어 자기의 변호사의 방문을 받고, 변호사와 상담 또는 통신할 권리는 정지되거나 제한되지 않도록 해야 한다. 단, 법률 또는 법률에 따른 규칙에

정해지고 사법기관 등에 의해 안전과 질서를 유지하기 위하여 불가결하다고 판단된 예외적인 경우에는 그러하지 아니하다.

④ 억류 또는 구금된 자와 그 변호사의 접견은 법집행관이 감시할 수 있지만 청취할 수는 없도록 해야 한다.

⑤ 이 원칙에 의한 억류 또는 구금된 자와 그 변호사의 통신은 억류 또는 구금된 자의 증거로서는 활용되지 않도록 해야 한다. 단, 그것이 계속적 혹은 의도적 범죄와 관계되는 경우에는 그러하지 아니하다.

원칙19 억류 또는 구금된 자는 특히 가족의 방문을 받고 가족과 통신할 권리를 가지며, 외부사회와 교통할 충분한 기회를 부여받아야 한다. 단, 법률 또는 법률에 따른 규칙에 의하여 정해진 합리적인 조건과 제한에 따른다.

원칙20 억류 또는 구금된 자가 요구하는 경우에 통상 주가에 합리적으로 가까운 억류 또는 구금시설에 유치되도록 해야한다.

원칙21 ① 자백하게 하거나 기타 자기에게 죄를 돌리게 하며, 또는 타인에게 불리한 증언을 하게 하는 것을 강제하기 위하여 억류 또는 구금되어 있는 자의 상태를 부당하게 이용하는 것은 금지되어야 한다.

② 억류되어 있는 자는 조사받고 있는 동안에 폭력협박 또는 결정능력 혹은 판단능력을 해치는 방법으로 조사받지 않도록 해야 한다.

원칙22 억류 또는 구금된 자는 본인의 동의가 있는 경우에도 건강을 해할 우려가 있는 의학적 또는 과학적 실험을 받지 않도록 해야 한다.

원칙23 ① 억류 또는 구금된 자의 조사기간 및 조사간격, 조사담당자, 기타 입회자의 성명은 법에 규정된 방식에 의해 기록되고 확인되도록 해야 한다.

② 억류 또는 구금된 자 도는 법에 규정된 대리인은 위의 정보에 접근할 수 있도록 해야 한다.

원칙24 억류 또는 구금된 자에 대하여는 억류 또는 구금시설에 수용된 후 가능한 한 빨리 적절한 의학적 검사가 제공되도록 해야 한다. 이 치료와 진료는 무료로 제공되도록 해야 한다.

원칙25 억류 또는 구금된 자 또는 그 대리인은 제3자에 의한 2차적 의학적 검사 또는 의견을 사법기관 등에 요구하거나 신청할 권리를 갖도록 해야 한다. 단, 억류 또는 구금시설의 안전과 질서를 유지하기 위한 합리적인 조건에서만 그 예외를 인정한다.

원칙26 억류 또는 구금된 자가 의학상의 검사를 받은 사실, 의사의 성명 및 검사 결과는 정확히 기재되어야 하고 이들 기록에서의 접근은 보장되도록 해야 한다. 그를 위한 절차는 각 국법의 관련 법규에 따른다.

원칙27 증거를 수집하는 데에 이 원칙의 각 조항에 위반한 경우에는 억류 또는 구금된 자에 대한 증거의 증거능력의 결정에서 고려되어야 한다.

원칙28 억류 또는 구금된 자는 공적인 재원의 가능한 범위에서 합리적인 수준의 교육적, 문화적 자료 또는 정보를 얻을 권리를 갖도록 해야 한다. 단, 억류 또는 구금시설의 안전과 규율을 확보하기 위한 합리적인 조건에서만 예외를 인정한다.

원칙29 ① 관계법령의 엄정한 준수를 감독하기 위해 억류시설은 억류시설 또는 구금시설의 운영에 직접 관여하는 기관과는 별도의 권한을 갖는 기관에 의해 임명되고, 그 기관에 책임을 지며 자격과 경험을 갖춘 사람에 의하여 정기적으로 방문받도록 해야 한다.
② 억류 또는 구금된 자는 제①항에 따라 억류 또는 구금시설을 방문한 사람과 자유롭고 완전히 비밀이 보장된 상태에서 의사소통한 권리를 갖도록 해야 한다. 단 시설의 안전과 규율을 지키기 위한 합리적 조건에는 따르도록 한다.

원칙30 ① 억류 또는 구금중에 징벌의 원인이 되는 행위의 형태, 과해진 징벌의 종류와 기간, 징벌을 과하는 기관은 법률 또는 법률에 따른 규칙에 명기되고 정확히 공표되도록 해야 한다.
② 억류 또는 구금된 자에게는 징벌이 집행되기 전에 청문을 받을 권리가 있어야 한다. 징벌을 받은 자는 상급기관에 재심을 신청할 권리를 갖도록 해야 한다.

원칙31 관계기관은 각국의 법제에 따라 억류 또는 구금된 자의 부양 가족, 특히 미성년자에게는 원조를 보장하도록 노력하고, 보호 없이 버려진 아동에 대산 적절한 조치를 위하여 특별한 수단을 강구하도록 해야 한다.

원칙32 ① 억류된 자 또는 그 변호사는 언제라도 각국 법에 따라 사법기관 등에 대하여 억류의 합법성을 심사하고, 불법인 경우에는 즉시 석방을 받기 위한 신청을 할 권리를 갖는다.
② 제①항에 관한 신청절차는 간편·신속하고, 재산이 없는 억류된 자에 대해서는 무료에 의하도록 해야 한다. 억류기관은 억류된 자를 부당하게 지연시키지 않고 심사기관에 출석할 수 있도록 해야 한다.

원칙33 ① 억류 또는 구금된 자 또는 그 변호사는 억류시설을 관리하는 책임 있는 당국 및 그 상급기관과 필요한 경우에는 심사 및 구제권한을 갖는 적절한 기관에 대하여 처우, 특히 고문과 기타 가혹하고 비인간적인 혹은 굴욕적인 처우에 관한 시정요구 또는 불복신청을 할 수 있는 권리를 갖도록 해야 한다.
② 억류 또는 구금된 자 또는 그 변호사가 제①항의 권리를 행사할 가능성이 없는 경우에는 억류 또는 구금된 자의 가족 또는 사건에 관하여 지식을 갖는 자는 누구라도 제①항의 권리를 행사할 수 있다.
③ 시정요구 또는 불복신청에 관한 비밀은 신청인이 요구하는 경우에는 지켜지도록 해야 한다.
④ 모든 요구 또는 불복신청은 신속히 처리되고, 부당한 지연 없이 회답하도록 해야 한다. 요구 또는 불복신청이 거부되거나 부당하게 지연된 경우에 불복신청자는 사법기관 등에 신청할 수 있도록 해야 한다. 제①항에 의한 요구 또는 불복신청을 한 자는 요구 또는 불복신청을 행한 것으로 인해 불이익을 받지 않도록 해야한다.

원칙34 억류 또는 구금기간에 억류 또는 구금된 자가 사망하거나 행방불명된 경우에, 그 사망 또는 행방불명의 원인 조사는 사법기관, 직권, 가족 혹은 사정을 아는 자의 신청에 의하여 행해지도록 해야 한다. 사망 및 행방불명이 억류 또는 구금 종료 직후에 발생한 경우에도 상황에 따라서는 위와 같은 절차의 조사가 행해지도록 해야 한다. 이와 같은 조사의 결과 및 그것에 관한 보고는 진행중의 범죄수사를 방해하는 경우를 제외하고는 청구에 의해 이용 가능하도록 해야 한다.

원칙35 ① 이 원칙에 포함된 권리에 반하는 공무원의 작위 또는 무작위에 의하여 생긴 손해는 각국 법에 규정된 배상책임에 관한 법령에 따라 배상되도록 해야 한다.

② 이 원칙에 따라 기록되도록 요구되고 있는 정보는 각국 법에 정해진 절차에 이 원칙하에 배상을 요구하기 위하여 이용 가능하도록 해야 한다.

원칙36 ① 범죄혐의를 받고 억류되고 있는 자는 무죄로 추정되고, 방어에 필요한 모든 보장이 주어진 공개재판에서 법에 따른 유죄로 증명될 때까지는 무죄로 처우되도록 해야 한다.

② 수사중 또는 공판 중의 위 사람에 대한 체포 또는 억류는 법이 정한 근거, 조건 및 절차하에 사법권의 집행 필요성을 위하여서만 행해지도록 해야 한다. 위 사람에 대한 제한의 강제는 엄밀히 억류의 목적을 위하여 요구되든가, 구사과정에서 방해를 방지하기 위하여 필요하든가, 사법집행을 위하여 필요하든가, 혹은 억류시설의 안전과 지서를 유지하기 위해 필요한 경우 이외에는 금지되어야 한다.

원칙37 범죄혐의에 의하여 억류된 자는 체포 후 즉시 사법기관 등에 인도되어야 한다. 상기 기관은 지체없이 억류의 합법성 및 필요성에 대해 판단해야 한다. 누구도 상기 기관의 서면에 의한 명령 없이는 수사 중 또는 공판 중에 억류되지 않도록 해야 한다. 억류된 자는 상시 기관에 인도된 경우에 구속 중에 받는 처우에 관하여 의견을 진술할 권리를 갖도록 해야 한다.

원칙38 범죄혐의에 의하여 억류된 자는 합리적 기간 내에 심리를 받든지 또는 공판전 혹은 공판 중에 석방될 권리를 갖도록 해야 한다.

원칙39 법에 규정된 특별한 경우를 제외하고, 범죄혐의에 의하여 억류된 자는 사법기관 등이 사법권의 집행을 위해 별도의 결정을 하지 않는 한 공판 전 및 공판 중에 석방될 권리를 갖는다. 단, 법에 따라 부쳐진 조건에 따르도록 한다. 상기 기관은 억류의 필요성에 대한 심사를 해야 한다.

일반조항 이 원칙은 시민적 및 정치적 권리에 관한 국제규약상의 권리를 제한하거나 침해하도록 해석되어서는 안된다.

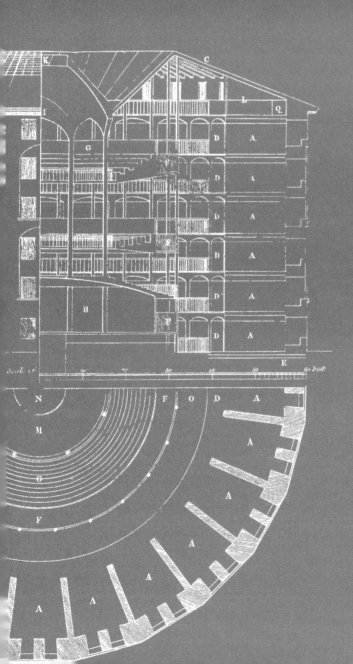

2부

법령

대한민국헌법

[시행 1988.2.25] [헌법 제10호, 1987.10.29, 전부개정]

유구한 역사와 전통에 빛나는 우리 대한국민은 3·1운동으로 건립된 대한민국임시정부의 법통과 불의에 항거한 4·19민주이념을 계승하고, 조국의 민주개혁과 평화적 통일의 사명에 입각하여 정의·인도와 동포 애로써 민족의 단결을 공고히 하고, 모든 사회적 폐습과 불의를 타파하며, 자율과 조화를 바탕으로 자유민주 적 기본질서를 더욱 확고히 하여 정치·경제·사회·문화의 모든 영역에 있어서 각인의 기회를 균등히 하고, 능력을 최고도로 발휘하게 하며, 자유와 권리에 따르는 책임과 의무를 완수하게 하여, 안으로는 국민생활의 균등한 향상을 기하고 밖으로는 항구적인 세계평화와 인류공영에 이바지함으로써 우리들과 우리들의 자손의 안전과 자유와 행복을 영원히 확보할 것을 다짐하면서 1948년 7월 12일에 제정되고 8차에 걸쳐 개정된 헌 법을 이제 국회의 의결을 거쳐 국민투표에 의하여 개정한다.

제1장 총강

제1조 ① 대한민국은 민주공화국이다.

② 대한민국의 주권은 국민에게 있고, 모든 권력은 국민으로부터 나온다.

제2조 ① 대한민국의 국민이 되는 요건은 법률로 정한다.

② 국가는 법률이 정하는 바에 의하여 재외국민을 보호할 의무를 진다.

제3조 대한민국의 영토는 한반도와 그 부속도서로 한다.

제4조 대한민국은 통일을 지향하며, 자유민주적 기본질서에 입각한 평화적 통일 정책을 수립하고 이를 추진한다.

제5조 ① 대한민국은 국제평화의 유지에 노력하고 침략적 전쟁을 부인한다.

② 국군은 국가의 안전보장과 국토방위의 신성한 의무를 수행함을 사명으로 하며, 그 정치적 중립성은 준수 된다.

제6조 ① 헌법에 의하여 체결·공포된 조약과 일반적으로 승인된 국제법규는 국내법과 같은 효력을 가진다.

② 외국인은 국제법과 조약이 정하는 바에 의하여 그 지위가 보장된다.

제7조 ① 공무원은 국민전체에 대한 봉사자이며, 국민에 대하여 책임을 진다.

② 공무원의 신분과 정치적 중립성은 법률이 정하는 바에 의하여 보장된다.

제8조 ①정당의 설립은 자유이며, 복수정당제는 보장된다.

② 정당은 그 목적·조직과 활동이 민주적이어야 하며, 국민의 정치적 의사형성에 참여하는데 필요한 조직을 가져야 한다.

③ 정당은 법률이 정하는 바에 의하여 국가의 보호를 받으며, 국가는 법률이 정하는 바에 의하여 정당운영에

필요한 자금을 보조할 수 있다.

④ 정당의 목적이나 활동이 민주적 기본질서에 위배될 때에는 정부는 헌법재판소에 그 해산을 제소할 수 있고, 정당은 헌법재판소의 심판에 의하여 해산된다.

제9조 국가는 전통문화의 계승·발전과 민족문화의 창달에 노력하여야 한다.

제2장 국민의 권리와 의무

제10조 모든 국민은 인간으로서의 존엄과 가치를 가지며, 행복을 추구할 권리를 가진다. 국가는 개인이 가지는 불가침의 기본적 인권을 확인하고 이를 보장할 의무를 진다.

제11조 ① 모든 국민은 법 앞에 평등하다. 누구든지 성별·종교 또는 사회적 신분에 의하여 정치적·경제적·사회적·문화적 생활의 모든 영역에 있어서 차별을 받지 아니한다.

② 사회적 특수계급의 제도는 인정되지 아니하며, 어떠한 형태로도 이를 창설할 수 없다.

③ 훈장등의 영전은 이를 받은 자에게만 효력이 있고, 어떠한 특권도 이에 따르지 아니한다.

제12조 ① 모든 국민은 신체의 자유를 가진다. 누구든지 법률에 의하지 아니하고는 체포·구속·압수·수색 또는 심문을 받지 아니하며, 법률과 적법한 절차에 의하지 아니하고는 처벌·보안처분 또는 강제노역을 받지 아니한다.

② 모든 국민은 고문을 받지 아니하며, 형사상 자기에게 불리한 진술을 강요당하지 아니한다.

③ 체포·구속·압수 또는 수색을 할 때에는 적법한 절차에 따라 검사의 신청에 의하여 법관이 발부한 영장을 제시하여야 한다. 다만, 현행범인인 경우와 장기 3년 이상의 형에 해당하는 죄를 범하고 도피 또는 증거인멸의 염려가 있을 때에는 사후에 영장을 청구할 수 있다.

④ 누구든지 체포 또는 구속을 당한 때에는 즉시 변호인의 조력을 받을 권리를 가진다. 다만, 형사피고인이 스스로 변호인을 구할 수 없을 때에는 법률이 정하는 바에 의하여 국가가 변호인을 붙인다.

⑤ 누구든지 체포 또는 구속의 이유와 변호인의 조력을 받을 권리가 있음을 고지받지 아니하고는 체포 또는 구속을 당하지 아니한다. 체포 또는 구속을 당한 자의 가족등 법률이 정하는 자에게는 그 이유와 일시·장소가 지체없이 통지되어야 한다.

⑥ 누구든지 체포 또는 구속을 당한 때에는 적부의 심사를 법원에 청구할 권리를 가진다.

⑦ 피고인의 자백이 고문·폭행·협박·구속의 부당한 장기화 또는 기망 기타의 방법에 의하여 자의로 진술된 것이 아니라고 인정될 때 또는 정식재판에 있어서 피고인의 자백이 그에게 불리한 유일한 증거일 때에는 이를 유죄의 증거로 삼거나 이를 이유로 처벌할 수 없다.

제13조 ① 모든 국민은 행위시의 법률에 의하여 범죄를 구성하지 아니하는 행위로 소추되지 아니하며, 동일한 범죄에 대하여 거듭 처벌받지 아니한다.

② 모든 국민은 소급입법에 의하여 참정권의 제한을 받거나 재산권을 박탈당하지 아니한다.

③ 모든 국민은 자기의 행위가 아닌 친족의 행위로 인하여 불이익한 처우를 받지 아니한다.

제14조 모든 국민은 거주·이전의 자유를 가진다.

제15조 모든 국민은 직업선택의 자유를 가진다.

제16조 모든 국민은 주거의 자유를 침해받지 아니한다. 주거에 대한 압수나 수색을 할 때에는 검사의 신청에 의하여 법관이 발부한 영장을 제시하여야 한다.

제17조 모든 국민은 사생활의 비밀과 자유를 침해받지 아니한다.

제18조 모든 국민은 통신의 비밀을 침해받지 아니한다.

제19조 모든 국민은 양심의 자유를 가진다.

제20조 ① 모든 국민은 종교의 자유를 가진다.

② 국교는 인정되지 아니하며, 종교와 정치는 분리된다.

제21조 ① 모든 국민은 언론·출판의 자유와 집회·결사의 자유를 가진다.

② 언론·출판에 대한 허가나 검열과 집회·결사에 대한 허가는 인정되지 아니한다.

③ 통신·방송의 시설기준과 신문의 기능을 보장하기 위하여 필요한 사항은 법률로 정한다.

④ 언론·출판은 타인의 명예나 권리 또는 공중도덕이나 사회윤리를 침해하여서는 아니된다. 언론·출판이 타인의 명예나 권리를 침해한 때에는 피해자는 이에 대한 피해의 배상을 청구할 수 있다.

제22조 ① 모든 국민은 학문과 예술의 자유를 가진다.

② 저작자·발명가·과학기술자와 예술가의 권리는 법률로써 보호한다.

제23조 ① 모든 국민의 재산권은 보장된다. 그 내용과 한계는 법률로 정한다.

② 재산권의 행사는 공공복리에 적합하도록 하여야 한다.

③ 공공필요에 의한 재산권의 수용·사용 또는 제한 및 그에 대한 보상은 법률로써 하되, 정당한 보상을 지급하여야 한다.

제24조 모든 국민은 법률이 정하는 바에 의하여 선거권을 가진다.

제25조 모든 국민은 법률이 정하는 바에 의하여 공무담임권을 가진다.

제26조 ① 모든 국민은 법률이 정하는 바에 의하여 국가기관에 문서로 청원할 권리를 가진다.

② 국가는 청원에 대하여 심사할 의무를 진다.

제27조 ① 모든 국민은 헌법과 법률이 정한 법관에 의하여 법률에 의한 재판을 받을 권리를 가진다.

② 군인 또는 군무원이 아닌 국민은 대한민국의 영역안에서는 중대한 군사상 기밀·초병·초소·유독음식물 공급·포로·군용물에 관한 죄중 법률이 정한 경우와 비상계엄이 선포된 경우를 제외하고는 군사법원의 재판을 받지 아니한다.

③ 모든 국민은 신속한 재판을 받을 권리를 가진다. 형사피고인은 상당한 이유가 없는 한 지체없이 공개재판을 받을 권리를 가진다.

④ 형사피고인은 유죄의 판결이 확정될 때까지는 무죄로 추정된다.

⑤ 형사피해자는 법률이 정하는 바에 의하여 당해 사건의 재판절차에서 진술할 수 있다.

제28조 형사피의자 또는 형사피고인으로서 구금되었던 자가 법률이 정하는 불기소처분을 받거나 무죄판결을 받은 때에는 법률이 정하는 바에 의하여 국가에 정당한 보상을 청구할 수 있다.

제29조 ① 공무원의 직무상 불법행위로 손해를 받은 국민은 법률이 정하는 바에 의하여 국가 또는 공공단체에 정당한 배상을 청구할 수 있다. 이 경우 공무원 자신의 책임은 면제되지 아니한다.

② 군인·군무원·경찰공무원 기타 법률이 정하는 자가 전투·훈련등 직무집행과 관련하여 받은 손해에 대하여는 법률이 정하는 보상외에 국가 또는 공공단체에 공무원의 직무상 불법행위로 인한 배상은 청구할 수 없다.

제30조 타인의 범죄행위로 인하여 생명·신체에 대한 피해를 받은 국민은 법률이 정하는 바에 의하여 국가로부터 구조를 받을 수 있다.

제31조 ① 모든 국민은 능력에 따라 균등하게 교육을 받을 권리를 가진다.

② 모든 국민은 그 보호하는 자녀에게 적어도 초등교육과 법률이 정하는 교육을 받게 할 의무를 진다.

③ 의무교육은 무상으로 한다.

④ 교육의 자주성·전문성·정치적 중립성 및 대학의 자율성은 법률이 정하는 바에 의하여 보장된다.

⑤ 국가는 평생교육을 진흥하여야 한다.

⑥ 학교교육 및 평생교육을 포함한 교육제도와 그 운영, 교육재정 및 교원의 지위에 관한 기본적인 사항은 법률로 정한다.

제32조 ① 모든 국민은 근로의 권리를 가진다. 국가는 사회적·경제적 방법으로 근로자의 고용의 증진과 적정임금의 보장에 노력하여야 하며, 법률이 정하는 바에 의하여 최저임금제를 시행하여야 한다.

② 모든 국민은 근로의 의무를 진다. 국가는 근로의 의무의 내용과 조건을 민주주의원칙에 따라 법률로 정한다.

③ 근로조건의 기준은 인간의 존엄성을 보장하도록 법률로 정한다.

④ 여자의 근로는 특별한 보호를 받으며, 고용·임금 및 근로조건에 있어서 부당한 차별을 받지 아니한다.

⑤ 연소자의 근로는 특별한 보호를 받는다.

⑥ 국가유공자·상이군경 및 전몰군경의 유가족은 법률이 정하는 바에 의하여 우선적으로 근로의 기회를 부여받는다.

제33조 ① 근로자는 근로조건의 향상을 위하여 자주적인 단결권·단체교섭권 및 단체행동권을 가진다.

② 공무원인 근로자는 법률이 정하는 자에 한하여 단결권·단체교섭권 및 단체행동권을 가진다.

③ 법률이 정하는 주요방위산업체에 종사하는 근로자의 단체행동권은 법률이 정하는 바에 의하여 이를 제한하거나 인정하지 아니할 수 있다.

제34조 ① 모든 국민은 인간다운 생활을 할 권리를 가진다.

② 국가는 사회보장·사회복지의 증진에 노력할 의무를 진다.

③ 국가는 여자의 복지와 권익의 향상을 위하여 노력하여야 한다.

④ 국가는 노인과 청소년의 복지향상을 위한 정책을 실시할 의무를 진다.

⑤ 신체장애자 및 질병·노령 기타의 사유로 생활능력이 없는 국민은 법률이 정하는 바에 의하여 국가의 보호를 받는다.

⑥ 국가는 재해를 예방하고 그 위험으로부터 국민을 보호하기 위하여 노력하여야 한다.

제35조 ① 모든 국민은 건강하고 쾌적한 환경에서 생활할 권리를 가지며, 국가와 국민은 환경보전을 위하여 노력하여야 한다.

② 환경권의 내용과 행사에 관하여는 법률로 정한다.

③ 국가는 주택개발정책등을 통하여 모든 국민이 쾌적한 주거생활을 할 수 있도록 노력하여야 한다.

제36조 ① 혼인과 가족생활은 개인의 존엄과 양성의 평등을 기초로 성립되고 유지되어야 하며, 국가는 이를 보장한다.

② 국가는 모성의 보호를 위하여 노력하여야 한다.

③ 모든 국민은 보건에 관하여 국가의 보호를 받는다.

제37조 ① 국민의 자유와 권리는 헌법에 열거되지 아니한 이유로 경시되지 아니한다.

② 국민의 모든 자유와 권리는 국가안전보장·질서유지 또는 공공복리를 위하여 필요한 경우에 한하여 법률로써 제한할 수 있으며, 제한하는 경우에도 자유와 권리의 본질적인 내용을 침해할 수 없다.

제38조 모든 국민은 법률이 정하는 바에 의하여 납세의 의무를 진다.

제39조 ① 모든 국민은 법률이 정하는 바에 의하여 국방의 의무를 진다.

② 누구든지 병역의무의 이행으로 인하여 불이익한 처우를 받지 아니한다.

제3장 국회

제40조 입법권은 국회에 속한다.

제41조 ① 국회는 국민의 보통·평등·직접·비밀선거에 의하여 선출된 국회의원으로 구성한다.

② 국회의원의 수는 법률로 정하되, 200인 이상으로 한다.

③ 국회의원의 선거구와 비례대표제 기타 선거에 관한 사항은 법률로 정한다.

제42조 국회의원의 임기는 4년으로 한다.

제43조 국회의원은 법률이 정하는 직을 겸할 수 없다.

제44조 ① 국회의원은 현행범인인 경우를 제외하고는 회기중 국회의 동의없이 체포 또는 구금되지 아니한다.

② 국회의원이 회기전에 체포 또는 구금된 때에는 현행범인이 아닌 한 국회의 요구가 있으면 회기중 석방된다.

제45조 국회의원은 국회에서 직무상 행한 발언과 표결에 관하여 국회외에서 책임을 지지 아니한다.

제46조 ① 국회의원은 청렴의 의무가 있다.

② 국회의원은 국가이익을 우선하여 양심에 따라 직무를 행한다.

③ 국회의원은 그 지위를 남용하여 국가·공공단체 또는 기업체와의 계약이나 그 처분에 의하여 재산상의 권리·이익 또는 직위를 취득하거나 타인을 위하여 그 취득을 알선할 수 없다.

제47조 ① 국회의 정기회는 법률이 정하는 바에 의하여 매년 1회 집회되며, 국회의 임시회는 대통령 또는 국회재적의원 4분의 1 이상의 요구에 의하여 집회된다.

② 정기회의 회기는 100일을, 임시회의 회기는 30일을 초과할 수 없다.

③ 대통령이 임시회의 집회를 요구할 때에는 기간과 집회요구의 이유를 명시하여야 한다.

제48조 국회는 의장 1인과 부의장 2인을 선출한다.

제49조 국회는 헌법 또는 법률에 특별한 규정이 없는 한 재적의원 과반수의 출석과 출석의원 과반수의 찬성으로 의결한다. 가부동수인 때에는 부결된 것으로 본다.

제50조 ① 국회의 회의는 공개한다. 다만, 출석의원 과반수의 찬성이 있거나 의장이 국가의 안전보장을 위하여 필요하다고 인정할 때에는 공개하지 아니할 수 있다.

② 공개하지 아니한 회의내용의 공표에 관하여는 법률이 정하는 바에 의한다.

제51조 국회에 제출된 법률안 기타의 의안은 회기중에 의결되지 못한 이유로 폐기되지 아니한다. 다만, 국회의원의 임기가 만료된 때에는 그러하지 아니하다.

제52조 국회의원과 정부는 법률안을 제출할 수 있다.

제53조 ① 국회에서 의결된 법률안은 정부에 이송되어 15일 이내에 대통령이 공포한다.

② 법률안에 이의가 있을 때에는 대통령은 제1항의 기간내에 이의서를 붙여 국회로 환부하고, 그 재의를 요구할 수 있다. 국회의 폐회중에도 또한 같다.

③ 대통령은 법률안의 일부에 대하여 또는 법률안을 수정하여 재의를 요구할 수 없다.

④ 재의의 요구가 있을 때에는 국회는 재의에 붙이고, 재적의원과반수의 출석과 출석의원 3분의 2 이상의 찬성으로 전과 같은 의결을 하면 그 법률안은 법률로서 확정된다.

⑤ 대통령이 제1항의 기간내에 공포나 재의의 요구를 하지 아니한 때에도 그 법률안은 법률로서 확정된다.

⑥ 대통령은 제4항과 제5항의 규정에 의하여 확정된 법률을 지체없이 공포하여야 한다. 제5항에 의하여 법률이 확정된 후 또는 제4항에 의한 확정법률이 정부에 이송된 후 5일 이내에 대통령이 공포하지 아니할 때에는 국회의장이 이를 공포한다.

⑦ 법률은 특별한 규정이 없는 한 공포한 날로부터 20일을 경과함으로써 효력을 발생한다.

제54조 ① 국회는 국가의 예산안을 심의·확정한다.

② 정부는 회계연도마다 예산안을 편성하여 회계연도 개시 90일전까지 국회에 제출하고, 국회는 회계연도 개시 30일전까지 이를 의결하여야 한다.

③ 새로운 회계연도가 개시될 때까지 예산안이 의결되지 못한 때에는 정부는 국회에서 예산안이 의결될 때까지 다음의 목적을 위한 경비는 전년도 예산에 준하여 집행할 수 있다.

1. 헌법이나 법률에 의하여 설치된 기관 또는 시설의 유지·운영

2. 법률상 지출의무의 이행

3. 이미 예산으로 승인된 사업의 계속

제55조 ① 한 회계연도를 넘어 계속하여 지출할 필요가 있을 때에는 정부는 연한을 정하여 계속비로서 국회의 의결을 얻어야 한다.

② 예비비는 총액으로 국회의 의결을 얻어야 한다. 예비비의 지출은 차기국회의 승인을 얻어야 한다.

제56조 정부는 예산에 변경을 가할 필요가 있을 때에는 추가경정예산안을 편성하여 국회에 제출할 수 있다.

제57조 국회는 정부의 동의없이 정부가 제출한 지출예산 각항의 금액을 증가하거나 새 비목을 설치할 수 없다.

제58조 국채를 모집하거나 예산외에 국가의 부담이 될 계약을 체결하려 할 때에는 정부는 미리 국회의 의결을 얻어야 한다.

제59조 조세의 종목과 세율은 법률로 정한다.

제60조 ① 국회는 상호원조 또는 안전보장에 관한 조약, 중요한 국제조직에 관한 조약, 우호통상항해조약, 주권의 제약에 관한 조약, 강화조약, 국가나 국민에게 중대한 재정적 부담을 지우는 조약 또는 입법사항에 관한 조약의 체결·비준에 대한 동의권을 가진다.

② 국회는 선전포고, 국군의 외국에의 파견 또는 외국군대의 대한민국 영역안에서의 주류에 대한 동의권을 가진다.

제61조 ① 국회는 국정을 감사하거나 특정한 국정사안에 대하여 조사할 수 있으며, 이에 필요한 서류의 제출 또는 증인의 출석과 증언이나 의견의 진술을 요구할 수 있다.

② 국정감사 및 조사에 관한 절차 기타 필요한 사항은 법률로 정한다.

제62조 ① 국무총리·국무위원 또는 정부위원은 국회나 그 위원회에 출석하여 국정처리상황을 보고하거나 의견을 진술하고 질문에 응답할 수 있다.

② 국회나 그 위원회의 요구가 있을 때에는 국무총리·국무위원 또는 정부위원은 출석·답변하여야 하며, 국무총리 또는 국무위원이 출석요구를 받은 때에는 국무위원 또는 정부위원으로 하여금 출석·답변하게 할 수 있다.

제63조 ① 국회는 국무총리 또는 국무위원의 해임을 대통령에게 건의할 수 있다.

② 제1항의 해임건의는 국회재적의원 3분의 1 이상의 발의에 의하여 국회재적의원 과반수의 찬성이 있어야 한다.

제64조 ① 국회는 법률에 저촉되지 아니하는 범위안에서 의사와 내부규율에 관한 규칙을 제정할 수 있다.

② 국회는 의원의 자격을 심사하며, 의원을 징계할 수 있다.

③ 의원을 제명하려면 국회재적의원 3분의 2 이상의 찬성이 있어야 한다.

④ 제2항과 제3항의 처분에 대하여는 법원에 제소할 수 없다.

제65조 ① 대통령·국무총리·국무위원·행정각부의 장·헌법재판소 재판관·법관·중앙선거관리위원회 위원·감사원장·감사위원 기타 법률이 정한 공무원이 그 직무집행에 있어서 헌법이나 법률을 위배한 때에는 국회는 탄핵의 소추를 의결할 수 있다.

② 제1항의 탄핵소추는 국회재적의원 3분의 1 이상의 발의가 있어야 하며, 그 의결은 국회재적의원 과반수의 찬성이 있어야 한다. 다만, 대통령에 대한 탄핵소추는 국회재적의원 과반수의 발의와 국회재적의원 3분의 2 이상의 찬성이 있어야 한다.

③ 탄핵소추의 의결을 받은 자는 탄핵심판이 있을 때까지 그 권한행사가 정지된다.

④ 탄핵결정은 공직으로부터 파면함에 그친다. 그러나, 이에 의하여 민사상이나 형사상의 책임이 면제되지는 아니한다.

제4장 정부
제1절 대통령
제66조 ① 대통령은 국가의 원수이며, 외국에 대하여 국가를 대표한다.

② 대통령은 국가의 독립·영토의 보전·국가의 계속성과 헌법을 수호할 책무를 진다.

③ 대통령은 조국의 평화적 통일을 위한 성실한 의무를 진다.

④ 행정권은 대통령을 수반으로 하는 정부에 속한다.

제67조 ① 대통령은 국민의 보통·평등·직접·비밀선거에 의하여 선출한다.

② 제1항의 선거에 있어서 최고득표자가 2인 이상인 때에는 국회의 재적의원 과반수가 출석한 공개회의에서 다수표를 얻은 자를 당선자로 한다.

③ 대통령후보자가 1인일 때에는 그 득표수가 선거권자 총수의 3분의 1 이상이 아니면 대통령으로 당선될 수 없다.

④ 대통령으로 선거될 수 있는 자는 국회의원의 피선거권이 있고 선거일 현재 40세에 달하여야 한다.

⑤ 대통령의 선거에 관한 사항은 법률로 정한다.

제68조 ① 대통령의 임기가 만료되는 때에는 임기만료 70일 내지 40일전에 후임자를 선거한다.

② 대통령이 궐위된 때 또는 대통령 당선자가 사망하거나 판결 기타의 사유로 그 자격을 상실한 때에는 60일 이내에 후임자를 선거한다.

제69조 대통령은 취임에 즈음하여 다음의 선서를 한다.

"나는 헌법을 준수하고 국가를 보위하며 조국의 평화적 통일과 국민의 자유와 복리의 증진 및 민족문화의 창달에 노력하여 대통령으로서의 직책을 성실히 수행할 것을 국민 앞에 엄숙히 선서합니다."

제70조 대통령의 임기는 5년으로 하며, 중임할 수 없다.

제71조 대통령이 궐위되거나 사고로 인하여 직무를 수행할 수 없을 때에는 국무총리, 법률이 정한 국무위원의 순서로 그 권한을 대행한다.

제72조 대통령은 필요하다고 인정할 때에는 외교·국방·통일 기타 국가안위에 관한 중요정책을 국민투표에

붙일 수 있다.

제73조 대통령은 조약을 체결·비준하고, 외교사절을 신임·접수 또는 파견하며, 선전포고와 강화를 한다.

제74조 ① 대통령은 헌법과 법률이 정하는 바에 의하여 국군을 통수한다.

② 국군의 조직과 편성은 법률로 정한다.

제75조 대통령은 법률에서 구체적으로 범위를 정하여 위임받은 사항과 법률을 집행하기 위하여 필요한 사항에 관하여 대통령령을 발할 수 있다.

제76조 ① 대통령은 내우·외환·천재·지변 또는 중대한 재정·경제상의 위기에 있어서 국가의 안전보장 또는 공공의 안녕질서를 유지하기 위하여 긴급한 조치가 필요하고 국회의 집회를 기다릴 여유가 없을 때에 한하여 최소한으로 필요한 재정·경제상의 처분을 하거나 이에 관하여 법률의 효력을 가지는 명령을 발할 수 있다.

② 대통령은 국가의 안위에 관계되는 중대한 교전상태에 있어서 국가를 보위하기 위하여 긴급한 조치가 필요하고 국회의 집회가 불가능한 때에 한하여 법률의 효력을 가지는 명령을 발할 수 있다.

③ 대통령은 제1항과 제2항의 처분 또는 명령을 한 때에는 지체없이 국회에 보고하여 그 승인을 얻어야 한다.

④ 제3항의 승인을 얻지 못한 때에는 그 처분 또는 명령은 그때부터 효력을 상실한다. 이 경우 그 명령에 의하여 개정 또는 폐지되었던 법률은 그 명령이 승인을 얻지 못한 때부터 당연히 효력을 회복한다.

⑤ 대통령은 제3항과 제4항의 사유를 지체없이 공포하여야 한다.

제77조 ① 대통령은 전시·사변 또는 이에 준하는 국가비상사태에 있어서 병력으로써 군사상의 필요에 응하거나 공공의 안녕질서를 유지할 필요가 있을 때에는 법률이 정하는 바에 의하여 계엄을 선포할 수 있다.

② 계엄은 비상계엄과 경비계엄으로 한다.

③ 비상계엄이 선포된 때에는 법률이 정하는 바에 의하여 영장제도, 언론·출판·집회·결사의 자유, 정부나 법원의 권한에 관하여 특별한 조치를 할 수 있다.

④ 계엄을 선포한 때에는 대통령은 지체없이 국회에 통고하여야 한다.

⑤ 국회가 재적의원 과반수의 찬성으로 계엄의 해제를 요구한 때에는 대통령은 이를 해제하여야 한다.

제78조 대통령은 헌법과 법률이 정하는 바에 의하여 공무원을 임면한다.

제79조 ① 대통령은 법률이 정하는 바에 의하여 사면·감형 또는 복권을 명할 수 있다.

② 일반사면을 명하려면 국회의 동의를 얻어야 한다.

③ 사면·감형 및 복권에 관한 사항은 법률로 정한다.

제80조 대통령은 법률이 정하는 바에 의하여 훈장 기타의 영전을 수여한다.

제81조 대통령은 국회에 출석하여 발언하거나 서한으로 의견을 표시할 수 있다.

제82조 대통령의 국법상 행위는 문서로써 하며, 이 문서에는 국무총리와 관계 국무위원이 부서한다. 군사에 관한 것도 또한 같다.

제83조 대통령은 국무총리·국무위원·행정각부의 장 기타 법률이 정하는 공사의 직을 겸할 수 없다.

제84조 대통령은 내란 또는 외환의 죄를 범한 경우를 제외하고는 재직중 형사상의 소추를 받지 아니한다.

제85조 전직대통령의 신분과 예우에 관하여는 법률로 정한다.

제2절 행정부
제1관 국무총리와 국무위원
제86조 ① 국무총리는 국회의 동의를 얻어 대통령이 임명한다.

② 국무총리는 대통령을 보좌하며, 행정에 관하여 대통령의 명을 받아 행정각부를 통할한다.

③ 군인은 현역을 면한 후가 아니면 국무총리로 임명될 수 없다.

제87조 ① 국무위원은 국무총리의 제청으로 대통령이 임명한다.

② 국무위원은 국정에 관하여 대통령을 보좌하며, 국무회의의 구성원으로서 국정을 심의한다.

③ 국무총리는 국무위원의 해임을 대통령에게 건의할 수 있다.

④ 군인은 현역을 면한 후가 아니면 국무위원으로 임명될 수 없다.

제2관 국무회의
제88조 ① 국무회의는 정부의 권한에 속하는 중요한 정책을 심의한다.

② 국무회의는 대통령·국무총리와 15인 이상 30인 이하의 국무위원으로 구성한다.

③ 대통령은 국무회의의 의장이 되고, 국무총리는 부의장이 된다.

제89조 다음 사항은 국무회의의 심의를 거쳐야 한다.

　1. 국정의 기본계획과 정부의 일반정책

　2. 선전·강화 기타 중요한 대외정책

　3. 헌법개정안·국민투표안·조약안·법률안 및 대통령령안

　4. 예산안·결산·국유재산처분의 기본계획·국가의 부담이 될 계약 기타 재정에 관한 중요사항

　5. 대통령의 긴급명령·긴급재정경제처분 및 명령 또는 계엄과 그 해제

　6. 군사에 관한 중요사항

　7. 국회의 임시회 집회의 요구

　8. 영전수여

　9. 사면·감형과 복권

　10. 행정각부간의 권한의 획정

　11. 정부안의 권한의 위임 또는 배정에 관한 기본계획

　12. 국정처리상황의 평가·분석

　13. 행정각부의 중요한 정책의 수립과 조정

　14. 정당해산의 제소

　15. 정부에 제출 또는 회부된 정부의 정책에 관계되는 청원의 심사

　16. 검찰총장·합동참모의장·각군참모총장·국립대학교총장·대사 기타 법률이 정한 공무원과 국영기업체 관리자의 임명

　17. 기타 대통령·국무총리 또는 국무위원이 제출한 사항

제90조 ① 국정의 중요한 사항에 관한 대통령의 자문에 응하기 위하여 국가원로로 구성되는 국가원로자문회의를 둘 수 있다.

② 국가원로자문회의의 의장은 직전대통령이 된다. 다만, 직전대통령이 없을 때에는 대통령이 지명한다.

③ 국가원로자문회의의 조직·직무범위 기타 필요한 사항은 법률로 정한다.

제91조 ① 국가안전보장에 관련되는 대외정책·군사정책과 국내정책의 수립에 관하여 국무회의의 심의에 앞서 대통령의 자문에 응하기 위하여 국가안전보장회의를 둔다.

② 국가안전보장회의는 대통령이 주재한다.

③ 국가안전보장회의의 조직·직무범위 기타 필요한 사항은 법률로 정한다.

제92조 ① 평화통일정책의 수립에 관한 대통령의 자문에 응하기 위하여 민주평화통일자문회의를 둘 수 있다.

② 민주평화통일자문회의의 조직·직무범위 기타 필요한 사항은 법률로 정한다.

제93조 ① 국민경제의 발전을 위한 중요정책의 수립에 관하여 대통령의 자문에 응하기 위하여 국민경제자문회의를 둘 수 있다.

② 국민경제자문회의의 조직·직무범위 기타 필요한 사항은 법률로 정한다.

제3관 행정각부

제94조 행정각부의 장은 국무위원 중에서 국무총리의 제청으로 대통령이 임명한다.

제95조 국무총리 또는 행정각부의 장은 소관사무에 관하여 법률이나 대통령령의 위임 또는 직권으로 총리령 또는 부령을 발할 수 있다.

제96조 행정각부의 설치·조직과 직무범위는 법률로 정한다.

제4관 감사원

제97조 국가의 세입·세출의 결산, 국가 및 법률이 정한 단체의 회계검사와 행정기관 및 공무원의 직무에 관한 감찰을 하기 위하여 대통령 소속하에 감사원을 둔다.

제98조 ① 감사원은 원장을 포함한 5인 이상 11인 이하의 감사위원으로 구성한다.

② 원장은 국회의 동의를 얻어 대통령이 임명하고, 그 임기는 4년으로 하며, 1차에 한하여 중임할 수 있다.

③ 감사위원은 원장의 제청으로 대통령이 임명하고, 그 임기는 4년으로 하며, 1차에 한하여 중임할 수 있다.

제99조 감사원은 세입·세출의 결산을 매년 검사하여 대통령과 차년도국회에 그 결과를 보고하여야 한다.

제100조 감사원의 조직·직무범위·감사위원의 자격·감사대상공무원의 범위 기타 필요한 사항은 법률로 정한다.

제5장 법원

제101조 ① 사법권은 법관으로 구성된 법원에 속한다.

② 법원은 최고법원인 대법원과 각급법원으로 조직된다.

③ 법관의 자격은 법률로 정한다.

제102조 ① 대법원에 부를 둘 수 있다.

② 대법원에 대법관을 둔다. 다만, 법률이 정하는 바에 의하여 대법관이 아닌 법관을 둘 수 있다.

③ 대법원과 각급법원의 조직은 법률로 정한다.

제103조 법관은 헌법과 법률에 의하여 그 양심에 따라 독립하여 심판한다.

제104조 ① 대법원장은 국회의 동의를 얻어 대통령이 임명한다.

② 대법관은 대법원장의 제청으로 국회의 동의를 얻어 대통령이 임명한다.

③ 대법원장과 대법관이 아닌 법관은 대법관회의의 동의를 얻어 대법원장이 임명한다.

제105조 ① 대법원장의 임기는 6년으로 하며, 중임할 수 없다.

② 대법관의 임기는 6년으로 하며, 법률이 정하는 바에 의하여 연임할 수 있다.

③ 대법원장과 대법관이 아닌 법관의 임기는 10년으로 하며, 법률이 정하는 바에 의하여 연임할 수 있다.

④ 법관의 정년은 법률로 정한다.

제106조 ① 법관은 탄핵 또는 금고 이상의 형의 선고에 의하지 아니하고는 파면되지 아니하며, 징계처분에 의하지 아니하고는 정직·감봉 기타 불리한 처분을 받지 아니한다.

② 법관이 중대한 심신상의 장해로 직무를 수행할 수 없을 때에는 법률이 정하는 바에 의하여 퇴직하게 할 수 있다.

제107조 ① 법률이 헌법에 위반되는 여부가 재판의 전제가 된 경우에는 법원은 헌법재판소에 제청하여 그 심판에 의하여 재판한다.

② 명령·규칙 또는 처분이 헌법이나 법률에 위반되는 여부가 재판의 전제가 된 경우에는 대법원은 이를 최종적으로 심사할 권한을 가진다.

③ 재판의 전심절차로서 행정심판을 할 수 있다. 행정심판의 절차는 법률로 정하되, 사법절차가 준용되어야 한다.

제108조 대법원은 법률에 저촉되지 아니하는 범위안에서 소송에 관한 절차, 법원의 내부규율과 사무처리에 관한 규칙을 제정할 수 있다.

제109조 재판의 심리와 판결은 공개한다. 다만, 심리는 국가의 안전보장 또는 안녕질서를 방해하거나 선량한 풍속을 해할 염려가 있을 때에는 법원의 결정으로 공개하지 아니할 수 있다.

제110조 ① 군사재판을 관할하기 위하여 특별법원으로서 군사법원을 둘 수 있다.

② 군사법원의 상고심은 대법원에서 관할한다.

③ 군사법원의 조직·권한 및 재판관의 자격은 법률로 정한다.

④ 비상계엄하의 군사재판은 군인·군무원의 범죄나 군사에 관한 간첩죄의 경우와 초병·초소·유독음식물공급·포로에 관한 죄중 법률이 정한 경우에 한하여 단심으로 할 수 있다. 다만, 사형을 선고한 경우에는 그러하지 아니하다.

제6장 헌법재판소

제111조 ① 헌법재판소는 다음 사항을 관장한다.

1. 법원의 제청에 의한 법률의 위헌여부 심판

2. 탄핵의 심판

3. 정당의 해산 심판

4. 국가기관 상호간, 국가기관과 지방자치단체간 및 지방자치단체 상호간의 권한쟁의에 관한 심판

5. 법률이 정하는 헌법소원에 관한 심판

② 헌법재판소는 법관의 자격을 가진 9인의 재판관으로 구성하며, 재판관은 대통령이 임명한다.

③ 제2항의 재판관중 3인은 국회에서 선출하는 자를, 3인은 대법원장이 지명하는 자를 임명한다.

④ 헌법재판소의 장은 국회의 동의를 얻어 재판관중에서 대통령이 임명한다.

제112조 ① 헌법재판소 재판관의 임기는 6년으로 하며, 법률이 정하는 바에 의하여 연임할 수 있다.

② 헌법재판소 재판관은 정당에 가입하거나 정치에 관여할 수 없다.

③ 헌법재판소 재판관은 탄핵 또는 금고 이상의 형의 선고에 의하지 아니하고는 파면되지 아니한다.

제113조 ① 헌법재판소에서 법률의 위헌결정, 탄핵의 결정, 정당해산의 결정 또는 헌법소원에 관한 인용결정을 할 때에는 재판관 6인 이상의 찬성이 있어야 한다.

② 헌법재판소는 법률에 저촉되지 아니하는 범위안에서 심판에 관한 절차, 내부규율과 사무처리에 관한 규칙을 제정할 수 있다.

③ 헌법재판소의 조직과 운영 기타 필요한 사항은 법률로 정한다.

제7장 선거관리

제114조 ① 선거와 국민투표의 공정한 관리 및 정당에 관한 사무를 처리하기 위하여 선거관리위원회를 둔다.

② 중앙선거관리위원회는 대통령이 임명하는 3인, 국회에서 선출하는 3인과 대법원장이 지명하는 3인의 위원으로 구성한다. 위원장은 위원중에서 호선한다.

③ 위원의 임기는 6년으로 한다.

④ 위원은 정당에 가입하거나 정치에 관여할 수 없다.

⑤ 위원은 탄핵 또는 금고 이상의 형의 선고에 의하지 아니하고는 파면되지 아니한다.

⑥ 중앙선거관리위원회는 법령의 범위안에서 선거관리·국민투표관리 또는 정당사무에 관한 규칙을 제정할 수 있으며, 법률에 저촉되지 아니하는 범위안에서 내부규율에 관한 규칙을 제정할 수 있다.

⑦ 각급 선거관리위원회의 조직·직무범위 기타 필요한 사항은 법률로 정한다.

제115조 ① 각급 선거관리위원회는 선거인명부의 작성등 선거사무와 국민투표사무에 관하여 관계 행정기관에 필요한 지시를 할 수 있다.

② 제1항의 지시를 받은 당해 행정기관은 이에 응하여야 한다.

제116조 ① 선거운동은 각급 선거관리위원회의 관리하에 법률이 정하는 범위안에서 하되, 균등한 기회가 보장되어야 한다.

② 선거에 관한 경비는 법률이 정하는 경우를 제외하고는 정당 또는 후보자에게 부담시킬 수 없다.

제8장 지방자치

제117조 ① 지방자치단체는 주민의 복리에 관한 사무를 처리하고 재산을 관리하며, 법령의 범위안에서 자치에 관한 규정을 제정할 수 있다.

② 지방자치단체의 종류는 법률로 정한다.

제118조 ① 지방자치단체에 의회를 둔다.

② 지방의회의 조직·권한·의원선거와 지방자치단체의 장의 선임방법 기타 지방자치단체의 조직과 운영에 관한 사항은 법률로 정한다.

제9장 경제

제119조 ① 대한민국의 경제질서는 개인과 기업의 경제상의 자유와 창의를 존중함을 기본으로 한다.

② 국가는 균형있는 국민경제의 성장 및 안정과 적정한 소득의 분배를 유지하고, 시장의 지배와 경제력의 남용을 방지하며, 경제주체간의 조화를 통한 경제의 민주화를 위하여 경제에 관한 규제와 조정을 할 수 있다.

제120조 ① 광물 기타 중요한 지하자원·수산자원·수력과 경제상 이용할 수 있는 자연력은 법률이 정하는 바

에 의하여 일정한 기간 그 채취·개발 또는 이용을 특허할 수 있다.

② 국토와 자원은 국가의 보호를 받으며, 국가는 그 균형있는 개발과 이용을 위하여 필요한 계획을 수립한다.

제121조 ① 국가는 농지에 관하여 경자유전의 원칙이 달성될 수 있도록 노력하여야 하며, 농지의 소작제도는 금지된다.

② 농업생산성의 제고와 농지의 합리적인 이용을 위하거나 불가피한 사정으로 발생하는 농지의 임대차와 위탁경영은 법률이 정하는 바에 의하여 인정된다.

제122조 국가는 국민 모두의 생산 및 생활의 기반이 되는 국토의 효율적이고 균형있는 이용·개발과 보전을 위하여 법률이 정하는 바에 의하여 그에 관한 필요한 제한과 의무를 과할 수 있다.

제123조 ① 국가는 농업 및 어업을 보호·육성하기 위하여 농·어촌종합개발과 그 지원등 필요한 계획을 수립·시행하여야 한다.

② 국가는 지역간의 균형있는 발전을 위하여 지역경제를 육성할 의무를 진다.

③ 국가는 중소기업을 보호·육성하여야 한다.

④ 국가는 농수산물의 수급균형과 유통구조의 개선에 노력하여 가격안정을 도모함으로써 농·어민의 이익을 보호한다.

⑤ 국가는 농·어민과 중소기업의 자조조직을 육성하여야 하며, 그 자율적 활동과 발전을 보장한다.

제124조 국가는 건전한 소비행위를 계도하고 생산품의 품질향상을 촉구하기 위한 소비자보호운동을 법률이 정하는 바에 의하여 보장한다.

제125조 국가는 대외무역을 육성하며, 이를 규제·조정할 수 있다.

제126조 국방상 또는 국민경제상 긴절한 필요로 인하여 법률이 정하는 경우를 제외하고는, 사영기업을 국유 또는 공유로 이전하거나 그 경영을 통제 또는 관리할 수 없다.

제127조 ① 국가는 과학기술의 혁신과 정보 및 인력의 개발을 통하여 국민경제의 발전에 노력하여야 한다.

② 국가는 국가표준제도를 확립한다.

③ 대통령은 제1항의 목적을 달성하기 위하여 필요한 자문기구를 둘 수 있다.

제10장 헌법개정

제128조 ① 헌법개정은 국회재적의원 과반수 또는 대통령의 발의로 제안된다.

② 대통령의 임기연장 또는 중임변경을 위한 헌법개정은 그 헌법개정 제안 당시의 대통령에 대하여는 효력이 없다.

제129조 제안된 헌법개정안은 대통령이 20일 이상의 기간 이를 공고하여야 한다.

제130조 ① 국회는 헌법개정안이 공고된 날로부터 60일 이내에 의결하여야 하며, 국회의 의결은 재적의원 3분의 2 이상의 찬성을 얻어야 한다.

② 헌법개정안은 국회가 의결한 후 30일 이내에 국민투표에 붙여 국회의원선거권자 과반수의 투표와 투표자 과반수의 찬성을 얻어야 한다.

③ 헌법개정안이 제2항의 찬성을 얻은 때에는 헌법개정은 확정되며, 대통령은 즉시 이를 공포하여야 한다.

부칙 〈제10호, 1987.10.29〉

제1조 이 헌법은 1988년 2월 25일부터 시행한다. 다만, 이 헌법을 시행하기 위하여 필요한 법률의 제정·개정

과 이 헌법에 의한 대통령 및 국회의원의 선거 기타 이 헌법시행에 관한 준비는 이 헌법시행 전에 할 수 있다.

제2조 ① 이 헌법에 의한 최초의 대통령선거는 이 헌법시행일 40일 전까지 실시한다.

② 이 헌법에 의한 최초의 대통령의 임기는 이 헌법시행일로부터 개시한다.

제3조 ① 이 헌법에 의한 최초의 국회의원선거는 이 헌법공포일로부터 6월 이내에 실시하며, 이 헌법에 의하여 선출된 최초의 국회의원의 임기는 국회의원선거후 이 헌법에 의한 국회의 최초의 집회일로부터 개시한다.

② 이 헌법공포 당시의 국회의원의 임기는 제1항에 의한 국회의 최초의 집회일 전일까지로 한다.

제4조 ① 이 헌법시행 당시의 공무원과 정부가 임명한 기업체의 임원은 이 헌법에 의하여 임명된 것으로 본다. 다만, 이 헌법에 의하여 선임방법이나 임명권자가 변경된 공무원과 대법원장 및 감사원장은 이 헌법에 의하여 후임자가 선임될 때까지 그 직무를 행하며, 이 경우 전임자인 공무원의 임기는 후임자가 선임되는 전일까지로 한다.

② 이 헌법시행 당시의 대법원장과 대법원판사가 아닌 법관은 제1항 단서의 규정에 불구하고 이 헌법에 의하여 임명된 것으로 본다.

③ 이 헌법중 공무원의 임기 또는 중임제한에 관한 규정은 이 헌법에 의하여 그 공무원이 최초로 선출 또는 임명된 때로부터 적용한다.

제5조 이 헌법시행 당시의 법령과 조약은 이 헌법에 위배되지 아니하는 한 그 효력을 지속한다.

제6조 이 헌법시행 당시에 이 헌법에 의하여 새로 설치될 기관의 권한에 속하는 직무를 행하고 있는 기관은 이 헌법에 의하여 새로운 기관이 설치될 때까지 존속하며 그 직무를 행한다.

형의 집행 및 수용자의 처우에 관한 법률

[시행 2022. 12. 27.] [법률 제19105호, 2022. 12. 27., 일부개정]

제1편 총 칙

제1조(목적) 이 법은 수형자의 교정교화와 건전한 사회복귀를 도모하고, 수용자의 처우와 권리 및 교정시설의 운영에 관하여 필요한 사항을 규정함을 목적으로 한다.

제2조(정의) 이 법에서 사용하는 용어의 뜻은 다음과 같다. 〈개정 2016. 12. 2〉

1. "수용자"란 수형자 · 미결수용자 · 사형확정자 등 법률과 적법한 절차에 따라 교도소 · 구치소 및 그 지소(이하 "교정시설"이라 한다)에 수용된 사람을 말한다.

2. "수형자"란 징역형 · 금고형 또는 구류형의 선고를 받아 그 형이 확정되어 교정시설에 수용된 사람과 벌금 또는 과료를 완납하지 아니하여 노역장 유치명령을 받아 교정시설에 수용된 사람을 말한다.

3. "미결수용자"란 형사피의자 또는 형사피고인으로서 체포되거나 구속영장의 집행을 받아 교정시설에 수용된 사람을 말한다.

4. "사형확정자"란 사형의 선고를 받아 그 형이 확정되어 교정시설에 수용된 사람을 말한다.

제3조(적용범위) 이 법은 교정시설의 구내와 교도관이 수용자를 계호(戒護)하고 있는 그 밖의 장소로서 교도관의 통제가 요구되는 공간에 대하여 적용한다.

제4조(인권의 존중) 이 법을 집행하는 때에 수용자의 인권은 최대한으로 존중되어야 한다.

제5조(차별금지) 수용자는 합리적인 이유 없이 성별, 종교, 장애, 나이, 사회적 신분, 출신지역, 출신국가, 출신민족, 용모 등 신체조건, 병력(病歷), 혼인 여부, 정치적 의견 및 성적(性的) 지향 등을 이유로 차별받지 아니한다.

제5조의2(기본계획의 수립) ① 법무부장관은 이 법의 목적을 효율적으로 달성하기 위하여 5년마다 형의 집행 및 수용자 처우에 관한 기본계획(이하 "기본계획"이라 한다)을 수립하고 추진하여야 한다.

② 기본계획에는 다음 각 호의 사항이 포함되어야 한다.

1. 형의 집행 및 수용자 처우에 관한 기본 방향

2. 인구 · 범죄의 증감 및 수사 또는 형 집행의 동향 등 교정시설의 수요 증감에 관한 사항

3. 교정시설의 수용 실태 및 적정한 규모의 교정시설 유지 방안

4. 수용자에 대한 처우 및 교정시설의 유지 · 관리를 위한 적정한 교도관 인력 확충 방안

5. 교도작업과 직업훈련의 현황, 수형자의 건전한 사회복귀를 위한 작업설비 및 프로그램의 확충 방안

6. 수형자의 교육 · 교화 및 사회적응에 필요한 프로그램의 추진방향

7. 수용자 인권보호 실태와 인권 증진 방안

8. 교정사고의 발생 유형 및 방지에 필요한 사항

9. 형의 집행 및 수용자 처우와 관련하여 관계 기관과의 협력에 관한 사항

10. 그 밖에 법무부장관이 필요하다고 인정하는 사항

③ 법무부장관은 기본계획을 수립 또는 변경하려는 때에는 법원, 검찰 및 경찰 등 관계 기관과 협의하여야 한다.

④ 법무부장관은 기본계획을 수립하기 위하여 실태조사와 수요예측 조사를 실시할 수 있다.

⑤ 법무부장관은 기본계획을 수립하기 위하여 필요하다고 인정하는 경우에는 관계 기관의 장에게 필요한 자료를 요청할 수 있다. 이 경우 자료를 요청받은 관계 기관의 장은 특별한 사정이 없으면 요청에 따라야 한다.

[본조신설 2019. 4. 23.]

제5조의3(협의체의 설치 및 운영) ① 법무부장관은 형의 집행 및 수용자 처우에 관한 사항을 협의하기 위하여 법원, 검찰 및 경찰 등 관계 기관과 협의체를 설치하여 운영할 수 있다.

② 제1항에 따른 협의체의 설치 및 운영 등에 필요한 사항은 대통령령으로 정한다.

[본조신설 2019. 4. 23.]

제6조(교정시설의 규모 및 설비) ① 신설하는 교정시설은 수용인원이 500명 이내의 규모가 되도록 하여야 한다. 다만, 교정시설의 기능·위치나 그 밖의 사정을 고려하여 그 규모를 늘릴 수 있다. 〈개정 2020. 2. 4.〉

② 교정시설의 거실·작업장·접견실이나 그 밖의 수용생활을 위한 설비는 그 목적과 기능에 맞도록 설치되어야 한다. 특히, 거실은 수용자가 건강하게 생활할 수 있도록 적정한 수준의 공간과 채광·통풍·난방을 위한 시설이 갖추어져야 한다.

③ 법무부장관은 수용자에 대한 처우 및 교정시설의 유지·관리를 위한 적정한 인력을 확보하여야 한다. 〈신설 2019. 4. 23.〉

제7조(교정시설 설치·운영의 민간위탁) ① 법무부장관은 교정시설의 설치 및 운영에 관한 업무의 일부를 법인 또는 개인에게 위탁할 수 있다.

② 제1항에 따라 위탁을 받을 수 있는 법인 또는 개인의 자격요건, 교정시설의 시설기준, 수용대상자의 선정기준, 수용자 처우의 기준, 위탁절차, 국가의 감독, 그 밖에 필요한 사항은 따로 법률로 정한다.

제8조(교정시설의 순회점검) 법무부장관은 교정시설의 운영, 교도관의 복무, 수용자의 처우 및 인권실태 등을 파악하기 위하여 매년 1회 이상 교정시설을 순회점검하거나 소속 공무원으로 하여금 순회점검하게 하여야 한다. 〈개정 2016. 5. 29.〉

제9조(교정시설의 시찰 및 참관) ① 판사와 검사는 직무상 필요하면 교정시설을 시찰할 수 있다.

② 제1항의 판사와 검사 외의 사람은 교정시설을 참관하려면 학술연구 등 정당한 이유를 명시하여 교정시설의 장(이하 "소장"이라 한다)의 허가를 받아야 한다.

제10조(교도관의 직무) 이 법에 규정된 사항 외에 교도관의 직무에 관하여는 따로 법률로 정한다.

제2편 수용자의 처우

제1장 수용

제11조(구분수용) ① 수용자는 다음 각 호에 따라 구분하여 수용한다. 〈개정 2008. 12. 11.〉

1. 19세 이상 수형자: 교도소

2. 19세 미만 수형자: 소년교도소

3. 미결수용자: 구치소

4. 사형확정자: 교도소 또는 구치소. 이 경우 구체적인 구분 기준은 법무부령으로 정한다.

② 교도소 및 구치소의 각 지소에는 교도소 또는 구치소에 준하여 수용자를 수용한다.

제12조(구분수용의 예외) ① 다음 각 호의 어느 하나에 해당하는 사유가 있으면 교도소에 미결수용자를 수용할 수 있다.

1. 관할 법원 및 검찰청 소재지에 구치소가 없는 때

2. 구치소의 수용인원이 정원을 훨씬 초과하여 정상적인 운영이 곤란한 때

3. 범죄의 증거인멸을 방지하기 위하여 필요하거나 그 밖에 특별한 사정이 있는 때

② 취사 등의 작업을 위하여 필요하거나 그 밖에 특별한 사정이 있으면 구치소에 수형자를 수용할 수 있다.

③ 수형자가 소년교도소에 수용 중에 19세가 된 경우에도 교육·교화프로그램, 작업, 직업훈련 등을 실시하기 위하여 특히 필요하다고 인정되면 23세가 되기 전까지는 계속하여 수용할 수 있다. 〈개정 2008. 12. 11.〉

④ 소장은 특별한 사정이 있으면 제11조의 구분수용 기준에 따라 다른 교정시설로 이송하여야 할 수형자를 6개월을 초과하지 아니하는 기간 동안 계속하여 수용할 수 있다.

제13조(분리수용) ① 남성과 여성은 분리하여 수용한다.

② 제12조에 따라 수형자와 미결수용자, 19세 이상의 수형자와 19세 미만의 수형자를 같은 교정시설에 수용하는 경우에는 서로 분리하여 수용한다. 〈개정 2008. 12. 11.〉

제14조(독거수용) 수용자는 독거수용한다. 다만, 다음 각 호의 어느 하나에 해당하는 사유가 있으면 혼거수용할 수 있다.

1. 독거실 부족 등 시설여건이 충분하지 아니한 때

2. 수용자의 생명 또는 신체의 보호, 정서적 안정을 위하여 필요한 때

3. 수형자의 교화 또는 건전한 사회복귀를 위하여 필요한 때

제15조(수용거실 지정) 소장은 수용자의 거실을 지정하는 경우에는 죄명·형기·죄질·성격·범죄전력·나이·경력 및 수용생활 태도, 그 밖에 수용자의 개인적 특성을 고려하여야 한다.

제16조(신입자의 수용 등) ① 소장은 법원·검찰청·경찰관서 등으로부터 처음으로 교정시설에 수용되는 사람(이하 "신입자"라 한다)에 대하여는 집행지휘서, 재판서, 그 밖에 수용에 필요한 서류를 조사한 후 수용한다.

② 소장은 신입자에 대하여는 지체 없이 신체·의류 및 휴대품을 검사하고 건강진단을 하여야 한다. 〈개정 2017. 12. 19.〉

③ 신입자는 제2항에 따라 소장이 실시하는 검사 및 건강진단을 받아야 한다. 〈신설 2015. 3. 27., 2017. 12. 19.〉

제16조의2(간이입소절차) 다음 각 호의 어느 하나에 해당하는 신입자의 경우에는 법무부장관이 정하는 바에 따라 간이입소절차를 실시한다.

1. 「형사소송법」 제200조의2, 제200조의3 또는 제212조에 따라 체포되어 교정시설에 유치된 피의자

2. 「형사소송법」 제201조의2제10항 및 제71조의2에 따른 구속영장 청구에 따라 피의자 심문을 위하여 교정시설에 유치된 피의자

[본조신설 2017. 12. 19.]

제17조(고지사항) 신입자 및 다른 교정시설로부터 이송되어 온 사람에게는 말이나 서면으로 다음 각 호의 사항을 알려 주어야 한다. 〈개정 2020. 2. 4.〉

1. 형기의 기산일 및 종료일

2. 접견·편지, 그 밖의 수용자의 권리에 관한 사항

3. 청원, 「국가인권위원회법」에 따른 진정, 그 밖의 권리구제에 관한 사항

4. 징벌·규율, 그 밖의 수용자의 의무에 관한 사항

5. 일과(日課) 그 밖의 수용생활에 필요한 기본적인 사항

제18조(수용의 거절) ① 소장은 다른 사람의 건강에 위해를 끼칠 우려가 있는 감염병에 걸린 사람의 수용을 거절할 수 있다. 〈개정 2009. 12. 29.〉

② 소장은 제1항에 따라 수용을 거절하였으면 그 사유를 지체 없이 수용지휘기관과 관할 보건소장에게 통보하고 법무부장관에게 보고하여야 한다.

제19조(사진촬영 등) ① 소장은 신입자 및 다른 교정시설로부터 이송되어 온 사람에 대하여 다른 사람과의 식별을 위하여 필요한 한도에서 사진촬영, 지문채취, 수용자 번호지정, 그 밖에 대통령령으로 정하는 조치를 하여야 한다.

② 소장은 수용목적상 필요하면 수용 중인 사람에 대하여도 제1항의 조치를 할 수 있다.

제20조(수용자의 이송) ① 소장은 수용자의 수용·작업·교화·의료, 그 밖의 처우를 위하여 필요하거나 시설의 안전과 질서유지를 위하여 필요하다고 인정하면 법무부장관의 승인을 받아 수용자를 다른 교정시설로 이송할 수 있다.

② 법무부장관은 제1항의 이송승인에 관한 권한을 대통령령으로 정하는 바에 따라 지방교정청장에게 위임할 수 있다.

제21조(수용사실의 알림) 소장은 신입자 또는 다른 교정시설로부터 이송되어 온 사람이 있으면 그 사실을 수용자의 가족(배우자, 직계 존속·비속 또는 형제자매를 말한다. 이하 같다)에게 지체 없이 알려야 한다. 다만, 수용자가 알리는 것을 원하지 아니하면 그러하지 아니하다. 〈개정 2020. 2. 4.〉

[제목개정 2020. 2. 4.]

제2장 물품지급

제22조(의류 및 침구 등의 지급) ① 소장은 수용자에게 건강유지에 적합한 의류·침구, 그 밖의 생활용품을 지급한다.

② 의류·침구, 그 밖의 생활용품의 지급기준 등에 관하여 필요한 사항은 법무부령으로 정한다.

제23조(음식물의 지급) ① 소장은 수용자에게 건강상태, 나이, 부과된 작업의 종류, 그 밖의 개인적 특성을 고려하여 건강 및 체력을 유지하는 데에 필요한 음식물을 지급한다.

② 음식물의 지급기준 등에 관하여 필요한 사항은 법무부령으로 정한다.

제24조(물품의 자비구매) ① 수용자는 소장의 허가를 받아 자신의 비용으로 음식물·의류·침구, 그 밖에 수용생활에 필요한 물품을 구매할 수 있다.

② 물품의 자비구매 허가범위 등에 관하여 필요한 사항은 법무부령으로 정한다.

제3장 금품관리

제25조(휴대금품의 보관 등) ① 소장은 수용자의 휴대금품을 교정시설에 보관한다. 다만, 휴대품이 다음 각 호의 어느 하나에 해당하는 것이면 수용자로 하여금 자신이 지정하는 사람에게 보내게 하거나 그 밖에 적당한 방법으로 처분하게 할 수 있다. 〈개정 2020. 2. 4.〉

1. 썩거나 없어질 우려가 있는 것

2. 물품의 종류·크기 등을 고려할 때 보관하기에 적당하지 아니한 것

3. 사람의 생명 또는 신체에 위험을 초래할 우려가 있는 것

4. 시설의 안전 또는 질서를 해칠 우려가 있는 것

5. 그 밖에 보관할 가치가 없는 것

② 소장은 수용자가 제1항 단서에 따라 처분하여야 할 휴대품을 상당한 기간 내에 처분하지 아니하면 폐기할 수 있다.

[제목개정 2020. 2. 4.]

제26조(수용자가 지니는 물품 등) ① 수용자는 편지·도서, 그 밖에 수용생활에 필요한 물품을 법무부장관이 정하는 범위에서 지닐 수 있다. 〈개정 2020. 2. 4.〉

② 소장은 제1항에 따라 법무부장관이 정하는 범위를 벗어난 물품으로서 교정시설에 특히 보관할 필요가 있다고 인정하지 아니하는 물품은 수용자로 하여금 자신이 지정하는 사람에게 보내게 하거나 그 밖에 적당한 방법으로 처분하게 할 수 있다. 〈개정 2020. 2. 4.〉

③ 소장은 수용자가 제2항에 따라 처분하여야 할 물품을 상당한 기간 내에 처분하지 아니하면 폐기할 수 있다.

[제목개정 2020. 2. 4.]

제27조(수용자에 대한 금품 전달) ① 수용자 외의 사람이 수용자에게 금품을 건네줄 것을 신청하는 때에는 소장은 다음 각 호의 어느 하나에 해당하지 아니하면 허가하여야 한다. 〈개정 2020. 2. 4.〉

1. 수형자의 교화 또는 건전한 사회복귀를 해칠 우려가 있는 때

2. 시설의 안전 또는 질서를 해칠 우려가 있는 때

② 소장은 수용자 외의 사람이 수용자에게 주려는 금품이 제1항 각 호의 어느 하나에 해당하거나 수용자가 금품을 받지 아니하려는 경우에는 해당 금품을 보낸 사람에게 되돌려 보내야 한다. 〈개정 2020. 2. 4.〉

③ 소장은 제2항의 경우에 금품을 보낸 사람을 알 수 없거나 보낸 사람의 주소가 불분명한 경우에는 금품을 다시 가지고 갈 것을 공고하여야 하며, 공고한 후 6개월이 지나도 금품을 돌려달라고 청구하는 사람이 없으면 그 금품은 국고에 귀속된다. 〈개정 2020. 2. 4.〉

④ 소장은 제2항 또는 제3항에 따른 조치를 하였으면 그 사실을 수용자에게 알려 주어야 한다.

[제목개정 2020. 2. 4.]

제28조(유류금품의 처리) ① 소장은 사망자 또는 도주자가 남겨두고 간 금품이 있으면 사망자의 경우에는 그 상속인에게, 도주자의 경우에는 그 가족에게 그 내용 및 청구절차 등을 알려 주어야 한다. 다만, 썩거나 없어질 우려가 있는 것은 폐기할 수 있다. 〈개정 2020. 2. 4.〉

② 소장은 상속인 또는 가족이 제1항의 금품을 내어달라고 청구하면 지체 없이 내어주어야 한다. 다만, 제1항에 따른 알림을 받은 날(알려줄 수가 없는 경우에는 청구사유가 발생한 날)부터 1년이 지나도 청구하지 아니하면 그 금품은 국고에 귀속된다. 〈개정 2020. 2. 4.〉

[제목개정 2020. 2. 4.]

제29조(보관금품의 반환 등) ① 소장은 수용자가 석방될 때 제25조에 따라 보관하고 있던 수용자의 휴대금품을 본인에게 돌려주어야 한다. 다만, 보관품을 한꺼번에 가져가기 어려운 경우 등 특별한 사정이 있어 수용자가 석방 시 소장에게 일정 기간 동안(1개월 이내의 범위로 한정한다) 보관품을 보관하여 줄 것을 신청하는 경우에는 그러하지 아니하다. 〈개정 2020. 2. 4.〉

② 제1항 단서에 따른 보관 기간이 지난 보관품에 관하여는 제28조를 준용한다. 이 경우 "사망자" 및 "도주

자"는 "피석방자"로, "금품"은 "보관품"으로, "상속인" 및 "가족"은 "피석방자 본인 또는 가족"으로 본다. 〈개정 2020. 2. 4.〉

[전문개정 2015. 3. 27.]

[제목개정 2020. 2. 4.]

제4장 위생과 의료

제30조(위생·의료 조치의무) 소장은 수용자가 건강한 생활을 하는 데에 필요한 위생 및 의료상의 적절한 조치를 하여야 한다.

제31조(청결유지) 소장은 수용자가 사용하는 모든 설비와 기구가 항상 청결하게 유지되도록 하여야 한다.

제32조(청결의무) ① 수용자는 자신의 신체 및 의류를 청결히 하여야 하며, 자신이 사용하는 거실·작업장, 그 밖의 수용시설의 청결유지에 협력하여야 한다.

② 수용자는 위생을 위하여 머리카락과 수염을 단정하게 유지하여야 한다. 〈개정 2020. 2. 4.〉

제33조(운동 및 목욕) ① 소장은 수용자가 건강유지에 필요한 운동 및 목욕을 정기적으로 할 수 있도록 하여야 한다.

② 운동시간·목욕횟수 등에 관하여 필요한 사항은 대통령령으로 정한다.

제34조(건강검진) ① 소장은 수용자에 대하여 건강검진을 정기적으로 하여야 한다.

② 건강검진의 횟수 등에 관하여 필요한 사항은 대통령령으로 정한다.

제35조(감염병 등에 관한 조치) 소장은 감염병이나 그 밖에 감염의 우려가 있는 질병의 발생과 확산을 방지하기 위하여 필요한 경우 수용자에 대하여 예방접종·격리수용·이송, 그 밖에 필요한 조치를 하여야 한다. 〈개정 2016. 12. 2.〉

[제목개정 2016. 12. 2.]

제36조(부상자 등 치료) ① 소장은 수용자가 부상을 당하거나 질병에 걸리면 적절한 치료를 받도록 하여야 한다. 〈개정 2010. 5. 4.〉

② 제1항의 치료를 위하여 교정시설에 근무하는 간호사는 야간 또는 공휴일 등에 「의료법」 제27조에도 불구하고 대통령령으로 정하는 경미한 의료행위를 할 수 있다. 〈신설 2010. 5. 4.〉

제37조(외부의료시설 진료 등) ① 소장은 수용자에 대한 적절한 치료를 위하여 필요하다고 인정하면 교정시설 밖에 있는 의료시설(이하 "외부의료시설"이라 한다)에서 진료를 받게 할 수 있다.

② 소장은 수용자의 정신질환 치료를 위하여 필요하다고 인정하면 법무부장관의 승인을 받아 치료감호시설로 이송할 수 있다.

③ 제2항에 따라 이송된 사람은 수용자에 준하여 처우한다.

④ 소장은 제1항 또는 제2항에 따라 수용자가 외부의료시설에서 진료받거나 치료감호시설로 이송되면 그 사실을 그 가족(가족이 없는 경우에는 수용자가 지정하는 사람)에게 지체 없이 알려야 한다. 다만, 수용자가 알리는 것을 원하지 아니하면 그러하지 아니하다. 〈개정 2020. 2. 4.〉

⑤ 소장은 수용자가 자신의 고의 또는 중대한 과실로 부상 등이 발생하여 외부의료시설에서 진료를 받은 경우에는 그 진료비의 전부 또는 일부를 그 수용자에게 부담하게 할 수 있다.

제38조(자비치료) 소장은 수용자가 자신의 비용으로 외부의료시설에서 근무하는 의사(이하 "외부의사"라 한다)에게 치료받기를 원하면 교정시설에 근무하는 의사(공중보건의사를 포함하며, 이하 "의무관"이라 한다)의 의

견을 고려하여 이를 허가할 수 있다.

제39조(진료환경 등) ① 교정시설에는 수용자의 진료를 위하여 필요한 의료 인력과 설비를 갖추어야 한다.

② 소장은 정신질환이 있다고 의심되는 수용자가 있으면 정신건강의학과 의사의 진료를 받을 수 있도록 하여야 한다. 〈개정 2011. 8. 4.〉

③ 외부의사는 수용자를 진료하는 경우에는 법무부장관이 정하는 사항을 준수하여야 한다.

④ 교정시설에 갖추어야 할 의료설비의 기준에 관하여 필요한 사항은 법무부령으로 정한다.

제40조(수용자의 의사에 반하는 의료조치) ① 소장은 수용자가 진료 또는 음식물의 섭취를 거부하면 의무관으로 하여금 관찰·조언 또는 설득을 하도록 하여야 한다.

② 소장은 제1항의 조치에도 불구하고 수용자가 진료 또는 음식물의 섭취를 계속 거부하여 그 생명에 위험을 가져올 급박한 우려가 있으면 의무관으로 하여금 적당한 진료 또는 영양보급 등의 조치를 하게 할 수 있다.

제5장 접견·편지수수(便紙授受) 및 전화통화 〈개정 2020. 2. 4.〉

제41조(접견) ① 수용자는 교정시설의 외부에 있는 사람과 접견할 수 있다. 다만, 다음 각 호의 어느 하나에 해당하는 사유가 있으면 그러하지 아니하다.

1. 형사 법령에 저촉되는 행위를 할 우려가 있는 때

2. 「형사소송법」이나 그 밖의 법률에 따른 접견금지의 결정이 있는 때

3. 수형자의 교화 또는 건전한 사회복귀를 해칠 우려가 있는 때

4. 시설의 안전 또는 질서를 해칠 우려가 있는 때

② 수용자의 접견은 접촉차단시설이 설치된 장소에서 하게 한다. 다만, 다음 각 호의 어느 하나에 해당하는 경우에는 접촉차단시설이 설치되지 아니한 장소에서 접견하게 한다. 〈신설 2019. 4. 23., 2022. 12. 27.〉

1. 미결수용자(형사사건으로 수사 또는 재판을 받고 있는 수형자와 사형확정자를 포함한다)가 변호인(변호인이 되려는 사람을 포함한다. 이하 같다)과 접견하는 경우

2. 수용자가 소송사건의 대리인인 변호사와 접견하는 경우 등 수용자의 재판청구권 등을 실질적으로 보장하기 위하여 대통령령으로 정하는 경우로서 교정시설의 안전 또는 질서를 해칠 우려가 없는 경우

③ 제2항에도 불구하고 다음 각 호의 어느 하나에 해당하는 경우에는 접촉차단시설이 설치되지 아니한 장소에서 접견하게 할 수 있다. 〈신설 2019. 4. 23.〉

1. 수용자가 미성년자인 자녀와 접견하는 경우

2. 그 밖에 대통령령으로 정하는 경우

④ 소장은 다음 각 호의 어느 하나에 해당하는 사유가 있으면 교도관으로 하여금 수용자의 접견내용을 청취·기록·녹음 또는 녹화하게 할 수 있다. 〈개정 2019. 4. 23.〉

1. 범죄의 증거를 인멸하거나 형사 법령에 저촉되는 행위를 할 우려가 있는 때

2. 수형자의 교화 또는 건전한 사회복귀를 위하여 필요한 때

3. 시설의 안전과 질서유지를 위하여 필요한 때

⑤ 제4항에 따라 녹음·녹화하는 경우에는 사전에 수용자 및 그 상대방에게 그 사실을 알려 주어야 한다. 〈개정 2019. 4. 23.〉

⑥ 접견의 횟수·시간·장소·방법 및 접견내용의 청취·기록·녹음·녹화 등에 관하여 필요한 사항은 대통령령으로 정한다. 〈개정 2019. 4. 23.〉

제42조(접견의 중지 등) 교도관은 접견 중인 수용자 또는 그 상대방이 다음 각 호의 어느 하나에 해당하면 접견을 중지할 수 있다.

1. 범죄의 증거를 인멸하거나 인멸하려고 하는 때

2. 제92조의 금지물품을 주고받거나 주고받으려고 하는 때

3. 형사 법령에 저촉되는 행위를 하거나 하려고 하는 때

4. 수용자의 처우 또는 교정시설의 운영에 관하여 거짓사실을 유포하는 때

5. 수형자의 교화 또는 건전한 사회복귀를 해칠 우려가 있는 행위를 하거나 하려고 하는 때

6. 시설의 안전 또는 질서를 해하는 행위를 하거나 하려고 하는 때

제43조(편지수수) ① 수용자는 다른 사람과 편지를 주고받을 수 있다. 다만, 다음 각 호의 어느 하나에 해당하는 사유가 있으면 그러하지 아니하다. 〈개정 2020. 2. 4.〉

1. 「형사소송법」이나 그 밖의 법률에 따른 편지의 수수금지 및 압수의 결정이 있는 때

2. 수형자의 교화 또는 건전한 사회복귀를 해칠 우려가 있는 때

3. 시설의 안전 또는 질서를 해칠 우려가 있는 때

② 제1항 각 호 외의 부분 본문에도 불구하고 같은 교정시설의 수용자 간에 편지를 주고받으려면 소장의 허가를 받아야 한다. 〈개정 2020. 2. 4.〉

③ 소장은 수용자가 주고받는 편지에 법령에 따라 금지된 물품이 들어 있는지 확인할 수 있다. 〈개정 2020. 2. 4.〉

④ 수용자가 주고받는 편지의 내용은 검열받지 아니한다. 다만, 다음 각 호의 어느 하나에 해당하는 사유가 있으면 그러하지 아니하다. 〈개정 2020. 2. 4.〉

1. 편지의 상대방이 누구인지 확인할 수 없는 때

2. 「형사소송법」이나 그 밖의 법률에 따른 편지검열의 결정이 있는 때

3. 제1항제2호 또는 제3호에 해당하는 내용이나 형사 법령에 저촉되는 내용이 기재되어 있다고 의심할 만한 상당한 이유가 있는 때

4. 대통령령으로 정하는 수용자 간의 편지인 때

⑤ 소장은 제3항 또는 제4항 단서에 따라 확인 또는 검열한 결과 수용자의 편지에 법령으로 금지된 물품이 들어 있거나 편지의 내용이 다음 각 호의 어느 하나에 해당하면 발신 또는 수신을 금지할 수 있다. 〈개정 2020. 2. 4.〉

1. 암호·기호 등 이해할 수 없는 특수문자로 작성되어 있는 때

2. 범죄의 증거를 인멸할 우려가 있는 때

3. 형사 법령에 저촉되는 내용이 기재되어 있는 때

4. 수용자의 처우 또는 교정시설의 운영에 관하여 명백한 거짓사실을 포함하고 있는 때

5. 사생활의 비밀 또는 자유를 침해할 우려가 있는 때

6. 수형자의 교화 또는 건전한 사회복귀를 해칠 우려가 있는 때

7. 시설의 안전 또는 질서를 해칠 우려가 있는 때

⑥ 소장이 편지를 발송하거나 내어주는 경우에는 신속히 하여야 한다. 〈개정 2020. 2. 4.〉

⑦ 소장은 제1항 단서 또는 제5항에 따라 발신 또는 수신이 금지된 편지는 그 구체적인 사유를 서면으로 작성해 관리하고, 수용자에게 그 사유를 알린 후 교정시설에 보관한다. 다만, 수용자가 동의하면 폐기할 수 있다. 〈개정 2019. 4. 23., 2020. 2. 4.〉

⑧ 편지발송의 횟수, 편지 내용물의 확인방법 및 편지 내용의 검열절차 등에 관하여 필요한 사항은 대통령령

으로 정한다. 〈개정 2020. 2. 4.〉

[제목개정 2020. 2. 4.]

제44조(전화통화) ① 수용자는 소장의 허가를 받아 교정시설의 외부에 있는 사람과 전화통화를 할 수 있다.

② 제1항에 따른 허가에는 통화내용의 청취 또는 녹음을 조건으로 붙일 수 있다.

③ 제42조는 수용자의 전화통화에 관하여 준용한다.

④ 제2항에 따라 통화내용을 청취 또는 녹음하려면 사전에 수용자 및 상대방에게 그 사실을 알려 주어야 한다.

⑤ 전화통화의 허가범위, 통화내용의 청취 · 녹음 등에 관하여 필요한 사항은 법무부령으로 정한다.

제6장 종교와 문화

제45조(종교행사의 참석 등) ① 수용자는 교정시설의 안에서 실시하는 종교의식 또는 행사에 참석할 수 있으며, 개별적인 종교상담을 받을 수 있다.

② 수용자는 자신의 신앙생활에 필요한 책이나 물품을 지닐 수 있다. 〈개정 2020. 2. 4.〉

③ 소장은 다음 각 호의 어느 하나에 해당하는 사유가 있으면 제1항 및 제2항에서 규정하고 있는 사항을 제한할 수 있다.

1. 수형자의 교화 또는 건전한 사회복귀를 위하여 필요한 때

2. 시설의 안전과 질서유지를 위하여 필요한 때

④ 종교행사의 종류 · 참석대상 · 방법, 종교상담의 대상 · 방법 및 종교도서 · 물품을 지닐 수 있는 범위 등에 관하여 필요한 사항은 법무부령으로 정한다. 〈개정 2020. 2. 4.〉

제46조(도서비치 및 이용) 소장은 수용자의 지식함양 및 교양습득에 필요한 도서를 비치하고 수용자가 이용할 수 있도록 하여야 한다.

제47조(신문등의 구독) ① 수용자는 자신의 비용으로 신문 · 잡지 또는 도서(이하 "신문등" 이라 한다)의 구독을 신청할 수 있다.

② 소장은 제1항에 따라 구독을 신청한 신문 등이 「출판문화산업 진흥법」에 따른 유해간행물인 경우를 제외하고는 구독을 허가하여야 한다.

③ 제1항에 따라 구독을 신청할 수 있는 신문등의 범위 및 수량은 법무부령으로 정한다.

제48조(라디오 청취와 텔레비전 시청) ① 수용자는 정서안정 및 교양습득을 위하여 라디오 청취와 텔레비전 시청을 할 수 있다.

② 소장은 다음 각 호의 어느 하나에 해당하는 사유가 있으면 수용자에 대한 라디오 및 텔레비전의 방송을 일시 중단하거나 개별 수용자에 대하여 라디오 및 텔레비전의 청취 또는 시청을 금지할 수 있다.

1. 수형자의 교화 또는 건전한 사회복귀를 해칠 우려가 있는 때

2. 시설의 안전과 질서유지를 위하여 필요한 때

③ 방송설비 · 방송프로그램 · 방송시간 등에 관하여 필요한 사항은 법무부령으로 정한다.

제49조(집필) ① 수용자는 문서 또는 도화(圖畵)를 작성하거나 문예 · 학술, 그 밖의 사항에 관하여 집필할 수 있다. 다만, 소장이 시설의 안전 또는 질서를 해칠 명백한 위험이 있다고 인정하는 경우는 예외로 한다. 〈개정 2020. 2. 4.〉

② 제1항에 따라 작성 또는 집필한 문서나 도화(圖畵)를 지니거나 처리하는 것에 관하여는 제26조를 준용한다. 〈개정 2020. 2. 4.〉

③ 제1항에 따라 작성 또는 집필한 문서나 도화가 제43조제5항 각 호의 어느 하나에 해당하면 제43조제7항을 준용한다.

④ 집필용구의 관리, 집필의 시간·장소, 집필한 문서 또는 도화의 외부반출 등에 관하여 필요한 사항은 대통령령으로 정한다.

제7장 특별한 보호

제50조(여성수용자의 처우) ① 소장은 여성수용자에 대하여 여성의 신체적·심리적 특성을 고려하여 처우하여야 한다.

② 소장은 여성수용자에 대하여 건강검진을 실시하는 경우에는 나이·건강 등을 고려하여 부인과질환에 관한 검사를 포함시켜야 한다. 〈개정 2014. 12. 30.〉

③ 소장은 생리 중인 여성수용자에 대하여는 위생에 필요한 물품을 지급하여야 한다. 〈개정 2014. 12. 30.〉

④ 삭제 〈2019. 4. 23.〉

제51조(여성수용자 처우 시의 유의사항) ① 소장은 여성수용자에 대하여 상담·교육·작업 등(이하 이 조에서 "상담등"이라 한다)을 실시하는 때에는 여성교도관이 담당하도록 하여야 한다. 다만, 여성교도관이 부족하거나 그 밖의 부득이한 사정이 있으면 그러하지 아니하다.

② 제1항 단서에 따라 남성교도관이 1인의 여성수용자에 대하여 실내에서 상담등을 하려면 투명한 창문이 설치된 장소에서 다른 여성을 입회시킨 후 실시하여야 한다.

제52조(임산부인 수용자의 처우) ① 소장은 수용자가 임신 중이거나 출산(유산·사산을 포함한다)한 경우에는 모성보호 및 건강유지를 위하여 정기적인 검진 등 적절한 조치를 하여야 한다. 〈개정 2019. 4. 23.〉

② 소장은 수용자가 출산하려고 하는 경우에는 외부의료시설에서 진료를 받게 하는 등 적절한 조치를 하여야 한다.

제53조(유아의 양육) ① 여성수용자는 자신이 출산한 유아를 교정시설에서 양육할 것을 신청할 수 있다. 이 경우 소장은 다음 각 호의 어느 하나에 해당하는 사유가 없으면, 생후 18개월에 이르기까지 허가하여야 한다. 〈개정 2009. 12. 29.〉

1. 유아가 질병·부상, 그 밖의 사유로 교정시설에서 생활하는 것이 특히 부적당하다고 인정되는 때

2. 수용자가 질병·부상, 그 밖의 사유로 유아를 양육할 능력이 없다고 인정되는 때

3. 교정시설에 감염병이 유행하거나 그 밖의 사정으로 유아양육이 특히 부적당한 때

② 소장은 제1항에 따라 유아의 양육을 허가한 경우에는 필요한 설비와 물품의 제공, 그 밖에 양육을 위하여 필요한 조치를 하여야 한다.

제53조의2(수용자의 미성년 자녀 보호에 대한 지원) ① 소장은 신입자에게 「아동복지법」 제15조에 따른 보호조치를 의뢰할 수 있음을 알려주어야 한다.

② 소장은 수용자가 「아동복지법」 제15조에 따른 보호조치를 의뢰하려는 경우 보호조치 의뢰가 원활하게 이루어질 수 있도록 지원하여야 한다.

③ 제1항에 따른 안내 및 제2항에 따른 보호조치 의뢰 지원의 방법·절차, 그 밖에 필요한 사항은 법무부장관이 정한다.

[본조신설 2019. 4. 23.]

제54조(수용자에 대한 특별한 처우) ① 소장은 노인수용자에 대하여 나이·건강상태 등을 고려하여 그 처우에

있어 적정한 배려를 하여야 한다.

② 소장은 장애인수용자에 대하여 장애의 정도를 고려하여 그 처우에 있어 적정한 배려를 하여야 한다.

③ 소장은 외국인수용자에 대하여 언어·생활문화 등을 고려하여 적정한 처우를 하여야 한다.

④ 소장은 소년수용자에 대하여 나이·적성 등을 고려하여 적정한 처우를 하여야 한다. 〈신설 2015. 3. 27.〉

⑤ 노인수용자·장애인수용자·외국인수용자 및 소년수용자에 대한 적정한 배려 또는 처우에 관하여 필요한 사항은 법무부령으로 정한다. 〈개정 2015. 3. 27.〉

[제목개정 2015. 3. 27.]

제8장 수형자의 처우

제1절 통칙

제55조(수형자 처우의 원칙) 수형자에 대하여는 교육·교화프로그램, 작업, 직업훈련 등을 통하여 교정교화를 도모하고 사회생활에 적응하는 능력을 함양하도록 처우하여야 한다.

제56조(개별처우계획의 수립 등) ① 소장은 제62조의 분류처우위원회의 의결에 따라 수형자의 개별적 특성에 알맞은 교육·교화프로그램, 작업, 직업훈련 등의 처우에 관한 계획(이하 "개별처우계획"이라 한다)을 수립하여 시행한다.

② 소장은 수형자가 스스로 개선하여 사회에 복귀하려는 의욕이 고취되도록 개별처우계획을 정기적으로 또는 수시로 점검하여야 한다.

제57조(처우) ① 수형자는 제59조의 분류심사의 결과에 따라 그에 적합한 교정시설에 수용되며, 개별처우계획에 따라 그 특성에 알맞은 처우를 받는다.

② 교정시설은 도주방지 등을 위한 수용설비 및 계호의 정도(이하 "경비등급"이라 한다)에 따라 다음 각 호로 구분한다. 다만, 동일한 교정시설이라도 구획을 정하여 경비등급을 달리할 수 있다.

1. 개방시설 : 도주방지를 위한 통상적인 설비의 전부 또는 일부를 갖추지 아니하고 수형자의 자율적 활동이 가능하도록 통상적인 관리·감시의 전부 또는 일부를 하지 아니하는 교정시설

2. 완화경비시설 : 도주방지를 위한 통상적인 설비 및 수형자에 대한 관리·감시를 일반경비시설보다 완화한 교정시설

3. 일반경비시설 : 도주방지를 위한 통상적인 설비를 갖추고 수형자에 대하여 통상적인 관리·감시를 하는 교정시설

4. 중(重)경비시설 : 도주방지 및 수형자 상호 간의 접촉을 차단하는 설비를 강화하고 수형자에 대한 관리·감시를 엄중히 하는 교정시설

③ 수형자에 대한 처우는 교화 또는 건전한 사회복귀를 위하여 교정성적에 따라 상향 조정될 수 있으며, 특히 그 성적이 우수한 수형자는 개방시설에 수용되어 사회생활에 필요한 적정한 처우를 받을 수 있다.

④ 소장은 가석방 또는 형기 종료를 앞둔 수형자 중에서 법무부령으로 정하는 일정한 요건을 갖춘 사람에 대해서는 가석방 또는 형기 종료 전 일정 기간 동안 지역사회 또는 교정시설에 설치된 개방시설에 수용하여 사회적응에 필요한 교육, 취업지원 등의 적정한 처우를 할 수 있다. 〈신설 2015. 3. 27.〉

⑤ 수형자는 교화 또는 건전한 사회복귀를 위하여 교정시설 밖의 적당한 장소에서 봉사활동·견학, 그 밖에 사회적응에 필요한 처우를 받을 수 있다. 〈개정 2015. 3. 27.〉

⑥ 학과교육생·직업훈련생·외국인·여성·장애인·노인·환자·소년(19세 미만인 자를 말한다), 제4항에

따른 처우(이하 "중간처우"라 한다)의 대상자, 그 밖에 별도의 처우가 필요한 수형자는 법무부장관이 특히 그 처우를 전담하도록 정하는 시설(이하 "전담교정시설"이라 한다)에 수용되며, 그 특성에 알맞은 처우를 받는다. 다만, 전담교정시설의 부족이나 그 밖의 부득이한 사정이 있는 경우에는 예외로 할 수 있다. 〈개정 2015. 3. 27.〉

⑦ 제2항 각 호의 시설의 설비 및 계호의 정도에 관하여 필요한 사항은 대통령령으로 정한다. 〈개정 2015. 3. 27.〉

제58조(외부전문가의 상담 등) 소장은 수형자의 교화 또는 건전한 사회복귀를 위하여 필요하면 교육학·교정학·범죄학·사회학·심리학·의학 등에 관한 학식 또는 교정에 관한 경험이 풍부한 외부전문가로 하여금 수형자에 대한 상담·심리치료 또는 생활지도 등을 하게 할 수 있다.

제2절 분류심사

제59조(분류심사) ① 소장은 수형자에 대한 개별처우계획을 합리적으로 수립하고 조정하기 위하여 수형자의 인성, 행동특성 및 자질 등을 과학적으로 조사·측정·평가(이하 "분류심사"라 한다)하여야 한다. 다만, 집행할 형기가 짧거나 그 밖의 특별한 사정이 있는 경우에는 예외로 할 수 있다.

② 수형자의 분류심사는 형이 확정된 경우에 개별처우계획을 수립하기 위하여 하는 심사와 일정한 형기가 지나거나 상벌 또는 그 밖의 사유가 발생한 경우에 개별처우계획을 조정하기 위하여 하는 심사로 구분한다.

③ 소장은 분류심사를 위하여 수형자를 대상으로 상담 등을 통한 신상에 관한 개별사안의 조사, 심리·지능·적성 검사, 그 밖에 필요한 검사를 할 수 있다.

④ 소장은 분류심사를 위하여 외부전문가로부터 필요한 의견을 듣거나 외부전문가에게 조사를 의뢰할 수 있다.

⑤ 이 법에 규정된 사항 외에 분류심사에 관하여 필요한 사항은 법무부령으로 정한다.

제60조(관계기관등에 대한 사실조회 등) ① 소장은 분류심사와 그 밖에 수용목적의 달성을 위하여 필요하면 수용자의 가족 등을 면담하거나 법원·경찰관서, 그 밖의 관계 기관 또는 단체(이하 "관계기관등"이라 한다)에 대하여 필요한 사실을 조회할 수 있다.

② 제1항의 조회를 요청받은 관계기관등의 장은 특별한 사정이 없으면 지체 없이 그에 관하여 답하여야 한다. 〈개정 2020. 2. 4.〉

제61조(분류전담시설) 법무부장관은 수형자를 과학적으로 분류하기 위하여 분류심사를 전담하는 교정시설을 지정·운영할 수 있다.

제62조(분류처우위원회) ① 수형자의 개별처우계획, 가석방심사신청 대상자 선정, 그 밖에 수형자의 분류처우에 관한 중요 사항을 심의·의결하기 위하여 교정시설에 분류처우위원회(이하 이 조에서 "위원회"라 한다)를 둔다.

② 위원회는 위원장을 포함한 5명 이상 7명 이하의 위원으로 구성하고, 위원장은 소장이 되며, 위원은 위원장이 소속 기관의 부소장 및 과장(지소의 경우에는 7급 이상의 교도관) 중에서 임명한다. 〈개정 2020. 2. 4.〉

③ 위원회는 그 심의·의결을 위하여 외부전문가로부터 의견을 들을 수 있다.

④ 이 법에 규정된 사항 외에 위원회에 관하여 필요한 사항은 법무부령으로 정한다.

제3절 교육과 교화프로그램

제63조(교육) ① 소장은 수형자가 건전한 사회복귀에 필요한 지식과 소양을 습득하도록 교육할 수 있다.

② 소장은 「교육기본법」 제8조의 의무교육을 받지 못한 수형자에 대하여는 본인의 의사·나이·지식정도, 그 밖의 사정을 고려하여 그에 알맞게 교육하여야 한다.

③ 소장은 제1항 및 제2항에 따른 교육을 위하여 필요하면 수형자를 중간처우를 위한 전담교정시설에 수용하여 다음 각 호의 조치를 할 수 있다. 〈개정 2015. 3. 27.〉

1. 외부 교육기관에의 통학

2. 외부 교육기관에서의 위탁교육

④ 교육과정·외부통학·위탁교육 등에 관하여 필요한 사항은 법무부령으로 정한다.

제64조(교화프로그램) ① 소장은 수형자의 교정교화를 위하여 상담·심리치료, 그 밖의 교화프로그램을 실시하여야 한다.

② 소장은 제1항에 따른 교화프로그램의 효과를 높이기 위하여 범죄원인별로 적절한 교화프로그램의 내용, 교육장소 및 전문인력의 확보 등 적합한 환경을 갖추도록 노력하여야 한다. 〈신설 2019. 4. 23.〉

③ 교화프로그램의 종류·내용 등에 관하여 필요한 사항은 법무부령으로 정한다. 〈개정 2019. 4. 23.〉

제4절 작업과 직업훈련

제65조(작업의 부과) ① 수형자에게 부과하는 작업은 건전한 사회복귀를 위하여 기술을 습득하고 근로의욕을 고취하는 데에 적합한 것이어야 한다.

② 소장은 수형자에게 작업을 부과하려면 나이·형기·건강상태·기술·성격·취미·경력·장래생계, 그 밖의 수형자의 사정을 고려하여야 한다.

제66조(작업의무) 수형자는 자신에게 부과된 작업과 그 밖의 노역을 수행하여야 할 의무가 있다.

제67조(신청에 따른 작업) 소장은 금고형 또는 구류형의 집행 중에 있는 사람에 대하여는 신청에 따라 작업을 부과할 수 있다.

제68조(외부 통근 작업 등) ① 소장은 수형자의 건전한 사회복귀와 기술습득을 촉진하기 위하여 필요하면 외부기업체 등에 통근 작업하게 하거나 교정시설의 안에 설치된 외부기업체의 작업장에서 작업하게 할 수 있다.

② 외부 통근 작업 대상자의 선정기준 등에 관하여 필요한 사항은 법무부령으로 정한다.

제69조(직업능력개발훈련) ① 소장은 수형자의 건전한 사회복귀를 위하여 기술 습득 및 향상을 위한 직업능력개발훈련(이하 "직업훈련"이라 한다)을 실시할 수 있다.

② 소장은 수형자의 직업훈련을 위하여 필요하면 외부의 기관 또는 단체에서 훈련을 받게 할 수 있다.

③ 직업훈련 대상자의 선정기준 등에 관하여 필요한 사항은 법무부령으로 정한다.

제70조(집중근로에 따른 처우) ① 소장은 수형자의 신청에 따라 제68조의 작업, 제69조제2항의 훈련, 그 밖에 집중적인 근로가 필요한 작업을 부과하는 경우에는 접견·전화통화·교육·공동행사 참가 등의 처우를 제한할 수 있다. 다만, 접견 또는 전화통화를 제한한 때에는 휴일이나 그 밖에 해당 수용자의 작업이 없는 날에 접견 또는 전화통화를 할 수 있게 하여야 한다.

② 소장은 제1항에 따라 작업을 부과하거나 훈련을 받게 하기 전에 수형자에게 제한되는 처우의 내용을 충분히 설명하여야 한다.

제71조(작업시간 등) ① 1일의 작업시간(휴식·운동·식사·접견 등 실제 작업을 실시하지 않는 시간을 제외한다. 이하 같다)은 8시간을 초과할 수 없다.

② 제1항에도 불구하고 취사·청소·간병 등 교정시설의 운영과 관리에 필요한 작업의 1일 작업시간은 12시간 이내로 한다.

③ 1주의 작업시간은 52시간을 초과할 수 없다. 다만, 수형자가 신청하는 경우에는 1주의 작업시간을 8시간

이내의 범위에서 연장할 수 있다.

④ 제2항 및 제3항에도 불구하고 19세 미만 수형자의 작업시간은 1일에 8시간을, 1주에 40시간을 초과할 수 없다.

⑤ 공휴일·토요일과 대통령령으로 정하는 휴일에는 작업을 부과하지 아니한다. 다만, 다음 각 호의 어느 하나에 해당하는 경우에는 작업을 부과할 수 있다.

1. 제2항에 따른 교정시설의 운영과 관리에 필요한 작업을 하는 경우

2. 작업장의 운영을 위하여 불가피한 경우

3. 공공의 안전이나 공공의 이익을 위하여 긴급히 필요한 경우

4. 수형자가 신청하는 경우

[전문개정 2022. 12. 27.]

제72조(작업의 면제) ① 소장은 수형자의 가족 또는 배우자의 직계존속이 사망하면 2일간, 부모 또는 배우자의 제삿날에는 1일간 해당 수형자의 작업을 면제한다. 다만, 수형자가 작업을 계속하기를 원하는 경우는 예외로 한다. 〈개정 2020. 2. 4.〉

② 소장은 수형자에게 부상·질병, 그 밖에 작업을 계속하기 어려운 특별한 사정이 있으면 그 사유가 해소될 때까지 작업을 면제할 수 있다.

제73조(작업수입 등) ① 작업수입은 국고수입으로 한다.

② 소장은 수형자의 근로의욕을 고취하고 건전한 사회복귀를 지원하기 위하여 법무부장관이 정하는 바에 따라 작업의 종류, 작업성적, 교정성적, 그 밖의 사정을 고려하여 수형자에게 작업장려금을 지급할 수 있다.

③ 제2항의 작업장려금은 석방할 때에 본인에게 지급한다. 다만, 본인의 가족생활 부조, 교화 또는 건전한 사회복귀를 위하여 특히 필요하면 석방 전이라도 그 전부 또는 일부를 지급할 수 있다.

제74조(위로금·조위금) ① 소장은 수형자가 다음 각 호의 어느 하나에 해당하면 법무부장관이 정하는 바에 따라 위로금 또는 조위금을 지급한다.

1. 작업 또는 직업훈련으로 인한 부상 또는 질병으로 신체에 장해가 발생한 때

2. 작업 또는 직업훈련 중에 사망하거나 그로 인하여 사망한 때

② 위로금은 본인에게 지급하고, 조위금은 그 상속인에게 지급한다. 〈개정 2022. 12. 27.〉

제75조(다른 보상·배상과의 관계) 위로금 또는 조위금을 지급받을 사람이 국가로부터 동일한 사유로 「민법」이나 그 밖의 법령에 따라 제74조의 위로금 또는 조위금에 상당하는 금액을 지급받은 경우에는 그 금액을 위로금 또는 조위금으로 지급하지 아니한다.

제76조(위로금·조위금을 지급받을 권리의 보호) ① 제74조의 위로금 또는 조위금을 지급받을 권리는 다른 사람 또는 법인에게 양도하거나 담보로 제공할 수 없으며, 다른 사람 또는 법인은 이를 압류할 수 없다.

② 제74조에 따라 지급받은 금전을 표준으로 하여 조세와 그 밖의 공과금(公課金)을 부과하여서는 아니 된다.

제5절 귀휴

제77조(귀휴) ① 소장은 6개월 이상 형을 집행받은 수형자로서 그 형기의 3분의 1(21년 이상의 유기형 또는 무기형의 경우에는 7년)이 지나고 교정성적이 우수한 사람이 다음 각 호의 어느 하나에 해당하면 1년 중 20일 이내의 귀휴를 허가할 수 있다. 〈개정 2020. 2. 4.〉

1. 가족 또는 배우자의 직계존속이 위독한 때

2. 질병이나 사고로 외부의료시설에의 입원이 필요한 때

3. 천재지변이나 그 밖의 재해로 가족, 배우자의 직계존속 또는 수형자 본인에게 회복할 수 없는 중대한 재산상의 손해가 발생하였거나 발생할 우려가 있는 때

4. 그 밖에 교화 또는 건전한 사회복귀를 위하여 법무부령으로 정하는 사유가 있는 때

② 소장은 다음 각 호의 어느 하나에 해당하는 사유가 있는 수형자에 대하여는 제1항에도 불구하고 5일 이내의 특별귀휴를 허가할 수 있다.

1. 가족 또는 배우자의 직계존속이 사망한 때

2. 직계비속의 혼례가 있는 때

③ 소장은 귀휴를 허가하는 경우에 법무부령으로 정하는 바에 따라 거소의 제한이나 그 밖에 필요한 조건을 붙일 수 있다.

④ 제1항 및 제2항의 귀휴기간은 형 집행기간에 포함한다.

제78조(귀휴의 취소) 소장은 귀휴 중인 수형자가 다음 각 호의 어느 하나에 해당하면 그 귀휴를 취소할 수 있다.

1. 귀휴의 허가사유가 존재하지 아니함이 밝혀진 때

2. 거소의 제한이나 그 밖에 귀휴허가에 붙인 조건을 위반한 때

제9장 미결수용자의 처우

제79조(미결수용자 처우의 원칙) 미결수용자는 무죄의 추정을 받으며 그에 합당한 처우를 받는다.

제80조(참관금지) 미결수용자가 수용된 거실은 참관할 수 없다.

제81조(분리수용) 소장은 미결수용자로서 사건에 서로 관련이 있는 사람은 분리수용하고 서로 간의 접촉을 금지하여야 한다.

제82조(사복착용) 미결수용자는 수사·재판·국정감사 또는 법률로 정하는 조사에 참석할 때에는 사복을 착용할 수 있다. 다만, 소장은 도주우려가 크거나 특히 부적당한 사유가 있다고 인정하면 교정시설에서 지급하는 의류를 입게 할 수 있다.

제83조(이발) 미결수용자의 머리카락과 수염은 특히 필요한 경우가 아니면 본인의 의사에 반하여 짧게 깎지 못한다. 〈개정 2020. 2. 4.〉

제84조(변호인과의 접견 및 편지수수) ① 제41조제4항에도 불구하고 미결수용자와 변호인과의 접견에는 교도관이 참여하지 못하며 그 내용을 청취 또는 녹취하지 못한다. 다만, 보이는 거리에서 미결수용자를 관찰할 수 있다. 〈개정 2019. 4. 23., 2022. 12. 27.〉

② 미결수용자와 변호인 간의 접견은 시간과 횟수를 제한하지 아니한다.

③ 제43조제4항 단서에도 불구하고 미결수용자와 변호인 간의 편지는 교정시설에서 상대방이 변호인임을 확인할 수 없는 경우를 제외하고는 검열할 수 없다. 〈개정 2020. 2. 4.〉

[제목개정 2020. 2. 4.]

제85조(조사 등에서의 특칙) 소장은 미결수용자가 징벌대상자로서 조사받고 있거나 징벌집행 중인 경우에도 소송서류의 작성, 변호인과의 접견·편지수수, 그 밖의 수사 및 재판 과정에서의 권리행사를 보장하여야 한다. 〈개정 2020. 2. 4.〉

제86조(작업과 교화) ① 소장은 미결수용자에 대하여는 신청에 따라 교육 또는 교화프로그램을 실시하거나 작업을 부과할 수 있다.

② 제1항에 따라 미결수용자에게 교육 또는 교화프로그램을 실시하거나 작업을 부과하는 경우에는 제63조부터 제65조까지 및 제70조부터 제76조까지의 규정을 준용한다.

제87조(유치장) 경찰관서에 설치된 유치장은 교정시설의 미결수용실로 보아 이 법을 준용한다.

제88조(준용규정) 형사사건으로 수사 또는 재판을 받고 있는 수형자와 사형확정자에 대하여는 제82조, 제84조 및 제85조를 준용한다. 〈개정 2008. 12. 11., 2016. 12. 2.〉

[2016. 12. 2. 법률 제14281호에 의하여 2015. 12. 23. 헌법재판소에서 헌법 불합치 결정된 이 조를 개정함.]

제10장 사형확정자

제89조(사형확정자의 수용) ① 사형확정자는 독거수용한다. 다만, 자살방지, 교육·교화프로그램, 작업, 그 밖의 적절한 처우를 위하여 필요한 경우에는 법무부령으로 정하는 바에 따라 혼거수용할 수 있다.

② 사형확정자가 수용된 거실은 참관할 수 없다.

[전문개정 2008. 12. 11.]

제90조(개인상담 등) ① 소장은 사형확정자의 심리적 안정 및 원만한 수용생활을 위하여 교육 또는 교화프로그램을 실시하거나 신청에 따라 작업을 부과할 수 있다. 〈개정 2008. 12. 11.〉

② 사형확정자에 대한 교육·교화프로그램, 작업, 그 밖의 처우에 필요한 사항은 법무부령으로 정한다. 〈개정 2008. 12. 11.〉

제91조(사형의 집행) ① 사형은 교정시설의 사형장에서 집행한다.

② 공휴일과 토요일에는 사형을 집행하지 아니한다.

제11장 안전과 질서

제92조(금지물품) ① 수용자는 다음 각 호의 물품을 지녀서는 아니 된다. 〈개정 2019. 4. 23., 2020. 2. 4.〉

1. 마약·총기·도검·폭발물·흉기·독극물, 그 밖에 범죄의 도구로 이용될 우려가 있는 물품

2. 무인비행장치, 전자·통신기기, 그 밖에 도주나 다른 사람과의 연락에 이용될 우려가 있는 물품

3. 주류·담배·화기·현금·수표, 그 밖에 시설의 안전 또는 질서를 해칠 우려가 있는 물품

4. 음란물, 사행행위에 사용되는 물품, 그 밖에 수형자의 교화 또는 건전한 사회복귀를 해칠 우려가 있는 물품

② 제1항에도 불구하고 소장이 수용자의 처우를 위하여 허가하는 경우에는 제1항제2호의 물품을 지닐 수 있다. 〈신설 2019. 4. 23., 2020. 2. 4.〉

제93조(신체검사 등) ① 교도관은 시설의 안전과 질서유지를 위하여 필요하면 수용자의 신체·의류·휴대품·거실 및 작업장 등을 검사할 수 있다.

② 수용자의 신체를 검사하는 경우에는 불필요한 고통이나 수치심을 느끼지 아니하도록 유의하여야 하며, 특히 신체를 면밀하게 검사할 필요가 있으면 다른 수용자가 볼 수 없는 차단된 장소에서 하여야 한다.

③ 교도관은 시설의 안전과 질서유지를 위하여 필요하면 교정시설을 출입하는 수용자 외의 사람에 대하여 의류와 휴대품을 검사할 수 있다. 이 경우 출입자가 제92조의 금지물품을 지니고 있으면 교정시설에 맡기도록 하여야 하며, 이에 따르지 아니하면 출입을 금지할 수 있다. 〈개정 2020. 2. 4.〉

④ 여성의 신체·의류 및 휴대품에 대한 검사는 여성교도관이 하여야 한다.

⑤ 소장은 제1항에 따라 검사한 결과 제92조의 금지물품이 발견되면 형사 법령으로 정하는 절차에 따라 처리할 물품을 제외하고는 수용자에게 알린 후 폐기한다. 다만, 폐기하는 것이 부적당한 물품은 교정시설에 보

관하거나 수용자로 하여금 자신이 지정하는 사람에게 보내게 할 수 있다. 〈개정 2020. 2. 4.〉

제94조(전자장비를 이용한 계호) ① 교도관은 자살·자해·도주·폭행·손괴, 그 밖에 수용자의 생명·신체를 해하거나 시설의 안전 또는 질서를 해하는 행위(이하 "자살등"이라 한다)를 방지하기 위하여 필요한 범위에서 전자장비를 이용하여 수용자 또는 시설을 계호할 수 있다. 다만, 전자영상장비로 거실에 있는 수용자를 계호하는 것은 자살등의 우려가 큰 때에만 할 수 있다.

② 제1항 단서에 따라 거실에 있는 수용자를 전자영상장비로 계호하는 경우에는 계호직원·계호시간 및 계호대상 등을 기록하여야 한다. 이 경우 수용자가 여성이면 여성교도관이 계호하여야 한다.

③ 제1항 및 제2항에 따라 계호하는 경우에는 피계호자의 인권이 침해되지 아니하도록 유의하여야 한다.

④ 전자장비의 종류·설치장소·사용방법 및 녹화기록물의 관리 등에 관하여 필요한 사항은 법무부령으로 정한다.

제95조(보호실 수용) ① 소장은 수용자가 다음 각 호의 어느 하나에 해당하면 의무관의 의견을 고려하여 보호실(자살 및 자해 방지 등의 설비를 갖춘 거실을 말한다. 이하 같다)에 수용할 수 있다.

1. 자살 또는 자해의 우려가 있는 때

2. 신체적·정신적 질병으로 인하여 특별한 보호가 필요한 때

② 수용자의 보호실 수용기간은 15일 이내로 한다. 다만, 소장은 특히 계속하여 수용할 필요가 있으면 의무관의 의견을 고려하여 1회당 7일의 범위에서 기간을 연장할 수 있다. 〈개정 2019. 4. 23.〉

③ 제2항에 따라 수용자를 보호실에 수용할 수 있는 기간은 계속하여 3개월을 초과할 수 없다. 〈개정 2019. 4. 23.〉

④ 소장은 수용자를 보호실에 수용하거나 수용기간을 연장하는 경우에는 그 사유를 본인에게 알려 주어야 한다.

⑤ 의무관은 보호실 수용자의 건강상태를 수시로 확인하여야 한다.

⑥ 소장은 보호실 수용사유가 소멸한 경우에는 보호실 수용을 즉시 중단하여야 한다.

제96조(진정실 수용) ① 소장은 수용자가 다음 각 호의 어느 하나에 해당하는 경우로서 강제력을 행사하거나 제98조의 보호장비를 사용하여도 그 목적을 달성할 수 없는 경우에만 진정실(일반 수용거실로부터 격리되어 있고 방음설비 등을 갖춘 거실을 말한다. 이하 같다)에 수용할 수 있다. 〈개정 2016. 5. 29.〉

1. 교정시설의 설비 또는 기구 등을 손괴하거나 손괴하려고 하는 때

2. 교도관의 제지에도 불구하고 소란행위를 계속하여 다른 수용자의 평온한 수용생활을 방해하는 때

② 수용자의 진정실 수용기간은 24시간 이내로 한다. 다만, 소장은 특히 계속하여 수용할 필요가 있으면 의무관의 의견을 고려하여 1회당 12시간의 범위에서 기간을 연장할 수 있다. 〈개정 2019. 4. 23.〉

③ 제2항에 따라 수용자를 진정실에 수용할 수 있는 기간은 계속하여 3일을 초과할 수 없다. 〈개정 2019. 4. 23.〉

④ 진정실 수용자에 대하여는 제95조제4항부터 제6항까지의 규정을 준용한다.

제97조(보호장비의 사용) ① 교도관은 수용자가 다음 각 호의 어느 하나에 해당하면 보호장비를 사용할 수 있다. 〈개정 2016. 5. 29.〉

1. 이송·출정, 그 밖에 교정시설 밖의 장소로 수용자를 호송하는 때

2. 도주·자살·자해 또는 다른 사람에 대한 위해의 우려가 큰 때

3. 위력으로 교도관의 정당한 직무집행을 방해하는 때

4. 교정시설의 설비·기구 등을 손괴하거나 그 밖에 시설의 안전 또는 질서를 해칠 우려가 큰 때

② 보호장비를 사용하는 경우에는 수용자의 나이, 건강상태 및 수용생활 태도 등을 고려하여야 한다.

③ 교도관이 교정시설의 안에서 수용자에 대하여 보호장비를 사용한 경우 의무관은 그 수용자의 건강상태를 수시로 확인하여야 한다.

제98조(보호장비의 종류 및 사용요건) ① 보호장비의 종류는 다음 각 호와 같다.

1. 수갑

2. 머리보호장비

3. 발목보호장비

4. 보호대(帶)

5. 보호의자

6. 보호침대

7. 보호복

8. 포승

② 보호장비의 종류별 사용요건은 다음 각 호와 같다.

1. 수갑 · 포승 : 제97조제1항제1호부터 제4호까지의 어느 하나에 해당하는 때

2. 머리보호장비 : 머리부분을 자해할 우려가 큰 때

3. 발목보호장비 · 보호대 · 보호의자 : 제97조제1항제2호부터 제4호까지의 어느 하나에 해당하는 때

4. 보호침대 · 보호복 : 자살 · 자해의 우려가 큰 때

③ 보호장비의 사용절차 등에 관하여 필요한 사항은 대통령령으로 정한다.

제99조(보호장비 남용 금지) ① 교도관은 필요한 최소한의 범위에서 보호장비를 사용하여야 하며, 그 사유가 없어지면 사용을 지체 없이 중단하여야 한다. 〈개정 2020. 2. 4.〉

② 보호장비는 징벌의 수단으로 사용되어서는 아니 된다.

제100조(강제력의 행사) ① 교도관은 수용자가 다음 각 호의 어느 하나에 해당하면 강제력을 행사할 수 있다. 〈개정 2016. 5. 29.〉

1. 도주하거나 도주하려고 하는 때

2. 자살하려고 하는 때

3. 자해하거나 자해하려고 하는 때

4. 다른 사람에게 위해를 끼치거나 끼치려고 하는 때

5. 위력으로 교도관의 정당한 직무집행을 방해하는 때

6. 교정시설의 설비 · 기구 등을 손괴하거나 손괴하려고 하는 때

7. 그 밖에 시설의 안전 또는 질서를 크게 해치는 행위를 하거나 하려고 하는 때

② 교도관은 수용자 외의 사람이 다음 각 호의 어느 하나에 해당하면 강제력을 행사할 수 있다. 〈개정 2016. 5. 29., 2020. 2. 4.〉

1. 수용자를 도주하게 하려고 하는 때

2. 교도관 또는 수용자에게 위해를 끼치거나 끼치려고 하는 때

3. 위력으로 교도관의 정당한 직무집행을 방해하는 때

4. 교정시설의 설비 · 기구 등을 손괴하거나 하려고 하는 때

5. 교정시설에 침입하거나 하려고 하는 때

6. 교정시설의 안(교도관이 교정시설의 밖에서 수용자를 계호하고 있는 경우 그 장소를 포함한다)에서 교도

관의 퇴거요구를 받고도 이에 따르지 아니하는 때

③ 제1항 및 제2항에 따라 강제력을 행사하는 경우에는 보안장비를 사용할 수 있다.

④ 제3항에서 "보안장비"란 교도봉·가스분사기·가스총·최루탄 등 사람의 생명과 신체의 보호, 도주의 방지 및 시설의 안전과 질서유지를 위하여 교도관이 사용하는 장비와 기구를 말한다. 〈개정 2016. 5. 29.〉

⑤ 제1항 및 제2항에 따라 강제력을 행사하려면 사전에 상대방에게 이를 경고하여야 한다. 다만, 상황이 급박하여 경고할 시간적인 여유가 없는 때에는 그러하지 아니하다.

⑥ 강제력의 행사는 필요한 최소한도에 그쳐야 한다.

⑦ 보안장비의 종류, 종류별 사용요건 및 사용절차 등에 관하여 필요한 사항은 법무부령으로 정한다.

제101조(무기의 사용) ① 교도관은 다음 각 호의 어느 하나에 해당하는 사유가 있으면 수용자에 대하여 무기를 사용할 수 있다. 〈개정 2016. 5. 29., 2020. 2. 4.〉

1. 수용자가 다른 사람에게 중대한 위해를 끼치거나 끼치려고 하여 그 사태가 위급한 때

2. 수용자가 폭행 또는 협박에 사용할 위험물을 지니고 있어 교도관이 버릴 것을 명령하였음에도 이에 따르지 아니하는 때

3. 수용자가 폭동을 일으키거나 일으키려고 하여 신속하게 제지하지 아니하면 그 확산을 방지하기 어렵다고 인정되는 때

4. 도주하는 수용자에게 교도관이 정지할 것을 명령하였음에도 계속하여 도주하는 때

5. 수용자가 교도관의 무기를 탈취하거나 탈취하려고 하는 때

6. 그 밖에 사람의 생명·신체 및 설비에 대한 중대하고도 뚜렷한 위험을 방지하기 위하여 무기의 사용을 피할 수 없는 때

② 교도관은 교정시설의 안(교도관이 교정시설의 밖에서 수용자를 계호하고 있는 경우 그 장소를 포함한다)에서 자기 또는 타인의 생명·신체를 보호하거나 수용자의 탈취를 저지하거나 건물 또는 그 밖의 시설과 무기에 대한 위험을 방지하기 위하여 급박하다고 인정되는 상당한 이유가 있으면 수용자 외의 사람에 대하여도 무기를 사용할 수 있다. 〈개정 2016. 5. 29.〉

③ 교도관은 소장 또는 그 직무를 대행하는 사람의 명령을 받아 무기를 사용한다. 다만, 그 명령을 받을 시간적 여유가 없으면 그러하지 아니하다. 〈개정 2016. 5. 29.〉

④ 제1항 및 제2항에 따라 무기를 사용하려면 공포탄을 발사하거나 그 밖에 적당한 방법으로 사전에 상대방에 대하여 이를 경고하여야 한다.

⑤ 무기의 사용은 필요한 최소한도에 그쳐야 하며, 최후의 수단이어야 한다.

⑥ 사용할 수 있는 무기의 종류, 무기의 종류별 사용요건 및 사용절차 등에 관하여 필요한 사항은 법무부령으로 정한다.

제102조(재난 시의 조치) ① 천재지변이나 그 밖의 재해가 발생하여 시설의 안전과 질서유지를 위하여 긴급한 조치가 필요하면 소장은 수용자로 하여금 피해의 복구나 그 밖의 응급용무를 보조하게 할 수 있다.

② 소장은 교정시설의 안에서 천재지변이나 그 밖의 사변에 대한 피난의 방법이 없는 경우에는 수용자를 다른 장소로 이송할 수 있다.

③ 소장은 제2항에 따른 이송이 불가능하면 수용자를 일시 석방할 수 있다.

④ 제3항에 따라 석방된 사람은 석방 후 24시간 이내에 교정시설 또는 경찰관서에 출석하여야 한다. 〈개정 2020. 2. 4.〉

제103조(수용을 위한 체포) ① 교도관은 수용자가 도주 또는 제134조 각 호의 어느 하나에 해당하는 행위(이하 "도주등"이라 한다)를 한 경우에는 도주 후 또는 출석기한이 지난 후 72시간 이내에만 그를 체포할 수 있다. 〈개정 2019. 4. 23.〉

② 교도관은 제1항에 따른 체포를 위하여 긴급히 필요하면 도주등을 하였다고 의심할 만한 상당한 이유가 있는 사람 또는 도주등을 한 사람의 이동경로나 소재를 안다고 인정되는 사람을 정지시켜 질문할 수 있다.

③ 교도관은 제2항에 따라 질문을 할 때에는 그 신분을 표시하는 증표를 제시하고 질문의 목적과 이유를 설명하여야 한다.

④ 교도관은 제1항에 따른 체포를 위하여 영업시간 내에 공연장·여관·음식점·역, 그 밖에 다수인이 출입하는 장소의 관리자 또는 관계인에게 그 장소의 출입이나 그 밖에 특히 필요한 사항에 관하여 협조를 요구할 수 있다. 〈개정 2020. 2. 4.〉

⑤ 교도관은 제4항에 따라 필요한 장소에 출입하는 경우에는 그 신분을 표시하는 증표를 제시하여야 하며, 그 장소의 관리자 또는 관계인의 정당한 업무를 방해하여서는 아니 된다.

제104조(마약류사범 등의 관리) ① 소장은 마약류사범·조직폭력사범 등 법무부령으로 정하는 수용자에 대하여는 시설의 안전과 질서유지를 위하여 필요한 범위에서 다른 수용자와의 접촉을 차단하거나 계호를 엄중히 하는 등 법무부령으로 정하는 바에 따라 다른 수용자와 달리 관리할 수 있다.

② 소장은 제1항에 따라 관리하는 경우에도 기본적인 처우를 제한하여서는 아니 된다.

제12장 규율과 상벌

제105조(규율 등) ① 수용자는 교정시설의 안전과 질서유지를 위하여 법무부장관이 정하는 규율을 지켜야 한다. 〈개정 2020. 2. 4.〉

② 수용자는 소장이 정하는 일과시간표를 지켜야 한다. 〈개정 2020. 2. 4.〉

③ 수용자는 교도관의 직무상 지시에 따라야 한다. 〈개정 2020. 2. 4.〉

제106조(포상) 소장은 수용자가 다음 각 호의 어느 하나에 해당하면 법무부령으로 정하는 바에 따라 포상할 수 있다.

1. 사람의 생명을 구조하거나 도주를 방지한 때

2. 제102조제1항에 따른 응급용무에 공로가 있는 때

3. 시설의 안전과 질서유지에 뚜렷한 공이 인정되는 때

4. 수용생활에 모범을 보이거나 건설적이고 창의적인 제안을 하는 등 특히 포상할 필요가 있다고 인정되는 때

제107조(징벌) 소장은 수용자가 다음 각 호의 어느 하나에 해당하는 행위를 하면 제111조의 징벌위원회의 의결에 따라 징벌을 부과할 수 있다. 〈개정 2019. 4. 23., 2020. 2. 4.〉

1. 「형법」, 「폭력행위 등 처벌에 관한 법률」, 그 밖의 형사 법률에 저촉되는 행위

2. 수용생활의 편의 등 자신의 요구를 관철할 목적으로 자해하는 행위

3. 정당한 사유 없이 작업·교육·교화프로그램 등을 거부하거나 태만히 하는 행위

4. 제92조의 금지물품을 지니거나 반입·제작·사용·수수·교환·은닉하는 행위

5. 다른 사람을 처벌받게 하거나 교도관의 직무집행을 방해할 목적으로 거짓 사실을 신고하는 행위

6. 그 밖에 시설의 안전과 질서유지를 위하여 법무부령으로 정하는 규율을 위반하는 행위

제108조(징벌의 종류) 징벌의 종류는 다음 각 호와 같다. 〈개정 2019. 4. 23., 2020. 2. 4.〉

1. 경고

2. 50시간 이내의 근로봉사

3. 3개월 이내의 작업장려금 삭감

4. 30일 이내의 공동행사 참가 정지

5. 30일 이내의 신문열람 제한

6. 30일 이내의 텔레비전 시청 제한

7. 30일 이내의 자비구매물품(의사가 치료를 위하여 처방한 의약품을 제외한다) 사용 제한

8. 30일 이내의 작업 정지(신청에 따른 작업에 한정한다)

9. 30일 이내의 전화통화 제한

10. 30일 이내의 집필 제한

11. 30일 이내의 편지수수 제한

12. 30일 이내의 접견 제한

13. 30일 이내의 실외운동 정지

14. 30일 이내의 금치(禁置)

제109조(징벌의 부과) ① 제108조제4호부터 제13호까지의 처분은 함께 부과할 수 있다.

② 수용자가 다음 각 호의 어느 하나에 해당하면 제108조제2호부터 제14호까지의 규정에서 정한 징벌의 장기의 2분의 1까지 가중할 수 있다.

1. 2 이상의 징벌사유가 경합하는 때

2. 징벌이 집행 중에 있거나 징벌의 집행이 끝난 후 또는 집행이 면제된 후 6개월 내에 다시 징벌사유에 해당하는 행위를 한 때

③ 징벌은 동일한 행위에 관하여 거듭하여 부과할 수 없으며, 행위의 동기 및 경중, 행위 후의 정황, 그 밖의 사정을 고려하여 수용목적을 달성하는 데에 필요한 최소한도에 그쳐야 한다.

④ 징벌사유가 발생한 날부터 2년이 지나면 이를 이유로 징벌을 부과하지 못한다.

제110조(징벌대상자의 조사) ① 소장은 징벌사유에 해당하는 행위를 하였다고 의심할 만한 상당한 이유가 있는 수용자(이하 "징벌대상자"라 한다)가 다음 각 호의 어느 하나에 해당하면 조사기간 중 분리하여 수용할 수 있다.

1. 증거를 인멸할 우려가 있는 때

2. 다른 사람에게 위해를 끼칠 우려가 있거나 다른 수용자의 위해로부터 보호할 필요가 있는 때

② 소장은 징벌대상자가 제1항 각 호의 어느 하나에 해당하면 접견 · 편지수수 · 전화통화 · 실외운동 · 작업 · 교육훈련, 공동행사 참가, 중간처우 등 다른 사람과의 접촉이 가능한 처우의 전부 또는 일부를 제한할 수 있다. 〈개정 2015. 3. 27., 2020. 2. 4.〉

제111조(징벌위원회) ① 징벌대상자의 징벌을 결정하기 위하여 교정시설에 징벌위원회(이하 이 조에서 "위원회"라 한다)를 둔다.

② 위원회는 위원장을 포함한 5명 이상 7명 이하의 위원으로 구성하고, 위원장은 소장의 바로 다음 순위자가 되며, 위원은 소장이 소속 기관의 과장(지소의 경우에는 7급 이상의 교도관) 및 교정에 관한 학식과 경험이 풍부한 외부인사 중에서 임명 또는 위촉한다. 이 경우 외부위원은 3명 이상으로 한다. 〈개정 2020. 2. 4.〉

③ 위원회는 소장의 징벌요구에 따라 개회하며, 징벌은 그 의결로써 정한다.

④ 위원이 징벌대상자의 친족이거나 그 밖에 공정한 심의 · 의결을 기대할 수 없는 특별한 사유가 있는 경우

에는 위원회에 참석할 수 없다.

⑤ 징벌대상자는 위원에 대하여 기피신청을 할 수 있다. 이 경우 위원회의 의결로 기피 여부를 결정하여야 한다.

⑥ 위원회는 징벌대상자가 위원회에 출석하여 충분한 진술을 할 수 있는 기회를 부여하여야 하며, 징벌대상자는 서면 또는 말로써 자기에게 유리한 사실을 진술하거나 증거를 제출할 수 있다.

⑦ 위원회의 위원 중 공무원이 아닌 사람은 「형법」 제127조 및 제129조부터 제132조까지의 규정을 적용할 때에는 공무원으로 본다. 〈신설 2016. 1. 6.〉

제111조의2(징벌대상행위에 관한 양형 참고자료 통보) 소장은 미결수용자에게 징벌을 부과한 경우에는 그 징벌대상행위를 양형(量刑) 참고자료로 작성하여 관할 검찰청 검사 또는 관할 법원에 통보할 수 있다.

[본조신설 2020. 2. 4.]

제112조(징벌의 집행) ① 징벌은 소장이 집행한다.

② 소장은 징벌집행을 위하여 필요하다고 인정하면 수용자를 분리하여 수용할 수 있다.

③ 제108조제14호의 처분을 받은 사람에게는 그 기간 중 같은 조 제4호부터 제12호까지의 처우제한이 함께 부과된다. 다만, 소장은 수용자의 권리구제, 수형자의 교화 또는 건전한 사회복귀를 위하여 특히 필요하다고 인정하면 집필·편지수수 또는 접견을 허가할 수 있다. 〈개정 2016. 12. 2., 2020. 2. 4.〉

④ 소장은 제108조제14호의 처분을 받은 사람에게 다음 각 호의 어느 하나에 해당하는 사유가 있어 필요하다고 인정하는 경우에는 건강유지에 지장을 초래하지 아니하는 범위에서 실외운동을 제한할 수 있다. 〈신설 2016. 12. 2., 2020. 2. 4.〉

1. 도주의 우려가 있는 경우

2. 자해의 우려가 있는 경우

3. 다른 사람에게 위해를 끼칠 우려가 있는 경우

4. 그 밖에 시설의 안전 또는 질서를 크게 해칠 우려가 있는 경우로서 법무부령으로 정하는 경우

⑤ 소장은 제108조제13호에 따른 실외운동 정지를 부과하는 경우 또는 제4항에 따라 실외운동을 제한하는 경우라도 수용자가 매주 1회 이상 실외운동을 할 수 있도록 하여야 한다. 〈신설 2020. 2. 4.〉

⑥ 소장은 제108조제13호 또는 제14호의 처분을 집행하는 경우에는 의무관으로 하여금 사전에 수용자의 건강을 확인하도록 하여야 하며, 집행 중인 경우에도 수시로 건강상태를 확인하여야 한다. 〈개정 2016. 12. 2., 2020. 2. 4.〉

[2016. 12. 2. 법률 제14281호에 의하여 2016. 5. 26. 헌법재판소에서 위헌 결정된 이 조 제3항 본문 중 제108조제13호에 관한 부분을 개정함.]

제113조(징벌집행의 정지·면제) ① 소장은 질병이나 그 밖의 사유로 징벌집행이 곤란하면 그 사유가 해소될 때까지 그 집행을 일시 정지할 수 있다.

② 소장은 징벌집행 중인 사람이 뉘우치는 빛이 뚜렷한 경우에는 그 징벌을 감경하거나 남은 기간의 징벌집행을 면제할 수 있다.

제114조(징벌집행의 유예) ① 징벌위원회는 징벌을 의결하는 때에 행위의 동기 및 정황, 교정성적, 뉘우치는 정도 등 그 사정을 고려할 만한 사유가 있는 수용자에 대하여 2개월 이상 6개월 이하의 기간 내에서 징벌의 집행을 유예할 것을 의결할 수 있다.

② 소장은 징벌집행의 유예기간 중에 있는 수용자가 다시 제107조의 징벌대상행위를 하여 징벌이 결정되면 그 유예한 징벌을 집행한다.

③ 수용자가 징벌집행을 유예받은 후 징벌을 받음이 없이 유예기간이 지나면 그 징벌의 집행은 종료된 것으로 본다.

제115조(징벌의 실효 등) ① 소장은 징벌의 집행이 종료되거나 집행이 면제된 수용자가 교정성적이 양호하고 법무부령으로 정하는 기간 동안 징벌을 받지 아니하면 법무부장관의 승인을 받아 징벌을 실효시킬 수 있다.

② 제1항에도 불구하고 소장은 수용자가 교정사고 방지에 뚜렷한 공로가 있다고 인정되면 분류처우위원회의 의결을 거친 후 법무부장관의 승인을 받아 징벌을 실효시킬 수 있다.

③ 이 법에 규정된 사항 외에 징벌에 관하여 필요한 사항은 법무부령으로 정한다.

제13장 권리구제

제116조(소장 면담) ① 수용자는 그 처우에 관하여 소장에게 면담을 신청할 수 있다.

② 소장은 수용자의 면담신청이 있으면 다음 각 호의 어느 하나에 해당하는 사유가 있는 경우를 제외하고는 면담을 하여야 한다. 〈개정 2020. 2. 4.〉

1. 정당한 사유 없이 면담사유를 밝히지 아니하는 때

2. 면담목적이 법령에 명백히 위배되는 사항을 요구하는 것인 때

3. 동일한 사유로 면담한 사실이 있음에도 불구하고 정당한 사유 없이 반복하여 면담을 신청하는 때

4. 교도관의 직무집행을 방해할 목적이라고 인정되는 상당한 이유가 있는 때

③ 소장은 특별한 사정이 있으면 소속 교도관으로 하여금 그 면담을 대리하게 할 수 있다. 이 경우 면담을 대리한 사람은 그 결과를 소장에게 지체 없이 보고하여야 한다.

④ 소장은 면담한 결과 처리가 필요한 사항이 있으면 그 처리결과를 수용자에게 알려야 한다. 〈개정 2020. 2. 4.〉

제117조(청원) ① 수용자는 그 처우에 관하여 불복하는 경우 법무부장관·순회점검공무원 또는 관할 지방교정청장에게 청원할 수 있다.

② 제1항에 따라 청원하려는 수용자는 청원서를 작성하여 봉한 후 소장에게 제출하여야 한다. 다만, 순회점검공무원에 대한 청원은 말로도 할 수 있다.

③ 소장은 청원서를 개봉하여서는 아니 되며, 이를 지체 없이 법무부장관·순회점검공무원 또는 관할 지방교정청장에게 보내거나 순회점검공무원에게 전달하여야 한다.

④ 제2항 단서에 따라 순회점검공무원이 청원을 청취하는 경우에는 해당 교정시설의 교도관이 참여하여서는 아니 된다. 〈개정 2016. 5. 29.〉

⑤ 청원에 관한 결정은 문서로 하여야 한다. 〈개정 2020. 2. 4.〉

⑥ 소장은 청원에 관한 결정서를 접수하면 청원인에게 지체 없이 전달하여야 한다.

제117조의2(정보공개청구) ① 수용자는 「공공기관의 정보공개에 관한 법률」에 따라 법무부장관, 지방교정청장 또는 소장에게 정보의 공개를 청구할 수 있다.

② 현재의 수용기간 동안 법무부장관, 지방교정청장 또는 소장에게 제1항에 따른 정보공개청구를 한 후 정당한 사유 없이 그 청구를 취하하거나 「공공기관의 정보공개에 관한 법률」 제17조에 따른 비용을 납부하지 아니한 사실이 2회 이상 있는 수용자가 제1항에 따른 정보공개청구를 한 경우에 법무부장관, 지방교정청장 또는 소장은 그 수용자에게 정보의 공개 및 우송 등에 들 것으로 예상되는 비용을 미리 납부하게 할 수 있다.

③ 제2항에 따라 정보의 공개 및 우송 등에 들 것으로 예상되는 비용을 미리 납부하여야 하는 수용자가 비용을 납부하지 아니한 경우 법무부장관, 지방교정청장 또는 소장은 그 비용을 납부할 때까지 「공공기관의 정보공개에 관한 법률」 제11조에 따른 정보공개 여부의 결정을 유예할 수 있다.

④ 제2항에 따른 예상비용의 산정방법, 납부방법, 납부기간, 그 밖에 비용납부에 관하여 필요한 사항은 대통

령령으로 정한다.

[본조신설 2010. 5. 4.]

제118조(불이익처우 금지) 수용자는 청원, 진정, 소장과의 면담, 그 밖의 권리구제를 위한 행위를 하였다는 이유로 불이익한 처우를 받지 아니한다.

제3편 수용의 종료

제1장 가석방

제119조(가석방심사위원회) 「형법」 제72조에 따른 가석방의 적격 여부를 심사하기 위하여 법무부장관 소속으로 가석방심사위원회(이하 이 장에서 "위원회"라 한다)를 둔다.

제120조(위원회의 구성) ① 위원회는 위원장을 포함한 5명 이상 9명 이하의 위원으로 구성한다. 〈개정 2020. 2. 4.〉

② 위원장은 법무부차관이 되고, 위원은 판사, 검사, 변호사, 법무부 소속 공무원, 교정에 관한 학식과 경험이 풍부한 사람 중에서 법무부장관이 임명 또는 위촉한다.

③ 위원회의 심사과정 및 심사내용의 공개범위와 공개시기는 다음 각 호와 같다. 다만, 제2호 및 제3호의 내용 중 개인의 신상을 특정할 수 있는 부분은 삭제하고 공개하되, 국민의 알권리를 충족할 필요가 있는 등의 사유가 있는 경우에는 위원회가 달리 의결할 수 있다. 〈개정 2011. 7. 18., 2020. 2. 4.〉

1. 위원의 명단과 경력사항은 임명 또는 위촉한 즉시

2. 심의서는 해당 가석방 결정 등을 한 후부터 즉시

3. 회의록은 해당 가석방 결정 등을 한 후 5년이 경과한 때부터

④ 위원회의 위원 중 공무원이 아닌 사람은 「형법」 제127조 및 제129조부터 제132조까지의 규정을 적용할 때에는 공무원으로 본다. 〈신설 2016. 1. 6.〉

⑤ 그 밖에 위원회에 관하여 필요한 사항은 법무부령으로 정한다. 〈신설 2011. 7. 18., 2016. 1. 6.〉

제121조(가석방 적격심사) ① 소장은 「형법」 제72조제1항의 기간이 지난 수형자에 대하여는 법무부령으로 정하는 바에 따라 위원회에 가석방 적격심사를 신청하여야 한다.

② 위원회는 수형자의 나이, 범죄동기, 죄명, 형기, 교정성적, 건강상태, 가석방 후의 생계능력, 생활환경, 재범의 위험성, 그 밖에 필요한 사정을 고려하여 가석방의 적격 여부를 결정한다.

제122조(가석방 허가) ① 위원회는 가석방 적격결정을 하였으면 5일 이내에 법무부장관에게 가석방 허가를 신청하여야 한다.

② 법무부장관은 제1항에 따른 위원회의 가석방 허가신청이 적정하다고 인정하면 허가할 수 있다.

제2장 석방

제123조(석방) 소장은 사면·형기종료 또는 권한이 있는 사람의 명령에 따라 수용자를 석방한다. 〈개정 2020. 2. 4.〉

제124조(석방시기) ① 사면, 가석방, 형의 집행면제, 감형에 따른 석방은 그 서류가 교정시설에 도달한 후 12시간 이내에 하여야 한다. 다만, 그 서류에서 석방일시를 지정하고 있으면 그 일시에 한다. 〈개정 2020. 2. 4.〉

② 형기종료에 따른 석방은 형기종료일에 하여야 한다. 〈개정 2020. 2. 4.〉

③ 권한이 있는 사람의 명령에 따른 석방은 서류가 도달한 후 5시간 이내에 하여야 한다. 〈개정 2020. 2. 4.〉

제125조(피석방자의 일시수용) 소장은 피석방자가 질병이나 그 밖에 피할 수 없는 사정으로 귀가하기 곤란한 경우에 본인의 신청이 있으면 일시적으로 교정시설에 수용할 수 있다.

제126조(귀가여비의 지급 등) 소장은 피석방자에게 귀가에 필요한 여비 또는 의류가 없으면 법무부장관이 정하는 범위에서 이를 지급하거나 빌려 줄 수 있다.

제126조의2(석방예정자의 수용이력 등 통보) ① 소장은 석방될 수형자의 재범방지, 자립지원 및 피해자 보호를 위하여 필요하다고 인정하면 해당 수형자의 수용이력 또는 사회복귀에 관한 의견을 그의 거주지를 관할하는 경찰관서나 자립을 지원할 법인 또는 개인에게 통보할 수 있다. 다만, 법인 또는 개인에게 통보하는 경우에는 해당 수형자의 동의를 받아야 한다.

② 제1항에 따라 통보하는 수용이력 또는 사회복귀에 관한 의견의 구체적인 사항은 대통령령으로 정한다.

[본조신설 2020. 2. 4.]

제3장 사망

제127조(사망 알림) 소장은 수용자가 사망한 경우에는 그 사실을 즉시 그 가족(가족이 없는 경우에는 다른 친족)에게 알려야 한다. 〈개정 2020. 2. 4.〉

[제목개정 2020. 2. 4.]

제128조(시신의 인도 등) ① 소장은 사망한 수용자의 친족 또는 특별한 연고가 있는 사람이 그 시신 또는 유골의 인도를 청구하는 경우에는 인도하여야 한다. 다만, 제3항에 따라 자연장(自然葬)을 하거나 집단으로 매장을 한 후에는 그러하지 아니하다. 〈개정 2015. 3. 27.〉

② 소장은 제127조에 따라 수용자가 사망한 사실을 알게 된 사람이 다음 각 호의 어느 하나에 해당하는 기간 이내에 그 시신을 인수하지 아니하거나 시신을 인수할 사람이 없으면 임시로 매장하거나 화장(火葬) 후 봉안하여야 한다. 다만, 감염병 예방 등을 위하여 필요하면 즉시 화장하여야 하며, 그 밖에 필요한 조치를 할 수 있다. 〈개정 2015. 3. 27., 2020. 2. 4.〉

1. 임시로 매장하려는 경우: 사망한 사실을 알게 된 날부터 3일

2. 화장하여 봉안하려는 경우: 사망한 사실을 알게 된 날부터 60일

③ 소장은 제2항에 따라 시신을 임시로 매장하거나 화장하여 봉안한 후 2년이 지나도록 시신의 인도를 청구하는 사람이 없을 때에는 다음 각 호의 구분에 따른 방법으로 처리할 수 있다. 〈개정 2015. 3. 27.〉

1. 임시로 매장한 경우: 화장 후 자연장을 하거나 일정한 장소에 집단으로 매장

2. 화장하여 봉안한 경우: 자연장

④ 소장은 병원이나 그 밖의 연구기관이 학술연구상의 필요에 따라 수용자의 시신인도를 신청하면 본인의 유언 또는 상속인의 승낙이 있는 경우에 한하여 인도할 수 있다.

⑤ 소장은 수용자가 사망하면 법무부장관이 정하는 범위에서 화장·시신인도 등에 필요한 비용을 인수자에게 지급할 수 있다.

제4편 교정자문위원회 등

제129조(교정자문위원회) ① 수용자의 관리·교정교화 등 사무에 관한 지방교정청장의 자문에 응하기 위하여 지방교정청에 교정자문위원회(이하 이 조에서 "위원회"라 한다)를 둔다. 〈개정 2019. 4. 23.〉

② 위원회는 10명 이상 15명 이하의 위원으로 성별을 고려하여 구성하고, 위원장은 위원 중에서 호선하며, 위원은 교정에 관한 학식과 경험이 풍부한 외부인사 중에서 지방교정청장의 추천을 받아 법무부장관이 위촉

한다. 〈개정 2019. 4. 23.〉

③ 이 법에 규정된 사항 외에 위원회에 관하여 필요한 사항은 법무부령으로 정한다.

제130조(교정위원) ① 수용자의 교육·교화·의료, 그 밖에 수용자의 처우를 후원하기 위하여 교정시설에 교정위원을 둘 수 있다.

② 교정위원은 명예직으로 하며 소장의 추천을 받아 법무부장관이 위촉한다.

제131조(기부금품의 접수) 소장은 기관·단체 또는 개인이 수용자의 교화 등을 위하여 교정시설에 자발적으로 기탁하는 금품을 받을 수 있다.

제5편 벌칙

제132조(금지물품을 지닌 경우) ① 수용자가 제92조제2항을 위반하여 소장의 허가 없이 무인비행장치, 전자·통신기기를 지닌 경우 2년 이하의 징역 또는 2천만원 이하의 벌금에 처한다. 〈개정 2020. 2. 4.〉

② 수용자가 제92조제1항제3호를 위반하여 주류·담배·화기·현금·수표를 지닌 경우 1년 이하의 징역 또는 1천만원 이하의 벌금에 처한다. 〈개정 2020. 2. 4.〉

[전문개정 2019. 4. 23.]

[제목개정 2020. 2. 4.]

제133조(금지물품의 반입) 소장의 허가 없이 무인비행장치, 전자·통신기기를 교정시설에 반입한 사람은 3년 이하의 징역 또는 3천만원 이하의 벌금에 처한다.

② 주류·담배·화기·현금·수표·음란물·사행행위에 사용되는 물품을 수용자에게 전달할 목적으로 교정시설에 반입한 사람은 1년 이하의 징역 또는 1천만원 이하의 벌금에 처한다.

③ 상습적으로 제2항의 죄를 범한 사람은 2년 이하의 징역 또는 2천만원 이하의 벌금에 처한다.

[본조신설 2019. 4. 23.]

[종전 제133조는 제134조로 이동 〈2019. 4. 23.〉]

제134조(출석의무 위반 등) 다음 각 호의 어느 하나에 해당하는 행위를 한 수용자는 1년 이하의 징역에 처한다. 〈개정 2020. 2. 4.〉

1. 정당한 사유 없이 제102조제4항을 위반하여 일시석방 후 24시간 이내에 교정시설 또는 경찰관서에 출석하지 아니하는 행위

2. 귀휴·외부통근, 그 밖의 사유로 소장의 허가를 받아 교도관의 계호 없이 교정시설 밖으로 나간 후에 정당한 사유 없이 기한까지 돌아오지 아니하는 행위

[제133조에서 이동 〈2019. 4. 23.〉]

제135조(녹화 등의 금지) 소장의 허가 없이 교정시설 내부를 녹화·촬영한 사람은 1년 이하의 징역 또는 1천만원 이하의 벌금에 처한다.

[본조신설 2019. 4. 23.]

제136조(미수범) 제133조 및 제135조의 미수범은 처벌한다.

[본조신설 2019. 4. 23.]

제137조(몰수) 제132조 및 제133조에 해당하는 금지물품은 몰수한다.

[본조신설 2019. 4. 23.]

부 칙 〈제19105호, 2022. 12. 27.〉

제1조(시행일) 이 법은 공포한 날부터 시행한다.

제2조(1주의 작업시간에 관한 적용례) 제71조제3항 및 제4항(1주의 작업시간에 관한 부분으로 한정한다)의 개정규정은 이 법 시행일이 속하는 주의 다음 주간(週間)의 작업시간부터 적용한다.

제3조(위로금 지급 시기의 변경에 따른 적용례) 제74조제2항의 개정규정은 이 법 시행 전에 같은 조 제1항제1호의 위로금 지급사유가 발생하였으나 위로금을 지급받지 아니한 수형자로서 이 법 시행 당시 수용 중에 있는 수형자에 대해서도 적용한다.

형의 집행 및 수용자의 처우에 관한 법률 시행령

[시행 2020. 8. 5.] [대통령령 제30909호, 2020. 8. 5., 일부개정]

제1편 총 칙

제1조(목적) 이 영은 「형의 집행 및 수용자의 처우에 관한 법률」에서 위임된 사항과 그 시행에 필요한 사항을 규정함을 목적으로 한다.

제1조의2(협의체의 구성 및 운영 등) ① 「형의 집행 및 수용자의 처우에 관한 법률」(이하 "법"이라 한다) 제5조의3에 따른 협의체(이하 "협의체"라 한다)는 위원장을 포함하여 12명의 위원으로 구성한다.

② 협의체의 위원장은 법무부차관이 되고, 협의체의 위원은 다음 각 호의 사람이 된다.

1. 기획재정부, 교육부, 법무부, 국방부, 행정안전부, 보건복지부, 고용노동부, 경찰청 및 해양경찰청 소속 고위공무원단에 속하는 공무원(국방부의 경우에는 고위공무원단에 속하는 공무원 또는 이에 상당하는 장성급 장교를, 경찰청 및 해양경찰청의 경우에는 경무관 이상의 경찰공무원을 말한다) 중에서 해당 소속 기관의 장이 지명하는 사람 각 1명

2. 법원행정처 소속 판사 또는 3급 이상의 법원일반직공무원 중에서 법원행정처장이 지명하는 사람 1명

3. 대검찰청 소속 검사 또는 고위공무원단에 속하는 공무원 중에서 검찰총장이 지명하는 사람 1명

③ 협의체의 위원장은 협의체 회의를 소집하며, 회의 개최 7일 전까지 회의의 일시·장소 및 안건 등을 각 위원에게 알려야 한다.

④ 협의체의 위원장은 협의체의 회의 결과를 위원이 소속된 기관의 장에게 통보해야 한다.

[본조신설 2019. 10. 22.]

제2조(판사 등의 시찰) ① 판사 또는 검사가 법 제9조제1항에 따라 교도소·구치소 및 그 지소(이하 "교정시설"이라 한다)를 시찰할 경우에는 미리 그 신분을 나타내는 증표를 교정시설의 장(이하 "소장"이라 한다)에게 제시해야 한다. 〈개정 2018. 12. 24., 2019. 10. 22.〉

② 소장은 제1항의 경우에 교도관에게 시찰을 요구받은 장소를 안내하게 해야 한다. 〈개정 2018. 12. 24.〉

제3조(참관) ① 소장은 법 제9조제2항에 따라 판사와 검사 외의 사람이 교정시설의 참관을 신청하는 경우에는 그 성명·직업·주소·나이·성별 및 참관 목적을 확인한 후 허가 여부를 결정하여야 한다.

② 소장은 외국인에게 참관을 허가할 경우에는 미리 관할 지방교정청장의 승인을 받아야 한다.

③ 소장은 제1항 및 제2항에 따라 허가를 받은 사람에게 참관할 때의 주의사항을 알려주어야 한다.

제2편 수용자의 처우

제1장 수용

제4조(독거실의 비율) 교정시설을 새로 설치하는 경우에는 법 제14조에 따른 수용자의 거실수용을 위하여 독거실(獨居室)과 혼거실(混居室)의 비율이 적정한 수준이 되도록 한다.

제5조(독거수용의 구분) 독거수용은 다음 각 호와 같이 구분한다.

1. 처우상 독거수용: 주간에는 교육 · 작업 등의 처우를 위하여 일과(日課)에 따른 공동생활을 하게 하고 휴업 일과 야간에만 독거수용하는 것을 말한다.

2. 계호(戒護)상 독거수용: 사람의 생명 · 신체의 보호 또는 교정시설의 안전과 질서유지를 위하여 항상 독거수용하고 다른 수용자와의 접촉을 금지하는 것을 말한다. 다만, 수사 · 재판 · 실외운동 · 목욕 · 접견 · 진료 등을 위하여 필요한 경우에는 그러하지 아니하다.

제6조(계호상 독거수용자의 시찰) ① 교도관은 제5조제2호에 따라 독거수용된 사람(이하 "계호상 독거수용자"라 한다)을 수시로 시찰하여 건강상 또는 교화상 이상이 없는지 살펴야 한다.

② 교도관은 제1항의 시찰 결과, 계호상 독거수용자가 건강상 이상이 있는 것으로 보이는 경우에는 교정시설에 근무하는 의사(공중보건의사를 포함한다. 이하 "의무관"이라 한다)에게 즉시 알려야 하고, 교화상 문제가 있다고 인정하는 경우에는 소장에게 지체 없이 보고하여야 한다.

③ 의무관은 제2항의 통보를 받은 즉시 해당 수용자를 상담 · 진찰하는 등 적절한 의료조치를 하여야 하며, 계호상 독거수용자를 계속하여 독거수용하는 것이 건강상 해롭다고 인정하는 경우에는 그 의견을 소장에게 즉시 보고하여야 한다.

④ 소장은 계호상 독거수용자를 계속하여 독거수용하는 것이 건강상 또는 교화상 해롭다고 인정하는 경우에는 이를 즉시 중단하여야 한다.

제7조(여성수용자에 대한 시찰) 소장은 특히 필요하다고 인정하는 경우가 아니면 남성교도관이 야간에 수용자 거실에 있는 여성수용자를 시찰하게 하여서는 아니 된다.

제8조(혼거수용 인원의 기준) 혼거수용 인원은 3명 이상으로 한다. 다만, 요양이나 그 밖의 부득이한 사정이 있는 경우에는 예외로 한다.

제9조(혼거수용의 제한) 소장은 노역장 유치명령을 받은 수형자와 징역형 · 금고형 또는 구류형을 선고받아 형이 확정된 수형자를 혼거수용해서는 아니 된다. 다만, 징역형 · 금고형 또는 구류형의 집행을 마친 다음에 계속해서 노역장 유치명령을 집행하거나 그 밖에 부득이한 사정이 있는 경우에는 그러하지 아니하다.

제10조(수용자의 자리 지정) 소장은 수용자의 생명 · 신체의 보호, 증거인멸의 방지 및 교정시설의 안전과 질서 유지를 위하여 필요하다고 인정하면 혼거실 · 교육실 · 강당 · 작업장, 그 밖에 수용자들이 서로 접촉할 수 있는 장소에서 수용자의 자리를 지정할 수 있다.

제11조(거실의 대용금지) 소장은 수용자거실을 작업장으로 사용해서는 아니 된다. 다만, 수용자의 심리적 안정, 교정교화 또는 사회적응능력 함양을 위하여 특히 필요하다고 인정하면 그러하지 아니하다.

제12조(현황표 등의 부착 등) ① 소장은 수용자거실에 면적, 정원 및 현재인원을 적은 현황표를 붙여야 한다.

② 소장은 수용자거실 앞에 이름표를 붙이되, 이름표 윗부분에는 수용자의 성명 · 출생연도 · 죄명 · 형명(刑名) 및 형기(刑期)를 적고, 그 아랫부분에는 수용자번호 및 입소일을 적되, 윗부분의 내용이 보이지 않도록 해야 한다. 〈개정 2014. 6. 25., 2020. 8. 5.〉

③ 소장은 수용자가 법령에 따라 지켜야 할 사항과 수용자의 권리구제 절차에 관한 사항을 수용자거실의 보

기 쉬운 장소에 붙이는 등의 방법으로 비치하여야 한다. 〈개정 2014. 6. 25.〉

제13조(신입자의 인수) ① 소장은 법원·검찰청·경찰관서 등으로부터 처음으로 교정시설에 수용되는 사람(이하 "신입자"라 한다)을 인수한 경우에는 호송인(護送人)에게 인수서를 써 주어야 한다. 이 경우 신입자에게 부상·질병, 그 밖에 건강에 이상(이하 이 조에서 "부상등"이라 한다)이 있을 때에는 호송인으로부터 그 사실에 대한 확인서를 받아야 한다.

② 신입자를 인수한 교도관은 제1항의 인수서에 신입자의 성명, 나이 및 인수일시를 적고 서명 또는 날인하여야 한다.

③ 소장은 제1항 후단에 따라 확인서를 받는 경우에는 호송인에게 신입자의 성명, 나이, 인계일시 및 부상등의 사실을 적고 서명 또는 날인하도록 하여야 한다.

제14조(신입자의 신체 등 검사) 소장은 신입자를 인수한 경우에는 교도관에게 신입자의 신체·의류 및 휴대품을 지체 없이 검사하게 하여야 한다.

제15조(신입자의 건강진단) 법 제16조제2항에 따른 신입자의 건강진단은 수용된 날부터 3일 이내에 하여야 한다. 다만, 휴무일이 연속되는 등 부득이한 사정이 있는 경우에는 예외로 한다.

제16조(신입자의 목욕) 소장은 신입자에게 질병이나 그 밖의 부득이한 사정이 있는 경우가 아니면 지체 없이 목욕을 하게 하여야 한다.

제17조(신입자의 신체 특징 기록 등) ① 소장은 신입자의 키·용모·문신·흉터 등 신체 특징과 가족 등 보호자의 연락처를 수용기록부에 기록하여야 하며, 교도관이 업무상 필요한 경우가 아니면 이를 열람하지 못하도록 하여야 한다.

② 소장은 신입자 및 다른 교정시설로부터 이송(移送)되어 온 사람(이하 "이입자"라 한다)에 대하여 수용자번호를 지정하고 수용 중 번호표를 상의의 왼쪽 가슴에 붙이게 하여야 한다. 다만, 수용자의 교화 또는 건전한 사회복귀를 위하여 특히 필요하다고 인정하면 번호표를 붙이지 아니할 수 있다.

제18조(신입자거실 수용 등) ① 소장은 신입자가 환자이거나 부득이한 사정이 있는 경우가 아니면 수용된 날부터 3일 동안 신입자거실에 수용하여야 한다.

② 소장은 제1항에 따라 신입자거실에 수용된 사람에게는 작업을 부과해서는 아니 된다.

③ 소장은 19세 미만의 신입자 그 밖에 특히 필요하다고 인정하는 수용자에 대하여는 제1항의 기간을 30일까지 연장할 수 있다.

제19조(수용기록부 등의 작성) 소장은 신입자 또는 이입자를 수용한 날부터 3일 이내에 수용기록부, 수용자명부 및 형기종료부를 작성·정비하고 필요한 사항을 기록하여야 한다.

제20조(신입자의 신원조사) ①소장은 신입자의 신원에 관한 사항을 조사하여 수용기록부에 기록하여야 한다. 〈개정 2012. 1. 6.〉

② 소장은 신입자의 본인 확인 및 수용자의 처우 등을 위하여 불가피한 경우 「개인정보 보호법」 제23조에 따른 정보, 같은 법 시행령 제18조제2호에 따른 범죄경력자료에 해당하는 정보, 같은 영 제19조에 따른 주민등록번호, 여권번호, 운전면허의 면허번호 또는 외국인등록번호가 포함된 자료를 처리할 수 있다. 〈신설 2012. 1. 6.〉

제21조(형 또는 구속의 집행정지 사유의 통보) 소장은 수용자에 대하여 건강상의 사유로 형의 집행정지 또는 구속의 집행정지를 할 필요가 있다고 인정하는 경우에는 의무관의 진단서와 인수인에 대한 확인서류를 첨부하여 그 사실을 검사에게, 기소된 상태인 경우에는 법원에도 지체 없이 통보하여야 한다.

제22조(지방교정청장의 이송승인권) ① 지방교정청장은 법 제20조제2항에 따라 다음 각 호의 어느 하나에 해

당하는 경우에는 수용자의 이송을 승인할 수 있다.

1. 수용시설의 공사 등으로 수용거실이 일시적으로 부족한 때

2. 교정시설 간 수용인원의 뚜렷한 불균형을 조정하기 위하여 특히 필요하다고 인정되는 때

3. 교정시설의 안전과 질서유지를 위하여 긴급하게 이송할 필요가 있다고 인정되는 때

② 제1항에 따른 지방교정청장의 이송승인은 관할 내 이송으로 한정한다.

제23조(이송 중지) 소장은 수용자를 다른 교정시설에 이송하는 경우에 의무관으로부터 수용자가 건강상 감당하기 어렵다는 보고를 받으면 이송을 중지하고 그 사실을 이송받을 소장에게 알려야 한다.

제24조(호송 시 분리) 수용자를 이송이나 출정(出廷), 그 밖의 사유로 호송하는 경우에는 수형자는 미결수용자와, 여성수용자는 남성수용자와, 19세 미만의 수용자는 19세 이상의 수용자와 각각 호송 차량의 좌석을 분리하는 등의 방법으로 서로 접촉하지 못하게 하여야 한다.

제2장 물품 지급

제25조(생활용품 지급 시의 유의사항) ① 소장은 법 제22조제1항에 따라 의류·침구, 그 밖의 생활용품(이하 "의류등"이라 한다)을 지급하는 경우에는 수용자의 건강, 계절 등을 고려하여야 한다.

② 소장은 수용자에게 특히 청결하게 관리할 수 있는 재질의 식기를 지급하여야 하며, 다른 사람이 사용한 의류등을 지급하는 경우에는 세탁하거나 소독하여 지급하여야 한다.

제26조(생활기구의 비치) ① 소장은 거실·작업장, 그 밖에 수용자가 생활하는 장소(이하 이 조에서 "거실등"이라 한다)에 수용생활에 필요한 기구를 갖춰 둬야 한다.

② 거실등에는 갖춰 둔 기구의 품목·수량을 기록한 품목표를 붙여야 한다.

제27조(음식물의 지급) 법 제23조에 따라 수용자에게 지급하는 음식물은 주식·부식·음료, 그 밖의 영양물로 한다.

제28조(주식의 지급) ① 수용자에게 지급하는 주식은 쌀로 한다. 〈개정 2014. 6. 25.〉

② 소장은 쌀 수급이 곤란하거나 그 밖에 필요하다고 인정하면 주식을 쌀과 보리 등 잡곡의 혼합곡으로 하거나 대용식을 지급할 수 있다. 〈개정 2014. 6. 25.〉

제29조(특식의 지급) 소장은 국경일이나 그 밖에 이에 준하는 날에는 특별한 음식물을 지급할 수 있다.

제30조(환자의 음식물) 소장은 의무관의 의견을 고려하여 환자에게 지급하는 음식물의 종류 또는 정도를 달리 정할 수 있다.

제31조(자비 구매 물품의 기준) 수용자가 자비로 구매하는 물품은 교화 또는 건전한 사회복귀에 적합하고 교정시설의 안전과 질서를 해칠 우려가 없는 것이어야 한다.

제32조(자비 구매 의류등의 사용) 소장은 수용자가 자비로 구매한 의류등을 보관한 후 그 수용자가 사용하게 할 수 있다. 〈개정 2020. 8. 5.〉

제33조(의류등의 세탁 등) ① 소장은 수용자가 사용하는 의류등을 적당한 시기에 세탁·수선 또는 교체(이하 이 조에서 "세탁등"이라 한다)하도록 하여야 한다.

② 자비로 구매한 의류등을 세탁등을 하는 경우 드는 비용은 수용자가 부담한다.

제3장 금품관리

제34조(휴대금품의 정의 등) ① 법 제25조에서 "휴대금품"이란 신입자가 교정시설에 수용될 때에 지니고 있는

현금(자기앞수표를 포함한다. 이하 같다)과 휴대품을 말한다.

② 법 제25조제1항 각 호의 어느 하나에 해당하지 아니한 신입자의 휴대품은 보관한 후 사용하게 할 수 있다. 〈개정 2020. 8. 5.〉

③ 법 제25조제1항 단서에 따라 신입자의 휴대품을 팔 경우에는 그 비용을 제외한 나머지 대금을 보관할 수 있다. 〈개정 2020. 8. 5.〉

④ 소장은 신입자가 법 제25조제1항 각 호의 어느 하나에 해당하는 휴대품을 법무부장관이 정한 기간에 처분하지 않은 경우에는 본인에게 그 사실을 고지한 후 폐기한다.

제35조(금품의 보관) 수용자의 현금을 보관하는 경우에는 그 금액을 보관금대장에 기록하고 수용자의 물품을 보관하는 경우에는 그 품목·수량 및 규격을 보관품대장에 기록해야 한다. 〈개정 2020. 8. 5.〉

[제목개정 2020. 8. 5.]

제36조(귀중품의 보관) 소장은 보관품이 금·은·보석·유가증권·인장, 그 밖에 특별히 보관할 필요가 있는 귀중품인 경우에는 잠금장치가 되어 있는 견고한 용기에 넣어 보관해야 한다. 〈개정 2020. 8. 5.〉

제37조(보관품 매각대금의 보관) 소장은 수용자의 신청에 따라 보관품을 팔 경우에는 그 비용을 제외한 나머지 대금을 보관할 수 있다. 〈개정 2020. 8. 5.〉

[제목개정 2020. 8. 5.]

제38조(보관금의 사용 등) ① 소장은 수용자가 그의 가족(배우자, 직계존비속 또는 형제자매를 말한다. 이하 같다) 또는 배우자의 직계존속에게 도움을 주거나 그 밖에 정당한 용도로 사용하기 위하여 보관금의 사용을 신청한 경우에는 그 사정을 고려하여 허가할 수 있다. 〈개정 2020. 8. 5.〉

② 제1항에 따라 보관금을 사용하는 경우 발생하는 비용은 수용자가 부담한다. 〈개정 2020. 8. 5.〉

③ 보관금의 출납·예탁(預託), 보관금품의 보관 등에 관하여 필요한 사항은 법무부장관이 정한다. 〈개정 2020. 8. 5.〉

[제목개정 2020. 8. 5.]

제39조(지닐 수 없는 물품의 처리) 법 제26조제2항 및 제3항에 따라 지닐 수 있는 범위를 벗어난 수용자의 물품을 처분하거나 폐기하는 경우에는 제34조제3항 및 제4항을 준용한다. 〈개정 2020. 8. 5.〉

[제목개정 2020. 8. 5.]

제40조(물품의 폐기) 수용자의 물품을 폐기하는 경우에는 그 품목·수량·이유 및 일시를 관계 장부에 기록하여야 한다.

제41조(금품전달 신청자의 확인) 소장은 수용자가 아닌 사람이 법 제27조제1항에 따라 수용자에게 금품을 건네줄 것을 신청하는 경우에는 그의 성명·주소 및 수용자와의 관계를 확인해야 한다. 〈개정 2020. 8. 5.〉

[제목개정 2020. 8. 5.]

제42조(전달 허가금품의 사용 등) ① 소장은 법 제27조제1항에 따라 수용자에 대한 금품의 전달을 허가한 경우에는 그 금품을 보관한 후 해당 수용자가 사용하게 할 수 있다. 〈개정 2020. 8. 5.〉

② 법 제27조제1항에 따라 수용자에게 건네주려고 하는 금품의 허가범위 등에 관하여 필요한 사항은 법무부령으로 정한다. 〈개정 2020. 8. 5.〉

[제목개정 2020. 8. 5.]

제43조(전달 허가물품의 검사) 소장은 법 제27조제1항에 따라 건네줄 것을 허가한 물품은 검사할 필요가 없다고 인정되는 경우가 아니면 교도관으로 하여금 검사하게 해야 한다. 이 경우 그 물품이 의약품인 경우에는 의무관으로 하여금 검사하게 해야 한다. 〈개정 2020. 8. 5.〉

[제목개정 2020. 8. 5.]

제44조(보관의 예외) 음식물은 보관의 대상이 되지 않는다. 〈개정 2020. 8. 5.〉

[제목개정 2020. 8. 5.]

제45조(유류금품의 처리) ① 소장은 사망자의 유류품을 건네받을 사람이 원거리에 있는 등 특별한 사정이 있는 경우에는 유류품을 받을 사람의 청구에 따라 유류품을 팔아 그 대금을 보낼 수 있다. 〈개정 2020. 8. 5.〉

② 법 제28조에 따라 사망자의 유류금품을 보내거나 제1항에 따라 유류품을 팔아 대금을 보내는 경우에 드는 비용은 유류금품의 청구인이 부담한다.

[제목개정 2020. 8. 5.]

제4장 위생과 의료

제46조(보건ㆍ위생관리계획의 수립 등) 소장은 수용자의 건강, 계절 및 시설여건 등을 고려하여 보건ㆍ위생관리계획을 정기적으로 수립하여 시행하여야 한다.

제47조(시설의 청소ㆍ소독) ① 소장은 거실ㆍ작업장ㆍ목욕탕, 그 밖에 수용자가 공동으로 사용하는 시설과 취사장, 주식ㆍ부식 저장고, 그 밖에 음식물 공급과 관련된 시설을 수시로 청소ㆍ소독하여야 한다.

② 소장은 저수조 등 급수시설을 6개월에 1회 이상 청소ㆍ소독하여야 한다.

제48조(청결의무) 수용자는 교도관이 법 제32조제1항에 따라 자신이 사용하는 거실, 작업장, 그 밖의 수용시설의 청결을 유지하기 위하여 필요한 지시를 한 경우에는 이에 따라야 한다.

제49조(실외운동) 소장은 수용자가 매일(공휴일 및 법무부장관이 정하는 날은 제외한다) 「국가공무원 복무규정」 제9조에 따른 근무시간 내에서 1시간 이내의 실외운동을 할 수 있도록 하여야 한다. 다만, 다음 각 호의 어느 하나에 해당하면 실외운동을 실시하지 아니할 수 있다.

1. 작업의 특성상 실외운동이 필요 없다고 인정되는 때

2. 질병 등으로 실외운동이 수용자의 건강에 해롭다고 인정되는 때

3. 우천, 수사, 재판, 그 밖의 부득이한 사정으로 실외운동을 하기 어려운 때

제50조(목욕횟수) 소장은 작업의 특성, 계절, 그 밖의 사정을 고려하여 수용자의 목욕횟수를 정하되 부득이한 사정이 없으면 매주 1회 이상이 되도록 한다.

제51조(건강검진횟수) ① 소장은 수용자에 대하여 1년에 1회 이상 건강검진을 하여야 한다. 다만, 19세 미만의 수용자와 계호상 독거수용자에 대하여는 6개월에 1회 이상 하여야 한다.

② 제1항의 건강검진은 「건강검진기본법」 제14조에 따라 지정된 건강검진기관에 의뢰하여 할 수 있다. 〈개정 2009. 3. 18.〉

제52조(감염병의 정의) 법 제18조제1항, 법 제53조제1항제3호 및 법 제128조제2항에서 "감염병"이란 「감염병의 예방 및 관리에 관한 법률」에 따른 감염병을 말한다. 〈개정 2010. 12. 29.〉

[제목개정 2010. 12. 29.]

제53조(감염병에 관한 조치) ① 소장은 수용자가 감염병에 걸렸다고 의심되는 경우에는 1주 이상 격리수용하고 그 수용자의 휴대품을 소독하여야 한다. 〈개정 2010. 12. 29.〉

② 소장은 감염병이 유행하는 경우에는 수용자가 자비로 구매하는 음식물의 공급을 중지할 수 있다. 〈개정 2010. 12. 29.〉

③ 소장은 수용자가 감염병에 걸린 경우에는 즉시 격리수용하고 그 수용자가 사용한 물품과 설비를 철저히

소독하여야 한다. 〈개정 2010. 12. 29.〉

④ 소장은 제3항의 사실을 지체 없이 법무부장관에게 보고하고 관할 보건기관의 장에게 알려야 한다.

[제목개정 2010. 12. 29.]

제54조(의료거실 수용 등) 소장은 수용자가 부상을 당하거나 질병에 걸린 경우에는 그 수용자를 의료거실에 수용하거나, 다른 수용자에게 그 수용자를 간병하게 할 수 있다.

제54조의2(간호사의 의료행위) 법 제36조제2항에서 "대통령령으로 정하는 경미한 의료행위"란 다음 각 호의 의료행위를 말한다.

1. 외상 등 흔히 볼 수 있는 상처의 치료

2. 응급을 요하는 수용자에 대한 응급처치

3. 부상과 질병의 악화방지를 위한 처치

4. 환자의 요양지도 및 관리

5. 제1호부터 제4호까지의 의료행위에 따르는 의약품의 투여

[본조신설 2010. 7. 9.]

제55조(외부의사의 치료) 소장은 특히 필요하다고 인정하면 외부 의료시설에서 근무하는 의사(이하 "외부의사"라 한다)에게 수용자를 치료하게 할 수 있다.

제56조(위독 사실의 알림) 소장은 수용자가 위독한 경우에는 그 사실을 가족에게 지체 없이 알려야 한다.

[제목개정 2020. 8. 5.]

제57조(외부 의료시설 입원 등 보고) 소장은 법 제37조제1항에 따라 수용자를 외부 의료시설에 입원시키거나 입원 중인 수용자를 교정시설로 데려온 경우에는 그 사실을 법무부장관에게 지체 없이 보고하여야 한다.

제5장 접견, 편지수수(便紙授受) 및 전화통화 〈개정 2020. 8. 5.〉

제58조(접견) ① 수용자의 접견은 매일(공휴일 및 법무부장관이 정한 날은 제외한다) 「국가공무원 복무규정」 제9조에 따른 근무시간 내에서 한다.

② 변호인(변호인이 되려고 하는 사람을 포함한다. 이하 같다)과 접견하는 미결수용자를 제외한 수용자의 접견시간은 회당 30분 이내로 한다. 〈개정 2014. 6. 25.〉

③ 수형자의 접견 횟수는 매월 4회로 한다.

④ 삭제 〈2019. 10. 22.〉

⑤ 법 및 이 영에 규정된 사항 외에 수형자, 사형확정자 및 미결수용자를 제외한 수용자의 접견 횟수·시간·장소 등에 관하여 필요한 사항은 법무부장관이 정한다.

⑥ 소장은 교정시설의 외부에 있는 사람의 수용자 접견에 관한 사무를 수행하기 위하여 불가피한 경우 「개인정보 보호법」 시행령 제19조에 따른 주민등록번호, 여권번호, 운전면허의 면허번호 또는 외국인등록번호가 포함된 자료를 처리할 수 있다. 〈신설 2012. 1. 6.〉

[2019. 10. 22. 대통령령 제30134호에 의하여 2013. 8. 29. 헌법재판소에서 헌법불합치 결정된 제58조제4항을 삭제함]

[2016. 6. 28. 대통령령 제27262호에 의하여 2015. 11. 26. 헌법재판소에서 헌법불합치 결정된 제58조제2항 중 '수형자' 부분 및 같은 조 제3항을 신설된 제59조의2에 반영 함]

제59조(접견의 예외) ① 소장은 제58조제1항 및 제2항에도 불구하고 수형자의 교화 또는 건전한 사회복귀를 위하여 특히 필요하다고 인정하면 접견 시간대 외에도 접견을 하게 할 수 있고 접견시간을 연장할 수 있다.

② 소장은 제58조제3항에도 불구하고 수형자가 다음 각 호의 어느 하나에 해당하면 접견 횟수를 늘릴 수 있다.

1. 19세 미만인 때

2. 교정성적이 우수한 때

3. 교화 또는 건전한 사회복귀를 위하여 특히 필요하다고 인정되는 때

③ 법 제41조제3항제2호에서 "대통령령으로 정하는 경우"란 다음 각 호의 어느 하나에 해당하는 경우를 말한다. 〈개정 2019. 10. 22.〉

1. 수형자가 제2항제2호 또는 제3호에 해당하는 경우

2. 미결수용자의 처우를 위하여 소장이 특별히 필요하다고 인정하는 경우

3. 사형확정자의 교화나 심리적 안정을 위하여 소장이 특별히 필요하다고 인정하는 경우

제59조의2(변호사 와의 접견) ① 제58조제2항에도 불구하고 수용자가 다음 각 호의 어느 하나에 해당하는 변호사와 접견하는 시간은 회당 60분으로 한다. 〈개정 2019. 10. 22.〉

1. 소송사건의 대리인인 변호사

2. 「형사소송법」에 따른 상소권회복 또는 재심 청구사건의 대리인이 되려는 변호사

② 수용자가 제1항 각 호의 변호사와 접견하는 횟수는 다음 각 호의 구분에 따르되, 이를 제58조제3항, 제101조 및 제109조의 접견 횟수에 포함시키지 아니한다. 〈개정 2019. 10. 22.〉

1. 소송사건의 대리인인 변호사: 월 4회

2. 「형사소송법」에 따른 상소권회복 또는 재심 청구사건의 대리인이 되려는 변호사: 사건 당 2회

③ 소장은 제58조제1항과 이 조 제1항 및 제2항에도 불구하고 소송사건의 수 또는 소송내용의 복잡성 등을 고려하여 소송의 준비를 위하여 특히 필요하다고 인정하면 접견 시간대 외에도 접견을 하게 할 수 있고, 접견 시간 및 횟수를 늘릴 수 있다.

④ 소장은 제1항 및 제2항에도 불구하고 접견 수요 또는 접견실 사정 등을 고려하여 원활한 접견 사무 진행에 현저한 장애가 발생한다고 판단하면 접견 시간 및 횟수를 줄일 수 있다. 이 경우 줄어든 시간과 횟수는 다음 접견 시에 추가하도록 노력하여야 한다.

⑤ 수용자가 「형사소송법」에 따른 상소권회복 또는 재심 청구사건의 대리인이 되려는 변호사와 접견하는 경우에는 교정시설의 안전 또는 질서를 해칠 우려가 없는 한 접촉차단시설이 설치되지 않은 장소에서 접견하게 한다. 〈신설 2019. 10. 22.〉

⑥ 제1항부터 제5항까지에서 규정한 사항 외에 수용자와 제1항 각 호의 변호사의 접견에 관하여 필요한 사항은 법무부령으로 정한다. 〈개정 2019. 10. 22.〉

[본조신설 2016. 6. 28.]

[제목개정 2019. 10. 22.]

제60조(접견 시 외국어 사용) ① 수용자와 교정시설 외부의 사람이 접견하는 경우에 법 제41조제4항에 따라 접견내용이 청취 · 녹음 또는 녹화될 때에는 외국어를 사용해서는 아니 된다. 다만, 국어로 의사소통하기 곤란한 사정이 있는 경우에는 외국어를 사용할 수 있다. 〈개정 2019. 10. 22.〉

② 소장은 제1항 단서의 경우에 필요하다고 인정하면 교도관 또는 통역인으로 하여금 통역하게 할 수 있다.

제61조(접견 시 유의사항 고지) 소장은 법 제41조에 따라 접견을 하게 하는 경우에는 수용자와 그 상대방에게 접견 시 유의사항을 방송이나 게시물 부착 등 적절한 방법으로 알려줘야 한다.

제62조(접견내용의 청취 · 기록 · 녹음 · 녹화) ① 소장은 법 제41조제4항의 청취 · 기록을 위하여 다음 각 호의

사람을 제외한 수용자의 접견에 교도관을 참여하게 할 수 있다. 〈개정 2016. 6. 28., 2019. 10. 22.〉

1. 변호인과 접견하는 미결수용자

2. 소송사건의 대리인 변호사와 접견하는 수용자

② 소장은 특별한 사정이 없으면 교도관으로 하여금 법 제41조제5항에 따라 수용자와 그 상대방에게 접견내용의 녹음·녹화 사실을 수용자와 그 상대방이 접견실에 들어가기 전에 미리 말이나 서면 등 적절한 방법으로 알려 주게 하여야 한다. 〈개정 2019. 10. 22.〉

③ 소장은 법 제41조제4항에 따라 청취·녹음·녹화한 경우의 접견기록물에 대한 보호·관리를 위하여 접견정보 취급자를 지정하여야 하고, 접견정보 취급자는 직무상 알게 된 접견정보를 누설하거나 권한 없이 처리하거나 다른 사람이 이용하도록 제공하는 등 부당한 목적을 위하여 사용해서는 아니 된다. 〈개정 2019. 10. 22.〉

④ 소장은 관계기관으로부터 다음 각 호의 어느 하나에 해당하는 사유로 제3항의 접견기록물의 제출을 요청받은 경우에는 기록물을 제공할 수 있다.

1. 법원의 재판업무 수행을 위하여 필요한 때

2. 범죄의 수사와 공소의 제기 및 유지에 필요한 때

⑤ 소장은 제4항에 따라 녹음·녹화 기록물을 제공할 경우에는 제3항의 접견정보 취급자로 하여금 녹음·녹화기록물을 요청한 기관의 명칭, 제공받는 목적, 제공 근거, 제공을 요청한 범위, 그 밖에 필요한 사항을 녹음·녹화기록물 관리프로그램에 입력하게 하고, 따로 이동식 저장매체에 옮겨 담아 제공한다.

제63조(접견중지 사유의 고지) 교도관이 법 제42조에 따라 수용자의 접견을 중지한 경우에는 그 사유를 즉시 알려주어야 한다.

제64조(편지수수의 횟수) 수용자가 보내거나 받는 편지는 법령에 어긋나지 않으면 횟수를 제한하지 않는다. 〈개정 2020. 8. 5.〉

[제목개정 2020. 8. 5.]

제65조(편지 내용물의 확인) ① 수용자는 편지를 보내려는 경우 해당 편지를 봉함하여 교정시설에 제출한다. 다만, 소장은 다음 각 호의 어느 하나에 해당하는 경우로서 법 제43조제3항에 따른 금지물품의 확인을 위하여 필요한 경우에는 편지를 봉함하지 않은 상태로 제출하게 할 수 있다. 〈개정 2013. 2. 5., 2017. 9. 19., 2020. 8. 5.〉

1. 다음 각 목의 어느 하나에 해당하는 수용자가 변호인 외의 자에게 편지를 보내려는 경우

가. 법 제104조제1항에 따른 마약류사범·조직폭력사범 등 법무부령으로 정하는 수용자

나. 제84조제2항에 따른 처우등급이 법 제57조제2항제4호의 중(重)경비시설 수용대상인 수형자

2. 수용자가 같은 교정시설에 수용 중인 다른 수용자에게 편지를 보내려는 경우

3. 규율위반으로 조사 중이거나 징벌집행 중인 수용자가 다른 수용자에게 편지를 보내려는 경우

② 소장은 수용자에게 온 편지에 금지물품이 들어 있는지를 개봉하여 확인할 수 있다. 〈개정 2020. 8. 5.〉

[제목개정 2020. 8. 5.]

[2013. 2. 5. 대통령령 제24348호에 의하여 2012. 2. 23. 헌법재판소에서 위헌 결정된 이 조 제1항을 개정함.]

제66조(편지 내용의 검열) ① 소장은 법 제43조제4항제4호에 따라 다음 각 호의 어느 하나에 해당하는 수용자가 다른 수용자와 편지를 주고받는 때에는 그 내용을 검열할 수 있다. 〈개정 2020. 8. 5.〉

1. 법 제104조제1항에 따른 마약류사범·조직폭력사범 등 법무부령으로 정하는 수용자인 때

2. 편지를 주고받으려는 수용자와 같은 교정시설에 수용 중인 때

3. 규율위반으로 조사 중이거나 징벌집행 중인 때

4. 범죄의 증거를 인멸할 우려가 있는 때

② 수용자 간에 오가는 편지에 대한 제1항의 검열은 편지를 보내는 교정시설에서 한다. 다만, 특히 필요하다고 인정되는 경우에는 편지를 받는 교정시설에서도 할 수 있다. 〈개정 2020. 8. 5.〉

③ 소장은 수용자가 주고받는 편지가 법 제43조제4항 각 호의 어느 하나에 해당하면 이를 개봉한 후 검열할 수 있다. 〈신설 2013. 2. 5., 2020. 8. 5.〉

④ 소장은 제3항에 따라 검열한 결과 편지의 내용이 법 제43조제5항의 발신 또는 수신 금지사유에 해당하지 아니하면 발신편지는 봉함한 후 발송하고, 수신편지는 수용자에게 건네준다. 〈신설 2013. 2. 5., 2020. 8. 5.〉

⑤ 소장은 편지의 내용을 검열했을 때에는 그 사실을 해당 수용자에게 지체 없이 알려주어야 한다. 〈신설 2013. 2. 5., 2020. 8. 5.〉

[제목개정 2020. 8. 5.]

제67조(관계기관 송부문서) 소장은 법원·경찰관서, 그 밖의 관계기관에서 수용자에게 보내온 문서는 다른 법령에 특별한 규정이 없으면 열람한 후 본인에게 전달하여야 한다.

제68조(편지 등의 대서) 소장은 수용자가 편지, 소송서류, 그 밖의 문서를 스스로 작성할 수 없어 대신 써 달라고 요청하는 경우에는 교도관이 대신 쓰게 할 수 있다. 〈개정 2020. 8. 5.〉

[제목개정 2020. 8. 5.]

제69조(편지 등 발송비용의 부담) 수용자의 편지·소송서류, 그 밖의 문서를 보내는 경우에 드는 비용은 수용자가 부담한다. 다만, 소장은 수용자가 그 비용을 부담할 수 없는 경우에는 예산의 범위에서 해당 비용을 부담할 수 있다. 〈개정 2014. 6. 25., 2020. 8. 5.〉

[제목개정 2020. 8. 5.]

제70조(전화통화) 수용자의 전화통화에 관하여는 제60조제1항 및 제63조를 준용한다.

제71조(참고사항의 기록) 교도관은 수용자의 접견, 편지수수, 전화통화 등의 과정에서 수용자의 처우에 특히 참고할 사항을 알게 된 경우에는 그 요지를 수용기록부에 기록해야 한다. 〈개정 2020. 8. 5.〉

제6장 도서·방송 및 집필

제72조(비치도서의 이용) ① 소장은 수용자가 쉽게 이용할 수 있도록 비치도서의 목록을 정기적으로 공개하여야 한다.

② 비치도서의 열람방법, 열람기간 등에 관하여 필요한 사항은 법무부장관이 정한다.

제73조(라디오 청취 등의 방법) 법 제48조제1항에 따른 수용자의 라디오 청취와 텔레비전 시청은 교정시설에 설치된 방송설비를 통하여 할 수 있다.

제74조(집필용구의 구입비용) 집필용구의 구입비용은 수용자가 부담한다. 다만, 소장은 수용자가 그 비용을 부담할 수 없는 경우에는 필요한 집필용구를 지급할 수 있다.

제75조(집필의 시간대·시간 및 장소) ① 수용자는 휴업일 및 휴게시간 내에 시간의 제한 없이 집필할 수 있다. 다만, 부득이한 사정이 있는 경우에는 그러하지 아니하다.

② 수용자는 거실·작업장, 그 밖에 지정된 장소에서 집필할 수 있다.

제76조(문서·도화의 외부 발송 등) ① 소장은 수용자 본인이 작성 또는 집필한 문서나 도화(圖畵)를 외부에 보내거나 내가려고 할 때에는 그 내용을 확인하여 법 제43조제5항 각 호의 어느 하나에 해당하지 않으면 허가해야 한다. 〈개정 2020. 8. 5.〉

② 제1항에 따라 문서나 도화를 외부로 보내거나 내갈 때 드는 비용은 수용자가 부담한다.

③ 법 및 이 영에 규정된 사항 외에 수용자의 집필에 필요한 사항은 법무부장관이 정한다.

제7장 특별한 보호

제77조(여성수용자의 목욕) ① 소장은 제50조에 따라 여성수용자의 목욕횟수를 정하는 경우에는 그 신체적 특성을 특히 고려하여야 한다.

② 소장은 여성수용자가 목욕을 하는 경우에 계호가 필요하다고 인정하면 여성교도관이 하도록 하여야 한다.

제78조(출산의 범위) 법 제52조제1항에서 "출산(유산·사산을 포함한다)한 경우"란 출산(유산·사산한 경우를 포함한다) 후 60일이 지나지 아니한 경우를 말한다. 〈개정 2019. 10. 22.〉

제79조(유아의 양육) 소장은 법 제53조제1항에 따라 유아의 양육을 허가한 경우에는 교정시설에 육아거실을 지정·운영하여야 한다.

제80조(유아의 인도) ① 소장은 유아의 양육을 허가하지 아니하는 경우에는 수용자의 의사를 고려하여 유아보호에 적당하다고 인정하는 법인 또는 개인에게 그 유아를 보낼 수 있다. 다만, 적당한 법인 또는 개인이 없는 경우에는 그 유아를 해당 교정시설의 소재지를 관할하는 시장·군수 또는 구청장에게 보내서 보호하게 하여야 한다.

② 법 제53조제1항에 따라 양육이 허가된 유아가 출생 후 18개월이 지나거나, 유아양육의 허가를 받은 수용자가 허가의 취소를 요청하는 때 또는 법 제53조제1항 각 호의 어느 하나에 해당되는 때에도 제1항과 같다.

제81조(노인수용자 등의 정의) ① 법 제54조제1항에서 "노인수용자"란 65세 이상인 수용자를 말한다.

② 법 제54조제2항에서 "장애인수용자"란 시각·청각·언어·지체(肢體) 등의 장애로 통상적인 수용생활이 특히 곤란하다고 인정되는 사람으로서 법무부령으로 정하는 수용자를 말한다.

③ 법 제54조제3항에서 "외국인수용자"란 대한민국의 국적을 가지지 아니한 수용자를 말한다. 〈신설 2015. 12. 10.〉

④ 법 제54조제4항에서 "소년수용자"란 다음 각 호의 사람을 말한다. 〈신설 2015. 12. 10.〉

1. 19세 미만의 수형자

2. 법 제12조제3항에 따라 소년교도소에 수용 중인 수형자

3. 19세 미만의 미결수용자

제8장 수형자의 처우

제1절 통칙

제82조(수형자로서의 처우 개시) ① 소장은 미결수용자로서 자유형이 확정된 사람에 대하여는 검사의 집행 지휘서가 도달된 때부터 수형자로 처우할 수 있다.

② 제1항의 경우 검사는 집행 지휘를 한 날부터 10일 이내에 재판서나 그 밖에 적법한 서류를 소장에게 보내야 한다.

제83조(경비등급별 설비 및 계호) 법 제57조제2항 각 호의 수용설비 및 계호의 정도는 다음 각 호의 규정에 어긋나지 않는 범위에서 법무부장관이 정한다.

1. 수형자의 생명이나 신체, 그 밖의 인권 보호에 적합할 것

2. 교정시설의 안전과 질서유지를 위하여 필요한 최소한의 범위일 것

3. 법 제56조제1항의 개별처우계획의 시행에 적합할 것

제84조(수형자의 처우등급 부여 등) ① 법 제57조제3항에서 "교정성적"이란 수형자의 수용생활 태도, 상벌 유무, 교육 및 작업의 성과 등을 종합적으로 평가한 결과를 말한다.

② 소장은 수형자의 처우수준을 개별처우계획의 시행에 적합하게 정하거나 조정하기 위하여 교정성적에 따라 처우등급을 부여할 수 있다.

③ 수형자에게 부여하는 처우등급에 관하여 필요한 사항은 법무부령으로 정한다.

제85조(수형자 취업알선 등 협의기구) ① 수형자의 건전한 사회복귀를 지원하기 위하여 교정시설에 취업알선 및 창업지원에 관한 협의기구를 둘 수 있다.

② 제1항의 협의기구의 조직 · 운영, 그 밖에 활동에 필요한 사항은 법무부령으로 정한다.

제2절 분류심사

제86조(분류전담시설) 법무부장관은 법 제61조의 분류심사를 전담하는 교정시설을 지정 · 운영하는 경우에는 지방교정청별로 1개소 이상이 되도록 하여야 한다.

제3절 교육

제87조(교육) ① 소장은 법 제63조에 따른 교육을 효과적으로 시행하기 위하여 교육실을 설치하는 등 교육에 적합한 환경을 조성하여야 한다.

② 소장은 교육 대상자, 시설 여건 등을 고려하여 교육계획을 수립하여 시행하여야 한다.

제88조(정서교육) 소장은 수형자의 정서 함양을 위하여 필요하다고 인정하면 연극 · 영화관람, 체육행사, 그 밖의 문화예술활동을 하게 할 수 있다.

제4절 작업과 직업훈련

제89조(작업의 종류) 소장은 법무부장관의 승인을 받아 수형자에게 부과하는 작업의 종류를 정한다.

제90조(소년수형자의 작업 등) 소장은 19세 미만의 수형자에게 작업을 부과하는 경우에는 정신적 · 신체적 성숙 정도, 교육적 효과 등을 고려하여야 한다.

제91조(작업의 고지 등) ① 소장은 수형자에게 작업을 부과하는 경우에는 작업의 종류 및 작업과정을 정하여 고지하여야 한다.

② 제1항의 작업과정은 작업성적, 작업시간, 작업의 난이도 및 숙련도를 고려하여 정한다. 작업과정을 정하기 어려운 경우에는 작업시간을 작업과정으로 본다.

제92조(작업실적의 확인) 소장은 교도관에게 매일 수형자의 작업실적을 확인하게 하여야 한다.

제93조(신청 작업의 취소) 소장은 법 제67조에 따라 작업이 부과된 수형자가 작업의 취소를 요청하는 경우에는 그 수형자의 의사(意思), 건강 및 교도관의 의견 등을 고려하여 작업을 취소할 수 있다.

제94조(직업능력개발훈련 설비 등의 구비) 소장은 법 제69조에 따른 직업능력개발훈련을 하는 경우에는 그에 필요한 설비 및 실습 자재를 갖추어야 한다.

제95조(집중근로) 법 제70조제1항에서 "집중적인 근로가 필요한 작업"이란 수형자의 신청에 따라 1일 작업시간 중 접견 · 전화통화 · 교육 및 공동행사 참가 등을 하지 아니하고 휴게시간을 제외한 작업시간 내내 하는 작업을 말한다.

제96조(휴업일) 법 제71조에서 "그 밖의 휴일"이란 「각종 기념일 등에 관한 규정」에 따른 교정의 날 및 소장이

특히 지정하는 날을 말한다. 〈개정 2017. 9. 19.〉

제5절 귀휴(歸休)

제97조(귀휴자에 대한 조치) ① 소장은 법 제77조에 따라 2일 이상의 귀휴를 허가한 경우에는 귀휴를 허가받은 사람(이하 "귀휴자"라 한다)의 귀휴지를 관할하는 경찰관서의 장에게 그 사실을 통보하여야 한다.

② 귀휴자는 귀휴 중 천재지변이나 그 밖의 사유로 자신의 신상에 중대한 사고가 발생한 경우에는 가까운 교정시설이나 경찰관서에 신고하여야 하고 필요한 보호를 요청할 수 있다.

③ 제2항의 보호 요청을 받은 교정시설이나 경찰관서의 장은 귀휴를 허가한 소장에게 그 사실을 지체 없이 통보하고 적절한 보호조치를 하여야 한다.

제9장 미결수용자의 처우

제98조(미결수용시설의 설비 및 계호의 정도) 미결수용자를 수용하는 시설의 설비 및 계호의 정도는 법 제57조제2항제3호의 일반경비시설에 준한다.

제99조(법률구조 지원) 소장은 미결수용자가 빈곤하거나 무지하여 수사 및 재판 과정에서 권리를 충분히 행사하지 못한다고 인정하는 경우에는 법률구조에 필요한 지원을 할 수 있다.

제100조(공범 분리) 소장은 이송이나 출정, 그 밖의 사유로 미결수용자를 교정시설 밖으로 호송하는 경우에는 해당 사건에 관련된 사람과 호송 차량의 좌석을 분리하는 등의 방법으로 서로 접촉하지 못하게 하여야 한다.

제101조(접견 횟수) 미결수용자의 접견 횟수는 매일 1회로 하되, 변호인과의 접견은 그 횟수에 포함시키지 않는다.

제102조(접견의 예외) 소장은 미결수용자의 처우를 위하여 특히 필요하다고 인정하면 제58조제1항에도 불구하고 접견 시간대 외에도 접견하게 할 수 있고, 변호인이 아닌 사람과 접견하는 경우에도 제58조제2항 및 제101조에도 불구하고 접견시간을 연장하거나 접견 횟수를 늘릴 수 있다. 〈개정 2019. 10. 22.〉

제103조(교육ㆍ교화와 작업) ① 법 제86조제1항의 미결수용자에 대한 교육ㆍ교화프로그램 또는 작업은 교정시설 밖에서 행하는 것은 포함하지 아니한다.

② 소장은 법 제86조제1항에 따라 작업이 부과된 미결수용자가 작업의 취소를 요청하는 경우에는 그 미결수용자의 의사, 건강 및 교도관의 의견 등을 고려하여 작업을 취소할 수 있다.

제104조(도주 등 통보) 소장은 미결수용자가 도주하거나 도주한 미결수용자를 체포한 경우에는 그 사실을 검사에게 통보하고, 기소된 상태인 경우에는 법원에도 지체 없이 통보하여야 한다.

제105조(사망 등 통보) 소장은 미결수용자가 위독하거나 사망한 경우에는 그 사실을 검사에게 통보하고, 기소된 상태인 경우에는 법원에도 지체 없이 통보하여야 한다.

제106조(외부의사의 진찰 등) 미결수용자가 「형사소송법」 제34조, 제89조 및 제209조에 따라 외부의사의 진료를 받는 경우에는 교도관이 참여하고 그 경과를 수용기록부에 기록하여야 한다.

제107조(유치장 수용기간) 경찰관서에 설치된 유치장에는 수형자를 30일 이상 수용할 수 없다.

제10장 사형확정자의 처우

제108조(사형확정자 수용시설의 설비 및 계호의 정도) 사형확정자를 수용하는 시설의 설비 및 계호의 정도는 법 제57조제2항제3호의 일반경비시설 또는 같은 항 제4호의 중경비시설에 준한다. 〈개정 2017. 9. 19.〉

제109조(접견 횟수) 사형확정자의 접견 횟수는 매월 4회로 한다.

제110조(접견의 예외) 소장은 제58조제1항·제2항 및 제109조에도 불구하고 사형확정자의 교화나 심리적 안정을 도모하기 위하여 특히 필요하다고 인정하면 접견 시간대 외에도 접견을 하게 할 수 있고 접견시간을 연장하거나 접견 횟수를 늘릴 수 있다. 〈개정 2019. 10. 22.〉

제111조(사형집행 후의 검시) 소장은 사형을 집행하였을 경우에는 시신을 검사한 후 5분이 지나지 아니하면 교수형에 사용한 줄을 풀지 못한다. 〈개정 2014. 6. 25.〉

제11장 안전과 질서

제112조(거실 등에 대한 검사) 소장은 교도관에게 수용자의 거실, 작업장, 그 밖에 수용자가 생활하는 장소(이하 이 조에서 "거실등"이라 한다)를 정기적으로 검사하게 하여야 한다. 다만, 법 제92조의 금지물품을 숨기고 있다고 의심되는 수용자와 법 제104조제1항의 마약류사범·조직폭력사범 등 법무부령으로 정하는 수용자의 거실등은 수시로 검사하게 할 수 있다.

제113조(신체 등에 대한 검사) 소장은 교도관에게 작업장이나 실외에서 수용자거실로 돌아오는 수용자의 신체·의류 및 휴대품을 검사하게 하여야 한다. 다만, 교정성적 등을 고려하여 그 검사가 필요하지 아니하다고 인정되는 경우에는 예외로 할 수 있다.

제114조(검사장비의 이용) 교도관은 법 제93조에 따른 검사를 위하여 탐지견, 금속탐지기, 그 밖의 장비를 이용할 수 있다.

제115조(외부인의 출입) ①교도관 외의 사람은 「국가공무원 복무규정」 제9조에 따른 근무시간 외에는 소장의 허가 없이 교정시설에 출입하지 못한다. 〈개정 2014. 8. 6.〉

② 소장은 외부인의 교정시설 출입에 관한 사무를 수행하기 위하여 불가피한 경우 「개인정보 보호법 시행령」 제19조에 따른 주민등록번호, 여권번호, 운전면허의 면허번호 또는 외국인등록번호가 포함된 자료를 처리할 수 있다. 〈신설 2014. 8. 6.〉

제116조(외부와의 차단) ① 교정시설의 바깥문, 출입구, 거실, 작업장, 그 밖에 수용자를 수용하고 있는 장소는 외부와 차단하여야 한다. 다만, 필요에 따라 일시 개방하는 경우에는 그 장소를 경비하여야 한다.

② 교도관은 접견·상담·진료, 그 밖에 수용자의 처우를 위하여 필요한 경우가 아니면 수용자와 외부인이 접촉하게 해서는 아니 된다.

제117조(거실 개문 등 제한) 교도관은 수사·재판·운동·접견·진료 등 수용자의 처우 또는 자살방지, 화재진압 등 교정시설의 안전과 질서유지를 위하여 필요한 경우가 아니면 수용자거실의 문을 열거나 수용자를 거실 밖으로 나오게 해서는 아니 된다.

제118조(장애물 방치 금지) 교정시설의 구내에는 시야를 가리거나 그 밖에 계호상 장애가 되는 물건을 두어서는 아니 된다.

제119조(보호실 등 수용중지) ① 법 제95조제5항 및 법 제96조제4항에 따라 의무관이 보호실이나 진정실 수용자의 건강을 확인한 결과 보호실 또는 진정실에 계속 수용하는 것이 부적당하다고 인정하는 경우에는 소장에게 즉시 보고하여야 한다. 이 경우 소장은 특별한 사유가 없으면 보호실 또는 진정실 수용을 즉시 중지하여야 한다.

② 소장은 의무관이 출장·휴가, 그 밖의 부득이한 사유로 법 제95조제5항 및 법 제96조제4항의 직무를 수행할 수 없을 때에는 그 교정시설에 근무하는 의료관계 직원에게 대행하게 할 수 있다.

제120조(보호장비의 사용) ① 교도관은 소장의 명령 없이 수용자에게 보호장비를 사용하여서는 아니 된다. 다만, 소장의 명령을 받을 시간적 여유가 없는 경우에는 사용 후 소장에게 즉시 보고하여야 한다.

② 법 및 이 영에 규정된 사항 외에 보호장비의 규격과 사용방법 등에 관하여 필요한 사항은 법무부령으로 정한다.

제121조(보호장비 사용중지 등) ① 의무관은 수용자에게 보호장비를 계속 사용하는 것이 건강상 부적당하다고 인정하는 경우에는 소장에게 즉시 보고하여야 한다. 이 경우 소장은 특별한 사유가 없으면 보호장비 사용을 즉시 중지하여야 한다.

② 의무관이 출장·휴가, 그 밖의 부득이한 사유로 법 제97조제3항의 직무를 수행할 수 없을 때에는 제119조제2항을 준용한다.

제122조(보호장비 사용사유의 고지) 보호장비를 사용하는 경우에는 수용자에게 그 사유를 알려주어야 한다.

제123조(보호장비 착용 수용자의 거실 지정) 보호장비를 착용 중인 수용자는 특별한 사정이 없으면 계호상 독거수용한다.

제124조(보호장비 사용의 감독) ① 소장은 보호장비의 사용을 명령한 경우에는 수시로 그 사용 실태를 확인·점검하여야 한다.

② 지방교정청장은 소속 교정시설의 보호장비 사용 실태를 정기적으로 점검하여야 한다.

제125조(강제력의 행사) 교도관은 소장의 명령 없이 법 제100조에 따른 강제력을 행사해서는 아니 된다. 다만, 그 명령을 받을 시간적 여유가 없는 경우에는 강제력을 행사한 후 소장에게 즉시 보고하여야 한다. 〈개정 2014. 6. 25.〉

제126조(무기사용 보고) 교도관은 법 제101조에 따라 무기를 사용한 경우에는 소장에게 즉시 보고하고, 보고를 받은 소장은 그 사실을 법무부장관에게 즉시 보고하여야 한다. 〈개정 2014. 6. 25.〉

제127조(재난 시의 조치) ① 소장은 법 제102조제1항에 따른 응급용무의 보조를 위하여 교정성적이 우수한 수형자를 선정하여 필요한 훈련을 시킬 수 있다.

② 소장은 법 제102조제3항에 따라 수용자를 일시석방하는 경우에는 같은 조 제4항의 출석 시한과 장소를 알려주어야 한다.

제128조(도주 등에 따른 조치) ① 소장은 수용자가 도주하거나 법 제134조 각 호의 어느 하나에 해당하는 행위(이하 이 조에서 "도주등"이라 한다)를 한 경우에는 교정시설의 소재지 및 인접지역 또는 도주등을 한 사람(이하 이 조에서 "도주자"라 한다)이 숨을 만한 지역의 경찰관서에 도주자의 사진이나 인상착의를 기록한 서면을 첨부하여 그 사실을 지체 없이 통보하여야 한다. 〈개정 2019. 10. 22.〉

② 소장은 수용자가 도주등을 하거나 도주자를 체포한 경우에는 법무부장관에게 지체 없이 보고하여야 한다.

제128조의2(포상금 지급) ① 법무부장관은 「형법」 제145조·제146조 또는 법 제134조 각 호에 규정된 죄를 지은 수용자를 체포하거나 행정기관 또는 수사기관에 정보를 제공하여 체포하게 한 사람에게 예산의 범위에서 포상금을 지급할 수 있다. 〈개정 2019. 10. 22.〉

② 포상금의 지급기준·지급방법, 그 밖에 필요한 사항은 법무부장관이 정한다.

[본조신설 2015. 12. 10.]

제128조의3(포상금의 지급 신청) ① 포상금을 받으려는 사람은 법무부장관이 정하는 바에 따라 포상금 지급 신청서를 지방교정청장에게 제출해야 한다. 〈개정 2020. 8. 5.〉

② 제1항에 따른 신청서를 접수한 지방교정청장은 그 신청서에 법무부장관이 정하는 서류를 첨부하여 법무부장관에게 제출하여야 한다.

[본조신설 2015. 12. 10.]

제128조의4(포상금의 환수) 법무부장관은 제128조의2제1항에 따라 포상금을 지급한 후 다음 각 호의 어느 하나에 해당하는 사실이 발견된 경우에는 해당 포상금을 환수할 수 있다.

1. 위법 또는 부당한 방법의 증거수집, 허위신고, 거짓진술, 증거위조 등 부정한 방법으로 포상금을 지급받은 경우
2. 동일한 원인으로 다른 법령에 따라 포상금 등을 지급받은 경우
3. 그 밖에 착오 등의 사유로 포상금이 잘못 지급된 경우

[본조신설 2015. 12. 10.]

제12장 징벌

제129조(징벌위원회의 소집) 법 제111조에 따른 징벌위원회(이하 이 장에서 "위원회"라 한다)의 위원장은 소장의 징벌요구에 따라 위원회를 소집한다.

제130조(위원장의 직무대행) 위원회의 위원장이 불가피한 사정으로 그 직무를 수행하기 어려운 경우에는 위원장이 미리 지정한 위원이 그 직무를 대행한다.

제131조(위원의 제척) 위원회의 위원이 해당 징벌대상 행위의 조사를 담당한 경우에는 해당 위원회에 참석할 수 없다.

제132조(징벌의결 통고) 위원회가 징벌을 의결한 경우에는 이를 소장에게 즉시 통고하여야 한다.

제133조(징벌의 집행) ① 소장은 제132조의 통고를 받은 경우에는 징벌을 지체 없이 집행하여야 한다.

② 소장은 수용자가 징벌처분을 받아 접견, 편지수수 또는 전화통화가 제한된 경우에는 그의 가족에게 그 사실을 알려야 한다. 다만, 수용자가 알리는 것을 원하지 않으면 알리지 않는다. 〈개정 2014. 6. 25., 2020. 8. 5.〉

③ 삭제 〈2017. 9. 19.〉

④ 소장은 법 제108조제13호 및 제14호의 징벌집행을 마친 경우에는 의무관에게 해당 수용자의 건강을 지체 없이 확인하게 하여야 한다.

⑤ 의무관이 출장, 휴가, 그 밖의 부득이한 사유로 법 제112조제5항 및 이 조 제4항의 직무를 수행할 수 없는 경우에는 제119조제2항을 준용한다. 〈개정 2019. 10. 22.〉

제134조(징벌집행의 계속) 법 제108조제4호부터 제14호까지의 징벌 집행 중인 수용자가 다른 교정시설로 이송되거나 법원 또는 검찰청 등에 출석하는 경우에는 징벌집행이 계속되는 것으로 본다.

제135조(징벌기간의 계산) 소장은 법 제113조제1항에 따라 징벌집행을 일시 정지한 경우 그 정지사유가 해소되었을 때에는 지체 없이 징벌집행을 재개하여야 한다. 이 경우 집행을 정지한 다음날부터 집행을 재개한 전날까지의 일수는 징벌기간으로 계산하지 아니한다.

제136조(이송된 사람의 징벌) 수용자가 이송 중에 징벌대상 행위를 하거나 다른 교정시설에서 징벌대상 행위를 한 사실이 이송된 후에 발각된 경우에는 그 수용자를 인수한 소장이 징벌을 부과한다.

제137조(징벌사항의 기록) 소장은 수용자의 징벌에 관한 사항을 수용기록부 및 징벌집행부에 기록하여야 한다.

제13장 권리구제

제138조(소장 면담) ① 소장은 법 제116조제1항에 따라 수용자가 면담을 신청한 경우에는 그 인적사항을 면담부에 기록하고 특별한 사정이 없으면 신청한 순서에 따라 면담하여야 한다.

② 소장은 제1항에 따라 수용자를 면담한 경우에는 그 요지를 면담부에 기록하여야 한다.

③ 소장은 법 제116조제2항 각 호의 어느 하나에 해당하여 수용자의 면담 신청을 받아들이지 아니하는 경우에는 그 사유를 해당 수용자에게 알려주어야 한다.

제139조(순회점검공무원에 대한 청원) ① 소장은 법 제117조제1항에 따라 수용자가 순회점검공무원(법 제8조에 따라 법무부장관으로부터 순회점검의 명을 받은 법무부 또는 그 소속기관에 근무하는 공무원을 말한다. 이하 같다)에게 청원하는 경우에는 그 인적사항을 청원부에 기록하여야 한다.

② 순회점검공무원은 법 제117조제2항 단서에 따라 수용자가 말로 청원하는 경우에는 그 요지를 청원부에 기록하여야 한다.

③ 순회점검공무원은 법 제117조제1항의 청원에 관하여 결정을 한 경우에는 그 요지를 청원부에 기록하여야 한다.

④ 순회점검공무원은 법 제117조제1항의 청원을 스스로 결정하는 것이 부적당하다고 인정하는 경우에는 그 내용을 법무부장관에게 보고하여야 한다.

⑤ 수용자의 청원처리의 기준·절차 등에 관하여 필요한 사항은 법무부장관이 정한다.

제139조의2(정보공개의 예상비용 등) ① 법 제117조의2제2항에 따른 예상비용은 「공공기관의 정보공개에 관한 법률 시행령」 제17조에 따른 수수료와 우편요금(공개되는 정보의 사본·출력물·복제물 또는 인화물을 우편으로 송부하는 경우로 한정한다)을 기준으로 공개를 청구한 정보가 모두 공개되었을 경우에 예상되는 비용으로 한다.

② 법무부장관, 지방교정청장 또는 소장은 법 제117조의2제2항에 해당하는 수용자가 정보공개의 청구를 한 경우에는 청구를 한 날부터 7일 이내에 제1항에 따른 비용을 산정하여 해당 수용자에게 미리 납부할 것을 통지할 수 있다.

③ 제2항에 따라 비용납부의 통지를 받은 수용자는 그 통지를 받은 날부터 7일 이내에 현금 또는 수입인지로 법무부장관, 지방교정청장 또는 소장에게 납부하여야 한다.

④ 법무부장관, 지방교정청장 또는 소장은 수용자가 제1항에 따른 비용을 제3항에 따른 납부기한까지 납부하지 아니한 경우에는 해당 수용자에게 정보공개 여부 결정의 유예를 통지할 수 있다.

⑤ 법무부장관, 지방교정청장 또는 소장은 제1항에 따른 비용이 납부되면 신속하게 정보공개 여부의 결정을 하여야 한다.

⑥ 법무부장관, 지방교정청장 또는 소장은 비공개 결정을 한 경우에는 제3항에 따라 납부된 비용의 전부를 반환하고 부분공개 결정을 한 경우에는 공개 결정한 부분에 대하여 드는 비용을 제외한 금액을 반환하여야 한다.

⑦ 제2항부터 제5항까지의 규정에도 불구하고 법무부장관, 지방교정청장 또는 소장은 제1항에 따른 비용이 납부되기 전에 정보공개 여부의 결정을 할 수 있다.

⑧ 제1항에 따른 비용의 세부적인 납부방법 및 반환방법 등에 관하여 필요한 사항은 법무부장관이 정한다.

[본조신설 2010. 7. 9.]

제3편 수용의 종료

제1장 가석방
제140조(가석방자가 지켜야 할 사항의 알림 등) 소장은 법 제122조제2항의 가석방 허가에 따라 수형자를 가석

방하는 경우에는 가석방자 교육을 하고, 지켜야 할 사항을 알려준 후 증서를 발급해야 한다. 〈개정 2020. 8. 5.〉

[제목개정 2020. 8. 5.]

제2장 석방

제141조(석방예정자 상담 등) 소장은 수형자의 건전한 사회복귀를 위하여 필요하다고 인정하면 석방 전 3일 이내의 범위에서 석방예정자를 별도의 거실에 수용하여 장래에 관한 상담과 지도를 할 수 있다.

제142조(형기종료 석방예정자의 사전조사) 소장은 형기종료로 석방될 수형자에 대하여는 석방 10일 전까지 석방 후의 보호에 관한 사항을 조사하여야 한다.

제143조(석방예정자의 수용이력 등 통보) ① 법 제126조의2제1항 본문에 따라 통보하는 수용이력에는 다음 각 호의 사항이 포함되어야 한다.

1. 성명
2. 주민등록번호 또는 외국인등록번호
3. 주민등록 상 주소 및 석방 후 거주지 주소
4. 죄명
5. 범죄횟수
6. 형명
7. 형기
8. 석방종류
9. 최초입소일
10. 형기종료일
11. 출소일
12. 범죄개요
13. 그 밖에 수용 중 특이사항으로서 석방될 수형자의 재범방지나 관련된 피해자 보호를 위해 특히 알릴 필요가 있는 사항

② 법 제126조의2제1항 본문에 따라 통보하는 사회복귀에 관한 의견에는 다음 각 호의 사항이 포함되어야 한다.

1. 성명
2. 생년월일
3. 주민등록 상 주소 및 석방 후 거주지 주소
4. 수용기간 중 받은 직업훈련에 관한 사항
5. 수용기간 중 수상이력
6. 수용기간 중 학력변동사항
7. 수용기간 중 자격증 취득에 관한 사항
8. 그 밖에 석방될 수형자의 자립지원을 위해 특히 알릴 필요가 있는 사항

③ 법 제126조의2제1항 본문에 따른 통보를 위한 수용이력 통보서와 사회복귀에 관한 의견 통보서의 서식은 법무부령으로 정한다.

④ 법 제126조의2제1항 본문에 따라 석방될 수형자의 수용이력 또는 사회복귀에 관한 의견을 그의 거주지를

관할하는 경찰관서에 통보하는 경우에는 「형사사법절차 전자화 촉진법」 제2조제4호에 따른 형사사법정보시스템을 통해 통보할 수 있다.

[전문개정 2020. 8. 5.]

제144조(석방예정자의 보호조치) 소장은 수형자를 석방하는 경우 특히 필요하다고 인정하면 한국법무보호복지공단에 그에 대한 보호를 요청할 수 있다. 〈개정 2009. 3. 18.〉

제145조(귀가여비 등의 회수) 소장은 법 제126조에 따라 피석방자에게 귀가 여비 또는 의류를 빌려준 경우에는 특별한 사유가 없으면 이를 회수한다.

제145조의2(증명서의 발급) 소장은 다음 각 호에 해당하는 사람의 신청에 따라 교정시설에 수용된 사실 또는 수용되었다가 석방된 사실에 관한 증명서를 발급할 수 있다. 〈개정 2020. 8. 5.〉

1. 수용자

2. 수용자가 지정한 사람

3. 피석방자

4. 피석방자가 지정한 사람

[본조신설 2017. 3. 27.]

[제목개정 2020. 8. 5.]

제145조의3(고유식별정보의 처리) 소장은 제145조의2에 따른 사무를 수행하기 위하여 불가피한 경우 「개인정보 보호법 시행령」 제19조에 따른 주민등록번호, 여권번호, 운전면허의 면허번호 또는 외국인등록번호가 포함된 자료를 처리할 수 있다.

[본조신설 2017. 3. 27.]

제3장 사망

제146조(사망 알림) 소장은 법 제127조에 따라 수용자의 사망 사실을 알리는 경우에는 사망 일시·장소 및 사유도 같이 알려야 한다.

[제목개정 2020. 8. 5.]

제147조(검시) 소장은 수용자가 사망한 경우에는 그 시신을 검사하여야 한다. 〈개정 2014. 6. 25.〉

제148조(사망 등 기록) ① 의무관은 수용자가 질병으로 사망한 경우에는 사망장에 그 병명·병력(病歷)·사인 및 사망일시를 기록하고 서명하여야 한다.

② 소장은 수용자가 자살이나 그 밖에 변사한 경우에는 그 사실을 검사에게 통보하고, 기소된 상태인 경우에는 법원에도 통보하여야 하며 검시가 끝난 후에는 검시자·참여자의 신분·성명과 검시 결과를 사망장에 기록하여야 한다.

③ 소장은 법 제128조에 따라 시신을 인도, 화장(火葬), 임시 매장, 집단 매장 또는 자연장(自然葬)을 한 경우에는 그 사실을 사망장에 기록하여야 한다. 〈개정 2015. 12. 10.〉

제149조 삭제 〈2015. 12. 10.〉

제150조(임시 매장지의 표지 등) ① 소장은 시신을 임시 매장하거나 봉안한 경우에는 그 장소에 사망자의 성명을 적은 표지를 비치하고, 별도의 장부에 가족관계 등록기준지, 성명, 사망일시를 기록하여 관리하여야 한다. 〈개정 2015. 12. 10.〉

② 소장은 시신 또는 유골을 집단 매장한 경우에는 집단 매장된 사람의 가족관계 등록기준지, 성명, 사망일시

를 집단 매장부에 기록하고 그 장소에 묘비를 세워야 한다. 〈개정 2015. 12. 10.〉

제4편 교정위원 등

제151조(교정위원) ① 소장은 법 제130조에 따라 교정위원을 두는 경우 수용자의 개선을 촉구하고 안정된 수용생활을 하게 하기 위하여 교정위원에게 수용자를 교화상담하게 할 수 있다.

② 교정위원은 수용자의 고충 해소 및 교정·교화를 위하여 필요한 의견을 소장에게 건의할 수 있다.

③ 교정위원의 임기, 위촉 및 해촉, 지켜야 할 사항 등에 관하여 필요한 사항은 법무부장관이 정한다. 〈개정 2020. 8. 5.〉

제152조(외부인사가 지켜야 할 사항) 교정위원, 교정자문위원, 그 밖에 교정시설에서 활동하는 외부인사는 활동 중에 알게 된 교정시설의 안전과 질서 및 수용자의 신상에 관한 사항을 외부에 누설하거나 공개해서는 안 된다. 〈개정 2020. 8. 5.〉

[제목개정 2020. 8. 5.]

제153조(기부금품의 접수 등) ① 소장은 법 제131조의 기부금품을 접수하는 경우에는 기부한 기관·단체 또는 개인(이하 이 장에서 "기부자"라 한다)에게 영수증을 발급하여야 한다. 다만, 익명으로 기부하거나 기부자를 알 수 없는 경우에는 그러하지 아니하다.

② 소장은 기부자가 용도를 지정하여 금품을 기부한 경우에는 기부금품을 그 용도에 사용하여야 한다. 다만, 지정한 용도로 사용하기 어려운 특별한 사유가 있는 경우에는 기부자의 동의를 받아 다른 용도로 사용할 수 있다.

③ 교정시설의 기부금품 접수·사용 등에 관하여 필요한 사항은 법무부장관이 정한다.

부칙 〈제30909호, 2020. 8. 5.〉

이 영은 2020년 8월 5일부터 시행한다.

형의 집행 및 수용자의 처우에 관한 법률 시행규칙

[시행 2024. 2. 8.] [법무부령 제1072호, 2024. 2. 8., 일부개정]

제1편 총칙

제1조(목적) 이 규칙은 「형의 집행 및 수용자의 처우에 관한 법률」 및 같은 법 시행령에서 위임된 사항과 그 시행에 필요한 사항을 규정함을 목적으로 한다.

제2조(정의) 이 규칙에서 사용하는 용어의 뜻은 다음과 같다. 〈개정 2010. 5. 31., 2014. 11. 17., 2020. 8. 5.〉

1. "자비구매물품"이란 수용자가 교도소·구치소 및 그 지소(이하 "교정시설"이라 한다)의 장의 허가를 받아 자신의 비용으로 구매할 수 있는 물품을 말한다.

2. "교정시설의 보관범위"란 수용자 1명이 교정시설에 보관할 수 있는 물품의 수량으로서 법무부장관이 정하는 범위를 말한다.

3. "수용자가 지닐 수 있는 범위"란 수용자 1명이 교정시설 안에서 지닌 채 사용할 수 있는 물품의 수량으로서 법무부장관이 정하는 범위를 말한다.

4. "전달금품"이란 수용자 외의 사람이 교정시설의 장(이하 "소장"이라 한다)의 허가를 받아 수용자에게 건넬 수 있는 금품을 말한다.

5. "처우등급"이란 수형자의 처우 및 관리와 관련하여 수형자를 수용할 시설, 수형자에 대한 계호의 정도, 처우의 수준 및 처우의 내용을 구별하는 기준을 말한다.

6. "외부통근자"란 건전한 사회복귀와 기술습득을 촉진하기 위하여 외부기업체 또는 교정시설 안에 설치된 외부기업체의 작업장에 통근하며 작업하는 수형자를 말한다.

7. "교정장비"란 교정시설 안(교도관이 교정시설 밖에서 수용자를 계호하고 있는 경우 그 장소를 포함한다)에서 사람의 생명과 신체의 보호, 도주의 방지 및 교정시설의 안전과 질서유지를 위하여 교도관이 사용하는 장비와 기구 및 그 부속품을 말한다.

제3조(범죄횟수) ① 수용자의 범죄횟수는 징역 또는 금고 이상의 형을 선고받아 확정된 횟수로 한다. 다만, 집행유예의 선고를 받은 사람이 유예기간 중 고의로 범한 죄로 금고 이상의 실형이 확정되지 아니하고 그 기간이 지난 경우에는 집행이 유예된 형은 범죄횟수에 포함하지 아니한다. 〈개정 2014. 11. 17.〉

② 형의 집행을 종료하거나 그 집행이 면제된 날부터 다음 각 호의 기간이 지난 경우에는 범죄횟수에 포함하지 아니한다. 다만, 그 기간 중 자격정지 이상의 형을 선고받아 확정된 경우는 제외한다. 〈개정 2013. 4. 16., 2014. 11. 17.〉

1. 3년을 초과하는 징역 또는 금고: 10년

2. 3년 이하의 징역 또는 금고: 5년

③ 수용기록부 등 수용자의 범죄횟수를 기록하는 문서에는 필요한 경우 수용횟수(징역 또는 금고 이상의 형을 선고받고 그 집행을 위하여 교정시설에 수용된 횟수를 말한다)를 함께 기록하여 해당 수용자의 처우에 참고할 수 있도록 한다.

제2편 수용자의 처우

제1장 물품

제1절 생활용품 지급

제4조(의류의 품목) ① 수용자 의류의 품목은 평상복·특수복·보조복·의복부속물·모자 및 신발로 한다.

② 제1항에 따른 품목별 구분은 다음 각 호와 같다. 〈개정 2013. 4. 16., 2014. 11. 17.〉

1. 평상복은 겨울옷·봄가을옷·여름옷을 수형자용(用), 미결수용자용 및 피보호감호자(종전의 「사회보호법」에 따라 보호감호선고를 받고 교정시설에 수용 중인 사람을 말한다. 이하 같다)용과 남녀용으로 각각 구분하여 18종으로 한다.

2. 특수복은 모범수형자복·외부통근자복·임산부복·환자복·운동복 및 반바지로 구분하고, 그 중 모범수형자복 및 외부통근자복은 겨울옷·봄가을옷·여름옷을 남녀용으로 각각 구분하여 6종으로 하고, 임산부복은 봄가을옷·여름옷을 수형자용과 미결수용자용으로 구분하여 4종으로 하며, 환자복은 겨울옷·여름옷을 남녀용으로 구분하여 4종으로 하고, 운동복 및 반바지는 각각 1종으로 한다.

3. 보조복은 위생복·조끼 및 비옷으로 구분하여 3종으로 한다.

4. 의복부속물은 러닝셔츠·팬티·겨울내의·장갑·양말로 구분하여 5종으로 한다.

5. 모자는 모범수형자모·외부통근자모·방한모 및 위생모로 구분하여 4종으로 한다.

6. 신발은 고무신·운동화 및 방한화로 구분하여 3종으로 한다.

제5조(의류의 품목별 착용 시기 및 대상) 수용자 의류의 품목별 착용 시기 및 대상은 다음 각 호와 같다. 〈개정 2010. 5. 31., 2013. 4. 16., 2014. 11. 17.〉

1. 평상복: 실내생활 수용자, 교도작업·직업능력개발훈련(이하 "직업훈련"이라 한다) 수용자, 각종 교육을 받는 수용자 및 다른 교정시설로 이송되는 수용자가 착용

2. 모범수형자복: 제74조제1항제1호의 개방처우급에 해당하는 수형자가 작업·교육 등 일상생활을 하는 때, 가석방예정자가 실외생활을 하는 때 및 수형자가 사회봉사활동 등 대내외 행사 참석 시 소장이 필요하다고 인정하는 때 착용

3. 삭제 〈2013. 4. 16.〉

4. 외부통근자복: 외부통근자로서 실외생활을 하는 때에 착용

5. 임산부복: 임신하거나 출산한 수용자가 착용

6. 환자복: 의료거실 수용자가 착용

7. 삭제 〈2013. 4. 16.〉

8. 운동복: 소년수용자로서 운동을 하는 때에 착용

9. 반바지: 수용자가 여름철에 실내생활 또는 운동을 하는 때에 착용

10. 위생복: 수용자가 운영지원작업(이발·취사·간병, 그 밖에 교정시설의 시설운영과 관리에 필요한 작업을 말한다. 이하 같다)을 하는 때에 착용

11. 조끼: 수용자가 겨울철에 겉옷 안에 착용

12. 비옷: 수용자가 우천 시 실외작업을 하는 때에 착용

13. 러닝셔츠·팬티·겨울내의 및 양말: 모든 수형자 및 소장이 지급할 필요가 있다고 인정하는 미결수용자가 착용

14. 장갑: 작업을 하는 수용자 중 소장이 지급할 필요가 있다고 인정하는 자가 착용

15. 삭제 〈2013. 4. 16.〉

16. 모자

　가. 모범수형자모: 모범수형자복 착용자가 착용

　나. 외부통근자모: 외부통근자복 착용자가 착용

　다. 삭제 〈2013. 4. 16.〉

　라. 방한모: 외부작업 수용자가 겨울철에 착용

　마. 위생모: 취사장에서 작업하는 수용자가 착용

17. 신발

　가. 고무신 및 운동화: 수용자가 선택하여 착용

　나. 방한화: 작업을 하는 수용자 중 소장이 지급할 필요가 있다고 인정하는 사람이 착용

제6조(침구의 품목) 수용자 침구의 품목은 이불 2종(솜이불·겹이불), 매트리스 2종(일반매트리스·환자매트리스), 담요 및 베개로 구분한다.

제7조(침구의 품목별 사용 시기 및 대상) 수용자 침구의 품목별 사용 시기 및 대상은 다음 각 호와 같다. 〈개정 2013. 4. 16.〉

1. 이불

　가. 솜이불: 환자·노인·장애인·임산부 등의 수용자 중 소장이 지급할 필요가 있다고 인정하는 자가 겨울철에 사용

　나. 겹이불: 수용자가 봄·여름·가을철에 사용

2. 매트리스

　가. 일반매트리스: 수용자가 겨울철에 사용

　나. 환자매트리스: 의료거실에 수용된 수용자 중 의무관이 지급할 필요가 있다고 인정하는 사람이 사용

3. 담요 및 베개: 모든 수용자 사용

제8조(의류·침구 등 생활용품의 지급기준) ① 수용자에게 지급하는 의류 및 침구는 1명당 1매로 하되, 작업 여부 또는 난방 여건을 고려하여 2매를 지급할 수 있다. 〈개정 2013. 4. 16.〉

② 의류·침구 외에 수용자에게 지급하는 생활용품의 품목, 지급수량, 사용기간, 지급횟수 등에 대한 기준은 별표 1과 같다.

③ 생활용품 지급일 이후에 수용된 수용자에 대하여는 다음 지급일까지 쓸 적절한 양을 지급하여야 한다.

④ 신입수용자에게는 수용되는 날에 칫솔, 치약 및 수건 등 수용생활에 필요한 최소한의 생활용품을 지급하여야 한다.

제9조(의류·침구의 색채·규격) 수용자 의류·침구의 품목별 색채 및 규격은 법무부장관이 정한다.

제2절 음식물 지급

제10조(주식의 지급) 소장이 「형의 집행 및 수용자의 처우에 관한 법률 시행령」(이하 "영"이라 한다) 제28조제2항에 따라 주식을 쌀과 보리 등 잡곡의 혼합곡으로 하거나 대용식을 지급하는 경우에는 법무부장관이 정하는 바에 따른다.

[전문개정 2014. 11. 17.]

제11조(주식의 지급) ① 수용자에게 지급하는 주식은 1명당 1일 390 그램을 기준으로 한다. 〈개정 2013. 4. 16., 2014. 11. 17.〉

② 소장은 수용자의 나이, 건강, 작업 여부 및 작업의 종류 등을 고려하여 필요한 경우에는 제1항의 지급 기준량을 변경할 수 있다.

③ 소장은 수용자의 기호 등을 고려하여 주식으로 빵이나 국수 등을 지급할 수 있다. 〈개정 2014. 11. 17.〉

제12조(주식의 확보) 소장은 수용자에 대한 원활한 급식을 위하여 해당 교정시설의 직전 분기 평균 급식 인원을 기준으로 1개월분의 주식을 항상 확보하고 있어야 한다.

제13조(부식) ① 부식은 주식과 함께 지급하며, 1명당 1일의 영양섭취기준량은 별표 2와 같다.

② 소장은 작업의 장려나 적절한 처우를 위하여 필요하다고 인정하는 경우 특별한 부식을 지급할 수 있다.

제14조(주·부식의 지급횟수 등) ① 주·부식의 지급횟수는 1일 3회로 한다.

② 수용자에게 지급하는 음식물의 총열량은 1명당 1일 2천500 킬로칼로리를 기준으로 한다.

제15조(특식 등 지급) ① 영 제29조에 따른 특식은 예산의 범위에서 지급한다. 〈개정 2014. 11. 17.〉

② 소장은 작업시간을 3시간 이상 연장하는 경우에는 수용자에게 주·부식 또는 대용식 1회분을 간식으로 지급할 수 있다.

제3절 자비구매물품 등

제16조(자비구매물품의 종류 등) ① 자비구매물품의 종류는 다음 각 호와 같다.

1. 음식물

2. 의약품 및 의료용품

3. 의류·침구류 및 신발류

4. 신문·잡지·도서 및 문구류

5. 수형자 교육 등 교정교화에 필요한 물품

6. 그 밖에 수용생활에 필요하다고 인정되는 물품

② 제1항 각 호에 해당하는 자비구매물품의 품목·유형 및 규격 등은 영 제31조에 어긋나지 아니하는 범위에서 소장이 정하되, 수용생활에 필요한 정도, 가격과 품질, 다른 교정시설과의 균형, 공급하기 쉬운 정도 및 수용자의 선호도 등을 고려하여야 한다.

③ 법무부장관은 자비구매물품 공급의 교정시설 간 균형 및 교정시설의 안전과 질서유지를 위하여 공급물품의 품목 및 규격 등에 대한 통일된 기준을 제시할 수 있다.

제17조(구매허가 및 신청제한) ① 소장은 수용자가 자비구매물품의 구매를 신청하는 경우에는 법무부장관이 교정성적 또는 제74조에 따른 경비처우급을 고려하여 정하는 보관금의 사용한도, 교정시설의 보관범위 및 수용자가 지닐 수 있는 범위에서 허가한다. 〈개정 2013. 4. 16., 2020. 8. 5.〉

② 소장은 감염병(「감염병의 예방 및 관리에 관한 법률」에 따른 감염병을 말한다)의 유행 또는 수용자의 징벌

집행 등으로 자비구매물품의 사용이 중지된 경우에는 구매신청을 제한할 수 있다. 〈개정 2014. 11. 17〉

제18조(우선 공급) 소장은 교도작업제품(교정시설 안에서 수용자에게 부과된 작업에 의하여 생산된 물품을 말한다)으로서 자비구매물품으로 적합한 것은 제21조에 따라 지정받은 자비구매물품 공급자를 거쳐 우선하여 공급할 수 있다.

제19조(제품 검수) ① 소장은 물품공급업무 담당공무원을 검수관(檢收官)으로 지정하여 제21조에 따라 지정받은 자비구매물품 공급자로부터 납품받은 제품의 수량·상태 및 소비기한 등을 검사하도록 해야 한다. 〈개정 2024. 2. 8.〉

② 검수관은 공급제품이 부패, 파손, 규격미달, 그 밖의 사유로 수용자에게 공급하기에 부적당하다고 인정하는 경우에는 소장에게 이를 보고하고 필요한 조치를 하여야 한다.

제20조(주요사항 고지 등) ① 소장은 수용자에게 자비구매물품의 품목·가격, 그 밖에 구매에 관한 주요사항을 미리 알려주어야 한다.

② 소장은 제품의 변질, 파손, 그 밖의 정당한 사유로 수용자가 교환, 반품 또는 수선을 원하는 경우에는 신속히 적절한 조치를 하여야 한다. 〈개정 2013. 4. 16〉

제21조(공급업무의 담당자 지정) ① 법무부장관은 자비구매물품의 품목·규격·가격 등의 교정시설 간 균형을 유지하고 공급과정의 효율성·공정성을 높이기 위하여 그 공급업무를 담당하는 법인 또는 개인을 지정할 수 있다.

② 제1항에 따라 지정받은 법인 또는 개인은 그 업무를 처리하는 경우 교정시설의 안전과 질서유지를 위하여 선량한 관리자로서의 의무를 다하여야 한다.

③ 자비구매물품 공급업무의 담당자 지정 등에 관한 세부사항은 법무부장관이 정한다.

제22조(전달금품의 허가) ① 소장은 수용자 외의 사람이 수용자에게 금원(金員)을 건네줄 것을 신청하는 경우에는 현금·수표 및 우편환의 범위에서 허가한다. 다만, 수용자 외의 사람이 온라인으로 수용자의 예금계좌에 입금한 경우에는 금원을 건네줄 것을 허가한 것으로 본다. 〈개정 2020. 8. 5.〉

② 소장은 수용자 외의 사람이 수용자에게 음식물을 건네줄 것을 신청하는 경우에는 법무부장관이 정하는 바에 따라 교정시설 안에서 판매되는 음식물 중에서 허가한다. 다만, 제30조 각 호에 해당하는 종교행사 및 제114조 각 호에 해당하는 교화프로그램의 시행을 위하여 특히 필요하다고 인정하는 경우에는 교정시설 안에서 판매되는 음식물이 아니더라도 건네줄 것을 허가할 수 있다. 〈개정 2020. 8. 5.〉

③ 소장은 수용자 외의 사람이 수용자에게 음식물 외의 물품을 건네줄 것을 신청하는 경우에는 다음 각 호의 어느 하나에 해당하지 아니하면 법무부장관이 정하는 교정시설의 보관범위 및 수용자가 지닐 수 있는 범위에서 허가한다. 〈개정 2020. 8. 5.〉

1. 오감 또는 통상적인 검사장비로는 내부검색이 어려운 물품
2. 음란하거나 현란한 그림·무늬가 포함된 물품
3. 사행심을 조장하거나 심리적인 안정을 해칠 우려가 있는 물품
4. 도주·자살·자해 등에 이용될 수 있는 금속류, 끈 또는 가죽 등이 포함된 물품
5. 위화감을 조성할 우려가 있는 높은 가격의 물품
6. 그 밖에 수형자의 교화 또는 건전한 사회복귀를 해칠 우려가 있거나 교정시설의 안전 또는 질서를 해칠 우려가 있는 물품

[제목개정 2020. 8. 5.]

제2장 의료

제23조(의료설비의 기준) ① 교정시설에는 「의료법」 제3조에 따른 의료기관 중 의원(醫院)이 갖추어야 하는 시설 수준 이상의 의료시설(진료실 등의 의료용 건축물을 말한다. 이하 같다)을 갖추어야 한다.

② 교정시설에 갖추어야 하는 의료장비(혈압측정기 등의 의료기기를 말한다)의 기준은 별표 3과 같다.

③ 의료시설의 세부종류 및 설치기준은 법무부장관이 정한다.

제24조(비상의료용품 기준) ① 소장은 수용정원과 시설여건 등을 고려하여 적정한 양의 비상의료용품을 갖추어 둔다.

② 교정시설에 갖추어야 하는 비상의료용품의 기준은 별표 4와 같다.

제3장 전화통화 및 접견 〈개정 2016. 6. 28.〉

제25조(전화통화의 허가) ① 소장은 전화통화(발신하는 것만을 말한다. 이하 같다)를 신청한 수용자에 대하여 다음 각 호의 어느 하나에 해당하는 사유가 없으면 전화통화를 허가할 수 있다. 다만, 미결수용자에게 전화통화를 허가할 경우 그 허용횟수는 월 2회 이내로 한다. 〈개정 2020. 8. 5., 2024. 2. 8.〉

1. 범죄의 증거를 인멸할 우려가 있을 때

2. 형사법령에 저촉되는 행위를 할 우려가 있을 때

3. 「형사소송법」 제91조 및 같은 법 제209조에 따라 접견·편지수수 금지결정을 하였을 때

4. 교정시설의 안전 또는 질서를 해칠 우려가 있을 때

5. 수형자의 교화 또는 건전한 사회복귀를 해칠 우려가 있을 때

② 소장은 제1항에 따른 허가를 하기 전에 전화번호와 수신자(수용자와 통화할 상대방을 말한다. 이하 같다)를 확인하여야 한다. 이 경우 수신자에게 제1항 각 호에 해당하는 사유가 있으면 제1항의 허가를 아니할 수 있다.

③ 전화통화의 통화시간은 특별한 사정이 없으면 5분 이내로 한다. 〈개정 2024. 2. 8.〉

제26조(전화이용시간) ① 수용자의 전화통화는 매일(공휴일 및 법무부장관이 정한 날은 제외한다) 「국가공무원 복무규정」 제9조에 따른 근무시간 내에서 실시한다.

② 소장은 제1항에도 불구하고 평일에 전화를 이용하기 곤란한 특별한 사유가 있는 수용자에 대해서는 전화 이용시간을 따로 정할 수 있다.

제27조(통화허가의 취소) 소장은 다음 각 호의 어느 하나에 해당할 때에는 전화통화의 허가를 취소할 수 있다.

1. 수용자 또는 수신자가 전화통화 내용의 청취·녹음에 동의하지 아니할 때

2. 수신자가 수용자와의 관계 등에 대한 확인 요청에 따르지 아니하거나 거짓으로 대답할 때

3. 전화통화 허가 후 제25조제1항 각 호의 어느 하나에 해당되는 사유가 발견되거나 발생하였을 때

제28조(통화내용의 청취·녹음) ① 소장은 제25조제1항 각 호의 어느 하나에 해당하지 아니한다고 명백히 인정되는 경우가 아니면 통화내용을 청취하거나 녹음한다.

② 제1항의 녹음기록물은 「공공기록물 관리에 관한 법률」에 따라 관리하고, 특히 녹음기록물이 손상되지 아니하도록 유의해서 보존하여야 한다.

③ 소장은 제1항의 녹음기록물에 대한 보호·관리를 위해 전화통화정보 취급자를 지정해야 하고, 전화통화정보 취급자는 직무상 알게 된 전화통화정보를 누설 또는 권한 없이 처리하거나 다른 사람이 이용하도록 제공하는 등 부당한 목적으로 사용해서는 안 된다. 〈개정 2024. 2. 8.〉

④ 제1항의 녹음기록물을 관계기관에 제공하는 경우에는 영 제62조제4항 및 제5항을 준용한다. 〈개정 2024. 2. 8.〉

제29조(통화요금의 부담) ① 수용자의 전화통화 요금은 수용자가 부담한다.

② 소장은 교정성적이 양호한 수형자 또는 보관금이 없는 수용자 등에 대하여는 제1항에도 불구하고 예산의 범위에서 요금을 부담할 수 있다. 〈개정 2013. 4. 16., 2020. 8. 5.〉

제29조의2(세부사항) 이 규칙에서 정한 사항 외에 전화통화의 허가범위, 통화내용의 청취·녹음 등에 필요한 세부사항은 법무부장관이 정한다.

[본조신설 2024. 2. 8.]

[종전 제29조의2는 제29조의3으로 이동 〈2024. 2. 8.〉]

제29조의3(소송사건의 대리인인 변호사 등의 접견 등 신청) ① 영 제59조의2제1항 각 호의 변호사가 수용자를 접견하고자 하는 경우에는 별지 제32호서식의 신청서를 소장에게 제출해야 한다. 다만, 영 제59조의2제1항 제1호의 변호사는 소송위임장 사본 등 소송사건의 대리인임을 소명할 수 있는 자료를 첨부해야 한다. 〈개정 2024. 2. 8.〉

② 영 제59조의2제1항 각 호의 변호사가 같은 조 제3항에 따라 접견 시간을 연장하거나 접견 횟수를 추가하고자 하는 경우에는 별지 제33호서식의 신청서에 해당 사유를 소명할 수 있는 자료를 첨부하여 소장에게 제출해야 한다. 〈개정 2024. 2. 8.〉

[본조신설 2016. 6. 28.]

[제목개정 2024. 2. 8.]

[제29조의2에서 이동 〈2024. 2. 8.〉]

[2024. 2. 8. 법무부령 제1072호에 의하여 2021. 10. 28. 헌법재판소에서 위헌 결정된 이 조 제1항을 개정함.]

제4장 종교와 문화
제1절 종교

제30조(종교행사의 종류) 「형의 집행 및 수용자의 처우에 관한 법률」(이하 "법"이라 한다) 제45조에 따른 종교행사의 종류는 다음 각 호와 같다.

1. 종교집회: 예배·법회·미사 등

2. 종교의식: 세례·수계·영세 등

3. 교리 교육 및 상담

4. 그 밖에 법무부장관이 정하는 종교행사

제31조(종교행사의 방법) ① 소장은 교정시설의 안전과 질서를 해치지 아니하는 범위에서 종교단체 또는 종교인이 주재하는 종교행사를 실시한다.

② 소장은 종교행사를 위하여 각 종교별 성상·성물·성화·성구가 구비된 종교상담실·교리교육실 등을 설치할 수 있으며, 특정 종교행사를 위하여 임시행사장을 설치하는 경우에는 성상 등을 임시로 둘 수 있다.

제32조(종교행사의 참석대상) 수용자는 자신이 신봉하는 종교행사에 참석할 수 있다. 다만, 소장은 다음 각 호의 어느 하나에 해당할 때에는 수용자의 종교행사 참석을 제한할 수 있다.

1. 종교행사용 시설의 부족 등 여건이 충분하지 아니할 때

2. 수용자가 종교행사 장소를 허가 없이 벗어나거나 다른 사람과 연락을 할 때

3. 수용자가 계속 큰 소리를 내거나 시끄럽게 하여 종교행사를 방해할 때

4. 수용자가 전도를 핑계삼아 다른 수용자의 평온한 신앙생활을 방해할 때

5. 그 밖에 다른 법령에 따라 공동행사의 참석이 제한될 때

제33조(종교상담) 소장은 수용자가 종교상담을 신청하거나 수용자에게 종교상담이 필요한 경우에는 해당 종교를 신봉하는 교도관 또는 교정참여인사(법 제130조의 교정위원, 그 밖에 교정행정에 참여하는 사회 각 분야의 사람 중 학식과 경험이 풍부한 사람을 말한다)로 하여금 상담하게 할 수 있다. 〈개정 2020. 8. 5.〉

제34조(종교물품 등을 지닐 수 있는 범위) ① 소장은 수용자의 신앙생활에 필요하다고 인정하는 경우에는 외부에서 제작된 휴대용 종교도서 및 성물을 수용자가 지니게 할 수 있다. 〈개정 2020. 8. 5.〉

② 소장이 수용자에게 제1항의 종교도서 및 성물을 지니는 것을 허가하는 경우에는 그 재질·수량·규격·형태 등을 고려해야 하며, 다른 수용자의 수용생활을 방해하지 않도록 해야 한다. 〈개정 2020. 8. 5.〉

[제목개정 2020. 8. 5.]

제2절 신문·잡지 또는 도서

제35조(구독신청 수량) 법 제47조에 따라 수용자가 구독을 신청할 수 있는 신문·잡지 또는 도서(이하 이 절에서 "신문등"이라 한다)는 교정시설의 보관범위 및 수용자가 지닐 수 있는 범위를 벗어나지 않는 범위에서 신문은 월 3종 이내로, 도서(잡지를 포함한다)는 월 10권 이내로 한다. 다만, 소장은 수용자의 지식함양 및 교양습득에 특히 필요하다고 인정하는 경우에는 신문등의 신청 수량을 늘릴 수 있다. 〈개정 2020. 8. 5.〉

제36조(구독허가의 취소 등) ① 소장은 신문등을 구독하는 수용자가 다음 각 호의 어느 하나에 해당하는 사유가 있으면 구독의 허가를 취소할 수 있다. 〈개정 2020. 8. 5.〉

1. 허가 없이 다른 거실 수용자와 신문등을 주고받을 때

2. 그 밖에 법무부장관이 정하는 신문등과 관련된 지켜야 할 사항을 위반하였을 때

② 소장은 소유자가 분명하지 아니한 도서를 회수하여 비치도서로 전환하거나 폐기할 수 있다.

제3절 방송

제37조(방송의 기본원칙) ① 수용자를 대상으로 하는 방송은 무상으로 한다.

② 법무부장관은 방송의 전문성을 강화하기 위하여 외부전문가의 협력을 구할 수 있고, 모든 교정시설의 수용자를 대상으로 통합방송을 할 수 있다.

③ 소장은 방송에 대한 의견수렴을 위하여 설문조사 등의 방법으로 수용자의 반응도 및 만족도를 측정할 수 있다.

제38조(방송설비) ① 소장은 방송을 위하여 텔레비전, 라디오, 스피커 등의 장비와 방송선로 등의 시설을 갖추어야 한다. 〈개정 2019. 10. 22.〉

② 소장은 물품관리법령에 따라 제1항의 장비와 시설을 정상적으로 유지·관리하여야 한다.

제39조(방송편성시간) 소장은 수용자의 건강과 일과시간 등을 고려하여 1일 6시간 이내에서 방송편성시간을 정한다. 다만, 토요일·공휴일, 작업·교육실태 및 수용자의 특성을 고려하여 방송편성시간을 조정할 수 있다.

제40조(방송프로그램) ① 소장은 「방송법」 제2조의 텔레비전방송 또는 라디오방송을 녹음·녹화하여 방송하거나 생방송할 수 있으며, 비디오테이프에 의한 영상물 또는 자체 제작한 영상물을 방송할 수 있다.

② 방송프로그램은 그 내용에 따라 다음 각 호와 같이 구분한다.

1. 교육콘텐츠: 한글·한자·외국어 교육, 보건위생 향상, 성(性)의식 개선, 약물남용 예방 등

2. 교화콘텐츠: 인간성 회복, 근로의식 함양, 가족관계 회복, 질서의식 제고, 국가관 고취 등

3. 교양콘텐츠: 다큐멘터리, 생활정보, 뉴스, 직업정보, 일반상식 등

4. 오락콘텐츠: 음악, 연예, 드라마, 스포츠 중계 등

5. 그 밖에 수용자의 정서안정에 필요한 콘텐츠

③ 소장은 방송프로그램을 자체 편성하는 경우에는 다음 각 호의 어느 하나에 해당하는 내용이 포함되지 아니하도록 특히 유의하여야 한다.

1. 폭력조장, 음란 등 미풍양속에 반하는 내용

2. 특정 종교의 행사나 교리를 찬양하거나 비방하는 내용

3. 그 밖에 수용자의 정서안정 및 수용질서 확립에 유해하다고 판단되는 내용

제41조(수용자가 지켜야 할 사항 등) ① 수용자는 소장이 지정한 장소에서 지정된 채널을 통하여 텔레비전을 시청하거나 라디오를 청취하여야 한다. 다만, 제86조에 따른 자치생활 수형자는 법무부장관이 정하는 방법에 따라 텔레비전을 시청할 수 있다. 〈개정 2013. 4. 16.〉

② 수용자는 방송설비 또는 채널을 임의 조작·변경하거나 임의수신 장비를 지녀서는 안 된다. 〈개정 2020. 8. 5.〉

③ 수용자가 방송시설과 장비를 손상하거나 그 밖의 방법으로 그 효용을 해친 경우에는 배상을 하여야 한다.

[제목개정 2020. 8. 5.]

제5장 특별한 보호
제1절 여성수용자

제42조(임산부수용자 등에 대한 특칙) 소장은 임산부인 수용자 및 법 제53조에 따라 유아의 양육을 허가받은 수용자에 대하여 필요하다고 인정하는 경우에는 교정시설에 근무하는 의사(공중보건의사를 포함한다. 이하 "의무관"이라 한다)의 의견을 들어 필요한 양의 죽 등의 주식과 별도로 마련된 부식을 지급할 수 있으며, 양육유아에 대하여는 분유 등의 대체식품을 지급할 수 있다. 〈개정 2014. 11. 17.〉

제2절 노인수용자

제43조(전담교정시설) ① 법 제57조제6항에 따라 법무부장관이 노인수형자의 처우를 전담하도록 정하는 시설(이하 "노인수형자 전담교정시설"이라 한다)에는 「장애인·노인·임산부 등의 편의증진보장에 관한 법률 시행령」 별표 2의 교도소·구치소 편의시설의 종류 및 설치기준에 따른 편의시설을 갖추어야 한다. 〈개정 2015. 12. 10.〉

② 노인수형자 전담교정시설에는 별도의 공동휴게실을 마련하고 노인이 선호하는 오락용품 등을 갖춰두어야 한다.

제44조(수용거실) ① 노인수형자 전담교정시설이 아닌 교정시설에서는 노인수용자를 수용하기 위하여 별도의 거실을 지정하여 운용할 수 있다.

② 노인수용자의 거실은 시설부족 또는 그 밖의 부득이한 사정이 없으면 건물의 1층에 설치하고, 특히 겨울철 난방을 위하여 필요한 시설을 갖추어야 한다.

제45조(주·부식 등 지급) 소장은 노인수용자의 나이·건강상태 등을 고려하여 필요하다고 인정하면 제4조부터 제8조까지의 규정, 제10조, 제11조, 제13조 및 제14조에 따른 수용자의 지급기준을 초과하여 주·부식, 의류·침구, 그 밖의 생활용품을 지급할 수 있다.

제46조(운동·목욕) ① 소장은 노인수용자의 나이·건강상태 등을 고려하여 필요하다고 인정하면 영 제49조에

따른 운동시간을 연장하거나 영 제50조에 따른 목욕횟수를 늘릴 수 있다.

② 소장은 노인수용자가 거동이 불편하여 혼자서 목욕하기 어려운 경우에는 교도관, 자원봉사자 또는 다른 수용자로 하여금 목욕을 보조하게 할 수 있다.

제47조(전문의료진 등) ① 노인수형자 전담교정시설의 장은 노인성 질환에 관한 전문적인 지식을 가진 의료진과 장비를 갖추고, 외부의료시설과 협력체계를 강화하여 노인수형자가 신속하고 적절한 치료를 받을 수 있도록 노력하여야 한다.

② 소장은 노인수용자에 대하여 6개월에 1회 이상 건강검진을 하여야 한다.

제48조(교육·교화프로그램 및 작업) ① 노인수형자 전담교정시설의 장은 노인문제에 관한 지식과 경험이 풍부한 외부전문가를 초빙하여 교육하게 하는 등 노인수형자의 교육 받을 기회를 확대하고, 노인전문오락, 그 밖에 노인의 특성에 알맞은 교화프로그램을 개발·시행하여야 한다.

② 소장은 노인수용자가 작업을 원하는 경우에는 나이·건강상태 등을 고려하여 해당 수용자가 감당할 수 있는 정도의 작업을 부과한다. 이 경우 의무관의 의견을 들어야 한다.

제3절 장애인수용자

제49조(정의) "장애인수용자"란 「장애인복지법 시행령」 별표 1의 제1호부터 제15호까지의 규정에 해당하는 사람으로서 시각·청각·언어·지체(肢體) 등의 장애로 통상적인 수용생활이 특히 곤란하다고 인정되는 수용자를 말한다. 〈개정 2013. 4. 16.〉

제50조(전담교정시설) ① 법 제57조제6항에 따라 법무부장관이 장애인수형자의 처우를 전담하도록 정하는 시설(이하 "장애인수형자 전담교정시설"이라 한다)의 장은 장애종류별 특성에 알맞은 재활치료프로그램을 개발하여 시행하여야 한다. 〈개정 2015. 12. 10.〉

② 장애인수형자 전담교정시설 편의시설의 종류 및 설치기준에 관하여는 제43조제1항을 준용한다.

제51조(수용거실) ① 장애인수형자 전담교정시설이 아닌 교정시설에서는 장애인수용자를 수용하기 위하여 별도의 거실을 지정하여 운용할 수 있다.

② 장애인수용자의 거실은 시설부족 또는 그 밖의 부득이한 사정이 없으면 건물의 1층에 설치하고, 특히 장애인이 이용할 수 있는 변기 등의 시설을 갖추도록 하여야 한다.

제52조(전문의료진 등) 장애인수형자 전담교정시설의 장은 장애인의 재활에 관한 전문적인 지식을 가진 의료진과 장비를 갖추도록 노력하여야 한다.

제53조(직업훈련) 장애인수형자 전담교정시설의 장은 장애인수형자에 대한 직업훈련이 석방 후의 취업과 연계될 수 있도록 그 프로그램의 편성 및 운영에 특히 유의하여야 한다.

제54조(준용규정) 장애인수용자의 장애정도, 건강 등을 고려하여 필요하다고 인정하는 경우 주·부식 등의 지급, 운동·목욕 및 교육·교화프로그램·작업에 관하여 제45조·제46조 및 제48조를 준용한다.

제4절 외국인수용자

제55조(전담교정시설) 법 제57조제6항에 따라 법무부장관이 외국인수형자의 처우를 전담하도록 정하는 시설의 장은 외국인의 특성에 알맞은 교화프로그램 등을 개발하여 시행하여야 한다. 〈개정 2015. 12. 10.〉

제56조(전담요원 지정) ① 외국인수용자를 수용하는 소장은 외국어에 능통한 소속 교도관을 전담요원으로 지정하여 일상적인 개별면담, 고충해소, 통역·번역 및 외교공관 또는 영사관 등 관계기관과의 연락 등의 업무

를 수행하게 하여야 한다.

② 제1항의 전담요원은 외국인 미결수용자에게 소송 진행에 필요한 법률지식을 제공하는 등의 조력을 하여야 한다.

제57조(수용거실 지정) ① 소장은 외국인수용자의 수용거실을 지정하는 경우에는 종교 또는 생활관습이 다르거나 민족감정 등으로 인하여 분쟁의 소지가 있는 외국인수용자는 거실을 분리하여 수용하여야 한다. 〈개정 2013. 4. 16.〉

② 소장은 외국인수용자에 대하여는 그 생활양식을 고려하여 필요한 수용설비를 제공하도록 노력하여야 한다.

제58조(주·부식 지급) ① 외국인수용자에게 지급하는 음식물의 총열량은 제14조제2항에도 불구하고 소속 국가의 음식문화, 체격 등을 고려하여 조정할 수 있다.

② 외국인수용자에 대하여는 쌀, 빵 또는 그 밖의 식품을 주식으로 지급하되, 소속 국가의 음식문화를 고려하여야 한다. 〈개정 2014. 11. 17.〉

③ 외국인수용자에게 지급하는 부식의 지급기준은 법무부장관이 정한다.

제59조(위독 또는 사망 시의 조치) 소장은 외국인수용자가 질병 등으로 위독하거나 사망한 경우에는 그의 국적이나 시민권이 속하는 나라의 외교공관 또는 영사관의 장이나 그 관원 또는 가족에게 이를 즉시 알려야 한다. 〈개정 2020. 8. 5.〉

제5절 소년수용자 〈신설 2015. 12. 10.〉

제59조의2(전담교정시설) ① 법 제57조제6항에 따라 법무부장관이 19세 미만의 수형자(이하 "소년수형자"라 한다)의 처우를 전담하도록 정하는 시설(이하 "소년수형자 전담교정시설"이라 한다)의 장은 소년의 나이·적성 등 특성에 알맞은 교육·교화프로그램을 개발하여 시행하여야 한다.

② 소년수형자 전담교정시설에는 별도의 공동학습공간을 마련하고 학용품 및 소년의 정서 함양에 필요한 도서, 잡지 등을 갖춰 두어야 한다.

[본조신설 2015. 12. 10.]

제59조의3(수용거실) ① 소년수형자 전담교정시설이 아닌 교정시설에서는 소년수용자(영 제81조제4항에 따른 소년수용자를 말한다. 이하 같다)를 수용하기 위하여 별도의 거실을 지정하여 운용할 수 있다.

② 소년수형자 전담교정시설이 아닌 교정시설에서 소년수용자를 수용한 경우 교육·교화프로그램에 관하여는 제59조의2제1항을 준용한다.

[본조신설 2015. 12. 10.]

제59조의4(의류) ① 법무부장관은 제4조 및 제5조에도 불구하고 소년수용자의 나이·적성 등을 고려하여 필요하다고 인정하는 경우 의류의 품목과 품목별 착용 시기 및 대상을 달리 정할 수 있다.

[본조신설 2024. 2. 8.]

[종전 제59조의4는 제59조의5로 이동 〈2024. 2. 8.〉]

제59조의5(접견·전화) 소장은 소년수형자등의 나이·적성 등을 고려하여 필요하다고 인정하면 제87조 및 제90조에 따른 접견 및 전화통화 횟수를 늘릴 수 있다.

[본조신설 2015. 12. 10.]

[제59조의4에서 이동, 종전 제59조의5는 제59조의6으로 이동 〈2024. 2. 8.〉]

제59조의6(사회적 처우) 제92조제1항에도 불구하고 소장은 소년수형자등의 나이·적성 등을 고려하여 필요하

다고 인정하면 소년수형자등에게 같은 항 각 호에 해당하는 활동을 허가할 수 있다. 이 경우 소장이 허가할 수 있는 활동에는 발표회 및 공연 등 참가 활동을 포함한다.

[본조신설 2015. 12. 10.]

[제59조의5에서 이동, 종전 제59조의6은 제59조의7로 이동 〈2024. 2. 8.〉]

제59조의7(준용규정) 소년수용자의 나이 · 건강상태 등을 고려하여 필요하다고 인정하는 경우 주 · 부식 등의 지급, 운동 · 목욕, 전문의료진 등 및 작업에 관하여 제45조부터 제48조까지의 규정을 준용한다. 〈개정 2024. 2. 8.〉

[본조신설 2015. 12. 10.]

[제59조의6에서 이동 〈2024. 2. 8.〉]

제3편 수형자의 처우

제1장 분류처우

제1절 분류심사

제60조(이송 · 재수용 수형자의 개별처우계획 등) ① 소장은 해당 교정시설의 특성 등을 고려하여 필요한 경우에는 다른 교정시설로부터 이송되어 온 수형자의 개별처우계획(법 제56조제1항에 따른 개별처우계획을 말한다. 이하 같다)을 변경할 수 있다.

② 소장은 형집행정지 중에 있는 사람이 기간만료 또는 그 밖의 정지사유가 없어져 재수용된 경우에는 석방 당시와 동일한 처우등급을 부여할 수 있다. 〈개정 2010. 5. 31., 2020. 8. 5.〉

③ 소장은 형집행정지 중에 있는 사람이 「자유형등에 관한 검찰집행사무규칙」 제33조제2항에 따른 형집행정지의 취소로 재수용된 경우에는 석방 당시보다 한 단계 낮은 처우등급(제74조의 경비처우급에만 해당한다)을 부여할 수 있다. 〈신설 2024. 2. 8.〉

④ 소장은 가석방의 취소로 재수용되어 남은 형기가 집행되는 경우에는 석방 당시보다 한 단계 낮은 처우등급(제74조의 경비처우급에만 해당한다)을 부여한다. 다만, 「가석방자관리규정」 제5조 단서를 위반하여 가석방이 취소되는 등 가석방 취소사유에 특히 고려할 만한 사정이 있는 때에는 석방 당시와 동일한 처우등급을 부여할 수 있다. 〈개정 2010. 5. 31., 2022. 2. 7., 2024. 2. 8.〉

⑤ 소장은 형집행정지 중이거나 가석방기간 중에 있는 사람이 형사사건으로 재수용되어 형이 확정된 경우에는 개별처우계획을 새로 수립하여야 한다. 〈개정 2024. 2. 8.〉

제61조(국제수형자 및 군수형자의 개별처우계획) ① 소장은 「국제수형자이송법」에 따라 외국으로부터 이송되어 온 수형자에 대하여는 개별처우계획을 새로 수립하여 시행한다. 이 경우 해당 국가의 교정기관으로부터 접수된 그 수형자의 수형생활 또는 처우 등에 관한 내용을 고려할 수 있다.

② 소장은 군사법원에서 징역형 또는 금고형이 확정되거나 그 형의 집행 중에 있는 사람이 이송되어 온 경우에는 개별처우계획을 새로 수립하여 시행한다. 이 경우 해당 군교도소로부터 접수된 그 수형자의 수형생활 또는 처우 등에 관한 내용을 고려할 수 있다.

제62조(분류심사 제외 및 유예) ① 다음 각 호의 사람에 대해서는 분류심사를 하지 아니한다. 〈개정 2013. 4. 16.〉

1. 징역형 · 금고형이 확정된 사람으로서 집행할 형기가 형집행지휘서 접수일부터 3개월 미만인 사람

2. 구류형이 확정된 사람

3. 삭제 〈2017. 8. 22.〉

② 소장은 수형자가 다음 각 호의 어느 하나에 해당하는 사유가 있으면 분류심사를 유예한다.

1. 질병 등으로 분류심사가 곤란한 때

2. 법 제107조제1호부터 제5호까지의 규정에 해당하는 행위 및 이 규칙 제214조 각 호에 해당하는 행위(이하 "징벌대상행위"라 한다)의 혐의가 있어 조사 중이거나 징벌집행 중인 때

3. 그 밖의 사유로 분류심사가 특히 곤란하다고 인정하는 때

③ 소장은 제2항 각 호에 해당하는 사유가 소멸한 경우에는 지체 없이 분류심사를 하여야 한다. 다만, 집행할 형기가 사유 소멸일부터 3개월 미만인 경우에는 분류심사를 하지 아니한다. 〈개정 2013. 4. 16.〉

제63조(분류심사 사항) 분류심사 사항은 다음 각 호와 같다. 〈개정 2010.5.31〉

1. 처우등급에 관한 사항

2. 작업, 직업훈련, 교육 및 교화프로그램 등의 처우방침에 관한 사항

3. 보안상의 위험도 측정 및 거실 지정 등에 관한 사항

4. 보건 및 위생관리에 관한 사항

5. 이송에 관한 사항

6. 가석방 및 귀휴심사에 관한 사항

7. 석방 후의 생활계획에 관한 사항

8. 그 밖에 수형자의 처우 및 관리에 관한 사항

제64조(신입심사 시기) 개별처우계획을 수립하기 위한 분류심사(이하 "신입심사"라 한다)는 매월 초일부터 말일까지 형집행지휘서가 접수된 수형자를 대상으로 하며, 그 다음 달까지 완료하여야 한다. 다만, 특별한 사유가 있는 경우에는 그 기간을 연장할 수 있다.

제65조(재심사의 구분) 개별처우계획을 조정할 것인지를 결정하기 위한 분류심사(이하 "재심사"라 한다)는 다음 각 호와 같이 구분한다.

1. 정기재심사: 일정한 형기가 도달한 때 하는 재심사

2. 부정기재심사: 상벌 또는 그 밖의 사유가 발생한 경우에 하는 재심사

제66조(정기재심사) ① 정기재심사는 다음 각 호의 어느 하나에 해당하는 경우에 한다. 다만, 형집행지휘서가 접수된 날부터 6개월이 지나지 아니한 경우에는 그러하지 아니하다.

1. 형기의 3분의 1에 도달한 때

2. 형기의 2분의 1에 도달한 때

3. 형기의 3분의 2에 도달한 때

4. 형기의 6분의 5에 도달한 때

② 부정기형의 재심사 시기는 단기형을 기준으로 한다.

③ 무기형과 20년을 초과하는 징역형·금고형의 재심사 시기를 산정하는 경우에는 그 형기를 20년으로 본다.

④ 2개 이상의 징역형 또는 금고형을 집행하는 수형자의 재심사 시기를 산정하는 경우에는 그 형기를 합산한다. 다만, 합산한 형기가 20년을 초과하는 경우에는 그 형기를 20년으로 본다.

제67조(부정기재심사) 부정기재심사는 다음 각 호의 어느 하나에 해당하는 경우에 할 수 있다. 〈개정 2010. 5. 31., 2014. 11. 17.〉

1. 분류심사에 오류가 있음이 발견된 때

2. 수형자가 교정사고(교정시설에서 발생하는 화재, 수용자의 자살·도주·폭행·소란, 그 밖에 사람의 생명·신체를 해하거나 교정시설의 안전과 질서를 위태롭게 하는 사고를 말한다. 이하 같다)의 예방에 뚜렷

한 공로가 있는 때

3. 수형자를 징벌하기로 의결한 때

4. 수형자가 집행유예의 실효 또는 추가사건(현재 수용의 근거가 된 사건 외의 형사사건을 말한다. 이하 같다)으로 금고이상의 형이 확정된 때

5. 수형자가 「숙련기술장려법」 제20조제2항에 따른 전국기능경기대회 입상, 기사 이상의 자격취득, 학사 이상의 학위를 취득한 때

6. 삭제 〈2014. 11. 17.〉

7. 그 밖에 수형자의 수용 또는 처우의 조정이 필요한 때

제68조(재심사 시기 등) ① 소장은 재심사를 할 때에는 그 사유가 발생한 달의 다음 달까지 완료하여야 한다.

② 재심사에 따라 제74조의 경비처우급을 조정할 필요가 있는 경우에는 한 단계의 범위에서 조정한다. 다만, 수용 및 처우를 위하여 특히 필요한 경우에는 두 단계의 범위에서 조정할 수 있다. 〈개정 2010. 5. 31.〉

제69조(분류조사 사항) ① 신입심사를 할 때에는 다음 각 호의 사항을 조사한다. 〈개정 2014. 11. 17.〉

1. 성장과정

2. 학력 및 직업경력

3. 생활환경

4. 건강상태 및 병력사항

5. 심리적 특성

6. 마약·알코올 등 약물중독 경력

7. 가족 관계 및 보호자 관계

8. 범죄경력 및 범행내용

9. 폭력조직 가담여부 및 정도

10. 교정시설 총 수용기간

11. 교정시설 수용(과거에 수용된 경우를 포함한다) 중에 받은 징벌 관련 사항

12. 도주(음모, 예비 또는 미수에 그친 경우를 포함한다) 또는 자살기도(企圖) 유무와 횟수

13. 상담관찰 사항

14. 수용생활태도

15. 범죄피해의 회복 노력 및 정도

16. 석방 후의 생활계획

17. 재범의 위험성

18. 처우계획 수립에 관한 사항

19. 그 밖에 수형자의 처우 및 관리에 필요한 사항

② 재심사를 할 때에는 제1항 각 호의 사항 중 변동된 사항과 다음 각 호의 사항을 조사한다. 〈개정 2014. 11. 17.〉

1. 교정사고 유발 및 징벌 관련 사항

2. 제77조의 소득점수를 포함한 교정처우의 성과

3. 교정사고 예방 등 공적 사항

4. 추가사건 유무

5. 재범의 위험성

6. 처우계획 변경에 관한 사항

7. 그 밖에 재심사를 위하여 필요한 사항

제70조(분류조사 방법) 분류조사의 방법은 다음 각 호와 같다.

1. 수용기록 확인 및 수형자와의 상담

2. 수형자의 가족 등과의 면담

3. 검찰청, 경찰서, 그 밖의 관계기관에 대한 사실조회

4. 외부전문가에 대한 의견조회

5. 그 밖에 효율적인 분류심사를 위하여 필요하다고 인정되는 방법

제71조(분류검사) ① 소장은 분류심사를 위하여 수형자의 인성, 지능, 적성 등의 특성을 측정·진단하기 위한 검사를 할 수 있다.

② 인성검사는 신입심사 대상자 및 그 밖에 처우상 필요한 수형자를 대상으로 한다. 다만, 수형자가 다음 각 호의 어느 하나에 해당하면 인성검사를 하지 아니할 수 있다.

1. 제62조제2항에 따라 분류심사가 유예된 때

2. 그 밖에 인성검사가 곤란하거나 불필요하다고 인정되는 사유가 있는 때

③ 이해력의 현저한 부족 등으로 인하여 인성검사를 하지 아니한 경우에는 상담 내용과 관련 서류를 토대로 인성을 판정하여 경비처우급 분류지표를 결정할 수 있다. 〈개정 2010. 5. 31.〉

④ 지능 및 적성 검사는 제2항 각 호의 어느 하나에 해당하지 아니하는 신입심사 대상자로서 집행할 형기가 형집행지휘서 접수일부터 1년 이상이고 나이가 35세 이하인 경우에 한다. 다만, 직업훈련 또는 그 밖의 처우를 위하여 특히 필요한 경우에는 예외로 할 수 있다.

제72조(처우등급) 수형자의 처우등급은 다음 각 호와 같이 구분한다.

1. 기본수용급: 성별·국적·나이·형기 등에 따라 수용할 시설 및 구획 등을 구별하는 기준

2. 경비처우급: 도주 등의 위험성에 따라 수용시설과 계호의 정도를 구별하고, 범죄성향의 진전과 개선정도, 교정성적에 따라 처우수준을 구별하는 기준

3. 개별처우급: 수형자의 개별적인 특성에 따라 중점처우의 내용을 구별하는 기준

[전문개정 2010. 5. 31.]

제73조(기본수용급) 기본수용급은 다음 각 호와 같이 구분한다. 〈개정 2010. 5. 31.〉

1. 여성수형자

2. 외국인수형자

3. 금고형수형자

4. 19세 미만의 소년수형자

5. 23세 미만의 청년수형자

6. 65세 이상의 노인수형자

7. 형기가 10년 이상인 장기수형자

8. 정신질환 또는 장애가 있는 수형자

9. 신체질환 또는 장애가 있는 수형자

[제목개정 2010. 5. 31.]

제74조(경비처우급) ① 경비처우급은 다음 각 호와 같이 구분한다.

1. 개방처우급: 법 제57조제2항제1호의 개방시설에 수용되어 가장 높은 수준의 처우가 필요한 수형자

2. 완화경비처우급: 법 제57조제2항제2호의 완화경비시설에 수용되어 통상적인 수준보다 높은 수준의 처우가 필요한 수형자

3. 일반경비처우급: 법 제57조제2항제3호의 일반경비시설에 수용되어 통상적인 수준의 처우가 필요한 수형자

4. 중(重)경비처우급: 법 제57조제2항제4호의 중(重)경비시설(이하 "중경비시설"이라 한다)에 수용되어 기본적인 처우가 필요한 수형자

② 경비처우급에 따른 작업기준은 다음 각 호와 같다. 〈개정 2013. 4. 16.〉

1. 개방처우급: 외부통근작업 및 개방지역작업 가능

2. 완화경비처우급: 개방지역작업 및 필요시 외부통근작업 가능

3. 일반경비처우급: 구내작업 및 필요시 개방지역작업 가능

4. 중(重)경비처우급: 필요시 구내작업 가능

[전문개정 2010. 5. 31.]

제75조 삭제 〈2010. 5. 31.〉

제76조(개별처우급) 개별처우급은 다음 각 호와 같이 구분한다. 〈개정 2010. 5. 31., 2013. 4. 16.〉

1. 직업훈련

2. 학과교육

3. 생활지도

4. 작업지도

5. 운영지원작업

6. 의료처우

7. 자치처우

8. 개방처우

9. 집중처우

[제목개정 2010. 5. 31.]

제77조(소득점수) 소득점수는 다음 각 호의 범위에서 산정한다.

1. 수형생활 태도: 5점 이내

2. 작업 또는 교육 성적: 5점 이내

제78조(소득점수 평가 기간 및 방법) ① 소장은 수형자(제62조에 따라 분류심사에서 제외되거나 유예되는 사람은 제외한다)의 소득점수를 별지 제1호서식의 소득점수 평가 및 통지서에 따라 매월 평가하여야 한다. 이 경우 대상기간은 매월 초일부터 말일까지로 한다. 〈개정 2013. 4. 16.〉

② 수형자의 소득점수 평가 방법은 다음 각 호로 구분한다.

1. 수형생활 태도: 품행·책임감 및 협동심의 정도에 따라 매우양호(수, 5점)·양호(우, 4점)·보통(미, 3점)·개선요망(양, 2점)·불량(가, 1점)으로 구분하여 채점한다.

2. 작업 또는 교육 성적: 법 제63조·제65조에 따라 부과된 작업·교육의 실적 정도와 근면성 등에 따라 매우우수(수, 5점)·우수(우, 4점)·보통(미, 3점)·노력요망(양, 2점)·불량(가, 1점)으로 구분하여 채점한다.

③ 제2항에 따라 수형자의 작업 또는 교육 성적을 평가하는 경우에는 작업 숙련도, 기술력, 작업기간, 교육태도, 시험성적 등을 고려할 수 있다.

④ 보안·작업 담당교도관 및 수용관리팀(교정시설의 효율적인 운영과 수용자의 적정한 관리 및 처우를 위하여 수용동별 또는 작업장별로 나누어진 교정시설 안의 일정한 구역을 관리하는 단위조직을 말한다. 이하 같다)의 팀장은 서로 협의하여 소득점수 평가 및 통지서에 해당 수형자에 대한 매월 초일부터 말일까지의 소득점수를 채점한다. 〈개정 2013. 4. 16., 2024. 2. 8.〉

제79조(소득점수 평가기준) ① 수형생활 태도 점수와 작업 또는 교육성적 점수는 제78조제2항의 방법에 따라 채점하되, 수는 소속 작업장 또는 교육장 전체 인원의 10퍼센트를 초과할 수 없고, 우는 30퍼센트를 초과할 수 없다. 다만, 작업장 또는 교육장 전체인원이 4명 이하인 경우에는 수·우를 각각 1명으로 채점할 수 있다.

② 소장이 작업장 중 작업의 특성이나 난이도 등을 고려하여 필수 작업장으로 지정하는 경우 소득점수의 수는 5퍼센트 이내, 우는 10퍼센트 이내의 범위에서 각각 확대할 수 있다.

③ 소장은 수형자가 부상이나 질병, 그 밖의 부득이한 사유로 작업 또는 교육을 받지 못한 경우에는 3점 이내의 범위에서 작업 또는 교육 성적을 부여할 수 있다.

제80조(소득점수 평정 등) ① 소장은 제66조 및 제67조에 따라 재심사를 하는 경우에는 그 때마다 제78조에 따라 평가한 수형자의 소득점수를 평정하여 경비처우급을 조정할 것인지를 고려하여야 한다. 다만, 부정기재심사의 소득점수 평정대상기간은 사유가 발생한 달까지로 한다. 〈개정 2010. 5. 31.〉

② 제1항에 따라 소득점수를 평정하는 경우에는 평정 대상기간 동안 매월 평가된 소득점수를 합산하여 평정 대상기간의 개월 수로 나누어 얻은 점수(이하 "평정소득점수"라 한다)로 한다.

제81조(경비처우급 조정) 경비처우급을 상향 또는 하향 조정하기 위하여 고려할 수 있는 평정소득점수의 기준은 다음 각 호와 같다. 다만, 수용 및 처우를 위하여 특히 필요한 경우 법무부장관이 달리 정할 수 있다. 〈개정 2010. 5. 31., 2013. 4. 16.〉

1. 상향 조정: 8점 이상(제66조제1항제4호에 따른 재심사의 경우에는 7점 이상)

2. 하향 조정: 5점 이하

[제목개정 2010. 5. 31.]

제82조(조정된 처우등급의 처우 등) ① 조정된 처우등급에 따른 처우는 그 조정이 확정된 다음 날부터 한다. 이 경우 조정된 처우등급은 그 달 초일부터 적용된 것으로 본다. 〈개정 2010. 5. 31.〉

② 소장은 수형자의 경비처우급을 조정한 경우에는 지체 없이 해당 수형자에게 그 사항을 알려야 한다. 〈개정 2010. 5. 31.〉

[제목개정 2010. 5. 31.]

제2절 처우등급별 처우 등 〈개정 2010. 5. 31.〉

제83조(처우등급별 수용 등) ① 소장은 수형자를 기본수용급별·경비처우급별로 구분하여 수용하여야 한다. 다만 처우상 특히 필요하거나 시설의 여건상 부득이한 경우에는 기본수용급·경비처우급이 다른 수형자를 함께 수용하여 처우할 수 있다. 〈개정 2010. 5. 31.〉

② 소장은 제1항에 따라 수형자를 수용하는 경우 개별처우의 효과를 증진하기 위하여 경비처우급·개별처우급이 같은 수형자 집단으로 수용하여 처우할 수 있다. 〈개정 2010. 5. 31.〉

[제목개정 2010. 5. 31.]

제84조(물품지급) ① 소장은 수형자의 경비처우급에 따라 물품에 차이를 두어 지급할 수 있다. 다만, 주·부식, 음료, 그 밖에 건강유지에 필요한 물품은 그러하지 아니하다. 〈개정 2010. 5. 31.〉

② 제1항에 따라 의류를 지급하는 경우 수형자가 개방처우급인 경우에는 색상, 디자인 등을 다르게 할 수 있다. 〈개정 2010. 5. 31.〉

제85조(봉사원 선정) ① 소장은 개방처우급·완화경비처우급·일반경비처우급 수형자로서 교정성적, 나이, 인성 등을 고려하여 다른 수형자의 모범이 된다고 인정되는 경우에는 봉사원으로 선정하여 담당교도관의 사무처리와 그 밖의 업무를 보조하게 할 수 있다. 〈개정 2010. 5. 31.〉

② 소장은 봉사원의 활동기간을 1년 이하로 정하되, 필요한 경우에는 그 기간을 연장할 수 있다. 〈개정 2010. 5. 31., 2014. 11. 17.〉

③ 소장은 봉사원의 활동과 역할 수행이 부적당하다고 인정하는 경우에는 그 선정을 취소할 수 있다.

④ 제1항부터 제3항까지에서 규정한 사항 외에 봉사원 선정, 기간연장 및 선정취소 등에 필요한 사항은 법무부장관이 정한다. 〈개정 2024. 2. 8.〉

제86조(자치생활) ① 소장은 개방처우급·완화경비처우급 수형자에게 자치생활을 허가할 수 있다. 〈개정 2010. 5. 31.〉

② 수형자 자치생활의 범위는 인원점검, 취미활동, 일정한 구역 안에서의 생활 등으로 한다.

③ 소장은 자치생활 수형자들이 교육실, 강당 등 적당한 장소에서 월 1회 이상 토론회를 할 수 있도록 하여야 한다.

④ 소장은 자치생활 수형자가 법무부장관 또는 소장이 정하는 자치생활 중 지켜야 할 사항을 위반한 경우에는 자치생활 허가를 취소할 수 있다. 〈개정 2020. 8. 5.〉

제87조(접견) ① 수형자의 경비처우급별 접견의 허용횟수는 다음 각 호와 같다. 〈개정 2010. 5. 31., 2013. 4. 16.〉

1. 개방처우급: 1일 1회

2. 완화경비처우급: 월 6회

3. 일반경비처우급: 월 5회

4. 중(重)경비처우급: 월 4회

② 제1항제2호부터 제4호까지의 경우 접견은 1일 1회만 허용한다. 다만, 처우상 특히 필요한 경우에는 그러하지 아니하다. 〈신설 2013. 4. 16.〉

③ 소장은 교화 및 처우상 특히 필요한 경우에는 수용자가 다른 교정시설의 수용자와 통신망을 이용하여 화상으로 접견하는 것(이하 "화상접견"이라 한다)을 허가할 수 있다. 이 경우 화상접견은 제1항의 접견 허용횟수에 포함한다. 〈신설 2013. 4. 16.〉

제88조(접견 장소) 소장은 개방처우급 수형자에 대하여는 법무부장관이 정하는 바에 따라 접촉차단시설이 설치된 장소 외의 적당한 곳에서 접견을 실시할 수 있다. 다만, 처우상 특히 필요하다고 인정하는 경우에는 그 밖의 수형자에 대하여도 이를 허용할 수 있다. 〈개정 2010. 5. 31.〉

제89조(가족 만남의 날 행사 등) ① 소장은 개방처우급·완화경비처우급 수형자에 대하여 가족 만남의 날 행사에 참여하게 하거나 가족 만남의 집을 이용하게 할 수 있다. 이 경우 제87조의 접견 허용횟수에는 포함되지 아니한다. 〈개정 2010. 5. 31.〉

② 제1항의 경우 소장은 가족이 없는 수형자에 대하여는 결연을 맺었거나 그 밖에 가족에 준하는 사람으로 하여금 그 가족을 대신하게 할 수 있다.

③ 소장은 제1항에도 불구하고 교화를 위하여 특히 필요한 경우에는 일반경비처우급 수형자에 대하여도 가족 만남의 날 행사 참여 또는 가족 만남의 집 이용을 허가할 수 있다. 〈개정 2010. 5. 31.〉

④ 제1항 및 제3항에서 "가족 만남의 날 행사"란 수형자와 그 가족이 교정시설의 일정한 장소에서 다과와 음

식을 함께 나누면서 대화의 시간을 갖는 행사를 말하며, "가족 만남의 집"이란 수형자와 그 가족이 숙식을 함께 할 수 있도록 교정시설에 수용동과 별도로 설치된 일반주택 형태의 건축물을 말한다. 〈개정 2013. 4. 16.〉

제90조(전화통화의 허용횟수) ① 수형자의 경비처우급별 전화통화의 허용횟수는 다음 각 호와 같다. 〈개정 2010. 5. 31., 2014. 11. 17., 2024. 2. 8.〉

1. 개방처우급: 월 20회 이내

2. 완화경비처우급: 월 10회 이내

3. 일반경비처우급: 월 5회 이내

4. 중(重)경비처우급: 처우상 특히 필요한 경우 월 2회 이내

② 소장은 제1항에도 불구하고 처우상 특히 필요한 경우에는 개방처우급·완화경비처우급·일반경비처우급 수형자의 전화통화 허용횟수를 늘릴 수 있다. 〈개정 2010. 5. 31., 2024. 2. 8.〉

③ 제1항 각 호의 경우 전화통화는 1일 1회만 허용한다. 다만, 처우상 특히 필요한 경우에는 그러하지 아니하다. 〈신설 2013. 4. 16.〉

제91조(경기 또는 오락회 개최 등) ① 소장은 개방처우급·완화경비처우급 또는 자치생활 수형자에 대하여 월 2회 이내에서 경기 또는 오락회를 개최하게 할 수 있다. 다만, 소년수형자에 대하여는 그 횟수를 늘릴 수 있다. 〈개정 2010. 5. 31.〉

② 제1항에 따라 경기 또는 오락회가 개최되는 경우 소장은 해당 시설의 사정을 고려하여 참석인원, 방법 등을 정할 수 있다.

③ 제1항에 따라 경기 또는 오락회가 개최되는 경우 소장은 관련 분야의 전문지식과 자격을 가지고 있는 외부강사를 초빙할 수 있다.

제92조(사회적 처우) ① 소장은 개방처우급·완화경비처우급 수형자에 대하여 교정시설 밖에서 이루어지는 다음 각 호에 해당하는 활동을 허가할 수 있다. 다만, 처우상 특히 필요한 경우에는 일반경비처우급 수형자에게도 이를 허가할 수 있다. 〈개정 2010. 5. 31.〉

1. 사회견학

2. 사회봉사

3. 자신이 신봉하는 종교행사 참석

4. 연극, 영화, 그 밖의 문화공연 관람

② 제1항 각 호의 활동을 허가하는 경우 소장은 별도의 수형자 의류를 지정하여 입게 한다. 다만, 처우상 필요한 경우에는 자비구매의류를 입게 할 수 있다.

③ 제1항제4호의 활동에 필요한 비용은 수형자가 부담한다. 다만, 처우상 필요한 경우에는 예산의 범위에서 그 비용을 지원할 수 있다.

제93조(중간처우) ① 소장은 개방처우급 혹은 완화경비처우급 수형자가 다음 각 호의 사유에 모두 해당하는 경우에는 교정시설에 설치된 개방시설에 수용하여 사회 적응에 필요한 교육, 취업지원 등 적정한 처우를 할 수 있다. 〈개정 2024. 2. 8.〉

1. 형기가 2년 이상인 사람

2. 범죄 횟수가 3회 이하인 사람

3. 중간처우를 받는 날부터 가석방 또는 형기 종료 예정일까지 기간이 3개월 이상 2년 6개월 미만인 사람

② 소장은 제1항에 따른 처우의 대상자 중 다음 각 호의 사유에 모두 해당하는 수형자에 대해서는 지역사회

에 설치된 개방시설에 수용하여 제1항에 따른 처우를 할 수 있다. 〈개정 2024. 2. 8.〉

1. 범죄 횟수가 1회인 사람

2. 중간처우를 받는 날부터 가석방 또는 형기 종료 예정일까지의 기간이 1년 6개월 미만인 사람

③ 제1항 및 제2항에 따른 중간처우 대상자의 선발절차, 교정시설 또는 지역사회에 설치하는 개방시설의 종류 및 기준, 그 밖에 필요한 사항은 법무부장관이 정한다. 〈개정 2024. 2. 8.〉

[본조신설 2015. 12. 10.]

제94조(작업·교육 등의 지도보조) 소장은 수형자가 개방처우급 또는 완화경비처우급으로서 작업·교육 등의 성적이 우수하고 관련 기술이 있는 경우에는 교도관의 작업지도를 보조하게 할 수 있다. 〈개정 2010. 5. 31.〉

제95조(개인작업) ① 소장은 수형자가 개방처우급 또는 완화경비처우급으로서 작업기술이 탁월하고 작업성적이 우수한 경우에는 수형자 자신을 위한 개인작업을 하게 할 수 있다. 이 경우 개인작업 시간은 교도작업에 지장을 주지 아니하는 범위에서 1일 2시간 이내로 한다. 〈개정 2010. 5. 31.〉

② 소장은 제1항에 따라 개인작업을 하는 수형자에게 개인작업 용구를 사용하게 할 수 있다. 이 경우 작업용구는 특정한 용기에 보관하도록 하여야 한다.

③ 제1항의 개인작업에 필요한 작업재료 등의 구입비용은 수형자가 부담한다. 다만, 처우상 필요한 경우에는 예산의 범위에서 그 비용을 지원할 수 있다.

제96조(외부 직업훈련) ① 소장은 수형자가 개방처우급 또는 완화경비처우급으로서 직업능력 향상을 위하여 특히 필요한 경우에는 교정시설 외부의 공공기관 또는 기업체 등에서 운영하는 직업훈련을 받게 할 수 있다. 〈개정 2010. 5. 31.〉

② 제1항에 따른 직업훈련의 비용은 수형자가 부담한다. 다만, 처우상 특히 필요한 경우에는 예산의 범위에서 그 비용을 지원할 수 있다.

제3절 분류전담시설 및 분류처우위원회 〈개정 2024. 2. 8.〉

제96조의2(분류전담시설) ① 법 제61조 및 영 제86조에 따른 분류심사를 전담하는 교정시설(이하 이 절에서 "분류전담시설"이라 한다)의 장은 범죄의 피해가 중대하고 재범의 위험성이 높은 수형자(이하 이 절에서 "고위험군 수형자"라 한다)의 개별처우계획을 수립·조정하기 위해 고위험군 수형자의 개별적 특성과 재범의 위험성 등을 면밀히 분석·평가하기 위한 분류심사(이하 이 절에서 "정밀분류심사"라 한다)를 실시할 수 있다.

② 분류전담시설의 장은 정밀분류심사를 실시한 고위험군 수형자의 개별처우계획 이행 여부를 지속적으로 평가해야 한다.

[본조신설 2024. 2. 8.]

제97조(심의·의결 대상) 법 제62조의 분류처우위원회(이하 이 절에서 "위원회"라 한다)는 다음 각 호의 사항을 심의·의결한다. 〈개정 2010. 5. 31.〉

1. 처우등급 판단 등 분류심사에 관한 사항

2. 소득점수 등의 평가 및 평정에 관한 사항

3. 수형자 처우와 관련하여 소장이 심의를 요구한 사항

4. 가석방 적격심사 신청 대상자 선정 등에 관한 사항

5. 그 밖에 수형자의 수용 및 처우에 관한 사항

제98조(위원장의 직무) ① 위원장은 위원회를 소집하고 위원회의 사무를 총괄한다.

② 위원장이 부득이한 사유로 그 직무를 수행할 수 없을 때에는 위원장이 미리 지정한 위원이 그 직무를 대행할 수 있다.

제99조(회의) ① 위원회의 회의는 매월 10일에 개최한다. 다만, 위원회의 회의를 개최하는 날이 토요일, 공휴일, 그 밖에 법무부장관이 정한 휴무일일 때에는 그 다음 날에 개최한다.

② 위원장은 수형자의 처우와 관련하여 필요한 경우에는 임시회의를 개최할 수 있다. 〈개정 2019. 8. 29.〉

③ 위원회의 회의는 재적위원 3분의 2이상의 출석으로 개의하고, 출석위원 과반수의 찬성으로 의결한다.

제100조(간사) ① 위원회의 사무를 처리하기 위하여 분류심사 업무를 담당하는 교도관 중에서 간사 1명을 둔다.

② 간사는 위원회의 회의록을 작성하여 유지하여야 한다.

제100조의2(분류전담시설에 두는 위원회) 제97조부터 제100조까지의 규정에도 불구하고 법무부장관은 분류전담시설에 두는 위원회의 심의·의결 대상 및 개최시기 등을 달리 정할 수 있다.

[본조신설 2024. 2. 8.]

제2장 교육 및 교화프로그램
제1절 교육

제101조(교육관리 기본원칙) ① 소장은 교육대상자를 소속기관(소장이 관할하고 있는 교정시설을 말한다. 이하 같다)에서 선발하여 교육한다. 다만, 소속기관에서 교육대상자를 선발하기 어려운 경우에는 다른 기관에서 추천한 사람을 모집하여 교육할 수 있다.

② 소장은 교육대상자의 성적불량, 학업태만 등으로 인하여 교육의 목적을 달성하기 어려운 경우에는 그 선발을 취소할 수 있다.

③ 소장은 교육대상자 및 시험응시 희망자의 학습능력을 평가하기 위하여 자체 평가시험을 실시할 수 있다.

④ 소장은 교육의 효과를 거두지 못하였다고 인정하는 교육대상자에 대하여 다시 교육을 할 수 있다.

⑤ 소장은 기관의 교육전문인력, 교육시설, 교육대상인원 등의 사정을 고려하여 단계별 교육과 자격취득 목표를 설정할 수 있으며, 자격취득·대회입상 등을 하면 처우에 반영할 수 있다.

제102조(교육대상자가 지켜야 할 기본원칙) ① 교육대상자는 교육의 시행에 관한 관계법령, 학칙 및 교육관리지침을 성실히 지켜야 한다. 〈개정 2020. 8. 5.〉

② 제110조부터 제113조까지의 규정에 따른 교육을 실시하는 경우 소요되는 비용은 특별한 사정이 없으면 교육대상자의 부담으로 한다.

③ 교육대상자로 선발된 수형자는 소장에게 다음의 선서를 하고 서약서를 제출해야 한다. 〈개정 2020. 8. 5.〉

"나는 교육대상자로서 긍지를 가지고 제반규정을 지키며, 교정시설 내 교육을 성실히 이수할 것을 선서합니다."

[제목개정 2020. 8. 5.]

제103조(교육대상자 선발 등) ① 소장은 각 교육과정의 선정 요건과 수형자의 나이, 학력, 교정성적, 자체 평가시험 성적, 정신자세, 성실성, 교육계획과 시설의 규모, 교육대상인원 등을 고려하여 교육대상자를 선발하거나 추천하여야 한다.

② 소장은 정당한 이유 없이 교육을 기피한 사실이 있거나 자퇴(제적을 포함한다)한 사실이 있는 수형자는 교육대상자로 선발하거나 추천하지 아니할 수 있다.

제104조(교육대상자 관리 등) ① 학과교육대상자의 과정수료 단위는 학년으로 하되, 학기의 구분은 국공립학교의 학기에 준한다. 다만, 독학에 의한 교육은 수업 일수의 제한을 받지 아니한다.

② 소장은 교육을 위하여 필요한 경우에는 외부강사를 초빙할 수 있으며, 카세트 또는 재생전용기기의 사용을 허용할 수 있다.

③ 소장은 교육의 실효성을 확보하기 위하여 교육실을 설치·관리하여야 하며, 교육목적을 위하여 필요한 경우 신체장애를 보완하는 교육용 물품의 사용을 허가하거나 예산의 범위에서 학용품과 응시료를 지원할 수 있다.

제105조(교육 취소 등) ① 소장은 교육대상자가 다음 각 호의 어느 하나에 해당하는 경우에는 교육대상자 선발을 취소할 수 있다. 〈개정 2017. 8. 22.〉

1. 각 교육과정의 관계법령, 학칙, 교육관리지침 등을 위반한 때

2. 학습의욕이 부족하여 구두경고를 하였는데도 개선될 여지가 없거나 수학능력이 현저히 부족하다고 판단되는 때

3. 징벌을 받고 교육 부적격자로 판단되는 때

4. 중대한 질병, 부상, 그 밖의 부득이한 사정으로 교육을 받을 수 없다고 판단되는 때

② 교육과정의 변경은 교육대상자의 선발로 보아 제103조를 준용한다.

③ 소장은 교육대상자에게 질병, 부상, 그 밖의 부득이한 사정이 있는 경우에는 교육과정을 일시 중지할 수 있다.

제106조(이송 등) ① 소장은 특별한 사유가 없으면 교육기간 동안에 교육대상자를 다른 기관으로 이송할 수 없다.

② 교육대상자의 선발이 취소되거나 교육대상자가 교육을 수료하였을 때에는 선발 당시 소속기관으로 이송한다. 다만, 다음 각 호의 어느 하나에 해당하는 경우에는 소속기관으로 이송하지 아니하거나 다른 기관으로 이송할 수 있다.

1. 집행할 형기가 이송 사유가 발생한 날부터 3개월 이내인 때

2. 제105조제1항제3호의 사유로 인하여 교육대상자 선발이 취소된 때

3. 소속기관으로의 이송이 부적당하다고 인정되는 특별한 사유가 있는 때

제107조(작업 등) ① 교육대상자에게는 작업·직업훈련 등을 면제한다.

② 작업·직업훈련 수형자 등도 독학으로 검정고시·학사고시 등에 응시하게 할 수 있다. 이 경우 자체 평가시험 성적 등을 고려해야 한다. 〈개정 2019. 10. 22.〉

제108조(검정고시반 설치 및 운영) ① 소장은 매년 초 다음 각 호의 시험을 준비하는 수형자를 대상으로 검정고시반을 설치·운영할 수 있다. 〈개정 2016. 6. 28.〉

1. 초등학교 졸업학력 검정고시

2. 중학교 졸업학력 검정고시

3. 고등학교 졸업학력 검정고시

② 소장은 교육기간 중에 검정고시에 합격한 교육대상자에 대하여는 해당 교육과정을 조기 수료시키거나 상위 교육과정에 임시 편성시킬 수 있다.

③ 소장은 고등학교 졸업 또는 이와 동등한 수준 이상의 학력이 인정되는 수형자를 대상으로 대학입학시험준비반을 편성·운영할 수 있다.

제109조(방송통신고등학교과정 설치 및 운영) ① 소장은 수형자에게 고등학교 과정의 교육기회를 부여하기 위하여 「초·중등교육법」 제51조에 따른 방송통신고등학교 교육과정을 설치·운영할 수 있다.

② 소장은 중학교 졸업 또는 이와 동등한 수준 이상의 학력이 인정되는 수형자가 제1항의 방송통신고등학교

교육과정을 지원하여 합격한 경우에는 교육대상자로 선발할 수 있다.

③ 소장은 제1항의 방송통신고등학교 교육과정의 입학금, 수업료, 교과용 도서 구입비 등 교육에 필요한 비용을 예산의 범위에서 지원할 수 있다.

제110조(독학에 의한 학위 취득과정 설치 및 운영) ① 소장은 수형자에게 학위취득 기회를 부여하기 위하여 독학에 의한 학사학위 취득과정(이하 "학사고시반 교육"이라 한다)을 설치 · 운영할 수 있다.

② 소장은 다음 각 호의 요건을 갖춘 수형자가 제1항의 학사고시반 교육을 신청하는 경우에는 교육대상자로 선발할 수 있다. 〈개정 2013. 4. 16.〉

1. 고등학교 졸업 또는 이와 동등한 수준 이상의 학력이 인정될 것

2. 교육개시일을 기준으로 형기의 3분의 1(21년 이상의 유기형 또는 무기형의 경우에는 7년)이 지났을 것

3. 집행할 형기가 2년 이상일 것

제111조(방송통신대학과정 설치 및 운영) ① 소장은 대학 과정의 교육기회를 부여하기 위하여 「고등교육법」 제2조에 따른 방송통신대학 교육과정을 설치 · 운영할 수 있다.

② 소장은 제110조제2항 각 호의 요건을 갖춘 개방처우급 · 완화경비처우급 · 일반경비처우급 수형자가 제1항의 방송통신대학 교육과정에 지원하여 합격한 경우에는 교육대상자로 선발할 수 있다. 〈개정 2010. 5. 31.〉

제112조(전문대학 위탁교육과정 설치 및 운영) ① 소장은 전문대학과정의 교육기회를 부여하기 위하여 「고등교육법」 제2조에 따른 전문대학 위탁교육과정을 설치 · 운영할 수 있다.

② 소장은 제110조제2항 각 호의 요건을 갖춘 개방처우급 · 완화경비처우급 · 일반경비처우급 수형자가 제1항의 전문대학 위탁교육과정에 지원하여 합격한 경우에는 교육대상자로 선발할 수 있다. 〈개정 2010. 5. 31.〉

③ 제1항의 전문대학 위탁교육과정의 교과과정, 시험응시 및 학위취득에 관한 세부사항은 위탁자와 수탁자 간의 협약에 따른다.

④ 소장은 제1항부터 제3항까지의 규정에 따른 교육을 위하여 필요한 경우 수형자를 중간처우를 위한 전담교정시설에 수용할 수 있다. 〈신설 2015. 12. 10.〉

제113조(정보화 및 외국어 교육과정 설치 및 운영 등) ① 소장은 수형자에게 지식정보사회에 적응할 수 있는 교육기회를 부여하기 위하여 정보화 교육과정을 설치 · 운영할 수 있다.

② 소장은 개방처우급 · 완화경비처우급 · 일반경비처우급 수형자에게 다문화 시대에 대처할 수 있는 교육기회를 부여하기 위하여 외국어 교육과정을 설치 · 운영할 수 있다. 〈개정 2010. 5. 31.〉

③ 소장은 외국어 교육대상자가 교육실 외에서의 어학학습장비를 이용한 외국어학습을 원하는 경우에는 계호 수준, 독거 여부, 교육 정도 등에 대한 교도관회의(「교도관 직무규칙」 제21조에 따른 교도관회의를 말한다. 이하 같다)의 심의를 거쳐 허가할 수 있다.

④ 소장은 이 규칙에서 정한 교육과정 외에도 법무부장관이 수형자로 하여금 건전한 사회복귀에 필요한 지식과 소양을 습득하게 하기 위하여 정하는 교육과정을 설치 · 운영할 수 있다.

제2절 교화프로그램

제114조(교화프로그램의 종류) 교화프로그램의 종류는 다음 각 호와 같다.

1. 문화프로그램

2. 문제행동예방프로그램

3. 가족관계회복프로그램

4. 교화상담

5. 그 밖에 법무부장관이 정하는 교화프로그램

제115조(문화프로그램) 소장은 수형자의 인성 함양, 자아존중감 회복 등을 위하여 음악, 미술, 독서 등 문화예술과 관련된 다양한 프로그램을 도입하거나 개발하여 운영할 수 있다.

제116조(문제행동예방프로그램) 소장은 수형자의 죄명, 죄질 등을 구분하여 그에 따른 심리측정·평가·진단·치료 등의 문제행동예방프로그램을 도입하거나 개발하여 실시할 수 있다.

제117조(가족관계회복프로그램) ① 소장은 수형자와 그 가족의 관계를 유지·회복하기 위하여 수형자의 가족이 참여하는 각종 프로그램을 운영할 수 있다. 다만, 가족이 없는 수형자의 경우 교화를 위하여 필요하면 결연을 맺었거나 그 밖에 가족에 준하는 사람의 참여를 허가할 수 있다.

② 제1항의 경우 대상 수형자는 교도관회의의 심의를 거쳐 선발하고, 참여인원은 5명 이내의 가족으로 한다. 다만, 특히 필요하다고 인정하는 경우에는 참여인원을 늘릴 수 있다. 〈개정 2017. 8. 22.〉

제118조(교화상담) ① 소장은 수형자의 건전한 가치관 형성, 정서안정, 고충해소 등을 위하여 교화상담을 실시할 수 있다.

② 소장은 제1항의 교화상담을 위하여 교도관이나 제33조의 교정참여인사를 교화상담자로 지정할 수 있으며, 수형자의 안정을 위하여 결연을 주선할 수 있다.

제119조(교화프로그램 운영 방법) ① 소장은 교화프로그램을 운영하는 경우 약물중독·정신질환·신체장애·건강·성별·나이 등 수형자의 개별 특성을 고려하여야 하며, 프로그램의 성격 및 시설 규모와 인원을 고려하여 이송 등의 적절한 조치를 할 수 있다.

② 소장은 교화프로그램을 운영하기 위하여 수형자의 정서적인 안정이 보장될 수 있는 장소를 따로 정하거나 방송설비 및 방송기기를 이용할 수 있다.

③ 소장은 교정정보시스템(교정시설에서 통합적으로 정보를 관리하는 시스템을 말한다)에 교화프로그램의 주요 진행내용을 기록하여 수형자 처우에 활용하여야 하며, 상담내용 등 개인정보가 유출되지 아니하도록 하여야 한다.

④ 교화프로그램 운영에 관하여는 제101조부터 제107조까지의 규정을 준용한다.

제119조의2(전문인력) ① 법무부장관은 교화프로그램의 효과를 높이기 위해 소속 공무원 중에서 법 제64조제2항에 따른 전문인력을 선발 및 양성할 수 있다.

② 제1항에 따른 전문인력 선발 및 양성의 요건, 방법, 그 밖에 필요한 사항은 법무부장관이 정한다.

[본조신설 2024. 2. 8.]

제3장 외부통근작업 및 직업훈련
제1절 외부통근작업

제120조(선정기준) ① 외부기업체에 통근하며 작업하는 수형자는 다음 각 호의 요건을 갖춘 수형자 중에서 선정한다. 〈개정 2010. 5. 31., 2013. 4. 16., 2014. 11. 17., 2020. 8. 5.〉

1. 18세 이상 65세 미만일 것

2. 해당 작업 수행에 건강상 장애가 없을 것

3. 개방처우급·완화경비처우급에 해당할 것

4. 가족·친지 또는 법 제130조의 교정위원(이하 "교정위원"이라 한다) 등과 접견·편지수수·전화통화 등으

로 연락하고 있을 것

5. 집행할 형기가 7년 미만이고 가석방이 제한되지 아니할 것

6. 삭제 〈2013. 4. 16.〉

② 교정시설 안에 설치된 외부기업체의 작업장에 통근하며 작업하는 수형자는 제1항제1호부터 제4호까지의 요건(같은 항 제3호의 요건의 경우에는 일반경비처우급에 해당하는 수형자도 포함한다)을 갖춘 수형자로서 집행할 형기가 10년 미만이거나 형기기산일부터 10년 이상이 지난 수형자 중에서 선정한다. 〈신설 2013. 4. 16., 2014. 11. 17.〉

③ 소장은 제1항 및 제2항에도 불구하고 작업 부과 또는 교화를 위하여 특히 필요하다고 인정하는 경우에는 제1항 및 제2항의 수형자 외의 수형자에 대하여도 외부통근자로 선정할 수 있다. 〈개정 2013. 4. 16.〉

제121조(선정 취소) 소장은 외부통근자가 법령에 위반되는 행위를 하거나 법무부장관 또는 소장이 정하는 지켜야 할 사항을 위반한 경우에는 외부통근자 선정을 취소할 수 있다. 〈개정 2020. 8. 5.〉

제122조(외부통근자 교육) 소장은 외부통근자로 선정된 수형자에 대하여는 자치활동·행동수칙·안전수칙·작업기술 및 현장적응훈련에 대한 교육을 하여야 한다.

제123조(자치활동) 소장은 외부통근자의 사회적응능력을 기르고 원활한 사회복귀를 촉진하기 위하여 필요하다고 인정하는 경우에는 수형자 자치에 의한 활동을 허가할 수 있다.

제2절 직업훈련

제124조(직업훈련 직종 선정 등) ① 직업훈련 직종 선정 및 훈련과정별 인원은 법무부장관의 승인을 받아 소장이 정한다.

② 직업훈련 대상자는 소속기관의 수형자 중에서 소장이 선정한다. 다만, 집체직업훈련(직업훈련 전담 교정시설이나 그 밖에 직업훈련을 실시하기에 적합한 교정시설에 수용하여 실시하는 훈련을 말한다) 대상자는 집체직업훈련을 실시하는 교정시설의 관할 지방교정청장이 선정한다. 〈개정 2010. 5. 31., 2013. 4. 16.〉

제125조(직업훈련 대상자 선정기준) ① 소장은 수형자가 다음 각 호의 요건을 갖춘 경우에는 수형자의 의사, 적성, 나이, 학력 등을 고려하여 직업훈련 대상자로 선정할 수 있다. 〈개정 2013. 4. 16.〉

1. 집행할 형기 중에 해당 훈련과정을 이수할 수 있을 것(기술숙련과정 집체직업훈련 대상자는 제외한다)

2. 직업훈련에 필요한 기본소양을 갖추었다고 인정될 것

3. 해당 과정의 기술이 없거나 재훈련을 희망할 것

4. 석방 후 관련 직종에 취업할 의사가 있을 것

② 소장은 소년수형자의 선도(善導)를 위하여 필요한 경우에는 제1항의 요건을 갖추지 못한 경우에도 직업훈련 대상자로 선정하여 교육할 수 있다. 〈신설 2013. 4. 16.〉

제126조(직업훈련 대상자 선정의 제한) 소장은 제125조에도 불구하고 수형자가 다음 각 호의 어느 하나에 해당하는 경우에는 직업훈련 대상자로 선정해서는 아니 된다. 〈개정 2013. 4. 16.〉

1. 15세 미만인 경우

2. 교육과정을 수행할 문자해독능력 및 강의 이해능력이 부족한 경우

3. 징벌대상행위의 혐의가 있어 조사 중이거나 징벌집행 중인 경우

4. 작업, 교육·교화프로그램 시행으로 인하여 직업훈련의 실시가 곤란하다고 인정되는 경우

5. 질병·신체조건 등으로 인하여 직업훈련을 감당할 수 없다고 인정되는 경우

제127조(직업훈련 대상자 이송) ① 법무부장관은 직업훈련을 위하여 필요한 경우에는 수형자를 다른 교정시설

로 이송할 수 있다.

② 소장은 제1항에 따라 이송된 수형자나 직업훈련 중인 수형자를 다른 교정시설로 이송해서는 아니 된다. 다만, 훈련취소 등 특별한 사유가 있는 경우에는 그러하지 아니하다.

제128조(직업훈련의 보류 및 취소 등) ① 소장은 직업훈련 대상자가 다음 각 호의 어느 하나에 해당하는 경우에는 직업훈련을 보류할 수 있다.

1. 징벌대상행위의 혐의가 있어 조사를 받게 된 경우

2. 심신이 허약하거나 질병 등으로 훈련을 감당할 수 없는 경우

3. 소질 · 적성 · 훈련성적 등을 종합적으로 고려한 결과 직업훈련을 계속할 수 없다고 인정되는 경우

4. 그 밖에 직업훈련을 계속할 수 없다고 인정되는 경우

② 소장은 제1항에 따라 직업훈련이 보류된 수형자가 그 사유가 소멸되면 본래의 과정에 복귀시켜 훈련하여야 한다. 다만, 본래 과정으로 복귀하는 것이 부적당하다고 인정하는 경우에는 해당 훈련을 취소할 수 있다.

제4장 귀휴

제1절 통칙

제129조(귀휴 허가) ① 소장은 법 제77조에 따른 귀휴를 허가하는 경우에는 제131조의 귀휴심사위원회의 심사를 거쳐야 한다.

② 소장은 개방처우급 · 완화경비처우급 수형자에게 법 제77조제1항에 따른 귀휴를 허가할 수 있다. 다만, 교화 또는 사회복귀 준비 등을 위하여 특히 필요한 경우에는 일반경비처우급 수형자에게도 이를 허가할 수 있다. 〈개정 2010. 5. 31.〉

③ 법 제77조제1항제4호에 해당하는 귀휴사유는 다음 각 호와 같다. 〈개정 2013. 4. 16., 2014. 11. 17.〉

1. 직계존속, 배우자, 배우자의 직계존속 또는 본인의 회갑일이나 고희일인 때

2. 본인 또는 형제자매의 혼례가 있는 때

3. 직계비속이 입대하거나 해외유학을 위하여 출국하게 된 때

4. 직업훈련을 위하여 필요한 때

5. 「숙련기술장려법」 제20조제2항에 따른 국내기능경기대회의 준비 및 참가를 위하여 필요한 때

6. 출소 전 취업 또는 창업 등 사회복귀 준비를 위하여 필요한 때

7. 입학식 · 졸업식 또는 시상식에 참석하기 위하여 필요한 때

8. 출석수업을 위하여 필요한 때

9. 각종 시험에 응시하기 위하여 필요한 때

10. 그 밖에 가족과의 유대강화 또는 사회적응능력 향상을 위하여 특히 필요한 때

제130조(형기기준 등) ① 법 제77조제1항의 형기를 계산할 때 부정기형은 단기를 기준으로 하고, 2개 이상의 징역 또는 금고의 형을 선고받은 수형자의 경우에는 그 형기를 합산한다. 〈개정 2014. 11. 17.〉

② 법 제77조제1항의 "1년 중 20일 이내의 귀휴" 중 "1년"이란 매년 1월 1일부터 12월 31일까지를 말한다.

제2절 귀휴심사위원회

제131조(설치 및 구성) ① 법 제77조에 따른 수형자의 귀휴허가에 관한 심사를 하기 위하여 교정시설에 귀휴심사위원회(이하 이 절에서 "위원회"라 한다)를 둔다.

② 위원회는 위원장을 포함한 6명 이상 8명 이하의 위원으로 구성한다.

③ 위원장은 소장이 되며, 위원은 소장이 소속기관의 부소장·과장(지소의 경우에는 7급 이상의 교도관) 및 교정에 관한 학식과 경험이 풍부한 외부인사 중에서 임명 또는 위촉한다. 이 경우 외부위원은 2명 이상으로 한다.

제132조(위원장의 직무) ① 위원장은 위원회를 소집하고 위원회의 업무를 총괄한다.

② 위원장이 부득이한 사유로 직무를 수행할 수 없을 때에는 부소장인 위원이 그 직무를 대행하고, 부소장이 없거나 부소장인 위원이 사고가 있는 경우에는 위원장이 미리 지정한 위원이 그 직무를 대행한다.

제133조(회의) ① 위원회의 회의는 위원장이 수형자에게 법 제77조제1항 및 제2항에 따른 귀휴사유가 발생하여 귀휴심사가 필요하다고 인정하는 때에 개최한다.

② 위원회의 회의는 재적위원 과반수의 출석으로 개의하고, 출석위원 과반수의 찬성으로 의결한다.

제134조(심사의 특례) ① 소장은 토요일, 공휴일, 그 밖에 위원회의 소집이 매우 곤란한 때에 법 제77조제2항 제1호의 사유가 발생한 경우에는 제129조제1항에도 불구하고 위원회의 심사를 거치지 아니하고 귀휴를 허가할 수 있다. 다만, 이 경우 다음 각 호에 해당하는 부서의 장의 의견을 들어야 한다.

1. 수용관리를 담당하고 있는 부서

2. 귀휴업무를 담당하고 있는 부서

② 제1항 각 호에 해당하는 부서의 장은 제137조제3항의 서류를 검토하여 그 의견을 지체 없이 소장에게 보고하여야 한다.

제135조(심사사항) 위원회는 귀휴심사대상자(이하 이 절에서 "심사대상자"라 한다)에 대하여 다음 각 호의 사항을 심사해야 한다. 〈개정 2014. 11. 17., 2020. 8. 5.〉

　　1. 수용관계

　　　　가. 건강상태

　　　　나. 징벌유무 등 수용생활 태도

　　　　다. 작업·교육의 근면·성실 정도

　　　　라. 작업장려금 및 보관금

　　　　마. 사회적 처우의 시행 현황

　　　　바. 공범·동종범죄자 또는 심사대상자가 속한 범죄단체 구성원과의 교류 정도

　　2. 범죄관계

　　　　가. 범행 시의 나이

　　　　나. 범죄의 성질 및 동기

　　　　다. 공범관계

　　　　라. 피해의 회복 여부 및 피해자의 감정

　　　　마. 피해자에 대한 보복범죄의 가능성

　　　　바. 범죄에 대한 사회의 감정

　　3. 환경관계

　　　　가. 가족 또는 보호자

　　　　나. 가족과의 결속 정도

　　　　다. 보호자의 생활상태

라. 접견 · 전화통화의 내용 및 횟수

마. 귀휴예정지 및 교통 · 통신 관계

바. 공범 · 동종범죄자 또는 심사대상자가 속한 범죄단체의 활동상태 및 이와 연계한 재범 가능성

제136조(외부위원) ① 외부위원의 임기는 2년으로 하며, 연임할 수 있다.

② 소장은 외부위원이 다음 각 호의 어느 하나에 해당하는 경우에는 해당 위원을 해촉할 수 있다. 〈개정 2016. 6. 28.〉

1. 심신장애로 직무수행이 불가능하거나 현저히 곤란하다고 인정되는 경우

2. 직무와 관련된 비위사실이 있는 경우

3. 직무태만, 품위손상, 그 밖의 사유로 인하여 위원으로 적합하지 아니하다고 인정되는 경우

4. 위원 스스로 직무를 수행하는 것이 곤란하다고 의사를 밝히는 경우

③ 외부위원에게는 예산의 범위에서 수당과 여비를 지급할 수 있다.

제137조(간사) ① 위원회의 사무를 처리하기 위하여 귀휴업무를 담당하는 교도관 중에서 간사 1명을 둔다.

② 간사는 위원장의 명을 받아 위원회의 사무를 처리한다.

③ 간사는 다음 각 호의 서류를 위원회에 제출하여야 한다.

1. 별지 제2호서식의 귀휴심사부

2. 수용기록부

3. 그 밖에 귀휴심사에 필요하다고 인정되는 서류

④ 간사는 별지 제3호서식에 따른 위원회 회의록을 작성하여 유지하여야 한다.

제138조(사실조회 등) ① 소장은 수형자의 귀휴심사에 필요한 경우에는 법 제60조제1항에 따라 사실조회를 할 수 있다.

② 소장은 심사대상자의 보호관계 등을 알아보기 위하여 필요하다고 인정하는 경우에는 그의 가족 또는 보호관계에 있는 사람에게 위원회 회의의 참석을 요청할 수 있다.

제3절 귀휴허가 후 조치

제139조(귀휴허가증 발급 등) 소장은 귀휴를 허가한 때에는 별지 제4호서식의 귀휴허가부에 기록하고 귀휴허가를 받은 수형자(이하 "귀휴자"라 한다)에게 별지 제5호서식의 귀휴허가증을 발급하여야 한다.

제140조(귀휴조건) 귀휴를 허가하는 경우 법 제77조제3항에 따라 붙일 수 있는 조건(이하 "귀휴조건"이라 한다)은 다음 각 호와 같다.

1. 귀휴지 외의 지역 여행 금지

2. 유흥업소, 도박장, 성매매업소 등 건전한 풍속을 해치거나 재범 우려가 있는 장소 출입 금지

3. 피해자 또는 공범 · 동종범죄자 등과의 접촉금지

4. 귀휴지에서 매일 1회 이상 소장에게 전화보고(제141조제1항에 따른 귀휴는 제외한다)

5. 그 밖에 귀휴 중 탈선 방지 또는 귀휴 목적 달성을 위하여 필요한 사항

제141조(동행귀휴 등) ① 소장은 수형자에게 귀휴를 허가한 경우 필요하다고 인정하면 교도관을 동행시킬 수 있다.

② 소장은 귀휴자의 가족 또는 보호관계에 있는 사람으로부터 별지 제6호서식의 보호서약서를 제출받아야 한다. 〈개정 2013. 4. 16.〉

③ 영 제97조제1항에 따라 경찰관서의 장에게 귀휴사실을 통보하는 경우에는 별지 제7호서식에 따른다.

제142조(귀휴비용 등) ① 귀휴자의 여비와 귀휴 중 착용할 복장은 본인이 부담한다.

② 소장은 귀휴자가 신청할 경우 작업장려금의 전부 또는 일부를 귀휴비용으로 사용하게 할 수 있다.

제143조(귀휴조건 위반에 대한 조치) 소장은 귀휴자가 귀휴조건을 위반한 경우에는 법 제78조에 따라 귀휴를 취소하거나 이의 시정을 위하여 필요한 조치를 하여야 한다.

제5장 취업지원협의회 〈개정 2010. 5. 31.〉

제144조(기능) 영 제85조제1항에 따른 수형자 취업지원협의회(이하 이 장에서 "협의회"라 한다)의 기능은 다음 각 호와 같다. 〈개정 2010. 5. 31.〉

1. 수형자 사회복귀 지원 업무에 관한 자문에 대한 조언

2. 수형자 취업·창업 교육

3. 수형자 사회복귀 지원을 위한 지역사회 네트워크 추진

4. 취업 및 창업 지원을 위한 자료제공 및 기술지원

5. 직업적성 및 성격검사 등 각종 검사 및 상담

6. 불우수형자 및 그 가족에 대한 지원 활동

7. 그 밖에 수형자 취업알선 및 창업지원을 위하여 필요한 활동

제145조(구성) ① 협의회는 회장 1명을 포함하여 3명 이상 5명 이하의 내부위원과 10명 이상의 외부위원으로 구성한다. 〈개정 2010. 5. 31.〉

② 협의회의 회장은 소장이 되고, 부회장은 2명을 두되 1명은 소장이 내부위원 중에서 지명하고 1명은 외부위원 중에서 호선(互選)한다.

③ 내부위원은 소장이 지명하는 소속기관의 부소장·과장(지소의 경우에는 7급 이상의 교도관)으로 구성한다.

④ 회장·부회장 외에 협의회 운영을 위하여 기관실정에 적합한 수의 임원을 둘 수 있다.

제146조(외부위원) ① 법무부장관은 협의회의 외부위원을 다음 각 호의 사람 중에서 소장의 추천을 받아 위촉한다. 〈개정 2010. 5. 31., 2013. 4. 16., 2014. 11. 17., 2024. 2. 8.〉

1. 고용노동부 고용센터 등 지역 취업·창업 유관 공공기관의 장 또는 기관 추천자

2. 취업컨설턴트, 창업컨설턴트, 기업체 대표, 시민단체 및 기업연합체의 임직원

3. 변호사, 「고등교육법」에 따른 대학(이하 "대학"이라 한다)에서 법률학을 가르치는 강사 이상의 직에 있는 사람

4. 그 밖에 교정에 관한 학식과 경험이 풍부하고 수형자 사회복귀 지원에 관심이 있는 외부인사

② 외부위원의 임기는 3년으로 하며, 연임할 수 있다.

③ 법무부장관은 외부위원이 다음 각 호의 어느 하나에 해당하는 경우에는 소장의 건의를 받아 해당 위원을 해촉할 수 있다. 〈개정 2016. 6. 28.〉

1. 심신장애로 직무수행이 불가능하거나 현저히 곤란하다고 인정되는 경우

2. 직무와 관련된 비위사실이 있는 경우

3. 직무태만, 품위손상, 그 밖의 사유로 인하여 위원으로 적합하지 아니하다고 인정되는 경우

4. 위원 스스로 직무를 수행하는 것이 곤란하다고 의사를 밝히는 경우

제147조(회장의 직무) ① 회장은 협의회를 소집하고 협의회 업무를 총괄한다.

② 회장이 부득이한 사유로 직무를 수행할 수 없을 때에는 소장이 지정한 부회장이 그 직무를 대행한다.

제148조(회의) ① 협의회의 회의는 반기마다 개최한다. 다만, 다음 각 호의 어느 하나에 해당하는 경우에는 임

시회의를 개최할 수 있다. 〈개정 2010. 5. 31., 2013. 4. 16.〉

1. 수형자의 사회복귀 지원을 위하여 협의가 필요할 때

2. 회장이 필요하다고 인정하는 때

3. 위원 3분의 1 이상의 요구가 있는 때

② 협의회의 회의는 회장이 소집하고 그 의장이 된다.

③ 협의회의 회의는 재적위원 과반수의 출석으로 개의하고, 출석위원 과반수의 찬성으로 의결한다.

제149조(간사) ① 협의회의 사무를 처리하기 위하여 수형자 취업알선 및 창업지원 업무를 전담하는 직원 중에서 간사 1명을 둔다.

② 간사는 별지 제8호서식에 따른 협의회의 회의록을 작성하여 유지하여야 한다.

제4편 사형확정자의 처우

제150조(구분수용 등) ① 사형확정자는 사형집행시설이 설치되어 있는 교정시설에 수용하되, 다음 각 호와 같이 구분하여 수용한다. 다만, 수용관리 또는 처우상 필요한 경우에는 사형집행시설이 설치되지 않은 교정시설에 수용할 수 있다. 〈개정 2024. 2. 8.〉

1. 교도소: 교도소 수용 중 사형이 확정된 사람, 교도소에서 교육·교화프로그램 또는 신청에 따른 작업을 실시할 필요가 있다고 인정되는 사람

2. 구치소: 구치소 수용 중 사형이 확정된 사람, 교도소에서 교육·교화프로그램 또는 신청에 따른 작업을 실시할 필요가 없다고 인정되는 사람

② 사형확정자의 심리적 안정 도모 또는 교정시설의 안전과 질서유지를 위하여 특히 필요하다고 인정하는 경우에는 제1항 각 호에도 불구하고 교도소에 수용할 사형확정자를 구치소에 수용할 수 있고, 구치소에 수용할 사형확정자를 교도소에 수용할 수 있다.

③ 사형확정자와 소년수용자를 같은 교정시설에 수용하는 경우에는 서로 분리하여 수용한다. 〈신설 2024. 2. 8.〉

④ 소장은 사형확정자의 자살·도주 등의 사고를 방지하기 위하여 필요한 경우에는 사형확정자와 미결수용자를 혼거수용할 수 있고, 사형확정자의 교육·교화프로그램, 작업 등의 적절한 처우를 위하여 필요한 경우에는 사형확정자와 수형자를 혼거수용할 수 있다. 〈개정 2024. 2. 8.〉

⑤ 사형확정자의 번호표 및 거실표의 색상은 붉은색으로 한다. 〈개정 2024. 2. 8.〉

제151조(이송) 소장은 사형확정자의 교육·교화프로그램, 작업 등을 위하여 필요하거나 교정시설의 안전과 질서유지를 위하여 특히 필요하다고 인정하는 경우에는 법무부장관의 승인을 받아 사형확정자를 다른 교정시설로 이송할 수 있다.

제152조(상담) ① 소장은 사형확정자의 심리적 안정 및 원만한 수용생활을 위하여 소속 교도관으로 하여금 지속적인 상담을 하게 하여야 한다.

② 제1항의 사형확정자에 대한 상담시기, 상담책임자 지정, 상담결과 처리절차 등에 관하여는 제196조를 준용한다.

제153조(작업) ① 소장은 사형확정자가 작업을 신청하면 교도관회의의 심의를 거쳐 교정시설 안에서 실시하는 작업을 부과할 수 있다. 이 경우 부과하는 작업은 심리적 안정과 원만한 수용생활을 도모하는 데 적합한 것이어야 한다.

② 소장은 작업이 부과된 사형확정자에 대하여 교도관회의의 심의를 거쳐 제150조제5항을 적용하지 아니할 수 있다. 〈개정 2024. 2. 8.〉

③ 소장은 작업이 부과된 사형확정자가 작업의 취소를 요청하면 사형확정자의 의사(意思)·건강, 담당교도관의 의견 등을 고려하여 작업을 취소할 수 있다.

④ 사형확정자에게 작업을 부과하는 경우에는 법 제71조부터 제76조까지의 규정 및 이 규칙 제200조를 준용한다.

제154조(교화프로그램) 소장은 사형확정자에 대하여 심리상담, 종교상담, 심리치료 등의 교화프로그램을 실시하는 경우에는 전문가에 의하여 집중적이고 지속적으로 이루어질 수 있도록 계획을 수립·시행하여야 한다.

제155조(전담교정시설 수용) 사형확정자에 대한 교육·교화프로그램, 작업 등의 처우를 위하여 법무부장관이 정하는 전담교정시설에 수용할 수 있다.

제156조(전화통화) 소장은 사형확정자의 심리적 안정과 원만한 수용생활을 위하여 필요하다고 인정하는 경우에는 월 3회 이내의 범위에서 전화통화를 허가할 수 있다.

제5편 안전과 질서

제1장 교정장비

제1절 통칙

제157조(교정장비의 종류) 교정장비의 종류는 다음 각 호와 같다.

1. 전자장비
2. 보호장비
3. 보안장비
4. 무기

제158조(교정장비의 관리) ① 소장은 교정장비의 보관 및 관리를 위하여 관리책임자와 보조자를 지정한다.

② 제1항의 관리책임자와 보조자는 교정장비가 적정한 상태로 보관·관리될 수 있도록 수시로 점검하는 등 필요한 조치를 하여야 한다.

③ 특정 장소에 고정식으로 설치되는 장비 외의 교정장비는 별도의 장소에 보관·관리하여야 한다.

제159조(교정장비 보유기준 등) 교정장비의 교정시설별 보유기준 및 관리방법 등에 관하여 필요한 사항은 법무부장관이 정한다.

제2절 전자장비

제160조(전자장비의 종류) 교도관이 법 제94조에 따라 수용자 또는 시설을 계호하는 경우 사용할 수 있는 전자장비는 다음 각 호와 같다.

1. 영상정보처리기기: 일정한 공간에 지속적으로 설치되어 사람 또는 사물의 영상 및 이에 따르는 음성·음향 등을 수신하거나 이를 유·무선망을 통하여 전송하는 장치
2. 전자감지기: 일정한 공간에 지속적으로 설치되어 사람 또는 사물의 움직임을 빛·온도·소리·압력 등을 이용하여 감지하고 전송하는 장치
3. 전자경보기: 전자파를 발신하고 추적하는 원리를 이용하여 사람의 위치를 확인하거나 이동경로를 탐지하는 일련의 기계적 장치

4. 물품검색기(고정식 물품검색기와 휴대식 금속탐지기로 구분한다)

5. 증거수집장비: 디지털카메라, 녹음기, 비디오카메라, 음주측정기 등 증거수집에 필요한 장비

6. 그 밖에 법무부장관이 정하는 전자장비

제161조(중앙통제실의 운영) ① 소장은 전자장비의 효율적인 운용을 위하여 각종 전자장비를 통합적으로 관리할 수 있는 시스템이 설치된 중앙통제실을 설치하여 운영한다.

② 소장은 중앙통제실에 대한 외부인의 출입을 제한하여야 한다. 다만, 시찰, 참관, 그 밖에 소장이 특별히 허가한 경우에는 그러하지 아니하다.

③ 전자장비의 통합관리시스템, 중앙통제실의 운영·관리 등에 관하여 필요한 사항은 법무부장관이 정한다.

제162조(영상정보처리기기 설치) ① 영상정보처리기기 카메라는 교정시설의 주벽(周壁)·감시대·울타리·운동장·거실·작업장·접견실·전화실·조사실·진료실·복도·중문, 그 밖에 법 제94조제1항에 따라 전자장비를 이용하여 계호하여야 할 필요가 있는 장소에 설치한다. 〈개정 2013. 4. 16.〉

② 영상정보처리기기 모니터는 중앙통제실, 수용관리팀의 사무실, 그 밖에 교도관이 계호하기에 적정한 장소에 설치한다. 〈개정 2024. 2. 8.〉

③ 거실에 영상정보처리기기 카메라를 설치하는 경우에는 용변을 보는 하반신의 모습이 촬영되지 아니하도록 카메라의 각도를 한정하거나 화장실 차폐시설을 설치하여야 한다.

제163조(거실수용자 계호) ① 교도관이 법 제94조제1항에 따라 거실에 있는 수용자를 계호하는 경우에는 별지 제9호서식의 거실수용자 영상계호부에 피계호자의 인적사항 및 주요 계호내용을 개별적으로 기록하여야 한다. 다만, 중경비시설의 거실에 있는 수용자를 전자장비를 이용하여 계호하는 경우에는 중앙통제실 등에 비치된 현황표에 피계호인원 등 전체 현황만을 기록할 수 있다. 〈개정 2010. 5. 31.〉

② 교도관이 법 제94조제1항에 따라 계호하는 과정에서 수용자의 처우 및 관리에 특히 참고할만한 사항을 알게 된 경우에는 그 요지를 수용기록부에 기록하여 소장에게 지체 없이 보고하여야 한다.

제164조(전자감지기의 설치) 전자감지기는 교정시설의 주벽·울타리, 그 밖에 수용자의 도주 및 외부로부터의 침입을 방지하기 위하여 필요한 장소에 설치한다.

제165조(전자경보기의 사용) 교도관은 외부의료시설 입원, 이송·출정, 그 밖의 사유로 교정시설 밖에서 수용자를 계호하는 경우 보호장비나 수용자의 팔목 등에 전자경보기를 부착하여 사용할 수 있다.

제166조(물품검색기 설치 및 사용) ① 고정식 물품검색기는 정문, 수용동 입구, 작업장 입구, 그 밖에 수용자 또는 교정시설을 출입하는 수용자 외의 사람에 대한 신체·의류·휴대품의 검사가 필요한 장소에 설치한다. 〈개정 2013. 4. 16.〉

② 교도관이 법 제93조제1항에 따라 수용자의 신체·의류·휴대품을 검사하는 경우에는 특별한 사정이 없으면 고정식 물품검색기를 통과하게 한 후 휴대식 금속탐지기 또는 손으로 이를 확인한다.

③ 교도관이 법 제93조제3항에 따라 교정시설을 출입하는 수용자 외의 사람의 의류와 휴대품을 검사하는 경우에는 고정식 물품검색기를 통과하게 하거나 휴대식 금속탐지기로 이를 확인한다.

제167조(증거수집장비의 사용) 교도관은 수용자가 사후에 증명이 필요하다고 인정되는 행위를 하거나 사후 증명이 필요한 상태에 있는 경우 수용자에 대하여 증거수집장비를 사용할 수 있다.

제168조(녹음·녹화 기록물의 관리) 소장은 전자장비로 녹음·녹화된 기록물을 「공공기록물 관리에 관한 법률」에 따라 관리하여야 한다.

제3절 보호장비

제169조(보호장비의 종류) 교도관이 법 제98조제1항에 따라 사용할 수 있는 보호장비는 다음 각 호로 구분한다. 〈개정 2018. 5. 2., 2020. 8. 5.〉

1. 수갑: 양손수갑, 일회용수갑, 한손수갑

2. 머리보호장비

3. 발목보호장비: 양발목보호장비, 한발목보호장비

4. 보호대: 금속보호대, 벨트보호대

5. 보호의자

6. 보호침대

7. 보호복

8. 포승: 일반포승, 벨트형포승, 조끼형포승

제170조(보호장비의 규격) ① 보호장비의 규격은 별표 5와 같다.

② 교도관은 제1항에 따른 보호장비 규격에 맞지 아니한 보호장비를 수용자에게 사용해서는 아니 된다.

제171조(보호장비 사용 명령) 소장은 영 제120조제1항에 따라 보호장비 사용을 명령하거나 승인하는 경우에는 보호장비의 종류 및 사용방법을 구체적으로 지정하여야 하며, 이 규칙에서 정하지 아니한 방법으로 보호장비를 사용하게 해서는 아니 된다.

제172조(수갑의 사용방법) ① 수갑의 사용방법은 다음 각 호와 같다.

1. 법 제97조제1항 각 호의 어느 하나에 해당하는 경우에는 별표 6의 방법으로 할 것

2. 법 제97조제1항제2호부터 제4호까지의 규정의 어느 하나에 해당하는 경우 별표 6의 방법으로는 사용목적을 달성할 수 없다고 인정되면 별표 7의 방법으로 할 것

3. 진료를 받거나 입원 중인 수용자에 대하여 한손수갑을 사용하는 경우에는 별표 8의 방법으로 할 것

② 제1항제1호에 따라 수갑을 사용하는 경우에는 수갑보호기를 함께 사용할 수 있다.

③ 제1항제2호에 따라 별표 7의 방법으로 수갑을 사용하여 그 목적을 달성한 후에는 즉시 별표 6의 방법으로 전환하거나 사용을 중지하여야 한다.

④ 수갑은 구체적 상황에 적합한 종류를 선택하여 사용할 수 있다. 다만, 일회용수갑은 일시적으로 사용하여야 하며, 사용목적을 달성한 후에는 즉시 사용을 중단하거나 다른 보호장비로 교체하여야 한다. 〈개정 2013. 4. 16.〉

제173조(머리보호장비의 사용방법) 머리보호장비는 별표 9의 방법으로 사용하며, 수용자가 머리보호장비를 임의로 해제하지 못하도록 다른 보호장비를 함께 사용할 수 있다.

제174조(발목보호장비의 사용방법) 발목보호장비의 사용방법은 다음 각 호와 같다.

1. 양발목보호장비의 사용은 별표 10의 방법으로 할 것

2. 진료를 받거나 입원 중인 수용자에 대하여 한발목보호장비를 사용하는 경우에는 별표 11의 방법으로 할 것

제175조(보호대의 사용방법) 보호대의 사용방법은 다음 각 호와 같다. 〈개정 2024. 2. 8.〉

1. 금속보호대의 사용은 별표 12의 방법으로 할 것

2. 벨트보호대의 사용은 별표 13의 방법으로 할 것

제176조(보호의자의 사용방법) ① 보호의자는 별표 14의 방법으로 사용하며, 다른 보호장비로는 법 제97조제1항제2호부터 제4호까지의 규정의 어느 하나에 해당하는 행위를 방지하기 어려운 특별한 사정이 있는 경우에만 사용하여야 한다.

② 보호의자는 제184조제2항에 따라 그 사용을 일시 중지하거나 완화하는 경우를 포함하여 8시간을 초과하여 사용할 수 없으며, 사용 중지 후 4시간이 경과하지 아니하면 다시 사용할 수 없다. 〈개정 2013. 4. 16.〉

제177조(보호침대의 사용방법) ① 보호침대는 별표 15의 방법으로 사용하며, 다른 보호장비로는 자살·자해를 방지하기 어려운 특별한 사정이 있는 경우에만 사용하여야 한다.

② 보호침대의 사용에 관하여는 제176조제2항을 준용한다.

제178조(보호복의 사용방법) ① 보호복은 별표 16의 방법으로 사용한다.

② 보호복의 사용에 관하여는 제176조제2항을 준용한다.

제179조(포승의 사용방법) ① 포승의 사용방법은 다음 각 호와 같다. 〈개정 2018. 5. 2., 2020. 8. 5.〉

1. 고령자·환자 등 도주의 위험성이 크지 아니하다고 판단되는 수용자를 개별 호송하는 경우에는 별표 17의 방법으로 할 수 있다.

2. 제1호의 수용자 외의 수용자를 호송하는 경우 또는 법 제97조제1항제2호부터 제4호까지의 규정의 어느하나에 해당하는 경우에는 별표 18(벨트형포승의 경우 별표 18의2, 조끼형포승의 경우별표 18의3)의 방법으로 한다.

3. 법 제97조제1항제2호부터 제4호까지의 규정의 어느 하나에 해당하는 경우 제2호의 방법으로는 사용목적을 달성할 수 없다고 인정되면 별표 19의 방법으로 한다. 이 경우 2개의 포승을 연결하여 사용할 수 있다.

② 제1항제2호에 따라 포승을 사용하여 2명 이상의 수용자를 호송하는 경우에는 수용자 간에 포승을 다음각 호의 구분에 따른 방법으로 연결하여 사용할 수 있다. 〈개정 2019. 10. 22., 2020. 8. 5., 2024. 2. 8.〉

1. 별표 18의 방법으로 포승하는 경우: 일반포승 또는 별표 20에 따른 포승연결줄로 연결

2. 별표 18의2의 방법으로 포승하는 경우: 별표 20에 따른 포승연결줄로 연결

3. 별표 18의3의 방법으로 포승하는 경우: 별표 20에 따른 포승연결줄로 연결

③ 삭제 〈2018. 5. 2.〉

제180조(둘 이상의 보호장비 사용) 하나의 보호장비로 사용목적을 달성할 수 없는 경우에는 둘 이상의 보호장비를 사용할 수 있다. 다만, 다음 각 호의 어느 하나에 해당하는 경우에는 다른 보호장비와 같이 사용할 수 없다.

1. 보호의자를 사용하는 경우

2. 보호침대를 사용하는 경우

제181조(보호장비 사용의 기록) 교도관은 법 제97조제1항에 따라 보호장비를 사용하는 경우에는 별지 제10호서식의 보호장비 사용 심사부에 기록해야 한다. 다만, 법 제97조제1항제1호에 따라 보호장비를 사용하거나같은 항 제2호부터 제4호까지의 규정에 따라 양손수갑을 사용하는 경우에는 호송계획서나 수용기록부의 내용 등으로 그 기록을 갈음할 수 있다. 〈개정 2024. 2. 8.〉

제182조(의무관의 건강확인) 의무관은 법 제97조제3항에 따라 보호장비 착용 수용자의 건강상태를 확인한 결과 특이사항을 발견한 경우에는 별지 제10호 서식의 보호장비 사용 심사부에 기록하여야 한다.

제183조(보호장비의 계속사용) ① 소장은 보호장비를 착용 중인 수용자에 대하여 별지 제10호 서식의 보호장비 사용 심사부 및 별지 제11호 서식의 보호장비 착용자 관찰부 등의 기록과 관계직원의 의견 등을 토대로보호장비의 계속사용 여부를 매일 심사하여야 한다.

② 소장은 영 제121조에 따라 의무관 또는 의료관계 직원으로부터 보호장비의 사용 중지 의견을 보고받았음에도 불구하고 해당 수용자에 대하여 보호장비를 계속하여 사용할 필요가 있는 경우에는 의무관 또는 의료관계직원에게 건강유지에 필요한 조치를 취할 것을 명하고 보호장비를 사용할 수 있다. 이 경우 소장은 별지 제10호

서식의 보호장비 사용 심사부에 보호장비를 계속 사용할 필요가 있다고 판단하는 근거를 기록하여야 한다.

제184조(보호장비 사용의 중단) ① 교도관은 법 제97조제1항 각 호에 따른 보호장비 사용 사유가 소멸한 경우에는 소장의 허가를 받아 지체 없이 보호장비 사용을 중단하여야 한다. 다만, 소장의 허가를 받을 시간적 여유가 없을 때에는 보호장비 사용을 중단한 후 지체 없이 소장의 승인을 받아야 한다. 〈개정 2013. 4. 16.〉

② 교도관은 보호장비 착용 수용자의 목욕, 식사, 용변, 치료 등을 위하여 필요한 경우에는 보호장비 사용을 일시 중지하거나 완화할 수 있다. 〈개정 2013. 4. 16.〉

[제목개정 2014. 11. 17.]

제185조(보호장비 착용 수용자의 관찰 등) 소장은 제169조제5호부터 제7호까지의 규정에 따른 보호장비를 사용하거나 같은 조 제8호의 보호장비를 별표 19의 방법으로 사용하게 하는 경우에는 교도관으로 하여금 수시로 해당 수용자의 상태를 확인하고 매 시간마다 별지 제11호서식의 보호장비 착용자 관찰부에 기록하게 하여야 한다. 다만, 소장은 보호장비 착용자를 법 제94조에 따라 전자영상장비로 계호할 때에는 별지 제9호서식의 거실수용자 영상계호부에 기록하게 할 수 있다. 〈개정 2013. 4. 16.〉

제4절 보안장비

제186조(보안장비의 종류) 교도관이 법 제100조에 따라 강제력을 행사하는 경우 사용할 수 있는 보안장비는 다음 각 호와 같다. 〈개정 2014. 11. 17.〉

1. 교도봉(접이식을 포함한다. 이하 같다)

2. 전기교도봉

3. 가스분사기

4. 가스총(고무탄 발사겸용을 포함한다. 이하 같다)

5. 최루탄: 투척용, 발사용(그 발사장치를 포함한다. 이하 같다)

6. 전자충격기

7. 그 밖에 법무부장관이 정하는 보안장비

제187조(보안장비의 종류별 사용요건) ① 교도관이 수용자에 대하여 사용할 수 있는 보안장비의 종류별 사용요건은 다음 각 호와 같다. 〈개정 2014. 11. 17.〉

1. 교도봉 · 가스분사기 · 가스총 · 최루탄: 법 제100조제1항 각 호의 어느 하나에 해당하는 경우

2. 전기교도봉 · 전자충격기: 법 제100조제1항 각 호의 어느 하나에 해당하는 경우로서 상황이 긴급하여 제1호의 장비만으로는 그 목적을 달성할 수 없는 때

② 교도관이 수용자 외의 사람에 대하여 사용할 수 있는 보안장비의 종류별 사용요건은 다음 각 호와 같다. 〈개정 2014. 11. 17.〉

1. 교도봉 · 가스분사기 · 가스총 · 최루탄: 법 제100조제2항 각 호의 어느 하나에 해당하는 경우

2. 전기교도봉 · 전자충격기: 법 제100조제2항 각 호의 어느 하나에 해당하는 경우로서 상황이 긴급하여 제1호의 장비만으로는 그 목적을 달성할 수 없는 때

③ 제186조제7호에 해당하는 보안장비의 사용은 법무부장관이 정하는 바에 따른다.

제188조(보안장비의 종류별 사용기준) 보안장비의 종류별 사용기준은 다음 각 호와 같다.

1. 교도봉 · 전기교도봉: 얼굴이나 머리부분에 사용해서는 아니 되며, 전기교도봉은 타격 즉시 떼어야 함

2. 가스분사기 · 가스총: 1미터 이내의 거리에서는 상대방의 얼굴을 향하여 발사해서는 안됨

3. 최루탄: 투척용 최루탄은 근거리용으로 사용하고, 발사용 최루탄은 50미터 이상의 원거리에서 사용하되, 30도 이상의 발사각을 유지하여야 함

4. 전자충격기: 전극침 발사장치가 있는 전자충격기를 사용할 경우 전극침을 상대방의 얼굴을 향해 발사해서는 안됨

제5절 무기

제189조(무기의 종류) 교도관이 법 제101조에 따라 사용할 수 있는 무기의 종류는 다음 각 호와 같다. 〈개정 2014. 11. 17.〉

1. 권총

2. 소총

3. 기관총

4. 그 밖에 법무부장관이 정하는 무기

제190조(무기의 종류별 사용요건) ① 교도관이 수용자에 대하여 사용할 수 있는 무기의 종류별 사용요건은 다음 각 호와 같다. 〈개정 2014. 11. 17.〉

1. 권총·소총: 법 제101조제1항 각 호의 어느 하나에 해당하는 경우

2. 기관총: 법 제101조제1항제3호에 해당하는 경우

② 교도관이 수용자 외의 사람에 대하여 사용할 수 있는 무기의 종류별 사용요건은 다음 각 호와 같다. 〈개정 2014. 11. 17.〉

1. 권총·소총: 법 제101조제2항에 해당하는 경우

2. 기관총: 법 제101조제2항에 해당하는 경우로서 제1호의 무기만으로는 그 목적을 달성할 수 없다고 인정하는 경우

③ 제189조제4호에 해당하는 무기의 사용은 법무부장관이 정하는 바에 따른다.

제191조(기관총의 설치) 기관총은 대공초소 또는 집중사격이 가장 용이한 장소에 설치하고, 유사 시 즉시 사용할 수 있도록 충분한 인원의 사수(射手)·부사수·탄약수를 미리 지정하여야 한다.

제192조(총기의 사용절차) 교도관이 총기를 사용하는 경우에는 구두경고, 공포탄 발사, 위협사격, 조준사격의 순서에 따라야 한다. 다만, 상황이 긴급하여 시간적 여유가 없을 때에는 예외로 한다. 〈개정 2014. 11. 17.〉

제193조(총기 교육 등) ① 소장은 소속 교도관에 대하여 연 1회 이상 총기의 조작·정비·사용에 관한 교육을 한다.

② 제1항의 교육을 받지 아니하였거나 총기 조작이 미숙한 사람, 그 밖에 총기휴대가 부적당하다고 인정되는 사람에 대하여는 총기휴대를 금지하고 별지 제12호서식의 총기휴대 금지자 명부에 그 명단을 기록한 후 총기를 지급할 때마다 대조·확인하여야 한다.

③ 제2항의 총기휴대 금지자에 대하여 금지사유가 소멸한 경우에는 그 사유를 제2항에 따른 총기휴대 금지자 명부에 기록하고 총기휴대금지를 해제하여야 한다.

제2장 엄중관리
제1절 통칙

제194조(엄중관리대상자의 구분) 법 제104조에 따라 교정시설의 안전과 질서유지를 위하여 다른 수용자와의

접촉을 차단하거나 계호를 엄중히 하여야 하는 수용자(이하 이 장에서 "엄중관리대상자"라 한다)는 다음 각 호와 같이 구분한다.

1. 조직폭력수용자(제199조제1항에 따라 지정된 수용자를 말한다. 이하 같다)

2. 마약류수용자(제205조제1항에 따라 지정된 수용자를 말한다. 이하 같다)

3. 관심대상수용자(제211조제1항에 따라 지정된 수용자를 말한다. 이하 같다)

제195조(번호표 등 표시) ① 엄중관리대상자의 번호표 및 거실표의 색상은 다음 각 호와 같이 구분한다.

1. 관심대상수용자: 노란색

2. 조직폭력수용자: 노란색

3. 마약류수용자: 파란색

② 제194조의 엄중관리대상자 구분이 중복되는 수용자의 경우 그 번호표 및 거실표의 색상은 제1항 각 호의 순서에 따른다.

제196조(상담) ① 소장은 엄중관리대상자 중 지속적인 상담이 필요하다고 인정되는 사람에 대하여는 상담책임자를 지정한다.

② 제1항의 상담책임자는 감독교도관 또는 상담 관련 전문교육을 이수한 교도관을 우선하여 지정하여야 하며, 상담대상자는 상담책임자 1명당 10명 이내로 하여야 한다. 〈개정 2013. 4. 16.〉

③ 상담책임자는 해당 엄중관리대상자에 대하여 수시로 개별상담을 함으로써 신속한 고충처리와 원만한 수용생활 지도를 위하여 노력하여야 한다. 〈개정 2013. 4. 16.〉

④ 제3항에 따라 상담책임자가 상담을 하였을 때에는 그 요지와 처리결과 등을 제119조제3항에 따른 교정정보시스템에 입력하여야 한다. 이 경우 엄중관리대상자의 처우를 위하여 필요하면 별지 제13호서식의 엄중관리대상자 상담결과 보고서를 작성하여 소장에게 보고하여야 한다. 〈개정 2013. 4. 16.〉

제197조(작업 부과) 소장은 엄중관리대상자에게 작업을 부과할 때에는 법 제59조제3항에 따른 조사나 검사 등의 결과를 고려하여야 한다.

[전문개정 2013. 4. 16.]

제2절 조직폭력수용자

제198조(지정대상) 조직폭력수용자의 지정대상은 다음 각 호와 같다. 〈개정 2013. 4. 16., 2014. 11. 17.〉

1. 체포영장, 구속영장, 공소장 또는 재판서에 조직폭력사범으로 명시된 수용자

2. 공소장 또는 재판서에 조직폭력사범으로 명시되어 있지는 아니하나 「폭력행위 등 처벌에 관한 법률」 제4조·제5조 또는 「형법」 제114조가 적용된 수용자

3. 공범·피해자 등의 체포영장·구속영장·공소장 또는 재판서에 조직폭력사범으로 명시된 수용자

4. 삭제 〈2013. 4. 16.〉

[제목개정 2014. 11. 17.]

제199조(지정 및 해제) ① 소장은 제198조 각 호의 어느 하나에 해당하는 수용자에 대하여는 조직폭력수용자로 지정한다. 현재의 수용생활 중 집행되었거나 집행할 형이 제198조제1호 또는 제2호에 해당하는 경우에도 또한 같다. 〈개정 2014. 11. 17.〉

② 소장은 제1항에 따라 조직폭력수용자로 지정된 사람에 대하여는 석방할 때까지 지정을 해제할 수 없다. 다만, 공소장 변경 또는 재판 확정에 따라 지정사유가 해소되었다고 인정되는 경우에는 교도관회의의 심의

또는 분류처우위원회의 의결을 거쳐 지정을 해제한다. 〈개정 2014. 11. 17.〉

제200조(수용자를 대표하는 직책 부여 금지) 소장은 조직폭력수용자에게 거실 및 작업장 등의 봉사원, 반장, 조장, 분임장, 그 밖에 수용자를 대표하는 직책을 부여해서는 아니 된다.

제201조(수형자 간 연계활동 차단을 위한 이송) 소장은 조직폭력수형자가 작업장 등에서 다른 수형자와 음성적으로 세력을 형성하는 등 집단화할 우려가 있다고 인정하는 경우에는 법무부장관에게 해당 조직폭력수형자의 이송을 지체 없이 신청하여야 한다.

제202조(처우상 유의사항) 소장은 조직폭력수용자가 다른 사람과 접견할 때에는 외부 폭력조직과의 연계가능성이 높은 점 등을 고려하여 접촉차단시설이 있는 장소에서 하게 하여야 하며, 귀휴나 그 밖의 특별한 이익이 되는 처우를 결정하는 경우에는 해당 처우의 허용 요건에 관한 규정을 엄격히 적용하여야 한다.

제203조(특이사항의 통보) 소장은 조직폭력수용자의 편지 및 접견의 내용 중 특이사항이 있는 경우에는 검찰청, 경찰서 등 관계기관에 통보할 수 있다. 〈개정 2020. 8. 5.〉

제3절 마약류수용자

제204조(지정대상) 마약류수용자의 지정대상은 다음 각 호와 같다. 〈개정 2014. 11. 17.〉

1. 체포영장·구속영장·공소장 또는 재판서에 「마약류관리에 관한 법률」, 「마약류 불법거래방지에 관한 특례법」, 그 밖에 마약류에 관한 형사 법률이 적용된 수용자

2. 제1호에 해당하는 형사 법률을 적용받아 집행유예가 선고되어 그 집행유예 기간 중에 별건으로 수용된 수용자

[제목개정 2014. 11. 17.]

제205조(지정 및 해제) ① 소장은 제204조 각 호의 어느 하나에 해당하는 수용자에 대하여는 마약류수용자로 지정하여야 한다. 현재의 수용생활 중 집행되었거나 집행할 형이 제204조제1호에 해당하는 경우에도 또한 같다.

② 소장은 제1항에 따라 마약류수용자로 지정된 사람에 대하여는 석방할 때까지 지정을 해제할 수 없다. 다만, 다음 각 호의 어느 하나에 해당하는 경우에는 교도관회의의 심의 또는 분류처우위원회의 의결을 거쳐 지정을 해제할 수 있다. 〈개정 2014. 11. 17.〉

1. 공소장 변경 또는 재판 확정에 따라 지정사유가 해소되었다고 인정되는 경우

2. 지정 후 5년이 지난 마약류수용자로서 수용생활태도, 교정성적 등이 양호한 경우. 다만, 마약류에 관한 형사 법률 외의 법률이 같이 적용된 마약류수용자로 한정한다.

제206조(마약반응검사) ① 마약류수용자에 대하여 다량 또는 장기간 복용할 경우 환각증세를 일으킬 수 있는 의약품을 투약할 때에는 특히 유의하여야 한다.

② 소장은 교정시설에 마약류를 반입하는 것을 방지하기 위하여 필요하면 강제에 의하지 아니하는 범위에서 수용자의 소변을 채취하여 마약반응검사를 할 수 있다.

③ 소장은 제2항의 검사 결과 양성반응이 나타난 수용자에 대하여는 관계기관에 혈청검사, 모발검사, 그 밖의 정밀검사를 의뢰하고 그 결과에 따라 적절한 조치를 하여야 한다.

제207조(물품전달 제한) 소장은 수용자 외의 사람이 마약류수용자에게 물품을 건네줄 것을 신청하는 경우에는 마약류 반입 등을 차단하기 위하여 신청을 허가하지 않는다. 다만, 다음 각 호의 어느 하나에 해당하는 물품을 건네줄 것을 신청한 경우에는 예외로 할 수 있다. 〈개정 2020. 8. 5.〉

1. 법무부장관이 정하는 바에 따라 교정시설 안에서 판매되는 물품

2. 그 밖에 마약류 반입을 위한 도구로 이용될 가능성이 없다고 인정되는 물품

[제목개정 2020. 8. 5.]

제208조(보관품 등 수시점검) 담당교도관은 마약류수용자의 보관품 및 지니는 물건의 변동 상황을 수시로 점검하고, 특이사항이 있는 경우에는 감독교도관에게 보고해야 한다. 〈개정 2020. 8. 5.〉

[제목개정 2020. 8. 5.]

제209조(재활교육) ① 소장은 마약류수용자가 마약류 근절(根絕) 의지를 갖고 이를 실천할 수 있도록 해당 교정시설의 여건에 적합한 마약류수용자 재활교육계획을 수립하여 시행하여야 한다.

② 소장은 마약류수용자의 마약류 근절 의지를 북돋울 수 있도록 마약 퇴치 전문강사, 성직자 등과 자매결연을 주선할 수 있다.

제4절 관심대상수용자

제210조(지정대상) 관심대상수용자의 지정대상은 다음 각 호와 같다. 〈개정 2013. 4. 16., 2014. 11. 17.〉

1. 다른 수용자에게 상습적으로 폭력을 행사하는 수용자

2. 교도관을 폭행하거나 협박하여 징벌을 받은 전력(前歷)이 있는 사람으로서 같은 종류의 징벌대상행위를 할 우려가 큰 수용자

3. 수용생활의 편의 등 자신의 요구를 관철할 목적으로 상습적으로 자해를 하거나 각종 이물질을 삼키는 수용자

4. 다른 수용자를 괴롭히거나 세력을 모으는 등 수용질서를 문란하게 하는 조직폭력수용자(조직폭력사범으로 행세하는 경우를 포함한다)

5. 조직폭력수용자로서 무죄 외의 사유로 출소한 후 5년 이내에 교정시설에 다시 수용된 사람

6. 상습적으로 교정시설의 설비·기구 등을 파손하거나 소란행위를 하여 공무집행을 방해하는 수용자

7. 도주(음모, 예비 또는 미수에 그친 경우를 포함한다)한 전력이 있는 사람으로서 도주의 우려가 있는 수용자

8. 중형선고 등에 따른 심적 불안으로 수용생활에 적응하기 곤란하다고 인정되는 수용자

9. 자살을 기도한 전력이 있는 사람으로서 자살할 우려가 있는 수용자

10. 사회적 물의를 일으킨 사람으로서 죄책감 등으로 인하여 자살 등 교정사고를 일으킬 우려가 큰 수용자

11. 징벌집행이 종료된 날부터 1년 이내에 다시 징벌을 받는 등 규율 위반의 상습성이 인정되는 수용자

12. 상습적으로 법령에 위반하여 연락을 하거나 금지물품을 반입하는 등의 방법으로 부조리를 기도하는 수용자

13. 그 밖에 교정시설의 안전과 질서유지를 위하여 엄중한 관리가 필요하다고 인정되는 수용자

[제목개정 2014. 11. 17.]

제211조(지정 및 해제) ① 소장은 제210조 각 호의 어느 하나에 해당하는 수용자에 대하여는 분류처우위원회의 의결을 거쳐 관심대상수용자로 지정한다. 다만, 미결수용자 등 분류처우위원회의 의결 대상자가 아닌 경우에도 관심대상수용자로 지정할 필요가 있다고 인정되는 수용자에 대하여는 교도관회의의 심의를 거쳐 관심대상수용자로 지정할 수 있다. 〈개정 2013. 4. 16., 2014. 11. 17.〉

② 소장은 관심대상수용자의 수용생활태도 등이 양호하고 지정사유가 해소되었다고 인정하는 경우에는 제1항의 절차에 따라 그 지정을 해제한다. 〈개정 2013. 4. 16., 2016. 6. 28.〉

③ 제1항 및 제2항에 따라 관심대상수용자로 지정하거나 지정을 해제하는 경우에는 담당교도관 또는 감독교도관의 의견을 고려하여야 한다.

제212조 삭제 〈2010. 5. 31.〉

제213조(수용동 및 작업장 계호 배치) 소장은 다수의 관심대상수용자가 수용되어 있는 수용동 및 작업장에는 사명감이 투철한 교도관을 엄선하여 배치하여야 한다. 〈개정 2013. 4. 16.〉

[제목개정 2013. 4. 16.]

제3장 상벌 〈개정 2013. 4. 16.〉

제214조(규율) 수용자는 다음 각 호에 해당하는 행위를 해서는 안 된다. 〈개정 2014. 11. 17., 2017. 8. 22., 2020. 8. 5., 2024. 2. 8.〉

1. 교정시설의 안전 또는 질서를 해칠 목적으로 다중(多衆)을 선동하는 행위

2. 허가되지 아니한 단체를 조직하거나 그에 가입하는 행위

3. 교정장비, 도주방지시설, 그 밖의 보안시설의 기능을 훼손하는 행위

4. 음란한 행위를 하거나 다른 사람에게 성적(性的) 언동 등으로 성적 수치심 또는 혐오감을 느끼게 하는 행위

5. 다른 사람에게 부당한 금품을 요구하는 행위

5의2. 허가 없이 다른 수용자에게 금품을 교부하거나 수용자 외의 사람을 통하여 다른 수용자에게 금품을 교부하는 행위

6. 작업 · 교육 · 접견 · 집필 · 전화통화 · 운동, 그 밖에 교도관의 직무 또는 다른 수용자의 정상적인 일과 진행을 방해하는 행위

7. 문신을 하거나 이물질을 신체에 삽입하는 등 의료 외의 목적으로 신체를 변형시키는 행위

8. 허가 없이 지정된 장소를 벗어나거나 금지구역에 출입하는 행위

9. 허가 없이 다른 사람과 만나거나 연락하는 행위

10. 수용생활의 편의 등 자신의 요구를 관철할 목적으로 이물질을 삼키는 행위

11. 인원점검을 회피하거나 방해하는 행위

12. 교정시설의 설비나 물품을 고의로 훼손하거나 낭비하는 행위

13. 고의로 수용자의 번호표, 거실표 등을 지정된 위치에 붙이지 아니하거나 그 밖의 방법으로 현황파악을 방해하는 행위

14. 큰 소리를 내거나 시끄럽게 하여 다른 수용자의 평온한 수용생활을 현저히 방해하는 행위

15. 허가 없이 물품을 지니거나 반입 · 제작 · 변조 · 교환 또는 주고받는 행위

16. 도박이나 그 밖에 사행심을 조장하는 놀이나 내기를 하는 행위

17. 지정된 거실에 입실하기를 거부하는 등 정당한 사유 없이 교도관의 직무상 지시나 명령을 따르지 아니하는 행위

18. 공연히 다른 사람을 해할 의사를 표시하는 행위

제214조의2(포상) 법 제106조에 따른 포상기준은 다음 각 호와 같다. 〈개정 2017. 8. 22.〉

1. 법 제106조제1호 및 제2호에 해당하는 경우 소장표창 및 제89조에 따른 가족만남의 집 이용 대상자 선정

2. 법 제106조제3호 및 제4호에 해당하는 경우 소장표창 및 제89조에 따른 가족만남의 날 행사 참여 대상자 선정

[본조신설 2013. 4. 16.]

제215조(징벌 부과기준) 수용자가 징벌대상행위를 한 경우 부과하는 징벌의 기준은 다음 각 호의 구분에 따른다. 〈개정 2010. 5. 31., 2014. 11. 17., 2020. 8. 5., 2024. 2. 8.〉

1. 법 제107조제1호·제4호 및 이 규칙 제214조제1호부터 제3호까지의 규정 중 어느 하나에 해당하는 행위는 21일 이상 30일 이하의 금치(禁置)에 처할 것. 다만, 위반의 정도가 경미한 경우 그 기간의 2분의 1의 범위에서 감경할 수 있다.

2. 법 제107조제5호, 이 규칙 제214조제4호·제5호·제5호의2 및 제6호부터 제8호까지의 규정 중 어느 하나에 해당하는 행위는 다음 각 목의 어느 하나에 처할 것

   가. 16일 이상 20일 이하의 금치. 다만, 위반의 정도가 경미한 경우 그 기간의 2분의 1의 범위에서 감경할 수 있다.

   나. 3개월의 작업장려금 삭감

3. 법 제107조제2호·제3호 및 이 규칙 제214조제9호부터 제14호까지의 규정 중 어느 하나에 해당하는 행위는 다음 각 목의 어느 하나에 처할 것

   가. 10일 이상 15일 이하의 금치

   나. 2개월의 작업장려금 삭감

4. 제214조제15호부터 제18호까지의 규정 중 어느 하나에 해당하는 행위는 다음 각 목의 어느 하나에 처할 것

   가. 9일 이하의 금치

   나. 30일 이내의 실외운동 및 공동행사참가 정지

   다. 30일 이내의 접견·편지수수·집필 및 전화통화 제한

   라. 30일 이내의 텔레비전시청 및 신문열람 제한

   마. 1개월의 작업장려금 삭감

5. 징벌대상행위를 하였으나 그 위반 정도가 경미한 경우에는 제1호부터 제4호까지의 규정에도 불구하고 다음 각 목의 어느 하나에 처할 것

   가. 30일 이내의 접견 제한

   나. 30일 이내의 편지수수 제한

   다. 30일 이내의 집필 제한

   라. 30일 이내의 전화통화 제한

   마. 30일 이내의 작업정지

   바. 30일 이내의 자비구매물품 사용 제한

   사. 30일 이내의 텔레비전 시청 제한

   아. 30일 이내의 신문 열람 제한

   자. 30일 이내의 공동행사 참가 정지

   차. 50시간 이내의 근로봉사

   카. 경고

제215조의2(금치 집행 중 실외운동의 제한) 법 제112조제4항제4호에서 "법무부령으로 정하는 경우"란 다음 각 호와 같다.

1. 다른 사람으로부터 위해를 받을 우려가 있는 경우

2. 위력으로 교도관의 정당한 직무집행을 방해할 우려가 있는 경우

3. 소란행위를 계속하여 다른 수용자의 평온한 수용생활을 방해할 우려가 있는 경우

4. 교정시설의 설비ㆍ기구 등을 손괴할 우려가 있는 경우

[본조신설 2017. 8. 22.]

제216조(징벌부과 시 고려사항) 제215조의 기준에 따라 징벌을 부과하는 경우에는 다음 각 호의 사항을 고려하여야 한다. 〈개정 2018. 12. 28.〉

1. 징벌대상행위를 하였다고 의심할 만한 상당한 이유가 있는 수용자(이하 "징벌대상자"라 한다)의 나이ㆍ성격ㆍ지능ㆍ성장환경ㆍ심리상태 및 건강

2. 징벌대상행위의 동기ㆍ수단 및 결과

3. 자수 등 징벌대상행위 후의 정황

4. 교정성적 또는 그 밖의 수용생활태도

제217조(교사와 방조) ① 다른 수용자를 교사(敎唆)하여 징벌대상행위를 하게 한 수용자에게는 그 징벌대상행위를 한 수용자에게 부과되는 징벌과 같은 징벌을 부과한다.

② 다른 수용자의 징벌대상행위를 방조(幇助)한 수용자에게는 그 징벌대상행위를 한 수용자에게 부과되는 징벌과 같은 징벌을 부과하되, 그 정황을 고려하여 2분의 1까지 감경할 수 있다.

제218조(징벌대상행위의 경합) ① 둘 이상의 징벌대상행위가 경합하는 경우에는 각각의 행위에 해당하는 징벌 중 가장 중한 징벌의 2분의 1까지 가중할 수 있다.

② 제1항의 경우 징벌의 경중(輕重)은 제215조 각 호의 순서에 따른다. 이 경우 같은 조 제2호부터 제5호까지의 경우에는 각 목의 순서에 따른다.

제219조(조사 시 지켜야 할 사항) 징벌대상행위에 대하여 조사하는 교도관이 징벌대상자 또는 참고인 등을 조사할 때에는 다음 각 호의 사항을 지켜야 한다. 〈개정 2020. 8. 5.〉

1. 인권침해가 발생하지 아니하도록 유의할 것

2. 조사의 이유를 설명하고, 충분한 진술의 기회를 제공할 것

3. 공정한 절차와 객관적 증거에 따라 조사하고, 선입견이나 추측에 따라 처리하지 아니할 것

4. 형사 법률에 저촉되는 행위에 대하여 징벌 부과 외에 형사입건조치가 요구되는 경우에는 형사소송절차에 따라 조사대상자에게 진술을 거부할 수 있다는 것과 변호인을 선임할 수 있다는 것을 알릴 것

[제목개정 2020. 8. 5.]

제219조의2(징벌대상자에 대한 심리상담) 소장은 특별한 사유가 없으면 교도관으로 하여금 징벌대상자에 대한 심리상담을 하도록 해야 한다.

[본조신설 2018. 12. 28.]

제220조(조사기간) ① 수용자의 징벌대상행위에 대한 조사기간(조사를 시작한 날부터 법 제111조제1항의 징벌위원회의 의결이 있는 날까지를 말한다. 이하 같다)은 10일 이내로 한다. 다만, 특히 필요하다고 인정하는 경우에는 1회에 한하여 7일을 초과하지 아니하는 범위에서 그 기간을 연장할 수 있다.

② 소장은 제1항의 조사기간 중 조사결과에 따라 다음 각 호의 어느 하나에 해당하는 조치를 할 수 있다. 〈개정 2013. 4. 16.〉

1. 법 제111조제1항의 징벌위원회(이하 "징벌위원회"라 한다)로의 회부

2. 징벌대상자에 대한 무혐의 통고

3. 징벌대상자에 대한 훈계

4. 징벌위원회 회부 보류

5. 조사 종결

③ 제1항의 조사기간 중 법 제110조제2항에 따라 징벌대상자에 대하여 처우를 제한하는 경우에는 징벌위원회의 의결을 거쳐 처우를 제한한 기간의 전부 또는 일부를 징벌기간에 포함할 수 있다.

④ 소장은 징벌대상행위가 징벌대상자의 정신병적인 원인에 따른 것으로 의심할 만한 충분한 사유가 있는 경우에는 징벌절차를 진행하기 전에 의사의 진료, 전문가 상담 등 필요한 조치를 하여야 한다.

⑤ 소장은 징벌대상행위에 대한 조사 결과 그 행위가 징벌대상자의 정신병적인 원인에 따른 것이라고 인정하는 경우에는 그 행위를 이유로 징벌위원회에 징벌을 요구할 수 없다.

⑥ 제1항의 조사기간 중 징벌대상자의 생활용품 등의 보관에 대해서는 제232조를 준용한다. 〈신설 2010. 5. 31.〉

제221조(조사의 일시정지) ① 소장은 징벌대상자의 질병이나 그 밖의 특별한 사정으로 인하여 조사를 계속하기 어려운 경우에는 조사를 일시 정지할 수 있다.

② 제1항에 따라 정지된 조사기간은 그 사유가 해소된 때부터 다시 진행한다. 이 경우 조사가 정지된 다음 날부터 정지사유가 소멸한 전날까지의 기간은 조사기간에 포함되지 아니한다.

제222조(징벌대상자 처우제한의 알림) 소장은 법 제110조제2항에 따라 접견·편지수수 또는 전화통화를 제한하는 경우에는 징벌대상자의 가족 등에게 그 사실을 알려야 한다. 다만, 징벌대상자가 알리기를 원하지 않는 경우에는 그렇지 않다. 〈개정 2020. 8. 5.〉

[제목개정 2020. 8. 5.]

제223조(징벌위원회 외부위원) ① 소장은 법 제111조제2항에 따른 징벌위원회의 외부위원을 다음 각 호의 사람 중에서 위촉한다. 〈개정 2014. 11. 17., 2019. 10. 22.〉

1. 변호사

2. 대학에서 법률학을 가르치는 조교수 이상의 직에 있는 사람

3. 교정협의회(교정위원 전원으로 구성된 협의체를 말한다)에서 추천한 사람

4. 그 밖에 교정에 관한 학식과 경험이 풍부한 사람

② 제1항에 따라 위촉된 위원의 임기는 2년으로 하며, 연임할 수 있다.

③ 소장은 외부위원이 다음 각 호의 어느 하나에 해당하는 경우에는 해당 위원을 해촉할 수 있다. 〈개정 2016. 6. 28.〉

1. 심신장애로 직무수행이 불가능하거나 현저히 곤란하다고 인정되는 경우

2. 직무와 관련된 비위사실이 있는 경우

3. 직무태만, 품위 손상, 그 밖의 사유로 인하여 위원으로서 직무를 수행하기 적합하지 아니하다고 인정되는 경우

4. 위원 스스로 직무를 수행하는 것이 곤란하다고 의사를 밝히는 경우

5. 특정 종파나 특정 사상에 편향되어 징벌의 공정성을 해칠 우려가 있는 경우

④ 제1항에 따라 위촉된 위원이 징벌위원회에 참석한 경우에는 예산의 범위에서 수당, 여비, 그 밖에 필요한 경비를 지급할 수 있다.

제224조(징벌위원회 위원장) 법 제111조제2항에서 "소장의 바로 다음 순위자"는 「법무부와 그 소속기관 직제 시행규칙」의 직제순위에 따른다.

제225조(징벌위원회 심의 · 의결대상) 징벌위원회는 다음 각 호의 사항을 심의 · 의결한다.

1. 징벌대상행위의 사실 여부

2. 징벌의 종류와 내용

3. 제220조제3항에 따른 징벌기간 산입

4. 법 제111조제5항에 따른 징벌위원에 대한 기피신청의 심의 · 의결

5. 법 제114조제1항에 따른 징벌집행의 유예여부와 그 기간

6. 그 밖에 징벌내용과 관련된 중요 사항

제226조(징벌의결의 요구) ① 소장이 징벌대상자에 대하여 징벌의결을 요구하는 경우에는 별지 제14호서식의 징벌의결 요구서를 작성하여 징벌위원회에 제출하여야 한다.

② 제1항에 따른 징벌의결 요구서에는 징벌대상행위의 입증에 필요한 관계서류를 첨부할 수 있다.

제227조(징벌대상자에 대한 출석 통지) ① 징벌위원회가 제226조에 따른 징벌의결 요구서를 접수한 경우에는 지체 없이 징벌대상자에게 별지 제15호서식의 출석통지서를 전달하여야 한다.

② 제1항에 따른 출석통지서에는 다음 각 호의 내용이 포함되어야 한다.

1. 혐의사실 요지

2. 출석 장소 및 일시

3. 징벌위원회에 출석하여 자기에게 이익이 되는 사실을 말이나 서면으로 진술할 수 있다는 사실

4. 서면으로 진술하려면 징벌위원회를 개최하기 전까지 진술서를 제출하여야 한다는 사실

5. 증인신청 또는 증거제출을 할 수 있다는 사실

6. 형사절차상 불리하게 적용될 수 있는 사실에 대하여 진술을 거부할 수 있다는 것과 진술하는 경우에는 형사절차상 불리하게 적용될 수 있다는 사실

③ 제1항에 따라 출석통지서를 전달받은 징벌대상자가 징벌위원회에 출석하기를 원하지 아니하는 경우에는 별지 제16호서식의 출석포기서를 징벌위원회에 제출하여야 한다.

제228조(징벌위원회의 회의) ① 징벌위원회는 출석한 징벌대상자를 심문하고, 필요하다고 인정하는 경우에는 교도관이나 다른 수용자 등을 참고인으로 출석하게 하여 심문할 수 있다.

② 징벌위원회는 필요하다고 인정하는 경우 제219조의2에 따라 심리상담을 한 교도관으로 하여금 그 심리상담 결과를 제출하게 하거나 해당 교도관을 징벌위원회에 출석하게 하여 심리상담 결과를 진술하게 할 수 있다. 〈신설 2018. 12. 28.〉

③ 징벌위원회는 징벌대상자에게 제227조제1항에 따른 출석통지서를 전달하였음에도 불구하고 징벌대상자가 같은 조 제3항에 따른 출석포기서를 제출하거나 정당한 사유 없이 출석하지 아니한 경우에는 그 사실을 별지 제17호서식의 징벌위원회 회의록에 기록하고 서면심리만으로 징벌을 의결할 수 있다. 〈개정 2018. 12. 28.〉

④ 징벌위원회는 재적위원 과반수의 출석으로 개의하고, 출석위원 과반수의 찬성으로 의결한다. 이 경우 외부위원 1명 이상이 출석한 경우에만 개의할 수 있다. 〈개정 2014. 11. 17., 2018. 12. 28.〉

⑤ 징벌의 의결은 별지 제18호서식의 징벌의결서에 따른다. 〈개정 2018. 12. 28.〉

⑥ 징벌위원회가 작업장려금 삭감을 의결하려면 사전에 수용자의 작업장려금을 확인하여야 한다. 〈개정 2018. 12. 28.〉

⑦ 징벌위원회의 회의에 참여한 사람은 직무상 알게 된 비밀을 누설하여서는 아니 된다. 〈개정 2018. 12. 28.〉

제229조(집행절차) ① 징벌위원회는 영 제132조에 따라 소장에게 징벌의결 내용을 통고하는 경우에는 징벌의

결서 정본(正本)을 첨부하여야 한다.

② 소장은 징벌을 집행하려면 징벌의결의 내용과 징벌처분에 대한 불복방법 등을 기록한 별지 제19호서식의 징벌집행통지서에 징벌의결서 부본(副本)을 첨부하여 해당 수용자에게 전달하여야 한다.

③ 영 제137조에 따른 징벌집행부는 별지 제19호의2 서식에 따른다. 〈신설 2019. 10. 22.〉

④ 소장은 영 제137조에 따라 수용자의 징벌에 관한 사항을 징벌집행부에 기록한 때에는 그 내용을 제119조 제3항에 따른 교정정보시스템에 입력해야 한다. 〈신설 2019. 10. 22.〉

제230조(징벌의 집행순서) ① 금치와 그 밖의 징벌을 집행할 경우에는 금치를 우선하여 집행한다. 다만, 작업장 려금의 삭감과 경고는 금치와 동시에 집행할 수 있다.

② 같은 종류의 징벌은 그 기간이 긴 것부터 집행한다.

③ 금치를 제외한 두 가지 이상의 징벌을 집행할 경우에는 함께 집행할 수 있다.

④ 두 가지 이상의 금치는 연속하여 집행할 수 없다. 다만, 두 가지 이상의 금치 기간의 합이 45일 이하인 경우에는 그렇지 않다. 〈신설 2024. 2. 8.〉

제231조(징벌의 집행방법) ① 작업장려금의 삭감은 징벌위원회가 해당 징벌을 의결한 날이 속하는 달의 작업 장려금부터 이미 지급된 작업장려금에 대하여 역순으로 집행한다.

② 소장은 금치를 집행하는 경우에는 징벌집행을 위하여 별도로 지정한 거실(이하 "징벌거실"이라 한다)에 해당 수용자를 수용하여야 한다.

③ 소장은 금치 외의 징벌을 집행하는 경우 그 징벌의 목적을 달성하기 위하여 필요하다고 인정하면 해당 수용자를 징벌거실에 수용할 수 있다.

④ 소장은 징벌집행을 받고 있거나 집행을 앞둔 수용자가 같은 행위로 형사 법률에 따른 처벌이 확정되어 징벌을 집행할 필요가 없다고 인정하면 징벌집행을 감경하거나 면제할 수 있다.

제232조(금치 집행 중 생활용품 등의 별도 보관) 소장은 금치 중인 수용자가 생활용품 등으로 자살·자해할 우려가 있거나 교정시설의 안전과 질서를 해칠 우려가 있는 경우에는 그 물품을 따로 보관하고 필요한 경우에만 이를 사용하게 할 수 있다.

제233조(징벌집행 중인 수용자의 심리상담 등) ① 소장은 징벌집행 중인 수용자의 심리적 안정과 징벌대상행위의 재발방지를 위해서 교도관으로 하여금 징벌집행 중인 수용자에 대한 심리상담을 하게 해야 한다.

② 소장은 징벌대상행위의 재발방지에 도움이 된다고 인정하는 경우에는 징벌집행 중인 수용자가 교정위원, 자원봉사자 등 전문가의 상담을 받게 할 수 있다.

[전문개정 2018. 12. 28.]

제234조(징벌의 실효) ① 법 제115조제1항에서 "법무부령으로 정하는 기간"이란 다음 각 호와 같다. 〈개정 2013. 4. 16.〉

1. 제215조제1호부터 제4호까지의 징벌 중 금치의 경우에는 다음 각 목의 기간

가. 21일 이상 30일 이하의 금치: 2년 6개월

나. 16일 이상 20일 이하의 금치: 2년

다. 10일 이상 15일 이하의 금치: 1년 6개월

라. 9일 이하의 금치: 1년

2. 제215조제2호에 해당하는 금치 외의 징벌: 2년

3. 제215조제3호에 해당하는 금치 외의 징벌: 1년 6개월

4. 제215조제4호에 해당하는 금치 외의 징벌: 1년

5. 제215조제5호에 해당하는 징벌: 6개월

② 소장은 법 제115조제1항·제2항에 따라 징벌을 실효시킬 필요가 있으면 징벌실효기간이 지나거나 분류처우위원회의 의결을 거친 후에 지체 없이 법무부장관에게 그 승인을 신청하여야 한다.

③ 소장은 법 제115조에 따라 실효된 징벌을 이유로 그 수용자에게 처우상 불이익을 주어서는 아니 된다.

제235조 삭제 〈2020. 8. 5.〉

제6편 수용의 종료 〈개정 2020. 8. 5.〉

제1장 가석방 〈개정 2020. 8. 5.〉

제1절 가석방심사위원회 〈신설 2020. 8. 5.〉

제236조(심사대상) 법 제119조의 가석방심사위원회(이하 이 편에서 "위원회"라 한다)는 법 제121조에 따른 가석방 적격 여부 및 이 규칙 제262조에 따른 가석방 취소 등에 관한 사항을 심사한다.

제237조(심사의 기본원칙) ① 가석방심사는 객관적 자료와 기준에 따라 공정하게 하여야 하며, 심사 과정에서 알게 된 비밀은 누설해서는 아니 된다.

② 삭제 〈2013. 4. 16.〉

제238조(위원장의 직무) ① 위원장은 위원회를 소집하고 위원회의 업무를 총괄한다.

② 위원장이 부득이한 사정으로 직무를 수행할 수 없을 때에는 위원장이 미리 지정한 위원이 그 직무를 대행한다.

제239조(위원의 임명 또는 위촉) 법무부장관은 다음 각 호의 사람 중에서 위원회의 위원을 임명하거나 위촉한다.

1. 법무부 검찰국장·범죄예방정책국장 및 교정본부장

2. 고등법원 부장판사급 판사, 변호사, 대학에서 교정학·형사정책학·범죄학·심리학·교육학 등 교정에 관한 전문분야를 가르치는 부교수 이상의 직에 있는 사람

3. 그 밖에 교정에 관한 학식과 경험이 풍부한 사람

제239조의2(위원의 해촉) 법무부장관은 위원회의 위원이 다음 각 호의 어느 하나에 해당하는 경우에는 해당 위원을 해촉할 수 있다.

1. 심신장애로 직무수행이 불가능하거나 현저히 곤란하다고 인정되는 경우

2. 직무와 관련된 비위사실이 있는 경우

3. 직무태만, 품위손상, 그 밖의 사유로 인하여 위원으로 적합하지 아니하다고 인정되는 경우

4. 위원 스스로 직무를 수행하는 것이 곤란하다고 의사를 밝히는 경우

[본조신설 2016. 6. 28.]

제240조(위원의 임기) 제239조제2호 및 제3호의 위원의 임기는 2년으로 하며, 한 차례만 연임할 수 있다. 〈개정 2016. 6. 28.〉

제241조(간사와 서기) ① 위원장은 위원회의 사무를 처리하기 위하여 소속 공무원 중에서 간사 1명과 서기 약간 명을 임명한다.

② 간사는 위원장의 명을 받아 위원회의 사무를 처리하고 회의에 참석하여 발언할 수 있다.

③ 서기는 간사를 보조한다.

제242조(회의) ① 위원회의 회의는 재적위원 과반수의 출석으로 개의하고, 출석위원 과반수의 찬성으로 의결한다.

② 간사는 위원회의 결정에 대하여 결정서를 작성하여야 한다.

제243조(회의록의 작성) ① 간사는 별지 제20호서식의 가석방심사위원회 회의록을 작성하여 유지하여야 한다.

② 회의록에는 회의의 내용을 기록하고 위원장 및 간사가 기명날인 또는 서명하여야 한다. 〈개정 2013. 4. 16.〉

제244조(수당 등) 위원회의 회의에 출석한 위원에게는 예산의 범위에서 수당과 여비를 지급할 수 있다.

제2절 가석방 적격심사신청 〈신설 2020. 8. 5.〉

제245조(적격심사신청 대상자 선정) ① 소장은 「형법」 제72조제1항의 기간을 경과한 수형자로서 교정성적이 우수하고 뉘우치는 빛이 뚜렷하여 재범의 위험성이 없다고 인정하는 경우에는 분류처우위원회의 의결을 거쳐 가석방 적격심사신청 대상자를 선정한다. 〈개정 2010. 5. 31.〉

② 소장은 가석방 적격심사신청에 필요하다고 인정하면 분류처우위원회에 수형자를 출석하게 하여 진술하도록 하거나 담당교도관을 출석하게 하여 의견을 들을 수 있다. 〈개정 2010. 5. 31., 2024. 2. 8.〉

[제목개정 2010. 5. 31.]

제246조(사전조사) 소장은 수형자의 가석방 적격심사신청을 위하여 다음 각 호의 사항을 사전에 조사해야 한다. 이 경우 조사의 방법에 관하여는 제70조를 준용한다. 〈개정 2010. 5. 31., 2020. 8. 5., 2024. 2. 8.〉

1. 신원에 관한 사항
   가. 건강상태
   나. 정신 및 심리 상태
   다. 책임감 및 협동심
   라. 경력 및 교육 정도
   마. 노동 능력 및 의욕
   바. 교정성적
   사. 작업장려금 및 작업상태
   아. 그 밖의 참고사항
2. 범죄에 관한 사항
   가. 범행 시의 나이
   나. 형기
   다. 범죄횟수
   라. 범죄의 성질·동기·수단 및 내용
   마. 범죄 후의 정황
   바. 공범관계
   사. 피해 회복 여부
   아. 범죄에 대한 사회의 감정
   자. 그 밖의 참고사항
3. 보호에 관한 사항
   가. 동거할 친족·보호자 및 고용할 자의 성명·직장명·나이·직업·주소·생활 정도 및 수형자와의 관계
   나. 가정환경
   다. 접견 및 전화통화 내역

      라. 가족의 수형자에 대한 태도·감정

      마. 석방 후 돌아갈 곳

      바. 석방 후의 생활계획

      사. 그 밖의 참고사항

제247조(사전조사 유의사항) 제246조에 따른 사전조사 중 가석방 적격심사신청과 관련하여 특히 피해자의 감정 및 합의여부, 출소 시 피해자에 대한 보복성 범죄 가능성 등에 유의하여야 한다. 〈개정 2010. 5. 31.〉

제248조(사전조사 결과) ① 소장은 제246조에 따라 조사한 사항을 매월 분류처우위원회의 회의 개최일 전날까지 분류처우심사표에 기록하여야 한다.

② 제1항의 분류처우심사표는 법무부장관이 정한다.

제249조(사전조사 시기 등) ① 제246조제1호의 사항에 대한 조사는 수형자를 수용한 날부터 1개월 이내에 하고, 그 후 변경할 필요가 있는 사항이 발견되거나 가석방 적격심사신청을 위하여 필요한 경우에 한다. 〈개정 2010. 5. 31.〉

② 제246조제2호의 사항에 대한 조사는 수형자를 수용한 날부터 2개월 이내에 하고, 조사에 필요하다고 인정하는 경우에는 소송기록을 열람할 수 있다.

③ 제246조제3호의 사항에 대한 조사는 형기의 3분의 1이 지나기 전에 하여야 하고, 그 후 변경된 사항이 있는 경우에는 지체 없이 그 내용을 변경하여야 한다.

제250조(적격심사신청) ① 소장은 법 제121조제1항에 따라 가석방 적격심사를 신청할 때에는 별지 제21호서식의 가석방 적격심사신청서에 별지 제22호서식의 가석방 적격심사 및 신상조사표를 첨부하여야 한다. 〈개정 2010. 5. 31.〉

② 소장은 가석방 적격심사신청 대상자를 선정한 경우 선정된 날부터 5일 이내에 위원회에 가석방 적격심사신청을 하여야 한다. 〈개정 2010. 5. 31.〉

③ 소장은 위원회에 적격심사신청한 사실을 수형자의 동의를 받아 보호자 등에게 알릴 수 있다. 〈개정 2010. 5. 31.〉

[제목개정 2010. 5. 31.]

제251조(재신청) 소장은 가석방이 허가되지 아니한 수형자에 대하여 그 후에 가석방을 허가하는 것이 적당하다고 인정하는 경우에는 다시 가석방 적격심사신청을 할 수 있다. 〈개정 2010. 5. 31.〉

      제3절 가석방 적격심사 〈신설 2020. 8. 5.〉

제252조(누범자에 대한 심사) 위원회가 동일하거나 유사한 죄로 2회 이상 징역형 또는 금고형의 집행을 받은 수형자에 대하여 적격심사할 때에는 뉘우치는 정도, 노동 능력 및 의욕, 근면성, 그 밖에 정상적인 업무에 취업할 수 있는 생활계획과 보호관계에 관하여 중점적으로 심사하여야 한다. 〈개정 2010. 5. 31.〉

제253조(범죄동기에 대한 심사) ① 위원회가 범죄의 동기에 관하여 심사할 때에는 사회의 통념 및 공익 등에 비추어 정상을 참작할 만한 사유가 있는지를 심사하여야 한다.

② 범죄의 동기가 군중의 암시 또는 도발, 감독관계에 의한 위협, 그 밖에 이와 유사한 사유로 인한 것일 때에는 특히 수형자의 성격 또는 환경의 변화에 유의하고 가석방 후의 환경이 가석방처분을 받은 사람(「보호관찰 등에 관한 법률」에 따른 보호관찰대상자는 제외한다. 이하 "가석방자"라 한다)에게 미칠 영향을 심사하여야 한다.

제254조(사회의 감정에 대한 심사) 다음 각 호에 해당하는 수형자에 대하여 적격심사할 때에는 특히 그 범죄에 대한 사회의 감정에 유의하여야 한다. 〈개정 2010. 5. 31.〉

1. 범죄의 수단이 참혹 또는 교활하거나 극심한 위해(危害)를 발생시킨 경우

2. 해당 범죄로 무기형에 처해진 경우

3. 그 밖에 사회적 물의를 일으킨 죄를 지은 경우

제255조(재산범에 대한 심사) ① 재산에 관한 죄를 지은 수형자에 대하여는 특히 그 범행으로 인하여 발생한 손해의 배상 여부 또는 손해를 경감하기 위한 노력 여부를 심사하여야 한다.

② 수형자 외의 사람이 피해자의 손해를 배상한 경우에는 그 배상이 수형자 본인의 희망에 따른 것인지를 심사하여야 한다.

제255조의2(심층면접) ① 위원회는 가석방 적격심사에 특히 필요하다고 인정하면 심층면접(수형자 면담·심리검사, 수형자의 가족 또는 보호관계에 있는 사람 등에 대한 방문조사 등을 통해 재범의 위험성, 사회복귀 준비 상태 등을 파악하는 것을 말한다. 이하 이 조에서 같다)을 실시할 수 있다.

② 심층면접의 방법, 절차, 그 밖에 필요한 사항은 법무부장관이 정한다.

[본조신설 2024. 2. 8.]

제256조(관계기관 조회) ① 위원회는 가석방 적격심사에 필요하다고 인정하면 수형자의 주소지 또는 연고지 등을 관할하는 시·군·구·경찰서, 그 밖에 학교·직업알선기관·보호단체·종교단체 등 관계기관에 사실조회를 할 수 있다. 〈개정 2010. 5. 31.〉

② 위원회는 가석방 적격심사를 위하여 필요하다고 인정하면 위원이 아닌 판사·검사 또는 군법무관에게 의견을 묻거나 위원회에 참여시킬 수 있다. 〈개정 2010. 5. 31.〉

제257조(감정의 촉탁) ① 위원회는 가석방 적격심사를 위하여 필요하다고 인정하면 심리학·정신의학·사회학 또는 교육학을 전공한 전문가에게 수형자의 정신상태 등 특정 사항에 대한 감정을 촉탁할 수 있다. 〈개정 2010. 5. 31.〉

② 제1항에 따른 촉탁을 받은 사람은 소장의 허가를 받아 수형자와 접견할 수 있다.

제258조(가석방 결정) 위원회가 법 제121조제2항에 따라 가석방의 적격 여부에 대한 결정을 한 경우에는 별지 제23호서식의 결정서를 작성하여야 한다. 〈개정 2010. 5. 31.〉

제259조(가석방증) 소장은 수형자의 가석방이 허가된 경우에는 주거지, 관할 경찰서 또는 보호관찰소에 출석할 기한 등을 기록한 별지 제24호서식의 가석방증을 가석방자에게 발급하여야 한다.

제4절 가석방의 취소 〈신설 2020. 8. 5.〉

제260조(취소사유) 가석방자는 가석방 기간 중 「가석방자관리규정」 제5조부터 제7조까지, 제10조, 제13조제1항, 제15조 및 제16조에 따른 지켜야 할 사항 및 관할 경찰서장의 명령 또는 조치를 따라야 하며 이를 위반하는 경우에는 「형법」 제75조에 따라 가석방을 취소할 수 있다. 〈개정 2018. 12. 28., 2020. 8. 5.〉

제261조(취소신청) ① 수형자를 가석방한 소장 또는 가석방자를 수용하고 있는 소장은 가석방자가 제260조의 가석방 취소사유에 해당하는 사실이 있음을 알게 되거나 관할 경찰서장으로부터 그 사실을 통보받은 경우에는 지체 없이 별지 제25호서식의 가석방 취소심사신청서에 별지 제26호서식의 가석방 취소심사 및 조사표를 첨부하여 위원회에 가석방 취소심사를 신청하여야 한다.

② 위원회가 제1항의 신청을 받아 심사를 한 결과 가석방을 취소하는 것이 타당하다고 결정한 경우에는 별지 제23호서식의 결정서에 별지 제26호서식의 가석방 취소심사 및 조사표를 첨부하여 지체 없이 법무부장관에게 가석방의 취소를 신청하여야 한다.

③ 소장은 가석방을 취소하는 것이 타당하다고 인정하는 경우 긴급한 사유가 있을 때에는 위원회의 심사를 거치지 아니하고 전화, 전산망 또는 그 밖의 통신수단으로 법무부장관에게 가석방의 취소를 신청할 수 있다. 이 경우 소장은 지체 없이 별지 제26호서식의 가석방 취소심사 및 조사표를 송부하여야 한다.

제262조(취소심사) ① 위원회가 가석방 취소를 심사하는 경우에는 가석방자가 「가석방자관리규정」등의 법령을 위반하게 된 경위와 그 위반이 사회에 미치는 영향, 가석방 기간 동안의 생활 태도, 직업의 유무와 종류, 생활환경 및 친족과의 관계, 그 밖의 사정을 고려하여야 한다.

② 위원회는 제1항의 심사를 위하여 필요하다고 인정하면 가석방자를 위원회에 출석하게 하여 진술을 들을 수 있다.

제263조(남은 형기의 집행) ① 소장은 가석방이 취소된 경우에는 지체 없이 남은 형기 집행에 필요한 조치를 취하고 법무부장관에게 별지 제27호서식의 가석방취소자 남은 형기 집행보고서를 송부해야 한다. 〈개정 2022. 2. 7.〉

② 소장은 가석방자가 「형법」 제74조에 따라 가석방이 실효된 것을 알게 된 경우에는 지체 없이 남은 형기 집행에 필요한 조치를 취하고 법무부장관에게 별지 제28호서식의 가석방실효자 남은 형기 집행보고서를 송부해야 한다. 〈개정 2022. 2. 7.〉

③ 소장은 가석방이 취소된 사람(이하 "가석방취소자"라 한다) 또는 가석방이 실효된 사람(이하 "가석방실효자"라 한다)이 교정시설에 수용되지 아니한 사실을 알게 된 때에는 관할 지방검찰청 검사 또는 관할 경찰서장에게 구인하도록 의뢰하여야 한다.

④ 제3항에 따라 구인 의뢰를 받은 검사 또는 경찰서장은 즉시 가석방취소자 또는 가석방실효자를 구인하여 소장에게 인계하여야 한다.

⑤ 가석방취소자 및 가석방실효자의 남은 형기 기간은 가석방을 실시한 다음 날부터 원래 형기의 종료일까지로 하고, 남은 형기 집행 기산일은 가석방의 취소 또는 실효로 인하여 교정시설에 수용된 날부터 한다. 〈개정 2022. 2. 7.〉

⑥ 가석방 기간 중 형사사건으로 구속되어 교정시설에 미결수용 중인 자의 가석방 취소 결정으로 남은 형기를 집행하게 된 경우에는 가석방된 형의 집행을 지휘하였던 검찰청 검사에게 남은 형기 집행지휘를 받아 우선 집행해야 한다. 〈개정 2022. 2. 7.〉

[제목개정 2022. 2. 7.]

제2장 석방 〈신설 2020. 8. 5.〉

제263조의2(석방예정자의 수용이력 등 통보) 영 제143조제3항에 따른 석방예정자의 수용이력 통보서의 양식은 별지 제28호의2서식에 따르고, 석방예정자의 사회복귀에 관한 의견 통보서의 양식은 별지 제28호의3서식에 따른다.

[본조신설 2020. 8. 5.]

제3장 사망 〈신설 2020. 8. 5.〉

제263조의3(사망 기록) 영 제148조에 따른 사망장의 양식은 별지 제28호의4서식에 따른다.

[본조신설 2020. 8. 5.]

제7편 교정자문위원회

제264조(기능) 법 제129조제1항의 교정자문위원회(이하 이 편에서 "위원회"라 한다)의 기능은 다음 각 호와 같다. 〈개정 2019. 10. 22., 2022. 2. 7.〉

1. 교정시설의 운영에 관한 자문에 대한 응답 및 조언

2. 수용자의 음식·의복·의료·교육 등 처우에 관한 자문에 대한 응답 및 조언

3. 노인·장애인수용자 등의 보호, 성차별 및 성폭력 예방정책에 관한 자문에 대한 응답 및 조언

4. 그 밖에 지방교정청장이 자문하는 사항에 대한 응답 및 조언

제265조(구성) ① 위원회에 부위원장을 두며, 위원 중에서 호선한다.

② 위원 중 4명 이상은 여성으로 한다. 〈개정 2019. 10. 22.〉

③ 지방교정청장이 위원을 추천하는 경우에는 별지 제29호서식의 교정자문위원회 위원 추천서를 법무부장관에게 제출하여야 한다. 다만, 재위촉의 경우에는 지방교정청장의 의견서로 추천서를 갈음한다. 〈개정 2019. 10. 22.〉

제266조(임기) ① 위원의 임기는 2년으로 하며, 연임할 수 있다.

② 지방교정청장은 위원의 결원이 생긴 경우에는 결원이 생긴 날부터 30일 이내에 후임자를 법무부장관에게 추천해야 한다. 〈개정 2019. 10. 22.〉

③ 결원이 된 위원의 후임으로 위촉된 위원의 임기는 전임자 임기의 남은 기간으로 한다.

제267조(위원장의 직무) ① 위원장은 위원회를 소집하고 위원회의 업무를 총괄한다.

② 위원장이 부득이한 사유로 직무를 수행할 수 없을 때에는 부위원장이 그 직무를 대행하고, 부위원장도 부득이한 사유로 직무를 수행할 수 없을 때에는 위원장이 미리 지명한 위원이 그 직무를 대행한다.

제268조(회의) ① 위원회의 회의는 위원 과반수의 요청이 있거나 지방교정청장이 필요하다고 인정하는 경우에 개최한다. 〈개정 2013. 4. 16., 2019. 10. 22.〉

② 위원회는 재적위원 과반수의 출석으로 개의하고 출석위원 과반수의 찬성으로 의결한다.

③ 위원회의 회의는 공개하지 아니한다. 다만, 위원회의 의결을 거친 경우에는 공개할 수 있다.

제269조(지켜야 할 사항) ① 위원은 다음 사항을 지켜야 한다. 〈개정 2020. 8. 5.〉

1. 직위를 이용하여 영리 행위를 하거나 업무와 관련하여 금품·접대를 주고받지 아니할 것

2. 자신의 권한을 특정인이나 특정 단체의 이익을 위하여 행사하지 아니할 것

3. 업무 수행 중 알게 된 사실이나 개인 신상에 관한 정보를 누설하거나 개인의 이익을 위하여 이용하지 아니할 것

② 위원은 별지 제30호서식의 서약서에 규정된 바에 따라 제1항의 내용을 지키겠다는 서약을 해야 한다. 〈개정 2020. 8. 5.〉

[제목개정 2020. 8. 5.]

제270조(위원의 해촉) 법무부장관은 외부위원이 다음 각 호의 어느 하나에 해당하는 경우에는 지방교정청장의 건의를 받아 해당 위원을 해촉할 수 있다. 〈개정 2019. 10. 22., 2020. 8. 5.〉

1. 심신장애로 직무수행이 불가능하거나 현저히 곤란하다고 인정되는 경우

2. 직무와 관련된 비위사실이 있는 경우

3. 제269조에 따라 지켜야 할 사항을 위반하였을 경우

4. 직무태만, 품위 손상, 그 밖의 사유로 인하여 위원으로서 직무를 수행하기 적합하지 아니하다고 인정되는 경우

5. 위원 스스로 직무를 수행하는 것이 곤란하다고 의사를 밝히는 경우

[전문개정 2016. 6. 28.]

제271조(간사) ① 위원회의 사무를 처리하기 위하여 위원회에 간사 1명을 둔다. 간사는 해당 지방교정청의 총무과장 또는 6급 이상의 교도관으로 한다. 〈개정 2019. 10. 22.〉

② 간사는 회의에 참석하여 위원회의 심의사항에 대한 설명을 하거나 필요한 발언을 할 수 있으며, 별지 제31호서식의 교정자문위원회 회의록을 작성하여 유지하여야 한다.

제272조(수당) 지방교정청장은 위원회의 회의에 참석한 위원에게는 예산의 범위에서 수당을 지급할 수 있다. 〈개정 2019. 10. 22.〉

부칙 〈제1072호, 2024. 2. 8.〉

제1조(시행일) 이 규칙은 공포한 날부터 시행한다.

제2조(전화통화의 허가에 관한 적용례) 제25조 및 제90조의 개정규정은 2024년 3월 1일 이후의 전화통화를 허가하는 경우부터 적용한다.

제3조(재수용 수형자의 처우등급 부여에 관한 적용례) 제60조의 개정규정은 이 규칙 시행 전에 재수용된 경우로서 이 규칙 시행 당시 처우등급이 부여되지 않은 경우에 대해서도 적용한다.

제4조(규율 및 징벌 부과기준에 관한 적용례) 제214조 및 제215조의 개정규정은 이 규칙 시행 이후 공연히 다른 사람을 해할 의사를 표시하는 행위를 한 경우부터 적용한다.

제5조(금치의 연속 집행에 관한 적용례) 제230조제4항의 개정규정은 이 규칙 시행 당시 집행 중인 금치에 대해서도 적용한다.

생활용품의 지급기준(제8조제2항 관련)

가. 신입 시 지급 기준

품목 \ 구분	1명당 지급 기준	1명당 지급 횟수
치약	50g	1
칫솔	일반용(1개)	1
세면비누	50g	1
세탁비누	300g	공용
수건	1매(75g)	1
화장지	3개(개당 50m)	1
생리대	18개(낱개)	1

나. 신입 후 정기 지급 기준

품목 \ 구분	1명당 지급 기준	사용 기간(월)	연간 지급 횟수(회)
치약	150g	1	12
칫솔	일반용(1개)	2	6
세면비누	140g	1	12
세탁비누	300g	2	6
수건	1매(75g)	2	6
화장지	3개(개당 50m)	1	12
생리대	18개(낱개)	1	12

수용자 부식의 1일 영양섭취기준량(제13조제1항 관련)

구분 성분별	19세 이상인 사람	19세 미만인 사람
총 단백질	45g	48g
동물성단백질	25g	30g
지방	22g	28g
열량	450Kcal	500Kcal
칼슘	400mg	600mg
비타민A	700R.E	700R.E
비타민B1	0.5mg	0.5mg
비타민B2	1.0mg	1.0mg
비타민C	55mg	60mg

[별표 3] 〈개정 2022. 2. 7.〉

의료장비 기준(제23조제2항 관련)

구 분	기 준
일반장비	청진기, 체온계, 혈압계, 체중계, 신장계, 고압증기멸균기
진단장비	진단용 엑스선촬영장치, 심전계, 혈당측정기
처치장비	심장충격기, 산소공급기, 상처소독용(dressing) 이동식 밀차
그 밖의 장비	휠체어, 환자운반기, 약품포장기, 의료용 필름현상기

[별표 4]] 〈개정 2022. 2. 7.〉

비상의료용품 기준(제24조제2항 관련)

구 분	기 준
외과용 기구	의료용 핀셋, 의료용 가위, 의료용 칼, 봉합사, 지혈대, 의료용 장갑, 위장용 튜브 도관, 비뇨기과용 튜브 도관, 수액세트, 수액거치대, 마스크, 수술포, 청진기, 체온계, 타진기(신체를 두드려서 진단하는 데에 쓰는 의료기구), 혈당측정기, 혈압계, 혀누르개(설압자)
구급용품	붕대, 탄력붕대, 부목, 반창고, 거즈, 화상거즈, 탈지면, 1회용 주사기
구급의약품	바세린, 포타딘(potadine), 리도카인(lidocaine: 국소 마취제로 쓰는 흰색이나 연노란색의 결정), 수액제, 항생제, 지혈제, 강심제, 진정제, 진경제, 해열진통제, 혈압강하제, 비타민제

보호장비의 규격(제170조제1항 관련)

1. 수 갑

가. 양손수갑

재질	잠금장치	연결고리	수갑을 채운 상태의 규격	최소사용 손목 크기
• 스테인리스스틸 • 두랄루민 • 탄소강	톱날 또는 물림홈 형태	길이 2.5cm의 고리규격 또는 경첩	최대: 20cm 이상 최소: 16cm 이상	지름: 5cm

나. 일회용수갑

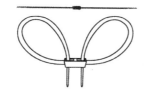 

재 질	형 태	잠금장치	규 격
특수 플라스틱	좌우 동형 또는 상하 동형의 띠	가운데 홈으로 끝을 통과시키며 홈 안에서 조임	(50㎝~88.5cm)×1.3cm×0.3cm (길이, 넓이, 두께)

다. 한손수갑

재 질	잠금장치	연결고리	최소사용 손목 크기	구 성
• 스테인리스스틸 • 두랄루민 • 탄소강	톱날 또는 물림홈 형태	길이 80cm 미만의 고리규격	지름: 5cm	• 수갑 1쪽 • 연결고리 • 자물쇠

2. 머리보호 장비

 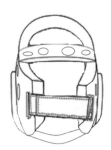

재 질	형 태	규 격	색 상	구 성
폴리우레탄	헬멧	머리둘레: 55cm ~ 65cm 두께: 1.5cm	·대: 흑색 ·중: 황색 ·소: 청색	• 후두부 중앙 고정장치 (1개 조임밴드) • 지름 3cm 미만의 환기구멍

3. 발목보호장비

가. 양발목보호장비

재 질	잠금장치	연결고리	수갑을 채운 상태의 규격	최소사용 발목 크기
• 스테인리스스틸 • 두랄루민 • 탄소강	톱날 또는 물림홈 형태	길이 35cm 미만의 고리규격	최대: 59cm 이상 최소: 53cm 이상	지름: 7cm

나. 한발목보호장비

재 질	잠금장치	연결고리	최소사용 발목 크기	구 성
스테인리스스틸 또는 두랄루민	톱날 또는 물림홈 형태	길이 80cm 미만의 고리규격	지름: 7cm	• 수갑 1쪽 • 연결고리 • 자물쇠

4. 보호대

가. 금속보호대

재　질	규　격	구　성
• 고리: 스테인리스스틸 • 수갑: 양손수갑 재질과 동일 • 수갑보호기: 폴리카보네이트 및 알루미늄합금	길이 180㎝ 미만의 고리 규격	• 수갑연결용 고리 • 안전 자물쇠 • 양손수갑 • 수갑보호기

나. 벨트보호대

재　질	형　태	규　격	구　성
• 벨트: 폴리프로필렌 • 링: 스테인리스스틸 • 수갑: 양손수갑 재질과 동일	벨크로접착 띠	140㎝×5㎝	• 벨크로접착 띠가 부착된 중앙 분리형 벨트 • D형 고리 • 안전 자물쇠 • 양손수갑

5. 보호의자

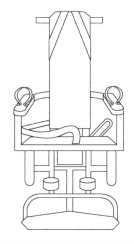

형 태	규 격	중 량	구 성
6개의 단방향조절식 잠금장치가 부착된 전신고정형 의자	70㎝×117㎝×112㎝ (넓이, 깊이, 높이)	32Kg	• 의자: 38㎝×51㎝(넓이, 깊이) • 등받이: 30㎝×81㎝(넓이, 높이) • 팔걸이: 9㎝×43㎝(넓이, 길이) • 어깨, 배, 다리, 팔 구속벨트 및 잠금장치

6. 보호침대

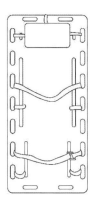

형 태	재 질	규 격	구 성
보드형	보드: 겹판식 합성목재 벨트: 폴리프로필렌	81㎝×190㎝×5㎝ 가로, 세로, 두께	• 보드 1개 • 6접점 구속벨트 • 머리충격방지용 베개 1개

7. 보호복

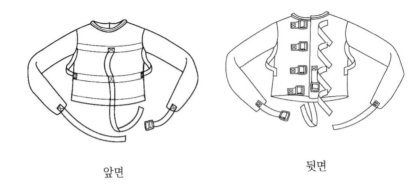

앞면   뒷면

형 태	재 질	규격(가슴둘레)	구 성
재킷형	면	대: (109~124) 중: (94~114) 소: (81~99)	• 버클 6개: 등판 왼쪽 4개, 등판 오른쪽 아래 1개, 　　　　　왼쪽 소매 끝 1개 • 나일론 버클 조임끈 6개 • 목부위 마찰방지 바이어스 처리

8. 포승

가. 일반포승

재 질	길 이(m)	지 름(cm)
면	11	0.7

나. 벨트형포승

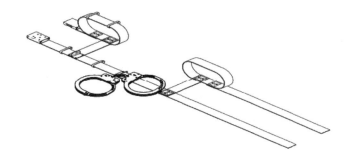

형 태	재 질	규 격	구 성
양쪽 팔과 허리를 고정할 수 있는 타원형	• 벨트 : 나일론 • 수갑 : 양손수갑 재질과 동일	■ 길이 : 160cm ■ 폭 : 4.5cm ■ 두께 : 1.8mm	• 벨트 : 1개 • 허리 자물통 버클 : 1개 • 팔 자물통 버클 : 1개

다. 조끼형포승

앞면

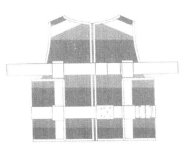

뒷면

형 태	재 질	규 격	구 성
팔을 앞으로 집어넣고 입힌 후 뒤쪽 지퍼를 잠그는 조끼형	조끼 : 폴리에스터 허리벨트 : 나일론 팔(결박)벨트 : 나일론 등 및 허리자물통 : 스테인리스스틸 수갑 : 양손수갑 재질과 동일	높이: 550mm ~ 610mm 너비: 740mm ~ 840mm	• 허리벨트 : 1 • 팔(결박)벨트 : 1 • 허리 자물통 : 1 • 등 자물통 : 1 • 조끼 : 1 • 양손수갑 : 1

[별표 6]

수갑 사용방법1(제172조제1항제1호 관련)

앞으로 사용

수갑보호기 부가

[별표 7]

수갑 사용방법2(제172조제1항제2호 관련)

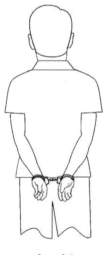

뒤로 사용

수갑 사용방법3(제172조제1항제3호 관련)

한손수갑

머리보호장비 사용방법(제173조 관련)

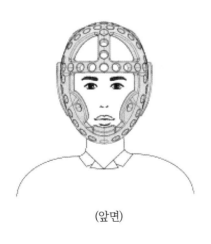

(앞면)

(뒷면)

[별표 10]

발목보호장비 사용방법1(제174조제1호 관련)

양발목보호장비

[별표 11]

발목보호장비 사용방법2(제174조제2호 관련)

한발목보호장비

보호대 사용방법1(제175조제1호 관련)

금속보호대

(앞면)

(뒷면)

보호대 사용방법2(제175조제2호 관련)

벨트보호대

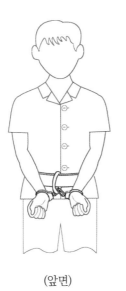

(앞면)

(뒷면)

국제인권규범

법 령

훈령·예규

치료감호

관리구제

부 록

보호의자 사용방법(제176조제1항 관련)

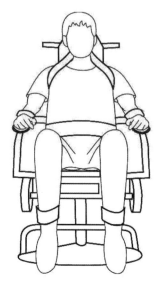

전신고정형 보호의자

보호침대 사용방법(제177조제1항 관련)

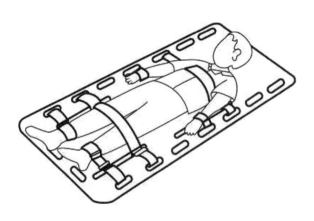

보드형보호침대

보호복 사용방법(제178조제1항 관련)

(앞면)   (뒷면)

포승 사용방법1(제179조제1항제1호 관련)

간이승

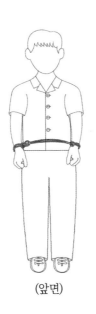 

(앞면)   (뒷면)

[별표 18]

포승 사용방법2(제179조제1항제2호 관련)

상체승

(앞면)

(뒷면)

[별표 18의 2] 〈신설 2018. 5. 2.〉

벨트형포승 사용방법(제179조제1항제2호 관련)

(앞면)

(뒷면)

조끼형포승 사용방법(제179조제1항제2호 관련)

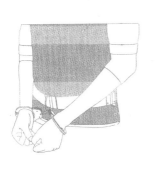

포승 사용방법3(제179조제1항제3호 관련)

하체승

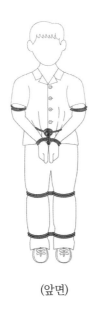

(앞면)

(뒷면)

포승연결줄(제179조제2항제1호 관련)

형 태	재 질	규 격	구 성
나일론 줄 양쪽 끝과 가운데에 열쇠를 사용한 잠금 기능이 있는 금속 고리를 연결하여 최대 3인까지 사용할 수 있도록 함	• 줄: 나일론 • 금속 고리: 두랄루민	• 길이: 3m • 폭: 2㎝ • 두께: 2.5㎜	• 줄: 1 • 금속 고리: 3

[별지 제10호서식] 〈개정 2014.11.17.〉

보호장비 사용 심사부

결재	담당	당직교감	보안과장	부소장	소장

년   월   일

수용자 인적사항	번 호		성 명		생년월일	년 월 일 (세)
	죄 명		형명 · 형기		수용거실	

보호장비 사용사항

고지일시		중단일시		누적시간	
구 분	시 간	종 류	방 법	사 유	

수용자 동정사항	
1. 도주도구 제작 등 도주를 기도하거나 예비하는 등 도주의 징후가 있는가?	☐예　☐아니오
2. 자살 또는 자해 도구를 제작하거나 비관적 태도를 보이는 등 자살 또는 자해의 징후가 있는가?	☐예　☐아니오
3. 폭언을 하거나 폭행의 태도를 보인 사실이 있는가?	☐예　☐아니오
4. 시설, 기구, 물건 등을 손괴하려고 한 사실이 있는가?	☐예　☐아니오
5.흥분 상태의 지속 등 심리적 불안 상태를 보이거나 비정상적인 이상 행동을 한 사실이 있는가?	☐예　☐아니오
6. 그 밖의 특이사항이 있는가?	

관계자 의 견	담당 근무자	보안 감독자	의무관 또는 의료 관계 직원
소　장 심　사			

보호장비 착용자 관찰부

1. 관찰 유형별 코드

1. 자고있음	A. 문/벽/바닥을 두드림	가. 실외운동
2. 누워있음	B. 소리 지르거나 울부짖음	나. 접견
3. 앉아있음/서있음/걷고 있음	C. 욕하거나 대듦/싸움	다. 치료/순회진료
4. 다른 수용자와 대화함	D. 소리 내어 웃고 있음	라. 직원면담
5. 노래함	E. 두서없이 중얼거림	마. 외부상담
6. 배식/식사/물마심	F. 큰 소리로 노래함	바. 목욕/샤워
7. 세면/면도/이발	G. 물건 등을 던지거나 부숨	
8. 실내운동	H. 음식물 섭취나 치료를 거부	중. 보호장비 사용 일시 중지(사유코드)
9. 독서/신문열람	I. 입실 거부	완. 보호장비 사용 완화(사유코드)
10. 빨래	J. 보호장비 훼손 또는 훼손 시도	기. 기타(그 밖의 행동 기재)
11. 화장실		

2. 시간대별 관찰내용 (수용자번호: 성명:)

■ 시찰내용을 유형별 코드로 기록하고 관찰자가 서명
■ 유형별 해당 코드가 없을 경우에는 "기"로 표기하고 실제 동정사항 기재

시간대	동 정 사 항	관찰자	시간대	동 정 사 항	관찰자
06:00 ~			18:00 ~		
07:00 ~			19:00 ~		
08:00 ~			20:00 ~		
09:00 ~			21:00 ~		
10:00 ~			22:00 ~		
11:00 ~			23:00 ~		
12:00 ~			24:00 ~		
13:00 ~			01:00 ~		
14:00 ~			02:00 ~		
15:00 ~			03:00 ~		
16:00 ~			04:00 ~		
17:00 ~			05:00 ~		

■ 그 밖의 특이동정 및 동정사항 종합
-
-
-

수형자 등 호송 규정

[시행 2021. 1. 5.] [대통령령 제31380호, 2021. 1. 5., 타법개정]

제1조(목적) 이 영은 수형자나 그 밖에 법령에 따라 구속된 사람의 호송에 필요한 사항을 규정함을 목적으로 한다.
[전문개정 2015. 12. 10.]

제2조(호송공무원) 교도소·구치소 및 그 지소(이하 "교정시설"이라 한다) 간의 호송은 교도관이 행하며, 그 밖의 호송은 경찰관 또는 「검찰청법」 제47조에 따라 사법경찰관리로서의 직무를 수행하는 검찰청 직원이 행한다. 〈개정 2018. 2. 20.〉

제3조(호송방법) ① 호송은 피호송자를 받아야 할 관서 또는 출두하여야 할 장소와 유치할 장소에 곧바로 호송한다. 〈개정 2011. 1. 4.〉

② 호송은 필요에 의하여 차례로 여러곳을 거쳐서 행할 수 있다.

제4조(호송장등) ① 발송관서는 호송관에게 피호송자를 인도하는 동시에 별지 서식의 호송장 기타 필요한 서류를 내어주어야 한다.

② 교도관이 호송하는 때에는 신분장 및 영치금품 송부서를 호송장으로 대용할 수 있다.

제5조(수송관서에의 통지) 발송관서는 미리 수송관서에 대하여 피호송자의 성명·발송시일·호송사유 및 방법을 통지하여야 한다.

제6조(영치금품의 처리) 피호송자의 영치금품은 다음과 같이 처리한다. 〈개정 2011. 1. 4.〉

1. 영치금은 발송관서에서 수송관서에 전자금융을 이용하여 송금한다. 다만, 소액의 금전 또는 당일 호송을 마칠 수 있는 때에는 호송관에게 탁송(託送)할 수 있다.

2. 피호송자가 법령에 의하여 호송 중에 물품 등을 자신의 비용으로 구매할 수 있는 때에 그 청구가 있으면 필요한 금액을 호송관에게 탁송하여야 한다.

3. 영치품은 호송관에게 탁송한다. 다만, 위험하거나 호송관이 휴대하기 적당하지 아니한 영치품은 발송관서에서 수송관서에 직송(直送)할 수 있다.

4. 송치중의 영치금품을 호송관에게 탁송한 때에는 호송관서에 보관책임이 있고, 그러하지 아니한 때에는 발송관서에 보관책임이 있다.

제7조(호송시간) 호송은 일출전 또는 일몰후에는 행할 수 없다. 다만, 열차·선박·항공기를 이용하는 때 또는 특별한 사유가 있는 때에는 예외로 한다. 〈개정 2011. 1. 4.〉

제8조(피호송자의 숙박) ① 피호송자의 숙박은 열차·선박 및 항공기를 제외하고는 경찰관서 또는 교정시설을 이용하여야 하며, 숙박의뢰를 받은 경찰관서의 장 또는 교정시설의 장은 부득이 한 경우를 제외하고는 이를 거절할 수 없다. 〈개정 2011. 1. 4., 2018. 2. 20.〉

② 제1항에 의하기 곤란한 때에는 다른 숙소를 정할 수 있다. 〈개정 2011. 1. 4.〉

[제목개정 2011. 1. 4.]

제9조(물품구매등의 허가) ①피호송자가 법령에 의하여 필요한 물품을 자신의 비용으로 구입할 수 있는 때에는 호송관은 물품의 구매를 허가할 수 있다. 〈개정 2011. 1. 4.〉

②제1항의 구매품의 대가를 제6조제2호의 금전중에서 지출할 때에는 호송관은 본인의 확인서를 받아야 한다. 〈개정 2011. 1. 4.〉

제10조(피호송자의 도주 등) ① 피호송자가 도주한 때에는 호송관은 즉시 그 지방 및 인근 경찰관서와 호송관서에 통지하여야 하며, 호송관서는 관할 지방검찰청, 사건소관 검찰청, 호송을 명령한 관서, 발송관서 및 수송관서에 통지하여야 한다. 〈개정 2011. 1. 4.〉

② 제1항의 경우에는 서류와 금품은 발송관서에 반환하여야 한다. 〈개정 2011. 1. 4.〉

[제목개정 2011. 1. 4.]

제11조(피호송자의 질병등) ① 피호송자가 질병에 걸렸을 때에는 적당한 치료를 하여야 하며, 호송을 계속할 수 없다고 인정한 때에는 피호송자를 그 서류 및 금품과 함께 인근 교정시설 또는 경찰관서에 일시 유치할 수 있다. 〈개정 2011. 1. 4., 2018. 2. 20.〉

② 제1항에 따라 피호송자를 유치한 관서는 피호송자의 치료 등에 적극 협조하여야 한다. 〈개정 2011. 1. 4.〉

③ 질병이 치유된 때에는 제1항의 관서는 즉시 호송을 계속 진행하고 발송관서에 통지해야 한다. 〈개정 2021. 1. 5.〉

제12조(피호송자의 사망 등) ① 피호송자가 사망한 경우 호송관서는 사망지 관할 검사의 지휘에 따라 그 인근 경찰관서 또는 교정시설의 협조를 얻어 피호송자의 사망에 따른 업무를 처리한다. 〈개정 2018. 2. 20.〉

② 피호송자가 열차 · 선박 또는 항공기에서 사망한 경우 호송관서는 최초 도착한 곳의 관할 검사의 지휘에 따라 그 인근 경찰관서 또는 교정시설의 협조를 얻어 제1항에 따른 업무를 처리한다. 〈개정 2018. 2. 20.〉

③ 호송관서는 피호송자가 사망한 즉시 발송관서 · 수송관서 및 사망자의 가족(가족이 없는 경우 다른 친족을 말한다. 이하 이 조에서 같다)에게 사망일시, 장소 및 원인 등을 통지하여야 한다.

④ 제3항에 따른 통지를 받을 가족이 없거나, 통지를 받은 가족이 통지를 받은 날부터 3일 내에 그 시신을 인수하지 않으면 임시로 매장하여야 한다.

[전문개정 2011. 1. 4.]

제13조(예비 · 호송비용의 부담) ① 호송관의 여비나 피호송자의 호송비용은 호송관서가 부담한다. 다만, 피호송자를 교정시설이나 경찰관서에 숙식하게 한 때에는 그 비용은 교정시설이나 경찰관서가 부담한다. 〈개정 2018. 2. 20.〉

② 제11조와 제12조에 의한 비용은 각각 그 교부를 받은 관서가 부담한다.

제14조(호송비용) 피호송자를 교정시설이나 경찰관서가 아닌 장소에서 숙식하게 한 때의 비용은 「공무원 여비 규정」 제30조 및 별표 9 제5호를 준용한다. 〈개정 2011. 1. 4., 2018. 2. 20.〉

제15조(예외규정) 천재지변이나 그 밖의 특별한 사정이 있는 때에는 호송 그 서의 장은 법무부장관의 허가를 받아 제2조, 제4조부터 제7조까지, 제11조 및 제12조에 따르지 아니할 수 있다. 〈개정 2011. 1. 4.〉

　부칙 〈제31380호, 2021. 1. 5.〉 (어려운 법령용어 정비를 위한 473개 법령의 일부개정에 관한 대통령령)

이 영은 공포한 날부터 시행한다. 〈단서 생략〉

교도관직무규칙

[시행 2025. 4. 22.] [법무부령 제1094호, 2025. 4. 22., 일부개정]

제1장 총칙

제1절 통칙

제1조(목적) 이 규칙은 「형의 집행 및 수용자의 처우에 관한 법률」의 시행을 위하여 교도관의 직무에 관한 사항을 정함을 목적으로 한다.

제2조(정의) 이 규칙에서 사용하는 용어의 뜻은 다음과 같다. 〈개정 2015. 1. 30., 2023. 1. 11.〉

1. "교도관"이란 다음 각 목의 어느 하나에 해당하는 업무를 담당하는 공무원을 말한다.

   가. 수용자의 구금 및 형의 집행

   나. 수용자의 지도, 처우 및 계호(戒護)

   다. 수용자의 보건 및 위생

   라. 수형자의 교도작업 및 직업능력개발훈련

   마. 수형자의 교육·교화프로그램 및 사회복귀 지원

   바. 수형자의 분류심사 및 가석방

   사. 교도소·구치소 및 그 지소(支所)(이하 "교정시설"이라 한다)의 경계(警戒) 및 운영·관리

   아. 그 밖의 교정행정에 관한 사항

2. "교정직교도관"이란 「공무원임용령」 별표 1에 따른 교정직렬공무원을 말한다.

3. "직업훈련교도관"이란 「전문경력관 규정」 제2조제1항에 따른 전문경력관 임용절차에 따라 임용된 사람으로서 「국민 평생 직업능력 개발법」 제33조에 따른 직업능력개발훈련교사를 말한다.

4. "보건위생직교도관"이란 「공무원임용령」 별표 1에 따른 의무·약무·간호·의료기술·식품위생직렬공무원을 말하며, 해당 직렬에 따라 각각 의무직교도관, 약무직교도관, 간호직교도관, 의료기술직교도관, 식품위생직교도관으로 한다.

5. "기술직교도관"이란 「공무원임용령」 별표 1에 따른 공업·농업·시설·전산·방송통신·운전직렬공무원을 말한다.

6. "관리운영직교도관"이란 「공무원임용령」 별표 1에 따른 관리운영직군공무원을 말한다.

7. "상관"이란 직무수행을 할 때 다른 교도관을 지휘·감독할 수 있는 직위나 직급에 있는 교도관을 말한다.

8. "당직간부"란 교정시설의 장(이하 "소장"이라 한다)이 지명하는 교정직교도관으로서 보안과의 보안업무 전반에 걸쳐 보안과장을 보좌하고, 휴일 또는 야간(당일 오후 6시부터 다음날 오전 9시까지를 말한다. 이하 같다)에 소장을 대리하는 사람을 말한다.

제3조(기본강령) 교도관은 다음의 기본강령에 따라 근무해야 한다. 〈개정 2022. 2. 7.〉

1. 교도관은 법령을 준수하고 상관의 직무상 명령에 복종하며, 일사불란한 지휘체계와 엄정한 복무기강을 확립한다.
2. 교도관은 상관에 대한 존경과 부하에 대한 믿음과 사랑을 바탕으로 직무를 수행하고 주어진 임무를 완수하기 위하여 모든 역량을 기울인다.
3. 교도관은 창의와 노력으로써 과학적 교정기법을 개발하고 교정행정의 능률을 향상시킨다.
4. 교도관은 청렴결백하고 근면성실한 복무자세를 지니며 직무수행의 결과에 대하여 책임을 진다.
5. 교도관은 풍부한 식견과 고매한 인격이 교정행정 발전의 원천임을 명심하고 인격을 닦기 위하여 끊임없이 노력한다.

제4조(다른 법령과의 관계) 교도관의 직무에 관하여는 다른 법령에 특별한 규정이 있는 경우가 아니면 이 규칙에 따른다.

제2절 근무의 일반원칙

제5조(근무의 구분) ① 교도관의 근무는 그 내용에 따라 보안근무와 사무근무로 구분하고, 보안근무는 근무 방법에 따라 주간근무와 주·야간 교대 근무(이하 "교대근무"라 한다)로 구분한다.

② 보안근무는 수용자의 계호를 주된 직무로 하고, 사무근무는 수용자의 계호 외의 사무처리를 주된 직무로 한다.

③ 보안근무와 사무근무의 구분에 필요한 세부사항은 소장이 해당 교정시설의 사정이나 근무내용 등을 고려하여 따로 정한다.

제6조(직무의 우선순위) 수용자의 도주, 폭행, 소요, 자살 등 구금목적을 해치는 행위에 관한 방지 조치는 다른 모든 직무에 우선한다.

제7조(직무의 처리) 교도관은 직무를 신속·정확·공정하게 처리하고, 그 결과를 지체 없이 상관에게 문서 또는 구두로 보고하여야 한다. 다만, 상관으로부터 특별히 명령받은 직무로서 그 직무처리에 많은 시일이 걸리는 경우에는 그 중간 처리상황을 보고하여야 한다.

제8조(근무장소 이탈금지) 교도관은 상관의 허가 없이 또는 정당한 사유 없이 근무장소를 이탈하거나 근무장소 외의 장소에 출입하지 못한다.

제9조(교도관의 공동근무) 소장은 2명 이상의 교도관을 공동으로 근무하게 하는 경우에는 책임자를 지정하고 직무를 분담시켜 책임한계를 분명히 하여야 한다.

제10조(교도관의 지휘·감독) 교도관은 직무수행을 위하여 특히 필요하다고 인정되는 경우에는 그 직무수행에 참여하는 하위직급의 다른 직군 교도관을 지휘·감독할 수 있다. 〈개정 2015. 1. 30.〉

제11조(교도관에 대한 교육 등) 소장은 교도관에 대하여 공지사항을 알리고, 포승(捕繩)을 사용하는 방법, 폭동진압훈련, 교정장비의 사용·조작훈련 등 직무수행에 필요한 교육·훈련을 실시하여야 한다.

제12조(수용자에 대한 호칭) 수용자를 부를 때에는 수용자 번호를 사용한다. 다만, 수용자의 심리적 안정이나 교화를 위하여 필요한 경우에는 수용자 번호와 성명을 함께 부르거나 성명만을 부를 수 있다.

제13조(수용기록부 등의 관리 등) ① 교도관은 수용자의 신상에 변동사항이 있는 경우에는 지체 없이 수용기록부(부속서류를 포함한다), 수용자명부 및 형기종료부 등 관계 서류를 바르게 고쳐 관리·보존하여야 한다.

② 교도관은 제1항에 따른 수용자의 신상 관계 서류를 공무상으로 사용하기 위하여 열람·복사 등을 하려면

상관의 허가를 받아야 한다.

③ 수용자의 신상에 관한 전산자료의 관리 · 보존, 열람 · 출력 등에 관하여는 제1항과 제2항을 준용한다.

제13조의2(고유식별정보의 처리) 소장은 교정시설의 외부에 있는 사람에게 수용자에 관한 수용 및 출소 증명서를 발급하는 사무를 수행하기 위하여 불가피한 경우 「개인정보 보호법 시행령」 제19조에 따른 주민등록번호, 여권번호, 운전면허의 면허번호 또는 외국인등록번호가 포함된 자료를 처리할 수 있다.

[본조신설 2015. 1. 30.]

제14조(수용자의 손도장 증명) ① 수용자가 작성한 문서로서 해당 수용자의 날인이 필요한 것은 오른손 엄지손가락으로 손도장을 찍게 한다. 다만, 수용자가 오른손 엄지손가락으로 손도장을 찍을 수 없는 경우에는 다른 손가락으로 손도장을 찍게 하고, 그 손도장 옆에 어느 손가락인지를 기록하게 한다.

② 제1항의 경우에는 문서 작성 시 참여한 교도관이 서명 또는 날인하여 해당 수용자의 손도장임을 증명하여야 한다.

제15조(비상소집 응소) 교도관은 다음 각 호에 해당하는 상황(이하 "비상상황"이라 한다)이 발생하여 비상소집 명령을 받은 경우에는 지체 없이 소집에 응하여 상관의 지시를 받아야 한다. 〈개정 2025. 4. 22.〉

1. 천재지변이나 그 밖의 중대한 사태

2. 화재, 수용자의 도주 · 폭행 · 소요 · 자살, 외부로부터의 침입 등 교정시설의 안전과 질서를 위태롭게 하는 사고(이하 "교정사고"라 한다)

제16조(소방기구 점검 등) 소장은 교도관으로 하여금 매월 1회 이상 소화기 등 소방기구를 점검하게 하고 그 사용법의 교육과 소방훈련을 하게 하여야 한다.

제17조(이송 시 수용기록부 등의 인계) 소장은 다른 교정시설로 수용자를 이송(移送)하는 경우에는 수용기록부(부속서류를 포함한다) 등 개별처우에 필요한 자료를 해당 교정시설로 보내야 한다.

제3절 근무시간

제18조(보안근무자의 근무시간) ① 보안근무자의 근무시간은 다음과 같다. 〈개정 2015. 1. 30.〉

1. 주간근무: 1일 주간 8시간

2. 교대근무: 제1부, 제2부, 제3부 및 제4부의 4개 부로 나누어 서로 교대하여 근무하게 한다. 다만, 소장은 교정직교도관의 부족 등 근무의 형편상 부득이한 경우에는 교대근무자를 제1부와 제2부의 2개 부 또는 제1부, 제2부 및 제3부의 3개 부로 나누어 근무하게 할 수 있다.

② 보안근무자는 소장이 정하는 바에 따라 근무시간 중에 식사 등을 위한 휴식을 할 수 있다.

③ 소장은 계절, 지역 여건 및 근무 내용 등을 고려하여 필요하다고 인정하는 경우에는 보안근무자의 근무 시작시간 · 종료시간을 조정할 수 있다.

제19조(사무근무자의 근무시간) 사무근무자의 근무시간은 「국가공무원 복무규정」 제9조에 따른다.

제20조(근무시간 연장 등) ① 소장은 교도관의 부족, 직무의 특수성 등 근무의 형편에 따라 특히 필요하다고 인정하는 경우에는 제18조와 제19조에도 불구하고 근무시간을 연장하거나 조정할 수 있고 휴일 근무를 명할 수 있다.

② 제1항에 따라 휴일에 근무를 한 교도관의 휴무에 관하여는 「국가공무원 복무규정」 제11조제2항에 따른다.

제4절 교도관회의

제21조(교도관회의의 설치) 소장의 자문에 응하여 교정행정에 관한 중요한 시책의 집행 방법 등을 심의하게 하기 위하여 소장 소속의 교도관회의(이하 이 절에서 "회의"라 한다)를 둔다.

제22조(회의의 구성과 소집) ① 회의는 소장, 부소장 및 각 과의 과장과 소장이 지명하는 6급 이상의 교도관(지소의 경우에는 7급 이상의 교도관)으로 구성된다.

② 소장은 회의의 의장이 되며, 매주 1회 이상 회의를 소집하여야 한다.

제23조(심의) ① 회의는 다음 사항을 심의한다. 〈개정 2009. 11. 9.〉

　1. 교정행정 중요 시책의 집행방법

　1의2. 교도작업 및 교도작업특별회계의 운영에 관한 주요사항

　2. 각 과의 주요 업무 처리

　3. 여러 과에 관련된 업무 처리

　4. 주요 행사의 시행

　5. 그 밖에 소장이 회의에 부치는 사항

② 소장은 제1항의 심의사항 중 필요하다고 인정하는 경우에는 6급 이하의 교도관을 참석시켜 그 의견 등을 들을 수 있다.

③ 소장은 회의에서 자문에 대한 조언과 그에 따른 심의 외에 필요한 지시를 하거나 보고를 받을 수 있다.

제24조(서기) ① 소장은 회의의 사무를 원활히 처리하기 위하여 총무과(지소의 경우에는 총무계) 소속의 교도관 중에서 서기 1명을 임명하여야 한다.

② 서기는 회의에서 심의 · 지시 · 보고된 사항 등을 회의록에 기록하고 참석자의 서명 또는 날인을 받아야 한다.

[본조신설 2025. 4. 22.]

제5절 교정 종합상황실 〈신설 2025. 4. 22.〉

제24조의2(교정 종합상황실의 설치 · 운영) ① 법무부장관은 비상상황에 대비하고 비상상황이 발생한 경우 그와 관련된 신속한 대응 및 관리 등의 업무를 수행하기 위해 법무부와 그 소속기관에 교정 종합상황실을 각각 설치 · 운영할 수 있다.

② 제1항에 따른 교정 종합상황실의 설치, 운영 및 업무 등에 관한 사항은 법무부장관이 정한다.

[본조신설 2025. 4. 22.]

제2장 교정직교도관의 직무 〈개정 2015. 1. 30.〉

제1절 직무통칙 〈개정 2015. 1. 30.〉

제25조(교정직교도관의 직무) ① 교정직교도관은 다음 각 호의 사무를 담당한다. 〈개정 2015. 1. 30.〉

　1. 수용자에 대한 지도 · 처우 · 계호

　2. 삭제 〈2015. 1. 30.〉

　3. 교정시설의 경계

　4. 교정시설의 운영 · 관리

　5. 그 밖의 교정행정에 관한 사항

② 소장은 제1항에도 불구하고 교정시설의 운영을 위하여 특히 필요하다고 인정하는 경우에는 교정직교도관

으로 하여금 그 밖의 교도관의 직무를 수행하게 할 수 있다. 〈개정 2015. 1. 30.〉

[제목개정 2015. 1. 30.]

제26조(생활지도 등) ① 교정직교도관은 수용자가 건전한 국민정신과 올바른 생활자세를 가지도록 생활지도 및 교육에 노력하여야 한다. 〈개정 2015. 1. 30.〉

② 교정직교도관이 수용자의 교육·교화프로그램 및 직업훈련 등에 참여하는 경우에는 교육 등이 원활히 진행될 수 있도록 수용자를 감독하여야 한다. 〈개정 2015. 1. 30.〉

제27조(공평 처우) 교정직교도관은 접견, 물품지급 등에서 수용자를 공평하게 처우하고, 그 처우가 수용자의 심리적 안정 및 교화에 이바지할 수 있도록 하여야 한다. 〈개정 2015. 1. 30.〉

제28조(수용자의 행실 관찰) ① 교정직교도관은 직접 담당하는 수용자의 행실을 계속하여 관찰하고, 그 결과를 지도·처우 및 계호의 자료로 삼아야 한다. 〈개정 2015. 1. 30.〉

② 제1항에 따른 관찰결과 중 특이사항은 개요를 기록하여 상관에게 보고하여야 한다.

제29조(작업 감독) ① 교정직교도관은 수용자가 작업을 지정받은 경우에는 성실하게 작업하도록 감독하여야 한다. 〈개정 2015. 1. 30.〉

② 교정직교도관은 수용자의 작업실적 등이 교정성적에 반영될 수 있도록 작업일과표를 매일 작성하는 등 작업관계 서류를 철저히 작성하여야 한다. 〈개정 2015. 1. 30.〉

제30조(안전사고 예방) 교정직교도관은 수용자가 작업을 할 때에는 사전에 안전교육을 하는 등 사고 예방에 노력하여야 한다. 〈개정 2015. 1. 30.〉

제31조(수용자의 의류 등의 관리) ① 교정직교도관은 수용자가 지급받은 의류, 침구, 그 밖의 생활용품(이하 이 조에서 "의류등"이라 한다)을 낭비하지 아니하도록 지도하여야 한다. 〈개정 2015. 1. 30.〉

② 교정직교도관은 수용자의 의류등이 오염되거나 파손된 경우에는 상관에게 보고하고, 상관의 지시를 받아 교환·수리·세탁·소독 등 적절한 조치를 하여야 한다. 〈개정 2015. 1. 30.〉

제32조(수용자의 청원 등 처리) ① 교정직교도관은 수용자가 「형의 집행 및 수용자의 처우에 관한 법률」(이하 "법"이라 한다) 제117조에 따른 청원, 「국가인권위원회법」 제31조에 따른 진정 및 「공공기관의 정보공개에 관한 법률」에 따른 정보공개청구 등을 하는 경우에는 지체 없이 상관에게 보고하여야 한다. 〈개정 2015. 1. 30.〉

② 수용자가 상관 등과의 면담을 요청한 경우에는 그 사유를 파악하여 상관에게 보고하여야 한다.

제33조(위생관리 등) ① 교정직교도관은 수용자로 하여금 자신의 신체와 의류를 청결하게 하고, 두발 및 수염을 단정하게 하는 등 위생관리를 철저히 하도록 지도하여야 한다. 〈개정 2015. 1. 30.〉

② 교정직교도관은 수용자가 부상을 당하거나 질병에 걸린 경우에는 즉시 적절한 조치를 하고 지체 없이 상관에게 보고하여야 한다. 〈개정 2015. 1. 30.〉

제34조(계호의 원칙) 교정직교도관이 수용자를 계호할 때에는 수용자를 자신의 시선 또는 실력지배권 밖에 두어서는 아니 된다. 〈개정 2015. 1. 30.〉

제35조(인원점검 등) ① 소장은 당직간부의 지휘 아래 교정직교도관으로 하여금 전체 수용자를 대상으로 하는 인원점검을 매일 2회 이상 충분한 사이를 두고 하게 하여야 한다. 〈개정 2015. 1. 30.〉

② 제1항에 따라 인원점검을 한 당직간부는 그 결과를 소장에게 보고하여야 한다.

③ 교정직교도관은 자신이 담당하는 수용자를 대상으로 작업을 시작하기 전과 마친 후, 인원변동 시 등에 수시로 인원점검을 하여야 한다. 〈개정 2015. 1. 30.〉

④ 교정직교도관은 수용자가 작업·운동 등 동작 중인 경우에는 항상 시선으로 인원에 이상이 있는지를 파악

하여야 한다. 〈개정 2015. 1. 30.〉

제36조(야간 거실문의 개폐) ① 교정직교도관은 일과종료(작업·교육 등 일과를 마치고 수용자를 거실로 들여보낸 다음 거실문을 잠그는 것을 말한다. 이하 같다) 후부터 그 다음날 일과시작(작업·교육 등 일과를 위하여 수용자를 거실에서 나오게 하기 위하여 거실문을 여는 것을 말한다. 이하 같다) 전까지는 당직간부의 허가를 받아 거실문을 여닫거나 수용자를 거실 밖으로 나오게 할 수 있다. 다만, 자살, 자해, 응급환자 발생 등 사태가 급박하여 당직간부의 허가를 받을 시간적 여유가 없는 경우에는 그러하지 아니하다. 〈개정 2015. 1. 30.〉

② 제1항에 따라 거실문을 여닫거나 수용자를 거실 밖으로 나오게 하는 경우에는 사전에 거실 내 수용자의 동정(動靜)을 확인하여야 하고, 제1항 단서의 경우가 아니면 2명 이상의 교정직교도관이 계호하여야 한다. 〈개정 2015. 1. 30.〉

제37조(징벌대상행위의 보고 등) ① 교정직교도관은 수용자가 법 제107조 각 호의 어느 하나에 해당하는 행위(이하 "징벌대상행위"라 한다)를 하는 경우에는 지체 없이 상관에게 보고하여야 한다. 다만, 수용자가 도주, 소요, 폭동 등 특히 중대한 징벌대상행위를 한 경우에는 지체 없이 비상신호나 그 밖의 방법으로 보안과에 알리는 등 체포 및 진압을 위한 모든 수단을 동원함과 동시에 상관에게 보고하여야 한다. 〈개정 2015. 1. 30.〉

② 교정직교도관은 제1항에도 불구하고 도주하는 수용자를 체포할 기회를 잃을 염려가 있는 경우에는 지체 없이 그를 추격하여야 한다. 〈개정 2015. 1. 30.〉

③ 소장은 수용자의 징벌대상행위에 관하여는 이를 조사하여 사안의 경중에 따라 사건송치, 징벌, 생활지도 교육 등 적절한 조치를 하여야 한다.

제38조(재난 시의 조치) 교정직교도관은 천재지변이나 그 밖의 중대한 사태가 발생한 경우에는 수용자의 계호를 특히 엄중하게 하고, 상관의 지휘를 받아 적절한 피난 준비를 하여야 한다. 다만, 상관의 지휘를 받을 시간적 여유가 없는 경우에는 수용자의 생명과 안전을 위한 대피 등의 조치를 최우선적으로 하여야 한다. 〈개정 2015. 1. 30., 2025. 4. 22.〉

제39조(물품 정리 등) 교정직교도관은 수용자가 사용하는 모든 설비와 기구가 훼손되거나 없어졌는지를 확인하고, 수용자로 하여금 자신이 사용하는 물품 등을 정리하도록 지도하여야 한다. 〈개정 2015. 1. 30.〉

제40조(수용자의 호송) ① 교정직교도관이 수용자를 교정시설 밖으로 호송(護送)하는 경우에는 미리 호송계획서를 작성하여 상관에게 보고하여야 한다. 〈개정 2015. 1. 30.〉

② 교정직교도관은 수용자의 호송 중 도주 등의 사고가 발생하지 아니하도록 수용자의 동정을 철저히 파악하여야 한다. 〈개정 2015. 1. 30.〉

제41조(접견 참여 등) ① 교정직교도관이 「형의 집행 및 수용자의 처우에 관한 법률 시행령」(이하 이 조에서 "영"이라 한다) 제62조제1항에 따라 수용자의 접견에 참여하는 경우에는 수용자와 그 상대방의 행동·대화 내용을 자세히 관찰하여야 한다. 〈개정 2015. 1. 30.〉

② 교정직교도관이 영 제71조에 따라 참고사항을 수용기록부에 기록하는 경우에는 지체 없이 상관에게 보고하여야 하며, 상관의 지시를 받아 관계 과에 통보하는 등 적절한 조치를 하여야 한다. 〈개정 2015. 1. 30.〉

③ 수용자의 접견에 관한 기록은 수용자의 처우나 그 밖의 공무수행상 필요하여 상관의 허가를 받은 경우를 제외하고는 관계 교도관이 아닌 교도관은 열람이나 복사 등을 해서는 아니 된다.

제42조(정문 근무) ① 정문에 근무하는 교정직교도관(이하 이 조에서 "정문근무자"라 한다)은 정문 출입자와 반출·반입 물품을 검사·단속하여야 한다. 〈개정 2015. 1. 30.〉

② 정문근무자는 제1항의 검사·단속을 할 때 특히 필요하다고 인정하는 경우에는 출입자의 신체와 휴대품

을 검사할 수 있다. 이 경우 검사는 필요한 최소한도의 범위에서 하여야 하며, 출입자 중 여성에 대한 검사는 여성교도관이 하여야 한다.

③ 정문근무자는 제1항 또는 제2항의 검사 도중 이상하거나 의심스러운 점을 발견한 경우에는 출입 등을 중지함과 동시에 상관에게 이를 보고하여 상관의 지시를 받아 적절한 조치를 하여야 한다.

④ 정문근무자는 수용자의 취침 시간부터 기상 시간까지는 당직간부의 허가 없이 정문을 여닫을 수 없다.

제43조(교정시설의 경계 등) ① 교정직교도관은 교정시설의 중요시설 등을 경계하고 자기가 담당하는 구역을 순찰하여야 한다. 〈개정 2015. 1. 30.〉

② 교정직교도관이 제1항에 따라 경계 또는 순찰 근무를 하는 경우에는 그의 시선 내에 있는 구역·시설 등을 감시하여 교정사고와 수용자의 징벌대상행위 등을 예방·단속하여야 한다. 〈개정 2015. 1. 30., 2025. 4. 22.〉

제44조(사형 집행) 사형집행은 상관의 지시를 받은 교정직교도관이 하여야 한다. 〈개정 2015. 1. 30.〉

제45조(업무 인계) 보안근무 교정직교도관은 근무시간의 종료, 휴식시간의 시작, 그 밖의 사유에도 불구하고 다음 근무자에게 업무를 인계한 후가 아니면 근무장소를 떠나서는 아니 된다. 〈개정 2015. 1. 30.〉

제46조(근무결과 보고) 보안근무 교정직교도관은 근무를 마치거나 다음 근무자에게 업무를 인계할 때에는 근무 중 이상이 있었는지 등을 상관에게 보고하여야 한다. 〈개정 2015. 1. 30.〉

제47조(상황 및 의견의 보고) 교정직교도관은 다음 각 호의 어느 하나에 해당하는 경우에는 그에 관한 상황 및 의견을 지체 없이 상관에게 보고하고, 상관의 지시를 받아 처리하여야 한다. 〈개정 2015. 1. 30.〉

1. 직무의 집행에 착오가 있는 경우

2. 수용자 처우의 방법을 변경할 필요가 있는 경우

3. 수용자의 심경에 특이한 동요(動搖)나 변화가 있는 경우

4. 수용자가 처우에 관하여 불복하는 경우

5. 수용자의 처우에 필요한 정보를 얻은 경우

6. 그 밖에 직무와 관련된 사고가 발생한 경우

제48조(교정직교도관의 계호근무) 이 규칙에 규정된 사항 외에 교정직교도관의 계호근무에 관하여는 법무부장관이 정하는 바에 따른다. 〈개정 2015. 1. 30.〉

[제목개정 2015. 1. 30.]

제2절 당직간부의 직무

제49조(당직간부의 편성) ① 당직간부는 교대근무의 각 부별로 2명 이상 편성한다. 이 경우 정(正)당직간부는 1명, 부(副)당직간부는 1명 이상으로 한다. 〈개정 2023. 1. 11.〉

② 당직간부는 교정관 또는 교감으로 임명한다. 다만, 교정시설의 사정에 따라 결원의 범위에서 교위 중 적임자를 선정해 당직간부에 임명할 수 있다. 〈개정 2023. 1. 11.〉

③ 정당직간부 및 부당직간부의 업무분담에 관하여는 소장이 정한다.

제50조(교정직교도관 점검 등) ① 당직간부는 교정직교도관을 점검하여야 하며, 점검이 끝나면 그 결과를 보안과장(이하 이 절에서 "과장"이라 한다)에게 보고하여야 한다. 〈개정 2015. 1. 30.〉

② 교정직교도관은 점검 면제 통지를 받은 경우가 아니면 점검을 받아야 한다. 〈개정 2015. 1. 30.〉

③ 교정직교도관 점검 등에 필요한 사항은 법무부장관이 정한다. 〈개정 2015. 1. 30., 2021. 12. 14.〉

[제목개정 2015. 1. 30.]

제51조(근무상황 순시 · 감독) 당직간부는 보안근무 교정직교도관의 근무배치를 하고, 수시로 보안근무 교정직교도관의 근무상황을 순시 · 감독하여야 하며, 근무배치 및 순시 · 감독결과를 과장에게 보고하여야 한다. 〈개정 2015. 1. 30.〉

제52조(임시 배치) 당직간부는 수용자가 수용된 거실을 여닫거나 여러 명의 수용자를 이동시키는 등 계호를 강화할 필요가 있다고 판단되는 경우에는 휴식 중인 교정직교도관 등을 특정 근무지에 임시로 증가시켜 배치하여야 한다. 〈개정 2015. 1. 30.〉

제53조(일과시작 · 종료의 진행) ① 당직간부는 수용자의 기상시간에 인원점검을 하고 이상이 없으면 수용자가 일과활동을 하는 작업장 등에 교정직교도관을 배치한 후 일과시작을 명한다. 〈개정 2015. 1. 30.〉

② 당직간부는 수용자의 작업 등 일과활동이 끝나면 교정직교도관으로 하여금 수용자가 일과활동을 한 작업장 등에서 인원 및 도구를 점검하게 하고 그 결과를 과장에게 보고한 후 수용자를 거실로 들어가게 하여야 한다. 수용자가 거실로 들어가면 다시 인원점검을 하고 그 결과를 소장에게 보고한 후 일과종료를 명한다. 〈개정 2015. 1. 30.〉

[제목개정 2015. 1. 30.]

제54조(보안점검 등) 당직간부는 매일 총기 · 탄약 · 보호장비 · 보안장비, 그 밖의 교정장비에 이상이 없는지를 확인하고, 각 사무실 등의 화기 · 전기기구 · 잠금장치 등에 대한 점검감독을 철저히 하여야 한다.

제55조(비상소집망 점검) 당직간부는 매주 1회 이상 교도관의 비상소집망을 확인하여 정확하게 유지하도록 하여야 한다.

제56조(수용 · 석방사무의 감독) ① 당직간부는 교정시설에 수용되거나 교정시설에서 석방되는 사람의 신상을 직접 확인하는 등 수용 및 석방에 관한 사무를 감독하여야 한다.

② 출정(出廷)감독자는 법원에서 무죄판결 등 구속영장이 실효되는 판결이 선고되어 즉시 석방되는 사람의 신상을 직접 확인하는 등 석방에 관한 사무를 감독하여야 한다.

제57조(행정처리) 당직간부는 수용 · 계호 등에 관한 문서의 처리와 수용자 물품의 관리상태 등을 확인하고 감독하여야 한다.

제58조(당직결과 보고 및 인계) 당직간부는 당직근무 중에 발생한 수용자의 인원변동 사항 및 중요사항을 소장 · 부소장 · 과장에게 보고한 후 다음 당직간부에게 인계하여야 한다.

제3절 사회복귀업무 교도관의 직무 〈신설 2015. 1. 30.〉

제59조(사회복귀업무 교도관의 직무) 교정직교도관 중 사회복귀업무를 수행하는 자(이하 "사회복귀업무 교도관"이라 한다)는 이 장 제1절의 직무 외에 다음 각 호의 사무를 겸하여 담당한다.

1. 수용자의 서신 · 집필

2. 수용자의 종교 · 문화

3. 수형자의 교육 및 교화프로그램

4. 수형자의 귀휴, 사회 견학, 가족 만남의 집 또는 가족 만남의 날 행사(이하 이 절에서 "귀휴등"이라 한다)

5. 수형자의 사회복귀 지원

[전문개정 2015. 1. 30.]

제60조(교육과정 개설계획 수립 및 시행) 사회복귀업무 교도관은 수형자의 학력 신장에 필요한 교육과정 개설계획을 수립하여 소장에게 보고하고, 소장의 지시를 받아 교육을 하여야 한다. 〈개정 2015. 1. 30.〉

제61조(교화프로그램 운영) 사회복귀업무 교도관은 수형자의 정서함양 등을 위하여 심리치료·문화·예술·체육프로그램, 그 밖의 교화프로그램 운영계획을 수립하여 소장에게 보고하고, 소장의 지시를 받아 교화프로그램을 시행하여야 한다. 〈개정 2015. 1. 30.〉

제62조(종교) 사회복귀업무 교도관은 수용자가 자신이 신봉하는 종교의식이나 종교행사에 참석하기를 원하는 경우에는 특별한 사정이 없으면 허락하여야 한다. 다만, 수용자가 신봉하는 종교 또는 그에 따른 활동이 법 제45조제3항 각 호의 어느 하나에 해당하는 경우에는 소장에게 보고하고, 소장의 지시를 받아 적정한 조치를 하여야 한다. 〈개정 2015. 1. 30.〉

제63조(교화상담) ① 사회복귀업무 교도관은 수형자 중 환자, 계호상 독거(獨居)수용자 및 징벌자에 대하여 처우상 필요하다고 인정하는 경우에는 수시로 교화상담(수형자 특성을 고려하여 적당한 장소와 시기에 하는 개별적인 교화활동을 말한다. 이하 같다)을 하여야 한다. 다만, 해당 수형자가 환자인 경우에는 의무직교도관(공중보건의를 포함한다)의 의견을 들어야 한다. 〈개정 2015. 1. 30.〉

② 사회복귀업무 교도관은 신입수형자와 교화상담을 하여야 한다. 다만, 다른 교정시설로부터 이송되어 온 수형자는 필요하다고 인정되는 경우에 할 수 있다. 〈개정 2015. 1. 30.〉

③ 사회복귀업무 교도관은 사형확정자나 사형선고를 받은 사람의 심리적 안정을 위하여 수시로 상담을 하여야 하며, 필요하다고 인정하는 경우에는 외부인사와 결연을 주선하여 수용생활이 안정되도록 하여야 한다. 〈개정 2015. 1. 30.〉

④ 사회복귀업무 교도관은 제1항부터 제3항까지의 규정에 해당하지 아니하는 수형자에 대하여도 다음 각 호의 어느 하나에 해당하는 경우에는 적절한 교화상담을 하여야 한다. 〈개정 2015. 1. 30.〉

1. 성격형성 과정의 결함으로 인하여 심리적 교정이 필요한 경우

2. 대인관계가 원만하지 못하고 상습적으로 규율을 위반하는 경우

3. 가족의 이산(離散), 재산의 손실 등으로 가정에 문제가 있는 때

4. 가족 등 연고자가 없는 경우

5. 본인의 수용생활로 가족의 생계가 매우 어려운 경우

⑤ 사회복귀업무 교도관이 제1항부터 제4항까지의 규정에 따른 교화상담을 할 때에는 미리 그 수용자의 죄질, 범죄경력, 교육정도, 직업, 나이, 환경, 그 밖의 신상을 파악하여 활용하여야 한다. 〈개정 2015. 1. 30.〉

제64조(귀휴등 대상자 보고) 사회복귀업무 교도관은 수형자가 귀휴등의 요건에 해당하고 귀휴등을 허가할 필요가 있다고 인정하는 경우에는 그 사실을 상관에게 보고하여야 한다. 〈개정 2015. 1. 30.〉

제65조(사회복귀 지원) 사회복귀업무 교도관은 수형자의 사회복귀에 필요한 지식과 정보를 제공하고, 석방 후 원활한 사회적응을 위한 상담을 하여야 하며, 공공기관·단체 등과 연계하여 사회정착에 필요한 사항을 지원할 수 있다. 〈개정 2015. 1. 30.〉

제66조(상황 및 의견의 보고) 사회복귀업무 교도관은 다음 각 호의 어느 하나에 해당하는 경우에는 그에 관한 상황 및 의견을 지체 없이 상관에게 보고하고, 상관의 지시를 받아 처리하여야 한다. 〈개정 2015. 1. 30.〉

1. 수형자의 뉘우치는 정도 등에 따라 수용 및 처우의 방법을 변경할 필요가 있는 경우

2. 교화프로그램 시행 등의 과정에서 수형자에게 심경변화 등 특별한 상황이 발생한 경우

3. 석방예정자를 특별히 보호하여야 할 사유가 발생한 경우

4. 수용자가 처우에 불복하는 경우

5. 수용자의 처우에 필요한 정보를 얻은 경우

6. 그 밖에 직무의 집행에 착오가 있는 경우

제4절 분류심사업무 교도관의 직무 〈신설 2015. 1. 30.〉

제67조(분류심사업무 교도관의 직무) 교정직교도관 중 분류심사업무를 수행하는 자(이하 "분류심사업무 교도관"이라 한다)는 이 장 제1절의 직무 외에 다음 각 호의 사무를 겸하여 담당한다.

1. 수형자의 인성, 행동특성 및 자질 등의 조사·측정·평가(이하 "분류심사"라 한다)

2. 교육 및 작업의 적성 판정

3. 수형자의 개별처우계획 수립 및 변경

4. 가석방

[본조신설 2015. 1. 30.]

[종전 제67조는 제93조로 이동 〈2015. 1. 30.〉]

제68조(분류검사) 분류심사업무 교도관은 개별처우계획을 수립하기 위하여 수형자의 인성, 지능, 적성 등을 측정·진단하기 위한 검사를 한다.

[본조신설 2015. 1. 30.]

[종전 제68조는 제94조로 이동 〈2015. 1. 30.〉]

제69조(교정성적 평가) 분류심사업무 교도관은 매월 수형자의 교정성적을 평가하고 일정 기간마다 개별처우계획을 변경하기 위하여 필요한 평가자료를 확보하여야 한다.

[본조신설 2015. 1. 30.]

[종전 제69조는 제95조로 이동 〈2015. 1. 30.〉]

제70조(분류처우위원회 준비 등) 분류심사업무 교도관은 법 제62조의 분류처우위원회의 심의에 필요한 자료와 회의록 등을 작성·정리하여 상관에게 보고하여야 한다.

[본조신설 2015. 1. 30.]

[종전 제70조는 제96조로 이동 〈2015. 1. 30.〉]

제71조(수형자분류처우심사표 기록) 분류심사업무 교도관은 수형자분류처우심사표에 수형자의 처우등급 변경 등 처우변동사항을 지체 없이 기록해야 한다. 〈개정 2023. 1. 11.〉

[본조신설 2015. 1. 30.]

[종전 제71조는 제97조로 이동 〈2015. 1. 30.〉]

제72조(분류상담) 분류심사업무 교도관은 분류심사, 처우등급 부여 및 가석방 신청 등을 위하여 필요한 경우에는 수형자와 상담하고, 그 결과를 상관에게 보고하여야 한다.

[전문개정 2015. 1. 30.]

제73조(가석방 적격자 등에 대한 조치) 분류심사업무 교도관은 수형자가 교정성적이 우수하고 재범의 우려가 없는 등 가석방 요건을 갖추었다고 인정되는 경우에는 상관에게 보고하는 등 적절한 조치를 하여야 한다.

[전문개정 2015. 1. 30.]

제74조(상황 및 의견의 보고) 분류심사업무 교도관은 다음 각 호의 어느 하나에 해당하는 경우에는 그에 관한 상황 및 의견을 지체 없이 상관에게 보고하고, 상관의 지시를 받아 처리하여야 한다.

1. 분류심사에 잘못이 있음이 발견된 경우

2. 개별처우계획을 변경하거나 재검토할 필요가 있는 경우

3. 가석방 심사에 영향을 미칠 만한 사항이 발견된 경우

4. 그 밖에 직무의 집행에 착오가 있는 경우

[전문개정 2015. 1. 30.]

제3장 기술·관리운영 직군 교도관의 직무 〈신설 2015. 1. 30.〉

제1절 보건위생교도관의 직무 〈신설 2015. 1. 30.〉

제75조(보건위생직교도관의 직무) ① 보건위생직교도관이 담당하는 사무는 다음 각 호와 같다. 〈개정 2015. 1. 30.〉

1. 의무직교도관(공중보건의를 포함한다. 이하 "의무관"이라 한다)

　가. 수용자의 건강진단, 질병치료 등 의료

　나. 교정시설의 위생

　다. 그 밖의 교정행정에 관한 사항

2. 약무직교도관

　가. 약의 조제

　나. 의약품의 보관 및 수급(受給)

　다. 교정시설의 위생 보조

　라. 그 밖의 교정행정에 관한 사항

3. 간호직교도관

　가. 환자 간호

　나. 의무관의 진료 보조

　다. 교정시설의 위생 보조

　라. 「형의 집행 및 수용자의 처우에 관한 법률」 제36조제2항에 따른 의료행위

　마. 그 밖의 교정행정에 관한 사항

4. 의료기술직교도관

　가. 의화학적 검사 및 검사장비 관리업무

　나. 의무관의 진료 보조

　다. 교정시설의 위생 보조

　라. 그 밖의 교정행정에 관한 사항

5. 식품위생직교도관

　가. 식품위생 및 영양관리

　나. 교정시설의 위생 보조

　다. 그 밖의 교정행정에 관한 사항

② 보건위생직교도관은 직무상 필요한 경우에 수용자를 동행·계호할 수 있다.

③ 제2항에 따라 보건위생직교도관이 수용자를 동행·계호하는 경우에는 제34조, 제37조제1항·제2항을 준용한다.

[제81조에서 이동, 종전 제75조는 삭제]

제76조(환자의 진료) 의무관이 환자를 진료하는 경우에는 진료기록부에 그 병명, 증세, 병력(病歷), 처방 등을 기록하여야 한다.

[제82조에서 이동, 종전 제76조는 삭제

제77조(감염병 환자 및 응급환자의 진료) ① 의무관은 감염병 환자가 발생했거나 발생할 우려가 있는 경우에는 지체 없이 소장에게 보고해야 하며, 그 치료와 예방에 노력해야 한다. 〈개정 2023. 1. 11.〉

② 의무관은 응급환자가 발생한 경우에는 정상 근무시간이 아니더라도 지체 없이 출근하여 진료해야 한다. 〈개정 2023. 1. 11.〉

[제목개정 2023. 1. 11.]

[제83조에서 이동, 종전 제77조는 삭제]

제78조(수술의 시행) 의무관은 환자를 치료하기 위하여 수술을 할 필요가 있는 경우에는 미리 소장에게 보고하여 허가를 받아야 한다. 다만, 긴급한 경우에는 사후에 보고할 수 있다.

[제84조에서 이동, 종전 제78조는 삭제]

제79조(수용자의 의사에 반하는 의료조치) ① 의무관은 법 제40조제2항의 조치를 위하여 필요하다고 인정하는 경우에는 의료과에 근무하는 교정직교도관(의료과에 근무하는 교정직교도관이 없거나 부족한 경우에는 당직간부)에게 법 제100조에 따른 조치를 하도록 요청할 수 있다. 〈개정 2015. 1. 30.〉

② 제1항의 요청을 받은 교정직교도관 또는 당직간부는 특별한 사정이 없으면 요청에 응하여 적절한 조치를 하여야 한다. 〈개정 2015. 1. 30.〉

[제85조에서 이동, 종전 제79조는 삭제]

제80조(의약품의 관리) ① 약무직교도관은 의약품을 교도관용, 수용자용 등으로 용도를 구분하여 보관해야 한다. 〈개정 2023. 1. 11.〉

② 제1항에 따른 수용자용 의약품은 예산으로 구입한 것과 수용자 또는 수용자 가족 등이 구입한 것으로 구분하여 보관해야 한다. 〈개정 2023. 1. 11.〉

③ 유독물은 잠금장치가 된 견고한 용기에 넣어 출입문 잠금장치가 이중으로 되어 있는 장소에 보관·관리해야 한다. 다만, 보관장소의 부족 등 부득이한 경우에는 이중 잠금장치가 된 견고한 용기에 넣어 보관·관리할 수 있다. 〈개정 2023. 1. 11.〉

④ 약무직교도관은 천재지변이나 그 밖의 중대한 사태에 대비해 필요한 약품을 확보해야 하며, 월 1회 이상 그 수량 및 보관상태 등을 점검한 후 점검 결과를 상관에게 보고해야 한다. 〈개정 2023. 1. 11.〉

[제86조에서 이동, 종전 제80조는 삭제]

제81조(교정직교도관 등에 대한 의료교육) ① 의무관은 의료과 및 의료수용동 등에 근무하는 교정직교도관에 대해 월 1회 이상 감염병 예방, 소독, 그 밖의 의료업무 수행에 필요한 소양교육을 해야 한다. 〈개정 2015. 1. 30., 2023. 1. 11.〉

② 의무관은 간병수용자에 대해 간호방법, 구급요법 등 간호에 필요한 사항을 훈련시켜야 한다. 〈개정 2023. 1. 11.〉

③ 의무관은 교도관에 대해 연 1회 이상 간호방법, 심폐소생술, 응급처치 등의 교육을 해야 한다. 〈개정 2023. 1. 11.〉

[제목개정 2015. 1. 30.]

[제87조에서 이동, 종전 제81조는 제75조로 이동 〈2015. 1. 30.〉]

제82조(사망진단서 작성) 의무관은 수용자가 교정시설에서 사망한 경우에는 검시(檢屍)를 하고 사망진단서를 작성하여야 한다.

[제88조에서 이동, 종전 제82조는 제76조로 이동 〈2015. 1. 30.〉]

제83조(부식물의 검사) ① 식품위생직교도관은 부식물 수령에 참여하여 그 신선도 등 품질을 확인하여 물품을

검사하는 교도관에게 의견을 제시하여야 한다. 이 경우 물품을 검사하는 교도관은 식품위생직교도관의 의견에 따라 적절한 조치를 하여야 한다.

② 의무관은 수용자에게 지급하는 주식, 부식 등 음식물 검사에 참여하여 식중독 등을 예방하여야 한다.

[제89조에서 이동, 종전 제83조는 제77조로 이동 〈2015. 1. 30.〉]

제84조(위생검사) ① 의무관은 매일 1회 이상 의료수용동의 청결, 온도, 환기, 그 밖의 사항을 확인하여야 한다. 〈개정 2015. 1. 30.〉

② 의무관은 교정시설의 모든 설비와 수용자가 사용하는 물품 또는 급식 등에 관하여 매주 1회 이상 전반적으로 그 위생에 관계된 사항을 확인하여야 하고, 그 결과 특히 중요한 사항은 소장에게 보고하여야 한다.

[제90조에서 이동, 종전 제84조는 제78조로 이동 〈2015. 1. 30.〉]

제85조(상황 및 의견의 보고) ① 의무관은 다음 각 호의 어느 하나에 해당하는 경우에는 그에 관한 상황 및 의견을 지체 없이 상관에게 보고하고, 상관의 지시를 받아 처리하여야 한다. 〈개정 2015. 1. 30.〉

1. 작업, 운동, 급식 등에서 수용자의 건강유지에 부적당한 것을 발견한 경우
2. 정신이상이 의심되는 수용자, 「형사소송법」 제471조제1항제1호부터 제4호까지의 규정 중 어느 하나에 해당하는 수용자 또는 폐질환에 걸렸거나 위독한 상태에 빠진 수용자를 발견한 경우
3. 수용자의 체질·병증(病症), 그 밖의 건강상태로 인하여 작업, 급식 등 처우의 방법을 변경할 필요가 있는 경우
4. 질병으로 인하여 징벌의 집행 또는 석방에 지장이 있는 경우
5. 질병을 숨기거나 꾀병을 앓는 수용자가 있는 경우
6. 환자를 의료수용동에 수용할 필요가 있는 경우
7. 환자를 외부 의료시설에 이송할 필요가 있거나 교정시설 밖에 있는 의료시설에서 근무하는 의사로 하여금 직접치료나 보조치료를 하게 할 필요가 있는 경우
8. 그 밖에 직무의 집행에 착오가 있는 경우

② 의무관을 제외한 보건위생직교도관은 직무의 집행에 착오가 있는 경우에는 상관에게 보고하고, 상관의 지시를 받아 지체 없이 처리하여야 한다.

[제91조에서 이동, 종전 제85조는 제79조로 이동 〈2015. 1. 30.〉]

제2절 기술직교도관의 직무 〈신설 2015. 1. 30.〉

제86조(기술직교도관의 직무) ① 기술직교도관은 다음 각 호의 사무를 담당한다. 〈개정 2015. 1. 30.〉

1. 건축·전기·기계·화공·섬유·전산·통신 및 농업 등 해당 분야의 시설공사
2. 수형자에 대한 기술지도
3. 교정시설의 안전 및 유지 관리
4. 차량의 운전·정비
5. 그 밖의 교정행정에 관한 사항

② 기술직교도관은 직무를 수행하기 위하여 필요한 경우에는 수용자를 동행·계호할 수 있다.

③ 제2항에 따라 기술직교도관이 수용자를 동행·계호하는 경우에는 제34조, 제37조제1항·제2항을 준용한다.

[제92조에서 이동, 종전 제86조는 제80로 이동 〈2015. 1. 30.〉]

제87조(시설공사 및 기술지도) ① 기술직교도관은 교정시설의 신축·증축 및 보수공사가 필요할 경우에는 공사계획을 수립하여 상관에게 보고하여야 한다.

② 기술직교도관은 공사를 시행할 때에는 발주계획을 수립하고 법무부장관이 정하는 바에 따라 감독업무를 수행하여야 한다.

③ 작업현장에서 기술지도를 수행하는 기술직교도관은 수형자의 기술향상에 노력하여야 하며, 위험이 따르는 기술작업 등을 하는 경우에는 수형자를 그 작업에 참여시켜서는 아니 된다. 다만, 수형자의 참여가 불가피하여 소장이 허가한 경우에는 그러하지 아니하다.

④ 제3항에 따른 작업은 특히 안전에 주의하여야 하며, 작업을 마친 후에는 기계·기구를 점검하고 그 결과를 지체 없이 상관에게 보고하여야 한다.

[제93조에서 이동, 종전 제87조는 제81조로 이동 〈2015. 1. 30.〉]

제88조(시설 안전점검 및 유지관리) ① 기술직교도관은 안전사고 예방을 위하여 시설물에 대한 자체 안전점검 계획을 수립·시행하고, 법령에 따라 정기적으로 결함 검사를 하여야 한다.

② 기술직교도관은 토지·건물 및 전기·통신·기계설비 등 해당 시설이 기능을 적절하게 유지할 수 있도록 관리하여야 하며, 연차적으로 보수계획을 수립·시행하여야 한다.

[제94조에서 이동, 종전 제88조는 제82조로 이동 〈2015. 1. 30.〉]

제88조의2(차량 관리 및 차량의 취급) ① 운전직렬공무원은 차량을 취급할 때 안전사고에 유의하여야 하며, 부득이한 경우를 제외하고는 관련 자격 취득자가 직접 조작하여야 한다.

② 운전직렬공무원은 직무상 취급하는 차량에 관하여는 청결을 유지하고, 수시로 점검·수리 등을 하여야 한다.

[본조신설 2015. 1. 30.]

제89조(상황 및 의견의 보고) 기술직교도관은 다음 각 호의 어느 하나에 해당하는 경우에는 그에 관한 상황 및 의견을 지체 없이 상관에게 보고하고, 상관의 지시를 받아 처리하여야 한다. 〈개정 2015. 1. 30.〉

1. 시설공사 및 기술지도, 그 밖의 해당 직무에 관한 기획·시행방법·공정 및 작업에 관하여 의견이 있는 경우

2. 시설물 구조의 안전을 위하여 보수, 보강이 긴급하게 필요한 경우

3. 작업을 하는 수형자가 징벌대상행위를 한 경우

4. 차량의 정기점검 등 정기검사가 필요한 경우

5. 그 밖에 직무의 집행에 착오가 있는 경우

[제95조에서 이동, 종전 제89조는 제83조로 이동 〈2015. 1. 30.〉]

제3절 관리운영직교도관의 직무 〈신설 2015. 1. 30.〉

제90조(관리운영직교도관의 직무) ① 관리운영직교도관은 다음 각 호의 사무를 담당한다.

1. 보일러·전기·통신 및 오수정화 시설 등 기계·기구의 취급·설비 관리

2. 그 밖의 교정행정에 관한 사항

② 관리운영직교도관은 직무를 수행하기 위하여 필요한 경우에는 수용자를 동행·계호할 수 있다.

③ 제2항에 따라 관리운영직교도관이 수용자를 동행·계호하는 경우에는 제34조 및 제37조제1항·제2항을 준용한다.

[본조신설 2015. 1. 30.]

[종전 제90조는 제84조로 이동 〈2015. 1. 30.〉]

제91조(시설 관리 및 기계의 취급) ① 관리운영직교도관은 기계·설비, 보일러, 전기·통신시설 및 오수정화 시설 등 취급할 때 기술이 필요하거나 위험한 기구를 조작하는 경우에는 안전사고에 유의하여야 하며, 부득이

한 경우를 제외하고는 관련 자격 취득자인 관리운영직교도관이 직접 조작하여야 한다.

② 관리운영직교도관은 직무상 취급하는 시설 및 장비에 관하여는 청결을 유지하고, 수시로 점검·수리 등을 하여야 한다.

[본조신설 2015. 1. 30.]

[종전 제91조는 제85조로 이동 〈2015. 1. 30.〉]

제92조(상황 및 의견의 보고) 관리운영직교도관은 다음 각 호의 어느 하나에 해당하는 경우에는 그에 관한 상황 및 의견을 지체 없이 상관에게 보고하고, 상관의 지시를 받아 처리하여야 한다.

1. 담당 직무에 관한 작업공정 및 운용방법에 관하여 의견이 있는 경우

2. 기계·보일러설비, 전기·통신 및 오수 정화시설 등 기계와 기구의 설치, 수리 및 보충이 필요한 경우

3. 보일러설비 또는 통신장비 등의 정기점검 등 정기검사가 필요한 경우

4. 그 밖에 직무의 집행에 착오가 있는 경우

[본조신설 2015. 1. 30.]

[종전 제92조는 제86조로 이동 〈2015. 1. 30.〉]

제4장 직업훈련교도관의 직무 〈신설 2015. 1. 30.〉

제93조(직업훈련교도관의 직무) ① 직업훈련교도관은 수형자의 직업능력개발훈련(이하 이 절에서 "훈련"이라 한다)에 관한 사무와 그 밖의 교정행정에 관한 사항을 담당하며, 직무수행상 필요한 경우에는 수용자를 동행·계호할 수 있다.

② 제1항에 따라 직업훈련교도관이 수용자를 동행·계호하는 경우에는 제34조, 제37조제1항·제2항을 준용한다.

[제67조에서 이동, 종전 제93조는 제87조로 이동 〈2015. 1. 30.〉]

제94조(훈련) 직업훈련교도관은 훈련계획을 수립하고 교안을 작성하여 훈련을 받는 수형자(이하 이 절에서 "훈련생"이라 한다)에게 이론교육과 실습훈련을 실시하여야 하며, 그 결과를 일지에 기록하여 상관에게 보고하여야 한다.

[제68조에서 이동, 종전 제94조는 제88조로 이동 〈2015. 1. 30.〉]

제95조(실습훈련) 직업훈련교도관은 제94조의 실습훈련을 할 때에는 사전에 상관의 허가를 받아야 한다. 〈개정 2015. 1. 30.〉

[제69조에서 이동, 종전 제95조는 제89조로 이동 〈2015. 1. 30.〉]

제96조(훈련시설 등의 점검) 직업훈련교도관은 훈련에 사용하는 시설, 장비 또는 기계 등의 상태를 훈련을 시작하기 전과 마친 후에 각각 점검하여야 한다.

[제70조에서 이동, 종전 제96조는 삭제

제97조(훈련 평가) ① 직업훈련교도관은 훈련기간 중 훈련생을 대상으로 이론 및 실기 평가를 하고 그 결과를 상관에게 보고하여야 한다.

② 직업훈련교도관은 제1항의 평가결과가 불량한 훈련생에게 재훈련을 하게 할 수 있다.

[제71조에서 이동, 종전 제97조는 삭제

제98조(상황 및 의견의 보고) 직업훈련교도관은 다음 각 호의 어느 하나에 해당하는 경우에는 그에 관한 상황 및 의견을 지체 없이 상관에게 보고하고, 상관의 지시를 받아 처리하여야 한다. 〈개정 2015. 1. 30.〉

1. 훈련생이 훈련을 거부하거나 평가결과가 극히 불량한 경우

2. 훈련의 종류를 변경할 필요가 있는 경우

3. 훈련시설·장비 또는 기계 등에 이상이 있는 경우

4. 훈련생이 징벌대상행위를 하거나 안전사고를 일으킨 경우

5. 그 밖에 직무의 집행에 착오가 있는 경우

부칙 〈제1094호, 2025. 4. 22.〉

이 규칙은 공포한 날부터 시행한다.

디엔에이신원확인정보의 이용 및 보호에 관한 법률

[시행 2020. 1. 21.] [법률 제16866호, 2020. 1. 21., 일부개정]

제1조(목적) 이 법은 디엔에이신원확인정보의 수집·이용 및 보호에 필요한 사항을 정함으로써 범죄수사 및 범죄예방에 이바지하고 국민의 권익을 보호함을 목적으로 한다.

제2조(정의) 이 법에서 사용하는 용어의 뜻은 다음과 같다.

1. "디엔에이"란 생물의 생명현상에 대한 정보가 포함된 화학물질인 디옥시리보 핵산(Deoxyribonucleic acid, DNA)을 말한다.

2. "디엔에이감식시료"란 사람의 혈액, 타액, 모발, 구강점막 등 디엔에이감식의 대상이 되는 것을 말한다.

3. "디엔에이감식"이란 개인 식별을 목적으로 디엔에이 중 유전정보가 포함되어 있지 아니한 특정 염기서열 부분을 검사·분석하여 디엔에이신원확인정보를 취득하는 것을 말한다.

4. "디엔에이신원확인정보"란 개인 식별을 목적으로 디엔에이감식을 통하여 취득한 정보로서 일련의 숫자 또는 부호의 조합으로 표기된 것을 말한다.

5. "디엔에이신원확인정보데이터베이스"(이하 "데이터베이스"라 한다)란 이 법에 따라 취득한 디엔에이신원확인정보를 컴퓨터 등 저장매체에 체계적으로 수록한 집합체로서 개별적으로 그 정보에 접근하거나 검색할 수 있도록 한 것을 말한다.

제3조(국가의 책무) ① 국가는 디엔에이감식시료를 채취하고 디엔에이 신원확인정보를 관리하며 이를 이용함에 있어 인간의 존엄성 및 개인의 사생활이 침해되지 아니하도록 필요한 시책을 마련하여야 한다.

② 데이터베이스에 수록되는 디엔에이신원확인정보에는 개인 식별을 위하여 필요한 사항 외의 정보 또는 인적사항이 포함되어서는 아니 된다.

제4조(디엔에이신원확인정보의 사무관장) ① 검찰총장은 제5조에 따라 채취한 디엔에이감식시료로부터 취득한 디엔에이신원확인정보에 관한 사무를 총괄한다.

② 경찰청장은 제6조 및 제7조에 따라 채취한 디엔에이감식시료로부터 취득한 디엔에이신원확인정보에 관한 사무를 총괄한다.

③ 검찰총장 및 경찰청장은 데이터베이스를 서로 연계하여 운영할 수 있다.

제5조(수형인등으로부터의 디엔에이감식시료 채취) ① 검사(군검사를 포함한다. 이하 같다)는 다음 각 호의 어느 하나에 해당하는 죄 또는 이와 경합된 죄에 대하여 형의 선고, 「형법」 제59조의2에 따른 보호관찰명령, 「치료감호법」에 따른 치료감호선고, 「소년법」 제32조제1항제9호 또는 제10호에 해당하는 보호처분결정을 받아 확정된 사람(이하 "수형인등"이라 한다)으로부터 디엔에이감식시료를 채취할 수 있다. 다만, 제6조에 따라 디엔에이감식시료를 채취하여 디엔에이신원확인정보가 이미 수록되어 있는 경우는 제외한다. 〈개정 2010.

4. 15., 2012. 12. 18., 2013. 4. 5., 2014. 10. 15., 2016. 1. 6.〉

1. 「형법」 제2편제13장 방화와 실화의 죄 중 제164조, 제165조, 제166조제1항, 제167조제1항 및 제174조(제164조제1항, 제165조, 제166조제1항의 미수범만 해당한다)의 죄

2. 「형법」 제2편제24장 살인의 죄 중 제250조, 제253조 및 제254조(제251조, 제252조의 미수범은 제외한다)의 죄

2의2. 「형법」 제2편제25장 상해와 폭행의 죄 중 제258조의2, 제261조, 제264조의 죄

2의3. 「형법」 제2편제29장 체포와 감금의 죄 중 제278조, 제279조, 제280조(제278조, 제279조의 미수범에 한정한다)의 죄

2의4. 「형법」 제2편제30장 협박의 죄 중 제284조, 제285조, 제286조(제284조, 제285조의 미수범에 한정한다)의 죄

3. 「형법」 제2편제31장 약취(略取), 유인(誘引) 및 인신매매의 죄 중 제287조, 제288조(결혼을 목적으로 제288조제1항의 죄를 범한 경우는 제외한다), 제289조(결혼을 목적으로 제289조제2항의 죄를 범한 경우는 제외한다), 제290조, 제291조, 제292조(결혼을 목적으로 한 제288조제1항 또는 결혼을 목적으로 한 제289조제2항의 죄로 약취, 유인 또는 매매된 사람을 수수 또는 은닉한 경우 및 결혼을 목적으로 한 제288조제1항 또는 결혼을 목적으로 한 제289조제2항의 죄를 범할 목적으로 사람을 모집, 운송 또는 전달한 경우는 제외한다) 및 제294조(결혼을 목적으로 제288조제1항 또는 결혼을 목적으로 제289조제2항의 죄를 범한 경우의 미수범, 결혼을 목적으로 한 제288조제1항 또는 결혼을 목적으로 한 제289조제2항의 죄로 약취, 유인 또는 매매된 사람을 수수 또는 은닉한 죄의 미수범은 제외한다)의 죄

4. 「형법」 제2편제32장 강간과 추행의 죄 중 제297조, 제297조의2, 제298조부터 제301조까지, 제301조의2, 제302조, 제303조 및 제305조의 죄

4의2. 「형법」 제2편제36장 주거침입의 죄 중 제320조, 제322조(제320조의 미수범에 한정한다)의 죄

4의3. 「형법」 제2편제37장 권리행사를 방해하는 죄 중 제324조제2항, 제324조의5(제324조제2항의 미수범에 한정한다)의 죄

5. 「형법」 제2편제38장 절도와 강도의 죄 중 제330조, 제331조, 제332조(제331조의2의 상습범은 제외한다)부터 제342조(제329조, 제331조의2의 미수범은 제외한다)까지의 죄

5의2. 「형법」 제2편제39장 사기와 공갈의 죄 중 제350조의2, 제351조(제350조, 제350조의2의 상습범에 한정한다), 제352조(제350조, 제350조의2의 미수범에 한정한다)의 죄

5의3. 「형법」 제2편제42장 손괴의 죄 중 제369조제1항, 제371조(제369조제1항의 미수범에 한정한다)의 죄

6. 「폭력행위 등 처벌에 관한 법률」 제2조(같은 조 제2항의 경우는 제외한다), 제3조부터 제5조까지 및 제6조(제2조제2항의 미수범은 제외한다)의 죄

7. 「특정범죄가중처벌 등에 관한 법률」 제5조의2제1항부터 제6항까지, 제5조의4제2항 및 제5항, 제5조의5, 제5조의8, 제5조의9 및 제11조의 죄

8. 「성폭력범죄의 처벌 등에 관한 특례법」 제3조부터 제11조까지 및 제15조(제13조의 미수범은 제외한다)의 죄

9. 「마약류관리에 관한 법률」 제58조부터 제61조까지의 죄

10. 「아동ㆍ청소년의 성보호에 관한 법률」 제7조, 제8조 및 제12조부터 제14조까지(제14조제3항의 경우는 제외한다)의 죄

11. 「군형법」 제53조제1항, 제59조제1항, 제66조, 제67조 및 제82조부터 제85조까지의 죄

② 검사는 필요한 경우 교도소·구치소 및 그 지소, 소년원, 치료감호시설 등(이하 "수용기관"이라 한다)의 장에게 디엔에이감식시료의 채취를 위탁할 수 있다.

제6조(구속피의자등으로부터의 디엔에이감식시료 채취) 검사 또는 사법경찰관(군사법경찰관을 포함한다. 이하 같다)은 제5조제1항 각 호의 어느 하나에 해당하는 죄 또는 이와 경합된 죄를 범하여 구속된 피의자 또는 「치료감호법」에 따라 보호구속된 치료감호대상자(이하 "구속피의자등"이라 한다)로부터 디엔에이감식시료를 채취할 수 있다. 다만, 제5조에 따라 디엔에이감식시료를 채취하여 디엔에이신원확인정보가 이미 수록되어 있는 경우는 제외한다.

제7조(범죄현장등으로부터의 디엔에이감식시료 채취) ① 검사 또는 사법경찰관은 다음 각 호의 어느 하나에 해당하는 것(이하 "범죄현장등"이라 한다)에서 디엔에이감식시료를 채취할 수 있다.

1. 범죄현장에서 발견된 것

2. 범죄의 피해자 신체의 내·외부에서 발견된 것

3. 범죄의 피해자가 피해 당시 착용하거나 소지하고 있던 물건에서 발견된 것

4. 범죄의 실행과 관련된 사람의 신체나 물건의 내·외부 또는 범죄의 실행과 관련한 장소에서 발견된 것

② 제1항에 따라 채취한 디엔에이감식시료에서 얻은 디엔에이신원확인정보는 그 신원이 밝혀지지 아니한 것에 한정하여 데이터베이스에 수록할 수 있다.

제8조(디엔에이감식시료채취영장) ① 검사는 관할 지방법원 판사(군판사를 포함한다. 이하 같다)에게 청구하여 발부받은 영장에 의하여 제5조 또는 제6조에 따른 디엔에이감식시료의 채취대상자로부터 디엔에이감식시료를 채취할 수 있다.

② 사법경찰관은 검사에게 신청하여 검사의 청구로 관할 지방법원판사가 발부한 영장에 의하여 제6조에 따른 디엔에이감식시료의 채취대상자로부터 디엔에이감식시료를 채취할 수 있다.

③ 제1항과 제2항의 채취대상자가 동의하는 경우에는 영장 없이 디엔에이감식시료를 채취할 수 있다. 이 경우 미리 채취대상자에게 채취를 거부할 수 있음을 고지하고 서면으로 동의를 받아야 한다.

④ 제1항 및 제2항에 따라 디엔에이감식시료를 채취하기 위한 영장(이하 "디엔에이감식시료채취영장"이라 한다)을 청구할 때에는 채취대상자의 성명, 주소, 청구이유, 채취할 시료의 종류 및 방법, 채취할 장소 등을 기재한 청구서 및 채취에 관한 채취대상자의 의견이 담긴 서면을 제출하여야 하며, 청구이유에 대한 소명자료를 첨부하여야 한다. 이 경우 채취대상자의 의견이 담긴 서면을 제출하기 곤란한 사정이 있는 때에는 그에 대한 소명자료를 함께 제출하여야 한다.

⑤ 관할 지방법원 판사는 디엔에이감식시료채취영장 발부여부를 심사하는 때에 채취대상자에게 서면에 의한 의견진술의 기회를 주어야 한다. 다만, 제4항에 따라 채취대상자의 의견이 담긴 서면이 제출된 때에는 의견진술의 기회를 부여한 것으로 본다.

⑥ 디엔에이감식시료채취영장에는 대상자의 성명, 주소, 채취할 시료의 종류 및 방법, 채취할 장소, 유효기간과 그 기간을 경과하면 집행에 착수하지 못하며 영장을 반환하여야 한다는 취지를 적고 지방법원판사가 서명날인하여야 한다.

⑦ 디엔에이감식시료채취영장은 검사의 지휘에 의하여 사법경찰관리가 집행한다. 다만, 수용기관에 수용되어 있는 사람에 대한 디엔에이감식시료채취영장은 검사의 지휘에 의하여 수용기관 소속 공무원이 행할 수 있다.

⑧ 검사는 필요에 따라 관할구역 밖에서 디엔에이감식시료채취영장의 집행을 직접 지휘하거나 해당 관할구

역의 검사에게 집행지휘를 촉탁할 수 있다.

⑨ 디엔에이감식시료를 채취할 때에는 채취대상자에게 미리 디엔에이감식시료의 채취 이유, 채취할 시료의 종류 및 방법을 고지하여야 한다.

⑩ 디엔에이감식시료채취영장에 의한 디엔에이감식시료의 채취에 관하여는 「형사소송법」 제116조, 제118조, 제124조부터 제126조까지 및 제131조를 준용한다.

[전문개정 2020. 1. 21.]

[2020. 1. 21. 법률 제16866호에 의하여 2018. 8. 30. 헌법재판소에서 헌법불합치된 이 조를 개정함.]

제8조의2(불복절차) ① 제8조제1항 또는 제2항에 따른 디엔에이감식시료채취영장에 의하여 디엔에이감식시료가 채취된 대상자는 채취에 관한 처분에 대하여 불복이 있으면 채취가 이루어진 날부터 7일 이내에 그 직무집행지의 관할법원 또는 검사의 소속검찰청에 대응한 법원에 그 처분의 취소를 청구할 수 있다.

② 제1항의 청구는 서면으로 관할 법원에 제출하여야 한다.

③ 제1항의 청구가 있는 경우에는 「형사소송법」 제409조, 제413조, 제414조 및 제415조의 규정을 준용한다.

[본조신설 2020. 1. 21.]

제9조(디엔에이감식시료의 채취 방법) ① 제5조 및 제6조에 따라 디엔에이감식시료를 채취할 때에는 구강점막에서의 채취 등 채취대상자의 신체나 명예에 대한 침해를 최소화하는 방법을 사용하여야 한다.

② 디엔에이감식시료의 채취 방법 및 관리에 관하여 필요한 사항은 대통령령으로 정한다.

제10조(디엔에이신원확인정보의 수록 등) ① 검찰총장 및 경찰청장은 다음 각 호의 업무를 대통령령으로 정하는 사람이나 기관(이하 "디엔에이신원확인정보담당자"라 한다)에 위임 또는 위탁할 수 있다. 〈개정 2020. 1. 21.〉

1. 제5조부터 제8조까지 및 제9조에 따라 채취된 디엔에이감식시료의 감식 및 데이터베이스에의 디엔에이신원확인정보의 수록

2. 데이터베이스의 관리

② 디엔에이신원확인정보담당자에 대한 위임 또는 위탁, 디엔에이감식업무, 디엔에이신원확인정보의 수록 및 관리 등에 관하여 필요한 사항은 대통령령으로 정한다.

제11조(디엔에이신원확인정보의 검색·회보) ① 디엔에이신원확인정보담당자는 다음 각 호의 어느 하나에 해당하는 경우에 디엔에이신원확인정보를 검색하거나 그 결과를 회보할 수 있다.

1. 데이터베이스에 새로운 디엔에이신원확인정보를 수록하는 경우

2. 검사 또는 사법경찰관이 범죄수사 또는 변사자 신원확인을 위하여 요청하는 경우

3. 법원(군사법원을 포함한다. 이하 같다)이 형사재판에서 사실조회를 하는 경우

4. 데이터베이스 상호간의 대조를 위하여 필요한 경우

② 디엔에이신원확인정보담당자는 제1항에 따라 디엔에이신원확인정보의 검색결과를 회보하는 때에는 그 용도, 작성자, 조회자의 성명 및 작성 일시를 명시하여야 한다.

③ 디엔에이신원확인정보의 검색 및 검색결과의 회보 절차에 관하여 필요한 사항은 대통령령으로 정한다.

제12조(디엔에이감식시료의 폐기) ① 디엔에이신원확인정보담당자가 디엔에이신원확인정보를 데이터베이스에 수록한 때에는 제5조 및 제6조에 따라 채취된 디엔에이감식시료와 그로부터 추출한 디엔에이를 지체 없이 폐기하여야 한다.

② 디엔에이감식시료와 그로부터 추출한 디엔에이의 폐기 방법 및 절차에 관하여 필요한 사항은 대통령령으로 정한다.

제13조(디엔에이신원확인정보의 삭제) ① 디엔에이신원확인정보담당자는 수형인등이 재심에서 무죄, 면소, 공소기각 판결 또는 공소기각 결정이 확정된 경우에는 직권 또는 본인의 신청에 의하여 제5조에 따라 채취되어 데이터베이스에 수록된 디엔에이신원확인정보를 삭제하여야 한다.

② 디엔에이신원확인정보담당자는 구속피의자등이 다음 각 호의 어느 하나에 해당하는 경우에는 직권 또는 본인의 신청에 의하여 제6조에 따라 채취되어 데이터베이스에 수록된 디엔에이신원확인정보를 삭제하여야 한다.

1. 검사의 혐의없음, 죄가안됨 또는 공소권없음의 처분이 있거나, 제5조제1항 각 호의 범죄로 구속된 피의자의 죄명이 수사 또는 재판 중에 같은 항 각 호 외의 죄명으로 변경되는 경우. 다만, 죄가안됨 처분을 하면서 「치료감호법」 제7조제1호에 따라 치료감호의 독립청구를 하는 경우는 제외한다.

2. 법원의 무죄, 면소, 공소기각 판결 또는 공소기각 결정이 확정된 경우. 다만, 무죄 판결을 하면서 치료감호를 선고하는 경우는 제외한다.

3. 법원의 「치료감호법」 제7조제1호에 따른 치료감호의 독립청구에 대한 청구기각 판결이 확정된 경우

③ 디엔에이신원확인정보담당자는 제8조의2에 따른 수형인등 또는 구속피의자등의 불복절차에서 검사 또는 사법경찰관의 디엔에이감식시료의 채취에 관한 처분 취소결정이 확정된 경우에는 직권 또는 본인의 신청에 의하여 제5조 또는 제6조에 따라 채취되어 데이터베이스에 수록된 디엔에이신원확인정보를 삭제하여야 한다. 〈신설 2020. 1. 21.〉

④ 디엔에이신원확인정보담당자는 수형인등 또는 구속피의자등이 사망한 경우에는 제5조 또는 제6조에 따라 채취되어 데이터베이스에 수록된 디엔에이신원확인정보를 직권 또는 친족의 신청에 의하여 삭제하여야 한다. 〈개정 2020. 1. 21.〉

⑤ 디엔에이신원확인정보담당자는 제7조에 따라 채취되어 데이터베이스에 수록된 디엔에이신원확인정보에 관하여 그 신원이 밝혀지는 등의 사유로 더 이상 보존·관리가 필요하지 아니한 경우에는 직권 또는 본인의 신청에 의하여 그 디엔에이신원확인정보를 삭제하여야 한다. 〈개정 2020. 1. 21.〉

⑥ 디엔에이신원확인정보담당자는 제1항부터 제5항까지의 규정에 따라 디엔에이신원확인정보를 삭제한 경우에는 30일 이내에 본인 또는 신청인에게 그 사실을 통지하여야 한다. 〈개정 2020. 1. 21.〉

⑦ 디엔에이신원확인정보의 삭제 방법, 절차 및 통지에 관하여 필요한 사항은 대통령령으로 정한다. 〈개정 2020. 1. 21.〉

제14조(디엔에이신원확인정보데이터베이스관리위원회) ① 데이터베이스의 관리·운영에 관한 다음 각 호의 사항을 심의하기 위하여 국무총리 소속으로 디엔에이신원확인정보데이터베이스관리위원회(이하 "위원회"라 한다)를 둔다.

1. 디엔에이감식시료의 수집, 운반, 보관 및 폐기에 관한 사항

2. 디엔에이감식의 방법, 절차 및 감식기술의 표준화에 관한 사항

3. 디엔에이신원확인정보의 표기, 데이터베이스 수록 및 삭제에 관한 사항

4. 그 밖에 대통령령으로 정하는 사항

② 위원회는 위원장 1명을 포함한 7명 이상 9명 이하의 위원으로 구성한다.

③ 위원은 다음 각 호의 어느 하나에 해당하는 사람 중에서 국무총리가 위촉하며, 위원장은 국무총리가 위원 중에서 지명한다.

1. 5급 이상 공무원(고위공무원단에 속하는 일반직공무원을 포함한다) 또는 이에 상당하는 공공기관의 직에

있거나 있었던 사람으로서 디엔에이와 관련한 업무에 종사한 경험이 있는 사람

2. 대학이나 공인된 연구기관에서 부교수급 이상 또는 이에 상당하는 직에 있거나 있었던 사람으로서 생명과학 또는 의학 분야에서 전문지식과 연구경험이 풍부한 사람

3. 그 밖에 윤리학계, 사회과학계, 법조계 또는 언론계 등 분야에서 학식과 경험이 풍부한 사람

④ 위원의 임기는 3년으로 한다.

⑤ 위원회는 제1항 각 호 사항의 심의에 필요하다고 인정하는 때에는 검찰총장 및 경찰청장에게 관련 자료의 제출을 요청할 수 있고, 디엔에이신원확인정보담당자 등을 위원회의 회의에 참석하게 하여 의견을 들을 수 있다.

⑥ 위원회는 제1항 각 호의 사항을 심의하여 검찰총장 또는 경찰청장에게 의견을 제시할 수 있다.

⑦ 제1항부터 제6항까지에서 규정한 사항 외에 위원회의 구성과 운영 등에 필요한 사항은 대통령령으로 정한다.

제15조(업무목적 외 사용 등의 금지) 디엔에이신원확인정보담당자는 업무상 취득한 디엔에이감식시료 또는 디엔에이신원확인정보를 업무목적 외에 사용하거나 타인에게 제공 또는 누설하여서는 아니 된다.

제16조(벌칙 적용 시 공무원 의제) 디엔에이신원확인정보담당자 중 공무원이 아닌 사람은 「형법」이나 그 밖의 법률에 따른 벌칙을 적용할 때에는 공무원으로 본다.

제17조(벌칙) ① 디엔에이신원확인정보를 거짓으로 작성하거나 변개(變改)한 사람은 7년 이하의 징역 또는 2천만원 이하의 벌금에 처한다.

② 이 법에 따라 채취한 디엔에이감식시료를 인멸, 은닉 또는 손상하거나 그 밖의 방법으로 그 효용을 해친 사람은 5년 이하의 징역 또는 700만원 이하의 벌금에 처한다.

③ 제15조를 위반하여 디엔에이감식시료 또는 디엔에이신원확인정보를 업무목적 외에 사용하거나 타인에게 제공 또는 누설한 사람은 3년 이하의 징역 또는 5년 이하의 자격정지에 처한다.

④ 다음 각 호의 어느 하나에 해당하는 사람은 2년 이하의 징역 또는 500만원 이하의 벌금에 처한다.

1. 거짓이나 그 밖의 부정한 방법으로 디엔에이신원확인정보를 열람하거나 제공받은 사람

2. 제11조에 따라 회보된 디엔에이신원확인정보를 업무목적 외에 사용하거나 타인에게 제공 또는 누설한 사람

⑤ 디엔에이신원확인정보담당자가 정당한 사유 없이 제12조 또는 제13조를 위반하여 디엔에이감식시료와 추출한 디엔에이를 폐기하지 아니하거나 디엔에이신원확인정보를 삭제하지 아니한 때에는 1년 이하의 징역 또는 3년 이하의 자격정지에 처한다. 〈개정 2014. 1. 7.〉

부칙 〈제16866호, 2020. 1. 21.〉

제1조(시행일) 이 법은 공포한 날부터 시행한다.

제2조(적용례) 제8조제5항, 제8조의2, 제13조제3항 및 제6항의 개정규정은 이 법 시행 전 디엔에이감식시료채취영장을 청구한 경우에도 적용한다.

디엔에이신원확인정보의 이용 및 보호에 관한 법률 시행령

[시행 2022. 7. 1.] [대통령령 제32737호, 2022. 6. 30., 타법개정]

제1조(목적) 이 영은 「디엔에이신원확인정보의 이용 및 보호에 관한 법률」에서 위임된 사항과 그 시행에 필요한 사항을 규정함을 목적으로 한다.

제2조(정의) 이 영에서 사용하는 용어의 뜻은 다음과 같다.

1. "인적사항등"이란 「디엔에이신원확인정보의 이용 및 보호에 관한 법률」(이하 "법"이라 한다) 제5조 또는 제6조에 따른 디엔에이감식시료 채취대상자의 성명, 주민등록번호(외국인의 경우에는 외국인등록번호, 여권번호 등을 말한다) 등 인적사항 및 디엔에이감식시료의 채취 또는 그 원인이 된 사건과 관련된 정보를 말한다.

2. "식별코드"란 개인 식별을 위하여 법 제5조 또는 제6조에 따른 디엔에이감식시료 채취대상자의 인적사항을 대신하여 디엔에이신원확인정보데이터베이스(이하 "데이터베이스"라 한다)에 수록되는 것으로 숫자, 문자 또는 기호 등을 조합하여 생성된 분류체계를 말한다.

제3조(디엔에이인적관리시스템의 운영) ① 검찰총장 및 경찰청장은 다음 각 호의 업무에 이용하기 위하여 하드웨어, 소프트웨어, 데이터베이스, 네트워크, 보안요소 등이 결합되어 구축된 디엔에이인적관리시스템(이하 "인적관리시스템"이라 한다)을 서로 연계하여 운영하는 등 필요한 조치를 하여야 한다.

1. 인적사항등 및 식별코드의 관리업무

2. 디엔에이감식 및 디엔에이신원확인정보의 검색·회보와 관련된 인적사항등의 확인업무

3. 디엔에이감식시료의 중복 채취 및 채취 누락 확인업무

4. 디엔에이신원확인정보의 삭제사유 확인업무

② 인적관리시스템은 「형사사법절차 전자화 촉진법」에 따른 형사사법정보시스템을 이용할 수 있다.

제4조(디엔에이인적관리자) ① 검찰총장 및 경찰청장은 식별코드의 생성·부착 및 제3조제1항 각 호의 업무를 담당할 디엔에이인적관리자를 소속 공무원 중에서 지정할 수 있다.

② 디엔에이인적관리자는 인적관리시스템에 정보를 입력하거나 수정·삭제하기 위하여 그가 소속된 기관의 공무원 중에서 인적관리시스템에 접속할 권한을 부여받을 사람을 지정할 수 있다.

③ 디엔에이인적관리자는 검사 또는 사법경찰관이 디엔에이감식시료의 중복 채취 확인, 관련 사건의 수사 등을 위하여 인적관리시스템을 열람할 수 있도록 조치할 수 있다.

④ 디엔에이인적관리자는 인적관리시스템을 검색한 결과 법 제5조 및 제6조에 따른 디엔에이감식시료 채취대상자에 대한 디엔에이감식시료 채취가 누락된 사실을 발견한 경우 지체 없이 검사(군검사를 포함한다. 이하 같다) 또는 사법경찰관(군사법경찰관을 포함한다. 이하 같다)에게 그 사실을 통보하여야 한다. 〈개정 2022. 6. 30.〉

제5조(데이터베이스의 연계) 검찰총장 및 경찰청장은 법 제4조제3항에 따라 데이터베이스를 서로 연계하여 운영할 때에는 데이터베이스의 수록내용을 상호 열람, 검색할 수 있도록 전자적으로 연계하여야 한다.

제6조(디엔에이감식시료 채취의 위탁) ① 검사는 법 제5조제2항에 따라 디엔에이감식시료의 채취를 위탁하기 위하여 교도소·구치소 및 그 지소, 소년원, 치료감호시설 등(이하 "수용기관"이라 한다)의 장에게 디엔에이감식시료 채취대상자의 확인 및 디엔에이감식시료 채취의 위탁에 필요한 자료를 요청할 수 있다.

② 법 제5조제2항에 따라 검사로부터 디엔에이감식시료의 채취를 위탁받은 수용기관의 장은 지체 없이 법 제5조에 따른 디엔에이감식시료 채취대상자로부터 디엔에이감식시료를 채취하고, 채취한 디엔에이감식시료와 다음 각 호의 서류를 즉시 검사에게 보내야 한다.

1. 채취 일시와 장소 및 방법, 채취한 디엔에이감식시료의 종류 등을 적은 서류
2. 법 제8조제3항에 따른 동의서(이하 "디엔에이감식시료채취동의서"라 한다)

제7조(디엔에이감식시료채취영장의 집행 등) ① 검찰총장 및 경찰청장은 법 제8조에 따라 디엔에이감식시료를 채취하기 위한 영장(이하 "디엔에이감식시료채취영장"이라 한다)이 발부되고 검사의 지명수배·통보 결정이 있는 경우 검사 또는 사법경찰관리가 지명수배·통보관리와 관련된 전산자료를 통하여 그 사실을 조회할 수 있도록 하여야 한다.

② 법 제5조 또는 제6조에 따른 디엔에이감식시료 채취대상자에 대하여 법 제8조제6항에 따라 디엔에이감식시료채취영장의 집행지휘를 받은 사법경찰관리 또는 수용기관 소속 공무원은 지체 없이 디엔에이감식시료 채취대상자로부터 디엔에이감식시료를 채취하여야 한다.

③ 제2항에 따라 디엔에이감식시료를 채취한 사법경찰관 또는 수용기관 소속 공무원은 채취한 디엔에이감식시료와 다음 각 호의 서류를 즉시 검사에게 보내야 한다. 다만, 법 제8조제6항에 따라 디엔에이감식시료채취영장의 집행지휘를 받은 사법경찰관(수용기관 소속의 사법경찰관은 제외한다)이 법 제6조에 따른 디엔에이감식시료 채취대상자로부터 디엔에이감식시료를 채취한 경우는 제외한다.

1. 채취 일시와 장소 및 방법, 채취한 디엔에이감식시료의 종류 등을 적은 서류
2. 디엔에이감식시료채취영장

제8조(디엔에이감식시료의 채취 방법 및 관리) ① 법 제5조 또는 제6조에 따른 디엔에이감식시료 채취대상자로부터 디엔에이감식시료를 채취할 때에는 다음 각 호의 어느 하나에 해당하는 방법으로 하여야 한다.

1. 구강점막에서의 채취
2. 모근을 포함한 모발의 채취
3. 그 밖에 디엔에이를 채취할 수 있는 신체부분, 분비물, 체액의 채취(제1호 또는 제2호에 따른 디엔에이감식시료의 채취가 불가능하거나 현저히 곤란한 경우에 한정한다)

② 검찰총장 및 경찰청장은 법 제5조부터 제8조까지의 규정에 따라 디엔에이감식시료를 채취하는 경우 디엔에이감식시료가 부패 또는 오염되거나 다른 디엔에이감식시료와 바뀌지 않도록 디엔에이감식시료의 채취, 운반 및 보관에 필요한 조치를 하여야 한다.

제9조(디엔에이감식시료 채취사실의 기록) 검사 또는 사법경찰관은 법 제6조 및 제7조제1항에 따라 디엔에이감식시료를 채취한 경우 채취 일시와 장소 및 방법, 채취한 디엔에이감식시료의 종류와 채취 사유 등을 적은 서류를 작성하여 사건기록에 첨부하여야 한다.

제10조(수형인등 또는 구속피의자등으로부터 채취한 디엔에이감식시료의 송부) ① 검사 또는 사법경찰관은 법 제5조 또는 제6조에 따른 디엔에이감식시료 채취대상자로부터 채취한 디엔에이감식시료와 다음 각 호의 서

류를 제4조제1항에 따라 검찰총장이 지정한 디엔에이인적관리자(이하 "검찰 디엔에이인적관리자"라 한다) 또는 제4조제1항에 따라 경찰청장이 지정한 디엔에이인적관리자(이하 "경찰 디엔에이인적관리자"라 한다)에게 보내야 한다.

1. 채취 일시와 장소 및 방법, 채취한 디엔에이감식시료의 종류 등을 적은 서류

2. 디엔에이감식시료채취영장 또는 디엔에이감식시료채취동의서

② 제1항에 따라 디엔에이감식시료를 건네받은 디엔에이인적관리자는 식별코드를 생성하여 디엔에이감식시료를 담은 봉투, 용기 등에 부착하고 인적관리시스템에 인적사항등과 식별코드를 입력한 후 지체 없이 그 디엔에이감식시료를 법 제10조 및 이 영 제12조제1항에 따라 법 제10조제1항 각 호의 업무를 위임받은 대검찰청 과학수사기획관(이하 "검찰 디엔에이신원확인정보담당자"라 한다) 또는 법 제10조 및 이 영 제12조 제2항제1호에 따라 법 제10조제1항 각 호의 업무를 위탁받은 국립과학수사연구원(이하 "경찰 디엔에이신원확인정보담당자"라 한다)에 보내야 한다. 〈개정 2010. 8. 13.〉

③ 검찰 디엔에이신원확인정보담당자는 검사가 법 제6조에 따른 디엔에이감식시료 채취대상자로부터 채취한 디엔에이감식시료에서 취득한 디에이신원확인정보를 지체 없이 경찰 디엔에이신원확인정보담당자에게 보내야 한다.

제11조(범죄현장등으로부터 채취한 디엔에이감식시료의 송부) ① 검사 또는 사법경찰관은 법 제7조에 따라 채취한 디엔에이감식시료를 지체 없이 다음 각 호의 구분에 따른 사람 또는 기관에게 보내야 한다.

1. 검사 또는 사법경찰관(군사법경찰관은 제외한다)이 법 제7조에 따라 디엔에이감식시료를 채취한 경우: 검찰 디엔에이신원확인정보담당자 또는 경찰 디엔에이신원확인정보담당자

2. 군사법경찰관이 법 제7조에 따라 디엔에이감식시료를 채취한 경우: 법 제10조 및 이 영 제12조제2항제2호에 따라 법 제7조에 따라 채취한 디엔에이감식시료의 감식업무를 위탁받은 국방부 조사본부장(이하 "군 디엔에이감식기관"이라 한다)

② 검찰 디엔에이신원확인정보담당자 또는 군 디엔에이감식기관은 제1항에 따라 건네받은 디엔에이감식시료에서 취득한 디엔에이신원확인정보 중 신원이 밝혀지지 아니한 것을 지체 없이 경찰 디엔에이신원확인정보담당자에게 보내야 한다.

제12조(업무의 위임 및 위탁) ① 검찰총장은 법 제10조제1항에 따라 같은 항 각 호의 업무를 대검찰청 과학수사기획관에게 위임한다.

② 법 제10조제1항에 따른 경찰청장 업무의 위탁은 다음 각 호의 구분에 따른다. 〈개정 2010. 8. 13.〉

1. 법 제10조제1항 각 호의 업무(제2호의 업무는 제외한다): 국립과학수사연구원에 위탁

2. 군사법경찰관이 법 제7조에 따라 채취한 디엔에이감식시료의 감식업무: 국방부 조사본부장에게 위탁

제13조(디엔에이감식 등) ① 검찰 디엔에이신원확인정보담당자·경찰 디엔에이신원확인정보담당자(이하 "디엔에이신원확인정보담당자"라 한다) 및 군 디엔에이감식기관은 디엔에이감식에 필요한 시설과 장비, 신뢰성 높은 디엔에이감식기법의 사용 등과 관련하여 국제공인시험기관으로 인정받은 기관에서 디엔에이감식을 하고, 감정서를 작성하여야 한다.

② 디엔에이신원확인정보담당자 및 군 디엔에이감식기관은 디엔에이감식과 관련하여 디엔에이감식시료가 부패 또는 오염되거나 다른 시료와 바뀌지 않도록 디엔에이감식시료의 취급에 필요한 조치를 하여야 한다.

③ 디엔에이신원확인정보담당자 및 군 디엔에이감식기관은 디엔에이감식시료 부족 등의 사유로 디엔에이신원확인정보를 확인하기 어려운 경우 검사 또는 사법경찰관에게 그 사유를 적어 디엔에이감식시료를 다시 채

취해 줄 것을 요청할 수 있다.

제14조(데이터베이스의 관리 등) ① 디엔에이신원확인정보담당자는 데이터베이스에 수록된 정보가 유출되거나 임의로 변경, 삭제 또는 멸실되는 것을 방지하기 위하여 데이터베이스에 보안장치 등 필요한 조치를 취하여야 한다.

② 디엔에이신원확인정보담당자는 데이터베이스에 정보를 입력하거나 수정·삭제하거나 검색하기 위하여 그가 소속된 기관의 공무원 중에서 데이터베이스에 접속할 권한을 부여받을 사람을 지정할 수 있다.

제15조(디엔에이신원확인정보의 검색 및 회보) ① 법 제11조제1항에 따라 디엔에이신원확인정보의 검색결과를 회보할 디엔에이신원확인정보담당자는 다음 각 호의 구분에 따른다.

1. 법 제5조 또는 제6조에 따른 디엔에이감식시료 채취대상자로부터 채취한 디엔에이감식시료를 감식하여 취득한 디엔에이신원확인정보를 법 제7조에 따라 채취한 디엔에이감식시료를 감식하여 취득한 디엔에이신원확인정보가 수록된 데이터베이스에서 검색·대조한 결과 디엔에이신원확인정보가 일치하는 사실을 발견한 경우: 법 제5조 또는 제6조에 따른 디엔에이감식시료 채취대상자로부터 채취한 디엔에이감식시료를 감식한 디엔에이신원확인정보담당자

2. 법 제7조에 따라 채취한 디엔에이감식시료를 감식하여 취득한 디엔에이신원확인정보를 법 제5조 및 제6조에 따른 디엔에이감식시료 채취대상자로부터 채취한 디엔에이감식시료를 감식한 디엔에이신원확인정보를 수록한 데이터베이스에서 검색·대조한 결과 디엔에이신원확인정보가 일치하는 사실을 발견한 경우: 법 제5조 또는 제6조에 따른 디엔에이감식시료 채취대상자로부터 채취한 디엔에이감식시료를 감식한 디엔에이신원확인정보담당자

3. 법 제7조에 따라 채취한 디엔에이감식시료를 감식하여 취득한 디엔에이신원확인정보를 법 제7조에 따라 채취한 디엔에이감식시료를 감식하여 취득한 디엔에이신원확인정보가 수록된 데이터베이스에서 검색·대조한 경우: 해당 데이터베이스를 관리하는 디엔에이신원확인정보담당자

4. 그 밖의 경우: 디엔에이신원확인정보를 검색·대조한 디엔에이신원확인정보담당자

② 법 제11조제1항에 따른 디엔에이신원확인정보 검색결과를 회보받을 사람은 다음 각 호의 구분에 따른다.

1. 법 제11조제1항제1호 및 제4호에 따른 디엔에이신원확인정보 검색결과의 회보의 경우: 해당 사건을 담당한 검사 또는 사법경찰관

2. 법 제11조제1항제2호 및 제3호에 따른 디엔에이신원확인정보 검색결과의 회보의 경우: 검색을 요청한 검사, 사법경찰관 또는 법원(군사법원을 포함한다. 이하 같다)

③ 제2항에 따라 디엔에이신원확인정보의 검색결과를 회보받은 사람은 검찰 디엔에이인적관리자 또는 경찰 디엔에이인적관리자에게 디엔에이신원확인정보 검색결과의 회보와 관련된 인적사항등을 확인해 줄 것을 요청할 수 있다.

④ 법 제11조제1항에 따라 디엔에이신원확인정보를 검색한 결과 다른 디엔에이신원확인정보담당자가 관리하는 데이터베이스에 수록된 디엔에이신원확인정보와 대조하려는 디엔에이신원확인정보가 일치하거나 중복한다는 사실을 발견한 디엔에이신원확인정보담당자는 지체 없이 그 데이터베이스를 관리하는 디엔에이신원확인정보담당자, 그 데이터베이스에 수록된 디엔에이신원확인정보와 관련된 인적사항등을 관리하는 디엔에이인적관리자 및 검색을 요청하거나 사건을 담당하는 검사 또는 사법경찰관에게 그 사실을 감정서 등의 서면, 유선 또는 팩스 등의 방법으로 통보해야 한다. 〈개정 2021. 1. 5.〉

⑤ 제4항에 따른 통보를 받은 디엔에이인적관리자는 디엔에이신원확인정보의 검색을 요청하거나 사건을 담

당하는 검사 또는 사법경찰관에게 인적사항등을 확인해 줄 수 있다.

⑥ 제1항제1호 및 제2호에 따른 디엔에이신원확인정보담당자로부터 디엔에이신원확인정보의 검색결과를 회보받은 검사 또는 사법경찰관은 해당 디엔에이감식시료 채취대상자로부터 시료를 다시 채취하여 검색결과를 회보한 디엔에이신원확인정보담당자에게 다시 감식해 줄 것을 요청할 수 있다.

제16조(디엔에이감식시료의 폐기) ① 디엔에이신원확인정보담당자는 법 제12조제1항에 따라 지정된 장소에서 소각하거나 화학적 처리 등을 통하여 디엔에이감식시료의 재분석을 불가능하게 하는 방법으로 디엔에이감식시료와 그로부터 추출한 디엔에이 및 감식과정에서 발생한 부산물을 폐기하여야 한다.

② 디엔에이신원확인정보담당자는 제1항에 따라 디엔에이감식시료와 그로부터 추출한 디엔에이 및 감식과정에서 발생한 부산물을 폐기한 경우 폐기 일시와 장소, 폐기한 디엔에이감식시료의 종류, 폐기 방법 등을 적은 자료를 보존하여야 한다. 이 경우 그 자료를 전자적 문서 또는 데이터베이스를 통하여 관리할 수 있다.

제17조(디엔에이신원확인정보의 삭제 방법, 절차 등) ① 법 제13조에 따른 디엔에이신원확인정보의 삭제 사유가 발생한 경우 검사, 사법경찰관 또는 수용기관의 장은 다음 각 호의 구분에 따라 디엔에이인적관리자에게 그 사실을 통보하여야 한다.

1. 법 제13조제1항부터 제3항까지 규정에 따른 디엔에이신원확인정보의 삭제 사유가 발생한 경우(제2호의 경우는 제외한다): 검사 또는 사법경찰관이 검찰 디엔에이인적관리자 또는 경찰 디엔에이인적관리자에게 통보

2. 수용기관에 수용되어 있던 사람에게 법 제13조제3항의 사유가 발생한 경우: 수용기관의 장이 검찰 디엔에이인적관리자 또는 경찰 디엔에이인적관리자에게 통보

② 제1항에 따라 통보를 받은 디엔에이인적관리자는 법 제5조 또는 제6조에 따른 디엔에이감식시료 채취대상자의 디엔에이신원확인정보를 법 제13조제1항부터 제3항까지의 규정에 따라 삭제하여야 하는지를 확인하기 위하여 인적관리시스템을 검색할 수 있다.

③ 제2항에 따른 검색 결과 디엔에이신원확인정보를 삭제하여야 하는 경우 디엔에이인적관리자는 인적관리시스템에서 인적사항등 및 식별코드를 삭제한 후 검찰 디엔에이신원확인정보담당자 또는 경찰 디엔에이신원확인정보담당자에게 삭제한 식별코드를 통보하여야 한다.

④ 디엔에이신원확인정보를 삭제한 디엔에이신원확인정보담당자는 법 제13조제5항에 따라 디엔에이신원확인정보 삭제 사실을 서면, 전자우편, 문자전송 또는 팩스의 방법으로 통지해야 한다. 〈개정 2021. 1. 5.〉

제18조(디엔에이신원확인정보데이터베이스관리위원회의 심의사항) 법 제14조제1항제4호에서 "대통령령으로 정하는 사항"이란 다음 각 호와 같다.

1. 법 제4조제3항 및 이 영 제5조에 따른 데이터베이스 간의 전자적 연계를 통한 디엔에이신원확인정보의 상호 검색에 관한 사항

2. 식별코드 표준화에 관한 사항

3. 디엔에이신원확인정보 표준화에 관한 사항

제19조(디엔에이신원확인정보데이터베이스관리위원회의 구성 및 운영) ① 법 제14조에 따른 디엔에이신원확인정보데이터베이스관리위원회(이하 "위원회"라 한다)의 위원장은 위원회를 대표하고 위원회의 업무를 총괄한다.

② 위원회의 위원장은 위원회의 회의를 소집하고 그 의장이 된다.

③ 위원장이 부득이한 사유로 그 직무를 수행할 수 없는 때에는 위원장이 미리 지명한 위원이 그 직무를 대

행한다.

④ 위원회의 회의는 재적위원 과반수의 출석으로 개의하고, 출석위원 과반수의 찬성으로 의결한다.

⑤ 위원회의 사무를 처리하기 위하여 위원회에 간사 2명을 두며, 간사는 디엔에이신원확인정보의 이용 및 보호에 관련한 업무에 종사하거나 관련 지식이 풍부한 대검찰청 및 경찰청 소속 공무원 중에서 검찰총장 및 경찰청장이 각 1명씩을 임명한다.

⑥ 위원회에서 심의할 안건을 검토하고 위원회의 운영을 지원하기 위하여 위원회에 실무위원회를 둔다.

⑦ 제1항부터 제6항까지에서 규정한 사항 외에 위원회 및 실무위원회의 운영에 필요한 사항은 위원회의 의결을 거쳐 위원장이 정한다.

제19조의2(위원회 위원의 해촉) 국무총리는 법 제14조제3항에 따른 위원회의 위원이 다음 각 호의 어느 하나에 해당하는 경우에는 해당 위원을 해촉(解囑)할 수 있다.

1. 심신장애로 인하여 직무를 수행할 수 없게 된 경우

2. 직무수행 과정에서 취득한 비밀을 누설하거나 직무수행 과정에서 취득한 정보를 허가되지 아니한 방법으로 연구 등에 활용하는 경우

3. 직무와 관련된 비위사실이 있는 경우

4. 직무태만, 품위손상이나 그 밖의 사유로 인하여 위원으로 적합하지 아니하다고 인정되는 경우

5. 위원 스스로 직무를 수행하는 것이 곤란하다고 의사를 밝히는 경우

[본조신설 2016. 5. 10.]

제20조(위원회의 의견제출) 위원회가 법 제14조제6항에 따라 검찰총장 또는 경찰청장에게 의견을 제시한 경우 검찰총장 또는 경찰청장은 의견의 시행 경과 및 결과를 위원회에 통보하여야 한다.

부칙 〈제32737호, 2022. 6. 30.〉 (군검찰사무 운영규정)

제1조(시행일) 이 영은 2022년 7월 1일부터 시행한다.

제2조(다른 법령의 개정) ①부터 ⑤까지 생략

⑥ 디엔에이신원확인정보의 이용 및 보호에 관한 법률 시행령 일부를 다음과 같이 개정한다.

제4조제4항 중 "군검찰관을"을 "군검사를"로 한다.

⑦부터 ⑪까지 생략

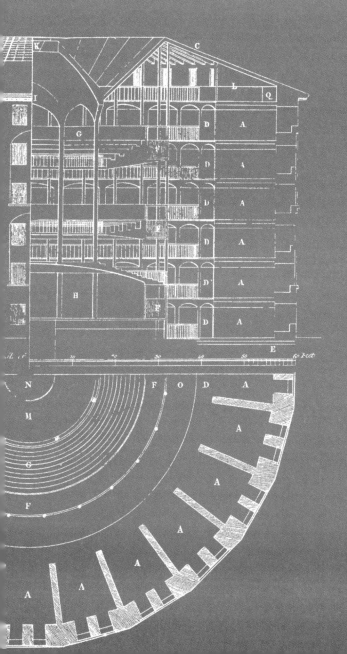

3부
훈령·예규

01

급식 · 보관 · 구매 · 피복

수용자 급식관리지침

[시행 2024. 1. 3.] [법무부예규 제1334호, 2024. 1. 3., 일부개정.]

제1절 총칙

제1조(목적) 이 예규는 「형의 집행 및 수용자의 처우에 관한 법률」 제23조 및 같은 법 시행규칙 제58조에서 법무부장관이 정하도록 한 사항인 수용자의 급식에 관한 사항을 규정함을 목적으로 한다.

제2조(정의) 이 예규에서 사용하는 용어의 뜻은 다음과 같다.

1. "주식"은 밥으로 급식하기 위하여 사용하는 음식물을 말한다.

2. "부식"은 식품 중 주식을 제외한 모든 음식물을 말한다.

제2절 주식

제3조(양곡 구입 및 검수) ① 양곡은 각 수용기관 소재지의 지방자치단체 등에서 정부관리 양곡(관수용)을 구입하고, 인수 시 매출통지서와 인수지시서, 곡물 종류별 생산년도, 규격, 수량, 현품의 일치여부 및 상태를 확인한 후 수령하여야 한다.

② 양곡의 인수 시에는 검수관이 수량과 상태를 확인한 후 입고하여야 한다.

제4조(양곡보관 및 수불관리) ① 양곡의 지급은 「형의 집행 및 수용자의 처우에 관한 법률 시행규칙」 제10조 내지 제15조에 의한다.

② 급식인원은 매 끼니별로 정확히 파악하여 산정하여야 한다.

③ 양곡 보관은 곡물 종류별로 구분하여 관리하고, 부식·연료를 포함한 재고현황을 별지 제1호 서식에 따라 매일 기록 유지하여야 한다.

④ 교도소·구치소 및 그 지소의 장(이하 "소장"이라 한다)은 「형의 집행 및 수용자의 처우에 관한 법률 시행규칙」 제11조의 수량을 기준으로 지급하되 실제 급식하는 수량을 소비량으로 한다.

⑤ 소장은 배식방법 등을 수시로 점검하여 해당 기관의 실정에 적합한 급식방법을 마련하여야 한다.

⑥ 취사 및 배식 종사인원의 확보, 배식시간의 단축여부, 위생 및 보안상의 문제점 등을 수시로 검토하여 효율적인 급식운영이 되도록 한다.

제3절 비상식량

제5조(비상식량 인수) ① 구입 대표기관은 납품되는 비상식량의 규격, 수량 및 훼손품 여부에 대하여 검사하고, 이상이 있는 경우 불합격 등의 조치를 하여야 한다.

② 구입 대표기관은 지시공문에 따라 인계시기 등을 인수기관과 협의하고, 제품의 제조일자가 납품시기와 일

치되는지 여부와 소비기한을 확인한 후 인수하여야 한다.

③ 비상식량 중 건빵의 규격은 국방부 규격 등을 참고하여 따로 정한다.

제6조(보관관리) ① 비상식량의 보관은 통풍이 잘되고 습기가 차지 않으며, 쥐, 벌레 등 해충으로 인한 피해가 없도록 하고, 바닥에서 50센티미터 이상 높은 곳에 보관하도록 한다.

② 비상식량의 소비기한은 현품 제조일로부터 제조회사의 보증기간으로 한다.

③ 보관 중 변질 및 부패 등으로 급식에 지장을 초래한 경우에는 그 원인을 조사하고 제조회사 등과 협의하여 교환 급식할 수 있도록 한다.

제7조(급식시기) 비상식량은 다음 각 호의 1에 해당하는 경우에 지급하되 집중 급식하거나, 적정 재고량을 확보하지 않고 미리 전량을 급식하는 등의 사례가 없도록 자체급식 계획을 수립하여 시행에 적정을 기하여야 한다.

1. 유사시나 호송 시 등 주·부식의 정상 지급이 어려울 때
2. 재고량 조절을 위한 자체급식 계획에 의한 급식 시
3. 그 밖에 별도 지시가 있거나 필요하다고 인정될 때

제8조(급식방법) ① 지급 기준량은 1인당 1식 1봉으로 한다.

② 비상식량 지급 시 부식비 범위 안에서 적절한 부식을 지급할 수 있다. 다만, 제7조제2호에 의한 비상식량 지급 시 급식비 범위 안에서 적절한 주·부식을 지급할 수 있다.

제4절 부식

제9조(부식조달) ① 부식 구입에 따른 계약, 회계 및 물품관리 등은 관계법령에 의한다.

② 결정된 식단에 의해 급식 실시 전에 월중 식품별 소요량 및 금액을 산출한 수급 계획을 수립하여 소장이 검토·확정하고 조달에 지장이 없도록 한다.

③ 채소류 등 장기간 보관이 곤란한 부식을 한꺼번에 다량 구입하여 납품업자에게 장기간 보관시키거나 계약 또는 지출원인행위 없이 미리 구두로 물품을 주문하여 납품 받아 사용하여서는 아니 된다.

④ 소장은 구입업무 담당 공무원으로 하여금 「국가를 당사자로 하는 계약에 관한 법률」 등에 따라 예정가격을 결정하고 예산이 낭비되지 않도록 예산집행의 전 과정을 철저히 감독하고, 구입 절차를 투명하게 하여 업무집행 과정에서 비위가 발생하거나 민원이 야기되지 않도록 하여야 한다.

⑤ 수용자의 부식물 구입은 교도작업특별회계 생산품을 우선 구입하고 「국가를 당사자로 하는 계약에 관한 법률」 등 관련 규정에 따라 일반경쟁 입찰방식으로 구입하는 것을 원칙으로 한다.

⑥ 부식물은 수용인원 및 급식계획에 따라 소요량을 정확히 산출하여 구입하도록 하고 일부 품목을 다량구입 보관하는 등의 사례가 없도록 한다.

⑦ 부식물 구입 시 분납사유(창고사정 등)가 있을 때에는 반드시 계약 체결 시에 분납계약을 체결하여 분납받도록 하되 납품시마다 검수를 하여야 하며 일괄 정리하는 사례가 없도록 하여야 한다.

⑧ 수용자 부식물의 규격은 농·수산물표준규격 및 축산물의 가공기준 및 성분규격 등을 참고하여 자체 실정에 맞게 정하여 검수에 지장이 없도록 하여야 한다.

제10조(검수) ① 검수관은 주·부식 등을 검수할 때에는 별지 제7호 서식에 따라 검수일지를 기록하여야 한다. 다만, 자체적으로 검수일지를 기록하는 경우에는 별지 제7호의 점검사항을 포함하여야 한다.

② 소장은 식품위생직 등을 검수관으로 임명하고, 필요할 경우에는 검수관을 추가로 임명하여 복수검사를 하는 등 검수업무를 철저하게 하도록 하여야 한다.

③ 검수관은 계약서 및 관계 법령에 따라 부식물을 검사함에 있어 다른 사람으로부터 검사업무 및 그 결과에 대하여 간섭받지 않으며 검사업무를 태만 또는 고의지연 등으로 인하여 급식에 차질을 초래하거나 물의를 발생시키는 일이 없도록 하여야 한다.

④ 검사 장소는 해당 기관의 구내로 정함을 원칙으로 하며, 부득이한 경우나 그 밖에 생산지에서 인수함을 조건으로 계약된 경우에는 검사장소를 소장이 따로 정할 수 있다.

⑤ 부식물 및 공산품 등의 검사 시 규격, 성분, 그 밖에 조사에 필요한 사항은 해당 부식물에 대한 인정기관의 규격 및 기준을 적용하여 검사할 수 있다.

⑥ 부식물의 납품 또는 보관 등에 사용되는 포장용기는 종류에 따라 식품의약품안전처의 식품 등의 기준 및 규격 등에 적합한 것이어야 한다.

⑦ 부식물의 계약 시 포장용기의 적정 여부를 증명할 수 있는 증빙서류가 필요시 첨부하도록 하고, 검사 시 이상 유무를 확인토록 하여야 한다.

제10조의2(검수일지 등의 기록·보관) 검수관은 다음 각 호에 따라 검수일지 등을 기록 및 보관하여야 한다.

1. 계약된 물품의 규격, 수량 및 배송온도, 포장상태, 품질상태 등을 점검하고, 그 결과를 검수일지에 기록한다.

2. 제1호의 검수결과 부적합 사항이 확인될 때에는 지체 없이 개선 조치하여 그 결과를 검수일지에 기록한다.

3. 검수일지는 3개월간 보관하여야 한다.

4. 육류의 경우 축산물 등급판정서 및 이력관리확인서를 구입한 날로부터 6개월간 보관한다.

제11조(수불관리) ① 모든 부식물은 구입 납품 즉시 검수를 실시하고 소모품대장에 등재하며, 물품을 내어줄 때 그 수량을 확인하고, 관계서류와 대조하여 철저히 관리하여야 한다. 다만, 물품관리법에서 규정한 출납증명서류는 생략할 수 있다.

② 부식 급여량을 과다 책정하여 남은 음식물이 많이 발생하는 일이 없도록 수시로 확인하여 기호에 적합하지 않은 부식물의 급식은 식단 작성 시 참고하도록 한다.

③ 복지과장은 관계직원으로 하여금 부식물의 재고량 및 상태의 이상 유무를 정기적으로 확인하게 하여 부식물이 상하거나 과부족이 발생하지 않도록 보관 및 관리에 철저를 기하고, 매월 그 결과를 소장에게 보고하여야 한다.

제12조(위생관리) ① 변질되기 쉬운 식품의 구입을 지양하고 검수, 보관관리 및 검식 등을 철저히 하여 집단급식 과정에서 발생하기 쉬운 식중독 사고를 미리 방지하여야 한다.

② 음식물은 미리 조리하여 실온에 장시간 보관하지 않도록 하고, 조리 완료 후 2시간 이내에 급식을 원칙으로 한다.

③ 주·부식의 조리 및 배식 시에 이물질이 들어가거나 냉장보관 등의 소홀로 변질된 부식이 지급되지 않도록 유의한다.

④ 하절기에는 위생관리에 특별히 주의를 기울이고 채소를 제외한 식품은 가급적 생식 급여를 지양한다.

⑤ 주·부식 창고 및 취사장 등에 쥐와 파리, 그 밖의 날벌레 등이 서식하지 못하도록 항상 청결을 유지하도록 한다.

⑥ 남은 음식물은 신속하게 처리하고 쓰레기장, 하수로 등의 청소, 소독에 만전을 기한다.

⑦ 수용자에 대한 급식이 원활하게 이루어질 수 있도록 취사원에게 개인위생, 물자절약, 조리업무 등에 대한 교육을 월 1회 이상 실시하고 교육 내용을 기록하여야 한다.

⑧ 취사원에게는 청결한 위생복, 위생모, 위생화, 마스크를 착용토록 하며, 취사장 근무 공무원은 취사원에

대해 매일 개인 위생검사 등을 실시하여 이상이 있을 시는 그에 필요한 조치를 취하도록 한다.

제12조의2(위생점검 등) ① 식중독 사고 예방 등 안전한 급식 관리를 위하여 위생관리 사항에 대한 준수여부를 매일 점검하여 별지 제8호 서식의 위생관리 점검표를 기록하여야 한다. 다만, 자체적으로 위생관리 점검표를 기록하는 경우에는 별지 제8호의 점검사항을 포함하여야 한다.

② 제1항에 따라 점검한 결과 부적합 사항이 확인되는 경우에는 지체 없이 개선 조치를 하고 그 결과를 기록하여야 한다.

③ 위생관리 점검표는 3개월간 보관하여야 한다.

제12조의3(교육) 소장은 식품위생 수준 및 자질 향상을 위하여 「식품위생법」 제41조, 제56조 및 「국민영양관리법」 제20조에 따라 식품위생직 공무원에 대해 교육의 기회를 부여하여야 한다.

제12조의4(보존식의 보관) 식중독 발생 시 역학조사를 위해 전용 냉동고에 조리·제공한 식품의 100g이상 또는 매회 1인분 분량을 보관하고, 보관시간은 휴무일을 포함한 144시간 이상 보관·관리한다.

제12조의5(개인 위생관리) 식품위생직 공무원은 식품위생관련 법령에 따른 건강진단을 매년 1회 이상 실시하여야 한다.

제5절 급양관리

제13조(급식관리) ① 급식비는 단가 경비이므로 기준단가를 준수하여 연간 급식비 과부족이 발생하지 않도록 하여야 한다.

② 소장은 연말에 집중 지급함으로써 처우의 불균형을 초래하거나 불필요한 식재료를 과다 구입하여 예산을 낭비하는 사례가 없도록 급식을 적정하게 하여야 한다.

③ 연중 또는 월중 급식계획의 운영은 식품의 성수기, 비수기 또는 물가 변동 상황 등을 검토하여 식품을 선택하고, 양의 증감 등을 감안하여 급식운영을 적정하게 할 수 있도록 한다.

④ 지방교정청장은 산하기관의 급식운영 실태 및 식중독 등의 사고가 발생하지 않도록 수시로 지도·감독하고, 급식에 관한 문제점이 발생하지 않도록 급식의 운영과 개선에 노력하여야 한다.

제14조(특식 지급) ① 특식 지급은 모든 수용자를 대상으로 한다.

② 특식은 다음의 국경일·기념일 등에 지급한다.

1. 3·1절, 광복절, 개천절, 한글날

2. 1월1일, 설날, 부처님 오신 날(음력 4월 8일), 추석, 12월25일(기독탄신일)

3. 기타 법무부장관이 지정한 날

③ 특식은 해당 일에 1회 지급한다.

④ 특식은 예산의 범위에서 주·부식을 특별히 마련하여 지급한다.

⑤ 특식은 기호 및 지급일을 상징할 수 있는 부식을 선정하여 소장이 지역 실정에 따라 적절하게 실시한다.

⑥ 특식은 자체 급식 계획에 포함하여 수립·시행하고 지급결과 보고서(월보 및 연보)에 급식일, 인원, 식품명, 단가, 1인당 지급량, 금액을 포함하여 보고하여야 한다.

⑦ 특식은 수용자 부식비 1인당 집행 기준단가 이외에 추가하여 재배정된 예산의 범위 안에서 집행한다.

⑧ 특식 지급일이 같은 날에 중복되는 경우에는 1회만 급식한다.

제15조(외국인 수용자 급식) ① 외국인 수용자 중 외국인 급식관리 대상은 대한민국 국적을 가지지 아니한 수용자 중 내국인 수용자와 식습관을 현저히 달리하는 수용자로서 소장이 판단하여 운영한다.

② 외국인 수용자의 급식 지급기준은 국민영양관리법의 영양소 섭취기준을 참고하여 지급하되 소속 국가의 음식문화, 체격 등을 고려하여 증감할 수 있다.

③ 소장은 국내식을 충분히 섭취할 수 있는 수용자에게 외국인 급식처우를 하여 예산낭비를 초래하는 일이 없도록 정확을 기하여야 한다.

④ 「대한민국과 아메리카합중국 간의 상호방위조약 제4조에 의한 시설과 구역 및 대한민국에서의 합중국군대의 지위에 관한 협정」(SOFA)에 따라 수용된 자에게는 급식단가 범위 안에서 급식을 제공한다. 다만, 미군 당국으로부터 식재료를 제공받아 수용자가 스스로 취식을 하는 경우에는 급식을 제공하지 않을 수 있다.

⑤ 제1항부터 제4항까지에서 규정된 사항 외의 급식운영에 관한 사항은 내국인 수용자에 준한다.

제15조의2(기타 급식관리) 소장은 수용자의 종교적인 신념 또는 채식주의 등 일반 급식이 곤란한 경우 기관의 여건 등을 고려하여 건강 및 체력 유지에 필요한 음식물을 지급할 수 있다.

제16조(중간식 지급) ① 연장 작업으로 인하여 중간식을 지급할 때에는 작업 여부를 확인한 후 필요한 조치를 취하되 3시간 이상의 연장 작업을 아니 하였음에도 중간식을 지급하는 사례가 없도록 한다.

② 연장 작업으로 인한 중간식의 지급은 주·부식 또는 대용식 1회분을 간식으로 지급할 수 있다.

제17조(식단 작성 및 운영요령) ① 식단의 작성은 각 지역별 특성을 고려하여 작성하며, 지방급식관리위원회에서 세밀히 분석·검토하여 심의하도록 한다.

② 식단은 재료명, 단가, 금액, 영양량, 그 밖의 필요사항을 기록한 조리계획서 등을 기초로 별지 제4호 서식의 월 식단차림표(부식)에 따라 요일별, 끼니별로 각 기관의 실정에 맞도록 주간 단위로 작성하여 월중에 반복 운영하는 것을 원칙으로 한다.

③ 식단 작성 시는 영양, 기호, 가격, 조리의 편이, 급식실적, 남은 음식물 등을 검토하여 식품 재료를 선정하고, 작성 시의 1인당 금액은 연간 단가를 검토하여 적용하되 성수기, 비수기 등을 고려하여 실제 운영하려는 단가를 기준으로 작성한다.

④ 계절식품을 충분히 활용하되, 「국민영양관리법」의 영양소 섭취기준을 참고하여 균형 있는 식단이 되도록 한다.

⑤ 식단은 한 끼에 국·찌개류 등 한 가지, 조림·무침류 등 한두 가지, 김치·기타 한 가지 등으로 급식하는 것을 원칙으로 한다.

⑥ 부득이한 사유로 확정된 식단을 변경할 경우에는 교도관회의를 거치거나 소장의 승인을 받아 변경하여야 한다.

⑦ 대체 급식은 식단의 시행중 계획 식단의 이행이 부득이한 사정으로 어려운 경우에, 미리 그 현황과 변경사유를 별지 제5호 서식의 식단변경 보고서에 기록하여 소장의 허가를 받은 후 시행한다.

⑧ 지방급식관리위원회의 적극 운영으로 급식의 질적, 양적 향상과 식단의 개선을 도모한다.

제17조의2(기호도 조사) 소장은 급식한 식단에 대한 기호(선호)도 조사를 매월 실시하여 그 결과를 급식운영 개선에 활용할 수 있다.

제18조(연료관리) ① 연료 납품 시 물량을 정확하게 검사하여 인수하고 유량계기에 나타난 양과 실제 소모량의 차이가 발생할 수 있으므로 수시로 재고량 점검을 실시한다.

② 가스의 사용 시는 잠금장치의 확인은 물론 수시로 배관의 이상 유무 등을 확인하여 안전사고 및 연료의 낭비가 되지 않도록 관리에 만전을 기한다.

제6절 기타

제19조(지급결과 보고서 작성 등) ① 주·부식 지급 결과 보고서의 모든 현황은 장부상 현황과 실제 재고가 일치하여야 한다.

② 소장은 주·부식 및 연료의 지급 결과 보고서 중 월보는 다음 달 5일까지, 연보는 다음 해 1월 10일까지 별지 제6호 서식의 수용자 주·부식 지급결과 보고서를 작성하여 지방교정청장에게 보고하고, 각 지방교정청장은 소속 기관의 급식현황 중 월보는 다음 달 10일까지, 연보는 다음 해 1월 20일까지 별지 제6호의2서식 수용자 주·부식 지급결과 보고서를 작성하여 법무부장관에게 보고 하여야 한다.

③ 급식비 예산집행 현황

1. 지출원인행위액의 월계·누계의 계는 부식비, 연료비, 부대경비를 합산하여 계산한다.

2. 연보 작성 시는 연보와 월계의 누계가 일치되어야 하며, 부식·연료 현황보고서는 구입금액과도 오차가 있어서는 아니 된다.

④ 급식인원 현황

1. 일반식, 건빵, 환자식, 유아식, 중간식, 외국인 등으로 세분하여 아침·점심·저녁, 계, 평균 인원으로 작성하며 평균 인원은 한 끼, 두 끼 등 까지 정확하게 작성한다.

2. 건빵의 급식인원은 건빵 실제 소비량과 일치되어야 한다.

⑤ 주식 현황

1. 보고서 작성 시에는 킬로그램 단위로 반올림하여 작성한다.

2. 금월 중 수입은 양곡 매출 지시서가 접수된 경우에는 실제 수령을 하지 않았다 하더라도 보고서에는 수입으로 계산하여 작성한다.

3. 삭제

4. 건빵은 실제 인수된 수량만을 수입량으로 기입 정리한다.

⑥ 부식 현황

1. 식품의 분류는 식품구성자전거에 구분하고 각 분류가 소계, 월계, 누계를 반드시 계산하여 기입한다.

2. 삭제

⑦ 연료 현황

1. 연료는 종류별로 구분하여 수량, 금액을 정확하게 작성한다.

2. 연료 중 기타 란에 작성될 경우에는 연료명을 기록한다.

⑧ 보관 책임자는 주·부식 및 연료의 재고량과 보관상태, 변질여부 등을 수시로 점검하고 매월 그 결과를 별지 제2호서식의 주식·부식·연료 재고량 점검부에 작성하여 소장에게 보고하여야 한다.

제20조(저장탱크 관리) 삭 제

제21조(재검토기한) 「훈령·예규 등의 발령 및 관리에 관한 규정」에 따라 이 예규에 대하여 2024년 1월 1일 기준으로 매 3년이 되는 시점(매 3년째의 12월 31일까지를 말한다)마다 그 타당성을 검토하여 개선 등의 조치를 하여야 한다.

부칙 〈제1334호, 2024. 1. 3.〉

이 예규는 2024년 1월 3일부터 시행한다.

위생관리 점검표

점검자:　　　　　　　(인)

구분		점검 사항	점검결과							조치 사항
			월 월/ 일	화 월/ 일	수 월/ 일	목 월/ 일	금 월/ 일	토 월/ 일	일 월/ 일	
1. 개인 위생 관리	복장 관리	○ 위생복, 위생모, 마스크, 앞치마 착용, 장신구 미착용 여부								
	건강 상태	○ 식품취급자(조리종사자 포함) 건강상태								
2. 식재료 검수 및 보관 관리	검수 일지	○ 식재료 검수일지 작성, 보관 여부								
	소비 기한	○ 식재료의 소비기한 경과 확인								
	구분 보관	○ 식품, 비식품(세척제, 소독제 등)을 구분 보관 여부								
	냉장·냉동고 관리	○ 냉장고·냉동고 적정온도 여부								
3. 조리 관리	세척 및 소독	○ 가열하지 않고 생으로 제공하는 야채· 과일을 소독할 경우에는 식품첨가물로 허용된 살균제 사용 및 충분한 헹굼 여부								
	조리 시 주의 사항	○ 육류, 어류 등 동물성원료(돈까스, 만두, 떡갈비 등 분쇄육 등)를 가열 조리하는 경우에는 식품의 중심부까지 충분히 익힘 여부								
		○ 해동은 위생적인 방법으로 실시하고, 해동식품 재냉동 금지 확인								
	구분 사용	○ 칼·도마(어류·육류·채소류) 용도별 구분 사용 여부								
4. 배식 및 보존식 관리	배식	○ 배식용 보관용기는 세척·소독·건조된 것을 사용하며 조리된 음식은 뚜껑 등을 덮어 교차오염 되지 않도록 관리								
	배식 후 관리	○ 배식대에서 배식하고 남은 음식물을 다시 사용·조리 또는 보관 여부								
	보존식	○ 보존식 보관 및 관리기준(-18℃이하, 144시간 이상) 준수 여부								
5. 시설 관리	시설	○ 자외선 또는 전기살균소독기, 열탕세척 소독시설, 환기시설 정상 작동 확인								
		○ 배수구 청결관리 여부(조리장 바닥에 배수구 있는 경우)								

※ 기록 방법 : 적합○, 부적합X, 해당사항 없을 경우 – 표기, 부적합 시 조치 사항 기록

보관금품 관리지침

[시행 2025. 1. 2.] [법무부예규 제1355호, 2025. 1. 2., 일부개정.]

제1장 총칙

제1조(목적) 이 지침은 「형의 집행 및 수용자의 처우에 관한 법률」 제25조, 제26조, 같은 법 시행령 제34조, 제38조 및 같은 법 시행규칙 제22조에서 법무부장관에게 위임한 사항과 그 시행에 필요한 사항 및 교정시설의 장이 보관금품 등에 관하여 조치할 사항을 규정함을 목적으로 한다.

제1조의2(정의) 이 지침에서 사용하는 용어의 뜻은 다음과 같다.

1. "보관금품"이란 보관금과 보관품을 말한다.
2. "보관금"이란 신입자가 교도소·구치소 및 그 지소(이하 "교정시설"이라 한다)에 수용될 때에 지니고 있는 휴대금, 수용자 이외의 사람이 수용자에게 보내 온 전달금, 그 밖에 법령에 따라 수용자에게 보내 온 금원으로서 교정시설에 보관이 허가된 금원을 말한다.
3. "보관품"이란 신입자가 교정시설에 수용될 때에 지니고 있는 휴대품, 수용자 이외의 사람이 수용자에게 보내 온 물품, 수용자가 자비로 구매한 물품, 그 밖에 법령에 따라 수용자에게 보내 온 물품으로서 교정시설에 보관이 허가된 물품을 말한다.
4. "특별보관품"이란 보관품 중 금·은·보석, 시계, 휴대전화, 인감도장, 유가증권, 주민등록증, 중요문서 등 귀중품으로서 특별히 보관할 필요가 있는 것을 말한다. 다만, 전자손목시계, 전화카드, 만년필, 전자계산기 등 일용화된 저가물품은 특별보관품으로 보지 않는다.

제2조(보관금품의 관리자) 교정시설에 보관된 금품은 교정시설의 장(이하 "소장"이라 한다)이 관리한다.

제3조(보관금품 출납 및 보관공무원 임명) 소장은 해당 기관의 세입세출외현금출납공무원 또는 분임세입세출외현금출납공무원 중에서 보관금품 출납 및 보관공무원(이하 "출납공무원"이라 한다)을 임명해야 한다.

제4조(선량한 관리자의 주의의무 등) ① 보관금품에 관한 사무에 종사하는 공무원은 선량한 관리자로서의 주의의무를 다해야 한다.

② 출납공무원은 보관금품의 출납 및 보관에 대하여 그 책임을 진다.

제5조(전달금품의 접수시간) 전달금품은 접견업무 근무시간 내에 접수한다.

제2장 보관금 관리

제6조(보관금의 관리) 출납공무원은 금원을 보관하는 경우에는 관련 전산시스템(이하 "교정정보시스템 등"이라고 한다)의 별지 제1호 서식의 보관금대장에 입력하여 관리해야 한다. 보관금이 변동되는 경우에도 또한 같다.

제7조(휴대금 등의 접수·관리 및 반환) ① 신입자의 휴대금은 별지 제2호서식의 보관금관리부에 등재하여 본

인의 손도장 또는 서명을 받아 접수한 후 휴대금 중 자기앞수표 및 우편환은 은행조회 등을 거쳐 현금으로 취급한다.

② 신입자의 은행통장, 신용카드 등 카드일체, 유가증권, 가계수표 및 외국 화폐는 특별보관품으로 간주하여 관리하고, 제28조 제4항을 준용하여 가족 등에게 반환해야 한다.

③ 인수기관의 보관금담당자는 교정정보시스템 등에서 이송자의 보관금 입금여부를 확인하고 필요한 조치를 해야 한다.

제8조(전달금 접수) ① 수용자 이외의 사람이 수용자에게 금원을 건네줄 것을 신청하는 경우 가상계좌를 통해 접수하도록 안내하여야 한다. 다만, 정보처리기기(온라인뱅킹, ATM 등) 접근에 취약한 노약자, 장애인 등 이용에 어려움이 있는 경우 별지 제3호서식의 보관금 접수신청서를 작성하여 금원과 함께 민원실에서 보관금품을 접수하는 공무원(이하 "보관금취급자"라 한다)에게 제출하여 신청 받을 수 있다.

② 전달금의 접수 금액은 보관금의 잔액과 접수 금액의 합이 개인당 400만원을 초과하지 않도록 하여야 한다. 다만, 수용자 본인에게로의 압수금 환부, 합의금 수령, 보증금 입금, 체납 임금 등 부득이하게 전달금 접수가 필요한 때에는 제9조제2항부터 제6항을 준용하여 처리한다. 이 경우 보관금은 전달금으로 본다.

③ 보관금취급자가 제1항의 신청서와 금원을 접수한 경우에는 별지 제4호서식의 보관금접수원을 전산으로 출력하여 신청자에게 발급한다. 다만, 우편 또는 온라인을 통해 금원 전달을 신청한 경우에는 보관금 접수원을 발급하지 않을 수 있다.

④ 수용자 이외의 사람이 수용자에게 전달하고자 하는 금원을 우편으로 보내 온 경우에는 해당 우편물에 연락받을 휴대전화번호와 접수여부 확인을 문자메시지로 받기 원하는 내용이 기재되어 있을 경우 전달금을 접수한 사실 등을 보낸 사람이 확인할 수 있도록 문자메시지를 발송해야 한다.

⑤ 보관금취급자는 금원 전달을 신청한 사람에게 불편사항 해소 및 청렴도 설문조사 등을 안내하는 문자메시지 발송에 대한 동의 여부를 확인해야 한다.

⑥ 보관금 온라인뱅킹시스템 운영에 필요한 사항은 별표 9와 같다.

⑦ 수용자 개인별로 부여된 가상계좌는 해당 수용자나 교정기관에 인적사항이 등록된 민원인에 한하여 알려줄 수 있다.

제9조(보관금의 교정시설 보관범위) ① 교정시설에 보관하고 수용자가 사용할 수 있는 보관금 금액은 개인당 400만원으로 하며 이를 초과하는 금액에 대해서는 해당 기관의 거래은행(이하 "거래은행"이라 한다)에 수용자 개인 명의로 통장을 개설하여 입금 · 보관하고 석방할 때 이를 지급한다.

② 교정시설 내 보관범위를 초과하는 금액에 대해서는 수시로 10만원 이상 단위로 거래은행에 입금 조치를 한다. 다만, 치료비나 벌금납부, 합의금 지급 등을 위해 400만원을 초과하여 교정시설에 보관할 필요가 있는 경우에는 별지 제5호서식의 보관금 초과보관 허가대장에 기재한 후 소장의 허가를 받아 처리한다.

③ 보관금이 400만원을 초과하는 수용자가 신용불량 등을 이유로 통장개설을 거부하는 경우에는 보관금 초과안내문을 전달받은 날로부터 7일 이내에 초과보관금을 가족 등에게 반환할 수 있도록 별표 1의 보관금 초과 안내문을 전달하여야 한다. 이 경우 초과안내문은 보관금이 400만원을 초과한 날로부터 7일 이내에 전달하여야 하며, 안내문을 전달하기 전에 해당 수용자가 통장을 개설하는 등 안내문을 전달할 필요가 없는 경우에는 전달하지 않을 수 있다.

④ 제3항에 따라 수용자가 별표 1의 보관금 초과안내문을 전달받고 7일 이내 보관금 반환 등을 거부하는 경우에는 제1항에도 불구하고 개인당 400만원을 초과하는 금액에 대하여 전달금 반입을 제한할 수 있다. 무연

고를 이유로 보관금 반환에 응하지 않는 경우에도 또한 같다.

⑤ 소장은 보관금의 보유한도액 초과자에 대한 처리결과를 별지 제20호서식의 초과 보관금품[불허휴대품] 처리대장에 기록·유지해야 한다.

⑥ 소장은 교정시설 보관범위를 초과한 보관금에 대하여 수용자가 예탁통장 개설을 원하거나 가족 등에게 보내기를 신청하는 경우에는 이를 허가할 수 있다.

제10조(보관금의 예탁) ① 출납공무원은 접수한 보관금을 금융기관에 예탁해야 한다.

② 보관금 총액이 100만원 이상인 수용자가 최소 50만원을 보유액으로 하고, 나머지 금액에 대하여 이자증식을 신청하는 경우에는 출납공무원은 소장의 승인을 받아 해당 수용자 개인명의로 통장을 개설하여 예탁 관리할 수 있다.

③ 제2항의 절차에 따라 예탁된 보관금은 벌금납부, 치료비나 귀가여비로 사용, 가족부조 등 교화상 특히 필요한 경우 이외에는 예금인출을 허가해서는 안 되며 출소 시에 통장으로 지급해야 하고, 예금계좌번호 유출로 인하여 수용자 또는 그 가족 등이 임의로 입·출금 계좌로 사용하지 않도록 그 관리를 철저히 해야 한다.

④ 수용자 개인명의 예금통장은 별도의 이중 캐비닛에 보관하고 예금입출이 필요할 때에는 해당 수용자의 성명·인출금액 등을 명시하고 서명 또는 손도장을 받아 시행하는 등 금융사고가 발생하지 않도록 철저히 관리해야 한다.

⑤ 출납공무원은 수용자 금고업무 비약정은행 예탁금통장에서 현금을 출금해야 할 경우 해당 은행 요구서류 외에 예금자명, 출금금액, 출금사유, 출장자 등의 내용이 포함된 공문을 소관 과장의 결재를 받아 해당 은행에 제출해야 한다.

⑥ 출납공무원은 보관중인 수용자 예탁금통장의 입·출금내역 등을 월 1회 이상 점검하고 이상유무를 소관 과장에게 보고해야 한다.

제10조의2(국민연금 수급에 따른 예탁) ① 소장은 수용자가 「국민연금법」 제4장 제2절에 따른 노령연금, 제3절에 따른 장애연금, 제4절에 따른 유족연금 급여 수급을 위한 예탁 통장 개설을 원하는 경우에는 「국민연금법」 제54조의2에 따른 급여수급전용예탁 통장을 개설하여 수령하도록 해야 한다.

② 소장은 수용자가 「국민연금법」 제4장 제5절에 따른 반환일시금 급여 수급을 원하는 경우에는 제10조제2항에 따른 예탁 통장으로 수령하도록 해야 한다.

③ 제1항 내지 제2항과 관련하여 소장은 수용자가 국민연금 수급을 위한 예탁 통장 개설을 신청하고 「국민연금법 시행규칙」 제22조에 따른 지급청구서가 포함된 편지를 봉하지 않은 상태로 제출하면, 해당 예탁 통장 계좌번호를 동봉하여 발송해야 한다.

④ 제1항 내지 제2항에도 불구하고, 수용자가 이미 개설한 본인 명의의 예탁통장 등 예금계좌로 연금 수급을 원하는 경우 그 의사에 따르도록 한다.

제11조(보관금 사용 등) ① 수용자 한명당 1일 사용한도액은 2만원 이내로 하되, 1일 사용한도액은 음식물 구입 등에 한하고 의류·침구·약품·일상용품·도서 등의 구입비용은 제외한다. 다만, 연휴 등 부득이한 사정으로 매일 구매를 허용할 수 없는 경우에는 1일 사용한도액의 2배를 초과하지 않는 범위에서 보관금 사용을 허가할 수 있다.

② 수용자가 보관금으로 물품구입을 원하는 경우에는 별지 제6호서식의 보관금 사용 신청 및 전달서에 품목·수량 등을 기재하고 수용자 본인이 서명하거나 손도장을 찍어야 한다. 다만, 자동인식시스템을 사용하는 경우에는 별지 제6호의2서식의 자비 물품 구매 신청서(IMR 카드)를 사용할 수 있다.

③ 구매한 물품을 건네줄 경우에는 반드시 수용자 본인이 신청하였는지를 확인하고 특히 다른 수용자에게 지급하지 않도록 유의해야 한다.

제12조(이송자 잔액고지) ① 이송자가 보관금 내역고지를 신청한 경우 보관금 관리프로그램상의 개인별 보관금대장을 화면상으로 조회하여 주거나 고지를 신청한 부분을 출력하여 확인시켜줄 수 있다.

② 이송된 수용자에게 우송된 보관금은 이송된 기관으로 보내야 한다.

제13조(출소자 보관금 지급) 출소자의 보관금을 지급할 경우에는 보관금 관리프로그램상의 개인별 보관금대장의 잔액을 출력하여 본인에게 확인시킨 후 보관금대장 등에 손도장 또는 서명을 받아야 한다.

제14조(보관금의 관리ㆍ감독) ① 소장은 소관 과장으로 하여금 매일 1회 이상 별지 제7호서식의 보관금 일계표, 입출금 내역서(보관금통장 또는 보관금 온라인뱅킹 내역서)와 거래은행의 잔액을 대조하고 보관금 일계표의 현금 보관금과 실제 현금과의 일치 여부를 확인하는 일일점검을 하게 하여 횡령 등 사고가 발생하지 않도록 철저히 관리해야 한다.

② 출납공무원은 제1항의 일일점검 시 보관금 일계표 잔액이 거래은행의 잔액 및 실제 현금 잔액과 일치하지 않을 경우 불부합 원인을 규명하여 소관 과장에게 보고해야 하며 소관 과장은 보관금의 이상유무를 확인해야 한다.

③ 지방교정청장은 반기 1회 이상 소속 기관의 보관금 운영 실태를 점검해야 한다.

제15조(출소자 환불대비 보관금) ① 출납공무원은 출소자 환불에 대비하여 보관금을 현금으로 보관할 수 있으며 보관금액의 기준은 소장이 정한다.

② 출납공무원은 출소자 보관금 지급을 위해 정부보관금통장(거래은행 모계좌)에서 현금을 출금해야 할 경우 거래은행 요구서류 외에 출금금액, 출금사유, 출장자 등의 내용이 포함된 공문을 소관 과장의 결재를 받아 거래은행에 제출하여야 한다.

③ 보관금은 견고한 이중금고에 보관하고 2명 이상이 열쇠를 따로 관리하도록 하여 도난ㆍ유용 등 금융 사고를 예방해야 한다.

제16조(일시보관금의 취급) ① 수용자 이외의 사람이 수용자에게 보내온 금원이 「형의 집행 및 수용자의 처우에 관한 법률」(이하 "법"이라 한다) 제27조제2항에 해당하는 경우에는 별지 제8호서식의 일시보관금품 관리부에 등재하여 일시 보관하되, 즉시 보낸 사람에게 반환해야 한다.

② 제1항에 따라 반환한 경우에는 지체 없이 해당 수용자에게 그 사실을 알려 주어야 한다.

제17조(보관금 반환절차) ① 수용자가 법 시행령 제38조에 의하여 보관금 반환을 신청하는 경우에는 송금할 계좌번호 등을 기재한 신청서(보고문)를 제출받아 반환한 후, 별지 제4호서식의 보관금반환원을 전산으로 출력하여 해당 수용자에게 발급한다.

② 보관금을 반환하는 경우에 발생되는 비용은 수용자의 부담으로 한다.

제18조(유류금의 등재ㆍ처분) 사망자 또는 도주자의 보관금에 대하여는 별지 제9호서식의 유류금품 정리부에 그 경위를 기록 유지하고, 법 제28조에 따라 상속인 등에게 건네주도록 하되 1년이 지나도 청구가 없을 때에는 국고에 귀속 조치를 해야 한다.

제19조(석방 후 미지급 보관금의 관리ㆍ처분) 수용자를 석방한 이후 미지급된 보관금에 대해서는 별지 제10호서식의 석방 후 보관금품 미지급자 명부에 그 경위를 기록하여 유지하고, 2회 이상 서면으로 수령을 촉구하여도 지급 청구가 없거나 주소를 알 수 없는 경우에는 「정부보관금에 관한 법률」 제1조에 따라 국고에 귀속 조치를 해야 한다.

제3장 보관품 관리

제20조(보관품의 관리) 출납공무원은 접수한 보관품을 교정정보시스템 등의 별지 제11호서식의 보관품대장에 입력하여 관리해야 한다. 보관품이 변동되는 경우에도 또한 같다.

제21조(휴대품 접수) ① 신입자의 휴대물품은 물품의 상태, 수량 등을 확인 후 보관품 대장에 기재하고 수용자 본인의 손도장 또는 서명을 받은 후 보관해야 한다. 다만, 브래지어에 한하여 보안검사를 실시한 후 제25조 제1항 및 별표 3의 지닐 수 있는 보관품 허가기준에 따라 지급할 수 있다.

② 신입 및 이입자의 휴대품 접수자는 물품의 외부반환 절차 등을 설명하고 동의하는 경우에는 별지 제11호의2서식의 신입(이입)자 휴대품 즉시반환 신청서를 작성하게 하여 신속히 처리한다.

③ 신입자나 이입자 등의 보관품 중 특히 재질 및 상태 등을 세밀하게 확인할 필요가 있는 경우 디지털카메라로 근접 촬영하여 교정정보시스템 등에 등록할 수 있다.

제22조(물품전달 및 반환) ① 수용자 이외의 사람이 수용자에게 물품전달·반환을 신청한 경우에는 별지 제12호서식의 보관품 전달·반환신청서를 작성하여 물품과 함께 보관품취급자에게 제출해야 한다.

② 보관품취급자는 제25조의 "보관품 허가기준"을 벗어나지 않는 범위에서 접수하고 별지 제13호서식의 보관품 접수원을 전산으로 출력하여 신청자에게 발급한다. 다만, 우송품 또는 인터넷을 통해 물품전달을 신청한 경우에는 보관품 접수원을 발급하지 않을 수 있다.

③ 전달품은 접수 후 별지 제14호서식의 보관품 접수전달 및 검사부와 보관품대장에 기재하여 처리하고, 우송품은 공공의 안전 및 수용질서 확립을 위해 보관품 담당자 등 2명 이상이 공동으로 개봉하여 보안검사를 실시한 후 이상이 없으면 위 서식에 기재한 후 수용자 본인의 손도장 또는 서명을 받고 전달하거나 보관하며, 이송된 수용자에게 우송된 보관품은 개봉하지 않고 이송된 기관으로 보내야 한다.

④ 수용자 이외의 사람이 우송 또는 인터넷상으로 구매하여 수용자에게 물품 전달을 신청한 경우의 접수내역 알림에 대해서는 제8조 제3항을 준용한다. 다만, 허가되지 않은 물품이 우송될 경우 즉시 반송 처리하고, 보낸 사람의 주소 및 인적사항 등을 확인할 수 없는 경우에는 우송의뢰 업체로 반송 처리해야 한다.

⑤ 도서·사진·편지는 사회복귀과에, 민·형사 등에 관한 소송관련서류는 소송업무 관련과에, 콘택트렌즈·사전 허가된 의약품 등 의료적 판단이 필요한 경우에는 의료과에 각각 인계하여 의무관의 검사 등 소관과의 검토를 거친 후 내주어야 한다.

⑥ 수용자가 자신의 도서를 교정시설 외부로 반환 신청할 경우에 도서담당자와 보관품담당자의 업무형평을 고려하여 소장이 지정한 자가 반환업무를 처리해야 한다.

제23조(자비구매물품 접수) ① 수용자가 교정시설에서 판매하는 물품을 자비로 구입한 경우에는 그 품목·수량 등을 보관품대장에 입력하되, 그 품목과 수량은 별표 3의 수용자 1인의 보관품 허가기준을 초과할 수 없다.

② 제1항의 지닐 수 있는 품목 중 러닝, 팬티, 양말, 수건, 브래지어, 치약, 칫솔, 세탁비누, 세면비누는 소모성 일용품으로 정하고, 구매한 소모성 일용품은 전량을 소모하게 한 후 구입할 수 있도록 그 사용기간(주기)은 기관실정에 따라 소장이 정하여 물품구매 편의를 도모해야 한다.

제24조(보관품 검사) ① 보관품취급자는 전달물품 및 휴대품 등에 대하여는 휴대용 검신기 등 검사 도구를 적극 활용하여 담배·마약류 등 부정물품의 은닉 여부를 철저히 검사해야 한다. 특히, 마약류수용자(마약류수용자로 지정된 전력이 있는 수용자·이입자 및 감정유치 후 재입소자를 포함한다) 등의 보관품은 세탁 후 지급하는 등 보관품 보관·관리를 철저히 하여야 한다.

② 이입자 또는 감정유치 후 재입소된 수용자의 보관품 중 이입·입소 전 기관에서 작업, 직업훈련, 교육, 교

화행사, 상담, 치료, 성별, 신체적 특성 등과 관련하여 한시적으로 판매 또는 지급한 물품 등은 시설의 안전과 질서를 위하여 회수·보관하고 출소 시 본인에게 지급해야 한다. 다만, 처우상 특히 필요한 경우에는 소장의 허가를 받아 지급할 수 있고, 감정유치 전 해당기관에서 판매한 자비 구매물품은 육안으로 검사한 후 소장의 허가 없이 지급할 수 있다.

③ 검사 시 물품이 가급적 훼손되지 않도록 유의하고 검사로 인하여 변형 등의 우려가 있는 물품에 대해서는 검사 전에 본인에게 고지한 후 소속 과장 등의 지시를 받아야 한다.

제25조(보관품 허가기준 등) ① 수용자가 거실 내에 보관·사용할 수 있는 물품의 허가기준(관급으로 지급된 물품은 제외한다)은 별표 3의 수용자 1인의 보관품 허가기준과 같다. 다만, 소장이 환자·노인·임신부·장애인, 그 밖에 처우상 특히 필요하다고 인정하는 경우에는 별표 3의 규정에 불구하고 반입이 필요한 품목과 수량을 허가할 수 있다.

② 제1항의 허가기준을 초과하는 물품으로서 석방 시 사용해야 할 의류 등을 제외한 도서 등 보관물품은 1개월 이내에 그 가족 등이 찾아갈 수 있도록 수용자에게 고지하고, 본인이 신청하는 경우에는 접견 접수 시나 휴대전화 문자발송 안내로 반환될 수 있도록 조치하여야 한다.

③ 법 제25조에 따른 수용자의 불허휴대품의 폐기 등 그 처리절차는 제32조 및 제33조를 준용하여 처리한다.

④ 수용자가 보관품창고에 보관할 수 있는 보관품 총보관량은 별표 4의 보관품가방 용량을 넘어서는 안 된다. 다만, 20권 이내의 도서, 침낭 1장, 담요(춘추·겨울용) 각 2장, 여름이불 1장, 소송서류로서 소장이 인정한 것은 보관품 총보관량에 포함하지 않는다.

⑤ 소장은 수용자에게 초과 보관품을 보낼 가족 등이 없는 경우에는 제4항에도 불구하고 초과 보관품을 보관할 수 있으며, 수용자의 동의를 받아 매각하거나 기증하게 할 수 있다.

⑥ 소장은 수용자 이외의 사람이 보관품 전달신청 등에 어려움이 없도록 보관품 허가기준을 민원실과 기관 홈페이지에 게재해야 한다.

⑦ 보관품으로 지닐 수 있도록 허가된 품목 중 교정사고 예방 등을 위하여 외부반입 물품을 제한하고 구매물품으로만 허용하는 물품은 별표 3의2에 따른다. 다만, 별표 10에서 정한 절차에 따라 외부물품 반입허가(별지 제23호서식) 또는 외부물품 반입허가자 명부(별지 제24호서식)의 신청이 허가된 경우에는 그러하지 않는다.

제26조(보관품 보관 및 열람) ① 보관품은 통풍이 잘 되는 창고 선반 위에 수용자 번호순으로 보관하고 장기 보관에 따른 변질 등을 사전에 예방하기 위하여 약품소독 등을 수시로 실시해야 한다.

② 수용자가 수용복이 아닌 의복으로서 출정, 귀휴, 출소시 등에 착용할 의복에 대하여 교정시설 외부에서의 세탁 등을 신청하는 경우에는 허가할 수 있으며, 비용은 수용자가 부담한다. 다만, 자비구매물품으로서 침구류의 교정시설 내 세탁 등이 불가능한 특별한 사유가 있고 교정시설 외부에서의 세탁 등이 필요한 경우에는 허가할 수 있다.

③ 수용자의 처우 및 가족 등의 연락처 확인 등을 위하여 보관품 열람 신청서(보고문)를 제출하는 경우에는 관구실 내에서 감독자 입회하에 열람을 허가할 수 있다.

제27조 삭제

제28조(특별보관품 보관) ① 특별보관품은 별지 제15호서식의 특별보관품 등록부에 품명·수량 등 물품의 특징을 상세히 기재하고 수용자 본인 앞에서 별지 제16호서식의 특별보관품 봉투에 넣어 봉인한 후 손도장 또는 서명을 받아 특별보관품 보관함(이중 캐비닛 등)에 보관해야 한다.

② 특별보관품 중 재질과 상태를 세밀하게 확인할 필요가 있는 것은 디지털카메라로 근접 촬영하여 교정정

보시스템 등에 등록해야 한다.

③ 특별보관품으로서 보관할 물품은 출소 시 필요한 최소한의 물품으로서 통장, 신용카드, 현금카드, 주민등록증, 자격증 및 주요내용이 기록된 수첩 등 그 보관에 특별한 주의가 필요한 물품으로 한정한다.

④ 제3항 이외의 특별보관품은 접수 후 1개월 이내에 수용자 가족 등이 찾아갈 수 있도록 수용자에게 고지하고, 본인이 신청하는 경우에는 접견 접수 시나 휴대폰 문자발송 안내로 반환될 수 있도록 조치해야 한다.

⑤ 소장은 연고가 없는 등의 사유로 치료비·벌금·합의금·변호사선임비용 등(이하 "치료비 등"이라 한다)을 본인이 지출할 필요가 있는 수용자(이하 "무연고 수용자 등"이라 한다)가 치료비 등의 지급을 위해 본인 명의의 통장, 현금카드 등 특별보관품의 사용을 신청하면 특히 필요한 경우에는 허가할 수 있다. 다만, 무연고 수용자 등이 통장 및 현금카드의 사용을 신청하는 경우 무연고 수용자 등은 위임장을 포함하여 해당은행 수신규정에 따른 서류 등을 적법하게 작성하여 제출해야 하고(자동입출금기기를 이용하는 경우에는 그 이용에 필요한 범위에 한함), 신용카드나 타인 명의 또는 명의자를 알 수 없는 통장이나 현금카드는 사용할 수 없다.

제29조(일시 보관품의 취급) ① 수용자에게 보내온 물품으로서 본인이 수령을 거부하거나 본인에게 건네줄 수 없는 물품과 법 제25조제1항에 따른 불허휴대품은 제16조를 준용하여 처리한다.

② 출소예정자의 신발 및 의류 등 출소복에 대하여 출소일 기준 14일 내에 필요 최소한의 범위에서 일시보관을 허가할 수 있고, 외부반입이 허가된 출소복 등은 출소 당일에만 지급해야 하며, 기존 보관품과는 별도로 보관하여야 한다.

제30조(보관품의 사용·반납 및 폐기) 수용자가 보관품의 사용·반납 및 폐기를 신청하는 경우에는 별지 제17호서식의 보관품 사용·반납 및 폐기표에 따라 신청받은 후 그 처리 결과를 전산프로그램에 입력하여 처리하고, 법 제25조제1항에 따른 교정시설내 반입금지 물품인 경우에는 「형의 집행 및 수용자 처우에 관한 법률 시행령」 제40조에 따라 별지 제18호서식의 보관품 폐기부에 기재하여 처리한다.

제31조(이송자 보관품 인계) ① 보관품담당자는 이송자 보관품을 해당 수용자에게 확인시킨 후 손도장 또는 서명을 받고 보관품을 이송담당자에게 인계한다. 다만, 특별보관품은 봉투를 개봉하지 않은 상태로 이상 유무를 확인시킨 후 이송담당자에게 인계하고, 이송 도착지에서는 물품인수 후 해당 수용자가 보는 앞에서 개봉·확인한 후 새로운 특별보관품 봉투에 넣고 봉인하여 손도장 또는 서명을 받아 특별 보관시킨다.

② 보관품담당자는 이송자 보관품을 인계하는 경우에는 이송담당자에게 별지 제19호서식의 보관품인계 영수증에 인수기관 출납공무원의 직인을 받도록 해야 한다.

제32조(보관품 반환절차) ① 수용자가 가족 등에게 도서 등 보관품 반환을 신청하는 경우 신청서(보고문)를 제출받아 처리하되, 가족 등이 신청일부터 7일 이내에 방문하는 경우에는 직접 반환하고, 가족 등이 그 기간 내에 방문하지 않는 경우에는 물품 반환이 지체되는 것을 방지하기 위해 수용자에게 미리 고지하고 택배 등으로 보낼 수 있다. 다만, 가족 등이 신청한 경우에는 수용자의 동의를 받아 직접 반환하거나 택배 등으로 보낼 수 있다.

② 제1항에 따라 보내는 경우 발생되는 비용은 수용자나 반환받는 가족 등의 부담으로 한다.

③ 수용자의 보관품을 가족 등이 교정시설에서 직접 반환받고자 하는 경우 소장은 가족 등에게 신분, 수용자와의 관계 등에 대한 확인을 요청할 수 있다.

④ 소장은 제3항에 따른 반환업무를 수행하기 위하여 불가피한 경우 「개인정보 보호법 시행령」 제19조에 따른 반환받고자 하는 사람의 주민등록번호, 여권번호, 운전면허의 면허번호 또는 외국인등록번호가 포함된 자료를 그 고유식별번호를 제외하고 사본 수집 등의 방법으로 처리할 수 있다.

제33조(초과 보관품 및 불허휴대품의 반환절차 등) ① 수용자가 보관범위를 초과하여 보관품을 보유한 경우에는 그 초과 보유하는 보관품(이하 "초과 보관품"이라 한다)을 가족 등에게 보낼 수 있도록 별표 5의 보관품 보관 초과 안내문을 지체 없이 주어야 한다.

② 제1항의 보관품 초과 안내문을 받은 수용자가 고지일부터 1개월이 지나도 가족 등에게 초과 보관품을 반환하지 않을 경우에는 수용자에게 별표 6의 보관품 폐기 안내문을 전달하고 전달일부터 1주일 이내에 폐기한 후, 그 처리결과를 별지 제20호서식의 초과 보관품 처리대장에 등재하여 처리결과를 기재해야 한다. 다만, 초과 보관품이 매각할 수 있는 물품인 경우 매각 후 그 대금을 보관하여 주고, 수용자가 초과 보관품에 대하여 기증의사를 표시할 경우에는 그 동의서를 받아 기증절차에 따라 처리한다

③ 불허휴대품의 반환·폐기는 제1항 및 제2항을 준용하여 처리하되, 별표 7의 불허휴대품 반환 안내문과 별표 8의 불허휴대품 폐기 안내문, 별지 제20호서식의 초과 보관금품[불허휴대품] 처리대장을 사용한다.

제34조(출소자 보관품 반환) ① 출소자의 보관품은 보관품대장에 등재된 것과 대조 확인 후 출소자의 손도장 또는 서명을 받고 반환해야 한다. 다만, 특별보관품은 출소자 앞에서 특별보관품 봉투를 개봉하여 이를 확인시켜야한다.

② 수용자 간에 보관품을 임의로 수수하는 것을 방지하기 위하여 출소 시에는 보관품대장과 현품의 대조를 철저히 하고 출소자가 본인의 물품을 가지고 출소하지 않을 경우에는 재활용이 가능한 상태의 물품은 회수하여 소모품대장에 등재하는 등 관급 편입절차를 거쳐 재활용해야 한다.

제35조(유류품의 등재·처분) 사망자 또는 도주자의 보관품은 유류금품 정리부에 그 경위를 기록·유지하고, 법 제28조에 따라 상속인 등에게 건네주도록 하되 1년이 지나도 청구가 없을 때에는 국고에 귀속 조치를 해야 한다.

제36조(석방 후 미지급된 보관품의 관리·처분) 수용자를 석방한 이후 미지급된 보관품에 대해서는 별지 제10호서식의 석방 후 보관금품 미지급자 명부에 그 경위를 기록하여 유지하고, 2회 이상 서면으로 수령을 촉구하여도 지급 청구가 없거나 주소를 알 수 없는 경우에는 「정부보관금에 관한 법률」 제1조에 따라 국고에 귀속 조치를 해야 한다.

제4장 보관금품 검사 및 보고

제37조(보관금품 검사) ① 소장은 소속 과장(지소의 경우에는 교감) 중에서 검사관을 임명하여 다음 각 호의 구분에 따라 정기적으로 보관금품의 검사를 해야 하며, 출납공무원이 교체되었을 때와 소장이 특히 필요하다고 인정할 때에는 수시로 검사하게 할 수 있다.

1. 정부보관금(거래은행 모계좌) 잔액증명서, 별지 제7호서식의 보관금 일계표 잔액의 일치 여부 : 매월 말일

2. 보관품대장과 보관품의 일치 여부 : 매년 6월 말과 12월 말

② 검사관은 제1항 제1호의 잔액이 서로 일치하지 않을 경우에는 그 원인을 규명하여 별지 제25호서식의 불부합사유서를 작성하여야 한다.

제38조(보관금 검사결과 보고) ① 보관금 검사를 마친 검사관은 다음 달 3일까지 별지 제21호서식의 보관금 검사조서와 거래은행의 잔액증명서 원본 및 별지 제25호서식의 불부합사유서를 첨부한 검사 결과 보고서를 작성하여 소장에게 보고한 후, 출납공무원에게 통보해야 한다.

② 출납공무원은 매년도말 기준으로 작성한 집계결과를 국가재정정보시스템을 이용하여 감사원 등 해당기관으로 전송해야 한다.

제39조(보관품 검사결과 보고) 보관품 검사를 마친 검사관은 다음 달 3일까지 별지 제22호 서식의 보관품 검사 조서를 첨부한 검사 결과 보고서를 작성하여 소장에게 보고한 후, 출납공무원에게 통보해야 한다.

제40조(보관금품에 대한 사고보고) 소장은 보관금의 도난 · 횡령 등과 보관품의 도난, 망실 및 파손 사고가 발생한 경우에는 신속히 그 원인과 조치 내용을 법무부장관에게 보고해야 한다.

제41조(재검토기한) 법무부장관은 이 예규에 대하여 「훈령 · 예규 등의 발령 및 관리에 관한 규정」에 따라 2025년 1월 1일 기준으로 매3년이 되는 시점(매 3년째의 12월 31일까지를 말한다)마다 그 타당성을 검토하여 개선 등의 조치를 해야 한다.

부칙 〈제1355호, 2025. 1. 2..〉

제1조(시행일) 이 지침은 공포한 날부터 시행한다. 다만, 별표 9의 개정 규정 중 온라인 입금이 제한되는 시간에 관한 사항은 2025년 2월 1일부터 시행한다.

보관금 초과 안내문

o 수용자 번호 :

o 성   명 :

　　귀하가 우리 소에 보관하고 있는 보관금의 보유한도액 400만원을 초과하였으므로 「형의 집행 및 수용자의 처우에 관한 법률」 제27조제1항 및 「보관금품관리지침」 제9조제1항 및 제4항에 따라 초과한 보관금액을 본 안내문 수령 후 7일 이내에 가족 등에게 자진반환하거나, 본인 신청으로 통장을 개설하여 초과금액을 입금조치 해야 합니다.

　　만일 귀하가 이에 응하지 않을 경우에는 같은 법 제27조제2항 및 「보관금품관리지침」 제9조제4항에 따라 20 년 월 일부터 부득이 귀하에게 우송되거나 전달신청되는 전달금 등은 반입이 제한됨을 양지하시기 바라며, 이에 대한 자세한 사항은 우리 소 보관금담당자에게 문의하시기 바랍니다.

□ 초과 보관금액 :   만원

20   .   .   .

○ ○ 교도소(구치소)장

수 령 증

보관금 초과 안내문을 수령합니다.

□ 초과 보관금액 :   만원

20   .   .   .

수령인   손도장/서명

○ ○ 교도소(구치소)장 귀하

수용자 1인의 보관품 허가기준

1. 지닐 수 있는 보관품 허가기준(27개 품목)

품 명		수 량	허 가 기 준
의복류	평상복	2	• 미결수용자에게 구매품에 한하여 허용
	티셔츠	• 여름용반팔 5 • 겨울용긴팔 3 • 춘추용긴팔 3	• 구매품에 한하여 허용 (계절에 맞게 지급)
	반바지	2	• 구매품에 한하여 허용
속옷류	내의	• 겨울용 3 • 춘추용 3	• 구매품에 한하여 허용 (계절에 맞게 지급)
	러닝셔츠	10	• 구매품에 한하여 허용(소모성 일용품)
	팬티	10	• 구매품에 한하여 허용(소모성 일용품)
	양말	10	• 구매품에 한하여 허용(소모성 일용품)
	브래지어	5	• 구매품에 한하여 허용(소모성 일용품)
	속바지(7부)	3	• 구매품에 한하여 허용
이불류	여름이불	2	• 구매품에 한하여 허용
	여름홑겹이불	1	• 구매품에 한하여 허용
	담요	• 겨울용 2 • 여름용 2	• 구매품에 한하여 허용 (계절에 맞게 지급)
	침낭	1	• 동절기에 한함 • 구매품에 한하여 허용
생활 용품	치약	3	• 구매품에 한하여 허용(소모성 일용품)
	칫솔	5	• 구매품에 한하여 허용(소모성 일용품)
	세탁비누	3	• 구매품에 한하여 허용(소모성 일용품)
	세면비누	3	• 구매품에 한하여 허용(소모성 일용품)
	수건	5	• 구매품에 한하여 허용(소모성 일용품)

품 명		수 량	허 가 기 준
기타 품목	목욕수건	1	• 구매품에 한하여 허용 (때타올 및 손거품 타올 등)
	시계	1	• 구매품에 한하여 허용
	전기면도기 (건전지용)	1	• 구매품에 한하여 허용
	안경 (돋보기용 안경 포함)	3	• 안경 렌즈는 무색의 플라스틱 재질로 함 • 안경테(다리부분 제외)는 테의 유무에 따라 유틀, 무틀, 반무틀 안경테로 하고, 테의 재질에 따라 플라스틱 안경테, 금속 안경테, 플라스틱·금속 조합 안경테로 함. 다만, 안경테의 다리(국가표준에 따른 전면이음부의 장석부터 귀걸이 끝부분까지를 말함)가 금속 재질일 경우에는 그 끝부분 일부가 플라스틱 재질로 덮개처리(코팅)되어야 함 • 안경테의 색상은 금색 · 은색 · 갈색 · 검정색 등 단일색상으로 권고하고, 큐빅 등의 소재를 더한 장식을 금지함 • 안경테의 다리의 두께(폭의 길이)는 금속 재질일 경우에는 5mm 이내, 플라스틱 재질일 경우에는 13mm 이내이어야 함 • 안경집은 내부를 확인할 수 있는 투명한 플라스틱 재질로 하며 그 수량은 안경 1개당 1개로 함
	덧버선	3	• 구매품에 한하여 허용
	운동화	2	• 끈이 없는 구매품 운동화에 한하여 허용
	장갑	2	• 구매품에 한하여 허용
	보온용 귀마개	1	• 동절기에 한함 • 구매품에 한하여 허용
	보호대	2	• 금속이 포함되지 않은 보호대에 한함. 다만, 허리 · 무릎용 등 동시에 필요할 경우 1개로 인정 • 구매품에 한하여 허용

※ 보안검사 불능, 부정물품 은닉 등 교정사고 예방을 위하여 2중겹으로 된 의류는 전달 불허

※ 심리적 안정을 해치거나 수용자간 위화감을 줄 우려가 있는 빨강 · 노랑 등 원색 또는 그 계열의 색상 및 그 색상들이 혼재된 물품은 전달 불허

※ 재질 및 형태 등과 관련, 「형의 집행 및 수용자의 처우에 관한 법률 시행규칙」 제22조제3항 제1호부터 제6호까지의 규정에 해당하는 물품은 전달 불허

※ 안경 다리 도식

[금속재질 안경 다리]

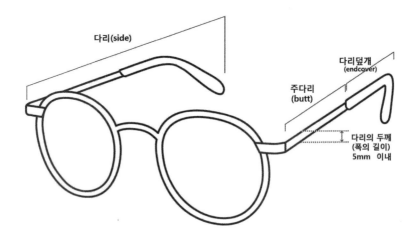

[플라스틱 재질 안경 다리]

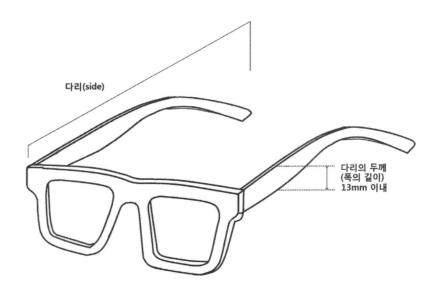

2. 보관품창고 보관 허가기준

가. 보관품창고에 보관할 수 있는 보관품은 1개의 보관품가방 용량(가로30㎝×세로30㎝×높이90㎝)을 초과할 수 없음

나. 다음 품목과 수량은 보관품가방 용량에 관계없이 보관 가능

번 호	품 목	단 위	수 량	비 고
1	도서	권	20권 이내	
2	침낭	개	1	
3	담요(춘추 · 겨울용)	개	각 2	
4	여름이불	개	1	
5	소송서류	부피/수량	소장이 인정한 것	

외부반입 제한 물품 종류(25개 품목)

□ 수용자간 위화감 해소, 수용질서 확립을 통한 평온한 수용환경 조성, 수용자 가족 등의 경제적 부담경감, 자살 방지, 보안검사 불능해소, 부정물품 반입방지 등 교정사고 예방을 위하여 다음의 물품에 대하여는 수용자 자비구매물품에 한하여 허가

의복류(3개 품목)	속옷류(6개 품목)	이불류(3개 품목)	생활용품(13개 품목)
평상복 반바지 티셔츠	내의 러닝셔츠 팬티 양말 브래지어 속바지	여름이불 담요 침낭	칫솔 치약 세탁비누 세면비누 전기면도기(건전지용) 목욕수건 운동화 보온용 귀마개 보호대 수건 덧버선 장갑 시계

※ 소모성 일용품은 러닝셔츠, 팬티, 수건, 양말, 브래지어, 치약, 칫솔, 세탁비누, 세면비누로서 보관품창고에 보관할 수 없다..

보관품가방 규격(용량)

[일반용]   [마약류사범용]

90cm

신발주머니

색인표

30cm   30cm

□ 바닥면 : 프라스틱 재질의 사각형태
□ 색 상
　　○ 일반용 : 카키색의 옥스퍼드지 원단
　　○ 마약류사범용 : 청색의 옥스퍼드지 원단

※ 높이는 바닥부터 결속 끈 부분 끝까지

[색인표 규격]

입 소 일 자	
수 용 자 번 호	
성　　　명	

7cm

5cm　　　　　　　　　7.5cm

※ 글씨체 : HY헤드라인M 24

보관품 초과 안내문

ㅇ 수용자 번호 :

ㅇ 성   명 :

    귀하가 우리 소에 보관하고 있는 물품의 용량이 보관품가방 용량을 초과하였으므로 「형의 집행 및 수용자의 처우에 관한 법률」 제26조제2항에 따라 가족 등에게 반환하시기 바라며, 본 안내문 수령 후 1개월 이내(20 년 월 일)에 자진 반환하지 않을 경우에는 같은 법 제26조제3항에 따라 적법한 처리절차에 따라 폐기됨을 알려드립니다.

    아울러 귀하의 사정상 가족 등에게 반환하기 곤란할 경우에는 매각하여 그 대금을 보관금으로 사용할 수 있으며, 교정시설이나 기증단체 등에 기증할 수 있음을 참고하시기 바랍니다.

    특히 오늘부터 귀하에게 우송되거나 전달 신청되는 물품은 초과 보관품을 반환할 때까지 접수하지 않으니 이에 대한 자세한 사항은 우리 소 보관품담당자에게 문의하시기 바랍니다.

□ 반환해야 할 품목 명 및 수량 :

20   .   .   .

○ ○ 교도소(구치소)장

- -

수 령 증

보관품 초과 안내문을 수령합니다.

□ 반환해야 할 품목 명 및 수량 :

20   .   .   .

                                            수령인   손도장/서명

○ ○ 교도소(구치소)장 귀하

보관품 폐기 안내문

ㅇ 수용자 번호 :

ㅇ 성　　　명 :

　20　년　월　일 귀하에게 초과보관품에 대해 가족 등에게 반환하거나 매각 및 기증 할 수 있도록 안내하였으나 이에 응하지 않았으므로 부득이 「형의 집행 및 수용자의 처우에 관한 법률」 제26조제3항에 따라 폐기함을 알려드립니다.

　　그러나 귀하가 지금 즉시 반환, 매각 및 기증을 희망할 경우에는 폐기절차 진행을 중지하고 귀하가 희망하는 바에 따라 처리하게 될 것이며, 지금부터 귀하에게 우송되거나 전달 신청되는 물품은 정상적으로 접수전달하게 됨을 알려드립니다.

　　이에 대한 자세한 사항은 우리 소 보관품담당자에게 문의하시기 바랍니다.

□ 폐기해야 할 품목 :

20　　.　　.　　.

○ ○ 교도소(구치소)장

수 령 증

　보관품 폐기 안내문을 수령합니다.

□ 폐기해야 할 품목 :

20　　.　　.　　.

　　　　　　　　　　　　　　　　　　　　　　　수령인　　　　　　손도장/서명

○ ○ 교도소(구치소)장　귀하

불허휴대품 반환 안내문

o 수용자 번호 :

o 성   명 :

　　귀하가 우리 소 입소 시에 휴대한 물품이 「형의 집행 및 수용자의 처우에 관한 법률」 제25조제1항제1호부터 제5호까지의 규정에 따라 불허휴대품으로 판정받았으므로 이 물품은 귀하의 가족 등에게 반환하시기 바라며, 본 안내문 수령 후 1개월 이내(20 년 월 일)에 자진 반환하지 않을 경우에는 같은 법 제25조제2항에 따라 적법한 처리절차에 따라 폐기됨을 알려드립니다.

　　아울러 귀하의 사정상 가족 등에게 반환하기 곤란할 경우에는 매각하여 그 대금을 보관금으로 사용할 수 있으며, 교정시설이나 기증단체 등에 기증할 수 있음을 참고하시기 바랍니다.

　　이에 대한 자세한 사항은 우리 소 보관품담당자에게 문의하시기 바랍니다.

□ 반환해야 할 품목 명 및 수량 :

20   .   .   .

○ ○ 교도소(구치소)장

수 령 증

불허휴대품 반환 안내문을 수령합니다.

□ 반환해야 할 품목 명 및 수량 :

20   .   .   .

수령인　　　　　　손도장/서명

○ ○ 교도소(구치소)장 귀하

불허휴대품 폐기 안내문

ㅇ 수용자 번호 :

ㅇ 성   명 :

　　20 년 월 일 귀하에게 불허휴대품에 대해 가족 등에게 반환하거나 매각 및 기증할 수 있도록 안내하였으나 이에 응하지 않았으므로 부득이 「형의 집행 및 수용자의 처우에 관한 법률」 제25조제2항에 따라 폐기함을 알려드립니다.
　　그러나 귀하가 지금 즉시 반환, 매각 및 기증을 희망할 경우에는 폐기절차 진행을 중지하고 귀하가 희망하는 바에 따라 처리하게 됨을 양지하기 바랍니다.

　　이에 대한 자세한 사항은 우리 소 보관품담당자에게 문의하시기 바랍니다.

□ 폐기해야 할 품목 :

20 　　 .　　 .　　 .

○ ○ 교도소(구치소)장

- -

수 령 증

　불허휴대품 폐기 안내문을 수령합니다.

□ 폐기해야 할 품목 :

20 　　 .　　 .　　 .

　　　　　　　　　　　　　　　　　　　　　　　수령인　　　　　　　　손도장/서명

○ ○ 교도소(구치소)장 귀하

보관금 온라인뱅킹시스템 운영에 관한 사항

1. 교정기관에서는 보관금 온라인뱅킹시스템 이용을 위해 모계좌를 개설하고 수용자 개인별 가상계좌를 부여한다.

2. 1인의 보관금 잔고가 400만원을 초과하는 경우에는 보관금 온라인뱅킹시스템으로 입금되는 금액은 제한된다.

3. 식품/일용품, 의약품, 신문, 도서 등 공급업체 계좌번호를 정확하게 현행화 하여 관리한다.

4. 수표입금액은 당일 현금으로 전환되지 않고, 익일 현금화되어 입금 처리된다.

5. 이송금은 각 기관 모계좌로 입금 처리한다.

6. 보관금 뱅킹시스템 담당자(보관금/구매/도서 등), 결재선 관리 및 이체한도 금액을 기관장 내부결재를 통해 지정해야 한다.

7. 보관금 뱅킹시스템의 입금은 휴일, 평일 구분 없이 24시간제로 운영하되, 평일 16:00~17:30까지 온라인 입금액 등 보관금 일일결산을 실시한다.

※ **온라인 입금이 제한되는 시간 : 평일 16:00~17:30**

외부물품 반입허가 절차

1. 대상자
환자 · 노약자 · 임신부 · 장애인 수용자 또는 최근 6개월간 평균 보관금 잔액 2만원 이내인 수용자 및 신체가 큰 수용자(옷사이즈 120호 이상 착용자)

2. 물품 접수 : 수용자의 가족 또는 배우자의 직계존속이나 형제자매만 가능

3. 취지 : 경제적 어려움 등으로 구매품 구입이 곤란한 수용자에 대한 배려 및 기타 처우상 특별히 필요하다고 객관적으로 인정되는 경우

4. 허가 품목 : 티셔츠, 러닝, 팬티, 양말, 내의, 브래지어(6개 품목에 한함)
가. 수량 : [별표 3]의 "수용자 1인의 보관품 허가기준" 적용
나. 형태 : 구매물과 유사한 형태를 기준으로 함
다. 외부반입이 허가될 경우 신입자의 휴대의류도 지급 검토품목에 포함

5. 처리 절차
가. 수용자가 신청하는 경우
　　① 수용관리팀장은 상담 후 별지 제24호서식을 첨부하여 상담시찰 결재
　　② 수용자는 별지 제23호서식을 직접 작성하여 총무과(민원과)로 제출
　　③ 상담시찰 결재 후 보관품 담당은 결재된 별지 제24호서식을 창구에 비치하고 민원인에게 수용자의 신청사항을 알림
　　④ 결재된 별지 제24호서식에 따라 보관품을 접수하여 세탁 후 지급
나. 민원인이 신청하는 경우
　　① 민원실장은 상담 후 별지 제23호서식을 작성하여 해당 수용관리팀장에게 통보
　　② 수용관리팀장은 상담 후 별지 제24호서식을 첨부하여 상담시찰 결재
　　③ 상담시찰 결재 후 보관품 담당은 결재된 별지 제24호서식을 창구에 비치하고 민원인에게 알림
　　④ 결재된 별지 제24호서식에 따라 보관품을 접수하여 세탁 후 지급

6. 신청서 및 물품 접수 시 유의사항
가. 신청자 및 접수자의 주민등록증 등으로 신분확인 철저
나. 민원인이 방문하여 직접 접수하는 것이 원칙이나 가족이 원거리에 거주하거나 거동이 불편할 때에는 수용자 신청하는 경우의 절차에 따라 택배우송도 허용하나, 가족관계를 증명하는 서류를 첨부해야 함.
다. 반입 불허물품이 유입되지 않도록 검사를 철저히 하여 지급해야 함.

수용자 자비구매물품의 공급에 관한 지침

[시행 2021. 3. 2.] [법무부훈령 제1344호, 2021. 2. 26., 일부개정.]

제1조(목적) 이 지침은 「형의 집행 및 수용자의 처우에 관한 법률 시행규칙」 제16조부터 제21조까지의 규정에 의하여 교도소 · 구치소 및 그 지소(이하 "교정시설"이라 한다)에 수용된 자가 자신의 비용으로 구매할 수 있는 물품의 공급에 관한 사항을 규정함을 목적으로 한다.

제2조(공급업무의 관리) ① 교정시설의 장(이하 "소장"이라 한다)은 수용자가 자신의 비용으로 구매할 수 있는 물품(이하 "자비구매물품"이라 한다)의 공급에 관한 업무를 총괄하고, 총무과장이 이를 보좌하며, 담당직원은 소장의 지시를 받아 업무를 처리한다.

② 자비구매물품으로 지정된 품목의 공급범위에 관한 사항은 소장이 정한다.

제3조(공급업무의 위임) ① 자비구매물품의 품질 · 규격 · 가격 등의 전국적인 균형을 유지하고, 공급과정의 효율성 및 공정성을 높이기 위하여 공급에 관한 일부 사항을 법무부장관이 정하는 지방교정청장(이하 "수임기관"이라 한다)에게 위임할 수 있다.

② 위임하는 사무는 다음 각 호와 같다.

1. 자비구매물품 회계 관리

2. 자비구매물품 공급품목의 지정에 관한 사항

3. 그 밖에 자비구매물품 공급업무에 관한 사무처리

③ 수임기관은 처리하여야 할 수임사무가 중요사항인 경우에는 법무부장관의 승인을 받아야 한다.

④ 수임기관은 회계, 계약 등 수임사무의 일부를 소장에게 다시 위임할 수 있다.

제4조(자비구매물품 관리위원회 설치 및 구성) ① 자비구매물품의 공급품목 지정 등에 관한 사항을 심의 · 의결하기 위하여 수임기관 소속으로 자비구매물품 관리위원회(이하"위원회"라 한다)를 둔다.

② 위원회는 위원장을 포함한 5인 이상 7인 이하의 위원으로 구성하고, 위원장은 수임기관 소속 총무과장이 되며, 위원은 수임기관이 수임기관 소속 과장 및 입찰, 계약 등에 관한 학식과 경험이 풍부한 사람 중에서 임명 또는 위촉한다. 이 경우 외부위원의 수는 위원장을 포함한 위원 수의 2분의 1 이상이어야 한다.

③ 수임기관은 전항의 외부위원 위촉은 다음 각 호의 사람 중에서 위촉한다.

1. 변호사, 회계사 또는 세무사

2. 대학에서 교정학 · 형사정책학 · 법학 · 재정학 · 회계학 등 교정, 입찰 및 계약에 관한 전문분야를 가르치는 조교수 이상의 직에 있는 사람

3. 그 밖에 입찰, 계약 등에 관한 학식과 전문지식이 있는 사람

④ 위원장은 위원회의 업무를 총괄하고, 위원장이 부득이한 사유로 직무를 수행할 수 없을 때에는 위원장이

미리 지명한 위원이 그 직무를 대행한다.

⑤ 위촉된 위원의 임기는 2년으로 하며, 연임할 수 있다.

⑥ 위원이 다음 각 호의 어느 하나에 해당하는 경우에는 수임기관은 그 위원을 해촉할 수 있다.

1. 부득이한 사유로 직무를 수행할 수 없다고 인정될 때

2. 그 밖에 위원으로서의 자격 유지가 부적합하다고 인정될 때

제5조(위원회의 기능) ① 위원회의 기능은 다음 각 호와 같다.

1. 자비구매물품의 품목 지정(입찰 품목의 교도작업 제품 전환에 관한 사항을 포함한다) 및 폐지에 대한 심의·의결

2. 자비구매물품(입찰품목에 한한다)의 품질·유형·규격 및 기타 입찰에 관한 사항에 대한 심의·의결

3. 공급수수료 요율 책정 및 사용 항목에 대한 심의·의결

4. 직원회 근로자 급여에 관한 사항에 대한 심의·의결

5. 공급수수료 회계예산서 및 결산보고서 심의·의결

6. 자비구매물품 입찰 및 계약 관련 주요 민원, 진정, 고충처리 등 심의·의결

7. 그 밖에 수임기관이 자문하는 사항에 대한 응답 및 조언

② 수임기관은 위원회가 제1항제1호부터 제4호까지의 심의·의결을 한 경우에는 법무부장관의 승인을 받아야 한다.

제6조(위원회의 회의) ① 위원회의 회의는 연 1회 이상 개최하여야 하며, 그 밖에 수임기관이 필요하다고 인정하는 경우에 개최한다.

② 회의는 재적위원 과반수의 출석으로 개의하고, 출석위원 과반수의 찬성으로 의결한다.

③ 위원회의 사무를 처리하기 위하여 위원회에 간사 1인을 둔다. 간사는 수임기관 소속 6급 이상의 교도관으로 하고, 회의에 참석하여 심의사항에 관한 설명을 하거나 필요한 발언을 할 수 있으며, 별지 제1호서식의 위원회 회의록을 작성하여 유지하여야 한다.

④ 위원회의 회의는 공개하지 아니한다. 다만, 위원회의 의결을 거칠 경우에는 공개할 수 있다.

⑤ 위원회 회의에 참석한 위원에게는 예산의 범위에서 수당을 지급할 수 있다.

⑥ 위원장은 심의안건의 내용이 경미하거나 회의를 소집하기 곤란하다고 판단하는 때에는 서면으로 심의할 수 있다.

제7조(준수사항) 위원은 다음 각 호의 사항을 준수하여야 한다.

1. 직위를 이용하여 영리 행위를 하거나 업무와 관련하여 금품·접대를 주고받지 아니할 것

2. 자신의 권한을 특정인이나 특정 단체의 이익을 위하여 행사하지 아니할 것

3. 업무 수행 중 알게 된 사실이나 개인 신상에 관한 정보를 누설하거나 개인의 이익을 위하여 이용하지 아니할 것

제8조(자비구매물품 품목 등 통보) ① 수임기관은 다음 연도에 공급할 자비구매물품의 품목·유형 및 규격 등을 정할 경우에는 소장의 의견 등을 들어야 한다.

② 수임기관은 다음 연도에 공급할 자비구매물품의 품목·유형·규격 등을 매년 말일까지 소장에게 통보하여야 한다.

제9조(선호도 조사) ① 수임기관은 수용자를 대상으로 자비구매물품 품목 선호도 조사를 실시한다.

② 수임기관은 수용자 선호도 조사 결과에 따라 품목을 제외할 경우에는 소장의 의견을 들어야 한다.

제10조(공급 횟수) 소장은 자비구매물품 중 음식물에 대해서는 주 2회, 생필품과 의류 및 그 밖에 수용생활에 필요하다고 인정되는 물품 등은 주 1회 공급한다. 다만, 소장은 신입수용자 처우, 기관별 특성 및 계절적 요인 등을 고려하여 공급 횟수를 조정할 수 있다.

제11조(공급상의 특례) ① 특수한 규격, 제품별 또는 지역별로 품질·가격의 불균형, 교정시설의 안전과 질서의 저해 그 밖에 공급에 적정을 기하기 곤란한 사정이 있다고 인정되는 품목에 대해서는 다음 각 호의 사항을 구비한 법인 또는 단체에 생산공급을 허가할 수 있다.

1. 제품의 생산설비 및 안정적인 공급능력
2. 자비구매물품 공급 경험 및 교정행정에 관한 지식
3. 설립과 운영에 있어서 공익성
4. 수용자 교정교화 및 사회적응력 배양을 위한 각종 활동에의 기여도

② 제1항에 따라 허가를 하는 경우 적정한 공급을 담보하기 위하여 조건을 붙일 수 있다.

제12조(제품 검사) 소장은 6급 이상 공무원 중에서 2명 이상을 검수관으로 지정하여야 한다. 단 환자인 수용자에게 식사대용으로 공급할 음식물은 교정시설에 소속된 의무관이 검사하게 하여야 한다.

제13조(판매가격의 결정) ① 각 품목별 판매가격은 수임기관이 정한다.

② 제3조제4항에 따라 소장에게 공급을 의뢰한 품목의 판매가격은 소장이 정한다.

제14조(예산 및 결산 보고) ① 수임기관은 매년 회계 연도 개시 전까지 자비구매물품 공급업무 회계에 관한 예산서를 작성하여 위원회의 심의·의결을 거친 후 법무부장관에게 보고하여야 한다.

② 수임기관은 회계 연도 종료 후 3개월 이내에 자비구매물품 공급업무 회계에 대한 결산보고서를 작성하여 위원회의 심의·의결을 거친 후 법무부장관에게 보고하여야 한다.

제15조(재검토기한) 「훈령·예규 등의 발령 및 관리에 관한 규정」에 따라 이 훈령에 대하여 2021년 7월 1일 기준으로 매3년이 되는 시점(매 3년째의 6월 30일까지를 말한다)마다 그 타당성을 검토하여 개선 등의 조치를 하여야 한다.

부칙 〈제1344호, 2021. 2. 26.〉

(시행일) 이 훈령은 2021년 3월 2일부터 시행한다.

수용자 피복관리 및 제작 · 운용에 관한 지침

[시행 2025. 1. 2.] [법무부예규 제1356호, 2025. 1. 2., 일부개정.]

제1조(목적) 이 지침은 「형의 집행 및 수용자의 처우에 관한 법률시행규칙」 제9조에서 법무부장관이 정하도록
한 사항인 수용자에게 지급하는 의류 및 침구류의 제작 및 수급 · 운영에 필요한 세부사항을 규정함을 목적
으로 한다.

제2조(피복 · 침구류의 색채 및 규격) 피복 · 침구류의 색채 및 규격은 별표 1부터 별표 7까지와 같다.

제3조(피복 · 침구류의 품목별 지급기준 등) 피복 · 침구류의 품목별 지급기준, 사용기간 및 착용 시기는 별표 8
과 같다. 다만, 착용 시기는 교도소 · 구치소 및 그 지소의 장(이하 "소장"이라 한다)이 기관의 사정 또는 계절
적 특성에 따라 조정할 수 있다.

제4조(피복류 제작 기준) ① 수용자 피복의 호수별 비율 및 규격은 별표 9와 같다. 다만, 규격 외 피복은 소장의
요청에 따라 별도 규격으로 제작할 수 있다.

제5조(피복관리 및 운영) ① 소장은 매년 자체 피복 수급계획 수립 시 소모성 피복(러닝셔츠, 팬티, 양말 등)에
대하여는 소요량의 10퍼센트 범위에서 예비량을 계상하고, 그 외 평상복, 모범수형자복, 임산부복 등은 지급
대상인원에 비례하여 지급량 이외에 1착을 교체분으로 계상한다.

② 러닝셔츠 · 팬티, 겨울내의, 양말, 운동화 등은 착용을 희망하는 수용자에게 선별적으로 공급하고, 환
자 · 노약자 · 장애인 등 특별한 보호를 필요로 하는 수용자에게 우선 지급할 수 있다.

③ 물품관리관은 피복상태 분류확인 및 불용결정의 절차를 거쳐 폐기처분 하도록 하고, 관급물을 지급 받은
수용자에 대해서는 사용기간 준수여부 및 임의 처분하는 사례 등을 철저하게 감독하여야 한다.

④ 관급 또는 자비구입 의류 및 침구는 수용자 상호간 수수하거나 교환하는 일이 없도록 하고 수용자 출소
시에는 피복류를 철저하게 회수하여야 한다.

⑤ 교체된 회수복은 장기간 방치하는 일이 없도록 하고 주기적으로 세탁을 한 후 잘 건조하여 규격별로 분
류 · 보관하여야 한다.

⑥ 소장은 피복의 규격별 보유량 등을 고려하여 자체 실정에 맞는 해당연도 피복 수급계획을 작성하여 1월
10일까지 법무부장관에게 제출하여야 한다.

제6조(수용자 피복수급계획 · 집행) ① 소장은 배정된 예산 범위 내에서 피복 운용상황 및 법무부장관이 승인한
피복 수급계획 등을 고려하여 품목별 소요량을 규격(호수)별로 세분하여 교도작업 생산기관 등에 직접 주문
하여 구매하여야 한다.

② 소장은 수용자에게 관급으로 지급한 피복을 훼손하거나 변조하지 못하도록 철저하게 관리 · 감독하여야
한다.

제7조(불용결정 및 폐기처분) 의류 및 침구의 불용결정 및 폐기처분을 하고자 할 때에는 사전에 재고현황, 마모 정도, 소요 예정량 등을 충분히 검토하여 처분하는 등 피복수급에 차질이 없도록 하여야 한다.

제8조(노후피복 · 침구류의 운용방안) ① 물품관리담당자는 노후 피복 · 침구류 등의 불용 결정시 피복상태의 분류확인 및 폐품여부 심사를 강화하여 폐품처리를 최소화 하고, 특히 각 부분(예를 들면, 매트리스의 경우 내용물과 커버)별로 상태를 파악한 다음 낡지 않은 부분은 재활용하여 신품구매비용과 보철비용을 절감하여 야 한다.

② 출소자가 남기고 간 자비구매 담요 · 피복은 회수하여 세탁과 보철을 한 후 관용물 편입절차를 거쳐 수용 자 침구류 및 미결수용자 평상복으로 활용하여야 한다.

제9조(재검토기한) 「훈령 · 예규 등의 발령 및 관리에 관한 규정」에 따라 이 예규에 대하여 2025년 1월 1일 기 준으로 매 3년이 되는 시점(매 3년째의 12월 31일까지를 말한다)마다 그 타당성을 검토하여 개선 등의 조치 를 하여야 한다.

부칙 〈제1356호, 2025. 1. 2.〉

이 예규는 발령한 날로부터 시행한다.

의류 · 침구의 품목별 지급기준(제3조 관련)

구 분	품 목		1인당 지급량	사용 기간	지급(착용) 시기	비 고
의 류	평 상 복	겨울옷	1벌	1년	12월~2월	
		봄가을옷	1벌	1년	3월~11월	
		여름옷	1벌	1년	6월~8월	
	특 수 복	모범수형자복 외부통근자복 겨울옷	1벌	1년	12월~2월	
		모범수형자복 외부통근자복 봄가을옷	1벌	1년	3월~11월	
		모범수형자복 외부통근자복 여름옷	1벌	1년	6월~8월	
		임산부복 봄가을옷	2벌	1년	필요시	
		임산부복 여름옷	2벌	1년	필요시	
		환자복 겨울옷	2벌	2년	11월~3월	
		환자복 여름옷	2벌	2년	4월~10월	
		운동복	1벌	2년	운동시	
		반바지·반팔티셔츠	1벌	2년		하절기
	보 조 의 등	위생복 및 장갑	1매	1년	관련작업시	장갑은 수시 지급
		조끼 및 겨울내의	1착(벌)	2년	12월~2월	
		비옷	1벌(개)	3년	1월~12월	
		러닝셔츠, 팬티 및 양말	4매(조)	1년	1월~12월	1매(조) 3개월
모자류	모범수형자모, 외부통근자모, 방한모 및 위생모		1개	2년	1월~12월	위생모는 수시지급
신발류	고 무 신		적의지급	2년	1월~12월	
	운 동 화		1족	1년	1월~12월	
	방 한 화		적의지급	2년	12월~2월	
	위 생 화		적의지급	1년	1월~12월	
침구류	이 불	겨울이불	1매	3년	12월~2월	노약자, 임산부 등
		환자용 겨울이불	1매	3년	12월~2월	환자 등
		여름 이불	1매	3년	3월~11월	노약자, 임산부 등
		환자용 여름이불	1매	3년	3월~11월	환자 등
	매 트 리 스	일반매트리스	1매	8년	11월~3월	난방, 수용자 건강상태에 따라 적의지급
		환자매트리스	1매	5년	1월~12월	
	담 요		2매	5년	1월~12월	난방, 수용자 건강상태에 따라 적의지급
	베 개		1개	1년	1월~12월	

02

의료

수용자 의료관리지침

[시행 2024. 12. 31.] [법무부예규 제1353호, 2024. 12. 31., 일부개정.]

제1장 총칙

제1조(목적) 이 지침은 수용자 의료처우와 관련된 사항을 규정함을 목적으로 한다.

제2조(적용범위) 수용자 의료처우에 관하여 다른 법령에 특별한 규정이 있는 경우를 제외하고는 이 지침이 정하는 바에 의한다.

제2장 건강진단 및 건강검진

제3조(신입자 건강진단) ① 「형의 집행 및 수용자의 처우에 관한 법률」(이하 "법"이라 한다) 제16조 및 같은 법 시행령(이하 "영"이라 한다) 제15조에 의한 신입자 건강진단은 신체건강진단과 정신건강진단으로 구분하여 실시한다.

② 제1항의 진단과 별도로 혈색소, 혈당, 총 콜레스테롤, AST, ALT, 감마지티피에 대한 혈액검사 및 흉부방사선 검사를 실시하고, 신속히 관할 보건소 또는 검사 전문기관에 의뢰하여 매독 및 후천성면역결핍증 검사를 실시한다.

③ 수용자 의료정보시스템에 제2항의 검사 결과의 이상 유무를 입력한 후 관계 서류는 전산화하여 등록한다.

④ 제2항의 혈액검사 및 흉부방사선 검사는 필요할 경우 외부의료시설에 위탁하여 실시할 수 있다.

⑤ 신입자 중 가임기(可姙期) 여성수용자에 대하여는 임신테스트를 실시하고 그 결과를 수용자 의료정보시스템에 입력하여야 한다.

제3조의2(신입자 신체건강진단) ① 신체건강진단은 신장, 체중, 시력, 청력, 혈압 측정 및 질병, 팔·다리 기타 신체상의 이상 유무를 검사한다.

② 제1항에 기재한 항목 이외에 교정시설의 장(이하 "소장"이라 한다)이 특히 필요하다고 인정하는 사항에 대하여는 별도로 항목을 정하여 검사할 수 있다.

③ 신체건강진단은 다음 각 호에 의하여 실시한다.

1. 신장은 신장측정기에 턱을 곧게 하여 바르게 서게 한 후 측정하고 단위는 센티미터(㎝)로 한다.

2. 체중은 체중계의 중앙에 서게 하여 측정하고 단위는 킬로그램(㎏)으로 한다.

3. 시력은 시력표에 정해진 거리 앞에 서게 한 후 두 눈을 각각 측정한다. 이 경우 안경을 착용 중인 자는 교정시력을 측정한다.

4. 청력은 청력검사기를 사용하여 두 귀를 각각 측정하고 청력 이상 유무를 판정한다.

5. 혈압은 혈압계로 수축기 및 이완기 혈압을 측정한다.

6. 신체상 이상 유무는 팔·다리의 관절을 움직이게 하여 검사하고 기타 감염병·심혈관 및 뇌혈관 질환 등을 간과하지 않도록 주의하여야 한다.

제3조의3(신입자 정신건강진단) ① 정신건강진단은 질문에 대한 응답, 정서 반응의 변화 및 태도 관찰 등을 통하여 이상 유무를 진단한다.

② 제1항에 의한 정신건강진단 결과는 다음 각 호 중 하나로 판정한다.

1. 특별한 이상이 없는 경우는 '이상소견 없음'

2. 정신증세가 경미하거나 장애가 일상생활에 미치는 영향이 현저하지 않은 경우는 '경증'

3. 정신증세가 심각하거나 장애가 일상생활에 미치는 영향이 현저한 경우는 '중증'

③ 제1항에 의한 검진결과 정신건강의학적 관찰이 필요하다고 인정되는 때에는 정신건강의학과 전문의 또는 관계 전문가의 진단을 받을 수 있도록 하여야 한다.

④ 정신건강의학과 전문의 등에 의한 진단을 실시한 때에는 진단 결과 나타난 병명 또는 증상을 수용자 의료정보시스템에 입력한다.

제3조의4(신입자 진료업무) 신입자 진료업무 보조는 특별한 사유가 없는 한 간호사가 수행한다.

제4조(정기 건강검진의 실시) 법 제34조 및 영 제51조에 의한 건강검진은 국민건강보험공단에 의해 검진 기관으로 지정된 외부전문기관에 의뢰하거나 교정시설에 근무하는 의사(공중보건의사를 포함한다. 이하 "의무관"이라 한다)가 실시할 수 있다.

제5조(취사장에서 작업하는 수용자에 대한 건강검진) ① 취사장에서 작업하는 수용자에 대하여는 다음 각 호의 검진을 제4조의 정기 건강검진 시 1년에 1회 실시할 수 있다.

1. 장티푸스

2. 폐결핵

3. 파라티푸스

② 새로이 취사장에서의 작업을 부과받은 수용자에 대하여는 작업 개시일 전까지 제1항 각 호의 검사를 실시한다.

제6조(건강검진 등 결과의 관리) 수용자의 건강진단 및 건강검진 결과는 의무관 확인 후 수용자 의료정보시스템에 입력하여 관리한다.

제7조(건강검진 등 결과에 대한 조치) 수용자의 건강진단 및 건강검진 결과 필요하다고 인정되는 때에는 해당 수용자에 대한 질병 예방 조치, 건강 상담 등 의료상의 적절한 처우를 제공하여야 한다.

제3장 환자관리 및 의료인 준수사항

제8조(환자진료) ① 환자가 발생한 때에는 의무관의 진단과 처방에 따라 필요한 의료 조치를 하여야 한다.

② 전항의 경우 의무관은 환자에게 진료 소견 및 처방에 관해 적절히 설명하여야 한다.

③ 소장은 환자의 진료 및 관리를 위하여 수용동 및 작업장 등에 대한 자체 순회진료 계획을 수립하여 시행하여야 한다.

제9조(중환자 및 응급환자의 관리) ① 중환자 및 응급환자는 신속히 외부의료시설에 이송진료하고, 수용생활을 지속할 수 없는 중증환자는 관계기관과 협조하여 형집행정지 또는 구속집행정지 건의 등의 조치를 취하여야 한다.

② 중증환자 등 응급상황 발생이 예상되는 환자에 대해서는 간병인을 지정하고, 특이동정에 관한 사항을 동정관찰 등에 철저히 기록하여야 한다.

제10조(감염병환자의 관리) ① 의무관이 「감염병의 예방 및 관리에 관한 법률」 제2조에 따른 감염병환자, 감염병 의사환자 또는 병원체보유자를 발견한 경우에는 같은 법 제11조에 따라 관할 보건소장에게 신고하여야 한다.

② 소장은 「감염병의 예방 및 관리에 관한 법률」에 따라 격리가 필요한 감염병환자 및 감염병의사환자, 병원체보유자, 감염병의심자는 격리수용하고, 감염병 병원체에 오염되었거나 오염되었다고 의심되는 물건 및 장소에 대해서는 소독 또는 기타 필요한 조치를 하여야 한다.

③ 소장은 관할 보건소 등 보건당국과 긴밀한 협조 체제를 유지하여, 예방접종 실시 등 예방 및 치료와 관련한 대책을 강구하여야 한다.

④ 지방교정청장은 관할 내 교정시설에서 감염병 또는 감염의 우려가 있는 질병의 집단감염이 발생하거나 발생할 우려가 있는 경우, 소속 교정시설의 의료인력을 긴급 지원할 수 있다.

제11조(후천성면역결핍증 감염인 등의 관리) ① 소장은 제3조 제2항의 검사 결과 후천성면역결핍증 양성반응을 보이는 수용자에 대해서는 시·도 보건환경연구원에 확인 검사를 의뢰하고, 검사 결과 후천성면역결핍증 감염인 또는 후천성면역결핍증환자가 있는 경우 관할 보건소장에게 신고하여야 한다.

② 소장은 감염인 또는 후천성면역결핍증환자, 후천성면역결핍증에 감염되었다고 판단되는 충분한 사유가 있는 수용자에 대해 의무관의 의견을 들어 분리 수용하는 등 적절한 조치를 취하여야 한다.

③ 다른 법령에서 정하고 있는 경우를 제외하고는 감염인 또는 후천성면역결핍증환자의 진단·검안·진료 및 간호에 관한 사항 등 업무상 알게 된 비밀을 누설하여서는 아니 된다.

제12조(의료거실 수용) ① 소장은 중증 환자 또는 집중 치료가 필요하다고 의무관이 판단한 환자를 의료거실에 수용한다. 다만, 의료거실이 부족한 경우에는 일반거실을 치료거실로 지정하여 수용할 수 있다.

② 소장은 의무관의 의견을 들어 만성질환자 등 지속적인 요양관리가 필요한 환자를 치료거실에 수용할 수 있다.

제13조(위생관리) ① 소장은 식중독, 감염병 등의 예방을 위한 보건위생 관리계획을 1년에 1회 이상 수립하고 그 이행에 철저를 기하여야 한다.

② 소장은 「감염병의 예방 및 관리에 관한 법률」 제51조에 따라 4월부터 9월까지 2개월에 1회 이상, 10월부터 3월까지는 3개월에 1회 이상 소독을 실시하여야 한다.

③ 소장은 관할 시장·군수·구청장에게 「먹는물 수질기준 및 검사 등에 관한 규칙」 제4조제2항에 따른 수질검사를 의뢰하여야 한다.

제14조(진료에 관한 기록의 보존) ① 진료기록부 등 수용자 진료에 관한 기록은 수용자 의료정보시스템에 입력 또는 등록하여 관련 법령에서 정하는 바에 따라 보존한다.

② 전산화하여 보관하기 어려운 문서 등은 별도 보관할 수 있다.

제14조의2(의료인 준수사항) ① 의무관(간호사)은 수용자 의료정보시스템의 진료기록부(간호기록부)에 환자의 주된 증상, 진단 및 치료 내용 등 의료행위에 관한 사항과 의견을 기록하여야 한다.

② 외부 의료시설에서 근무하는 의사(이하 "외부의사"라 한다)는 다음 각호의 사항을 준수하여야 한다.

1. 수용자 진료 시 환자 권리 보호를 위한 의료 관련 법령 준수

2. 교정시설의 안전과 내부 질서를 존중하고 진료 이외 교도관의 수용자 통제 조치에 협조

3. 수용자 진료 시 알게 된 교정시설의 안전과 질서에 관련된 내용 및 수용자의 신상에 관한 사항 외부 누설·공개 금지

제4장 외부의사 진료 및 비용 부담

제15조(외부의사 진료 실시 및 비용 부담) ① 법 제37조제1항 및 영 제55조제1항에 따라 소장은 소 내 진료로는 수용자에 대한 적절한 치료가 곤란하다고 인정되는 다음 각 호의 경우 직권으로 의무관의 의견을 고려하여 외부의사 진료(이송 · 초빙 · 원격진료, 이하 동일)를 받게 할 수 있다.

1. 응급환자

2. 지체하면 추후 적절한 치료가 어렵고 수용 기간 중 중대한 심신상의 장애 또는 생명이 위태로울 것으로 예상되는 경우

3. 작업, 직업훈련, 종교행사, 교육 및 교화프로그램 운영 등과 관련하여 부상 · 질병 등이 발생한 때

4. 기타 필요성이 인정되는 경우

② 제1항의 진료에 따른 비용은 수용자의 고의 또는 중과실 없이 수용생활 중 부상, 질병 등이 발생한 경우 예산의 범위 내에서 국비로 지급한다.

③ 입소 전 또는 구속(형)집행정지 기간 중 발생한 질병 및 부상 등에 대한 제1항의 진료에 따른 비용은 수용자 및 가족 등 보호자(친족, 동거가족뿐만 아니라 무연고 또는 기타 부득이한 사유가 있는 경우는 교정정보시스템에 등록된 지인 포함, 이하 '가족 등'이라 한다.)가 부담한다. 다만, 수용자 및 가족 등에 비용 부담 능력이 없는 경우 예산의 범위 내에서 국비로 지급할 수 있다.

④ 제1항의 진료에 따른 비용을 국비로 부담하는 경우 그 사유 및 부담 금액을 수용자 의료정보시스템에 입력하여야 한다.

제15조의2(수용자 또는 가족 등의 외부의사 진료 신청 및 비용 부담) ① 법 제38조에 따라 수용자 또는 가족 등은 다음 각 호의 사유가 있는 경우 외부 의사 진료를 신청할 수 있다.

1. 외부의사 진료를 받지 않아도 수용 기간 중 현저히 병세가 악화될 가능성이 낮은 경우

2. 질병 · 부상의 진료를 직접 목적으로 하지 않는 경우

3. 보조기, 보청기, 안경, 콘택트렌즈 등 보조기기를 구입하는 경우

4. 틀니, 임플란트 등 치과 보철 치료를 받는 경우

5. 단순 진단을 위한 MRI, CT 촬영 등의 검사를 받는 경우

6. 교정시설 내에서 실시할 수 있는 검사 및 진료를 받는 경우

7. 교정시설에서 제공하는 기본 예방접종 및 건강검진 이외의 예방 진료를 받는 경우

8. 기타 건강보험 적용 대상이 아닌 경우

② 제1항의 진료에 따른 비용은 수용자 또는 가족 등이 부담한다.

③ 소장은 수용자 또는 가족 등의 진료 신청 등에 의해 자비치료의 진의와 부담능력을 확인한 후 의무관의 의견을 고려하여 외부 의사 진료를 허가할 수 있다.

제15조의3(외부의료시설 진료 시 유의 사항) 소장이 법 제37조제1항 및 제38조에 따라 의무관의 의견을 들어 외부의료시설 진료를 허가할 때에는 의료설비, 진료과목, 계호조건 등을 고려하여 해당 교정시설 인근의 의료시설로 결정한다. 다만, 인근 의료시설에 해당 진료과목이 없거나 기타 부득이한 사유가 있는 경우는 예외로 한다.

제15조의4(의무관 원외처방 및 약제비 부담) ① 제26조제1항제3호다목의 의무관 원외처방전은 「의료법」 제17조의2에 따라 의무관 직접 진료 후 작성하되, 환자의 안전과 약물 오남용 방지를 위해 의약품안전사용서비스(Drug Utilization Review, 이하 DUR이라 한다.) 점검 기준을 준수(경고 메시지에 대해 처방을 수정하거나

불가피한 경우 예외 사유 등 입력)하고, 「마약류의 오남용 방지를 위한 조치기준(식품의약품안전처고시)」 별표의 조치사유 해당 여부와 「교정시설 규제약물 적정처방 가이드라인」 위배 여부 및 약제별 급여·비급여 여부를 확인하여야 한다.

② 제15조제1항 각 호의 사유에 해당하여 직권으로 원외처방전을 작성한 경우 약제비 부담은 제15조제2항 또는 제3항의 예에 따른다.

③ 제2항에 따라 약제비를 국비로 부담하는 경우 그 사유 및 부담 금액을 수용자 의료정보시스템에 입력하여야 한다.

④ 제15조의2제1항 각 호의 사유에 해당하여 수용자 또는 가족 등이 의무관 원외처방을 신청한 경우 약제비는 수용자 또는 가족 등이 부담한다.

⑤ 제4항의 신청이 있는 경우 의무관은 수용자 보관금에서 약제비 결재 절차 진행 후 교정기관 직원이 외부 약국(협력 약국 이외의 약국 포함, 이하 동일)에서 처방전에 따라 의약품을 구입하여 수용자에게 지급한다.

제16조(진료비의 구상) ① 소장은 수용자가 다음 각 호의 사유에 해당되어 외부의사 진료를 받은 경우 법 제37조제5항에 따라 진료비의 전부 또는 일부를 해당 수용자에게 구상할 수 있다.

1. 자해행위, 이물질을 삼키는 행위, 난동 등 수용자의 고의로 인하여 부상 등이 발생한 경우

2. 중과실로 인하여 부상, 질병 등이 발생한 경우

② 소장은 수용자 상호 간 폭행, 싸움 등으로 인하여 발생한 부상 등에 대한 진료비의 전부 또는 일부를 가해자에게 구상할 수 있다.

제17조(외부의료시설 진료기록) ① 외부의료시설 진료 후에는 진료 결과를 수용자 의료정보시스템에 입력하고 진단서 등 관계 서류는 전산화하여 저장하며 전산처리가 어려운 문서 등은 별도로 보관한다.

② 수용자 이송 시 이송기관(외부의료시설 진료를 실시한 경우에 한함)에서는 암 환자, 심뇌혈관 질환자 등 중증질환자의 외부의료시설 진료 의뢰를 위해 필요한 서류와 보유자료[요양급여의뢰서(진료의뢰서), 진료 및 수술 기록지, MRI 영상 자료 등]를 이입 기관에 함께 송부하여야 한다

③ 소장은 법 제37조제4항에 따라 수용자가 외부의료시설에서 진료받은 사실을 가족(가족이 없는 경우에는 수용자가 지정하는 사람)에게 통지한 경우에는 수용자가 가족 통지에 동의한 사실 및 통지 결과를 수용자 의료정보시스템 '외부진료'의 메모내용에 기록하여야 한다. 다만, 사회물의사범 등 외부진료에 대한 별도 보고가 필요한 경우는 교정정보시스템 업무지원 메뉴의 정보사항(특이동정)에도 기록하여야 한다.

제5장 치료중점 교정시설 등 이송 치료

제18조(폐결핵 환자 및 한센병 환자) ① 활동성 폐결핵으로 판정된 수형자 중 잔여형기가 3개월 이상인 자는 결핵 치료중점 교정시설로 이송하여 치료한다.

② 활동성 폐결핵으로 판정된 후 계속적인 투약 중에 있는 자로 최초 투약일로부터 3개월이 경과하지 아니한 수형자는 전항의 기관으로 이송하여 치료할 수 있다. 이 경우 활동성 폐결핵 판정 및 투약 기간은 진단서로 확인 가능하여야 한다.

③ 한센병 환자로 진단된 수형자는 별도의 이송 신청 절차 없이 수용구분에 따라 한센병 치료중점 교정시설로 이송하여 치료한다.

④ 소장은 폐결핵 환자 중 이송에 지장이 있을 것으로 예상되는 중증환자에 대해서는 이송 신청을 하지 않는다.

제19조(정신질환자) ① '한국 표준질병·사인분류' 중 다음 각 호에 해당되는 자로서 잔여형기가 3개월 이상인

수형자는 정신질환 치료중점 교정시설로 이송하여 치료한다.

1. [F20-F29] 조현병, 분열형 및 망상 장애

2. [F30-F39] 기분[정동]장애

② 제1항의 경우 다음 각 호에 해당하는 자는 이송에서 제외한다.

1. 단순 정신질환 의심이 있는 자나 증상이 경미한 자

2. 정신질환 외 중증질환을 동반한 경우 등 정신질환 치료프로그램 참여가 부적절한 자

③ 소장은 제3조의3제2항에 따라 중증으로 판정한 신입 수용자, '정신장애 중증'의 장애인 등록증(복지카드)을 발급받은 수용자, 수용 기간 중 의무관 또는 정신건강의학과 전문의 진단 등을 통해 중증 정신질환자로 치료 및 관리 필요성이 인정된 수용자는 별지 제1호서식의 중증 정신질환 수용자 관리대장에 기록하여 관리한다.

④ 각 지방교정청에서는 매월 제3항의 소속기관 중증 정신질환 수용자 현황을 취합하여 법무부 의료과에 보고한다.

제20조(혈액투석 환자) ① 혈액투석 환자 중 다음 기준에 해당되는 자로서 잔여형기가 3개월 이상인 수형자는 혈액투석실 운영기관에 이송하여 치료한다.

1. 감염병에 걸리지 않은 자

2. 합병증에 의한 증상이 경미한 자

3. 기타 혈액투석실 운영기관 이송에 적합하다고 판단되는 자

② 미결수용자인 혈액투석 환자에 대하여는 출정(형사)업무에 지장이 없는 범위 안에서 별도의 이송 신청 절차 없이 미결수용자 전용 혈액투석실 운영기관으로 이송하여 치료한다. 다만, 사전에 수용 가능 여부를 확인하고, 이송 후에는 교정본부 및 지방교정청에 즉시 보고하여야 한다.

제21조(폐결핵 환자의 이송절차) ① 소장은 폐결핵 환자의 경우 별지 제2호서식의 치료중점 교정시설 등 이송 신청자 명부를 작성하고 의무관의 소견서 및 외부의사의 진단서를 첨부하여 지방교정청에 이송 신청한다.

② 지방교정청장은 진단서의 내용을 면밀히 검토한 후 이송 기준에 적합한 자에 한하여 법무부 보안과에 이송 신청한다.

③ 소장은 환자 이송 시 진단서, 방사선 사진 및 기타 환자 진료와 관련된 자료 등을 치료중점 교정시설로 송부하여야 한다.

제22조(정신질환자 및 혈액투석 환자의 이송절차) ① 소장은 제19조제3항의 중증 정신질환자 및 혈액투석 환자의 경우 별지 제2호서식의 치료중점 교정시설 등 이송신청자 명부를 작성하고 의무관의 소견서 및 외부의사의 진단서를 첨부하여 법무부 의료과에 이송 신청한다. 다만, 정신질환자의 경우 외부의사 진단서 대신 소견서를 첨부할 수 있다.

② 법무부 의료과는 제19조, 제20조제1항의 이송 기준에 적합한 자에 한하여 법무부 보안과에 이송 의뢰한다.

③ 소장은 환자 이송 시 진단서 및 기타 환자 진료에 참고될 모든 자료와 기록 등을 혈액투석실 운영기관, 치료중점 교정시설로 송부하여야 한다.

제23조(치료중점 교정시설 등의 진료) ① 치료중점 교정시설 및 혈액투석실 운영기관은 전국 교정시설로부터 이입된 환자 등에 대하여 증상의 경중을 확인하여 적절한 치료대책을 마련하여야 한다.

② 이입된 환자에 대하여는 환자상태 관찰, 의학적 상담, 진료 등을 적극적으로 실시하여야 한다.

제23조의2(혈액투석실 업무 순환 및 인수인계) ① 혈액투석실 운영기관의 혈액투석 업무는 의무관의 감독 및

지휘를 받아 간호사가 수행한다.

② 혈액투석 업무는 간호사 부족 등의 사유가 없는 한 5년 순환근무를 원칙으로 한다.

③ 의료과장은 혈액투석실 근무 간호사의 순환근무 종료 최소 3개월 전에 후임 간호사를 선발하여 혈액투석 업무 인수인계를 실시한다.

④ 제3항에 따라 선임된 후임 간호사의 업무는 의료과 일반업무와 혈액투석실 인수인계 업무로 구분하고, 각 각 평일 근무시간 내(혈액투석이 없는 날도 포함) 오전·오후로 나누어 분장한다.

제24조(치유 판정 및 환소) ① 환자의 치유 판정은 의무관 2인 이상의 일치된 소견을 진료기록부에 기재하고 서명하는 형식으로 하고, 자체 판정이 불가능한 경우에는 외부의사의 자문을 받아 결정한다.

② 소장은 치유 판정을 받은 환자에 대하여 별지 제3호서식의 환소 신청자 명부를 작성하여 이송을 신청하되, 수용관리 상 조정이 필요한 경우에는 직전의 교정시설이 아닌 다른 교정시설로 이송을 신청할 수 있다.

③ 소장은 정신질환자의 경우에는 치유 판정이 있더라도 반드시 1개월 이상 계속 관찰 후 완치되었다고 판단될 때에 한하여 이송을 신청하고 이입 후 6개월 이내의 자에 대하여는 이송 신청을 자제하여야 한다.

제25조(환소자의 관리) ① 소장은 환소된 수형자에 대하여 의무관의 의견을 고려하여 작업의 부과 등 처우를 시행한다.

② 소장은 환소자 중 다음 각 호의 요건을 갖춘 자에 한하여 치료중점 교정시설로 다시 이송을 신청할 수 있다.

1. 환소 후 2개월 이상의 기간이 경과한 자

2. 증상이 재발하거나 악화되어 수용이 매우 곤란한 자

3. 잔여형기 3개월 이상인 자

제6장 의약품 관리 기본원칙

제26조(의약품의 구분 및 관리) ① 교정시설에서 사용하는 의약품은 지급유형에 따라 다음 각 호로 구분하여 관리한다.

1. 국가지급의약품: 수용자에게 투약하기 위하여 예산으로 구입하여 처방하는 의약품

2. 자비구매의약품: 수용자가 본인의 건강유지, 질병예방 및 치료를 목적으로 소장의 허가를 받아 자비구매 의약품 공통품목 또는 공통 외 품목 중 자신의 비용으로 구입하여 지급받는 의약품

3. 교부허가의약품

   가. 수용자의 질병치료를 위하여 그 가족 등이 교부를 신청한 경우 소장이 이를 허가한 의약품

   나. 질병치료를 위하여 입소 시 수용자가 휴대하고 지급 요청이 있는 경우 소장이 이를 허가한 의약품

   다. 의무관 또는 외부의사(이송·초빙·원격화상진료)의 처방에 의해 교정시설 직원이 외부 약국에서 구입하여 소장의 허가를 받아 반입하는 의약품

   라. 외부의료시설 이송 진료 시, 진료 병원에서 직접 조제하여 소장의 허가를 받아 반입하는 의약품

4. 지원의약품: 보건소 등 유관기관으로부터 무상으로 지원받아 수용자에게 사용하는 의약품

② 소장은 필요한 품목, 소요량, 유효기간을 검토하여 적정량의 의약품을 구입하고, 「약사법」 등 관련 법령에 따라 적절히 관리하여야 한다.

③ 교정시설 규제약물(오남용 우려 약물)은 다음 각 호로 구분하여 관리하고, 소장은 수용자의 의약품 오남용 문제를 예방하고 효과적으로 대응하기 위해 필요한 조치를 할 수 있다.

1. 향정신성의약품

2. 마약류 진통제

3. 트라마돌 제제

4. 기타 법무부장관이 오남용 우려 약물로 지정한 의약품

제26조의2(의약품 관리자 지정 및 순환근무) ① 소장은 교정시설 내에서 사용되는 의약품 관리를 위해 약무직 공무원을 의약품 관리자로 지정한다. 다만, 약무직 공무원이 부재한 교정기관에서는 간호사를 의약품 관리자로 지정한다.

② 의약품 관리자는 의료과장의 감독 및 지휘를 받아 교정시설에서 사용되는 모든 의약품에 대한 관리 · 점검 업무를 총괄한다.

③ 소장은 의약품 관리자의 업무 보조 및 제26조 의약품 구분에 따른 관리를 위해 간호사를 업무 보조자로 선정할 수 있다.

④ 의약품 관리업무를 담당하는 간호사(의약품 관리자 및 보조자)는 1년 순환근무를 원칙으로 하며, 간호사 부족 등의 사유가 없는 한 순환근무 종료 후 2년 이내에 재배치하지 못한다.

제26조의3(교부허가의약품 심사 절차 등 관리) 의약품 관리자 및 교부허가의약품 관리 보조자는 제15조의4, 제35조, 제35조의2, 제35조의3, 제35조의4, 제35조의5, 제35조의6, 제36조, 제36조의2, 제36조의3 등 교부 허가 심사 절차 및 투약 전반에 대한 관리 · 점검업무를 수행한다.

제27조(의약품 보관) ① 의약품은 약장에 보관함을 원칙으로 한다.

② 의약품 보관 창고는 항상 청결을 유지하고 채광, 습도, 온도, 환기 등에 유의하여야 한다.

③ 의약품 보관 창고는 잠금장치를 하여 담당자 이외의 출입을 통제하여야 한다.

④ 의약품은 국가지급의약품, 자비구매의약품, 교부허가의약품, 지원의약품, 비상의료용품 등으로 구분하여 보관하여야 한다.

제28조(의약품의 현황 등 관리) ① 교정시설에서 사용하는 모든 의약품의 투약에 관한 사항 및 재고 현황은 수용자 의료정보시스템으로 관리한다.

② 의약품 관리자는 교정시설 내에서 사용되는 의약품(자비구매의약품 제외)의 보관상태, 유효기간, 재고량 등을 월 1회 이상 점검하고 별지 제4호서식의 양식에 따라 작성한 의약품 점검부를 결재 문서에 첨부하여 전자문서로 관리하여야 한다.

제28조의2(의약품 등의 점검 및 1회용 주사기 관리) ① 지방교정청장은 관할 교정시설 내에서 사용되는 의약품 및 의료용품 등 출납현황, 보관상태, 유효기간 등 전반적인 관리 실태를 연 1회 이상 점검하여야 한다.

② 1회용 주사기는 잠금장치가 있는 이중 캐비닛에 보관하고, 매일 수량 및 보관상태 등을 확인하여 수용자 의료정보시스템에 입력하여 관리한다.

제29조(의약품의 처방 및 지급) ① 의무관의 처방 없이 사용할 수 있는 일반의약품을 제외한 전문의약품은 의사의 처방에 의해 투약하여야 한다. 다만, 간호사는 법 제36조제2항 및 영 제54조의2에 따라 야간 또는 공휴일 등에 경미한 의료행위가 허용되는 범위에서 전문의약품을 처방하여 투약할 수 있다.

② 제26조제3항의 교정시설 규제약물은 별지 제5호서식의 교정시설 규제약물 인계인수 대장을 작성한 후, 수용동 및 작업장 담당 직원에게 교부하여 해당 수용자에게 지급되도록 하여야 한다.

③ 제26조제3항의 교정시설 규제약물 등 의무관이 복용 여부 확인을 지시한 의약품에 대해서는 1회 투약 단위로 지급하고 수용동 및 작업장 담당 직원이 복용 사실을 확인하여야 한다.

제30조(조제실의 설치) 소장은 채광 및 조명상태가 적절한 장소에 조제실을 설치하여 위생적인 조제가 되도록

하여야 한다.

제31조(국가지급의약품의 구입) ① 소장은 수용인원, 월평균 환자 수, 월평균 소비량, 유효기간 등을 감안하여 국가지급의약품을 구입한다.

② 소장으로부터 지정을 받은 검수관은 품목, 수량, 규격, 제조회사, 포장단위, 유효기간, 변질여부 등을 검사하여야 한다.

제32조(의료용 마약류의 관리) ① 교정시설에서 사용하는 의료용 마약류란 「마약류 관리에 관한 법률」 제2조제3호나목부터 라목까지의 향정신성의약품과 마약류 진통제를 말한다.

② 소장은 「마약류 관리에 관한 법률」에 따른 마약류취급자가 의료용 마약류를 취급하도록 하고, 필요 최소량의 의료용 마약류를 투약하도록 하여 남용으로 인한 부작용을 방지할 수 있도록 노력하여야 한다.

③ 의료과장은 수용자 의료정보시스템으로 의료용 마약류 투약자 명부를 관리하고 소장에게 보고하여야 한다.

④ 의료과장은 도난, 분실 등의 사고가 발생하지 않도록 의료용 마약류를 잠금장치가 있는 별도의 이중 캐비닛에 보관하고, 매주 1회 이상 점검하여 그 결과를 별지 제6호서식의 의료용 마약류 저장시설 점검부에 기록하여야 한다.

⑤ 의료과장은 별지 제7호서식의 국가지급 의료용 마약류 관리대장을 품목별로 작성하여야 한다.

⑥ 교정시설의 마약류취급자는 「마약류 관리에 관한 법률」 제11조에 따라 국가지급 의료용 마약류의 구입, 조제, 투약, 폐기여부 등을 마약류통합관리시스템을 통하여 식품의약품안전처장에게 보고하여야 한다.

제33조(비상의료용품의 관리) ① 비상의료용품은 보관 및 운반이 편리하도록 별도의 보관함에 관리한다.

② 보관함의 좌·우 면에 비상의료용품이라는 표시를 하여야 한다.

③ 보관함 내부는 외과용 기구, 구급용품, 구급의약품 등으로 구분하고, 품목, 수량, 유효기간을 기재한 목록을 작성하여 외부에 부착하여야 한다.

제34조(자비구매의약품의 구입 허가 및 지급) ① 자비구매의약품 목록은 수용자에게 사전에 고지하고, 월 2회 이상 구입이 가능하도록 하여야 한다.

② 소장은 자비구매의약품 중 일반의약품은 자체 계획에 따라 약품의 종류와 포장단위를 감안하여 1회 허가 기준량을 정하고 의무관의 의견을 들어 일괄적으로 허가한다.

③ 소장은 자비구매의약품 중 전문의약품은 「의료법」 제17조의2에 따라 의무관 직접 진료 및 처방에 근거하여 허가한다.

④ 소장은 자비구매의약품의 품목, 수량, 지급일시 등을 수용자 개인별로 관리하고 특별한 사정이 없는 한 의무관의 의견을 고려하여 일괄 지급할 수 있다.

제35조(교부허가의약품 등의 심사 절차) ① 소장은 제26조제1항제3호의 의약품 교부신청에 대해 의무관 또는 약사 등 전문가의 의약품 감정을 받은 후 필요한 경우에 한하여 허가할 수 있다. 다만, 처방전이 없는 의약품은 수용자 또는 가족 등에게 처방전 제출(방문 또는 우편)을 요청하고 3일 이내에 제출하지 않으면 감정 절차 없이 교부 불허한다.

② 제1항의 의약품 감정은 의약품 검수 외에도 「마약류의 오남용 방지를 위한 조치기준(식품의약품안전처고시)」 별표의 조치사유 해당 여부, 「교정시설 규제약물 적정처방 가이드라인」 위배 여부 확인을 거쳐 실시한다.

③ 소장은 제26조제3항의 규제약물을 포함한 의약품 교부신청이 있고, 제2항의 의약품 감정을 위해 필요한 경우에는 다음 각 호의 추가 자료 제출을 수용자 또는 가족 등에게 요구할 수 있다.

1. 질환명, 진료기간, 치료 경과내용(주요 증상·치료내용), 치료계획 등이 명시된 소견서

2. 최근 2개월간의 투약기록

④ 수용자 및 가족 등의 1회 반입 신청 의약품은 6개월 복용량을 초과할 수 없다.

⑤ 복용 거부 또는 반납 의약품에 대한 수용자 폐기 동의가 있는 경우 늦어도 2주 이내에 위 의약품에 대해 폐기 절차를 진행한다.

⑥ 교부 허가 시부터 7개월이 경과한 의약품에 대해 수용자 폐기 동의가 있는 경우 7개월 경과 후 위 의약품에 대한 폐기 절차를 진행한다.

⑦ 교부 허가 시부터 7개월이 경과한 폐기 동의 의약품을 보유 중인 수용자는 수용(작업장)관리 담당자에게 위 의약품을 반납하여야 한다.

⑧ 소장은 제2항에 따른 감정 결과 처방이 부적절하다고 판단되거나 제3항의 추가 자료 제출 요구에 수용자 또는 가족 등이 불응하는 경우 교부 불허할 수 있다.

⑨ 6개월 복용량을 초과한 반입 신청 의약품은 교부 불허하고, 수용자가 복용 거부 또는 반납한 의약품에 대해 폐기 동의하지 않거나 교부허가 시부터 7개월이 경과한 의약품에 대해 폐기 동의하지 않는 때에는 교부 불허할 수 있다.

⑩ 소장은 수용자나 그 가족 등으로부터 의료용품 교부 신청이 있을 때에는 의무관 의견을 고려하여 특히 필요한 경우에 한하여 허가할 수 있다. 다만, 별표의 '수용자 의료용품 공통품목'이 아닌 의료용품의 교부신청은 교도관회의를 거친 뒤 허가할 수 있다.

⑪ 의료과장은 교부 허가된 의약품 및 의료용품 내역을 수용자 의료정보시스템에 입력하고, 개인별로 현황을 관리하여야 한다.

⑫ 교부가 불허된 의약품과 의료용품에 대해서는 법 제25조 규정을 준용한다.

제35조의2(가족 등에 의한 의약품 교부신청 방법) ① 수용자의 질병치료를 위하여 의약품 교부를 신청하고자 하는 수용자의 가족 등은 처방전과 함께 조제해 온 약을 해당 교정기관에 방문하여 접수한다. 다만, 마약류수용자의 가족 등은 처방전을 해당 교정기관에 제출(방문 또는 우편)하는 방법으로 교부신청 할 수 있으며, 의약품과 함께 교부신청 할 수 없다.

> **제35조의2(가족 등에 의한 의약품 교부신청)** ① 소장은 제26조제1항제3호가목의 수용자 가족 등으로부터 의약품의 교부신청이 있는 때에는 약국 제출용 원본으로서 질병분류기호와 약제별 급여·비급여가 명시된 처방전을 제출하도록 하여야 한다.
> [시행일 : 2025. 3. 1.]

② 수용자의 가족 등은 해당 교정기관에 처방전을 우편으로 보내어 교부신청 할 수 있다.

> ② 수용자의 가족 등은 제1항의 처방전을 해당 교정기관에 제출(방문 또는 우편)하는 방법으로 교부신청 할 수 있고 조제된 의약품과 함께 교부 신청할 수 없다.
> [시행일 : 2025. 3. 1.]

③ 소장은 수용자 가족 등의 의약품 교부신청 시 제2항의 처방전 외에 약제비 결재 영수증을 요구할 수 없다.

> ④ 제35조의 의약품 감정은 제출된 처방전에 기초하여 실시하고, 적정성이 인정되어 교부 허가한 경우 수용자 보관금에서 약제비 결재 절차 진행 후 교정기관 직원이 외부 약국에서 처방전에 따라 의약품을 구입하여 수용자에게 지급한다.
> [시행일 : 2025. 3. 1.]

⑤ 소장은 수용자 가족 등이 제출한 처방전에 약국 제출용 원본으로서 질병분류기호와 약제별 급여·비급여가 미기재된 경우 보완을 요구하고 불응 시 교부 불허할 수 있다.

[시행일 : 2025. 3. 1.]

⑥ 소장은 처방전에 기초한 의약품 감정 결과 의약외품 및 질병과 관계없는 의약품이 있는 경우 보완을 요구하고 불응 시 교부 불허할 수 있다.

⑦ 소장은 제4항에 따른 약제비 결제 절차에 수용자가 협조하지 않는 경우 교부 허가를 철회할 수 있다.

[시행일 : 2025. 3. 1.]

제35조의3(가족 등에 의한 의약품 교부신청 방법) ① 수용자의 가족 등은 의약품을 우편·택배(이하 '우송') 등의 방법으로 교정시설에 보내어 교부신청 할 수 없다. 다만, 소장이 의약품 우송을 예외적으로 허가하는 경우(지정약국에서 약품 수급 및 조제 불가능, 일반접견을 할 수 없거나 어려운 민원인 등 특별한 사유가 있는 경우)는 그러하지 아니하다.

제35조의3(가족 등에 의한 의약품 교부신청 특례) ① 협력 약국에서 약품 수급 및 조제가 곤란하여 소장이 수용자(마약류수용자 제외)의 가족 등에게 조제 의약품 교부신청을 요청한 경우 수용자의 가족 등은 조제된 의약품을 질병분류기호 및 약제별 급여·비급여가 명시된 환자 보관용 처방전과 함께 제출(방문 또는 우편·택배)하여 교부 신청할 수 있다.

[시행일 : 2025. 3. 1.]

② 소장은 제35조에 따른 의약품 감정 결과 적정성이 인정되면 교부 허가할 수 있다. 다만, 의약외품 및 질병과 관계없는 의약품에 대해서는 교부 불허할 수 있고 분리가 어려운 경우 신청 의약품 전부를 교부 불허할 수 있다.

[시행일 : 2025. 3. 1.]

③ 소장은 수용자 가족 등이 제출한 환자 보관용 처방전에 질병분류기호와 약제별 급여·비급여가 미기재된 경우 보완을 요구하고 불응 시 교부 불허할 수 있다.

[시행일 : 2025. 3. 1.]

④ 제1항의 경우 수급 및 조제가 곤란한 의약품의 종류를 명시한 별지 제8호서식의 협력 약국 확인서를 첨부하여 수용자 의료정보시스템에 그 내용을 입력하여야 한다.

[시행일 : 2025. 3. 1.]

제35조의4(가족 등에 의한 의약품 교부신청 방법) ① 향정신성의약품은 필요시 의무관 또는 외부의료시설 전문의 진료 후 처방 가능하며, 수용자의 가족 등은 교부신청 할 수 없다. 다만, 신입 수용자의 경우는 입소 후 1월 이내에 1회에 한하여 가족 등이 교부신청 할 수 있다.

제35조의4(가족 등에 의한 교정시설 규제약물 교부신청 제한) ① 제26조제3항의 교정시설 규제약물은 필요시 의무관 또는 외부의사 진료 후 처방 가능하며 수용자의 가족 등은 교부신청 할 수 없다.

[시행일 : 2025. 3. 1.]

② 트라마돌 제제 및 마약성진통제는 필요시 의무관 또는 외부의료시설 전문의 진료 후 처방 가능하며, 수용자의 가족 등은 교부신청 할 수 없다. 다만, 신입 수용자(마약류수용자 제외)가 입소 전 처방받아 복용 중 휴대하지 않고 입소한 때에는 위 의약품에 대해 입소 후 1월 이내에 1회에 한하여 가족 등이 교부신청할 수 있다.

② 제1항에도 불구하고 신입 수용자(마약류수용자 제외)가 입소 전 최소 2개월 전부터 처방받아 복용 중 휴대하지 않고 입소한 때에는 위 의약품에 대해 입소 후 1월 이내에 1회에 한하여 가족 등이 교부신청 할 수 있다.

[시행일 : 2025. 3. 1.]

③ 제2항에 따른 교부신청 시 수용자 가족 등은 최근 2개월간의 투약 기록, 환자 보관용 처방전, 복용 중이던 의약품을 해당 교정기관에 방문하여 제출한다.

[시행일 : 2025. 3. 1.]

④ 소장은 제35조에 따른 의약품 감정 결과 적정성이 인정되면 교부 허가할 수 있다. 다만, 의약외품 및 질병과 관계없는 의약품에 대해서는 교부 불허할 수 있고 분리가 어려운 경우 신청 __이약품 전부를 교부 불허할 수 있다.

[시행일 : 2025. 3. 1.]

⑤ 소장은 수용자의 가족 등이 제3항에 따른 최근 2개월간의 투약 기록 또는 환자 보관용 처방전을 제출하지 않고 보완요구에도 응하지 않는 경우 교부 불허할 수 있다.

[시행일 : 2025. 3. 1.]

제35조의5(신입 마약류수용자 가족 등에 의한 교정시설 규제약물 교부신청 제한) ① 신입 마약류수용자가 다음 각 호의 교정시설 규제약물을 입소 전 최소 2개월 전부터 처방받아 복용 중 휴대하지 않고 입소한 경우, 입소 후 1월 이내에 1회에 한하여 가족 등이 최근 2개월간의 투약 기록, 환자 보관용 처방전을 제출(방문 또는 우편)하여 교부신청할 수 있고 복용 중이던 의약품과 함께 교부 신청할 수 없다.

  1. 최면진정제

  2. 항전간제

  3. 항불안제

[시행일 : 2025. 3. 1.]

② 제1항의 신청이 있는 경우 의무관은 최근 2개월간의 투약 기록, 환자 보관용 처방전을 기초하여 환자의 안전과 약물 오남용 방지를 위해 의약품안전사용서비스(DUR) 점검 기준 준수(경고 메시지에 대해 처방을 수정하거나 불가피한 경우 예외 사유 등 입력), 「마약류의 오남용 방지를 위한 조치기준(식품의약품안전처고시)」 별표의 조치사유 해당 여부 및 「교정시설 규제약물 적정처방 가이드라인」 위배 여부 확인을 거쳐 적정성이 인정되면 「의료법」 제17조의2에 따라 직접 진료 후 의무관 원외처방전을 작성하고, 수용자 보관금으로 약제비 결재 절차 진행 후 교정기관 직원이 외부 약국에서 처방전에 따라 의약품을 구입하여 수용자에게 지급한다.

[시행일 : 2025. 3. 1.]

③ 소장은 제2항에 따른 의약품 감정 결과 처방이 부적절하다고 판단되거나 신입 마약류수용자의 가족 등이 최근 2개월간의 투약 기록 또는 환자 보관용 처방전을 제출하지 않고 보완요구에도 응하지 않는 경우 교부 불허할 수 있다.

[시행일 : 2025. 3. 1.]

④ 소장은 제2항에 따른 약제비 결제 절차에 수용자가 협조하지 않는 경우 교부 허가를 철회할 수 있다.

[시행일 : 2025. 3. 1.]

제35조의6(교부허가의약품 지급 및 투약) ① 소장은 교부허가의약품의 반입을 허가한 경우 해당 의약품을 의료과에 보관하고 1일분 단위로 수용자에게 투약하도록 하여야 한다. 다만, 다음 각 호의 경우 의무관의 의견을 고려하여 1주일분 단위로 수용자에게 지급하여 투약하도록 할 수 있다.

1. 개방처우급, 완화경비처우급 수형자

2. 일반경비처우급 수형자 중 봉사원, 작업지정 또는 직업훈련 대상자

② 제1항 단서의 경우 소장은 의약품 관리 및 복용과 관련한 책임은 수용자 본인에게 있음을 고지하고, 별지 제9호서식의 교부허가의약품 자가관리·투약 서약서를 첨부하여 고지 내용을 수용자 의료정보시스템에 입력하여야 한다.

③ 소장은 다음 각 호의 경우 의무관의 의견을 고려하여 1회 투약 단위로 지급하고, 의무관이 복용 여부 확인을 요청한 의약품 또는 수용자에 대해서는 복용 사실을 확인하여야 한다.

1. 제26조제3항의 규제약물

2. 제19조제3항에 따라 관리되는 중증 정신질환 수용자

3. 발달장애인 처우 대상 수용자

4. 관심대상수용자 중 형집행법 시행규칙 제210조제3호, 제9호, 제11호 지정대상자

5. 스스로 복용 및 관리능력이 부족하다고 판단되는 수용자 등 기타 필요한 경우

④ 법무부장관은 제1항과 별도로 심사 절차를 거쳐 수용자 약물 자가 투여 프로그램을 운영할 수 있다.

제36조(휴대의약품의 임시 지급) ① 소장은 야간 또는 공휴일 등 의무관 부재 시에 입소하는 신입 수용자가 휴대한 의약품을 지급 요청하는 경우 다음 각 호의 요건을 모두 갖춘 때에 의료지도 의무관의 의견을 고려하여 휴대의약품 교부 허가 심사 절차 완료 전까지의 투약분을 제35조의6에 따라 임시로 지급할 수 있다.

1. 처방전에 의해 수용자 본인에게 처방된 의약품임이 확인되는 경우

1의2. 처방전을 휴대하지 않고 입소한 경우 의료지도 의무관이 의약품 지급 불가피성을 인정하고 간호기록에 해당 사유를 입력한 경우

2. 뇌질환·심장질환 등 급성질환 또는 당뇨·혈압·천식 등 만성질환의 치료나 증상완화를 위하여 긴급한 복용이 필요한 의약품인 경우

3. 의약품의 포장·용기 등이 훼손되지 아니하고 유효기간의 경과, 의약품의 종류·성상(性狀)·용법과 용량을 확인할 수 있는 의약품인 경우

② 임시로 지급된 휴대의약품은 별지 제10호서식의 휴대의약품 임시 지급 대장 작성 및 간호기록에 입력하여 관리하여야 한다.

제36조의2(휴대의약품 교부허가 심사 절차) ① 소장은 신입 수용자(마약류수용자 제외)가 제26조제1항제3호나목의 휴대의약품 지급 요청을 하는 경우 제35조의 의약품 감정 결과 적정성이 인정되면 교부 허가할 수 있다.

② 소장은 제36조제1항에 따라 야간 또는 공휴일 등 의무관 부재 시에 입소하는 신입 수용자(마약류수용자 제외)가 휴대한 의약품을 지급 요청하는 경우를 교부신청으로 간주하고, 휴대의약품 임시 지급과 별도로 제35조의 교부허가 절차를 진행하여 적정성이 인정되면 교부 허가할 수 있다.

③ 소장은 제35조의 의약품 감정 결과 처방이 부적절하다고 판단되거나 의약외품 및 질병과 관계없는 의약

품에 대해서는 교부 불허할 수 있고 분리가 어려운 경우 신청 의약품 전부를 교부 불허할 수 있다.

④ 소장은 제1항, 제2항의 심사 절차를 거친 의약품과 동일 의약품에 대한 수용자 가족 등의 제35조의4제2항의 교부신청을 불허할 수 있다.

제36조의3(신입 마약류수용자 휴대의약품 교부허가 심사 절차 특례) ① 소장은 신입 마약류수용자의 제36조에 따른 휴대의약품 임시 지급 요청은 의료지도 의무관의 의견을 고려하여 의무관 또는 외부의사 진료 시까지의 투약분을 교부 허가할 수 있다. 다만, 제36조의2의 휴대의약품 교부신청은 불허한다.

② 소장은 신입 마약류수용자에게 휴대의약품 임시 지급 외에 투약이 필요한 경우 의무관 또는 외부의사 진료 후 처방받은 의약품, 제35조의5에 따른 의약품에 대해 교부 허가할 수 있다.

제37조(지원의약품의 관리) ① 소장은 보건소 등 유관기관으로부터 무상으로 지원받아 사용하는 지원의약품의 품목, 수량, 사용현황 등을 별지 제11호서식의 지원의약품 관리대장에 기록하여 별도로 관리하여야 한다.

② 지원의약품의 관리와 투약은 일반적인 의약품 관리 및 투약 등의 방법을 따른다.

제38조(예방백신의 관리 등) ① 예방백신은 변질되지 않도록 보관하여야 한다.

② 예방백신 접종 시에는 백신 사용법에 유의하고, 유효기간 내에 접종을 완료하여야 한다.

제39조(이송 시 의약품의 처리) 수용자를 다른 교정시설로 이송하는 경우 의료과에 보관하고 있는 의약품을 이송 직원이 직접 다른 교정시설로 전달하거나 우편으로 발송하여야 한다.

제40조(정신질환 수용자 이송 시 투약 유지) ① 정신질환 수용자를 이송할 경우 이송 기관에서는 복용 중인 정신질환 관련 의약품을 이입 기관 의료과에 인계하고, 이입 기관에서는 투약이 유지될 수 있도록 특별한 사유가 없는 한 14일 이내에 의무관 또는 외부의료시설 전문의 진료를 실시하여야 한다.

② 정신질환 수용자를 치료중점 교정시설에서 이송할 경우에는 이송 전 투약 중인 정신질환 관련 의약품 처방 후 이입 기관 의료과에 인계하고, 이입 기관에서는 투약이 유지될 수 있도록 특별한 사유가 없는 한 7일 이내에 의무관 또는 외부의료시설 전문의 진료를 실시하여야 한다.

제40조의2(정신질환 수용자 출소 시 처방전 등 지급) 의무관은 정신질환 수용자가 출소하는 경우 해당 수용자가 복용해 온 정신질환 관련 의약품의 처방전 또는 처방내역서(진단명, 약 성분 및 용량 등 기재)를 지급할 수 있다.

제41조(사용불능 의약품의 폐기) 의료과장은 변질, 유효기간의 경과 등의 사유로 사용할 수 없는 국가지급의약품은 교환하여 사용하고, 교환이 불가능할 때에는 폐기한 후 별지 제12호서식의 양식에 따라 작성한 국가지급의약품 폐기조서를 결재 문서에 첨부하여 전자문서로 관리하여야 한다.

제42조(유독물질의 관리) ① 소장은 유독물질 관리자를 지정하고, 별지 제13호서식의 유독물질 관리대장에 사용현황과 관련 사항을 기록하여야 한다.

제42조(인체등유해성물질의 관리) ① 소장은 인체등유해성물질 관리자를 지정하고, 별지 제13호서식의 인체등유해성물질 관리대장에 사용현황과 관련 사항을 기록하여야 한다.
[시행일 : 2025. 8. 7.]

② 유독물질은 필요량만을 구입하여 이중 캐비닛에 별도로 보관하고, 사용기간이 경과한 유독물질은 「물품관리법」, 「폐기물관리법」 등의 관련 절차에 따라 불용 결정하여 폐기하여야 한다.

② 인체등유해성물질은 필요량만을 구입하여 이중 캐비닛에 별도로 보관하고, 사용기간이 경과한 인체등유해성물질은 「물품관리법」, 「폐기물관리법」 등의 관련 절차에 따라 불용 결정하여 폐기하여야 한다.
[시행일 : 2025. 8. 7.]

③ 의료과장은 유독물질의 취급 및 이를 사용하는 직원에 대하여 수시로 안전교육을 실시하여야 한다.

③ 의료과장은 인체등유해성물질의 취급 및 이를 사용하는 직원에 대하여 수시로 안전교육을 실시하여야 한다.
[시행일 : 2025. 8. 7.]

제7장 기타

제43조(지도점검) 법무부장관은 매년 법무부 의료과 소속 공무원 등에게 지도점검 필요성이 있는 지방교정청별 1개 이상의 기관을 선별하여 수용자 의료처우 적정성 및 제반 의료과 운영 현황을 지도·확인하게 하여야 한다.

제44조(재검토 기한) 「훈령·예규 등의 발령 및 관리에 관한 규정」에 따라, 이 예규에 대하여 2025년 1월 1일 기준으로 매 3년이 되는 시점(매 3년째의 12월 31일까지를 말한다)마다 그 타당성을 검토하여 개선 등의 조치를 하여야 한다.

부칙 〈제1353호, 2024. 12. 31.〉

제1조(시행일) 이 지침은 발령한 날로부터 시행한다.

제2조(혈액투석실 업무 순환에 대한 경과조치) 제23조의2제2항의 경우 2025. 1. 1. 기준 혈액투석실 근무 연수가 5년을 초과하는 간호사가 있는 경우 근무 기간이 오래된 간호사 순으로 1년에 1명씩 순환 배치한다. 단, 근무 기간이 같은 경우 경력, 나이, 개인 사정 등을 고려하여 선정한다.

제3조(의약품 관리업무 순환에 대한 경과조치) 제26조의2제4항의 경우 의약품 관리업무를 담당하는 간호사의 근무 기간이 2025년 1월 기준 1년 이상이면 2025. 1. 31.까지 교체하고, 1년 미만이면 1년이 되는 시점에 교체한다.

제4조(의무관 원외처방 시 DUR 점검 기준 준수에 대한 경과조치) 제15조의4제1항, 제35조의5제2항의 의무관 원외처방 시 DUR 시스템 활용은 수용자 의료정보시스템 개선 전까지 유예한다.

[별표]

수용자 의료용품 공통품목

품 목	14개 의료품목
	보호대(허리,복대,무릎,어깨,발목,손목,팔걸이 등), 보청기, 의족, 의수, 목발, 휠체어, 틀니, 콘텍트 렌즈(미용 목적 렌즈 제외), 마우스피스, 보행용 보조기(시각장애인용 지팡이 포함), 성인용 기저귀, 인슐린펌프, 장루용품, 배뇨용품

교부허가의약품 자가관리·투약 서약서

성 명	홍길동	칭호번호	1425	수용거실	2하 3실

의약품 관리 및 복용과 관련한 모든 책임이 상기 본인에게 있음을 인지하고 복약지도에 따른 의약품 복용 및 자가관리를 철저히 할 것이며, 다음 각호의 사항을 준수하지 않는 경우 징벌 등 규율 위반에 따른 어떠한 불이익도 감수할 것을 서약합니다.

1. 복약지도에 따르지 않은 미복용 의약품은 즉시 수용(작업장)관리 담당자에게 반납한다.

2. 교부 허가 시부터 7개월이 경과한 의약품은 즉시 수용(작업장)관리 담당자에게 반납한다.

3. 다른 수용자와 의약품을 주고받지 않으며 복약지도에 위반한 비의료적 방법으로 사용하지 않는다.

2025. 10. 28. 홍길동 (서명/인)

○○교도소장 귀하

심리치료 업무지침

[시행 2025. 4. 1.] [법무부예규 제1366호, 2025. 4. 1., 일부개정.]

제1장 총칙

제1조(목적) 이 지침은 「형의 집행 및 수용자의 처우에 관한 법률」 제64조 및 같은 법 시행규칙 제116조, 제219조의2 및 제233조에 따라 실시하는 심리상담, 심리치료 프로그램 및 직원의 정신건강 지원 업무의 집행에 필요한 사항을 규정함을 목적으로 한다.

제2조(정의) 이 지침에 사용하는 용어의 뜻은 다음과 같다.

1. "중형수용자"란 사형 · 무기형 · 장기 10년 이상의 징역형 또는 금고형을 선고받거나 그 형이 확정되어 교정시설에 수용된 사람을 말한다.

2. "이상동기 범죄"란 뚜렷하지 않거나 일반적이지 않은 동기를 가지고 불특정 다수를 향해 벌이는 폭력적 범죄를 말한다.

3. "이수명령"이란 「아동 · 청소년의 성보호에 관한 법률」, 「성폭력범죄의 처벌 등에 관한 특례법」, 「아동학대범죄의 처벌 등에 관한 특례법」, 「마약류 관리에 관한 법률」, 「가정폭력범죄의 처벌 등에 관한 특례법」, 「스토킹범죄의 처벌 등에 관한 법률」, 「동물보호법」 등에 따라 법원이 부과한 치료 프로그램 또는 재활교육 프로그램의 이수명령을 말한다.

제3조(심리치료센터 등 설치 · 운영) ① 법무부장관은 제26조제1항 각 호의 범죄를 저지른 수형자의 개선 및 문제행동예방을 위해 지방교정청에 심리치료센터를 둘 수 있다.

② 제1항에 따른 심리치료센터의 인원은 7명 이상으로 한다.

③ 심리치료센터의 운영에 관하여 제3조 제6항 · 제7항, 제4조부터 제7조까지, 제23조부터 제53조까지 및 제61조의 규정을 준용한다.

④ 교정시설의 장(이하 "소장"이라 한다)은 심리치료과가 설치되지 않은 경우 심리치료 업무수행을 위해 보안과 내에 심리치료팀을 둔다.

⑤ 심리치료팀은 별표 1의 기준에 따라 팀장과 팀원으로 구성하되, 팀원은 심리상담 담당자(이하 "상담전담직원"이라 한다)와 심리치료 프로그램 진행자로 구분한다.

⑥ 소장은 심리치료과 또는 심리치료팀(이하 "심리치료과 등"이라 한다) 부서원으로 심리치료 관련 전문학사 이상의 학위를 취득하였거나 임상심리사, 상담심리사, 정신건강임상심리사 등 상담 또는 심리 관련 자격을 갖춘 직원을 포함시켜야 한다.

⑦ 소장은 별지 제1호 서식에 따른 업무일지를 작성 · 관리하여야 한다.

제4조(심리치료 시설 조성) 소장은 심리치료의 효과를 높이기 위하여 심리치료 전용 교육실, 상담실, 사무실 등

적합한 시설을 갖추도록 노력하여야 한다.

제5조(전문인력의 양성) ① 소장은 필요한 경우 예산의 범위 내에서 전 직원을 대상으로 심리치료 업무에 관한 교육을 실시할 수 있고 법무부장관의 승인을 받아 소속 직원에 대한 외부기관 위탁교육을 실시할 수 있다.

② 소장은 심리치료 업무의 전문성을 높이기 위하여 소속 직원이 심리치료와 관련된 교육·훈련·회의·학술대회 등에 참석할 수 있도록 하여야 한다.

③ 법무부장관이 주관하는 심리치료 업무에 관한 전문인력 양성 과정에 참여하는 직원은 성실하게 과정을 이수하여야 하며, 해당 과정이 자격증 취득을 목표로 하는 경우 해당 자격증의 취득·유지를 위하여 노력하여야 한다.

제6조(수당 등 경비 지급) 소장은 예산의 범위 내에서 외부전문가 상담비 및 외부강사 수당, 심리치료 프로그램 운영에 소요된 재료비 등 필요한 경비를 지급할 수 있다.

제7조(적용범위) 심리치료 업무에 대하여 다른 법령에 특별한 규정이 있는 경우를 제외하고는 이 지침이 정하는 바에 따른다.

제2장 심리치료중앙자문위원회

제8조(설치 및 구성) ① 심리치료 업무에 대한 자문을 위하여 법무부에 심리치료중앙자문위원회(이하 이 장에서 "위원회"라 한다)를 둔다.

② 위원회는 10명 이상 15명 이하의 위원으로 구성하고, 위원장은 위원 중에서 호선하며, 위원은 심리치료에 관한 학식과 경험이 풍부한 내·외부인사 중에서 법무부장관이 임명 또는 위촉한다.

제9조(기능) 위원회는 다음 각 호의 사항에 대한 자문에 응하고 의견을 제시할 수 있다.

1. 자살우려자, 중형수용자 등에 대한 심리상담에 관한 사항
2. 마약류, 알코올 등 약물중독수형자 심리치료에 관한 사항
3. 이수명령 집행에 관한 사항
4. 정신질환 등 수용자 정신건강에 관한 사항
5. 직무 스트레스 등 직원 정신건강에 관한 사항
6. 그 밖에 법무부장관이 필요하다고 인정하는 사항

제10조(임기) 위원의 임기는 2년으로 하며, 연임할 수 있다.

제11조(회의) ① 위원회의 회의는 재적위원 과반수의 요청이 있거나 법무부장관이 필요하다고 인정하는 경우에 개최한다.

② 위원회는 재적위원 과반수의 출석으로 개의하고 출석위원 과반수의 찬성으로 의결한다.

③ 위원회의 회의는 대면회의를 원칙으로 하되, 법무부장관이 필요하다고 인정하면 서면회의로 대체할 수 있다.

제12조(준수사항) 위원회의 위원은 다음 각 호의 사항을 준수하여야 한다.

1. 직위를 이용하여 영리 행위를 하거나 업무와 관련하여 금품·접대를 주고받지 아니할 것
2. 자신의 권한을 특정인이나 특정 단체의 이익을 위하여 행사하지 아니할 것
3. 업무 수행 중 알게 된 사실이나 개인 신상에 관한 정보를 누설하거나 개인의 이익을 위하여 이용하지 아니할 것

제13조(위원에 대한 해임·해촉) 법무부장관은 위원회의 위원이 다음 각 호의 어느 하나에 해당하는 경우에 해당 위원을 해임 또는 해촉할 수 있다.

1. 심신장애로 인하여 직무를 수행할 수 없게 된 경우

2. 직무와 관련된 비위사실이 있거나 제12조의 준수사항을 위반한 경우

3. 직무태만, 품위 손상, 그 밖의 사유로 인하여 위원의 직을 유지하는 것이 적합하지 아니하다고 인정되는 경우

4. 위원 스스로 사퇴 의사를 밝히는 경우

5. 그 밖에 법무부장관이 필요하다고 인정하는 경우

제14조(간사) ① 위원회의 사무를 처리하기 위하여 위원회에 간사 1명을 둔다. 간사는 심리치료과장 또는 6급 이상의 교도관으로 한다.

② 간사는 회의에 참석하여 위원회의 심의사항에 대한 설명을 하거나 필요한 발언을 할 수 있으며, 별지 제2호 서식의 회의록을 작성ㆍ관리하여야 한다.

제15조(경비 지급) 법무부장관은 위원회 회의에 참석하거나 위원회에서 정한 사항에 대한 연구ㆍ자문을 수행한 위원에게는 예산의 범위 내에서 수당 등 필요한 경비를 지급할 수 있다.

제3장 심리상담

제16조(상담 구분) ① 수용자 심리상담은 심리치료과 등의 상담전담 직원이 실시하는 내부상담과 외부전문가가 실시하는 외부전문가 상담으로 구분한다.

② 내부상담은 상담 목적에 따라 다음 각 호와 같이 구분한다.

1. 탐색상담은 수용자의 심리상태 등 특성 파악 및 심리적 위기 진단, 상담방향 설계를 위해 실시한다.

2. 집중상담은 탐색상담 결과 심리적 위기에 직면한 수용자의 심리적 안정과 변화를 위해 실시한다.

3. 후속상담은 집중상담 종결 후 수용자의 심리적 안정 및 변화 확인을 위해 실시한다.

③ 제2항제2호에 따른 집중상담 대상자 중 심리적 위기가 중대하다고 평가되는 수용자는 중점 심리상담 대상자로 지정하여 관리한다.

④ 외부전문가 상담은 정신과 전문의, 상담전문가 등 외부전문가에 의한 보다 세밀한 진단 및 심리검사, 심리상담 등이 필요하다고 인정되는 수용자를 대상으로 실시한다.

제16조의2(탐색상담) ① 탐색상담은 다음 각 호에 해당하는 수용자에 대해 실시한다.

1. 신입자

2. 이입자 중 탐색상담이 필요하다고 인정되는 수용자

3. 수용자 본인 또는 관계부서의 심리상담 요청이 있는 수용자

4. 위기 사건의 발생과 심리 변화 등 사유로 심리적 위기 진단이 필요한 수용자

② 무기수형자 또는 남은 형기가 6개월 이상인 장기수형자 중 1년 이상 심리상담을 받지 않은 수용자에 대해서는 제1항제4호의 위기 사건의 발생과 심리 변화 등 사유를 면밀히 살펴 탐색상담 실시 여부를 결정한다.

③ 제1항제3호의 상담요청 내용이 단순 고충상담으로 판단되는 경우에는 관계부서로 이관한다.

제16조의3(심리적 위기 진단) ① 수용생활 중 발생한 사건의 중대성, 개인의 심리 특성 및 중독 성향, 수용관리팀 의견 등을 종합적으로 고려하여 수용자의 심리적 위기를 진단한다.

② 제1항에 따른 심리적 위기 진단은 정신건강 선별검사 등 심리검사와 교정정보시스템 기록 등을 종합한 비대면 서면평가 방식에 의할 수 있으며, 이 경우 탐색상담 횟수에 포함한다.

제16조의4(중점 심리상담 대상자 지정) ① 다음 각 호 중 하나에 해당하는 수용자는 제16조제3항에 따른 중점

심리상담 대상자로 지정하여 효과적인 상담이 될 수 있도록 하는 등 상담 내용에 특별한 주의를 기울인다. 다만, 심리검사 결과가 허위로 판단되는 등 자살 우려가 높지 않다고 평가되는 경우에는 중점 심리상담 대상자 지정을 제외할 수 있다.

1. 정신건강 선별검사 결과, 자살 고위험군에 해당하는 수용자

2. 입소 전(입소일 기준 6개월 이내) 또는 입소 후 자살 기도 수용자

3. 자살 의지 또는 구체적 자살 계획이 관찰되는 수용자

4. 조사 · 징벌 관련 억울한 감정을 호소하는 수용자

5. 중형 구형 및 선고로 인해 정신적 충격이 크다고 평가되는 수용자

② 다음 각 호에 해당하는 사항 등을 종합적으로 고려하여 심리적 위기가 중대하다고 평가되는 수용자는 중점 심리상담 대상자로 지정하되, 제8호에 해당하고 약물 과다복용 또는 오복용 사례가 관찰되는 경우 중요 요인으로 고려한다.

1. 마약류사범으로 수용 중이거나 과거 관련 범죄의 수용 이력 있는 자

2. 우울증 · 불면증 · 공황장애 진단을 받거나 관련 증상을 호소하는 수용자

3. 취침시간 중 깨어있거나 불안 · 초조한 모습이 2주 이상 관찰되는 수용자

4. 공동생활의 적응이 어렵고, 타 수용자와 마찰 또는 수용자 집단으로부터 종종 배제되어 높은 소외감이 관찰되는 수용자

5. 신체 불편감을 지속적으로 호소하면서, 단체생활의 어려움 또는 삶에 대한 비관적 감정이 공존하는 것으로 관찰되는 수용자

6. 6개월 이상 미결구금 중이거나, 재판 진행에 따른 높은 불안감이 관찰되는 수용자

7. 수용 생활 또는 생애 전반의 중요 희망 사항을 실현하기 어렵게 되거나, 중요 가치를 상실하여 깊은 좌절감과 무망감이 관찰되는 수용자

8. 위 각 호에 해당하는 사유로 인해 3개월 이상 향정신성의약품을 복용 중인 수용자

제16조의5(중점 심리상담 대상자 지정 해제) ① 다음 각 호의 사항을 종합적으로 고려하여 긍정적 변화로 인해 심리적 위기의 중대성이 해소된 것으로 평가되는 수용자는 중점 심리상담 대상자 지정을 해제할 수 있다.

1. 자살의지 또는 구체적 자살계획의 철회

2. 조사 · 징벌 과정과 결과에 대한 수용적 태도

3. 판결 확정 후 교육, 작업 기타 교정교화 활동에 안정적으로 참여

4. 우울증 · 불면증 · 공황장애 관련하여 상당 기간 안정적인 약 복용과 증상 조절

5. 향정신성의약품 과다복용 및 오복용 사례가 상당 기간 관찰되지 않음

6. 수용생활 중 몰입 활동이나 새로운 가치 발견 등으로 삶에 대한 의욕 회복

7. 종교나 자녀 양육 의지 등 심리적 지지 요인 강화

8. 수면장애 또는 불안 · 초조한 기색이 상당 기간 관찰되지 않음

9. 소외감정 등에 대한 심리적 대처 요령 학습과 행동 변화

10. 기타 심리적 문제를 일으킬만한 위기 상황의 해소

② 제1항 각호의 사항을 종합적으로 고려하여 심리적 위기가 해소된 것으로 평가되는 수용자는 중점 심리상담 대상자 지정을 해제하고 집중상담을 종결할 수 있다.

제16조의6(교도관 회의) 중점 심리상담 대상자 지정 및 해제를 위해 필요한 경우 교도관회의 심의를 거쳐 결정

할 수 있다.

제16조의7(집중상담 대상) 제16조의4 제2항 각 호와 다음 각 호의 사항 등을 종합적으로 고려하여 심리적 위기에 직면하였다고 평가되는 수용자와 조사·징벌집행 중인 수용자에 대하여 집중상담을 실시한다.

1. 초범 또는 과거 경미한 범죄력에 비해 중범죄 혐의로 입소하거나, 법정 구속 등 입소로 인한 정신적 충격이 크다고 평가되는 수용자

2. 무연고자이거나 가족·지인과의 교류 단절 등으로 깊은 외로움과 소외감이 관찰되는 수용자

3. 영상계호에 따른 높은 불편감이 관찰되는 수용자

4. 알코올의존증 또는 알코올 치료프로그램 심화과정 대상자로, 중독 성향이 높다고 평가된 수용자

5. 식사, 운동에 소극적인 변화가 관찰되는 수용자

6. 작업, 직업훈련, 종교활동, 교육·교화프로그램 등 참여가 6개월 이상 없거나 소극적인 변화가 관찰되는 수용자

7. 상담 경과에 비추어 자신의 감정에 관한 진술이 급격히 감소하거나, 시선 회피 경향이 높아지는 등 상담태도 변화가 크다고 평가되는 수용자

제17조(상담 회기 및 주기) ① 탐색상담은 1회기 이상으로 하고, 심리적 위기 진단 시기는 다음 각 호에 따른다. 다만, 휴무일이 연속되는 등 특별한 사정이 있는 경우에는 예외로 한다.

1. 신입자는 수용된 날로부터 3일 이내, 이입자는 이입된 날로부터 5일 이내

2. 수용자 본인 또는 관계부서의 심리상담 요청이 있는 수용자는 요청을 받은 날로부터 7일 이내

3. 기타 위기 사건의 발생 및 심리 변화를 인지한 날로부터 7일 이내

② 집중상담은 제17조의2의 경우를 제외하고는 8회기를 기본으로 하고 상담주기는 다음 각 호에 따르되, 수용자의 심적 상태 등에 따라 상담회기와 상담주기를 증감할 수 있다.

1. 정신건강 선별검사 결과, 자살 고위험군에 해당하는 수용자 및 입소 전(입소일 기준 6개월 이내) 자살 기도 전력이 있는 수용자는 월 1회 이상

2. 수용 중 자살 기도 수용자는 자살 기도 발생 당일 1회차, 5일 이내 2회차, 이후 월 1회 이상

3. 자살의지 또는 구체적 자살계획이 관찰되는 수용자는 수시로 상담하고, 자살의지 또는 계획의 철회가 확인되면 그때로부터 1개월 이후까지 수시로 상담

4. 조사·징벌 관련 억울한 감정을 호소하는 수용자는 조사 시기부터 징벌집행 종료 후 1개월 이내까지 수시로 상담

5. 중형 구형 및 선고 등 재판 진행에 따른 높은 불안감이 관찰되는 수용자는 각 단계마다 1회 이상, 재판이 확정된 날로부터 3개월 이후까지 매월 1회 이상

6. 위 각 호 중 하나에 해당하지 않는 경우 2주에 1회 이상

③ 후속상담은 1회기 이상으로 하고, 집중상담 종료 후 3개월 이내 실시한다.

④ 외부전문가 상담은 외부전문가가 사안에 따라 별도로 설정한 회기 및 주기에 따른다.

제17조의2(징벌대상자 등의 상담 회기 및 주기) ① 징벌대상자에 대한 집중상담은 조사기간 중 1회 이상 실시하되, 다음 각 호 중 하나에 해당하는 특별한 사유가 있는 경우에는 징벌집행 중인 수용자에 대한 집중상담으로 갈음할 수 있다.

1. 징벌집행 중인 수용자에 대한 집중상담 종료 전에 새로운 사안으로 조사가 개시되어 진행 중인 집중상담 회기에서 새로운 조사 사안에 관한 내용을 함께 다루는 경우

2. 동일 사유로 단시일 내에 조사와 징벌이 반복되어 수용자가 상담에 대한 극도의 거부감을 표시하는 등 상담 실익이 없다고 판단되는 경우

② 징벌집행 중인 수용자에 대한 집중상담은 징벌집행 중 1회 이상 실시하되, 조사기간과 징벌기간을 합쳐 30일을 초과하는 경우 상담 횟수를 증가하여 실시한다.

제18조(상담 장소) 심리상담은 심리치료과 등의 상담실(이하 "전용 상담실"이라 한다)에서 실시한다. 다만, 전용 상담실이 설치되어 있지 않거나, 전용 상담실에서 심리상담을 실시하기 곤란한 특별한 사정이 있는 경우에는 수용관리팀 내 상담실 등 별도의 장소에서 실시할 수 있다.

제19조(상담 운영) ① 심리상담 중 내부상담은 상담전담 직원이 실시한다. 다만, 상담전담 직원이 실시하기 곤란한 특별한 사정이 있는 경우에는 소장은 수용관리팀장 등이 실시하게 할 수 있다.

② 상담전담 직원은 별지 제3호 서식에 따라 탐색상담·집중상담·후속상담 대상자를 교정정보시스템에 입력·관리하여야 한다.

③ 상담전담 직원은 집중상담·후속상담이 진행 중인 수용자가 다른 교정시설에서 이송되어 온 경우 탐색상담을 진행하고, 그 결과에 따라 상담을 종결하거나 집중상담·후속상담을 실시하여야 한다.

제20조(상담 중지) ① 상담전담 직원은 심리상담 대상 수용자의 외부의료시설 입원, 정신질환, 그 밖의 사유로 정상적인 상담이 곤란한 경우에는 그 사유가 해소될 때까지 심리상담을 중지할 수 있다. 이 경우 중지 기간은 제17조의 상담 주기에 산입하지 아니한다.

② 상담전담 직원은 제1항의 상담중지 사유가 소멸된 경우에는 지체 없이 심리상담을 재개하여야 한다.

제21조(상담 종결) 상담전담 직원은 심리상담 실시 결과 교정사고 발생 가능성 또는 심리·정서적 문제가 없거나 해소되었다고 인정되는 경우에는 상담을 종결할 수 있다. 이 경우 각종 심리검사 결과를 참고할 수 있다.

제22조(상담 후속조치) ① 상담전담 직원은 심리상담을 실시하였거나, 외부전문가로부터 상담내용을 통보받은 경우에는 교정정보시스템에 별지 제4호 서식에 따라 주요 내용을 입력하여야 하며, 이 경우 개인정보가 유출되지 아니하도록 하여야 한다.

② 상담전담 직원은 심리상담 실시 결과 특이사항이 있거나, 외부전문가로부터 상담내용 중 특이사항을 통보받은 경우에는 지체 없이 관계 부서에 통보하여 수용관리 및 처우에 참고하게 하여야 한다.

③ 시행규칙 제228조 제2항에 따른 심리상담 결과의 제출은 별지 제4호 서식에 따른다.

제23조(상담 사례회의 운영) ① "수용자 상담 사례회의(이하 "사례회의"라 한다)"란 수용자의 안정된 수용생활과 재범 방지를 목적으로 심리치료 업무의 전문성과 실효성을 향상시키기 위하여 상담사례를 논의하는 것으로, 1:1 슈퍼비전, 집단 슈퍼비전, 동료 슈퍼비전, 공개 사례발표 회의 등의 형태로 실시한다.

② 소장은 정기적으로 사례회의를 개최하여야 한다. 이 경우 내부전문가를 적극 활용하되 필요 시 외부전문가를 초빙하여 실시할 수 있다.

③ 소장은 사례회의 자료가 외부에 유출되지 아니하도록 하여야 한다.

④ 소장은 사례회의에 외부전문가가 참여하는 경우에는 해당 수용자로부터 별지 제5호 서식에 따른 사례발표 동의서를 받고, 외부전문가로부터 별지 제6호 서식에 따른 서약서를 받아야 한다.

⑤ 소장은 사례회의 개최 후 별지 제7호 서식에 따른 사례회의 일지, 별지 제8호 서식에 따른 사례회의 참가자 확인 및 서약서를 작성·보관하여야 하고, 심리치료 관련 자격 취득 및 유지에 필요한 경우 사례회의 참가 직원이 이를 활용하게 할 수 있다.

제24조(관계부서 등 협조) ① 상담전담 직원이 속한 과의 부서장은 수용자의 심리적 위기 진단을 위해 필요한

정보를 관계부서 · 팀에 요청할 수 있다.

② 소장은 심리상담 경과를 고려하여 단기간 내 수용자의 긍정적인 심리 변화를 기대하기 곤란하다고 판단되면 동정관찰을 강화하도록 하거나 일일중점관찰대상자로 지정하여 관리하는 등 필요한 조치를 할 수 있다.

제25조(심리치료 프로그램 연계) ① 소장은 집중상담 대상 수용자의 심리적 안정을 위해 적합하다고 판단되는 경우 우울특화 심리치료 프로그램 또는 정신질환자 심리치료 프로그램 등의 전부 또는 일부에 참여하게 할 수 있다. 이 경우 참여기간 동안 집중상담을 실시한 것으로 본다.

② 심리치료 프로그램에 참여 중인 수형자가 심리적 위기에 처한 경우 프로그램 과정에서 심리상담을 실시할 수 있다.

제4장 심리치료 프로그램
제1절 통칙

제26조(심리치료 대상범죄 등) ① 소장은 다음 각 호의 범죄를 저지른 수형자의 개선 및 문제행동예방을 위하여 그 특성에 적합한 심리치료 프로그램을 시행한다.

1. 성폭력 범죄

2. 아동학대 범죄

3. 마약류, 알코올, 그 밖의 약물중독관련 범죄

4. 이상동기 범죄

5. 정신질환관련 범죄

6. 가정폭력 범죄

7. 스토킹 범죄

8. 그 밖에 법률에서 정하거나, 심리치료가 필요하다고 인정하는 범죄

② 법무부장관은 제1항 각 호의 범죄를 저지른 수형자의 심리치료를 위하여 심리치료센터 및 교정시설 중에서 특정 심리치료 프로그램 운영을 전담하는 기관을 지정할 수 있다.

제27조(운영계획의 수립) ① 법무부장관은 심리치료 프로그램의 원활한 운영과 형의 집행 및 수용자의 처우에 관한 법률」(이하 "법"이라 한다) 제5조의2에서 정한 "형의 집행 및 수용자의 처우에 관한 기본계획"의 이행을 위하여 매년 심리치료 프로그램의 운영계획을 수립하고 추진하여야 한다.

② 제1항의 운영계획에는 다음 각 호의 사항이 포함되어야 한다.

1. 심리치료 프로그램의 추진 방향

2. 심리치료과 등의 프로그램 운영과 관련된 사항

3. 개별 심리치료 프로그램의 운영과 관련된 사항

4. 그 밖에 심리검사 등 심리치료 프로그램의 운영을 위하여 필요하다고 인정하는 사항

③ 소장은 심리치료 프로그램을 운영하는 경우 세부 운영계획을 수립 · 시행하여야 한다.

제28조(심리치료 프로그램 대상 등) ① 심리치료 프로그램의 참여 대상은 제26조제1항 각 호의 범죄를 저지른 수형자 및 문제행동예방이 필요하다고 판단되는 수형자로 한다. 다만, 제25조제1항의 경우에는 미결수용자에게도 심리치료 프로그램을 실시할 수 있다.

② 소장은 심리치료 프로그램을 운영하는 경우에는 별지 제9호 서식에 따른 심리치료 프로그램 시행 대상자 명부와 별지 제10호 서식에 따른 심리치료 프로그램 수료자 명부 및 별지 제11호 서식에 따른 심리치료 프

로그램 진행일지를 교정정보시스템에 입력·관리하여야 한다.

제29조(심리치료 프로그램 대상 제외 등) ① 소장은 제28조제1항에도 불구하고 외국인으로서 한국어를 이용한 의사소통이 극히 어려운 경우 및 정신적·신체적 장애 등으로 심리치료 프로그램 참여가 극히 곤란한 경우에는 제외할 수 있다. 다만, 이수명령 집행 대상자의 경우 제외 시 신중을 기하여야 한다.

② 소장은 수형자가 제1항의 사유로 심리치료 프로그램에 참여하지 않은 경우에는 해당 수형자의 교정정보시스템 특이동정란에 그 사실을 기록하고, 별지 제12호 서식에 따라 심리치료 프로그램 시행 제외자를 교정정보시스템에 입력·관리하여야 한다.

제30조(대상자 관리) ① 소장은 심리치료 프로그램을 운영하는 경우에는 심리치료 프로그램의 계획, 진행, 수료결과 등에 관한 사항 및 이수명령 집행결과를 교정정보시스템에 입력하여야 한다. 이 경우 심리치료 프로그램 수료결과 및 이수명령 집행결과는 해당 수형자의 교정정보시스템 특이동정란에 기록하여야 한다.

② 소장은 수형자가 다른 교정시설 등에서 운영하는 심리치료 프로그램에 참여하여야 할 경우에는 지방교정청장에게 이송신청하고, 지방교정청장은 이송대상 기준에 적합한 수형자에 한하여 별지 제13호 서식에 따른 이송자 명부를 작성하여 법무부장관에게 이송신청한다.

③ 소장은 제2항에 따라 이송되어 온 수형자가 다음 각 호의 어느 하나에 해당하는 경우에는 해당 수형자의 직전 소속 교정시설로 이송신청을 하여야 한다. 다만, 현재 소속 교정시설에 남아있게 하거나 다른 교정시설로 이송하여야 할 특별한 사정이 있는 경우에는 그러하지 아니한다.

1. 심리치료 프로그램을 수료한 경우

2. 제32조제1항에 따라 심리치료 프로그램 참여가 취소된 경우

④ 소장은 심리치료 프로그램에 참여하고 있거나 그 과정을 수료한 자 중 수업태도 등이 우수한 수형자를 선정하여 포상하거나 추가 전화통화, 장소변경접견 등 각종 처우를 허가할 수 있다.

⑤ 소장은 심리치료 프로그램에 참여하고 있거나 그 과정을 수료한 수형자의 문제행동이 크게 개선되어 수용생활에 모범을 보이는 등 법 제106조제4호에 해당하는 경우 시행규칙 제214조의2에 따라 가족만남의 날 행사 참여 대상자로 선정할 수 있다.

제31조(심리치료 프로그램 시행 유예) ① 소장은 심리치료 프로그램 참여 대상 수형자가 다음 각 호의 어느 하나에 해당하는 경우에는 그 사유가 해소될 때까지 해당 수형자에 대한 심리치료 프로그램 시행을 유예할 수 있다.

1. 질병 등으로 심리치료 프로그램 참여가 곤란하다고 의무관이 인정하는 경우

2. 교정관계법규 위반으로 조사 중이거나 징벌집행 중인 경우

3. 임신 중이거나 출산(유산·사산을 포함한다) 후 6개월 이내인 경우

4. 그 밖에 심리치료 프로그램에 참여하지 못할 특별한 사유가 있는 경우

② 소장은 별지 제14호 서식에 따라 심리치료 프로그램 시행 유예자를 교정정보시스템에 입력·관리하고, 유예 사유가 해소된 경우에는 해당 수형자를 심리치료 프로그램에 참여시켜야 한다.

제32조(심리치료 프로그램 시행 취소 등) ① 소장은 심리치료 프로그램에 참여하고 있는 수형자가 다음 각 호의 어느 하나에 해당하는 경우에는 해당 수형자에 대한 심리치료 프로그램 시행을 취소할 수 있다.

1. 교정관계법규 등을 위반한 경우

2. 심리치료 프로그램 참여 의욕이 부족하거나 프로그램 운영을 방해하여 구두경고를 하였음에도 개선될 여지가 없거나 이수할 능력이 현저히 부족하다고 판단되는 경우

3. 징벌 처분을 받고 심리치료 참여 부적격자로 판단되는 경우

4. 중대한 질병, 부상, 그 밖의 부득이한 사정으로 심리치료 프로그램 참여가 부적절하다고 판단되는 경우

② 소장은 심리치료 프로그램에 참여 중인 수형자가 다음 각 호의 어느 하나에 해당하는 경우에는 해당 수형자에 대한 심리치료 프로그램 시행을 일시 중지할 수 있다.

1. 교정관계법규 위반 등으로 조사 등을 받게 된 경우

2. 질병, 부상, 그 밖의 부득이한 사정으로 심리치료 프로그램에 참여할 수 없다고 판단되는 경우

③ 소장은 전2항의 심리치료 프로그램 시행 취소 사유 및 일시 중지 사유가 해소된 경우에는 해당 수형자를 심리치료 프로그램에 다시 참여하게 하여야 한다.

제33조(심리치료 프로그램 수료) ① 소장은 심리치료 프로그램에 참여한 수형자가 법무부장관이 정한 심리치료 과정을 모두 이수한 경우 수료한 것으로 인정한다.

② 소장은 심리치료 프로그램에 참여한 수형자가 해당 과정의 3/4 이상을 이수한 경우에는 수료한 것으로 인정할 수 있다.

제34조(강사 등) 소장은 상담 및 임상심리 등 심리치료 관련 자격을 갖추거나 소정의 교육을 받은 내부직원 또는 외부강사를 활용하여 심리치료 프로그램을 운영할 수 있다.

제35조(심리치료 프로그램 진행방법) ① 심리치료 프로그램은 2인 공동진행방식의 집단상담으로 운영하며, 개별상담 등을 보조적으로 한다. 다만, 심리치료 프로그램 대상인원, 직원사정 등을 고려하여 프로그램을 진행하는 강사의 수를 조정할 수 있다.

② 심리치료 프로그램 대상인원은 매회 10명 내외로 하되, 기관 사정에 따라 증감할 수 있다.

제36조(지역사회 정보 제공) 소장은 수형자의 안정적인 사회복귀를 지원하기 위해 심리치료 참여 수형자에게 지역사회의 재활 및 치료 지원 정보를 제공하여야 한다.

제37조(만족도 조사 등) ① 소장은 제26조에 따라 심리치료 프로그램을 운영하는 경우에는 별지 제15호 서식에 따른 심리치료 프로그램 만족도 조사, 심리검사를 실시한다.

② 소장은 심리치료 프로그램의 효과를 높이기 위해 제1항의 만족도 조사, 심리검사 및 심리치료 프로그램의 운영 결과 등을 확인하고 필요한 경우 향후 심리치료 프로그램의 운영에 반영하여야 한다.

③ 제2항의 경우에도 제27조에 따라 법무부장관이 정한 심리치료 프로그램 운영계획에 저촉되지 않아야 한다.

제38조(사후관리) 소장은 심리치료의 효과를 증진하기 위하여 필요하다고 판단되는 경우에는 심리치료 프로그램을 수료한 수형자를 대상으로 추가 심리치료 프로그램을 실시하는 등의 조치를 할 수 있다.

제2절 심리치료 프로그램 운영

제39조(성폭력사범 심리치료 프로그램) ① 성폭력사범 심리치료 프로그램의 참여 대상은 성폭력 범죄 수형자 및 성범죄로 이수명령이 확정된 수형자로 한다.

② 성폭력사범 심리치료 프로그램의 과정은 재범위험성과 이수명령 시간 등을 기준으로 구분한다.

③ 성폭력사범 심리치료 프로그램의 내용은 왜곡된 성의식 수정, 범죄원인 분석 및 대처훈련, 피해자 공감 및 책임 수용, 대인관계 및 사회적응능력 향상, 그 밖에 성폭력 재범방지를 위하여 필요한 사항으로 구성한다.

제40조(아동학대사범 심리치료 프로그램) ① 아동학대사범 심리치료 프로그램 참여 대상은 아동학대 범죄로 이수명령이 확정된 수형자로 한다. 다만, 범죄내용 등을 고려하여 소장이 필요하다고 인정하는 아동학대 범죄 수형자에게도 시행할 수 있다.

② 아동학대사범 심리치료 프로그램의 내용은 아동학대 행동의 진단·상담, 보호자로서의 기본 소양, 그 밖에 아동학대 재범방지를 위하여 필요한 사항으로 구성한다.

제41조(마약류사범 심리치료 프로그램) ① 마약류사범 심리치료 프로그램 참여 대상은 마약류 투약 수형자 및 마약류범죄로 이수명령이 확정된 수형자로 한다. 다만, 소장이 필요하다고 인정하는 경우 마약류 판매, 제조 등 수형자에게도 단기교육 등을 시행할 수 있다.

② 마약류사범 심리치료 프로그램의 과정은 마약류 중독의 정도, 이수명령 시간 등을 기준으로 구분한다.

③ 마약류사범 심리치료 프로그램의 내용은 약물로 인한 피해 자각, 단약 동기 증진, 그 밖에 재범방지를 위하여 필요한 사항으로 구성한다.

제42조(알코올관련사범 심리치료 프로그램) ① 알코올관련사범 심리치료 프로그램 참여 대상은 주취상태에서 범죄를 저지른 수형자로 한다.

② 알코올관련사범 심리치료 프로그램의 과정은 알코올 중독의 정도에 따라 구분한다.

③ 알코올관련사범 심리치료 프로그램의 내용은 알코올의 이해, 변화의 필요성 인식, 음주갈망 대처, 그 밖에 재범방지를 위하여 필요한 사항으로 구성한다.

제43조(이상동기 범죄자 심리치료 프로그램) ① 이상동기 범죄자 심리치료 프로그램 참여 대상은 분류처우위원회에서 이상동기 범죄 수형자로 지정된 사람으로 한다.

② 이상동기 범죄자 심리치료 프로그램의 내용은 분노조절, 사회기술훈련, 그 밖에 재범방지를 위하여 필요한 사항으로 구성한다.

제44조(정신질환자 심리치료 프로그램) ① 정신질환자 심리치료 프로그램 참여 대상은 정신질환 관련 범죄 수형자와 정신질환으로 심리치료가 필요한 수형자로 한다.

② 정신질환자 심리치료 프로그램의 내용은 분노조절 등 정서관리, 의사소통, 대인관계, 신체활동, 그 밖에 재범방지를 위하여 필요한 사항으로 구성한다.

③ 소장은 정신질환자 심리치료와 의료치료가 연계될 수 있도록 하여야 한다.

제45조(가정폭력사범 심리치료 프로그램) ① 가정폭력사범 심리치료 프로그램 참여 대상은 가정폭력 범죄로 이수명령이 확정된 수형자로 한다. 다만, 범죄내용 등을 고려하여 소장이 필요하다고 인정하는 가정폭력 범죄 수형자에게도 시행할 수 있다.

② 가정폭력사범 심리치료 프로그램의 내용은 가정폭력 행동의 진단·상담, 가정구성원으로서의 기본 소양 교육, 그 밖에 가정폭력 재범방지를 위하여 필요한 사항으로 구성한다.

제46조(스토킹사범 심리치료 프로그램) ① 스토킹사범 심리치료 프로그램 참여 대상은 스토킹 범죄로 이수명령이 확정된 수형자로 한다. 다만, 범죄내용 등을 고려하여 소장이 필요하다고 인정하는 스토킹 범죄 수형자에게도 시행할 수 있다.

② 스토킹사범 심리치료 프로그램의 내용은 스토킹 행동의 진단·상담, 건전한 사회질서와 인권에 관한 교육, 그 밖에 스토킹 재범방지를 위하여 필요한 사항으로 구성한다.

제47조(동물학대사범 심리치료 프로그램) ① 동물학대사범 심리치료 프로그램 참여 대상은 동물학대행위 등으로 이수명령이 확정된 수형자로 한다. 다만, 범죄내용 등을 고려하여 소장이 필요하다고 인정하는 동물학대 범죄 수형자에게도 시행할 수 있다.

② 동물학대사범 심리치료 프로그램 내용은 동물학대 행동의 진단·상담, 소유자 등으로서의 소양, 안전한 사육과 관리, 그 밖에 동물학대 행위자의 재범예방을 위하여 필요한 사항 등으로 구성한다.

제48조(기타 심리치료 프로그램) 소장은 그 밖에 법무부장관이 정하는 심리치료 프로그램 및 그 운영 기준에 따라 심리치료 프로그램을 운영한다.

제3절 이수명령 집행

제49조(이수명령의 집행자) ① 이수명령은 소장이 집행하고, 그 집행담당관은 심리치료과장으로 한다. 다만, 심리치료과가 설치되지 않은 교정시설은 보안과장을 집행담당관으로 한다.

② 이수명령 집행담당자는 심리치료 프로그램을 운영하는 교도관으로 하며, 이수명령의 집행계획의 수립, 별지 제16호 서식에 따른 이수명령 집행 대상자 명부 작성 등의 업무를 수행한다.

제50조(이수명령의 집행 통보 등) ① 수용기록업무 담당자는 법원으로부터 이수명령에 관한 판결문 또는 결정서와 검찰청으로부터 이수명령집행지휘서가 접수된 경우 지체 없이 해당 수형자의 교정정보시스템 동정관찰란에 입력하고 이수명령 집행담당자에게 이를 통보하여야 한다.

② 제1항의 통보를 받은 이수명령 집행담당자는 이수명령 집행 전 이수명령을 받은 수형자에게 이수명령의 의미 등 이수명령 집행 전반에 대한 설명과 이수명령의 집행에 따를 것을 고지하고 별지 제17호 서식에 따른 이수명령 집행서에 해당 수형자의 서명을 받아 수용기록부에 편철하여야 한다.

제51조(이수명령 집행 불응자에 대한 조치) ① 이수명령 집행담당자는 이수명령을 받은 수형자가 이수명령의 집행을 위한 심리치료 프로그램에 참여하지 않거나, 집행에 관한 지시를 따르지 아니한 경우에는 별지 제18호 서식에 따른 이수명령 집행 불응 사유서에 해당 수형자의 서명을 받아 수용기록부에 편철하고, 이를 조사업무 담당자에게 통보하여야 한다.

② 제1항의 통보를 받은 조사업무 담당자는 이수명령 집행 불응행위가 법 제107조 및 시행규칙 제214조에 해당하는지 여부를 조사하고, 그 결과에 따라 시행규칙 제220조제2항에 따른 조치를 하여야 한다.

제52조(이수명령의 집행) ① 이수명령은 제27조의 법무부장관이 정하는 운영계획에 따라 집행하되, 필요한 경우 개별 상담에 의한 심리치료 등 별도의 이수과정을 운영하여 집행할 수 있다.

② 소장은 제1항의 심리치료 프로그램 시행 시간을 이수명령 집행 시간으로 인정한다.

제53조(이수명령의 집행 종료 등) ① 이수명령 집행담당자는 이수명령을 받은 수형자에 대한 이수명령의 집행이 종료되었거나, 일부 또는 전부 집행되지 아니한 경우에는 그 사실을 해당 수형자의 교정정보시스템 특이동정란에 입력하여야 한다.

② 이수명령 집행담당자는 이수명령의 일부 또는 전부가 집행되지 아니한 경우에는 그 사실을 수용기록업무 담당자에게 통보하여야 한다. 이 경우 별지 제19호 서식에 따른 이수명령 미집행 안내 확인서에 해당 수형자의 서명을 받아 수용기록업무 담당자에게 송부하여야 한다.

③ 제2항의 통보를 받은 수용기록업무 담당자는 별지 제20호 서식에 따른 이수명령 미집행 통보서를 작성하여 이수명령 미집행 안내 확인서와 함께 이수명령집행을 지휘한 검찰청에 송부하여야 한다.

제5장 직원 정신건강 지원

제54조(정신건강 지원) 소장은 직원의 정신건강에 관한 교육·상담과 정신질환 예방 및 치료와의 연계 등 필요한 대책을 마련하여 시행하여야 한다.

제55조(정신건강 지원업무) ① 소장은 제54조에 따른 직원 정신건강 지원의 시행을 위하여 정신건강 지원업무 담당자(이하 이 장에서 "업무담당자"라 한다)를 지정하여야 한다.

② 업무담당자가 수행하여야 하는 업무의 범위는 다음 각 호와 같다.

1. 직원의 정신건강 상태의 확인

2. 외부 전문상담 안내

3. 정신적 외상 극복 프로그램 운영

4. 직무 스트레스 관리 프로그램 대상자 추천

5. 정신건강 관리를 위한 각종 장비 관리

6. 그 밖에 정신건강 지원과 관련된 사항

제56조(정신건강 상태 확인 등) ① 업무담당자는 직원의 정신건강 증진을 위하여 수시로 각종 장비나 심리검사 등을 활용하여 직원의 정신건강 상태를 확인하거나 정신건강에 도움이 되는 자료를 제공하여야 한다.

② 업무담당자가 외부전문가 의견 등을 통해 직원의 정신건강 상태를 확인한 결과, 직무 스트레스 등으로 정상적인 업무 수행이 극히 곤란하다고 판단되는 경우에는 해당 직원이 소속되어 있는 부서의 장에게 별지 제21호 서식에 따른 보직변경 등 필요한 조치를 건의할 수 있다.

제57조(외부 전문상담) 업무담당자는 직원이 직무 스트레스, 가족문제 등의 이유로 외부 전문상담이 필요하다고 인정되는 경우에는 상담신청 방법 등을 안내해 주어야 한다.

제58조(정신적 외상 극복 프로그램) ① 소장은 수용자가 자살하는 것을 목격하였거나 수용자로부터 폭행·협박을 당하였거나 이에 준하는 교정사고를 경험한 교도관의 정신건강 증진을 위하여 정신적 외상 극복 프로그램을 운영하여야 한다.

② 제1항의 정신적 외상 극복 프로그램은 예산의 범위 내에서 진행하고, 필요한 경우 제57조의 외부 전문상담과 연계하여 진행할 수 있다.

제59조(직무 스트레스 관리 프로그램 대상자 추천) 소장은 법무부장관이 직무 스트레스 관리를 위한 프로그램을 운영하는 경우에는 직원의 스트레스 정도, 교정사고에 따른 정신적 외상 발생 여부, 업무의 난이도 등을 종합적으로 고려하여 프로그램 운영 취지에 적합한 직원을 별지 제22호 서식에 따라 추천하여야 한다.

제60조(정신건강 실태조사) 소장은 법무부장관이 교도관의 정신건강 실태 파악을 위한 조사를 실시하는 경우 소속 직원들이 적극 참여할 수 있도록 하여야 한다.

제6장 보칙

제61조(월보 등 각종 보고) 소장은 매월 5일까지 별지 제23호 서식에 따라 전월의 심리치료업무 실적을 작성한 후 해당 지방교정청장에게 보고하고, 각 지방교정청장은 소속기관의 실적을 종합하여 3일 이내에 법무부장관에게 보고하여야 한다.

제62조(재검토기한) 법무부장관은「훈령·예규 등의 발령 및 관리에 관한 규정」에 따라 이 예규에 대하여 2024년 1월 1일 기준으로 매 3년이 되는 시점(매 3년째의 12월 31일까지를 말한다)마다 그 타당성을 검토하여 개선 등의 조치를 하여야 한다.

부칙 〈제1366호, 2025. 4. 1.〉

이 지침은 발령한 날부터 시행한다.

사례발표 동의서

  본 동의서는 효과적인 내담자(수용자) 상담을 위해 제3자에게 상담관련 정보를 제공하기 위한 것으로, 해당 내용에 대해 상담자에게 질의한 후 충분히 생각하여 자발적으로 결정하시기 바랍니다.

  1. 자료제공 목적: 상담사례 발표
  2. 자료를 제공받는 자: 외부 상담전문가
  3. 자료제공 범위: 개인 신상(나이, 성별, 학력 등) 및 상담내용 일체
    ※ 성명, 주민등록번호 등의 개인정보는 제공되지 않음
  4. 동의서 유효기간: 사례발표 당일 (20   년   월   일)까지

  본인 ___수용자 성명 기재___ 은(는),

  1. 자료 제공의 목적, 자료를 제공받는 자, 자료제공의 범위, 동의서 유효기간에 대해 잘 이해하였습니다.
  2. 본 동의를 거부할 권리가 있으며, 거부에 따른 불이익이 없음을 이해하였습니다.
  3. 상담사례 발표일 이전에 언제라도 본 동의를 철회할 수 있음을 이해하였습니다.

  본 동의서에 서명함으로써 ___직급과 성명 기재___ 의 상담사례 발표에 본인의 개인 신상 및 상담내용 일체를 제공함을 **자의로** 동의합니다.

20   년   월   일

위 동의자: 수용번호 및 성명   (서명 또는 인)

이 수 명 령 집 행 서

수 용 번 호 :

성   명 :   (인)

 귀하는 20 년   월   일 법원으로부터   시간의 이수명령을 받았는 바, 이를 집행하고자 합니다. 만일, **정당한 사유 없이 이에 응하지 않을 경우에는** 「성폭력범죄의 처벌 등에 관한 특례법」, 「아동·청소년의 성보호에 관한 법률」, 「아동학대범죄의 처벌 등에 관한 특례법」, 「마약류 관리에 관한 법률」, 「가정폭력범죄의 처벌 등에 관한 특례법」, 「스토킹범죄의 처벌 등에 관한 법률」, 「동물보호법」 및 「형의 집행 및 수용자 처우 등에 관한 법률」의 규정에 따라 **징역, 벌금, 징벌 등 불이익한 처분**을 받을 수 있음을 알려드리니 각별히 주의하시기 바랍니다.

○ 기타 지시사항

  -

  -

년   월   일

○○교도소(구치소)장

국제인권규범

법령

의료

치료감호

권리구제

부록

이수명령 집행 불응 사유서

대 상 자	○ 수용번호 : ○ 성 명 : (인)
구 분	□ 거부 □ 질병 □ 기타 ( )
사 유	〈일시 등 사유를 구체적으로 기재〉 - 기록 : 보안과 교(○) ○○○ (서명)
증 빙 서 류	

년   월   일

OO교도소(구치소)장

03

작업 · 직업훈련

교도작업특별회계 운영지침

[시행 2024. 2. 14.] [법무부예규 제1337호, 2024. 2. 14. 일부개정.]

제1장 총칙

제1조(목적) 이 지침은 「형의 집행 및 수용자의 처우에 관한 법률」 및 같은 법 시행령·시행규칙에 의하여 운영하는 교도작업특별회계에 관한 사항과 수용자 및 피보호감호자에게 지급하는 작업장려금, 근로보상금, 위로금 및 조위금의 지급에 관한 사항을 규정함을 목적으로 한다.

제2조(적용범위) 교도작업특별회계의 운영과 작업장려금, 근로보상금, 위로금 및 조위금의 지급에 관하여 다른 법령에 특별한 규정이 있는 경우를 제외하고는 이 지침이 정하는 바에 의한다.

제3조(정의) 이 지침에서 사용하는 용어의 정의는 다음 각 호와 같다.

1. "고정자산"이라 함은 교도작업특별회계 소관으로 운영, 관리하고 있는 국유재산 및 물품을 말한다.
2. "일반작업장려금"이라 함은 작업의 종류·성적·등급을 참작하여 모든 취업수용자에게 지급하는 장려금을 말한다.
3. "특별작업장려금"이라 함은 교도작업 등을 성실히 수행하고 기능이 우수하거나 장기간 취업한 수용자의 사회복귀를 촉진하기 위하여 지급하는 작업장려금을 말한다.
4. "근로보상금"이라 함은 「사회보호법」 폐지 법률 부칙 제2조, 구「사회보호법」 제7조에 의하여 취업중인 피보호감호자(이하 "감호자"라 한다)에게 지급하는 보상금을 말한다.
5. "위로금"이라 함은 수용자와 피보호감호자가 작업 또는 직업훈련 중 부상 또는 질병으로 신체에 장해가 발생한 때에 지급하는 보상금을 말한다.
6. "조위금"이라 함은 수용자와 피보호감호자가 작업 또는 직업훈련 중 사망하거나 그로 인하여 사망한 때에 지급하는 보상금을 말한다.
7. "작업담당자"라 함은 직업훈련과 소속 직원으로 해당 작업의 행정처리 등을 담당하는 직원을 말한다.
8. "작업장담당자"라 함은 보안과 소속 직원으로 해당 작업현장에서 수용자 계호 및 작업관리 등을 담당하는 직원을 말한다.
9. "기준공임"이라 함은 위탁작업 등 민간업체가 참여하는 교도작업의 계약 체결기준이 되는 1인 1일 기준금액을 말한다.
10. "환경정비반"이라 함은 노역장유치자 등에 대한 일반 작업지정이 곤란한 경우에 부과하는 시설 유지·보수·환경미화 등의 일반운영지원작업을 말한다.

제2장 고정자산관리 (생략)

제3장 교도작업특별회계 사무처리 및 전산회계 시스템의 운영 (생략)

제4장 수용자 작업장려금

제1절 총칙

제62조(작업장려금 지급) 소장은 「형의 집행 및 수용자의 처우에 관한 법률」 제73조 제2항의 규정에 따라 취업 중인 수용자의 근로의욕 고취와 사회복귀를 위하여 작업장려금을 지급할 수 있다.

제63조(적용범위) 수용자 작업장려금에 관하여는 다른 법령에 규정되어 있는 경우를 제외하고는 이 지침이 정하는 바에 의한다.

제64조(작업장려금의 종류) 작업장려금은 일반작업장려금과 특별작업장려금으로 구분한다.

제2절 작업성적 등급사정

제65조(작업구분) ① 작업장려금 지급을 위한 작업구분은 기술숙련도 및 작업 내용의 경중 기타 사정을 참작하여 생산작업, 비생산작업으로 구분하며 각 작업별 작업 종목은 [별표 5]와 같다.

② 비생산작업, 직업훈련에 취업하는 자가 수용 중 다음 각 호의 1에 해당하는 자격을 취득하거나 또는 수상하는 경우에는 작업 종목에 관계없이 직영일반생산작업에 편입할 수 있다. 단, 취사원 및 시설보수작업자, 구매작업자, 직업훈련 보조요원은 현재 등급에 해당하는 직영일반생산작업에 편입할 수 있다.

1. 산업기사 이상 기능자격 취득

2. 전국기능경기대회에서 장려상 이상 수상

3. 지방기능경기대회에서 금상 이상 수상

4. 교도작업제안에서 장려상 이상 수상

③ 제1항 및 제2항의 규정에도 불구하고 운영지원작업에 취업하는 자 중 시설보수작업자, 구매작업자, 직업훈련 보조요원은 취사원 등급에 편입한다.

④ 직영작업의 일반생산작업자 중 작업기여도, 기술숙련도 등을 감안하여 작업장별 직전분기 평균취업 인원의 30%범위 내에서 직영집중근로작업 "하" 등급에 편입 할 수 있다.

⑤ 직영일반생산작업자 및 직영집중작업자 중 기술숙련자는 작업장별 직전분기 평균취업 인원의 30%범위 내에서 직영 개방지역작업 "하" 등급에 편입할 수 있다.

⑥ 운영지원작업의 시설보수작업자 중 기술숙련자는 직영집중근로작업 "하" 등급에 편입 할 수 있다. 다만, 작업장별 직전분기 평균취업 인원의 10%를 초과 할 수 없으며, 5명이상 10명 미만의 작업장에서는 1명에 한하여 편입 할 수 있다.

⑦ 직업훈련 보조요원 중 특별한 기술과 자격이 있는 자는 직영집중근로작업 "하" 등급에 편입 할 수 있다. 다만 훈련생이 20명 이상인 경우에는 2명, 20명 미만의 경우에는 1명에 한하여 편입 할 수 있다.

⑧ 작업담당자는 제4항 내지 제7항에 해당하는 편입대상자가 있는 경우 〈별지 제10-1호 서식〉에 따라 작업등급편입신청서를 작성하여 교도관회의의 심의안건으로 제출하여야 한다.

⑨ 소장은 제8항의 신청이 있는 경우 교도관회의의 심의를 거쳐 편입여부를 결정하고, 그 결과를 법무부장관에게 보고하여야 한다.

⑩ 집중근로작업자 중 새로 취업한 미숙련자는 3개월이내에서 일반생산작업에 편입 할 수 있다. 다만, 자립형작업자는 집중근로작업 "하" 등급 시간과정에 편입 할 수 있다.

⑪ 교정작품전시회 출품작 제작 수형자는 교정작품전시회 출품작 제작기간 동안 직영개방지역작업 "하" 등급에 편입 할 수 있다. 다만, 공동제작의 경우 작업기여도 등에 따라 소장이 작업등급 편입인원을 조정할 수 있다.

제66조(작업성적) ① 작업성적등급(이하 "등급"이라 한다)은 상, 중, 하의 3등급으로 한다. 다만, 제73조 ②항이 적용되는 작업은 작업성적 등급을 적용하지 아니한다.

② 제73조 ②항이 적용되지 않는 작업 중 수량제로 실시하는 작업의 작업성적등급은 모두 "하"의 등급으로 한다.

③ 작업성적 등급별 취업인원 비율은 각 작업장별 취업인원을 기준으로 산정하며 그 계산은 [별표 6]과 같다. 다만, 작업능력이 우수함에도 3년 이상 장기승급 보류자에 해당하는 경우 예외적으로 승급시킬 수 있다.

제67조(등급편입) ① 처음으로 취업하는 자는 "하"의 등급에 편입한다. 다만, 탁월한 기술이 있고 작업성적이 우수한 자는 상당한 등급에 편입할 수 있다.

② 교정시설의 사정에 의하여 전업할 때에는 동일등급에 편입할 수 있다. 다만, 특별한 사정이 있는 경우에는 승급 또는 강급하여 편입시킬 수 있다.

③ 이송으로 인한 전업의 경우에는 제2항을 준용하고 기타 사유로 전업한 경우에는 처음으로 취업한 자에 준한다.

제68조(승급) 등급의 승급은 다음 각호에 의한다.

1. "중"은 "하"의 등급으로 1년 6월 이상 취업한 자 중 기초기술을 습득한 자

2. "상"은 "중"의 등급으로 2년 이상 취업한 자 중 기술 및 작업성적이 우수한 자

3. 특히 기술이 숙달되고 작업성적이 탁월하여 타의 모범이 되는 자는 제1호 및 제2호의 취업기간을 1/3로 단축할 수 있다.

제69조(승급 및 강급 계산) 작업성적등급의 승급자에 대한 계산은 그 결정한 달 초일부터, 강급자는 결정일부터 적용한다.

제70조(특별승급 및 강급) ① 교도작업 제안자로서 장려상 이상 수상자는 1등급을 특별 승급시켜야 한다.

② 소장은 기술이 탁월하거나 작업성적이 우수한 자로서 교도작업 또는 직업훈련에 현저한 공로가 있는 경우에는 교도관회의의 심의를 거쳐 1등급을 특별 승급시킬 수 있다.

③ 소장은 작업을 태만히 하거나 교도작업 운영을 방해하는 수용자에 대하여 교도관회의의 심의를 거쳐 1등급을 강급 시킬 수 있다.

제71조(승급심사) ① 작업담당자는 작업장담당자와 협의하여 매월 다음달 승급 적격자에 대하여 〈별지 제10호서식〉의 작업성적 등급 사정신청서를 작성, 매월 말일까지 직업훈련과장에게 보고하여야 한다.

② 직업훈련과장은 제1항의 보고를 받은 날부터 5일 안에 승급적격 여부를 교도관회의에 회부하고, 소장은 동 회의의 심의결과를 참작하여 승급자를 결정한다.

③ 승급이 결정되면 작업담당자는 작업장담당자에게 통보하고, 작업장담당자는 지체 없이 이를 본인에게 고지하여야 한다.

제72조(취업기간 계산) ① 취업기간은 "하"의 등급은 취업초일부터, 승급 및 등급 편입자는 당일부터 역(曆)에 의하여 계산한다.

② 이 지침의 적용을 받는 수용자로서 그 형의 집행을 정지하거나 종료하고, 노역장 유치명령을 집행 중인 자 또는 출소와 동시에 재입소한 자가 계속하여 교도작업에 취업한 경우에는 취업기간의 계산에서 교도작업 취

업기간을 포함하여 이를 산정하여야 한다.

제3절 작업장려금 계산

제73조(기본계산) ① 작업장려금의 계산을 위한 기준이 되는 작업장려금 1일 지급기준표는 [별표 7]과 같다.

② 민간기업이 참여하는 외부기업통근작업 수형자의 작업장려금은 사업체에서 수납한 세입액의 80%, 개방지역작업 수형자의 작업장려금은 사업체에서 수납한 세입액의 70%까지 지급할 수 있고, 자립형작업 · 거실작업 · 수량제로 운영되는 일반생산작업 · 집중근로작업 수형자의 작업장려금은 사업체에서 수납한 세입액의 60%까지 지급할 수 있다.

③ 직영작업의 경우 생산성 제고 등을 위하여 특히 소장이 필요하다고 인정할 경우 시간과정에서 수량과정으로 전환하여 작업장려금을 지급할 수 있다.

④ 시간제로 운영되는 위탁집중근로작업의 세입금이 작업장려금 지급기준표에 미치지 못할 때에는 제73조 ②항의 작업장려금 계산에 따른다.

⑤ 건설공사반에 취업하는 자의 작업장려금은 건설공사반에 작업하는 기간 동안에는 직영 개방지역작업자의 지급기준에 의한다.

⑥ 자율출퇴근 중간처우자의 작업장려금은 세입금의 90% 범위이내에서 지급할 수 있다.

⑦ 환경정비반 작업자의 작업장려금은 일반운영지원작업 지급기준에 의해 실제 작업시간에 따라 1 시간당 생산율 0.2를 적용한다. 단, 작업성적등급은 모두 "하"로 한다

⑧ 직업훈련생으로서 훈련기간 중 실제작업에 취업하는 경우에는 작업별 작업종목의 관련공에 준하여 지급할 수 있다.

⑨ 계산은 취업자가 취업한 날의 실제 취업한 시간만을 계산한다.

⑩ 일과시간 외에 수용동에서 식사준비, 청소 등의 작업에 취업하는 수용자는 그 취업한 시간에 대하여 운영지원작업의 해당등급에 준하여 작업장려금을 지급한다.

제74조(증감계산) ① 공휴일 또는 그 밖의 휴일에 취업한 자와 평일 조기출역, 잔업 등 일과시간 외에 취업한 자에 대하여는 취업한 시간의 비율에 의하여 증액 계산한다. 다만, 수량과정의 경우에는 생산실적에 따라 증액 계산한다.

② 개인의 사정으로 인하여 1일 취업시간수에 미달한 자는 실취업 시간의 비율에 의하여 감액 계산한다. 다만, 수량과정의 경우는 생산실적에 따라 감액 계산하며, 시간과정의 작업시간 중 작업장 전체가 실시하는 운동, 목욕 등 미작업 시간은 감액 계산하지 않는다.

③ 본조 제1항 및 제2항의 증 · 감액 계산요령은 [별표 8]과 같다.

제75조(단수삭제) 월말 개인별 계산액 중 10원 미만의 단수가 있을 때에는 그 단수는 계산하지 아니한다.

제76조(작업장려금 계산 및 고지) 작업장려금은 제73조 내지 제76조에 의거 매월 계산하여 〈별지 제11호 서식〉의 작업장려금 계산액 대장에 등재한 후 전산 입력하고, 계산액을 다음달 10일까지 작업담당자는 작업장담당자에게 통보하고, 작업장담당자는 지체 없이 이를 본인에게 고지하여야 한다.

제77조(특별작업장려금 계산기준) 계산액은 심사결정일 직전 월말을 기준으로 당해 수용자의 일반작업장려금 계산총액의 범위 안에서 교도작업 등을 성실히 수행한 정도에 따라 다음 각호의 어느 하나에 의하여 특별작업장려금을 지급할 수 있다. 다만, 500만원을 초과할 수 없다.

1. 제88조에 해당하는 자는 작업장려금 누계액의 50% 이내

2. 제89조에 해당하는 자는 작업장려금 누계액의 30% 이내

제4절 작업장려금 관리

제78조(관리공무원 임명) ① 소장은 작업장려금 계산고 관리를 담당할 자를 직업훈련과 또는 수용기록과의 공무원 중에서 임명하고, 작업장려금 예탁관리를 담당할 자를 당해 기관 세입세출외 현금출납공무원 중에서 관리공무원(이하 "관리공무원"이라 한다)을 임명하여 관리하게 하여야 한다.

② 관리공무원은 선량한 관리자로서 작업장려금 관리사무를 처리하여야 한다.

제79조(작업장려금 지급) ① 직업훈련과장은 매월 수용자 작업장려금을 계산고로 관리하여야 한다. 다만, 제2항의 규정에 따라 금융기관에 예탁할 금액은 지출원인행위하여 지출관에게 지출을 의뢰하여야 한다.

② 소장은 본인의 작업장려금을 금융기관에 예탁하기를 희망하는 자에 대하여 〈별지 제13호 서식〉 작업장려금 예금관리 대장에 등재하고 예탁관리 할 수 있다.

제80조(작업장려금 수령) 예탁관리를 위한 수용자 작업장려금은 지출관으로부터 관리공무원이 수령한다.

제81조(작업장려금 예입) ① 관리공무원은 작업장려금을 지출관으로부터 수령한 때에는 당일 금융기관에 예입한다. 다만, 금융기관의 업무시간이 경과하였거나 기타 부득이한 사유가 있는 경우에는 그 사유가 해소되는 대로 지체 없이 예입하여야 한다.

② 관리공무원은 작업장려금을 예입할 금융기관과 예금의 종류를 미리 정하고 수용자 개인별로 예금계좌를 개설하여야 한다.

제82조(예금의 종류) 제82조 제2항의 규정에 의한 예금의 종류는 수용자의 작업장려금 계산액, 형기 등을 고려하여 예금보호, 금리 등이 유리한 것으로 정하여야 한다.

제83조(예금의 관리) ① 관리공무원은 〈별지 제12호 서식〉의 작업장려금 예금자명부와 〈별지 제13호 서식〉의 작업장려금 예금관리대장을 비치하고, 예입 · 지급이 발생할 때마다 기록 유지하고 전산입력하여야 한다.

② 수용자 개인별 예금통장은 관리공무원이 일괄하여 보관 · 관리한다.

제5절 특별작업장려금

제84조(구성) ① 특별작업장려금 지급대상자를 심사하기 위하여 교정시설에 특별작업장려금 심사위원회(이하 "위원회"라 한다)를 둔다.

② 위원회는 소장을 위원장으로 하고, 부소장 및 각 과장을 위원으로 하는 5인 이상 7인 이하의 위원으로 구성한다.

제85조(심사사항) 위원회는 다음 각 호를 심사한다.

1. 제88조 또는 제89조의 요건 충족 여부

2. 규율준수 여부(형이 확정된 후 2회 이상 징벌을 받은 자는 제외)

3. 보호관계 및 생활정착 계획

4. 교도작업 및 직업훈련에 기여한 공적

제86조(의사결정) 위원회는 재적위원 과반수의 출석과 출석위원 3분의 2 이상의 찬성으로 신청대상자를 선정한다.

제87조(심사부 작성) 위원회에서 지급 대상자로 선정된 자에 대하여는 〈별지 제15호 서식〉의 특별작업장려금 지급심사부를 작성하여 위원장과 위원이 서명 하여야 한다.

제88조(신청대상자) 특별작업장려금 지급 신청대상자는 8년 이상 취업한 수용자로서 신제품개발, 품질 및 생산성 향상, 원가 절감 등 교도작업 발전에 공로가 있는 자중 다음 각 호의 어느 하나에 해당하는 자에게 지급할 수 있다.

　　1. 전국기능경기대회에서 장려상 이상 수상자

　　2. 지방기능경기대회에서 금상 이상 수상자

　　3. 교도작업제안에서 장려상 이상 수상자

　　4. 교정작품전시회 공예부문 금상 이상 수상자

제89조(작업장려금 다액 보유자) 5년 이상 취업하고 일반작업장려금 계산고의 누계액이 1,000만원 이상인 자에 대하여는 출소 시 사회복귀 지원을 위하여 특별작업장려금을 지급할 수 있다. 다만, 외부 · 개방지역작업장 통근작업 및 집중근로작업, 일반생산작업(집중근로 및 직영개방지역작업 각 "하"등급 편입자) 취업기간 중 계산된 작업장려금은 누계액 계산에 포함하지 아니한다.

제90조(신청시기) 특별작업장려금 지급신청은 당해 수용자의 형기종료 1개월 전까지 신청하여야 한다. 다만, 가석방 대상자는 가석방 심사 신청 시 신청하여야 한다.

제91조(신청서 등 제출) 신청대상자로 선정된 수용자는 〈별지 제14호 서식〉의 특별작업장려금신청서, 〈별지 제15호 서식〉의 특별작업장려금 심사부 및 〈별지 제16호 서식〉의 특별작업장려금 지급심사표와 기타 참고자료 등을 첨부하여 법무부장관에게 신청하여야 한다.

제92조(지급결정) 법무부장관은 제91조의 규정에 따라 특별작업장려금 지급신청이 있는 때에는 제85조를 참작하여 특별작업장려금 지급여부를 결정하여야 한다.

제6절 작업장려금 지급 및 처리

제93조(작업장려금 지급) ① 작업장려금은 수용자가 교정시설에서 석방할 때 〈별지 제11호 서식〉의 작업장려금 계산액은 현금으로 본인에게 지급한다. 다만, 금융기관에 예탁한 경우에는 예금통장으로 지급한다

② 작업장려금 지급 시 〈별지 제11호 서식〉의 작업장려금 계산액대장 및 〈별지 제13호 서식〉의 작업장려금 예금관리대장의 여백에 작업장려금 수령자 본인의 서명 · 무인을 받아야 한다.

③ 소장은 다음 각호의 어느 하나에 해당하는 사유가 있는 경우에는 석방전이라도 본인의 신청에 의하여 작업장려금을 지급할 수 있다.

　　1. 본인의 가족생활 부조를 위하여 필요할 때

　　2. 자기 작업용구를 구입하고자 할 때

　　3. 벌금 납부 또는 범죄피해 배상을 원할 때

　　4. 본인의 치료비 및 약품 구입을 원할 때

　　5. 범죄피해자보호법 제33조에 등록된 법인에 기부를 원할 때

　　6. 그 밖에 교화 또는 건전한 사회복귀를 위하여 특히 필요하다고 인정할 때

④ 작업장려금을 사용하고자 하는 수용자는 〈별지 제17호 서식〉의 작업장려금 사용신청서를 제출하여야 하며, 취업장담당자는 해당사항을 기재하고 날인 후 직업훈련과장에게 제출하여야 한다.

제94조(작업장려금 관리전환) 소장은 수용자의 이송 등으로 인하여 예금된 작업장려금을 다른 교정시설로 관리전환하고자 할 때에는 〈별지 제18호 서식〉의 작업장려금 예금인계서를 작성한 후, 〈별지 제19호 서식〉의 작업장려금 예금인계서와 예금통장을 인계하고 〈별지 제20호 서식〉의 작업장려금 예금영수증을 받아야 한다.

제95조(유류금의 처리) ① 소장은 사망자 또는 도주자가 남겨두고 간 유류금이 있으면 사망자의 경우에는 그 상속인에게, 도주자의 경우에는 그 가족에게 그 내용 및 청구절차 등을 알려 주어야 한다. 다만, 부패하거나 없어질 우려가 있는 것은 폐기할 수 있다.

② 소장은 상속인 또는 가족이 제1항의 유류금을 청구하면 지체 없이 교부하여야 한다. 다만, 제1항에 따른 고지를 받은 날(알려줄 수가 없는 경우에는 청구사유가 발생한 날)부터 1년이 지나도 청구가 없으면 그 금품은 국고에 귀속된다.

③ 전2항의 유류금은 〈별지 제21호 서식〉의 유류금 명부에 등재하여 관리한다.

제96조(지급 누락된 작업장려금의 처리) ① 수용자가 석방할 때에 지급이 누락된 작업장려금은 〈별지 제22호 서식〉의 작업장려금지급누락자명부에 등재하고 그 사유를 기재한다.

② 제1항의 누락금은 석방일로부터 1월 이내에 2회 이상 서면으로 수령을 최고하여야 하며, 수령하지 아니한 때에는 「정부보관금에 관한 법률」 제1조의 규정에 의하여 국고에 귀속시킨다.

제5장 근로보상금

제97조(근로보상금 지급) 소장은 피보호감호자(이하 "감호자"라 한다)에 대하여 「사회보호법 폐지 법률」 부칙 제2조, 구 「사회보호법」 제7조 및 피보호감호자 분류처우 업무지침 제52조의 규정에 의하여 근로보상금을 지급한다.

제98조 삭제

제99조 삭제

제100조 삭제

제101조 삭제

제102조(근로성적 결정) ① 삭제

② 삭제

③ 삭제

④ 작업장담당자는 〈별지 제23호 서식〉의 근로일과표를 작성하고 매월 말에 일괄하여 작업담당자를 통해 직업훈련과장에게 보고한다.

⑤ 삭제

⑥ 삭제

제103조(작업 취소) ① 다음 각호의 사유에 해당하는 경우 작업을 취소 할 수 있다.

1. 작업 신청 또는 동의를 철회하는 경우

2. 작업에 따른 정당한 지시를 거부하는 경우

3. 작업을 감내할 수 없다는 의무관의 판정이 있는 경우

4. 다른 취업자와 분리해야 하는 등 처우상 작업이 곤란한 경우

② 삭제

③ 삭제

④ 삭제

⑤ 삭제

제104조 삭제

제105조 삭제

제106조(보건휴역) 여성 감호자가 보건휴역을 신청하는 경우에는 매월 1일간 보건휴역을 실시한다.

제107조(근로보상금 기본 계산) ① 취업자의 1일 근로지원 지급기준은 [별표 11]과 같다.

② 민간기업 위탁작업(외부통근 등 포함)자의 1일 근로보상금은 다음 각호를 합한 금액으로 한다.

1. [별표 11]의 1일 근로지원 지급기준

2. 공공요금 등 제경비를 제외한 1일 개인별 세입액

③ 삭제

④ 취업 중 직업훈련생으로 선정된 자의 근로보상금은 [별표 11] 1일 근로지원 지급기준과 같다.

제108조(근로보상금 계산월액) 근로취업일의 월간 보상금 일액 총계를 보상금 계산 월액으로 한다.

제109조(증감계산) ① 시간제로 운영되는 취업자가 1일 근로시간을 초과하거나 미달한 자는 [별표 12]에 따라 증·감액 한다.

② 노쇠자, 병약자 또는 장애인에 대한 책임생산량은 소장이 의무관의 의견을 들어 정상취업자 책임생산량의 2분의 1까지 감량 책정할 수 있다.

제110조(근로보상금 지급) ① 직업훈련과장은 근로보상금 계산월액을 〈별지 제26호 서식〉에 의하여 다음달 5일까지 세입세출외현금출납공무원에게 통보하여야 한다.

② 제1항의 세입세출외현금출납공무원은 〈별지 제27호 서식〉의 근로보상금대장에 개인별로 근로보상금액을 등재하고, 영치금과는 별도의 계정을 설정하여 영치금에 준하여 관리하며, 재소중 또는 출소시 본인에게 지급한다.

제111조(단수삭제) 개인별 계산월액 중 10원 미만의 단수는 삭제한다.

제112조(고지) 직업훈련과 담당직원은 근로등급 및 보상금 계산월액을 다음달 10일까지 보안과 작업장담당자에게 통보하고, 보안과 작업장 담당자는 이를 본인에게 고지하여야 한다.

제6장 위로금 및 조위금

제113조(위로금 및 조위금 지급) 소장은 「형의 집행 및 수용자의 처우에 관한 법률」 제74조에 의하여 수용자와 피보호감호자에게 위로금 및 조위금을 지급한다.

제114조(지급신청) ① 소장은 위로금 또는 조위금을 지급할 사실이 발생하였을 때에는 20일 이내에 위로금은 〈별지 제28호 서식〉에, 조위금은 〈별지 제29호 서식〉 의한 지급신청서를 법무부장관에게 제출하여야 한다.

② 위로금 지급신청서에는 의사의 장해등급 판정이 기재된 진단서와 지급 받을 자의 진술서, 상처부분의 약도 및 참고인조서를 첨부하여야 하며, 조위금 지급신청서에는 의사의 사망진단서(사체검안서 포함)와 참고인의 조서를 첨부하여야 한다.

제115조(지급 승인) 위로금 또는 조위금을 지급할 때에는 법무부장관의 승인을 받아야 한다.

제116조(조위금 등의 지급액) ① 위로금은 「산업재해보상보험법」 제36조제8항의 규정에 의하여 고용노동부장관이 고시하는 최저보상기준금액(이하 "최저보상기준금액"이라 한다.)에 「산업재해보상보험법」 별표2(장해급여표)의 장해등급에 따른 장해보상일시금 해당일수을 곱한 금액으로 한다.

② 조위금은 최저보상기준금액에 「산업재해보상보험법」 별표3(유족급여)의 유족보상일시금 해당일수를 곱한 금액으로 한다.

③ 소장은 위로금 및 조위금 지급액 산정 시 사망 또는 부상의 원인, 본인의 과실유무, 취업기간, 직책 및 작

업기여도 등을 참작하여 특히 필요하다고 인정 될 때에는 교도관회의의 심의를 거쳐 지급액의 50% 범위 내에서 감액 조정할 수 있으며, 조위금 또는 위로금 지급 승인 신청서를 제출할 때에는 교도관회의록을 첨부하여야 한다.

제117조(위로금 지급) 소장은 위로금 지급 승인을 받은 때에는 즉시 당해 수용자에게 고지하고, 그의 의사에 따라 본인의 통장 또는 영치금에 입금하여야 한다.

제118조(조위금 지급) ① 조위금의 지급은 「민법」상의 상속의 순위에 따른다.

② 소장은 조위금 지급 승인을 받은 때에는 즉시 상속인에게 이를 고지하여야 한다.

제119조(지급불능 보고) 소장은 위로금을 받을 수용자가 석방 후 상속인 없이 사망하거나 조위금의 상속자가 없어 위로금 또는 조위금을 지급할 수 없는 경우에는 그 사유를 명기하고 법무부장관에게 보고하여야 한다. 이 경우 위로금 또는 조위금은 「민법」의 규정에 따라서 처리한다.

제120조(지급 대장 비치) 위로금 및 조위금은 지급자 별로 〈별지 제30호 서식〉에 의한 위로금 및 조위금 대장을 작성 비치하고 그 지급상황을 기록하여야 한다.

제121조 (재검토 기한) 법무부장관은 「훈령·예규 등의 발령 및 관리에 관한 규정」(대통령훈령 제334호)에 따라 이 지침에 대하여 2024년 1월 1일 기준으로 매 3년이 되는 시점(매 3년째의 12월 31일까지를 말한다)마다 그 타당성을 검토하여 개선 등의 조치를 하여야 한다.

부칙 〈제1337호, 2024. 2. 14.〉

제1조(시행일) 이 지침은 발령한 날로부터 시행한다.

작업별 작업종목

구 분			작 업 종 목
생산 작업	외부통근		외부통근작업, 개방지역작업장통근작업, 건설공사반
	집중근로		집중근로 직영작업, 집중근로 위탁작업
	일반생산작업		외부통근작업, 집중근로작업이 아닌 직영작업 및 위탁작업 등의 생산작업
비생산 작업	운영 지원 작업	일반운영 지원작업	시설보수 작업에 취업하는 자
			교정시설의 시설운용과 관리에 필요한 청소, 세탁 등의 작업에 취업하는 자
		취사원	운영지원작업 중 수용자 취사장에 취업하는 자
	직업훈련		직업훈련 보조요원
			공공직업훈련생 및 일반직업훈련생

작업성적 등급 비율표

구 분	상	중	하
전체 작업장	10% 이내	30% 이내	60 % 이상

작업장려금 1일 지급기준표

(단위 : 원)

구분	생산작업									비생산작업						
작업종류	직영 개방지역작업			직영 집중근로 (위탁 집중근로)			직영 일반생산작업 (위탁 일반생산작업)			운영지원작업						직업훈련
										일반운영 지원작업			취사원			
등급	상	중	하	상	중	하	상	중	하	상	중	하	상	중	하	
지급액	15,000	12,000	10,000	8,500 (60%)	7,500 (60%)	6,500 (60%)	4,000 (60%)	3,500 (55%)	3,000 (50%)	1,600	1,500	1,400	3,700	3,200	2,700	900

작업장려금 증·감액 계산요령

1. **시간과정의 작업장려금 계산**은 수용자 동작시간표에 의한 작업시간 중 공제 사유가 발생하거나 평일의 작업시간 외의 연장작업, 공휴일 또는 그 밖의 휴일에 작업 하였을 경우에 다음 기준표에 의거 증·감 계산할 것

○ 공제작업시간 감액기준표

공제시간	30분이상 1시간이하	2시간 이하	3시간 이하	4시간 이하	4시간 초과
감액율	0.2	0.4	0.6	0.8	1.0
계산율	0.8	0.6	0.4	0.2	0.0

○ 평일 연장작업시간 증액기준표

연장작업시간	1시간 이상	2시간 이상	3시간 이상	4시간 이상	5시간 이상	6시간 이상	7시간 이상
증 액 율	0.2	0.4	0.6	0.8	1.0	1.2	1.4
계 산 율	1.2	1.4	1.6	1.8	2.0	2.2	2.4

○ 공휴일 또는 기타 휴일작업시간 계산기준표

작업 시간	1시간 이상	2시간 이상	3시간 이상	4시간 이상	5시간 이상	6시간 이상	7시간 이상	8시간 이상	9시간 이상	10시간 이상	11시간 이상	12시간 이상
계산율	0.4	0.8	1.2	1.6	2.0	2.4	2.8	3.2	3.6	4.0	4.4	4.8

2. **수량과정의 작업장려금 계산**은 1일 지급기준금액에 생산율을 곱하여 증·감 계산할 것

   개인별 1일 작업장려금 = 1일 지급기준액 × 생산율

   ※ 생산율 = $\dfrac{\text{1인 1일 생산 수량}}{\text{1인 1일 책임 생산량}}$

   다만, 분업형태의 작업으로 개인별 1일 생산수량을 측정하기 곤란한 경우에는
   팀의 1일 생산수량을 팀 1일 책임생산량으로 나누어 산출한 생산율을 1인 1일 생산율로 봄
      ※ 책임생산량 = 기준공임 ÷ 단가

      (단서 삭제, 14. 6. 16)

3. 기타사항
      ○ 시간외 작업(조출, 잔업, 공휴일 등)의 가산계산은 생산작업, 운영지원작업 동일하게 적용
      ○ 수용자 동작시간표상 계절별로 1일 작업시간이 상이하므로(8:00, 9:00 등) 실제작업시간을 기준으로 계산하기보다는 잔업·공제시간을 기준으로 가감계산
      ○ 수량과정의 생산실적은 소수점 이하 둘째 자리에서 반올림하여 소수점 이하 한 자리로 계산할 것

1일 근로지원 지급기준

피보호감호자 1일 근로지원 지급기준액	20,000원

근로보상금 증·감액 계산요령

1. **시간과정의 근로보상금 계산**은 동작시간표에 의한 작업시간중 공제사유가 발생하거나 연장작업을 하였을 경우에 다음 기준표에 의거 증·감 계산할 것

○ 공제작업시간 감액기준표

공제시간	30분 이상 1시간 이하	1시간 30분 이하	2시간 이하	2시간 30분 이하	3시간 이하	3시간 30분 이하	4시간 이하	4시간 초과
감액율	0.1	0.15	0.2	0.25	0.3	0.35	0.4	0.5
계산율	0.9	0.85	0.8	0.75	0.7	0.65	0.6	0.5

○ 연장작업시간 증액기준표

연장작업시간	30분 이상 1시간 미만	1시간 이상 2시간 미만	2시간 이상 3시간 미만	3시간 이상 4시간 미만	4시간 이상 5시간 미만	5시간 이상
증 액 율	0.1	0.2	0.4	0.6	0.8	1.0
계 산 율	1.1	1.2	1.4	1.6	1.8	2.0

○ 공휴일 또는 기타 휴일작업시간 계산기준표

작업시간	1시간 이상	2시간 이상	3시간 이상	4시간 이상	5시간 이상	6시간 이상	7시간 이상	8시간 이상	9시간 이상	10시간 이상
계산율	0.2	0.4	0.6	0.8	1.0	1.2	1.4	1.6	1.8	2.0

2. 기타사항
   ○ 라인작업 등으로 인하여 개인당 1일 생산수량 측정이 곤란한 경우에는 전체생산량을 전체취업인원으로 나누어 1일 생산수량으로 간주

수형자 취업 및 창업지원 업무 지침

[시행 2025. 2. 12.] [법무부예규 제1361호, 2025. 2. 12., 일부개정.]

제1장 총칙

제1조(목적) 이 지침은 「형의 집행 및 수용자의 처우에 관한 법률」 제55조 및 제56조제1항에 따라 수형자의 사회생활 적응능력 함양과 성공적인 사회복귀를 위한 취업 및 창업지원 업무에 관하여 필요한 사항을 규정함을 목적으로 한다.

제2조(적용범위) 수형자 취업·창업지원에 관하여 다른 법령에 특별한 규정이 있는 경우를 제외하고는 이 지침이 정하는 바에 따른다.

제2장 수형자 취업지원협의회

제3조(설치) 수형자 취업지원협의회(이하 "취업협의회"라 한다)는 모든 교정시설에 설치하여 운영한다. 단, 시설의 기능 등 특별한 사정이 있는 경우에는 예외로 할 수 있다.

제4조(임원의 임기) 취업협의회 임원의 임기는 3년으로 하며 연임할 수 있다. 단, 내부위원의 임기는 그 직에 있는 동안으로 한다.

제5조(외부위원의 위촉 등) 외부위원의 위촉, 위촉절차, 소속변경, 신분증, 활동분야, 자료제공, 준수사항, 교정시설 참관 등, 관리, 회의결과 기록, 예우 및 사기진작에 관한 사항은 「교정위원 운영지침」 제4조제5항, 제5조제2항, 제6조부터 제12조까지, 제20조제3항 및 제22조부터 제27조까지의 규정을 준용한다.

제3장 법무부 수형자 취업정책협의회

제6조(설치) 수형자 취업·창업지원 관련 주요정책에 관한 자문과 관련사업의 발전 및 소속기관 취업협의회의 원활한 활동을 지원하기 위하여 법무부에 "법무부 수형자 취업정책협의회"(이하 "정책협의회"라 한다)를 설치·운영할 수 있다.

제7조(기능) 정책협의회의 기능은 다음 각 호와 같다.

1. 수형자 취업·창업지원 관련 주요정책의 결정과 시행에 관한 사항의 자문
2. 수형자 취업·창업지원 관련 각종 민간단체와의 대외 협력에 관한 사항의 심의 및 자문
3. 소속기관의 취업협의회 활동 지원에 관한 사항
4. 기타 법무부장관이 요청하는 사항에 관한 자문

제8조(구성) ① 정책협의회 구성은 다음 각 호와 같다.

1. 회장 1인, 부회장 1인을 포함하여 10인 이상 20인 이하의 위원으로 하며 비상임으로 한다.

2. 회장은 교정본부장이 되고 부회장은 위원 중에서 호선한다.

3. 사무처리를 위하여 간사 1인을 둘 수 있으며 간사는 교정본부 직업훈련과장으로 하고 정책협의회 회의에 참석하여 의견을 제시할 수 있다.

4. 정책협의회 임원의 임기는 2년으로 하며 연임할 수 있다. 단, 내부위원의 임기는 그 직에 있는 동안으로 한다.

② 위원은 취업·창업 관련 업무에 직·간접으로 종사하고 관련 지식과 경험이 풍부하며 다음 각 호의 자격을 가진 사람 중에서 법무부 장관이 위촉한다.

1. 각 경제단체 및 소속 중앙협의체, 대기업의 임원

2. 정부부처 또는 그 소속단체의 수형자 취업 및 창업지원 유관부서장

3. 취업 및 창업관련 각종 연구단체의 임원

4. 그 밖에 취업 및 창업에 관한 학식과 경험이 풍부한 전문가 등

③ 법무부 교정본부장, 교정정책단장은 당연직 위원으로 한다.

제9조(회장의 직무) ① 회장은 정책협의회를 대표하며, 정책협의회 업무를 총괄한다.

② 회장이 부득이한 사유로 직무를 수행할 수 없을 경우에는 부회장이 그 직무를 대행한다.

제10조(회의) ① 정책협의회 회의는 반기 1회 이상 개최하고 회장이 소집하며 그 결과의 기록·유지는 「형의 집행 및 수용자의 처우에 관한 법률 시행규칙」 제149조제2항을 준용한다.

② 회장은 제1항외에 다음 각 호의 어느 하나에 해당하는 경우에는 정책협의회를 소집할 수 있다.

1. 법무부장관의 소집 요구가 있을 때

2. 위원 3분의 1 이상의 요구가 있을 때

3. 그 밖에 회장이 필요하다고 인정하는 때

③ 회의는 공개하지 아니한다. 다만, 위원들의 의결이 있을 때는 이를 공개할 수 있다.

④ 회의는 재적위원 과반수의 출석으로 개회하고, 출석위원 과반수의 찬성으로 의결한다.

⑤ 법무부장관은 회의에 참석한 위원에 대하여는 예산의 범위 내에서 수당 및 여비를 지급할 수 있다.

제4장 취업 및 창업지원 전담반

제11조(구성) ① 소장은 수형자 취업 및 창업지원 업무의 원활한 수행을 위하여 취업 및 창업지원 전담반(이하 "취업전담반"이라 한다)을 구성·운영하여야 한다.

② 소장은 소속 공무원 중 취업·창업에 대한 기본소양을 갖춘 자로 취업전담반을 구성하여야 하며 취업전담반의 장은 교도소는 직업훈련과장, 구치소는 수용기록과장, 지소는 총무계장으로 보한다. 단, 교도소에 직업훈련과장이 없는 경우 사회복귀과장으로 한다.

③ 전담반원은 직업훈련과(수용기록과) 소속 2명 이상, 사회복귀과·분류심사과 소속 각 1명 이상으로 구성하되, 직업능력개발훈련교사가 재직중인 기관에서는 직업훈련교사가 포함되도록 하여야 한다.

④ 취업전담반 행정주무는 직업훈련과(수용기록과) 소속 반원으로 1명 이상 구성하며, 다른 업무를 겸임할 수 없다.

⑤ 특별한 사정으로 취업전담반 구성을 달리하거나 행정주무가 다른 업무를 겸임할 필요가 있는 경우 매년 지방교정청장의 승인을 받아 시행한다.

제12조(근무) ① 소장은 업무의 연속성 유지를 위하여 특별한 사정이 없으면 2명 이상 동시 교체를 지양하고,

원활한 업무수행을 위하여 독립 사무실 및 상담공간을 확보하여야 한다.

② 취업전담반의 일일근무사항은 별지 제1호 서식에 기록·유지하여야 한다.

③ 소장은 취업전담반의 취업·창업지원 활동 실적을 별지 제2호 서식에 따라 기록·관리·유지하여야 한다.

제13조(임무) ① 반장의 임무는 다음 각 호로 한다.

1. 매월 1회 전담반 정기회의 주재

2. 취업협의회 내부 위원 활동

3. 수형자 취업·창업 교육 총괄

4. 지역 기업체 및 유관기관 협력 관계 증진 총괄

5. 기타 수형자 취업·창업지원 업무 전반 관리

② 직업훈련과 반원의 임무는 다음 각 호로 한다.

1. 각종 취업·창업지원 및 교육 계획 수립

2. 수형자 취업·창업교육 진행

3. 취업협력 기업체 확보 관리

4. 취업·창업지원 유관 기관·단체 협력 관리

5. 수형자 취업지원·알선을 위한 상담 또는 전문가 상담 주선

6. 취업지원 각종 정보망 등록 및 활용

7. 취업협의회 운영 관련 사무

8. 창업아이템경진대회, 창업소자본대출사업 사무

9. 허그일자리지원 프로그램 참여 희망자 선발 및 상담 지원

10. 취업·창업지원 성과 확인 및 분석

11. 취업·창업지원 관련 홍보·자료관리·정기회의록 작성 등 제반 사무

12. 직업훈련 운영계획 수립시 취업·창업 연계 계획 반영

13. 그 밖에 취업·창업지원을 위해 필요한 사항

③ 사회복귀과 반원의 임무는 다음 각 호로 한다.

1. 수형자 취업·창업교육 진행 협조

2. 수형자 사회복귀 준비 관련 상담

3. 법무보호복지공단 사전면담 등 유관기관 사회복귀 지원업무 협력

④ 분류심사과 반원의 임무는 다음 각 호로 한다.

1. 전담반장이 지정하는 수형자에 대한 직업심리검사(고용노동부 개발 검사도구를 원칙으로 함) 시행

2. 수형자 직업적성·진로 관련 상담

3. 허그일자리지원 프로그램 참여 대상자 명단 작성

제14조(자료관리 등) ① 유관기관 등이 발간한 취업·창업 관련 유인물이나 자체 생산한 자료는 종류별, 분야별 등 체계적으로 관리하여야 하며 수형자의 요청이 있을 경우 적극 제공하여야 한다.

② 취업전담반장은 취업·창업지원 관련 자료를 교정정보시스템으로 관리하며, 매월 15일을 '취업정보 점검의 날'로 지정하여 관련 자료가 체계적이고 실용적으로 관리될 수 있도록 하여야 한다.

제15조(검사·조사 및 연구의뢰) ① 소장은 수형자의 취업·창업지원을 위한 직업 적성·선호도 검사, 창업진단검사 등 각종 직업심리검사 등을 실시할 수 있다.

② 소장은 제1항에 따라 수형자 개별처우계획 수립을 위한 분류심사 시 담당직원으로 하여금 전문적인 직업심리검사를 하도록 하여 수형생활 및 향후 진로에 반영할 수 있도록 하여야 한다.

③ 소장은 필요한 취업 및 창업 관련 검사·조사·연구를 자체적으로 실시하기 곤란한 경우에는 외부 전문기관 등에 의뢰하여 실시할 수 있다.

제16조(개인정보 보호 등) ① 소장은 성공적인 취업·창업지원 정책의 수립과 평가를 위해 수형자의 취업·창업 관련 정보를 수집할 수 있다.

② 제1항에 따라 수형자의 취업·창업 관련 개인정보를 수집하거나, 관련 단체 또는 개인에게 제공할 경우 별지 제4호 서식에 따라 반드시 해당 수형자의 동의를 얻어야 한다.

제17조(교정시설 간 협력) ① 현재 수용 중인 교정시설에서 다른 교정시설에 수형자 취업·창업지원을 위한 의뢰가 있을 경우 의뢰받은 기관은 이에 적극 협조하여야 한다.

② 제1항에 따라 취업·창업지원 의뢰를 한 수형자가 실제 취업을 하거나 창업한 경우, 의뢰한 기관은 '교정알선' 실적에 반영하고 의뢰받은 기관은 '취업중계' 실적에 반영한다.

제5장 취업·창업 교육 및 상담

제18조(교육계획의 수립) ① 소장은 매년 3월 15일까지 취업·창업 교육 및 외부 전문기관 취업·창업 특별교육의 연간계획을 수립한다.

② 소장은 제1항의 연간계획에 따른 세부교육 실시계획을 기관별 특성을 고려하여 수립·시행한다.

③ 교육에 관한 사항은 취업전담반 운영일지 및 교정정보시스템에 기록·유지하여야 한다.

④ 취업·창업 교육은 석방전교육, 허그일자리지원 프로그램을 제외한 기관 자체 또는 외부 전문기관 협업(소자본창업교육 등)으로 시행하는 교육으로, 석방전교육 등과 교육내용이 중복되지 않도록 편성하여야 한다.

제19조(대상자 선정) ① 취업·창업 교육대상자는 다음 각 호의 자로 한다.

1. 잔형기 3개월 미만 수형자

2. 잔형기 3개월 이상인 자로 교육의 필요성이 인정되는 자

② 소장은 취업·창업 교육생 명부를 별지 제6호 서식에 따라 작성·관리한다.

③ 삭제

④ 외국인·노역유치자·심신미약자·환자·조사·징벌자 등 교육효과를 기대하기 어렵다고 판단되는 자는 제외할 수 있다.

제20조(교육인원) ① 교육인원은 교육의 특성, 시설여건, 교육내용 등에 따라 적정인원으로 편성한다.

② 교육희망자가 적정 교육인원을 초과하는 경우 잔형기, 연령, 수용생활태도 등 제반사정을 고려하여 교육대상자를 선발할 수 있다.

제21조(교육시간 및 준비) ① 취업·창업 교육과정은 기관특성에 맞게 자율적으로 편성하되, 교육시간은 반기 30시간 이상 실시하여야 한다.

② 소장은 교육일자, 교육시간, 교육과목 및 내용 등을 반영한 교육시간표를 작성·비치하고, 교육대상자에게 사전 배포하여 교육준비 등에 참고할 수 있도록 하여야 한다.

제22조(교육내용 및 평가) ① 수형자 취업·창업 교육의 내용은 다음 각 호의 사항을 반영하여 실시한다.

1. 취업·창업지원 제도 안내

2. 취업·창업 성공사례 소개

3. 건전한 직업의식, 직업윤리에 관한 사항

4. 이력서·자기소개서 작성 및 취업면접 준비

5. 창업이론 및 실습

6. 그 밖에 금융, 신용회복, 갱생보호, 법률구조, 국민생활보장제도, 새로운 사회제도 등 출소 후 사회적응에
필요한 사항

② 소장은 매회 교육실시 후 별지 제7호 서식에 따라 교육 만족도 조사 등 성과를 평가하여 그 결과를 다음
회 교육과정에 반영하여야 한다.

제23조(교육강사 등) ① 취업·창업 교육 강사는 다음 각 호에 해당하는 사람 중 교육편성 내용에 따라 적임자
로 한다.

1. 외부강사 : 전문강사, 유관기관 임직원, 대학교수, 취업협의회 위원, 사회복귀도우미 등

2. 내부강사 : 취업전담반 직원 또는 사회복귀 분야에 전문지식을 갖춘 직원

② 소장은 대학·연구기관·전문교육기관 등과 1년 이내의 위탁계약(협약)을 체결하여 교육의 전부 또는 일
부를 위탁할 수 있으며, 예산의 범위 내에서 외부강사수당 및 교육에 소요된 재료비를 지급할 수 있다.

제24조(상담 등) ① 수형자 취업·창업관련 상담은 다음 각 호와 같이 구분한다.

1. 정기상담은 출소 전 취업·창업 교육 시 행하는 상담을 말한다.

2. 수시상담은 정기상담 외 수형자가 원하거나 직원 또는 외부전문가가 필요하여 행하는 취업 및 창업과 관
련한 모든 상담을 말한다.

② 소장은 제1항에 따른 상담결과 취업·창업지원에 필요하다고 판단되는 경우 직업심리검사 등을 시행하고
취업·창업 지원계획에 반영하도록 한다.

③ 삭 제

④ 전담반원은 제2항과 관련하여 필요한 경우 교정정보시스템의 분류심사 자료를 열람할 수 있다.

⑤ 취업·창업 관련 상담 등 필요한 사항은 교정정보시스템에 기록·유지하여야 한다.

제6장 취업·창업 알선 등

제25조(취업·창업 기회 제공 등) ① 소장은 취업 교육·상담을 받은 수형자에게 구인을 희망하는 기업체 및
취업관련 유관기관과의 만남을 알선하는 등 취업기회를 제공하여야 한다.

② 소장은 창업 교육·상담을 받은 수형자에게 창업정보제공, 창업관련 유관기관과의 만남을 알선하는 등 창
업기회를 제공하여야 한다.

③ 소장은 수형자가 취업·창업 관련 만남, 면접 등에 참석할 때에는 사복을 착용하게 할 수 있다.

④ 소장은 취업 및 창업을 희망하는 수형자의 지원을 위해 별지 제8호 서식의 개인별 취업 및 창업지원계획
을 작성하고 교정정보시스템에 입력하여 관리하여야 한다.

제26조(출소자 취업 및 창업 지원) ① 소장은 수형자가 출소 후에도 일정 기간 동안(취업알선은 3개월 이내의
범위로 한정한다) 교정기관의 취업지도·알선 및 창업지원을 희망할 경우 별지 제9호 서식에 따라 해당 수용
자의 동의를 얻은 후 취업 알선 및 창업지원을 할 수 있다.

② 소장은 제1항에 해당하는 출소자가 기업체와의 채용약정·협의를 통해 면접이 예정되어 전담반원의 동행
을 희망하는 경우 허가할 수 있다. 다만, 허가 시 출소자의 신분이 노출되지 않도록 신중을 기하여야 한다.

제27조(재검토 기한) 법무부장관은 이 지침에 대하여 2021년 1월 1일 기준으로 매 3년이 되는 시점(매 3년째

의 12월 31일까지를 말한다)마다 그 타당성을 검토하여 개선 등의 조치를 하여야 한다.

부칙 〈제1361호, 2025. 2. 12.〉

제1조(시행일) 이 지침은 2025. 2. 12.부터 시행한다.

교도작업운영지침

[시행 2023. 2. 6.] [법무부예규 제1315호, 2023. 2. 6., 일부개정.]

제1장 총칙

제1조(목적) 이 지침은 「형의 집행 및 수용자의 처우에 관한 법률」 및 같은 법률 시행령에 의하여 수용자에게 과하는 작업의 시행 및 운영에 관하여 필요한 사항을 규정함을 목적으로 한다.

제2조 (적용범위) 교도작업운영에 관하여 다른 법령에 특별한 규정이 있는 경우를 제외하고는 이 지침이 정하는 바에 의한다.

제3조 (정의) 이 지침에서 사용하는 용어의 정의는 다음과 같다.

1. "교도작업"이라 함은 교도소·구치소 및 그 지소(이하 "교정시설"이라 한다.)에서 수용자에게 부과하는 작업을 말한다.

2. "외부기업통근자"라 함은 사회복귀와 기술습득을 촉진하기 위하여 외부기업체에 통근하며 작업하는 수형자를 말한다.

3. "개방지역작업장통근자"라 함은 사회복귀와 기술습득을 촉진하기 위하여 직영 또는 기업체 경영 개방지역작업장에 통근하며 작업하는 수형자를 말한다.

4. "기업체"라 함은 외부기업통근자와 개방지역작업장통근자가 통근하며 작업하는 외부기업체와 구내작업장에 입주하여 작업하는 외부기업체 및 집중근로작업장 입주업체로 계약된 기업체를 말한다.

5. "지도보호직원"이라 함은 외부기업통근자와 개방지역작업장통근자를 지도·보호하는 교정시설의 직원을 말한다.

6. "집중근로제"라 함은 취업수용자로 하여금 작업시간 중 접견, 운동, 전화사용, 교육, 교화활동 등을 시행하지 않고 휴게시간 외에는 작업에만 전념토록 하여 생산성 향상 및 근로정신 함양으로 출소 후 재사회화를 촉진시키는 작업제도를 말한다.

7. "집중근로작업장"이라 함은 집중근로제로 운영하는 작업장을 말한다.

8. "집중근로자"라 함은 집중근로작업장의 작업자로 선정되어 집중근로제에 따라 작업하는 수용자를 말한다.

9. "교도작업제품 검사"라 함은 교도작업에서 생산하는 제품 및 재료 등에 대하여 품질향상과 규격의 적정을 도모하기 위하여 실시하는 검사를 말한다.

10. "교도작업제품전시관"(이하 "전시관"이라 한다)이라 함은 전국교정시설에서 생산하는 교도작업제품을 전시 또는 판매하기 위하여 설치·운영하는 전시관을 말한다.

11. "교도작업제품 평가위원회"라 함은 교도작업제품의 가격 등을 결정하기 위하여 교정시설에 설치한 위원

회를 말한다.

12. "제안"이라 함은 법무부장관의 모집에 응하여 제출하는 교도작업의 능률화·경제화와 생산성 향상에 관련된 창의적인 의견 또는 고안을 말한다.

13. "작업담당자"라 함은 직업훈련과 또는 수용기록과(이하 "직업훈련과"라 한다) 소속 직원으로 해당 작업의 행정처리 등을 담당하는 직원을 말한다.

14. "작업장담당자"라 함은 보안과 소속 직원으로 해당 작업현장에서 수용자 계호 및 작업관리 등을 담당하는 직원을 말한다.

15. "취업연계형교도작업"이라 함은 취업희망수형자가 개방지역작업장 등에 취업하여 사회적응력 배양을 위한 기술 등을 연마하고 출소 후 고용 또는 취업연계가 가능한 직종의 교도작업을 말한다.

16. "자립형교도작업"이라 함은 수형자의 근로의욕 향상과 출소 후 생활정착금 마련을 위하여 1일 실제 작업시간 7시간 확보 및 공임책정을 수량과정으로 산정하는 제도로서 작업생산량 증가실적에 따라 작업장려금이 인상되도록 하는 집중근로제를 말한다.

17. "자립형작업자"라 함은 자립형교도작업 대상자로 선정되어 자립형교도작업의 작업형태에 따라 작업하는 수형자를 말한다.

제4조 (작업업무의 분장) ① 작업에 관한 업무는 다음과 같이 구분한다.

1. 기획 및 서무 : 작업운영의 계획수립, 작업진도 추진, 심사분석에 관한 사항 및 기타 타의 업무에 속하지 아니한 사항

2. 구입 : 예산 집행 및 작업에 관한 계약, 작업용품의 구입에 관한 사항

3. 작업장 : 작업명령 시행, 생산품의 관리, 안전관리, 작업장 내의 작업용품에 관한 사항

4. 창고 : 생산재료, 물품의 보관, 출납 및 위탁자 제공물품의 관리에 관한 사항

5. 통계 및 결산 : 회계사무, 작업장려금 등 통계업무 및 결산에 관한 사항

6. 주문 및 판매 : 수주의 확보 및 납품에 관한 사항

② 교정시설의 장(이하 "소장"이라 한다)은 경영의 규모, 직원의 배치인원 등을 감안하여 작업직원의 전임업무를 분장한다. 다만, 전임 담당자를 배치하기 어려운 경우에는 1인의 담당자에게 다른 업무를 겸임시킬 수 있다.

제5조 (교도관회의 심의) ① 교도작업 운영에 필요한 주요사항은 교도관회의에서 심의한다.

② 교도관회의에는 다음 각 호의 사항을 심의하여야 한다.

1. 작업의 연도계획 및 그 변경에 관한 사항

2. 작업의 안전·위생 및 공해방지에 관한 사항

3. 작업운영상 중요한 계약의 체결 및 변경에 관한 사항

4. 취업인원의 배치에 관한 사항

5. 작업시간·휴식·휴일 등에 관한 사항

6. 기타 작업계획 및 작업운영에 관한 사항

제6조 (교도관회의 심의 시 의견청취) 소장은 교도작업 운영에 필요한 주요사항을 심의하기 위하여 직업훈련과 소속직원, 작업기술담당자, 계약상대방 및 기타 필요하다고 인정되는 자를 출석하게 하여 의견을 청취할 수 있다.

제7조 (작업종류의 승인신청) 소장은 「형의 집행 및 수용자의 처우에 관한 법률 시행령」 제89조에 의거 작업종

류를 신설하고자 할 때에는 〈별지 제1호 서식〉 부터 〈별지 제4호 서식〉에 따라 법무부장관의 승인을 받아야 한다.

제8조 (작업의 폐지와 중지) ① 소장이 작업을 폐지하고자 할 때에는 법무부장관에게 승인을 받아야 한다. 이 경우 승인 신청은 〈별지 제5호 서식〉에 의한다.

② 소장은 2개월 이상 작업을 중지하고자 할 때에는 〈별지 제6호 서식〉에 따라 지방교정청장의 승인을 받아야 한다.

제9조 (시험작업) ① 소장은 작업의 시행승인 신청 전에 시험작업을 하고자 할 때에는 2개월 이내의 범위를 정하여 〈별지 제7호 서식〉에 따라 지방교정청장에게 지체 없이 보고하여야 한다. 다만, 작업공정이 복잡하거나, 생산량 측정이 어려운 경우 시험작업 기간을 1개월 범위 내에서 연장할 수 있다.

② 작업내용이 종전에 실시한 작업과 동일·유사하여 필요하지 않은 경우에는 시험작업을 생략할 수 있다.

제10조 (작업시간) ① 수용자의 작업일과는 수용자일과시간표에 의한다. 다만, 집중근로작업장의 작업종료 시간은 15:00로 한다.

② 소장은 19세 미만의 수용자는 주 5시간 범위 내에서, 19세 이상의 수용자는 주 10시간 범위 내에서 연장작업을 시킬 수 있다.

③ 소장은 작업 또는 기관 운영상 특별한 사정이 있는 경우에는 제1항과 제2항의 시간을 신축 조정할 수 있다.

제11조 (보건휴역) 여성 취업수용자가 보건휴역을 신청하는 경우에는 매월 1일간 보건휴역을 실시한다.

제12조 (작업의 부과 및 작업성적 확인) ① 취업수용자의 작업과정은 작업성적, 작업장려금 계산비율 및 시간 등을 참고하여 작업을 부과하되 개인별 일·월간 책임량을 정하여 부과하여야 한다.

② 신체장애인의 개인별 책임생산량은 의무관의 의견을 들어 일반취업자의 2분의 1까지 감량 부과할 수 있다.

③ 작업장담당자는 매일 1회 이상 취업자의 작업성적을 검사하여 교정정보시스템으로 작업일과표를 작성하고 매월 말에 이를 일괄하여 직업훈련과장 또는 수용기록과장(이하 "직업훈련과장"이라 한다)에게 보고하여야 한다. 다만, 이송·출소 등으로 작업장이 변경되는 취업자에 대하여는 지체없이 보고하여야 한다.

제13조 (작업시설 등의 점검) 작업장담당자는 작업개시 및 종료 시에는 작업에 사용한 시설이나 장비 또는 기계와 기구 및 도구를 점검하여야 한다.

제14조 (일일작업인원현황) 직업훈련과장은 매일 작업개시 당시의 취업인원과 불취업인원을 조사하여 〈별지 제9호 서식〉에 따라 일일작업인원현황을 소장에게 보고하여야 한다.

제15조 (교도작업운영현황보고) 소장은 〈별지 제10호 서식〉에 따라 전월분의 교도작업운영현황보고서를 작성하여 매월 5일까지 지방교정청장에게 보고하고, 지방교정청장은 산하기관의 보고서를 취합하고 의견을 첨부하여 매월 8일까지 법무부장관에게 보고하여야 한다.

제16조 (작업지도) 법무부장관은 매년 1회 이상 직업훈련과 소속 공무원 또는 지방교정청장으로 하여금 교정시설의 작업사무 및 운영현황을 지도·확인하게 하여야 한다.

제17조 (취업수형자의 생산시설 견학) 소장은 취업수형자의 기술향상을 위하여 필요하다고 인정할 때에는 사회의 생산시설 또는 시장 등을 견학하게 할 수 있다.

제18조 (생산품 위탁판매) ① 소장은 작업생산품을 타 지역에서 판매하는 것이 유리하다고 인정하는 경우에는 당해 지역의 교도소에 위탁 판매할 수 있다.

② 제1항의 경우에는 관리전환의 수속을 하여야 하며, 판매대금은 위탁받은 교도소의 수입으로 한다.

③ 법무부장관은 제2항의 위탁판매에 상당한 세입목표액의 조정절차를 취하여야 한다.

제19조 (작업협조) 법무부장관은 효율적인 작업 운영을 위하여 필요한 경우에는 교정시설을 지정하여 수주량 확보, 공동작업실시, 작업 용품의 공동사용, 기술지도 등에 대하여 상호 협조하게 할 수 있다.

제20조 (포상 등) 법무부장관은 수형자 재범방지 및 교도작업 활성화를 도모하기 위하여 제15조 규정에 의거 교도작업생산증대에 기여한 기관, 직원 및 수형자에 대하여 포상할 수 있다.

제2장 직영작업

제21조(주문접수) 수요자로부터 물품의 생산·제작·조제·가공·수선(이하 "생산"이라 한다) 또는 공사의 완성이나 노무의 제공에 관한 주문을 받았을 때에는 교정정보시스템으로 주문내역을 작성하여 소장에게 보고한다.

제22조 (원가계산) ① 제21조 규정에 의하여 주문을 받았을 때에는 채산도 등을 검토한 후 원가계산을 하여야 한다.

② 원가는 다음 각 호의 비용을 종합 계산하여야 한다.

1. 재료비(직접재료비·간접재료비)

2. 노무비(작업장려금)

3. 제경비(공공료, 운송료, 여비 등)

4. 이윤(익금)

③ 작업특성상 원가계산이 불필요한 경우에는 교도작업제품평가위원회 의결을 거쳐 공임을 결정할 수 있다.

제23조 삭제

제24조 (구입 등) ① 작업생산품 제작에 필요한 작업용품의 구입은 「국가재정법」 등 관계법령이 정하는 절차에 의하여 구입하여야 한다.

② 작업생산품 제작을 위하여 필요한 경우에는 계약기간의 범위 안에서 수요자로부터 장비를 무상으로 대여 받을 수 있다.

제25조 (작업시행) ① 작업은 〈별지 제12호의2 서식〉 직영작업 생산계획서, 〈별지 제12호의3 서식〉 위탁작업 생산계획서, 〈별지 제12호의4 서식〉 도급작업 생산계획서(이하 '생산계획서'라 칭함)에 의하여 시행한다.

② 생산계획서는 교정정보시스템으로 작성하여 소장에게 보고한다. 다만, 필요한 경우 〈별지 제12호의2 서식〉, 〈별지 제12호의3 서식〉, 〈별지 제12호의4 서식〉에 의해 보고할 수 있다.

③ 생산계획서는 생산 단위별로 작성함을 원칙으로 하되, 동일한 규격으로 계속하여 생산하는 경우 반기별 1회 이상 작성하여야 하며, 민간참여작업은 작업내용을 고려하여 매월 작성하여야 한다.

④ 생산계획서는 작업의 시행에 필요한 설계도나 시방서 또는 기타 필요한 서류를 첨부하여야 한다. 다만, 민간참여작업의 경우에는 서류를 첨부하지 않을 수 있다.

제26조 (작업지시) 직업훈련과장은 생산계획서를 작업담당자에게 교부하고 작업시행에 필요한 사항을 지시하여야 하며 작업담당자는 지체 없이 작업장담당자에게 통지하여야 한다.

제27조 (작업시행 책임과 기술지도) ① 작업장담당자는 작업시행에 관하여는 직업훈련과장의 지휘감독을 받는다.

② 작업장담당자는 생산계획서에 의한 작업 지시를 받았을 때에는 취업자에게 필요한 사항을 지시하여 해당 작업을 시행하여야 한다.

③ 작업기술담당자나 위촉받은 사회기술자는 작업시행에 필요한 기술지도를 하여야 한다.

④ 작업장담당자는 수량과정의 경우 매일 개인별 생산량을 교정정보시스템에 입력하여야 한다. 다만, 개인별 생산량을 계량하기 곤란한 경우 〈별지 제36호 서식〉에 의해 조별 또는 전체 생산량을 기록하고 매월 말에 이를 일괄하여 작업담당자에게 인계하여야 한다.

⑤ 작업장담당자는 매일 취업인원, 불취업인원, 불취업내역, 교육사항, 지시받은 사항 등을 교정정보시스템에 기록하여야 한다.

제28조 (검사) 작업용품을 구입하였을 때에는 검사공무원은 관계법령에 의하여 검사하여야 한다.

제29조 (보관) ① 검사를 마친 작업용품은 물품출납공무원의 책임 하에 물품의 성질별 · 품목별 · 상태별로 구분하여 정리하고 물품에 대한 이동사항을 항시 명백히 하여야 한다.

② 물품출납공무원은 보관 장소에 물품의 수량 등을 기입한 표시판을 설치하고 선량한 관리자의 주의 의무를 다하여야 한다.

제30조 (재료수불) ① 작업담당자는 생산계획서에 따라 소요재료를 파악, 소속 물품운용관을 통하여 물품관리관에게 필요물품을 청구하여 물품출납공무원으로부터 해당물품을 수령한 후 〈별지 제17호 서식〉의 작업재료수불부에 소요재료의 수불내용을 기록하여 물품운용관의 확인을 받아야 한다.

② 작업담당자는 제1항의 절차를 마친 소요재료를 지체 없이 작업장담당자에게 교부하여야 한다.

③ 제2항의 소요재료는 분할하여 교부할 수 있으며 작업장담당자의 요청에 따라 추가로 청구하여 교부할 수 있다.

제31조 (생산품의 검사 및 인계) ① 작업장담당자는 지시받은 생산작업을 종료하였을 때에는 생산계획서에 따른 생산일자, 수량 기타 필요한 사항을 확인하고 작업담당자에게 생산품을 인계하여야 한다.

② 작업담당자는 작업장담당자로부터 인계받은 생산품을 물품운용관의 확인을 받고 소관 물품출납공무원에게 인계하여야 한다.

③ 작업장담당자는 지시받은 생산작업을 종료하기 전이라도 생산품의 일부에 대하여 작업담당자에게 인계할 수 있다.

제32조 (작업완료 보고) 직업훈련과장은 생산계획서에 따라 생산품을 완성하면 지체없이 그 결과를 교정정보시스템으로 작성하여 소장에게 작업완료 보고를 하여야 한다. 다만, 필요한 경우 〈별지 제12호의5 서식〉 직영작업 생산결과서, 〈별지 제12호의6 서식〉 위탁작업 생산결과서, 〈별지 제12호의7 서식〉 도급작업 생산결과서(이하 '생산결과서'라 칭함)에 의해 보고 할 수 있다.

제33조 (재료회수) 작업을 완료한 후 잔여재료가 있을 경우에는 작업담당자는 이를 회수하여 물품운용관을 통하여 물품출납공무원에게 반납하여야 한다. 다만, 소장은 필요하다고 인정할 경우에는 다른 작업의 소요재료로 사용하게 할 수 있다.

제34조 (생산품 인도) 직업훈련과장은 교도작업제품 평가위원회에서 평가된 생산품을 소장의 명령에 의하여 수요자(주문자)에게 인도하여야 한다.

제35조 (생산품의 출고명령 및 반출) ① 생산품은 교정정보시스템에 의한 출고명령에 따라 출고하여야 한다. 다만, 필요한 경우 〈별지 제18호 서식〉에 의한 생산품출고명령원부에 따라 출고할 수 있다.

② 생산품을 출고하고자 할 때에는 교정정보시스템으로 물품출문증을 발행하여야 한다. 다만, 필요한 경우 〈별지 제19호 서식〉에 의한 물품출문증을 발행할 수 있다.

③ 정문근무자(시설 구조상 후문을 이용하여 물품 입 · 출고가 이루어지는 경우는 "후문근무자"를 포함한다)는 정문을 통과하는 생산품 기타 물품에 대하여는 출문증을 교부받은 후 검사를 하고 반출하게 하여야 한다.

④ 물품반출 후의 해당 출문증은 교정정보시스템으로 당직간부와 보안과장의 확인을 받아야 한다. 다만, 〈별지 제19호 서식〉에 의해 발행한 물품출문증은 당직간부와 보안과장의 확인을 받은 후 출문증발급원장에 첨부, 정리하여야 한다.

제36조 (대금의 징수) ① 교도작업제품 평가위원회에서 결정한 대금은 다른 법령에 특별한 규정이 있는 경우를 제외하고는 생산품의 인도와 동시에 납입고지서를 발행하고 징수하여야 한다. 다만, 특별한 사유가 있을 때 또는 국가기관 및 공공기관 등에 생산품을 인도할 때에는 납입고지서를 발행하여 사후에 징수하여야 한다.

② 노무작업의 대금은 매월 분을 일괄하여 익월 10일까지 징수할 수 있다. 다만, 12월분은 당월 31일까지 징수하여야 한다.

제37조 (부산물의 처리) ① 작업담당자는 작업의 부산물로서 각각의 활용가치가 있는 것은 그 품목 및 수량을 부산물처리부에 기재하고 물품운용관을 통하여 물품출납공무원에게 반납하여야 한다.

② 작업부산물로서 개개로 활용가치가 없는 것은 그 품목 및 수량을 부산물처리부에 기재하여 처리한 후 잡수입으로 조정하여야 한다. 다만, 수용자의 교정교화 촉진 등을 위하여 필요하다고 인정할 때에는 교도관회의 심의를 거쳐 무상으로 공급할 수 있다.

③ 부산물 중에서 수익이 발생하지 않고 보관 후 활용하기에도 부적절한 단순폐기물의 경우 부산물처리부에 그 품목 및 수량을 기재한 후 폐기처분 할 수 있다.

제38조 (교도작업 건설공사반) 소장은 건설공사 관련 기술이 있는 수형자의 기능 향상과 교정시설 자체공사의 효율적인 운영을 위하여 건설공사반을 운영할 수 있다.

제39조 (건설공사반 대상자) ① 소장은 작업성적과 수형생활 태도가 우수하고, 심신상태가 건강하여 작업을 감당할 수 있는 자 중 형기의 1/3을 경과한 수형자(무기수형자는 10년 이상 경과자) 중에서 건설공사반 대상자를 선정한다.

② 소장은 제1항의 규정에도 불구하고 작업상 특히 필요하다고 인정되는 자에 대하여는 건설공사반 대상자로 선정할 수 있다.

제40조 (건설공사반 이송) ① 소장은 다른 교정시설의 장이 작업요청을 하는 경우에는 건설공사반을 요청한 교정기관으로 이송할 수 있다.

② 이송된 건설공사반 대상자의 처우는 작업을 요청한 교정기관의 장이 정하는 바에 의한다.

제41조 (건설공사반 운영) 소장은 건설공사반을 운영하는 때에는 그 기간, 규모, 공사내용, 처우계획 등이 포함된 "건설공사반 운영계획"을 작성하여 법무부장관과 지방교정청장에게 보고하여야 한다.

제3장 위탁작업

제42조(위탁작업 승인신청) 위탁작업을 시행하고자 할 때에는 제7조의 규정에 의한 승인신청서와 〈별지 제20호 서식〉의 계약서를 첨부하여야 한다.

제43조 (위탁작업 계약기간) ① 위탁작업 계약을 하는 경우 법무부장관의 승인을 받아 시행한다. 다만, 재계약의 경우에는 제49조의 규정에 따라 보고 또는 승인을 받아 시행한다.

② 위탁작업의 계약은 6개월 또는 1년을 기준으로 한다.

③ 연도 중에 신규로 계약하는 경우에는 해당 연도 6월 30일 또는 12월 31일을 계약종료일로 한다. 다만, 해당 연도의 마지막날까지 남은 기간이 3개월 이하인 경우에는 다음 연도의 6월 30일 또는 12월 31일을 계약종료일로 할 수 있다.

제44조 (위탁작업 계약서의 명시 사항) 위탁작업 계약시에는 다음 각호의 사항을 명시하여야 한다.

1. 작업의 종류와 내용에 관한 사항

2. 시행기간에 관한 사항

3. 1일의 취업예정인원에 관한 사항

　(1일 취업예정인원의 상·하한을 정하여 1일의 취업인원이 하한인원에 미달하거나 또는 휴업한 일수가 위탁자의 귀책사유에 기인하였을 경우에는 하한 인원의 공임을 징수한다는 취지를 명기하여야 한다.)

4. 과정 또는 대가의 결정과 징수에 관한 사항

5. 계약의 해지 또는 해제에 관한 사항

6. 대가의 채권확보방법에 관한 사항

7. 작업의 기술지도에 관한 사항

8. 위탁자와 수탁자가 부담할 시설·기계·기구 및 재료의 범위와 그의 하자에 관한 사항

9. 위탁자의 준수사항

10. 권리의무와 승계금지에 관한 사항

11. 기타 필요한 사항

제45조 (위탁자가 제공한 시설·기계·기구 또는 재료 등의 검사) ① 직업훈련과장은 위탁자로부터 당해 작업에 사용할 시설·기계·기구 또는 재료 등의 제공이 있을 때에는 작업담당자 및 작업기술담당자의 입회하에 검사공무원의 검사를 마친 후 〈별지 제21호 서식〉의 검사부에 기록하여야 한다.

② 위탁작업의 시설·기계·기구에 대하여는 대장을 비치하여 소장의 결재를 얻어야 한다.

제46조 (인원 책정 등) ① 취업인원은 계약업체의 신용도 및 작업량을 참작하여 자소 실정에 맞게 책정하고, 시행 중 취업인원 감소나 중도 계약해지 등으로 인하여 계약 당사자간 피해가 발생되지 않도록 하여야 한다.

② 취업일수 계산은 「형의 집행 및 수용자의 처우에 관한 법률 시행령」 제96조에 의한 휴일을 제외한다.

제47조 (공임 책정) ① 공임 책정은 수량과정별로 계약을 체결하되, 수량과정으로 계약을 체결할 수 없을 경우 시간과정으로 계약을 체결한다.

② 공임은 사회 임금 상승률 등을 참작하고 동일 또는 유사직종과 비교하여 적정한 형평을 유지하도록 책정하여야 한다.

③ 위탁업자의 재료공급 지연 등으로 작업을 중지하게 되었을 때에는 작업인원에 대한 평균생산량 상당액의 공임을 징수할 수 있다.

제48조 (위탁작업 변경보고) ① 위탁작업 시행 중 계약의 주요내용(계약보증금, 1일생산량, 제품생산가 등)을 변경할 필요가 있을 때에는 즉시 계약서 사본 1부를 첨부하여 지방교정청장에게 보고하여야 한다.

② 위탁업체의 상호 또는 대표자 명의의 변경이 있는 경우에는 신규계약에 준한다.

제49조 (재계약 보고 및 승인) ① 위탁작업을 재계약 하는 경우 계약종료 연도 6월 10일 또는 12월 10일까지 지방교정청장에게 〈별지 제20호의2 서식〉에 의한 계약변경 현황을 보고하여야 한다.

② 제1항의 규정에도 불구하고 최초 승인 후 매 3년이 되는 해에는 〈별지 제20호의3 서식〉의 재계약 승인신청서와 〈별지 제22호 서식〉의 작업계획서 및 실적서를 첨부하여 재계약 승인을 신청하여야 한다.

③ 제1항 및 제2항의 규정에도 불구하고 최초 승인 후 매 10년이 되는 해에는 제42조에 따라 법무부장관에게 승인신청을 하여야 한다.

제50조 (기술지도) 위탁업자는 당해 소장이 승인하는 기술자 등으로 하여금 재료, 제품의 보관 및 반출관리와

기술 지도를 하게 할 수 있다.

제51조 (실적보고) ① 위탁작업 재계약 승인신청서 실적보고는 재계약 승인신청일 전월까지 실적을 합하여 산출하여야 한다.

② 생산총액과 1일 1인당 생산실적이 계획대비 60% 이하인 종목은 계약 쌍방대표자의 소명서를 작성하고, 실적이 부진하거나 기타 사유로 재계약을 하지 않은 종목도 작업실적서를 첨부하여 보고하여야 한다.

③ 작업부진 등 사유로 3회 이상 소명서를 제출한 종목은 재계약 승인신청에서 제외하여야 한다.

제52조 (세입금 징수) 세입금은 납기 내에 징수하도록 하여 장기미수금이 발생되지 않도록 하며 폐공 및 중도해약 시는 즉시 세입금 전액을 징수하도록 하고 지연 시는 계약보증금 등으로 세입조치 하도록 하여야 한다.

제53조 (제경비 부담) 작업상 필요한 잡품비, 전기료 등 제경비는 위탁업자가 부담하고 공임과 같이 세입 조정하여야 한다. 다만, 다수의 교정기관이 공동으로 계약하여 위탁작업을 하려는 경우 해당 작업으로 생산한 제품의 운송비에 대하여는 교정기관이 일부 부담할 수 있다.

제54조 (보증금) 세입금 확보를 위한 계약보증금은 1일 계약 인원의 3개월 이상의 공임과 공공요금 등 작업장 운영을 위한 제경비에 해당하는 금액으로 「국가를 당사자로 하는 계약에 관한법률 시행규칙」 제51조부터 제57조까지의 규정에 의하여 현금 등으로 하며, 보증기간 개시일은 계약기간 개시일이고 종료일은 계약종료일부터 60일 이상으로 한다.

제55조 (준용규정) 제25조, 제26조, 제27조, 제32조, 제35조, 제36조의 규정은 위탁작업에 준용한다.

제4장 노무작업

제56조(노무작업 인원 및 승인) ① 노무작업의 승인 또는 갱신은 〈별지 제3호 서식〉에 의한다.

② 소장은 노무작업의 1일 취업인원을 작업종류·작업장·위치·계호인력 등 작업조건을 참작하여 정한다.

제57조 (준용규정) 제36조, 제47조, 제48조, 제49조, 제52조, 제54조의 규정은 노무작업에 준용한다.

제5장 도급작업

제58조(도급작업의 승인신청) 소장은 도급작업을 시행하고자 할 때에는도급작업 계약서안을 첨부하여 〈별지 제4호 서식〉에 따라 법무부장관의 승인을 받아야 한다.

제59조(준용규정) 제21조부터 제35조까지의 규정은 도급작업에 준용한다.

제6장 외부기업통근작업
제1절 외부기업통근자 선정

제60조(선정절차) ① 「형의집행 및 수용자의 처우에 관한 법률 시행규칙」 제120조에 따라 외부기업통근자를 선정할 때에는 보안과장과 직업훈련과장의 심사를 거쳐 소장이 선정한다.

② 소장은 〈별지 제23호 서식〉에 의한 외부기업통근작업 대상자 명부를 작성하여야 하며, 외부기업통근자의 결원이 발생한 때에는 즉시 이를 보충 하여야 한다.

③ 소장은 대상자에게 「형의 집행 및 수용자의 처우에 관한 법률」 제70조에 의한 처우의 제한 등에 대하여 설명을 충분히 하여야 한다.

제61조 (취업동의서) 외부기업통근자로 선정된 자는 〈별지 제24호 서식〉에 의한 취업동의서를 작성하여 소장에게 제출하여야 한다.

제2절 교육

제62조(지도보호직원 교육) 소장은 지도보호직원에게 작업현장 경계 및 외부기업통근자의 지도·보호업무 등 필요사항에 대한 교육을 실시하여야 한다.

제3절 자치활동

제63조(자치활동) ① 외부기업통근자의 자율적인 생활과 자력개선을 위하여 외부기업통근작업대(이하 "작업대"라 한다)를 편성·운영한다.

② 작업대는 조·반으로 편성하며 각조는 죄질, 형기, 성격, 연령 및 작업사정 등을 참작하여 3인 이상을 1조로 구성하고 3개조 이상을 1반으로 편성한다.

③ 작업대를 통할하기 위하여 대장과 반장(이하 "직책요원"이라 한다)을 둔다.

제64조 (직책요원 임명) 소장은 지도보호직원의 추천을 받아 외부기업통근자 중에서 직책요원을 임명한다.

제65조 (직책요원의 임무) 작업대장은 지도보호직원의 지시를 받아 소속대원을 통할하고 직책요원은 작업 또는 수용생활에 필요한 사항을 건의할 수 있다.

제66조 (상호보호서약) ① 작업대원은 다음 내용을 서약하고 철저히 이행하여야 한다.

1. 나는 항상 같은 조원과 일심동체이다.
2. 나는 항상 같은 조원과 함께 다른 사람들의 모범이 되도록 노력한다.
3. 나는 같은 조원과 협력하며 상호 보호한다.
4. 나는 항상 같은 조원과 행동하며 단독으로 행동하지 않는다.

② 작업대원은 〈별지 제25호 서식〉에 의한 상호보호서약서에 공동서명하여야 한다.

제4절 작업

제67조(작업종류 선정) 소장은 기업체의 장과 협의하여 외부기업통근자에게 적당한 작업의 종류를 선정한다.

제68조 (작업인원) 작업인원은 작업 및 작업장의 규모, 작업의 성질, 기업체 근로자 현황, 지도 보호상 제반여건 등을 고려하여 적정한 작업인원을 정한다.

제69조 (작업시간) 작업시간은 공공기관의 근무시간에 준한다. 다만, 소장은 수형자의 동작시간 및 통근시간과 계절 등을 고려하여 작업시간을 조정할 수 있다.

제70조 (통근방법) 외부기업통근자의 통근은 교도소 또는 기업체의 차량을 이용한다. 다만, 특별한 사유가 있는 때에는 그러하지 아니한다.

제5절 처우 및 행동수칙

제71조(거실수용) 외부기업통근자는 다른 수형자와 분리하여 조 또는 반별로 수용한다. 다만, 소장이 필요하다고 인정할 때에는 그러하지 아니하다.

제72조 (복장) 외부기업통근자의 복장은 「수용자피복관리및제작·운영에 관한 지침」이 정하는 바에 의한다. 다만, 소장은 작업장의 환경 등을 고려하여 의류와 신발의 종류를 따로 정할 수 있다.

제73조 (식사 등) ① 외부기업통근자의 식사는 관급을 원칙으로 한다. 다만, 기업체의 장이 식사를 제공하는 경우에는 그러하지 아니하다.

② 외부기업통근자는 일반근로자와 분리된 일정한 장소에서 질서 있게 식사, 휴식, 세면 등을 하여야 한다.

제74조 (접견 등) 외부기업통근근자의 접견 · 운동 · 전화사용 및 교육 · 교화 활동 등은 휴무일 등 작업이 없는 날에 실시한다. 다만, 휴게시간을 이용하는 등 작업에 지장이 없는 범위 내에서는 작업일에 실시 할 수 있다.

제75조 (행동수칙) 외부기업통근자는 다음 사항을 준수하여야 한다.

1. 기업체의 제반규정을 준수하고 질서유지에 협조하여야 한다.
2. 주어진 작업에 충실하고 작업시간을 엄수하여야 한다.
3. 작업장소를 무단이탈하거나 위험한 곳에 접근하여서는 아니 된다.
4. 복장을 단정히 하고 언행을 바르게 하여야 한다.
5. 허가되지 아니한 물품을 휴대하거나 거래하여서는 아니 되며, 음주 · 흡연 등을 하여서는 아니 된다.
6. 일반근로자와 의견이 일치되지 않을 경우에는 지도보호직원을 통하여 해결하여야 한다.
7. 작업 또는 통근시간에 가족, 친지 등과 밀회하거나 허가 없이 서신을 작성 또는 교부하여서는 아니 된다.
8. 작업시설, 장비, 물건 등을 절취, 분실 또는 파손하여서는 아니 된다.
9. 기타 지도보호직원 및 직책요원의 지시에 따라야 한다.

제76조 (선정취소) 외부기업통근자가 제61조 및 제75조에 위반하거나 건강상 이유 등으로 작업을 계속할 수 없는 사정으로 인하여 외부기업통근작업장의 작업이 부적당하다고 인정하는 때에는 외부기업통근작업장의 작업 선정을 취소 할 수 있다.

제6절 지도보호

제77조(지도 · 보호) ① 소장은 지도보호직원이 계호업무지침에 따라 성실히 근무하도록 지휘 · 감독하여야 한다.
② 지도보호직원은 매일 〈별지 제26호 서식〉에 의한 외부기업통근작업일지를 작성하여야 한다. 다만 제12조 제3항의 작업일과표는 작성하지 아니한다.

제78조 (외곽경비) 소장은 작업인원, 작업의 종류, 현장 환경 등을 고려하여 외곽경비가 필요하다고 인정하는 경우에는 출입문 등 외곽에 적정한 수의 직원을 배치할 수 있다.

제79조 (안전사고 예방) 소장은 기업체의 장과 협의하여 위험한 기계 · 장비를 사용하거나 작업 내용이 안전사고의 발생위험이 있는 경우에는 사전에 적절한 예방조치를 취하여야 한다.

제80조 (협의체제 강구) ① 소장은 기업체의 장에게 외부기업통근자의 작업 중 행동수칙 위반 기타 특이한 동정을 발견하였을 때에는 지체 없이 그 내용을 통보하여 주도록 협조 요청을 하여야 한다.
② 소장은 기업체의 장으로부터 제1항에 의한 통보를 받았을 때에는 지체 없이 그 사실을 조사하여 적절한 조치를 취하여야 한다.
③ 소장은 기업체의 장과 협력하여 작업의 종류, 작업환경 등을 고려하여 식당, 탈의실, 샤워시설, 운동시설 설치 등 외부기업통근자의 복리후생에 적극 노력하여야 한다.

제7절 기업체 선정 및 계약

제81조(기업체 선정) 소장은 수형자의 직업훈련에 유용하고 산업기술을 습득할 수 있는 우량 기업체를 선정하여야 한다.

제82조 (계약) ① 소장은 선정된 기업체의 장과 〈별지 제27호 서식〉의 예에 의한 외부기업통근작업 계약서를 작성하여야 한다.
② 제1항의 계약서에는 기업체의 장과 통근방법, 작업시간, 공임액, 작업조건, 시설관리 등 필요한 사항을 명

기하여야 한다.

③ 계약기간은 당해 연도 12월 31일까지로 한다. 다만, 연도 잔여기간이 3월 이하인 경우에는 다음 연도 12월 31일까지 계약할 수 있다.

④ 삭제

제83조 (시행승인) 외부기업통근작업의 계약은 법무부장관의 승인으로 효력이 발생하며, 재계약의 경우에는 지방교정청장의 승인으로 효력이 발생한다. 다만, 2월 이하의 단기계약의 경우에는 그러하지 아니하다.

제83조의2 (준용규정) 제36조, 제47조, 제48조, 제49조, 제52조, 제54조의 규정은 외부기업통근작업에 준용한다.

제7장 개방지역작업장
제1절 개방지역작업장통근자 선정

제84조 (선정절차) ① 「형의집행 및 수용자의 처우에 관한 법률 시행규칙」 제120조에 따라 개방지역작업장통근자를 선정할 때에는 보안과장과 직업훈련과장의 심사를 거쳐 소장이 선정한다.

② 소장은 〈별지 제28호 서식〉에 의한 개방지역작업장 작업대상자 명부를 작성하여야 하며, 개방지역작업장통근자의 결원이 발생한 때에는 가능한 빠른 시일내에 이를 보충하여야 한다.

③ 개방지역에 설치된 직영작업장의 통근자 선정의 경우 제1항과 동일한 선정절차에 의한다.

제85조 (취업동의서) 개방지역작업장통근자로 선정된 자는 〈별지 제29호 서식〉에 의한 취업동의서를 작성하여 소장에게 제출하여야 한다.

제86조 (선정취소) 개방지역작업장통근자가 제84조 및 제85조에 위반하거나 건강상 이유 등으로 작업을 계속할 수 없는 사정으로 인하여 개방지역작업장의 작업이 부적당하다고 인정하는 때에는 개방지역작업장의 작업 선정을 취소할 수 있다.

제87조 (준용규정) 개방지역작업에 저촉되지 않는 위탁작업 및 외부기업통근작업의 규정은 본장에 준용한다.

제2절 계약의 방법

제88조 (경쟁방법) 개방지역작업장에 입주할 기업체와 계약을 체결하고자 하는 경우에는 경쟁입찰 방법으로 한다. 다만, 교도작업의 목적·성질·규모 등을 고려하여 입찰 참가자를 제한할 수 있다.

제89조 (업종의 제한) 소장은 작업내용의 안정성, 직업훈련과의 연계, 산업기술 습득, 지역적 특성 등을 고려하여 개방지역작업장에 유치할 업종을 제한할 수 있다.

제90조 (예정공임의 비치) 소장은 법무부의 공임에 관한 지침, 시중 동종 업종의 노임가, 최저임금, 취업수형자의 생산성, 취업시간 등을 참작하여 수형자 1인 1일 예정공임을 결정하고, 이를 밀봉하여 미리 개찰장소 또는 가격협상장소 등에 두어야 하며 예정공임이 누설되지 않도록 하여야 한다.

제91조 (입찰공고) 입찰에 의하여 경쟁에 부치고자 할 때에는 「국유재산법」 제31조에 따라 총괄청이 지정·고시하는 정보처리장치를 이용하여 공고하여야 한다. 다만, 필요한 경우 일간신문 게재 또는 게시판 게시 등의 방법을 병행할 수 있다.

제92조 (입찰공고의 시기) 입찰공고는 그 입찰서 제출마감일의 전일부터 기산하여 10일 전에 행하여야 한다. 다만, 긴급을 요하는 경우에는 5일 전까지 공고할 수 있다.

제93조 (입찰공고의 내용) 입찰공고에는 다음 각 호의 사항을 명시하여야 한다.

1. 입찰에 부치는 사항(업종, 취업수형자의 수, 1일 취업시간, 개방지역작업장의 규모와 위치 등)

2. 입찰 또는 개찰의 장소와 일시

3. 입찰참가자의 자격에 관한 사항

4. 입찰보증금과 국고귀속에 관한 사항

5. 낙찰자 결정방법

6. 추가정보를 입수할 수 있는 기관의 주소 등

7. 우편입찰 등을 허용하는 경우에는 그 취지와 입찰서를 송부할 주소

8. 기타 입찰에 관하여 필요한 사항

제94조 (낙찰자 결정) 예정공임 이상으로써 최고공임으로 입찰한 자를 낙찰자로 한다.

제95조 (수의계약) 계약담당자는 제88조에도 불구하고 다음 각 호의 어느 하나에 해당하는 경우에는 수의계약을 할 수 있다.

1. 입찰참가자격을 갖춘 입찰자가 없거나 1인인 경우

2. 낙찰자가 없는 경우

3. 취업연계형교도작업에 참여한 경력이 있거나 참여를 희망하는 기업체. 다만, 출소자의 취업실적 증빙자료를 첨부하여야 한다.

4. 「해외진출기업의 국내복귀 지원에 관한 법률」 및 국가 정책적 이유로 해당 기업체의 교도작업 참여를 허용하려는 경우

제3절 계약의 이행

제96조(계약) ① 소장은 선정된 기업체의 장과 〈별지 제30호 서식〉 의 예에 의한 개방지역작업장통근작업계약서를 작성하여야 한다.

② 제1항의 계약서에는 기업체의 장과 통근방법, 작업시간, 공임액, 작업조건, 시설관리 등 필요한 사항을 명기하여야 한다.

③ 계약기간은 계약일로부터 5년 이내로 하며, 계약이 종료되기 전 경쟁입찰 방식 등으로 입주기업체를 선정하여야 한다.

제97조 (정기계약변경 보고) 소장은 매년 12월에 물가변동, 최저임금 등을 참작하여 공임 등을 변경하는 정기계약변경을 하고 지체 없이 계약서 사본 1부를 첨부하여 지방교정청장에게 보고하여야 한다.

제98조 (부정기계약변경 보고) 정기계약변경 외에 계약의 주요내용(계약보증금, 취업인원, 공임 등)이 변경되었을 때에는 계약변경을 하고 지체 없이 계약서 사본 1부를 첨부하여 법무부장관에게 보고하여야 한다.

제99조(공임의 결정) 소장은 기업체의 장과 협의하여 견습공, 직책요원 및 숙련공, 장기간 취업한 개방지역작업장통근자에 대하여는 별도의 공임을 책정할 수 있다.

제100조 (시행승인) 개방지역작업장통근작업의 계약은 법무부장관의 승인으로 효력이 발생한다.

제4절 작업

제101조(작업종류 선정) 소장은 기업체의 장과 협의하여 개방지역작업장통근자에게 적당한 작업의 종류를 결정한다.

제102조 (작업인원) 작업인원은 작업 및 작업장의 규모, 작업의 성질, 기업체 근로자 현황, 지도·보호상 제반 여건 등을 고려하여 적정한 작업인원을 정한다.

제103조 (작업시간) ① 작업시간은 공공기관의 근무시간에 준한다. 다만, 소장은 수형자의 동작시간 및 통근시간과 계절 등을 고려하여 작업시간을 조정할 수 있다.

② 개방지역작업장 기업체의 임직원은 필요한 경우 수형자의 작업이 종료된 후에도 작업을 계속 할 수 있다.

③ 소장은 개방지역작업장의 원활한 운영을 위하여 「근로기준법」상의 근로시간과 같은 작업시간 확보에 노력하여야 한다.

④ 작업장담당자는 매일 제12조제3항 및 제27조제5항과 같이 작업일과표와 작업사항를 교정정보시스템으로 작성하여야 한다.

제104조 (통근방법) 개방지역작업장통근자의 통근은 교도소 또는 기업체의 차량을 이용하거나 도보로 할 수 있다.

제5절 시설관리

제105조(개방지역작업장 관리) ① 개방지역작업장 입주 기업체의 장은 작업장 입주계약을 성실히 준수하여야 한다.

② 소장은 개방지역작업장 입주 기업체의 장이 작업장 입주계약의 준수, 시설의 유지 · 보수 등 책임을 다하도록 지도 · 감독하여야 한다.

③ 개방지역작업장 입주 기업체의 장은 개방지역작업장에 대한 화재보험 가입료를 부담하여야 한다.

제106조(공동부담) 개방지역작업장에 2개 이상의 기업체가 입주한 경우에는 사무동 등 공동으로 사용하는 시설물의 유지 · 보수비, 전기 · 통신 · 수도 등의 공공요금은 입주 기업체가 공동 부담한다.

제107조(후생시설) 개방지역작업장 입주기업체의 장은 개방지역작업장 안에 식당, 탈의실, 샤워시설 등의 운영에 필요한 부대설비를 갖추어 개방지역작업장통근자의 복리후생 증진에 노력하여야 한다.

제8장 집중근로제

제108조(대상자 선정요건) ① 집중근로자는 집중근로작업장 취업을 원하는 자로서 다음 각 호의 요건을 갖춘 자 중에서 선정한다.

1. 집행할 형기가 10년 이하인 자. 다만, 무기수형자 및 집행할 형기가 15년 이상인 자 중 5년 이상 경과 자는 예외로 한다.

2. 심신이 건강하여 작업을 감당할 수 있는 자

3. 성실하고 근로의욕이 강한 자

② 집중근로제 시행 소장은 작업 또는 교화상 필요하다고 인정하는 경우에는 제1항 제1호의 규정에 해당되지 아니하는 수용자를 집중근로자로 선정할 수 있다.

③ 자립형작업자는 자립형작업장 취업을 원하는 자로서 집행할 형기가 3년 이상인 자 중에서 선정한다. 다만, 작업 또는 교화상 필요하다고 인정하는 경우에는 집행할 형기가 3년 미만인 자 중에서 자립형작업자로 선정할 수 있다.

제109조 (대상자 선정절차) 집중근로작업장 취업수용자는 제108조의 대상자 중에서 작업장담당자가 추천하는 수용자를 직업훈련과장의 심사를 거쳐 소장이 선정한다.

제110조 (취업동의서) 집중근로자(자립형교도작업자 포함)는 〈별지 제33호 서식〉에 의한 취업동의서를 작성하여 소장에게 제출하여야 한다.

제111조 (교육) 집중근로작업장의 작업장담당자는 취업자에게 안전수칙, 행동수칙 및 현장적응교육 등 작업장 생활에 필요한 교육을 실시하여야 한다.

제112조 (자치활동) ① 집중근로작업장의 효율적인 운영을 위하여 작업반을 편성·운영할 수 있다.

② 작업반을 운영하는 경우 작업반에 반장을 두거나 작업의 성질상 공동작업이 필요한 때에는 작업종류에 따라 4인 이상을 한 조로 하는 작업조를 편성할 수 있다.

제113조 (작업의 종류) ① 집중근로작업장의 작업 종류는 직영작업과 위탁작업으로 한다.

② 소장은 수용자의 기술교육과 출소 후의 취업가능성 등을 참작하여 집중근로작업장에 적합한 작업유치를 위하여 노력하여야한다.

제114조 (작업인원) 소장은 직영작업의 경우 작업의 종류 및 작업장의 규모, 작업의 성질 등을 참작하여 작업인 원을 정하고, 위탁작업의 경우에는 입주할 업체의 대표와 협의하여 작업인원을 결정한다.

제115조 (작업시간) ① 집중근로작업장의 작업시간 중 접견, 운동, 전화사용, 교육, 교화활동 등을 시행하지 아니 하며, 소장은 집중근로작업장의 원활한 운영을 위하여 작업시간 확보에 노력하여야 한다.

② 자립형교도작업의 일과시간은 1일 7시간 작업시간 확보를 위하여 별도로 정할 수 있다.

제116조 (거실수용) 집중근로자는 다른 수형자와 분리하여 수용할 수 있다.

제117조 (복장) ① 집중근로자의 복장은 「수용자 피복관리 및 제작·운용에 관한 지침」이 정하는 바에 의한다.

② 소장은 작업장의 환경, 작업의 내용 및 종류 등을 고려하여 의류와 신발의 종류를 따로 정할 수 있다.

제118조 (급식) 집중근로자의 조식과 석식은 작업시간 확보를 위하여 거실에서 취식한다. 다만, 수용형편상 거 실에서 취식하는 것이 어려울 경우에는 작업장에서 취식할 수 있다.

제119조 (행동수칙) 집중근로자는 다음 사항을 준수하여야 한다.

1. 집중근로작업장의 원활한 운영을 위하여 작업담당자 및 작업장담당자가 지시하는 사항을 따라야 한다.

2. 주어진 작업에 충실하고 작업시간을 준수하여야 한다.

3. 허가 없이 기계를 취급하거나 작업장소를 이탈하여서는 아니 된다.

4. 작업시설, 장비, 물건 등을 절취, 분실, 파손하여서는 아니 된다.

5. 작업재료를 낭비하거나 제품 불량이 발생하도록 하여서는 아니 된다.

6. 성실하게 작업하여야 하며 태업하여서는 아니 된다.

제120조 (선정취소) 소장은 집중근로자가 제110조 및 제119조에 위반하거나 건강상 이유 등으로 작업을 계속 할 수 없는 사정으로 인하여 집중근로작업장의 작업이 부적당하다고 인정하는 때에는 집중근로작업장의 작업 선정을 취소할 수 있다.

제121조 (기업체 선정 등) ① 소장은 수형자의 직업훈련에 유용하고, 산업기술을 습득할 수 있는 제조업 분야의 우량기업체를 선정하여야 한다.

② 제1항의 규정에 의하여 선정된 기업체와의 계약은 법무부장관의 승인을 받아야 한다. 다만, 재계약의 경 우는 지방교정청장의 승인을 받아 시행할 수 있다.

제122조 (계약) ① 소장은 선정된 기업체의 장과 〈별지 제20호 서식〉의 예에 의한 집중근로작업장 입주계약서를 작성하여야 한다.

② 제1항의 계약서에는 작업시간, 생산공임, 작업조건, 시설관리 등 필요한 사항을 명기하여야 한다.

③ 계약기간은 당해 연도 말일까지로 한다. 다만, 당해 연도의 잔여기간이 3월 이하인 경우에는 다음 연도 말 일까지 계약할 수 있다.

④ 삭제

제123조 (생산공임의 결정) 소장은 작업의 난이도, 기술수준, 근로자 최저임금, 시중노임가 등을 감안하여 기업체의 장과 생산 공임을 협의하여 결정한다. 다만, 직책요원 등 수량과정으로 생산가를 정할 수 없는 수용자는 별도의 공임을 책정할 수 있다.

제124조 (작업일지 등 작성) ① 작업장담당자는 매일 집중근로작업장 작업사항을 교정정보시스템으로 작성하여야 한다.

② 작업장담당자는 수량과정의 경우 매일 개인별 생산량을 교정정보시스템에 입력하여야 한다. 다만, 개인별 생산량을 계량하기 곤란한 경우 〈별지 제36호 서식〉에 의해 조별 또는 전체 생산량을 기록하고 매월 말에 이를 일괄하여 작업담당자에게 인계하여야 한다.

제125조 (안전사고예방) 소장은 기업체의 장과 협의하여 집중근로작업장에서 사용하는 기계·장비에 대하여 안전장치를 설치하고, 작업수형자에게 안전교육을 실시하는 등 안전사고예방을 위한 적절한 조치를 취하여야 한다.

제126조 (협조체제 강구) ① 소장은 기업체의 장에게 집중근로자의 작업 중 행동수칙 위반 기타 특이한 동정을 발견하였을 때에는 지체없이 통보하도록 협조를 요청하여야 한다.

② 소장은 기업체의 장으로부터 제1항에 의한 통보를 받았을 때에는 지체 없이 그 사실을 조사하여 적절한 조치를 취하여야 한다.

제127조 (준용규정) 집중근로제과 저촉되지 않는 위탁작업 규정은 본장에 준용한다.

제9장 교도작업제품 자체구매

제128조(자체구매품목의 지정과 해지) ① 법무부장관은 교도작업제품의 품질향상, 규격의 표준화 및 대량생산으로 적기에 염가의 제품을 생산·공급하기 위하여 교정시설의 생산능력, 기술수준, 입지적 조건 등을 고려하여 교도작업제품 자체구매품목(이하 "지정품목"이라 한다)과 이를 생산하는 교정시설(이하 "생산교도소"라 한다)을 지정한다.

② 소장은 자소에서 생산하는 교도작업제품을 지정 또는 해지 하고자 할 때에는 법무부장관에게 승인신청을 하여야 한다.

③ 법무부장관은 제2항의 규정에 의한 제품을 지정품목으로 지정 또는 해지한 때에는 생산교도소와 지정품목을 구매·사용하는 교정시설(이하 "수요교도소"라 한다)에 통보하여야 한다.

제129조 (가격결정 등) 생산교도소가 지정품목의 가격 및 규격을 결정하고자 할 때에는 다음 각 호의 서류를 첨부하여 법무부장관에게 가격 및 규격승인을 신청하여 승인을 얻어야 한다.

1. 원가계산서
2. 물품규격서(규격에 대한 설명서 첨부)
3. 교도작업제품 평가위원회 평가가격
4. 시장 거래가격(소매 및 도매물가)
5. 기타 참고서류

제130조 (가격변동 등) ① 제129조의 규정에 의한 가격승인을 얻은 후 물가변동 기타 사유로 인하여 가격변동이 필요한 경우 생산교도소는 제129조 각호의 서류 외에 그 사유서를 첨부한 가격변동승인신청서를 법무부장관에게 제출하여 재 승인을 받아야 한다.

② 지정품목의 규격을 개정하고자 할 때에도 규격 개정을 위한 설명서를 첨부한 규격개정신청서를 법무부장관에게 제출하여야 한다.

제131조 (가격 등 통보) 생산교도소는 제129조 및 제130조의 규정에 의한 가격 및 규격의 승인을 얻은 때에는 지체 없이 수요교도소에 통보하여야 한다.

제132조 (지정품목의 구매) ① 각 교정시설은 지정품목을 생산교도소에서 구매·사용하여야 한다. 다만, 생산교도소에 구매의뢰 하였으나 공급불능 통보를 받은 경우에는 외부에서 조달하되 최소한으로 억제하여야 한다.

② 제1항 단서 규정에 의하여 외부에서 물품을 구매한 때에는 그 사유를 법무부장관에게 보고하여야 한다.

③ 각 교정시설은 지정품목 이외의 물품이라도 교도작업에 의하여 생산되는 물품의 경우 우선적으로 구매·사용하여야 한다.

제133조 (수요교도소장에 대한 요청) ① 생산교도소는 물품의 구매실적이 현저하게 낮은 수요교도소에 대하여 구매증대를 위한 필요한 조치를 요구할 수 있다.

② 수요교도소는 특별한 사유가 없는 한 생산교도소의 요구에 적극 협조하여야 한다.

제134조 (생산교도소의 품질보증) ① 생산교도소는 수요교도소에 물품을 공급함에 있어서 제품규격과 품질을 보증하여야 한다.

② 생산교도소는 물품의 생산에 필요한 자재확보 및 품질향상을 위한 기술개발 지원 등 필요한 조치를 강구하여야 한다.

제135조 (구매계획의 작성) ① 각 교정시설은 예산 및 연간 예정 수요량을 감안하여 다음 회계연도의 지정품목 구매계획을 작성하여 이를 당해연도 10월 31일까지 생산교도소에 제출하여야 한다.

② 구매계획에는 연간 구매목표액, 품목, 수량, 납기 등이 포함되어야 한다.

제136조 (생산계획 제출) ① 생산교도소는 생산능력, 수요교도소의 수요량 등을 감안하여 다음 회계연도의 지정품목 생산계획을 작성하여 당해연도 11월 30일까지 법무부장관에게 보고하여야 한다.

② 제1항의 생산계획에는 생산공급 가능량, 수요교도소의 예정 수요량, 제129조의 각호의 서류를 첨부한 가격조정자료를 포함하여야 한다.

③ 법무부장관은 제1항의 규정에 의하여 제출된 생산계획을 참작하여 다음 회계연도 지정품목 종합생산계획을 확정하여 당해 연도말까지 생산교도소 및 수요교도소에 통보하여야 한다.

제137조 (제품운송) ① 물품의 운송은 철도, 정기화물 등이나 생산교도소의 차량을 이용한다.

② 운송 도중의 분실, 파손 등에 대한 책임은 생산교도소에 있고 운송업자로부터 현품을 인수한 후의 사고 책임은 수요교도소에 있다. 다만, 인수인계과정에서 발생한 사고는 공동하여 부담한다.

③ 물품운송에 소요되는 포장비 등 일체의 비용은 생산교도소에서 부담하되 원가에 산입한다. 다만, 도착 후의 경비는 수요교도소에서 부담한다.

④ 물품발송 시에는 〈별표1〉의 물품발송장을 물품과 함께 발송하고 물품발송 후 지체 없이 대금 납입고지서를 발송하여야 한다.

제138조 (협조유지) 각 교도소장은 지정품목의 품질개선을 요하는 사항이나 수요교도소의 희망사항 등 교도작업제품 자체구매에 관련한 건설적인 의견이 있을 때에는 상호 정보를 교환, 업무에 협조하여야 한다.

제139조 (실적보고) 생산교도소의 지정품목에 대한 공급실적 보고는〈별지 제10호 서식〉의 교도작업운영현황 보고로 갈음한다.

제140조 (미결수용자 평상복 제식) ① 미결수용자가 자비로 구입하는 평상복의 종류는 동복, 춘추복, 하복으로

구분하여 관급 평상복과 구분되는 재질의 원단을 사용하고, 제식은 「수용자 피복관리 및 제작 · 운용에 관한 지침」이 정하는 바에 의한다.

② 평상복의 종류와 색상 등은 〈별표 2〉와 같다.

제10장 교도작업제품 검사

제141조(검사대상) 교도작업에서 생산하는 모든 제품과 재공품, 제품을 생산하기 위하여 구입한 재료 및 자재에 대하여는 이 지침에 의한 검사공무원의 검사를 받아야 한다. 다만, 성질상 검사가 필요 없다고 소장이 인정하는 품목과 민간참여작업 생산품은 검사공무원의 검사를 생략할 수 있다.

제142조 (검사의 종류) 교도작업에서 실시하는 검사는 검사의 순서에 따라 다음과 같이 구분한다.

  1. 원자재검사 : 제품을 생산하기 위한 원재료, 부품, 중간가공품을 구입한 때 그 물품이 해당 규격에 적합한가를 검사하는 것을 말한다.

  2. 재공품검사 : 제조공정 중에 전 공정에서 발생한 불량품이 다음 공정으로 넘어가지 않도록 하기 위하여 그 제품의 품질 특성을 검사할 수 있는 경우에 실시하는 중간검사를 말한다.

  3. 제품검사 : 완성된 제품이 제품규격에 적합한가의 여부를 검사하는 것을 말한다.

제143조 (검사공무원 임명) ① 소장은 소속 직원 중에서 검사공무원을 임명한다.

② 소장은 검사공무원이 사고가 있을 때 또는 필요하다고 인정하는 경우에는 임시검사공무원을 임명할 수 있다. 임시검사공무원은 구두로 명할 수 있다.

제144조 (검사공무원의 자격) 제143조의 규정에 의한 검사공무원의 자격은 다음 각 호의 1에 해당하는 자로 한다.

  1. 직업훈련과 생산부서에서 1년 이상 근무한 자

  2. 검사 또는 품질관리업무에 경험이 있는 자

  3. 동종 또는 유사직종의 자격증을 소지한 자

  4. 1년 이상 유사직종에 근무한 경력이 있는 자

  5. 기타 검사공무원으로서의 소양을 갖춘 자

제145조 (검사공무원의 책임) 검사공무원은 검사규격에 따라 공정과 정확을 기하여 검사를 하여야 하며, 판정 결과 및 검사기록에 대하여 책임을 진다.

제146조 (검사의뢰) ① 외부로부터 구입한 원자재에 대하여는 직업훈련과 구입담당직원이 계약서 등 관계서류를 첨부하여 검사를 의뢰한다.

② 재공품검사는 직업훈련과 소속 담당직원이 구두로 검사공무원에게 검사를 의뢰한다. 다만, 검사공무원은 검사의뢰 없이도 중간검사를 시행할 수 있다.

③ 제품이 완료되면 작업담당자는 제품검사에 필요한 관계서류를 첨부하여 검사공무원에게 제품의 검사를 의뢰한다.

제147조 (검사장소) ① 원자재검사는 검사에 적정한 장소를 지정하여 실시한다.

② 재공품검사와 제품검사는 작업 장소에서 시행함을 원칙으로 한다. 다만, 특별한 사유가 있는 경우에는 소장이 지정하는 장소에서 행한다.

제148조 (검사방법) ① 검사공무원은 제146조의 규정에 의하여 검사의뢰를 받으면 검사규격에 따라 검사를 실시한다.

② 해당 검사규격이 제정되어 있지 않는 경우에는 검사의뢰자 등의 협조를 얻어 잠정적인 검사규격을 제정하여 검사를 실시한다.

③ 제품 검사규격에는 검사항목, 검사수량, 검사로트의 구성, 시료의 크기, 시험방법, 검사방법, 판정기준 등을 포함하여야 한다.

제149조 (검사시 유의사항) ① 원자재검사는 최종 제품품질에 많은 영향을 미치는 항목에 대하여 실시한다.

② 재공품검사는 제작공정 중에 실시한다.

③ 제품검사는 제품의 규격, 사양서와의 합치여부, 하자의 유무, 실용과 외관, 포장 등에 대하여 포괄적으로 실시한다.

④ 제품이 주문품일 경우에는 주문자의 요구와 일치하는가를 검사하여야 한다.

제150조 (검사결과의 표시) 검사공무원은 제품검사를 행한 후 합격품에 대하여는 〈별표 3〉의 검사필증을 발부하고, 〈별지 제38호 서식〉의 교도작업제품검사대장 검사필증 발부 수량란에 발부수량을 기록하여야 한다. 다만, 제품마다 검사필증을 발부할 수 없거나 다량으로 포장된 경우에는 제품의 포장위로 검사필증을 발부할 수 있다.

제151조 (불합격품의 처리) 검사결과 불합격품에 대하여는 다음 각 호에 의하여 처리한다.

1. 재료와 자재 : 검사공무원은 합격품과 구별되도록 조치하고, 그 내용을 직업훈련과장에게 통보하며, 직업훈련과장은 불합격 사유에 따라 반품, 교환 등 대책을 강구하여야 한다.

2. 재공품 및 완제품 : 폐기처분하거나 생산 작업장에 재작업 시켜 재검사를 의뢰하여야 한다.

제152조 (재검사) 불합격품에 대하여 재검사 의뢰를 하였을 경우 또는 검사에 합격된 제품이라도 다음 각 호에 해당하는 경우에는 재검사를 하여야 한다.

1. 검사의 내용물에 이상이 있을 우려가 있거나 포장이 파손된 경우

2. 검사결과의 표시가 파손되었거나 식별하기 곤란한 경우

제153조 (제품의 출하) 제품을 출하할 때에는 검사공무원으로부터 합격판정을 받은 제품에 한하여 출하하여야 한다.

제154조 (검사의 외부의뢰) 소장은 자체 검사공무원이 시험 또는 검사할 수 없는 항목과 외부기관에서 확인을 필요로 하는 사항에 대하여는 공인된 검사기관에 검사를 의뢰할 수 있다.

제155조 (시제품의 검사) 시제품의 검사도 검사규격에 준하여 검사하여야 하며, 〈별지 제38호 서식〉의 교도작업제품검사대장 비고란에 시제품 표시를 하여야 한다.

제156조 (검사기록의 유지 · 보관) ① 검사공무원은 검사를 실시한 모든 품목에 대하여 검사내용 및 결과를 〈별지 제38호 서식〉의 검사대장에 기록하여야 한다.

② 검사공무원은 필요한 경우 검사성적서와 검사성적을 해석한 자료표를 작성하여야 한다.

③ 검사기록은 고객의 불만원인 분석 자료로 활용할 수 있도록 보관하여야 한다.

제11장 교도작업제품 평가위원회

제157조 (위원회 설치) 소장은 교도작업으로 생산하는 제품의 가격결정과 위탁 및 노무작업의 공임 등을 결정하기 위하여 "교도작업제품 평가위원회"(이하 "평가위원회"라 한다)를 둘 수 있다.

제158조 (위원회 구성) 평가위원회는 위원장과 위원 4인 이상 7인 이하의 위원으로 구성하며 위원장은 당해 소장이 되고 위원은 당해교도소 부소장과 과장 중에서 임명한다.

제159조 (임무) 평가위원회는 다음 각 호의 사항을 심사평가하여 결정한다.

1. 교도작업에 의하여 생산되는 제품 중 계속생산제품, 대량생산 제품 및 농작물 등 작업제품의 가격결정. 다만, 자체수요품과 제품평가가 필요하지 아니한 제품 등은 제외한다.

2. 위탁작업 및 노무작업의 공임 결정

3. 재고 작업제품 중 현재 가격으로 판매가 불가능한 제품의 가격 재평가. 다만, 단가 100만원 이상의 제품과 동종품목의 총액이 500만원 이상인 경우에는 지방교정청장의 승인을 받아야 한다.

제160조 (회의에 관한 사무처리) ① 위원장은 회의에 관한 사무를 맡아 처리한다.

② 위원장이 사고가 있을 때에는 위원장이 미리 지정한 위원이 그 직무를 대행한다.

제161조 (회의 의결방법) ① 평가위원회의 회의는 위원장이 필요하다고 인정할 때에 소집한다.

② 평가위원회의 의사는 구성원 과반수의 출석과 출석구성원 과반수의 찬성으로 의결한다.

③ 삭제

④ 위원장이 필요하다고 인정할 때에는 평가위원회의 소집을 생략하고 서면 심사평가로 대체할 수 있다.

제162조 (위원회 회부) 직업훈련과장은 제159조 각호의 심사 평가를 요구하고자 할 때에는 위원장에게 원가계산서, 시장거래조사서 견본 등 평가에 필요한 자료를 제출하여야 한다.

제163조 (자료수집) 평가위원회는 심사상 필요할 때에는 관계 직원 또는 기타 필요하다고 인정되는 자를 참석시켜 의견을 들을 수 있다.

제164조 (기록) ① 평가위원회의 제품평가사항은 〈별지 제39호 서식〉의 교도작업제품평가부에 기록하고 참석위원이 날인하여야 한다.

② 위원장이 필요하다고 인정할 때에는 생산결과서를 제1항의 교도작업제품평가부에 갈음할 수 있다.

제165조 (서기) 평가위원회의 사무를 처리하기 위하여 서기 1명을 둔다. 서기는 당해 교도소의 직업훈련과 소속 직원 중에서 위원장이 임명한다.

제12장 전시관 운영

제166조(설치 및 운영) ① 소장은 전국 교정시설에서 생산되는 교도작업제품을 전시·판매하기 위하여 상설 전시관을 설치·운영할 수 있다.

② 전시관 운영에 관한 사항은 교도소 직업훈련과에서 관장한다.

제167조 (전시관의 신설 등) 전시관을 신설, 중지 또는 폐지하고자 할 때에는 법무부장관의 승인을 받아야 한다. 다만, 전시관을 신설, 증설코자 할 때에는 수지계산서와 운영계획 및 예산, 기타 참고사항을 첨부하여야 한다.

제168조 (구성) ① 전시관에는 책임자 1인을 두되 교감 또는 교위로 보한다.

② 소장은 필요하다고 인정할 때에는 예산의 범위 내에서 안내원을 고용할 수 있다.

제169조 (수급계획) ① 전시관운영소장은 다음 연도에 전시 및 판매할 소요제품의 품명, 규격, 수량, 예정가, 납기 등을 명시한 수급계획서를 전년도 12월 31일까지 법무부장관에게 보고하여야 한다. 다만, 주문제품은 별도 신청할 수 있다.

② 법무부장관은 전시제품 생산 교도소를 지정하여 공급에 원활을 기하도록 하여야 한다.

③ 삭제

제170조 (인계인수 및 보고) ① 전시관에 공급하는 제품은 물품관리전환인계서와 원가계산서 및 기타 필요한

사항을 명시하여 전시관 운영소의 물품관리관에게 인계하여야 한다.

② 제품을 인계한 교도소장은 물품관리전환인계서 및 원가계산서 등 사본을 첨부하여 법무부장관에게 보고하여야 한다.

제171조 (전 시) 제품전시는 직영작업제품을 원칙으로 하되, 교정작품전시회에 출품한 작품 중 판매가 용이하다고 인정하는 제품도 전시 판매할 수 있다.

제172조 (진 열) ① 제품은 종류별로 구분 진열한다.

② 전시제품에는 품명, 규격, 판매가격 및 생산기관을 표시한다.

③ 제품의 변질이나 훼손방지를 위하여 온도 및 습도의 조절 등 필요한 조치를 하여야 한다.

제173조 (주문 및 판매) 전시관 운영 교정시설의 소장은 전시제품 주문을 받아 판매하는 경우 〈별지 제40호 서식〉의 전시제품 판매현황을 월말 기준으로 작성하여 다음 달 5일까지 법무부장관에게 보고하여야 한다.

제174조 (판매방법) 전시관의 제품은 현금판매 이외에 신용카드, 계좌이체 등의 방법으로 판매할 수 있다.

제175조 (판매가격 결정) 전시제품의 판매가격은 생산기관의 의견을 참조하여 전시관 운영 교정시설의 평가위원회에서 결정한다.

제176조 (회계처리) ① 전시관의 회계처리는 「형의 집행 및 수용자의 처우에 관한 법률」 등 관계법규에 의한다.

② 전시관 운영에 필요한 경비는 교도작업 세출예산으로 충당하고, 수입은 동회계의 세입으로 한다.

제177조 (장부의 비치) 전시관에는 출납공무원사무처리규칙에서 정한 현금출납부, 수입금현금출납부, 세입세출외현금출납부, 생산품관리부, 제품불출결의부, 주문서류, 교도작업생산품평가부, 물품검사부 및 영수증철 등을 비치하여 거래 발생 시 기록 유지하여야 한다.

제13장 교도작업제안

제178조(교도작업제안) 소장은 교도작업에 대한 창의적인 의견과 고안을 장려하고 교도관의 참여의식과 수형자의 작업동기를 촉진하기 위하여 교도작업제안을 실시할 수 있다.

제179조 (제안대상) 제안할 수 있는 대상은 다음 각 호의 1과 같다.

1. 교도작업세입을 획기적으로 증대할 수 있는 사항
2. 물자 및 예산절감에 관한 사항
3. 품질개선에 관한 사항
4. 안전의 증진 및 재해방지에 관한 사항
5. 시장개척과 판매촉진에 관한 사항
6. 신제품 개발에 관한 사항
7. 생산성 및 작업능률 향상에 관한 사항
8. 보건 · 위생 · 작업환경 개선, 공해방지에 관한 사항
9. 기타 교도작업 발전에 획기적으로 기여할 수 있는 사항

제180조 (제안자의 자격) ① 교도관이나 수형자는 개인 또는 공동으로 제안을 제출할 수 있다.

② 공동으로 제안을 제출하는 경우에는 각자의 업무분담 및 기여도와 공동제안을 하게 된 사유를 명시하여야 한다.

제181조 (관장기관) ① 법무부장관은 교도작업제안제도의 운영 및 추천제안심사 등의 업무를 총괄한다.

② 소장은 제안의 추천 등 자체제안제도 운영에 관한 사항을 관장한다.

제182조 (의견조회) 법무부장관은 제안의 실용성 및 창의성 등을 판단하기 위하여 제안 제출기관에 의견조회를 하거나 추가 자료의 제출을 요구할 수 있다.

제183조 (제안의 모집) ① 제안은 매 2년(홀수년도)마다 모집하되, 제안의 모집기간과 심사기간은 법무부장관이 정한다.

② 소장은 교도관 및 수형자가 교도작업제안제도 운영에 적극 참여할 수 있도록 제1항의 내용을 소내 게시판, 작업장, 수용거실 등에 공고하여야 한다.

제184조 (제안의 제출) ① 교도관의 제안은 〈별지 제42호 서식〉에 의거 제안내용을 작성하여 직업훈련과장에게 제출한다.

② 수형자의 제안은 〈별지 제43호 서식〉에 의거 제안내용을 작성하여 작업장담당자에게 제출하여야 한다.

③ 작업장담당자는 제2항의 제안서에 자기의 의견을 첨부하여 직업훈련과장에게 제출한다.

④ 직업훈련과장은 제1항 및 제2항에 의거 제출된 제안이 실현가능하고 참신성이 있다고 판단된 경우에는 교도작업제안심사위원회에 회부하여야 한다.

제185조 (제안준비자에 대한 지원) 소장은 제안준비자가 제안서를 작성하거나 시제품 등을 제작함에 있어서 필요한 경우 당해 기관 내에 보유하고 있는 자체시설·설비, 각종 자료 등을 이용할 수 있도록 최대한의 편의를 제공하여야 한다.

제186조 (제안의 심사기준) ① 제출된 제안은 다음 각 호의 사항을 기준으로 하여 심사한다.

1. 경제성
2. 창의성
3. 실용성
4. 능률성 및 기여도
5. 기타 당해 교도작업제안심사위원회에서 특히 정한 심사기준

② 제1항의 기준에 대한 배점은 〈별표 4〉의 제안등급심사기준표에 의한다.

③ 제1항의 기준에 의하여 심사 결과 동점이 있을 경우에는 다음 각 호의 사항을 참작하여 그 순위를 정한다.

1. 노력도
2. 완성도

제187조 (제안의 채택기준) ① 제안내용이 구체적인 실행방안이 제시되어 있어 실시할 만한 가치가 있다고 판정되는 경우에는 제안을 채택한다.

② 채택된 제안에 대한 등급은 종합득점순위, 직접적인 경비절감의 추정금액 및 교도작업 운영의 현저한 능률성 등을 고려하여 결정한다.

③ 제2항의 경비절감의 추정금액을 회계적인 방법으로 측정하기 어려운 경우에는 그에 적절한 평가방법에 의하여 측정한다.

제188조 (제안으로 볼 수 없는 것) 제안내용이 다음 각 호의 1에 해당하는 의견이나 고안은 이를 제안으로 보지 아니한다.

1. 일반적으로 공지되었거나 사용되는 사항
2. 이미 채택된 제안이거나 그 내용이 유사한 사항
3. 현재뿐만 아니라 장래에 있어서도 교도작업에 실제로 그 적용이 불가능하다고 판단되는 사항
4. 상관으로부터의 수명업무이거나 계획업무에 이미 포함되어 있는 사항

제189조 (구성) ① 소장은 시상제안의 실시 · 평가 및 제출제안의 심의와 의결을 위하여 교도작업제안심사위원회(이하 "심사위원회"라 한다)를 둔다.

② 심사위원회는 소장을 위원장으로 하고, 부소장 및 각 과장을 위원으로 하는 5인 이상 7인 이하의 위원으로 구성한다.

제190조 (심의사항) 심사위원회는 다음 각 호의 사항을 심의한다.

1. 제안의 심사 및 추천

2. 제안의 실시 및 평가의 기준과 방법

3. 제안의 실시평가 및 보고

4. 자체제안제도의 운영지도에 관한 사항

5. 기타 제안제도 개선에 관한 사항

제191조 (의결) 심사위원회의 회의는 재적위원 과반수의 출석과 출석위원과반수의 찬성으로 의결한다.

제192조 (조사 및 의견청취) 심사위원회는 제안의 의결을 위하여 필요한 경우에는 제안제출자를 출석시켜 그 의견과 설명을 들을 수 있으며, 전문기관에 제안에 관한 조사 · 실험 · 분석 및 의견의 제출을 의뢰할 수 있다.

제193조 (관리기록부 비치) 심사위원장은 〈별지 제44호 서식〉의 제안관리기록부에 심사위원회의 의결사항을 기록 유지하여야 한다.

제194조 (심사표 작성) 심사위원회에서 심사한 제안에 대하여는 〈별지 제45호, 제46호 서식〉의 제안심사표를 작성하여 심사위원장과 위원이 서명 날인하여야 한다.

제195조 (제안의 추천) 심사위원장은 채택된 제안에 대하여는 〈별지 제42호, 제43호 서식〉의 교도작업제안서, 〈별지 제45호, 제46호 서식〉의 제안심사표, 기타 참고자료 등을 첨부하여 법무부장관에게 추천하여야 한다.

제196조 (시상등급) ① 법무부장관은 제195조의 규정에 의한 추천제안 중 우수제안등급을 결정하여 시상한다.

② 시상등급은 종합득점순위 등을 고려하여 금상, 은상, 동상 및 장려상으로 구분하되, 그 등급에 해당하는 제안이 없는 경우에는 시상하지 아니한다.

제197조 (부상) 제안수상자에 대하여는 예산의 범위 안에서 부상을 수여하되 그 기준은 별표 5의 포상기준표에 의한다.

제198조 (시상통보) 법무부장관은 수상자를 결정하였을 때에는 그 결과를 제안추천기관에 통보하여야 한다.

제199조 (인사상 특전) ① 소장은 제안수상자가 교도관인 경우에는 인사관계 법령이 정하는 바에 따라 인사 상 특전을 부여할 수 있다.

② 인사상 특전 부여 또는 부여의 상신은 법무부장관이 통보한 날로부터 2년 이내로 한다.

제200조 (처우상 특전) 소장은 제안수상자가 수형자인 경우에는 처우관계법령이 정하는 바에 따라 다음 각 호와 같은 처우상 특전을 부여할 수 있다.

1. 가석방 요건에 해당하는 자의 우선 가석방 신청

2. 귀휴 허가 요건에 해당하는 자의 귀휴 허가

3. 개인작업 허용

4. 작업성적등급의 승급 등

제201조 (제안의 실시) ① 소장은 제198조에 의하여 법무부장관으로부터 시상통보를 받은 제안은 이를 지체 없이 실시하여야 한다.

② 제1항의 경우에 제안을 실시할 수 없는 부득이한 사유가 있는 경우에는 소장은 그 사유를 지체 없이 법무

부장관에게 보고하여야 한다.

제202조 (제안의 수정 및 보완) 소장은 법무부장관으로부터 통보받은 제안이 사정 변경 등 특별한 사유가 발생하여 제안내용의 일부 보완이나 연구ㆍ검토가 필요하다고 인정하는 경우에는 전문기관 등에 의뢰하여 그 내용을 수정ㆍ보완하여 실시할 수 있다.

제203조 (실시의 추천) ① 법무부장관은 시상된 제안이 타 기관에서도 적용 가능하다고 인정하는 경우에는 해당기관에 그 제안의 내용을 제공하여 그 실시를 추천할 수 있다.

② 제1항의 추천을 받은 기관은 그 제안의 실시여부를 법무부장관에게 보고하여야 한다.

제204조 (사후관리 기간) ① 시상된 제안에 대하여는 〈별지 제47호 서식〉에 의하여 3년간 이를 사후 관리하여야 한다.

② 제205조 제2항 제1호 및 제2호에 규정된 실시성과의 평가기간이 사후관리기간 내에 끝나지 아니하는 경우에는 그 성과의 평가기간이 끝날 때까지를 당해 제안의 사후관리기간으로 한다.

제205조 (실시평가) ① 시상된 제안의 실시기관의 장은 실시의 성과를 평가하여야 한다.

② 제1항의 평가기간은 다음 각 호와 같다.

1. 예산절감의 경우에는 제안의 실시 후 처음으로 성과가 나타나는 달의 다음 달부터 1년간

2. 교도작업세입증대의 경우에는 제안의 실시 후 처음으로 성과가 나타나는 달의 다음달부터 2년간

3. 기타 교도작업운영 개선의 경우에는 제204조의 규정에 의한 사후 관리기간

제206조 (실시성과의 평가방법) ① 제205조 제2항 제1ㆍ2호에 규정된 교도작업 세입증대액의 평가나 예산의 절감은 회계적인 방법에 의함을 원칙으로 하되, 동 금액의 산출에 있어서는 당해 제안의 실시에 투입된 제 경비를 감하여야 한다.

② 기타 교도작업운영개선의 효과는 제안실시기관의 장이 제179조의 제안대상에 따라 특정사항을 정하여 실시한다.

제207조 (제안실시 평가서의 제출) 제안실시기관의 장은 제206조의 규정에 따라 그 성과를 평가한 경우에 반기별로 그 평가서를 작성하여 법무부장관에게 보고하여야 한다.

제208조 (불채택제안의 활용) ① 소장은 제195조의 규정에 의거 법무부장관에게 추천한 제안이 우수제안으로 채택되지 아니한 경우에도 활용 가능한 것은 자체 교도작업운영에 적극 활용하여야 한다.

② 제1항의 규정에 의하여 제안을 실시한 경우에는 예산의 범위 내에서 자체 심사위원회의 심의를 거쳐 부상금을 지급할 수 있다.

제14장 작업중 안전관리

제209조(안전사고의 유형) 작업에 관련된 담당직원이 유의해야하는 작업 중 안전사고의 유형은 다음 각 호의 내용과 같다.

1. 목공ㆍ철공 등의 각종 기계기구 조작시 안전의식의 결여로 기계조작 미숙

2. 각종 기계기구 재료 운반시 부주의

3. 작업기계 주변에서 작업 중 안전수칙을 위반하여 장갑ㆍ의류 등이 기계에 말려든 경우

4. 작업 중 화공약품ㆍ농약 등 유독물 관리 소홀로 약물중독

5. 각종 난로ㆍ전열기 등 작업용 또는 난방용품 사용시 관리소홀

6. 유류ㆍ도료ㆍ알콜ㆍ신나 등의 인화성 물질 보관 및 관리소홀

7. 작업용 도구 · 철재 등 작업재료 등 시설물의 파손변형 흉기화

8. 각종 불만 신병비관 등으로 자해자상

제210조 (작업자 안전교육) ① 소장은 작업장별 또는 전체 수용자를 대상으로 생명의 존엄성 · 신체의 귀중함을 일깨워주는 정신교육과 안전사고 방지 실무교육을 실시하여야 한다.

② 제1항의 교육은 직업훈련과장이 매분기 1회, 작업장관할 간부가 매월 1회, 작업장담당 직원이 매주 1회 또는 필요한 경우 수시로 실시하는 것을 그 내용으로 하며 교정정보시스템에 그 기록을 유지하여야 한다.

③ 소장은 작업안전관리 교육계획을 수립, 방송 또는 정신교육을 실시하고 필요한 교육교재를 확보하여야 한다.

제211조 (안전점검) ① 작업중 안전사고 방지를 위한 점검은 일상점검과 정기점검, 수시점검으로 분류하여 실시한다.

② 일상점검은 작업개시 전 점검과 작업종료 점검으로 분류하여 실시하고, 전자는 주요 기계기구 · 전기시설 · 난방용 난로 등 작업장의 안전에 대한 전반적인 점검을 의미하며, 후자는 기계기구 이상유무, 전기스위치 · 난방용품 소화상태 등에 관한 종합점검을 의미한다.

③ 정기점검은 작업안전에 대한 종합점검으로 매주 1회 실시하는 것을 의미한다.

④ 수시점검은 기계사용 중 이상을 감지하였거나 장기간 방치하였던 기계 등을 재사용시 중점적으로 점검을 실시하는 것을 의미한다.

제212조 (기계취급자 지정 등) ① 소장은 작업기계별 취급적격자를 엄선하여 정 · 부 책임자로 분류하여 기계취급자를 지정한다.

② 소장은 제1항의 기계취급자에게 기계사용 및 관리요령을 숙지하게 하여야 하며, 특히 위험성이 많은 기계사용은 시운전 또는 취급상 주의 등 안전지시를 반복한 이후에 조작하도록 조치한다.

③ 소장은 기계취급자 이외의 자가 기계사용을 하지 못하도록 단속하여야 한다.

④ 2인 이상 공동작업이 필요한 경우에는 주작업자와 보조작업자를 지명하여 작업하도록 하고 상호 유기적인 작업협조가 가능하도록 조치하여야 한다.

제213조 (위험기계 안전장치 마련) ① 소장은 안전사고가 예견되는 각종 기계 중 기존의 안전장치 설치가 가능한 기계는 안전장치를 구입하거나 제작하여 설치한다.

② 기계작동 중 이상이 발생한 경우에는 전원스위치를 차단하여 기계작동을 중지시킨 후 수리 등 필요한 조치를 강구하여야 한다.

③ 작업상 필요한 경우 이외에는 기계사용자가 장갑을 사용하지 못하도록 한다.

④ 소장은 새로운 안전장치의 개발을 위하여 교도작업제안제도와 연계되도록 장려하여야 한다.

제214조 (화기사용계획 수립) 소장은 사전에 작업용 또는 난방용으로 구분하여 화기사용계획을 수립하여야 하고, 각 작업장담당 직원은 제반설비 등 안전장치를 마련한 이후에 화기사용 허가를 얻어 화기를 사용한다.

제215조 (인화물질 관리) ① 난방용 유류는 유류창고 등 안전하게 보관하고 당일 사용량만 구내에 반입하여 사용한다.

② 도료작업용 알콜, 신나 등 희석제는 당일 사용량만 불출하여 사용하고 잔량은 즉시 반납하여 저장소에 보관한다.

제216조 (화기단속 책임자 지정) ① 소장은 「공공기관의 소방안전관리에 관한 규정」 제9조에 따른 화기 단속 및 화재 예방을 위하여 각 부서별 또는 시설물에 정 · 부 각 1인의 화기단속 책임자를 임명하여야 한다.

② 소장은 화기단속의 정 책임자를 각 부서의 장 또는 시설물 사용책임자로 하고 부 책임자를 차상위 계급자

로 하여 출입문 등 잘 보이는 곳에 관리책임자 표지를 부착하여야 한다.

③ 화기단속 책임자의 임무는 다음 각 호와 같다.

　　가. 실내 및 책임구역내의 화기단속

　　나. 실내 및 책임구역내의 인원에 대한 교육

　　다. 일과 후 보안 및 화기단속 사항의 확인

　　라. 방화일지의 작성 및 기록유지

제217조 (화기책임자 지정) 소장은 화기사용 장소마다 화기책임자를 주야간별로 지정하여 근무 교대 시는 상호 확인하여 인계하도록 조치한다.

제218조 (방화진단 실시) ① 소장은 관할 소방관서에 의뢰하여 분기 1회 이상 방화 진단을 실시하여야 한다.

② 소장은 복지과장을 책임자로 하는 자체 방화진단반을 편성하고 매월 1회 이상 자체진단을 실시한다.

③ 전기 · 가스 · 화기 · 유류 취급 시설물은 전문가에 의한 검사를 매월 1회 이상 실시하여야 한다.

④ 방화진단을 통하여 노출된 문제점은 지체 없이 보수 또는 보완하여야 한다.

제219조 (방화관리자 지정) 소장은 보안담당 부서의 간부직원 중에서 방화관리자를 지정하여 방화관리에 관한 전반적인 지도감독과 교육훈련을 담당하도록 조치하여야 한다.

제220조 (화기사용장소 지정) 소장은 화기사용 장소를 동 · 하계로 구분하여 지정하고, 추가 사용장소가 필요한 경우에 담당직원은 소장의 결재를 얻어 사용하여야 한다.

제221조 (화기검사) ① 소장은 구내외를 단속하는 화기단속 책임자를 임명하여 각 사무실 · 수용거실 · 작업장 등 구내외의 화기단속을 철저히 하고, 화기사용 장소는 매시간 화기의 이상 유무를 확인하게 하며, 보안점검 시 소화여부를 확인하여야 한다.

② 각 작업장은 작업시간 종료 후 화기책임자가 완전소화를 확인하고 현장 감독자 또는 보안부서 당직간부의 확인과 점검을 받아야 한다.

③ 사무담당 부서는 근무시간 종료 후 화기책임자가 완전소화하고 화기단속 책임자의 점검을 거쳐 당직간부의 확인과 점검을 받아야 한다.

④ 보안부서 당직간부는 화기점검 결과를 집계하여 과장에게 보고하고, 보안과장은 각 화기점검 결과를 소장에게 보고하며, 소장은 이상 없음이 확인되거나 안전조치를 취한 이후에 퇴근하도록 한다.

⑤ 연장작업 또는 잔무처리를 위하여 화기의 연장사용을 필요로 할 때에는 소장의 허가를 얻어야 하고, 이 경우 근무시간 종료시에 1차 점검, 잔업 또는 잔무처리 종료시에 완전 소화한 이후에 2차점검을 보안 당직간부가 실시한다.

⑥ 야간 순찰근무자는 순찰시마다 화기사용 장소를 일일이 확인하고 순찰 후에는 화기 이상유무를 당직간부에게 보고하여야 한다.

⑦ 소장은 화기단속 점검부를 비치하여 점검시마다 사용자와 단속책임자가 확인 · 서명한다.

제222조 (전기시설 점검 등) ① 전기담당 직원은 시설내의 전기배선 · 휴즈 · 스위치 등 전기시설물을 매일 점검하여 노후시설물을 보완하고 그 결과를 소속과장과 보안과장에게 보고하여야 한다.

② 난로 등 전열기구의 사용은 가급적 억제한다. 다만, 부득이한 경우에는 취급자를 지정하여 화기사용 허가부에 소장의 허가를 얻어 사용하되 용량초과, 인화물질 근접 및 과열로 인한 누전 등 화재위험을 초래하지 않도록 각별히 유의해야 한다.

③ 소장은 전열기구 사용자 등 전직원에게 사용 후 코드차단 생활화하는 등에 관한 교육을 실시하고, 보안담

당자 및 당직근무자는 전열기구의 사용여부와 최종 확인시간을 화기점검부에 기재하고 서명·날인한다.

④ 절전·절수 운동의 생활화와 임의 제작된 선풍기·전기배선 등 부적절한 전기사용을 차단하고, 전력소비의 급증으로 인한 과부하 예방 등을 수시로 점검한다.

제223조 (석유·화공약품 관리) ① 소장은 유류 또는 가연성 화공약품의 보관관리를 책임지며 이의 파손이나 노후된 저장시설을 수시로 점검하여 보수하여야 한다.

② 휘발유 등 인화물질은 사용시마다 필요량만을 사용하도록 하고 남은 물질은 안전한 곳에 보관하도록 한다.

③ 작업용 인화물질은 필요한 수량 이외에는 구내반입이 되어서는 아니 되며, 남는 작업용 인화물질은 유류 창고에 보관한다.

④ 유류창고 출입책임자는 별도로 지정되어야 하며 화기단속을 책임지도록 한다.

제224조 (소방시설 등 관리) ① 화재경보기는 항상 작동이 유지되어야 하며, 옥내 소화전은 항상 급수가 가능하여야 한다.

② 자동경형 소방펌프 등 소방기구는 주 1회이상 점검하고 손질하는 등 고장 또는 작동 불능을 예방하여야 한다.

③ 포말소화기는 유효기간이 경과하기 전에 충약하고 분말소화기는 굳지 않도록 관리하는 등 소화기 형태에 따라 적절한 관리조치를 취해야 한다.

④ 난로를 철거하는 시점 또는 건조기 등 화재예방에 소홀한 시기에는 잔여 화기 사용장소, 전선의 노후상태, 기타 화재의 취약부분에 특히 유의하여야 한다.

제225조 (교육 및 방화훈련) ① 소장은 전 직원에게 분말·포말·CO_2 소화기 등 소방기구의 조작 및 사용방법 등을 교육하여야 한다.

② 소장은 자위소방대를 편성하여 월 1회 이상 자체훈련을 실시함으로써 화재 발생 시 당황하지 않고 신속하게 진압할 수 있는 조직력을 배양하고, 전 직원이 각자 분담역할에 숙달될 수 있도록 교육하여야 한다.

③ 제1항 및 제2항에서 교육·훈련시 유의할 사항은 다음 각 호와 같다.

　　가. 옥내외 소화전·소화기·화재감지기·화재경보기·스프링쿨러 등 각종 소화기구의 품종별 사용방법과 점검요령

　　나. 자체 방화대 편성의 적정성 검토

　　다. 가연성 재료의 격리·관리요령과 사용시의 유의사항

　　라. 화재의 위험성을 내포하고 있는 각종기계·전기설비의 위치 숙지와 관리요령 및 화재발생시의 대처요령

　　마. 전열기의 사용억제와 관리요령

　　바. 외부 전문가를 초빙하여 실무 교육훈련 시행

④ 소장은 연 1회 이상 인근 소방관서의 협조를 얻어 합동훈련을 실시하고 효율적인 진화방법 등을 연구·습득하여야 한다.

제226조(유독물 사용의 보고) 각 교정기관 교도작업제품 생산과정에 유독물을 사용하고자 할 때에는 그 종류, 작업종목, 1일 최대사용량 등을 직업훈련과장은 소장에게 보고하여 허가를 얻어 사용한다.

제227조 (관리책임자의 지정) 소장은 유독물 관리 정 책임자로 직업훈련과장을 지정하고 부 책임자로 작업담당자 및 작업장담당자를 지정한다.

제228조 (유독물의 표시) 유독물 관리자는 「화학물질관리법 시행규칙」 제12조에 의한 유독물의 표시를 하여야 한다.

제229조 (유독물의 보관 및 저장) ① 유독물의 보관은 별도 제한구역에 다른 물품과 구별하여 견고한 창고 내에 이중으로 시정하여야 한다.

② 유독물 중 자연 폭발 하는 물질과 충격에 의하여 폭발하는 물질 또는 다른 물질과 혼합 폭발하는 물질 등 인화성물질은 유리병 또는 용기에 뚜껑을 덮어 동질별로 모래 속에 저장한다.

③ 유독물 중 풍화, 습기 및 광선에 의하여 분해 또는 변질하기 쉬운 물품은 유리병에 밀폐하여 냉동실에 저장한다.

④ 유독물 보관 장소에는 관리책임자 등 지정인 이외에는 접근을 금하고 소화기와 개인보호장구를 비치하여야 한다.

제230조 (유독물의 수불기록) 유독물의 수불상황은 「물품관리법」상의 장부 이외에 별도 기록장부를 직업훈련과에 비치하여 각 종류별로 그 수불상황을 기록하고 확인한다.

제231조 (유독물의 사용량) 직업훈련과장은 작업상 사용할 유독물은 매일 필요한 양만을 측정하여 지급한다.

제232조 (유독물 취급자 지정) 직업훈련과장은 유독물을 취급하는 수형자(이하 "사용자"라 한다.)를 지정하며, 칭호번호 · 성명 · 작업종목 · 유독물의 종류 · 취급시작일 · 취급종료일 등을 교정정보시스템에 기록하여 확인 · 감독한다.

제233조 (작업장에 교부된 유독물의 취급) ① 사용자에 대한 안전교육은 직업훈련과장이 매월 1회, 작업장관할 간부가 매주 1회, 작업담당자 및 작업장담당자는 매일 1회 이상 실시하여야 하며, 작업장담당자는 교정정보시스템에 교육사항을 기록한다.

② 유독물을 사용하는 장소는 가능한 한 타 작업장과 격리시키고 지정된 사용자 이외에 출입을 금한다.

③ 유독물은 전용 기구를 마련하여 사용하여야 한다.

④ 유독물을 사용할 때에는 관리책임자 또는 교도관이 입회하여야 한다.

⑤ 사용자에게 교부된 유독물 중 사용 잔량이 있을 때는 즉시 회수하여 지정된 창고에 보관한다.

제234조 (타과와의 감독협조 등) ① 직업훈련과장은 교부된 유독물의 종류 · 수량 및 사용목적 등을 각 작업장별로 구분하여 보안과장 및 의료과장에 매일 통보한다.

② 보안과장은 유독물을 취급하는 사용자에 대한 동정시찰 및 검신 등을 철저히 한다.

③ 의료과장은 연 1회 이상 유독물 사용자의 건강을 확인하여야 한다.

④ 소장은 유독물을 사용함으로써 보안상 또는 보건위생상 유해하여 교정 운영상 지장이 있다고 인정될 때에는 법무부장관에게 보고하여 지시를 받는다.

⑤ 직업훈련과장은 각 작업장에서 사용하는 재료 중 유해성이 의심되는 물질에 대하여 전문기관에 성분분석을 의뢰하여 유독물 여부를 확인하여야 한다.

제235조 (장마철 안전관리) ① 소장은 장마가 시작되기 전에 전체 작업장, 창고, 영농지 등에 특별 안전진단을 실시하고, 위험기계 등 기계설비의 성능 및 장치의 안전성 등을 확인하며, 취급자 또는 사용자의 안전수칙 이행실태를 확인하여야 한다.

② 소장은 식품생산 재료가 변질되지 않도록 유의하고, 생산된 식품은 당일 납품하도록 하며, 운반 중 변질되지 않도록 하고, 납품완료 후 재고가 발생하지 않도록 생산관리에 유의한다.

③ 소장은 작업장 환경개선을 위하여 항상 공구 및 재료 등을 정리정돈하고, 환풍 · 집진시설을 점검하여 작업능률 향상과 근로의욕 고취에 노력하여야 한다.

④ 소장은 가축의 위생 또는 전염병 예방 등을 위하여 항상 점검 · 소독하고, 축산공 등에서의 분뇨 등 유출로

인한 민원발생 소지를 사전에 점검하여 적절한 조치를 하여야 한다.

제236조 (재검토기한) 법무부장관은 「훈령ㆍ예규 등의 발령 및 관리에 관한 규정」에 따라 이 지침에 대하여 2023년 1월 1일 기준으로 매 3년이 되는 시점(매 3년째의 12월 31일까지를 말한다)마다 그 타당성을 검토하여 개선 등의 조치를 하여야 한다.

부칙 〈제1315호, 2023. 2. 6.〉

이 지침은 발령한 날로부터 시행한다.

제안등급 심사기준표

구 분		심 사 기 준	평가점수
경 제 성 (40)	1. 교도작업 세입증대효과 (생산성 향상, 판매촉진, 신제품개발)	1. 1억원 이상 2. 8천만원 이상 ~ 1억원 미만 3. 6천만원 이상 ~ 8천만원 미만 4. 4천만원 이상 ~ 6천만원 미만 5. 2천만원 이상 ~ 4천만원 미만 6. 2천만원 미만	40 31 ~ 39 21 ~ 30 11 ~ 20 6 ~ 10 0 ~ 5
	2. 물자 및 예산절감	1. 2천만원 이상 2. 1천5백만원 이상 ~ 2천만원 미만 3. 1천만원 이상 ~ 1천5백만원 미만 4. 5백만원 이상 ~ 1천만원 미만 5. 1백만원 이상 ~ 5백만원 미만 6. 1백만원 미만	40 31 ~ 39 21 ~ 30 11 ~ 20 6 ~ 10 0 ~ 5
	3. 품질개선, 안전의 증진, 작업환경 개선	1.구체적이고 실질적인 개선효과가 대단함 2.구체적이고 실질적인 개선효과가 상당함 3.구체적이고 실질적인 개선효과가 양호함 4.구체적이고 실질적인 개선효과가 일부 나타남 5.구체적인 개선효과는 없으나 교도작업에 대한 이해증진에는 도움이 됨	31 ~ 40 21 ~ 30 11 ~ 20 6 ~ 10 0 ~ 5
창 의 성(20)		1. 매우 독창적임 2. 상당히 독창적임 3. 주지 사실의 응용 4. 모방적인 것	16 ~ 20 11 ~ 15 6 ~ 10 0 ~ 5
실 용 성(20)		1. 매우 실용적임 2. 상당히 실용적임 3. 실용적임 4. 실용적이지 못함	16 ~ 20 11 ~ 15 6 ~ 10 0 ~ 5
능 률 성 및 기 여 도(20)		1. 매우 능률적이고 전면적인 파급효과 기대 2. 상당히 능률적이고 파급효과 기대 3. 능률적이고 일부기관에 파급효과 기대 4. 능률적이지 못하고 파급효과가 낮다	16 ~ 20 11 ~ 15 6 ~ 10 0 ~ 5
합 계			100 점

주) 1. 경제성은 동일품목에 대한 1년 간의 예상효과 및 세입실적으로 심사한다.
  2. 경제성의 평가는 해당 사항 중 1개 항목을 선택한다.

[별표 5]

교도관 및 수형자 포상기준표

1. 교도관

구 분	시상인원	평가점수	시 상	비 고
금 상	1 명	90~100 점	장관	
은 상	1 명	80~89 점	〃	
동 상	1 명	70~79 점	〃	
장려상	4 명	60~69 점	〃	

2. 수형자

구 분	시상인원	평가점수	시 상	비 고
금 상	1 명	90~100 점	장관	
은 상	1 명	80~89 점	〃	작업성적
동 상	1 명	70~79 점	〃	등급승급 등
장려상	4 명	60~69 점	〃	

주) 1. 평가점수에 의하여 시상등급에 해당되는 경우에만 부상으로 포상금을 지급한다.
　　2. 시상인원 및 포상금은 예산의 범위내에서 지급한다.

수형자 직업능력개발훈련 운영지침

[시행 2022. 6. 29.] [법무부예규 제1303호, 2022. 6. 29., 일부개정.]

제1장 총칙

제1조(목적) 이 지침은 「형의 집행 및 수용자의 처우에 관한 법률」 제69조제3항 및 같은 법 시행령 제94조에 따라 수형자 직업능력개발훈련 시행에 필요한 사항을 규정함을 목적으로 한다.

제2조(적용범위) 수형자 직업능력개발훈련(이하 "직업훈련"이라 한다)에 관하여 다른 법령에 특별한 규정이 있는 경우를 제외하고는 이 지침이 정하는 바에 따른다.

제3조(정의) 이 지침에서 사용하는 용어의 뜻은 다음과 같다.

1. "직업훈련"이란 교도소 · 구치소 및 그 지소(이하 "교정시설"이라 한다)에서 수형자에게 석방 후 취업에 필요한 직무수행능력을 습득 · 향상시키기 위하여 실시하는 훈련을 말한다.

2. "분야"란 「국가직무능력표준고시」 등 관련규정에 따른 국가직무능력표준분류 중 산업단위(대분류)를 말한다.

2의2. "직종"이란 「국민 평생 직업능력 개발법」 등 관계규정의 직종분류체계에 따른 직무단위(소분류)를 말한다.

2의3. "과정"이란 직종별 · 수준별 기술 습득을 목표로 각각의 반으로 편성된 훈련모집 단위를 말한다.

3. "공공직업훈련"이란 「국민 평생 직업능력 개발법」 등 관계규정에 따라 고용노동부 장관이 정한 훈련기준 및 권고사항 등을 참고하여 실시하는 훈련을 말한다.

4. "일반직업훈련"이란 교정시설의 장(이하 "소장"이라 한다)이 교화상 필요한 경우 예산 그 밖의 사정을 고려하여 「국민 평생 직업능력 개발법」의 기준 외의 방법으로 실시하는 훈련을 말한다.

5. "집체직업훈련"이란 직업훈련 전담 교정시설이나 그 밖에 훈련을 실시하기에 적합한 교정시설에 집합수용하여 실시하는 직업훈련을 말한다.

6. "지원직업훈련"이란 산업체 등으로부터 훈련에 필요한 직업능력개발훈련교사(이하 "직업훈련교사"라 한다), 장비, 재료, 비용 등을 지원 받아 실시하는 직업훈련을 말한다.

7. "외부출장직업훈련"이란 수형자를 교정시설 외부의 기관 또는 단체에 위탁하여 실시하는 현장훈련을 말한다.

8. "작업병행직업훈련"이란 해당훈련과 같은 직종의 교도작업에 취업중인 수형자를 대상으로 교도작업 생산시설을 이용하여 실시하는 현장훈련을 말한다.

9. "현장직업훈련"이란 직업훈련 수형자의 기능향상을 위하여 일반 산업체의 생산시설을 이용하거나 취업중인 교도작업장 등에서 실시하는 직업훈련을 말한다.

10. "단기실무직업훈련"이란 수형자의 취업능력 제고를 위해 기술 자격증 취득 보다 현장실습위주로 운영되

는 6월 미만의 직업훈련을 말한다.

11. "양성직업훈련"이란 수형자에게 직업에 필요한 기초적 직무수행 능력을 습득시키기 위하여 실시하는 직업훈련을 말한다.

12. "향상직업훈련"이란 양성훈련을 받은 수형자 또는 직업에 필요한 기초적 직무수행능력을 가지고 있는 수형자에게 더 높은 직무수행능력을 습득시키거나 기술발전에 대응할 수 있는 지식과 기능을 보충하기 위하여 실시하는 직업훈련을 말한다.

13. "숙련직업훈련"이란 양성훈련이나 향상훈련과정을 수료한 후, 현장적응 중심의 기술습득을 위하여 실시하는 직업훈련을 말한다.

14. "교도작업적응직업훈련"이란 형 확정 후 이송 전까지 수형생활 및 교도작업 적응력을 제고하기 위하여 실시하는 직업훈련을 말한다.

15. "고급직업훈련"이란 해당 직종의 최고 숙련기술(기사 이상) 습득을 위하여 실시하는 직업훈련을 말한다.

제4조(직업훈련의 구분) 직업훈련은 다음과 같이 구분한다.

1. 직업훈련은 「국민 평생 직업능력 개발법」 적용여부에 따라 공공직업훈련과 일반직업훈련으로 구분한다.

2. 직업훈련의 시행방법에 따라 집체직업훈련, 지원직업훈련, 외부출장직업훈련, 작업병행직업훈련, 현장직업훈련으로 구분한다.

3. 직업훈련의 기술습득 과정에 따라 양성직업훈련, 향상직업훈련, 숙련직업훈련, 고급직업훈련, 단기실무직업훈련, 교도작업적응직업훈련으로 구분한다.

4. 삭제

제5조(직업훈련과정별 인원) 직업훈련의 과정별 인원은 60명 이내로 하며 중도 탈락인원을 고려하여 계획인원의 100분의 20범위 내에서 증원 선발할 수 있다.

제6조(다기능 기술인력 양성) 소장은 각종 훈련을 수료한 수형자의 취업 및 기술능력 향상을 위하여 필요하다고 인정하는 경우에는 수료한 훈련과정의 직종과 유사하거나 다른 직종의 기술 습득을 위한 훈련생으로 다시 선발하거나 병행 선발하여 다기능 기술훈련을 실시할 수 있다. 다만 훈련과정 운영상 곤란한 경우에는 그러하지 아니하다.

제6조의2(전문 기술인력 양성) 소장은 직업훈련으로 기술자격을 취득한 수형자에게 동일직종의 상급 자격 직업훈련 및 숙련과정을 실시하는 것이 필요하다고 인정하는 때에는 계속하여 동일기관의 상급 및 숙련과정 직업훈련 대상자로 선정하여 실시하게 할 수 있다.

② 삭제

제2장 직업훈련의 기준

제7조(공공직업훈련) 소장은 공공직업훈련에 필요한 제반사항을 고용노동부 등 관계기관과 협의하여 훈련기준에 맞도록 최선을 다하여야 한다.

제8조(일반직업훈련) 소장은 일반직업훈련을 실시하는 경우에도 「국민 평생 직업능력 개발법」 등이 정한 훈련기준에 상응한 훈련이 되도록 노력하여야 한다.

제9조(집체직업훈련) ① 법무부장관이 지정하는 집체직업훈련 전담 교정시설의 장은 「국민 평생 직업능력 개발법」에 따른 훈련기준을 준수하여야 한다. 다만, 훈련기준을 준수하기 곤란한 경우에는 고용노동부 등 관계기관과의 협의를 거쳐 법무부장관에게 보고한 후 실정에 맞게 조정할 수 있다.

② 집체직업훈련수형자는 다음 요건에 해당하는 수형자 중에서 선발하되, 출소 후 취업을 위한 직업훈련의 필요성을 중점적으로 평가하여 우선 선발할 수 있다.

1. 훈련시작일 기준으로 19세 이상인 수형자. 다만, 소년집체직업훈련수형자의 경우에는 15세 이상 23세 미만인 수형자

2. 기능사과정은 소장이 소정의 직업훈련 과정을 감당할 수 있다고 인정하는 수형자, 산업기사 이상의 과정은 고등학교 졸업이상 또는 이와 동등한 학력이 인정되는 수형자 및 기능사 이상의 자격 보유 수형자 중 소장이 소정의 직업훈련 과정을 감당할 수 있다고 인정하는 수형자

③ 삭제

④ 소장은 상담을 원하는 집체직업훈련 신청자에 대해 사전 상담을 실시하고 그 결과에 대한 기록을 유지하여야 한다.

제10조(지원직업훈련) ① 소장은 외부산업체 등으로 부터 직업훈련교사, 장비, 재료, 비용의 전부 또는 일부를 지원 받아 직업훈련을 실시할 수 있다.

② 소장은 지원직업훈련 수료자 중 지원산업체 등에 취업이 보장된 경우에는 가석방 신청 시 이를 반영하여야 한다.

제11조(외부출장 직업훈련) ① 소장은 교정성적이 우수하고 도주의 우려가 없는 모범수형자를 외부산업체나 직업훈련 전문기관 등에 출장시켜 현장훈련을 할 필요가 있다고 인정하는 경우에는 법무부장관의 승인을 받아 외부출장 직업훈련을 실시할 수 있다.

② 소장은 외부출장 직업훈련중인 수형자가 당해 산업체 등에 취업이 보장된 경우에는 가석방 신청 시 이를 반영하여야 한다.

제12조(작업병행 직업훈련) ① 소장은 교도작업에 취업중인 수형자의 기술향상과 교도작업의 활성화를 위하여 필요한 경우에는 교도작업수형자를 직업훈련수형자로 선정하여 이를 병행하게 할 수 있다.

② 소장은 직업훈련수형자로 선정된 수형자 중에서 해당 교도작업에 관한 기능이 우수한 수형자로 하여금 작업지도를 보조하게 할 수 있다.

제13조(현장직업훈련) 소장은 현장직업훈련 수형자를 선정하는 경우 시설이나 작업장 상황 등 직업훈련의 적정성 여부를 고려하여야 한다.

제14조(양성직업훈련) 소장은 양성직업훈련 수형자를 선정하는 경우 수형자의 적성과 장래 희망 등을 고려하여야 한다.

제15조(향상직업훈련) 소장은 향상직업훈련 수형자를 선정하는 경우 해당직종의 기술을 보유하고 있거나 양성직업훈련 과정을 수료한 수형자 중 장래 직업희망 등을 고려하여야 한다.

제16조(숙련직업훈련) 소장은 숙련직업훈련 수형자를 선정하는 경우 해당 직종 또는 유사한 직종의 기술을 보유하고 있거나 훈련과정을 수료한 수형자 중 장래 직업희망이나 사회복귀의 시기 등을 고려하여야 한다.

제16조의2(단기실무 직업훈련) 소장은 단기실무직업훈련 수형자를 선정하는 경우 단기수형자와 직업훈련을 받지 못하고 형기 종료가 임박한 수형자를 우선으로 취업의지 등을 고려하여야 한다.

제16조의3(통합과정) 소장은 기초과정에서 상급과정까지 연이어 훈련을 받을 수 있는 양성·숙련통합과정이나, 자격취득과정에서 현장실무과정까지 연이어 훈련을 받을 수 있는 향상·숙련통합과정 등 직업훈련과정을 다양한 형태로 통합하여 실시할 수 있다.

제16조의4 삭제

제17조(훈련과정의 개발 등) ① 소장은 한국산업인력공단 등 공공단체 그 밖에 공인된 민간단체에서 부여하는 기술자격 종목의 자격 취득에 필요한 과정을 개발하여 훈련할 수 있다.

② 소장은 다양한 사회의 직업수요에 대응하기 위하여 필요한 경우 소수인원을 위한 과정을 개발하여 훈련할 수 있다. 이 경우 훈련분야의 공공성 등 적합성을 고려하여야 한다.

③ 제1항 및 제2항의 경우 소장은 직업훈련 만족도 결과 및 훈련 수요 등을 고려하여 기존의 훈련과정을 폐지할 수 있다. 다만, 직업훈련교사의 신기술 습득에 필요한 기간 등을 고려하여 일정 기간 유예를 둘 수 있다.

④ 제3항의 경우 기관별 직업훈련 수혜인원의 증감을 고려하여야 한다.

제3장 직업훈련 지도

제18조(직업훈련교사의 임무) ① 직업훈련교사는 연간 및 주간 교육계획과 교안을 작성·비치하고 이에 따른 교육내용을 교육일지에 기재하는 등 훈련목표를 달성하기 위하여 적극 노력하여야 한다.

② 직업훈련교사는 「자격기본법」 제5조에 따른 국가직무능력표준(NCS)를 적용하는 등으로 훈련의 내용이 「국민 평생 직업능력 개발법」의 훈련기준에 맞도록 최선을 다하여야 한다.

③ 직업훈련교사는 자신이 교육할 수 있는 첨단직종 및 훈련교재를 연구·개발하여 교육의 효율성을 높일 수 있도록 노력하여야 한다.

④ 소장은 직업훈련과장의 감독아래 별도의 직업훈련 교사실을 둘 수 있고 직업훈련교사 중에서 상위 직위군, 근무경력, 통솔력 등을 고려하여 실장을 임명할 수 있다.

⑤ 제4항의 직업훈련실장은 1개 이상의 훈련과정을 맡아 지도하는 외에 직업훈련의 효율적 운영을 위하여 직업훈련에 관한 학사일정을 관리하고 다른 직업훈련교사를 감독할 수 있다.

제18조의2(직업훈련교사의 전문성 확보) ① 소장은 직업훈련교사의 업무능력 향상과 직업훈련에 관한 정보수집을 위하여 직무와 관련된 교육·훈련·회의·세미나 등에 직업훈련교사가 연 1회 이상 참석할 수 있도록 하여야 한다.

② 소장은 직업훈련교사의 새로운 기술 습득 등 직무능력 향상을 위해 외부기관 위탁교육을 법무부장관의 승인을 받아 실시 할 수 있다. 다만, 교육기간은 6개월을 초과할 수 없다.

③ 소장은 외부기관 위탁교육 대상자에게 연구과제를 부여할 수 있으며, 직업훈련교사가 부족한 경우에는 대체인력(외부강사)을 교육기간의 범위내에서 초빙할 수 있다.

④ 직업훈련교사는 수형자 직업훈련(이에 수반하는 계호 및 부수업무 포함) 이외의 업무를 담당할 수 없다. 다만, 다음 각 호의 어느 하나에 해당하는 업무는 예외로 한다.

1. 직업훈련 행정업무에 대한 지원업무
2. 수형자 취업 및 창업지원업무와 이에 수반하는 계호업무
3. 기관 인력의 효율적 운영을 위한 비정기적 업무

⑤ 소장은 제4항 제3호에 따라 직업훈련교사를 직업훈련 이외의 업무에 배치하는 경우 근무경력과 직위군의 구별 등을 참작하여 배치하여야 한다.

제19조(외부강사 초빙 등) ① 소장은 직업훈련교사가 없거나 부족한 직종을 훈련하기 위하여 다음 각 호의 어느 하나에 해당하는 사람을 외부강사로 초빙하여 직업훈련을 실시할 수 있다.

1. 직업훈련교사 자격이 있는 사람
2. 해당 직업훈련 직종에 전문적인 지식이 있거나 실무에 정통한 사람

3. 그 밖에 소장이 직업훈련강사로 적합하다고 인정하는 사람

② 소장은 교정시설 인근 폴리텍대학을 비롯한 각급 대학, 출소자 고용을 위한 비영리단체 및 산업체 등과 협약을 체결하여 신기술 전수, 정보교환 등을 통한 수형자 직업훈련의 현대화에 노력하여야 한다.

③ 소장은 사회 우수기능인을 직업훈련교사로 초빙하기 위하여 필요한 경우에는 교화활동 경력이 없더라도 교정위원 위촉을 신청할 수 있다.

④ 소장은 예산의 범위 내에서 외부강사에게 강의수당을 지급할 수 있으며, 인근지역 강사부족으로 불가피하게 원격지에서 초빙한 경우에는 교통비 등을 실비로 추가하여 지급할 수 있다.

제20조(행정전담직원 배치) ① 소장은 직업훈련의 행정업무를 전담하는 직원을 배치하여야 하고 부득이한 경우가 아니면 직업훈련교사에게 행정을 담당시켜서는 아니 된다.

② 직업훈련 행정전담직원은 가급적 직업훈련 관련 부서에서 1년 이상 근무한 경력이 있는 자 중에서 임명하고, 특별한 사유가 없는 한 2년 이상 그 업무를 전담하도록 하여야 한다.

③ 삭제

④ 소장은 직업훈련 인원, 기관 인력 현황, 기타 사정을 고려하여 직업훈련 행정전담직원에게 다른 업무를 겸하게 할 수 있다.

제21조(직업훈련지도 보조원 선정) ① 소장은 직업훈련을 위하여 필요한 경우 교정성적이 우수한 수형자 중 해당 직종 또는 분야의 상위기술자격을 소지하거나 기능이 우수한 자에 대해 교도관회의를 거쳐 직업훈련지도 보조원으로 선정할 수 있다

② 직업훈련지도 보조원은 모집정원과 별도로 선정하고 모집정원이 20명 이하인 경우는 1명, 20명 초과인 경우에는 2명을 선정하되, 특별한 사유가 있는 경우 추가선정 할 수 있다.

③ 직업훈련지도 보조원은 연속하여 2년을 초과하여 선정할 수 없다. 다만, 기능경기 참가, 고급훈련 이수 등 특히 필요한 사정이 있는 경우에는 교도관 회의를 거쳐 6개월 단위로 연장할 수 있다.

④ 직업훈련지도 보조원이 아래의 사유에 해당되는 경우 교도관 회의를 통해 선정을 취소하고 원래 소속 교정시설로 환소하여야 한다.

1. 지시·명령 및 규율을 위반하거나 수용질서를 문란하게 하는 경우

2. 정신 또는 신체에 결함이 있다고 판정된 경우

3. 그 밖에 직업훈련지도 보조원 업무를 수행하기 곤란하다고 인정되는 경우

제22조(상황 및 의견보고) 직업훈련교사는 다음 각 호의 어느 하나에 해당하는 사유가 발생한 경우에는 소속과장에게 보고하여야 하고 소속 과장은 보고 받은 사항에 대하여 즉시 필요한 조치를 하여야한다.

1. 훈련을 거부하거나 훈련성적이 극히 불량한 수형자가 있는 때

2. 훈련생 중에서 훈련과정을 변경할 필요가 있는 때

3. 훈련장비, 기계 등에 이상이 있는 때

4. 그 밖에 담당직무의 집행에 착오가 있는 때

제4장 직업훈련의 관리 및 운영

제23조(직업훈련계획) ① 소장은 내실 있는 직업훈련을 위하여 시설의 사정에 맞는 세부적인 직업훈련계획을 수립하고 이에 따라 훈련하여야 한다.

② 직업훈련계획을 수립하는 경우에는 훈련직종, 과정, 인원, 내용, 평가방법, 일정 등을 포함하여야 한다.

③ 소장은 제1항 및 제2항에 따라 다음 연도의 직업훈련계획을 수립하여 매년 12월 15일까지 법무부장관에게 보고하고 계획의 변경이 필요한 경우에는 즉시 보고하여야 한다.

④ 소장은 훈련개시 후 새로운 과정을 개설할 필요가 있는 경우에는 그 계획을 수립하여 법무부장관의 승인을 받아야 한다.

제24조(직업훈련 실시방법) ① 직업훈련은 기간을 정하여 실시하여야 한다. 다만, 기간을 정할 필요가 없다고 인정되는 경우에는 그러하지 아니하다.

② 소장은 훈련기간을 1년 이상으로 정한 경우에는 이를 학기별로 구분하여 실시하여야 한다. 학기는 1월초부터 6월말까지를 1학기로 하고 7월초부터 12월말까지를 2학기로 한다.

③ 단기실무직업훈련은 훈련기간 중에 국가기술자격법에 따른 자격취득 검정 일정이 없는 경우에도 실시할 수 있다.

④ 직업훈련은 수용자 동작시간표에 따라 실시하고 특별한 경우가 아니면 교화행사 등 다른 처우로 인해 훈련시간을 방해받지 않도록 하여야 한다.

⑤ 소장은 직업훈련 수업의 내실화를 위해 필요한 경우에는 종교행사를 특정요일에 집중하여 실시할 수 있다.

제25조(거실지정 등) ① 직업훈련수형자와 기능경기대회 참가 예정수형자의 수용동 및 거실은 훈련직종 등을 고려하여 별도로 지정하여야 한다. 다만, 보안상·교화상 필요한 경우에는 그러하지 아니하다.

② 직업훈련수형자 거실은 예산의 범위 안에서 책상·책꽂이 등 훈련에 필요한 비품을 비치하여 교육생에 준하는 학습 분위기를 조성해 주어야 한다.

제26조(교재의 대여 등) 소장은 보안상 특별한 사유가 없는 경우에는 직업훈련수형자들의 예습·복습에 필요한 훈련교재·비품 및 필기구 등을 지급 하거나 빌려주어 일과 후 거실 내에서 사용하도록 할 수 있다.

제27조(다른 업무부과 제한 등) ① 직업훈련 중인 수형자는 교육시간에 훈련과 관계없는 일을 부과 받지 아니한다. 다만, 직업훈련 기술을 숙달하기 위한 교도작업 및 봉사활동 등 소장이 특히 필요하다고 인정하는 경우에는 예외로 한다.

② 소장은 훈련 중인 직업훈련수형자가 해당과정을 수료하거나 기능자격증을 취득한 경우가 아니면 과정을 바꾸어 훈련할 수 없다. 다만, 특히 필요하다고 인정되는 경우에는 그러하지 아니하다.

제28조(직업훈련수형자 이송) ① 직업훈련중인 수형자를 이송하는 경우에는 훈련주무과장의 의견을 들어야 하며 직업훈련 관계서류 일체를 이송받는 교정시설에 보내 처우에 참고하도록 하여야 한다.

② 직업훈련중인 수형자를 이송받은 소장은 이송전 훈련직종과 같거나 유사한 직종에 편입시켜 훈련하여야 한다. 다만, 편입에 적합한 직종이 없거나 편입할 수 없는 사유가 있는 경우에는 그러하지 아니하다.

③ 직업훈련을 위하여 다른 교정시설로부터 이송된 수형자가 훈련을 수료하거나 취소된 경우에는 원래소속 교정시설로 이송하여야 한다. 다만, 직업훈련 또는 그 밖의 사유로 인하여 필요하다고 인정되는 경우에는 현재 소속 교정시설에 남아있게 하거나 다른 교정시설로 이송할 수 있다.

④ 제3항의 훈련취소 사유 등이 수형자 본인에게 책임이 있는 경우에는 원래 소속이 아닌 다른 교정시설로 이송할 수 있다.

제29조(직업훈련수형자 명부 등 비치) 소장은 직업훈련 시작과 함께 별지 제1호 서식에 따른 직업훈련수형자 명부와 별지 제2호 서식에 따른 훈련일지 등 훈련에 필요한 서류를 작성·비치하여야 한다.

제30조(직업훈련시작 보고) 소장은 직업훈련시작 즉시 훈련과정별로 별지 제3호 서식에 따른 직업훈련시작 보고서를 작성하여 법무부장관에게 보고하여야 한다.

제31조(자체평가) 소장은 직업훈련수형자에게 2개월에 1회 이상 훈련내용에 대하여 자체평가를 실시하고 자체평가 결과 성적이 불량한 수형자에 대해서는 개별지도 등 적절한 대책을 강구하여야 한다.

제31조의2(직업훈련 만족도 조사) 소장은 직업훈련수형자를 대상으로 매년 1회 이상 만족도 조사를 실시하여 법무부장관에게 보고하고, 그 결과를 다음 년도 직업훈련계획에 반영하여야 한다.

제32조(포상 등) 소장은 직업훈련수형자가 훈련기간 중 다른 수형자의 모범이 되거나 훈련성적이 우수한 경우에는 이를 포상하거나 처우에 반영할 수 있다.

제32조의2(직업훈련의 보류 및 취소 등) 소장은 수형자의 직업훈련을 보류하거나 취소하는 경우에 별지 제4호의 서식에 따른 직업훈련 보류·취소자 명부를 작성하여 관리하여야 한다.

제33조(기술자격검정 등) ① 직업훈련수형자는 기술자격 검정에 응시하여야 한다. 다만, 소장은 기술자격 검정 일정, 장소, 훈련 실적 등을 고려하여 검정 응시가 부적당하다고 인정되는 경우에는 응시를 제한 할 수 있다.

② 소장은 기술자격검정이 교정시설의 밖에서 시행되는 경우에는 직업훈련수형자를 교정시설 밖에 출장시켜 응시하게 할 수 있으며 필요한 경우에는 가까운 교정시설에 일시수용할 수 있다.

③ 소장은 기술자격검정을 위하여 필기 및 실기시험에 응시하는 경우에는 사전에 법무부장관에게 보고하여야 한다.

④ 소장은 수형자가 기술자격검정에 합격하였을 때에는 이를 즉시 법무부장관에게 보고하여야한다.

⑤ 소장은 매월 말 별지 제5호 및 제6호 서식에 따른 기술자격취득자현황을 법무부장관에게 보고하여야 한다.

제34조(기술자격 보유자 관리) ① 소장은 수형자가 입소 전 또는 수용 중에 취득한 기술자격보유현황을 파악하여 교정행정정보시스템에 입력하고 이를 처우에 고려하여야 한다.

② 소장은 기술자격취득자나 직업훈련수료자에게 교도작업을 지정하고자 하는 경우에는 보유하고 있는 기술자격 또는 직업훈련 수료 과정의 직종과 같거나 유사한 직종에 취업하도록 하여야 한다. 다만 해당 직종이 없거나 취업인력 과다 등 부득이한 사유가 있는 경우에는 그러하지 아니하다.

③ 삭제

④ 소장은 매월 말 별지 제9호 및 제10호 서식에 따른 기술자격 보유자 현황과 제11호 서식에 따른 기술자격 보유자 석방현황을 법무부장관에게 보고하여야 한다.

제35조(운전면허증 갱신 등 지원) ① 소장은 수용자의 원활한 사회복귀를 지원하기 위하여 수용 중 운전면허증 갱신 및 적성검사 연기 등에 관한 사항을 지원할 수 있다.

② 형기종료 전 정기적성검사 기간이 도래한 수용자는 본인의 신청에 따라 연기신청서를 관할 경찰관서에 통보하고, 수용 중 정기적성검사 기간이 경과하여 1년 미만인 수용자는 본인의 신청에 따라 관할 경찰관서에 적성검사 신청서를 접수하여 적성검사를 받게 할 수 있다.

③ 소장은 분기별 1회 운전면허증 보유 수용자의 신청에 따라 관할 경찰관서와 협의하여 정기적성검사 또는 갱신기간 도래 여부를 확인한다.

제36조(교정성적 반영) ① 소장은 직업훈련수형자의 동기부여를 위하여 기술자격검정합격자에 대한 매월 교정성적 평가 시 이를 작업점수에 반영하여야 한다.

② 작업점수는 특별한 사유가 없으면 자체평가성적, 기술자격등급 및 수량, 훈련태도 등을 고려하여 상위평가순위를 정하여야 한다.

③ 제2항의 평가기준은 「형의 집행 및 수용자의 처우에 관한 법률 시행규칙」 제79조의 소득점수 평가기준에 따르고 평가기간은 이론시험 합격자는 실기시험 합격자 발표 때까지, 실기시험 합격자는 훈련종료 때까지로 한다.

④ 소장은 기술자격검정시험에 불합격한 직업훈련수형자의 작업점수를 평가하는 경우에는 특별한 사유가 없으면 훈련종료 때까지 노력요망(양, 2점)이하로 평가하여야 한다.

⑤ 소장은 제4항에 따른 교정성적을 평가하는 경우 직업훈련교사의 의견을 고려하여야 하고 교정성적을 반영하지 않을 만한 특별한 사유가 있는 때에는 이를 해당 수형자의 수용기록부에 기록하여야 한다.

제37조(기능경기대회참가) ① 소장은 기능이 탁월한 수형자를 선발하여 공공 또는 민간단체에서 주관하는 각종 기능경기대회에 참가하게 할 수 있다.

② 기능경기대회 개최지가 원거리에 위치한 경우에는 참가 수형자를 개최지에서 가까운 교정시설에 일시수용할 수 있다.

③ 소장은 기능경기대회에 참가하는 수형자가 귀휴 허가대상이 되는 경우에는 가급적 대회기간 중 귀휴를 허가하여 충분한 기량을 발휘 할 수 있도록 하여야 한다.

제38조(집결훈련 등) ① 법무부장관은 기능경기대회 참가예정 수형자에 대하여 집중훈련이 필요하다고 인정하는 경우에는 특정 교정시설에 집결하여 훈련할 수 있다. 이 경우 훈련책임은 집결된 교정시설의 장에게 있다.

② 소장은 기능경기대회에 참가하는 수형자의 실력향상을 위해 자격 취득을 위한 직업훈련과 병행하여 훈련을 실시하거나 전문 외부강사를 초빙 할 수 있다.

제39조(기능경기대회 입상자 처우) ① 소장은 기능경기대회입상자의 사기진작을 위하여 특별한 사유가 없는한 경비처우급 상향에 필요한 범위 내에서 매월 작업점수를 우수(우, 4점)이상으로 평가하여야 한다.

② 작업점수는 메달순위에 따라 평가하고 같은 메달수상자가 다수인 경우에는 기능자격등급, 훈련태도 등을 고려하여 순위를 정하여야 한다.

③ 작업점수 평가기간은 특별한 사유가 없는 한 지방기능경기대회 입상자는 당해 연도 전국기능경기대회입상자 발표 때까지, 전국기능경기대회 입상자는 직근 상위 경비처우급으로 상향 조정될 때까지로 한다.

④ 기능경기대회입상자에 대한 작업점수는 제36조에서 정한 기능자격취득자의 작업점수에 우선하여 평가하여야 한다.

⑤ 소장은 지방 및 전국기능경기대회 입상자 및 산업기사 이상 기술자격취득자, 3개월 이상 직업훈련 수료자가 가석방요건에 해당하는 경우에는 다른 수형자에 우선하여 가석방을 신청할 수 있다.

제40조(상금 등 관리) ① 소장은 기능경기대회 입상 수형자의 상금 및 훈련장려금 등을 공신력 있는 금융기관에 해당 수형자의 이름으로 예금하고 그 관리의무를 다하여야한다.

② 예금은 이율 등을 고려하여 본인이 희망하는 금융기관이나 작업장려금 통장을 이용하게 하고 예금증서와 인장은 「형의 집행 및 수용자의 처우에 관한 법률 시행령」 제36조(귀중품의 보관)에 따라 보관하여야 한다.

③ 예금은 석방할 때 지급함을 원칙으로 한다. 다만, 소장은 수형자의 사용신청이 있고 그 사유가 정당하다고 인정되는 경우에는 석방전이라도 사용을 허가할 수 있다.

제41조(서류의 보존) ① 소장은 교도작업 특별회계 시스템의 자격증취득명부에 국가기술자격 취득수형자를 입력하여 준영구로 보존하여야 한다.

② 소장은 별지 제12호 서식에 따른 기술자격보유 출소자명부와 훈련시설의 설치 및 장비 구입에 관한 서류는 10년간 보존하여야 한다.

③ 소장은 직업훈련에 관한 일반문서는 3년간 보존하여야 한다. 다만, 직업훈련 비용에 관한 서류 및 직업훈련생 명부는 5년간 보존하여야 한다.

제5장 직업훈련 시설 및 장비

제42조(장비관리) ① 직업훈련의 시설·장비는 다른 용도에 사용할 수 없다. 다만 소장이 필요하다고 인정하는 경우에는 교육 또는 교도작업의 시설·장비와 직업훈련의 시설·장비를 상호 사용할 수 있다.

② 직업훈련용 장비는 「물품관리법」 등 관계법령에 따라 철저히 관리하고 별지 제13호 서식에 따른 훈련장비기록부를 비치하여야 한다.

제43조(시설·장비점검) ① 소장은 시설·장비 등을 등재한 도구점검부를 직업훈련장에 비치하여 직업훈련장 근무자로 하여금 훈련을 시작하거나 종료할 때 점검하게 하고 그 결과를 기록하도록 하여야 한다.

② 직업훈련장 근무자는 매일 시설·장비 등의 보존상태를 점검하여 분실·훼손 등의 이상이 있는 경우에는 즉시 소장에게 보고하여야 한다.

제6장 직업훈련물품 구입 및 수불

제44조(직업훈련물품 구입) 직업훈련에 필요한 물품구입은 「국가재정법」 등 관계법령이 정하는 절차에 따라 구입하여야 한다.

제45조(검사) 직업훈련물품을 구입하는 경우에는 관계법령에 따라 검사관의 검사를 받아야 한다.

제46조(보관) ① 교도작업특별회계 물품출납공무원은 검사를 마친 직업훈련물품을 성질별, 품목별, 상태별로 구분하여 보관하고 선량한 관리자로서의 의무를 다하여야 한다.

② 교도작업특별회계 물품출납공무원은 물품보관장소에 물품의 수량을 기입한 현황판을 설치하고 물품수불 사항을 명확히 기재하여야 한다.

제47조(실습명령) 직업훈련계획에 따라 실습훈련을 하고자 하는 경우에는 별지 제14호 서식에 따른 실습명령부를 작성하여야 한다. 다만 교도작업 재료를 사용하여 작업병행 직업훈련을 실시하는 때에는 그러하지 아니하다.

제48조(재료수불) ① 재료는 실습명령부에 따라 수불하여야 하고 수불 사항을 별지 제15호 및 제15-1호 서식에 따른 훈련재료수불부에 기재하여야 한다.

② 제1항에 따른 소요재료는 직업훈련 진행에 차질이 없도록 해당 직업훈련교사의 책임 아래 수불하여야 한다.

제49조(재료의 회수) 직업훈련교사는 실습을 마치고 남은 재료가 있는 경우에는 이를 회수하여 물품운용관을 통해 물품출납 공무원에게 반납 하여야 한다. 다만, 소장이 필요하다고 인정하는 때에는 다른 훈련의 재료로 사용할 수 있다.

제50조(실습제품 등의 처리) ① 실습제품과 부산물은 판매하거나 분해하여 다른 물품의 실습재료로 재활용하여야 한다. 다만, 소장이 판매 또는 재활용 가치가 없다고 인정하는 경우에는 별지 제16호 서식에 따른 부산물대장에 기재한 후 폐기할 수 있다.

② 판매가 가능한 실습제품이나 부산물은 교도작업제품 평가위원회 규정에 따라 처리하고 별지 제17호 서식에 따른 실습제품평가부에 등재하여야 한다.

③ 소장은 판매가 가능한 실습제품이나 부산물이라도 변질우려가 있거나 단기간 판매가 불가능한 경우에는 사회 기부 등 다른 용도로 처분할 수 있다.

④ 실습제품이나 부산물을 판매한 경우에는 교도작업특별회계 잡수입으로 조정하고, 기부 등 다른 용도로 처분한 경우에는 별지 제 18호 서식에 따른 실습제품기증대장에 기록을 유지하여야 한다.

제7장 보고

제51조(직업훈련예산집행현황 보고) 소장은 별지 제19호 서식에 따른 직업훈련예산집행현황을 매분기말 법무부장관에게 보고하여야 한다.

제52조(직업훈련현황) 소장은 별지 제20호, 별지 제21호, 별지 제22호 서식에 따른 직업훈련실시 현황을 매월말 관할 지방교정청장에게 보고하고 각 지방교정청장은 이를 취합하여 다음달 10일까지 법무부장관에게 보고하여야 한다.

제53조(보고절차) 이 지침에 따라 법무부장관의 승인 또는 보고가 필요한 사항은 관할 지방교정청장을 경유하여야 한다.

제54조(재검토기한) 법무부장관은 「훈령·예규 등의 발령 및 관리에 관한 규정」(대통령훈령 제431호)에 따라 이 지침에 대하여 2022년 7월 1일 기준으로 매 3년이 되는 시점(매 3년째의 6월 30일까지를 말한다)마다 그 타당성을 검토하여 개선 등의 조치를 하여야 한다.

부칙 〈제1303호, 2022. 6. 29.〉

(시행일) 이 지침은 발령한 날로부터 시행한다.

04

사회복귀

수용자 사회복귀지원 등에 관한 지침

[시행 2025. 3. 12.] [법무부예규 제1364호, 2025. 3. 12., 일부개정.]

제1장 총칙

제1조(목적) 수용자의 성공적인 사회정착과 재범예방을 위한 수용자와 그 가족의 관계회복 지원, 각종 사회적 응훈련과 사회복귀지원 등의 업무수행 기준과 절차 등에 관하여 규정함을 목적으로 한다.

제2조(용어의 정의) 이 지침에서 사용하는 용어의 뜻은 다음과 같다.

1. "중간처우시설"이란 「형의 집행 및 수용자의 처우에 관한 법률」(이하 '법'이라 한다) 제57조제2항제1호에 규정된 개방시설의 한 종류로서 다음 각 목의 어느 하나에 해당하는 교정시설 내 중간처우시설(사회적응 훈련원, 소망의 집)과 지역사회 내 중간처우시설(희망센터)을 의미한다.

   가. 사회적응훈련원: 중간처우를 전담하는 독립된 교정시설

   나. 소망의 집: 교정시설 구외에 설치되어 중간처우를 실시하는 전담시설

   다. 희망센터: 지역사회 내에 설치되어 교도작업을 중심으로 중간처우를 제공하는 전담시설

2. "가족관계회복 지원"이란 수용자에게 가족관계회복을 위한 가족만남의 날 행사, 가족만남의집 이용, 가족 만남실 이용, 가족사랑캠프 참여 등 교화프로그램을 지원하는 것을 말한다.

3. "귀가여비 등 지급"이란 출소 시 귀가지까지 갈 여비가 부족하거나 계절에 맞는 의류와 신발이 없는 경우 수용자에게 금품을 지원하는 것을 말한다.

제3조(기본원칙) ① 사회복귀지원의 수준은 수용자에게 재활의지와 자립심을 북돋우기 위한 필요한 범위 내에 서 결정되어야 한다.

② 사회복귀지원 방법은 수용자의 기본적인 특성과 수요에 적합하게 결정되어야 한다.

③ 다른 법령에서 이 지침과 유사한 지원방법을 정하고 있는 경우 이 지침은 보충적으로 적용한다.

제2장 가족관계회복 지원

제1절 통칙

제4조(가족관계회복 지원 대상자 선정) ① 다음 각 호의 어느 하나에 해당하는 경우에는 가족관계회복 지원 대 상자로 선정할 수 있다.

1. 「민법」상의 미성년 자녀 또는 65세 이상의 부모가 있거나 가족의 사망 등으로 심적 안정이 필요한 자

2. 소년, 65세 이상 고령자 및 장애인으로서 가족으로부터 관심과 지원이 필요한 자

3. 학업 및 직업능력개발훈련 성적이 우수하여 격려가 필요한 자

4. 교도작업 능률향상, 교정사고 방지, 그 밖의 선행 등으로 수용생활에 모범이 되는 자

5. 소장이 교화상 특히 가족관계회복 지원이 필요하다고 인정하는 자

② 소장은 가족이 있는 수용자로서 가족관계회복 지원이 필요한 자에게는 수용 중 1회 이상 제2조 제2호 교화프로그램 참여 기회를 부여할 수 있도록 노력하여야 한다.

제5조(가족관계회복 지원을 위한 참여 인원 수 및 그 제한) ① 소장은 가족관계회복 지원을 위한 참여 가족의 수를 5명 이내로 한다. 다만, 특히 필요하다고 인정하는 경우에는 참여인원을 늘릴 수 있다.

② 소장은 가족이라 하더라도 교화상 부적당하다고 인정되는 사람은 수용자와의 만남을 제한할 수 있다.

제6조(가족관계 확인) 소장은 가족관계회복 지원 프로그램에 참여하는 가족 등에게 다음 각 호의 서류 또는 증표를 제시하도록 하거나 교정정보시스템 내 스마트접견대상자현황의 민원인 정보로 수용자와의 가족관계 등을 확인하여야 한다.

1. 가족관계증명서, 주민등록등본

2. 주민등록증, 운전면허증, 여권, 장애인등록증, 학생증

3. 교정위원 등 후원자의 경우는 교정위원증 등 관계를 증명할 수 있는 서류

4. 기타 공공기관 발행 증명서류

제7조(외래인의 휴대품 검사 등) ① 소장은 필요한 경우 가족관계회복 프로그램에 참여하는 외래인의 휴대품 검사를 실시할 수 있다, 이 경우 사전에 그 필요성을 충분히 설명한 후 신속히 검사하여야 한다.

② 소장은 외래인이 법 제92조에서 규정하는 금지물품 등을 지닌 경우 정문의 휴대품 보관함에 보관하여야 한다. 단, 구외 일정장소에서 행사를 실시하는 경우 등 필요한 경우 별도의 장소에 보관하고 안전조치를 시행할 수 있다.

③ 소장은 행사 도중 금지물품을 발견한 경우 해당 수용자와 가족에 대해 행사중지 등 필요한 조치를 시행할 수 있다.

④ 소장은 가족 등이 준비한 음식물 반입을 허용하되, 음용수와 주류, 익히지 않은 음식으로서 위생상 유해한 음식 등은 제외한다.

⑤ 가족관계회복 지원 행사 관련 직원은 가족 등이 반입하는 음식물에 대하여 위생·보안상 위해 여부를 철저히 검사하여야 한다.

제8조(신체 등에 대한 검사) 소장은 가족만남의 날, 가족만남의 집 등 가족관계회복 지원 프로그램 시행 전후 신체 등에 대한 검사를 간략히 하거나 「형의집행 및 수용자의 처우에 관한 법률 시행령」 제113조 단서에 따라 예외로 할 수 있다.

제9조(복장 등) ① 소장은 가족만남의 날, 가족만남의 시간 등 가족관계회복 지원 프로그램 참여 수용자의 복장은 모범수형자복 또는 평상복으로 한다.

② 소장은 제1항에도 불구하고 교화상 필요하다고 인정되는 경우, 가족관계회복 지원 프로그램 참여 수용자에게 자비구매 의류 등을 착용하게 할 수 있다.

③ 〈삭제〉

제2절 가족만남의 날 행사

제10조(가족 등의 범위) ① 「형의 집행 및 수용자의 처우에 관한 법률 시행규칙」(이하 '규칙'이라 한다) 제89조에 따른 가족만남의 날 행사에 참여하는 가족 등의 범위는 다음 각 호와 같다.

1. 수형자의 친족(민법 제767조의 친족을 말한다)

2. 가족이 없는 수형자의 경우에는 수형자와 자매결연을 맺은 교정위원 또는 특히 교화상 필요하다고 인정되는 경우에는 그 밖의 교정위원 및 가족에 준하는 사람

② 소장은 수형자에게 가족이 있으나 장기간 연락이 단절되어 가족관계 회복이 어렵다고 판단되는 경우에는 가족이 없는 경우에 준하여 제1항제2호를 적용할 수 있다.

제11조(가족만남의 날 행사 시기) 소장은 다음 각 호에 해당하는 경우, 가족만남의 날 행사를 실시할 수 있다.

1. 설날, 추석 등 명절 전후
2. 가정의 달, 장애인의 날 및 교정의 날 등 특정 기념일 전후
3. 그 밖의 기관 실정에 따라 지정한 날

제12조(가족만남의 날 행사장소) 가족만남의 날 행사를 위하여 다음 각 호의 장소를 이용할 수 있다.

1. 교정시설 구내(정문 안)
2. 교화 목적상 특히 필요하다고 인정되는 경우 교정시설 구외(정문 밖) 일정 장소

제13조 〈삭제〉

제14조(가족만남의 날 행사 전·후의 조치사항) 소장은 외래인에 대하여 행사의 취지 등을 설명하고 질서 유지에 관한 사항 및 기타 지켜야 할 사항에 대한 교육을 실시한다.

제3절 가족만남의 집 이용

제15조(가족의 범위 등) ① 규칙 제89조에 따른 가족만남의 집을 이용할 수 있는 가족의 범위는 다음 각 호와 같다.

1. 수형자의 배우자, 직계존속, 직계비속 및 직계비속의 배우자
2. 수형자의 배우자의 직계존속
3. 수형자의 형제자매와 형제자매의 배우자 및 그 비속
4. 수형자의 배우자의 형제자매와 그 배우자 및 비속
5. 수형자 및 그 배우자의 직계 존속의 형제자매와 그 배우자 및 비속
6. 사실상 혼인관계에 있는 자 및 그 직계비속(단, 사실상 혼인관계에 있는 자가 수형자 또는 수형자의 직계 존속·비속 중 1인 이상과 주민등록을 같이한 경우에 한함)

② 가족만남의 집 이용 수형자에 대하여는 별지 제1호 서식에, 가족 대표에 대하여는 별지 제2호 서식에 따라 서약서를 받는다.

제15조의2(가족만남의 집 대상자 선정) ① 소장은 개방처우급 수형자가 가족만남의 집 이용을 희망하는 경우 연 1회에 한하여 별지 제14호 서식을 전달하여 신청할 수 있게 조치하여야 한다.

② 제1항의 신청이 있는 경우 사회복귀과 담당 직원은 심사 결과에 따라 가족만남의 집 이용 여부가 결정될 수 있음을 사전에 수형자에게 충분히 고지하여야 한다.

③ 형이 확정된 후 형기의 3분의 1 기간 내에 있는 일반경비처우급 이상 수형자에게 제24조의2 제1항 제2호에 해당하는 가족이 있을 경우 원칙적으로 가족만남의 집 대상자로 적극 고려하여야 한다. 다만, 규칙 제194조에 따른 엄중관리대상자는 그러하지 아니하다

제16조(가족만남의 집 이용기간) ① 가족만남의 집 이용기간은 1일 또는 1박2일로 하며 교화상 특히 필요한 경우 1일을 연장할 수 있다.

② 소장은 제1항에도 불구하고 가족의 전부 또는 일부가 가족만남의 집 이용 기간 단축을 희망하는 경우 허

가할 수 있다.

제17조(가족만남의 집 이용 중 주의사항) ① 가족만남의 집 이용자는 특별한 경우를 제외하고 시설 밖 출입을 금지한다.

② 가족만남의 집을 이용하는 수형자 및 그 가족은 외부인과 자유로이 통화할 수 있다. 다만, 소장은 수형자와 사건 피해자 및 관계인 간 통화는 제한되며 휴대전화를 사용하는 경우 음성통화만을 이용할 수 있음을 고지하여야 한다.

제18조(가족 만남의 집 이용 중 점검 및 생활용품 관리 등) ① 소장은 가족만남의 집 이용 기간 중 이상 유무에 대하여 필요하다고 판단되는 경우에는 전화 또는 직접 시설 내 점검 등을 할 수 있다.

② 소장은 가족만남의 집 시설 이용 및 생활용품 등에 대하여 다음 각 호와 같이 관리하여야 한다.

1. 가족만남의 집에는 별표 1의 가족만남의 집 공동생활용품 현황표를 비치한다.

2. 가족만남의 집 공동생활용품 현황표는 별표 1을 참고하여 기관의 사정에 따라 품목을 추가할 수 있다.

3. 침구류는 계절별로 필요량을 확보, 사용 후 교체·세탁하여 다음 이용자에게 불쾌감을 주지 않도록 한다.

4. 화장실·주방기구 등의 위생관리를 철저하게 하여야 한다.

5. 전기·가스 안전점검, 시설파손 여부 등에 대하여 확인하여야 한다.

제19조(가족만남의 집 이용 후 조치사항) ① 가족만남의 집 운영 직원은 이용 전·후 수형자 및 가족을 상담하여 불편사항에 대해서는 신속히 조치하고 상담결과는 처우자료로 활용할 수 있다.

② 〈삭제〉

제20조(가족만남의 집 계호) ① 가족만남의 집이 설치된 기관의 장은 가족만남의 집 이용 관련 자체 세부 계호 계획을 수립하여야 한다.

② 가족만남의 집 시설이 설치되어 있지 않은 기관의 장이 별표 2의 가족만남의 집이 설치된 기관의 장에게 시설 이용 등을 의뢰할 경우 적극 협조하여야 하며, 대상 수형자는 시설이 설치된 기관에 일시 수용된 것으로 한다.

제21조 〈삭제〉

제4절 가족사랑캠프

제22조(가족사랑캠프) ① "가족사랑캠프"란 수형자 가족관계회복을 위해 교정시설내 또는 외부 연수기관 등에서 가족관계 전문가의 진행으로 이루어지는 프로그램을 말한다.

② 가족사랑캠프 기간은 1일 또는 1박2일을 원칙으로 한다. 단 외부 연수기관 등 특별한 경우에는 늘릴 수 있다.

제23조(참여 가족의 범위) 가족사랑캠프에 참여하는 가족의 범위는 다음 각 호와 같다.

1. 수형자의 친족(민법 제767조의 친족을 말한다)

2. 이혼 후 재결합 등을 위한 전 배우자

3. 사실상 혼인관계에 있는 자 및 그 직계비속(단, 사실상 혼인관계에 있는 자가 수형자 또는 수형자의 직계존속·비속 중 1인 이상과 주민등록을 같이한 경우에 한함)

4. 기타 가족관계회복을 위해 특히 필요하다고 인정되는 가족 이외의 자

제5절 가족만남의 시간

제24조(가족만남실) ① "가족만남실"이란 수용자의 가족관계회복을 위해 교정시설 구내에 일반 가정집 거실형태의 시설물을 갖춘 공간을 말한다.

② 소장은 전항의 가족만남실이 구비되어 있지 않은 경우 상담실, 장소변경접견실 등 적정한 공간을 전항의 목적으로 활용하도록 지정·운영하여야 한다.

제24조의2(가족만남의 시간 대상자 선정) ① 다음 각 호의 어느 하나에 해당하는 경우에는 가족만남의 시간 대상자로 선정할 수 있다.

1. 이혼 위기, 양육 곤란, 경제적 곤궁 등으로 가족위기 관리가 필요하거나 기타 가족관계 해체의 징후가 현저한 수용자

2. 가족 중 장애인, 환자, 아동복지법상 아동, 노약자, 다문화가족이 있거나 산간 및 도서벽지에 거주하는 가족이 있는 수용자

3. 사형, 무기, 장기 10년 이상의 중형을 선고받아 수용생활 안정이 특히 필요한 수용자

② 소장은 가족만남의 시간 대상자 선정 시 수용자의 입소 전 경력과 직업, 가족의 구성 및 형편 등을 종합적으로 고려하여 특혜나 차별 시비가 없도록 유의하여야 한다.

제24조의3(가족만남의 시간 이용시간) ① 소장은 가족만남의 시간 이용시간을 2시간 이내에서 허가한다. 다만, 중간처우대상자가 외부에서 가족만남의 시간을 실시하는 경우 4시간까지 허가할 수 있다.

② 소장은 1항에도 불구하고 특별한 사유가 있는 경우에는 가족만남의 시간 이용시간을 2시간 이내에서 연장할 수 있다.

제25조(가족의 범위) 가족만남실을 이용할 수 있는 가족의 범위는 다음 각 호와 같다.

1. 수용자의 친족(민법 제767조의 친족을 말한다)

2. 이혼 후 재결합 등을 위한 전 배우자

3. 사실상 혼인관계에 있는 자 및 그 직계비속(단, 사실상 혼인관계에 있는 자가 수용자 또는 수용자의 직계존속·비속 중 1인 이상과 주민등록을 같이한 경우에 한함)

4. 기타 가족관계회복을 위해 특히 필요하다고 인정되는 가족 이외의 자

제26조(가족만남실 이용 후 조치사항) ① 가족만남실 운영 직원은 이용 전·후 수용자 및 가족을 상담하여 불편사항에 대해서는 신속히 조치하고 상담결과는 처우자료로 활용할 수 있다.

② 〈삭제〉

제26조의2(직원입회) 규칙 제194조부터 제213조까지 규정된 엄중관리대상자, S4급 수형자의 가족만남의 시간 시 직원은 가족만남실에 입회하여야 한다.

제3장 중간처우

제1절 통칙

제27조(중간처우의 기본원칙) 중간처우대상자에 대한 처우의 기본원칙은 다음 각 호와 같다.

1. 자율성과 책임성에 바탕을 둔 자치 활동

2. 수형자의 특성에 맞는 다양한 처우

3. 자립 능력의 향상

제28조(중간처우시설 기준) 중간처우 대상자를 수용하는 중간처우시설 기준은 다음 각 호와 같다.

1. 사회와의 접근성을 고려하여 독립시설 또는 교정시설 구외 또는 지역사회 내에 입지

2. 개방환경의 조성을 위해 일반 주택형 또는 수련시설형으로 설치

3. 자율성 함양을 위한 최소한의 보안 설비

제29조(수용인원) ① 소망의 집에 수용하는 중간처우대상자는 20명 내외로 한다.

② 사회적응훈련원에 수용하는 수용인원은 중간처우대상자 240명 내외로 한다.

③ 희망센터에 수용하는 중간처우 대상자는 50명 내외로 한다.

제2절 중간처우대상자 등 선정 및 수용

제30조(중간처우대상자 등의 선정 등) ① 소망의 집, 사회적응훈련원, 희망센터에 수용하는 중간처우대상자의 선정요건과 이송절차 등에 관한 사항은 「교정시설 경비등급별 수형자의 처우 등에 관한 지침」(이하 "경비등급 처우지침"이라 한다)에 따른다.

② 〈삭제〉

③ 천안개방교도소(사회적응훈련원)에 필요시 양육유아 수형자를 수용할 수 있다.

제3절 중간처우대상자 등의 처우

제31조(단계별 중간처우) ① 소장은 중간처우대상자의 교육성과를 높이기 위하여 다음 각 호와 같이 단계별 처우 및 교육과정을 구분하고 그에 따르는 계획을 수립하여 운영할 수 있다.

1. 사회적응훈련원 중간처우대상자의 단계별 처우기간 및 내용은 별표 3에 따른다.

2. 소망의 집 중간처우대상자의 단계별 처우기간 및 내용은 별표 4에 따른다.

3. 희망센터 중간처우대상자의 단계별 처우기간 및 내용은 별표 5에 따른다.

② 소장은 수용 인원, 남은 형기 등을 고려하여 중간처우대상자의 단계별 처우기간을 단축하거나 단계를 통합하여 운영할 수 있다.

제32조(중간처우대상자에 대한 지켜야 할 사항 고지 등) ① 소장은 제1단계 과정의 중간처우대상자에게 시설이용에 관한 지켜야 할 사항을 고지한다.

② 소장은 중간처우대상자의 수용생활 중 선행을 위하여 별지 제6호 서식의 서약서를 받는다.

③ 소장은 중간처우대상자의 수용생활 지도를 위하여 필요한 경우 생활점수제 등을 실시할 수 있다.

제33조(중간처우대상자의 일과) 소장은 중간처우대상자의 특성과 처우계획 등을 고려하여 그 일과를 정한다.

제34조(자치회 조직) ① 소장은 규칙 제86조 및 「분류처우 업무지침」에서 정한 바에 따라 자치제를 시행할 수 있으며, 중간처우대상자의 자율성과 책임성을 함양하기 위하여 각 단계별 또는 단계 구분 없이 자치회를 조직·운영할 수 있다.

② 단, 소장은 제49조에 따라 중간처우시설에 근무자가 근무하지 않는 경우, 중간처우대상자 중 1인을 자치회장으로 지정하고, 자치회장은 일과 전후 및 소장이 정하는 경우에 인원, 기타 특이사항을 소장에 보고한다.

제35조(복장) 소장은 중간처우대상자가 취업 및 외부교육 등에 참여하는 경우 자비구매의류 또는 협력업체 근무복을 착용하게 할 수 있다.

② ③ 〈삭제〉

제36조(의료처우) ① 소장은 중간처우대상자가 중간처우시설에서 질병 등으로 치료가 필요한 경우 구내 의료거실 등에 수용할 수 있다.

② 소장은 중간처우대상자가 직원의 동행 없이 작업 중 부상을 당하는 등 위급한 상황인 경우, 외부기업체 관계자 등과 동행하여 외부병원 진료를 받게 할 수 있다.

제37조(접견) 중간처우대상자 중 평일 접견이 곤란한 자는 소장이 정하는 휴무일에 접견을 실시할 수 있다.

제38조(전화사용) ① 소장은 소망의 집, 사회적응훈련원 중간처우대상자의 전화사용에 대하여 규칙 제90조에도 불구하고 전화사용 횟수를 늘릴 수 있다.

② 소장은 희망센터 중간처우대상자에 대하여 규칙 제25조 및 제90조에도 불구하고 개인별 휴대전화기를 지니고 사용하는 것을 허가할 수 있으며, 일과활동에 지장이 없는 범위 내에서 사용시간을 별도로 정할 수 있다.

제39조(텔레비전 시청 등) 소장은 중간처우대상자의 텔레비전 시청과 라디오 청취에 대하여 사회복귀 지원 등을 위하여 필요하다고 인정되는 경우에는 규칙 제41조제1항에도 불구하고 따로 정할 수 있다.

제40조(식사) ① 소망의 집, 사회적응훈련원 중간처우대상자의 식사는 구내 취사장에서 조리된 음식물로 한다. 다만, 필요한 경우 희망센터 내에서 음식을 조리하고 섭취하는 것을 허용할 수 있다.

② 희망센터 중간처우대상자의 식사는 협력업체 등에서 제공하는 음식물로 한다. 다만, 필요한 경우 희망센터 내에서 조리된 간단한 음식을 허용할 수 있다.

제41조(컴퓨터 · 인터넷 사용) ① 소장은 중간처우대상자의 사회적응을 위해 중간처우시설에 컴퓨터와 인터넷을 설치할 수 있으며, 인터넷 사용을 허가하기 위해서는 사전에 유해사이트 접속 방지를 위한 프로그램을 설치 등 필요한 조치를 취하여야 한다.

② 중간처우대상자는 여가 시간에 컴퓨터를 사용 할 수 있으나, 인터넷 사용에 대하여는 중간처우담당 직원 등의 허가를 받아 사용 할 수 있다. 이 경우 중간처우담당 직원 등은 중간처우제도의 목적에 맞는 범위 내에서 사용범위와 시간을 정하여 허가할 수 있다.

③ 〈삭제〉

④ 〈삭제〉

제42조(외부 직업훈련 · 교육 등) ① 소장은 중간처우대상자에 대하여 자비로 외부 직업훈련 · 교육과정 또는 외부 영화 · 공연 · 박물관 등의 관람이나 종교행사에 참여하게 할 수 있다.

② 외부 문화 · 종교행사 참여에 관한 사항은 사회견학 절차를 준용한다.

제43조(양육유아 수형자의 처우 및 교육) 천안개방교도소(사회적응훈련원) 양육유아 수형자의 처우 및 교육에 관하여는 중간처우대상자의 처우를 준용할 수 있다.

제44조 〈삭제〉

제45조(보고사항) 소장은 별지 제7호 서식의 중간처우대상자 가석방 및 취업 · 창업 현황을 매월 5일까지 각 지방교정청을 통하여 법무부장관에게 보고하여야 한다.

제4절 중간처우전담반의 구성

제46조(중간처우전담반의 구성) ① 소장은 중간처우시설에 중간처우대상자의 사회복귀를 지원하기 위하여 중간처우전담반을 구성한다.

② 중간처우전담반은 사회복귀과장 또는 직업훈련과장을 반장으로 하여 운영 전반을 총괄하고 반원은 다음 각 호의 중간처우전담 직원으로 편성한다. 단, 지소의 경우 6급 이상을 반장으로 지정할 수 있다.

1. 소망의 집, 희망센터: 3명 이상(사회복귀과 · 직업훈련과 · 보안과 각 1명)

2. 사회적응훈련원: 5명 이상(사회복귀과 2명, 보안과 · 직업훈련과 · 복지과 각 1명)

③ 직업훈련과의 취업 · 창업전담 직원은 중간처우전담반의 업무를 겸할 수 있다.

④ 제1항부터 제3항까지의 규정에도 불구하고 중간처우전담반은 기관 실정에 따라 적정하게 운영할 수 있다.

제47조(중간처우전담반의 업무 및 업무 분담) 중간처우전담반의 업무는 다음 각 호와 같다.

1. 단계별 중간처우 계획의 수립 및 시행에 관한 사항

2. 중간처우대상자의 지도 · 보호에 관한 사항

3. 중간처우대상자의 취업 및 창업지원에 관한 사항

4. 중간처우대상자 취소 신청에 관한 사항

5. 중간처우대상자의 출소 후 관리에 관한 사항

6. 연간 중간처우 성과의 평가 · 분석에 관한 사항

7. 그 밖에 다른 부서와 업무협조 등 중간처우시설의 운영에 관하여 필요한 사항

제48조(회의소집 등) 중간처우전담반장은 수시로 반원을 소집하여 회의를 개최하고 운영사항 전반을 점검 할 수 있다. 그 회의내용은 별지 제8호 서식의 '중간처우전담반 회의록'에 기록한다.

제49조(중간처우대상자 지도 · 감독 등) 소장은 주간 일과시간, 일과시간 이후 및 휴무일에 근무자 1인 이상을 중간처우시설에서 근무하게 한다. 다만, 자치활동 등 중간처우의 효율적 운영을 위해 필요한 경우 휴게실, 교육실 등 공동생활공간에 영상정보처리기기를 설치해 전자장비를 이용한 계호를 할 수 있다.

제50조(각 부서별 협력) 중간처우시설의 각 부서별 협력사항은 다음 각 호와 같다.

1. 일과시간 이후 및 공휴일(휴무일)에 필요한 근무인원 등에 관한 사항 : 보안과

2. 외부통근 작업지정 및 취업 · 창업 등에 관한 사항 : 직업훈련과

3. 분류심사 및 가석방 등에 관한 사항 : 분류심사과

4. 그 밖의 관련 부서는 운영에 필요한 인력, 장비, 예산 등 적극 지원

제5절 중간처우대상자 등의 선정 취소

제51조(선정 취소 등) 중간처우대상자의 선정을 취소하는 경우 또는 선정 취소된 자의 수용 및 이송에 관한 사항은 경비등급 처우지침에 따른다.

제4장 사회적 처우
제1절 사회견학 및 봉사활동

제52조(사회견학 및 봉사활동 대상 수형자) 사회견학 및 봉사활동 대상자는 다음 각 호의 어느 하나에 해당하는 수형자로 한다.

1. 가석방 신청 수형자

2. 개방처우급, 완화경비처우급 수형자

3. 처우상 특히 필요한 경우 일반경비처우급 수형자

제53조(사회견학 및 봉사활동) 사회견학 및 봉사활동은 다음 각 호와 같다.

1. 직업능력개발훈련을 위하여 관련 기업체 등에 견학이 필요한 경우

2. 학업 · 직업능력개발훈련 등 성적 우수자의 사회적응능력 향상에 필요한 경우

3. 교정사고 방지, 그 밖의 선행 등 공로가 있는 자의 사회적응능력 향상에 필요한 경우

4. 기능자격 취득자로서 그 기능이 지역사회 봉사활동에 적합한 경우

5. 그 밖에 교화상 특히 필요하다고 인정되는 경우

제54조(사회견학 및 봉사활동의 경우 중식 제공 등) ① 소장은 사회견학 및 봉사활동의 경우 수형자에게 예산의 범위 내에서 도시락 또는 대중식 등을 제공할 수 있다.

② 소장은 사회견학 및 봉사활동 시 별도의 수형자 의류를 지정하여 입게 하고, 처우상 필요한 경우 모범수형자복 또는 자비구매 의류를 지정하여 입게 할 수 있다.

제55조(사회견학 및 봉사활동의 범위) ① 수형자에게 실시하는 사회견학의 범위는 다음 각 호와 같다.

1. 직업능력개발훈련 과정과 연계한 대학, 산업시설 견학

2. 사회적응에 도움이 되는 문화유적지 탐방, 박물관 등 견학

3. 연극 · 영화 등 문화공연 관람

4. 그 밖의 외부 종교행사 참석 등

② 수형자가 실시하는 봉사활동의 범위는 다음 각호와 같다.

1. 독거 노인 · 소년소녀가장 세대, 복지시설 등 방문 봉사

2. 지역사회 공공시설 보수

3. 이 · 미용, 배관, 보일러 등 기능자격 보유자의 봉사활동

4. 그 밖의 봉사활동이 필요한 경우 등

제56조(사회견학 및 봉사활동 중인 수형자가 지켜야 할 사항) ① 사회견학 및 봉사활동 중인 수형자가 지켜야 할 사항은 다음 각 호와 같다.

1. 허가 없이 지정된 장소를 이탈하거나 외래인 접촉 금지

2. 계호책임자의 지시에 따르고 부정물품 수수 및 은닉 금지

3. 단정한 복장상태 유지 등

② 계호책임자는 사회견학 및 봉사활동 수형자가 제1항의 지켜야 할 사항을 위반한 경우에는 즉시 환소 조치한다.

제2절 귀휴

제57조(귀휴사유의 확인 등) ① 소장은 귀휴사유가 발생하였을 경우 수형자 또는 그 가족 등에게 확인에 필요한 문서 또는 증명자료 제출을 요구할 수 있다.

② 수형자 또는 그 가족이 제1항에 따라 제출하여야 하는 서류의 종류는 다음 각 호와 같다.

1. 회갑, 고희 또는 혼례: 청첩장, 초대장, 행사장 계약서류 등

2. 입대 또는 유학: 입영통지서 또는 입학허가서 등

3. 입학식, 졸업식 또는 시상식: 입학(합격)증명서, 졸업예정증명서 등

4. 출석수업 참가, 시험응시: 수업시간표, 시험응시원서 등

5. 사망: 권한 있는 기관의 사망진단서 등

6. 그 밖의 관련 증명자료

③ 소장은 귀휴 심사 종료 이후부터 시행 직전까지 귀휴예정자의 신상(추가사건, 징벌 등)이나 귀휴심사 사항의 변동 또는 심경변화 유무 등을 확인하여야 한다.

④ 소장은 귀휴예정자의 귀휴심사 사항의 변동 등이 있을 경우 사안에 따라 귀휴 취소, 조건 부과 등 적절한

조치를 강구하여야 한다.

제57조의2(귀휴 사전(예비)회의 실시) ① 소장은 귀휴 대상 수형자의 심리, 정서상태 등의 파악과 귀휴 적합 여부 판단 등을 위하여 귀휴심사위원회 심사 전 '귀휴 사전(예비)회의'를 실시한다.

② 귀휴 사전(예비)회의는 수용관리 팀장, 수용동 담당자, 분류심사 담당자, 고충처리 담당자, 작업장 담당자, 귀휴 담당자 등으로 구성한다.

③ 부득이한 사유로 귀휴 사전(예비)회의에 참석하지 못하는 경우에는 귀휴 허가 여부 등의 내용을 별지 제15호 서식의 의견서에 기입하여 제출한다.

④ 회의 내용 및 결정 사항은 별지 제16호 서식의 사전회의 회의록 등에 기록·보관하고 귀휴심사 시 반영한다.

⑤ 제1항부터 제4항까지의 규정에도 불구하고 특별귀휴 대상자와 중간처우 대상자에 대하여는 귀휴 사전(예비)회의를 생략할 수 있다.

제58조(귀휴보고) ① 소장은 다음 각 호의 사항을 소속 지방교정청장 및 법무부장관에게 보고하여야 한다.

1. 귀휴시행예정보고(별지 제10호 서식)

2. 귀휴취소보고(별지 제11호 서식)

3. 귀휴조건 위반사실 발견 및 조치결과 보고(별지 제12호 서식)

② 귀휴시행 예정보고의 기한과 절차는 다음 각 호와 같다.

1. 일반귀휴는 귀휴시행 7일 전까지 소속 지방교정청장에게, 지방교정청장은 5일전까지 법무부장관에게 보고하여야 한다.

2. 특별귀휴는 귀휴출발 2시간 전까지 제2항제1호의 절차에 의하여 보고하여야 한다.

③ 소장은 귀휴취소, 귀휴조건위반 사실이 발견되는 경우에는 지체없이 지방교정청장 및 법무부장관에게 보고하여야 한다.

제5장 귀가여비 등 지급

제59조(지급대상) 소장은 석방을 앞둔 수용자로서 보관금, 작업장려금, 교정시설에 보관된 의류상태 등을 종합 판단하여 자력으로 귀가여비 확보가 곤란하다고 인정되는 자에게 귀가여비 등을 지급할 수 있다.

제60조(지급금품) 석방을 앞둔 수용자에게 지급되는 금품은 다음 각 호와 같다.

1. 여비: 현금지급(교통비, 식비, 숙박비 등)

2. 의류 등: 겉옷 상·하의, 운동화(남·여 구분), 1회용 비옷 등

제61조(지급기준) ① 석방을 앞둔 수용자에게 지급되는 금품의 지급기준은 별표 6과 같다.

② 여비는 수용기록부상에 등재된 주소를 기준으로 하되, 주소가 변경된 경우 신주소지 또는 확인된 귀가지를 지급기준으로 할 수 있다. 단, 주소를 확인할 수 없는 경우에는 제1심 판결을 선고한 법원의 소재지를 기준으로 한다.

제62조(집행절차) ① 귀가여비를 집행하는 절차는 다음 각 호와 같다.

1. 현금지급을 위해 국고금관리법 등 관계법령 상의 관서운영경비 출납공무원을 임명

2. 관서운영경비 출납공무원은 관계법령 절차에 따라 귀가여비 영수증에 석방수용자의 손도장 등을 받고 지급

② 의류 등은 사회복귀과장이 월별 또는 분기별로 예상소요량 및 금액을 파악 후 소관 부서에 사전에 신청한다.

③ 귀가여비 등의 효율적 관리를 위해 인적사항, 지급사유 등을 교정정보시스템에 입력·관리하여야 한다.

④ 귀가여비 집행 등 업무처리의 경우에는 국고금관리법 등 관계 법령을 준수한다.

제6장 출소 후 사회 정착을 위한 수용 중 지원

제63조(출소 후 주거 마련 상담 지원) ① 소장은 한국법무보호복지공단의 주거지원 대상자 추천 요청이 있을 경우 잔여 형기가 1년 이하인 자에 대하여 이를 안내하여 충분한 상담기회를 가질 수 있도록 협조하여야 한다.

② 사회복귀과 담당 직원은 한국법무보호복지공단 관계 직원과 협의하여 방문상담, 관련 서류의 제출 등 편의 제공에 적극 협력하여야 한다.

제64조(한국법무보호복지공단 가족지원 사업 협력) ① 소장은 한국법무보호복지공단에 경제적 어려움, 실직 등으로 위기에 처한 수형자의 가족에 대한 지원을 요청할 수 있다.

② 제1항의 지원을 요청하는 경우 사회복귀과 담당 직원은 한국법무보호복지공단과 적극적 협력을 통해 제때에 적정한 대상자에 대한 실질적 지원이 이루어질 수 있도록 노력하여야 한다.

제65조(수용자의 미성년 자녀 보호조치 안내) ① 소장은 법 제53조의2에 따라 신입 수용자에게 「아동복지법」 제15조에 따른 보호대상아동에 대한 지방자치단체의 보호조치를 안내하여야 한다.

② 소장은 제1항의 안내를 받은 신입 수용자가 지방자치단체에 자녀의 보호조치를 의뢰하는 경우 별지 제5호 서식의 아동 보호조치 신청서를 수용자에게 전달하여야 한다.

③ 소장은 수용자가 작성한 아동 보호조치 신청서를 지방교정청 수용자 자녀지원팀에 제출한다.

제66조(수용자 자녀지원팀 업무) ① 수용자 미성년자녀의 지원을 위해 지방교정청에 "수용자 자녀지원팀"을 둔다.

② 수용자 자녀지원팀은 지방교정청 사회복귀과장을 팀장으로 하고, 지방교정청 사회복귀교감, 자녀지원 전담직원, 민간 참여자 등으로 구성한다.

③ 수용자 자녀지원팀은 수용자의 요청 등에 따라 수용자 미성년자녀를 지원하기 위해 가정방문, 상담, 긴급구호물품 지원, 공적·민간 지원 연계 등의 업무를 담당한다.

④ 수용자 자녀지원팀은 별지 제17호 서식의 수용자 자녀지원 요청서를 소장으로부터 송부받아 수용자 미성년자녀의 지원 여부 등을 결정한다.

⑤ 수용자 미성년자녀 지원 여부 및 지원 방안 등의 결정을 위해 정기회의를 분기별 1회 이상 개최한다. 다만 긴급구조 등이 필요할 경우, 수시회의를 개최할 수 있다.

제67조(재검토기한) 법무부장관은 「훈령·예규 등의 발령 및 관리에 관한 규정」에 따라 이 예규에 대하여 2016년 1월 1일 기준으로 매 3년이 되는 시점(매 3년째의 12월 31일까지를 말한다)마다 그 타당성을 검토하여 개선 등의 조치를 하여야 한다.

부칙 〈제1364호, 2025. 3. 12.〉

(시행일) 이 지침은 2025년 3월 12일부터 시행한다.

가족만남의 집 미설치 기관의 타 기관 시설 이용

지방청별 \ 구 분	미설치 기관	이용기관	비　고
서울지방교정청	서울남부구치소	서울남부교도소	
	수원구치소 평택지소	수원구치소	
대구지방교정청	경북북부제2교도소 경북북부제3교도소	경북북부제1교도소	
	부산구치소	창원교도소	
	부산교도소	밀양구치소	
	경주교도소	포항교도소	

사회적응훈련원 단계별 처우기간 및 내용

단계	기간	주요 내용	
		공통 처우	단계별 처우
제1단계 (시설적응단계)	2주 이내	• 자율 보행· 목욕·구매 • 색조화장 • 개방접견, 스마트 공중전화 • 도서관, 자율학습실, 다목적 휴게실 사용	• 시설적응교육 - 개별처우계획 수립 - 작업 및 생활관 처우 교육, 인성교육

제2단계
(사회적응단계)
	잔형기*
	70~80%
			• 운영지원작업, (필요시) 구내작업 및 외부통근작업
			• 사회적응훈련
			 - 동아리 활동, 자율 운동, 개인 라디오 청취, 디지털
			  정보화실 사용
			 - 자녀돌봄 귀휴, 외부 가족만남의 시간
			 - (필요시) 주말 귀휴, 사회견학·봉사활동, 외부 문화·
			  종교행사
			 - 외부직업훈련

제3단계 (사회복귀준비단계)	잔형기 20~30%		• 제2단계 처우 병행 • 운영지원작업, 구내작업, 외부통근작업 • 사회복귀준비 - 주말 귀휴(분기 1회) - 사회견학·봉사활동, 외부 문화·종교행사 참석 - 신용회복, 국민기초생활수급, 주민등록 회복, 운전 면허증 갱신 등 절차 안내 - 가족관계 회복을 위한 전문가 상담 주선 등

* 잔형기는 중간처우 편입일부터 가석방 예정일까지를 의미함

※ 교육훈련프로그램은 사회적응훈련원의 취지를 감안하여 자체적으로 추가 개발 시행

※ 단계별 처우기간 및 처우내용은 기관 실정에 따라 변경할 수 있음

소망의 집 단계별 처우기간 및 내용

단 계	기 간	주요내용	
		공통 처우	단계별 처우

제1단계
(시설적응단계)
	2주 이내	• 인터넷 사용, 텔레비전 자율시청, 체력단련실 이용
		• 개방접견
			• 시설적응교육
			  - 개별처우계획 수립
			  - 작업 및 생활관 처우 교육

제2단계
(사회적응단계)
	잔형기*
	70~80%
			• 외부통근작업
			  - 기업체 취업 및 자율출퇴근
			• 사회적응훈련
			  - 주말 귀휴(분기 2회 이내), 외부 가족만남의 시간
			  - 사회견학·봉사활동, 외부 문화·종교행사 참석

제3단계
(사회복귀준비단계)
	잔형기
	20~30%
			• 제2단계 처우 병행
			• 사회복귀준비
			  - 사회복귀준비 귀휴 시행(출소 1개월전)
			  - 신용회복, 국민기초생활수급, 주민등록 회복, 운전면허증 갱신 등 절차 안내

* 잔형기는 중간처우 편입일부터 가석방 예정일까지를 의미함

※ 단계별 처우기간 및 처우내용은 기관 실정에 따라 변경할 수 있음

희망센터 단계별 처우기간 및 내용

단계	기간	주요 내용	
		공통 처우	단계별 처우
제1단계 (시설적응단계)	2주 이내	• 인터넷 사용, 텔레비전 자율 시청, 체력단 련실 이용 • 개방접견	• 시설적응교육 　- 개별처우계획 수립 　- 작업 및 생활관 처우 교육 • 사회복귀 및 체험을 위한 준비 　- 체크카드 발급, 통장개설 등 　- 휴대전화 개설
제2단계 (사회적응단계)	잔형기* 70~80%		• 외부통근작업 　- 기업체 취업 및 자율출퇴근 • 사회적응훈련 　- 주말 귀휴(분기 2회 이내), 외부 가족만남의 시간 　- 휴대전화 사용 　- 사회견학·봉사활동, 외부 문화·종교행사 참석 　- 개인 체크카드 이용 생필품 구입 　- 생활비, 사회체험·귀휴 비용 작업장려금 활용
제3단계 (사회복귀준비단계)	잔형기 20~30%		• 제2단계 처우 병행 • 사회복귀준비 　- 사회복귀준비 귀휴 시행(출소 1개월전) 　- 신용회복, 국민기초생활수급, 주민등록 회복, 운전 　　면허증 갱신 등 절차 안내

* 잔형기는 중간처우 편입일부터 가석방 예정일까지를 의미함

※ 단계별 처우기간 및 처우내용은 기관 실정에 따라 변경할 수 있음

귀가여비 등 지급 기준

구분	내용	지급 기준	비 고
여비	지급기준	○ 지니고 있는 금액이 없는 자 : 교통비, 식비 전액 ○ 지니고 있는 금액이 있을 자 : 교통비 및 식비 등 산출금액에서 지니고 있는 금액을 제외한 금액	산출금액 중 백원 단위는 천원으로 올림 지급
	교통비	○ 교통비 산출기준 　- 열차 : 일반열차(새마을호, 무궁화호 등) 기준, 필요 시 고속열차(KTX 등) 　- 시내버스 : 해당지역 요금 기준(필요시 보증금 포함) 　- 시외버스 : 고속형·직행형 버스 기준(환승 포함) 　- 지하철 : 서울시 및 광역시 지하철 운임 기준(보증금 포함) 　- 선박 : 연안여객선 일반객실 기준	특별한 사정이 있는 경우 필요 범위 내에서 증액 지급
	식비	○ 식비 산출기준 　- 끼니 당 6,000원 　- 귀가거리 300km 이상 : 아침, 점심 2끼니 　- 귀가거리 30km 이상 ~ 300km 미만 : 아침 1끼니 　- 귀가거리 30km 미만 : 미지급	지역, 교통여건 등 특별히 필요하다고 인정되는 경우 산출기준과 달리 적용
	숙박비	○ 숙박비 산출기준 　- 일반 숙박업소(여관) : 1박 요금 40,000원	특별히 필요하다고 인정되는 경우 지급
의류비	지급기준	○ 피복비 산출기준 　- 1인당 45,000원 이내 현물 　　(겉옷 상·하의 및 운동화, 남녀 구분)	

아동 보호조치 신청서

접수번호		접수일	
신청인	성명		주민등록번호
	주소		
대상 아동	성명		주민등록번호
	주소		

신청내용	상담지도 [　] 대리양육 [　] 가정위탁 [　] 아동복지시설 입소 [　] 치료기관 입소 [　] 입양 [　] ※ 희망하시는 보호조치에 [√] 하여주시기 바랍니다. 희망 대리양육자의 인적사항 성　명 _____　　　연 락 처 _____

「아동복지법」 제15조 제1항 따라 위 아동에 대한 보호조치를 신청합니다.

　　　　　　　　　　　　　　　　　　　　　　　　　　　년　　　　월　　　　일

　　　　　　　　　신청인　　　　　　　　　　　　　　　(서명 또는 인)

시장·군수·구청장 귀하

처리절차

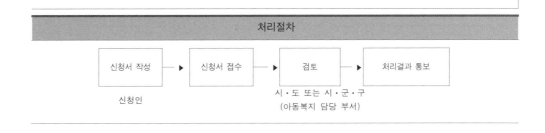

신청서 작성 ▶ 신청서 접수 ▶ 검토 ▶ 처리결과 통보
신청인　　　　　　　　　　　　　　시·도 또는 시·군·구
　　　　　　　　　　　　　　　　　(아동복지 담당 부서)

가족만남의 집 이용 신청서
(개방처우급 이상 수형자)

확인	담 당	수용관리팀장

1. 희망이용기간 : 년 월 일 시 ~ 년 월 일 시까지

2. 이용희망자 인적사항
   가. 수형자

수용 번호	성명 (연령)	죄명	형명형기	경비 처우급	비고

   나. 희망사유(구체적으로)
   -
   -
   -

   다. 이용가족

성명 (연령)	관계	생년월일	직업	주소 및 연락처

3. 보안 담당 근무자 의견
   -
   -
   -

수용자 자녀지원 요청서

인지 경로	□ 신입 시 설문조사 □ 수용자 상담 중 □ 기타:

수용자	수용기관	수용번호	성명 (성별)	생년월일	죄명	입소일 형기종료일	입소 전 직업

대상 자녀	성명	성별	생년월일 (나이)	수용사실 인지 여부	보호자 동거 여부	
		남□ 여□	(세)	알고 있음□ 모름□	□ 함께 생활 □ 혼자 생활	
		남□ 여□	(세)	알고 있음□ 모름□	□ 함께 생활 □ 혼자 생활	
		남□ 여□	(세)	알고 있음□ 모름□	□ 함께 생활 □ 혼자 생활	

	수용사실을 인지하고 있지 않은 경우, 수용사실 통보에 동의하십니까? 동의□ 비동의□ ※ 만 14세 이상 자녀의 경우 「개인정보보호법」에 의거, 보호자의 수용사실을 모르는 경우 지원 불가 (단, 다자녀인 경우 다른 자녀들이 만 14세 이하이면 인지여부 상관 없이 지원 가능)
	주거형태: □월세: 원(보증금: 원) / □전세: 원 / □자가 / □ 기타( ) 주소 :
	연락처 : 전화 가능 시간대 :

가족 관계 ※미성년 자녀를 제외 하고 교류 가능한 친·인척 작성	이름	관계	나이	수용사실 인지 여부	연락처

가정 환경	1. 자녀의 보호자 • 보호자 성명 : (수용자와의 관계 : 연락처 :) 2. 보호자 없이 혼자 생활하는 경우 미성년 자녀 아동보호조치 신청 : □ 동의 □ 미동의 **아동보호조치란?** • 수용자는 지방자치단체에 18세 미만인 자녀에 대해 「아동복지법」 제15조에 따른 보호조치를 의뢰할 수 있으며, 보호조치 의뢰를 희망할 경우 지방교정청 수용자 자녀지원팀에서 보호조치 의뢰가 원활히 이루어질 수 있도록 지원합니다. • 보호조치에는 전담공무원 또는 민간전문인력이 아동 또는 보호자에 대한 상담·지도를 수행하는 것, 친족에 해당하는 사람 또는 적합한 유형의 가정에 위탁하여 보호·양육할 수 있도록 조치하는 것, 아동복지시설, 전문치료기관, 요양소 등에 입원 또는 입소시키는 것, 「국내입양에 관한 특별법」 및 「국제입양에 관한 법률」에 따른 입양과 관련하여 필요한 조치를 하는 것 등이 있습니다. 3. 현재 자녀 양육상황 (양육자 근로, 위탁가정, 시설 입소, 경제적인 어려움 등 자세하게 기입) 예시) 모가 자녀를 양육하나 기초수급비로 양육 곤란, 조부모가 자녀를 양육하나 고령의 나이로 양육 어려움 _____ 4. 요청 사유 : 5. 현재 지원받고 있는 정부복지제도 □ 기초생활수급 □ 차상위 □ 한부모 □ 모름 □ 받지 않음 □ 기타:

요청내용 ※ 중복체크가능	□ 가정방문 및 긴급지원 □ 정부복지지원제도 연계 □ 사회복지단체 연계 □ 기타(자유롭게 기술 :)

◆ **(유의사항)** 신청만으로 지원이 이루어지는 것이 아니며 보호관계 등 전반적인 생활실태조사 이후 지원이 결정되며, 접수 후 순차적으로 조사를 실시함

　　　　　　　　　　　　　　　　　　　　　　　년   월   일

　　　　　　　　　　　　　　　신청인　　　　(서명 또는 인)

　　　　　　　　　　　　　　　OO지방교정청장 귀하

수용자 교육교화 운영지침

[시행 2023. 3. 14.] [법무부예규 제1317호, 2023. 3. 14., 일부개정.]

제1장 총칙

제1조(목적) 이 지침은 「형의 집행 및 수용자의 처우에 관한 법률」 (이하 "법"이라 한다)과 같은 법 시행령(이하 "영"이라 한다) 제72조, 제76조 및 제153조에서 법무부장관에게 위임한 사항 그리고 같은 법 시행규칙(이하 "규칙"이라 한다)에서 정하고 있는 수용자 교육교화 등 업무의 집행에 필요한 사항을 규정함을 목적으로 한다.

제2조(정의) 이 지침에 사용하는 용어의 뜻은 다음과 같다.

1. "집중인성교육"이란 인간으로서의 기본적인 자질과 태도, 품성을 배양하기 위한 교육을 말한다.

2. "편지"란 「우편법」 제1조의2제7호의 '서신'을 말한다.

3. "신문등"이란 「신문 등의 진흥에 관한 법률」, 「잡지 등 정기간행물의 진흥에 관한 법률」 및 「출판문화산업진흥법」에 따라 발간된 신문·도서·잡지를 말한다.

4. "비치도서"란 수용자에게 열람시킬 목적으로 구입, 발간 또는 수증하여 도서원부에 등재한 도서를 말한다.

5. "교화방송"이란 수용자에게 정서안정 및 사회복귀에 필요한 정보와 지식을 습득시키거나 고지사항을 전하기 위하여 시행하는 방송을 말한다.

6. "특별활동반"이란 수용자의 적성에 맞는 예능 및 체능의 소질을 발굴·개발하기 위하여 운영하는 것을 말한다.

제3조(지침범위) 본 지침에서 정하는 범위는 다음과 같다.

1. 교육(학과교육, 석방전교육, 집중인성교육)

2. 편지업무

3. 신앙생활 및 수용생활 지원

4. 비치도서 운영·관리

5. 신문등 구독 및 지급

6. 교화방송, 집필 및 특별활동반 운영

7. 기부금품 접수 및 처리

8. 지니거나 비치할 수 있는 가족사진 등

제2장 교육

제1절 학과교육 등

제4조(교육대상자 관리 등) ① 소장은 규칙 제108조부터 113조에 따라 교육과정을 설치·운영하는 경우에는

교정정보시스템에 교육계획, 교육명부 등을 입력 · 관리하여야 한다

② 삭제

제5조(검정고시 교육) ① 소장은 규칙 제108조에 따라 검정고시반을 설치 · 운영하는 경우 매년 1월과 5월에 교육대상자를 모집하여야 한다. 다만, 필요한 경우 수시로 검정고시반을 모집할 수 있다.

② 소장은 교육대상자의 교육효과 제고를 위하여 월 1회 이상 외부강사 또는 내부강사를 활용하여 보충교육을 실시할 수 있다.

제6조(방송통신고등학교 교육) 소장은 규칙 제109조에 따라 방송통신고 등학교를 설치 · 운영하는 경우 교육이 효율적으로 운영될 수 있도록 수용거실에 교육방송을 청취할 수 있는 시설을 설치할 수 있다.

제7조(독학에 의한 학위취득 교육) ① 소장은 독학에 의한 학사학위 취득을 희망하는 수용자가 있는 경우에는 기관의 여건을 고려하여 지역의 평생교육진흥원과 협의하여 "학사고시반" 설치 · 운영에 필요한 조치를 하여야 한다.

② '학사고시반'의 교육은 독학에 의한 자율학습을 원칙으로 한다. 다만, 소장은 학습효과를 높이기 위하여 집합교육 및 외부강사에 의한 보충교육을 실시할 수 있다.

제8조(외국어 교육) 소장은 규칙 제113조에 따라 외국어 교육을 실시하는 경우 선발시험 성적 및 실력정도에 따라 반을 편성할 수 있다.

제2절 석방전교육

제9조(석방전교육) ① 소장은 형기종료 2개월 내외의 자, 가석방 적격심사 신청자를 대상으로 석방전교육을 시행하여야 하며, 이 경우 석방전 교육은 수용 기간 중 1회에 한한다.

② 소장은 다음 각 호의 내용을 중심으로 교육과정을 편성하고, 교육시간은 15시간(별지 제39호 교육예시 참조)으로 한다.

1. 사회보장절차, 신용회복절차, 보호관찰, 한국법무보호복지공단 안내, 취업 · 창업지원 정보 제공 등

2. 기타 출소 후 사회적응에 필요한 인성교육 등

제10조(교육제외) 소장은 수형자가 다음 각 호의 어느 하나에 해당하는 경우에는 교육을 제외할 수 있다.

1. 정신적 · 신체적 장애 등으로 교육이 부적합하다고 인정되는 자

2. 그 외 교육대상자로 선정하는 것이 적합하지 않다고 인정되는 자

제11조(교육관리) ① 소장은 교육명부, 교육일지를 교정정보시스템에 입력 · 관리하여야 한다.

② 소장은 교육 이수사항을 교정정보시스템 교육이력에 입력 · 관리하여야 한다.

③ 석방전 교육시간의 80% 이상을 이수한 경우 교육을 수료한 것으로 인정한다.

제3절 집중인성교육

제12조(교육대상 및 시간 등) ① 소장은 모든 수형자를 대상으로 집중인성교육을 시행하여야 한다.

② 집중인성교육은 기본교육과 형기주기별 재교육으로 구분하고, 각 교육별 교육대상자와 교육시간은 다음 각 호와 같다.

1. 기본교육 : 잔여형기 3개월 이상 수형자, 70시간. 다만, 잔여형기는 기결입소일 또는 이입일을 기준으로 한다.

2. 형기주기별 재교육 : 신청에 의한 재교육과 의무 재교육으로 구분하고, 교육대상자와 교육시간은 다음 각

목과 같다.

　가. 신청에 의한 재교육 : 교육 수료 후 3년 경과 수형자, 50시간.

　나. 의무 재교육 : 교육 수료 후 5년 경과 수형자, 50시간.

　다. 삭제

③ 집중인성교육의 효율적 운영 등을 위하여 형기주기별 재교육 대상자에 대한 교육을 기본교육 과정 시행 시 포함하여 실시할 수 있고, 이 경우 본인의 의사를 고려하여 형기주기별 재교육 시간을 초과하여 교육할 수 있다.

④ 소장은 집중인성교육의 원활한 운영을 위하여 필요한 교육실 등 교육환경 조성을 위해 노력하여야 하며, 다음 각 호의 내용을 중심으로 교육과정을 편성하여야 한다.

　1. 권리의무사항, 분류처우, 직업훈련, 의료처우, 교육교화 업무 등 수용생활 오리엔테이션

　2. 준법교육, 인문학교육, 동기부여, 분노조절, 가족관계회복, 의사소통기술, 긍정심리, 문화예술교육, 효행교육 등

　3. 기타 수형자의 교화 또는 건전한 사회복귀에 필요한 교육

⑤ 집중인성교육 기본교육과 형기주기별 재교육은 각 교정시설에서 시행한다.

⑥ 각 교육별 교육시간의 80% 이상을 이수한 경우 집중인성교육을 수료한 것으로 인정한다.

제13조(교육인원 등) ① 집중인성교육은 기관의 교육 시설 등 교육 여건을 고려하여 1회 교육인원을 40명 내외로 정하고, 필요시 증감할 수 있다.

② 소장은 교육명부, 교육일지를 교정정보시스템에 입력·관리하여야 한다.

제14조(교육면제) ① 소장은 수형자가 다음 각 호의 어느 하나에 해당하는 경우에는 교육을 면제할 수 있다.

　1. 65세 이상인 자

　2. 노역장 유치자

　3. 외국인

　4. 심리치료프로그램 대상자 중 집중인성교육 기본교육 수료 기준시간 이상의 교육을 이수한 자

　5. 삭제

　6. 정신적·신체적 장애, 질병 등으로 교육이 부적합하다고 인정되는 자

　7. 기타 교육 분위기를 저해할 우려가 있는 자

② 소장은 제1항 제6호 및 제7호에 해당하는 경우에는 집중인성교육 면제자 및 면제사유를 교정정보시스템에 입력·관리하여야 한다.

③ 면제자의 경우에도 본인의 신청에 의해 기본교육과 형기주기별 재교육을 이수할 수 있다.

제15조(교육유예) ① 소장은 다음 각 호의 어느 하나에 해당하는 수형자에 대하여는 그 사유가 해소될 때까지 교육을 유예할 수 있다.

　1. 교육면제사유에 해당하지는 않으나, 질병 등으로 교육을 감내할 수 없는 환자

　2. 징벌집행 중에 있거나 규율위반혐의로 조사 중일 때

　3. 임부 또는 해산 후 6월 이내인 산부

　4. 기타 교육을 이수하지 못할 특별한 사유가 있을 때

② 소장은 집중인성교육 유예자 및 유예 사유를 교정정보시스템에 입력·관리하고, 유예 사유가 해소되었다고 판단되는 경우 이후 개시되는 교육과정에 대상자를 포함시켜 교육하여야 한다.

제16조(평가 및 사후조치) ① 소장은 집중인성교육 대상자에게 교육 전·후 '집중인성교육 효과성 평가'(별지 제9호 서식)를 실시하여야 하며, 그 분석 결과를 교육 운영에 반영하여야 한다.

② 소장은 교육수료자 중 교육 참여도 등이 높은 수형자를 선정하여 포상하거나 전화통화, 장소변경접견 대상자 선정 등 각종 처우에 반영할 수 있다.

③ 소장은 집중인성교육 이수사항을 교정정보시스템 교육이력에 입력·관리하여야 한다.

제17조(교육강사 등) ① 소장은 소속 직원 또는 교정기관의 내부강사를 활용하여 집중인성교육을 시행할 수 있다.

② 소장은 예산의 범위 내에서 외부강사수당 및 교육에 소요된 재료비를 지급할 수 있다.

③ 소장은 집중인성교육에 필요한 강사 양성을 위하여 소속직원을 외부기관에 위탁하여 교육할 수 있다.

제3장 편지업무

제18조(우편송달 외 편지) ① 수용자는 일반 우편역무 외 법무부 전자민원서비스를 통한 전자(인터넷) 우편을 받을 수 있다. 단, 전자(인터넷) 서신 처리에 관하여는 법 제43조에 따른다.

1. 삭제

2. 삭제

② 소장은 기관 사정을 고려하여 전자(인터넷) 우편의 수취횟수, 수취방식 등을 달리 정할 수 있다.

제19조(편지수수) 수용자는 우편관계법령에 정한 규격봉투 등을 사용해야 하며, 수용자 간의 편지에는 제2조에서 정의한 편지 외에 다른 물품을 동봉해서는 아니 된다. 다만, 교정시설에 수용되어 있는 가족 간의 사진과 권리구제를 위한 공공기관의 안내문 등을 동봉할 수 있다.

제20조(금지물품 등의 확인) ① 소장은 영 제65조제1항 본문에 의해 제출된 수용자의 봉함된 편지에 법령으로 금지된 물품이 들어있다고 의심할만한 상당한 이유가 있는 경우 개봉하여 확인할 수 있다.

② 소장은 수용자가 주고받는 편지에 법 제92조에서 정한 금지물품이 동봉된 경우 지체없이 조사 등 필요한 조치를 하여야 한다.

③ 소장은 수용자에게 발송된 편지에 법 제92조에서 정한 금지물품 외의 물품이 동봉된 경우 법 제27조 및 규칙 제22조에 따라 반입 여부를 판단하여야 한다.

④ 소장은 제3항에 따라 판단한 결과 편지에 전자물품, 의약품, 우표 등 반입이 허용되지 않는 물품이 들어 있는 경우 수용자에게 그 사실을 고지한 후 발송인에게 반송하고, 반송이 어려운 경우에는 보관하여야 한다. 다만, 음식물 등 보관이 부적당한 경우에는 수용자 본인의 동의를 얻어 폐기한다.

⑤ 제2항, 제3항 및 제4항의 경우 '편지동봉물품 확인대장'(별지 제10호서식)에 그 내용을 기록하여야 한다.

제21조(편지수수 금지자 명부관리) ① 소장은 법 제43조제1항 각 호의 어느 하나에 해당하는 수용자에 대하여는 '편지수수 금지자 명부'(별지 제11호서식)에 기록·관리하여야 하며, 편지수수 금지사유를 해당 수용자에게 통보하여야 한다.

② 소장은 법 제43조제1항제2호와 제3호에 따라 편지수수 금지를 결정할 경우 교도관 회의를 거쳐야 하며, 금지 사유 및 기간을 정확히 명시하여야 한다.

③ 편지수수가 금지된 수용자의 편지 중 발신은 본인에게 되돌려 주고, 수신에 대하여는 직원이 보관·관리하여야 한다.

④ 소장은 편지수수 금지기간이 해제된 수용자의 보관 편지는 업무절차에 따라 처리한 후 신속히 전달하여야 한다.

제22조(편지검열) ① 소장은 법 제43조제4항제4호 및 영 제66조제1항 및 제2항에 따라 수용자 간의 편지를 검열한다.

② 소장은 제1항에 해당되지 않는 수용자의 편지는 법 제43조제4항제1호 내지 제3호 및 영 제66조제3항에 따라 검열한다.

③ 소장은 법 제43조제4항 단서에 따라 검열한 결과 발송 금지 등 특별한 사유가 있는 경우 그 사유와 주요 내용을 '개인 편지표'(별지 제12호서식)에 기록하여야 한다.

④ 소장은 법 제43조제4항에 따라 검열한 결과 그 내용이 수용처우 및 교정행정 불만 등에 관련된 경우 주요 내용을 '교정정보시스템 동정관찰'에 기록하고, 관계 부서에 통보, 그 사실관계 등을 확인한 후 신속히 처리하여야 한다.

제23조(편지 발신 및 수신 금지) ① 소장은 수용자가 주고받는 편지의 내용이 법 제43조제5항 각 호의 어느 하나에 해당하는 경우 발신 또는 수신을 금지하고, 법 제43조제7항에 따라 처리하여야 한다.

② 제1항의 경우 사실관계를 정확히 파악하기 위하여 조사 등의 절차를 거쳐 객관성을 확보하여야 한다.

제24조 (발신 또는 수신 금지 편지 관리) ① 소장은 제23조의 경우 '편지 전달 및 발송 불허대장'(별지 제14호서식)에 그 내용을 기록하고 필요 시 사본을 별도로 편철하여 관리하여야 한다.

② 소장은 편지 발신을 금지한 경우 편지에 부착된 우표는 수용자가 희망하는 경우 되돌려 줄 수 있다.

③ 소장은 발신 또는 수신을 금지한 편지를 보관하는 경우 "석방 시 반환편지" 표시(가로 1.5㎝×세로 5㎝ 크기) 후 일반 보관편지와 구분·관리하여야 하며 석방 시 본인에게 내어주어야 한다.

제25조(특수취급 우편물 처리 등) ① 소장은 수용자가 주고받는 편지 중 특수취급 우편물에 대하여는 연월일, 성명, 주소 등 주요 내용을 교정정보시스템에 입력·관리하여야 한다.

② 수용자가 주고받는 특수취급 우편물 중 발송 건은 해당 영수증을 수용자에게 전달하고, 수신 건은 수용자의 손도장 또는 서명을 받은 후 전달하여야 한다.

제26조(우편사서함 운용) ① 소장은 수용자 또는 그 가족 등의 개인정보를 보호하고 우편물의 신속 정확한 수발을 위하여 우편사서함을 설치·운용하여야 한다.

② 우편사서함 운용에 따른 수용자의 주소, 성명 등의 표기 방식은 다음과 같이 통일한다.

○○우체국 사서함 제○○호-X X X (수용자 번호)

○○○ (수용자 성명)

제4장 신앙생활 및 수용생활 지원

제27조(성상의 크기) ① 소장은 규칙 제31조제2항에 따라 성상을 설치할 때에는 수용시설의 규모, 수용정원 등 기관 실정을 감안하여 크기를 결정하여야 한다.

② 제1항의 성상은 대형, 중형, 소형으로 구분하며 표준규격은 다음과 같다.

구분 규격	십자가상	불 상		예수상	성모마리아상
		입상	좌상		
대형	100×100×300	100×100×300	100×100×150	100×100×300	100×100×300
중형	80×80×250	80×80×250	80×80×120	80×80×250	80×80×250
소형	70×70×200 미만	70×70×200 미만	70×70×100 미만	70×70×200 미만	70×70×200 미만

※ 규격㎝ (가로×세로×높이)

제28조(성상 및 성물 관리 등) 소장은 종교상징물 등을 관리하기 위하여 '성상 등 관리대장'(별지 제16호서식) 및 '수용자 성물 허가부'(별지 제17호 서식)를 비치하고 기록을 유지하여야 한다.

제29조(종교거실 지정) ① 소장은 수용자의 신앙생활을 돈독히 하기 위하여 필요하다고 인정할 경우에는 종교 별 거실을 지정하여 운영할 수 있다.

② 종교거실에는 신앙생활에 필요하다고 인정되는 해당 종교의 성상, 성물, 성화 및 성구를 비치할 수 있다. 다만, 보안상 유해하거나 다른 수용자의 수용생활에 방해가 되어서는 아니 된다.

제30조(생활지원) ① 소장은 가족이 없거나 또는 가정이 빈곤하여 수용생활에 어려움이 있다고 판단되는 수용 자에 대하여는 교정참여인사의 도움을 받아 생활필수품 등을 지원할 수 있다.

② 교정참여인사로부터 수용생활 지원금품을 접수하였을 때에는 지체 없이 처리하여야 하며, 수용생활 지원 금품 접수 및 처리 내용을 교정정보시스템에 입력·관리하여야 한다.

③ 무연고 수용자 등의 안정된 수용생활을 위하여 필요한 경우에는 교정참여인사와의 결연을 통하여 지도할 수 있으며, 그 내용을 교정정보시스템에 입력·관리하여야 한다.

제31조(가족관계등록) 소장은 가족관계등록이 없는 수용자에 대하여 대한민국 국민으로서의 긍지와 보람을 가 지고 정착할 수 있도록 가족관계등록 등을 지원할 수 있다.

제32조(출소자 보호의뢰) 소장은 석방예정자 중 생활이 어려워 국가의 보호가 필요한 자에 대하여 "국민기초생 활 보장제도"에 의한 보호를 받을 수 있도록 연계·조치하여야 하며, 필요한 경우 한국법무보호복지공단 및 사회보호시설 등에서 보호를 받을 수 있도록 하여야 한다.

제33조(상담기록) 소장은 수용자의 고충해소, 심리적 안정 또는 각종 생활지도 등을 위하여 수용자를 대상으로 상담을 실시한 경우에는 그 내용을 '교화상담부'(별지 제20호서식)에 기록·유지하여야 한다.

제5장 비치도서 운영·관리

제34조(비치도서 운영 및 관리) ① 소장은 법 제46조 및 영 제72조에 따른 비치도서의 재단면 및 표지 등 에 "○○기관소장도서"를 표시를 하여야 하며, 「한국십진분류법」의 강목을 준용하여 교정정보시스템에 입 력·관리하여야 한다. .

② 소장은 매월 1회 비치도서 관리실태를 확인하고 그 내용을 교정정보시스템에 기록·유지하여야 한다.

제35조(비치도서 대여 및 반납) ① 소장은 교정정보시스템상 소장도서 목록과 일치된 비치도서목록을 수용동 등에 비치하고, 도서의 열람 및 대여를 허용하여야 한다.

② 소장은 수용자가 비치도서 열람을 희망할 경우 미리 '비치도서 열람 신청서'(별지 제23호서식)를 수용동 또는 작업장 담당직원에게 제출하게 하여야 한다.

③ 비치도서를 대여할 때에는 그 내용을 교정정보시스템에 기록하여야 하며, 대여기간은 2주일 이내에서 소장이 정한다. 다만, 도서 보유 수량 등 기관 사정에 따라 그 기간을 연장할 수 있다.

④ 대여기간이 만료되거나 열람이 끝난 도서는 지체 없이 반납하도록 하여야 하며, 수용자의 석방, 이송 등의 사유가 발생한 경우에는 대여한 도서를 즉시 회수하여야 한다.

⑤ 소장은 수용자의 1회 대여가능한 도서의 권수를 정하되, 금치 처분을 받은 수용자에 대해서는 그 종류와 권수를 달리 정할 수 있다.

제36조(대여취소 및 변상) ① 소장은 수용자가 다음 각 호의 어느 하나에 해당하는 행위를 하였을 때에는 도서 열람 허가를 취소하고 대여 도서를 회수하여야 한다.

1. 비치도서의 원형을 변형시키거나 훼손하는 때

2. 도서를 다른 거실 수용자에게 임의로 대여하는 때

3. 열람 시간 또는 장소를 위반하는 때

4. 도서를 이용하여 부정물품을 은닉하거나 제작하는 때

5. 제34조 제1항의 표시를 임의로 지우는 때

② 소장은 대여한 비치도서가 원형 또는 내용을 알아보기 어려울 정도로 훼손되거나 오손된 때에는 책임 있는 수용자에게 현품으로 변상시켜야 한다.

제37조(보안검색) 소장은 수용자가 열람 또는 대여한 도서를 회수할 때에는 부정물품 은닉, 부정연락 등을 방지하기 위하여 보안검색을 철저히 하여야 한다.

제38조(무주도서 처리) 소장은 정기적으로 소유자를 확인할 수 없는 도서를 회수하여야 하며, 회수한 도서는 보관의 필요성, 도서의 상태 등을 고려하여 비치도서로 전환·재활용 또는 폐기하여야 한다.

제39조(폐기) ① 소장은 비치도서가 원형 또는 내용을 알아보기 어려울 정도로 훼손되거나 오손된 때에는 폐기할 수 있다.

② 제1항의 폐기는 물품관리법령이 정하는 바에 따른다.

제6장 신문 등 구독 및 지급

제40조(신문등 구독) ① 소장은 수용자가 신문등을 구독하고자 할 때에는 「보관금품 관리지침」 제11조제2항에 따른 '보관금 사용 신청 및 전달서'를 작성·제출하게 하여야 한다.

② 소장은 수용자가 신문등의 구독을 신청하는 때에는 법 제47조제2항에 따른 유해간행물 여부를 확인하여야 하며, 제출한 '보관금 사용 신청 및 전달서'를 정리·관리하여야 한다.

③ 소장은 매월 1회 이상 신문등의 구독신청을 받아야 하며, 기관 및 지역실정을 고려하여 그 횟수를 늘릴 수 있다. 다만 신문구독은 사회의 신문보급 관행에 따라 1개월 단위로 한다.

제41조(신문등 구독 제외) 소장은 규칙 제16조제2항에 따라 수용자가 수용된 교정시설 소재 행정구역 외에서만 배포되거나, 외국(북한을 포함한다)에서 발행되는 신문등을 구독하고자 하는 경우에는 그 공급의 난이 여부를 고려하여 자비구매신청을 제한할 수 있다.

제42조(구독료 등 지급) ① 소장은 수용자가 구독하는 신문등의 비용은 '보관금 사용 신청 및 전달서'에 따라 사전에 인출하여 세입세출외현금출납공무원이 관리하게 하여야 한다.

② 구독료 등 지급은 다음 각 호의 시점에 맞춰 해당 보급소 등의 은행계좌로 입금한다.

1. 신문구독료는 구독기간 완료 후

2. 도서구입비는 도서납품을 받은 후

제42조의2(우송 · 차입 도서 전달) ① 소장은 민원인이 우송 · 차입을 통해 수용자에게 도서, 잡지를 건네줄 것을 신청한 경우에는 영 제41조에 따른 신분확인을 하여야 한다. 단, 교정정보시스템 지인정보로 신분확인이 되거나 종교단체 등 민원인의 신분이 명백한 경우에는 예외로 한다.

② 소장은 우송 · 차입 도서, 잡지 반입을 수용자별 1일 5권 이내로 허가한다. 단, 교화상 특히 필요한 경우에는 1일 반입 수량을 초과하여 허가할 수 있다.

제43조(신문등 배부 및 관리) ① 신문은 수용동 근무자에게 인계하여 배부하며, 출역한 수용자의 신문은 일과 후에 열람할 수 있도록 배부한다.

② 구독(입), 차입 및 우송된 개인도서의 수불은 교정정보시스템에 입력하여 처리하여야 한다.

③ 개인도서는 표지 다음 장에 '개인도서 확인증'(별지 제26호서식)을 고무인으로 날인 · 표시하여야 한다. 단, 고가 또는 희귀 등 필요한 경우에는 서식으로 부착할 수 있다.

④ 「출판문화산업진흥법」에 따른 유해간행물인 경우에는 열람을 불허하고 '개인도서 열람 불허대장'(별지 제27호서식)에 등재한 후 보관한다.

제44조(지닐 수 있는 신문등 범위) ① 소장은 수용자가 거실에서 지닐 수 있는 신문등의 수량 한도를 수용거실의 여건을 감안하여 다음의 범위 내에서 정한다.

1. 도서(잡지 포함): 30권

2. 신문: 열람 후 폐기

② 소장은 제1항에도 불구하고 개인학습 등에 필요한 경우 지닐 수 있는 도서, 잡지의 범위를 달리 정할 수 있다.

제45조(신문등 열람 시 지켜야 할 사항) ① 소장은 교육, 작업 그 밖의 프로그램 진행 중에는 수용자의 신문 등의 열람을 금지하여야 한다. 다만, 교육 등의 목적에 위배되지 않는 경우에는 예외로 한다.

② 수용자는 신문등 열람과 관련하여 다음 각 호의 행위를 하여서는 아니 된다.

1. 열람 시간 또는 장소를 위반하는 행위

2. 신문 등을 이용하여 부정물품을 은닉하거나 제작하는 행위

3. 개인도서 등에 부착된 고무인을 임의로 지우거나 서식 등을 위조 또는 변조하는 행위

제46조(기사 스크랩) 소장은 수용지가 유익한 생활정보 및 교화에 도움이 되는 기사를 스크랩하여 자신의 노트에 부착 · 관리하도록 허가할 수 있다.

제7장 교화방송, 집필 및 특별활동반

제47조(교화방송센터 운영) ① 규칙 제37조제2항에 따른 통합방송을 실시하고, 법무정책 홍보 기능을 수행하기 위해 교화방송센터를 운영한다.

② 교화방송센터에는 통합방송 실시 및 법무정책 홍보 기능 수행에 필요한 시설과 장비를 갖추고 사용에 적정한 상태를 유지하여야 한다.

③ 교화방송센터에는 상황근무자를 두어 방송 송출 상태 및 이상 유무를 확인하고 필요시 적절한 조치를 취하여야 한다.

제48조(교화방송자문단) ① 통합방송의 전문성을 강화하고 외부전문가의 협력을 구하기 위하여 7인 이상 12인 이내의 방송관련 전문가 등으로 구성된 교화방송자문단을 둔다.

② 교화방송자문단의 구성과 운영에 관하여는 따로 지침으로 정한다.

제49조(방송구분) ① 통합방송은 일반, 교육, 라디오로 구분하여 운영하며 시청 및 청취 대상은 다음 각호와 같다.

1. 일반, 라디오: 수용자

2. 교육: 초·중등 검정고시 자격시험 등을 준비하는 수용자

3. 삭제

4. 삭제

② 제1항에도 불구하고 독거자·조사자 등의 통합방송 시청 또는 청취는 법 제48조제2항에 따라 기관실정에 맞게 적의 운영한다.

제50조(방송시간) ① 삭제

② 소장은 규칙 제39조 방송편성시간에도 불구하고 교정시설 내 정전에 의한 복구 또는 방송기자재 점검에 필요한 시간동안 단축·운영할 수 있으며, 독서분위기 조성 등 수용자의 교육 및 교화의 목적을 위해 1/2의 범위내에서 방송시간을 조정할 수 있다.

제51조(방송장비관리 등) ① 소장은 방송장비관리에 소질이 있는 직원을 방송장비관리자로 지정하여 장비와 시설을 정상적으로 유지·관리하여야 한다.

② 소장은 방송 송출 상태의 이상 유무를 확인하고 긴급상황 발생시 교화방송센터와 신속히 연락하여 필요한 조치를 취할 수 있도록 방송상황근무자를 배치하여야 한다.

③ 라디오 방송채널은 수신 가능한 주파수 대역을 고려하여 소장이 정한다.

제52조(방송반응도 조사) 소장은 수용인원의 10분의 1범위 내에서 연중 2회 이상 방송에 대한 수용자의 의견 및 반응도를 측정한 결과를 지방교정청장을 경유하여 법무부장관에게 보고하여야 한다.

제53조(방송계획 수립 등) ① 본부 사회복귀과장은 규칙 제39조 및 제40조의 규정을 참작하여 '주간방송계획'을 수립·시행하고, 주간방송계획부(별지 제28호서식)에 기재하여야 한다.

② 교화방송센터에는 '교화방송 운영일지'(별지 제29호서식)를 비치하여 방송운영상황을 기록하여야 한다.

③ 통합방송을 시행하지 않는 교정시설의 장은 방송 시간·내용·운영방법 등에 대하여 별도의 계획을 수립·시행하여야 한다.

제54조(공지사항 방송) ① 전 교정기관 공통 공지사항은 교화방송센터에서 TV 자막을 통하여 방송한다. 다만, TV를 시청할 수 없는 수용자에 대하여는 해당 기관에서 별도로 전파하여야 한다.

② 소장은 사회복귀과 또는 보안과의 음성방송 장비나 게시판, 교육시간 등을 통하여 자체 공지사항을 전파하고, '계도 및 공지사항부'(별지 제30호서식)를 작성·유지하여야 한다.

제55조(집필관리 및 외부제출) ① 수용자가 법 제49조에 의하여 작성하는 집필에 대한 관리 및 처리는 법무부와 그 소속기관 직제 시행규칙에 규정된 소관업무 부서별로 담당한다.

② 수용자가 작성한 집필물을 외부에 제출하거나 보관할 때에는 '집필물 외부제출 및 보관 허가부'(별지 제31호서식)에 등재하여 소장의 허가를 받아야 한다.

③ 제2항의 경우 영 제76조제1항에 따른다.

제56조(집필용구 사용 허가) ① 소장은 규칙 제16조제1항제4호에 규정된 문구류 중 집필에 필요한 용구의 사용을 허가하여야 한다. 다만, 다음 각 호의 어느 하나에 해당할 경우 집필용구의 사용을 제한할 수 있다.

1. 법 제108조제10호 또는 제14호의 처분을 받은 때

2. 자살·자해 등의 도구로 이용될 우려가 있는 때

3. 집필용구를 이용하여 교정시설의 설비나 물품을 훼손할 우려가 있는 때 ② 소장은 제1항의 단서조항에도 불구하고, 수용자가 권리구제를 위한 집필용구 사용을 신청한 경우 허가할 수 있다.

제57조(집필용구 사용 시 지켜야 할 사항) ① 수용자는 집필과 관련하여 다음 각 호의 행위를 하여서는 아니 된다.

1. 집필용구를 허가없이 다른 수용자에게 양도하거나 대여하는 행위

2. 집필용구를 허가없이 손괴 또는 변형하거나 집필 외 다른 용도로 사용하는 행위 ② 수용자는 사용한 집필용구를 보관 또는 폐기하여야 한다.

제58조(특별활동반 범위) 소장은 영 제88조에 따라 수형자의 정서함양 등에 필요한 특별활동반을 다음 각 호와 같이 운영할 수 있다.

1. 문예창작 및 예능반(독서, 서예, 서양화, 연극, 악대 등)

2. 체육반(배구, 농구, 족구 등)

제59조(구성 및 운영) ① 소장은 제58조의 각 호별 2개 종목 이상의 특별활동반을 기관의 실정에 맞게 구성·운영할 수 있으며, 종목별 인원은 5명 이상으로 한다.

② 특별활동반은 특혜 시비 방지에 유의하여 운영하도록 하고 과격하거나 부상 발생 빈도가 높은 종목은 지양하여야 한다.

③ 수형자가 특별활동반에 편성될 수 있는 기간은 최대 5년으로 한다. 다만, 교정작품전시회 출품 등을 위하여 필요한 경우에는 임시로 특별활동반에 편성될 수 있으며, 그 기간은 6개월을 넘지 않아야 한다.

④ 소장은 '특별활동반 명부'(별지 제32호서식)를 작성하여야 한다.

제60조(활동지도) ① 소장은 해당 예·체능 분야에 자격 또는 소질이 있는 직원을 선발하여 특별활동반을 지도하게 할 수 있다.

② 소장은 필요하다고 인정될 경우에는 외부 전문가를 강사로 위촉하여 지도하게 할 수 있으며, 강사수당 등은 제17조제2항에 따른다.

제61조(발표회 등) ① 소장은 교정시설 내에 외부인사를 초청하여 예·체능 발표회를 개최할 수 있다.

② 소장은 교정교화의 목적에 부합하고 계호상의 문제점이 없다고 판단될 경우에는 외부기관 또는 단체가 주최하는 예·체능 행사에 수용자를 참여시키거나 작품을 출품하게 할 수 있다. 이 경우에는 행사의 성격 등을 사전에 면밀히 검토하여야 한다.

③ 소장은 수용자가 참여하는 체육행사를 개최할 수 있다. 다만, 기관의 사정에 따라 문화행사로 대체할 수 있다.

④ 제3항의 행사에는 수용자 가족과 외부인사를 초청할 수 있다.

제8장 기부금품 처리

제62조(기부금품 접수) ① 소장은 수용자 교화를 위해 수증한 모든 기부금품을 기부자의 취지에 맞게 처리하여야 한다.

② 기부금품의 종류는 다음 각 호와 같다.

1. 물품: 소모품(음식물 및 생필품 등) 또는 비소모품(가구, 전자제품 등)

2. 금전: 현금, 수표 등

③ 소장은 교정위원 등 외부로부터 기부의사를 접수한 경우에는 교도관회의를 거쳐 처리하여야 하며 기부금품 접수 및 처리 내용을 교정정보시스템에 입력·관리하여야 한다. 다만, 행정관청 및 공공단체로부터 받은 금품은 제외한다.

④ 제3항의 경우 비소모품에 대하여는 물품의 사진을, 금전의 경우에는 제64조제1항의 입금 영수증 사본 등을 각각 첨부하여야 한다.

제63조(물품처리) ① 소모품은 기관 실정 및 기부자의 취지에 맞추어 수용자 전부 또는 일부에게 배부·처리하며, 필요시 부식물 담당 부서 등에 인계하여야 한다.

② 비소모품은 물품관리법에 따라 해당 부서에 물품등록을 신청하고, 사용부서에 출급하여 관리하도록 한다.

제64조(금전처리) ① 금전을 수증한 경우에는 세입세출외현금출납공무원이 보관·관리하며, 기관 명의로 개설한 은행에 예치하여야 한다.

② 금전의 지출사유가 발생한 경우에는 사용부서에서 지출결의서를 작성·처리하여야 한다.

제65조(표지부착) 소장은 수증한 중요물품 또는 기부금으로 구입한 중요물품에는 기부자 및 기부일이 기재된 표지(재질: 아크릴 또는 코팅, 크기: 물품에 따라 조정)를 부착하여야 한다.

제66조(보고) 소장은 다음 각 호의 어느 하나에 해당하는 기부금품을 접수한 경우에는 기부일 및 기부내용 등을 상급기관에 보고하여야 한다.

1. 기증가액이 500만원 상당 이상인 경우
2. 국회의원, 도지사, 시장 등 사회저명인사가 기부한 경우

제9장 지니거나 비치할 수 있는 가족사진 등

제67조(사진 반입 허가) ① 소장은 다음 각 호의 사진 반입을 허가할 수 있다. 단, 조사자와 징벌자는 제1호에 한한다.

1. 배우자, 직계존·비속, 배우자의 직계 존속이 나온 사진
2. 수용자의 처우상 필요하다고 판단되는 사람이 나온 사진
3. 기타 풍경, 동·식물 등 수용자의 정서 순화에 도움이 된다고 판단되는 사진

② 소장은 코팅, 스티커 형식 등 금지물품 동봉 여부에 대한 확인이 어려운 사진에 대하여는 반입을 불허할 수 있다.

제68조(지니거나 비치할 수 있는 사진 수량) ① 소장은 다른 수용자의 생활에 방해가 되지 않는 범위에서 수용자가 거실 내에서 지닐 수 있는 사진 수량을 정할 수 있다.

② 소장은 수용자가 지닐 수 있는 사진 중 1매(크기 18㎝×13㎝ 이내)에 한하여 개인사물함에 비치하게 할 수 있다.

제69조(지닐 수 없는 사진) 소장은 다음 각 호에 해당되는 경우에는 사진을 지니거나 비치하는 것을 제한할 수 있다.

1. 선정적이거나 음란 등으로 미풍양속에 반할 우려가 있는 때
2. 수용자의 정서안정에 유해하다고 판단되는 때
3. 수형자의 교화 또는 건전한 사회복귀를 해칠 우려가 있는 때
4. 시설의 안전 또는 질서를 해칠 우려가 있는때

제70조(자기사진 촬영 및 송부) ① 소장은 수형자의 신청을 받아 자신의 얼굴 등을 촬영하여 가족에게 보내도록 허가할 수 있다.

② 제1항의 경우 교화상 특히 필요하다고 인정되는 경우에는 지인 등 수용자 외의 사람에게 보내도록 할 수 있다.

③ 사진촬영은 교도관이 하며, 사진촬영 및 송부 등에 필요한 경비는 수형자가 부담한다.

④ 사진 규격은 가로(10.16㎝), 세로(15.24㎝) 이내로 하며, 촬영 및 송부 횟수는 「교정시설 경비등급별 수형자의 처우 등에 관한 지침」의 별표 1에 따른다.

⑤ 사진 촬영은 소장이 지정한 장소에서 하되, 교정시설 등이 촬영되지 않도록 한다.

⑥ 사진 촬영의 시기, 사진의 매수 등 그 밖의 사항에 대하여는 기관 사정을 고려하여 소장이 정한다.

제71조(별지서식 사용) 소장은 그 밖에 수용자 교화업무의 원활한 집행을 위하여 필요한 사항을 다음 각 호의 별지서식에 의해 기록·관리하여야 한다.

1. 사회복귀업무일지(별지 제34호서식)

2. 교화행사계획부(별지 제35호서식)

3. 교화행사시행부(별지 제36호서식)

4. 간행물 배부대장(별지 제37호서식)

5. 외부강사 초빙대장(별지 제38호서식)

제72조(재검토기한) 법무부장관은 「훈령·예규 등의 발령 및 관리에 관한 규정」에 따라 이 예규에 대하여 2017년 1월 1일 기준으로 매3년이 되는 시점(매 3년째의 12월 31일까지를 말한다)마다 그 타당성을 검토하여 개선 등의 조치를 하여야 한다.

부칙 〈제1317호, 2023. 3. 14.〉

(시행일) 이 지침은 2023년 3월 14일부터 시행한다.

05

분류 · 가석방

분류처우 업무지침

[시행 2025. 3. 1.] [법무부예규 제1365호, 2025. 2. 27., 일부개정]

제1장 총 칙

제1조(목적) 이 지침은 「형의 집행 및 수용자의 처우에 관한 법률」, 같은 법 시행령, 같은 법 시행규칙에서 규정한 수형자 분류심사 및 처우에 관한 사항과 심의·의결기구의 운영, 운영지원작업, 자치제 운영 및 관리에 관한 사항을 정함을 목적으로 한다.

제2조(정의) 이 지침에서 사용하는 용어의 뜻은 다음과 같다. 〈삭제〉

1. "신입수형자"란 형집행을 위해 형집행지휘서에 의하여 교정시설에 수용되는 사람을 말한다.

2. "군교도소 등 이송자"란 형이 확정된 후 군훈련소 또는 군교도소와 「국제수형자이송법」에 따라 국내로 이송되어 일반 교정시설로 이송된 사람을 말한다.

3. "집행할 형기"란 형집행지휘서 접수일부터 형기종료일까지의 기간을 말한다.

4. "조사중"이란 규율위반으로 조사부에 등재되어 징벌위원회 의결이 있는 날까지 또는 「형의 집행 및 수용자의 처우에 관한 법률 시행규칙」(이하 "시행규칙"이라 한다) 제220조제2항제1호의 징벌위원회 회부를 제외한 각 호의 조치일까지의 경우를 말한다.

5. "국제수형자"란 「국제수형자이송법」에 따라 외국으로부터 국내로 이송되어 온 수형자를 말한다.

6. "수용횟수"란 징역 또는 금고 이상의 형을 선고받고 그 집행을 위하여 군 교도소 등 교정시설에 수용된 횟수를 말한다.

7. "분류조사"란 분류심사를 위하여 수형자의 관련서류·기록을 열람하거나 관계기관에 조회 또는 수형자와의 개별상담을 통하여 수형자의 출생·양육·교육·직업력·생활력·성장과정·범죄경력 등 신상에 관한 개별사안에 대하여 필요한 사항을 조사하는 것을 말한다.

8. "분류검사"란 수형자의 인성·지능·적성에 관한 특성을 측정하고 진단하기 위한 검사를 말한다.

9. "신입심사"란 신입수형자를 대상으로 실시하는 분류심사를 말한다.

10. "전문학사"란 전문대학 졸업자에게 주어지는 학위를 말한다.

11. "필수작업장"이란 휴일 등에 관계없이 조기출역, 잔업 등 작업의 특성, 난이도 등을 고려하여 소장이 필수작업장으로 지정한 작업장을 말한다.

12. "소득점수 평가"란 매월 작업장 또는 수용동으로부터 제출된 수용생활태도 및 작업·교육점수의 사정(査定) 결과를 말한다.

13. "소득점수 평정"이란 매월 평가된 소득점수를 합산하여 평정기간의 개월 수로 나누어 평균을 구한 점수(이 경우 소수점 이하는 반올림 한다)를 말한다.

14. "운영지원작업"이란 교정시설의 운영과 관리에 필요한 작업으로 취사, 수용동청소, 시설보수, 구내청소, 세탁, 구매지원, 휴게실청소, 간병, 원예, 보관품지원, 수용자이발 등의 작업을 말한다.

15. "자치제"란 수형자가 일정 구역 내에서 스스로 생활하면서 건전한 여가활동을 하게 하여 자립심을 배양하고 사회적응 능력을 향상시키도록 하는 제도를 말한다.

16. "자치생활"이란 원활한 자치제 운영을 위해 인원점검, 거실 안에서의 생활, 일정한 구역 안에서의 생활, 취미활동 및 종교활동 등 취침 전까지 자율적인 활동을 하는 것을 말한다.

17. "자치처우 전담교정시설"이란 수형자 자립심 배양 및 사회적응 능력 향상을 위해 일반교도소 보다 많은 자율권을 보장한 교정시설을 말한다.

18. "자치수용동"이란 자치제를 시행하고 있는 수용동을 말한다.

19. "자치수형자"란 자치수용동에서 자치생활을 하고 있는 수형자를 말한다.

20. "순수 노역수형자"란 노역장 유치명령만을 받고 교정시설에 입소한 사람을 말한다. 〈신설〉

제3조(적용범위) ① 다음 각 호의 수용자는 이 지침의 적용을 받지 아니한다.

1. 보호감호자

2. 치료감호자

3. 피감치자

4. 미결수용자

5. 석방자가 질병 등의 사유로 귀가하기 곤란한 경우에 교정시설에 수용되는 일시수용자

6. 사형확정자

② 제1항의 수용자 중에서 보호감호 또는 치료감호가 병과된 수형자는 징역형 집행기간 동안 이 지침의 적용을 받는다.

제4조(범죄횟수) ① 다음 각 호의 사항은 시행규칙 제3조제1항에 따른 수형자의 범죄횟수로 계산한다.

1. 징역 또는 금고 이상의 형을 선고받고 집행한 형 및 집행할 형

2. 집행유예가 실효(취소 포함)되어 집행한 형 및 집행할 형

3. 수용 중 선고받은 추가형

4. 무기형에 제1호부터 제3호의 형을 받았거나 제1호의 형에 무기형을 받았으나 집행을 할 수 없는 경우의 형

② 다음 각 호의 사항은 수형자의 범죄횟수로 계산하지 아니한다. 다만, 판시1, 판시2, 판시3 등으로 선고받은 경우에는 범죄횟수 1회로 계산한다.

1. 징역 또는 금고형의 집행유예를 선고받고 그 기간이 경과한 경우

2. 집행유예가 실효대상이 아닌 경우(본건 범죄일시가 집행유예 판결확정일 이전에 해당될 때)

3. 3년을 초과하는 형의 집행을 종료하거나 집행이 면제된 날부터 자격정지 이상의 형을 선고받지 아니하고 10년을 경과한 경우

4. 3년 이하의 형의 집행을 종료하거나 집행이 면제된 날부터 자격정지 이상의 형을 선고받지 아니하고 5년을 경과한 경우

③ 범죄횟수를 산정하기 위한 기간계산 방법은 [별표 2]와 같다. 〈종전의 제4항에서 이동〉

④ 제3항의 기간계산 방법은 부정기형의 경우에는 장기형을 기준으로 한다. 〈종전의 제5항에서 이동〉

⑤ 삭제

제5조(수용횟수) 수형자의 수용횟수는 시행규칙 제3조제3항에 따라 수용기록부 등 수용자의 범죄횟수를 기록

하는 문서에 [별표 3]에서 정한 바와 같이 기록한다.

제6조(신입수형자 등 처우의 기준) ① 교정시설 입소시 다음 각 호의 어느 하나에 해당하는 자에 대한 처우기준은 중(重)경비처우급으로 한다. 다만, 노역장 유치명령만을 받은 순수 노역수형자는 일반경비처우급에 준하여 처우한다.

1. 신입수형자

2. 분류심사 유예자

3. 분류심사 제외자

② 소장은 제1항제1호 및 제2호에 해당하는 수형자가 분류처우위원회의 의결을 거친 경우에는 결정된 경비처우급에 따른 처우를, 제1항제3호에 해당하는 수형자는 일반경비처우급에 준하는 처우를 실시한다.

③ 제2항에 따른 처우는 해당 수형자의 분류처우위원회 의결일 다음날부터 적용한다.

④ 소장은 이 지침의 적용을 받는 수형자가 그 형의 집행이 정지 되거나 종료되어 노역장 유치를 집행하는 경우에는 그 유치기간 중 처우등급별 처우를 계속한다.

제2장 분류심사 대상자 등
제1절 분류심사 대상자 등

제7조(분류심사 대상자) 소장은 제8조의 분류심사 제외자를 제외한 수형자를 대상으로 분류심사를 실시한다. 다만, 노역수형자의 경우 단일건으로 집행할 노역일수가 180일 이상인 수형자를 대상으로 실시한다.

제8조(분류심사 제외자) 분류심사 제외자는 다음 각 호와 같다.

1. 집행할 형기 3개월 미만자

2. 구류형 수형자

3. 집행할 노역일수가 180일 미만인 노역수형자

제9조(분류심사 유예자) 소장은 수형자가 다음 각 호의 어느 하나에 해당하는 경우에는 분류심사를 유예한다.

1. 상담이 불가능한 중환자 및 정신미약자, 법정감염병에 감염되어 격리된 자, 그 밖에 질병 등으로 분류심사가 곤란한 자

2. 징벌대상 행위의 혐의가 있어 조사 중이거나 징벌집행 중인 자. 다만, 신입심사 대상자가 분류심사를 완료하였으나 그 달에 징벌집행이 종료된 경우에는 징벌유예가 아닌 신입심사 대상자로 편입한다.

3. 삭제

4. 삭제

5. 그 밖의 사유로 분류심사가 특히 곤란하다고 인정된 자

제10조(분류심사 유예자 관리) ① 소장은 분류심사가 유예된 환자에 대하여는 분류조사 및 분류상담을 통하여 분류심사를 실시한다. 단, 상담이 불가능한 중환자는 분류조사 등 그 밖의 관련 자료를 통하여 분류심사를 실시할 수 있다.

② 제1항의 경우 경비처우급 판정은 시행규칙 제71조제3항에 따라 해당 수형자의 관련 서류를 토대로 한다.

③ 소장은 수형자가 질병 등의 사유로 인하여 분류심사가 유예된 경우에는 수시로 심사 가능여부를 확인한 후 분류심사를 실시하여 처우등급에 따라 접견 등 처우를 한다.

④ 삭제

⑤ 삭제

⑥ 삭제

⑦ 삭제

⑧ 소장은 정기 분류처우위원회에 회부되는 신입심사 대상자가 미결수용을 포함하여 금치(유예 포함)의 징벌 처분이 3회 이상 의결된 경우에는 제9조에 따른 유예사유와 관계없이 중(重)경비처우급에 편입한다. 이 경우 소득점수 및 교정재범예측지표의 평가는 거부자에 준하여 판정한다.

제11조(분류심사 거부자 관리) ① 소장은 수형자가 분류심사를 거부하는 경우에는 다시 분류심사 의사를 표시 하기 전까지 제28조에 따른 분류심사를 실시하지 아니한다. (이 경우 분류심사에 필요한 분류검사 또는 분류 상담을 거부하는 자는 분류심사를 거부한 것으로 본다.)

② 제1항의 경우 분류심사 담당자는 "분류심사 의사를 표시하기 전까지 분류심사와 관계 없이 중(重)경비처 우급에 편입하여 처우함"을 고지하고 [별지 제3호 서식]의 「분류심사 거부 확인서」에 거부일시, 거부장소, 거 부사유 등을 기재한다.

③ 제2항의 「분류심사 거부 확인서」를 작성하는 경우에는 거부자의 손도장이나 확인 서명을 받는다. 다만, 수형자가 확인 서명 등을 거부하는 경우에는 해당 수형자를 담당하는 근무자의 서명을 받는다.

④ 소장은 분류심사 거부자에 대하여는 분류처우위원회의 의결로 중(重)경비처우급에 편입한다. 이 경우 교 정재범예측지표 평가는 거부자로 판정한다.

제12조(제외 및 유예사유가 소멸된 자에 대한 분류심사) 분류심사 제외 및 유예사유가 소멸된 수형자에 대한 분류심사 기준은 [별표 1]과 같다.

제12조의2(분류심사 거부자 등의 분류심사) ① 소장은 제10조제8항 및 제11조제4항에 따라 중(重)경비처우급 에 편입된 수형자의 경우에는 형기종료일 3개월 전까지 매 정기재심사 전에(분류처우회의 개최 전날까지) 분 류심사 거부 의사를 확인하여야 한다.

② 제1항에 따라 분류심사를 원하는 수형자의 분류심사, 개별처우계획 수립 등은 신입심사 절차를 따른다. 다만, 분류심사 의사를 표시한 시점부터 형기종료일까지의 기간이 1년 이하인 경우에는 개별처우계획은 수 립하지 아니한다.

③ 소장은 제2항의 신입심사를 실시하는 대상자가 「분류센터 운영지침」에 따른 '고위험군 수형자'에 해당한 다고 판단될 경우 분류센터에 집중개별처우계획의 수립을 의뢰할 수 있다.

④ 제1항의 분류심사 거부 의사 확인 절차와 결과 관리는 제11조를 준용한다.

제2절 이송 또는 재수용된 자의 분류심사

제13조(이송된 수형자의 분류심사) ① 소장은 시행규칙 제60조제1항에 따라 이송된 수형자의 기본수용급 또 는 개별처우계획 등을 지체 없이 검토하여 변경할 필요성이 있다고 인정하는 경우에는 분류처우위원회의 심 의·의결을 거친다.

② 제1항의 기본수용급 또는 개별처우계획을 변경하는 경우에는 시설의 여건 등을 충분히 고려하여야 한다.

제14조(형집행정지 취소 등의 분류심사) ① 소장은 시행규칙 제60조제2항의 형집행정지 사유의 소멸로 재수용 된 수형자에 대하여 석방 당시와 동일한 처우를 실시한다.

② 소장은 시행규칙 제60조제3항의 형집행정지 취소(형집행정지 기간 만료 후 도주한 경우를 포함한다.)로 재수용된 수형자에 대하여 다음달 분류처우위원회에서 처우등급 조정이 의결되기 전까지 석방 당시와 동일 한 처우를 실시한다.

③ 제2항에 따라 재수용된 수형자는 분류처우위원회의 심의·의결을 통해 한 단계 낮은 처우등급을 부여할 수 있다.

④ 제1항 및 제2항에 따른 수형자의 재심사 시기는 제31조제1항 및 제2항에 따라 원형의 전체 형기를 기준으로 계산한다.

⑤ 소장은 형집행정지 중에 있는 자가 형집행정지 취소 등으로 재수용되어 남은 형기 집행 중 형사사건의 형이 확정된 경우에는 제32조에 따른 부정기재심사를 실시한다.

제14조의2(가석방 취소 등의 분류심사) ① 소장은 시행규칙 제60조제4항의 가석방 취소로 재수용된 수형자에 대하여 다음달 분류처우위원회에서 처우등급 조정이 의결되기 전까지 신입수형자와 동일한 처우를 실시한다.

② 소장은 제1항에 따라 재수용된 수형자에 대하여 분류처우위원회에서 의결을 거쳐 가석방 당시의 경비처우급보다 한 단계 낮은 경비처우급을 부여한다. 다만, 시행규칙 제60조제4항의 단서를 고려하여 동일한 처우등급을 부여할 수 있다.

③ 제2항에 따라 분류심사를 실시한 수형자의 재심사 시기는 제31조제1항 및 제2항에 따라 가석방의 취소로 집행되는 남은 형기를 기준(무기형인 경우 20년을 기준으로 함)으로 계산한다. 이 경우 재심사시기 도래일이 남은 형기의 집행지휘서 접수일로부터 6개월 이내인 경우 재심사를 실시하지 아니한다.

④ 소장은 가석방 중에 있는 자가 가석방 취소 등의 사유로 재수용되어 남은 형기 종료 후 형사사건의 형이 확정된 경우에는 신입심사를 실시한다. 단, 남은 형기 집행 중 형사사건의 형이 확정된 경우에는 부정기재심사를 실시한다.

제15조(치료감호 후 재수용된 수형자의 분류심사) ① 소장은 치료감호 후 나머지 형의 집행을 위해 교정시설로 이송된 자에게 신입심사를 실시한다.

② 제1항의 신입심사는 최종적으로 확정된 형의 집행을 위한 형집행지휘서(이하 '지휘서'라 한다)의 죄명, 형기 등을 기준으로 하며, 치료감호 집행기간을 고려하여 교정시설 입소일부터 형기종료일까지의 기간이 3개월 미만인 경우에는 신입심사를 실시하지 아니한다.

③ 소장은 제1항의 신입심사가 완료된 자의 정기재심사는 제31조를 따르며, 정기재심사를 위한 형기는 교정시설 입소일부터 형기종료일까지의 기간을 기준으로 형기의 각 도래일을 계산한다.

④ 치료감호 후 재수용된 자의 경비처우급 편입기준은 다음 각 호와 같다.

1. 교정시설 입소부터 분류처우위원회 의결 전까지 : 중(重)경비처우급

2. 분류심사 제외자 : 일반경비처우급

3. 분류심사 대상자 : [별지 제2호 서식]의 「경비처우급 분류지표(신입심사)」 판정결과에 따라 편입

⑤ 치료감호자에 대한 일반 수형자로의 처우방법 및 내용은 분류처우위원회에서 최종적으로 심의·의결한다.

제16조(국제수형자의 분류심사) ① 소장은 외국의 교정시설로부터 이송된 수형자에 대하여는 개별처우계획을 새로 수립한다.

② 제1항의 개별처우계획은 신입심사와 같은 절차에 따르며, 해당 국가의 분류 및 처우상 반영된 사항이 있는 경우에는 개별처우계획 수립시 고려할 수 있다.

③ 국제수형자의 경비처우급은 집행한 형기에 따라 다음 각 호와 같이 편입한다.

1. 형기의 3분의 1 미경과 : 경비처우급 분류지표 산정

2. 형기의 3분의 1 경과 3분의 2 미경과 : 경비처우급 분류지표 산정 결과 및 일반경비처우급 중 높은 처우급

3. 형기의 3분의 2 경과 : 완화경비처우급

제17조(군수형자의 분류심사) ① 소장은 군사법원에서 형이 확정되어 일반 교정시설로 이송된 수형자에 대하여 신입심사 절차에 따라 개별처우계획을 새로 수립한다.

② 군 교정시설 수용 중 일반교정시설로 이송된 수형자는 군교도소에서의 처우등급과 집행한 형기를 고려하여 개별처우계획을 수립할 수 있다.

③ 소장은 제2항의 개별처우계획을 수립하는 경우 이송되기 전 1년 이내에 징벌처분을 받은 수형자에 대하여 분류처우위원회를 거쳐 한 단계 낮은 경비처우급을 부여할 수 있다.

④ 제2항에 따라 이송된 군수형자의 처우등급별 경비처우급 편입기준은 다음 각 호와 같다.

1. 처우등급 제4급자 중 1년 이내에 징벌자 : 경비처우급 분류지표 산정

2. 처우등급 제3급, 제4급 : 일반경비처우급

3. 처우등급 제1급, 제2급 : 완화경비처우급

제18조(이송 또는 재수용된 수형자의 처우) ① 소장은 국제수형자·군수형자·치료감호 종료 후 재수용된 수형자의 재심사, 가석방 및 그 밖의 처우에 대해서는 일반 수형자와 동일한 기준을 적용한다.

② 소장은 국제수형자·군수형자·치료감호 종료 후 재수용된 수형자의 형 집행기간 등 개별 특성을 고려하여 경비처우급 편입기준을 분류처우위원회의 의결을 거쳐 달리 결정할 수 있다.

제3절 노역수형자의 분류심사

제19조(순수 노역수형자 신입심사) ① 순수 노역수형자에 대하여 신입심사를 실시한다.

② 제1항에 따른 신입심사는 단일건으로 집행할 노역일수가 180일 이상인 수형자를 대상으로 실시하며, 기준일은 노역장유치 집행일로 한다.

제20조(순수 노역수형자의 분류검사) 소장은 제19조에 따른 신입심사자의 경우 지능·적성검사 대상에서 제외한다. 다만, 수형자의 처우 또는 수용관리를 위하여 필요한 경우에는 실시 할 수 있다.

제21조(노역수형자의 경비처우급 편입기준) ① 순수 노역수형자인 경우 일반경비처우급으로 편입한다.

② 형기종료 후 또는 형집행순서변경(노역 우선집행)으로 노역장 유치명령을 집행하는 경우에는 형기종료 또는 형집행순서변경 당시의 처우등급으로 한다.

제22조(노역수형자의 정기재심사) ① 순수 노역수형자에 대한 정기재심사는 노역일수가 180일 이상인 수형자를 대상으로 제31조를 준용하여 실시한다. 다만, 징역형 종료 후 계속노역을 집행하는 경우에는 노역일수가 180일 미만인 경우에도 형기를 합산하여 재심사를 실시한다.

② 제1항의 정기재심사 시기 도래일은 노역종료일을 기준으로 계산한다. 다만, 정기재심사 시기 도래일이 최초 분류처우위원회 의결일로부터 6개월 미만일 경우 재심사를 실시하지 아니한다.

③ 우선 집행하는 노역형과 징역형(금고형 포함) 형기를 종료한 후 집행하는 노역형의 경우 정기재심사 시기는 징역형과 노역형의 형기를 합산하여 정한다.

④ 제3항의 정기재심사 시기는 제31조를 준용한다. 다만, 이미 실시한 정기재심사 시기가 다시 도래한 경우 직전 재심사 실시일로부터 6개월 미만인 때에는 정기재심사를 실시하지 아니한다.

제23조(노역수형자의 부정기 재심사) 노역수형자에 대한 부정기 재심사는 노역일수 180일 이상인 노역수형자에게 다음 각 호의 사유가 있는 경우에 할 수 있다. 다만, 제1호의 사유 또는 징역형 종료 후 계속노역을 집행하는 경우에는 노역일수가 180일 미만인 경우에도 실시할 수 있다.

1. 분류심사에 오류가 있음이 발견된 때

2. 노역수형자가 교정사고 예방에 뚜렷한 공로가 있는 때

3. 노역수형자를 징벌하기로 의결한 때

4. 노역수형자가 전국기능경기대회 입상, 기사 이상의 자격취득, 전문학사를 제외한 학사 이상의 학위를 취득(취득 예정 포함)한 때

5. 그 밖에 노역수형자의 수용 또는 처우의 조정이 필요한 때

제4절 수형자 분류처우심사표 작성 및 관리

제24조(수형자 분류처우심사표 작성 등) ① 소장은 분류심사 제외 및 유예자를 제외한 모든 수형자에 대하여 [별지 제1호 서식]인 「수형자 분류처우 심사표」(이하 "심사표"라 한다)를 작성한다.

② 신입수형자에 대한 심사표는 지휘서를 접수한 기관에서 작성한다. 다만, 외국인수형자 등이 전담처우시설로 지체없이 이송되는 경우에는 이송받는 기관에서 작성한다.

③ 군교도소 등으로부터 이송된 자에 대한 심사표는 최초로 수용한 기관에서 작성한다.

제25조(수형자 심사표 관리) ① 수형자의 심사표는 교정정보시스템을 이용하여 전자적인 방법으로 작성·관리한다. 다만, 교정정보시스템상 등록되지 않은 관련 서류가 있는 경우에는 수용기록부에 편철할 수 있다.

② 신입심사 이후에 처우, 가석방, 작업지정 등 변동사항이 발생한 경우에는 해당 업무담당자가 재심사시 이를 보완한다.

제26조(이송자 심사표 관리) ① 수형자를 이송하는 때에는 분류심사 관련 서류를 이송받는 기관에 인계한다.

② 지휘서가 접수된 달에 수형자를 이송하는 경우에는 분류심사 관련 서류를 이송받는 기관에 지체없이 송부한다.

③ 제2항의 분류심사 관련 서류를 송부받은 기관은 관련 서류의 내용을 검토하여 다음 달 분류처우회의 및 분류처우위원회에 회부한다.

④ 지휘서가 접수된 달의 다음 달에 이송 사유가 발생한 경우에는 이송보내는 기관에서 제25조제1항에 따라 처리한다.

⑤ 제2항부터 제4항은 재심사 대상자 이송의 경우에도 준용한다.

제27조(석방자 심사표 관리) 수형자가 형기종료, 가석방 등으로 석방되는 경우에는 해당 수형자의 심사표 등 분류심사 사항을 교정정보시스템을 통해 정리한다.

제3장 수형자 분류심사

제1절 분류심사

제28조(심사종류) ① 분류심사는 신입심사와 재심사로 구분한다.

② 재심사는 신입심사를 완료한 모든 수형자를 대상으로 하며, 정기재심사와 부정기재심사로 구분한다.

제29조(심사사항) 분류심사 사항은 다음 각 호와 같다.

1. 처우등급 판정에 필요한 사항

2. 학력 및 경력 등을 감안한 작업부과, 직업훈련, 교육훈련 및 교화프로그램 참여 등의 처우방침

3. 보안상 위험도 측정 및 거실지정에 필요한 개인특성, 성장과정, 범죄경력 및 인성특성

4. 보건 및 위생관리에 필요한 개인의 특성과 병력

5. 이송을 위하여 처우등급별 판정에 필요한 사항

6. 보호관계, 교정성적, 개선정도, 석방 후의 생활계획에 관한 사항

7. 수형자의 희망처우 등 개별처우계획 수립 및 이행에 필요한 사항

8. 그 밖에 처우 및 수용관리에 참고할 사항

제30조(신입심사) ① 신입심사는 매월 1일부터 말일까지 지휘서가 접수된 수형자에 대하여 실시한다.

② 신입심사는 다음 각 호의 어느 하나에 해당하는 경우에 실시한다.

1. 미결수용자로서 형이 확정되어 처음으로 실시하는 경우

2. 분류심사 제외 또는 유예사유가 소멸된 경우

3. 형집행정지 또는 가석방 기간 중에 있는 자가 형사사건으로 재수용되어 형이 확정된 경우

4. 「국제수형자이송법」에 따라 국내로 이송된 경우

5. 군교도소에서 이송된 경우

6. 치료감호 처분이 종료 또는 가종료되어 형의 집행을 위해 교정시설에 수용된 경우

7. 그 밖의 사유로 처음 분류심사를 실시하는 경우 〈종전의 제6호에서 이동〉

③ 제1항의 신입심사는 지휘서를 접수한 달의 다음 달 분류처우회의 전까지 완료한 후 분류처우회의 및 분류처우위원회에 회부한다. 다만 제2항제4호, 제5호 및 제6호의 수형자에 대한 신입심사의 기준일은 입소일로 한다.

제31조(정기재심사) ① 시행규칙 제66조의 정기재심사는 다음 각 호의 어느 하나에 해당하는 경우에 한다. 다만, 「소년수형자 처우 등에 관한 지침」 제24조에 따라 장기형이 단기형보다 1년 이상 긴 경우에는 장기형의 6분의 5에 도달한 때 정기재심사를 추가로 실시한다.

1. 형기의 3분의 1에 도달한 때

2. 형기의 2분의 1에 도달한 때

3. 형기의 3분의 2에 도달한 때

4. 형기의 6분의 5에 도달한 때

② 제1항 각 호의 도래일은 최종 형기종료일을 기준으로 하며 확정된 모든 형을 합산한 후 계산한다.

③ 매월 첫날부터 마지막 날까지 제1항의 각 도래일이 발생한 수형자에 대하여는 다음달 분류처우회의 및 분류처우위원회에 정기재심사 대상자로 회부하여 심사한다.

④ 제1항 각 호의 정기재심사 시기 도래일이 신입심사 기준이 된 최초의 형집행지휘서 접수일로부터 6개월 미만인 때에는 정기재심사를 실시하지 아니한다. 이 경우 신입심사의 기준이 되었던 형집행지휘서가 수 개일 경우에는 가장 앞선 지휘서 접수일을 기준으로 한다.

⑤ 삭제

⑥ 소장은 추가형 확정 또는 집행유예실효의 경우 합산한 형기를 기준으로 시행규칙 제66조제1항 각 호의 재심사 시기를 다시 계산하여 실시한다.

⑦ 소장은 이미 실시하였던 정기재심사 시기가 제6항 계산에 따라 다시 도래 시 추가형·집행유예실효 지휘서 접수일부터 6개월이 지나지 아니한 경우에는 재심사를 실시하지 아니한다.

⑧ 소장은 개방처우급 수형자의 정기재심사 시기가 도래한 경우 제37조제3항에 따른 「재심사 지표」를 판정하지 아니할 수 있다.

제32조(부정기재심사) ① 부정기재심사는 다음 각 호의 어느 하나에 해당하는 경우에 할 수 있다.

1. 분류심사에 오류가 있음이 발견된 때

2. 수형자가 교정사고의 예방에 뚜렷한 공로가 있는 때

3. 수형자를 징벌하기로 의결한 때

4. 수형자가 집행유예의 실효(취소 포함) 또는 추가사건으로 금고 이상의 형이 확정된 때(헌법재판소의 위헌 결정, 감형, 상소권회복, 항고, 재심청구로 인한 형기변경 등의 사유가 발생한 경우에도 동일하게 적용)

5. 수형자가 전국기능경기대회 입상, 기사 이상의 자격취득, 전문학사를 제외한 학사 이상의 학위를 취득(취득 예정 포함)한 때

6. 수형자 개별처우 목표의 변경이 필요한 때

7. 그 밖에 수형자의 수용 또는 처우의 조정이 필요한 때

② 삭제

③ 집행유예실효 또는 추가형 확정에 따른 경비처우급 편입기준은 [별표 4], 부정기재심사 사유에 따른 업무절차는 [별표 5]와 같다.

④ 소장은 중경비처우급의 수형자에게 제1항제3호의 사유가 있는 경우 부정기재심사를 실시하지 아니할 수 있다.

제33조(재심사시 유의사항) ① 정기재심사 도래일과 부정기재심사 사유발생일이 같은 달에 중복되는 경우에는 부정기재심사 사유를 고려하여 정기재심사를 실시한다. 다만, 제32조 제1항 제4호의 사유가 중복되는 경우 부정기재심사를 실시한다.

② 정기재심사 기간 중에 부정기재심사가 이루어진 경우(부정기재심사 사유를 규정한 제32조제1항제1호, 제6호 및 제7호는 제외)에는 부정기재심사 이후 시점부터 남은 정기재심사까지의 기간을 정기재심사 기간으로 본다.〈단서 삭제〉

③ 소장은 장애인, 환자 등 처우성과를 기대하기 어려운 수형자에 대하여 재심사를 하는 경우 재활, 사회성 함양, 석방후의 생활안정 및 보호대책 등을 위한 노력을 고려할 수 있다.

④ 제3항에서 규정한 수형자에 대한 처우등급 조정여부는 다른 수형자와의 형평성을 고려하여 결정한다.

⑤ 소장은 경비처우급 변경 이외의 기본수용급, 개별처우급을 변경하거나 개별처우목표의 수정이 필요한 경우에는 정기 또는 부정기재심사 시 이를 검토하여 반영하되, 소득점수 평정은 고려하지 아니한다.

제34조(신입심사 대상 수형자의 작업 등) 신입수형자에 대한 작업·교육 등 처우는 개별처우계획 수립 결과를 반영한다. 다만, 수형자의 처우상 특히 필요한 경우에는 개별처우계획 수립 전이라도 작업·교육 등을 부과할 수 있다.

제35조(부정기형 및 무기형의 재심사) ① 부정기형의 재심사 도래일 계산은 단기형을 기준으로 한다.

② 부정기형과 정기형이 있는 경우의 재심사 도래일은 부정기형의 단기형과 정기형을 합산한 형기를 기준으로 계산한다.

③ 무기형과 미결통산일수를 제외한 집행할 형기 20년을 초과하는 유기형의 재심사 형기는 20년으로 한다.〈단서 삭제〉

④ 제3항의 수형자에 대한 정기재심사는 다음 각 호에 해당하는 경우 추가로 실시한다.

1. 형기 20년 도래일

2. 형기 20년 도래일 이후 매 3년째 해당일

⑤ 형기 20년 도래일 시점은 무기형은 형기기산일, 미결통산일수를 제외한 집행할 형기 20년 초과형은 최초 형기기산일을 기준으로 한다.

제36조(동정관찰 등 공적사항 작성·제출) ① 시행규칙 제67조의 부정기재심사를 위하여 필요한 경우 동정관찰 등 공적사항을 작성하여 제출한다.

② 제1항의 동정관찰은 다음 각 호의 어느 하나에 해당하는 경우에 작성한다.

1. 교정사고 예방에 뚜렷한 공로가 있는 때

2. 전국기능경기대회 입상한 때

3. 기사 이상의 자격을 취득한 때

4. 학사 이상의 학위를 취득한 때

5. 그 밖에 수형자의 수용 또는 처우의 조정이 필요한 경우

③ 제1항의 공적사항은 해당 수형자가 수용되어 있는 수용동의 보안담당자 또는 취업하고 있는 교육·작업장의 담당자, 직업훈련담당자 또는 교육담당자가 작성하여 매월 3일까지 분류심사과장에게 제출한다. 다만, 제출 마감일이 토요일, 공휴일, 그 밖에 법무부장관이 정한 휴무일일 때에는 다음날로 한다.

제2절 분류조사

제37조(조사 사항) ① 소장은 신입심사를 실시하는 경우 수형자와의 개별상담 또는 조회 등의 방법을 통하여 시행규칙 제69조제1항 각 호의 사항에 대하여 조사한다.

② 소장은 수형자에 대하여 재심사를 실시하는 경우에는 시행규칙 제69조제2항 각 호의 사항을 조사한다.

③ 제2항의 재심사는 [별지 제4호 서식]의 「재심사 지표」에 의한다.

제38조(조사 방법) 시행규칙 제70조에 따른 분류조사의 방법은 [별표 6]과 같다.

제3절 분류검사

제39조(검사 유형) ① 분류심사를 위한 검사는 인성·지능·적성검사로 구분한다.

② 소장은 수형자에 대하여 제1항의 검사를 실시하는 경우에는 개별 특성과 시설의 여건 등을 고려하여 수형자에게 적합한 검사를 실시한다.

제40조(검사 방법) ① 검사는 개별상담실 또는 집단검사실 등에서 개별 또는 집단으로 실시한다.

② 검사는 중단되지 않도록 한번에 진행하며, 전체 문항에 대해 솔직하게 답변하도록 안내하여야 한다. 다만, 해당 수형자의 연령, 이해력 등의 특성을 고려하여 적정한 방법으로 실시할 수 있다.

③ 검사 직원은 검사 종료 후 문항의 응답여부 등 이상 유무를 확인하여 필요시 재검사를 실시할 수 있다.

제40조의2(검사 직원) ① 소장은 분류검사 업무수행을 위해 분류심사과(보안과 분류팀을 포함한다.)의 부서원으로 심리학 관련 학위를 취득하였거나 정신건강임상심리사, 임상심리사, 상담심리사 등 심리 관련 자격을 갖춘 직원을 우선 보직할 수 있다.

② 검사는 다음 각 호의 어느 하나에 해당하는 자로 하여금 실시하게 한다.

1. 분류심사 업무에 상당기간 종사한 자

2. 심리검사 관련 교육과정을 이수한 자

3. 관련 자격증을 소지한 자

③ 소장은 전문적인 판단이 요구되는 심층 심리검사를 실시하는 경우에는 임상심리사 등 자격을 갖춘 직원으로 하여금 실시하게 하거나 「형의 집행 및 수용자의 처우에 관한 법률」(이하 "법"이라 한다) 제58조 및 제59조제4항에 따라 외부전문가에게 실시하게 할 수 있다. 다만, 임상심리사 등이 없는 기관의 경우에는 제2항

각 호에 규정된 사람이 실시할 수 있다.

제41조(인성검사 대상자) ① 소장은 분류심사 제외·유예·거부자를 제외한 모든 신입심사 대상자에 대하여 인성검사("교정심리검사"를 포함한다. 이하 같다)를 실시한다.

② 소장은 제1항의 인성검사 대상자가 아닌 경우에도 처우 또는 수용관리를 위해 특히 필요한 때에는 다음 각 호의 어느 하나에 해당하는 자에 대하여 인성검사를 실시할 수 있다.

1. 학과교육, 직업훈련 등 처우를 위하여 필요한 자

2. 문제유발 가능성 등 위험성을 평가하기 위하여 필요한 자

③ 제2항의 인성검사를 실시하는 경우에는 관련 부서의 의뢰가 있어야 한다.

제42조(인성검사 제외자) 소장은 다음 각 호에 해당하는 수형자에 대하여는 인성검사를 실시하지 아니한다.

1. 한글을 읽을 수 없거나 이해력이 현저하게 부족한 자

2. 외국인으로서 의사소통이 곤란한 자

3. 상담을 통한 분류심사는 가능하나 검사가 불가능한 자

4. 정신이상자

5. 인성검사를 실시하는 것이 불필요하다고 인정되는 자

제43조(인성검사 거부자에 대한 조치) ① 소장은 인성검사 대상 수형자가 인성검사를 거부하는 경우에는 분류심사 거부자가 됨을 고지한다.

② 제1항의 경우 처우상 불이익을 받을 수 있음을 함께 고지하는 등 분류검사 거부자에 대한 제11조의 규정을 준용한다.

제44조(인성검사 특이자 지정) ① 소장은 수형자에 대한 교정심리검사를 실시한 결과 각 척도별 T점수(원점수에 평균과 표준편차를 반영하여 변환한 점수를 말함. 이하 같다)가 기준점수 이상인 경우에는 인성검사 잠정 특이자로 지정한다.

② 제1항의 인성검사 잠정 특이자는 폭력성향군 특이자와 자살위험군 특이자로 구분하며, 각 척도별 기준점수는 다음 각 호와 같다.

1. 폭력성향군 특이자 : 비행전력, 공격성향, 반사회적 사고 척도 모두 T점수 70점 이상

2. 자살위험군 특이자 : 자살위험, 절망감 척도 모두 T점수 70점 이상

③ 교정심리검사 결과 제1항 및 제2항에 따라 지정된 잠정 특이자에 대하여 1개월 후 동일한 검사도구로 2차 검사를 실시하고, 2차 검사를 실시한 결과 제1항 및 제2항의 결과가 나온 수형자에 대하여 인성검사 특이자로 지정한다. 다만, 심리검사 담당자는 필요한 경우 교정심리검사 이외의 검사를 실시하여 특이자로 지정할 수 있다.

④ 제3항의 잠정 특이자가 2차 검사를 거부하거나 실시가 곤란한 경우에는 1차 검사결과 및 수용생활태도, 관련서류나 기록, 수용관리팀장의 의견 등을 고려하여 잠정 특이자 지정을 해제하거나 교정심리검사 특이자로 지정할 수 있다.

⑤ 수형자를 인성검사 특이자로 지정하는 경우에는 인성검사 결과와 해당 수형자의 생활태도, 과거 정신병력, 자살기도 경력, 징벌경력 등의 사정을 종합적으로 고려하여 분류처우위원회에서 지정 여부를 결정한다.

제45조(인성검사 특이자 관리) ① 인성검사 잠정 특이자에 대한 2차 검사는 신입심사를 완료한 기관에서 실시한다. 다만, 잠정 특이자로 지정되고 1개월 이내 이송되는 등 2차 검사를 실시하지 못한 경우에는 교정정보시스템으로 조회할 수 있도록 입력하여 이송받는 기관에서 관리에 누락되는 일이 없도록 한다.

② 분류검사 담당자는 해당 수형자가 인성검사 특이자임을 교정정보시스템 동정관찰 기록으로 유지한다.

③ 분류처우위원회의 결정에 따라 인성검사 특이자로 지정된 경우에는 보안과, 의료과, 직업훈련과, 사회복귀과 등 관계 부서에 통보하여 수용관리와 처우에 참고할 수 있도록 한다.

제46조(인성검사 특이자 해제) ① 인성검사 특이자로 지정된 수형자에 대하여 다음 각 호의 어느 하나에 해당되는 사유가 있는 경우에는 특이자 지정을 해제할 수 있다.

1. 정기 또는 부정기재심사 시 분류검사 담당자가 인성검사 특이자 지정을 해제할 필요가 있다고 인정하는 경우

2. 보안근무자 등이 인성검사 특이자의 생활태도, 행동관찰 등을 면밀히 관찰한 결과 특이자 지정을 해제할 필요가 있다고 인정하는 경우

② 인성검사 특이자 지정을 해제하는 경우에는 다음 각 호의 사항을 고려한다.

1. 수형생활태도

2. 처우성과

3. 상담관찰결과

4. 3차 인성검사 결과

5. 남아 있는 형기

6. 그 밖에 해제가 필요하다고 인정되는 사항

③ 분류검사 담당자는 인성검사 특이자 지정을 해제하는 경우에는 제2항 각 호의 사항을 고려하여 동정관찰 기록을 작성한 후 분류처우위원회에 회부한다.

④ 보안근무자 등은 행동관찰 결과를 토대로 동정관찰 보고서를 작성하여 분류심사과에 인성검사 특이자 해제 및 분류처우위원회 회부 협조를 의뢰한다.

⑤ 인성검사 특이자 해제는 분류처우위원회의 심의·의결을 거치며, 해제가 의결되면 '인성검사 특이자 해제' 동정관찰 기록을 작성하여 작업 등 처우에 참고할 수 있도록 한다.

⑥ 제3항의 동정관찰은 업무담당 부서장의 전결로 기록한다.

제47조(장기수형자에 대한 인성검사 실시) ① 소장은 형기 10년 이상 장기수형자가 형기의 3분의 2에 도달한 때에 인성검사를 다시 실시하여 수형생활에 따른 인성변화를 점검한다. 〈단서 삭제〉

② 제1항에 따른 인성검사는 제44조 절차에 따라 실시한다. 다만, 소장은 검사 결과에도 불구하고 수형자의 생활태도 등을 감안하여 필요시 인성검사 특이자(잠정특이자 포함)로 지정하지 않을 수 있다.

③ 소장은 무기수형자에 대하여 심층적인 인성검사가 필요하다고 인정하는 경우에는 법 제61조에서 규정하고 있는 분류전담시설에 인성검사를 의뢰할 수 있다.

④ 제1항의 인성검사 재실시 결과는 경비처우급 분류지표에 반영하지 않는다.

제48조(인성검사 제외자에 대한 분류지표 판정) 소장은 이해력 부족 등으로 인하여 인성검사를 실시하지 못하는 수형자에 대하여는 상담 및 관련 서류를 참조하여 경비처우급 분류지표의 '위험성 평가'를 판정한다.

제49조(지능 및 적성검사 대상자) ① 신입수형자의 지능 및 적성검사는 시행규칙 제71조제4항에 따라 실시한다. 다만, 인성검사를 실시할 수 없는 자는 제외한다.

② 소장은 시행규칙 제71조제4항의 적성검사 대상자 중에서 다음 각 호의 어느 하나에 해당하는 경우에는 적성검사를 실시하지 아니할 수 있다.

1. 등록된 사업자로 출소 후 해당 사업을 계속할 계획이 분명한 자

2. 일용직을 제외한 동종업종의 5년 이상 경력자

3. 학위 또는 자격증 소지자로서 관련분야에 3년 이상 경력자

4. 입소전 직업군과 개별처우계획 수립이 일치하는 자

5. 외국인으로 출소 후 본국으로 출국할 예정인 자

6. 수형자 직업경력, 생계수단, 특기, 취미 등으로 적성을 반영할 수 있는 경우

7. 그 밖에 적성검사가 곤란한 경우

③ 수형자에 대하여 최근 3년 이내에 교정시설에서 실시한 지능 또는 적성검사 결과가 있는 경우에는 그 결과를 수형자 개별처우계획 수립에 반영할 수 있다.

④ 제1항의 검사를 실시하는 경우에는 부정기형의 경우는 장기형을, 나이는 판결확정일을 기준으로 한다.

⑤ 소장은 시행규칙 제71조제4항의 규정에도 불구하고, 개별처우계획의 수립과 석방 후 취업·창업 등을 위하여 집행할 형기와 나이에 관계 없이 지능 또는 적성검사를 실시할 수 있다.

제50조(검사 결과 처리 등) ① 소장은 검사를 실시하는 경우 그 결과를 심사표 해당란에 기록하거나 관련 자료를 첨부한다.

② 소장은 수형자가 석방 후 취업 등을 위하여 자신의 적성검사 결과를 알고자 하는 경우에는 이를 알려줄 수 있다.

제4절 처우등급

제51조(처우등급) 수형자의 처우등급은 다음 각 호와 같이 구분한다.

1. 기본수용급

2. 경비처우급

3. 개별처우급

제52조(기본수용급) ① 기본수용급 구분과 약칭은 다음 각 호와 같다.

1. 여성수형자 : W급

2. 외국인수형자 : F급

3. 금고형수형자 : I급

4. 19세 미만의 소년수형자 : J급

5. 23세 미만의 청년수형자 : Y급

6. 65세 이상의 노인수형자 : A급

7. 형기가 10년 이상인 장기수형자 : L급

8. 정신적 질환 또는 장애가 있는 수형자 : M급

9. 신체적 질환 또는 장애 등이 있는 수형자 : P급

② 소장은 수형자의 특성에 해당하는 기본수용급을 모두 부여하며, 그 순서는 제1항 각 호의 순서에 따른다.

③ 소장은 기본수용급에 변경사유가 발생한 경우에는 정기 또는 부정기재심사시 이를 확인하여 반영한다.

제53조(경비처우급) ① 경비처우급 구분과 약칭은 다음 각 호와 같다.

1. 개방처우급 : S1급

2. 완화경비처우급 : S2급

3. 일반경비처우급 : S3급

4. 중(重)경비처우급 : S4급

② 경비처우급 [별지 제2호 서식]의 「경비처우급 분류지표(신입심사)」에 의해 판정한다.

제54조(개별처우급) ① 개별처우급 구분과 약칭은 다음 각 호와 같다.

 1. 직업훈련 : V급

 2. 학과교육 : E급

 3. 생활지도 : G급

 4. 작업지도 : R급

 5. 운영지원작업 : N급

 6. 의료처우 : T급

 7. 자치처우 : H급

 8. 개방처우 : O급

 9. 집중처우 : C급

② 소장은 수형자에게 적정한 개별처우급을 3개까지 부여할 수 있다.

③ 처우등급별 판정 및 처우기준은 [별표 7]과 같다.

④ 수형자 번호표상의 경비처우급 표시요령과 표시 제식은 [별표 8]과 같다. 다만, 카드형 번호표의 경우 법무부장관이 별도로 정할 수 있다.

제5절 개별처우계획의 수립

제55조(개별처우계획 수립 대상자 등) ①개별처우계획(이하 "처우계획이라 한다)은 형기 2년 이상인 수형자 중 다음 각 호의 어느 하나에 해당하는 경우에 수립한다.

 1. 일반 개별처우계획 : 교정시설 신입심사 대상자(단, 집행할 형기가 1년 이하의 자는 제외)

 2. 집중 개별처우계획 : 분류센터 심사 대상자

② 제1항에 따른 처우계획 수립 대상자 중 다음 각 호의 어느 하나에 해당하는 경우에는 처우계획을 수립하지 아니한다.

 1. 상담이 불가능한 중환자

 2. 법정감염병 감염자

 3. 분류심사 거부자 등 분류심사 불가능자

 4. 노역수형자

③ 분류심사 대상 수형자가 처우계획 수립을 거부하는 경우 제11조의 분류심사 거부자를 준용한다.

제56조(처우계획서 작성 등) 처우계획서의 작성, 관리 등에 관하여 제24조부터 제27조까지의 규정을 준용한다.

제57조(처우목표) ① 시행규칙 제76조의 개별처우급에 대한 처우의 목표는 다음 각 호와 같다. 다만, 자치처우와 개방처우는 별도의 처우목표로 분류하지 않는다.

 1. 직업훈련 · 작업지도 · 운영지원작업 : 작업 및 취업능력 향상

 2. 학과교육 · 생활지도 : 교육 및 인성함양

 3. 집중처우 · 의료처우 : 특이성 교정 및 심신회복

② 제55조제1항에 따라 처우계획을 수립하는 경우 분류검사 결과, 수형자 작성의 수용생활계획서, 개별처우목표, 상담결과 등을 종합적으로 고려한다.

③ 소장은 수형자의 처우목표의 변경이 필요하다고 인정하는 경우 분류처우위원회에서 심의·의결하고 그 다음날부터 적용한다.

제58조(처우계획의 이행 및 평가) ① 처우계획의 이행 및 평가는 다음 각 호와 같이 구분한다. 다만, 수립된 처우계획이 해당 교정시설의 여건과 맞지 않거나 처우 이행이 곤란한 경우에는 시설여건에 맞는 처우프로그램을 적용할 수 있다.

1. 일반 처우계획 : 해당 교정시설에서 운영되고 있는 교육, 작업, 직업훈련 등 통상적인 처우가 필요한 수형자를 대상으로 하며 별도의 이행평가가 필요하지 않은 처우계획

2. 집중 처우계획 : 분류센터에서 수립된 교정·치료프로그램 등 심층적인 처우가 필요한 수형자를 대상으로 하며 처우계획의 이행평가 및 체계적인 관리가 필요한 처우계획

② 제1항에 따라 이행사항을 평가한 결과 교정·치료계획의 변경이 필요한 경우 관련부서의 의견을 반영하여 교정정보시스템에 그 사유를 입력하고 이행시기 등을 변경할 수 있다.

③ 삭제

④ 삭제

제6절 분류수용

제59조(처우등급별 수용 등) 수형자의 수용은 법 제57조제2항 경비등급별 수용구분에 따른다. 다만, 수용관리 및 처우의 효율성을 위해 기본수용급과 경비처우급별로 구분하여 수용할 수 있다.

제60조(분류심사 결과의 반영) ① 수형자의 수용시설을 결정하거나 거실지정, 작업·교육·직업훈련 대상자의 선정은 분류심사 결과에 따른다.

② 수형자는 경비처우급에 맞는 시설에 수용되어야 하나 처우상 또는 시설 여건 등을 고려하여 경비처우급이 다른 수형자를 함께 수용할 수 있다.

제7절 소득점수 평가 및 평정

제61조(소득점수 평가기준) 매월 평가하는 소득점수는 수형생활 태도와 작업·교육성적 점수를 합산하여 채점하되 다음 각 호와 같이 구분한다.

1. 수 : 9점~10점

2. 우 : 7점~8점

3. 미 : 5점~6점

4. 양 : 3점~4점

5. 가 : 1점~2점

제62조(소득점수 평가 제외 등) ① 소장은 다음 각 호의 어느 하나에 해당하는 수용자에 대하여는 소득점수를 평가하지 아니한다.

1. 분류심사 유예자

2. 분류심사 거부자

3. 분류심사 제외자

4. 분류심사 대기자

5. 미결수용자

② 시행규칙 제79조의 작업장별 수·우의 채점비율을 계산하는 경우 소수점 이하는 1명으로 계산한다. 다만, 작업장, 교육장 전체인원이 4명 이하인 경우에는 수·우를 각각 1명으로 할 수 있다.

제63조(소득점수 평정기간) ① 지휘서 접수일부터 6개월이 지나 최초로 재심사 하는 경우의 평정기간은 지휘서를 접수한 다음달부터 해당 재심사 시기까지의 기간으로 한다.

② 소득점수 평가 및 평정요령은 [별표 9]와 같다.

③ 정기 또는 부정기 재심사의 소득점수 평가 및 평정은 각각 [별표 10], [별표 11]과 같다.

제64조(소득점수 평가 등) ① 소득점수 평가 비율을 적용하는 작업장(이 절에서의 작업장은 별개의 작업장으로 운영되는 경우를 말한다)은 다음 각 호와 같다.

1. 운영지원작업장(다만, 수용동 청소의 경우에는 시설의 사정에 따라 분리하거나 병합할 수 있다)

2. 일반작업장

3. 학과교육장, 인성교육장

4. 직종별로 운영되는 직업훈련장

5. 심리치료교육장, 마약재활교육장 등

6. 미취업 수용자의 수용동

② 제1항 제1호부터 제6호까지의 작업장 구분에 따른 소득점수 평가대상자는 다음 각 호에 따르되, 이에 해당하지 않을 경우라도 제67조에 따라 소득점수를 부여할 수 있다.

1. 소득점수 평가 기준일 현재 작업장 취업 또는 교육대상자로 지정되어 있는 자

2. 소득점수 평가 기준일 당월 작업기간 또는 교육기간이 15일(공휴일을 포함한다) 이상인 자

3. 소득점수 평가 당월 직업훈련 또는 교육과정(40시간 이상 교육으로 한정한다) 이수를 완료한 자

제64조의2(소득점수의 평가방법) ① 소득점수 채점은 객관적이고 공정하게 이루어져야 하며, 평가 및 평정과 통보 등의 절차는 교정정보시스템에서 전자적으로 처리한다.

② 소득점수는 지휘서가 접수된 다음 달부터 평가한다. 다만, 제30조제2항제4호 및 제5호에 해당되는 수형자의 경우 이송된 다음 달부터 평가한다.

③ 수형자가 취업하는 경우에는 교육장·작업장담당자는 해당 수형자의 소득점수를 채점하여 매월 말일까지 수용관리팀장에게 제출한다. 다만, 수형자가 취업하지 않는 경우에는 보안담당자와 수용관리팀장이 협의하여 채점한다.

④ 작업장별 소득점수 채점방법은 [별지 제14호 서식]의 「소득점수채점 순위부」와 같다.

제65조(소득점수 평가대상자 통보 등) ① 교정성적 담당자는 매월 21일 소득점수 채점프로그램을 활용하여 작업장 및 수용동별로 소득점수 평가대상자를 통보한다. 다만, 통보일이 토요일, 공휴일인 때에는 다음날로 한다.

② 해당 작업장 또는 수용동담당자는 통보된 소득점수 평가대상자를 확인하여 소득점수를 평가한다.

③ 작업장 또는 보안 담당자는 수형자가 본인의 소득점수 확인을 요구하는 경우에는 이를 본인에게 알려주어야 한다.

제66조(이송수형자 소득점수 평가) ① 수형자의 이송에 따른 소득점수 평가 또는 평정방법은 다음 각 호와 같다.

1. 매월 1일부터 20일까지 이송하는 경우 : 이송받는 기관에서 평가 또는 평정

2. 매월 21일부터 마지막 날까지 이송하는 경우 : 이송하는 기관에서 평가 또는 평정

② 수형자를 이송하는 경우 소득점수 평가 및 평정에 필요한 자료는 교정정보시스템에서 처리한다.

제67조(부득이한 사유로 작업을 하지 못하거나 교육을 받지 못한 경우의 소득점수) ① 시행규칙 제79조제3항에

따라 작업 또는 교육 중에 부득이한 사유로 작업 또는 교육을 받지 못한 경우에는 작업 등을 하지 못한 사유가 발생하기 직전 3개월간의 작업·교육성적을 면밀히 검토하여 3점 이내의 범위에서 작업·교육성적을 부여할 수 있다.

② 제1항에 따라 작업·교육성적을 부여하는 경우에는 취업하는 수형자와의 형평성을 고려하여 성적을 부여한다.

③ 제1항에 따라 작업·교육성적을 부여할 수 있는 범위는 다음 각 호와 같다.

1. 3점 이내

　가. 작업하거나 교육받는 중에 부상을 당하거나 질병이 발생한 경우

　나. 외부 환경의 변화로 작업장 또는 교육장이 폐쇄되어 작업 또는 교육이 일시 중지된 경우

2. 2점 이내

　가. 작업 또는 교육 중 이송을 위해 대기하는 경우

　나. 작업 또는 교육 중 참고인 조사 또는 추가사건 진행 등으로 인하여 작업하지 못하거나 교육을 받을 수 없는 경우

　다. 작업 또는 교육 등에 대한 적극적인 의사에도 불구하고 작업하지 못하거나 교육을 받을 수 없는 경우

3. 삭제

4. 미부여

　가. 삭제

　나. 작업 또는 교육을 거부하는 경우

　다. 징벌처분 등의 사유로 작업 또는 교육점수를 부여하는 것이 적정하지 않다고 인정되는 경우

④ 시행규칙 제79조제3항은 미취업 기간이 15일 이상인 경우 적용한다.

제68조(소득점수채점 순위) 소득점수채점 순위는 [별지 제14호 서식]의 「소득점수채점 순위부」에 따라 교정정보시스템 소득점수 관리 프로그램으로 전자적으로 처리한다.

제8절 경비처우급 조정 등

제69조(경비처우급 조정) ① 경비처우급은 재심사 기간 동안 취득한 평정점수, 처우성과, 개선가능성 등을 고려하여 [별지 제4호 서식]의 「재심사 지표」에 따라 조정한다.

② 순수 노역수형자 또는 질병, 장애, 고령 등의 사유로 작업이나 교육을 감당할 수 없는 수형자의 경비처우급은 재심사 기간 동안 취득한 평정점수 등을 고려하여 [별지 제4호의2서식]의 「재심사 지표(환자 등)」에 따라 조정한다.

③ 제1항 및 제2항에도 불구하고 다음 각 호에서 규정한 특별한 사유가 있는 경우에는 「재심사 지표」와 시행규칙 제81조를 적용하지 아니하고 조정할 수 있다.

1. 경비처우급별 수용인원 조정이 필요한 경우

2. 교정사고 예방 등 부정기재심사 사유가 발생한 경우

3. 그 밖에 수용관리 및 처우상 필요한 경우

④ 경비처우급의 상향·하향조정, 현처우 유지 결정은 기관의 실정, 수형자의 처우성과 등을 고려하여 분류처우위원회에서 최종적으로 결정한다.

제70조(경비처우급 하향조정) ① 소장은 개방처우급 수형자가 경고 이상의 징벌처분을 받거나 완화경비처우급

수형자가 금치처분(금치집행유예 포함)을 받은 경우에는 그 사유가 발생한 다음달 정기 분류처우위원회에서 경비처우급 하향조정 여부를 심의·의결한다. 다만, 개방처우 등 전담처우의 취소를 위해 필요한 경우 임시위원회에서 심의·의결할 수 있다.

② 소장은 일반경비처우급 수형자가 징벌처분을 받은 경우 징벌하기로 의결한 날로부터 소급하여 1년 이내에 3회 이상의 금치처분(금치집행유예 포함)이 있는 경우에는 그 다음달 정기 분류처우위원회에서 중(重)경비처우급 하향조정 여부를 심의·의결한다. 이 경우 징벌의 내용에 따라 2회 이상도 가능하다. 다만, 신입심사 전에 받은 징벌처분 및 다른 경비처우급에서 받은 징벌처분은 포함하지 아니한다.

③ 삭제

④ 삭제

⑤ 삭제

제71조(조정된 경비처우급 고지 등) ① 신입심사 또는 재심사에 따라 분류처우위원회에서 경비처우급이 결정되거나 조정된 경우에 담당자는 [별지 제10호 서식]의 「경비처우급 조정자 명단」을 분류심사과장의 결재를 거친 후 관련 부서에 통보한다.

② 소장은 제1항에 따라 경비처우급이 결정되거나 조정된 때에는 이를 해당 수형자에게 고지하고 처우등급이 반영된 수형자 번호표를 지급하여야 한다.

제72조(경비처우급 상향조정시 유의사항) ① 소장은 수형자의 경비처우급을 상향조정하려는 경우 다음 각 호의 사유를 감안하여야 한다. 다만, 부정기 재심사의 경우 제2호 사유를 적용하지 않으며, 특별한 사유가 있을 경우 제3호 및 제4호 사유를 적용하지 않을 수 있다.

1. 분류처우위원회 개최 전월 말일 기준 1년 이내 징벌 여부(다만, 신입심사 전에 받은 징벌처분 및 실효된 징벌은 포함하지 아니한다.)

2. 시행규칙 제81조제1호의 평정소득점수 기준 충족 여부

3. 형기의 2분의 1(완화경비처우급으로 상향조정하는 경우) 또는 3분의 2(개방처우급으로 상향조정하는 경우) 경과 여부

4. 경비처우급이 상향조정된 지 6개월 경과 여부

5. 분류처우위원회 개최 직전(1일부터 위원회 개최 전일)에 발생한 징벌 여부

② 수형자의 경비처우급을 중경비처우급에서 일반경비처우급으로 상향조정하는 경우에는 제1항제2호의 평정소득점수는 6점 이상이면 기준을 충족한 것으로 본다.

③ 소장은 경비처우급 상향조정 조건을 충족한 정기재심사 대상자에게 제1항제5호의 사유가 발생한 경우 다음 각 호와 같이 처리한다.

1. 해당 정기재심사에서는 현처우 유지 검토

2. 다음달 징벌로 인한 부정기재심사에서는 의결된 징벌종류를 고려하여 경비처우급 조정 검토

④ 소장은 부정기재심사 시 경비처우급 상향 조정의 사유가 있으나 제72조의 사유로 상향되지 못한 수형자의 경우 다음 정기재심사 시 이를 감안하여 상향 조정할 수 있다.

제9절 재범위험성 평가

제73조(재범위험성 평가) ① 소장은 수형자에 대한 분류심사를 실시하는 경우에는 시행규칙 제69조제1항제17호 및 제2항제5호에 규정된 재범의 위험성을 평가한다.

② 제1항 재범의 위험성 평가는 [별지 제8호 서식]의 「교정재범예측지표(신입심사)」에 의한다. 다만, 외국인, 심신미약자 등 지표를 사용하기 어려운 경우에는 수형자의 특성을 종합적으로 고려하여 평가한다.

제74조(평가시기 및 대상자) ① 수형자에 대한 재범위험성 평가 시기와 그 대상자는 다음 각 호와 같다. 다만, 노역수형자는 제외한다.

1. 신입평가 : 신입심사 대상자

2. 정기평가

　가. 형기 3분의 2 정기재심사를 실시하는 때

　나. 무기형 및 집행할 형기가 20년을 초과하는 경우 20년 시점에 도달한 때와 20년 시점이후 매 3년 시점에 도달한 때

3. 부정기평가

　가. 집행유예의 실효(취소 포함) 또는 추가사건으로 금고 이상의 형이 확정된 때

　나. 헌법재판소의 위헌결정, 상소권회복, 항고, 재심청구로 인한 형기변경 등의 사유가 발생한 때

② 삭제

③ 소장은 다음 각 호의 어느 하나에 해당하는 경우에는 부정기 평가를 하지 아니한다.

1. 신입평가 시 제1항제3호가목에 대한 판단이 이미 반영된 경우

2. 감형으로 형기가 줄어든 경우

④ 소장은 다음 각 호의 어느 하나에 해당하는 경우에는 한 단계 낮은 재범위험성 평가 등급을 부여한다.

1. 소재불명으로 형집행정지가 취소된 경우

2. 가석방 취소로 재수용되어 남은 형기를 집행하는 경우

제75조(재범위험성 평가방법) ① 소장은 제74조제1항제1호에서 규정한 자의 재범위험성을 평가하는 경우에는 [별지 제8호 서식]의 「교정재범예측지표(신입심사)」를 작성한다.

② 제74조제1항제2호 및 제3호에서 규정한 자에 대한 재범위험성 평가는 [별지 제9호 서식]의 「교정재범예측지표(재심사)」를 작성한다. 이 경우 등급의 상향 또는 하향조정은 한단계 범위에서만 조정할 수 있다.

③ 제2항의 「교정재범예측지표(재심사)」를 작성하는 경우에는 교정처우성과, 교정성적, 생활태도, 사회복귀능력 등을 고려한다.

제76조(평가등급 고지 등) 소장은 수형자의 재범위험성 평가방법은 공개하지 아니한다. 다만, 수형자가 자신의 등급을 알고자 하는 때에는 본인에 한해서 판정된 또는 변경된 등급을 알려줄 수 있다.

제4장 처우등급별 처우 등

제77조(작업장 봉사원) ① 소장은 다음 각 호의 어느 하나에 해당하는 수형자를 작업장 봉사원으로 선정할 수 있다.

1. 개방처우급

2. 완화경비처우급

3. 일반경비처우급

② 제1항의 봉사원 선정절차는 다음 각 호와 같다.

1. 개방처우급 · 완화경비처우급 : 해당 수용관리팀장의 추천에 따라 소장이 선정

2. 일반경비처우급 : 해당 수용관리팀장의 동정관찰 보고에 의한 추천으로 분류처우위원회에서 결정

③ 제2항제2호의 수형자를 봉사원으로 선정하는 경우에는 개방처우급·완화경비처우급 수형자가 없거나 봉사원 선정이 부적당한 경우에 한한다.

④ 소장은 다음 각 호의 어느 하나에 해당하는 사유가 발생한 경우에는 봉사원 선정을 취소할 수 있다.

1. 지시 명령 및 규율을 위반하거나 수용질서를 문란하게 하는 경우

2. 정신 또는 신체에 결함이 있다고 판정을 받은 경우

3. 다른 작업장으로 작업장을 바꾼 경우

4. 규율위반행위를 감추거나 담당근무자를 보조하는 임무에 소홀함이 인정되는 경우

5. 그 밖에 봉사원 등의 자격이 없다고 인정되는 경우

⑤ 다음 각 호의 어느 하나에 해당하는 경우에는 분류처우위원회의 심의·의결을 거친다.

1. 일반경비처우급 수형자를 봉사원으로 선정하는 경우

2. 봉사원 활동기간을 연장하는 경우

3. 제77조제4항제5호의 사유로 봉사원 선정을 취소하는 경우

⑥ 제5항제2호의 봉사원 활동기간은 동일 작업장의 경우 연속하여 3년을 초과할 수 없다. 〈단서 삭제〉

제78조(접견) ① 수형자의 접견횟수는 금고형과 징역형, 남성과 여성에 따라 구별하지 아니한다.

② 구류형 수형자 및 신입심사를 받지 않는 순수 노역수형자에 대해서는 일반경비처우급 수형자와 동일한 접견횟수를 적용한다

③ 접견실에 마련된 정보통신망을 이용하여 교정시설 외부의 사람과 접견하는 화상접견은 접견횟수에 포함한다.

④ 소장은 법 제110조제1항에 해당하는 수형자에 대하여 접견의 전부 또는 일부를 제한할 수 있다.

⑤ 소장은 개방처우급 수형자에 대하여는 접촉차단시설이 설치된 장소 외의 적당한 곳에서 접견을 실시하게 할 수 있다. 다만, 처우상 특히 필요하다고 인정하는 경우에는 그 밖의 수형자에 대하여도 이를 허용할 수 있다.

제79조(전화통화) ① 수형자의 경비처우급별 전화통화 허용횟수는 시행규칙 제90조에 따른다. 〈단서 삭제〉

② 소장은 취사장, 시설보수 등 필수작업장에 취업하고 있는 수형자에 대하여 작업기간과 기관의 실정 등을 고려하여 제1항의 규정에도 불구하고 월 5회의 범위에서 추가로 허용할 수 있다.

③ 1회 전화통화 시간은 5분 이내로 한다.

④ 수형자가 사용하는 공중전화기는 수용자용 공중전화기로 하며, 전화통화의 비용은 수형자 본인의 부담으로 한다.

제80조(작업지정 등) ① 수형자의 작업은 신입심사가 완료된 후에 분류심사 결과를 참작하여 지정한다. 다만, 수형자의 처우 및 교정교화를 위하여 필요한 경우에는 분류심사 완료 전이라도 작업을 지정할 수 있다.

② 신청작업에 의하여 작업하고 있는 수형자는 신입심사 결과 적성 등이 다른 경우에 작업장을 조정할 수 있다.

③ 외부통근작업·개방지역작업·직업훈련·학과교육 대상자 등을 선정하는 경우에는 분류심사 결과를 참작한다.

④ 소년·여성·장애인·노인·외국인 수형자 등에게 작업·교육을 부과하는 경우에는 신체적·심리적 특성 등 분류심사 결과를 고려한다.

제81조(그 밖의 처우에 관한 사항) 가족만남의 날 행사 참여, 가족만남의 집 이용, 경기 또는 오락회 개최, 사회적 처우, 작업 등의 지도보조, 개인작업, 외부직업훈련 등 경비처우급별 처우에 관한 사항은 시행규칙 또는 관련 업무지침을 적용한다.

제5장 운영지원작업 및 자치제 운영

제1절 운영지원작업

제82조(운영지원작업 취업자 정원) ① 교정시설의 수용정원에 따른 운영지원작업 취업자 정원은 다음 각 호와 같다.

1. 수용정원 2,000명 이상 교정시설 : 수용정원의 15퍼센트 이하

2. 수용정원 1,000명 이상 2,000명 미만 교정시설 : 수용정원의 16퍼센트 이하

3. 수용정원 500명 이상 1,000명 미만 교정시설 : 수용정원의 17퍼센트 이하

4. 수용정원 500명 미만 교정시설 : 수용정원의 20퍼센트 이하

② 소장은 교정시설의 운영에 필요한 경우 수용정원의 5퍼센트 범위에서 제1항의 운영지원작업 취업자 정원 비율을 증가할 수 있다.

제83조(운영지원작업 대상자) 운영지원작업 대상자는 다음 각 호와 같다.

1. 징역형 수형자

2. 작업을 신청한 금고형 수형자

3. 작업을 신청한 구류형 수형자

4. 작업을 신청한 미결수용자

5. 노역수형자

6. 종전의 「사회보호법」에 따라 보호감호처분을 받고 교정시설에 수용중인 피보호감호자

제84조(운영지원작업장) ① 소장은 기관의 실정을 고려하여 운영지원작업장을 정한다.

② 소장은 제1항의 작업장을 정하는 경우 운영지원작업장 전체 정원의 범위에서 각 작업장별 정원을 정한다.

제85조(구내 운영지원작업 취업자 선정기준 등) ① 구내 운영지원작업 취업자 선정기준은 다음 각 호와 같다.

1. 면담 등을 통해서 작업을 감당할 수 있다고 판단되는 자

2. 수용생활 태도가 양호한 자

3. 분류심사 결과 운영지원작업 취업에 적합한 자

4. 인성검사 결과 이상 인성이 아닌 자

② 다음 각 호에 규정된 자는 제1항의 구내 운영지원작업 취업자로 선정할 수 없다.

1. 시행규칙 제194조의 엄중관리 대상자로 지정된 자

2. 중(重)경비처우급으로 지정된 자

제86조(개방지역 운영지원작업 취업자 선정) ① 소장은 다음 각 호의 어느 하나에 해당하는 수용자를 개방지역 운영지원작업 취업자로 선정할 수 있다.

1. 구내 운영지원작업 취업자

2. 순수 노역수형자

3. 가석방 적격심사 신청자

② 다음 각 호에 해당되는 수용자는 개방지역 운영지원작업 취업자로 선정하여서는 아니된다.

1. 미결수용자

2. 도주의 우려가 상당하다고 인정되는 자

제87조(운영지원작업 취업자 선정절차) ① 운영지원작업 취업자 선정은 주무과장이 심사하여 소장 또는 부소장이 선정한다.

② 취사업무에 종사하는 자를 선정하는 경우에는 의무관의 협조를 받아 소장 또는 부소장이 선정한다.

제88조(운영지원작업 취업자의 작업변경) 소장은 운영지원작업에 취업하고 있는 수용자가 해당 작업장에 적응하지 못하거나 그 밖에 처우상 필요하다고 인정하는 경우에는 다른 운영지원작업장 또는 교도작업장 등으로 변경할 수 있다.

제89조(수용동청소 순환교체) ① 소장은 수용동청소 취업자에 대하여 2개월마다 다른 수용동으로 순환교체 한다. 다만, 수용관리상 또는 시설 여건상 특히 필요한 경우에는 그 기간을 단축하거나 1개월까지 연장할 수 있다.

② 제1항의 순환교체는 거실지정 담당이 수용관리팀장과 협의하여 실시한다.

③ 법 제35조에 따라 일반수용자와 격리수용되어 있는 수용동과 수용동이 하나만 있는 단일 수용동의 청소부는 순환교체 대상에서 제외한다.

제90조(운영지원작업 취업자의 작업취소 및 작업면제) ① 소장은 운영지원작업 취업자가 다음 각 호의 어느 하나에 해당하는 경우에는 작업을 취소할 수 있다.

1. 규율위반 행위를 한 때

2. 신체장애 또는 질병 등으로 작업을 감당할 수 없다고 인정한 때

3. 다른 범죄사건으로 기소된 때

4. 그 밖에 운영지원작업 취업자로 부적합하다고 인정하는 때

② 제1항 제3호의 경우 증거인멸의 우려가 없거나 소송수행상 지장 등이 없는 때에는 작업을 취소하지 아니할 수 있다.

③ 소장은 운영지원작업 취업자가 작업도중 부상 또는 질병 등으로 작업을 수행할 수 없는 경우에는 치료기간 동안 작업을 면제할 수 있다.

제91조(처우등급 적용의 예외) ① 소장은 시행규칙 제83조에 따라 취사장 또는 수용동청소 등 운영지원작업을 위하여 기본수용급·경비처우급이 다른 수형자를 함께 작업하게 할 수 있다.

② 운영지원작업 취업자의 경우 경비등급에 따른 수용구분을 적용하지 아니할 수 있으며, 이송을 보류할 수 있다.

제92조(선정기준 적용 예외) ① 소장은 제83조제3호부터 제6호에 해당되는 자 또는 분류심사 제외자를 구내 운영지원작업 취업자로 선정하는 경우 제85조제1항제1호 및 제2호의 사항을 제외한 선정기준은 적용하지 아니한다.

② 소장은 미결수용자가 운영지원작업을 신청하는 경우에는 다음 각 호의 사항을 고려한다.

1. 건강상태 및 작업 감당 여부

2. 근면성실, 책임감

3. 보호관계

4. 직업경력

5. 해당 직종의 기능

6. 그 밖에 운영지원작업 취업자를 선정하는데 필요한 사항

③ 소장은 제2항제1호를 고려하는 경우 법 제35조에 따라 일반수용자와 격리 수용되어 있는 수용동의 청소부는 동일한 병명의 수용자 중에서 선정할 수 있다.

제93조(원예 취업자 등 선정시 유의사항) ① 소장은 원예나 보행지원 취업자(자율처우에 따라 구내 자율보행의 원활한 운영을 지원하기 위해 선정된 작업자)를 면담 등을 통하여 선정하되 필요한 경력, 자격, 능력, 건강 등

을 고려한다.

② 제1항의 원예나 보행지원 취업자는 교도관회의의 심의를 거쳐 선정한다.

제94조(운영세칙) ① 운영지원작업 취업자의 작업시간은 휴식 · 운동 · 식사 · 접견 등 실제 작업을 실시하지 않는 시간을 제외하고 1일 12시간 이내, 1주 52시간 이내로 한다. 다만, 수형자가 신청하는 경우에는 1주의 작업시간을 8시간 이내의 범위에서 연장할 수 있다.

② 소장은 제1항에서 정하는 사항 외에 운영지원작업장의 종류, 작업장별 정원, 취업자 선정기준, 징벌자에 대한 작업 지정, 개방지역 운영지원작업 취업자 선정기준 등 세부적인 사항을 운영세칙으로 정한다. 〈종전의 제목 외의 부분에서 이동〉

제2절 자치제

제95조(자치제 운영) 소장은 분류처우위원회에서 자치수형자로 선정된 자를 대상으로 자치제를 운영한다.

② 소장은 자치생활 대상자의 자기개발을 통한 사회적응능력 향상을 위해 필요시 법무부장관이 정한 자율적인 처우사항을 허가할 수 있다.

③ 소장은 제2항의 처우사항 운영을 위해 필요시 자율처우 지도직원을 배치할 수 있다.

제96조(자치수용동 운영) ① 자치수용동은 수용관리가 용이한 위치에 있는 수용동의 상층 또는 중층을 지정하여 운영한다. 다만, 시설의 여건 등을 고려하여 하층을 운영해야 할 특별한 사유가 있는 경우에는 그러하지 아니한다.

② 자치수용동 복도에는 영상정보처리기기 카메라를 설치하여 계호한다.

③ 제95조 제2항에 따른 처우사항 운영 시 대상 수용동의 명칭을 "자율처우수용동"으로 할 수 있다.

제97조(자치회 조직 · 운영 등) ① 소장은 자치수형자에 대하여 자치회를 조직하여 운영하게 한다.

② 자치회는 모든 자치수형자를 회원으로 하고 다음 각 호의 조직을 편성한다. 다만, 시설의 여건 등을 고려하여 이를 조정할 수 있다.

1. 분임 : 수용거실 등을 감안하여 적정 인원으로 구성

2. 자치회 : 수용동별로 구성되며 각 분임으로 구성

③ 제2항의 분임에는 분임장 1명을 두며, 자치회에는 자치회장 1명을 두어 해당 조직을 대표하게 한다.

④ 소장은 자치회에 간사를 두어 자치회장의 업무를 보조하게 할 수 있다.

⑤ 자치회의 의사결정은 분임장 회의에서 결정한다.

⑥ 소장은 분임장, 자치회장, 간사를 임명한다.

⑦ 분임회의 또는 자치회의 개최시기는 다음 각 호와 같다.

1. 분임회의 : 수시

2. 자치회의 : 월 1회 정기회의와 소장 또는 자치회장의 요청에 의한 임시회의

⑧ 자치회를 개최하는 경우에는 담당근무자가 입회한다.

제98조(자치회 심의사항 등) ① 자치회를 개최하는 경우 다음 각 호의 사항을 토론한다.

1. 자치생활 계획 수립에 관한 사항

2. 취미활동에 관한 사항

3. 그 밖에 소장이 토론에 부의한 사항

② 자치회의 및 분임토의는 자치생활 구역 내 교육실 등 적당한 장소에서 실시한다.

③ 자치회에서 결정된 사항은 소장의 승인을 받아 시행할 수 있다.

④ 자치회에서 토론한 내용 및 결정된 사항은 [별지 제5호 서식]의 「자치회 회의록」에 기록하고 보관한다.

제99조(자치생활 시간) ① 자치생활 시간은 일과시간 종료 후부터 다음날 기상시까지로 한다.

② 소장은 시설의 여건 등을 고려하여 제1항의 자치생활 시간을 조정할 수 있다.

제100조(자치수용동 근무) ① 소장은 자치수용동의 취침시간 중에 필요시 자치수형자로 하여금 불침번 근무를 서게 할 수 있다.

② 제1항의 불침번 근무는 거실별로 순서를 정하여 매주 자치회장이 편성하고, 보안과장의 승인을 받는다.

③ 불침번 근무는 1인이 2시간씩 근무하는 것을 원칙으로 한다. 다만, 소장은 시설의 여건 등에 따라 이를 조정할 수 있다.

④ 불침번 근무는 수형자 작업시간에 포함하지 않는다.〈신 설〉

⑤ 자치회장은 자치생활 시간 직후 인원을 점검하여 보고하고 취침전까지 자치생활 등을 통제·조정한다.

⑥ 자치수용동 근무 중 환자발생 등 특이사항이 발생한 경우에는 즉시 보안과에 보고한다.

⑦ 자치수형자는 거실열쇠를 소지할 수 없으며 근무교대는 수용관리팀장의 입회하에 실시한다.

⑧ 수용관리팀장 등은 사고예방 등을 위해 필요시 자치수용동을 점검할 수 있다.

제101조(표지부착) ① 자치수용동에는 자치수용동임을 표시하는 표지를 부착한다.

② 자치회장 및 불침번 근무자는 자신의 신분 또는 역할을 표시하는 팔띠를 착용한다.

제102조(자치생활 범위) ① 자치수형자는 인원점검, 거실안 또는 일정한 구역 안에서의 생활, 취미활동 및 종교활동 등 취침 전까지 자율적인 활동을 할 수 있다.

② 소장은 자율성을 해하지 않는 범위에서 자치생활의 특성을 살릴 수 있는 프로그램을 운영한다.

③ 소장은 자치수형자의 정서함양 등을 위하여 자치수용동의 일정한 곳에 신문·잡지 등을 비치할 수 있다.

제103조(자치제 지원) 소장은 자치수형자에 대하여 귀휴, 가족만남의 날 행사, 사회견학, 중간처우대상자 선정 등 사회적 처우를 우선적으로 실시한다.

제104조(자치생활의 중지 및 취소) ① 소장은 자치생활 대상자가 다음 각호의 사항에 해당될 경우 자치생활을 일정기간 중지할 수 있다.

1. 규율위반 행위로 조사를 받게 된 경우

2. 부상 및 질병 등으로 일정기간 작업을 하지 못하는 경우

② 소장은 자치생활 대상자가 다음 각호의 사항에 해당될 경우 자치생활을 취소할 수 있다. 다만, 제4호 및 제5호의 사유로 취소할 경우 분류처우위원회 심의·의결을 거쳐야 한다.

1. 규율위반 행위로 징벌 처분을 받은 경우(조사 결과에 따른 훈계 조치 포함)

2. 법무부장관 또는 소장이 정하는 자치생활 준수사항을 위반한 경우

3. 작업, 직업훈련, 교육 등으로 자치수용동에서 생활하기 곤란한 경우

4. 자치생활 부적응 또는 자치 목적에 반하는 행동을 한 경우

5. 그 밖에 시설여건 등으로 자치생활 대상 인원의 조정이 필요한 경우

제105조(자치수형자 선정 절차) 자치수형자 선정 절차는 [별표 12]와 같다.

제106조(운영세칙) 소장은 수형자의 자치생활에 관하여 필요한 세부사항을 운영세칙으로 정한다.

제6장 심의 · 의결기구

제1절 분류처우회의

제107조(분류처우회의 개최시기 등) ① 분류처우위원회에 회부할 수형자의 분류처우에 관한 사항과 분류처우위원회 위원장이 자문한 사항에 대한 심의를 위해 교정시설에 분류처우회의를 둔다.

② 분류처우회의(이하 이 절에서는 "처우회의"라 한다)는 매월 7일에 개최한다.

③ 회의개최일이 토요일, 공휴일, 그밖에 법무부장관이 정한 휴무일인 경우에는 해당 휴일이 끝난 다음 날에 개최한다. 다만, 휴일 등으로 인해 처우회의 개최일이 분류처우위원회 개최일과 중복되는 경우에는 7일 이전이라도 처우회의를 개최할 수 있다.

제108조(처우회의 심의 · 결정사항 등) 처우회의의 심의 · 결정 사항은 다음 각 호와 같다.

1. 수형자의 각 처우등급별 심의에 관한 사항

2. 수형자의 처우등급 조정 심의에 관한 사항

3. 수형자의 소득점수 평가 및 평정 심의에 관한 사항

4. 수형자의 공적사항 심의에 관한 사항

5. 수형자의 개별처우계획 수립 및 변경 사항 심의에 관한 사항

6. 처우와 관련하여 분류처우위원회 위원장이 자문한 사항

7. 그 밖에 수형자의 수용 및 처우 등에 관한 사항

제109조(처우회의 구성) ① 분류심사과장은 처우회의의 의장이 된다.

② 처우회의는 교육 · 작업 · 보안 · 심리치료 · 분류심사 · 재심사담당자 및 수용관리팀장 등 관계교도관 중에서 5인 이상 10인 이하의 위원으로 구성된다.

제110조(의장의 직무 및 직무대행) ① 처우회의 의장은 회의의 사무를 주관한다.

② 의장은 회의내용 기록 등 사무처리를 위하여 7급 이상의 소속 위원 중에서 1명을 간사로 지정할 수 있다.

③ 의장이 부득이한 사유로 그 직무를 수행할 수 없는 경우에는 의장이 미리 지정한 위원으로 하여금 그 직무를 대행하게 할 수 있다.

제111조(위원의 임무 등) ① 처우회의 위원으로 선정된 담당자는 해당 교육 · 작업장 등 수형자에 대한 평소의 행동을 관찰하여 처우회의에서 의견을 진술하거나 보고서를 제출할 수 있다.

② 처우회의 위원으로 선정된 직원 외에도 의견을 진술하고자 하는 직원은 회의에 참석할 수 있다.

제112조(처우회의 운영 등) ① 의장은 처우회의 개최 당일 전까지 회의시간 및 장소 등을 고지하여 처우회의 위원들이 참여할 수 있도록 한다.

② 회의는 재적위원 3분의 2 이상의 출석으로 개의하고, 출석위원 과반수의 찬성으로 결정한다.

제113조(임시회의) 처우회의의 의장은 수형자 처우와 관련하여 필요한 경우에는 임시회의를 개최할 수 있다.

제114조(회의결과 보고 등) ① 처우회의 간사는 회의 후 심의사항을 [별지 제6호 서식]의 「분류처우회의 심의 결정내역서」를 작성하여 의장, 위원의 서명 또는 날인을 받은 후 소장의 결재를 받는다. 다만, 전자로 결재하는 경우에는 제121조를 준용한다.

② 의장은 처우회의에서 심의 · 결정한 사항을 분류처우위원회에 상정한다

제2절 분류처우위원회

제115조(분류처우위원회 개최시기 등) 분류처우위원회(이하 이 절에서 "위원회"라 한다)의 정기 회의는 매월

10일에 개최한다. 다만, 위원회 개최일이 토요일, 공휴일, 그밖에 법무부장관이 정한 휴무일인 때에는 그 다음 날에 개최한다.

제116조(위원회 심의·의결사항) 위원회의 심의·의결사항은 다음 각 호와 같다.

　1. 분류처우회의에서 회부한 사항

　2. 가석방예비심사

　3. 조직폭력수형자 해제심사

　4. 관심대상수형자 지정 및 해제심사

　5. 마약류수형자의 해제심사

　6. 작업장봉사원의 선정(일반경비처우급에 한함), 기간 연장 및 선정 취소 심사

　7. 자치생활 대상자 선정 및 취소 심사

　8. 인성검사 특이자 지정 및 해제 심사

　9. 수형자 개별처우계획 수립 및 변경 심사

　10. 징벌실효 승인 요청에 관한 심사

　11. 이상동기 범죄자 지정 및 해제심사

　12. 그 밖에 수형자의 수용 및 처우에 관한 주요 사항

제117조(위원회 구성) ① 법 제62조의 위원회는 위원장을 포함한 5인 이상 7인 이하의 위원으로 구성하고, 위원장은 소장이 되며, 위원은 소속 기관의 부소장 및 과장(지소의 경우에는 7급 이상 교도관) 중에서 임명한다.

② 제1항의 위원장과 위원의 임기는 해당 직위의 보직기간 동안으로 한다.

③ 위원장은 위원회의 사무를 처리하기 위하여 분류심사·재심사·가석방담당자 중에서 시행규칙 제100조의 간사를 둔다.

④ 제3항의 간사는 위원회의 회의록을 작성하여 유지한다.

제118조(위원회 회의) 위원회의 회의는 재적위원 3분의 2 이상의 출석으로 개의하고, 출석위원 과반수의 찬성으로 결정한다.

제119조(위원회 회의자료) 위원회에 회부하는 회의자료는 [별지 서식 제15호]의 「분류처우위원회 회의자료」와 같다.

제120조(임시위원회) 위원장은 다음 각 호의 어느 하나에 해당하는 경우에는 임시위원회를 개최할 수 있다.

　1. 가석방심사위원회에 적격심사를 신청하는 경우

　2. 자치수형자 선정 및 취소를 위하여 필요하다고 인정하는 경우

　3. 중간처우 대상자를 취소해야 하는 사유가 발생한 경우

　4. 치료감호 종료 또는 가종료된 자의 수형자 처우를 위하여 필요하다고 인정하는 경우

　5. 과밀수용 해소 등 수형자의 수용 및 처우와 관련하여 필요한 경우

제121조(위원회 회의결과 보고 등) 위원회의 간사는 회의 후 의결사항을 [별지 제7호 서식]인 「분류처우위원회 심의의결내역서」를 작성하여 위원장, 위원의 서명 또는 날인을 받는다. 다만, 분류처우위원회 심의의결내역서를 전자로 결재하는 경우에는 위원의 서명 또는 날인을 생략한다.

제7장 보칙

제122조(감형자에 대한 조치) ① 감형으로 형기가 줄어든 경우에는 심사표에 형기종료일, 재심사 도래일 등 변

경사항을 반영하고, 감형조치와 정기재심사 도래일이 같은 달에 중복되는 경우에는 정기재심사를 실시하지 아니한다.

② 감형에 따른 「경비처우급 분류지표」 및 「교정재범예측지표」는 재산정하지 아니한다.

제123조(헌법재판소 위헌결정 등에 대한 조치) 헌법재판소의 위헌결정이 있는 죄명으로 복역하고 있는 수형자에 대하여 검찰청으로부터 형면제 통보를 받거나 재심청구 결과 무죄판결 또는 형기의 변동이 있는 자(잔여 형기가 남아있는 경우에 한한다)에 대한 조치내용은 다음 각 호와 같다.

1. 경비처우급 분류지표 재산정
2. 교정재범예측지표 재산정
3. 범법행위건수 등 심사표 범죄관련 사항 보완
4. 정기재심사 도래일, 형기종료일 등 재산정
5. 그 밖에 분류심사에 관한 사항 보완

제124조(임시위원회 개최에 대한 보완) 과밀수용 등으로 기관 운영의 어려움이 예상되는 경우 분류심사 판정을 위한 임시위원회 개최는 형의 집행에 관한 법령의 규정이 없는 경우에는 별도의 지시공문에 따른다.

제125조(사형확정자에 대한 인성검사 특례) ① 이 지침의 적용을 받지 아니하는 사형확정자에 대하여는 수용관리를 위하여 인성검사를 실시할 수 있다.

② 제1항의 사형확정자에 대한 인성검사는 제47조의 무기수형자에 대한 규정을 준용한다.

제126조(재검토 기한) 법무부장관은 이 예규에 대하여 2025년 7월 1일을 기준으로 매 3년이 되는 시점(매 3년째의 6월 30일까지를 말한다)마다 그 타당성을 검토하여 개선 등의 조치를 하여야 한다.

부칙 〈제1365호, 2025.02.27.〉

제1조(시행일) 이 지침은 2025년 3월 1일부터 시행한다.

분류심사 제외 및 유예사유 소멸된 자의 분류심사(제12조 관련)

사 유	분류심사 기준 및 편입 방법
제외사유가 소멸된 경우	○ 집행유예 실효(또는 추가형 확정)되어 집행유예실효(추가형)지휘서 접수 일부터 형기종료일까지의 기간이 3개월 이상인 경우 · 1형(집행할 형기 3개월 미만) 지휘서와 집행유예실효(추가형)지휘서가 같은 달에 접수된 경우 : 1형 지휘서 접수일부터 2형 형기종료일까지의 기간을 기준으로 분류심사 실시 · 1형(집행할 형기 3개월 미만) 지휘서와 집행유예실효(추가형)지휘서가 다른 달에 접수된 경우 : 2형 지휘서 접수일부터 2형 형기종료일까지의 기간을 기준으로 분류심사 실시 ○ 분류심사는 집행유예실효(추가형) 지휘서가 접수된 다음달 분류처우회의 개최 전까지 완료
질병 등의 사유가 소멸된 경우	○ 질병 등이 호전되어 분류심사가 가능한 시점부터 형기종료일까지의 기간이 3개월 이상인 경우 ○ 분류심사 가능시점은 외부병원에 입원 중인 수형자가 퇴원한 경우 등 유예사유가 소멸된 때를 말함 ○ 질병 등의 유예사유가 소멸되어 분류심사를 실시한 다음달 분류처우회의 개최 전까지 완료
조사 또는 징벌집행 사유가 소멸된 경우	○ 조사가 완료되어 무혐의, 훈계 또는 법 제108조 제1호부터 제13호의 처분을 받은 시점부터 형기종료일까지의 기간이 3개월 이상인 경우 : 다음달 분류처우회의 전까지 분류심사 완료 ○ 금치처분을 받은 자가 금치의 종료시점부터 형기종료일까지의 기간이 3개월 이상인 경우 : 다음달 분류처우회의 전까지 분류심사 완료 ○ 조사 또는 징벌집행 사유가 소멸된 시점부터 형기종료일까지 기간이 3개월 미만인 경우 : 분류심사 제외자에 준하여 처우
제10조제8항 및 제11조제4항에 따라 중경비처우급(S4급) 편입된 자가 분류심사 의사를 표시한 경우	○ 분류심사 의사를 표시한 시점부터 형기종료일까지의 기간이 3개월 이상인 경우에는 의사를 표시한 그 다음달 정기 분류처우회의 전까지 분류심사 완료 (다만, 그 기간이 1년 이하인 경우에는 분류심사는 실시하지만, 개별처우계획은 수립하지 않음) ○ 분류심사 의사를 표시한 시점부터 형기종료일까지의 기간이 3개월 미만인 경우에는 분류심사 하지 않음

범죄횟수 산정 관련 기간계산 방법(제4조 관련)

구　분	기간계산 방법
최종형이 형기종료인 경우	형기종료일부터 본형 판결 확정일
최종형이 가석방인 경우	원 형기종료일부터 본형 판결 확정일
사면(감형)으로 석방된 경우	사면(감형)된 날부터 본형 판결 확정일
최종형이 보호감호(치료감호) 병과인 경우	형의 종료일부터 본형 판결 확정일
형의 시효완성인 경우	시효완성일부터 본형 판결 확정일
최종형이 경과한 집행유예인 경우	○ 경과한 집행유예건 이전의 전과가 있는 경우 　- 집행유예건은 경과 되었으므로 기본적으로 범죄횟수로 계산하지 않으나 경과된 집행유예 이전 전과형을 어떤 경우에 범죄횟수로 계산하는가의 문제임 　- 집행유예건 이전에 선고받은 형의 집행을 종료하거나 집행이 면제된 날부터 집행유예 판결 확정일까지의 기간이 시행규칙 제3조제2항 각 호의 기간을 경과한 경우에는 범죄횟수로 계산하지 않음 　- 앞의 기간이 시행규칙 제3조제2항 각 호의 기간을 경과하지 않은 경우 　• 집행유예 판결 확정일부터 본형 판결 확정일까지의 기간이 시행규칙 제3조제2항 각 호의 기간을 경과한 경우에는 범죄횟수로 계산하지 않고 　• 시행규칙 제3조제2항 각 호의 기간을 경과하지 않은 경우에는 집행유예 판결 확정전의 전과와 본범을 범죄횟수로 계산 ○ 경과한 집행유예건 이전의 전과가 없는 경우에는 본형만 범죄횟수로 계산
본형에 집행유예실효건 또는 추가건이 있어 2개 이상의 형을 동시에 집행한 경우	○ 2개 이상의 형을 합산한 형기를 시행규칙 제3조제2항 각 호의 기간 적용 　- 본형 2년, 집행유예실효형 1년6월을 동시에 집행한 경우에는 3년을 초과하는 형으로 계산하여 그 최종형의 형기종료일부터 10년이 경과되어야 함
전형이 3년이하의 형을 선고받아 그 집행을 종료하거나 면제된 날부터 자격정지 이상의 형이 확정되지 아니하고 5년을 경과하였으나 전전형이 3년을 초과하는 형을 선고받아 그 집행을 종료하거나 면제된 날부터 10년을 경과하지 않은 경우에는 모두 범죄횟수로 계산	

[별표 3]

수용횟수 기록 방법 (제5조 관련)

구 분	기록 방법
미결구금일수가 본형 형기를 초과하여 구속취소된 경우	1회
구속 또는 불구속 상태에서의 집행유예가 실효되어 본형(징역 또는 금고형) 집행 중에 본형과 집행유예를 함께 집행하는 경우	2회(본형+집행유예건)
형 집행 중에 추가로 발견된 본형 집행전의 집행유예건 또는 추가건의 경우	2회(본형+집행유예건 또는 추가건)
형집행정지 사유소멸로 남은 형기를 집행하는 경우	1회(본형의 남은 형을 집행하기 위한 것이므로)
가석방 취소로 재수용된 경우	1회(본형의 남은 형을 집행하기 위한 것이므로)

[별표 4]

형기의 변동에 따른 심사기준 구별(제32조 관련) : 추가형 확정, 집행유예 실효 등으로 형기가 늘어나는 경우

현재 경비처우급	합산(본형+추가형)한 형기 기준		
	1/3미경과	1/3경과 2/3미경과	2/3경과
S1급	경비처우급 분류지표 재산정 결과와 현처우 중 낮은 처우 판정	하향조정	추가된 형기의 장단에 따라 6개월 미만인 경우 현처우, 6개월 이상인 경우 하향조정
S2급		분류지표 재산정 결과와 현처우 중 낮은 처우로 판정	
S3급		현처우 유지	현처우 유지
S4급	현처우 유지	현처우 유지	현처우 유지

※ 재심, 위헌결정 등으로 형기가 줄어드는 경우, 경비처우급 분류지표 및 교정재범예측지표 재산정
  (단, 과거 정기 또는 부정기 재심사·재평가를 통해 경비처우급이 변경된 경우에는 현 경비처우급 유지 가능 및 교정재범예측지표가 변경된 경우에는 현 등급 유지 가능)

※ 제122조제2항에 따라 감형에 따른 경비처우급 분류지표 및 교정재범예측지표는 재산정하지 아니함

※ 합산한 형기의 (1/3 또는 2/3) 경과여부 판단할 경우 시점의 기준은 추가형의 지휘서 접수일을 기준으로 함

부정기재심사 사유 및 절차(제32조 관련)

부정기 재심사사유	절 차
제1호 (심사오류)	• 신입심사시 분류지표 판정에 중대한 오류를 발견하거나 수용중 새로운 전과사실이 발견된 경우, 그 밖에 행정착오 등으로 조정이 필요한 경우 분류처우회의 및 위원회에 회부
제2호 (공적심사)	• 해당 수형자의 담당근무자는 동정관찰 보고서 등 공적심사에 필요한 서류를 작성하여 분류처우회의 및 위원회에 회부
제3호 (징벌의결)	• 규율위반으로 징벌처분을 받은 경우 처우등급 중 어느 등급을 변경할 것인지는 분류처우위원회에서 결정
제4호 (집행유예실효등)	• 집행유예실효형 또는 추가형 형기의 장단을 고려하여 현재의 경비처우급에서 한 단계 하향 또는 현처우 유지를 결정할 수 있음 • 헌법재판소의 위헌결정, 감형, 재심청구로 인한 형기변경 등의 사유가 발생한 경우에도 형기의 장단을 고려 • 경비처우급 편입기준은 [별표 4]와 같음
제5호 (자격취득 등)	• 전국기능경기대회(장애인 기능경기대회 포함) 금·은·동 수상 • 기사 이상의 자격이란 「국가기술자격법시행령」에 따른 기사·기능장·기술사 자격취득을 말함 • 학사이상의 학위취득은 전과목 합격한 경우로 한정 • 학사의 경우 전문학사는 제외
제6호 (수형자 개별처우 목표 변경)	• 징벌, 질병, 수형자의 의지 등을 종합적으로 고려하여 개별처우계획서의 이행이 곤란하여 처우목표의 변경이 필요한 경우 • 개별처우계획서의 개별처우목표 변경 사유가 발생하여 계획을 재수립하는 경우 • 개별처우계획서의 개별처우목표 변경 없이 처우프로그램, 이행시기, 작업장의 변경 등이 있는 경우 재심사는 실시하지 않고 변경된 부분만 재작성

제7호
(수용 및 처우조정)
	• 수용관리 또는 처우의 조정상 특히 필요한 경우 담당근무자의 '동정관찰 보고'에 의한 재심사를 실시할 수 있음
	• '동정관찰 보고'에 의한 재심사는 다음 각 호의 사고예방 등의 사유가 발생한 경우를 말함
	  1. 위험한 물건의 습득 신고
	  2. 경미한 사고예방에 기여
	• 위의 1, 2에 해당하는 경우 위원회의 의결에 따라 1회에 한하여 전화, 접견, 가족 만남의 날 행사 참여 등의 처우를 제공할 수 있음

분류조사 방법(제38조 관련)

구 분	내 용
수용기록 확인 및 수형자와의 상담	• 수용기록부, 신분카드, 전산기록 등의 조사 • [별지 제11호 서식]'생활환경 조사서'에 따른 수형자 본인과의 상담을 통한 조사
수형자의 가족 등에 대한 면담	처우상 필요한 경우에 수형자의 가족, 친지 등과 전화 또는 민원상담을 통하여 보호관계, 보호자의 보호의지, 석방 후에 돌아갈 곳 및 석방후의 보호·생활계획 등을 확인
검찰청·경찰서 등 관계기관에 대한 조회	• 범죄경력조회서 상에 미상 또는 벌금건이 있는 경우 : 수용기록담당자는 해당 검찰청 또는 경찰관서에 유선 또는 문서로 즉시 조회하여 범죄경력조회서에 그 결과를 기재하고 확인자 서명·날인 • 범죄경력조회서에 기재된 전과 및 분류심사 과정에서 확인된 전과에 대한 출소사유 및 출소일자 등은 교정정보시스템에서 확인 후 기재 • 그 밖에 확인이 불가능한 것은 해당 검찰청 및 교정기관에 조회하여 그 결과를 범죄경력조회서에 기재하고 확인자 서명·날인 • 보호관계가 확실한 자에 대하여는 관계기관에 가족관계 등록부, 신상 등의 조회를 실시하지 않음 • 보호자의 주거 등 보호관계가 불확실한 자에 대하여는 관계기관에 전화로 연락하여 그 사실을 확인할 수 있음. 다만, 유선 확인이 곤란한 경우에는 문서로 조회 신청함 • 조회 및 확인 사항은 필요시 관련자료 심사표에 첨부
외부전문가에 대한 의견조회	• 특정 검사의 실시 및 해석 • 특정 사안에 대한 관련 지식·정보 제공 요청 • 수형자와의 고충상담·심리치료·생활지도 등 • 외부전문가에 대한 의견조회 결과는 필요시 관련자료 심사표에 첨부
그 밖에 효율적인 분류심사를 위하여 필요하다고 인정되는 방법	• 시행규칙 제70조에서 정한 사항

처우등급별 판정 및 처우기준(제51조 관련)

기본수용급 판정 및 처우기준

기본수용급	판정기준	처우기준
여성수형자(W급) Woman prisoner	여성수형자	• 정서적 안정성 함양 • 교양활동 등과 관련된 취미활동 권장 • 건강관리에 유의토록 함 • 가족 또는 보호자 등과의 관계유지에 노력
외국인수형자(F급) Foreign prisoner	외국인수형자	• 직원, 동료 수형자와의 의사소통 도모 • 국내 수용생활의 안정화 강조 • 우리나라 수용자와의 갈등제거에 노력 • 우리나라 문화의 이해증진
금고형수형자(I급) Imprisonment sentenced prisoner	금고형수형자	• 사회규범을 준수하는 습관과 책임감 함양 • 자존심에 기초한 자립습관 함양 • 근로의욕의 유지향상 도모 • 사회복귀의 원활한 촉진에 노력
19세 미만의 소년수형자 (J급) Juvenile prisoner	분류처우위원회 의결일 기준으로 만 19세 미만 소년·소녀 수형자	• 범죄성 진전 및 악풍감염의 방지에 노력 • 상식을 습득시키고 규범을 준수하는 습관 함양 • 학과 및 직업에 관한 자격의 취득에 노력 • 특기 및 적성발견에 노력 • 보호자와의 관계유지에 노력
23세 미만의 청년수형자(Y급) Young prisoner	분류처우위원회 의결일 기준으로 만19세 이상 23세 미만 성년 수형자	• 악풍감염의 방지에 노력 • 상식을 습득시키고 규범을 준수하는 습관 향상 • 학과 및 직업에 관한 자격의 취득에 노력 • 특기 및 적성발견에 노력 • 보호자와의 관계유지에 노력
65세 이상의 노인수형자(A급) Aged prisoner	분류처우위원회 의결일 기준으로 만 65세 이상 노인 수형자	• 건강증진을 위하여 치료 및 양호 실시 • 보호자 등과의 긴밀한 관계유지 • 외부 치료기관과 긴밀히 협조하여 응급시 대비

기본수용급	판정기준	처우기준
형기가 10년 이상인 장기수형자(L급) Long-term prisoner	형기 10년 이상의 장기수형자 또는 무기수형자	• 장기적 전망에 따른 처우실시 • 감정, 정서, 태도 등의 변화 파악에 유의 • 숙련 또는 일정기간 학습을 요하는 직업훈련 또는 학과교육 권장 • 사회정보 공유에 노력 • 건강관리 및 체력유지에 노력 • 보호자와의 지속적인 관계유지에 노력
정신질환 또는 장애가 있는 수형자(M급) Mentally handicapped prisoner	정신과 의사, 판결문 내용, 그 밖에 수용 기록상 지적장애인 또는 자폐성장애인(M1급), 정신장애인(성격장애, 정신질환자)(M2급)으로 판정된 자	• 정신건강 증진을 위하여 치료 및 양호에 노력 • 성격상의 기능장애 회복 또는 기능증진을 위한 치료 및 양호에 노력 • 보호자 등과의 긴밀한 관계유지에 노력 • 외부치료기관과 긴밀히 협조하여 응급시 대비
신체적 질환 또는 장애 등이 있는 수형자(P급) Physically handicapped prisoner	P1급 신체상의 질환 또는 임산부, P2급 시각·청각·언어 또는 신체장애인 등	• 건강증진을 위하여 치료 및 양호에 노력 • 신체상의 기능장애 회복 또는 기능증진을 위한 치료 및 양호에 노력 • 보호자 등과의 긴밀한 관계유지에 노력 • 외부 치료기관과 긴밀히 협조하여 응급시 대비 • 신체질환 및 장애정도, 건강상태, 작업감당 여부 등을 종합적으로 고려하여 적정한 작업지정 가능

○ 수형자에게 해당하는 기본수용급 모두를 기재
 • 여자, 외국인, 지적장애인 : WFM1
 • 금고, 23세 미만 청년, 신체장애인 : IYP2
 • 여자, 23세 미만 청년, 장기수 : WYL
○ M급은 다음과 같이 세분함
 • M1급 : 지적장애인(지능발달이 저지되어 자기 신변의 일을 처리하거나 환경에 적응하는 것이 어려운 상태에 있는 자), 자폐성 장애 및 이에 준하는 처우를 필요로 하는 자
 • M2급 : 성격 및 인격에 장애가 있다고 인정되는 자, 「정신건강증진 및 정신질환자 복지서비스 지원에 관한 법률」에 따른 정신질환자, 진단서 등 공식 기록에 의하여 정신질환의 의심이 있다고 판정된 사람, 신경증에 걸려 있다고 진단받은 사람, 구금성 반응, 약물에 의한 중독증 또는 알코올에 의한 중독증 및 그 후유증이 현저히 인정된다고 판정된 사람
○ P급은 다음과 같이 세분함
 • P1급 : 신체상의 질환 또는 임신 중에 있거나 출산을 위하여 상당 기간의 의료 또는 양호를 필요로 하는 자
 • P2급 : 신체장애로 인하여 양호처우가 필요하다고 인정되는 자 또는 시각·청각·언어장애인 등

경비처우급 판정 및 처우기준

경비처우급	판정기준	처우기준
개 방 처우급 (S1급)	별지 제2호서식의 『경비처우급 분류 지표』에 의함	• 보호자 등과 연계를 강화하여 석방 후 생활계획 수립 • 자율을 부여하고 그에 따라 책임이 수반되는 사회적 훈련 · 자치활동 실시 • 개방지역 작업 및 외부통근작업에 적합한 자 • 석방시 취업준비 및 사회복귀 준비에 노력 • 개방시설에 수용처우
완화경비 처우급 (S2급)	별지 제2호서식의 『경비처우급 분류 지표』에 의함	• 개방지역 작업 및 필요시 외부통근작업 가능한 자 • 적성에 따른 직업훈련 실시 • 자율을 부여하고 그에 따라 책임이 수반되는 사회적 훈 련 · 자치활동 실시 • 보호자와 유대를 강화하고, 석방시 취업준비 및 사회복귀 준비에 노력 • 일일생활에 필요한 기본적 지식을 습득하게 하고, 용모 · 복장의 단정, 청결, 정돈, 예의 등에 유의 • 완화경비시설에 수용처우
일반경비 처우급 (S3급)	별지 제2호서식의 『경비처우급 분류 지표』에 의함	• 구내작업 가능한 자 • 필요시 개방지역작업(외부통근작업 포함) 가능한 자 • 준법정신을 함양하는 교육실시 • 수형자간의 인간관계 유지에 노력 • 근로의욕 및 근로습관을 함양 • 보호자 등과의 관계개선에 노력 • 직업에 관한 자격, 면허 취득에 노력하고, 적성에 따라 장기적으로 기능을 습득할 수 있도록 기능훈련 도모 • 일반경비시설에 수용처우
중(重)경비 처우급 (S4급)	별지 제2호서식의 『경비처우급 분류 지표』에 의함	• 필요시 구내작업 가능한 자 • 관리에 특별한 주의를 요하며 상담을 통한 성격적 결함치료 • 엄정한 규율유지 • 보안 및 경비 강화 • 수용자간의 상호대립관계를 파악하여 그 관리에 철저 • 근로의욕 및 근로습관을 함양 • 정신장애 제거 또는 경감하기 위한 치료처우 실시, 준법의식 고취, 도덕교육 실시 • 중(重)경비시설에 수용처우

개별처우급 판정 및 처우기준

개별처우급	판정기준	처우기준
직업훈련(V급) Vocational training	연령, 직업지향, 장래의 생활설계, 직업적성, 훈련기간과 형기와의 관계 등을 참작하여 직업훈련이 적합하다고 인정되는 자	• 직종을 선정하여 기능훈련 도모와 근로의 습성 함양 • 직업에 관한 자격, 면허 등의 취득에 노력 • 응용범위가 넓은 종목에 대하여 적성에 따라 장기적으로 기능을 습득케 함
학과교육(E급) Education Curriculum	각 과정의 교과습득에 필요한 지식, 학력 및 학습의 욕이 있고, 자력개선 의지가 있으며 학과, 교양 및 인성교육이 적합하다고 인정되는 자	• 의무교육 미수료자에게 필요한 교과교육 실시 • 교과에 관한 통신교육 활용 • 적극적인 독서지도 • 보충교육을 행하여 교양의 향상 도모 • 일상생활에 필요한 기본적 지식을 습득토록 함
생활지도(G급) Guidance	생활태도 및 개선의지에 문제가 있어 특히 철저한 생활지도를 필요로 하는 자	• 교양강좌를 실시하고 적극적인 독서지도 실시 • 용모·복장의 단정, 청결, 정돈, 예의, 법도 등에 유의토록 함 • 취미활동 장려 • 집단훈련, 체육훈련 실시
작업지도(R급) Regular Work	사회복귀를 위하여 작업중점 처우가 적당하다고 인정되는 자	• 직업에 관한 자격면허 등의 취득에 노력 • 응용범위가 넓은 직종에 대한 지식 및 기능을 습득시킴 • 직업에 대한 통신교육 활용 • 직종을 선정하여 그 기능 및 숙련을 도모
운영지원작업(N급) National employment work	특정의 관리업무에 경험 또는 적성이 있거나 수용생활태도가 양호하여 운영지원작업에 적합한 자	• 기능의 유지에 유의하고 능률향상에 노력 • 근로의 습관을 함양 • 일상생활에 필요한 기본적 지식을 습득케 함 • 용모·복장의 단정, 청결, 정돈, 예의 등에 유의 • 보호자 등과 긴밀히 연락하여 보호관계 유지에 노력

개별처우급	판정기준	처우기준
의료처우(T급) medical Treatment	T1급 판정기준(경환자) • M1급이거나 보통의 지능을 가진 자들과의 집단처우에 있어서 잘 적응하지 못하지만 동급의 성원집단 가운데에서 특별처우를 행함으로써 처우효과를 기대할 수 있는 자 • M2급 및 M3급으로 단기적 약물치료, 정신치료 또는 특별한 양호적 처우에 의하여 치료효과를 기대할 수 있는 자 • P1급, P2급으로 적당한 작업종목의 선정 또는 일과의 경감에 의하여 건강한 일반수형자에 준한 처우가 가능한 자	T1급 처우기준 • 보호관계 유지회복에 노력 • 정신장애를 제거, 경감하기 위하여 치료 또는 양호를 행함 • 신체에 대한 단기적 질환의 치료 및 양호를 행함 • 건강증진을 위하여 치료와 양호를 행함 • 신체질환(장애) 정도, 건강상태, 작업감당여부 등을 종합적으로 고려하여 적정한 작업지정 가능
	T2급 판정기준(중환자) • M1급으로 지적장애인 및 지적장애와 정신병을 합병하고 있으며 계속적인 약물치료를 필요로 하는 자 • M2급 및 M3급으로 계속적인 약물치료와 정신요법을 필요로 하는 자 • P1급, P2급으로 계속적인 치료조치 및 장기 휴양을 필요로 하는 자	T2급 처우기준 • 가족 및 보호자와의 연락, 사회복지시설 등 관계기관과 관계를 긴밀히 유지, 보호관계의 유지회복에 노력 • 정신장애를 제거, 경감하기 위하여 치료 또는 양호를 행하고, 신체에 대한 장기적 질환의 치료 및 양호를 행함 • 건강증진을 위하여 치료와 양호를 행함
자치처우(H급) Halfway Treatment	• 개방처우급 · 완화경비처우급 수형자 또는 개방시설 수형자 • 현재의 행동 및 심리상태가 안정된 자 • 사회적응 능력 및 공동생활에 따른 책임의식 함양을 위하여 석방전 중간적 처우가 적당하다고 인정되는 자 • 자치처우 전담교정시설 수용이 적합하다고 위원회에서 의결된 자	• 자치생활 실시 • 취미활동, 교양강좌 및 체육활동 실시 • 적극적인 독서지도 및 도덕교육 실시 • 복장단정, 청결, 예의 등에 유의하게 함 • 보호자 등과 긴밀히 연락하여 보호관계를 강화하고 석방 후의 생활계획 수립
개방처우(O급) Open Treatment	• 형기의 2분의 1 이상을 집행하고 개방처우급인 자 • 개방처우가 적합하다고 인정되는 자	• 자치생활 및 사회적응훈련 실시 • 취미활동, 교양강좌 및 체육활동 실시 • 복장단정, 청결, 예의 등에 유의하게 함 • 보호자 및 기업체 등과 연계하여 석방후의 생활계획 수립

개별처우급	판정기준	처우기준
집중처우(C급) Concentrated Treatment	• 중(重)경비처우급에 해당되는 자 • 상습규율위반자 : 최종 징벌종료일로 부터 1년 이내 3회 이상의 징벌처분을 받은 자 • 조직폭력사범·마약사범 등 엄중관리 대상자 • 그 밖에 자살우려가 높은 수형자 등 집중적인 교화 및 관리가 필요한 자 • 앞의 내용을 종합적으로 고려하여 집중처우가 필요하다고 인정되는 자	• 성격적 결함제거 또는 경감을 위하여 집중적인 상담 실시 • 준법의식 고취, 도덕교육 실시 • 근로의 습관 함양 • 집중적·지속적 상담, 심리치료, 특수욕구 처우프로그램 실시 등을 통한 문제해결에 노력

경비처우급의 표시 제식(제54조제4항 관련)

구 분	내 용
경비처우급 표시	• 경비처우급을 나타내기 위하여 수형자 번호표의 왼쪽 끝 부분에 지름 2센티미터의 원을 폭 0.2센티미터의 테로 두르고 그 원안에 세로 1.5센티미터의 크기로 해당 경비처우급을 숫자로 표시하되 테 및 숫자는 적색으로 함(경비처우급의 표시는 S1급, S2급, S3급, S4급으로 표시되나 약식으로 ①, ②, ③, ④급으로 표시함)
번호표상 경비처우급 표시요령	• 경비처우급 표시 ←————————— 14㎝ —————————→ ② 1 2 3 4　　4.6㎝ • 경비처우급 표시는 번호표를 표시하는 거실지정 등의 업무담당자가 담당
번호표, 경비처우급 표시 제식	• 번호표의 크기 : 가로 14㎝ × 세로 4.6㎝ • 번호표의 숫자크기 : 가로 2㎝ × 세로 3㎝ 　(다만, 원안의 경비처우급은 가로 1㎝ × 세로 1.5㎝) • 숫자와 숫자의 간격 : 0.6㎝(다만, 원과 숫자는 0.7㎝) • 경비처우급을 표시하는 원의 지름은 2㎝, 테의 두께는 0.2㎝ • 번호표 상단(하단)과 숫자와의 간격 : 0.8㎝ • 숫자 등의 색깔 : 원의 테, 원안의 글자는 빨간색, 나머지 숫자는 검정색으로 각각 선명하게 표시 • 번호표의 바탕은 백색으로 함

소득점수 평가 및 평정결과표 작성예시(제63조 관련)

○ 매월 취득한 소득점수에 대한 평가점수 기재(아래 표의 (a) 평가점수 행 참고)
○ 평가점수 누계를 매달 기재(아래표의 (b) 평가점수누계 행 참고)
○ 평정점수는 재심사 기간 동안의 평가점수의 평균을 말함(지휘서접수일로부터 6개월이 지나 최초로 재심
  사 하는 경우의 평정기간은 지휘서를 접수한 다음달부터 해당 재심사 시기까지의 기간을 말함)

소득점수 평가 및 평정결과 (예시)

구분 \ 년월	'07년 5월	년 6월	년 7월	년 8월	년 9월	년 10월	년 11월	년 12월	'08년 1월	년 2월	년 3월	년 4월
작업장	시설 보수	시설 보수	시설 보수	시설 보수	시설 보수	시설 보수	시설 보수	시설 보수	시설 보수	시설 보수	시설 보수	시설 보수
(a) 평가점수	8	8	7	8	7	7	8	8	8	8	9	9
(b) 평가점수 누계	8	16	23	31	38	45	53	61	69	77	86	95
(c) 평정점수												

구분 \ 년월	'08년 5월	년 6월	년 7월	년 8월	년 9월	년 10월	년 월	년 월	년 월	년 월	년 월	년 월
작업장	시설 보수	시설 보수	시설 보수	시설 보수	시설 보수	시설 보수						
(a) 평가점수	8	8	8	8	8	8						
(b) 평가점수 누계	103	111	119	127	135	143						
(c) 평정점수												

정기재심사의 소득점수 평가 및 평정예시(제63조 관련)

○ 수형자 A의 정기재심사 시기는 다음과 같음

1/3시점	1/2시점	2/3시점	5/6시점
'07. 5. 3	'07. 10. 23	'08. 3. 18	'08. 9. 18

○ 수형자 A의 정기재심사 소득점수 평가 및 평정결과는 아래 예시와 같음

소득점수 평가 및 평정결과 (예시)												
구분 \ 년월	'07년 5월	년 6월	년 7월	년 8월	년 9월	년 10월	년 11월	년 12월	'08년 1월	년 2월	년 3월	년 4월
작업장	시설 보수	시설 보수	시설 보수	시설 보수	시설 보수	시설 보수	시설 보수	시설 보수	시설 보수	시설 보수	시설 보수	시설 보수
(a) 평가점수	8	8	7	8	7	7	8	8	8	8	9	9
(b) 평가점수 누계	43	8	15	23	30	37	8	16	24	32	41	9
(c) 평정점수		1/2정기재심사 평점 7점					2/3정기재심사 평점 8점					

구분 \ 년월	'08년 5월	년 6월	년 7월	년 8월	년 9월	년 10월	년 월	년 월	년 월	년 월	년 월	년 월
작업장	시설 보수	시설 보수	시설 보수	시설 보수	시설 보수	시설 보수						
(a) 평가점수	8	8	8	8	8	8						
(b) 평가점수 누계	17	25	33	41	49							
(c) 평정점수	5/6정기재심사 평점 8점											

- 매월 취득한 소득점수에 대한 평가점수 기재
- 평가점수 누계 기재(매월)
- 재심사 기간 동안의 평가점수 누계에 대한 평균, 즉 평정점수 기재(정기 재심사시)

○ 이와 같은 방식으로 각 정기재심사 기간 동안의 평가점수, 평가점수 누계, 평정점수를 기재함
○ 분류처우회의 및 분류처우위원회에서는 재심사 시기마다 평정된 (c) 평정점수를 고려하여 경비처우급 조정여부를 심의·의결함

[별표 11]

부정기재심사의 소득점수 평가 및 평정예시(제63조 관련)

○ 수형자 B의 부정기재심사 시기는 다음과 같음

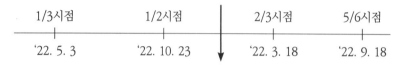

1/3시점	1/2시점		2/3시점	5/6시점
'22. 5. 3	'22. 10. 23		'22. 3. 18	'22. 9. 18

'23. 1. 18 기사자격취득
'23. 2. 10 부정기재심사실시

○ 수형자 B의 부정기재심사 소득점수 평가 및 평정결과 예시

소득점수 평가 및 평정결과 (예시)

구분 \ 년월	'22년 5월	년 6월	년 7월	년 8월	년 9월	년 10월	년 11월	년 12월	'23년 1월	년 2월	년 3월	년 4월
작업장	시설 보수	시설 보수	시설 보수	시설 보수	시설 보수	시설 보수	시설 보수	시설 보수	시설 보수	시설 보수	시설 보수	시설 보수
(a) 평가점수	8	8	7	8	7	7	8	8	8	8	9	9
(b) 평가점수 누계	43	8	15	23	30	37	8	16	24	8	17	9
(c) 평정점수		← 1/2정기재심사 평점 7점 →					← 부정기재심사 (기사자격취득) →			← 2/3정기재심사 평점 9점 →		

구분 \ 년월	'23년 5월	년 6월	년 7월	년 8월	년 9월	년 10월	년 월	년 월	년 월	년 월	년 월	년 월
작업장	시설 보수	시설 보수	시설 보수	시설 보수	시설 보수	시설 보수						
(a) 평가점수	8	8	8	8	8	8						
(b) 평가점수 누계	17	25	33	41	49							
(c) 평정점수	← 5/6정기재심사 평점 8점 →											

• 매월 취득한 소득점수에 대한 평가점수 기재
• 평가점수 누계 기재(매월)
• 재심사 기간 동안의 평가점수 누계에 대한 평균, 즉 평정점수 기재(부정기 재심사시)
○ 정기재심사 기간 중에 부정기재심사가 이루어진 경우에는 부정기재심사 이후부터 정기재심사까지의 기간을 정기재심사로 봄(단, 제32조 제1항 1호, 제6호 및 제7호는 제외)

자치수형자 선정 절차(제105조 관련)

구 분	내 용
자치수형자 선정 의뢰	• 보안과 등 자치수형자 선정을 의뢰하는 부서는 '자치수형자 검토 대상자 명단'을 작성하여 분류심사과로 협조문 발송
해당 수형자 서류 검토	• 분류심사과는 제출된 해당 수형자의 심리 및 건강상태, 규율위반 여부 등을 검토한 후 [별지 제15호] 「분류처우위원회 회의자료」 서식의 「자치생활 대상자 선정 심사서」를 작성하여 분류처우위원회(임시분류처우위원회 포함)에 회부
분류처우위원회 심의 · 의결	• 분류처우위원회에서 대상자 선정 심의 · 의결
회의결과 통보	• 분류심사과는 위원회 회의결과를 보안과 등에 통보
자치수형자 관리	• 보안과는 자치수형자 명단 및 운영세칙 등 자치생활 전반을 관리

수형자 분류처우심사표

1. 인적사항

수용기간		수용자번호		성명	
생년월일		입소일		국적	

2. 기본사항

죄명			전체 형명형기 (미결통산일수)		범죄횟수 (수용횟수)	
형기 기산일	최초		지휘서 접수일	최초	최종 형기종료일	
	최종			최종		
정기재심사 해당일 (전체형기 합산)	1/3	1/2		2/3	5/6	무기형 등 (20년 시점)

3. 심사 및 처우등급 내역

심사구분	심사사유	위원회 개최일	기본 수용급	경비 처우급	개별 처우급	REPI 등급	처우조정 사유
신입심사	대상(형확정)						
재심사(정기)	1/3 정기재심사						
재심사(부정기)	징벌의결						

4. 경력 및 보호관계 등

(1) 최종학력	년도	학교명(학과)	졸업여부	참고사항
(2) 대표직업 경력	직장명	소재지	업종 및 담당업무	근무기간 ~
(3) 생활근거지				
(4) 보호관계	① 보호자의 인수의사			
	② 석방 후 귀주예정지			
	③ 생활계획			
	④ 함께 생활할 사람			
	⑤ 기타 특이사항			

5. 성장과정 및 가정환경

※ 성장 및 가정환경을 간략하게 기술

6. 생활환경

① 입소전 경제상태		② 입소 전 거주상태	

③ 학창시절 처벌경험

④ 가출관련	가출시 연령	횟수	기간	가출중 비행·범죄 등	동기	가출중 생계수단

⑤ 약물관련	사용 연령		사용 동기		종류		약물남용

⑥ 음주흡연	음주 연령		음주량		흡연 연령		흡연량

⑦ 자해(자살) 관련	자해(자살시도) 유무	있는 경우 그 동기	가족 등 주변인물 중 자살(기도)자 유무	

7. 신체(정신)건강상태 및 특징

(1) 현재 건강상태	
(2) 과거 질병력	
(3) 과거 신체(정신)장애 판정 유무	
(4) 정신병원 입원 또는 치료 경험	
(5) 기타 특이사항	

8. 최종 범죄(비행)경력 요약

죄명(비행명)	형명형기 (처분내용)	판결법원	수용시설	출소년월일	출소사유
기타 범죄(비행) 경력					

9. 과거 수용 중 징벌사항(총   건)

기관명	기간(처분일자)	사유	처분결과

10. 범죄관련

(1) 본범평정	① 범죄시 정신상태			
	② 검거 유형			
	③ 신입심사 이전 징벌			
	④ 고위험범죄 여부			
	⑤ 엄중관리대상자 지정			
	⑥ 위험요인			
(2) 전과평정	① 이전범죄 전체형기		④ 재범기간	
	② 이전형기 경비처우급		⑤ 동일·유사죄명 경력횟수	
	③ 도주 경력		⑥ 최초 형확정 연령	
(3) 범죄피해	① 피해자와의 관계			
	② 피해자와의 감정			
	③ 피해정도			
	④ 피해회복을 위한 노력 (피해자에 대한 태도)			
(4) 범죄개요	① 공범관계			
	② 경찰입건 당시 도주 및 자살시도			
	③ 집행유예·가석방 취소			

[범죄사실]

※ 본형 범죄의 판결문 내용을 6하 원칙에 따라 간략히 기재

11. 분류검사(심리검사) 평가결과

(1) 교정심리검사	① 하위척도	
	② 검사소견	
	③ 검사결과	
	③ 특이사항	○ 교정심리검사 특이자 지정 유형 ○ 교정심리검사 특이자 지정 사유 및 지정일 ○ 교정심리검사 특이자 해제 사유 및 해제일 등

	검사항목	검사종류	검사결과
(2) 기타 검사	지능검사		
	적성검사		
	인성검사		
	알코올검사		
	우울증검사		
	성폭력사범재범위험성평가		
	반사회적 성향 검사		
	정신진단		

[종합판정]

※ 심리검사 결과 종합적입 판정 내용을 간략하게 기재

12. 동적요인 평가사항

평가범주	내　용	평가결과
(1) 출소 후 재범환경		
(2) 공권력에 대한 태도		
(3) 치료 및 교육에 대한 태도		

13. 소득점수 평가 및 평정

작업장	필수작업장 여부	평가시작 월	평가개월 수	평가점수 누계	평정점수 (누계/평가개월)

※ 분류심사표 출력일 현재 내용이며, 자세한 내용은 소득점수 관리프로그램 참조

14. 기타 참고사항

※ 수형자 처우와 관련된 참고사항을 기재

경비처우급 분류지표(신입심사)

분류	항 목	범 주	점수	판정점수
본범 관련 요인 (45점)	본건 전체형기	① 6월 미만 ② 6월~1년 미만 ③ 1년 이상~3년 미만 ④ 3년 이상~5년 미만 ⑤ 5년 이상~10년 미만 ⑥ 10년 이상~15년 미만 ⑦ 15년 이상~20년 미만 ⑧ 20년 이상(무기포함)	1점 2점 3점 5점 7점 10점 13점 15점	
	고위험범죄 여부	① 없음 ② 있음	0점 10점	
	엄중관리대상자 지정 여부	① 아님 ② 대상자	0점 10점	
	신입심사 이전 징벌	①없음 ②경고, 금치 외 처분 ③금치 10일 미만 ④금치 20일 미만 ⑤금치 30일 미만 ⑥금치 30일 이상	0점 2점 4점 6점 8점 10점	
과거 범죄 관련 요인 (37점)	이전 범죄 전체 형기	① 없음 ② 1년 미만 ③ 1년~2년 미만 ④ 2년~4년 미만 ⑤ 4년~7년 미만 ⑥ 7년 이상	0점 2점 3점 5점 7점 10점	
	이전 형기 경비처우등급	① 없음(초범) ② S1급 ③ S2급 ④ S3급 ⑤ S4급	0점 2점 3점 5점 7점	
	도주 경력	① 없음 ② 있음	0점 20점	
개인적 요인 (15점)	직원폭행 및 폭언 이력	① 없음 ② 폭행	0점 7점	
	문제행동 예측	① 없음 ② 있음	0점 3점	
	자살 및 자해시도	① 없음 ② 있음	0점 5점	

판정 기준	경비처우급	점수	판정 결과	총 점	경비처우급
	개방처우급(S1)	1점 이하			
	완화경비처우급(S2)	2점~8점			
	일반경비처우급(S3)	9점~32점			
	중경비처우급(S4)	33점 이상			

분류심사 거부의사 확인서

수용번호	성 명	생년월일	성 별

본인은 분류심사를 거부하는 경우 처우상 불이익을 받을 수 있으며,

향후, 형기종료일 3개월 전까지 본인이 원하는 경우 분류심사를 받을

수 있음을 안내받았습니다. 이에 확인합니다.

거부일시			
거부장소			
거부사유			
거 부 자	성명		(서명)
담 당 자	직급	성명	(서명)
입 회 자	직급	성명	(서명)

20 년 월 일

○○교도소(구치소)장 귀하

재심사 지표

분류	항목	범주	점수	판정점수
수형 생활 요인	재범 가능성	① 9점 이상 ② 8점 ③ 7점 ④ 6점	1점 2점 3점 4점	
	교정처우 성과	① 매우 높음 ② 높음 ③ 보통 ④ 낮음	0점 1점 2점 3점	
	취업 유형 (교육 포함)	① 재심사기간 전체 필수작업장 취업 또는 필수작업장 1년 이상 취업 ② 재심사기간 전체 일반작업장 취업 또는 일반취업장 1년 이상 취업 ③ 일반취업장 5개월 이상 또는 필수작업장 3개월 이상 ④ 일반작업장 5개월 미만 또는 필수작업장 3개월 미만 ⑤ 미취업	0점 1점 3점 5점 7점	
	무사고 기간	① 징벌전력 없음 ② 징벌 후 2년 이상 경과 ③ 징벌 후 1년 이상 2년 미만 ④ 징벌 후 6개월 이상 1년 미만 ⑤ 징벌 후 6개월 미만 경과	0점 1점 3점 4점 5점	
	도주 시도 여부	① 없음 ② 있음	0점 20점	
	개선의지 및 처우 고려요소	① 있음 ② 없음	0점 2점	
	위험성 가중 요인	① 없음 ② 있음	0점 3점	

판정 기준	기존 경비처우급	상향검토 점수범위	판정 결과	재심사시기	총점	조정된 경비처우급
	개방처우급(S1)	-		1/3 재심사		
	완화경비처우급(S2)	10점 이하		1/2 재심사		
	일반경비처우급(S3)	12점 이하		2/3 재심사		
	중경비처우급(S4)	14점 이하		5/6 재심사		

※ 재심사 시 현재 등급 상향점수 범위의 점수를 받을 경우 한단계 상향조정됨

재심사 지표(환자 등)

분류	항목	범주	점수	판정점수
수형 생활 요인	생활태도 점수 (평정소득점수)	① 5점(9점) 이상 ② 4.5점(8점) 이상 ③ 4점(7점) 이상 ④ 2점(6점) 이상 ⑤ 2점(6점) 미만	1점 2점 3점 4점 5점	
	교정처우 성과	① 매우 높음 ② 높음 ③ 보통 ④ 낮음	0점 1점 2점 3점	
	무사고 기간	① 징벌전력 없음 ② 징벌 후 2년 이상 경과 ③ 징벌 후 1년 이상 2년 미만 ④ 징벌 후 6개월 이상 1년 미만 ⑤ 징벌 후 6개월 미만 경과	0점 1점 3점 4점 5점	
	도주 시도 여부	① 없음 ② 있음	0점 20점	
	위험성 가중 요인	① 없음 ② 있음	0점 3점	

판정 기준	기존 경비처우급	상향검토 점수범위	판정 결과	재심사시기	총점	조정된 경비처우급
	개방처우급(S1)	-		1/3 재심사		
	완화경비처우급(S2)	2점 이하		1/2 재심사		
	일반경비처우급(S3)	4점 이하		2/3 재심사		
	중경비처우급(S4)	6점 이하		5/6 재심사		

※ 환자, 장애인, 고령자, 임산부 등 처우상 특별한 고려가 필요한 경우에만 해당
  (환자 : 치료거실, 의료거실에 수용 중 / 장애인 : 장애등급 3급 이상 / 고령자 : 70세 이상)

교정재범예측지표(신입심사)

순번	문항	범주	점수	판정점수
1	죄명	과실범 사기 · 횡령, 살인, 기타 성폭력, 폭력·상해, 강도 마약류, 절도	1점 2점 3점 4점	
2	피해자	아는 사람 / 해당없음 모르는 사람	0점 1점	
3	범죄시 정신상태	정상 음주, 약물복용, 마약류투약 정신질환 등 비정상	0점 1점	
4	본 건 징벌횟수	없음 1회 2회 3회 4회 5회 이상	0점 1점 2점 3점 4점 5점	
5	고위험범죄 유무	없음 있음	0점 2점	
6	최초 형확정 연령대	30대 이상 20대 이상 10대	0점 1점 2점	
7	이전범죄 전체형기	없음 ~ 3년 미만 3년 이상 ~ 5년 미만 5년 이상 ~ 10년 미만 10년 이상	0점 1점 2점 3점	
8	동일 또는 유사죄명 경력	0회 1회 2회 3회 이상	0점 2점 3점 4점	
9	재범기간	없음 3년 이상 6개월 ~ 3년 미만 6개월 미만	0점 1점 2점 3점	
10	집행유예 등 취소 또는 실효횟수	0회 1회 2회 3회 이상	0점 1점 2점 3점	
11	공권력에 대한 태도	양호 보통 불량	0점 2점 4점	
12	피해자에 대한 태도	합의 / 해당없음 일부합의, 공탁, 피해자구제 미합의	0점 1점 2점	
13	치료 및 교육에 대한 태도	보통 매우 우려	3점 7점	
14	비행전력	보통 우려	0점 1점	
15	피해의식	보통 우려	0점 1점	
16	위험요인	없음 보통 우려	0점 1점 3점	
17	재범환경	보통 우려	0점 3점	

판정 기준	REPI-1	REPI-2	REPI-3	REPI-4	REPI-5	판정 결과	총 점		REPI 등급
	1점~7점	8점~10점	11점~15점	16점~20점	21점 이상				

교정재범예측지표(재심사)

순번	문 항	범주	점수	판정점수
1	죄명	과실범 사기·횡령, 살인, 기타 성폭력, 폭력·상해, 강도 마약류, 절도	1점 2점 3점 4점	
2	피해자	아는 사람 / 해당없음 모르는 사람	0점 1점	
3	범죄시 정신상태	정상 음주, 약물복용, 마약류투약 정신질환 등 비정상	0점 1점	
4	본 건 징벌횟수	없음 1회 2회 3회 4회 5회 이상	0점 1점 2점 3점 4점 5점	
5	고위험범죄 유무	없음 있음	0점 2점	
6	최초 형확정 연령대	30대 이상 20대 이상 10대	0점 1점 2점	
7	이전범죄 전체형기	없음 ~ 3년 미만 3년 이상 ~ 5년 미만 5년 이상 ~ 10년 미만 10년 이상	0점 1점 2점 3점	
8	동일 또는 유사죄명 경력	0회 1회 2회 3회 이상	0점 2점 3점 4점	
9	재범기간	없음 3년 이상 6개월 ~ 3년 미만 6개월 미만	0점 1점 2점 3점	
10	집행유예 등 취소 또는 실효횟수	0회 1회 2회 3회 이상	0점 1점 2점 3점	
11	공권력에 대한 태도	양호 보통 불량	0점 2점 4점	
12	피해자에 대한 태도	합의 / 해당없음 일부합의, 공탁, 피해자구제 미합의	0점 1점 2점	
13	치료 및 교육에 대한 태도	매우 양호 양호 보통 우려 매우 우려	0점 1점 3점 5점 7점	
14	비행전력	보통 우려	0점 1점	
15	피해의식	보통 우려	0점 1점	
16	위험요인	없음 보통 우려	0점 1점 3점	
17	재범환경	보통 우려	0점 3점	

기존 등급	REPI-1	REPI-2	REPI-3	REPI-4	REPI-5	판정 결과	총 점	REPI 등급
상향	–	9점 이하	12점 이하	17점 이하	21점 이하			
유지	1점~10점	10점~14점	13점~19점	18점~25점	22점 이상			
하향	11점 이상	15점 이상	20점 이상	26점 이상	–			

기관명		수용번호		성 명		성 별	

생활환경 조사서

※ 다음은 귀하의 생활환경을 조사하기 위한 사항입니다. 본 조사서는 사실 그대로 작성하여야 하며,
허위기재나 불성실 기재의 경우 모든 책임은 본인에게 있습니다. (기재 또는 ∨표시)

1. 기본 사항

취 미		특기		범죄 지역 (광역)	광역시 도	범죄 지역 (자치)	시 군 구
입소 전 거주지							
석방 후 거주지							
병역사항	□ 현역 □ 방위 □ 공익 □ 미필 □ 의병 □ 의가사 □ 면제					종 교	

2. 학력 사항

학교이름		소재지	졸업여부
	초등학교		졸업( ) / ( )학년 중퇴( ) 중퇴사유 :
	중학교		졸업( ) / ( )학년 중퇴( ) 중퇴사유 :
	고등학교		졸업( ) / ( )학년 중퇴( ) 중퇴사유 :
대학교	학과		( )학년 재학 / 휴학 / 졸업 / 중퇴 중퇴사유 :
대학(원)	학과		( )학년 재학 / 휴학 / 졸업 / 중퇴 중퇴사유 :

3. 직장생활 사항 (범죄시 직업 : □ 직업 없음, □ 일용직, □ 직업 있음)

직장명(최근순)	소재지	업종	직책	년도	재직기간
				~	년 월
				~	년 월
				~	년 월
				~	년 월

4. 성장 과정 및 가족관계 사항

출생지역		성장지역		출생력	( )남 ( )녀 중 ( )째, □고아
유년기 시절 주양육자		□친부모 □편부모(부 / 모) □조부모 □계부모 □기타(고아원 등 양육시설)		유년기 가정환경	□화목 □보통 □불화
유년시절 신체적/ 정신적 폭력경험 (가족 또는 주변인)		□가해경험 □피해경험 □해당없음		유년시절 부모직업	부의 직업 모의 직업
혼인여부 (※해당사항 체크)		□ 미혼 □결혼 결혼횟수( )회 결혼기간 : 년부터 년까지 참고사항 :	□ 이혼 이혼횟수 ( ) 회 이혼년도 : 이혼사유 :		
		□ 동거 동거횟수 ( ) 회 동거기간 : 년부터 년까지	□ 재혼 재혼년도 :		
		□ 별거 별거기간 : 년부터 년까지	□ 사별 사별년도 :		
자녀관계		( )남 ( )녀		주양육자	

관계	성명	연령	직업	주소 및 연락처	비고 (사망 등)
부 (※필수기재)					
모 (※필수기재)					
배우자					
자녀					
지인					
지인					

5. 석방 후 보호 및 생활계획

보호(인수)자 지정	□성명( ) 관계( ) □연락처( ) □보호자 인수능력 (□양호 □보통 □불량)
석방 후 귀주예정지	
석방 후 생활계획(생계대책)	
석방 후 함께할 사람	
월평균 가족들의 접견 횟수	□4회 이상 □1~3회 □없음
가족 간의 심리적 친밀감	□화목 □보통 □불화
입소 전 가족에 대한 신체· 언어적 폭력 여부	□가해경험 □피해경험 □해당없음

6. 입소 전 생활 및 건강 관련 사항

입소 전 경제상태	□월평균 소득: 만원 □ 매우 넉넉함 □ 넉넉함 □ 보통 □ 약간 어려움 □ 매우 어려움	
입소 전 거주상태	□ 보호시설, 종교시설 □ 고시원·여관·쪽방 □전월세 거주 □ 본인 또는 가족소유의 집 □ 친구 등 지인의 집 □기타 ( )	
18세 이하 (학창시절) 처벌경험	□ 형사입건 □ 보호처분 □ 퇴학 □ 정학 등 징계 □ 문제없음	
가출관련 해당없음( )	▶ 가출시 연령 : ▶ 가출동기 : ▶ 가출횟수 :	▶ 가출기간 : 년 월간 ▶ 가출중 생계수단 : ▶ 가출중 비행·범죄 등 :
약물관련 해당없음( )	▶ 사용 연령 : ▶ 사용 동기 :	▶ 종류 : ▶ 기타 :
음주/흡연 해당없음( )	▶ 음주연령 : ▶ 음주횟수 : 주 회/음주량 :	▶ 흡연연령 : ▶ 흡연량 : 일 ( )개피
자해(자살) 관련	▶ 자해(자살) 시도 유무 : ▶ 자해(자살)시도 동기 :	▶ 자해(자살)시도 연령 : ▶ 가족 등 주변인물 중 자살(기도)자 유무 : ( )
현재 건강상태 및 특징	▶ 현재 건강상태 : □양호 □병력(有) (질병명:) (질병명:) (질병명:)	▶ 특이사항
과거 건강상태	▶ 과거 질병력 : □양호 □병력(有) (질병명:) ▶ 신체장애 판정 : ( )장애( )급 ▶ 정신장애 판정 : ( )장애( )급 ▶ 특이사항 :	▶ 정신병원 입원 또는 치료 경험 : □ 해당 없음 □ 진료경험 있음 □ 입원경험 있음 □ 치료의 필요가 있으나 받지 못함
범죄단체 관련 해당없음( )	▶ 시 기 : □ 현재 □ 과거 ▶ 조직명칭 : ▶ 활동지역 : ▶ 조직 내 역할 :	▶ 가입동기 : ▶ 가입연령 : ▶ 가입기간 : 년 월간
소년원 수용여부	□ 있음 □ 없음 수용기간 및 수용기관 : . . ~ . . (년 월간 ____소년원 수용)	

7. 범죄관련 및 수용생활 사항

문 항	내 용
범죄시 정신상태	☐ 정상　☐ 주취상태　☐ 약물복용 등 비정상
선고받은 형기에 대한 생각	☐ 죄질에 비해 형기가 너무 길다 ☐ 죄질에 비해 형기가 다소 길다 ☐ 형기가 적당하다　☐ 죄질에 비해 형기가 짧다
피해자와의 관계	☐ 평소 아는 사람　☐ 일부 아는 사람　☐ 모르는 사람　☐ 기타
피해자와의 회복을 위한 노력	☐ 피해 합의　☐ 미합의　☐ 부분 합의　☐ 금전 공탁(　　　원)
수용생활과 처우에 대한 만족도	☐ 불편·불만이 많다　☐ 불편·불만이 조금 있다 ☐ 그저 그렇다　　☐ 만족한다

8. 설문 문항

번호	문 항	전혀 아니다 (1)	아니다 (2)	보통 (3)	그렇다 (4)	매우 그렇다 (5)
1	나는 수형생활 중 무엇을 할것인지에 대하여 계획을 세워놓았다.					
2	나는 수형생활 중 기술습득이 필요한 과정이나 훈련에 관심이 있다.					
3	나는 수형생활 중 배움의 기회(학과공부)에 관심이 있다.					
4	나는 입소전 직업경력을 활용하여 일반공장에 일하는 것에 관심이 있다.(예-목공장, 인쇄공장, 구외공장, 위탁공장 등)					
5	나는 취사, 청소, 세탁 등 운영지원작업에 관심이 있다.					
6	나는 수형생활 중 기술습득을 위해서라면 이송가도 괜찮다.					
7	나는 수형생활 중 배움의 기회(학과공부)에 참여하기 위해서라면 이송가도 괜찮다.					
8	나는 입소전 직업경력을 활용하여 일반공장에서 일을 할 수 있다면 이송가도 괜찮다					
9	나는 취사, 청소, 세탁 등 운영지원작업에 일을 위해서라면 이송가도 괜찮다.					
10	나는 취사, 청소, 세탁 등 운영지원작업에 일을 할 수 있다면 기술숙련이나 자격증을 취득하는데 매우 도움이 될 것이다.					
11	내가 기술습득이 필요한 과정이나 훈련에 참여하게 된다면 교육과정에 충실히 따라갈 수 있다.					
12	내가 수형생활 중 배움의 기회(학과공부)에 참여한다면 교육과정에 충실히 따라갈 수 있다.					
13	내가 입소전 직업경력을 활용하여 일반공장에서 일을 한다면 충실히 이행할 수 있다.					
14	나는 취사, 청소, 세탁 등 운영지원작업장에 일을 한다면 충실히 이행할 수 있다.					
15	나는 기술습득이 필요한 과정이나 훈련에 참여하여 기술숙련이나 자격증을 취득하고 싶다.					
16	나는 수형생활 중 배움의 기회(학과공부)에 참여하여 자격증(졸업장)을 취득하고 싶다.					
17	내가 수형생활 중 일반공장에서 일을 할 수 있다면 기술숙련이나 자격증을 취득하는데 매우 도움이 될 것이다.					

18	나는 수용생활 중 무엇인가를 배워서 출소하고 싶다.					
	※해당칸에 체크(ν)하여 주시기 바랍니다!					
19	나는 기술습득이 필요한 과정이나 훈련에 참여하고 싶은 구체적인 이유가 있다.	(1)취업 (생계)	(2)취미 생활	(3)적성 탐색	(4)수형생활 시간배분	(5) 이유 없다
20	나는 수형생활 중 배움의 기회(학과공부)에 참여하고 싶은 구체적인 이유가 있다.	(1)취업 (생계)	(2)취미 생활	(3)적성 탐색	(4)수형생활 시간배분	(5) 이유 없다
21	나는 취사, 청소, 세탁 등 운영지원작업장에 일을 하고 싶은 구체적인 이유가 있다.	(1)취업 (생계)	(2)취미 생활	(3)적성 탐색	(4)수형생활 시간배분	(5) 이유 없다
22	내가 입소전 직업경력을 활용하여 일반공장에서 일하고 싶은 구체적인 이유가 있다.	(1)취업 (생계)	(2)취미 생활	(3)적성 탐색	(4)수형생활 시간배분	(5) 이유 없다

23. 수형생활 중 참여하고 싶은 프로그램 3가지를 순서대로 선택하세요.

> 1. 범죄성치료 및 질병치료   2. 직업훈련   3. 학과교육   4. 일반공장작업   5. 운영지원작업

① 1순위 (번)   ② 2순위 (번)   ③ 3순위 (번)

상담직원(서명) :   수형자(서명) :

수용생활 계획서

문 항		내 용
1.석방 후 함께 생활할 사람		☐ 가족( ) ☐ 친인척 ☐ 지인 ☐ 해당없음
2.보호자의 인수의사·보호능력		보 호 자: 직업: 접견: 인수의사: 보호능력:
3.석방 후 생활계획 (생계대책 등 구체적으로 기술)		
4.자격증 소지 및 기술 여부		
5.현재 심리(마음) 상태 - 최근 고민(걱정)되는 사항 등		
6.수용기간 중 근로 희망 여부		☐ 희망함 ☐ 희망하지 않음
7.희망처우 여부 (※해당되는 항목에 모두 체크)	교육	☐ 학 과 교 육( ) ☐ 인 성 교 육( ) ☐ 인문학교육 ( ) ☐ 종 교 교 육( ) ☐ 정 서 교 육( ) ※정서교육 : 문화예술교육(원예, 독서, 미술프로그램 등)
	작업 및 직업훈련	☐ 작 업( ) ☐ 직업훈련( )
8.수용생활계획 (※ 본인의 수형생활을 초기, 중기, 후기로 나누어 처우 받고싶은 교육, 작업 등 희망처우에 대하여 구체적으로 작성)	초기	
	중기	
	후기	
9.수용생활에 임하는 각오		

일반 개별처우계획서[   ]

① 인적사항

수용기관		수용번호		성명(성별)		사진
생년월일			형명·형기			
죄 명			형기종료일			

② 개별특성 사항

적성 및 지능검사	※ 지능검사 결과는 열등이하(80)만 작성하고 적성/지능검사 순으로 기재
각종 심리검사	※ 교정심리검사, MMPI, PCL-R, MMSE-K(노인치매 검사), K-GDS(노인 우울증 검사), 성폭력재범위험성평가 결과 특이사항 기재
신체·정신장애/질환	□신체장애(급) □신체질환( ) □정신장애(급) □정신질환( )
특이수용관련	※ 특이수용관련 사항을 체크하고 성폭력사범의 경우 특이사항 작성(고위험군, 이수명령 200시간 초과) □조직 □마약 □관심 □성폭력사범( ) □사회물의 □이수명령(시간) □기타( )
학력 및 직업력	※ 학력/직업력 순으로 작성 학력 / 직업력
기타 참고사항	기본수용급 / REPI등급 / 경비처우급 / 범수/수용횟수 / 기타(개별처우계획서 수립시 참고사항)

기본수용급	REPI등급	경비처우급	범수/수용횟수	기타(개별처우계획서 수립시 참고사항)

③ 수용생활계획서

본인 희망처우	※ 수형자 작성 수용생활 계획서 및 상담결과를 바탕으로 교육, 작업 및 직업훈련에 대하여 본인의 희망처우를 기재
상 담 결 과	※ 교육, 작업·직업훈련에 대한 관찰결과, 출소 후 생활계획 등에 대하여 상담한 결과를 작성
교 육	
작업 및 직업훈련	
출소 후 생활계획 등	

④ 개별처우 계획

교 육 계 획	
작업 및 직업훈련계획	
교정·치료 계획	

집중 개별처우계획서[　　]

	개별처우 목표

① 인적사항

수용기관		수용번호		성명(성별)		사진
생년월일			형명·형기			
죄 명			형기종료일			

② 개별특성 사항

적성 및 지능검사	※ 지능검사 결과는 열등이하(80)만 작성하고 적성/지능검사 순으로 기재
각종 심리검사	※ 교정심리검사, MMPI, PCL-R, MMSE-K(노인치매 검사), K-GDS(노인 우울증 검사), 성폭력재범위험성평가 결과 특이사항 기재
신체·정신장애/질환	□신체장애(급) □신체질환( ) □정신장애(급) □정신질환( )
특이수용관련	※ 특이수용관련 사항을 체크하고 성폭력사범의 경우 특이사항 작성(고위험군, 이수명령 200시간 초과) □조직 □마약 □관심 □성폭력사범( ) □사회물의 □이수명령(시간) □기타( )
학력 및 직업력	※ 학력/직업력 순으로 작성 학력 / 직업력

기타 참고사항	기본수용급	REPI등급	경비처우급	범수/수용횟수	기타(개별처우계획서 수립시 참고사항)

③ 수용생활계획서

본인 희망처우	※ 수형자 작성 수용생활 계획서 및 상담결과를 바탕으로 교육, 작업 및 직업훈련에 대하여 본인의 희망처우를 기재
상 담 결 과	※ 교육, 작업·직업훈련에 대한 관찰결과, 출소 후 생활계획 등에 대하여 상담한 결과를 작성
교 육	
작업 및 직업훈련	
출소 후 생활계획 등	

④ 개별처우 목표

※ ①개별특성사항 중 특이사항, ②수용생활계획서, ③상담결과 순으로 처우방향을 작성

⑤ 개별처우 계획

교 육 계 획	
작업 및 직업훈련계획	
교정·치료 계획	

⑥ 개별처우 내용

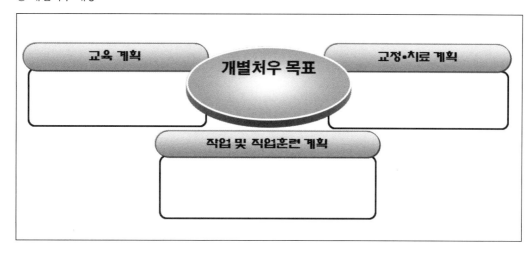

⑦ 개별처우 프로그램

	기결입소 (2014.0.0)	형기 1/3시점 (2014.0.00)	형기 1/2시점 (2015.0.00)	형기 2/3시점 (2015.0.00)	형기 5/6시점 (2016.0.00)	형기 종료 (2017.0.00)
교 육						
작업 및 직업 훈련						
교정·치료						

⑧ 개별처우 계획 이행평가

※ 평가방법 : 재심사 시기별로 각각의 처우내용에 대하여 평가를 실시하고 내용을 작성 (예시 : 미이행, 시작, 완료, 변경)							
		기결입소 (2014.0.0)	1/3 재심사 (2014.0.00)	1/2 재심사 (2015.0.00)	2/3 재심사 (2015.0.00)	5/6 재심사 (2016.0.00)	형기종료 (2017.0.00)
교 육							
작업 및 직업훈련							
교정 · 치료							
이행사항	이행 사항						
	미이행 사 항						
	재심사 반 영 사 항						
처우계획변경 등에 대한 종합 평가	변 경 필요성						
	종합 평가 ※ 수형생활적응도, 교육 및 작업참여도 등에 대한 종합평가를 기재						

※ 굵은글씨는 필수, 검정색 글씨는 선택 프로그램

〈 교정성적채점 순위부 〉

(년   월분)

채점자 확 인	보안담당자	교육 · 작업담당자	수용관리팀장	주무과 확 인	담 당	과 장

순위	작업장	수용번호	성명	소득점수	수형생활태도점수	작업교육점수	경비처우급	비고

【소득점수 채점 방법】

▶ (소득점수 평가자 및 평가 대상자 관리) 수형자의 소득점수를 평가하는 보안직원, 작업(교육)담당, 소득점수 업무담당자 등은 평가 대상 수형자를 전산으로 관리

▶ (교정성적채점 순위부 작성) 작업장별 '교정성적채점 순위부'를 전산으로 관리하고, 수형자의 소득점수 평가와 관련된 기초자료를 조회

▶ (소득점수 평가) 보라미시스템 교정성적채점 순위부에서 수형생활 태도, 작업 또는 교육성적을 채점하고, 평가자는 평가 및 전자결재 후 분류심사과 교정성적 담당자에게 제출

▶ (소득점수 평가 및 통지서 작성) 교정성적 담당자가 제출된 평가결과표를 확정하면 '소득점수 평가 및 통지서'에 자동으로 취합

▶ (소득점수 고지) 별도의 고지절차 없이 작업장 근무자가 개인별로 '소득점수 평가 및 통지서'를 출력하여 통지

교정시설 경비등급별 수형자의 처우 등에 관한 지침

[시행 2024. 7. 1.] [법무부예규 제1340호, 2024. 6. 26., 일부개정.]

제1장 총칙

제1조(목적) 이 지침은 교정시설의 경비등급에 따른 수형자의 처우와 그 시행에 필요한 사항과 「형의 집행 및 수용자의 처우에 관한 법률 시행규칙」 제93조 제3항에서 위임한 사항을 규정함을 목적으로 한다.

제2조(시설구분) 교정시설은 도주방지 등을 위한 수용설비 및 계호의 정도(이하 "경비등급"이라 한다)에 따라 개방시설, 완화경비시설, 일반경비시설, 중(重)경비시설로 구분한다. 다만, 동일한 교정시설이라도 구획을 정하여 경비등급을 달리 할 수 있다.

제3조(구분수용) ① 교정시설은 경비등급에 따라 해당 경비처우급 수형자를 구분수용 한다. 다만, 처우상 특히 필요하거나 시설의 여건상 부득이한 경우, 또는 「수용구분 및 이송·기록 등에 관한 지침」 등에 따른 사유가 있는 경우에는 경비처우급이 다른 수형자를 함께 수용하여 처우할 수 있다.

② 경비등급에 따른 구분수용은 기본수용급·경비처우급별 분류수용을 기준으로 한다.

제4조(수형자 처우의 원칙) 개방처우급·완화경비처우급 수형자는 자율과 책임의식 함양 및 사회복귀지원을 위한 처우를 중점으로 하고, 일반경비처우급·중(重)경비처우급 수형자는 준법정신 함양을 위한 엄정한 형집행에 따른 처우를 원칙으로 한다.

제5조(경비등급별 처우 기준) ① 소장은 수형자를 개방처우급, 완화경비처우급, 일반경비처우급, 중경비처우급으로 분류하여 단계별로 처우하며, 경비등급별 수형자의 처우 기준은 [별표 1]과 같다.

② 경비등급에 따른 단계별 처우에 있어서 개방시설·완화경비시설 등의 경우에는 처우환경 및 사회적응능력 배양에 중점을 둔 차별화된 처우를 실시하며, 자율적 활동을 보장하여 수형자 스스로 동기를 부여할 수 있도록 한다.

③ 경비등급별 수용 및 처우의 원칙은 다음 각 호와 같다.

1. 개방시설은 사회적응을 위한 수용생활이 필요한 자 등을 수용하며 사회복귀를 위한 자기계발을 확대하고 사회와 유사한 수용생활 처우를 중점으로 실시한다.

2. 완화경비시설은 사회복귀를 위한 수용생활이 필요한 자 등을 수용하며 자율과 책임의식 함양을 위한 처우를 중점으로 실시한다.

3. 일반경비시설은 시설내 생활적응을 위한 수용생활이 필요한 자 등을 수용하며 근로의욕·근로습관 고취 및 올바른 가치관을 함양할 수 있는 처우를 중점으로 실시한다.

4. 중경비시설은 상습징벌자 등 수용관리에 특별한 주의를 요하는 자 등을 수용하며 상담 등을 통한 성격적 결함을 제거하고 준법의식을 고취하는 처우를 중점으로 실시한다.

제6조(개방시설 및 중경비시설의 지정) 개방시설 및 중경비시설은 각 지방교정청별로 따로 지정하여 운영할 수 있다. 다만 필요한 경우에는 완화경비시설 또는 일반경비시설 내의 일부 구획을 정하여 개방처우수용동 또는 중(重)경비수용동으로 지정하여 운영할 수 있다.

제7조(경비등급 혼용지정) ① 완화경비시설의 경우 시설 내의 일부 수용동을 정하여 일반경비처우급 수형자를 수용할 수 있다.

② 일반경비시설의 경우 시설 내의 일부 수용동을 정하여 개방처우급·완화경비처우급 수형자를 수용할 수 있다.

③ 소장은 같은 교정시설 내에 경비등급이 혼용되어 지정된 경우 구획을 정하여 경비처우급별로 구분 수용함을 원칙으로 한다.

④ 소장은 경비등급 기준에 맞지 않는 수형자를 작업 등의 사유로 이송 미이행 보고를 한 경우에는 해당 분야에 작업을 지정하여야 한다.

제8조(경비등급별 수용구분 및 시설 기준) ① 경비등급별 교정기관 수용구분은 「수용구분 및 이송·기록 등에 관한 지침」과 같다.

② 경비등급별 교정시설 기준은 「법무시설 기준규칙」에 따른다.

제9조(다목적실 등 설치) ① 개방시설 및 완화경비시설에는 수형자의 처우 향상을 위하여 다목적실을 설치하고 수용생활에 필요한 생활기구 등을 비치하여 사용하게 할 수 있다.

② 개방시설·완화경비시설에는 시설 여건에 따라 수형자의 취미활동과 사회복귀지원 등을 위한 휴게실, 독서실, 텔레비전 시청실, 취미활동실 등의 복지시설을 설치 할 수 있다.

제10조(수용시설 쇠창살 설치 등) 개방시설 또는 완화경비시설의 개방처우 구획의 경우에는 수용거실에 쇠창살을 설치하지 않을 수 있다.

제11조(공동식사) 소장은 개방시설 및 완화경비시설에 공동식당을 설치하여 수형자에게 공동식사를 하게 할 수 있다.

제3장 수형자의 처우

제1절 〈삭제〉

제12조 〈삭제〉

제13조 〈삭제〉

제2절 〈삭제〉

제14조 〈삭제〉

제15조 〈삭제〉

제16조 〈삭제〉

제3절 전화

제17조 〈삭제〉

제18조(전화통화) ① 소장은 개방처우급 수형자에 대하여 시행규칙 제26조에 따라 「국가공무원 복무규정」 제

9조에 따른 근무시간 외 및 공휴일에 전화이용시간을 따로 정할 수 있고, 시행규칙 제90조에 따라 전화통화 허용횟수를 증가하여 허가 할 수 있다.

② 소장은 완화경비처우급인 자치생활 수형자에게도 제1항을 준용할 수 있다.

제4절 운동

제19조(운동시간) ① 소장은 시행령 제49조에 따라 「수용관리 및 계호업무 등에 관한 지침」 제308조에도 불구하고 개방처우급 수형자에게 매일 1시간 이내의 실외운동을 실시하게 할 수 있다.

② 소장은 완화경비처우급 자치생활 수형자에게도 제1항을 준용할 수 있다.

제5절 텔레비전의 시청

제20조(텔레비전 시청) ① 경비처우급에 따라 수형자의 텔레비전 시청 방법은 다음 각 호로 구분한다.

1. 개방처우급 : 교화방송 시청 또는 지상파방송 자율시청
2. 완화경비처우급 : 교화방송 시청 원칙, 필요시 지상파방송 자율시청 가능
3. 일반경비처우급 : 교화방송 시청
4. 중(重)경비처우급 : 교화방송 시청 가능

② 다만, 소장은 제1항에도 불구하고 자치생활 수형자에게는 그 기준을 달리 정할 수 있다.

제6절 〈삭제〉

제21조 〈삭제〉

제22조 〈삭제〉

제7절 자치생활

제23조(자치생활) ① 소장은 개방처우급·완화경비처우급 수형자에게 자치생활을 허가할 수 있다.

② 수형자의 자치생활에 관한 사항은 「시행규칙」 제86조 및 「분류처우업무지침」 제5장 제2절 '자치제'에 의한다.

제24조(자치생활 환경조성) 소장은 자치생활 수형자의 처우향상·자치생활환경 조성을 위하여 자치생활 수형자에 대하여 제9조 및 제11조를 준용할 수 있다.

제8절 교육 및 교화프로그램

제25조(도서실 및 열람실 자율이용) 소장은 개방처우급 수형자 또는 자치생활 허가 대상 수형자에게 도서실 및 도서실에 부속된 열람실의 자율이용을 허가할 수 있다.

제26조(자율학습실 이용) 소장은 개방시설·완화경비시설에 전문 자격증 취득 등을 위한 자율학습실을 설치할 수 있으며 개방처우급·완화경비처우급의 수형자에게 자율학습실 이용을 허가 할 수 있다.

제27조(사회체험시설 이용) ① 소장은 개방시설에 수형자 사회복귀지원을 위한 사회체험시설을 설치하고 개방시설에 수용중인 수형자에 대하여 사회체험시설 이용을 허가 할 수 있다.

② 사회체험시설은 제9조 제2항의 복지시설로 대체하여 운영 할 수 있다.

제28조 〈삭제〉

제9절 사회적 처우

제29조 〈삭제〉

제30조 〈삭제〉

제31조(가족만남의 날 행사) 경비처우급에 따른 수형자의 가족만남의 날 행사 허가 범위는 다음 각 호와 같다.

1. 개방처우급 · 완화경비처우급 : 허가

2. 일반경비처우급 : 교화상 특히 필요한 경우에 허가

3. 중경비처우급 : 불허

제32조(가족만남의 집 이용) 경비처우급에 따른 수형자의 가족만남의 집 이용 허가 범위는 다음 각 호와 같다.

1. 개방처우급 · 완화경비처우급 : 허가

2. 일반경비처우급 : 교화상 특히 필요한 경우에 허가

3. 중경비처우급 : 불허

제33조(중간처우 시설 이용) 개방처우급 · 완화경비처우급 수형자 중 제39조의 중간처우대상자 선정기준에 따라 중간처우대상자로 선정된 경우에는 중간처우 운영기관에 이송하여 사회적 처우를 실시 할 수 있다.

제34조(외부 종교행사 등 참석) 수형자의 경비처우급에 따라 수형자 자신이 신봉하는 종교에 대하여 외부 종교행사 참석 또는 연극, 영화, 그 밖의 문화공연 관람의 참석 허가 범위는 [별표 1]의 사회적 처우기준과 같다.

제10절 작업 및 직업훈련

제35조(외부 출 · 퇴근작업) 소장은 필요시 외부통근작업장의 개방처우급 · 완화경비처우급 수형자에 대해서 직원의 동행 없는 외부기업체 출 · 퇴근 작업을 허가할 수 있다.

제36조(외부출장직업훈련) 소장은 개방처우급 · 완화경비처우급 수형자에 대하여 직원의 동행없이 직업능력 향상을 위하여 특히 필요한 경우에는 교정시설 외부의 공공기관 등에서 직업훈련을 받게 할 수 있다.

제37조(작업) 경비처우급에 따른 작업기준은 시행규칙 제74조 제2항과 같다.

제38조(직업훈련) 경비처우급별 직업훈련 기준은 다음 각 호와 같다.

1. 개방처우급 : 외부출장직업훈련 및 개방지역직업훈련

2. 완화경비처우급 : 개방지역직업훈련 및 필요시 외부출장직업훈련

3. 일반경비처우급 : 구내직업훈련 및 필요시 개방지역직업훈련

4. 중경비처우급 : 없음

제4장 중간처우

제1절 중간처우대상자 선정 및 이송 등

제39조(중간처우대상자 선정기준) ① 중간처우시설(교정시설에 설치된 개방시설 또는 지역사회에 설치된 개방시설) 수용 대상자 선정시 고려되는 사항은 다음 각 호와 같다.

1. 경비처우급

2. 도주 및 재범가능성

3. 연령, 건강, 정신상태 등을 고려한 작업 또는 교육훈련 감당 여부

4. 가석방 가능성

5. 형기종료일까지의 기간(남은형기)

6. 그 밖에 [별표 2], [별표 3]에서 정한 요건

② 여자수형자에 대한 중간처우대상자 선정기준은 시설의 특성을 고려하여 제1항을 준용할 수 있다.

③ 조직폭력사범, 마약류사범, 추천 기준일 현재 1년 이내 징벌자, 직업훈련생, 교육생 등은 중간처우 대상자 선정에서 제외한다. 다만, 직업훈련생, 교육생이 훈련 또는 교육기간의 종료가 예정된 자가 희망하는 경우에는 예외로 한다.

제40조(중간처우대상자 선정 및 이송) ① 각 교정기관에서 중간처우대상자를 추천하는 경우에는 [별지 제1호서식]의 신상조사표, [별지 제2호서식]의 추천대상자 명단을 작성한다.

② 중간처우시설 운영기관의 장은 제1항에 따른 중간처우 추천 대상자의 선정기준 적정성을 확인하기 위해 필요시 화상면접 등을 실시할 수 있다.

③ 중간처우대상자의 선정 및 이송절차는 [별표 5]와 같다.

제41조(운영지원작업 취업자 선정기준) 〈삭제〉

제42조(운영지원 작업자 선정 및 이송) 〈삭제〉

제2절 중간처우대상자 선정 취소

제43조(선정 취소사유) 중간처우대상자의 중간처우 선정 취소사유는 다음 각 호와 같다.

1. 징벌이 의결된 경우

2. 규율 위반의 정도가 중하여 중간처우대상자로 처우하는 것이 적당하지 않다고 인정되는 경우

3. 교육 · 훈련 및 작업 태도가 불량한 경우

4. 교육 · 훈련 및 작업을 감당하기 어려운 질환 또는 정서적 불안정이 발견된 경우

5. 선정기준에 맞지 않음이 발견된 경우

6. 다른 사람에게 나쁜 영향을 줄 우려가 있는 경우

7. 심리적 불안정 등의 사유로 중간처우대상자로 처우하는 것이 적당하지 않다고 인정되는 경우

제44조(선정취소) 중간처우대상 수형자가 제43조 선정 취소사유의 어느 하나에 해당하는 경우에는 분류처우위원회(임시분류처우위원회 포함)의 의결을 거쳐 그 선정을 취소할 수 있다.

제45조(수용 및 이송) ① 중간처우대상자 선정 취소사유가 발생한 경우에는 구내 시설에 수용한다.

② 중간처우대상자 선정이 취소된 경우에는 일반수형자로 처우하며 지체 없이 법무부장관에게 보고한 후 이송을 신청한다. 다만, 소장은 대상자의 형기종료 예정일 등을 고려하여 이송신청을 하지 아니할 수 있다.

③ 제2항에 따라 이송신청이 의뢰된 경우에는 원래 소속 교도소 등으로 이송하여야 한다. 다만, 본인에게 책임이 있는 경우에는 원래 소속이 아닌 다른 교도소 등으로 이송할 수 있다.

제5장 안전과 질서
제1절 계호 방법

제46조(거실 및 수용동의 출입문 개방) ① 소장은 개방시설의 거실 및 수용동의 출입문을 잠그지 아니한다. 다만, 시설의 안전과 질서유지를 위하여 필요하다고 인정하는 경우에는 그러하지 아니하다.

② 제1항에 따른 수용동출입문의 경우 일과 종료 시부터 일과시작 시까지는 개방하지 아니한다.

③ 제7조 제3항에 따라 구획지정을 운영하는 기관의 자치생활 수형자에 대한 거실 출입문 관리는 제1항 및 제2항을 준용할 수 있다.

제47조(자율보행) ① 소장은 개방시설의 수형자에게 교도관의 계호 없이 주간에 구내시설 내에서 자율보행을 허가할 수 있다. 다만, 야간의 경우에는 수용동 내로 한정한다.

② 소장은 자치생활 대상 수형자에게 교도관의 계호 없이 주간에 일정구역 내에서 접견, 전화, 소규모 종교행사 참석, 의료과 진료 등을 위하여 자율보행을 허가할 수 있다. 〈삭제〉

③ 〈삭제〉

④ 소장은 개방처우급·완화경비처우급의 자치생활 수형자가 식사·접견·운동·교육·작업 등을 위하여 구내를 이동할 경우 교도관의 계호 없이 보행하게 할 수 있고, 구내보행 시에는 자치생활 수형자 중 책임자를 지정하여 인솔하게 하여야 한다.

제48조(계호 방법) 교정시설 경비등급별 계호방법에 대하여 제46조 및 제47조 외에는 「수용관리 및 계호업무 등에 관한 지침」 제5장 '교정시설 경비등급별 계호 방법'에 의한다.

제2절 규율위반

제49조(규율위반자 조치) ① 소장은 수형자가 규율을 위반한 경우에는 분류처우위원회의 의결을 거쳐 규율위반 수형자의 경비처우급을 하향 조정할 수 있다.

② 소장은 경비처우급이 조정된 수형자를 해당 경비등급 시설로 이송하기 위해 수형자의 이송을 신청하여야 한다.

제50조(교정사고 관련 수형자 조치) 개방처우급·완화경비처우급 수형자의 교정사고는 해당 수형자의 자율적 행위에 비례하여 징벌 및 처우상 불이익을 부과할 수 있다.

제51조(재검토 기한) 법무부장관은 이 예규에 대하여 2024년 1월 1일을 기준으로 매 3년이 되는 시점(매 3년째의 12월 31일까지를 말한다)마다 그 타당성을 검토하여 개선 등의 조치를 하여야 한다.

　부칙 〈제1340호, 2024. 6. 26.〉

제1조(시행일) 이 지침은 2024년 7월 1일부터 시행한다.

경비등급별 수형자 처우 기준

□ 교육 · 교화 처우 기준

구분 \ 등급별	개방처우급	완화경비처우급	일반경비처우급	重경비처우급
도서실 이용	자율 이용	필요시 이용	불허	불허
자율학습실 이용	이용 가능	필요시 이용	불허	불허
집중인성교육	필수교육	필수교육	필수교육	필수교육
텔레비전 시청	교화방송 시청 또는 지상파방송 자율시청	교화방송 시청 원칙, 필요시 지상파방송 자율시청	교화방송 시청	교화방송 시청 가능
자기사진 촬영 · 송부	연2회 이내 (시험응시 등은 예외)	필요시 연1회 (시험응시 등은 예외)	특히 필요시 (시험응시 등은 예외)	특히 필요시 (시험응시 등은 예외)
취미 · 특기 활동	자율활동	허가	필요시 허가	필요시 허가
연극, 문화 공연 관람	허가	허가	허가	제한적 허가

□ 사회적 처우 기준

구분 \ 등급별	개방처우급	완화경비처우급	일반경비처우급	重경비처우급
일반귀휴	허가	허가	특히 필요시 허가	불허
사회견학	허가	허가	특히 필요시 허가	불허
봉사활동	허가	허가	특히 필요시 허가	불허
가족만남의 날	허가	허가	특히 필요시 허가	불허
가족만남의 집	허가	허가	특히 필요시 허가	불허
외부종교행사 참석	허가	허가	특히 필요시 허가	불허
외부연극, 문화 공연 관람	필요시 허가	필요시 허가	특히 필요시 허가	불허

가석방 가능자의 중간처우대상자 추천 및 선정기준(제39조 관련)

구 분	교정시설에 설치된 개방시설		지역사회에 설치된 개방시설 (희망센터)
	개방교도소 또는 여성 소망의집	남성 소망의 집	
경비처우급	S1급 또는 S2급		S1급 원칙 (필요시 S2급 가능)
범죄 횟수	3범 이하		1범
형 기	형기 2년 이상		
수용생활태도	▶ 도주의 우려가 없고, 재범위험성이 낮다고 판단되는 자 ▶ 작업(교육)을 감당할 수 있는 자		
가석방예정일까지의 수용기간	3개월 이상 2년 6개월 미만	3개월 이상 1년 6개월 미만	
취업·창업 희망 여부	취업 및 창업 희망자 등		
재추천 여부	재추천 가능		

※ 교정시설에 설치된 개방시설 : 천안개방교도소(시행규칙 제93조 제1항), 소망의 집(시행규칙 제93조 제1항, 제3항)
※ 지역사회에 설치된 개방시설 : 희망센터(시행규칙 제93조 제2항)

형기종료예정자의 중간처우대상자 추천 및 선정기준(제39조 관련)

구 분	교정시설에 설치된 개방시설		지역사회에 설치된 개방시설 (희망센터)
	개방교도소 또는 여성 소망의집	남성 소망의 집	
경비처우급	S1급 원칙(필요시 S2급 가능)		S1급
범죄 횟수	3범 이하		1범
형 기	형기 2년 이상		
수용생활태도	▶ 도주의 우려가 없고, 재범위험성이 낮다고 판단되는 자 ▶ 작업(교육)을 감당할 수 있는 자		
남은형기	3개월 이상 2년 6개월 미만	3개월 이상 1년 6개월 미만	
취업·창업 희망 여부	취업 및 창업 희망자 등		

중간처우대상자 선정 및 취소 절차 등

〈중간처우대상자 선정 및 이송 절차〉

각 기관 분류심사과		각 기관 분류심사과		각 지방청 분류센터	
수형자 면담 및 추천자 확정	⇒	지방청 분류센터에 대상자 보고 (명단, 신상조사표, 경비처우급 변경자 명단)	⇒	대상자 자료 검토 및 확정	⇒

각 지방청 분류센터		본부(분류심사과)		일선 해당기관
본부 분류심사과에 즉시 이송신청	⇒	선정심사 · 확정 (사회복귀과 통보) 및 이송 의뢰(보안과)	⇒	이송지시(보안과) 및 대상자 이송

〈지역사회에 설치된 개방시설 대상자 선정 및 이송 절차〉

희망센터 운영기관		본부 분류심사과		지역사회내 개방시설
대상자 추천(필요시 관련업체 면접) 및 대상자 이송의뢰 (본부 분류심사과)	⇒	선정심사 · 확정, 자체충원시달/ 본부 보안과 이송의뢰	⇒	이송 지시 (본부 보안과) 및 대상자 이송

〈중간처우대상자 등 선정 취소 및 이송 절차〉

중간처우시설		중간처우시설		본부 분류심사과
중간처우대상자 선정취소 (분류처우위원회/ 임시분류처우위원회)	⇒	중간처우대상자 선정취소 보고 (본부 사회복귀과/ 분류심사과)	⇒	선정취소 대상자 이송 의뢰 및 통보 (본부 보안과/사회복귀과)

중간처우 추천 대상자 신상조사표

NO 1   OO교도소

1. 인적사항

성 명	OOO	생년월일 (연령)	0000. 0. 0. (만 00세)	심사유형	

2. 수용정보

죄 명		형 명 형 기		범죄횟수	2범
집행기간	0. 0. 00.(00.0%)	잔 형 기 간	0. 0. 00.(00.0%)	미결통산일	000일
형 기 기산일	0000. 0. 00.	형 기 종료일	0000. 0. 00.	가석방 기준일	0000. 0. 00.
경 비 처우급	중경비처우급(S4)□ 일반경비처우급(S3)□ 완화경비처우급(S2)□ 개방처우급(S1)□ 평가연월일 : 2021. 0. 00.				
재 범 위험성	매우높음(R5)□ 높음(R4)□ 보통수준(R3)□ 낮음(R2)□ 매우낮음(R1)□ 평가연월일 : 2024. 0. 00.				

3. 수용생활

작업 및 직업훈련	OO작업(20. 0. 0.) 총 작업기간 : 0년 0개월
교육 및 교화 프로그램	심리치료 프로그램 기본과정(00. 0. 00. ~ 00. 0. 0./총 00시간) 집중인성교육 수료(00. 0. 0. ~ 00. 0. 00./총 00시간)
규율위반	징벌사항 작성
건강 및 심리상태	건강상태를 고려한 작업 가능여부, 외부병원 정기 진료 필요여부 등 작성
완화요건	해 당 사 항 없 음
교도관 의 견	상담 및 신상정보 등을 바탕으로 도주 및 교정사고 위험성에 대한 의견 및 중간처우에 적합하다고 판단되는지 여부 등 의견 작성

4. 개인신상

성장과정 및 가정환경	
경력사항	판매업(2000년 0월 ~ 2000년 0월)

5. 범죄관련사항

범죄개요	○ 일 시 : ○ 장 소 : ○ 범죄내용: ○ 피해내용:	
피해회복 및 피해자감정	① 미합의, 피해회복 이루어지지 않음[判] ② 00억 지급, 엄벌 탄원[判]	
공범관계	없음	
범죄경력	벌금 0건	

6. 보호사항

	관계	성 명	연령	직업	접견횟수	전화횟수	비고
보호관계	부						
	모						
보호자	OOO( ) 00세, (주소) 서울시 ~~~~ ☎ 010-0000-0000( )						
석방 후 생활계획							
보호관찰의견							
지방교정청 의 견	선정		이유				

분류센터 운영지침

[시행 2025. 4. 1.] [법무부예규 제1367호, 2025. 3. 25., 일부개정.]

제1장 총칙

제1조(목적) 이 지침은 「형의 집행 및 수용자의 처우에 관한 법률」제61조 및 같은 법 시행령 제86조에 따라 고위험군 수형자의 정밀분류심사 등을 전담하는 교정시설(이하 "분류센터"라 한다)의 운영에 관한 사항을 규정한다.

제2조(정의) 이 지침에서 사용하고 있는 용어의 뜻은 다음과 같다.

1. "고위험군 수형자"란 동종(同種) 범죄의 재범위험성이 높고 사회적 피해가 큰 범죄를 범하여 교정시설에 수용된 수형자를 말한다.

2. "분류센터"란 고위험군 수형자를 과학적으로 분류하기 위한 지방교정청 별 분류심사 전담 시설을 말한다.

3. "정밀 분류심사"란 "분류센터"에서 수형자의 범죄적, 개별적 특성을 면밀히 분석하기 위해 실시하는 분류심사를 말한다.

4. "일반 분류심사"란 분류센터를 제외한 교정시설에서 수형자의 기본적인 처우등급 판정과 개별처우계획을 수립하는 분류심사를 말한다.

5. "관계기관"이란 검찰청, 경찰청, 보호관찰소, 한국법무보호복지공단 등 수형자의 재범방지 및 원조와 관련된 기관을 말한다.

6. "수형자 다면적 평가(이하 "다면적 평가"라 한다)란 고위험군 수형자의 범죄 위험성과 재범가능성, 범죄를 유발할 수 있는 위험요인을 평가하기 위하여 수형자 개인에 대하여 다면적이고 종합적으로 실시하는 평가를 말한다.

7. "다면적 평가 사례회의(이하 "사례회의"라 한다)"란 수형자에 대한 다면적 평가, 심층 심리평가 등을 통하여 고위험군의 위험성을 평가하는 사례들을 논의하는 회의를 말한다.

8. "위험성 수준"이란 고위험군 수형자의 범죄의 위험성과 재범가능성을 완화시키기 위한 교정처우의 개입 수준을 말한다.

제3조(준용규정) 이 지침에서 규정하지 않은 정밀 분류심사 등에 관한 사항은 「분류처우 업무지침」을 준용한다.

제2장 분류센터 구성 및 업무

제1절 분류센터 구성

제4조(전담직원 구성) ① 분류센터에는 고위험군 수형자의 체계적이고 과학적인 분류심사를 위하여 전담직원을 둔다.

② 제1항의 전담직원은 분류심사 경력자, 상담 및 임상심리 자격을 갖추거나 심리학 등의 관련 학과를 전공한 직원 등으로 구성한다.

제5조(직무교육) 지방교정청장은 분류센터 전담직원의 직무교육을 위하여 법무연수원 교육과정에 우선적으로 추천할 수 있으며, 전문교육기관에서 실시하는 상담, 심리검사 등 관련 교육(외부기관 위탁교육 포함)을 받게 할 수 있다.

제2절 분류센터 업무

제6조(다면적 평가) ① 분류센터장은 분류센터 심사대상자의 다면적 평가를 위하여 다음 각 호의 사항을 심사한다.

1. 경제수준, 가족관계 등 일반적으로 재범을 예측하는 데 공통 적용되는 요인

2. 살인, 성폭력 등 범죄유형별 재범위험성 평가 요인과 관련된 사항

3. 범죄적 사고 등 범죄유발요인 관련 사항

4. 프로그램 참여 능력, 동기 수준 등 수형자 개별처우 계획 수립에 관한 사항

5. 그 밖에 사회안전 및 재범의 위험성 평가에 관한 사항

② 제1항에 따른 다면적 평가는 신입심사 시와 석방 전에 실시한다.

제7조(재범위험성 평가) 분류센터장은 범죄의 위험성과 재범위험성을 평가하기 위해 다음 각 호의 평가도구를 활용할 수 있다.

1. 성폭력사범 재범위험성 평가도구

2. 폭력 고위험군 평가도구

3. 반사회적 인격 및 성격장애 선별도구

4. 수형자 다면적 평가 도구

5. 그 밖에 범죄 유형별 특성에 따른 재범위험성 평가도구

제7조의2(다면적 평가 사례회의 운영) ① 분류센터장은 수형자의 안정된 수용생활과 재범 방지를 목적으로 정밀 분류심사 업무의 전문성과 실효성을 향상시키기 위하여 고위험군의 다면적 평가 등 재범위험성 평가 관련 사례회의를 실시할 수 있다.

② 분류센터장은 정기적으로 사례회의를 개최할 수 있고, 이 경우 필요시 외부전문가를 초빙하여 실시할 수 있다.

③ 분류센터장은 사례회의 자료가 외부로 유출되지 않도록 하여야 한다.

제8조(평가도구 및 분류심사 기법 연구 · 개발) 분류센터장은 재범위험성을 효과적으로 평가하기 위하여 평가도구 및 분류심사 기법을 연구 · 개발할 수 있다.

제9조(교육 및 지도점검) ① 분류센터장은 법무연수원의 분류심사 관련 교육과정 운영을 위한 요청이 있는 경우 적극 협조하여야 한다.

② 분류센터장은 지방교정청 관할기관에서 실시하는 분류심사 등 분류처우 업무 전반에 대한 교육 및 지도점검을 할 수 있다.

제10조(재범위험성 완화를 위한 교육 실시) ① 분류센터장은 분류센터 심사대상자의 재범위험성 완화를 위하여 별도의 교육과정을 운영할 수 있다.

② 제1항에 따라 별도의 교육과정을 운영하는 경우 예산의 범위에서 외부강사 수당 및 교육에 소요된 재료비

를 지급할 수 있다.

제10조의2(처우 효과성 조사 등) ① 분류센터장은 분류센터 심사대상자의 재범위험성을 완화하기 위하여 분류센터에서 실시하는 교육 또는 분류심사 과정의 효과성을 조사할 수 있다.

② 분류센터장은 고위험군 수형자를 대상으로 수용생활 중의 교정·처우 프로그램 효과성 등을 조사할 수 있다.

제3장 업무절차 및 심사대상

제11조(분류센터의 운영) ① 분류센터는 지방교정청 별로 1개소 이상 설치하여 운영한다.

② 삭제

③ 삭제

④ 삭제

제12조(분류센터 심사 대상자 선정 기준) ① 분류센터 심사 대상자는 다음 각 호의 범죄로 징역 2년 이상의 형을 선고받아 그 형이 확정되어 정밀 분류심사 및 다면적 평가가 필요하다고 인정되는 자를 대상으로 하며, 구체적인 대상 범죄 유형은 [별표 1]과 같다.

1. 살인 관련 범죄
2. 성폭력 관련 범죄
3. 방화 관련 범죄
4. 폭력 관련 범죄
5. 마약 관련 범죄

② 분류센터장은 제1항 외에 정밀 분류심사 및 다면적 평가가 필요하다고 인정되는 다음 각 호의 수형자를 분류센터 심사 대상자로 선정 할 수 있다.

1. 약취, 유인 및 인신매매, 스토킹 범죄 등 사회적으로 미치는 영향이 큰 범죄를 저지른 수형자로, 분류센터 심사가 필요하다고 인정되는 자
2. 절도, 사기 등 제1항 외의 죄명으로 형이 확정된 수형자 중 범죄전력 등을 검토하여 고위험군 범죄자로 진전될 가능성이 있는 수형자

제13조(심사대상 제외자) ① 제12조의 분류센터 심사 대상자 선정기준에 부합되는 자 중 다음 각 호의 어느 하나에 해당되는 경우에는 대상자 선정에서 제외하며, 구체적인 제외 대상자 유형은 [별표 2]와 같다.

1. 「형의 집행 및 수용자의 처우에 관한 법률 시행령」(이하 "시행령"이라 한다) 제81조에 따른 노인수형자, 장애인수형자, 외국인수형자
2. 삭제
3. 「형의 집행 및 수용자의 처우에 관한 법률 시행규칙」(이하 "시행규칙"이라 한다) 제199조에 따라 조직폭력수용자로 지정된 수형자
4. 형기종료일까지 기간이 1년 미만인 자

② 분류센터의 장은 제1항에도 불구하고 정밀분류심사 및 다면적 평가가 필요하다고 인정되는 경우에는 심사대상자로 선정할 수 있다.

③ 〈삭제〉

제13조의2(거부자 및 유예자 관리) ① 분류센터장은 수형자가 정밀분류심사를 거부하는 경우 수용기관에서 「분류처우 업무지침」 제28조에 따라 일반 분류심사를 받게 할 수 있다.

② 제1항에 따라 정밀분류심사를 거부하여 수용기관에서 일반 분류심사를 받은 경우, 분류센터장은 제28조에 따라 집중개별처우계획을 수립하여야 한다. 이 경우 필요시 다면적 평가 등 재범위험성 평가를 할 수 있다.

③ 「분류처우 업무지침」제9조에 따른 분류심사 유예자는 유예 사유가 종료된 후 필요한 경우 정밀분류심사를 실시할 수 있다.

제14조(분류센터 심사대상자 선정) ① 분류센터장은 형이 확정된 자 중 제12조에 따른 분류센터 심사 대상자 선정 기준 및 죄질, 형기, 분류센터 운영상황 등을 고려하여 분류센터 심사 대상자를 선정한다.

② 분류센터장은 고위험군 수형자의 '위험성수준' 재평가를 위하여 필요한 경우 분류센터 심사 대상자로 선정할 수 있다.

③ 교정시설의 장은 분류센터에서 정밀 분류심사가 필요하다고 인정되는 수형자가 있는 경우 관할 지방교정청 분류센터장에게 정밀 분류심사를 의뢰할 수 있다.

제15조(심사 방법) ① 제14조에 따라 선정된 심사대상자를 수용하고 있는 교정시설의 장(이하 "수용시설의 장"이라고 한다)은 정밀분류심사를 위한 사전 안내교육을 하여야 한다.

② 분류센터장은 심사대상자의 정밀분류심사를 위해 수용시설을 방문하여 심층평가 등을 실시한다. 다만, 제24조제1항에 따른 인성, 지능, 적성검사 등은 수용시설의 장의 협조를 받아 수용시설에서 실시하게 할 수 있다.

③ 교정시설의 장은 제2항의 업무수행을 위해 분류센터의 장이 분류조사 자료 제출 또는 검사 장소의 제공을 요청하는 경우 특별한 사유가 없으면 이에 따라야 한다.

④ 삭제

제16조(정밀분류심사 부적합자 취소조치 등) ① 분류센터 심사대상자가 다음 각 호의 어느 하나에 해당되는 경우에는 제13조제2항 및 제13조의2제3항에도 불구하고 그 선정을 취소할 수 있다.

1. 질병의 치료 또는 정신과 진료가 필요한 경우
2. 징벌 등으로 인하여 분류심사가 유예된 경우
3. 그 밖에 분류심사가 불가능한 경우

② 제1항에 따라 대상자 선정을 취소할 경우 해당 사항을 부적합 처리하여 해당기관에 통보하여야 한다.

③ 삭제

제17조(정밀 분류심사 완료자 이송) ① 분류센터 정밀 분류심사 완료자의 이송 절차는 다음 각 호와 같다.

1. 지방교정청장은 재범위험성평가위원회 의결일로부터 7일 이내에 [별지 제4호 서식]에 따라 법무부장관에게 이송신청서 제출
2. 제1호 외 절차는 「수용구분 및 이송·기록 등에 관한 지침」제61조의 '형 확정된 일반사범의 조절 이송 절차' 준용

② 삭제

제4장 정밀 분류심사
제1절 개별상담 및 행동관찰

제18조(개별상담 등) ① 분류센터장은 분류센터 심사대상자의 효율적인 정밀 분류심사를 위하여 개별상담을 실시한다.

② 삭제

제19조(행동관찰) 수용시설의 장은 분류센터 심사대상자의 이송, 조사, 징벌사항 등 특이동정이 있는 경우 분

류센터장에게 통보하여야 한다.

제2절 분류심사

제20조(심사관할) ① 분류센터장은 분류센터 심사대상자에 대하여 신입심사를 실시한다.

② 신입심사가 완료된 분류센터 심사대상자가 「분류처우 업무지침」제32조제1항 각 호의 어느 하나에 해당되는 경우 해당 교정시설의 장은 부정기 재심사를 실시한다.

제21조(심사기간) ① 신입심사는 형집행지휘서를 접수한 달의 다음달 재범위험성평가위원회 개최일 전일까지 완료하여야 한다.

② 분류센터장은 제1항에도 불구하고 분류센터 심사대상자의 심리분석 등을 위하여 필요한 경우 심사기간을 연장할 수 있다.

제22조(심사사항) 정밀 분류심사 사항은 다음 각 호와 같다.

1. 다면적 평가 및 처우방안 수립에 필요한 사항
2. 범죄 유형별 범죄 원인의 진단에 필요한 사항
3. 「분류처우 업무지침」제29조에 따른 분류심사 사항

제22조의2(경비처우급의 고지) ① 제22조제3호에 따른 처우등급이 결정된 경우 분류센터장은 경비처우급 고지 대상자 명단을 해당 수용시설에 통보하여야 한다.

② 수용시설의 장은 제1항의 따른 경비처우급을 해당 수형자에게 고지하고 처우등급이 반영된 수형자 번호표를 지급하여야 한다.

제3절 분류조사 및 검사

제23조(분류조사) ① 분류센터장은 분류센터 심사대상자와 개별상담을 하거나 관계기관에 사실조회를 의뢰하는 등의 방법으로 시행규칙 제69조제1항 각 호의 사항을 조사한다.

② 분류센터장은 분류센터 심사대상자의 행동관찰 결과를 조사사항에 반영할 수 있다.

제24조(분류검사) ① 분류센터장은 범죄의 유형 및 수형자의 특성을 고려하여 인성·지능검사 및 적성검사 등 분류검사를 실시한다.

② 분류센터장은 제1항의 분류검사를 위해 필요한 경우 제38조에 따른 외부전문위원 또는 법 제59조제4항에 따른 외부전문가에게 심리검사 등을 실시하게 할 수 있다.

제25조(인성검사 잠정 특이자 지정) ① 분류센터장은 분류센터 심사대상자에게 교정심리검사를 실시한 결과 「분류처우 업무지침」제44조제1항에 따른 인성검사 잠정 특이자에 해당하는 경우 수용기관에 통보하여야 하며 통보를 받은 수용기관은 「분류처우 업무지침」제44조제3항에 따라 2차 검사를 실시하여야 한다.

② 재범위험성평가위원회는 인성검사 결과와 해당 수형자의 생활태도, 과거 정신병력, 자살기도 경력, 징벌 경력 등의 사정을 종합적으로 고려하여 인성검사 잠정 특이자로 지정할 것을 결정한다.

제26조(석방 전 평가) ① 분류센터장은 정밀 분류심사를 완료한 대상자 중 형기종료일까지 6개월 이내인 자에 대해 제6조제2항에 따른 석방 전 평가를 실시하여야 한다. 다만, 석방 전 평가를 실시하기 어렵다고 판단되는 경우 석방 전 평가를 실시하지 않을 수 있다.

② 제1항의 석방 전 평가는 [별지 제1호의 서식]에 의한다.

③ 분류센터장은 [별표 1]의 고위험군 수형자에 대해 정밀분류심사를 완료하지 않은 경우에도 필요시 석방

전 평가를 실시할 수 있다.

제4절 위험성 수준 및 처우방안 제시

제27조(위험성 수준) ① 고위험군 수형자의 위험성 수준은 다음 각 호와 같이 구분한다.

1. 보통 : 고위험 범죄의 위험성과 재범가능성이 보통인 수준으로 위험성 완화를 위한 치료·교육 프로그램 등 통상적인 수준의 처우제시가 필요한 단계

2. 높음 : 고위험 범죄의 위험성과 재범가능성이 높은 수준으로 위험성 완화를 위한 치료·교육 프로그램 등 집중적인 수준의 처우제시가 필요한 단계

3. 매우높음 : 고위험 범죄의 위험성과 재범가능성이 매우 높은 수준으로 위험성 완화를 위한 치료·교육 프로그램 등 적극적인 수준의 처우제시가 필요한 단계

4. 삭제

② 위험성 수준을 평가하는 경우에는 [별지 제1호 서식]의 '수형자 다면적 평가서'를 작성한다.

제28조(처우계획의 수립) ① 분류센터장은 심사대상자의 재범요인을 감소시키고 효율적인 수용관리를 위하여 범죄 유형별 처우프로그램 및 수용관리 방안을 제시하여야 한다.

② 제1항에 따른 처우프로그램의 제시는 「분류처우 업무지침」제55조에 따른 '집중 개별처우계획'의 방법으로 한다.

③ 수용시설의 장은 제2항에 따른 처우계획이 적정하게 이행될 수 있도록 협조하여야 한다.

제28조의2(처우계획의 이행평가) ① 분류센터장은 관할 교정시설 고위험군 수형자의 집중개별처우계획 이행 여부를 지속적으로 평가하여야 한다.

② 분류센터장은 제1항에도 불구하고 필요시 다른 지방교정청 관할 교정시설 수형자의 집중개별처우계획 이행평가 업무 등을 수행할 수 있다.

제5장 심의·의결기구

제29조(재범위험성평가위원회) 분류센터 심사대상자의 위험성 수준 및 처우등급 결정 등을 위하여 분류센터를 관할하는 지방교정청에 재범위험성평가위원회(이하 "위원회"라 한다)를 둔다.

제30조(위원회 개최시기) 위원회의 회의는 매월 15일에 개최한다. 다만, 위원회 개최일이 토요일, 공휴일, 그 밖에 「관공서의 공휴일에 관한 규정」에 따른 공휴일인 때에는 그 다음 날에 개최한다.

제31조(심의·의결사항) 위원회는 다음 각 호의 사항을 심의·의결한다.

1. 위험성 수준 결정에 관한 사항

2. 처우등급, 재범예측등급 등 분류심사에 관한 사항

3. 개별처우계획 수립에 관한 사항

4. 처우시설로의 이송에 관한 사항

5. 그 밖에 수형자의 처우와 관련된 사항

제32조(위원회 구성) ① 위원회는 위원장을 포함한 5명 이상 9명 이하의 위원으로 구성하고, 위원장은 지방교정청장이 된다.

② 위원회 위원은 지방교정청 소속 각 과장, 분류센터장, 5급 이상 직원, 외부전문위원 중에서 지방교정청장이 임명 또는 위촉한다.

③ 위원장과 위원의 임기는 해당 직위의 보직기간 또는 외부전문위원의 임기 동안으로 한다.

④ 위원장이 부득이한 사유로 그 직무를 수행할 수 없을 때에는 위원장이 미리 지정한 위원이 그 직무를 대행한다.

제33조(간사) ① 위원회의 사무를 처리하기 위하여 분류센터 소속 6급 이상의 교도관 중에서 간사 1명을 둔다.

② 간사는 위원장의 명을 받아 위원회의 사무를 처리하고 회의에 참석하여 발언할 수 있다.

제34조(위원회 회의) ① 위원회의 회의는 재적위원 3분의 2이상의 출석으로 개의하고, 출석위원 과반수의 찬성으로 의결한다.

② 위원회의 회의에는 위원장이 필요하다고 인정하는 경우 외부전문위원이 참여할 수 있다.

제35조(임시위원회) ① 위원장은 다음 각 호의 어느 하나에 해당하는 경우에는 임시위원회를 개최할 수 있다.

1. 분류센터 대상자의 정밀 분류심사 등을 위하여 필요한 경우

2. 과밀수용 해소 등 수형자의 수용 및 처우와 관련하여 긴급히 처리하여야 할 사안이 발생한 경우

② 분류센터장은 위원장에게 임시위원회 회의의 소집을 요구할 수 있다.

제36조(위원회 등 회의자료) 위원회 및 임시위원회에 회부하는 회의자료는 [별지 제6호 서식]의 「재범위험성평가위원회 회의자료」와 같다.

제37조(회의록의 작성) ① 간사는 [별지 제7호 서식]에 따라 위원회 회의록을 작성하여 유지하여야 한다.

② 회의록에는 회의의 내용을 기록하고 위원장 및 위원이 서명 또는 날인을 한다. 다만, 「행정업무의 운영 및 혁신에 관한 규정」에 따라 전자문서로 작성하여 결재를 하는 경우 서명 또는 날인한 것으로 본다.

제6장 외부전문위원의 자격

제38조(외부전문위원) ① 지방교정청장은 분류센터 운영과 관련된 자문, 재범위험성평가위원회 회의 참여, 분류센터 심사대상자에 대한 상담, 심리검사 등을 위하여 외부전문위원을 위촉할 수 있다.

② 제1항의 외부전문위원은 다음 각 호의 사람 중에서 위촉한다.

1. 정신건강의학과 전문의

2. 범죄학, 심리학 등을 전공한 대학 교수

3. 경찰서 등 형사사법기관에서 관련 업무의 전문성이 있는 사람

4. 그 밖에 범죄에 관한 학식과 전문지식이 있는 사람

③ 외부전문위원의 임기는 2년으로 하되 연임할 수 있다. 다만, 지방교정청장은 다음 각 호의 어느 하나에 해당하는 사유가 있는 경우 임기 만료전이라도 외부전문위원을 해촉할 수 있다.

1. 심신장애로 직무수행이 불가능하거나 현저히 곤란하다고 인정되는 경우

2. 직무와 관련된 비위사실이 있는 경우

3. 직무태만, 품위손상, 그 밖의 사유로 인하여 위원으로 적합하지 아니하다고 인정되는 경우

4. 위원 스스로 직무를 수행하는 것이 곤란하다고 의사를 밝히는 경우

제39조 삭제

제40조(외부전문위원 등에 대한 수당 지급) 지방교정청장은 재범위험성평가위원회 회의 또는 분류센터 심사대상자에 대한 상담, 심리검사 등에 참여한 외부전문위원 등에게 예산의 범위에서 수당·여비, 자문료, 그 밖에 필요한 경비를 지급할 수 있다.

제7장 수형자 정보관리

제41조(분류심사 자료 관리) 분류센터장은 해당 지방교정청내의 고위험군 수형자의 분류심사 자료 등 각종 정보를 관리한다.

제42조(정보 제공) 분류센터장은 해당 지방교정청 관할 교도소 및 구치소에서 고위험군 수형자가 석방될 경우 법 제126조의2, 시행령 제143조, 「보호관찰 등에 관한 법률」 제28조, 「보호관찰 등에 관한 법률 시행령」 제46조의2 등에 따라 경찰관서, 보호관찰소, 한국법무보호복지공단 등에 관련 정보를 제공할 수 있다.

제43조(재검토기한) 법무부장관은 「훈령·예규 등의 발령 및 관리에 관한 규정」에 따라 이 예규에 대하여 2025년 7월 1일 기준으로 매 3년이 되는 시점(매 3년째의 6월 30일까지를 말한다)마다 그 타당성을 검토하여 개선 등의 조치를 하여야 한다.

부칙 〈제1367호, 2025. 3. 25.〉

제1조(시행일) 이 지침은 2025년 4월 1일부터 시행한다.

분류센터 대상자 선정관련 구체적 죄명(제12조제1항 관련)

구 분	구체적 범죄유형(죄명)
살인 관련	• 일체의 살인 관련 범죄 ※ 과실치사, 업무상과실·중과실치사 등 과실범 제외
성폭력 관련	• 형법상 강간과 추행의 범죄 • 성폭력범죄의 처벌 등에 관한 특례법 위반 • 아동·청소년 성보호에 관한 법률 위반 • 추행, 간음 또는 성매매와 성적 착취를 목적으로 한 약취, 유인, 인신매매 • 성매매알선 및 강요, 교육 이수명령 대상인 성매매 범죄 • 정보통신망 및 통신매체를 이용한 음란행위, 카메라 등을 이용한 촬영, 음란물 제작·배포, 사진·동영상 등을 전송하는 범죄 ※ 일체의 성폭력 관련 범죄 모두 포함
방화 관련	• 일체의 방화 관련 범죄 ※ 업무상실화, 중실화, 실화 등 과실범은 제외
폭력 관련	• 일체의 상해와 폭행 관련 범죄 • 일체의 강도 관련 범죄 • 폭력행위등 처벌에 관한 법률 • 특정범죄 가중처벌에 관한 법률 제5조의 4(상습적인 강도·특수강도·준강도·인질강도의 가중처벌에 한함), 제5조의 5(강도상해·치상, 강도강간 재범자의 가중처벌), 제5조의10(운행 중인 자동차 운전자에 대한 폭행 등의 가중 처벌) 위반 • 특정강력범죄의 처벌에 관한 특례법 위반 • 아동복지법위반 • 아동학대 범죄의 처벌 등에 관한 특례법 위반 • 가정폭력범죄의 처벌 등에 관한 특례법 위반 ※ 과실치상, 업무상과실·중과실 치상 등 과실범은 제외
마약 관련	• 마약류관리법위반 중 제조·밀반입·투약 관련 범죄 ※ 마약류 투약 범죄는 범죄내용, 형기 등을 감안하여 필요시 선정 ※ 마약류 교부, 판매 제외

※ 범죄유형이 중복되는 경우에는 위의 범죄유형 순으로 적용
  미수범과 교사·방조범은 기수범과 동일하게 적용

가석방 업무지침

[시행 2025. 1. 15.] [법무부예규 제1357호, 2025. 1. 6., 일부개정.]

제1장 총 칙

제1조(목적) 이 지침은 실질적이고 객관적인 가석방예비심사로 가석방 적격심사신청 대상자 선정의 공정성과 효율성을 확보하고, 가석방예정자의 원활한 사회복귀 등을 위하여 가석방 업무에 필요한 사항을 규정함을 목적으로 한다.

제2조(적용범위) 이 지침은 교도소, 소년교도소, 구치소 및 지소(이하 "교정시설"이라 한다)에 수용 중인 성년수형자에 대하여 적용한다.

제2장 가석방 심사 시기 및 심사유형
제1절 가석방 시기 및 기준일

제3조(정기 가석방) 정기 가석방 시기 및 기준일은 다음 각 호와 같다. 다만, 특별한 사유가 있을 경우 법무부장관은 가석방 기준일과 횟수를 달리 할 수 있다.

1. 해당월 : 1월, 3월, 4월, 6월, 7월, 9월 및 11월. 다만, 부처님오신날이 속한 월에 따라 조정 가능
2. 대상 : 징역형·금고형을 집행중인 수형자(단, 무기수형자 제외)
3. 기준일 : 매월 30일, 다만, 기준일이 휴무일·공휴일인 경우에는 그 전일

제4조(기념일 가석방) 기념일 가석방 시기 및 기준일은 다음 각 호와 같다. 다만, 특별한 사유가 있을 경우 법무부장관은 가석방 기준일과 횟수를 달리 할 수 있다.

1. 해당월 : 2월(3·1절), 5월(부처님오신날), 8월(광복절), 10월(교정의 날) 및 12월(기독탄신일), 다만, 부처님오신날 속한 월에 따라 조정 가능
2. 대상 : 징역형·금고형을 집행중인 수형자
3. 기준일 : 3·1절(2월 마지막일), 부처님오신날(부처님오신날 전일), 광복절(8월14일), 교정의 날(10월28일) 및 기독탄신일(12월 24일), 다만, 기준일이 휴무일·공휴일인 경우에는 그 전일

제2절 가석방 심사유형

제5조(가석방 심사 유형) 가석방 심사 유형은 무기수형자, 관리사범, 장기수형자, 보호사범, 제한사범, 교통사범, 일반사범으로 구분하며, 미수범 및 방조범은 기수범과 동일하게 적용한다.

제6조(무기수형자) 무기수형자는 무기징역 및 무기금고형을 집행중인 수형자를 말한다.

제7조(관리사범) 관리사범은 다음 각 호와 같다.

1. 조직폭력사범(범죄행위 시 기준 조직폭력원으로 판결문에 명시된 경우)

2. 마약류사범(제12조 단서 해당자 제외)

3. 13세 미만 아동, 장애인 및 친족을 상대로 한 성폭력사범

4. 미성년자 약취 유인 또는 매매 등 일체의 유괴·매매사범

제8조(장기수형자) 장기수형자는 형기 10년 이상인 자를 말한다. 다만, 무기수형자는 제외한다.

제9조(보호사범) 보호사범은 환자, 고령자(70세 이상), 장애인, 임산부 등으로 구분한다.

제10조(제한사범) 제한사범은 다음 각 호와 같다.

1. 수용생활 중 범죄행위로 벌금형 이상을 선고받은 자

2. 규율위반으로 징벌처분이 의결되고 「형의 집행 및 수용자의 처우에 관한 법률 시행규칙」(이하 "규칙"이라 한다) 제234조에 규정된 기간이 가석방 기준일까지 경과하지 않은 자

3. 형기종료 후 1년 이내 재범자(과실범 제외)

4. 가석방·사면 후 3년 이내 재범자(과실범 제외)

5. 일체의 살인죄로 유기징역 또는 유기금고를 집행 중인 수형자

6. 일체의 강도죄로 유기징역 또는 유기금고를 집행 중인 수형자

7. 일체의 강간 및 강제추행의 죄로 유기징역 또는 유기금고를 집행 중인 수형자

8. 범죄로 인하여 발생한 피해금액 중 변제 혹은 합의되지 아니한 금액의 합계가 20억 원 이상인 자

9. 「아동학대범죄의 처벌 등에 관한 특례법」 제2조제4호, 「가정폭력범죄의 처벌 등에 관한 특례법」 제2조제3호에 해당하는 죄로 유기징역 또는 유기금고를 집행 중인 수형자

10. 아동·청소년 등에 대한 성매매·알선행위로 유기징역 또는 유기금고를 집행 중인 수형자

제11조(교통사범) 교통사범은 다음 각 호의 하나에 해당하는 죄로 유기징역 또는 유기금고를 집행 중인 수형자로 한다. 다만, 「도로교통법」 위반사범은 교통사범이 아니며, 일부합의한 경우에는 미합의 심사기준을 적용한다.

1. 교통사고처리특례법위반죄

2. 특정범죄가중처벌등에관한법률위반(위험운전치사상)죄

3. 「특정범죄 가중처벌 등에 관한 법률」 제5조의3(도주차량 운전자의 가중처벌) 위반죄

제12조(일반사범) 일반사범은 무기수형자, 관리사범, 장기수형자, 보호사범, 제한사범, 교통사범 이외의 수형자를 말한다. 단, 마약류사범(단순투약으로 인한 범죄로 범죄횟수 3범 이하의 자에 한함) 중 교정시설 내에서 실시하는 재활교육을 이수하고 가석방 출소 후 사회 내 전문 치료보호기관(재활교육기관) 치료조건에 동의하여 별지 제8호 서식의 동의서를 제출한 자는 일반사범에 포함한다.

제13조(2개 이상의 유형에 해당하는 경우) 2개 이상의 유형에 해당하는 경우에는 다음의 우선순위에 따라 적용한다.

1. 무기수형자

2. 관리사범

3. 장기수형자

4. 보호사범(환자, 장애인, 고령자, 임산부)

5. 제한사범

6. 교통사범

7. 일반사범

제3장 가석방 예비심사 및 적격심사신청 서류

제1절 가석방 예비심사

제14조(가석방 예비회의) ① 가석방 적격심사 신청 대상자 선정을 위해 분류처우위원회에서 가석방 예비회의 (이하 "예비회의"라 한다)를 개최한다.

② 예비회의는 규칙 제99조제2항에 따라 임시회의로 개최하며, 규칙 제99조제1항에 따른 분류처우위원회 회의 개최 후 2일째 되는 날(휴일 제외)에 개최한다.

제15조(가석방 예비심사 대상자 선정) ① 신입분류심사가 완료된 수형자 중 별표1에 따른 「가석방 예비심사 대상자 선정 기준」을 경과한 수형자는 모두 가석방 예비심사(이하 "예비심사"라 한다) 대상자로 선정하여야 하며, 별표1은 비공개를 원칙으로 한다.

② 제1항에도 불구하고 규칙 제62조제1항제1호의 사유로 분류심사가 제외된 수형자도 가석방 예비심사 대상자로 선정할 수 있다.

③ 예비회의 개최 전일까지 집행을 하지 않은 형이 있는 수형자는 예비심사 대상자에서 제외한다.

제16조(가석방 적격심사신청 대상자 선정) ① 가석방 적격심사신청 대상자는 가석방 예비심사 대상자 중 예비 회의의 의결을 거쳐 선정한다.

② 법무부장관은 교정기관 간 가석방 적격심사 신청기준 편차 해소 등을 위해 필요한 경우 제15조 제1항의 기준과는 다른 별도의 기준을 정할 수 있고, 교정시설의 장(이하 "소장")은 해당 기준을 충족한 수형자를 가석 방 적격심사신청 대상자로 선정하여야 한다.

제17조(예비심사 대상자 명부작성 등) 예비심사 대상자는 별지 제1호 서식인 「가석방예비심사 대상자명부」에 별표2와 같이 해당사항을 기재한 후 수용기록부, 수형자분류처우심사표 등을 참고하여 예비회의에 회부하여 야 한다.

제18조(예비심사 대상자 선정 시점 등 고지) 「형의 집행 및 수형자의 처우에 관한 법률」 제59조에 따른 분류심 사 또는 가석방심사 관련 상담 시 해당 수형자의 예비심사 대상자 선정 시점, 형집행순서변경 제도, 마약류사 범 치료조건부 가석방 제도, 정신질환자 치료조건부 가석방 제도 등을 안내한다.

제19조(심사자료 조회) ① 소장은 수형자의 재범여부 판단 및 실질적 심사를 위해 필요하다고 인정하는 경우에 는 해당 수형자, 관계 교도관 등을 예비회의에 출석시켜 개선여부의 관찰 및 출소 후의 생활계획 등을 들을 수 있으며, 보호자 등에게 연락하여 보호의지 등을 확인할 수 있다.

② 소장은 예비심사대상자에 대하여 해당 검찰청에 수사·재판 중인 사건(이하 '추가사건'이라 한다), 미납한 벌금 또는 추징금 등이 있는지 문서로 조회하여야 한다.

제20조(추가사건 진행자) 예비심사대상자에 대하여 수사·재판 중인 사건이 있는 경우에는 법원, 검찰 등 관련 기관의 의견 등을 조회하여 예비심사에 반영하여야 한다.

제21조(벌금 및 추징금 미납자) 벌금 및 추징금이 있는 자는 예비회의 개최 전일까지 완납한 경우 가석방 적격 심사를 신청할 수 있다.

제22조(참석위원의 서명날인) 예비회의 개최 후 가석방예비회의 회의록 및 별지 제2호서식의 「가석방예비회의 결과보고」에 해당사항을 기재한 후 위원장 및 참석위원의 서명 또는 날인을 받는다. 다만, 가석방예비회의 회의록 및 별지 제2호서식의 「가석방예비회의 결과보고」를 전자 결재하는 경우에는 위원의 서명 또는 날인

을 생략한다.

제23조(회의록 비공개) 심사결정에 관한 회의록은 비공개를 원칙으로 한다.

제2절 가석방 적격심사신청 서류

제24조(가석방 적격심사신청 서류) 가석방 적격심사 신청시 다음 각 호의 서류를 첨부한다.

1. 가석방 적격심사 신청자 명단

2. 가석방 적격심사 신청 현황

3. 가석방 적격심사 신청서

4. 가석방 적격심사 및 신상조사표

5. 붙임 자료 : 형집행지휘서 사본, 판결문사본, 범죄경력 조회서

6. 기타 참고자료

    가. 각종 상벌자료·기술자격 취득·기능대회 입상·검정고시 합격·징벌사항 등 증명자료

    나. 환자인 경우 진단서 또는 소견서와 병력표(A4용지 1장으로 압축)

    다. 군수형자로 확인서가 있는 경우 확인서

    라. 감형된 경우 감형장 사본

    마. 장애인은 장애인증 또는 장애인 동정관찰사본

    바. 국가유공자, 훈·포장 수상자, 의상자, 노부모 봉양, 헌혈, 양로원 또는 고아원 등의 특수시설 자원봉사자 등에 대한 증명자료

    사. 기타 가석방 심사에 참고할 자료

제25조(가석방 적격심사신청 서류 발송) 제24조의 가석방 적격심사 신청 및 관계서류는 가석방 기준일의 가석방예비회의 개최 후 근무일 5일 이내에 가석방심사위원회에 도달되도록 한다.

제26조(가석방 적격심사 신청자 명단) 가석방 적격 심사신청자 명단은 별지 제3호 서식에 다음 각 호의 사항을 기재한다.

1. 신청번호 : 심사신청 번호 기재

2. 번호부여 방법 : 가석방 적격심사 신청자를 무기수형자, 장기수형자, 교통사범, 보호사범, 일반사범, 제한사범, 관리사범 순으로 그 유형에 따라 번호를 부여하되, 동일 유형인 경우 재범예측지표 등급별, 경비처우급별, 합의 유무별, 집행률별, 형기의 장기부터 단기 순으로 번호부여

3. 유형 : 무기수형자, 장기수형자, 교통사범, 보호사범(환자), 보호사범(장애인), 보호사범(고령자), 보호사범(임산부), 일반사범, 제한사범, 관리사범으로 구분

4. 성명, 죄명, 형명형기, 잔형기간, 재범예측지표등급 및 경비처우급 등을 확인하여 기재한다.

제27조(가석방 적격심사 신청 현황) 가석방 적격심사 신청시 별지 제4호서식의 '가석방 적격심사 신청 현황'을 작성하여 첨부한다.

제28조(가석방 적격심사 신청서 작성 및 편철) 가석방 적격 심사신청서 작성 및 편철은 다음 각 호와 같이 한다.

1. 가석방 적격심사 신청서는 규칙 별지 제21호 서식에 따라 작성한다.

2. 가석방 적격심사 신청서와 함께 편철하는 첨부 자료는 형집행지휘서 사본, 판결문 사본, 범죄경력 조회서 사본 및 기타 참고자료 순으로 편철한다.

3. 2형, 3형이 있는 경우에는 1형의 형집행지휘서 및 판결문 사본 그리고 2형, 3형의 순으로 모두 편철한다.

제29조(가석방 적격심사 및 신상조사표 작성) 규칙 별지 제22호 서식의 가석방 적격심사 및 신상조사표(이하 "가석방심사표"라 한다)는 이 지침에 따라 작성한다.

제30조(성명 및 생년월일) ① 판결문에 기재된 성명 및 생년월일을 기재하고, 생년월일은 괄호하고 만 나이를 기재한다.

② 여성의 경우에는 "생년월일(여)"로 기재한다.

제31조(심사유형) 제5조부터 제13조의 내용에 따라 해당되는 심사유형을 기재한다.

제32조(죄명) 판결문에 기재된 죄명을 모두 기재하고 죄명이 6개 이상일 경우에는 중요죄명을 6개 이내로 기재하며, 1형, 2형, 3형이 있는 경우에는 ①, ②, ③으로 구별하여 기재한다.

제33조(형명형기) ① 형집행지휘서의 형명형기를 기재하며, 감형된 경우에는 감형된 형기를 기재하고 괄호안에 원형을 기재한다.

② 벌금 및 추징금 병과자는 그 금액을 함께 적는다.

③ 1형, 2형, 3형이 있는 경우에는 ①, ②, ③으로 구별하여 기재한다.

제34조(범죄횟수) 규칙 제3조에 의해 산정된 범죄횟수를 기재한다.

제35조(집행기간 및 잔형기간 계산) ① 잔형기간은 역(曆)에 따라 연, 월, 일순으로 계산하고, 잔형률은 잔형기간÷형기×100(잔형기간 및 형기는 일로 환산하되, 1월은 30일로 1년은 365일로 각각 환산한다)으로 하며, 이 경우 소수점 한자리까지 기록하고 반올림하지 않는다.

② 집행기간은 형기에서 잔형기간을 뺀 기간으로 하고 집행률은 100% – 잔형률(%)로 한다.

③ 집행기간은 여러 개의 형이 있는 경우 모든 형기를 합산한다.

제36조(미결통산일) 미결통산일 합계를 기재하며 1형, 2형, 3형이 있는 경우에는 ①○○일, ②○○일, ③○○일로 기재한다.

제37조(형기기산일 및 형기종료일) 수용기록부를 확인하여 해당일을 기재하고 1형, 2형, 3형이 있는 경우 ①, ②, ③으로 구분하여 기재한다.

제38조(가석방기준일) 가석방기준일은 제3조 및 제4조에 의하여 기재한다.

제39조(경비처우급·재범예측지표등급) 최종 판정된 경비처우급과 재범예측지표 등급 및 판정일자를 기재한다.

제40조(작업 및 직업훈련) 작업 및 직업훈련은 최초 작업 및 직업훈련부터 명칭과 시작일을 기재하고, 총 작업기간은 0년 0개월로 기재한다.

제41조(교육 및 교화프로그램) 수용생활 중 실시한 교육 및 교화프로그램으로 가석방 심사에 참고할 사항을 기재한다.

제42조(자격 및 표창) 수용생활 중 취득한 자격 및 표창으로 가석방 심사에 참고할 사항을 기재한다.

제43조(규율위반) 수용생활 중 처분받은 징벌사항을 기재한다. 단 실효된 징벌은 기재하지 아니한다.

제44조(건강 및 심리상태) 수용기록부 및 수용자진료기록부, 교정심리검사, 지능검사, 적성검사, 기타 검사 및 상담결과를 참조하여 건강 및 심리상태를 기재한다.

제45조(완화요건) 준법 및 사회기여, 취업조건부가석방, 모범수형자 등 완화요건에 해당사유가 있는 경우 이를 기재한다.

제46조(교도관 의견) 수형생활태도, 교화개선의 정도, 사회적응능력 등에 대한 담당교도관의 의견을 기재한다.

제47조(성장과정 및 가정환경) 출생지, 부모의 직업, 가족관계 및 동거인, 학력 등을 포함한 성장과정과 가정환경을 기재한다.

제48조(경력사항) 오래된 순으로 직업경력을 기재한다.

제49조(범죄개요) ① 1형만 있는 경우, 1형·2형이 있는 경우, 3형 이상 있는 경우 등으로 나누어 별표3과 같이 기재한다.

② 일시는 최초 범행일시부터 범행 종료일시까지의 기간과 범행횟수를 기재한다.

③ 장소는 가장 중한 범행장소 1곳을 기재하고, 범행장소가 여럿인 경우 그 수를 기재한다.

④ 범죄내용은 다음 각호와 같이 기재한다.

1. 수형자분류처우심사표의 범죄동기, 판결문의 범죄사실을 요약하여 핵심내용이 빠지지 않도록 작성한다.

2. 죄명이 여러 개인 경우 범죄내용도 죄명별로 ①, ②, ③으로 나누어 기재한다.

3. 판결문에 "상습", "심신미약"등이 있는 경우 범죄내용에 이를 기재한다.

4. 확인 가능한 피해자의 성별과 나이를 기재한다.

5. 교통사범의 경우 무면허, 음주(혈중알코올농도 기재), 주행속도 및 차량종류(승용차, 택시, 2.5톤 화물차, 승합차, 버스, 덤프트럭 등) 등을 기재한다.

⑤ 피해내용은 피해유형(살해, 사망, 상해, 강취, 절취, 편취, 횡령, 부도, 손괴, 재산상 이익 등), 피해정도(상해진단 일수, 피해금액 등), 피해자 수를 기재한다. 다만, 피해내용이 없는 경우는 기재하지 않는다.

⑥ 기타는 다음 각호의 내용에 해당되는 경우에 이를 기재한다.

1. 감형된 경우 감형기간 및 감형일자

2. 벌금 또는 추징금 병과자는 그 금액과 완납일자, 노역집행기간

3. 가족, 피해자 등의 가석방 관련 진정사항이 있는 경우 진정내용, 관계, 횟수

4. 취업보증이 된 경우 취업보증업체와 발급일자

5. 사회적응훈련원 또는 중간처우의 집 대상의 경우 입소일

6. 범죄피해자 지원법인에 기부한 경우 일자, 금액, 횟수

7. 치료조건부 및 취업조건부 가석방 대상여부

8. 외국인의 경우 국적, 영주권 및 강제퇴거 대상여부

9. 재심사신청인 경우 "재신청(00년 0월)"으로 표시

10. 가석방 관련 기타 참고사항

제50조(피해회복 및 피해자 감정) 판결문, 제출된 자료 등에 기초하여 구체적인 피해회복 내역과 피해자의 감정을 기재한다.

제51조(공범관계) 공범의 성명, 형명·형기와 다음 각호의 사항을 기재한다.

1. 미신청의 경우 미신청 사유

2. 동시신청의 경우 신청기관과 신청번호

3. 가석방 출소한 경우 가석방일, 가석방일 기준 형집행률

4. 형기종료의 경우 형기종료일

5. 확인되지 않는 공소외 공범의 경우 인원 수

제52조(범죄경력) 범죄경력은 다음 각 호와 같이 기재한다.

1. 벌금형 이상의 범죄경력을 모두 기재하고 벌금형 이외의 범죄경력은 최근순으로 기재한다.

2. 집행유예가 실효되어 본형과 함께 집행중인 경우 내역을 기재하지 않는다.

3. 죄명, 형명·형기와 집행유예의 경우 선고일 및 실효여부, 형기종료한 경우 형기종료일, 가석방된 경우 가

석방일, 벌금형은 죄명과 횟수를 기재한다.

제53조(보호관계) 가족 및 보호자 등의 관계·성명·연령·직업·접견 및 전화횟수 등을 기재한다.

제54조(보호자) 보호자의 성명·관계·나이·직업·주거·생활상태·보호자의 연락가능한 전화번호를 기재하고, 분류심사 결과·수형자 면담·가족에게 전화 확인 후 보호자의 보호의지를 기재한다.

제55조(석방 후 생활계획) 해당 수형자를 면담하여 출소 후의 생활계획을 파악하고 구체적으로 기재한다.

제56조(보호관찰관 의견) 보호관찰 사안조사관의 보호관찰에 대한 의견을 기재한다.

제57조(적격심사신청서류 편철) 적격심사신청서류는 다음 각 호와 같이 편철한다.

1. 공문과 가석방 적격심사 신청자 명단을 한 묶음으로 편철한다.

2. 가석방 적격심사 신청서에 형집행지휘서 사본, 판결문 사본, 범죄경력조회서 사본 및 기타 참고자료를 한 묶음으로 편철하되, 판결문의 범죄사실 및 합의관계 등 참고사항은 적색펜으로 밑줄을 그어 표시한다.

3. 가석방 적격심사 및 신상조사표는 번호순으로 한 묶음으로 편철한다.

4. 가석방 적격심사 신청현황은 편철하지 않고 낱장으로 첨부한다.

제58조(신청 후 변경사항 보고) 가석방 적격심사신청 후 추가사건, 상벌사항 등 가석방 적격심사 및 신상조사표에 추가·수정·변경할 부분이 발견된 경우 가석방심사위원회에 즉시 보고한다.

제3장 가석방 적격심사 신청자 통보 등

제59조(가석방 적격심사 신청자 통보 등) ① 가석방 적격심사신청과 동시에 가석방 적격심사신청자 명단, 가석방 적격심사 및 신상조사표(사본)를 해당 기관 소재지를 관할하는 보호관찰심사위원회에 통보하여야 한다.

② 교정시설의 분류심사과(분류팀) 가석방 적격심사 신청자 명단을 수용기록과 등 관련과에 통보하여야 한다. 이 경우 가석방 적격심사 신청 사실과 주의사항을 기록한 알림표를 수용기록부에 부착하고, 교정정보시스템 수용기록부에 메모로 등록하여야 한다.

③ 가석방 적격심사 신청자의 규율위반, 추가사건 발생, 수사접견, 벌금형 확정, 노역장유치집행지휘서 접수, 출정, 검사의 신문 등 소송 및 형집행과 관련하여 특이사항 발견 시 관련과는 즉시 분류심사과(분류팀)에 통보하여야 한다.

④ 분류심사과(분류팀)는 제3항에 따라 특이사항을 통보받은 경우 「교정본부 보고사무지침」에 따라 법무부 분류심사과로 보고한다.

제60조(가석방관련 안내문 발송) 가석방 적격심사 신청자의 동의가 있는 경우 우편, 휴대전화 문자메시지 등을 이용하여 별지 제9호 서식에 따라 보호자 등에게 가석방 관련 안내를 할 수 있다.

제4장 심층면접

제61조(심층면접관) ① 규칙 제255조의2에 따라 각 지방교정청 분류센터에 심층면접관을 둔다.

② 각 지방교정청장은 상담 및 심리 관련 자격증을 보유하거나 수용자 상담업무 경험이 풍부하고 가석방 제도에 대한 이해도가 높은 직원을 심층면접관으로 임명한다.

③ 심층면접관은 관할 지방교정청 내 대상자에 대한 심층면접을 실시한다. 다만, 대상자 이송 및 업무 편중 등의 사정이 있는 경우에는 다른 지방교정청 심층면접관에게 촉탁할 수 있다.

④ 심층면접관은 심층면접 실시 후 심층면접 조사서를 가석방심사위원회 회의 개최 5일 전까지 가석방심사위원회에 제출하고, 필요한 경우 회의에 출석하여 조사결과를 보고한다.

제62조(심층면접 대상자 추천 및 선정) ① 소장은 매월 가석방 예비회의를 통해 심층면접 추천 대상자를 선정하여 가석방심사위원회에 보고한다.

② 가석방심사위원회 간사는 제1항의 추천자 중 심층면접 대상자를 선정한다.

③ 제2항에도 불구하고 간사는 필요하다고 인정하는 경우에는 추천자가 아닌 수형자를 심층면접 대상자로 선정할 수 있다.

제63조(심층면접 사항) 심층면접관은 수형자 면담·심리검사, 수형자의 가족 또는 보호관계에 있는 사람 등에 대한 방문조사 등을 통해 다음 각 호의 사항을 파악한다.

1. 심리적 안정성, 작업 및 생활태도, 정신 및 신체의 건강상태
2. 피해자에 대한 감정, 보복범죄 가능성, 범죄요인 회피가능성
3. 사회적응 능력 정도, 가족 간의 유대 정도
4. 그 밖에 재범의 위험성, 사회복귀 준비 상태 등의 확인을 위해 필요한 사항

제5장 가석방 허가(예정)자 등에 대한 처우 등

제64조(가석방 허가(예정)자 처우) 가석방 허가(예정)자에 대한 처우 및 교육은 당해 허가(예정)자를 수용하고 있는 교정시설에서 실시한다.

② 소장은 가석방 허가(예정)자 처우, 인성교육, 사회복귀프로그램 및 사회봉사훈련 등 필요한 세부운영계획을 수립하여 실시한다.

제65조(가석방자 준수사항 교육) 소장은 가석방 허가(예정)자에 대하여 「형의 집행 및 수용자의 처우에 관한 법률 시행령」 제140조, 규칙 제260조 및 「가석방자관리규정」의 가석방자 준수사항을 교육한다.

제66조(교육 등 제외) 다음 각 호에 해당하는 가석방 허가(예정)자는 교육 등에서 제외시킬 수 있다.

1. 신체 및 정신질환 등으로 교육 등을 감당할 수 없는 자
2. 70세 이상인 자
3. 기타 교육 등의 실시가 어렵다고 인정되는 자

제67조(가석방 허가(예정)자 현황보고) ① 소장은 별지 제5호서식의 가석방 허가(예정)자 현황 보고서를 가석방 예정일 2일전까지 법무부장관에게 보고하여야 한다.

② 법무부장관은 제1항의 가석방 허가(예정)자 현황보고서를 참작하여 가석방 허가 여부를 최종 결정한다.

제68조(가석방증 발급) 소장은 법무부로부터 가석방 허가(예정)자 명단을 접수한 경우 별지 제6호서식의 가석방자 명부에 이를 등재한 후 규칙 제259조의 규정에 의하여 가석방증을 발급한다.

제69조(석방보고) 소장은 가석방을 실시한 후 그 결과를 해당 지방교정청장에게 즉시 보고하고, 각 지방교정청장은 산하기관의 가석방실시 결과를 종합하여 법무부 분류심사과로 보고한다.

제70조(가석방 통보) ① 소장은 「가석방자관리규정」 제4조의 규정에 의하여 별지 제7호 서식의 「가석방 통보서」에 따라 해당기관에 가석방 사실을 통보한다.

② 가석방자 중 보호관찰대상자는 「보호관찰 등에 관한 법률」에 따라 가석방 후 지도·감독 등을 보호관찰소에서 담당하므로 별도 통보하지 않는다.

제71조(가석방 통계보고) ① 소장은 가석방 실시 후 5일 이내에 가석방 허가 통계를 해당 지방교정청장에게 보고하고, 각 지방교정청장은 산하기관의 가석방 허가 통계를 종합하여 3일 이내에 법무부 분류심사과로 보고한다.

② 심사보류자는 당해 신청 월의 신청인원 및 불허인원에 포함시켜 보고하고, 재심사하는 월에 가석방이 허가된 경우에는 신청인원 및 허가인원에 포함하여 보고한다.

제6장 가석방 취소 및 실효

제72조(가석방취소 대상) 가석방 취소 대상은 「가석방자 관리규정」의 적용을 받는 자에 한한다.

제73조(가석방취소심사 신청) ① 소장이 규칙 제261조의 규정에 의하여 가석방취소의 심사신청을 하고자 하는 경우에는 당해 분류처우위원회의 의결을 거쳐야 하며, 가석방 취소가 상당하다고 인정되는 긴급한 사유가 있는 경우에는 위의 의결을 거치지 아니하고 유선으로 취소신청을 할 수 있다.

② 가석방기간 중 재범으로 교정시설에 수용된 경우(과실범 제외)에는 형확정된 후 가석방을 실효시키는 것을 원칙으로 하되, 형확정 이전에 가석방 기간이 종료될 것이 예상되는 경우에는 반드시 가석방취소 심사신청을 하여야 한다.

제74조(가석방취소심사 신청서류) 가석방취소 심사신청 서류에는 다음 각 호의 사항을 기재하여야 한다.

1. 성명, 생년월일, 주거, 가석방일을 기재한다.
2. 석방당시의 죄명, 형명형기, 형기기산일 및 형기종료일을 기재한다.
3. 가석방번호는 가석방 허가자 명부의 번호를 기재한다.
4. 가석방기간은 가석방일 다음날부터 형기종료일까지의 기간을 기재한다.
5. 관할경찰서는 주거지 관할 경찰서를 기재한다.

제75조(가석방취소심사 및 조사표 작성방법) 가석방취소심사 및 조사표에는 다음 각 호의 사항을 기재하여야 한다.

1. 성명, 생년월일, 가석방일, 가석방기관 및 관할경찰서를 기재한다.
2. 가석방 당시의 죄명, 형명형기, 범죄횟수, 형기기산일, 형기종료일, 집행기간 및 잔형기간 등을 기재한다.
3. 주거 및 직업은 가석방 후의 주거 및 직업을 기재한다.
4. 주거지 교정기관은 취소심사 대상자가 수용되어 있는 교정기관이나 취소심사 대상자의 주거지 교정기관을 기재한다.
5. 보호자의 성명(관계), 생년월일 및 주소를 기재하고 생활상태는 생활의 정도를 기재한다.
6. 취소사유 및 규정위반 경위는 취소사유를 구체적으로 기재하고 가석방 중 범행으로 수용중인 경우에는 범죄동기와 범죄개요를 간략히 기재한다.
7. 규정위반이 사회에 미치는 영향은 규정위반에 따른 피해정도나 피해자 및 사회의 감정을 기재한다.
8. 가석방기간 중 품행은 가석방 후 종사한 직업, 교우관계, 친족관계, 가족관계 및 가정 생활상태 등을 기재한다.
9. 기타 참고사항은 사회에 적응하지 못한 이유를 기재한다.
10. 가석방취소의 적용법조문은 규칙 및 「가석방자관리규정」에 해당되는 조항을 기재한다.
11. 의견 및 이유란은 기재하지 않는다.

제76조(가석방 취소자 잔형집행 보고) 가석방이 취소된 경우에는 지체 없이 관할검찰청에 잔형집행지휘를 의뢰하여 잔형을 집행하고 법무부 분류심사과로 규칙 별지 제27호 서식의 '가석방취소자 잔형집행보고서'를 제출하여야 한다.

제77조(가석방실효보고) 가석방이 실효된 경우에는 지체 없이 관할검찰청에 잔형집행지휘를 의뢰하여, 잔형집

행에 필요한 조치를 취하고 법무부 분류심사과로 규칙 별지 제28호 서식의 '가석방실효자 잔형집행보고서'
를 제출하여야 한다.

제78조(가석방 실효자 잔형집행보고서 작성요령) 가석방실효자 잔형집행보고서에 다음 각호의 사항을 기재하
여야 한다.

1. 성명, 생년월일 및 주거는 해당사항을 기재한다.
2. 가석방에 관한 사항은 가석방전의 죄명, 형명형기, 허가문서번호, 가석방일, 형기기산일 및 형기종료일등
   을 기재한다.
3. 실효요건 사항은 가석방후 범행으로 선고받은 형의 죄명, 형명형기, 입소일, 형확정일, 형기기산일 및 형
   기종료일을 기재한다.

제79조(잔형집행 사항) 잔형집행 서류에는 다음 각호의 사항을 기재하여야 한다.

1. 잔형기간은 가석방 기간을 기재한다.
2. 잔형집행 지휘검사는 잔형집행 지휘서상의 검사의 성명을 기재한다.
3. 잔형기산일 : 잔형을 집행한 기산일 기재
4. 잔형종료일 : 잔형기산일부터 가석방 기간을 집행한 종료일을 기재

제80조(관계기관 통보) 규칙 제263조제6항에 의하여 잔형을 집행함에 따른 신분 변동 사항을 현재 사건 계속
중인 관계법원 및 검찰에 통보하여야 한다.

제81조(재검토기한) 「훈령 · 예규 등의 발령 및 관리에 관한 규정」(대통령훈령 제431호)에 따라 이 예규에 대하
여 2025년 1월 1일 기준으로 매 3년이 되는 시점(매 3년째의 12월 31일까지를 말한다)마다 그 타당성을 검
토하여 개선 등의 조치를 하여야 한다.

부칙 〈제1357호, 2025. 1. 6.〉

제1조(시행일) 이 예규는 2025년 1월 15일부터 시행한다.

가석방 예비심사 대상자 선정 기준

국제인권규범

법 령

분류·가석방

치료감호

권리구제

부 록

가석방 예비심사 대상자 명부 작성방법

구　분	내　용
수용자번호	해당 수형자의 수용자번호 기재
유　형	가. 유형란은 무기수, 장기수, 교통사범, 보호사범, 일반사범, 제한사범, 관리사범으로 구분 나. 유형별로 분류하여 다음의 순위로 작성 　(1) 무기수, (2) 장기수, (3) 교통사범, (4) 보호사범(환자, 장애인, 고령자, 임산부 순), (5) 일반사범, (6) 제한사범, (7) 관리사범 순으로 작성
성명(성별)	수용기록부, 수형자 분류처우 심사표 등 참고
생년월일(만 세)	수용기록부, 수형자 분류처우 심사표 등 참고
형명형기	수용기록부, 수형자 분류처우 심사표 등 참고
재범예측 지표등급 / 경비처우급	수형자 분류처우 심사표 등 참고
죄　명	수용기록부, 수형자 분류처우 심사표 등 참고
집행기간(집행률)	수용기록부, 수형자 분류처우 심사표 등 참고
잔형기간(잔형률)	수용기록부, 수형자 분류처우 심사표 등 참고
참고사항	가. 가석방 적격심사신청 기준 나. 범죄횟수 다. 교육 또는 작업장(총 교육 또는 취업기간) 라. 피해내용 마. 합의관계 및 피해자 감정 바. 전과관계 사. 공범관계 아. 교정성적(각종 기능자격취득, 각종 고시합격, 기능대회 입상, 표창 등) 자. 귀휴, 접견 및 전화횟수 차. 완화요건 카. 기타 참고사항 : 가석방 관련 민원, 벌금관계, 수용 중 규율위반사항, 재신청 여부 등
의　결	가석방예비회의(분류처우위원회) 후 '심사신청' 또는 '심사탈락' 중 해당사항 기재

치료보호 조건부 가석방 동의서

수용자번호 :

성　　　명 :

　　본인　　　　　은(는) 가석방 출소 후 치료보호기관(재활교육기관)에서 일정기간 치료·재활에 전념할 것을 동의하면서 아래 사항을 준수할 것을 약속합니다.

1. 가석방이 개시되면 반드시 이에 응하겠습니다.

2. 가석방 출소 후 10일 이내에 반드시 치료보호기관(재활교육기관)의 마약류 중독여부 판별검사에 응하겠습니다.

3. 관계기관 직원의 지시에 따르겠습니다.

4. 치료기간 동안 성실하고 모범적인 태도로 치료·재활에 임하겠습니다.

5. 규정을 위반하거나 정당한 사유 없이 치료·재활에 불응, 또는 지시에 따르지 아니하는 경우에는 가석방 취소 등 어떠한 처벌도 감수하겠습니다.

년　　　월　　　일

동의자　　　　　　　(서명)

○○교도소장 귀하

가석방심사위원회 운영지침

[시행 2025. 1. 1.] [법무부예규 제1352호, 2024. 12. 23., 일부개정.]

제1조(목적) 이 지침은 가석방심사위원회의 효율적 운영을 위하여 필요한 세부사항을 규정함을 목적으로 한다.

제2조(비밀준수의무) 가석방심사위원회(이하 "위원회"라 한다)의 위원 및 직원은 위원회의 심사경위, 표결내용 등 직무와 관련하여 알게된 비밀을 준수하여야 한다.

제3조(외부위원의 위촉) ① 위원장은 외부위원을 위촉할 때는 법무부장관에게 제청하여야 한다.

② 재위촉 하는 때에도 제1항을 준용한다.

제3조의2(위촉위원 직무윤리 사전진단 등) ① 위원 위촉 후보자는 별지 제2호서식의 「직무윤리 사전진단서」를 작성하여야 하며, 법무부장관은 사전진단 결과에 따라 후보자별로 위원으로서의 직무 적합성 여부를 확인한 후에 위촉하여야 한다.

② 위원을 위촉하는 경우에는 위원회 업무와 관련된 공정한 직무 수행을 위하여 별지 제3호서식의 「직무윤리 서약서」를 작성하게 하여야 한다.

③ 재위촉 때도 제1항 및 제2항을 준용한다.

제3조의3(위원의 해임 및 해촉) ① 공무원인 위원의 보직변경, 공무원이 아닌 위원의 임기만료 또는 위원으로서의 직무수행이 불가능하거나 곤란한 사유가 발생할 때에는 간사는 그 사유를 위원장에게 보고하고 위원장은 당해 위원의 해임 또는 해촉과 새로운 위원의 임명 또는 위촉을 위한 제청절차를 취하도록 한다.

② 위원의 명단과 경력사항은 임명 또는 위촉한 즉시 정보통신망 등을 활용하여 공개한다.

제4조(직원) ① 간사는 법무부 분류심사과장 또는 분류심사과 서기관의 직에 있는 자로 한다.

② 서기는 3인 이내로 하고, 법무부 분류심사과 직원 중에서 임명한다.

제5조(회의소집) 위원회의 회의는 월1회 정기적으로 소집한다. 다만, 위원장이 필요하다고 인정하는 경우에는 임시로 회의를 소집할 수 있다.

제6조(정기회의) ① 정기회의 개최일은 위원회의 회의에서 결정한다.

② 간사는 위원회의 상정예정 안건의 주요내용을 사전에 위원장에게 보고하여 그 내용을 확정한다.

제7조(임시회의) ① 위원장이 제5조 단서의 규정에 의한 임시회의를 소집하는 경우에는 간사는 지체 없이 각 위원에게 이를 통지한다.

② 간사는 제1항의 임시회의에 상정할 예상안건을 위원장에게 보고하여 회의 전일까지 확정한다.

제8조(서면의결) 위원장은 「행정기관 소속 위원회의 설치·운영에 관한 법률」 제9조 및 같은 법 시행령 제5조에 따라 회의를 개최할 시간적 여유가 없거나 사안이 경미하다고 인정되는 경우 서면의결을 결정할 수 있다.

제9조(심사자료의 작성·배부) ① 간사는 가석방 적격 및 가석방취소 심사를 신청한 관계자료를 검토한 후, 그

검토의견과 이유를 가석방 적격심사 및 신상조사표, 가석방취소심사 및 조사표 등에 기재하여야 한다.

② 제1항에 따른 가석방 적격심사에 대한 검토의견은 적격, 부적격, 보류, 신중검토로 구분한다.

③ 간사는 가석방 적격심사와 가석방취소심사를 구분하여 심사안건을 작성한다.

④ 간사는 심사안건별로 심사대상자의 성명, 신청기관, 간사의 의견 등을 기재한 심사안건 명세표를 작성하고, 그 내용을 종합한 심사안건 총괄표를 작성한다.

⑤ 간사는 가석방 적격심사 및 신상조사표와 가석방취소심사 및 조사표의 사본을 작성하고, 심사안건 명세표의 등재순서에 따라 편철한다.

⑥ 간사는 제4항 및 제5항의 심사자료를 회의 7일 전까지 각 위원에게 배부한다. 다만, 부득이한 경우에는 회의 당일에 배부할 수 있다.

⑦ 간사는 각 위원에게 배부된 심사자료를 회의가 끝난 후 회수한다.

제10조(심사대상자 및 관계인의 출석) 위원장은 심사대상자 및 관계인의 의견을 구하거나 진술을 청취할 필요가 있는 경우 위원회에 출석시킬 수 있다.

제11조(비공개 원칙) 회의는 공개하지 아니한다. 다만, 위원장은 필요한 경우에 회의에 관계인 등의 참여를 허가할 수 있다.

제12조(심사자료 보고) ① 간사는 심사할 안건에 대하여 위원들에게 미리 배부한 심사자료에 따라 그 내용과 취지를 보고한다.

② 위원은 간사 및 관계인에게 설명을 요구하거나 질문을 할 수 있다.

제13조(심사보류) 위원장은 재심사가 필요하다고 판단되는 안건에 대하여는 다음 회의로 그 결정을 보류할 수 있다.

제14조(표결) ① 심사가 완료된 안건에 대하여는 각 안건마다 표결로 그 가부를 결정한다.

② 위원장은 표결에 참여하며 각 안건에 대한 표결결과 가 · 부 동수인 경우에는 부결된 것으로 본다.

③ 보류로 의결된 안건은 다음 회의 가석방 적격심사 대상자에 포함한다.

④ 위원장은 표결하는 동안 간사, 서기 및 위원이 아닌 자는 퇴실시킬 수 있다.

제15조(심의서 작성) ① 간사는 위원회의 주요 결정 내용을 기재한 별지 제1호서식의 「가석방심사위원회 심의서」를 작성하여 각 위원의 기명 · 날인을 받아 회의록에 편철한다.

② 심의서는 해당 가석방 결정 등을 행한 후 정보통신망 등을 활용하여 공개한다. 다만, 개인의 신상을 특정할 수 있는 부분은 삭제하고 공개하되, 국민의 알권리를 충족할 필요가 있는 등의 사유가 있는 경우에는 위원회가 공개의 구체적 범위, 공개의 방법 · 내용 등을 달리 정할 수 있다.

제16조(회의록 작성) ① 서기는 회의에 참석하고 회의록을 작성하여 간사 및 위원장의 서명 또는 날인을 받아 이를 보관한다.

② 회의록에는 다음 사항을 기재한다.

1. 회의종류, 일시 및 장소

2. 출석한 위원, 간사 및 서기

3. 심사안건 요지

4. 심사경위

5. 심의사항

6. 기타 필요한 사항

③ 회의록은 해당 가석방 결정 등을 행한 후 5년이 경과한 때부터 정보통신망 등을 활용하여 공개한다. 다만, 개인의 신상을 특정할 수 있는 부분은 삭제하고 공개하되, 국민의 알권리를 충족할 필요가 있는 등의 사유가 있는 경우에는 위원회가 공개의 구체적 범위, 공개의 방법·내용 등을 달리 정할 수 있다.

제17조(결과통보) 가석방이 허가된 자의 명단은 법무부 범죄예방정책국장 및 해당 교정기관장에게 통보한다.

제18조(위임 전결사항) 위원회 제반 문서의 처리는 '법무부 위임전결 규정'이 정하는 바에 의한다

제19조(기타사항) 이 지침에 규정되지 아니한 사항에 관하여는 위원회의 결정 또는 일반관행에 따른다.

부칙 〈제1352호, 2024. 12. 23.〉

제1조(시행일) 이 지침은 2025년 1월 1일부터 시행한다.

제2조(재검토 기한) 법무부장관은 이 예규에 대하여 2025년 1월 1일을 기준으로 매 3년이 되는 시점(매 3년째의 12월 31일까지를 말한다)마다 그 타당성을 검토하여 개선 등의 조치를 하여야 한다

06

보안

수용관리 및 계호업무 등에 관한 지침

제정 [2018.03.26. 법무부 훈령 제1142호]
개정 [2018.07.06. 법무부 훈령 제1166호]
개정 [2019.03.07. 법무부 훈령 제1211호]
개정 [2021.11.11. 법무부 훈령 제1387호]
개정 [2024.03.18. 법무부 훈령 제1520호]
개정 [2024.11.01. 법무부 훈령 제1543호]

제1편 총칙

제1조(목적) 이 지침은 「형의 집행 및 수용자의 처우에 관한 법률」, 같은 법 시행령 및 시행규칙에 따른 수용자 관리와 교도소·구치소 및 그 지소의 안전과 질서유지 및 「교도관 직무규칙」 제5조, 제18조 및 제48조에 따라 교정시설에서 근무하는 교도관의 보안근무 및 계호업무에 관한 기본사항 등을 규정함을 목적으로 한다.

제2편 수용관리

제1장 통칙

제2조(수용질서 확립) 교도소·구치소 및 그 지소(이하"교정시설"이라 한다)의 장(이하 "소장"이라 한다)은 교정시설의 안전과 질서유지를 위하여 「형의 집행 및 수용자의 처우에 관한 법률」(이하 "법"이라 한다), 「형의 집행 및 수용자의 처우에 관한 법률 시행령」(이하 "영"이라 한다), 「형의 집행 및 수용자의 처우에 관한 법률 시행규칙」(이하 "규칙"이라 한다) 등 관련 법령에 따라 수용자가 지켜야 하는 준수사항을 수시로 교육하고 단속하여야 한다. 이를 위해 소장은 교정시설의 수용질서 확립에 필요한 사항을 정할 수 있다.

제3조(수용 공간 적정온도 유지) 소장은 혹서기, 혹한기에 수용자가 생활하는 거실, 작업장 등의 온도가 적정하게 유지될 수 있도록 노력하여야 한다.

제2장 엄중관리대상자 관리

제1절 엄중관리대상자 관리 일반

제4조 비공개

제5조 비공개

제6조(수용기록부 등 표시) ① 엄중관리대상자의 수용기록부, 거실지정용 종이명찰, 분류심사표, 의무기록부 등에는 다음 각 호와 같이 각각 그 상단우측 여백에 적색으로 표시하여 관리하여야 한다.

1. 조직폭력수용자 : ㉑

2. 마약류수용자 : ⑩

3. 관심대상수용자 : ⑭

② 관심대상수용자의 경우 제1항에 따른 표시 외에 구체적인 지정 사유를 추가로 표시할 수 있다.

제7조(전자수용기록부 등 표시) ① 엄중관리대상자에 대하여는 교정정보시스템의 수용기록부 오른쪽 윗부분에 엄중관리대상자의 구분에 따라 다음 각 호의 문구를 적색으로 표시하여야 한다. 이 경우 엄중관리대상자의 구분이 중복되는 경우에는 중복하여 표시하여야 한다.

1. 조직폭력수용자

2. 마약류수용자

3. 관심대상수용자

② 관심대상수용자의 경우 제1항에 따른 표시 외에 구체적인 지정 사유를 추가로 표시할 수 있다.

제8조(과거수용기록부 등의 편철) ① 소장은 과거에 다른 교정시설에 수용된 사실이 있는 엄중관리대상자에 대하여 필요할 경우 해당 교정시설로부터 과거수용기록 중 주요기록을 교부받아 현재의 수용기록부에 편철하여야 한다.

② 제1항에 따라 과거수용기록에 대한 교부를 요구받은 소장은 해당 기록을 신속히 송부하여야 한다.

제9조 비공개

제10조 비공개

제11조 비공개

제12조 비공개

제2절 조직폭력수용자 및 마약류수용자

제13조 비공개

제14조(마약류수용자의 분리수용) 마약류수용자는 순수초범과 누범으로 분리수용하고, 수용형편 등을 고려하여 부득이한 경우 외에는 가능한 한 단순투약과 밀수 · 제조 · 판매 등을 분리수용 하여야 한다. 다만, 수용거실 부족 등 부득이한 경우에는 비교적 죄질이 경미한 수용자와 같은 거실에 수용할 수 있다.

제3절 관심대상수용자

제15조(관심대상수용자의 수용) ① 관심대상수용자는 독거수용 하여야 한다. 다만, 소장은 자살예방 등을 위하여 필요할 경우 혼거수용 할 수 있다.

② 제1항 단서의 경우에는 관심대상수용자와 혼거할 수용자를 엄선하여야 한다.

제16조(관심대상수용자의 운동 등) ① 관심대상수용자의 운동 · 목욕 · 이발 등은 단독으로 실시함을 원칙으로 한다. 다만, 관심대상수용자의 처우 및 교정 · 교화 등 특별한 사유가 있을 경우에는 예외로 한다.

② 제1항 단서의 경우에는 사전에 수용관리팀장의 허가를 받아야 하며, 필요한 경우 계호직원을 증가 배치하고 특이 사항 발생 시 보안과장에게 보고하여야 한다.

제17조(관심대상수용자의 진료) 관심대상수용자의 진료는 거실치료 및 순회진료를 원칙으로 하되 의료과 등에 동행하여 진료할 경우에는 계호에 특히 유의하여야 한다.

제18조(보호장비 착용자의 운동 등) ① 보호장비를 착용 중인 관심대상수용자의 운동 · 치료 · 접견 · 상담 등은 보호장비를 착용한 상태에서 실시함을 원칙으로 한다. 다만, 보호장비를 해제하여야 할 필요성이 있으면 사

전에 보안과장의 허가를 받아 이를 해제할 수 있다.

② 보호장비를 착용 중인 관심대상수용자의 목욕은 목욕실 내에서 보호장비를 해제한 후 실시하여야 한다.

제19조(관심대상수용자의 공동행사참가 등) ① 관심대상수용자가 종교집회 등에 참석할 경우에는 좌석을 분리하고 계호 책임 직원이 근접 계호하여야 한다.

② 소장은 관심대상수용자에 대하여 성직자, 외부 상담전문가 등과 자매결연을 주선하여 상담 등을 통한 자력개선 및 심성순화가 이루어지도록 노력하여야 한다.

제20조 비공개

제3장 공안사범 및 공안관련사범 관리

제21조 비공개
제22조 비공개
제23조 비공개
제24조 비공개
제25조 비공개
제26조 비공개
제27조 비공개

제4장 소년수용자 관리

제28조 비공개

제29조(상담 등) 소장은 무의탁 또는 불우 소년수용자에 대하여 교도관 또는 교정참여인사(법 제130조의 교정위원, 그 밖에 교정행정에 참여하는 사회 각 분야의 학식과 경험이 풍부한 사람을 말한다. 이하 같다)와의 상담 등을 통하여 정서적 안정을 갖도록 노력하여야 한다.

제30조(석방) 소년수용자를 석방할 경우에는 가능한 한 보호자에게 신병이 인계되도록 노력하여야 한다.

제31조(이송) ① 소년수용자가 형이 확정된 경우에는 형집행지휘서를 접수한 날로부터 1월 이내에 소년교도소로 이송한다. 다만, 집행할 형기가 3월 미만인 수용자는 예외로 한다.

② 소년교도소에서 처우를 받던 소년수용자가 만 23세에 이르게 된 때에는 2월 전에 법무부장관에게 이송신청을 하여야 한다.

제5장 노역수형자 관리

제32조(신체검사) 교정시설에 처음으로 수용되는 노역수형자의 경우에는 특히 질병·외상 등 신체의 이상 유무를 세밀히 확인하여야 하며 신체의 이상을 발견한 경우에는 해당 노역수형자의 자술서와 인계자의 확인서를 받고, 필요한 경우 해당 부위를 촬영하는 등 신상관련 자료를 충분히 확보하여야 한다.

제33조(간병수용자를 통한 보호) 소장은 노역수형자가 질병 또는 음주로 인하여 보호가 필요한 경우에는 의무관의 의견을 들어 그 증상이 완화될 때까지 간병수용자와 혼거수용할 수 있다.

제34조(작업지정) 노역수형자는 그 집행개시와 동시에 작업을 지정하여야 한다. 다만, 질병 및 작업장 사정 등으로 작업을 하지 못할 사유가 있는 경우에는 그러하지 아니할 수 있다.

제6장 기타 수용자 관리

제35조(성소수자 처우) ① 소장은 일반인과 다른 성적 지향, 성정체성, 신체 등을 지닌 신입수용자(이하 "성소수 수용자"라 한다)는 상담결과 및 의무관의 판단에 따라 안정된 수용생활을 유도하기 위한 별도의 상담자를 지정하여야 한다.

② 소장은 성소수 수용자 처우를 위해 필요한 경우 외부전문의 진료 등 의료처우를 실시할 수 있다.

③ 소장은 의무관 또는 외부의료시설 전문의의 의견과 상담결과 등을 종합적으로 고려하여 성소수 수용자의 성적 정체성에 적합한 수용동에 독거수용 하여야 한다. 다만, 자살 등 교정사고 예방 및 사회복귀를 위해 필요한 경우에는 혼거수용 할 수 있다.

④ 소장은 다음 각 호의 사항을 유의하여 성소수 수용자에 대해 성희롱, 성폭행 및 인권침해 논란이 발생하지 않도록 노력하여야 한다.

1. 운동 · 목욕 별도 실시 및 이동 시 단독 동행 등

2. 수용거실 앞 칸막이 설치 등 계호시설 보강

3. 기타 필요한 경우 다른 수용자와 분리

⑤ 소장은 성소수 수용자의 성적 정체성에 맞게 처우하되, 두발 길이 등 자신의 신체 및 의류를 청결히 유지하도록 교육하여야 한다.

제36조(보호외국인의 처우) 소장은 「출입국관리법」 제51조 및 제52조에 따른 보호외국인이 교정시설에 수용된 경우에는 미결수용자에 준하여 처우하고, 기타 필요한 경우에는 관할 출입국관리사무소장 등에게 통보하여 적절한 조치를 받을 수 있도록 하여야 한다.

제37조 비공개

제7장 수용자 거실지정 업무
제1절 거실지정 업무 일반

제38조(거실지정) ① 공범 관계에 있는 수용자, 동일 계보의 조직폭력 수용자, 서로 대립 관계에 있는 수용자 등 부정모의에 의한 증거 인멸이나 도주 등이 우려되는 수용자는 서로 다른 거실에 수용하여야 한다.

② 신입자가 장애인 또는 환자인 경우에는 거실지정에 앞서 의무관의 의견을 참고하여야 하며, 치료가 필요한 환자인 경우에는 의무관에게 통보하여 적절한 조치를 받도록 하여야 한다.

③ 미결 수용자는 가급적 2명 이상을 같은 거실에 지정하여 수용자간 서열이 형성되는 것을 방지하도록 한다.

④ 미결수용자 및 작업이 지정되지 않은 수형자가 거실지정 이후 6개월을 경과한 때에는 그로부터 30일 이내에 다른 거실로 지정하여 수용자간 서열이 형성되는 것을 방지하도록 한다. 다만, 마약류수용자는 이를 적용하지 아니한다.

⑤ 환자, 장애인, 노약자, 자살우려자 등과 기관 운영상 합당한 사유가 있는 경우에는 제4항의 예외를 둘 수 있다.

제39조 비공개

제40조(거실지정 기준 표지판 부착) ① 수용자의 거실 앞에는 거실지정기준 표지판을 부착한다.

② 제1항에 따른 거실지정기준 표지판의 규격과 부착위치는 【별표 5】와 같다.

③ 제2항의 거실지정 기준을 세분하거나 축소하여 운영하는 교정시설에서는 그에 따라 거실지정기준 표지판에 표시할 거실지정기준을 조정할 수 있다.

제2절 미결수용자 거실지정

제41조(거실지정기준) 미결수용자의 거실지정은 기본분류, 재범방지분류, 보완분류 및 추가분류로 구분하여 실시한다.

제42조(기본분류) 미결수용자의 기본분류 대상은 다음 각 호와 같다.

1. 남성과 여성
2. 성년과 소년
3. 공범자간
4. 내국인과 외국인
5. 노인과 그 외의 수용자

제43조(재범방지분류) ① 미결수용자의 재범방지분류 대상은 다음 각 호와 같다.

1. 죄명별
2. 순수초범과 누범

② 제1항 제1호의 죄명별 분류기준은 공안사범 2개군(공안사범 및 공안관련사범을 말한다)과 일반사범 3개군(강력범, 마약류사범, 기타사범을 말한다)으로 구분한다.

③ 죄명별 세부분류 기준은 【별표 2】와 같다.

④ 제3항과 관련하여 「특정범죄 가중처벌 등에 관한 법률」상 "강도"는 "강력범"으로, 「특정경제범죄 가중처벌 등에 관한 법률」상 "횡령"은 "재산범"으로 각각 분류하는 등 특별법 위반사범은 그 범죄내용에 따라 해당 범죄유형으로 구분한다.

제44조(보완분류) 미결수용자의 보완분류 대상은 다음 각 호와 같다.

1. 재산범과 과실범
2. 강력범 중 특정강력범과 폭력범
3. 피의자와 피고인

제45조(추가분류) 미결수용자의 추가분류 대상은 다음 각 호와 같다.

1. 외국인 중 동양계와 서양계
2. 그 밖에 소장이 재범방지를 위하여 분류수용이 필요하다고 인정하는 수용자

제46조(거실 분리) 소장은 제42조부터 제45조까지의 규정에 따른 분류대상에 대하여 서로 거실을 분리하여 수용하여야 한다. 다만, 제42조 제4호 · 제42조 제5호 · 제43조 · 제44조 · 제45조 각 호에 따른 분류 대상자로서 수용과밀 등 특별한 사정이 있는 경우에는 예외로 한다.

제47조(거실지정의 우선순위) ① 미결수용자 거실지정은 기본분류, 재범방지분류, 보완분류, 추가분류의 순으로 한다.

② 미결수용자 거실지정 시 우선순위의 적용은 【별표 3】과 같다.

제48조(수개의 죄명에 대한 분류) 수개의 죄명으로 공소제기 된 경우에는 【별표 2】에 따른 상위죄명으로 분류한다.

제49조(거실지정 기준 표시) ① 소장은 수용자 명찰표 상단 왼쪽 여백에 거실지정 기준을 청색으로 표시하여야 한다.

② 소장은 미결수용자의 공범관계, 동일계보 조직폭력, 증인·피해자 등 사건관계, 상호 대립관계 등 서로 분리하거나 식별을 용이하게 할 필요가 있는 경우 명찰표, 수용자번호 등에 적색으로 식별부호를 표시하여야 한다.

③ 근무자는 죄명·범수 등 거실지정 기준에 변동이 있을 경우에는 명찰표 등의 표시를 지체 없이 정정하여야 한다.

④ 제1항에 따른 표시 방법 및 주요 거실지정 기준은 【별표 4】와 같다.

제3절 수형자 거실지정

제50조(거실지정기준) 수형자의 거실지정은 기본분류, 경비처우분류 및 추가분류로 구분한다.

제51조(기본분류) 수형자의 기본분류 대상은 제42조 각 호와 같다.

제52조(경비처우분류) ① 미취업 수형자의 경비처우분류 대상은 다음 각 호와 같다.

1. 개방처우급·완화경비처우급과 일반경비처우급·중경비처우급

2. 특정강력범과 기타사범

② 취업수형자(영 제11조 단서에 따른 거실작업자를 포함한다)의 경비처우분류 대상은 다음 각 호와 같다.

1. 작업장별 개방처우급·완화경비처우급과 일반경비처우급·중경비처우급

2. 직업훈련생, 학과교육생, 외부통근자 등 별도의 처우가 필요한 수형자와 다른 작업장 수형자

제53조(추가분류) 수형자의 추가분류 대상은 다음 각 호와 같다.

1. 개방처우급과 완화경비처우급

2. 직업훈련생은 직종별, 학과교육생은 과정별, 외부통근자는 작업장별

3. 40세 미만과 40세 이상

4. 그 밖에 소장이 개별처우를 위하여 분류수용이 필요하다고 인정하는 수용자

제54조(거실 분리) 소장은 제51조부터 제53조까지의 규정에 따른 분류대상자에 대하여는 서로 거실을 분리하여 수용하여야 한다. 다만, 제42조 제4호, 제42조 제5호·제43조 제2항 및 제52조·제53조에 따른 분류대상자로서 수용과밀 등 특별한 사정이 있는 경우는 예외로 한다.

제55조(거실지정의 우선순위) 수형자 거실지정의 우선순위는 기본분류, 경비처우분류, 추가분류의 순으로 한다.

제4절 피보호감호자의 거실지정

제56조(거실지정 기준) 피보호감호자(이하 "감호자"라 한다)의 거실지정은 기본분류, 처우분류 및 추가분류로 구분한다.

제57조(기본분류) 감호자의 기본분류 대상은 다음 각 호와 같다.

1. 남성과 여성

2. 공범자간

3. 내국인과 외국인

4. 노인과 그 외의 수용자

제58조(처우분류) ① 미취업 감호자의 처우분류 대상은 특정강력범과 기타사범으로 한다.

② 취업 감호자의 처우분류 대상은 다음 각 호와 같다.

1. 처우등급 가급·나급·다급·라급 상호간

2. 직업훈련생, 학과교육생, 외부통근자, 서예반, 거실치료자 등 상호간과 다른 감호자

3. 기타 감호자는 작업장별

제59조(추가분류) ① 감호자의 추가분류대상은 다음 각 호와 같다.

1. 직업훈련생은 직종별, 학과교육생은 과정별, 외부통근자는 작업장별

2. 40세 미만과 40세 이상

3. 그 밖에 소장이 개별 처우상 분류수용이 필요하다고 인정하는 수용자

제60조(거실분리) 소장은 제57부터 제59조까지의 규정에 따른 분류대상자에 대하여 서로 거실을 분리하여 수용하여야 한다. 다만, 제58조·제59조에 따른 분류대상자로서 수용과밀 등 특별한 사정이 있는 경우에는 예외로 한다.

제61조(거실지정의 우선순위) 감호자 거실지정 시 우선순위는 제55조를 준용한다.

제8장 미결수용자 사복착용

제62조(종류 및 수량) ① 법 제82조에 따라 미결수용자가 착용할 수 있는 사복과 신발(이하 "사복 등"이라 한다)의 종류는 다음 각 호와 같다.

1. 정장, 점퍼, 셔츠 등 의복

2. 구두, 운동화 등 신발

② 교정시설에 반입할 수 있는 사복 등의 수량은 종류별로 한 벌 및 한 켤레로 하며 셔츠류는 2벌까지로 한다.

③ 사복 등은 외관상 단정하고 위생, 보관 등 관리에 적합한 것이어야 한다.

제63조(사복 등의 교환) 소장은 보관 중인 사복 등이 제62조 제3항의 기준에 맞지 아니하거나 계절의 변화 등으로 착용에 적합하지 아니한 경우에는 새로운 사복 등으로 교환하게 할 수 있다.

제64조(세탁) ① 소장은 미결수용자가 신청하거나 그 밖에 필요한 경우에는 교정시설 내부나 외부에서 보관 중인 사복을 세탁하게 할 수 있다.

② 제1항의 세탁비용은 미결수용자 본인의 부담으로 한다.

제65조(수용자 번호표 착용) 소장은 미결수용자가 사복을 착용할 경우에 별도로 정하는 수용자 번호표를 착용하게 할 수 있다.

제66조(세부사항) 소장은 미결수용자의 사복착용에 관하여 필요한 절차 등 세부사항을 정하여 시행할 수 있다.

제9장 접견업무
제1절 접견업무 일반

제67조(토요일 접견) ① 토요일에는 영 제58조 제1항에 따라 접견을 실시하지 아니 한다. 다만, 4부제 보안근무를 실시하는 교정기관은 접견실(수용자와 교정시설 외부에 있는 사람과의 접견을 위하여 접촉차단시설이 설치된 장소)에서 접견을 실시할 수 있다.

② 제1항 단서에 따라 접견을 실시하는 경우에는 접견을 예약한 다음 각 호의 민원에 한하여 접견을 실시한다.

1. 19세 미만의 수용자 자녀 및 주 보호자(미성년자의 주된 양육자를 말한다. 이하 같다) 1인

2. 영 제95조에 따라 평일에 접견을 하지 아니한 집중근로 수형자를 접견하려는 자

③ 삭제

④ 제2항 제1호에 따른 주 보호자 1인을 동반한 13세 미만의 자녀에 대해서는 접촉차단시설이 없는 장소에서 돌봄접견을 실시할 수 있다.

⑤ 제90조 제2항 각 호에 해당하는 수용자 및 다음 각 호에 해당하는 경우에는 돌봄접견을 하여서는 아니 된다. 다만, 제90조 제1호에서 제3호까지의 수용자로서 특히 필요한 경우에는 돌봄 접견을 하게 할 수 있다.

1. 죄명 또는 범죄 내용이 아동·청소년 및 친족관계 성범죄 수용자

2. 죄명 또는 범죄 내용이 아동·가정폭력 관련 범죄 수용자

3. 직원폭행 전력이 있거나 직원폭행 우려자로 지정된 수용자

4. 외부인을 통하여 허가 없이 물품을 반입하거나 반입을 시도한 전력이 있는 수용자

5. 기타 돌봄접견을 실시하기에 특히 부적정하다고 판단되는 경우

⑥ 제4항에 따른 돌봄접견은 접견 횟수에 포함되며, 돌봄접견을 실시한 날부터 2개월이 지나야 다시 실시할 수 있다.

⑦ 돌봄접견의 청취·기록을 위하여 교도관을 참여하게 하여야 한다.

⑧ 제117조에 해당하는 접견 녹음·녹화 대상자가 돌봄접견을 하는 경우에는 녹음을 실시하여야 한다.

제68조(피감치인 등의 접견) 「법원조직법」 제61조 등에 따라 법원으로부터 감치처분을 받고 입소한 자와 「가정폭력범죄의 처벌 등에 관한 특례법」 제29조 제1항 제5호 및 「아동학대범죄의 처벌 등에 관한 특례법」 제19조 제1항 제7호에 따른 법원의 임시조치 결정에 따라 입소한 자의 접견은 법, 영 및 규칙에서 규정하고 있는 사항 이외에는 미결수용자에 준하여 실시한다.

제69조(접견 시 부호 등 사용금지) 법 제41조 제4항에 따라 접견내용을 청취·기록·녹음 또는 녹화하는 경우에는 근무자가 이해할 수 없는 부호·은어 등을 사용하게 하여서는 아니 된다.

제70조(회당 접견민원인 수) 수용자가 접견할 수 있는 민원인은 회당 3명 이내로 한다. 다만, 소장은 필요할 경우 해당 교정시설의 접견실 규모 등을 고려하여 그 인원을 5명까지 증가시킬 수 있다.

제71조(1일 접견횟수) 수용자의 접견횟수는 1일 1회에 한하며, 접견민원인은 같은 교정시설에서 1일 1회 접견할 수 있다. 다만, 소장은 수용자의 교화 또는 처우상 특히 필요하거나 접견민원인에게 특별한 사정이 있으면 추가적으로 접견을 하게 할 수 있다.

제72조 삭제

제73조(접촉차단시설 등 설치) ① 소장은 법 제41조 제2항에 따라 미결수용자가 변호인과 접견하는 경우 등을 제외하고는 【별표 6】의 설치기준에 따라 접견실에 접촉차단시설을 설치하여 접견을 실시하도록 하여야 한다.

② 변호인 접견실(수용자와 변호인이 접견하는 장소를 말한다. 이하 같다)에는 탁자 하부에 차단막을 설치하여 물품 수수 등 부적절한 행위를 방지하여야 한다.

③ 접견실 근무자는 접촉차단시설의 파손여부, 청결상태 등 접견실의 이상 유무를 확인한 후에 접견을 실시하여야 한다.

제74조(접견실 외의 접견) ① 소장은 수용자의 질병 등 그 밖의 사유로 접견실로 동행할 수 없을 경우에는 접견실 이외의 장소에서 접견을 하게 할 수 있으며, 접견 시 교도관을 참여하게 하여야 한다.

② 제1항의 접견실 이외의 장소에서 접견을 하는 경우에는 접견민원인과의 부정물품 수수, 부정모의, 불필요한 신체적 접촉 등이 없도록 유의하여야 한다.

제2절 접견절차

제75조(방문 접수시간) 방문 민원인에 대한 접견접수는 접견을 실시하는 날에 08:30부터 16:00까지로 한다. 다만, 특별한 사유가 있는 경우에는 소장의 허가를 받아 접수시간 외에도 접수를 할 수 있다.

제76조(접견접수 시 유의사항) 접견접수 시에는 다음 각 호의 사항에 유의하여야 한다.

1. 접견접수 시 접견 민원인의 신분은 주민등록증·운전면허증·여권 등에 의하여 확인하고, 접견 민원인의

인적사항을 교정정보시스템에 입력하여 추후 접견자료로 활용할 것

2. 접견은 접견신청의 접수 순서대로 전산처리하여 회차 단위로 실시할 것

3. 접견 접수 근무자는 업무시작 전에 전일 또는 야간입소자의 명단을 확인할 것

4. 신분사항이 전산 입력되지 않은 수용자에 대하여 접견신청이 있는 경우에는 인적사항 등을 상세히 파악하여 총무과(수용기록과)에 문의하여 조치할 것

제77조(접견접수 제한) ① 접견신청자가 다음 각 호에 해당하는 경우에는 접견접수를 거부할 수 있다.

1. 술에 취해 정상적인 접견을 할 수 없다고 인정되는 경우

2. 14세 미만인 사람이 혼자 접견을 신청하는 경우 단, 직계비속은 제외

3. 정신질환이 의심되어 정상적인 접견을 할 수 없다고 인정되는 경우

4. 폭언·폭행 등으로 접견질서를 어지럽히는 경우

5. 그 밖에 교정시설의 안전과 질서유지를 해칠 우려가 있는 경우

② 제1항에 따른 접견접수의 거부에 대하여 접수를 강요하는 등 업무를 방해할 경우에는 즉시 보안본부에 연락하여 적절한 조치를 취하도록 하여야 한다.

제78조(접견신청인의 인적사항 등 기록) 소장은 수용자와의 접견을 신청하는 사람이 있으면 그의 성명, 생년월일, 주소 및 수용자와의 관계를 기록하여야 한다. 다만, 접견을 신청하는 사람이 해당 사건의 변호인인 경우에는 그의 성명 및 주소만을 기록한다.

제79조(접견동행) ① 접견동행근무자는 동행표를 수용동별·회차별로 분류하여 이에 따라 수용자를 동행하며, 근무자 한 명은 20명 이내의 수용자를 접견대기실로 동행하여야 한다.

② 접견동행근무자는 접견대상 수용자 중 공범관계에 있거나 동일계보의 조직폭력수용자 등을 동시에 동행하거나 접견대기실 등에 함께 대기시켜서는 아니 된다.

③ 접견동행근무자는 접견 전후에 접견수용자의 신체 및 의류를 검사하여야 한다.

제80조(접견 진행절차) ① 접견진행근무자는 접견 회차 및 접견 호실을 방송 또는 구두로 접견 신청자에게 고지하여야 한다.

② 접견안내근무자는 회차별로 접견신청자의 신청서와 신분증을 대조하여 이상 없음을 확인한 후 접견신청자가 먼저 접견실로 입실한 다음 해당 수용자가 입실하도록 하여야 한다.

③ 접견안내근무자는 방송이나 신호벨 등을 이용하여 접견의 시작 및 종료시간을 알려야 한다.

④ 접견 민원인이 접견시작 신호 후에도 접견실에 입실하지 않은 경우에는 즉시 진행실에 통보하여 접견진행이 지연되지 않도록 하여야 한다.

제81조(접견내용 기록 등) 영 제62조 제1항에 따라 접견에 참여하는 교도관은 접견 시 대화내용을 요약하여 접견표에 기록하고, 수용자의 교화 또는 처우상 참고가 될 만한 내용이 있으면 이를 자세히 기록하여 상급자에게 보고하고 관련부서에 통보하여야 한다.

제82조(접견표의 보관 등) 소장은 수용자를 다른 교정시설로 이송하는 경우에는 해당 접견표를 수용기록부 등과 함께 송부하고, 수용자가 석방되거나 사망하면 수용기록부에 편철하여야 한다.

제83조(접견금지 등 통보) 소장은 영 제133조 제2항 및 규칙 제222조에 따라 접견·편지수수 또는 전화통화가 제한되는 사실을 가족 등에게 통보하는 경우에는 별지 제1호 서식에 기록하여 관리하여야 한다.

제84조(접견안내문 게시) 접견실 및 접견민원실 등에는 접견 시 유의사항을 게시하고, 수시로 안내방송을 실시하여 접견 민원인에게 이를 고지하여야 한다.

제3절 변호인접견 및 공무상접견 등

제85조(실무수습 변호사 등의 변호인 접견) ① 실무수습(법률사무종사) 변호사가 변호인 접견을 신청하는 경우에는 선임된 변호인과 함께 변호인 접견을 실시하는 경우에 한하여 실시하여야 하고, 변호인 접견 신청 시 다음 각 호의 서류를 확인하여야 한다.

1. 등록 변호사 : 변호사 신분증 및 소속기관의 실무수습 확인서

2. 미등록 변호사 : 변호사시험 합격증·신분증(사진 有) 및 소속기관 실무수습 확인서

② 변호사 아닌 사람이 변호인 접견을 신청하는 경우에는 법원에서 발부한 변호인임을 증명하는 서류 등을 확인한 후에 변호인 접견을 실시하여야 한다.

제86조(변호인 접견 시 유의사항) ① 변호인의 수용자 접견은 변호인접견실에서 실시하여야 한다.

② 한 사람의 변호인이 공범관계에 있는 다수의 수용자를 접견하고자 할 경우 공범관계에 있는 수용자가 서로 접촉하지 못하도록 시간 간격을 두고 개별적으로 동행하여야 한다.

③ 접견 중에 변호인과 수용자간에 물품을 수수하거나 비밀 신호 등으로 연락하는 일이 없도록 주의 깊게 관찰하고, 접견 실시 전후 수용자에 대한 신체 및 의류검사를 철저히 하여야 한다.

④ 변호인 접견 호실에는 접견 시 유의사항을 게시하고, 비상벨 등을 설치하여 수용자의 돌출행동 등에 대비하여야 한다.

제87조(변호인 접견 시 소송서류 등 수수) ① 변호인 접견 시 변호인과 수용자간에는 소송서류와 법 제84조 제3항에 따른 편지에 한하여 수수하도록 하여야 하며, 그 이외의 물품은 보관금품의 차입·환부절차에 따른다.

② 제1항에 따라 소송서류를 수수하려고 할 경우에는 변호인 접견실 근무자가 직접 접수하여 그 내용물을 확인한 후 소송관계서류처리부에 기재하고 상대방에게 교부한다.

③ 변호인으로부터 소송서류 등에 손도장채취 신청이 있을 경우에는 손도장신청원을 제출하게 하여 정해진 절차에 따라 손도장을 받도록 하여야 한다.

④ 변호인접견실에는 소송관계서류처리부 및 접수일부인과 발송일부인을 비치하여 활용한다.

제88조(출정수용자의 접견) 출정 중인 수용자에 대하여는 접견을 허용하여서는 아니 된다. 다만, 변호인 접견은 법 제84조에 따라 다음 각 호에 유의하여 실시하여야 한다.

1. 출정 중 변호인 접견의 신청이 있는 경우에는 사전에 해당 판사 또는 검사에게 통보하고 상급자에게 보고 후 실시한다. 이 경우 접견표를 작성하여 환소 후 보안과 또는 민원과에 인계할 것

2. 판사 또는 검사가 지정한 법원 또는 검찰청 사무실 등에서 접견을 실시하여야 하고, 구치감 내에서는 실시하지 말 것

3. 계호, 편지·소송서류 및 물품 수수, 신체 및 의류검사는 교정시설에서의 변호인 접견에 준하여 시행할 것

4. 변호인 접견 수용자에 대하여는 포승과 수갑을 사용하되, 도주 등의 우려가 없는 경우에는 수갑만 사용하거나 보호장비를 해제할 수 있음

5. 출정책임교도관은 변호인 접견과정에서 발생된 특이사항은 지체 없이 소장에게 보고하고, 그 결과는 당일 출정일지에 기록·유지할 것

제89조(공무상 접견) ① 사법경찰관리, 외교관, 기타 공무소의 직원 등이 수사, 영사업무 수행 등 공무상 필요에 의하여 수용자와 접견을 신청하는 경우 형사사법정보시스템(KICS)을 통해 예약 또는 협조 요청 공문을 받아 실시하고, 접견 후에는 이를 교정정보시스템에 입력하여야 한다.

② 제1항에 따른 접견의 경우에는 공무수행에 필요한 적절한 장소를 제공할 수 있다.

③ 공무상 접견은 법, 영 및 규칙에서 정하고 있는 접견 횟수에 포함되지 아니 한다.

④ 공무상 접견은 「국가공무원복무규정」 제9조에 따른 근무시간 내에서 실시하되, 소장이 특히 필요하다고 인정하면 접견시간 외에도 접견을 하게 할 수 있고 접견시간을 연장할 수 있다.

제4절 장소변경접견

제90조(실시사유) ① 소장은 법 제41조 제3항 및 영 제59조 제3항에 따라 다음 각 호의 어느 하나에 해당하는 사유가 있는 수용자에 대하여는 접촉차단시설이 없는 일정한 장소에서 통상적인 접견방식에 따라 접견(이하 "장소변경접견"이라 한다)을 하게 할 수 있다.

1. 주한 외교사절, 외국 교정인사 등 외교 의전상 필요한 때

2. 노인, 소년, 장애인 등에 대한 가족관계 회복 등 처우가 우선하여 필요한 때

3. 취업, 창업 등 수형자의 사회복귀를 위해 특히 필요한 때

4. 교정사고 우려자 등의 상담이나 사고 예방 등 처우상 특히 필요한 때

5. 수형자의 교화 또는 건전한 사회복귀를 위하여 필요한 때

6. 미결수용자의 심리적 안정 도모, 가족관계유지 등 처우상 특히 필요한 때

7. 수용자가 미성년자인 자녀와 접견하는 경우

② 소장은 다음 각 호의 수용자에 대해서는 이를 장소변경접견을 하게 하여서는 아니 된다. 다만, 1호에서 3호까지의 수용자로서 상담 등을 위해 특히 필요한 경우에는 제91조 제3항의 교도관회의 심의를 거쳐 장소변경접견을 하게 할 수 있다.

1. 피의자(추가사건으로 수사 중인 피고인 또는 수형자 포함)

2. 규율위반으로 조사 중이거나 징벌 집행 중인 수용자

3. 규칙 제210조 각 호에 해당하는 수용자

4. 규칙 제198조, 제204조의 수용자

제91조(신청 및 실시 절차) ① 소장은 민원실 등에 별지 제2호 서식의 장소변경접견 신청서(이하 "신청서"라 한다), 별지 제3호 서식의 개인정보 수집·이용 및 고유식별정보 처리 동의서(이하 "동의서"라 한다), 장소변경접견의 취지, 실시요건 및 절차 등이 포함된 안내문을 비치 · 게시하여야 한다.

② 장소변경접견을 희망하는 민원인에게는 방문 · 이메일 · 모사전송 등의 방식으로 제1항의 신청서와 동의서를 제출하게 하여야 한다.

③ 제2항에 따라 신청이 있는 경우에는 교도관회의 심의를 거쳐 실시 여부를 결정하고, 그 결과를 지체 없이 민원인에게 통지하여야 한다. 다만, 제90조 제1항 각 호에 해당하는 것이 명백하다고 판단되거나 급속을 요하는 경우에는 교도관회의 심의를 생략할 수 있다.

④ 비공개

⑤ 장소변경접견 접수, 교도관회의 심의, 실시사유 등의 사항을 별지 제4호에 기록 · 관리하여야 한다.

⑥ 장소변경접견의 청취 · 기록을 위하여 교도관을 참여하게 하여야 한다.

⑦ 제117조에 해당하는 접견 녹음 · 녹화 대상자가 장소변경접견을 하는 경우에는 녹음을 실시하여야 한다.

제92조(횟수 제한) 장소변경접견은 접견횟수에 포함되지 아니하며 주 1회를 초과하여서는 아니 된다. 다만, 소장이 수용자의 처우상 또는 교화상 특히 필요하다고 인정하여 그 횟수를 초과하고자 할 때는 사전에 별지 제5호 서식에 따라 지방교정청장의 승인을 받아야 한다.

제93조(장소변경접견 시간대 등) ① 장소변경접견은 평일에 실시하고, 그 시간은 회당 30분 내외로 한다.

② 제1항에도 불구하고 소장이 수용자의 처우 또는 교화상 특히 필요하다고 인정하면 토요일에 장소변경접견을 하게 할 수 있다.

제94조(개방처우급 수형자 가족의 장소변경접견 신청) ① 소장은 개방처우급 수형자의 가족(민법 제779조 제1항에 해당하는 경우를 말한다. 이하 같다)이 장소변경접견을 신청하는 경우에는 특히 부적당하다고 인정하는 사유가 없으면 월 1회에 한하여 실시할 수 있다.

② 제1항의 신청은 해당 수형자의 가족이 접견일 7일전까지 신청하여야 한다.

③ 소장은 해당 수용자가 외부의료시설 진료, 사회견학, 그 밖의 사유로 접견이 불가능할 경우에는 그 사실을 신청한 가족에게 알려 주어야 한다.

제5절 장애인 및 노약자 접견

제95조(전용 접견실 등 설치) ① 소장은 【별표 7】의 장애인 및 노약자 편의시설 설치기준을 고려하여 전용 접수 창구와 접견실을 1개 이상씩 설치하여야 한다. 다만, 해당 교정시설의 접견실 구조 등으로 그 설치가 곤란한 경우에는 그러하지 아니 할 수 있다.

② 접견실은 가능하면 출입문 가까이에 설치하여 이동의 편의를 도모한다.

③ 제1항의 접견실 등은 휠체어를 이용하여 이동이 가능하도록 하고 앉은 상태에서 접수 및 대화가 가능하도록 설치하여야 한다.

제96조(이용대상자) 소장은 다음 각 호에 해당하는 사람으로서 일반접견실에서의 접견이 곤란하다고 인정하면 제95조의 전용접견실 등을 이용하게 할 수 있다.

1. 장애인

2. 70세 이상

제97조(안내판 설치 등) 소장은 안내판 설치, 안내방송 등을 통하여 장애인 접견실 등의 이용에 불편이 없도록 하여야 한다.

제98조(청각장애인 등의 접견) ① 소장은 청각장애인 등을 접견실 이외의 장소(상담실 등을 말한다)에서 접견하게 할 수 있다.

② 제1항의 접견을 하게 하는 경우에는 교도관이 참여하여야 하며, 접견 시에는 수화해독을 위해 가능한 글씨를 써서 의사소통을 하도록 유도한다.

제6절 예약접견

제99조(예약접견) ① 접견신청자가 온라인 등을 이용하거나 교정시설을 직접 방문하여 접견 예약을 신청하면 이를 접수하여야 한다.

② 접견예약 후 해당 수용자가 이송, 출정 등으로 예약된 일시에 접견이 불가능하게 된 경우에는 그 사실을 예약신청자에게 전화 등으로 알려주어야 한다.

③ 예약접견이 신청된 수용자는 특별한 사정이 없는 한 사전 동행하여 예약된 일시에 접견을 할 수 있도록 하여야 한다.

④ 예약접견 신청일에 방문접견 신청이 있는 경우에는 예약접견이 우선한다.

⑤ 예약접견 신청자가 예약된 시간까지 아무런 연락이 없는 경우에는 접견예약은 취소된 것으로 본다.

제100조(예약접견 신청자의 범위) ① 예약접견신청자는 관련 규정에 따라 접견이 제한되지 않는 사람으로 한정한다.

② 예약접견신청은 신청자가 함을 원칙으로 한다. 다만, 신청자의 위임이 있을 경우에는 대리 신청할 수 있다.

③ 제2항 단서의 위임 여부는 위임자의 주민등록번호·주소 등을 확인하여 판단한다.

제101조(접견 예약 접수 기간 및 시간) ① 접견 예약 접수 기간은 접견을 희망하는 날의 7일 전 16시 이후부터 접견 전일 16시 이전까지로 한다.

② 민원인이 직접 방문하여 접견을 예약하는 경우 접수시간은 일반접견 방문 접수 시간으로 한다.

제102조(예약접견 신청 접수 시 유의사항) ① 예약접견 신청이 있는 경우에는 근무자는 수용자·신청자·접견인의 인적사항 등을 확인하여 교정정보시스템에 입력한 후 접수번호를 지정하고, 접수번호를 신청자에게 고지한다.

② 근무자는 제1항의 조치 후 신청자에게 다음 각 호의 주의사항을 고지한다.

1. 예약접견 시간 준수

2. 신청사항 변경 시는 전화통보

3. 제105조에 따른 예약접견 불이행시의 조치내용

③ 근무자는 접견일에 접견 민원인의 접수번호와 신분증을 제시하도록 하여 교정정보시스템에서 출력한 예약접견원과 대조·확인 후 예약접견원을 교부한다.

제103조(회차별 고정시간 실시) 접견의 신뢰성 및 공평성을 확보하기 위하여 접견 회차별 시간을 고정하여 실시한다. 다만, 소장은 접견인원 부족으로 고정시간제 운용이 어려운 경우 교정시설의 사정을 고려하여 신축적으로 실시할 수 있다.

제104조(자료협조) ① 예약접견 접수직원은 해당 수용자를 관리하는 해당 근무자에게 예약접견사실을 통보하고, 근무자는 접견 불가능 사유가 있을 시에는 즉시 예약접견 접수직원에게 통보하여 민원인이 장시간 대기하는 사례가 없도록 한다.

② 출정·공동행사·진료·사회견학 등 사전에 계획된 주요 사항은 보안상 문제가 없는 한 예약접견 접수직원에게 통보하여 예약접견 신청 시 위와 같은 시간대에 예약접견이 되지 않도록 한다.

제105조(예약접견 미준수자에 대한 조치) ① 소장은 예약 접견일 전날까지 미리 취소함이 없이 접견을 실시하지 아니한 민원인에 대하여는 그 다음날부터 2주 동안 접견 예약접수를 받지 아니한다.

② 삭제

③ 소장은 예약 접견일 당일에 접견을 취소한 민원인에 대하여는 그 다음날부터 1주 동안 접견 예약접수를 받지 아니한다.

제7절 화상접견

제106조(화상접견실 설치) 수용자용 화상접견실은 정문안(이하 "구내"로 한다)에 설치하고, 민원인용 화상접견실은 민원실, 그 밖의 개방지역의 적절한 장소에 설치한다.

제107조(화상접견 접수 등) ① 화상접견예약신청이 있는 경우에는 근무자는 신청자의 인적사항, 수용자와의 관계, 신청자가 화상접견을 할 교정시설 및 일시 등을 교정정보시스템에 입력하고 수용기관의 화상접견 일정 등을 확인하여 접수한다.

② 제1항의 접수를 한 경우 근무자는 지체 없이 신청자에게 민원인이 화상접견 할 교정시설과 접견일시 등을

확인하고 접수번호를 고지한다.

③ 소장은 다음 각 호에 해당하는 경우 서로 다른 교정시설에 수용된 수용자간 화상접견을 허가할 수 있다. 이 경우 수용자 모두 접견 횟수에 포함한다.

1. 민법 제779조 제1항에 해당하는 가족관계인 경우

2. 교화 및 처우상 특히 필요하다고 인정하는 경우

④ 제3항에도 불구하고 수용자 상호간 공범관계인 경우에는 허가대상에서 제외한다. 다만, 수용생활태도 등이 양호하고 재심의사 및 추가건 여부 등을 확인하여 증거인멸의 우려가 없다고 인정되는 수형자의 경우 허가할 수 있다.

제108조(접견진행) ① 민원인용 화상접견실 근무자는 신분증 등으로 신원을 확인한 후 신청자를 화상접견실로 안내하고, 수용자용 화상접견실 근무자는 예약된 접견시간 전에 해당 수용자를 화상접견실로 동행하여야 한다.

② 소장은 민원인 또는 수용자가 화상접견장비를 고의 또는 과실로 파손하였을 경우에는 변상하도록 조치하여야 한다. 수용자가 화상접견장비를 변상하였다하더라도 수용자에 대한 형사입건 또는 징벌에 영향을 미치지 아니한다.

③ 화상접견 통신요금은 부과하지 아니한다.

제109조(준용규정) ① 화상접견은 법·영 및 규칙에서 규정한 접견으로 본다.

② 화상접견에 관한 규정은 이 지침에서 별도로 규정한 사항을 제외하고는 예약접견의 신청 및 접수에 관한 규정을 준용한다.

제8절 스마트접견

제110조(스마트접견 정의 등) ① "스마트접견"이란 민원인의 스마트폰(태블릿 PC 등 모바일 기기 포함) 또는 PC를 이용하여 화상으로 수용자와 민원인이 접견하는 것을 말한다.

② 수용자용 스마트접견실은 구내 접견실에 설치하되 각 기관의 시설 등을 고려하여 수용관리팀 사무실 등 적당한 장소에 설치할 수 있다.

제111조(접견 민원인) ① 소장은 수용자의 가족 중 다음 각 호에 해당하는 경우에 한하여 스마트접견을 하게 할 수 있다.

1. 배우자, 직계혈족 및 형제자매

2. 직계혈족의 배우자, 배우자의 직계혈족 및 배우자의 형제자매

② 제1항에도 불구하고 다음 각 호에 해당하는 사람에 대하여 스마트접견을 하게 할 수 있다.

1. 수용자와 결연을 맺은 사람

2. 제1항의 가족이 없는 경우 그 밖에 가족에 준하는 사람

3. 다른 교정기관의 교정위원

4. 수용자의 월 평균 접견 횟수, 접견인의 주거지 및 수용자와의 관계 등을 고려하여 수용자의 교화 및 사회복귀를 위해 특히 필요한 경우

제112조(스마트접견 민원인 사전등록) ① 민원실 근무자는 스마트접견을 신청하는 민원인에게 사전에 인근 교정기관을 방문하여 민원실 내에 설치된 사진기로 촬영한 사진을 제출하도록 안내하여야 하며, 가족관계증명서 등으로 신분관계를 확인하여야 한다.

② 제1항에도 불구하고 고령, 질병, 외국거주 등으로 교정기관 방문이 특히 곤란하다고 인정되는 경우에는 최근 6개월 내 촬영된 사진을 제출하도록 하여야 하며, 사진이 있는 신분증으로 본인 여부를 확인하여야 한다.

③ 제1항 및 제2항에 따라 촬영된 사진을 보관하거나 사진을 접수할 경우에는 별지 제3호 서식을 제출하도록 하여야 한다.

④ 제1항 및 제2항에 따라 촬영된 사진 또는 접수한 사진은 교정정보시스템에 보관하여 접견 진행 시 신분을 확인하는 데 활용하여야 한다.

제113조(스마트접견 접수) ① 스마트접견 예약신청이 있는 경우 근무자는 신청자의 인적사항, 수용자와의 관계, 접견일시 등을 교정정보시스템에 입력한다.

② 제1항에 따라 접수한 경우에는 근무자는 지체 없이 신청자에게 접수번호를 고지한다.

제114조(접견 진행) ① 스마트접견실 근무자는 시스템을 연결하여 사전에 접견 신청자의 인적사항, 수용자와의 관계, 접견일시, 사진 등을 확인하고, 예약 민원인이 아닐 경우에는 접견이 불가능함을 고지하여야 한다.

② 접견 신청자와 교정정보시스템에 저장되어 있는 사진을 비교하고, 예약되지 아니한 자가 접견에 참여할 경우에는 접견이 중단될 수 있음을 고지한 후 해당 수용자를 접견실로 입실시켜 접견을 진행한다.

③ 근무자는 접견 도중 예약되지 않은 자가 접견에 참여할 경우에는 접견이 중단됨을 경고하고, 그럼에도 불구하고 접견에 계속 참여하면 접견을 차단하여야 한다.

④ 접견 도중 접견시스템의 장애로 접견이 중단되면, 재접속하여 남은 접견시간 만큼 접견을 진행하고, 재접속이 불가능할 경우에는 전체 접견시간을 고려하여 접견횟수에 포함하지 않을 수 있다.

⑤ 소장은 스마트접견을 녹음·녹화하지 않는 경우에도 접견시스템을 통하여 접견과정을 모니터링 할 수 있다.

제115조(교도관의 참여) 소장은 제118조 제1항 각 호의 어느 하나에 해당하면 접견을 녹음·녹화하고 교도관을 참여하게 하여야 한다.

제116조(준용규정) ① 스마트접견은 법, 영 및 규칙에서 규정한 접견으로 본다.

② 제110조 내지 제115조에서 별도로 규정한 사항을 제외하고는 제9장 접견업무에 관한 규정을 준용한다.

제9절 접견 녹음·녹화

제117조(접견 녹음·녹화 대상자) ① 소장은 미결수용자가 접견하는 경우 녹음·녹화를 실시하여야 한다.

② 소장은 다음 각 호의 어느 하나에 해당하는 수형자 등에 대하여는 접견 시 녹음·녹화를 실시하여야 한다.

1. 조직폭력수형자, 마약류수형자, 관심대상 수형자

2. 규율위반으로 조사 또는 징벌집행 중인 수형자

3. 추가사건으로 수사 또는 재판 중인 수형자

4. 그 밖에 소장이 법 제41조 제4항 각 호에 해당한다고 인정하는 수형자

③ 제1항에도 불구하고 형확정 대기 중인 미결수용자의 접견 시 녹음·녹화에 대하여는 제2항을 준용한다.

④ 제2항 제4호에 해당하는지 여부는 교도관회의 등을 통해 수시로 재심사하여야 한다.

제118조 (녹음·녹화 접견 시 청취·기록을 위한 참여) ① 소장은 다음 각 호의 어느 하나에 해당하면 녹음·녹화 접견 시 접견내용 청취·기록을 위하여 교도관을 참여하게 하여야 한다.

1. 법원 또는 검찰로부터 교도관의 참여를 요청받은 수용자

2. 규율위반으로 조사 또는 징벌집행 중인 수용자

3. 언어 및 청각 장애인으로 대화를 통한 의사소통이 곤란한 수용자

4. 소장이 접견내용 청취·기록을 위하여 교도관의 참여가 필요하다고 인정하는 수용자

② 제1항에 따라 접견 녹음·녹화 시 교도관이 참여하는 경우에는 별지 제6호 서식에 기록·관리한다.

③ 제1항 제4호에 해당하는지 여부는 교도관회의 등을 통해 수시로 재심사하여야 한다.

제119조(녹음·녹화 대상자 사전등록) 소장은 제117조에 따라 녹음·녹화하는 경우에는 사전에 그 대상자를 교정정보시스템에 등록하여야 한다.

제120조(접견 녹음·녹화 안내 및 고지) 접견실 및 접견대기실 등에는 【별표 8】의 "접견 녹음·녹화 시 유의사항"을 게시하고, 수시로 안내방송을 실시하여야 한다.

제121조(접견 녹음·녹화관리시스템의 구성) ① 접견 녹음·녹화관리시스템(교도관의 참여 없이 기계적 장치에 의하여 접견과정을 영상모니터링·청취·녹음 또는 녹화하는 접견운용체계)은 교정정보시스템과 연계하여 운영한다.

② 접견 녹음·녹화관리시스템은 제어서버, 파일 저장장비, 마이크콘솔, 영상카메라, 운영서버, 항온랙 등 하드웨어 부분과 녹음·녹화·모니터링 프로그램 및 접견진행처리·접견장애대체 프로그램 등 소프트웨어 부분으로 구성되며, 그 구체적인 구성과 기능은 【별표 9】과 같다.

③ 제2항 전단의 하드웨어부분의 설치장소는 다음 각 호와 같다.

1. 접견실 및 복도 : 마이크콘솔, 영상카메라, 전기·통신장비 등

2. 접견진행실 : 녹음서버, 녹화서버, 접견장애대체서버, 전기·통신장비, 접견진행PC, 접견실 감시 모니터, 비상진행콘솔, 항온랙 등

3. 교정본부 또는 지방교정청 전산실 : 녹음제어서버, 녹음파일저장 장비 및 전기·통신장비 등

④ 녹음서버, 녹화서버, 접견장애대체서버 등은 단일서버로 통합구성되어 설치할 수 있으며, 그 밖에 하드웨어 사양 및 설치형태 등은 교정시설에 따라 다를 수 있다.

제122조(접견실 방음시설 설치 등) ① 접견실은 스테인리스 창살을 사이에 두고 양면에 투명강화유리를 설치하여 수용자와 민원인쪽 접견실이 완전 분리되도록 하며, 마이크콘솔을 통하지 않고는 대화를 할 수 없도록 방음시설 등을 하여야 한다.

② 수용자와 접견 민원인 접견실 쪽에 마이크콘솔을 각각 설치하고, 접견시간이 끝나면 마이크와 스피커 작동이 자동으로 중지되도록 한다.

③ 수용자의 접견상황을 영상으로 모니터링하기 위하여 접견 민원인 접견실 내벽에 영상카메라를 설치한다.

제123조(전담근무자 및 관리책임자 지정 등) ① 소장은 접견 녹음·녹화접견관리시스템 운영에 필요한 전담근무자 및 관리책임자를 지정하여야 한다.

② 제1항의 전담근무자 및 관리책임자는 접견업무 시작 전과 종료 후에 접견 녹음·녹화시스템의 장비 및 시설물 등을 확인·점검하여야 한다.

제124조(접견 녹음·녹화시스템 장애 발생 시 조치) ① 접견 녹음·녹화접견관리시스템의 장애로 정상운영이 불가능할 경우에는 접견장애대체프로그램을 지체 없이 가동하여 접견이 중단 없이 진행되도록 한다.

② 제1항의 조치 후에도 장애가 계속될 경우에는 지방교정청장 또는 법무부장관에 보고하여 필요한 조치를 받을 수 있도록 하여야 한다.

③ 제1항의 장애복구 후에는 지체 없이 녹음파일을 교정본부 또는 지방교정청 전산실에 전송한다.

제125조(접견과정 모니터링 등) ① 소장은 제117조에 따른 접견 녹음·녹화접견을 실시하지 아니하는 경우에도 접견 녹음·녹화접견관리시스템을 통하여 접견과정을 모니터링 할 수 있다. 다만, 접견내용을 청취·기

록·녹음·녹화 하여서는 아니 된다.

② 소장은 업무상 필요한 경우에는 교도관에게 검색권한을 부여하여 녹음·녹화파일에 저장된 접견내용을 시청하게 할 수 있다.

제126조(접견과정의 통제) 소장은 접견 녹음·녹화 시 또는 접견 모니터링 중에 법 제42조 각 호의 어느 하나에 해당하는 사유를 발견한 경우에는 경고방송, 마이크콘솔 작동중지, 직원에 의한 물리적 통제, 접견 중지 등 필요한 조치를 취할 수 있다.

제127조(접견 녹음·녹화접견현황의 관리) 접견 녹음·녹화 일시, 접견 민원인의 인적사항 등 수용자의 개인별 현황을 교정정보시스템에 전산 입력하여 관리한다.

제128조(접견 녹음·녹화내용의 보존) ① 수용자와 접견 민원인 간의 접견 녹음·녹화 시 접견내용은 녹음·녹화하여 녹음·녹화서버에 1차 저장 후 녹음파일은 교정본부 또는 지방교정청 전산실로 전송하여 보존하고 녹화파일은 해당 교정시설 서버에 저장·보존한다.

② 녹음파일을 교정본부 또는 지방교정청 전산실로 전송하지 못하는 경우에는 백업파일 등을 전송하거나 녹음파일을 청취한 후 기록하여 접견대장에 편철하여 보관한다.

③ 천재지변 등 불가피한 사유로 접견녹음파일을 생성하지 못하는 경우에는 파일생성 누락사유 등을 문서 또는 교정정보시스템 녹음파일 누락자 등록 프로그램을 통하여 지방교정청장의 승인을 받아야 한다.

④ 녹음파일의 보존기간은 해당 수용자의 출소일로부터 3년, 녹화파일의 보존기간은 접견일로부터 30일로 한다.

제10장 수용자 폭행사고 예방 업무

제129조 비공개
제130조 비공개
제131조 비공개
제132조 비공개
제133조 비공개
제134조 비공개
제135조 비공개
제136조 비공개
제137조 비공개
제138조 비공개

제11장 신입수용안내 및 신입식 예방 업무

제139조(교육 대상) ① 신입안내 교육의 대상이 되는 수용자(이하 "신입교육대상자"라 한다)는 다음 각 호와 같다.

1. 신입자(법원·검찰청·경찰관서 등으로부터 처음으로 교정시설에 수용되는 사람을 말한다. 이하 같다)

2. 이입자(다른 교정시설로부터 이송되어 온 수용자를 말한다. 이하 같다)

② 제1항의 신입교육대상자 중 집합교육이 어렵거나 부적당하다고 인정되는 수용자에 대하여는 수용관리팀장 등이 해당 수용자를 분리하여 신입안내 교육을 실시할 수 있다.

③ 소년수용자에 대하여는 성년과 분리하여 신입안내 교육을 실시한다.

제140조(교육 시기) ① 소장은 수용자가 입소하거나 이송된 날부터 5일 이내에 신입안내 교육을 실시하여야 한다.

② 제1항의 교육은 미결수용자와 수형자를 구분하여 실시하여야 한다.

제141조(전담근무자 배치) 신입자안내교육 등을 담당하기 위하여 전담근무자를 배치하여야 한다. 다만, 직원부족 등 부득이한 사정이 있을 경우에는 기동순찰팀 직원이나 수용관리팀장 등이 교육을 담당하게 할 수 있다.

제142조(교육방법) ① 소장은 신입안내 교육의 효율성을 제고하기 위하여 교육내용을 영상물 등으로 제작하여 신입자 교육 시 이를 활용할 수 있다.

② 신입안내 교육 근무자는 교육결과를 별지 제8호 서식에 기록하여 소장의 결재를 받아야 한다.

③ 수용거실에는 수용생활안내 책자를 비치하여 활용하도록 하여야 한다.

제143조(폭행사고 예방 등 교육) 수용관리팀장은 거실·작업장 등에 신입 배치된 수용자에 대하여 생활수칙이나 폭행 등을 당하였을 경우의 신고요령 등을 교육하여 폭행사고 예방에 노력하여야 한다.

제144조(신입식 예방감독부 비치 등) 각 교정시설에는 수용관리팀별로 별지 제9호 서식을 비치하여 해당 수용관리팀장이 신입식 방지를 위한 조치사항 등을 기록하여 보안과장에게 보고하여야 한다.

제145조(개인면담 실시) 수용동·작업장 등의 수용관리팀장은 신입교육대상자 중 도주·자살·자해 등 교정사고를 야기할 위험이 현저한 수용자에 대하여 개인면담을 실시하고 그 결과를 신입식 예방감독부에 기록하여 보안과장에게 보고하여야 한다.

제146조(작업장 등 봉사원 선정) 수용자의 자율적인 질서유지와 명랑한 수용생활 분위기를 조성하기 위하여 작업장 등에 소장이 정하는 바에 따라 수용자의 학력, 나이 및 품행 등을 고려하여 한 명의 봉사원을 선정할 수 있다. 다만 작업장 봉사원은 다음 각 호에 해당하는 요건을 충족하여야 한다.

1. 품행이 단정하고 솔선수범하며 통솔력이 있는 수용자

2. 일반경비처우급 이상

② 수용관리팀장은 월 1회 이상 각 봉사원을 대상으로 신입식 예방 등과 관련한 교육을 실시하고 그 교육결과를 신입식 예방감독부에 기록하여야 한다.

제147조(소년수용자 거실 등 관리 철저) 소년수용자, 조직폭력수용자, 마약류수용자 등의 거실에 신입교육대상자가 수용된 경우에는 신입식 등의 방지를 위하여 집중적인 관찰과 생활지도 등을 하여야 한다.

제148조(신입식 발생시 조치) ① 같은 작업장 등에서 신입식에 의한 폭행사고가 월 2회 이상 계속해서 발생한 경우에는 봉사원을 교체하여야 한다.

② 신입식이 발생한 거실에 대하여는 해당 거실의 수용자를 거실변경 조치하고, 모범거실 등에 대해서는 우대방안을 마련하여 자율적인 규율준수 분위기를 확산시켜야 한다.

제149조(신입자 교육실 정비) ① 소장은 신입자 교육실의 통풍, 정리정돈 및 청소 상태 등을 수시로 확인·점검하여야 한다.

② 신입자 교육실의 출입문 등의 유리는 쉽게 파손되지 않는 아크릴 등으로 설치하여 유리조각 등을 이용한 자해, 폭행 등의 사고가 일어나지 아니 하도록 하여야 한다.

③ 신입안내 교육에 원활을 기하기 위하여 다음 각 호에 해당하는 안내문 등을 신입자 교육실 등에 비치 또는 게시하여야 한다.

1. 신입안내 교육교안

2. 수용생활 안내문

3. 수용자 준수사항

4. 그 밖에 교육에 필요한 기자재 등

제12장 긴급 교정사고 발생 시 자동조치

제150조 비공개

제151조 비공개

제152조 비공개

제3편 계호업무

제1장 통칙

제153조(계호 교도관의 유의 사항) 계호 업무를 하는 교도관은 다음 각 호에 유의하여야 한다.

1. 복장과 용모를 단정히 하고 엄정한 근무 태도를 견지할 것

2. 미결수용자와 수형자, 피보호감호자와 수형자간 처우상 차이점에 유의하여 법규 적용에 혼동이 없도록 할 것

3. 직무와 관련하여 부정한 요구나 제의를 받은 경우에는 이를 단호히 거절할 것

4. 직무에 관한 지시명령을 성실히 수행하고, 그 내용을 임의로 변경하거나 그 범위를 벗어나서 행동하지 말 것

5. 지시명령이나 적용할 법규의 해석 등에 다른 의견이 있을 경우에는 상급자에게 자신의 의견을 제시하고 다시 지시를 받을 것

6. 수용동·작업장 등 근무자실에 수용자가 출입하는 일이 없도록 할 것. 다만, 청소 등의 사유로 출입이 필요한 경우 개인정보가 노출되지 않도록 할 것

제154조(개인용 통신 장비 휴대) ① 교도관은 계호 업무 중이거나 교정시설의 수용동·작업장 안에 있을 경우에는 개인용 통신 장비(휴대용 무선전화기 등 상호 통화가 가능한 장비를 말한다. 이하 같다)를 휴대하여서는 아니 된다. 다만, 외부통근, 외부의료시설, 호송 및 출정 등 개방지역에서 계호 업무를 수행하거나 비상 연락용으로 개인용 통신 장비의 사용이 허가된 경우에는 예외로 한다.

② 교도관은 연락처(주소, 전화번호, 개인용 통신 장비 등을 말한다. 이하 같다)를 신고하여 비상 소집 연락부에 기록하여야 하며, 연락처가 변경된 경우에는 지체 없이 정정신고를 하여야 한다.

③ 교도관은 비상 연락이 되지 않을 것으로 예상되는 장소로 외출, 여행 등을 하는 경우에는 사전에 행선지와 연락 방법을 신고하여 비상소집 시에 응답할 수 있도록 하여야 한다.

제155조(여성 수용동 야간 출입 등) ① 영 제7조에 따라 남성교도관은 다음 각 호의 경우 여성 수용동에 출입하여 필요한 조치를 할 수 있다.

1. 교정사고(교정시설에서 발생하는 화재, 수용자의 자살·도주·폭행·소란, 그 밖에 사람의 생명·신체를 해하거나 교정시설의 안전과 질서를 위태롭게 하는 사고를 말한다. 이하 같다)가 발생하여 여성 교도관만으로 그 수습이 어려울 경우

2. 응급환자의 발생 또는 시설의 훼손 등으로 긴급한 조치가 필요한 경우

3. 그 밖에 소장이 필요하다고 인정하는 경우

② 당직간부는 야간에 2명 이상이 함께 여성 수용동을 출입하여 여성 교도관의 근무실태를 확인할 수 있다.

제156조 비공개

제157조 비공개

제158조(공범자 등의 접촉차단) 공범 관계에 있는 수용자, 동일 계보의 조직폭력수용자 및 서로 대립하는 관계에 있는 수용자는 작업, 목욕, 운동, 접견, 진료, 이발 등을 분리하여 실시하고, 부정한 모의나 연락을 할 수 없도록 접촉을 차단하여야 한다.

제159조 비공개

제160조(화기 관리 등) 화재 예방을 위하여 화기를 철저히 관리하고 다음 각 호의 사항을 준수하여야 한다.

1. 허가되지 않는 장소에서는 화기를 사용하지 말 것

2. 화기 사용 장소에 점검표를 붙여 정기적으로 점검할 것

3. 화기 사용 장소에 인화물질을 가까이 두지 말 것

4. 화기 사용 후 완전히 소화되었는지 여부를 확인하는 등 사후 관리를 철저히 할 것

5. 휘발유·시너·알코올 등 인화물질은 특정장소에 보관하고 그 출입문을 시정할 것

제161조(안전사고 방지 등) 지하 식품 저장고, 정화조, 맨홀 등 유독물질 발생이 예상되는 시설에서 작업을 하는 경우에는 안전사고에 대비하여야 하며 다음 각 호의 사항을 준수하여야 한다.

1. 사전에 계획을 수립하여 비상 시 안전 대책을 마련하고 책임 간부의 참여하에 작업할 것

2. 작업을 시작하기 전 유독물질 존재 여부를 사전에 확인하고, 유독물질의 존재가 확인되면 이를 제거한 후에 작업할 것

3. 저장고, 정화조 등의 내용물을 제거할 경우에는 가급적 펌프 등 장비를 이용할 것

4. 안전사고가 우려되는 위험한 작업은 외부 전문업체에 의뢰하여 실시할 것

5. 저장고, 정화조, 맨홀은 평상 시 항상 덮개를 잠그고 수용자가 임의로 작업하는 일이 없도록 할 것

제162조 비공개

제163조(비상 신호 방법 등) 비상 신호 방법은 별도로 정해 두어야 하며 비상벨이 설치된 모든 장소는 매주 작동 상태를 확인하여야 한다.

제164조 비공개

제165조 비공개

제166조 비공개

제167조(교도관 근무일지 작성 등) 수용동, 작업장 등에 근무하는 교도관은 해당 근무지에서의 주요 업무 처리 내용 및 인계 사항 등을 교정정보시스템에 입력하여야 한다. 단, 교정정보시스템을 사용할 수 없는 근무지에서는 별지 제10호 서식에 기록하여 근무 종료 후 보안본부에 제출하여야 한다.

제168조(정보 체계 확립) ① 교도관은 수용자의 접견·편지·출정 등을 통하여 알게 된 주요 사항을 교정정보시스템 동정관찰에 입력하고 관계부서에 통보한 후 이를 소장에게 보고하여야 한다.

② 제1항의 통보를 받은 관계부서에서는 이를 수용관리에 반영하고, 예상되는 문제점을 분석하여 지체 없이 필요한 대책을 수립·시행하여야 한다.

제2장 무기 및 보안장비

제169조 비공개

제170조 비공개

제171조 비공개

제172조 비공개

제173조 비공개

제3장 각 부서별 근무

제1절 보안본부 근무

제174조(근무자의 직무) 보안본부 근무자는 보안 업무 근무자의 복무 관리, 교정장비 관리, 수용자 고충 처리, 거실지정, 출정 사무, 송달서류의 교부, 석방·이송·조사·징벌 집행 시의 수용자 동행, 사무용 소모품의 수불, 각종 장부의 정리·통계, 그 밖의 보안본부의 업무를 수행한다.

제175조(복무 관리 등) 복무 관리 근무자는 보안 업무 근무자의 결근·지각·조기퇴근·연가·병가·출장·교육 등 복무 상황을 확인하고, 그 내용을 인사관리시스템에 입력하여야 한다.

제176조(점검부 정리 등) 거실지정 근무자는 매일 일과 시작 및 일과 종료 점검 시작 10분 전까지 점검부를 정리하고 수용인원표를 작성하여 보안과장 또는 당직간부에게 제출하여야 한다.

제177조 비공개

제178조(서류의 송달) 소송서류를 총무과(수용기록과)로부터 전달받은 경우에는 신속히 해당 수용자에게 교부하고 교정정보시스템에서 출력한 소송서류 수용자 전달부에 해당 수용자의 손도장 또는 서명을 받은 후 총무과(수용기록과)에 인계하여야 한다.

제179조(소환장 등의 교부) 소환장 등 출정에 관한 서류는 출정 근무자의 서명 또는 날인을 받은 후 수용자에게 교부하여야 한다.

제180조(접견 금지 등 통보 시 조치) 관할 법원 판사 또는 관할 검찰청 검사로부터 접견 금지 또는 해제 결정 등의 통보를 받은 경우에는 즉시 접견금지자명부, 수용자접견표 및 수용기록부에 통보 내용을 기재하여 소장의 결재를 받은 후 접견·편지·보관 업무 등의 근무자에게 통보하여야 하며, 근무자는 이를 해당 수용자에게 고지하고 손도장 또는 서명을 받아야 한다.

제2절 기동순찰팀 근무

제181조 비공개

제182조 비공개

제183조 비공개

제184조 비공개

제185조 비공개

제186조 비공개

제187조 비공개

제3절 신입자 조사 근무

제188조(근무자의 직무) 신입자 조사 근무자는 다음 각 호를 기본 임무로 한다.

1. 구속영장, 이송지휘서, 수용지휘서, 형집행지휘서 등 각종 문서의 확인 및 수용자 인적 사항에 대한 조사

2. 수용자번호 및 식별부호 등의 부여

3. 인상, 신체 특징, 부상 및 질병 여부 조사

4. 신체 및 소지품 검사

5. 사진 촬영과 지문 채취

6. 준수사항 및 규율내용 등의 고지

7. 의류 및 일용품의 지급

8. 교정사고 우려자에 대한 판정자료 작성

9. 조직폭력수용자의 조직별 계보 파악

10. 수용 거실까지의 신입자 동행

11. 공범 분리 및 거실지정

12. 마약류수용자에 대한 의류 교체 지급 및 세탁 · 보관

13. 권리 구제 방법 및 수용생활 안내

제189조(서류의 확인) 수용의 근거가 되는 각종 서류를 확인하는 경우에는 특히 다음 각 호에 유의하여야 한다.

1. 지정된 수용시설과 해당 시설의 일치 여부

2. 수용서류의 수신자가 해당 소장이 맞는지 여부

3. 판사 또는 검사의 서명 날인이 있는지 여부

4. 수용에 필요한 서류의 구비 여부

5. 서류 기재 내용의 정확 여부

6. 관련 서류들의 내용이 서로 일치 하는지 여부

제190조(신상 조사) ① 신입 수용자에 대하여는 이름, 주민등록번호, 등록기준지, 주소, 직업, 사건명, 형명 · 형기, 공범 유무, 수용횟수, 장애 · 질병의 유무, 폭력조직 등 범죄단체 가입 유무 등을 조사하여야 한다.

② 음주가 의심되는 신입자에 대하여는 알코올 농도를 측정하여야 하며, 음주사실이 확인된 경우에는 인계자로부터 확인서를 받아야 한다.

③ 신입자의 가족 또는 친지 등 연고자의 전화번호 및 주소를 파악하여 수용기록부에 기록하여야 한다.

제191조(이상 유무 보고) 수용서류가 입소의 요건을 갖추고 있지 못하거나 신입자 신상과 일치하지 아니하는 경우에는 즉시 총무과장(수용기록과장)에게 보고하여 지시를 받아야 한다.

제192조(신입자 중 감염병 환자 등 처리) 신입자 중 「감염병의 예방 및 관리에 관한 법률」 제2조에 따른 감염병에 걸린 수용자가 발견된 경우에는 지체 없이 다른 수용자와 격리한 후 의료과장과 총무과장(수용기록과장)에게 보고하여 수용거절 등 적절한 조치를 취하여야 한다. 다만, 제2급 감염병인 결핵·한센병과 제3급 감염병인 B형간염·후천성면역결핍증(AIDS) 및 제4급 감염병인 성병에 걸린 수용자는 상태가 특히 중하지 않을 경우에는 인수 후에 보고할 수 있다.

제193조(신입자인수서의 교부 등) ① 호송 경찰관 등으로부터 신입자를 인수한 경우에는 당직간부가 서명한 신입자 인수서를 교부하여야 한다.

② 신입자 인수서는 신체검사를 실시하여 질병, 그 밖에 신체 이상 유무를 확인한 후 교부하여야 하며, 이상이 있는 경우에는 다음 각 호의 조치를 하여야 한다.

1. 호송 경찰관 등으로부터 신체 상태, 질병 내용을 구체적으로 명시한 확인서를 받을 것

2. 신체 이상의 정도가 심한 경우에는 본인 자술서 및 함께 입소한 수용자의 참고인 자술서를 받을 것

3. 정신질환이 의심되는 수용자는 문답 조사를 하여 그 사항을 기록할 것

제194조(수용자번호 부여 등) ① 신입자에게 수용자번호, 식별부호를 부여한 후 수용자 번호표, 수용거실을 표시한 거실표 및 거실 앞의 이름표를 제작하여야 한다. 다만, 수용자의 교화 또는 건전한 사회복귀를 위하여

특히 필요하다고 인정하면 수용자 번호표(카드형) 제작으로 대신 할 수 있다.

② 수용자 번호표는 수용자의 상의 왼쪽 가슴에, 거실표는 상의 오른쪽 가슴에 부착하도록 하여야 한다. 다만, 수용자 번호표(카드형) 부착으로 대신하는 경우에는 수용자의 상의 왼쪽 가슴에 부착하도록 하여야 한다.

제195조(거실지정) ① 소장은 신입자에 대하여 경비처우급·죄명·공범관계·범죄단체 가입여부 등을 고려하여 거실을 지정한다.

② 제1항에도 불구하고 야간, 토요일 및 공휴일 등에 신입하는 수용자로서 정상적인 거실지정이 곤란한 경우에는 제42조와 제43조 제1항 제2호에 따른 거실지정기준의 범위에서 임시로 거실지정을 할 수 있다.

③ 제2항에 따른 수용은 그 기간을 1일 이내(다만 다음날이 토요일·공휴일인 경우 3일 이내로 한다)로 한다.

④ 신입자가 수용되어 있는 거실에 대해서는 신입일로부터 3일 동안 거실출입문 등에 "신입"이라고 쓴 표찰을 걸어 놓아야 한다.

⑤ 신입자 거실 수용기간을 경과한 수용자에 대하여는 경비처우급·죄명·공범관계·연령·질병·국적 등을 고려하여 거실을 재지정하여야 한다.

제196조(입소 보고) ① 신입자 중 공안(관련)사범, 조직폭력수용자, 마약류수용자, 그 밖에 계호상 특히 주의가 요구되는 수용자 또는 생활 문화가 현저하게 다른 외국인은 수용기록부에 기록하고 상급자에게 보고하여야 한다.

② 신입자 중 접견이 금지된 수용자가 있는 경우에는 신속히 총무과장 또는 민원과장에게 보고하여야 한다.

제197조(신상 조사 내용 기록) ① 신상에 관한 조사 내용은 신상조사표의 해당란에 기록하고 특히 다음 각 호가 누락되지 않도록 하여야 한다.

1. 주요 경력(학력, 입소 전 직업 등을 말한다)

2. 교정시설 수용 사실 유무 및 최종 수용되었던 시설과 출소 연월일

3. 형의 집행유예, 보석, 구속 집행정지, 형 집행정지 및 가석방 중인지 여부

4. 출소 후의 귀주지, 신병 인수자의 성명, 연령, 직업, 본인과의 관계 및 연락처

5. 친족의 주소, 성명, 연령, 직업, 본인과의 관계 및 연락처

② 신상 조사 내용 중 해당 수용자의 계호 및 처우상 특히 참고할 사항이 있는 경우에는 그 요지를 기록하여야 한다.

제198조 비공개

제199조 비공개

제200조(신체 특징 기록 등) 영 제17조 제1항에 따른 신체 특징의 기록이 어려운 경우에는 사진을 촬영하여 수용기록부에 첨부하여야 한다.

제201조(의류 검사 등) ① 의류 등을 검사할 경우에는 다음 각 호에 유의하여야 한다.

1. 수용 목적에 위배되거나 교정시설의 안전 및 질서를 해할 만한 물품의 소지 및 은닉 여부

2. 품목·규격·수량이 거실 사용 및 보관 기준에 적합한지 여부

3. 파손되면 흉기로 사용될 수 있는 유리 제품이나 변조하여 흉기로 사용될 수 있는 물품이 있는지 여부

② 제1항 각 호에 해당되는 물품을 발견한 경우에는 지체 없이 상급자에게 보고하여야 한다.

③ 제1항 제2호 및 제3호에 해당되는 물품은 보관시켜야 한다. 다만, 오염 또는 파손 등으로 보관이 곤란한 경우에는 본인의 확인을 거쳐 가족 등에게 교부하거나 폐기할 수 있다.

제202조(형 확정자에 대한 교육) 형 확정 등으로 미결에서 기결로 신분이 변동된 수용자에 대하여는 별도의 지

정된 장소에서 법 제17조의 규정내용을 고지하고, 그 밖에 수형 생활을 함에 있어 유의하여야 할 사항을 교육하여야 한다.

제4절 거실 및 작업장 검사 근무

제203조(근무자의 직무) 검사 근무자는 거실·작업장, 그 밖에 시설물에 대한 검사와 수용자의 신체 및 의류 검사에 관한 업무를 수행한다.

제204조 비공개

제205조 비공개

제206조 비공개

제207조 비공개

제208조 비공개

제209조 비공개

제210조 비공개

제5절 정문 근무

제211조(근무자의 직무) 정문 근무자는 사람·차량·물품의 정문 출입통제와 정문 및 그 주변에 대한 경비업무를 수행한다.

제212조 비공개

제213조 비공개

제214조 비공개

제215조 비공개

제216조 비공개

제217조 비공개

제218조 비공개

제219조 비공개

제220조 비공개

제221조 비공개

제222조 비공개

제223조 비공개

제224조 비공개

제6절 외부 정문 근무

제225조(근무자의 직무) 외부 정문 근무자는 사람, 차량, 물품의 출입에 대한 일차적 통제 및 외부 정문과 그 주변에 대한 경비 업무를 수행한다.

제226조 비공개

제7절 개방지역 중문 근무

제227조(근무자의 직무) 개방지역 중문(정문 외에 주벽을 통하는 문을 말한다. 이하 같다) 근무자는 사람, 차량,

물품의 개방지역 중문 출입통제와 개방지역 중문 및 그 주변에 대한 경비 업무를 수행한다.

제228조 비공개

제229조 비공개

제230조 비공개

제231조 비공개

제8절 구내 중문 근무

제232조(근무자의 직무) 구내 중문 근무자는 사람 · 차량 · 물품의 구내 중문 출입통제와 구내 중문 및 그 주변의 경비 근무에 관한 업무를 수행한다.

제233조 비공개

제234조 비공개

제9절 감시대 근무

제235조 비공개

제236조 비공개

제237조 비공개

제238조 비공개

제10절 수용동 근무

제239조(근무자의 직무) 수용동 근무자는 수용동의 안전과 수용자의 질서유지 및 처우에 관한 업무를 수행한다.

제240조 비공개

제241조(고충 상담) 수용자가 자신의 신상에 관하여 상담을 요청하거나 상담이 필요한 수용자가 있을 경우에는 성실히 상담하여 고충해소에 노력하고, 필요 시 상담 전담 직원 또는 상급자와 상담할 수 있도록 조치하여야 한다.

제242조(비상 신호기 사용 시 조치 등) ① 근무자는 수용자가 다음 각 호의 사유가 발생했을 때 비상 신호기를 누르도록 교육하여야 한다.

1. 자살 또는 자해를 기도하는 수용자를 발견한 경우

2. 화재가 발생하거나 발생할 우려가 있는 경우

3. 수용자간 싸움, 집단난동이 발생하거나 발생할 우려가 있는 경우

4. 도주사고가 발생하거나 발생할 우려가 있는 경우

5. 응급환자가 발생한 경우

② 수용자가 비상 신호기를 누르거나 근무자를 긴급하게 부를 경우에는 그 사유를 확인하고 필요한 조치를 취하여야 한다.

제243조(출원 사항의 처리) 수용자로부터 청원, 소장 면담 등 각종 출원 사항이 있을 경우에는 다음 각 호의 사항에 유의하여 처리하여야 한다.

1. 상소의 제기 · 취하 · 포기 신청이 있을 경우에는 소정의 용지를 교부하여 작성하도록 한 후 보안본부에 제출할 것

2. 소장 또는 과장급 이상 간부직원에 대한 면담 신청이 있을 경우에는 먼저 그 사유를 구체적으로 확인한 후 그 내용이 근무자가 직접 처리할 수 있는 사항이면 직접 처리한 후 상급자에게 보고하고, 직접 처리할 사항이 아니면 보고문에 면담 사유를 구체적으로 기재하여 보안본부에 제출할 것

3. 물품 구입이나 보관금품 환부 신청이 있을 경우에는 보고문을 작성하여 보안본부에 제출할 것

4. 피보호감호자, 금고 수형자 및 미결수용자 등 강제노역 대상이 아닌 수용자가 작업을 신청한 경우에는 보고문을 작성하여 보안본부에 제출할 것

5. 수용자의 각종 출원 사항은 특별한 사유가 없는 한 당일 근무시간 내에 보안본부에 보고할 것

제244조(소송서류 등의 대서) ① 수용자가 소송서류 등의 대서를 원할 경우에는 특별한 사유가 없는 한 허가하여야 한다.

② 작성한 서류는 대서를 요청한 수용자에게 읽어 주고 이상 없음을 확인하게 한 후 손도장 또는 서명·날인을 받아야 한다.

제245조(소송 절차 등 설명) 수용자가 소송 절차나 권리 구제 등에 관하여 문의할 경우에는 충분히 설명해 주고 필요 시 전담직원으로 하여금 설명해 주도록 조치하여야 한다.

제246조(배식) ① 배식은 근무자가 감독하여 공평하게 배식하도록 하여야 한다.

② 수용자가 건강에 지장이 있을 정도로 계속하여 식사를 거부하는 경우에는 그 사유를 확인하여 필요한 조치를 취하고, 그 내용을 상급자에게 보고하여야 한다.

제247조(수용자 동정 사항 보고) ① 근무자는 수용자의 인적 사항, 성격, 건강상태 등을 숙지하여 처우에 참고하여야 하며, 개별 처우에 있어 문제되는 사실을 발견한 경우에는 상급자에게 보고하여야 한다.

② 수용자에 대하여 지도 또는 주의를 주는 경우에는 모욕감을 주지 않도록 신중히 하고, 특이한 동정 사항이 있으면 교정정보시스템에 기록하여 다음 근무자에게 인계하여야 한다. 이 경우 긴급하거나 중요하다고 판단되는 사항은 즉시 상급자에게 보고하여야 한다.

제248조(징벌 집행 중 동정 보고) 징벌 집행 중에 있는 수용자에게 징벌 집행의 일시 정지, 감경 또는 면제의 사유가 발생한 경우에는 상급자에게 이를 보고하여야 한다.

제249조(거실 이동 시 유의 사항) ① 수용자를 다른 수용동으로 옮기는 경우에는 성격·건강상태·수용태도 등 수용관리상 필요한 사항을 해당 수용동 근무자에게 인계하여야 한다.

② 거실 이동 등으로 거실이 비게 되면 거실을 검사하고 정리 정돈하여야 한다.

제250조(거실 안 작업) 거실 안에서 작업을 하는 수용자에 대하여는 재료를 낭비하거나 다른 목적에 이용하는 일이 없도록 지도하여야 한다.

제251조(불필요한 행위 방지) 수용동 청소부, 구내 청소부 등이 작업을 하는 경우에는 거실 안에 있는 수용자와 불필요한 대화, 허가 없는 물품 수수 등을 하지 못하도록 하여야 한다.

제252조 비공개

제253조(인원 점검) 인원 점검 시에는 점검관과 동행하여 거실별 인원수와 거실문의 잠금 상태를 확인하여야 하며, 점검이 끝난 후에는 거실문의 잠금 상태를 다시 확인하여야 한다.

제254조(서류 등 물품 관리) 근무자는 수용자가 보아서는 아니 될 서류나 도주 등에 이용될 가능성이 있는 물품 또는 위험물 등을 수용자가 쉽게 접근할 수 있는 장소에 두어서는 아니 된다.

제255조(편지 처리) 수용자의 발신 편지는 수용동 입구에 설치된 편지함에 수용자가 작업장 이동, 운동 등 출실 시 직접 투입하도록 교육하고, 필요한 경우에는 근무자가 수거하여 편지함에 투입하거나 편지 취급 근무

자에게 인계하여야 한다.

제256조 비공개

제11절 의료 수용동 근무

제257조(근무자의 직무) 의료 수용동 근무자는 의료 수용동의 안전과 질서유지 및 수용자의 처우에 관한 업무를 수행하며 근무방법은 수용동 근무에 준한다.

제258조(환자의 처우) ① 근무자는 의무관의 처방 및 치료 상의 지시에 따라야 한다.

② 환자가 치료에 관한 의무관의 지시 또는 처방에 따르지 아니하는 경우에는 지체 없이 의무관 및 상급자에게 보고하여야 한다.

제259조(위생적 환경 유지) ① 의료 수용동은 환기와 보온에 유의하고, 항상 청결을 유지하여 위생적인 환경에서 수용자의 치료와 생활이 이루어지도록 하여야 한다.

② 환자에게는 환자복과 환자용 침구를 사용하게 하고 수시로 이를 교체하여 청결을 유지하도록 하여야 한다.

제260조(감염병 예방 조치) 감염병 환자 또는 감염병이 의심되는 환자와 접촉할 경우에는 사전에 마스크·장갑·위생복 착용 등 전염예방조치를 마련하고, 취급 후에는 사용한 기구 및 의류를 소독하는 등 방역에 유의하여야 한다.

제261조(환자의 관찰) 근무자는 환자의 증상과 경과 등을 자세히 관찰하고 다음 각 호의 사항에 유의하여야 한다.

1. 구토, 배변, 발열, 경직, 경련, 빈혈, 안면홍조, 호흡곤란, 발진 등 이상이 있을 경우에는 지체 없이 의무관과 상급자에게 보고하여 필요한 조치를 받도록 할 것

2. 환자가 약을 복용할 경우에는 정해진 처방 및 지시에 따르고 있는지 확인할 것

3. 운동, 목욕, 접견, 출정, 현장검증 등 환자의 거실 외 활동에 관하여 의무관의 별도 지시가 있는 경우에는 그에 따를 것

제262조(중환자 관찰) 중환자에 대하여는 건강상태를 유심히 관찰하여야 하며 갑자기 증상이 악화되는 수용자가 있을 경우에는 즉시 의무관 및 상급자에게 보고하여야 한다.

제263조(간병 수용자 관리) 근무자가 간병 수용자로 하여금 업무를 보조하게 하는 경우에는 환자에 대하여 친절하고 공평하게 대하도록 지도 감독하여야 한다.

제264조(임상 접견 시 조치) 의료 거실 안에서 접견을 실시할 경우에는 외래인의 행동과 다른 환자에 미치는 영향 등에 주의하고, 특히 허가 없는 물품 수수 등 징벌대상행위가 없도록 하여야 한다.

제12절 작업장 근무

제265조(근무자의 직무) 작업장 근무자는 작업 수용자의 감독, 작업 기계·기구의 관리, 작업장 청소와 정리 정돈, 작업장에서의 안전과 질서유지 및 작업 수용자의 처우에 관한 업무를 수행한다.

제266조(인원 점검) 근무자는 수용자 일과시간표에 따라 작업, 운동, 휴식을 실시하고, 작업 전·후, 운동 전·후, 휴식 전·후에는 반드시 인원 점검을 하여야 한다.

제267조(작업 도구 관리) ① 작업 도구는 작업 시작 전 점검하여 작업 수용자에게 교부하고 작업이 종료된 경우에는 교부된 작업 도구와의 일치 여부를 확인한 후 도구함에 보관하고 잠가야 한다.

② 수용자가 작업 도구를 훼손하거나 분실한 경우에는 즉시 상급자에게 보고하여 지시를 받아 조치하여야 한다.

제268조(작업장 출입 통제) 근무자는 수용자가 작업장을 임의로 출입하지 못하도록 출입문을 항상 잠가 두어야 한다. 다만, 근무자의 통제 하에 출입문 주변의 청소 등을 하는 경우는 예외로 한다.

제269조(작업 명령 등) ① 작업 명령이 없는 제품을 제작하거나 수선하여서는 아니 된다.

② 작업은 작업 계획에 따라 실시하고 주무 부서 근무자 외의 사람이 직접 수용자에게 작업 명령을 하여서는 아니 된다.

제270조(신규 작업자 교육) 처음 작업을 시작하는 수용자에게는 작업 과정, 작업 방법, 기계·기구·제품·재료의 취급 요령, 작업 규율 및 안전에 관하여 충분한 교육을 실시하여야 한다.

제271조(작업 안전 도모) 기술이 요구되는 작업은 기술 지도 근무자의 지도하에 작업 수용자들이 규정된 작업 순서 및 방법을 준수하여 작업의 안전을 도모하도록 하여야 한다.

제272조(자리 이탈 방지 등) 작업 중에는 허가 없이 자리를 이탈하지 못하게 하여야 하고 고의로 작업을 지연시키거나 작업을 태만히 하는 일이 없도록 지도하여야 한다.

제273조(재료 관리 등) ① 근무자는 관계 직원과 협의하여 작업에 필요한 재료가 부족하지 않도록 하여야 하고, 작업 후 남는 재료는 반납하여야 한다.

② 작업 재료는 명령된 제품 생산에만 사용하도록 하고, 다른 용도에 사용되는 일이 없도록 하여야 한다.

③ 작업 중 발생한 부산물은 소관 부서에 인계하여야 한다.

제274조(작업 안전 수칙 준수) ① 근무자는 작업 시작 전 작업 수용자에게 안전 수칙을 교육하여야 하며, 수용자가 작업을 하는 동안에도 안전 수칙이 준수되도록 감독하여야 한다.

② 위험성 있는 작업을 하는 경우에는 작업 전 위험물 취급자로 하여금 안전 상태를 확인하게 하여야 한다.

제275조(재료 창고 등 출입) ① 작업 재료 창고와 작업장 안 부속 물품 보관 창고에는 허가된 사람 외에는 출입을 제한하고, 부정 물품이나 개인 물품을 보관하여서는 아니 된다.

② 작업장 등에 부설된 재료창고, 탈의실 등은 작업 중 반드시 잠그고 수용자가 임의로 출입하거나 잔류하는 사례가 없도록 그 관리에 철저를 기해야 한다.

제276조(외래인 출입 허가 시 조치) 작업장에 외래인의 출입을 허가하는 경우에는 사전에 관계 직원은 허가된 목적 외의 목적으로 수용자와 접촉하지 못하도록 하고 부정 물품 수수 등 규율을 위반하는 일이 없도록 주의 사항을 고지하여야 한다.

제277조(화장실 이용) ① 수용자가 화장실을 이용하고자 하는 경우에는 사전에 근무자에게 보고하도록 하고, 화장실 이용시간이 필요 이상으로 긴 경우에는 근무자가 화장실 이용 수용자의 동정을 확인하여야 한다.

② 화장실이 작업장 밖에 있을 경우에는 반드시 봉사원 등이 동행하여 제1항과 같은 방법으로 이용하도록 하여야 한다.

③ 개방지역 작업, 이동 작업 등으로 별개의 화장실을 이용하여야 하는 경우에는 사전에 상급자의 허가를 받아 계호자가 동행하여 화장실을 이용하도록 하여야 한다.

제278조(세탁작업장 근무) ① 세탁작업장 근무자는 수용자를 지도·감독하여 의류 및 침구의 세탁·수선과 물품 관리에 유의하여야 한다.

② 의류 등의 폐기는 소관 물품운용관의 검사와 물품관리관의 승인을 받은 후 하여야 한다.

제279조(시설보수 작업장 근무) 시설보수 작업장 근무자는 다음 각 호의 사항에 유의하여야 한다.

1. 관계 부서와 협의하여 건축물의 신축·증축·보수, 그 밖에 시설유지관리를 위한 작업을 실시 할 것
2. 보안상 긴급복구를 요하는 시설이나 설비 등은 고장 즉시 보수할 것

3. 시설 보수 작업을 하는 경우에는 작업의 종류에 따라 필요한 장비 및 시설을 갖추어야 하며 특히 안전사고
   가 발생할 위험성이 현저한 작업은 가급적 외부 전문 인력을 활용할 것
4. 시설 보수용 자재는 작업 후 지정된 장소에 보관하여야 하며 작업현장에 방치하지 않도록 할 것

제13절 취사장 근무

제280조(근무자의 직무) 취사장 근무자는 작업 수용자의 음식물 조리·배식 등을 지도·감독하고 취사장의 안
전과 질서유지 및 작업 수용자의 처우에 관한 업무를 수행한다.

제281조(일과 시간외 작업 시 계호) 일출 전 또는 일몰 후에는 수용자가 취사장 밖으로 나가는 일이 없도록 하
여야 한다. 다만, 부득이한 사정으로 취사장 밖에서 작업을 해야 할 필요가 있는 경우에는 상급자에게 보고하
여 계호인원을 보강한 후 작업을 하도록 하여야 한다.

제282조(위생 등) 취사장은 항상 깨끗이 정리정돈하고, 수시로 소독을 실시하여 청결하고 위생적인 작업환경
을 유지하여야 한다.

제283조(취사장 작업 수용자의 청결 유지) 취사장 작업 수용자의 두발, 손, 발 등은 항상 청결을 유지하도록 하
고 작업 중에는 위생복, 위생모를 착용하도록 하여야 한다.

제284조(식기류 등 소독) ① 취사장에서 사용, 보관하는 밥통·찬통·물통 및 각종 식기류는 수시로 소독하여
야 한다.

② 의료 수용동의 밥통·찬통·물통 및 환자전용 식기류는 일반 수용자용과 구분하여 별도로 소독하여야 한다.

제285조(취사 및 배식 준비 등) ① 식량 및 부식은 교정정보시스템의 급식인원과 차림표에 따라 복지과 주·부
식 근무자로부터 소요량을 교부받아 정해진 시간 내에 식사가 가능하도록 조리하여 배식 준비를 하여야 한다.

② 식량과 부식의 낭비가 없도록 하여야 한다.

③ 음식물은 조리 후 특히 보온에 유의하여 신속히 배식하여야 한다.

제286조(음식물 검사) 음식물 검사는 한 사람 분의 식사를 차림표대로 준비하여 식품위생직원(영양사), 당직간
부 순으로 시행하며, 그 결과를 보안과장에게 보고하고, 음식물 검사 절차가 끝나기 전에는 배식을 하여서는
아니 된다. 다만, 일과 시간외의 음식물 검사는 당직간부가 대행한다.

제287조(배식) ① 배식은 공평하게 하고 음식물을 부정하게 수수하는 일이 없도록 감독하여야 한다.

② 음식은 급식 인원과 대조하여 수용동 또는 작업장 근무자에게 인계하여야 한다.

제288조(화기 사용) ① 취사장 작업을 위하여 전기 또는 화기를 사용하는 경우에는 화기 취급자가 화기 사용
장소를 이탈하여서는 아니 되며, 사용 화기의 종류에 적합한 화재 예방 조치를 하여야 한다.

② 배식 또는 식량 운반 등을 위하여 근무자가 잠시 취사장을 벗어날 경우에는 반드시 화기 및 취사 장비의
안전을 확인하여야 한다.

제289조(주·부식의 보관) 복지과 주·부식 근무자로부터 교부 받은 식량과 부식은 종류 및 성질에 따라 냉장
고 또는 냉동고에 보관하는 등 부패 또는 변질되지 않도록 하여야 한다.

제290조(취사 도구 등 보관 관리) ① 취사 및 조리 도구는 수시로 손질하여 작업에 지장이 없도록 하여야 한다.

② 흉기로 사용될 수 있는 식칼 등 도구에 대하여는 취급 및 보관을 엄격히 하고 사용 후에는 품목과 수량을
점검하여 도구함에 넣고 잠가야 한다.

제291조(빈 상자 등 인계) 빈 상자나 빈 자루 등은 수용자의 손이 미치지 않는 일정한 장소에 보관하였다가 복
지과 주·부식 근무자에게 인계하여야 한다.

제14절 구내 청소 근무

제292조(근무자의 직무) 구내 청소 근무자는 작업 수용자를 지도하여 구내 청소, 오물 수거, 물품 운반 등의 작업을 하고 작업 수용자의 안전과 질서 유지 및 처우에 관한 업무를 수행한다.

제293조(청소 및 쓰레기 처리) 청소는 사전 계획 또는 상급자의 지시에 따라 실시하고 쓰레기는 적치장에 쌓이지 않도록 신속히 처리하여야 한다.

제294조(작업 도구 정비 보관) 청소 · 운반 등에 사용되는 도구는 작업에 지장이 없도록 항상 정비해 두어야 하며, 밧줄 · 칼 등 교정 사고에 이용될 우려가 있는 물건은 사용 시 각별히 유의하고 사용 후에는 품목과 수량을 점검한 후 지정된 장소에 보관하고 잠가야 한다.

제15절 수용자 이발 근무

제295조(근무자의 직무) 수용자 이발 근무자는 작업 수용자의 지도 · 감독, 안전과 질서 유지 및 처우에 관한 업무와 이발 장소에 동행된 수용자의 안전과 질서 유지에 관한 업무를 수행한다.

제296조(계획에 의한 이발) 수용자의 이발은 사전에 정한 일정표에 따라 실시하여야 하며, 이발 시간 · 장소 · 순서 · 인원 등 세부적인 사항은 소장이 정한 바에 따른다.

제297조(신체 및 의류 검사) 수용자가 이발을 위해 수용동 또는 작업장을 나오거나 이발을 마치고 들어갈 때에는 동행 근무자가 휴대식 금속탐지기 등으로 해당 수용자의 신체 및 의류 검사를 하여야 한다.

제298조(이발 인원 대기 등) ① 이발소 안의 이발 수용자 대기 인원은 이발소의 규모, 이발작업 수용자의 인원 등을 고려하여 적정 한도를 초과하지 않도록 하여야 한다.

② 엄중관리대상자나 특히 분리할 필요가 있는 수용자 등은 단독으로 이발하도록 하여야 하며, 필요 시 상급자의 허가를 받아 별도의 장소에서 이발하게 할 수 있다.

③ 작업 중인 이발소의 출입문은 안쪽에서 잠그고 열쇠는 근무자가 휴대하여야 한다.

제299조(환자 등의 이발) ① 피부병, 그 밖에 감염병 환자의 이발은 기구 및 장소를 별도로 하여 다른 수용자에게 감염되는 일이 없도록 하여야 한다.

② 감염병 환자 등을 이발할 경우에 사용하는 이발도구는 소독한 후 사용한다.

③ 중증의 환자를 이발할 경우에는 의무관의 지시를 받아야 한다.

제300조(이발 작업 수용자의 위생 등) 이발 작업 수용자에게는 위생복을 착용하도록 하고 개인 위생에 철저를 기하도록 하여야 한다.

제301조(이발 기구 관리 등) ① 이발 기구는 이발 중이라 할지라도 사용 중인 것 외에는 보관 상자에 넣어 잠가야 한다.

② 이발 기구는 이발 작업 수용자 외의 수용자가 사용하지 못하도록 하여야 한다.

③ 사용한 이발 기구는 수시로 약품 소독이나 열탕 소독 등을 실시하여야 한다.

④ 이발 기구가 파손되거나 분실된 경우에는 즉시 상급자에게 보고하여 지시를 받아 조치하여야 한다.

⑤ 이발 작업을 종료한 경우에는 기구 손질, 수건 세탁, 실내 청소 등을 철저히 하여 다음 날 작업에 지장이 없도록 하여야 한다.

제302조(소모품의 보관 등) ① 이발에 필요한 소모품은 일정한 장소에 보관하고 그 출납을 명확히 하여야 한다.

② 소모품은 매일 보안과 물품 직원에게 청구하여 사용하고, 사용할 수 없거나 사용한 소모품 중 보안상 또는 위생상 유해한 것은 즉시 반납하여야 한다.

제16절 직원 이발 근무

제303조(근무자의 직무) 직원 이발 근무자는 작업 수용자의 지도·감독, 안전과 질서 유지 및 처우에 관한 업무를 수행한다.

제304조(이발 기구의 점검 등) ① 근무자는 작업 전후에 이발 기구를 점검하여 품목·수량 등의 이상 유무를 확인하여야 한다.

② 이발소에는 화장품 등 개인물품을 보관하게 하여서는 아니 된다.

제305조(준용규정) 직원 이발 근무에 관하여는 제277조 및 제300조부터 제302조까지의 규정을 준용한다.

제17절 운동 근무

제306조(근무자의 직무) 운동 근무자는 수용자 운동 실시와 운동 중인 수용자의 안전 및 질서 유지에 관한 업무를 수행한다.

제307조(운동 근무 시 유의 사항) ① 근무자는 계획된 순서에 따라 수용동 근무자로부터 수용자를 인수하여 이들을 운동장으로 동행하여 운동을 실시한다.

② 근무자는 수용자가 운동을 위하여 거실을 나오거나 운동을 마친 후 거실로 들어갈 때에는 휴대식 금속탐지기 등으로 신체 및 의류 검사를 하여야 한다.

③ 운동은 맨손 체조, 걷기, 뛰기 등 가벼운 운동을 하도록 권장하고, 부상이 우려되는 격렬한 운동이나 다른 수용자의 운동에 방해가 되는 행위를 하지 않도록 지도하여야 한다.

④ 수용자가 운동 중 근무자의 지시에 따르지 아니하는 경우에는 운동을 중지시키고, 해당 거실로 입실시키는 등 필요한 조치를 하여야 한다.

제308조(운동 시간) ① 운동은 독거수용자는 1시간 이내, 혼거수용자는 30분 내외의 범위에서 실시한다. 다만, 운동과 목욕을 병행하는 경우에는 운동시간을 단축할 수 있고, 악천후 등으로 부상의 위험이 있는 경우에는 운동시간을 단축하거나 운동을 실시하지 아니할 수 있다.

② 작업 중인 수용자의 운동은 작업장별로 1일 30분 내외의 범위에서 실시한다.

③ 공휴일 및 토요일에는 운동을 실시하지 아니한다. 다만, 수용자의 처우상 소장이 허가한 경우에는 예외로 한다.

제309조(운동 인원 등) ① 1회 운동 인원은 독거수용자는 5명 이내, 혼거수용자는 30명 이내로 한다. 다만, 1인용 독거 운동장이 있는 경우 또는 보안과장이 직원 및 운동장 사정 등을 고려하여 그 인원의 증감을 지시한 경우에는 예외로 한다.

② 독거수용자가 운동을 실시할 경우에는 상호 반목으로 인한 충돌, 증거 인멸, 부정 모의 등 독거수용의 목적에 위반되지 아니하도록 유의하여야 한다.

제310조(환자의 운동) ① 환자의 운동에 관하여 의무관의 별도 지시가 있을 경우에는 그에 따라야 한다.

② 운동 중인 환자가 운동에 관한 의무관의 지시에 따르지 아니하는 경우에는 운동을 즉시 중지시키고 거실에 입실시킨 후 의무관 및 상급자에게 보고하여야 한다.

제311조 비공개

제312조(운동기구 대여 등) ① 운동 시간에는 운동기구를 대여할 수 있다.

② 운동기구의 종류나 보유량은 소장이 정하는 범위에 한한다. 이 경우, 소장이 개인별, 거실별, 작업장별로 운동기구의 종류나 보유량을 달리하여 정한 경우에는 그에 따른다.

제18절 목욕 근무

제313조(근무자의 직무) 목욕 근무자는 수용자의 목욕을 감독하고 목욕 수용자의 안전 및 질서 유지에 관한 업무를 수행한다.

제314조(목욕 실시 요령) ① 목욕은 수용동 또는 작업장 단위로 계획된 순서에 따라 실시한다.

② 근무자는 수용동 또는 작업장 근무자로부터 수용자를 인수하여 목욕실까지 동행하여 목욕을 실시한다.

③ 근무자는 수용자가 목욕을 위해 거실 또는 작업장에서 나오거나 목욕을 마친 후 거실 또는 작업장으로 들어갈 때에는 휴대식 금속탐지기 등으로 신체 및 의류 검사를 하여야 한다.

제315조(목욕 시간) 목욕 시간은 자체 실정에 따라 소장이 정한 바에 따른다. 이 경우, 장애인이나 거동이 불편한 수용자 등에게는 적절한 배려를 하여야 한다.

제316조(작업 수용자의 목욕) 땀이 많이 나거나 먼지가 많이 나는 작업을 하는 수용자에 대하여는 작업 후 목욕을 하게 하거나 손발을 씻도록 하여야 한다.

제317조(환자의 목욕) ① 환자의 목욕에 대하여 의무관의 지시가 있을 경우에는 그에 따라야 하며 필요하면 간병 수용자로 하여금 도와주도록 하여야 한다.

② 환자에게 목욕을 실시하는 경우에는 갑작스러운 사고 등에 대비하여야 한다.

③ 목욕하는 환자가 목욕에 관한 의무관의 지시에 따르지 아니하는 경우에는 목욕을 즉시 중지시키고 거실에 입실시킨 후 의무관 및 상급자에게 보고하여야 한다.

④ 감염병 환자 및 피부병 환자의 목욕은 별도의 장소에서 일반 환자와 분리하여 실시하여야 한다.

제318조(목욕 시 유의 사항) 목욕을 실시할 경우에는 다음 각 호에 유의하여야 한다.

1. 화상을 입거나 미끄러져 다치지 아니하도록 목욕 전에 안전사고 예방교육을 실시할 것
2. 목욕물의 온도를 적절히 조절하고 물을 낭비하지 못하도록 할 것
3. 목욕비품을 함부로 취급하지 못하게 할 것
4. 목욕실의 환기에 유의하여 수증기로 인하여 계호에 방해가 되지 않도록 할 것
5. 감염병 환자 또는 피부병 환자를 발견하였을 경우에는 즉시 목욕을 중지시키고 의료과에 동행하여 의무관의 진료를 받도록 할 것
6. 독거수용자와 혼거수용자 간 목욕시간이 불공평하지 않도록 할 것
7. 목욕 중에는 불필요한 대화를 하지 못하도록 할 것

제19절 개방지역 운영지원 작업 근무

제319조(근무자의 직무) 개방지역 운영지원 작업 근무자는 개방지역 작업 수용자의 청소, 시설 보수 등의 작업을 지도·감독하고 개방지역 작업 수용자의 안전과 질서 유지 및 처우에 관한 업무를 수행한다.

제320조(개방지역 작업 계획) 근무자는 작업 장소, 작업의 종류, 작업 소요 인원 및 계호직원 등을 면밀히 검토하여 상급자와 충분히 상의한 후 계획을 수립하여야 한다.

제321조(보수 및 물품 운반) 근무자는 상급자의 지시 없이 시설 보수나 물품 운반을 하여서는 아니 되며, 위험한 작업을 하거나 위험한 물건을 운반할 경우에는 작업 수용자의 안전에 유의하여야 한다.

제322조(출문 절차) 개방지역 작업을 위해 수용자를 개방지역으로 동행하는 경우에는 당직간부로부터 정문 출입 허가증을 교부받아 이를 정문 또는 중문 근무자에게 제출하고 확인을 받아야 한다.

제323조 비공개

제324조 비공개

제325조 비공개

제326조(혹서기 및 혹한기 작업 시 유의 사항) 혹서기와 혹한기에 작업을 하는 경우에는 더위나 추위로 인하여 수용자의 건강이 훼손되지 아니하도록 하고, 식수는 취사장에서 공급하는 것으로 취식하도록 하여야 한다.

제327조(개방지역 작업 부적격자 조치) 개방지역 작업 수용자 중 도주 등이 우려되거나 건강, 그 밖의 사유로 개방지역 작업이 적절하지 않은 수용자가 있을 경우에는 즉시 상급자에게 보고하여야 한다.

제328조(작업 도구 정비 및 보관) 기계 · 기구 등 작업 도구는 작업에 지장이 없도록 항상 정비하여야 하며 사용 후에는 품목, 수량 및 이상 유무를 점검한 후 일정한 장소에 보관하고 그 출입문을 잠가야 한다.

제20절 공동행사 근무

제329조(근무자의 직무) 근무자는 공동행사 장소로의 수용자 동행 및 공동행사 장소의 안전과 질서 유지에 관한 업무를 수행한다.

제330조(공동행사 근무 요령) ① 근무자는 공동행사에 참가한 수용자가 외래인과 불필요한 접촉을 하거나 물품 등을 수수하는 일이 없도록 하여야 한다.

② 공동행사는 수용동 또는 작업장 단위로 실시하여야 하며 행사의 종류에 따라 복수의 수용동 또는 작업장 단위로 실시할 수 있다.

③ 수용자가 공동행사 참석을 위해 거실 또는 작업장에서 나오거나 공동행사를 마친 후 거실 또는 작업장으로 들어갈 때에는 물품 검색기 등으로 신체 및 의류 검사를 하여야 한다.

제21절 출정 근무

제331조(출정 사무 근무자 유의사항) 출정 사무 근무자는 다음 각 호에 유의하여야 한다.

1. 소환일자 · 기관 및 피소환자의 인적 사항이 기록된 소환기록부에 따라 수용자에게 출정기일을 알리고 손도장 또는 서명을 받을 것

2. 공판기일, 소환장 또는 소환기록부, 전화에 의한 법원 · 검찰의 소환 및 법정에서 공판기일 통지를 받은 사실 등을 출정 근무자로부터 통보 받았을 경우에는 이를 소환기록부에 기록하고 특이사항이 있으면 보안과장 또는 출정과장에게 보고할 것

3. 출정기일통지부는 기일 소환 및 변경이 있을 때마다 정리할 것

4. 엄중관리대상자 소환이 있을 경우에는 출정 전까지 해당 수용자의 출정기록과 수용기록부를 보안과장 또는 출정과장에게 제출할 것

5. 출정일지 및 수용기록부에는 판결내용, 그 밖에 필요한 사항을 기록하여 보안과장 또는 출정과장의 결재를 받을 것

제332조(근무자의 직무) ① 출정 근무자는 수용자를 구치감, 법정, 검사 조사실 등 지정된 장소에 동행하고 출정 수용자의 안전 및 질서유지에 관한 업무를 수행한다.

② 근무자는 수용자의 신병을 확보하고, 수사 및 소송 진행에 협력하여야 한다.

제333조 비공개

제334조 비공개

제335조 비공개

제336조 비공개
제337조 비공개
제338조 비공개
제339조 비공개
제340조 비공개
제341조 비공개

제22절 호송 근무
제342조(근무자의 직무) 호송 근무자는 호송 준비, 호송 중인 수용자의 안전과 질서 유지, 호송 수용자의 인계에 관한 업무를 수행한다.
제343조 비공개
제344조 비공개
제345조 비공개
제346조 비공개
제347조 비공개
제348조 비공개
제349조 비공개

제23절 외부 출장 근무
제350조(근무자의 직무) 외부 출장 근무자는 기능 경기, 기능 검정, 검정고시, 대학 입학시험, 외부 출장 직업 훈련, 외부 통근 작업 및 사회 견학 등으로 외부에 출장하는 수용자의 안전과 질서 유지에 관한 업무를 수행한다.
제351조 비공개
제352조 비공개
제353조 비공개
제354조 비공개

제24절 진료 수용자 동행 등 근무
제355조(근무자의 직무) 진료 수용자 동행 등 근무자는 의료과 진료 수용자 동행 및 진료 대기실 등의 수용자의 안전과 질서 유지에 관한 업무를 수행한다.
제356조 비공개
제357조 비공개

제25절 외부의료시설 근무
제358조(근무자의 직무) 외부의료시설 근무자는 외부의료시설 진료 수용자와 입원 수용자의 안전과 질서 유지에 관한 업무를 수행한다.
제359조 비공개

제360조 비공개

제361조 비공개

제362조 비공개

제363조 비공개

제364조 비공개

제365조 비공개

제366조 비공개

제4장 야간 근무
제1절 야간 근무 일반

제367조(야간 근무자의 직무) 야간 근무자는 당직간부의 지휘·감독을 받아 일과 종료 후부터 다음날 업무 인계 시까지 시설 경계, 정문 출입 통제, 구내·외 순찰, 수용동 내 수용자의 안전 및 질서 유지와 입·출소 관련 업무를 수행한다.

제368조 비공개

제369조(각 부서별 근무) 야간에 각 부서별 근무는 본 장에 특별한 규정이 없는 한 제3편 제3장 각 절의 규정에 의한다.

제370조 비공개

제371조 비공개

제2절 순찰 근무

제372조 비공개

제373조 비공개

제374조 비공개

제375조 비공개

제376조 비공개

제3절 수용동 순찰 근무

제377조 비공개

제378조 비공개

제379조 비공개

제5장 교정시설 경비등급별 계호 방법
제1절 경비등급별 계호 방법 일반

제380조(경비등급별 계호방법 적용 범위) ① 경비등급별 계호 방법은 동일한 교정시설 내 구획을 정하여 경비등급을 달리하는 경우에도 적용한다.

② 수형자의 경비처우급이 변경되어 다른 교정시설로 이송이 결정된 수형자에 대하여는 이송될 교정시설의 경비등급에 맞는 계호방법을 적용할 수 있다.

국제인권규범

법령

헌법

지료감호

권리구제

부록

제381조 비공개

제382조 비공개

제383조(세부 계획 수립) 소장은 원활한 수용 관리를 위해 해당 경비등급에 적정한 계호 방법 등을 포함한 자체 세부 추진계획을 수립하여 운영하여야 한다.

제2절 개방시설

제384조 비공개

제385조 비공개

제386조 비공개

제387조 비공개

제388조 비공개

제3절 완화경비시설

제389조 비공개

제390조 비공개

제391조 비공개

제392조(일반적인 계호 방법) 자치생활이 허용된 수형자를 제외한 완화경비시설 수용자의 일반적인 계호 방법은 이 지침 제3편에서 정한 계호 방법에 따른다.

제4절 일반경비시설

제393조(계호 방법) 일반경비시설 수용자에 대한 계호 방법은 이 지침 제3편에서 정한 계호 방법에 따른다.

제5절 중(重)경비시설

제394조 비공개

제395조 비공개

제396조 비공개

제397조 비공개

제398조 비공개

제399조 비공개

제400조 비공개

제6절 일반교정시설 내 중경비시설 구획

제401조 비공개

제402조 비공개

제403조 비공개

제404조 비공개

제405조 비공개

제434조 비공개
제435조 비공개

제3절 윤번 4부제 보안근무

제436조 비공개
제437조 비공개
제438조 비공개)
제439조 삭제
제440조 삭제

제5편 민사재판 등 소송 수용자 출정비용 징수 업무

제441조(적용범위) 이 편은 교정시설에 수용 중인 수용자가 다음 각 호의 어느 하나에 해당하는 사유로 교정시설 관할지역 외의 법원 등에 출정하는 경우에 적용한다.

1. 민사 · 행정 · 가사 소송 출석
2. 민사 · 행정 · 가사 소송기록의 열람 · 복사

제442조(출정신청) 소장은 수용자가 제441조 제1호의 사유로 출정을 신청하는 경우 이를 허가하여야 한다. 다만, 선고기일 출정 신청은 반드시 출석하여야 하는 사정이 있다고 보기 어렵거나, 계호인력 부족 등의 사정으로 교정시설의 안전과 질서유지에 영향을 미치는 경우에는 허가하지 않을 수 있으며, 이 경우 당일 중 판결 결과를 수용자에게 고지하여야 한다.

제443조(출정비용 청구) ① 소장은 수용자가 제441조 각 호의 어느 하나에 해당하는 사유로 출정하는 경우에 소요되는 차량운행비를 해당수용자에게 청구하여야 한다. 다만, 해당수용자가 그 비용을 부담할 수 없는 특별한 사정이 있는 경우에는 그러하지 아니한다.

② 제1항의 "차량운행비"란 연료비(총 운행거리를 해당 차량 연비로 나누어 리터당 경유값을 곱한 것을 말한다)와 통행료를 말한다.

제444조(출정비용 징수절차) ① 소장은 수용자가 제441조 제1호의 사유로 관할 법원으로부터 소환받거나 제441조 제2호의 사유로 출정을 희망하는 경우에 수용자에게 제443조 제1항에 따른 출정비용을 청구하여야 할 필요성이 있다고 인정되는 경우에는 별지 제12호 서식에 따라 지체 없이 비용 납부를 청구한다.

② 제1항에 따라 비용 납부를 청구받은 수용자는 출정예정일 전일까지 그 비용을 수입인지로 납부한다.

③ 소장은 수용자가 제1항의 출정비용을 납부하지 않고 출정을 희망하는 경우에는 수용자를 출정시키되, 사후 별지 제13호 서식에 따라 출정비용 상환청구권을 자동채권으로, 보관금 반환채권을 수동채권으로 하여 상계함을 통지함으로써 상계한다.

제445조(업무분장) ① 출정비용 청구 및 징수에 관한 업무는 총무과(수용기록과)에서 관장한다.

② 복지과장은 출정 시 소요되는 차량운행비를 산출하여 총무과장(수용기록과장)에게 통지하여야 한다.

제6편 도주수용자 검거 등 공로자 포상 업무

제446조(목적) 이 편은 영 제128조의2에 따라 「형법」 제145조·제146조 또는 법 제134조 각 호에 해당하는 죄를 지은 수용자(이하 "도주수용자"라 한다)의 검거에 공로가 있는 사람(이하 "공로자"라 한다)에게 적정한 포상금을 지급하기 위하여 필요한 사항을 규정함을 목적으로 한다.

제447조(포상금 지급 업무 주무부서) ① 포상금 지급 업무의 주무부서는 각 지방교정청 보안과로 한다.

② 주무부서는 별지 제14호 서식을 작성·관리하여야 한다.

제448조(포상금심사위원회의 설치 및 구성 등) ① 법무부장관은 각 지방교정청에 포상금 지급 여부 등을 심사하는 포상금심사위원회(이하 "위원회"라 한다)를 둔다.

② 위원회의 위원장은 각 지방교정청장으로 한다.

③ 위원회는 1인의 위원장을 포함한 5인의 위원으로 한다.

④ 위원장은 위원회를 소집하고 위원회의 업무를 총괄한다.

⑤ 위원장이 부득이한 사유로 직무를 수행할 수 없을 때에는 주무부서의 장이 그 직무를 대행한다.

⑥ 위원은 위원장이 해당 지방교정청 소속 교감 이상의 교도관 중에서 임명한다.

⑦ 위원장이 위원을 임명할 때에는 주무부서의 교도관을 1인 이상 포함시켜야 한다.

⑧ 위원회에 위원회의 사무를 처리할 간사 1인을 둔다.

⑨ 간사는 주무부서의 교감 이하 직급 교도관 중에서 주무부서의 장이 지명한다.

제449조(회의) ① 위원장은 영 제128조의3에 따른 포상금 지급 신청이 있는 경우 위원회의 회의를 소집하여야 한다.

② 위원회는 다음 각 호의 사항을 심사·의결한다.

1. 신청인이 포상금 지급 대상자에 해당하는지 여부

2. 포상금 지급 금액

3. 포상금 환수 여부

4. 그 밖에 포상금 지급이나 환수에 필요한 사항

③ 위원회의 회의는 재적위원 과반수의 찬성으로 의결한다.

④ 위원회는 포상금 지급 심사가 완료되면 그 결과를 별지 제15호 서식에 기재하고 출석한 위원이 서명하거나 기명날인하여야 한다.

제450조(포상금 지급 기준) ① 영 제128조의2 제2항에 따른 포상금 지급기준 금액은 지방교정청장·교정기관장 등이 도주수용자 검거를 위한 수배 시 미리 정한 포상금액의 범위 내에서 예산을 고려하여 결정한다.

② 제1항에 따라 포상금을 지급할 경우 도주수용자 검거에 대한 기여도 및 난이도, 검거과정에서 공로자에게 발생한 피해 등을 고려하여 그 금액을 결정하여야 한다.

제451조(포상금 지급 제한) 다음 각 호의 어느 하나에 해당하는 경우에는 포상금을 지급하지 않거나 감액하여 지급할 수 있다.

1. 신고내용이 사실이 아닌 것으로 판명되거나 이미 신고된 사항인 경우

2. 공로자 본인이 포상금을 거절하는 경우

3. 익명 또는 가명으로 신고하여 신고자가 누구인지 알 수 없는 경우

4. 법령에 신고 의무가 규정되어 있거나, 범죄의 수사·범인의 검거가 직무로 규정되어 있는 경우

5. 공직자가 자기 직무 또는 직무였던 사항과 관련하여 신고한 경우

6. 공로자가 보상대상 행위와 관련된 불법 행위를 하여 포상금 지급이 부적절하다고 인정되는 경우

제452조(포상금 중복 지급의 제한) 포상금을 지급받을 사람이 동일한 원인으로 다른 법령에 따른 포상금·보상금을 지급받거나 지급받을 예정인 경우에는 그 포상금·보상금 등의 액수가 지급할 포상금액과 동일하거나 이를 초과할 때에는 포상금을 지급하지 아니하며, 그 포상금·보상금 등의 액수가 지급할 포상금액보다 적을 때에는 그 금액을 공제하고 포상금액을 정하여야 한다.

제453조(포상금 이중 지급의 제한) 포상금 지급이 이루어진 이후에는 동일한 사건에 대하여 포상금을 지급할 수 없다.

제454조(포상금 배분 지급) 공로자가 2명 이상인 경우에는 경찰관서의 수사기록 또는 각자의 공로 등을 고려하여 배분하여 지급할 수 있다.

제455조(포상금 지급 신청 방법 등) ① 영 제128조의3 제1항에 따라 포상금의 지급을 신청하려는 사람은 별지 제16호 서식의 포상금 지급 신청서와 신분증사본 및 통장사본을 지방교정청장에게 제출하여야 한다.

② 제1항의 신청서를 접수한 지방교정청장은 그 신청서에 포상금 지급 심사·의결서와 포상금 지급을 위하여 필요한 신청인의 신분증사본 및 통장사본 등을 첨부하여 법무부장관에게 제출하여야 한다.

제456조(포상금 지급 방법 등) 지방교정청장은 위원회의 심사·의결이 완료되면 법무부장관의 승인을 받아 지체 없이 포상금을 지급하여야 한다.

제7편 비상소집태세 확립

제457조(목적) 이 편은 지방교정청·교도소·구치소 및 그 지소에 근무하는 직원들에 대한 비상소집 태세를 확립하여 유사시 신속한 대응을 하는데 목적이 있다.

제458조(비상소집대상인원 파악) ① 소장은 별지 제17호 서식을 보안과에 비치하여 관리하도록 하고 야간 보안서무는 1일 2회(아침 직원 점검 후 및 일과종료 직후) 이를 정리하여 보안과장의 결재를 받아야 한다.

② 제1항의 비상소집대상인원표, 제459조의 비상소집연락망 등 비상소집 관련 서류는 당직간부가 관리하고, 보안과장은 이를 수시로 확인·감독하여야 한다.

제459조(비상소집연락망 작성) ① 비상소집연락망은 별지 제18호 서식에 의거, 연락하기에 편리하도록 각 과별·지구별로 작성하여야 하며, 소집대상자의 전화번호 및 휴대전화 번호 등이 정확히 기재되어야 한다.

② 비상소집연락망과는 별도로 각 과 및 각 부별 비상소집연락 주소록을 별지 제19호 서식에 작성하여 보관하여야 한다.

제460조(비상소집응소체제 확립) ① 비상소집 대상자는 휴가, 외출 등으로 거주지나 근무지역을 벗어날 경우 반드시 행선지 신고 등 연락수단을 강구하여 비상연락 체계를 유지하여야 한다.

② 비상소집 방법은 전화, 전령 등 적절한 전달방법을 강구하여야 한다.

제461조(비상소집훈련) ① 소장 및 각 부서장은 수시로 비상소집에 대한 교육 및 비상소집연락망 확인 등을 통하여 비상대비 태세를 확립하여야 한다.

② 소장은 법무시설방호지침 등에 의거, 매월 1회 이상 전 직원 비상소집훈련을 실시하되 분기 1회 이상은 실제 응소훈련을 실시하고 그 결과를 별지 제20호 서식에 작성, 기록을 유지하여야 한다. 이 경우 훈련일 보안야근자는 비상소집훈련 응소대상자에서 제외할 수 있다.

제8편 교정시설 시찰 및 참관 업무

제462조(목적) 이 편은 법 제9조에 따른 시찰과 참관 업무에 필요한 사항을 규정함을 목적으로 한다.

제463조(정의) 이 편에서 사용하는 용어의 뜻은 다음과 같다.

1. "일반참관"이란 평일 「국가공무원 복무규정」에 따른 근무시간 내에서 수형자 수용동, 작업장 등 교정행정에 대한 이해를 높일 수 있는 장소를 견학하는 것을 말한다.

2. "비행청소년참관"이란 소년보호기관 등 관계기관에서 장래선도를 목적으로 비행청소년을 대동하고 견학하는 것을 말한다.

3. "수용생활체험 참관"이란 교정시설에서 입소 및 출소과정, 거실생활 등 수용생활을 체험하는 것을 말한다.

제464조(시찰 및 참관 보고) 소장은 교정시설 시찰 및 참관 시행 전·후에 일시·목적 및 인원 등을 법무부장관에게 보고하여야 한다.

제465조(시찰자 및 참관자의 신변보호) 소장은 시찰자 및 참관자의 신변보호 등 안전을 위하여 계호전담 교도관을 배치하는 등 적절한 조치를 취해야 한다.

제466조(참관의 신청) 소장은 교정시설 참관을 신청하는 사람에 대하여 별지 제21호 서식을 작성하여 제출하도록 하여야 한다.

제467조(참관허가의 대상) 소장은 다음 각 호의 어느 하나에 해당하면 교정시설 참관을 허가할 수 있다.

1. 지역기관장 및 단체장
2. 형사사법분야(법학·교정학·경찰행정학 등) 전공교수 및 학생
3. 학술연구단체와 그 연구원
4. 언론단체와 언론인
5. 공무원 및 공공단체 임직원
6. 사회봉사단체와 그 회원
7. 종교단체와 종교인
8. 비행청소년
9. 수용자 가족 및 지역주민
10. 그 밖에 소장이 참관이 필요하다고 인정하는 사람

제468조(참관자 교육) ① 영 제3조 제3항에 따라 참관이 허가된 사람에 대하여 참관 전에 다음 각 호의 주의사항을 알려주어야 한다.

1. 정당한 이유 없이 참관 장소를 벗어나서는 아니 된다는 사실
2. 교정시설 내 반입이 금지된 휴대폰·녹음기·사진기·담배·라이터 등을 휴대하고 출입하여서는 아니 된다는 사실
3. 참관 중에는 수용자 작업·교육·훈련 등 처우 및 교화활동에 지장이 없도록 정숙을 유지하여야 한다는 사실
4. 수용자가 물품수수, 허가 없이 연락 등을 요청할 경우에는 즉시 교도관에게 그 사실을 알려야 한다는 사실
5. 교도관의 허가 없이 수용자와 대화하여서는 아니 된다는 사실
6. 수용자의 명예를 훼손하는 행위를 하거나 비어·속어 등을 사용하여서는 아니 된다는 사실
7. 그 밖에 교정행정 업무수행에 지장을 줄 수 있는 행위를 하여서는 아니 된다는 사실

② 제1항의 교육 중에는 영상물, 책자 등을 활용하여 교정행정에 대한 홍보활동을 병행할 수 있다.

제469조(참관 장소 근무자 유의사항) ① 참관 장소 근무자는 다음 각 호의 사항에 유의하여야 한다.

1. 수용자가 참관자에게 임의로 접촉하지 않도록 할 것.

2. 수용자가 참관자와 물품을 수수하거나 허가 없이 대화하지 않도록 할 것

3. 특별한 사유가 없는 한 참관 중 수용자 작업 · 교육 · 훈련 등은 중단하지 말고 계속 진행할 것

4. 참관자가 정해진 장소 또는 경로를 이탈하지 않도록 할 것

5. 기타 참관자가 업무수행에 지장을 주거나 수용질서를 해하는 사례가 없도록 할 것

② 참관자가 임의로 수용자와 접촉하거나 교정시설의 안전과 질서를 해치는 행위를 한 경우 참관을 중지할 수 있다.

제470조(참관 장소) 참관 장소는 법 제80조 · 제89조 제2항에 따른 참관금지 장소를 제외한 각 과 사무실, 종교 수용동, 모범수형자 수용동, 직업훈련장, 강당, 각종 교육실, 작업장 등 교정행정에 대한 이해를 높일 수 있는 장소를 위주로 한다.

제471조(비행청소년 참관) ① 검찰 등 관계기관에서 장래선도 등을 목적으로 비행청소년 참관을 요청하는 경우에는 적극 협조하여야 한다.

② 비행청소년의 참관의 경우에는 교육적 효과를 높이기 위하여 모범수형자로 하여금 다음 각 호의 내용 등이 포함된 체험교육을 하게 할 수 있다.

1. 범죄행위로 인하여 자신과 가족 등이 겪어야 했던 고통

2. 징벌대상행위 시 제재 등 엄정한 수용생활 소개

3. 수용생활의 어려움 속에서도 출소 후 새로운 삶을 위해 기능자격 취득 등 부단히 자기 계발하고 있는 모습

4. 가족의 소중함 등

5. 그 밖에 비행청소년의 장래선도에 도움이 되는 교육적 가치가 있는 내용 등

제472조(수용생활 체험참관) ① 소장은 수용생활 체험참관자가 교정행정을 잘 이해할 수 있도록 수용생활 체험에 대한 자체계획을 수립하여 실시할 수 있다.

② 수용생활 체험참관 기간은 1박2일을 기준으로 한다. 다만, 소장은 필요하다고 인정하면 그 기간을 단축하거나 초과하여 허가할 수 있다.

③ 참관자는 참가인원에 따라 독거실이나 혼거실에 수용하되, 참관자의 안전 등을 위하여 거실지정에 신중을 기하고 수용자와 함께 같은 거실에 수용하여서는 아니 된다.

④ 수용생활 체험참관이 종료된 후에는 참관자로부터 수용생활 체험소감, 건의사항 등을 받아 업무수행에 참고할 수 있다.

제473조(재검토기한) 법무부 장관은 이 훈령에 대하여 2025년 1월 1일을 기준으로 매 3년이 되는 시점(매 3년째의 12월 31일까지를 말한다)마다 그 타당성을 검토하여 개선 등의 조치를 하여야 한다.

부칙

제1조(시행일) ① 이 지침은 2024년 11월 1일부터 시행한다.

[별표 1] 비공개

국제인권규범

협 약

편 람

치료감호

권리구제

부 록

죄명별 세부분류 기준(제43조, 제48조 관련)

1. 공안사범

2. 공안관련사범

3. 마약류사범 : 「형의 집행 및 수용자의 처우에 관한 법률 시행규칙」 제205조 제1항에 따라 지정된 수용자

4. 강력범 : 특정강력범(살인 · 강도 · 강간 · 약취유인 · 가정파괴 · 조직폭력 · 범죄단체조직), 폭력범(체포감
   금 · 폭행 · 상해 · 협박 · 공갈 · 방화 · 폭력행위등처벌법위반 등)

5. 기타사범:
   (1) 재산범 : 절도 · 사기 · 횡령 · 배임 · 장물 · 손괴 · 도박 · 위조 · 부정수표단속법위반 등
   (2) 과실범 : 업무상과실치사상 · 과실치사상 · 실화 · 교통사고처리특례법위반 · 도로교통법위반 ·
       특가법위반(도주차량) 등

분류수용 우선순위 적용 예(제47조 관련)

□ **기본분류**

① A는 남자이므로 여성과 분리수용한다.

② A는 성년이므로 소년과 분리수용한다.

③ A는 공범(외국인)이 있으므로 상호 분리수용한다.

④ A는 내국인이므로 외국인과 분리수용한다.

⑤ A는 고령자가 아니므로 고령자와 분리수용한다.

□ **재범방지분류**

⑥ A는 일반사범이므로 공안사범과 분리수용한다.

⑦ A는 재산범이므로 강력범 · 마약류사범 · 과실범 및 기타사범과 분리수용한다.

⑧ A는 2범이므로 2범이상 재산범과 함께 수용하되 초범인 재산범과는 분리수용한다.

□ **보완분류**

⑨ A는 절도범이므로 그 외의 재산범과는 분리수용한다.

⑩ A는 피의자이므로 피고인인 성년 · 2범 및 절도범과는 분리수용한다.

□ **추가분류**

⑪ A의 공범은 동양계 외국인이므로 서양계 외국인과 분리수용한다.

⑫ A는 소매치기이므로 다른 일반절도범과는 분리수용한다 등

장애인 및 노약자 편의시설 설치기준(제95조 관련)

시 설 명	설치방법(세부기준)	비 고
(1) 접견실	○ 접견실 크기는 휠체어 이용자가 사용할 수 있는 최소 유효규격 이상이어야 함 - 유효규격 : 폭 75cm × 길이 120cm ※ 180° 회전시에는 : 길이 190cm × 폭 180cm 필요 ○ 접견자 대화용 턱높이가 80cm 이내이어야 함 ○ 노약자 등을 위한 접의자를 2개 이상 비치하여야 함	○ 휠체어 치수 - 폭 65cm - 길이 110cm정도 ○ 휠체어 통과 최소 유효폭 : 90cm
(2) 접견접수 창구	○ 창구높이를 휠체어 이용자가 글을 쓸 수 있는 높이로 조정 - 높이 70cm ○ 턱을 만들어 무릎이나 휠체어의 발판이 들어갈 수 있도록 하여야 함	
(3) 출입구 경사로	○ 바닥면을 미끄러지지 않는 재료로 하고 콘크리트로 설치할 경우에는 줄눈 등 을 넣어서 미끄러지지 않도록 하여야 함 ○ 경사로를 완만하게 하고 유효규격 확보 - 경사로 너비 : 135cm - 높이 대 길이의 비 1:12 이하 - 높이가 75cm이하일 경우 1:8까지 완화 가능 ※ 기관 실정 고려 조정시행 ○ 경사로의 양측면에 추락 등을 방지하기 위한 측면 또는 난간 설치	
(4) 출입구	○ 출입구 유효폭 : 90cm - 80 ~ 100cm ○ 출입문 손잡이 높이는 80 ~ 85cm에 설치	
(5) 장애인 심벌마 크는 경사로 출 입구 등에 표시	○ 장애인용 경사로 및 접수창구 등에 부착하고 시설 규격에 따라 크기는 10cm ~ 45cm사이에서 조정 ○ 색상은 흑색(또는 짙은 청색)과 백색으로 사용 - 부착위치 : 저상인용과 동일한 위치	
(6) 안내표지판 설치	○ 장애인 및 노약자용 시설을 설치 운용함을 표시하는 내용이 안내판을 접견접 수실 등에 설치 예) 우리 기관에서는 장애인 및 노약자의 접견편의를 위하여 별도의 창구를 설 치·운용하고 있습니다. 다음의 민원인께서는 이 시설을 이용하셔서 불편없이 접견을 하시기 바랍니다. • 몸이 불편하여 휠체어를 사용하시는 분 • 언어 및 시각에 장애가 있으신 분 • 70세 이상의 노인	
(7) 기 타	○ 시설 구조상 접견 접수 창구 등이 1~2개 뿐인 기관으로 별도 창구 설치가 어 려울 경우에는 위 내용을 참작하여 안내판 등을 부착하고 친절 · 신속한 처리 로 민원편의를 도모토록 해야 함	

※장애인 편의시설 참고도면

○ 휠체어 크기의 예

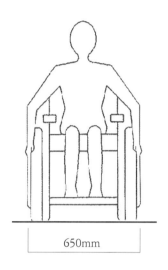

650mm

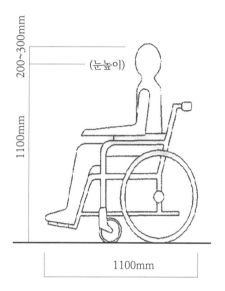

200~300mm

(눈높이)

1100mm

1100mm

○ 휠체어 사용자를 위한 유효공간 및 동작범위

• 휠체어의 통과폭

휠체어 한대가 통과 할 수 있는 최소 유효폭은 900mm 이상으로 한다.

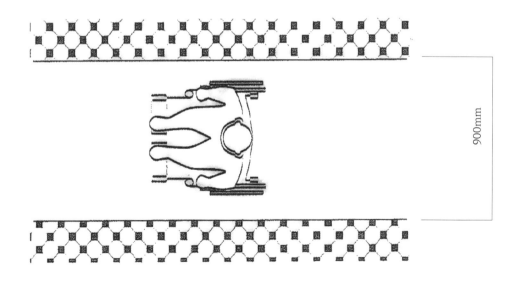

900mm

• 휠체어 사용자를 위한 최소 바닥면적
휠체어 사용자를 위한 최소 유효 바닥면적은 750mm×1200mm로 한다.

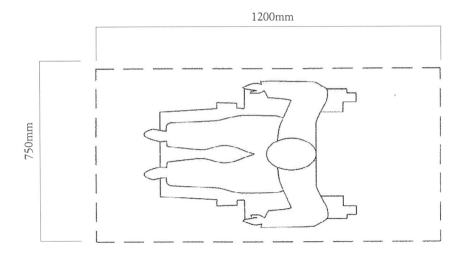

1200mm

750mm

• 유효폭
출입문의 유효폭은 850mm 이상으로 한다.
자동문이 아닌 경우 출입문 옆에는 유효폭보다 300mm 이상의 여유공간을 확보한다.

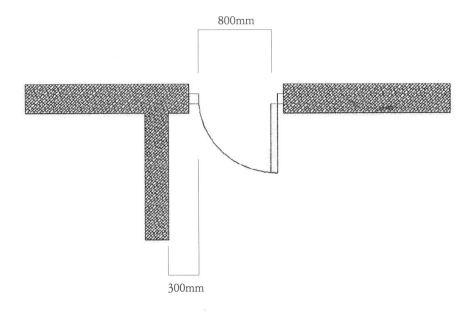

800mm

300mm

○ 경사로 설치예

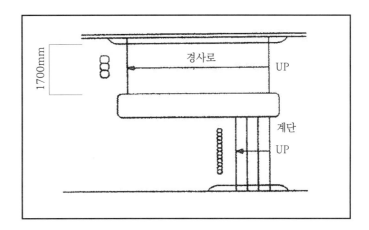

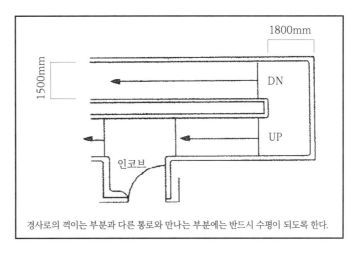

경사로의 꺾이는 부분과 다른 통로와 만나는 부분에는 반드시 수평이 되도록 한다.

○ 접견 테이블의 예

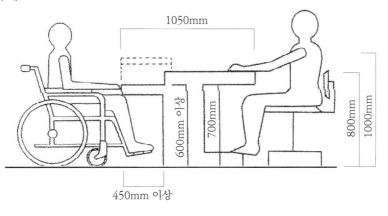

○ 장애인을 위한 각종표시

경사로의 표시

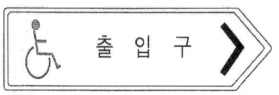

입구 표시

장애인을 위한 국제심볼마크

접견 녹음·녹화 시스템 구성 및 기능(제121조 관련)

설 치 장소		장 비	기 능
접견 녹음·녹화실 및 복도		마이크 콘솔	마이크와 스피커, 접견시간 표시창, 볼륨 조절장치 및 제어회로기판 및 통신포트 등으로 구성되어 수용자와 민원인간 대화할 수 있게 하며, 접견진행실 서버와 통신하여 대화내용을 녹음파일로 저장할 수 있도록 하는 장비
		영상카메라	영상카메라와 제어회로기판, 통신포트, 소형마이크(서울지방교정청은 제외) 등으로 구성되어 있으며, 접견진행실 서버와 통신하여 접견실 영상을 녹화파일로 저장할 수 있도록 하는 장비
		기 타	전기·통신장비 등
접견진행실		접견진행PC	교정정보시스템과의 연계프로그램이 설치되어 접견진행처리 및 자동안내방송 기능을 수행하며, 장애발생시 접견장애대체서버와 연계하여 교정정비시스템과의 연계 없이 자체적으로 접견진행처리기능을 수행
		녹음서버	접견 녹음·녹화실의 대화내용을 녹음하고 청취할 수 있게 하는 기능과 호실별 통제방송을 지원하는 기능 수행
		녹화서버	각 접견실 접견내용을 녹화하고 영상으로 모니터링 할 수 있게 하는 기능 수행
		비상진행콘솔	시스템 장애발생시, 접견실의 마이크콘솔을 제어하여 대화가 가능하도록 하며, 접견실을 선택하여 통제방송을 할 수 있게 하는 기능 수행
		기 타	접견안내 방송시스템, 전기·통신장비 등
응용 프로 그램	기관 접견 녹음·녹화 관리시스템 서버	녹음프로그램	접견실 대화내용을 녹음파일로 저장·관리하고, 지방교정청 또는 교정본부 전산실로 전송하는 기능 수행
		녹화프로그램	접견실 및 대기실 영상을 녹화파일로 저장·관리하고, 필요시 지방교정청 또는 교정본부 전산실로 전송하는 기능 수행
		모니터링 프로그램	접견실 영상 및 대화내용을 담당자가 실시간 감독할 수 있도록 하며, 필요시 마이크콘솔 원격차단, 접견 중 특이정보 입력, 영상카메라 원격제어, 특정호실 녹음·녹화 등의 기능 수행
		접견장애 대체 프로그램	교정정보시스템 장애시 기관 내부시스템을 이용하여 접견 녹음·녹화를 중단 없이 수행할 수 있도록 하는 기능 수행
	교정정보 시스템	접견진행 프로그램	접견호실 및 시간의 배정, 접견시작·종료, 접견지연관리, 공범분리, 동행표 출력, 전광판 제어 및 안내방송 등의 기능 수행
		기 타 프로그램	접견 녹음·녹화 기초자료 등록, 입회대상 수용자 관리, 녹음·녹화 파일 관리, 녹음파일 전송 등의 기능 수행
	지방교정청 전산실	녹음제어 및 저장프로그램	각 기관에서 전송된 녹음파일을 효율적으로 저장매체에 기록하고, 백업 및 검색 기능 수행

국제인권규범

법령

보안

치료감호

권리구제

부록

장소변경접견 신청서(제91조 관련)

※ 수용자

번 호		성 명	

○ 장소변경접견은 다음과 같은 경우에 실시할 수 있습니다.
 - 일반접견으로는 해결하기 힘든 사유가 발생하여 접촉차단시설이 없는 장소에서 접견이 필요한 경우
 - 위 필요성이 교도관회의 심의 등을 통해 인정된 경우
○ **구체적인 허가기준이나 절차 등에 대해서는 민원실 직원에게 문의하거나 안내문을 참고하시기 바랍니다.**

○ 아래 빈칸에 장소변경접견이 필요한 사유를 구체적으로 기재하여 주십시오.

※ 위 사항을 증빙할 서류 등이 있으면 첨부하여 주시기 바랍니다.

○ 접견인 인적사항

연번	성 명	주민등록번호 (외국인등록번호)	관 계	전화번호	주 소
1					
2					
3					
4					
5					

○ 신 청 인 :
○ 희망일자 : 년 월 일

20 . . .

○○교도소(구치소)장 귀하

국제인권규범

법 령

인 권

치료감호

권리구제

부 록

개인정보 수집·이용 및 고유식별정보 처리 동의서(제91조, 112조 관련)

1. 개인정보 수집·이용 동의

수집·이용 목적	접견사무처리 및 소속기관 시스템 연계에 따른 개인정보 수집·이용
처리 법령근거	「개인정보 보호법」, 「형의 집행 및 수용자의 처우에 관한 법률 시행령」 등
개인정보 항목	성명, 생년월일, 연락처, 접견하려는 수용자와의 관계 등 ※ 스마트접견 신청 시 사진 포함
보유·이용 기간	원칙적으로 개인정보 보존기간이 경과하거나, 처리 목적이 달성된 경우에는 지체없이 해당 개인정보를 파기합니다. 다만, 다른 법령에 따라 보존하여야 하는 경우에는 그러하지 않을 수 있습니다. 이용자가 입력한 정보는 목적 달성 후 내부방침 및 기타 관련 법령에 따라 일정기간 저장된 후 파기됩니다. ※「교정행정정보화업무지침」 제25조의2 제1항 제3호: 출소 후 3년 보관
개인정보 수집·이용 동의 거부의 권리	이용자는 개인정보 수집·이용에 동의를 거부할 권리가 있으며, 동의하지 않을 경우 접견(일반·화상·스마트·장소변경 등) 신청이 불가합니다.

위와 같이 개인정보를 수집·이용하는데 동의하십니까?
☐ 동의   ☐ 동의하지 않음

2. 고유식별정보(주민등록번호·외국인등록번호·여권번호 등) 처리 동의

처리 목적	접견사무처리 및 소속기관 시스템 연계에 따른 고유식별정보 처리
처리 법령근거	「개인정보 보호법」제24조 및 제24조의2,「형의 집행 및 수용자의 처우에 관한 법률 시행령」제58조에 의거 고유식별정보 수집 가능합니다.
보유·이용 기간	원칙적으로 고유식별정보 보존기간이 경과하거나, 처리 목적이 달성된 경우에는 지체없이 해당 고유식별정보를 파기합니다. 다만, 다른 법령에 따라 보존하여야 하는 경우에는 그러하지 않을 수 있습니다. 이용자가 입력한 정보는 목적 달성 후 내부방침 및 기타 관련 법령에 따라 일정기간 저장된 후 파기됩니다. ※「교정행정정보화업무지침」 제25조의2 제1항 제3호: 출소 후 3년 보관
고유식별정보 처리 동의 거부의 권리	이용자는 고유식별정보 처리에 동의를 거부할 권리가 있으며, 동의하지 않을 경우 접견(일반·화상·스마트·장소변경 등) 신청이 불가합니다.

위와 같이 고유식별정보를 처리하는데 동의하십니까?
☐ 동의   ☐ 동의하지 않음

본인은 상기 내용과 같이 개인정보 수집·이용 및 고유식별정보 처리에 동의합니다.
20   .   .   .   신청인 :   (서명)

○○교도소(구치소)장 귀하

교도관근무일지

년   월   일

근무 장소명		결재	교위	교감	과장
근무시간	근무자	감독사항	인원현황		
~			일 과 시 작 인 원		인계자 (인)
~					
~			변 동 사 항		
~					
~			일 과 종 료 인 원		인계자 (인)
~					
~			변 동 사 항		
~					
~			기타사항		
~			작 업 등		
~					
~					
~			화 기 점 검	이상 유·무	(인)
~			도 구 점 검	이상 유·무	(인)
~			출 원 사 항		
~					
~			투 약 자		
~					
~			교육·지시사항		
~					
~					
~					
~					
~					
~					
~					
~					
~					
~					
~					

수용자 특이동정	중점관리대상자	
	조사자	
	징벌자	
	보호장비사용자	

시간	주요사항	근무자

출정비용 납부 청구서(제444조 관련)

기 관 명

수신자

(경유)

제 목   **출정비용 납부 청구**

「수용관리 및 계호업무 등에 관한 지침」 제462조에 따라 아래와 같이 출정비용을 청구하오니 출정예정일 전일까지 납부하여 주시기 바랍니다.

수용자 인적사항	수용자번호		죄 명	
	형명 · 형기			
출정비용				
산출근거	○ 연료비 : 원 (운행거리 km, 차량연비 km, 리터당 경유값 원) ※ 연료비는 총 운행거리를 해당 차량 연비로 나누어 리터당 경유값을 곱하여 산출함 ○ 통행료 : 원			

발 신 명 의   직인

기안자 직위(직급) 서명   검토자 직위(직급)서명   결재권자 직위(직급)서명

협조자

시행   처리과-일련번호(시행일자)   접수   처리과명-일련번호(접수일자)

우   주소   / 홈페이지 주소

전화(   )   전송(   )   / 기안자의 공식전자우편주소   / 공개구분

상계통지서(제444조 관련)

「갑」

통 지 인   대한민국

「을」

피통지인   수용자번호 :

　　　　　 성　　명 :

귀하와 대한민국 사이에 아래와 같은 채권채무가 존재하므로 이를 서로 동액에서 상계하고, 나머지 금 ○○○원정도 즉시 지급하여 주실 것을 통지합니다.

- 아 래 -

【상계채권의 표시】

1. 「갑」의 채무('을'이 '갑'에게 보관한 금전에 관한 채무)

입소일	죄명	형기종료일	성 명	주민등록번호	보관금 잔액

2. 「갑」의 채권('갑'이 '을'의 출정을 위해 지출한 차량운행비 상환청구권)

운행일	운행구간	연료비	통행료

3. 상계 후 「을」의 채무 잔액 : ○○○원정

수 령 증

상계통지서를 정히 수령합니다.

202　　.　　.　　.

수령인　　　　　　　　　　손도장/서명

○○교도소(구치소)장 귀하

수용구분 및 이송 · 기록 등에 관한 지침

제정 [2008.12.18. 법무부예규 제820호]

개정 [2009.05.29. 법무부예규 제854호]

개정 [2009.08.28. 법무부예규 제882호]

개정 [2010.02.22. 법무부예규 제924호]

개정 [2010.09.06. 법무부예규 제957호]

개정 [2011.04.11. 법무부예규 제979호]

개정 [2015.01.15. 법무부예규 제1082호]

개정 [2016.12.29. 법무부예규 제1135호]

개정 [2019.04.18. 법무부예규 제1219호]

개정 [2022.03.02. 법무부예규 제1294호]

제1장 총칙

제1조(목적) 이 지침은 교도소 · 구치소 및 그 지소에 수용 중인 수용자의 수용기록 업무 및 수용구분, 이송 업무에 관한 세부 사항을 규정하는데 그 목적이 있다.

제2조(적용범위) 이 지침은 수용자의 입소 · 수용기록부 관리 · 소송서류 처리 · 형기계산 · 형집행 · 석방 등 수용기록 업무 및 교정시설(교도소 · 구치소 및 그 지소를 말한다. 이하 같다)의 수용구분, 이송 업무 등에 적용한다.

제2장 수용기록 업무

제1절 수용자 입소 업무

제3조(신입자 등의 입소 절차 및 가족 통지) ① 보안과장은 법원 · 검찰청 · 경찰관서 등으로부터 처음으로 교정시설에 수용되는 자(이하 "신입자"라 한다) 및 다른 교정시설로부터 이입되어 온 자(이하 "이입자"라 한다)에 대하여 수용지휘서 등 입소관련 서류의 오류 여부 확인, 해당 수용자의 인적사항 대조 등 제반 입소 업무를 완료한 후 별지 제14호 서식의 "인수서"를 작성하여 해당 호송인에게 전달하여야 한다.

② 신입자의 입소관련 서류만으로 신원 확인이 어려운 사람에 대하여는 수용자 지문정보확인시스템(경찰청 연계)을 활용하여 본인 여부를 확인할 수 있다.

③ 보안과장은 신입자 등이 부상 · 질병 등 심신 이상자가 있을 경우에는 해당 호송인 으로부터는 확인서를 받고, 해당 신입자 등으로부터는 자술서를 받아야 한다. 다만, 확인서 등을 받을 수 없는 사정이 있을 경우에는 직원의 근무보고서, 목격자의 자술서 등을 받아야 한다.

④ 제3항에 따른 호송인 확인서, 신입자 등의 자술서, 직원 근무보고서, 목격자 자술서 등은 해당 신입자 등의 수용기록부에 편철하여야 한다.

⑤ 총무과장 또는 수용기록과장(이하 "총무과장 등"이라 한다)은 신입자 및 이입자에 대하여 수용지휘서, 형집행지휘서 등 입소 관련 서류를 자세히 검토한 후 교정행정에 관한 정보를 처리하는 전산시스템(이하 "교정정보시스템"이라 한다)에 관련 자료를 입력하여야 한다. 다만, 외국인의 경우에는 성명 입력 시 한글명과 영문명(여권 또는 출입국관리기관으로부터 확인)을 같이 입력한다.

⑥ 야간 · 공휴일 등에는 총무과장 등의 업무는 청사 근무자 등 입소 업무 처리를 명령받은 근무자가 대리하고, 보안과장의 업무는 당직간부가 대리한다.

⑦ 소장은 제1항의 신입자와 이입자에게 별지 제1호 서식에 의하여 입소 사실의 가족(배우자 · 직계존비속 · 형제자매) 통지 동의 여부를 확인하고, 동의를 받은 경우에는 별지 제1-1호 서식에 따라 지체없이 이를 통지하여야 한다. 다만, 통지 받을 가족의 주거 부정 등으로 안내문 발송이 어렵다고 판단되거나 해당 수용자가 원할 경우에는 전화 등의 방법으로 수용 사실을 통지할 수 있다.

⑧ 외국인 신입자와 이입자에 대한 해당 수용자의 국적 대사관에 대한 수용사실 통지는 제7항의 규정을 준용한다. 이 경우 "가족"은 "대사관"으로 보고, 당사국 간 협약 있는 경우 협약을 우선 적용 한다.

제4조(입 · 출소실 운영) ① 교정시설에 입 · 출소하는 자의 신원 대조 등 수용자 입 · 출소 업무는 입 · 출소실에서 하여야 한다.

② 입소실과 출소실은 분리하여 운영하여야 한다. 다만, 입 · 출소 인원이 적을 경우에는 겸용할 수 있다.

③ 입 · 출소실에는 신원 대조 등을 위해 대기하는 수용자들이 앉을 수 있도록 의자 등을 비치하여야 한다.

④ 입소실에는 별지 제2호의 입소 절차 안내문을 부착하여야 한다.

제5조(신입자 등의 의류 및 신체검사) ① 신입자 등의 의류 및 신체검사는 사전에 검사목적 등을 설명하고 19세 미만, 19세 이상 40세 미만, 40세 이상 60세 미만, 60세 이상 등 연령별로 세분하여 칸막이 등으로 구분된 입 · 출소실에서 실시하여야 한다.

② 여성 신입자 등의 의류 및 신체검사는 별도의 입 · 출소실에서 여성 교도관이 하여야 한다.

제6조(동명이인의 관리) ① 현재 교정시설에 수용 중인 자와 성명이 같은 신입자 등이 입소한 경우에는 교정정보시스템에 관련 자료를 입력하고 수용기록부 상단에 "동명이인"임을 표시하여야 한다.

② 동명이인이 석방될 경우에는 총무과 등 석방업무 담당자는 그 사건번호, 주민등록번호, 재판관계 등을 대조하고 석방관계 서류를 작성하여 보안과에 인계하여야 한다.

③ 제2항에 따라 석방관계 서류를 인계받은 보안과 석방업무 담당자는 다시 그 이상 유무를 확인하여야 하고, 석방사무를 감독하는 당직간부가 이를 최종 확인한 후 그 주소, 주민등록번호, 가족관계 등을 세밀하게 대조함으로써 동명이인의 오인 석방을 예방하여야 한다.

제7조(징역 · 금고형 집행지휘서 접수 및 처리) ① 총무과장 등은 검찰청 등으로부터 징역 또는 금고형이 확정된 수형자의 형집행지휘서가 접수되면 그 인적사항, 형명, 형기, 형집행지휘 검사의 서명날인 등을 확인하고, 수용기록부, 형기종료부 등에 인적사항, 수형사항, 형기종료일 등을 기록한 후, 보안과장에게 형 확정 통지를 하여야 한다.

② 총무과장 등은 제1항에 따라 인적사항, 형기 등을 대조 · 확인한 결과 형집행지휘서의 기록과 재판서(판결서, 결정서, 명령서를 말한다. 이하 같다) 등본상의 기록이 일치하지 않을 경우에는 해당 검찰청 등에 확인하여 처리하여야 한다.

③ 불구속 재판 중 금고 이상의 형이 확정되어 교정시설에 수용되는 자에 대하여도 제1항과 제2항을 준용한다.

제8조(노역장유치지휘서 접수 및 처리) ① 총무과장 등은 검찰청으로부터 노역장유치지휘서가 접수되면 수신기관, 유치자 인적사항, 환형유치 일수, 유치기산일, 벌금형 시효만료일, 노역장유치지휘 검사의 서명날인 등을 확인하고, 수용기록부, 형기종료부 등에 형기종료일 등을 기록한 후, 보안과장 및 분류심사과장에게 통지하여야 한다.

② 제1항에 따라 보안과장은 해당 수용자에게 노역장유치지휘서의 접수 사실을 통지하고, 통지받은 날로부터 7일 이내에 정식재판청구권 회복청구를 하지 않으면 청구가 기각될 수 있음을 고지한 후 노역장유치지휘서 여백에 고지 일자와 본인의 손도장(또는 서명)을 받아야 하며, 분류심사과장(보안과장)은 변경된 형기를 해당 수형자의 개별처우에 참고하여야 한다.

③ 소장은 노역장유치 집행중인 자가 다른 교정시설로 이송되거나, 노역집행이 종료된 경우에는 그 사실을 노역장유치를 지휘한 검찰청에 통보하여야 한다.

제9조(형집행유예실효지휘서 접수 및 처리) ① 총무과장 등은 검찰청으로부터 형집행유예실효 지휘서가 접수되면 실효자의 인적사항, 형명, 형기, 지휘 검사의 서명날인 등을 확인하여야 한다.

② 총무과장 등은 제1항에 따라 인적사항 등을 확인한 결과, 이상이 없는 경우에는 형기 계산을 다시 하여, 수용기록부, 형기종료부 등에 기록한 후, 변경된 형기종료일을 보안과장 및 분류심사과장 등에게 통지하여 해당 수형자의 개별처우에 참고하도록 하여야 한다.

③ 제2항에 따라 총무과장 등으로부터 변경된 형기종료일을 통지받은 보안과장은 이를 해당 수용자에게 통지하여야 한다.

제10조(보호관찰 위반자 수용 등) ①소장은 「보호관찰 등에 관한 법률」 및 「치료감호 등에 관한 법률」에 따라 보호관찰을 조건으로 형의 선고유예, 집행유예, 가석방, 치료감호 가종료, 치료의 위탁 등으로 출소한 자가 지켜야 할 사항 위반하여 입소하는 경우에는 해당 법원 판사의 유치허가장으로 유치할 수 있다.

② 소장은 「형사소송법」 제71조의2에 따라 법원에서 피고인을 유치할 경우에는 해당 법원 판사의 구속영장으로 수용할 수 있다.

제11조(감치처분을 받은 자의 입소 처리 등) ① 소장은 「법원조직법」 제61조 등에 따라 법원으로부터 감치처분을 받고 입소한 자에 대하여는 감치명령서, 재판서 또는 재판의 내용을 기재한 조서의 등본 또는 초본 등을 확인하여야 하고 관련 사항을 교정정보시스템에 등재하여야 한다.

② 소장은 감치집행대상자를 수용한 경우에는 수용통보서를, 감치를 종료하였을 경우에는 석방통보서를 각각 지체 없이 해당 법원에 통보하여야 한다.

③ 소장은 교정시설에 수용중인 자가 감치명령을 받은 경우에는 현재 집행중인 구속 및 형에 우선하여 감치를 집행하여야 한다.

④ 삭제 〈2016. 12. 29.〉

제11조의2(임시조치를 받은 자의 입소 처리 등) ① 소장은 「가정폭력범죄의 처벌 등에 관한 특례법」 제29조 제1항 제5호 및 「아동학대범죄의 처벌 등에 관한 특례법」 제19조 제1항 제7호에 따른 법원의 임시조치 결정 (이하 '유치결정'이라 한다)에 따라 법원의 유치결정에 의하여 입소한 자에 대하여는 결정서 등본 등을 확인하고, 관련사항을 교정정보시스템에 등재하여야 한다.

② 소장은 제1항에 따라 유치결정을 받은 자를 유치한 경우 수용사실 및 석방사실을 각각 지체 없이 해당 법

원에 통보하여야하고 아동학대행위자의 경우에는 주소지를 관할하는 시·도지사 또는 시장·군수·구청장에게도 통보하여야 한다.

③ 소장은 유치결정을 받아 입소한 자에게 유치결정의 내용, 불복방법(「가정폭력의 처벌 등에 관한 특례법」 제49조에 따른 항고) 등을 고지하여야 한다.

제11조의3(보호 중인 외국인의 입소 처리 등) 소장은 「출입국관리법」 제51조 등에 따라 출입국관리공무원이 보호하고 있는 외국인이 교정시설에 입소한 경우 지방출입국·외국인관서의 장이 발급한 보호명령서 등본 등을 확인하고, 관련사항을 교정정보시스템에 등재하여야 한다.

제11조의4(미결수용 절차 준용) 전 3조에 따른 수용절차는 미결수용 절차를 준용한다.

제2절 수용자 수용기록부 관리업무

제12조(수용자 수용기록부 작성) ① 소장은 신입자에 대하여 구속영장 등을 기초로 입소 후 3일 이내에 수용기록부를 작성하고, 같은 내용을 교정정보시스템에 입력하여야 한다.

② 형 확정 등으로 인하여 제1항 및 「형의 집행 및 수용자의 처우에 관한 법률 시행령」(이하 "영"이라 한다) 제17조에 따라 작성 또는 입력된 수용기록부 등의 내용에 변동이 있을 경우에는 지체 없이 이를 정비하여야 한다.

③ 수용기록부 작성 등을 위한 신입자 조사는 입소실에서 실시하며, 공범이 있을 경우에는 장소를 분리하여 이를 실시하여야 한다.

④ 수용기록부의 세부 기재요령은 별지 제3호 서식과 같다.

제13조(사진촬영) ① 소장은 모든 신입자(형 확정에 따른 이입자 및 잔류자 포함)에 대하여 입소 후 3일 이내에 얼굴 사진을 컬러로 촬영(사진크기 : 가로 3Cm, 세로 4Cm)하여 사진 1매를 수용기록부에 부착하고, 교정정보시스템에 등록하여야 한다.

② 제1항에 따른 사진 촬영 시에는 해당 수용자의 신장과 체중을 측정하여 수용기록부와 교정정보시스템에 등록하여야 한다.

③ 안경 착용자에 대하여는 안경을 쓴 사진과 안경을 벗은 사진을 각각 촬영하여 함께 부착하고, 머리 형태에 따라 인상 특징에 많은 변화가 예상되는 여자수용자 등에 대하여는 다른 머리형으로 변형한 사진도 함께 촬영하여 부착하여야 한다.

④ 공안(관련)사범, 엄중관리대상자 등의 사진은 추가로 현상하여 고충처리팀, 거실지정 부서 등에 배부하여 그 처우 등에 활용하도록 한다.

⑤ 사형, 무기, 잔형기 7년 이상인 장기수형자 등은 3년 마다 사진을 촬영하여 이를 해당 수용자 수용기록부에 추가로 부착·관리하고, 교정정보시스템에 등록하여야 한다.

⑥ 입소실에는 별표 제4호와 같이 사진촬영장소를 설치하고 신장체중계를 비치하여 활용하도록 하여야한다.

제14조(수용자 수용기록부 보관) ① 소장은 총무과 등 전담직원을 지정하여 수용기록부를 관리하게 하여야 한다.

② 수용기록부는 별도의 장소에 따로 보관하되, 기결과 미결로 구분하여 수용자 번호 순으로 보관하여야 한다.

③ 천재 또는 비상사태 시에는 조절 석방에서 제외될 자와 조절 석방 대상자의 수용기록부를 분리하여 보안과장이 보관·출납하여야 한다.

제15조(추가 사건 기재) ① 수용자에 대하여 추가 사건의 공소장(소환장) 등이 접수되면 지체 없이 해당 수용자의 수용기록부 표지 상단에 "추가 사건 내용"을 표시하고, 교정정보시스템에도 "추가건" 주의표시를 등재하여 별개의 피고사건이 심리중임을 표시하여야 한다. 이 경우 수용자에 대한 모든 "추가 사건"의 죄명, 사건개

요 등 기본사항을 입력하여야 한다.

② 수용자가 추가 사건으로 수사접견을 실시하였거나 출정 등의 사실이 있는 경우에는 수용기록부의 동정관찰 란에 그 진행 사항을 기록하여야 한다.

제16조(대출 및 반납) ① 수용자의 수용기록부를 대출받고자 하는 직원은 수용기록부 대출부에 수용자 번호, 사용 목적, 대출 일자, 대출자 성명 등을 기록하여 총무과장 등의 허가를 받아야 한다. 다만 야간 및 공휴일에는 청사 근무자로부터 이를 대출받고 해당 청사 근무자는 다음날 총무과 등 관계 부서 직원에게 대출 사항을 인계하여야 한다.

② 제1항에 따라 대출받은 수용기록부는 일과 종료 전까지 담당직원에게 반납하고, 수용기록부 대출부에 반납 직원이 서명한다. 다만 부득이한 사유로 당일 일과 종료 후까지 계속 사용하여야 할 경우에는 사전에 총무과장 등의 허가를 받아야 한다.

제17조(점검 및 결과보고) ① 총무과장 등은 매월 말 수용 인원과 수용기록부의 일치 여부, 대출 상황, 분실 유무 등을 확인·점검하고, 그 결과를 다음 달 5일까지 소장에게 서면 보고하여야 한다.

② 총무과장 등은 제1항에 따른 정기 점검 외에 필요한 경우 담당직원으로 하여금 수시로 점검을 실시하게 할 수 있다.

제18조(수용자 수용기록부 보관 장소 출입제한) 수용기록부 보관 장소 출입은 총무과 등 관계부서 담당직원에 한한다. 다만, 수용기록부를 자주 사용하는 거실 지정, 분류심사 등 관계 직원은 총무과장 등의 허가를 받아 담당직원의 입회하에 출입하게 할 수 있다.

제19조(이송자 수용기록부 송부) ① 총무과 등의 담당직원은 다른 교정시설로 이송할 수용자의 접견표, 편지접수및발송대장, 건강진단부, 분류심사표, 상담기록부 등 개별처우 자료를 해당 수용자의 수용기록부와 함께 편철하여 이송 책임자를 통하여 받는 교정시설에 인계하여야 한다.

② 제1항에 따른 개별처우자료는 관계과에서 이송 전일까지 총무과등으로 제출하여야 한다.

제20조(전과 수용기록부 조회 및 송부) ① 소장은 전과가 있는 수용자의 처우상 전과 수용처우 기록이 필요한 경우에는 교정정보시스템의 출소자 수용 자료나 최종 출소 교정시설에 전과 수용기록부를 조회하여 이를 처우에 참고할 수 있다.

② 제1항에 따른 조회내용은 전과조회부에 이를 기록·유지하여야 한다.

③ 소장은 다른 교정시설로부터 전과 수용기록부 조회가 있는 경우에는 해당 출소자의 수용기록부를 찾아 출소자 기본철 보존부에 관련 사실을 기록한 후 송부하여야 한다.

제21조(출소자 수용기록부 관리) ① 수용자가 출소하면 지체 없이 수용자 명부 등을 정리하고, 국가기록원 등에 문서 이관 시 필요한 수용기록부(카드), 구속영장, 수용지휘서, 유치지휘서 및 유치취소지휘서, 형집행지휘서(판결문 포함), 형집행순서변경지휘서, 수형자 분류처우심사기록부(분류심사표), 감형장·사면장(사본), 석방지휘서를 합철하여 관리하여야 한다.

② 제1항에 따른 출소자 수용기록부는 일련번호를 부여하여 출소자 기본철 보존부에 등재하고 연도별, 월별, 일련번호 순으로 구분하여 출소자 수용기록부 보관 장소에 보관·관리한다.

제3절 소송서류 처리 업무

제22조(소송서류 처리 원칙) 수용자 소송관련 서류는 신속·정확하게 처리하여야 한다.

제23조(공소장 접수) ① 소장은 법원으로부터 공소장 부본을 접수하였을 경우에는 해당 수용자의 수용 유무를

확인한 후, 소송서류 접수 및 전달부에 그 성명, 접수일자, 관할법원, 서류종류, 사건번호 등을 기록하고 해당 수용자에게 이를 전달하여야 한다.

② 제1항의 공소장 부본에 기재된 사건번호는 수용기록부의 법원 사건 번호란 및 교정정보시스템에 이를 등록하여야 하며, 공소장 부본 검토 결과 감호사건이 병과된 것으로 확인된 경우에는 이를 교정정보시스템 동정관찰에 등재 · 처리하여야 한다.

제24조(소송기록접수통지서 접수) ① 소장은 상소 법원으로부터 소송기록접수통지서를 접수하였을 경우에는 해당 수용자의 수용 여부를 확인한 후, 소송서류 접수 및 전달부에 이를 등재하고, 해당 수용자에게 전달하여야 한다.

② 제1항에 따라 소송서류접수통지서를 전달하는 경우에는 해당 수용자에게 상소이유서 제출 기한, 제출 부수 등도 함께 통지하여야 한다.

제25조(공판기일의 통지) 소장은 법원으로부터 피고인의 제1회 공판기일을 통지 받은 경우에는 지체 없이 해당 피고인에게 이를 통지한 후 관계 장부에 그 통지 일시를 기재하고 손도장을 받아야 한다.

제26조(재판서 접수) ① 소장은 법원 등으로부터 재판서 등을 접수하였을 경우에는 해당 수용자의 수용 여부를 확인한 후, 소송서류 접수 및 전달부에 이를 등재하여 1부는 수용기록부에 편철하고, 1부는 해당 수용자에게 전달하여야 한다.

② 제1항에 따른 재판서 등이 1부만 접수되었을 경우에는 해당 수용자에게 이를 전달하고, 수용기록부 편철용은 당해 법원 등에 추가 송부를 요청하거나 형집행지휘서와 함께 송부된 재판서를 사용한다.

③ 재판서 등 서류를 접수하는 경우 공범 유무, 범죄사실의 변경 여부, 범죄단체 가입 내역 등을 파악한 후, 관련 사항을 정보사항 처리하여 지체없이 처우에 반영되도록 하여야 한다.

제27조(그 밖의 소송관계 서류 접수) 검사의 상소장, 국선변호인 선임결정서, 약식명령, 공소장변경허가결정, 기일변경명령, 이혼심판청구서, 민사소송관계서류 등 그 밖의 소송관계 서류 접수 시에도 제24조를 준용한다.

제28조(소송관계 서류의 발송) ① 소장은 수용자로부터 상소장, 상소이유서, 상소포기서, 상소취하서 등 각종 소송 서류를 제출받은 경우에는 소송 서류 접수 및 전달부에 이를 등재하고, 법원 등 관계 기관에 접수 또는 발송하여야 한다.

② 수용자가 제출하는 소송관계 서류를 관할 법원 등 해당 기관에 발송한 경우에는 그 복사본을 해당 수용자의 수용기록부에 편철하여야 한다. 다만, 반성문 또는 탄원서, 항소 및 상고이유서에 대하여는 소송서류 접수 및 전달부에 발송사실을 등재하고 그 복사본은 수용기록부에 편철하지 아니한다.

제29조(법정대리인이 있는 피고인의 상소취하) ① 소장은 미성년자 등 법정대리인이 있는 피고인이 상소 포기서 또는 취하서를 제출하고자 할 경우에는 법정대리인의 동의서를 첨부하여 제출하도록 해당 피고인에게 이를 통지하여야 한다.

② 제1항에 따른 법정대리인이 사망, 행방불명 그 밖의 사유로 그 동의를 얻을 수 없는 경우에는 그 취지를 상소포기서 또는 상소취하서에 기재하여 제출하도록 해당 피고인에게 이를 통지하여야 한다.

제4절 형집행 업무

제30조(형집행절차 신속 개시) ① 소장은 수용자가 상소 포기서 또는 취하서를 제출하였을 경우에는 그 사본을 첨부하여 사건관련 검찰청에 통보하여 형집행지휘를 신속히 할 수 있도록 하여야 한다.

② 형집행상 필요한 재판서 등 관계 서류가 미비하여 분류심사, 작업지정 등에 지장을 초래할 우려가 있는 경

우에는 소장은 관련 법원 및 검찰청에 신속히 통보하여 형집행 관계서류를 송부 받도록 하여야 한다.

제31조(형집행 관계서류 대조 철저) ① 소장은 검찰청 등으로부터 형집행지휘서, 재판서 등본 등 형집행 관계 서류가 도착하면 형집행지휘서와 재판서 등본 등에 기재된 죄명, 형명ㆍ형기, 미결 구금일수의 통산 등을 철저히 대조하여 그 일치 여부를 반드시 확인하여야 하며, 형집행지휘서에 의하여 형기 계산이 끝난 후에 재판서 등본 등이 접수되더라도 반드시 형집행지휘서와 재판서의 주요내용을 상호 대조ㆍ확인하여야 한다.

② 소장은 수형자가 다른 교정시설로부터 이입된 경우에도 형집행지휘서와 재판서를 대조하여 형기 계산의 착오 유무를 확인하여야 한다.

제32조(재판서 등본 미도착시 조치) ① 형집행지휘서에 재판서 등본이 첨부되지 않은 경우에는 우선 형집행지 휘서에 의하여 형기를 계산하여 수용기록부 등 관계 서류에 기재하고 신속히 관할 검찰청 등으로부터 재판서 등본을 전달받아 다시 재판서 등본과 형집행지휘서상의 성명, 주민등록번호, 죄명, 형명ㆍ형기, 선고일, 형 확정일, 미결구금일수 내용 등을 상호 대조ㆍ확인하여야 한다.

② 소장은 영 제82조 제2항에 따라 형집행지휘서 접수 후 10일이 경과하여도 재판서 등본 등이 송달되지 않을 경우에는 관련 검찰청에 이를 청구하여 형기 계산 및 수용자 처우 업무에 차질이 없도록 하여야 한다. 이 경우 그 청구는 문서로 하되 부득이 전화로 청구할 경우에는 전언통신문을 작성 비치하여야 하며, 형집행지휘서 접수부 비고란에 그 청구 일자, 관련 검찰청명, 기타 사항 등을 기재하여야 한다.

③ 재판서 등본 등이 해당 수형자를 다른 교정시설 등으로 이송한 후 도착한 경우에는 지체 없이 이송된 교정시설 등에 이를 송부하여야 한다.

④ 제1항에 따라 전달받은 재판서 등본 등과 형집행지휘서를 대조한 결과 다른 점이 발견된 경우, 지체 없이 관련 검찰청에 통보하여 형집행 관련서류를 재발급 받는 등 필요한 조치를 하여야 한다.

제33조(형 확정 시기) ① 검사와 피고인이 모두 상소를 포기 또는 취하하는 경우와 상소제기기간이 경과하는 경우에 형이 확정된다.

② 피고인의 상소권 포기 일자와 검사의 상소권 포기 일자가 다를 경우에는 피고인의 상소권 포기 일자를 형 확정일로 본다.

③ 형의 집행유예실효와 관련하여 형 확정일이 피고인에게 불리하게 적용되는 경우에는 다음 각 호에 따라 처리한다.

1. 피고인만 상소를 포기하거나 상소제기 기간 내에 상소를 취하한 경우에는 검사의 상소제기기간이 경과된 때를 형 확정일로 본다.

2. 검사와 피고인의 상소포기 또는 상소취하일자가 다를 경우에는 나중의 포기 또는 취하일자를 형 확정일로 본다.

제34조(형집행유예 기간 중 형 확정의 경우) 분류심사과장(분류심사과장이 없는 교정시설은 보안과장을 말한다)은 분류심사 및 신입자 상담 등을 통하여 형집행유예 기간 중 형이 확정된 사실을 인지 또는 발견한 경우에는 총무과장 등에게 이를 통지하여 형의 집행유예실효 절차를 취하도록 하는 등 신속히 조치하여야 한다.

제35조(형집행유예 실효 등 처우 반영) 총무과장 등은 형의 집행유예 실효 또는 취소, 가석방 취소, 여죄확인 등의 사유로 수형자의 형기에 변동이 있을 경우에는 보안과장, 분류심사과장 등에게 이 사실을 지체 없이 통지하여 처우 등에 반영하도록 하여야 한다.

제36조(수형자 신원 확인) ① 소장은 형 확정된 수형자에 대하여 신원 조회를 실시하여야 한다. 다만, 입소 시 주민조회서 및 범죄경력조회서 등 관련 서류에 의해 신원이 확인된 자는 아니할 수 있다.

② 소장은 제1항에 따라 신원 조회를 실시한 결과 허위의 내용이 발견된 경우에는 지체 없이 수용기록 관계 서류 일체를 정정하되, 본래의 기록이 확인될 수 있도록 부기한 후, 관련 서류를 첨부하여 판결법원 및 형집 행검찰청에 허위신원사실 등의 정정을 의뢰하고 그 증거를 보존하여야 한다.

제37조(형집행순서 변경신청) ① 소장은 2개 이상의 형을 선고받고 중한 형을 먼저 집행중인 수형자가 가석방 혜택 등을 위하여 형집행순서 변경을 신청하거나 「형사소송법」 제462조에 따라 형집행순서 변경을 신청한 경우에는 해당 교정시설의 관할 검찰청에 형집행순서 변경 신청을 할 수 있다.

② 소장은 형집행순서 변경을 신청한 수형자가 다음 각 호에 해당되는 사유가 있다고 판단될 때에는 관할 검찰청에 형집행순서 변경신청을 하지 아니할 수 있다.

1. 집행중인 형의 집행률이 형기의 1/3을 경과하지 아니한 경우. 단, 무기형의 경우에는 10년이 경과하지 아니한 경우

2. 재판 계속 중인 추가 사건이 있는 경우

3. 최근 1년 동안 「형의 집행 및 수용자의 처우에 관한 법률」에 의하여 금치 이상의 징벌을 받은 경우

4. 고액 벌금 미납자가 벌금 납부를 회피하기 위한 수단으로 악용하는 것으로 보이는 경우

5. 검사의 형집행순서 변경 불허 결정 후 사정 변경 없이 재신청하는 경우

6. 그 밖에 수형자가 범한 범죄의 내용이나 수형자의 수형태도, 가석방의 필요성 등을 고려하여 형집행순서를 변경하는 것이 부적절하다고 보이는 경우

③ 소장은 제2항의 기준에 따라 형집행순서 변경 신청을 하지 않는 경우에는 해당 수형자에게 그 사실을 알려 주어야 한다.

제38조(형집행유예 실효 조치) ① 소장은 수형자의 재판서 등본 등이 송달되면 판결 내용을 세밀하게 검토하여 형의 집행유예 실효 여부 등을 확인하여야 한다.

② 소장은 제1항에 따라 재판서 등본·범죄경력조회서 등 검토 결과, 형의 집행유예실효 조치를 취하여야 할 경우에는 지체 없이 해당 검찰청에 통보하여 그 실효 조치가 누락되는 일이 없도록 하여야 한다.

제39조(벌금미납자 등의 조회 및 확인) ① 소장은 검찰청에서 벌금미납자 수용 사실 여부를 조회하는 경우에는 이를 협조하여야 한다.

② 소장은 신입조사, 분류심사 등을 통하여 벌금 미납 사실이 새로이 확인된 수용자에 대하여는 이를 관할 검찰청에 통보하여야 하며, 수용자 등 석방 시에는 벌금 미납 여부를 확인하여야 한다.

③ 소장은 검찰청 등에서 자유형 집행, 수사 등을 위하여 형 집행 중인 자 또는 재판 계속 중에 있는 자에 대한 수용 사실 여부 및 구속일자, 형기종료일 등을 조회하는 경우에는 이를 협조하여야 한다.

제40조(가석방 취소사유 등 확인 철저) 총무과장 등은 신입자가 가석방 기간 중인 것으로 확인된 경우에는 지체 없이 분류심사과장 등에게 통지하여 가석방 취소 등의 적절한 조치를 취할 수 있도록 하여야 한다.

제5절 수용자 석방 업무

제41조(석방 업무의 신속 처리) ① 소장은 구속된 피의자 및 피고인이 구속취소, 보석, 형의 집행유예 등의 사유로 석방되는 경우, 그 신속한 석방을 위하여 검찰청 등 석방지휘 기관에 협조를 요청하는 등의 조치를 취하여야 한다. 다만, 벌금 납부 지연 등 불가피한 사유가 있을 경우에는 그러하지 아니하다.

② 석방은 검사의 석방지휘서 원본 또는 모사전송에 의한 석방지휘서에 따라 처리한다. 다만, 모사전송에 의한 석방 업무 처리는 다음 각 호를 지켜야 한다.

1. 석방지휘서 상의 모사전송번호, 전송연월일, 수·발신기관명, 쪽수 등을 통한 진위 여부 철저 확인

2. 석방을 지휘한 검사 또는 관계 부서에 전화 등을 통해 전송자의 직급 및 성명, 전송 매수 등 사실 여부 재확인

3. 석방지휘서 원본을 지체 없이 송부 받아 당직교감의 확인을 거쳐 수용기록부에 편철

제42조(구속 기간 종료자 등에 대한 조치) 소장은 구속 중인 자가 「형사소송법」 제92조에 따라 구속 기간이 종료되었거나 구속갱신기간이 만료되었을 경우에는 즉시 담당판사 및 검사에게 구속 기간 갱신 여부를 확인하여 석방 등 필요한 조치를 하여야 한다.

제43조(형기종료자 석방) ① 형기종료 예정자는 석방 1개월 전에 그 형기계산의 정확성, 추가 사건 유무, 형집행유예 실효 여부, 노역장 유치 여부 등을 확인하여야 한다.

② 소장은 형기 종료자를 석방할 때에는 형기종료일 05:00 이후에 석방하여야 한다. 다만, 질병 등으로 그 생명에 위험을 가져올 급박한 사유가 있을 때에는 석방 시간을 일부 조정하여 실시할 수 있다.

③ 형기종료자 그 밖의 석방자에 대하여는 형집행지휘서, 재판서 등을 세밀히 검토하여 대조한 후 석방하여야 한다.

제44조(가석방·사면자 등 석방) ① 가석방자 또는 사면(감형)이 확정된 자는 지정된 일시에 석방하여야 하고, 석방 일시가 지정되지 않은 경우에는 석방관련 서류 도달 후 12시간 이내에 석방하여야 한다.

② 수용자가 사형, 자살, 변사, 병사 등으로 사망한 경우에는 사망한 일자를 기준으로 석방 처리를 한다.

제45조(수용자 석방통보 등) ① 소장은 석방될 수형자(노역유치자 제외)의 범죄가 다음 각 호(민생침해사범)에 해당하는 경우에는 「형의 집행 및 수용자 처우에 관한 법률」 제126조의2에 따라 석방사실을 통보하여야 한다.

1. 살인의 죄
2. 약취유인의 죄(인신매매 포함)
3. 방화의 죄
4. 강도의 죄
5. 절도의 죄
6. 강간 및 추행의 죄 등 성폭력 범죄
7. 조직폭력범죄
8. 마약류에 관한 죄
9. 경합범죄 또는 추가범죄에 제1호부터 제8호까지의 죄가 포함된 경우
10. 범죄전력에 제1호부터 제8호까지의 죄가 포함된 경우

② 소장은 석방될 수형자의 범죄가 제1항 각 호에 해당하지 아니하는 경우에도 체포감금, 폭행, 협박, 공안범죄 등으로 수형자의 보호 및 재범방지 등을 위하여 필요하다고 인정되는 경우 석방사실을 통보할 수 있다.

③ 전 2항에 따라 석방통보하는 경우 석방사유별 통보의 시기와 대상은 다음 각 호와 같다.

1. 형기종료의 경우 석방 1개월 전 귀주지 관할 경찰서장 또는 해당 수용자를 인수하여 보호할 법인 또는 개인
2. 사면, 형집행면제, 형집행유예의 경우 석방 즉시 귀주지 관할 경찰서장
3. 형집행정지의 경우 석방 즉시 그 집행을 지휘한 검찰청 검사장(지청장)과 귀주지 관할 경찰서장 및 해당 수용자를 인수할 법인 또는 개인

④ 소장은 석방 통보를 하는 경우에는 접견, 편지, 개별 상담 등을 통해 실제 주거할 귀주지를 정확히 파악하여야 하고, 법인 또는 개인에게 통보하는 경우에는 해당 수형자의 동의를 받아야 한다.

⑤ 제3항에 의한 통보는 「형의 집행 및 수용자의 처우에 관한 법률 시행규칙」 별지 제28호의2서식에 의한다.

⑥ 가석방자에 대하여는 가석방예정자 명단이 접수되면 석방 통보관련 서류를 미리 준비했다가 가석방 허가자 명단 도달 즉시(석방전이라도) 「가석방자 관리규정」 제4조에 따라 귀주지 관할 지방검찰청 검사장(지청장)과 형의 선고를 한 법원에 대응하는 검찰청 검사장 및 가석방될 사람을 보호·감독할 경찰서장에게 통보하여야 한다.

⑦ 수용자가 사면·감형·복권된 경우에는 사면·감형·복권장 사본을 첨부한 명단을 작성하여 제1심 선고 법원 대응 검찰청에 통보한다.

⑧ 수용자가 「전자장치 부착 등에 관한 법률」에 의하여 위치추적 전자장치 부착 대상자인 경우에는 석방되기 5일 전까지 피부착명령자의 주거지를 관할하는 보호관찰소의 장에게 해당 사실을 통보하여야 한다.

⑨ 외국인 수용자 중 형기종료자는 석방 5일 전, 가석방, 집행유예 선고 등 기타 사유로 출소하는 자는 석방 전 지체 없이 「출입국관리법」 제84조제2항에 따라 출입국관리사무소에 각각 석방 사실을 통보하고, 출소자 중 「출입국관리법」 제46조 제1항 등에 따라 강제퇴거명령서 등이 발부된 자는 출입국관리공무원에게 그 신병을 인계하여야 한다.

제46조(출소 업무 처리 시 유의사항) ① 소장은 수용자를 출소시킬 경우에는 동명이인 여부, 형집행유예실효·노역장유치·가석방실효 또는 취소 여부, 추가 사건 유무 등을 철저히 확인하여야 하며, 의심이 있을 경우에는 관련 검찰청·법원 등에 통보하는 등 필요한 조치를 하여야 한다.

② 소장은 출소관계 서류의 위조 여부 등의 확인을 위하여 관할 검찰청 검사의 서명과 인영을 기재한 서명날인부을 비치하여 출소관계 서류와 대조하여야 한다.

③ 소장은 보석허가, 구속집행정지결정 등을 받은 수용자에 대하여는 관련 결정서 등본 등 관계 서류의 첨부 여부를 확인하여야 하며, 결정서 등이 누락된 경우에는 관련 검찰청 등에 통보하는 등 필요한 조치를 하여야 한다.

④ 「부정수표단속법」 위반으로 벌금가납판결을 받은 피고인은 벌금을 가납할 때까지 피고인을 수용하여야 하므로 소장은 이들에 대한 석방지휘서 접수 시에는 반드시 관할 검찰청에 벌금가납 여부를 확인하여야 한다.

⑤ 소장은 검사가 석방지휘서에 의하지 않고 수사상 필요하다는 이유로 피의자 및 피고인의 신병을 인도하라는 지휘를 한 경우에는 석방지휘서 등 적법 절차에 의하도록 요청하여야 한다.

⑥ 소장은 감정유치자에 대한 관할 검찰청 검사의 석방지휘서가 접수되면 그 인적사항, 검사의 서명날인 등을 확인한 후, 석방지휘서에 기재된 인수자에게 그 신병을 인계하고, 인수증을 받아 출소자 수용기록부에 편철하여야 한다.

⑦ 소장은 보호외국인에 대하여는 관할 출입국관리사무소장의 보호해제서에 의하여 교정정보시스템에 기록하고 인적사항 등을 확인한 후, 해당 출입국관리사무소 직원에게 신병을 인계하고, 인수증을 받아 출소자 수용기록부에 편철하여야 한다.

⑧ 소장은 법원으로부터 구속적부심 보증금납입조건부 피의자 석방결정문이 우편, 모사전송 등의 방법으로 접수된 경우 지체 없이 해당 수용자에게 전달하고, 결정문이 모사전송으로 접수된 경우 모사전송번호, 전송 연월일, 수·발신기관명, 쪽수 등을 통한 진위 여부를 철저히 확인하여야 한다.

제47조(구속·형집행정지 건의절차) ① 피의자 및 피고인이 질병 등으로 계속 수용이 곤란하다고 판단될 경우에는 의무관 또는 외부 의료시설 의사의 진단서를 발부 받아, 이를 구속집행정지건의서에 첨부하여 소송서류 접수 및 전달부에 기록한 후, 다음 각 호와 같이 처리한다.

1. 피의자인 경우 : 관할 검찰청(주간에는 집행과 또는 해당 검사실, 야간에는 당직실)에 접수

2. 피고인인 경우 : 관할 법원(주간에는 형사과 또는 담당 재판부, 야간에는 당직실) 및 검찰청(피의자의 경우와 동일)에 접수

② 소장은 제1항에 따라 구속집행정지 건의를 한 경우에는 해당 피의자 또는 피고인의 가족에게 전화나 전보 등으로 지체 없이 이를 통지하여야 한다.

③ 검찰청으로부터 구속집행정지 결정에 의한 석방지휘서 등이 접수되면, 신병 인수자로 지정된 자에게 그 신병을 인계하고 인수증을 받아 출소자 수용기록부에 편철하여야 한다.

④ 제1항부터 제3항까지의 규정에 따른 업무 처리 상황은 수용기록부 동정관찰 란에 기록 · 유지 하여야 한다.

⑤ 형집행정지 건의 절차는 제1항에서 제4항까지의 규정을 준용한다. 다만, 군수형자인 경우에는 형을 선고한 군사법원에 대응하는 군검찰부 또는 현재 수용중인 교정시설의 현재지를 관할하는 군검찰부에 형집행정지를 건의하여야 한다.

제6절 형기 계산

제48조(형기의 기산) ① 형기는 판결이 확정된 날로부터 기산한다.

② 재심판결에 의한 형기는 재심판결이 확정된 날로부터 기산한다.

③ 상고심의 상고기각결정은 피고인에게 상고기각결정서가 도달한 날에 확정되고, 그날로부터 기산한다.

④ 피고인 상소포기일과 검사 상소포기일이 다를 경우에는 피고인의 상소포기 일을 형기의 기산일로 한다.

⑤ 현재 집행중인 형이 변경되었을 경우, 변경된 신형(新刑)의 기산일은 구형(舊刑)의 기산일에 소급한다.

⑥ 2개 이상의 형을 계속 집행할 경우 먼저 집행한 형기종료일의 다음날을 다음형 집행의 초일로 한다.

⑦ 제6항에도 불구하고 2개 이상의 형을 계속 집행할 경우 먼저 집행한 형의 실제 미결구금일수가 형기를 초과하여 집행할 형기가 없는 경우 나중에 집행할 형의 기산일은 먼저 집행한 형의 확정일로 한다.

⑧ 미결 상태에서 석방 사유(구속취소, 기소유예 등)가 발생한 수용자에게 다른 형을 집행하여야 할 경우에는 석방일을 다음형 집행의 초일로 한다.

⑨ 사면 확정자가 집행해야 할 다른 형이 있는 경우 사면일을 다음형 집행의 초일로 한다.

⑩ 2개 이상의 형을 계속 집행할 경우 벌금 납부, 정식재판청구권 회복결정 등에 의해 먼저 집행중인 형에 대하여 석방 사유가 발생한 때에는 석방일을 다음형 집행의 초일로 한다.

⑪ 치료감호 종료 후 추가형 집행 등을 위해 교정시설에 입소한 때에는 입소일을 집행할 형의 초일로 한다.

제49조(형기종료일 계산) ① 형기산일로부터 역(曆)에 따라 형기를 적산(積算)하여 미결통산일수 등을 공제하지 않은 형기종료일(이하 "가종료일(假終了日)"이라 한다)을 정한 후, 가종료일에 미결통산일수, 집행제기간, 감형기간의 순으로 공제하여 형기종료일을 정한다.

② 제1항의 가종료일 계산 시 가종료일에 해당하는 월에 해당 일이 없을 경우에는 그 월의 말일을 가종료일로 한다.

③ 형기종료일 계산시 역(曆)에 따라 계산하지 않는 월의 일수 환산은 30일로 한다.

④ 형기종료일은 법령의 범위 내에서 수형자에게 유리한 방법으로 계산한다.

⑤ 형기종료일 계산 방법은 별지 제5호와 같다.

제50조(집행제기간, 잔형기 계산) ① 집행제기간과 잔형기는 역(曆)에 따라 년, 월, 일순으로 계산한다.

② 집행제기간 및 잔형기의 계산 방법은 별지 제6호와 같다.

③ 감형에 의한 잔형기 계산은 감형일을 포함하여 계산한다.

제51조(형기에의 산입 · 불산입) ① 구속기간의 초일은 시간을 계산함이 없이 형기에 산입한다.

② 형집행정지, 가석방 등 법령에 의하여 석방된 당일은 형기에 산입한다. 다만, 도주한 당일은 형기에 산입하지 않는다.

③ 피고인이 항소를 제기하지 않거나 포기 또는 취하하고 검사만 단독으로 항소하여 항소기각 판결(결정)이 선고된 경우 상소제기 기간 중 미결구금일수는 그 전부를 본형에 산입한다.

④ 사형확정자가 재심에 의하여 유기징역형으로 판결이 확정되었을 경우, 재심에 의하여 확정된 판결의 집행 전(사형집행 대기기간) 구금일수는 재심에 의하여 확정된 형기에 산입하지 아니한다.

⑤ 무기징역형 집행 중 재심에 의하여 유기징역형으로 판결이 확정되었을 경우, 재심대상판결 이전의 미결구금일수를 포함한 재심대상판결에 의한 자유형 집행기간 모두 재심에 의하여 확정된 형기에 산입한다.

⑥ 형(구속)집행정지 된 자가 「형의 집행 및 수용자의 처우에 관한 법률」 제125조에 따라 일시 수용되었을 경우 그 수용기간은 형기 또는 구금일수에 산입한다. 다만, 질병 등으로 형(구속)집행정지 된 자가 무연고 또는 가족들의 신병인수 거절로 인해 외부의료시설에 입원중인 경우에 그 기간은 형기 또는 구금일수에 산입하지 않는다.

⑦ 수형자가 상소권회복의 청구를 하여 법원이 형의 집행을 정지한 다음 구속영장을 발부한 경우 구속영장은 형집행정지에 따른 석방과 동시에 집행하여야 하며, 이 경우 당일은 집행제기간에 산입하고 구속기간에도 산입한다.

제52조(형기 초과 미결구금일수의 감호기간 산입) 보호감호 병과 수형자의 법정통산 되는 미결구금일수가 피고 사건의 형기를 초과하는 경우에는 그 초과된 구금일수는 병과 된 보호감호 기간에 산입하여야 한다.

제53조(형기의 1/3, 1/2, 2/3 해당일 산출) ① 형기의 1/3, 1/2, 2/3 해당일을 산출할 경우 등분되지 않는 년은 월로 환산 등분하고 등분되지 않는 월은 일로 환산 등분하며 일의 단수는 1일로써 산입 · 계산한다.

② 2개 이상의 형의 선고를 받은 자에 대하여 형기의 1/3, 1/2, 2/3 해당일 등을 산출할 경우에는 각각의 형에 대하여 산출하여야 한다.

③ 형기의 1/3, 1/2, 2/3 해당일 산출 방법은 별지 제7호와 같다.

제54조(구속기간 갱신 기산일) ① 구속기간 갱신 기산일은 구속기간의 마지막 월 중 실제로 구속된 날에 해당하는 전 날에 그 기간이 만료되는 것이므로 그 만료 다음날부터 기산 · 갱신하여야 한다.

② 갱신 기간을 다시 갱신할 경우에도 제1항과 같다.

③ 갱신하여야 할 월에 해당일이 없을 경우에는 그 월의 말일을 구속기간 만료일로 하여 구속기간을 갱신하여야 한다.

④ 구속기간 갱신 기산일 계산 방법은 별지 제8호와 같다.

제7절 수용증명서 발급 등

제55조(수용 및 출소 증명서 발급) ① 수용자의 수용사실(수용, 출소) 증명은 별지 제9호 서식을 작성하여 해당 교정시설에 제출하여야 한다. 다만, 출소자 본인이 아닌 사람이 출소증명서를 발급받고자 하는 경우에는 별지 제9-1호 서식과 출소자의 인감증명서 또는 본인서명확인서(신청서에 서명한 경우에 한한다)를 함께 제출하여야 한다.

② 소장은 제1항에 따른 신청을 받은 경우 별지 제9-2호 서식의 수용증명서 또는 별지 제9-3호 서식의 출소

증명서를 발급한다. 다만, 수용자 본인이 아닌 사람이 수용증명서 발급을 신청한 경우에는 수용자의 동의를 받아 발급하여야 한다.

③ 제1항에 따른 신청 및 제2항에 따른 증명서 발급은 형사사법포털을 통하여 전자적 방법으로 처리할 수 있다.

④ 소장은 공공기관에서 관련 법령에 따라 수용 및 출소 사실에 대한 증명서 발급을 신청하는 경우 증명서를 발급하여야 한다.

⑤ 수용사실에 대한 증명서 발급에 관한 사항은 교정정보시스템을 통하여 전자적으로 기록을 유지한다.

제56조(직원 교육) ① 소장은 소속 직원에게 형기 계산 방법과 미결수용자의 구속기간 등 구속 및 형 집행에 관한 법규를 철저히 교육하여 오인 석방 등 수용기록 사무에 착오가 없도록 하여야 한다.

② 총무과장 등은 분기당 1회 이상 입·출소, 형기 계산 등 수용기록 업무와 관련한 내용을 전 직원에게 교육하여야 한다.

제3장 수용자 이송 업무

제57조(수용구분에 따른 이송) ① 미결수용자 및 재판 진행 중인 수형자(기소된 경우에 한정한다)는 별도의 이송 신청 절차 없이(검사 이송지휘서 추후 송부 가능) 수용구분에 따라 해당 교정시설로 이송한다. 또한 상고심 진행 중 추가사건이 1심이나 2심에 계속 중인 수용자는 추가사건 수용구분을 우선 적용하여 이송한다.

② 제1항에 따라 이입되어 재판 진행 중인 수형자가 재판이 종료되고 잔형기가 1월 이상 남고 경비처우급 변경이 없는 경우에는 이전 교정시설로 환소하고 환소 받은 기관은 제58조제1항에 따라 이송 신청한다. 다만, 추가형 확정 등에 따라 경비처우급이 변경된 경우에는 이전 교정시설로 환소하지 않고 제58조제5항에 따라 이송 신청하여야 한다.

③ 형 확정된 소년, 피치료감호자, 피보호감호자, 한센병 환자, 외국인 등도 별도의 이송 신청 절차 없이 수용구분에 따라 각각 해당 교정시설로 이송한다. 다만, 다음 각 호의 수형자 이송은 법무부장관에게 이송 신청한 후 그 지시에 따라 시행한다.

1. 외국인 수형자 중 한미행정협정(SOFA)관련 수형자와 형 확정시 공범관계에 있는 수형자, 사형·무기징역형이 확정된 수형자 및 처우가 곤란한 잔형기 3개월이상 노역수형자 이송

2. 소년교도소에서 성년 처우를 위한 수형자 이송

④ 제2항 및 제3항에 따라 별도의 이송 신청 절차 없이 해당 교정시설로 이송하는 경우에는 보내는 교정시설의 소장(이하 " 보내는 소장"이라 한다)은 받는 교정시설의 소장(이하 "받는 소장"이라 한다.)에게 사전에 이송 인원 등을 통보하고 협의하여야 한다.

제58조(신청에 의한 이송) ① 형(추가형 포함)이 확정된 수형자 및 그 밖의 이송 사유가 발생한 수형자의 이송은 별지 제10호 서식의 이송신청서를 첨부하여 법무부장관에게 이송 신청한 후 그 승인을 받아 시행한다.

② 형이 확정된 수형자 등의 이송 신청은 「형의 집행 및 수용자의 처우에 관한 법률 시행규칙」 제64조 등에 따라 분류심사를 실시하고 분류처우위원회의 의결일로부터 7일 이내에 하여야 한다.

③ 형이 확정된 수형자 등을 이송 신청할 경우에는 인적 사항, 범죄 횟수, 경비처우급 등 해당 수형자의 이송 교정시설 지정 시 고려되는 자료를 정확하게 기재하여야 한다.

④ 형이 확정된 수형자에 대해 이송 지시되었으나 이송 대기 기간 중 추가 사건, 검사 조사 등의 사유가 발생하여 미이행 보고한 경우에는 해당 추가 사건, 검사 조사 등이 종료된 후 법무부장관에게 재이송 신청하여

그 승인을 받아 시행한다.

⑤ 분류심사 결과 경비처우급이 변경된 수형자는 분류처우위원회 의결일로부터 7일 이내에 법무부장관에게 신청을 하여야 한다. 단, 직업훈련 또는 심리치료센터 치료프로그램 과정 중에 있는 자에 대해서는 해당 과정 종료 후 신청하여야 한다.

⑥ 소장은 운영지원작업 취업자 선정 등을 이유로 수용구분 등에 의하여 이송 대상이 되는 수용자의 이송 신청을 누락하여서는 아니 된다.

⑦ 이송심사의 전문성이 요구되는 직업훈련생·교육생·개방처우 대상자·환자 등에 대한 이송은 법무부의 소관 과(課)를 경유하여 이송 신청하여야 한다.

제59조(이송 신청 제외) ① 잔형기가 3월 이하인 자는 이송 신청 대상에서 제외한다. 다만, 과밀수용 해소, 수용 구분 조정 등 특별한 사유가 있는 경우에는 잔형기가 3월 이하인 자도 이송을 신청할 수 있다.

② 제1항의 잔형기의 기산점은 형 확정 수형자의 경우 형 집행지휘서 접수 일자로 하고 형 집행중인 수형자는 이송 신청 공문 발송 일자를 기준으로 한다. 다만, 이송 허가일 현재 잔형기가 2월 이하인 자로서 그 처우상 특히 필요하다고 인정되는 경우에는 해당 교정시설의 수용 여건 등을 고려하여 이송 지시를 보류할 수 있다.

제60조 비공개

제61조(형 확정 일반사범 등 이송 절차) ① 형 확정된 일반사범 및 경비처우급 변경수형자(조직폭력사범, 마약류사범 등을 제외한다. 이하 같다)의 조절 이송 절차는 다음 각 호와 같다.

1. 소장은 별지 제10호 서식에 따라 법무부장관에게 이송신청서를 제출

2. 법무부장관은 이송신청서를 검토하여, 각 지방교정청별로 할당 인원을 배정

3. 각 지방교정청장은 제2호 규정에 따라 배정된 수형자에 대하여 배정공문 접수일로부터 3일 이내에 관할 내의 보낼 교정시설을 지정하여 보내는 소장과 받는 소장에게 이송 지시

4. 각 지방교정청장은 이송 지시 결과를 법무부장관에게 보고

② 「분류센터 운영지침」에 따라 정밀 분류심사를 완료한 수형자의 이송 절차도 제1항과 같다.

③ 과밀수용 등 특별한 사유가 있을 경우에는 지방교정청을 경유하지 않을 수 있다.

제62조(지방교정청장의 이송 승인) ①소장은 영 제22조제1항 각 호에 해당하는 사유가 발생한 경우에는 지방교정청장에게 이송을 신청할 수 있다.

② 제1항에 따라 이송 신청을 받은 지방교정청장은 관할 내 이송에 한하여 승인하고 그 결과를 법무부장관에게 보고하여야 한다. 다만, 이송 인원의 과다 등 특별한 사유로 인하여 관할 내 이송이 어려워 다른 지방교정청 관할로의 이송이 필요한 경우에는 법무부장관에게 이송을 신청할 수 있다.

③ 소장은 제1항에 따라 이송 신청을 하는 경우, 조직폭력사범, 마약류사범, 관심대상수용자, 환자 등은 특히 필요한 경우 외에는 그 대상에서 제외하여야 한다.

제63조(조직폭력사범 이송) ① 소장은 「형의 집행 및 수용자의 처우에 관한 법률 시행규칙」 제198조 및 제199조제1항에 해당하는 조직폭력사범의 형이 확정되면 제58조제2항의 절차에 따라 법무부장관에게 이송 신청을 하여야 한다.

② 소장은 조직폭력사범이 규율 위반으로 징벌 처분을 받은 경우에는 징벌 종료 후 법무부장관에게 이송 신청을 하여야 한다. 이 경우 분류심사 등을 실시하여야 한다.

③ 제1항과 제2항에 따라 조직폭력사범을 이송 신청하는 경우에는 별지 제11호 서식의 수용자 이송 심사표를 첨부하여야 한다.

제64조(마약류사범 이송) ① 소장은 「형의 집행 및 수용자의 처우에 관한 법률 시행규칙」 제204조 및 제205조 제1항에 해당하는 마약류사범의 형이 확정되면 법무부장관에게 이송 신청을 하여야 한다.

② 마약류수용자의 이송 신청 등 관련 절차는 제58조 제2항을 준용한다.

제65조 비공개

제66조 비공개

제66조의2(장애인 이송) ① 소장은 「형의 집행 및 수용자의 처우에 관한 법률 시행규칙」 제49조에 해당한 장애인 수형자의 형이 확정되면 법무부장관에게 이송 신청을 하여야 한다.

② 장애인 이송 신청 등 관련 절차는 제58조를 준용한다.

제67조(폐결핵, 정신질환자 등 이송) 폐결핵, 정신질환, 혈액투석 환자 등의 치료를 위한 전담 교정시설로의 이송 및 환소이송 등에 관한 사항은 「수용자 의료관리 지침」(예규)에서 정하는 바에 의한다. 다만, 집중치료기관에서 정신질환 치유판정을 받은 자로서 잔여 형기가 3월 이하인 자는 연고지 인근 교정시설로 이송할 수 있다.

제68조 비공개

제69조(검사조사 이송) ① 검사가 사건 조사 등을 위하여 관할 검찰청 외의 교정시설에 수용중인 수용자 등을 이송하고자 하는 경우에는 법무부장관에게 이송 신청한 후 그 승인을 받아 시행한다.

② 제1항에 따른 이송 기간은 이송일로부터 2개월 이내로 한다. 다만, 조사 기간의 연장이 필요한 경우에는 법무부장관의 승인을 받아 매 2개월씩 이송 기간을 연장할 수 있다.

제70조 삭제 〈2015. 1. 15.〉

제71조 비공개

제71조의2 비공개

제72조(관외 출정 등) ① 소장은 증인 소환 등으로 관외 출정이 필요한 수용자에 대해서는 자체 호송 계획을 수립하여 시행하여야 한다. 다만, 재판 참석 등으로 관외 출정이 연속해서 예정된 수용자의 경우에는 법무부장관에게 관할 교정시설로의 이송을 신청할 수 있다.

② 원거리 출정에 따라 당일 환소가 불가능한 경우에는 이송 신청 없이 인근 교정시설에 일시 수용할 수 있다.

제73조 비공개

제74조(치료감호 종료 후 추가형 집행 등을 위한 수형자 이송) ① 소장은 치료감호 종료 후 추가형 집행 등을 위해 교정시설로 이송된 수형자에 대하여 입소일로부터 1개월 이내에 분류심사를 실시하고 분류처우위원회의 의결을 거쳐 7일 이내에 법무부장관에게 이송 신청하여야 한다.

② 치료감호 (가)종료 후 추가형 집행 등을 위한 수형자 인수기관은 다음 각호와 같다.

1. 국립법무병원 (가)종료자 인수기관 : 공주교도소

2. 국립부곡병원 (가)종료자 인수기관 : 밀양구치소

제74조의2(성충동 약물치료 대상자 이송) 소장은 「성폭력범죄자의 성충동 약물치료에 관한 법률 시행령」 제10조(수용시설 수용자의 이송 등)에 해당하는 치료명령을 받은 수형자에 대하여 그 형의 집행이 종료되기 전 3개월부터 2개월 사이에 법무부장관에게 치료감호시설로 이송을 신청하여야 한다. 다만, 사면, 가석방 등의 사유로 석방되는 경우 그 사유 발생 즉시 이송신청을 하여야 한다.

제75조(이송 시행) ① 이송 대상 수용자의 이송 시행 일자는 출정 인원 · 계호 인력 등을 고려하여 결정하되, 이송 지시 공문 접수일로부터 1개월 이내에 시행하여야 한다.

② 이송 대상 수용자중 질병, 추가 사건, 검사 조사, 작업 지정 등 부득이한 사유로 제1항의 기간 내 이송 시행이 곤란한 경우에는 법무부장관과 해당 지방교정청장에게 별지 제12호 서식에 따라 그 사유를 보고하여야 한다.

③ 제2항에 따라 이송 미이행 보고한 수용자에 대하여 미이행 사유가 해소되어 이송이 필요한 경우에는 제59조 제1항 및 제2항의 절차에 따라 법무부장관에게 이송 신청을 하여야 한다.

④ 경비처우급 착오 등으로 수용구분에 맞지 않게 이송이 지시된 경우에는 이송을 보류하고, 보내는 소장이 법무부장관 또는 해당 지방교정청장에게 보고하여 필요한 조치를 받아야 한다. 다만, 지시된 교정시설로 이송이 시행된 경우에는 받은 기관에서 수용구분에 맞게 재이송 신청하여야 한다.

⑤ 소장은 같은 교정시설 내 경비등급이 혼용되어 지정이 된 경우, 「교정시설 경비등급별 수형자의 처우 등에 관한 지침」 제7조(경비등급별 혼용지정) 기준을 지켜 수형자를 수용한다.

제76조(이송주관) 이송의 주관은 교정시설의 보안과장이 하고, 관련 과장은 이송 업무에 적극 협조하여야 한다.

제77조 비공개

제78조(관련 서류 등 송부) 이송 시행 시 보내는 소장은 수용관리·처우·교화 등에 필요한 자료를 빠짐없이 받는 소장에게 송부하여야 하며 특히 재판서는 반드시 수용기록부에 첨부하여 송부하여야 한다. 다만 긴급한 이송 등으로 재판서를 구비하지 못한 경우에는 이송 후에 신속히 구비하여 송부하여야 한다.

제79조(인수 절차의 신속) 이송 수용자를 받는 기관에서는 도착(정문 통과 시간 기준)후 1시간 이내에 신속히 인수 업무를 완료하도록 노력하여야 한다.

제80조(가석방심사 신청자의 이송 보류) 가석방 심사 신청자는 법무부 가석방심사위원회의 심사종료 시까지 그 이송을 보류하여야 한다. 다만, 추가 사건 조사 등 다른 특별한 사유가 있는 경우에는 예외로 한다.

제4장 교정시설 수용구분 및 경비등급

제81조 ~ 제136조 비공개

제138조(준용 규정) 수용자 수용기록 및 수용구분, 이송 등에 관한 사항으로써 이 지침에 규정되어 있지 아니한 사항은 「형의 집행 및 수용자 처우에 관한 법률」 및 같은 법 시행령 및 시행규칙 등에서 정하는 바에 의한다.

제139조(재검토기한) 「훈령·예규 등의 발령 및 관리에 관한 규정」(대통령훈령 제394호)에 따라 이 예규에 대하여 2022년 7월 1일을 기준으로 매 3년이 되는 시점(매 3년째의 6월 30일까지를 말한다)마다 그 타당성을 검토하여 개선 등의 조치를 취하여야 한다.

부칙

제1조(시행일) 이 지침은 2022. 3. 2.부터 시행한다.

입소 절차 안내

1. 신원 대조 확인

○ 이곳에 새로 입소하신 여러분은 정해진 절차에 따라 먼저 관계 서류와 대조·확인하는 절차를 밟게 됩니다.

○ 근무자의 안내에 따라 의자에 앉아 대기하시다가 신원 대조를 받으실 때만 일어나서 대조를 받으시고 끝나면 의자에 앉아 정숙을 유지하시기 바랍니다.

2. 휴대금품 처리

○ 입소 시 휴대한 금품에 대하여는 보관 절차를 거치게 되므로 근무자의 안내에 따라 주시기 바랍니다. 그리고 현금과 이와 유사한 유가증권은 지닐 수 없으므로 근무자에게 제출하여 보관금 대장에 기록하도록 한 후 확인하시기 바랍니다.

○ 특히 귀중품(금, 은, 휴대전화, 주민등록증, 인감도장 등)은 별도로 특별보관되오니 특별 보관품 대장의 기록을 확인하시기 바랍니다.

3. 신체 등 검사 및 의류지급

○ 마약류, 흉기, 담배, 라이타 등 부정물품을 신체의 은밀한 곳에 숨겨 들여와 수용 질서를 어지럽게 하거나 사고를 일으키는 사례가 있어 이를 방지하기 위하여 부득이 신체 모든 부분을 세밀히 검사할 수 있으니 이 점 너그러이 이해하시고 적극 협조하여 주시기 바랍니다.

○ 신체검사 후 개인별로 지급되는 수용자복을 입으시기 바랍니다.

4. 병력 등 조사

○ 여러분이 건강한 수용생활을 할 수 있도록 질병 기타 신체의 이상 유무를 검진하오니 근무자에게 상세히 알려주시어 적절한 진료 등의 조치를 받으시기 바랍니다.

5. 입 실

○ 이상과 같이 모든 입소 절차가 끝나면 보관이 허용된 물품을 휴대하시고 지정된 거실에 입실하시게 됩니다.

○ 근무자의 안내에 따라 지정된 거실에 조용히 입실하여 이곳에서의 첫날을 편안히 보내시기 바랍니다.

[별표 13] 비공개

국제인권규범

법령

보안

치료감호

권리구제

부록

교정사고 유형별 문책기준 지침

[시행 2022. 4. 1.] [법무부예규 제1295호, 2022. 4. 1., 일부개정.]

제1조(목적) 이 지침은 교정사고에 대한 문책기준을 마련하여 각 기관 간 문책의 형평성을 기하고 관련 직원의 불이익을 최소화하여 소신껏 일하는 풍토를 조성함에 목적을 둔다.

제2조(기본방침) 이 기준의 기본방침은 다음과 같다.

1. 기존 공무원 징계관련 법령을 근간으로 하되, 교정업무의 특성에 맞는 주요 교정사고 유형별 문책기준 설정

2. 교정사고 중심의 일률적 문책을 지양하고, 사고의 유형, 사고의 정도, 고의 및 과실여부 등 구체적 사안에 따라 문책기준 차별화

3. 성실·적극적 업무수행 중 발생한 불가피한 사고는 최대한 관용조치하여 일선근무자의 위험부담 경감

4. 고의, 현저한 직무태만 등으로 야기된 사고관련자는 중징계 함으로써 책임의식을 고취, 복무기강확립 및 교정사고 방지

제3조(유형별 문책기준) 교정사고 유형별 문책기준은 별표 1과 같다.

제4조(참작 사항) ① 별표 1의 「교정사고 유형별 직원문책 기준표」에 명시되지 않은 사안은 유사한 사고유형의 처리기준을 참고하고 「공무원징계령 시행규칙」에 따라 조치한다.

② 개인별 구체적 징계양정은 사고의 유형, 사고의 정도, 과실의 경중, 사고가 공직 내외에 미치는 영향 등 종합적인 정황을 참작하여 결정한다.

③ 사고관련 감독자는 사고의 내용, 연관정도, 피감독자 징계양정 등을 참작하여 그 문책기준을 결정한다.

④ 그 밖에 징계운영에 관한 세부적인 사항은 공무원 징계관련 법령에 따라 처리한다.

부칙 〈제1295호, 2022. 4. 1.〉

이 지침은 공포한 날부터 시행한다.

교정사고 유형별 직원문책 기준표

구분 / 사고유형		사고의 묵인, 방조 등 고의가 있는 경우	직무상 의무를 현저히 태만히 한 경우	직무상 과실에 의한 경우		
				과실이 중한 경우	과실이 중하나 정상참작 사유가 있는 경우	과실이 경한 경우
도주	교정시설내 (구치감 포함, 개방시설 등 제외)	중징계	중징계	중징계	경징계	경징계
	호송, 외부병원	중징계	중징계	중징계	경징계	경징계
	개방시설 중간처우시설	중징계	중징계	경징계	경징계	경 고
	외부통근 구외작업 사회적처우	중징계	중징계	경징계	경 고	주 의
자살		중징계	경징계	경징계	경 고	주 의
변사, 병사 등		중징계	경징계	경징계	경 고	주 의
폭행	폭행치사	중징계	중징계	경징계	경징계	경 고
	폭행치상	중징계	경징계	경징계	경 고	주 의

※ 도주사고의 경우 교정시설내와 호송, 외부병원의 일반적 문책기준은 동일하더라도 구체적 징계양정 결정 시에는 사고발생의 개연성을 참작, 외부병원 등의 사고 관련자를 한 단계 낮게 책정함을 원칙으로 함

교정특별사법경찰 운영규정

[시행 2024. 11. 1.] [법무부훈령 제1542호, 2024. 11. 1., 일부개정.]

제1장 총칙

제1조(목적) 이 규정은 「사법경찰관리의 직무를 수행할 자와 그 직무범위에 관한 법률」 제3조제1항·제4항 및 제5조제1호·제2호와 「법무부와 그 소속기관 직제 시행규칙」에 따라 사법경찰관리의 직무 수행에 필요한 사항을 규정함을 목적으로 한다.

제2조(관련규정) 이 규정에 규정되어 있지 아니한 사항은 다음 각 호의 법령 및 행정규칙이 정하는 바에 의한다.

1. 「형사소송법」
2. 「사법경찰관리의 직무를 수행할 자와 그 직무범위에 관한 법률」
3. 「형의 집행 및 수용자의 처우에 관한 법률」
4. 「성폭력범죄의 처벌 등에 관한 특례법」
5. 「장애인차별금지 및 권리구제 등에 관한 법률」
6. 「장애인복지법」
7. 「발달장애인 권리보장 및 지원에 관한 법률」
8. 「특별사법경찰관리에 대한 검사의 수사지휘 및 특별사법경찰관리의 수사준칙에 관한 규칙」
9. 「검찰 및 특별사법경찰관리 등의 개인정보 처리에 관한 규정」
10. 「특별사법경찰관리 지명절차 등에 관한 지침」

제3조(정의) 이 규정에서 사용하는 용어의 뜻은 다음과 같다.

1. "교정경찰"이란 「사법경찰관리의 직무를 수행할 자와 그 직무범위에 관한 법률」(이하 "사법경찰직무법"이라 한다) 제3조제1항·제4항 및 제5조제1호·제2호에 따라 사법경찰관리의 직무를 수행하는 자를 말한다.
2. "교정시설"이란 교도소·구치소 및 그 지소를 말한다.
3. "교정시설 안"이란 교정시설의 철조망 울타리 등 설치구역 내부를 말한다.
4. "지방교정청등"이란 지방교정청 및 교정시설을 말한다.
5. "교정정보시스템"이란 교정시설에서 통합적으로 정보를 관리하는 시스템을 말한다.

제2장 조직 및 임무

제4조(조직) ① 교정시설 안에서 발생하는 범죄에 관한 수사업무 등을 효율적으로 추진하기 위하여 지방교정청등에 사법경찰 직무를 전담하는 부서를 둔다. 기관별 전담부서 명칭은 별표와 같다.

② 제1항에 따라 지방교정청등에 두는 전담부서를 효과적으로 지원·감독하고 「형의 집행 및 수용자의 처우

에 관한 법률」(이하 "형집행법"이라 한다) 제8조에 따른 교정시설의 순회점검을 내실 있게 실시하기 위하여 법무부 교정본부에 특별점검팀을 둔다.

제5조(구성) ① 교정본부 특별점검팀은 수사계, 정보계, 인권청원계로 구성하고 팀장은 서기관, 계장은 교정관, 계원은 6급 이하 교정직공무원으로 보한다.

② 지방교정청 광역특별사법경찰팀은 수사정보계, 청문감찰계로 구성하고 팀장은 교정관, 팀원은 6급 이하 교정직공무원으로 보한다.

③ 서울구치소 · 서울남부구치소 · 서울동부구치소 · 부산구치소 · 수원구치소 · 인천구치소 · 대구교도소 · 대전교도소 · 안양교도소 · 광주교도소 · 경북북부제1교도소의 특별사법경찰팀은 수사계, 정보계, 인권보호관으로 구성하고 팀장은 교정관, 팀원은 6급 이하 교정직공무원으로 보한다.

④ 그 밖의 교정시설의 특별사법경찰대는 수사계, 정보계, 인권보호관으로 구성하고 대장은 교정관 또는 교감, 대원은 6급 이하 교정직공무원으로 보한다.

제6조(특별점검팀의 임무) 특별점검팀은 다음 각 호의 임무를 수행한다.

1. 교정시설 정기 · 수시 순회점검 계획 수립 및 시행에 관한 사항

2. 교정시설 안에서 발생하는 범죄 및 주요 사건 조사에 관한 사항

3. 광역특별사법경찰팀, 특별사법경찰팀 및 특별사법경찰대 지원 · 감독에 관한 사항

4. 업무 매뉴얼 · 교육 지원 등 교정경찰 수사 · 정보역량 개발에 관한 사항

5. 교정경찰 전문성 강화를 위한 관련 규정 정비 및 제도 개선, 수사정보교과자 선발에 관한 사항

6. 수용자의 청원, 진정 및 인권보호에 관한 사항

7. 범죄수사 및 교정사고 예방을 위한 정보 수집 · 분석에 관한 사항

8. 기타 법무부장관이 지시한 사항

제7조(광역특별사법경찰팀의 임무) 광역특별사법경찰팀은 다음 각 호의 임무를 수행한다.

1. 관할 교정시설의 수용자 · 직원 · 외부인 관련 교정사고 조사에 관한 사항

2. 관할 교정시설 안에서 발생하는 범죄에 관한 수사 및 처리에 관한 사항

3. 수용자의 청원, 진정, 민원 관련 조사에 관한 사항

4. 관할 교정시설에 대한 감찰, 감사 등 점검에 관한 사항

5. 범죄수사 및 교정사고 예방을 위한 정보수집 · 분석에 관한 사항

6. 기타 법무부장관이 지시한 사항

제8조(특별사법경찰팀 · 특별사법경찰대의 임무) 특별사법경찰팀 · 특별사법경찰대는 다음 각 호의 임무를 수행한다.

1. 해당 교정시설의 수용자 관련 교정사고 조사 및 징벌요구 등에 관한 사항

2. 해당 교정시설의 직원 · 외부인 관련 교정사고 조사에 관한 사항

3. 해당 교정시설 안에서 발생하는 범죄에 관한 수사 및 처리에 관한 사항

4. 수용자의 청원, 진정, 송무 등 권리구제에 관한 사항

5. 심리치료팀(또는 심리치료과) 담당업무 외 수용자 상담 · 고충처리에 관한 사항

6. 엄중관리대상자, 외국인 수용자 등 특이수용자 관리에 관한 사항

7. 범죄수사 및 교정사고 예방을 위한 정보수집 · 분석에 관한 사항

8. 기타 법무부장관이 지시한 사항

제3장 운영

제9조(직무교육) ① 특별점검팀장은 교정경찰의 직무수행 능력과 자질 향상을 위한 교육 수요를 파악하여 법무연수원에서 정기적인 교육이 이루어질 수 있도록 해야 한다.

② 특별점검팀장은 수사·정보 관련 전문 교육기관에 위탁교육을 실시할 수 있다.

③ 특별점검팀장은 지방교정청등의 장(이하 "지방교정청장등"이라 한다)이 실시하는 기관별 교정경찰 직무교육을 지원할 수 있다.

④ 특별점검팀장은 법무연수원과 지방교정청등의 사정을 고려하여, 필요한 경우 자체 직무교육을 실시할 수 있다.

제10조(수사정보교과자 선발) ① 특별점검팀장은 매년 「교정공무원 인사운영 규칙」 제27조에 따른 수사정보교과 부여를 위한 선발시험 계획을 수립·시행해야 한다.

② 수사정보교과자 선발시험의 문제출제, 시험 감독 등에 종사한 자에게는 예산의 범위 안에서 수당 및 여비를 지급할 수 있다.

제11조(보고) 소장은 수용자가 교정시설 운영 등과 관련하여 고소·고발, 국가상대 손해배상소송, 헌법소원 등을 제기한 경우에는 적법절차에 따라 처리하고 그 결과를 지체 없이 법무부장관에게 보고해야 한다.

제4장 정보의 수집 및 관리

제12조(정보활동) ① 교정경찰은 범죄수사 및 교정사고 예방을 위하여 정보활동을 할 수 있다.

② 정보활동은 적법절차를 준수해야 하며, 목적 달성에 필요한 최소범위에 그쳐야 한다.

③ 교정경찰은 직무상 알게 된 정보를 누설하거나 목적 외의 용도로 사용해서는 안 된다.

제13조(접견 및 전화통화 기록 청취·시청) 지방교정청장등은 정보활동을 위해 필요한 경우 교정경찰에게 검색권한을 부여하여 「형집행법」 제41조제4항에 따라 녹음·녹화파일에 저장된 접견내용과 같은 법 제44조제2항에 따라 녹음파일에 저장된 전화통화내용을 청취·시청하게 할 수 있다.

제14조(정보의 처리) ① 교정경찰은 수집한 정보를 신속히 소속 지방교정청장등에게 보고하고 그 지시를 받아 처리해야 한다.

② 제1항의 보고를 받은 지방교정청장등은 정보가 여러 기관에 중첩되어 당해 기관에서 자체적으로 처리하는 것이 부적합하거나, 내용이 중요하여 사전 보고가 필요한 경우에는 신속히 법무부장관에게 보고하고 그 지시를 받아 처리해야 한다.

제15조(정보의 관리) ① 범죄수사 및 교정사고 예방 목적에 적합한 정보는 전자적으로 등록하여 관리한다.

② 수집·작성한 정보가 그 목적이 달성되어 불필요하게 되었을 때에는 지체 없이 그 정보를 폐기해야 한다. 다만, 다른 법령에 따라 보존해야 하는 경우는 제외한다.

제5장 수용자 조사 및 징벌

제16조(조사 근무자 유의 사항) ① 수용자의 징벌대상행위를 조사할 때에는 인적사항, 조사사유, 처우제한 등을 교정정보시스템에 입력해야 한다.

② 수용자의 징벌대상행위에 대한 조사 시에는 특히 다음 각 호에 유의해야 한다.

1. 규율위반 현장의 촬영 또는 녹음, 해당 수용자 및 참고인의 자술서 또는 진술조서 작성 등 증거를 수집할 것
2. 자백을 강요하지 말 것

3. 동정심 또는 직원과 관련이 있다는 이유 등으로 미온적으로 처리하지 말 것

4. 진술조서 작성 시 해당 수용자에게 충분한 소명기회를 줄 것

5. 조사 중 필요하다고 판단되면 조사 내용을 녹음 또는 녹화하여 증거 자료로 활용할 것

③ 조사가 종료된 경우에는 수용기록부에 조사 결과 및 조사자 의견을 기재하여 소장의 승인을 받아 징벌위원회 회부, 입건·송치 등 필요한 조치를 해야 한다.

제17조(징벌대상자 조사 시 유의 사항) ① 「형집행법」 제110조제2항에 따라 징벌대상자의 처우를 제한하고자 할 경우에는 수용기록부에 기재하여 소장의 허가를 받아야 한다.

② 「형의 집행 및 수용자의 처우에 관한 법률 시행규칙」(이하 "형집행법시행규칙"이라 한다) 제220조제1항에 따라 조사기간을 연장하고자 할 경우에는 반드시 수용기록부에 연장일수 및 사유와 「형집행법」 제110조제2항에 따른 처우제한 내용을 기록하여 소장의 허가를 받아야 한다.

③ 「형집행법」 제110조제1항에 따라 조사기간 중 분리 수용하거나 같은 법 제110조제2항에 따라 처우를 제한하는 경우, 별지 서식의 조사수용통지서를 작성하여 수용자에게 교부해야 한다.

제18조(징벌위원회 자료 준비 등) ① 징벌위원회가 소집될 경우에는 사전에 해당 수용자의 수용기록부, 그 밖에 회의에 필요한 자료를 준비해야 한다.

② 징벌의 선고와 집행, 징벌 집행의 유예·정지·감경 및 면제 처분이 있었거나 징벌 집행이 종료된 경우에는 수용자징벌집행부 및 수용기록부에 그 사실을 기록하고, 관계 직원에게 통보해야 한다.

제19조(징벌집행부 등의 정리) 수용자의 징벌에 관한 사항은 수용자 징벌집행부에 기록하여 보안과장 또는 특별사법경찰팀장의 결재를 받고 이를 교정정보시스템에 입력해야 한다.

제20조(조사기간의 징벌기간 일부 산입) 「형집행법시행규칙」 제220조제3항에 따라 조사기간을 징벌기간에 일부 포함할 경우 징벌대상자의 교정성적, 뉘우치는 정도, 규율위반·처우제한 정도 등을 고려하여 결정하되, 1/2 이상 산입해야 한다.

제21조(형사입건) ① 수용자가 「형집행법」 제107조제1호의 징벌대상행위를 하여 징벌을 부과하고자 하는 경우에는 반드시 해당 사안에 대한 형사입건 여부를 검토해야 한다.

② 수용자 등에 대한 형사입건은 교정시설 안에서 발생한 범죄행위 전반에 대해 해야 하며, 이를 송치하지 않고 직접 검찰청 등에 고발해서는 안 된다. 다만, 수사상 부득이한 사정이 있는 경우에는 직접 고발할 수 있다.

제6장 수사
제1절 통칙

제22조(수사의 기본원칙) ① 교정경찰은 모든 수사과정에서 헌법과 법률에 따라 보장되는 피의자와 그 밖의 피해자·참고인 등의 권리를 보호하고 적법한 절차에 따라야 한다.

② 교정경찰은 예단이나 편견 없이 신속하게 수사해야 하고, 주어진 권한을 자의적으로 행사하거나 남용해서는 안 된다.

제23조(수사사건의 공개금지 등) ① 범죄를 수사할 때에는 기밀을 엄수해야 하며, 수사의 모든 과정에서 피의자와 사건관계인의 사생활의 비밀을 보호하고 그들의 명예나 신용이 훼손되지 않도록 노력해야 한다.

② 교정경찰은 수사 관련 사항, 피의자와 사건관계인의 개인정보, 그 밖에 직무상 알게 된 사실을 누설해서는 안 된다.

제2절 성폭력 범죄 수사

제24조(전담 조사관 지정) ① 지방교정청장등은 소속 교정경찰 중에서 성폭력 범죄(「성폭력범죄의 처벌 등에 관한 특례법」 제2조에 해당하는 죄를 말한다. 이하 같다) 피해자 전담 조사관을 지정하고, 특별한 사정이 없으면 이들로 하여금 성폭력 범죄 피해자를 조사하도록 해야 한다.

② 성폭력 범죄 피해 여성에 대한 조사는 피해자의 의사에 반하지 않는 한 여성 전담 조사관이 조사해야 한다. 단 여성 전담 조사관이 없는 경우 남성 전담 조사관이 성인의 여성을 참여시키고 조사할 수 있다.

제25조(성폭력 범죄 수사 시 유의 사항) ① 성폭력 범죄를 조사함에 있어서는 피해자의 인권을 우선해야 한다.

② 성폭력 범죄 피해자 조사 시 피해자의 신분이 노출되지 않도록 유의하여 필요한 최소한도로 실시해야 한다.

③ 성폭력 범죄 피해자 조사 시 피해자의 나이, 심리 상태 또는 후유장애의 유무 등을 신중하게 고려하여 조사과정에서 피해자의 인격이나 명예가 손상되거나 사적인 비밀이 침해되지 아니하도록 주의해야 한다.

제3절 장애인 수사

제26조(장애인에 대한 조력 고지) 교정경찰은 사건관계인에 대하여 의사소통이나 의사표현에 어려움을 겪는 장애가 있는지 여부를 확인하고, 그 장애인에게 조사절차에서 조력을 받을 수 있음과 그 구체적인 조력의 내용을 알려주어야 한다. 이 경우 해당 장애인이 조력 받기를 신청하면 정당한 사유 없이 이를 거부하여서는 아니 되며, 그에 필요한 조치를 마련해야 한다.

제27조(진술조력인의 참여 등) ① 교정경찰은 범죄사건의 피해자인 장애인(이하 이 조에서 "피해자"라 한다)이 의사소통이나 의사표현에 어려움이 있는 경우 피해자에 대한 조사절차에서의 조력과 원활한 조사를 위하여 직권이나 피해자 또는 「장애인복지법」 제59조의8제1항에 따른 보조인(이하 이 조에서 "보조인"이라 한다)의 신청에 따라 「성폭력범죄의 처벌 등에 관한 특례법」 제35조제1항에 따른 진술조력인으로 하여금 조사과정에 참여하여 의사소통을 중개하거나 보조하게 할 수 있다.

② 교정경찰은 피해자에 대한 조사 전에 피해자 및 보조인에게 진술조력인에 의한 의사소통 중개나 보조를 신청할 수 있음을 고지해야 한다.

제28조(발달장애인에 대한 특칙) ① 지방교정청장등은 소속 교정경찰 중에서 발달장애인(「발달장애인 권리보장 및 지원에 관한 법률」 제2조제1호에 해당하는 사람을 말한다. 이하 같다) 전담 조사관을 지정하고, 특별한 사정이 없으면 이들로 하여금 발달장애인을 조사하도록 해야 한다.

② 발달장애인이 피의자로 조사의 대상이 된 경우 「발달장애인 권리보장 및 지원에 관한 법률」(이하 「발달장애인법」이라 한다) 제2조제2호에 따른 보호자(이하 "보호자"라 한다), 「발달장애인법」 제33조에 따른 중앙발달장애인지원센터 및 지역발달장애인지원센터(이하 "발달장애인지원센터"라 한다)의 직원이나 그 밖에 발달장애인과 신뢰관계에 있는 사람은 교정경찰의 허가를 받아 조사 과정에서 발달장애인을 위한 보조인이 될 수 있다.

③ 교정경찰은 발달장애인을 참고인으로 조사하는 경우 발달장애인 본인, 보호자, 발달장애인지원센터의 장의 신청이 있는 때에는 조사에 중대한 지장을 줄 우려가 있는 등 부득이한 경우가 아니면 발달장애인과 신뢰관계에 있는 자를 동석하게 해야 한다.

제7장 보칙

제29조(운영세칙) 이 규정에서 정한 사항 외에 광역특별사법경찰팀 및 특별사법경찰팀·특별사법경찰대의 운

영에 필요한 세부적인 사항은 해당 지방교정청장등이 따로 정하여 시행할 수 있다.

제30조(존속기간) 이 훈령은 「훈령·예규 등의 발령 및 관리에 관한 규정」에 따라 이 훈령을 발령한 후의 법령이나 현실 여건의 변화 등을 검토해야 하는 2027년 10월 31일까지 효력을 가진다.

부칙 〈제1542호, 2024. 11. 1.〉

제1조(시행일) 이 훈령은 발령한 날부터 시행한다.

제2조(타 지침의 부칙 폐지) 이 훈령의 시행과 동시에 「수용관리 및 계호업무 등에 관한 지침」 부칙 제2조는 폐지한다.

제3조(징벌대상행위 조사 시 유의사항에 관한 적용례) 제17조제1항 및 같은 조 제3항의 개정 규정은 특별사법경찰이 아닌 보안과 수용관리팀 등에서 수용자 조사를 하는 경우에도 적용한다.

기관별 사법경찰 직무 전담 부서의 명칭(제4조 제1항 관련)

기 관 명	명 칭
서울지방교정청	서울지방교정청 광역특별사법경찰팀
서울구치소	서울구치소 특별사법경찰팀
안양교도소	안양교도소 특별사법경찰팀
수원구치소	수원구치소 특별사법경찰팀
서울동부구치소	서울동부구치소 특별사법경찰팀
인천구치소	인천구치소 특별사법경찰팀
서울남부구치소	서울남부구치소 특별사법경찰팀
화성직업훈련교도소	화성직업훈련교도소 특별사법경찰대
의정부교도소	의정부교도소 특별사법경찰대
여주교도소	여주교도소 특별사법경찰대
서울남부교도소	서울남부교도소 특별사법경찰대
춘천교도소	춘천교도소 특별사법경찰대
원주교도소	원주교도소 특별사법경찰대
강릉교도소	강릉교도소 특별사법경찰대
영월교도소	영월교도소 특별사법경찰대
강원북부교도소	강원북부교도소 특별사법경찰대
수원구치소 평택지소	수원구치소 평택지소 특별사법경찰대
소망교도소	소망교도소 특별사법경찰대
대구지방교정청	대구지방교정청 광역특별사법경찰팀
대구교도소	대구교도소 특별사법경찰팀
부산구치소	부산구치소 특별사법경찰팀
경북북부제1교도소	경북북부제1교도소 특별사법경찰팀
창원교도소	창원교도소 특별사법경찰대
부산교도소	부산교도소 특별사법경찰대
포항교도소	포항교도소 특별사법경찰대
진주교도소	진주교도소 특별사법경찰대
대구구치소	대구구치소 특별사법경찰대
경북직업훈련교도소	경북직업훈련교도소 특별사법경찰대
안동교도소	안동교도소 특별사법경찰대

경북북부제2교도소	경북북부제2교도소 특별사법경찰대
김천소년교도소	김천소년교도소 특별사법경찰대
경북북부제3교도소	경북북부제3교도소 특별사법경찰대
울산구치소	울산구치소 특별사법경찰대
경주교도소	경주교도소 특별사법경찰대
통영구치소	통영구치소 특별사법경찰대
밀양구치소	밀양구치소 특별사법경찰대
상주교도소	상주교도소 특별사법경찰대
거창구치소	거창구치소 특별사법경찰대
대전지방교정청	대전지방교정청 광역특별사법경찰팀
대전교도소	대전교도소 특별사법경찰팀
청주교도소	청주교도소 특별사법경찰대
천안교도소	천안교도소 특별사법경찰대
청주여자교도소	청주여자교도소 특별사법경찰대
공주교도소	공주교도소 특별사법경찰대
충주구치소	충주구치소 특별사법경찰대
홍성교도소	홍성교도소 특별사법경찰대
천안개방교도소	천안개방교도소 특별사법경찰대
홍성교도소 서산지소	홍성교도소 서산지소 특별사법경찰대
대전교도소 논산지소	대전교도소 논산지소 특별사법경찰대
광주지방교정청	광주지방교정청 광역특별사법경찰팀
광주교도소	광주교도소 특별사법경찰팀
전주교도소	전주교도소 특별사법경찰대
순천교도소	순천교도소 특별사법경찰대
목포교도소	목포교도소 특별사법경찰대
군산교도소	군산교도소 특별사법경찰대
제주교도소	제주교도소 특별사법경찰대
장흥교도소	장흥교도소 특별사법경찰대
해남교도소	해남교도소 특별사법경찰대
정읍교도소	정읍교도소 특별사법경찰대

조사수용통지서(제17조 제3항 관련)

			|「형의 집행 및 수용자의 처우에 관한 법률」제110조에 따라 다음같이 통지합니다.
수용자 인적사항	수용자번호		성명	
조사수용 사유	○ 일 시 : 년 월 일, 00:00경 ○ 조사혐의 - 예시) 형집행법 제107조 제1호(수용자간폭행)			
처우제한	형집행법 제48조②	☐ TV시청		
	형집행법 제110조②	☐ 접견 ☐ 편지수수 ☐ 전화통화 ☐ 실외운동 ☐ 작업 ☐ 교육훈련 ☐ 공동행사 ☐ 중간처우		
분리수용	☐ 형집행법 제110조 제1항에 따라 조사기간 중 분리하여 수용함			

년   월   일

직인

교도소(구치소)장

07

기타

수용자 인권업무 처리지침

[시행 2022. 7. 1.] [법무부예규 제1300호, 2022. 6. 22., 일부개정.]

제1장 총칙

제1조(목적) 이 지침은 교정시설의 수용자가 국가인권위원회 및 법무부 인권국(이하 "위원회 등"이라 한다.)에 제기하는 진정 등에 관한 업무 처리의 세부사항을 규정함을 목적으로 한다.

제2조(적용범위) 교정시설 수용자가 위원회 등에 제기하는 진정 등 인권업무의 처리는 다른 지침에 별도의 규정이 있는 경우를 제외하고는 이 지침이 정하는 바에 따른다.

제3조(전담부서 지정) 교정시설의 장(이하 "소장"이라 한다.)은 진정 등 인권업무를 전담하는 부서를 지정하여야 한다.

제4조(진정 상담) 수용자가 진정 등 인권관련 상담을 요청할 경우에는 전담부서에서 담당한다.

제5조(진정방법 등 고지) 소장은 신입자를 인수한 경우에는 「국가인권위원회법 시행령」 제6조 및 「인권침해 사건 조사·처리 및 구금·보호시설의 실태조사에 관한 규칙 시행세칙」 제8조에 따라 위원회 등에 진정을 제기할 수 있다는 뜻과 그 방법을 고지하고, 결과를 신입자 교육일지에 기록한다.

제5조의2(직원 교육) 소장은 해당 교정시설에 신규 임용되는 직원에 대하여 진정 등과 관련된 규정, 사례 등의 교육을 하여야 한다.

제2장 진정처리 절차

제6조(서면진정 처리절차) ① 근무자는 수용자가 위원회 등에 진정서를 제출하는 경우 진정서의 봉함상태, 발신인, 수신처 등의 기재여부를 확인한 후 제출하게 하거나 직접 진정함에 넣게 한다. 다만, 일과종료 이후 또는 공휴일 등 휴무일에는 근무자에게 제출함을 원칙으로 한다.

② 진정서를 제출받거나 진정함에서 진정서를 수거한 근무자는 이를 수용관리팀장에게 보고한 후 인권업무 담당자(이하 "업무담당자"라 한다.)에게 전달하고, 업무담당자는 별지 제1호서식의 서면진정처리부에 관련 사항을 기록한 후 위원회 등에 매일 1회 (단, 공휴일 등 휴무일은 제외) 송부한다.

③ 근무자 등은 수용자가 작성한 진정서를 개봉하거나 열람하여서는 아니 된다.

④ 업무담당자는 위원회 등에서 송부한 접수증명원 등을 받으면 이를 서면진정처리부에 기록한 후 지체없이 진정을 한 수용자(이하 "진정인"이라 한다.)에게 교부한다.

⑤ 근무자가 일과종료 이후 또는 공휴일 등 휴무일에 진정서를 제출받은 경우 다음날(다음날이 공휴일 등 휴무일인 경우에는 공휴일 등 휴무일이 종료된 다음날) 일과시작 후 지체없이 이를 수용관리팀장에게 보고한 후 업무담당자에게 전달한다.

제7조(진정서 작성 물품 지원) 소장은 진정서 작성을 원하는 수용자가 필기도구 등의 물품이 없어 이를 요청하는 경우 필요한 만큼 대여하거나 지급한다.

제8조(진정서 폐기) 업무담당자는 진정서의 발신인과 수신처가 모두 확인되지 않을 경우 이를 폐기한다.

제9조(면전진정 처리절차) ① 근무자는 수용자가 위원회 등에 면전진정 의사를 표명하는 경우, 수용자에게 별지 제2호서식의 면전진정신청서(이하 "신청서"라 한다.)를 작성하여 제출하게 하고, 이를 수용관리팀장에게 보고한 후 제출받은 신청서를 업무담당자에게 전달한다.

② 업무담당자는 신청서를 전달받으면 별지 제3호서식의 면전진정처리부에 관련 사항을 기록한 후 전달받은 신청서를 위원회 등에 지체없이 송부한다. (단, 공휴일 등 휴무일은 제외)

③ 업무담당자는 위원회 등에서 송부한 접수증명원, 면담일정서 등을 받으면 이를 면전진정처리부에 기록한 후 지체없이 진정인에게 교부한다.

④ 근무자가 일과종료 이후 또는 공휴일 등 휴무일에 신청서를 제출받은 경우 다음날(다음날이 공휴일 등 휴무일인 경우에는 공휴일 등 휴무일이 종료된 다음날) 일과시작 후 지체없이 이를 수용관리팀장에게 보고한 후 업무담당자에게 전달한다.

제10조(위원회 등에서 보낸 결과통지서 등의 처리) 업무담당자는 위원회 등에서 송부한 결과통지서 등을 받으면 그 내용을 진정처리부에 기록한 후 지체없이 진정인에게 전달한다. 다만, 위원회 등이 열람금지를 요청한 특정서면은 열람할 수 없다.

제3장 조사관 등의 방문 등에 대한 업무절차

제11조(신분확인 등) ① 외부정문 근무자는 수용자의 진정 등과 관련하여 위원회 등의 조사관, 소속직원, 위원 등(이하 "조사관 등"이라 한다.)이 교정시설을 방문한 경우 그 권한을 표시하는 증표를 확인하고 업무담당자에게 통보한다.

② 업무담당자는 조사관 등에 대하여 다음 각 호의 사항을 확인한 후 별지 제4호서식의 방문 · 조사 등록대장에 관련 사항을 기록한다.

1. 방문목적
2. 사전통지 여부
3. 조사관 등의 인적사항

제12조(사전 통지되지 않은 방문 시 절차) <삭 제>

제13조(조사범위 등 사전고지) 소장은 교정시설을 방문한 조사관 등에게 조사, 수용자 면담, 실지조사, 감정 등(이하 "조사 등"이라 한다.)을 실시하기 전에 미리 다음 각 호의 사항을 고지한다.

1. 조사 등의 범위는 법령에 규정된 조사의 목적을 벗어나서는 아니 된다.
2. 조사 등의 시간은 공무원 복무규정상의 근무시간에 한한다.(다만, 이미 착수된 조사 등이 근무시간을 초과하는 경우에는 연장 가능)
3. 녹음, 사진촬영 등은 당해 진술의 취지 또는 조사대상의 상태를 확인하는 등 조사의 목적범위 내에 한한다. 다만, 조사대상 외의 사람 · 장소 등에 대한 녹음, 사진촬영 등은 소장의 허가를 받아야 한다.
4. 조사 등과 관련하여 수용자와 면담 시 임의로 물품이나 서류 등을 수수하여서는 아니 된다.
5. 수용자를 선동하거나 기타 교정시설의 안전과 질서유지를 해치는 행위를 하는 경우에는 조사 등의 중단을 요청할 수 있다.

6. 직원입회가 금지된 진정 조사 시 조사관은 스스로 신변안전에 유의하여야 한다.

제14조(조사관 등의 휴대품 반입) 소장은 조사관 등이 조사 등에 필요하다는 이유로 녹음기 등 교정시설 반입 금지 물품을 반입하고자 하는 경우, 정문 근무자에게 그 품목 및 수량을 신고한 후 반입하도록 한다.

제15조(면담장소 및 수용자 신체검사) ① 소장은 조사관 등과 진정인 등의 자유로운 면담, 조사 등을 위하여 적절한 장소를 제공하여야 한다.

② 소장은 직원으로 하여금 조사관 등의 수용자 면담, 조사 등 전·후에 해당 수용자의 신체와 의류를 검사하게 하여야 한다.

제16조(직원 입회) 소장은 조사관 등이 수용자를 면담 또는 조사하는 경우에는 「국가인권위원회법」 제24조 제5항 및 제31조 제6항에 따라 직원이 참석하거나 감시하게 할 수 있다.

제17조(조사범위 초과 시 조치) ① 조사관 등이 조사범위를 넘어서 녹음, 사진촬영 등을 하는 경우, 동행 직원은 이를 제지하고 즉시 소장에게 보고하여야 한다.

② 제1항의 보고를 받은 소장은 조사관 등에게 이를 계속하지 못하게 하는 등의 필요한 조치를 하여야 한다.

제18조(자료제출 등 요구에 대한 처리) ① 조사관 등의 자료제출 요구에 대한 회신은 조사관이 소속된 위원회 등 명의의 문서에 의한다. 다만, 방문조사 시 현장에서 요구하는 자료는 조사관 등의 필요성에 대한 소명을 거쳐 제공가능 여부를 검토한 후 제출한다.

② 소장은 조사관 등의 자료제출 요구에는 특별한 사유가 없는 한 응하여야 한다. 다만, 요구한 자료가 조사의 범위에 속하지 않거나 내용의 불특정 등으로 요구에 응할 수 없는 사유가 있으면 위원회 등에 자료의 필요성에 대한 소명, 자료의 특정 등을 요구한다.

③ 소장은 조사관 등이 요구한 자료가 「국가인권위원회법」 제36조 제7항에 해당하면 그에 응할 수 없음을 통보하고 즉시 법무부장관에게 보고한다.

제19조(조사관 등의 업무상 전화사용) 소장은 조사관 등이 업무상 이유로 전화사용을 요청하는 경우 적절한 장소에서 이용할 수 있도록 한다.

제4장 보칙

제20조(법무부장관 보고) 소장은 위원회 등으로부터 수용자 진정 등과 관련하여 다음 각 호의 사항을 통보받은 경우에는 즉시 법무부장관에게 보고한다. 다만, 의료, 급식 등의 사항으로서 시간을 지체하면 회복하기 어려운 피해 발생의 우려가 있다고 인정되는 경우에는 먼저 구제조치를 취한 후 지체없이 법무부장관에게 보고한다.

1. 직원 등에 대한 출석 요구
2. 권고
3. 조정위원회의 조정
4. 기타 주요사항

제21조(진정의 취하) 업무담당자는 진정인이 진정 취하 의사를 표명하는 경우 별지 제5호서식의 취하서를 제출받아 위원회 등에 송부한다.

제22조(우편요금 부담) 진정서 발송에 필요한 우편요금은 진정인이 부담한다. 다만, 소장은 진정인이 그 비용을 부담할 수 없는 경우 예산의 범위에서 해당 비용을 부담할 수 있다.

제23조(진정인 이송 시 결과통보문 등의 처리) 업무담당자는 진정인이 다른 교정시설로 이송된 후 위원회 등에

서 발송한 결과통보문 등을 받은 경우에는 지체없이 이송된 교정시설로 송부한다.

제24조(준용규정) 수용자 진정업무 사항으로서 이 지침에 규정되어 있지 아니한 사항은 「인권침해 사건 조사·처리 및 구금·보호시설의 실태조사에 관한 규칙 시행세칙」, 「국가인권위원회 권고 관련 업무처리지침」 등에 따른다.

제25조(재검토 기한) 법무부장관은 이 지침에 대하여 2022년 7월 1일 기준으로 매 3년이 되는 시점(매 3년째의 6월 30일까지를 말한다.)마다 그 타당성을 검토하여 개선 등의 조치를 하여야 한다.

    부칙 〈제1300호, 2022. 6. 22.〉

제1조(시행일) 이 지침은 2022. 7. 1.부터 시행한다.

제2조(경과조치) 종전의 지침에 의하여 시행된 사항은 이 지침에 의하여 시행된 것으로 본다.

■ 발 신 처 :

■ 수 신 처 : 국가인권위원회

국가인권위원회 면전진정 신청서

시 설 명	신청인 성 명	생년월일 (수용자 번호)	출소(석방) / 이송 예정일	비고

국가인권위원회법 제31조에 의거 면전진정을 신청합니다.

년　　월　　일

신청인　　　　　(서 명)

확인자　　　　　(서 명)

국제인권규범

법령

기타

치료감호

권리구제

부록

■ 발 신 처 : OO 교도소/ OO 구치소

■ 수 신 처 : 법무부 인권국 인권조사과(인권침해신고센터)

법무부 인권국 면전 진정 신청서

수용자 번호		성 명		수용거실	
형기종료일			비 고		

위 사람은 법무부 인권국에 면전 진정을 신청합니다.

년   월   일

신청인 :   (서명 또는 손도장)

확인자 :   (서명 또는 날인)

■ 발 신 처 :

■ 수 신 처 : 국가인권위원회

국가인권위원회

□ 진정취하서(조사불원서) □ 면전진정 철회서

1. 시 설 명 :

2. 성   명 :

3. 생년월일 :

4. 취하(철회)하고자 하는 진정사건 또는 면전진정 접수번호 :

- 모든 진정사건 및 면전진정을 철회하겠습니다.

  □ 예. □ 아니요.

※ 진정취하의 경우만 표기

  사건처리결과의 통지를 □ 원합니다. □ 원하지 않습니다.

5. 사   유

| |
| |

년   월   일

신청인   (서 명)

확인자   (서 명)

○ 발 신 처 : OO 교도소/ OO 구치소/ OO 외국인보호소/ OO 소년원

○ 수 신 처 : 법무부 인권국 인권조사과(인권침해신고센터)

법무부 인권국 진정 취소(취하)장

1. 성명 :

2. 수용자번호 :

3. 사건번호 :

상기 본인은 위 진정사건에 대하여, 아래와 같은 사유로 임의로 진정 취소(취하)장을 제출합니다.

4. 진정 취소(취하) 또는 조사불원 사유

5. 사건처리결과 통지 희망 여부(V표시)

  □ 통지를 원하지 않음   □ 통지를 원함

년   월   일

취소(취하)인 :   (성명 자필기재)   (서명 또는 손도장)

확인 공무원 :   (서명 또는 날인)

수용자 청원 처리지침

[시행 2023. 12. 31.] [법무부예규 제1332호, 2023. 12. 26., 일부개정.]

제1조(목적) 이 지침은 「형의 집행 및 수용자의 처우에 관한 법률」 제117조 및 「같은 법 시행령」 제139조에 따라 수용자가 법무부장관·순회점검공무원 또는 관할 지방교정청장에게 제기한 청원에 대한 처리 기준·절차 등에 관하여 필요한 사항을 규정함을 목적으로 한다.

제2조(정의) 이 지침에서 사용하는 용어의 뜻은 다음과 같다.

1. "수용자 청원"이란 수용자가 법무부장관 또는 관할 지방교정청장에게 서면으로, 순회점검공무원에게 서면 또는 말로 자신의 처우에 대하여 불복하여 제기하는 것을 말한다.

2. "처우"란 형의 집행 및 수용자의 처우에 관한 법률 제2편에서 규율하고 있는 사항으로 수용자에게 사실상·법률상 영향을 미치는 교정행정작용을 말한다.

3. "청원조사관"이란 수용자가 법무부장관 또는 지방교정청장에게 제기한 청원에 대한 조사를 실시하는 공무원을 말한다.

제3조(청원서 등 처리절차) ① 근무자는 수용자가 청원서를 제출하려는 경우에는 청원서 봉함상태와 봉투 겉면의 인적사항, 수신처 등의 기재를 확인한 후 제출하게 한다.

② 청원서를 제출받은 근무자는 이를 수용관리팀장에게 보고한 후 청원업무담당자(이하 "업무담당자"라 한다)에게 인계하고, 업무담당자는 별지 제1호 서식의 청원부에 관련사항을 기록한 후, 청원서는 법무부장관 또는 지방교정청장에게 지체 없이 송부한다. 다만, 근무자가 일과 종료 이후 또는 공휴일 등 휴무일에 청원서를 제출받은 경우에는 다음날(다음날이 공휴일 등 휴무일인 경우에는 휴무일이 종료된 다음날) 일과 시작 후 같은 항 본문에 정해진 절차에 따라 제출받은 청원서를 처리한다.

③ 업무담당자는 청원서 송달을 원활히 하기 위하여 청원서 봉투 겉면에 반드시 청원서임을 별도로 표기하여야 한다.

④ 청원서 제출 시 우편비용은 수용자가 부담한다. 다만 소장은 수용자가 그 비용을 부담할 수 없는 경우에는 예산의 범위에서 해당 비용을 부담할 수 있다.

⑤ 업무담당자는 법무부장관 또는 지방교정청장으로부터 별지 제2호 서식의 접수증명원이 송부된 경우에는 이를 청원부에 기록한 후 지체 없이 수용자에게 교부한다.

제4조(순회점검공무원에 대한 청원 처리절차) ① 수용자가 순회점검공무원에 대해 청원서를 제출하거나 구술 청원 의사를 표명하는 경우에는 근무자는 지체 없이 그 사실을 업무담당자에게 알리고 업무담당자는 청원부에 관련사항을 기록한 후 순회점검공무원에게 청원서를 전달하거나 구술청원 사실을 알려야 한다.

② 순회점검공무원은 청원사안을 다음 각 호에 따라 처리하여야 한다.

1. 순회점검공무원이 순회점검 기간에 청원에 대한 결정을 하는 경우에는 결정서에 서명하여 소장에게 전달하고 청원처리결과를 법무부장관에게 보고

2. 순회점검공무원이 순회점검 기간에 청원에 대한 결정을 하기에 적당하지 아니하다고 인정되는 경우에는 청원사안에 대한 조사자료 등을 첨부하여 법무부장관에게 보고

③ 순회점검공무원에 대한 청원은 해당 교정시설 순회점검 시에 한한다.

제5조(청원 접수절차) ① 법무부장관 또는 지방교정청장은 청원서를 접수한 경우 별지 제2호 서식의 접수증명원을 청원서를 발송한 소장에게 발급한다.

② 동일 내용의 청원이 법무부장관과 지방교정청장에게 중복으로 제기된 경우에는 법무부장관이 이를 병합처리한다.

③ 지방교정청장은 접수된 청원이 그 권한에 속하지 아니하다고 판단되면 다음 각 호에 따라 처리하여야 한다.

1. 청원내용의 전부 또는 일부가 법무부장관의 권한에 속한다고 판단되는 경우 청원사안 전부에 대해 조사 후 그 결과를 법무부장관에게 보고

2. 청원내용의 일부가 다른 지방교정청장의 권한에 속한다고 판단되는 경우 관할 지방교정청장에게 해당부분에 대한 조사를 의뢰

3. 청원내용의 전부가 다른 지방교정청장의 권한에 속한다고 판단되는 경우 관할 지방교정청장에게 이첩

④ 법무부장관 또는 지방교정청장은 청원내용이 정보공개청구서, 고소장 등 명백히 청원사항에 해당하지 아니하여 이를 접수하지 않는 경우에는 관련 기관에 송부하거나 청원인에게 반송할 수 있다.

제6조(청원조사) ① 법무부장관 또는 지방교정청장은 청원에 대한 결정을 위하여 필요한 경우 관계 공무원에게 조사를 지시 할 수 있다.

② 지방교정청장은 청원에 대한 결정을 위하여 다른 지방교정청장에게 필요한 사항의 조사를 요청할 수 있다.

③ 청원조사관은 청원조사 과정에서 직접 시정이 가능한 사안이라고 판단되는 경우에는 즉시 시정 또는 시정 지시하고 그 결과를 법무부장관 또는 관할 지방교정청장에게 보고하여야 한다.

④ 청원조사관은 청원사안을 조사하는 과정에서 청원인이 출소하여 소재를 알 수 없고 청원내용이 불명확한 경우에는 조사를 중지하고 법무부장관 또는 관할 지방교정청장에게 보고하여야 한다. 다만, 조사 중지 사유가 해소된 경우 즉시 조사를 재개하여야 한다.

⑤ 청원조사관은 특별한 사정이 없는 한 50일 이내에 조사를 완료하여 법무부장관 또는 지방교정청장에게 보고하여야 한다.

⑥ 청원조사관은 필요하다고 인정하는 경우에는 진행 중인 사건들을 병합하거나 분리하여 처리할 수 있다.

제6조의2(원격화상조사) ① 청원조사관은 신속하고 효율적인 사건 조사 및 처리를 위하여 화상접견시스템을 이용하여 조사할 수 있다.

② 구체적인 원격화상조사 방법은 별표 1과 같다.

제6조의3(비밀 엄수 및 절차준수) ① 청원조사관은 직무를 수행하는 과정에서 알게 된 비밀을 정당한 사유 없이 다른 사람에게 누설하거나 조사 외 다른 목적으로 사용해서는 아니 된다.

② 청원조사관은 청원인·피청원인 및 관계인(이하 청원인등이라 한다)에게 법령을 공정하게 적용하고, 적법절차를 지키며, 청원인등의 의견을 충분히 수렴하여야 한다.

③ 청원조사관은 청원을 조사하는 과정에서 청원인등의 인권을 최대한 존중하여야 한다.

제7조(긴급조사사안) ① 법무부장관 또는 지방교정청장은 청원사안이 신속한 권리구제가 필요하다고 결정한

경우에는 관계 공무원에게 20일의 범위 내에서 필요한 사항의 긴급조사를 지시할 수 있다.

② 법무부장관 또는 지방교정청장은 긴급조사사안의 경우 청원서 접수 후 30일 이내에 청원 결정을 하여야 한다.

제7조의2(청원조사팀) ① 법무부장관 또는 지방교정청장은 청원조사 과정에서 중대한 인권침해의 의심이 있는 경우 이를 조사하기 위하여 청원조사팀을 구성할 수 있다.

② 청원조사팀은 인권·감찰·감사 등의 분야에서 조사경험이 있는 직원으로 구성한다.

③ 청원조사팀은 최대한 신속히 관련자 및 사실관계를 조사하여 그 결과를 법무부장관 또는 지방교정청장에게 보고하여야 한다.

제8조(서면조사) 다음 각 호의 조치 중 청원서 내용만으로도 사실관계가 명확하여 청원인 진술조서 작성 등이 불필요한 경우에는 법무부장관 또는 지방교정청장은 서면 조사만으로 청원 결정을 할 수 있다.

1. 이송조치

2. 가석방 불허조치

3. 독거실 등 거실지정조치

4. 그 밖에 사실관계가 명확한 경우

제9조(청원의 각하) ① 법무부장관 또는 지방교정청장은 접수한 청원이 다음 각 호의 어느 하나에 해당하는 경우에는 그 청원을 각하한다.

1. 청원내용이 처우에 대한 불복에 해당하지 아니하는 경우

2. 청원내용이 명백히 사실이 아니거나 이유가 없다고 인정되는 경우

3. 청원의 원인이 된 사실에 관하여 공소시효, 징계시효 및 민사상 시효 등이 완성된 경우

4. 청원의 원인이 된 사실에 관하여 법원이나 헌법재판소의 재판, 수사기관의 수사, 국가인권위원회·법무부 인권국 진정, 국가기관 민원서신 또는 그 밖의 법률에 따른 권리구제절차가 진행 중이거나 종결된 경우

5. 청원이 익명 또는 가명으로 제출되거나 청원내용이 불명확한 경우

6. 청원의 취지가 당해 청원의 원인이 된 사실에 관한 법원의 확정 판결이나 헌법재판소의 결정에 반하는 경우

7. 법무부장관 또는 지방교정청장이 기각하거나 각하한 청원 및 청원인이 취하서 또는 고충해소 종결서를 제출하여 종결된 청원과 동일한 내용에 대해 다시 청원한 경우. 다만, 청원인의 청원 취하 또는 고충해소 종결을 이유로 각하 또는 종결된 사건이더라도 중대한 인권침해로 인한 사실관계 확인이 필요하다고 인정되면 각하하지 아니할 수 있다.

8. 청원인이 청원을 취하한 경우

9. 청원인의 출소, 이송 등으로 명백히 권리구제 실익이 없다고 인정되는 경우

② 청원에 대한 조사를 시작한 후에도 그 청원이 제1항 각 호의 어느 하나에 해당하게 된 경우에는 그 청원을 각하한다.

③ 청원을 각하한 경우에는 별지 제3호 서식의 청원 처리결과 통지서를 작성하여 지체 없이 청원인에게 통보하여야 한다. 다만, 청원취하서 제출에 의한 각하의 경우 해당 청원을 종결처리하고 청원인이 통지를 원하지 않는 경우 외에는 청원 처리결과 통지서를 작성하여 통보한다.

제10조(청원의 기각) ① 법무부장관 또는 지방교정청장은 청원을 조사한 결과 청원의 내용이 다음 각 호의 어느 하나에 해당하는 경우에는 그 청원을 기각한다.

1. 청원내용이 사실이 아니거나 사실 유무를 확인하는 것이 불가능한 경우

2. 청원내용이 사실이라고 인정할 만한 객관적인 증거가 없는 경우

3. 이미 피해회복이 이루어지는 등 따로 구제조치가 필요하지 아니하다고 인정되는 경우

4. 청원내용이 이유 없다고 인정되는 경우

② 제1항에 따라 청원을 기각하는 경우에는 청원인에게 그 결과와 이유를 통보하여야 한다.

제11조(청원의 인용) ① 법무부장관 또는 지방교정청장은 청원을 조사한 결과 청원의 내용이 이유 있다고 인정되는 경우에는 그 청원을 인용한다.

② 법무부장관 또는 지방교정청장이 청원을 인용한 경우 소장은 청원인의 권리 구제 등 청원 결정내용을 성실히 이행하여야 한다.

③ 소장은 청원 결정내용을 이행한 후 지체 없이 법무부장관 또는 지방교정청장에게 그 이행결과를 보고하여야 한다.

제11조의2(고충해소종결) ① 법무부장관 또는 지방교정청장은 청원 조사 중 청원인의 고충이 실질적으로 해소된 경우에는 그 청원에 대하여 고충해소종결 처리한다.

② 청원조사관 또는 업무담당자는 고충해소종결 처리 시 별지 제6호 서식에 따라 그 결과를 법무부장관 또는 지방교정청장에게 보고하여야 한다.

③ 법무부장관 또는 지방교정청장은 고충해소 종결서를 접수한 경우에도 필요 시 청원조사관 또는 업무담당자에게 별지 제7호 서식의 고충처리종결 처리결과 보고서를 제출하게 할 수 있고, 청원 사안이 고충해소 종결로 처리하는 것이 타당하지 않을 경우에는 취하서 제출로 갈음할 수 있다.

④ 고충해소종결 처리는 인용 결정에 해당하므로 소장은 재발 방지를 위해 노력하여야 한다.

제12조(청원의 결정방식) ① 법무부장관 또는 지방교정청장은 청원사안에 대한 결정 시 별지 제4호 서식의 결정서를 작성하여 청원서를 발송한 소장에게 전달한다.

② 제1항의 결정서에 기재하는 "이유"란에는 청원사항에 대하여 주문의 정당함이 인정될 수 있을 정도의 객관적인 판단을 표시하여야 한다.

제13조(결정서 전달) 소장은 청원에 대한 결정서를 접수한 때에는 청원부에 관련사항을 기록한 후 지체 없이 청원인에게 전달하여야 한다. 다만, 청원 결정서 접수 전에 청원인이 다른 교정시설로 이송된 경우에는 소장은 이송된 기관의 소장에게 청원 결정서를 지체 없이 송부하여야 한다.

제14조(청원의 취하) ① 청원조사관 또는 업무담당자는 청원인이 청원 취하 의사를 표명하는 경우 별지 제5호 서식의 취하서를 작성하여 제출하게 하여야 한다.

② 청원인이 청원서를 제출하고 청원서 송부 전 취하서를 제출한 경우에는 업무담당자는 청원서와 취하서를 함께 송부하고, 청원서 송부 후 취하서를 제출한 경우에는 지체 없이 취하서를 송부하여야 한다.

제15조(재검토기한) 법무부장관은 「훈령·예규 등의 발령 및 관리에 관한 규정」에 따라 이 예규에 대하여 2024년 1월 1일 기준으로 매3년이 되는 시점(매 3년째의 12월 31일까지를 말한다)마다 그 타당성을 검토하여 개선 등의 조치를 하여야 한다.

부칙 〈제1332호, 2023. 12. 26.〉

제1조(시행일) 이 지침은 2023년 12월 31일부터 시행한다.

제2조(경과조치) 종전의 지침에 의하여 시행된 사항은 이 지침에 의하여 시행된 것으로 본다.

원격화상조사 방법

가. 각 지방교정청과 조사대상 교정시설에 설치된 화상접견시스템을 활용한다.

나. 청원조사관은 해당 교정시설에 조사대상자와 조사일시를 통보한다.

다. 화상으로 조사대상자의 진술을 청취한 후 조사보고서를 작성한다.

라. 업무담당자는 관련 서류(직원답변서, 소명서 등)를 청원조사관에게 제출한다.

청 원 취 하 서

1. 수 용 기 관 :
2. 성   명 :
3. 접 수 번 호 :
4. 취하서 본인 작성 확인(청원인이 자필로 작성)

작성예시) 00년 0월 0일 제출한(접수된) 청원을 본인 의사에 따라 취하합니다.

5. 취하사유

☐ 상담 등을 통하여 원만히 해결됨

☐ 청원제기 원인이 소멸됨

☐ 기타 :

6. 처리결과 통보 여부

☐ 통보 필요   ☐ 통보 불필요

년 월 일

취 하 인 :   (서명 또는 손도장)

확 인 자 :   (서명)

법무부장관(○○지방교정청장) 귀하

국제인권규범

법령

기타

치료감호

권리구제

부록

고충해소 종결서

1. 수 용 기 관 :

2. 성   명 :

3. 접 수 번 호 :

4. 청원내용(간략히 기재)

5. 고충해소 종결 확인(청원인이 자필로 작성)

작성예시) 위 청원내용과 관련된 고충이 해소되었습니다.

년 월 일

취 하 인 :   (서명 또는 손도장)

확 인 자 :   (서명)

법무부장관(○○지방교정청장) 귀하

법무부 개인정보 보호지침

[시행 2024. 3. 28.] [법무부훈령 제1521호, 2024. 3. 21., 일부개정.]

제1장 총칙

제1조(목적) 이 지침은 「개인정보 보호법」(이하 법"이라 한다) 제12조제2항에 따라 법무부 소관업무 개인정보 처리자가 준수하여야 하는 개인정보의 처리기준, 개인정보 침해의 유형 및 예방조치 등에 관한 세부적인 사항을 규정함을 목적으로 한다.

제2조(용어의 정의) 이 지침에서 사용하는 용어의 뜻은 다음과 같다.

1. "개인정보"란 살아 있는 개인에 관한 정보로서 다음 각 목의 어느 하나에 해당하는 정보를 말한다.

    가. 성명, 주민등록번호 및 영상 등을 통하여 개인을 알아볼 수 있는 정보

    나. 해당 정보만으로는 특정 개인을 알아볼 수 없더라도 다른 정보와 쉽게 결합하여 알아볼 수 있는 정보. 이 경우 쉽게 결합할 수 있는지 여부는 다른 정보의 입수 가능성 등 개인을 알아보는데 소요되는 시간, 비용, 기술 등을 합리적으로 고려하여야 한다.

    다. 가목 또는 나목을 제1호의2에 따라 가명처리함으로써 원래의 상태로 복원하기 위한 추가 정보의 사용·결합 없이는 특정 개인을 알아볼 수 없는 정보(이하 "가명정보"라 한다)

1의2. "가명처리"란 개인정보의 일부를 삭제하거나 일부 또는 전부를 대체하는 등의 방법으로 추가 정보가 없이는 특정 개인을 알아볼 수 없도록 처리하는 것을 말한다.

2. "개인정보 처리"란 개인정보를 수집, 생성, 연계, 연동, 기록, 저장, 보유, 가공, 편집, 검색, 출력, 정정(訂正), 복구, 이용, 제공, 공개, 파기(破棄), 그 밖에 이와 유사한 행위를 말한다.

3. "개인정보처리자"란 업무를 목적으로 법 제2조제4호에 따른 개인정보파일을 운용하기 위하여 스스로 또는 다른 사람을 통하여 개인정보를 처리하는 모든 공공기관, 법인·단체, 개인 등을 말한다.

4. "개인정보 보호책임자"란 개인정보처리자의 개인정보 처리에 관한 업무를 총괄해서 책임지는 자로서 「개인정보 보호법 시행령」(이하 "영"이라 한다) 제32조제2항 또는 제3항에 해당하는 자를 말한다.

5. "개인정보취급자"란 개인정보처리자의 지휘·감독을 받아 개인정보를 처리하는 업무를 담당하는 자로서 임직원, 파견근로자, 시간제근로자 등을 말한다.

6. "개인정보처리시스템"이란 데이터베이스 시스템 등 개인정보를 처리할 수 있도록 체계적으로 구성한 시스템을 말한다.

7. "고정형 영상정보처리기기"란 일정한 공간에 설치되어 지속적 또는 주기적으로 사람 또는 사물의 영상 등을 촬영하거나 이를 유·무선망을 통하여 전송하는 장치로서 영 제3조제1항에 따른 폐쇄회로 텔레비전 (CCTV) 및 네트워크 카메라를 말한다.

7의2. "이동형 영상정보처리기기"란 사람이 신체에 착용 또는 휴대하거나 이동 가능한 물체에 부착 또는 거치(据置)하여 사람 또는 사물의 영상 등을 촬영하거나 이를 유·무선망을 통하여 전송하는 장치로서 영 제3조제2항에 따른 착용형, 휴대형, 부착·거치형 장치를 말한다.

8. "개인영상정보"란 법 제2조제1호에 따른 개인정보 중 고정형 영상정보처리기기 또는 이동형 영상정보처리기기에 의하여 촬영·처리되는 영상 형태의 개인정보를 말한다.

9. "고정형영상정보처리기기운영자"란 법 제25조제1항 각 호에 따라 고정형 영상정보처리기기를 설치·운영하는 자를 말한다.

9의2. "이동형영상정보처리기기운영자"란 법 제25조의2제1항 각 호에 따라 업무를 목적으로 이동형 영상정보처리기기를 운영하는 자를 말한다.

10. "공개된 장소"란 공원, 도로, 지하철, 상가 내부, 주차장 등 정보주체가 접근하거나 통행하는 데에 제한을 받지 아니하는 장소를 말한다.

11. "개인정보파일"이란 개인정보를 쉽게 검색할 수 있도록 일정한 규칙에 따라 체계적으로 배열하거나 구성한 개인정보의 집합물(集合物)을 말한다.

12. "공공기관"이란 법 제2조제6호 및 영 제2조에 따른 기관을 말한다.

13. "친목단체"란 학교, 지역, 기업, 인터넷 커뮤니티 등을 단위로 구성되는 것으로서 자원봉사, 취미, 정치, 종교 등 공통의 관심사나 목표를 가진 사람간의 친목도모를 위한 각종 동창회, 동호회, 향우회, 반상회 및 동아리 등의 모임을 말한다.

14. "정보주체"란 처리되는 정보에 의하여 알아볼 수 있는 사람으로서 그 정보의 주체가 되는 사람을 말한다.

15. "민감정보"란 사상·신념, 노동조합·정당의 가입·탈퇴, 정치적 견해, 건강, 성생활, 유전정보, 범죄경력정보, 생체정보, 인종이나 민족 등에 관한 정보, 그 밖에 정보주체의 사생활을 현저히 침해할 우려가 있는 개인정보를 말한다.

16. "고유식별정보"란 개인을 고유하게 구별하기 위하여 부여된 식별정보로서 주민등록번호, 여권번호, 운전면허의 면허번호, 외국인등록번호를 말한다.

17. "추가정보"란 개인정보의 전부 또는 일부를 대체하는 데 이용된 수단이나 방식(알고리즘 등), 가명정보와의 비교·대조 등을 통해 삭제 또는 대체된 개인정보 부분을 복원할 수 있는 정보(매핑 테이블 정보, 가명처리에 사용된 개인정보 등) 등을 말한다.

18. "다른정보"란 제17호의 추가정보에는 포함되지 않지만 가명정보를 원래의 상태로 복원하는데 사용·결합될 수 있는 정보를 말한다. 다만, 이 경우 개인정보처리자가 보유하고 있거나 합리적으로 입수 가능한 정보에 한한다.

19. "과학적 연구"란 기술의 개발과 실증, 기초연구, 응용연구 및 민간 투자 연구 등 과학적 방법을 적용하는 연구를 말한다.

20. "익명처리"란 시간·비용·기술 등을 합리적으로 고려할 때 다른 정보를 사용하여도 더 이상 개인을 알아볼 수 없도록 처리하는 것을 말한다.

제3조(적용범위) 이 지침은 전자적 파일과 인쇄물, 서면 등 모든 형태의 개인정보파일을 운용하는 「법무부 각 실·국·본부와 그 소속기관 및 산하기관, 민영교도소」(이하 "각급기관"이라 한다)에 적용(검찰청 및 그 소속기관 제외)한다.

제4조(개인정보 보호 원칙) ① 개인정보처리자는 개인정보 처리 목적을 명확하게 하여야 하고, 그 목적에 필요

한 범위에서 최소한의 개인정보만을 적법하고 정당하게 수집하여야 한다.

② 개인정보처리자는 개인정보의 처리 목적에 필요한 범위에서 적합하게 개인정보를 처리하여야 하며, 그 목적 외의 용도로 활용하여서는 아니 된다.

③ 개인정보처리자는 개인정보의 처리 목적에 필요한 범위에서 개인정보의 정확성과 최신성을 유지하도록 하여야 하고, 개인정보를 처리하는 과정에서 고의 또는 과실로 부당하게 변경 또는 훼손되지 않도록 하여야 한다.

④ 개인정보처리자는 개인정보의 처리 방법 및 종류 등에 따라 정보주체의 권리가 침해받을 가능성과 그 위험 정도를 고려하여 그에 상응하는 적절한 기술적·관리적 및 물리적 보호조치를 통하여 개인정보를 안전하게 관리하여야 한다.

⑤ 개인정보처리자는 개인정보 처리방침 등 개인정보의 처리에 관한 사항을 공개하여야 하며, 열람청구권 등 정보주체의 권리가 보장될 수 있도록 합리적인 절차와 방법 등을 마련하여야 한다.

⑥ 개인정보처리자는 개인정보의 처리 목적에 필요한 범위에서 적법하게 개인정보를 처리하는 경우에도 정보주체의 사생활 침해를 최소화하는 방법으로 개인정보를 처리하여야 한다.

⑦ 개인정보처리자는 개인정보를 적법하게 수집한 경우에도 개인정보를 익명 또는 가명으로 처리하여도 개인정보 수집목적을 달성할 수 있는 경우 익명처리가 가능한 경우에는 익명에 의하여, 익명처리로 목적을 달성할 수 없는 경우에는 가명에 의하여 처리될 수 있도록 하여야 한다.

⑧ 개인정보처리자는 관계 법령에서 규정하고 있는 책임과 의무를 준수하고 실천함으로써 정보주체의 신뢰를 얻기 위하여 노력하여야 한다.

제2장 개인정보 처리 기준
제1절 개인정보의 처리
제5조(개인정보의 수집·이용) ① 개인정보의 "수집"이란 정보주체로부터 직접 이름, 주소, 전화번호 등의 개인정보를 제공받는 것뿐만 아니라 정보주체에 관한 모든 형태의 개인정보를 취득하는 것을 말한다.

② 개인정보처리자는 다음 각 호의 경우에 개인정보를 수집할 수 있으며, 그 수집 목적의 범위에서 이용할 수 있다.

1. 정보주체로부터 사전에 동의를 받은 경우
2. 법률에서 개인정보를 수집·이용할 수 있음을 구체적으로 명시하거나 허용하고 있는 경우
3. 법령에서 개인정보처리자에게 구체적인 의무를 부과하고 있고, 개인정보처리자가 개인정보를 수집·이용하지 않고는 그 의무를 이행하는 것이 불가능하거나 현저히 곤란한 경우
4. 개인정보를 수집·이용하지 않고는 법령 등에서 정한 소관 업무를 수행하는 것이 불가능하거나 현저히 곤란한 경우
5. 개인정보를 수집·이용하지 않고는 정보주체와 체결한 계약을 이행하거나 계약을 체결하는 과정에서 정보주체의 요청에 따른 조치를 이행하기 곤란한 경우
6. 명백히 정보주체 또는 제3자(정보주체를 제외한 그 밖의 모든 자를 말한다.)의 급박한 생명, 신체, 재산의 이익을 위하여 필요하다고 인정되는 경우
7. 개인정보처리자가 법령 또는 정보주체와의 계약에 따른 정당한 이익을 달성하기 위하여 필요한 경우로서 명백하게 정보주체의 개인정보의 수집·이용에 관한 동의 여부 및 동의 범위 등을 선택하고 결정할 권리

보다 우선하는 경우. 다만, 이 경우 개인정보의 수집·이용은 개인정보처리자의 정당한 이익과 상당한 관련이 있고 합리적인 범위를 초과하지 아니한 경우에 한한다.

8. 공중위생 등 공공의 안전과 안녕을 위하여 긴급히 필요한 경우

③ 개인정보처리자는 정보주체로부터 직접 명함 또는 그와 유사한 매체(이하 "명함 등"이라 함)를 제공받음으로써 개인정보를 수집하는 경우 명함 등을 제공하는 정황 등에 비추어 사회통념상 동의 의사가 있었다고 인정되는 범위 내에서만 이용할 수 있다.

④ 개인정보처리자는 인터넷 홈페이지 등 공개된 매체 또는 장소(이하 "인터넷 홈페이지 등"이라 함)에서 개인정보를 수집하는 경우, 정보주체의 동의 의사가 명확히 표시되거나 인터넷 홈페이지 등의 표시 내용에 비추어 사회 통념상 동의 의사가 있었다고 인정되는 범위 내에서만 이용할 수 있다.

⑤ 개인정보처리자는 계약 등의 상대방인 정보주체가 대리인을 통하여 법률행위 또는 의사표시를 하는 경우 대리인의 대리권 확인을 위한 목적으로만 대리인의 개인정보를 수집·이용할 수 있다.

⑥ 근로자와 사용자가 근로계약을 체결하는 경우 「근로기준법」에 따른 임금지급, 교육, 증명서 발급, 근로자 복지제공을 위하여 근로자의 동의 없이 개인정보를 수집·이용할 수 있다.

⑦ 개인정보처리자는 당초 수집 목적과 합리적으로 관련된 범위에서 정보주체에게 불이익이 발생하는지 여부, 암호화 등 안전성 확보에 필요한 조치를 하였는지 여부 등을 고려하여 영 제14조의2에 따라 정보주체의 동의 없이 개인정보를 이용할 수 있다.

제6조(개인정보의 제공) ① 개인정보의 "제공"이란 개인정보의 저장 매체나 개인정보가 담긴 출력물·책자 등을 물리적으로 이전하거나 네트워크를 통한 개인정보의 전송, 개인정보에 대한 제3자의 접근권한 부여, 개인정보처리자와 제3자의 개인정보 공유 등 개인정보의 이전 또는 공동 이용 상태를 초래하는 모든 행위를 말한다.

② 법 제17조 및 제18조의 "제3자"란 정보주체와 정보주체에 관한 개인정보를 수집·보유하고 있는 개인정보처리자를 제외한 모든 자를 의미하며, 정보주체의 대리인(명백히 대리의 범위 내에 있는 것에 한한다)과 법 제26조제2항에 따른 수탁자는 제외한다(이하 같다).

③ 개인정보처리자가 법 제17조제2항제1호에 따라 정보주체에게 개인정보를 제공받는 자를 알리는 경우에는 그 성명(법인 또는 단체인 경우에는 그 명칭)과 연락처를 함께 알려야 한다.

④ 개인정보처리자는 당초 수집 목적과 합리적으로 관련된 범위에서 정보주체에게 불이익이 발생하는지 여부, 암호화 등 안전성 확보에 필요한 조치를 하였는지 여부 등을 고려하여 영 제14조의2에 따라 정보주체의 동의 없이 개인정보를 제공할 수 있다.

제7조(개인정보의 목적 외 이용·제공) ① 개인정보처리자가 법 제18조제2항에 따라 개인정보를 목적 외의 용도로 제3자에게 제공하는 경우에는 개인정보를 제공받는 자에게 이용 목적, 이용 방법, 이용 기간, 이용 형태 등을 제한하거나, 개인정보의 안전성 확보를 위하여 필요한 구체적인 조치를 마련하도록 문서(전자문서를 포함한다. 이하 같다)로 요청하여야 한다. 이 경우 요청을 받은 자는 그에 따른 조치를 취하고 그 사실을 개인정보를 제공한 개인정보처리자에게 문서로 알려야 한다.

② 법 제18조제2항에 따라 개인정보를 목적 외의 용도로 제3자에게 제공하는 자는 해당 개인정보를 제공받는 자와 개인정보의 안전성 확보 조치에 관한 책임관계를 명확히 하여야 한다.

③ 개인정보처리자가 법 제18조제3항제1호에 따라 정보주체에게 개인정보를 제공받는 자를 알리는 경우에는 그 성명(법인 또는 단체인 경우에는 그 명칭)과 연락처를 함께 알려야 한다.

제8조(개인정보 수집 출처 등 통지) ① 개인정보처리자가 정보주체 이외로부터 수집한 개인정보를 처리하는 때

에는 정당한 사유가 없는 한 정보주체의 요구가 있은 날로부터 3일 이내에 다음 각 호의 모든 사항을 정보주체에게 알려야 한다.

1. 개인정보의 수집 출처

2. 개인정보의 처리 목적

3. 개인정보의 처리의 정지를 요구할 권리가 있다는 사실

② 제1항은 다음 각 호의 어느 하나에 해당하는 경우에는 적용하지 아니한다.

1. 통지를 요구하는 대상이 되는 개인정보가 법 제32조제2항 각 호의 어느 하나에 해당하는 개인정보파일에 포함되어 있는 경우

2. 통지로 인하여 다른 사람의 생명·신체를 해할 우려가 있거나 다른 사람의 재산과 그 밖의 이익을 부당하게 침해할 우려가 있는 경우

③ 개인정보처리자는 제2항 각 호에 근거하여 제1항에 따른 정보주체의 요구를 거부하는 경우에는 정당한 사유가 없는 한 정보주체의 요구가 있은 날로부터 3일 이내에 그 거부의 근거와 사유를 정보주체에게 알려야 한다.

제9조(개인정보의 파기방법 및 절차) ① 개인정보처리자는 개인정보의 보유 기간이 경과하거나 개인정보의 처리 목적 달성, 해당 서비스의 폐지, 사업의 종료 등 그 개인정보가 불필요하게 되었을 때에는 정당한 사유가 없는 한 그로부터 5일 이내에 그 개인정보를 파기하여야 한다.

② 영 제16조제1항제1호의 "복원이 불가능한 방법"이란 현재의 기술수준에서 사회통념상 적정한 비용으로 파기한 개인정보의 복원이 불가능하도록 조치하는 방법을 말한다.

③ 개인정보 보호책임자는 개인정보 파기 시행 후 파기 결과를 확인하여야 한다.

④ 개인정보처리자는 개인정보의 파기에 관한 사항을 기록·관리하여야 한다.

⑤ 개인정보처리자 중 공공기관의 경우에는 개인정보파일 파기에 관하여 제55조 및 제56조를 적용한다.

제10조(법령에 따른 개인정보의 보존) ① 개인정보처리자가 법 제21조제1항 단서에 따라 법령에 근거하여 개인정보를 파기하지 아니하고 보존하여야 하는 경우에는 물리적 또는 기술적 방법으로 분리하여서 저장·관리하여야 한다.

② 제1항에 따라 개인정보를 분리하여 저장·관리하는 경우에는 개인정보 처리방침 등을 통하여 법령에 근거하여 해당 개인정보 또는 개인정보파일을 저장·관리한다는 점을 정보주체가 알 수 있도록 하여야 한다.

제11조(동의를 받는 방법 등) ① 개인정보처리자가 개인정보의 처리에 대하여 정보주체의 동의를 받을 때에는 법 제22조제1항에 따라 각각의 동의 사항을 구분하여 정보주체가 이를 명확하게 인지할 수 있도록 알리고 동의를 받아야 한다.

② 개인정보처리자는 법 제22조에 따라 개인정보의 처리에 대하여 정보주체의 동의를 받을 때에는 다음 각 호의 조건을 모두 충족해야 한다.

1. 정보주체가 자유로운 의사에 따라 동의 여부를 결정할 수 있을 것

2. 동의를 받으려는 내용이 구체적이고 명확할 것

3. 그 내용을 쉽게 읽고 이해할 수 있는 문구를 사용할 것

4. 동의 여부를 명확하게 표시할 수 있는 방법을 정보주체에게 제공할 것

③ 개인정보처리자는 법 제22조제1항 각 호의 어느 하나에 해당하는 경우에는 동의 사항을 구분하여 각각 동의를 받아야 한다.

④ 개인정보처리자는 제3항에 해당하여 개인정보를 처리하고자 하는 경우에는 정보주체에게 동의 또는 동의 거부를 선택할 수 있음을 명시적으로 알려야 한다.

⑤ 개인정보처리자는 정보주체의 동의 없이 처리할 수 있는 개인정보에 대해서는 그 항목과 처리의 법적 근거를 정보주체의 동의를 받아 처리하는 개인정보와 구분하여 개인정보처리방침에 공개하거나 서면, 전자우편, 팩스, 전화, 문자전송 또는 이에 상당하는 방법(이하 "서면등의 방법"이라 한다)으로 정보주체에게 알려야 한다. 이 경우 동의 없이 처리할 수 있는 개인정보라는 입증책임은 개인정보처리자가 부담한다.

⑥ 개인정보처리자가 영 제17조제2항제2호의 규정에 따라 전화에 의한 동의와 관련하여 통화내용을 녹취할 때에는 녹취사실을 정보주체에게 알려야 한다.

⑦ 개인정보처리자가 정보주체의 동의를 받기 위하여 동의서를 작성하는 경우에는 개인정보 처리 동의 안내서를 준수하여야 한다.

⑧ 개인정보처리자가 친목단체를 운영하기 위하여 다음 각 호의 어느 하나에 해당하는 개인정보를 수집하는 경우에는 정보주체의 동의 없이 개인정보를 수집·이용할 수 있다.

1. 친목단체의 가입을 위한 성명, 연락처 및 친목단체의 회칙으로 정한 공통의 관심사나 목표와 관련된 인적 사항
2. 친목단체의 회비 등 친목유지를 위해 필요한 비용의 납부현황에 관한 사항
3. 친목단체의 활동에 대한 구성원의 참석여부 및 활동내용에 관한 사항
4. 기타 친목단체의 구성원 상호 간의 친교와 화합을 위해 구성원이 다른 구성원에게 알리기를 원하는 생일, 취향 및 가족의 애경사 등에 관한 사항

제12조(법정대리인의 동의) ① 영 제17조의2제1항에 따라 개인정보처리자가 법정대리인의 성명·연락처를 수집할 때에는 해당 아동에게 자신의 신분과 연락처, 법정대리인의 성명과 연락처를 수집하고자 하는 이유를 알려야 한다.

② 개인정보처리자는 법 제22조의2제2항에 따라 수집한 법정대리인의 개인정보를 법정대리인의 동의를 얻기 위한 목적으로만 이용하여야 하며, 법정대리인의 동의 거부가 있거나 법정대리인의 동의 의사가 확인되지 않는 경우 수집일로부터 5일 이내에 파기해야 한다.

제13조(정보주체의 사전 동의를 받을 수 없는 경우) 개인정보처리자가 법 제15조제1항제5호 및 법 제18조제2항제3호에 따라 정보주체의 사전 동의 없이 개인정보를 수집·이용 또는 제공한 경우 해당 사유가 해소된 때에는 개인정보의 처리를 즉시 중단하여야 하며, 정보주체에게 사전 동의 없이 개인정보를 수집·이용 또는 제공한 사실과 그 사유 및 이용내역을 알려야 한다.

제14조(개인정보취급자에 대한 감독) ① 개인정보처리자는 개인정보취급자를 업무상 필요한 한도 내에서 최소한으로 두어야 하며, 개인정보취급자의 개인정보 처리 범위를 업무상 필요한 한도 내에서 최소한으로 제한하여야 한다.

② 개인정보처리자는 개인정보 처리시스템에 대한 접근권한을 업무의 성격에 따라 해당 업무수행에 필요한 최소한의 범위로 업무담당자에게 차등 부여하고 접근권한을 관리하기 위한 조치를 취해야 한다.

③ 개인정보처리자는 개인정보취급자에게 보안서약서를 제출하도록 하는 등 적절한 관리·감독을 해야 하며, 인사이동 등에 따라 개인정보취급자의 업무가 변경되는 경우에는 개인정보에 대한 접근권한을 변경 또는 말소해야 한다.

제2절 개인정보 처리의 위탁

제15조(수탁자의 선정 시 고려사항) ① 개인정보의 처리 업무를 위탁하는 개인정보처리자(이하 "위탁자"라 한다)가 개인정보 처리 업무를 위탁받아 처리하는 자(이하 "수탁자"라 한다)를 선정할 때에는 인력과 물적 시설, 재정 부담능력, 기술 보유의 정도, 책임능력 등 개인정보 처리 및 보호 역량을 종합적으로 고려하여야 한다.

제16조(개인정보 보호 조치의무) 수탁자는 위탁받은 개인정보를 보호하기 위하여 「개인정보의 안전성 확보조치 기준 고시」에 따른 관리적·기술적·물리적 조치를 하여야 한다.

제3절 개인정보 처리방침 작성

제17조(개인정보 처리방침의 작성기준 등) ① 개인정보처리자가 개인정보 처리방침을 작성하는 때에는 법 제30조제1항 각 호 및 영 제31조제1항 각 호의 사항을 명시적으로 구분하되, 알기 쉬운 용어로 구체적이고 명확하게 표현하여야 한다.

② 개인정보처리자는 처리하는 개인정보가 개인정보의 처리 목적에 필요한 최소한이라는 점을 밝혀야 한다.

제18조(개인정보 처리방침의 기재사항) 개인정보처리자가 개인정보 처리방침을 작성할 때에는 법 제30조제1항에 따라 다음 각 호의 사항을 모두 포함하여야 한다.

1. 개인정보의 처리 목적
2. 처리하는 개인정보의 항목
3. 개인정보의 처리 및 보유 기간
4. 개인정보의 제3자 제공에 관한 사항(해당되는 경우에만 정한다)
5. 영 제14조의2제2항에 따라 개인정보의 추가적인 이용 또는 제공이 지속적으로 발생하는 경우 같은 조 제1항 각 호의 고려사항에 대한 판단 기준(해당되는 경우에만 정한다)
6. 인터넷 접속정보파일 등 개인정보를 자동으로 수집하는 장치의 설치·운영 및 그 거부에 관한 사항(해당되는 경우에만 정한다)
7. 개인정보의 파기절차 및 파기방법(법 제21조제1항 단서에 따라 개인정보를 보존하여야 하는 경우에는 그 보존근거와 보존하는 개인정보 항목을 포함한다)
8. 법 제23조제3항에 따른 민감정보의 공개 가능성 및 비공개를 선택하는 방법(해당되는 경우에만 정한다)
9. 개인정보처리 위탁에 관한 사항(해당되는 경우에만 정한다)
10. 법 제28조의2 및 제28조의3에 따른 가명정보의 처리 등에 관한 사항(해당되는 경우에만 정한다)
11. 영 제30조제1항에 따른 개인정보의 안전성 확보조치에 관한 사항
12. 개인정보 처리방침의 변경에 관한 사항
13. 법 제31조의2제1항에 따라 국내대리인을 지정하는 경우 국내대리인의 성명, 주소, 전화번호 및 전자우편 주소(해당되는 경우에만 정한다)
14. 개인정보의 열람, 정정·삭제, 처리정지 요구권 등 정보주체와 법정대리인의 권리·의무 및 그 행사방법에 관한 사항
15. 개인정보의 열람청구를 접수·처리하는 부서
16. 정보주체의 권익침해에 대한 구제방법
17. 가명정보 처리에 관한 사항(해당되는 경우에만 정한다)

제19조(개인정보 처리방침의 공개) ① 개인정보처리자가 법 제30조제2항에 따라 개인정보 처리방침을 수립하

는 경우에는 인터넷 홈페이지를 통해 지속적으로 게재하여야 하며, 이 경우 "개인정보 처리방침"이라는 명칭을 사용하되, 글자 크기, 색상 등을 활용하여 다른 고지사항과 구분함으로써 정보주체가 쉽게 확인할 수 있도록 하여야 한다.

② 개인정보처리자가 인터넷 홈페이지를 운영하지 않는 경우 또는 인터넷 홈페이지 관리상의 하자가 있는 경우에는 영 제31조제3항 각 호의 어느 하나 이상의 방법으로 개인정보 처리방침을 공개하여야 한다. 이 경우에도 "개인정보 처리방침"이라는 명칭을 사용하되, 글자 크기, 색상 등을 활용하여 다른 고지사항과 구분함으로써 정보주체가 쉽게 확인할 수 있도록 하여야 한다.

③ 개인정보처리자가 영 제31조제3항제3호의 방법으로 개인정보 처리방침을 공개하는 경우에는 간행물ㆍ소식지ㆍ홍보지ㆍ청구서 등이 발행될 때마다 계속하여 게재하여야 한다.

제20조(개인정보 처리방침의 변경) 개인정보처리자가 개인정보 처리방침을 변경하는 경우에는 변경 및 시행의 시기, 변경된 내용을 지속적으로 공개하여야 하며, 변경된 내용은 정보주체가 쉽게 확인할 수 있도록 변경 전ㆍ후를 비교하여 공개하여야 한다.

제4절 개인정보 보호책임자

제21조(개인정보 보호책임자의 지정 등) ① 개인정보처리자는 개인정보 처리에 관한 업무를 총괄하기 위해 개인정보 보호책임자를 다음 각 호와 같이 지정하여야 한다.

1. 법무부 개인정보 보호책임자 : 정책기획관

2. 각급기관 개인정보 보호책임자 : 개인정보 처리를 담당하는 부서의 장(부서가 없는 기관의 경우에는 5급 이상 관리자) 단, 소속기관의 장이 5급 이하인 경우 해당기관의 장

② 개인정보 보호책임자는 다음 각 호의 업무를 수행한다.

1. 개인정보보호 계획 수립 및 시행

2. 개인정보 처리 실태 및 관행의 정기적인 조사 및 개선

3. 개인정보 처리와 관련한 불만 처리 및 피해 구제

4. 개인정보 유출 및 오ㆍ남용 방지를 위한 내부통제시스템 구축

5. 개인정보보호 교육 계획 수립 및 시행

6. 개인정보파일의 보호 및 관리ㆍ감독

7. 개인정보 처리방침 수립 및 시행

8. 개인정보보호 관련 자료 관리

9. 처리 목적이 달성되거나 보유기간이 지난 개인정보의 파기의 관리ㆍ감독

10. 그 밖에 개인정보의 보호를 위해 필요하다고 인정되는 사항

제22조(개인정보 분야별책임자의 지정 등) ① 개인정보처리자는 소관분야별 개인정보를 취급하는 부서의 개인정보보호 관련 업무를 관리ㆍ감독하기 위하여 개인정보를 보유ㆍ처리하는 부서의 장을 분야별책임자로 지정하여야 한다.

② 실ㆍ국ㆍ본부의 개인정보 분야별책임자는 주무과장 또는 정보시스템 운영(주무)부서장으로 하며, 소속기관 및 산하기관의 개인정보 분야별책임자는 해당기관의 정보시스템 운영 여부 등 여건에 따라 지정 한다.

③ 개인정보 보호책임자는 개인정보 분야별책임자를 겸임할 수 있다.

④ 개인정보 분야별책임자의 업무는 다음 각 호와 같다.

1. 해당부서의 개인정보보호 계획 및 방침 수립·시행

2. 해당부서의 개인정보 취급자에 대한 개인정보보호 업무의 지도 및 감독

　　가. 개인정보파일에 대한 안전성 확보, 취급자에 대한 교육 및 관리·감독

　　나. 처리정보에 대한 이용·제공에 대한 절차 기준 마련

　　다. 입출력자료·정보화기기·정보통신실 등의 안전성 확보 조치

　　라. 개인정보취급자의 의무 준수 교육 등 조치

3. 해당부서 개인정보처리시스템의 사용자 권한 설정 등 제반 보호 장치의 확인 및 감독

4. 해당부서의 개인정보처리시스템의 로그파일 등 접속기록에 대한 주기적인 분석 및 오·남용 사고의 예방

　　가. 업무목적 이외의 열람, 불법 유출 등 점검

　　나. 개인정보 취급자의 주기적 비밀번호 변경 등 접근권한의 적정한 관리

　　다. 처리정보의 이용·제공의 적정성 및 대장 작성 여부 등

　　라. 정기점검 결과 및 조치사항, 처리정보 관련 통계를 분기별로 개인정보 보호책임자에 보고

5. 그 밖에 해당부서의 개인정보 보호를 위해 필요한 사항 등

제23조(개인정보 보호담당자의 지정 등) ① 「각급기관 개인정보 보호책임자 또는 개인정보 분야별책임자(이하 "개인정보 보호분야별책임자"라 한다)」는 위임한 업무와 개인정보취급자 관리 등 개인정보보호와 관련된 업무를 처리하기 위하여 개인정보 보호담당자를 지정하여야 한다.

② 법무부의 개인정보 보호담당자는 기획조정실(정보화데이터담당관실) 개인정보보호 담당사무관으로 한다.

③ 개인정보 보호담당자는 개인정보 보호분야별책임자를 가장 잘 보좌할 수 있는 직원으로 지정하여야 한다.

④ 개인정보 보호담당자의 업무는 다음 각 호와 같다.

1. 개인정보보호 계획 및 방침 운영

2. 개인정보침해 대응

3. 개인정보처리 실태관리 및 각종 자료 취합

4. 개인정보보호법 관련 업무 전반

5. 개인정보보호 교육 업무

6. 개인정보 보호분야별책임자가 위임한 개인정보와 관련된 업무

7. 개인정보 처리와 관련된 시스템 연계 등과 관련된 업무 등

제24조(개인정보취급자의 지정 등) ① 정보주체의 개인정보를 취급하는 자로서 별도의 지정이 없어도 개인정보 취급자로 지정된 것으로 본다.

② 개인정보취급자의 업무는 다음 각 호와 같다.

1. 업무를 수행함에 있어 처리되는 개인정보의 보호관리(개인정보의 수집, 저장, 이용 및 제공, 파기 등의 처리)

2. 웹사이트 및 문서에 게재되는 개인정보에 대한 안전한 처리

3. CCTV 등 개인영상정보에 대한 보호관리

4. 개인정보의 열람, 정정, 삭제 시 보호관리 등

③ 개인정보취급자는 직무상 알게 된 개인정보를 누설 또는 권한 없이 처리하거나 타인의 이용에 제공하는 등 부당한 목적을 위하여 사용하여서는 아니 된다.

④ 개인정보취급자가 개인정보를 무단 조회하거나 오·남용 하는 경우 관계 법령에 따라 처벌될 수 있다.

⑤ 개인정보취급자는 개인정보를 업무 목적 외 불필요한 접근을 금지하고 개인정보 접근 권한을 임의로 양

도 및 대여하여서는 아니 된다.

제25조(개인정보 보호책임자의 공개) ① 개인정보처리자는 개인정보 보호책임자를 지정하거나 변경하는 경우 성명과 부서의 명칭, 전화번호 등 연락처를 공개하여야 한다. 이 경우 개인정보 보호와 관련한 고충처리 및 상담을 실제로 처리할 수 있는 개인정보 보호담당자의 연락처를 함께 기재하여야 한다.

② 개인정보처리자는 개인정보 보호분야별책임자 또는 개인정보 보호담당자가 지정되거나 변경된 경우 그 내용을 지체 없이 법무부 개인정보 보호책임자에게 제출하여야 한다.

제26조(교육계획의 수립 및 시행) ① 개인정보처리자는 매년 초 해당 연도 개인정보보호 교육계획을 수립하여 시행하여야 한다.

② 개인정보처리자는 개인정보 보호책임자, 개인정보 보호담당자, 개인정보 취급자 등에 대하여 전문기관, 자체교육 등 개인정보보호에 필요한 교육을 실시하여야 한다.

③ 소속기관 및 산하기관의 개인정보 보호책임자는 매년 반기별로 별지 제8호 서식의 "○○○○년도(상 · 하반기) 개인정보 보호 교육실적"을 작성하여 각 실 · 국 · 본부 개인정보 보호책임자에게 제출하여야 하며, 각 실 · 국 · 본부 개인정보 보호책임자는 소속기관 및 산하기관이 포함된 개인정보보호 교육실적을 법무부 개인정보 보호책임자에게 제출하여야 한다. (상반기 : 7. 15.까지, 하반기 : 익년 1. 15.까지)

④ 각급기관의 개인정보취급자는 법무부 개인정보 보호책임자가 지정하는 교육을 연 1회 이상 이수하여야 한다.

제5절 개인정보 유출 통지 및 신고 등

제27조(개인정보의 유출 등) 개인정보의 분실 · 도난 · 유출(이하 "유출 등"이라 한다)은 법령이나 개인정보처리자의 자유로운 의사에 의하지 않고 개인정보가 해당 개인정보처리자의 관리 · 통제권을 벗어나 제3자가 그 내용을 알 수 있는 상태에 이르게 된 것을 말한다.

제28조(유출 등의 통지시기 및 항목) ① 개인정보처리자는 개인정보가 유출 등이 되었음을 알게 된 때에는 72시간 이내에 해당 정보주체에게 다음 각 호의 사항을 알려야 한다.

1. 유출 등이 된 개인정보의 항목

2. 유출 등이 된 시점과 그 경위

3. 유출 등으로 인하여 발생할 수 있는 피해를 최소화하기 위하여 정보주체가 할 수 있는 방법 등에 관한 정보

4. 개인정보처리자의 대응조치 및 피해구제절차

5. 정보주체에게 피해가 발생한 경우 신고 등을 접수할 수 있는 담당부서 및 연락처

② 제1항에도 불구하고 개인정보처리자는 다음 각 호의 어느 하나에 해당하는 경우에는 해당 사유가 해소된 후 지체 없이 정보주체에게 알릴 수 있다.

1. 유출 등이 된 개인정보의 확산 및 추가 유출 등을 방지하기 위하여 접속경로의 차단, 취약점 점검 · 보완, 유출 등이 된 개인정보의 회수 · 삭제 등 긴급한 조치가 필요한 경우

2. 천재지변이나 그 밖에 부득이한 사유로 인하여 72시간 이내에 통지하기 곤란한 경우

③ 개인정보처리자는 제1항 각 호의 사항을 모두 확인하기 어려운 경우에는 정보주체에게 다음 각 호의 사실만을 우선 알리고, 추후 확인되는 즉시 알릴 수 있다.

1. 정보주체에게 유출 등이 발생한 사실

2. 제1항의 통지항목 중 확인된 사항

④ 개인정보처리자는 개인정보 유출 등의 사고를 인지하지 못해 유출 등의 사고가 발생한 시점으로부터 72시간 이내에 해당 정보주체에게 개인정보 유출 등의 통지를 하지 아니한 경우에는 실제 유출 등의 사고를 알게 된 시점을 입증하여야 한다.

제29조(유출 등의 통지방법) ① 개인정보처리자는 정보주체에게 제28조제1항 각 호의 사항을 통지할 때에는 서면등의 방법을 통하여 정보주체에게 알려야 한다.

② 개인정보처리자는 정보주체의 연락처를 알 수 없는 경우 등 정당한 사유가 있는 경우에는 법 제34조제1항 각 호 외의 부분 단서에 따라 같은 항 각 호의 사항을 정보주체가 쉽게 알 수 있도록 자신의 인터넷 홈페이지에 30일 이상 게시하는 것으로 제1항의 통지를 갈음할 수 있다. 다만, 인터넷 홈페이지를 운영하지 아니하는 개인정보처리자의 경우에는 사업장등의 보기 쉬운 장소에 법 제34조제1항 각 호의 사항을 30일 이상 게시하여야 한다.

제30조(개인정보등의 유출신고) ① 개인정보처리자는 다음 각 호의 어느 하나에 해당하는 경우로서 개인정보가 유출 등이 되었음을 알게 되었을 때에는 72시간 이내에 제28조제1항 각 호의 사항을 서면등의 방법으로 법무부 개인정보 보호책임자 및 각 실·국·본부 개인정보 보호분야별책임자를 통하여 개인정보보호위원회 또는 한국인터넷진흥원에 신고해야 한다. 다만, 천재지변이나 그 밖에 부득이한 사유로 인하여 72시간 이내에 신고하기 곤란한 경우에는 해당 사유가 해소된 후 지체 없이 신고할 수 있으며, 개인정보 유출 등의 경로가 확인되어 해당 개인정보를 회수·삭제하는 등의 조치를 통해 정보주체의 권익 침해 가능성이 현저히 낮아진 경우에는 신고하지 않을 수 있다.

1. 1천명 이상의 정보주체에 관한 개인정보가 유출 등이 된 경우

2. 민감정보, 고유식별정보가 유출 등이 된 경우

3. 개인정보처리시스템 또는 개인정보취급자가 개인정보 처리에 이용하는 정보기기에 대한 외부로부터의 불법적인 접근에 의해 개인정보가 유출 등이 된 경우

② 제1항에 따른 신고는 별지 제1호서식에 따른 개인정보 유출신고서를 통하여 하여야 한다.

③ 개인정보처리자는 전자우편, 팩스 또는 영 제39조제2항에 따른 전문기관의 인터넷 사이트를 통하여 유출신고를 할 시간적 여유가 없거나 그밖에 특별한 사정이 있는 때에는 먼저 전화를 통하여 제28조제1항의 사항을 신고한 후, 별지 제1호서식에 따른 개인정보 유출신고서를 제출할 수 있다.

④ 개인정보처리자는 제1항에 따른 신고를 하려는 경우로서 법 제34조제1항제1호 또는 제2호의 사항에 관한 구체적인 내용을 확인하지 못한 경우에는 개인정보가 유출 등이 된 사실, 그때까지 확인된 내용 및 같은 항 제3호부터 제5호까지의 사항을 서면등의 방법으로 우선 신고해야 하며, 추가로 확인되는 내용에 대해서는 확인되는 즉시 신고해야 한다.

제6절 정보주체의 권리 보장

제31조(개인정보 열람) ① 개인정보처리자는 정보주체로부터 자신의 개인정보에 대한 열람을 요구받았을 때에는 10일 이내에 해당 개인정보를 열람할 수 있도록 하여야 한다. 이 경우 기간 내에 열람할 수 없는 정당한 사유가 있을 때에는 정보주체에게 그 사유를 알리고 열람을 연기할 수 있다.

② 개인정보처리자가 법 제35조제3항 후문에 따라 개인정보의 열람을 연기한 후 그 사유가 소멸한 경우에는 정당한 사유가 없는 한 사유가 소멸한 날로부터 10일 이내에 열람하도록 하여야 한다.

③ 정보주체로부터 영 제41조제1항제4호의 규정에 따른 개인정보의 제3자 제공 현황의 열람청구를 받은 개

인정보처리자는 국가안보에 긴요한 사안으로 법 제35조제4항제3호마목의 규정에 따른 업무를 수행하는데 중대한 지장을 초래하는 경우, 제3자에게 열람청구의 허용 또는 제한, 거부와 관련한 의견을 조회하여 결정할 수 있다.

제32조(개인정보의 정정 · 삭제) ① 개인정보처리자가 법 제36조제1항에 따른 개인정보의 정정 · 삭제 요구를 받았을 때는 정당한 사유가 없는 한 요구를 받은 날로부터 10일 이내에 그 개인정보를 조사하여 정보주체의 요구에 따라 정정 · 삭제 등 필요한 조치를 한 후 그 결과를 정보주체에게 알려야 한다.

② 정보주체의 정정 · 삭제 요구가 법 제36조제1항 단서에 해당하는 경우에는 정당한 사유가 없는 한 요구를 받은 날로부터 10일 이내에 삭제를 요구할 수 없는 근거법령의 내용을 정보주체에게 알려야 한다.

제33조(개인정보의 처리정지) ① 개인정보처리자가 정보주체로부터 법 제37조제1항에 따라 개인정보처리를 정지하도록 요구받은 때에는 정당한 사유가 없는 한 요구를 받은 날로부터 10일 이내에 개인정보 처리의 일부 또는 전부를 정지하여야 한다. 다만, 법 제37조제2항 단서에 해당하는 경우에는 정보주체의 처리정지 요구를 거절할 수 있다.

② 개인정보처리자는 정보주체의 요구에 따라 처리가 정지된 개인정보에 대하여 정당한 사유가 없는 한 처리정지의 요구를 받은 날로부터 10일 이내에 해당 개인정보의 파기 등 정보주체의 요구에 상응하는 조치를 취하고 그 결과를 정보주체에게 알려야 한다.

제34조(권리행사의 방법 및 절차) ① 개인정보처리자는 정보주체가 법 제38조제1항에 따른 열람 등 요구를 하는 경우에는 개인정보를 수집하는 방법과 동일하거나 보다 쉽게 정보주체가 열람요구 등 권리를 행사할 수 있도록 간편한 방법을 제공하여야 하며, 개인정보의 수집 시에 요구되지 않았던 증빙서류 등을 요구하거나 추가적인 절차를 요구할 수 없다.

② 제1항의 규정은 영 제46조에 따라 본인 또는 정당한 대리인임을 확인하고자 하는 경우와 영 제47조에 따른 수수료와 우송료의 정산에도 준용한다.

제7절 가명정보의 처리

제34조의2(가명처리 등의 방법과 절차) ① 개인정보처리자는 통계작성, 과학적 연구, 공익적 기록보존 등을 위하여 정보주체의 동의 없이 가명정보를 처리할 수 있다.

② 개인정보처리자는 제1항에 따라 가명정보를 제3자에게 제공하는 경우에는 특정 개인을 알아보기 위하여 사용될 수 있는 정보를 포함해서는 아니 된다.

③ 개인정보처리자가 개인정보를 가명처리하여 활용하고자 하는 경우 가명처리에 관한 일반적인 절차 및 방법 등은 개인정보보호위원회가 정한 「가명정보 처리 가이드라인」을 준수하여야 한다.

제34조의3(가명정보의 결합과 반출 등) ① 제14조의2에도 불구하고 통계작성, 과학적 연구, 공익적 기록보존 등을 위한 서로 다른 개인정보처리자 간의 가명정보의 결합은 개인정보보호위원회 또는 법무부장관이 지정하는 결합전문기관에서 수행한다.

② 결합을 수행한 기관 외부로 반출하려는 경우에는 가명정보 또는 법 58조의2항에 해당하는 정보로 처리한 뒤 결합전문기관의 승인을 받아야 한다.

③ 제1항에 따른 결합절차와 방법, 제2항에 따른 반출 및 승인 기준 · 절차 등 필요한 사항은 개인정보보호위원회의 「가명처리의 결합 및 반출 등에 관한 고시」가 정하는 바에 따른다.

제34조의4(가명정보에 대한 안전조치의무 등) ① 개인정보처리자는 가명정보를 처리하는 경우에는 원래의 상

태로 복원하기 위한 추가 정보를 별도로 분리하여 보관·관리하는 등 해당 정보가 분실·도난·유출·위조·변조 또는 훼손되지 않도록 영 제29조에서 정하는 바에 따라 안전성 확보에 필요한 기술적·관리적 및 물리적 조치를 하여야 한다.

② 개인정보처리자는 가명정보를 처리하고자 하는 경우에는 가명정보의 처리 목적, 제3자 제공 시 제공받는 자 등 가명정보의 처리 내용을 관리하기 위하여 다음 각 호로 정하는 사항에 대한 관련 기록을 작성하여 보관하여야 한다.

1. 가명정보 처리의 목적

2. 가명처리한 개인정보의 항목

3. 가명정보의 이용내역

4. 제3자 제공 시 제공받는 자

5. 그 밖에 가명정보의 처리 내용을 관리하기 위하여 개인정보보호위원회가 필요하다고 인정하여 고시하는 사항

제34조의5(가명정보 처리 시 금지의무 등) ① 누구든지 특정 개인을 알아보기 위한 목적으로 가명정보를 처리해서는 아니 된다.

② 개인정보처리자는 가명정보를 처리하는 과정에서 특정 개인을 알아볼 수 있는 정보가 생성된 경우에는 즉시 해당 정보의 처리를 중지하고, 지체 없이 회수·파기하여야 한다.

제3장 영상정보처리기기 설치·운영
제1절 영상정보처리기기의 설치

제35조(적용범위) 이 장은 각급기관에서 고정형영상정보처리기기운영자 또는 이동형영상정보처리기기운영자가 공개된 장소에 설치·운영하는 고정형 영상정보처리기기 또는 이동형영상정보처리기기와 이 기기를 통하여 처리되는 개인영상정보를 대상으로 한다.

제36조(고정형 영상정보처리기기 운영·관리 지침) ① 영상정보처리기기 운영·관리 지침을 수립하거나 변경하는 경우에는 정보주체가 쉽게 확인할 수 있도록 공개하여야 한다.

② 영상정보처리기기 운영·관리 지침을 마련한 경우에는 법 제30조에 따른 개인정보 처리방침을 정하지 아니하거나, 영상정보처리기기 설치·운영에 관한 사항을 법 제30조에 따른 개인정보 처리방침에 포함하여 정할 수 있다.

제37조(관리책임자의 지정) ① 고정형 영상정보처리기기운영자는 개인영상정보의 처리에 관한 업무를 총괄해서 책임질 관리책임자를 지정하여야 한다.

② 제1항의 관리책임자는 법 제31조제3항에 따른 개인정보 보호책임자의 업무에 준하여 다음 각 호의 업무를 수행한다.

1. 개인영상정보 보호 계획의 수립 및 시행

2. 개인영상정보 처리 실태 및 관행의 정기적인 조사 및 개선

3. 개인영상정보 처리와 관련한 불만의 처리 및 피해구제

4. 개인영상정보 유출 및 오용·남용 방지를 위한 내부통제시스템의 구축

5. 개인영상정보 보호 교육 계획 수립 및 시행

6. 개인영상정보 파일의 보호 및 파기에 대한 관리·감독

7. 그 밖에 개인영상정보의 보호를 위하여 필요한 업무

③ 법 제31조에 따른 개인정보 보호책임자는 관리책임자의 업무를 수행할 수 있다.

제38조(사전의견 수렴) 고정형 영상정보처리기기의 설치 목적 변경에 따른 추가 설치 등의 경우에도 영 제23조 제1항에 따라 관계 전문가 및 이해관계인의 의견을 수렴하여야 한다.

제39조(안내판의 설치) ① 고정형 영상정보처리기기운영자는 정보주체가 고정형 영상정보처리기기가 설치·운영 중임을 쉽게 알아볼 수 있도록 법 제25조제4항 본문에 따라 다음 각 호의 사항을 기재한 안내판 설치 등 필요한 조치를 하여야 한다.

1. 설치 목적 및 장소

2. 촬영 범위 및 시간

3. 관리책임자의 연락처

4. 고정형 영상정보처리기기 설치·운영에 관한 사무를 위탁하는 경우, 수탁자의 명칭 및 연락처

② 제1항에 따른 안내판은 촬영범위 내에서 정보주체가 알아보기 쉬운 장소에 누구라도 용이하게 판독할 수 있게 설치되어야 하며, 이 범위 내에서 영상정보처리기기운영자가 안내판의 크기, 설치위치 등을 자율적으로 정할 수 있다.

③ 영상정보처리기기운영자가 기관 내 또는 기관 간에 고정형 영상정보처리기기의 효율적 관리 및 정보 연계 등을 위해 용도별·지역별 고정형 영상정보처리기기를 물리적·관리적으로 통합하여 설치·운영(이하 "통합관리"라 한다)하는 경우에는 설치목적 등 통합관리에 관한 내용을 정보주체가 쉽게 알아볼 수 있도록 제1항에 따른 안내판에 기재하여야 한다.

제39조의2(이동형 영상정보처리기기의 촬영 사실 표시) ① 이동형 영상정보처리기기로 사람 또는 그 사람과 관련된 사물의 영상을 촬영하는 경우에는 불빛, 소리, 안내판, 안내서면, 안내방송 또는 그 밖에 이에 준하는 수단이나 방법으로 정보주체가 촬영 사실을 쉽게 알 수 있도록 표시하고 알려야 한다.

② 드론을 이용한 항공촬영 등 촬영 방법의 특성으로 인해 정보주체에게 촬영 사실을 알리기 어려운 경우에는 개인정보보호위원회가 이동형 영상정보처리기기의 촬영 사실 표시를 지원하기 위하여 구축·운영하는 인터넷 사이트에 촬영 사실 및 목적, 촬영 일시 및 장소 등의 사항을 공지하는 방법으로 알릴 수 있다.

제39조의3(이동형 영상정보처리기기 운영·관리 방침) ① 이동형영상정보처리기기운영자는 법 제25조의2제4항에 따라 영 제25조제1항을 준용하여 다음 각 호의 사항이 포함된 이동형 영상정보처리기기 운영·관리 방침을 마련하여야 한다.

1. 이동형 영상정보처리기기의 운영 근거 및 운영 목적

2. 이동형 영상정보처리기기의 운영 대수

3. 관리책임자, 담당 부서 및 영상정보에 대한 접근 권한이 있는 사람

4. 영상정보의 촬영시간, 보관기간, 보관장소 및 처리방법

5. 이동형영상정보처리기기운영자의 영상정보 확인 방법 및 장소

6. 정보주체의 영상정보 열람 등 요구에 대한 조치

7. 영상정보 보호를 위한 기술적·관리적 및 물리적 조치

8. 그 밖에 이동형 영상정보처리기기의 설치·운영 및 관리에 필요한 사항

② 이동형영상정보처리기기운영자가 제1항에 따라 이동형 영상정보처리기기 운영·관리 방침을 마련하거나 변경하는 경우에는 정보주체가 쉽게 확인할 수 있도록 공개하여야 한다.

국제인권규범

법령

기타

자료감호

권리구제

목록

③ 이동형영상정보처리기기운영자가 법 제30조에 따른 개인정보 처리방침을 정할 때 이동형 영상정보처리기기 운영·관리에 관한 사항을 포함시킨 경우에는 제1항에 따른 이동형 영상정보처리기기 운영·관리 방침을 마련하지 아니할 수 있다.

제2절 개인영상정보의 처리

제40조(개인영상정보 이용·제3자 제공 등 제한 등) 고정형영상정보처리기기운영자 또는 이동형영상정보처리기기운영자는 다음 각 호의 경우를 제외하고는 개인영상정보를 수집 목적 이외로 이용하거나 제3자에게 제공하여서는 아니 된다.

1. 정보주체에게 동의를 얻은 경우
2. 다른 법률에 특별한 규정이 있는 경우
3. 명백히 정보주체 또는 제3자의 급박한 생명, 신체, 재산의 이익을 위하여 필요하다고 인정되는 경우
4. 통계작성, 과학적 연구, 공익적 기록보존 등을 위하여 필요한 경우로서 법 제28조의2 또는 제28조의3에 따라 가명처리한 경우
5. 개인영상정보를 목적 외의 용도로 이용하거나 이를 제3자에게 제공하지 아니하면 다른 법률에서 정하는 소관 업무를 수행할 수 없는 경우로서 개인정보보호위원회의 심의·의결을 거친 경우
6. 조약, 그 밖의 국제협정의 이행을 위하여 외국정부 또는 국제기구에 제공하기 위하여 필요한 경우
7. 범죄의 수사와 공소의 제기 및 유지를 위하여 필요한 경우
8. 법원의 재판업무 수행을 위하여 필요한 경우
9. 형(刑) 및 감호, 보호처분의 집행을 위하여 필요한 경우
10. 공중위생 등 공공의 안전과 안녕을 위하여 긴급히 필요한 경우

제41조(보관 및 파기) ① 고정형영상정보처리기기운영자 또는 이동형영상정보처리기기운영자는 고정형 영상정보처리기기 또는 이동형 영상정보처리기기 운영·관리 방침에 명시한 보관 기간이 경과하거나 개인영상정보의 처리 목적 달성, 법 제2조제1호에 따른 가명정보의 처리 기간 경과 등 그 개인영상정보가 불필요하게 되었을 때에는 지체 없이 그 개인영상정보를 파기하여야 한다. 다만, 다른 법령에 특별한 규정이 있는 경우에는 그러하지 아니하다.

② 고정형 영상정보처리기기운영자가 그 사정에 따라 보유 목적의 달성을 위한 최소한의 기간을 산정하기 곤란한 때에는 보관 기간을 개인영상정보 수집 후 30일 이내로 한다.

③ 개인영상정보의 파기 방법은 다음 각 호의 어느 하나와 같다.

1. 개인영상정보가 기록된 출력물(사진 등) 등은 파쇄 또는 소각
2. 전자기적(電磁氣的) 파일 형태의 개인영상정보는 복원이 불가능한 기술적 방법으로 영구 삭제

제42조(이용·제3자 제공·파기의 기록 및 관리) ① 고정형영상정보처리기기운영자 또는 이동형영상정보처리기기운영자는 개인영상정보를 수집 목적 이외로 이용하거나 제3자에게 제공하는 경우에는 다음 각 호의 사항을 기록하고 이를 관리하여야 한다.

1. 개인영상정보 파일의 명칭
2. 이용하거나 제공받은 자(공공기관 또는 개인)의 명칭
3. 이용 또는 제공의 목적
4. 법령상 이용 또는 제공근거가 있는 경우 그 근거

5. 이용 또는 제공의 기간이 정해져 있는 경우에는 그 기간

6. 이용 또는 제공의 형태

7. 이용 또는 제공한 개인영상정보의 업무처리 담당자

② 고정형영상정보처리기기운영자 또는 이동형영상정보처리기기운영자가 개인영상정보를 파기하는 경우에는 다음 사항을 기록하고 관리하여야 한다.

1. 파기하는 개인영상정보 파일의 명칭

2. 개인영상정보 파기 일시 (사전에 파기 시기 등을 정한 자동 삭제의 경우에는 파기 주기 및 자동 삭제 여부에 관한 확인 시기)

3. 개인영상정보 파기 담당자

제43조(영상정보처리기기 설치 및 운영 등의 위탁) ① 고정형 영상정보처리기기운영자가 영 제26조제1항에 따라 고정형 영상정보처리기기의 설치·운영에 관한 사무를 제3자에게 위탁하는 경우에는 그 내용을 정보주체가 언제든지 쉽게 확인할 수 있도록 영 제24조에 따른 안내판 및 영 제25조에 따른 고정형 영상정보처리기기 운영·관리 방침에 수탁자의 명칭 등을 공개하여야 한다.

② 이동형영상정보처리기기운영자가 법 제25조의2제4항에 따라 영 제26조를 준용하여 이동형 영상정보처리기기의 운영에 관한 사무를 제3자에게 위탁하는 경우에는 제39조의2에 따른 이동형 영상정보처리기기 운영·관리 방침에 수탁자의 명칭 등을 공개하여야 한다.

③ 고정형영상정보처리기기운영자 또는 이동형영상정보처리기기운영자가 영 제26조제1항에 따라 고정형 영상정보처리기기 또는 이동형 영상정보처리기기의 설치·운영에 관한 사무를 제3자에게 위탁할 경우에는 그 사무를 위탁받은 자가 개인영상정보를 안전하게 처리하고 있는지를 관리·감독하여야 한다.

제3절 개인영상정보의 열람 등 요구

제44조(정보주체의 열람 등 요구) ① 정보주체는 고정형영상정보처리기기운영자 또는 이동형영상정보처리기기운영자가 처리하는 개인영상정보에 대하여 열람 또는 존재확인(이하 "열람등"이라 한다)을 해당 고정형영상정보처리기기운영자 또는 이동형영상정보처리기기운영자에게 요구할 수 있다. 이 경우 정보주체가 열람등을 요구할 수 있는 개인영상정보는 정보주체 자신이 촬영된 개인영상정보에 한한다.

② 고정형영상정보처리기기운영자 또는 이동형영상정보처리기기운영자가 각급기관인 경우에는 해당 기관의 장에게 별지 제2호서식에 따른 개인영상정보 열람·존재확인 청구서(전자문서를 포함한다)로 하여야 한다.

③ 고정형영상정보처리기기운영자 또는 이동형영상정보처리기기운영자는 제1항에 따른 요구를 받았을 때에는 지체 없이 필요한 조치를 취하여야 한다. 이때에 영상정보처리기기운영자는 열람 등 요구를 한 자가 본인이거나 정당한 대리인인지를 주민등록증·운전면허증·여권 등의 신분증명서를 제출받아 확인하여야 한다.

④ 제3항의 규정에도 불구하고 법 제35조제4항 각 호의 어느 하나에 해당하는 경우에는 고정형영상정보처리기기운영자 또는 이동형영상정보처리기기운영자는 정보주체의 개인영상정보 열람등 요구를 제한하거나 거부할 수 있다. 이 경우 고정형영상정보처리기기운영자 또는 이동형영상정보처리기기운영자는 10일 이내에 서면 등으로 제한 또는 거부 사유를 정보주체에게 통지하여야 한다.

⑤ 고정형영상정보처리기기운영자 또는 이동형영상정보처리기기운영자는 제3항 및 제4항에 따른 조치를 취하는 경우 다음 각 호의 사항을 기록·관리하여야 한다.

1. 개인영상정보 열람등을 요구한 정보주체의 성명 및 연락처

2. 정보주체가 열람등을 요구한 개인영상정보 파일의 명칭 및 내용

3. 개인영상정보 열람등의 목적

4. 개인영상정보 열람등을 거부한 경우 그 거부의 구체적 사유

5. 정보주체에게 개인영상정보 사본을 제공한 경우 해당 영상정보의 내용과 제공한 사유

6. 개인영상정보 열람등의 업무처리 담당자

제45조(개인영상정보 관리대장) 제42조제1항 및 제2항, 제44조제5항에 따른 기록 및 관리는 별지 제3호서식에 따른 "개인영상정보 관리대장"을 활용할 수 있다.

제46조(정보주체 이외의 자의 개인영상정보 보호) 고정형영상정보처리기기운영자 또는 이동형영상정보처리기기운영자는 제44조제2항에 따른 열람등 조치를 취하는 경우, 만일 정보주체 이외의 자를 명백히 알아볼 수 있거나 정보주체 이외의 자의 사생활 침해의 우려가 있는 경우에는 해당되는 정보주체 이외의 자의 개인영상정보를 알아볼 수 없도록 보호조치를 하여야 한다.

제4절 개인영상정보 보호 조치

제47조(개인영상정보의 안전성 확보를 위한 조치) 고정형영상정보처리기기운영자 또는 이동형영상정보처리기기운영자는 개인영상정보가 분실·도난·유출·위조·변조 또는 훼손되지 아니하도록 법 제29조 및 영 제30조제1항에 따라 안전성 확보를 위하여 다음 각 호의 조치를 하여야 한다.

1. 개인영상정보의 안전한 처리를 위한 내부 관리계획의 수립·시행

2. 개인영상정보에 대한 접근 통제 및 접근 권한의 제한 조치

3. 개인영상정보를 안전하게 저장·전송할 수 있는 기술의 적용 (네트워크 카메라의 경우 안전한 전송을 위한 암호화 조치, 개인영상정보파일 저장 시 비밀번호 설정 등)

4. 처리기록의 보관 및 위조·변조 방지를 위한 조치 (개인영상정보의 생성 일시 및 열람할 경우에 열람 목적·열람자·열람 일시 등 기록·관리 조치 등)

5. 개인영상정보의 안전한 물리적 보관을 위한 보관시설 마련 또는 잠금장치 설치

제48조(개인영상정보처리기기의 설치·운영에 대한 점검) ① 각급기관의 장이 고정형 영상정보처리기기를 설치·운영하는 경우에는 이 지침의 준수 여부에 대한 자체점검을 실시하여 다음 해 3월 31일까지 개인정보보호위원회에 통보 (법무부장관 경유)하고 영 제34조제3항에 따른 시스템에 등록하여야 한다. 이 경우 다음 각 호의 사항을 고려하여야 한다.

1. 고정형 영상정보처리기기의 운영·관리 방침에 열거된 사항

2. 관리책임자의 업무 수행 현황

3. 고정형 영상정보처리기기의 설치 및 운영 현황

4. 개인영상정보 수집 및 이용·제공·파기 현황

5. 위탁 및 수탁자에 대한 관리·감독 현황

6. 정보주체의 권리행사에 대한 조치 현황

7. 기술적·관리적·물리적 조치 현황

8. 고정형 영상정보처리기기 설치·운영의 필요성 지속 여부 등

② 각급기관의 장은 제1항에 따른 고정형 영상정보처리기기 설치·운영에 대한 자체점검을 완료한 후에는 그 결과를 홈페이지 등에 공개하여야 한다.

제4장 개인정보파일 등록 · 공개 및 관리

제1절 총칙

제49조(적용대상) 이 장은 각급기관에서 처리하는 개인정보파일을 대상으로 한다.

제50조(적용제외) 이 장은 다음 각 호의 어느 하나에 해당하는 개인정보파일에 관하여는 적용하지 아니한다.

1. 법 제32조제2항에 따라 적용이 제외되는 다음 각목의 개인정보파일

   가. 국가안전, 외교상 비밀, 그 밖에 국가의 중대한 이익에 관한 사항을 기록한 개인정보파일

   나. 범죄의 수사, 공소의 제기 및 유지, 형 및 감호의 집행, 교정처분, 보호처분, 보안관찰처분과 출입국 관리에 관한 사항을 기록한 개인정보파일

   다. 「조세범처벌법」에 따른 범칙행위 조사 및 「관세법」에 따른 범칙행위 조사에 관한 사항을 기록한 개인정보파일

   라. 회의 참석 수당 지급, 자료 · 물품의 송부, 금전의 정산 등 단순 업무 수행을 위해 운영되는 개인정보파일로서 지속적 관리 필요성이 낮은 개인정보파일

   마. 공중위생 등 공공의 안전과 안녕을 위하여 긴급히 필요한 경우로서 일시적으로 처리되는 개인정보파일

   바. 다른 법령에 따라 비밀로 분류된 개인정보파일

   사. 그 밖에 일회적 업무 처리만을 위해 수집된 개인정보파일로서 저장되거나 기록되지 않는 개인정보파일

2. 법 제58조제1항제2호에 따라 적용이 제외되는 국가안전보장과 관련된 정보 분석을 목적으로 수집 또는 제공 요청되는 개인정보파일

3. 영상정보처리기기를 통하여 처리되는 개인영상정보파일

4. 자료 · 물품 또는 금전의 송부, 1회성 행사 수행 등의 목적만을 위하여 운용하는 경우로서 저장하거나 기록하지 않고 폐기할 목적으로 수집된 개인정보파일

제2절 개인정보파일의 등록주체와 절차

제51조(개인정보파일 등록 주체) ① 제49조에 따른 등록대상 개인정보파일(이하 "등록대상 개인정보파일"이라 한다)을 운용하고 있는 개인정보 보호분야별책임자는 등록대상 개인정보파일을 직접 개인정보보호위원회에 등록하여야 한다.

② 등록대상 개인정보파일을 운영하고 있는 소속기관 및 산하기관의 개인정보 보호분야별책임자는 등록대상 개인정보파일을 각 실 · 국 · 본부 개인정보 보호분야별책임자의 확인을 받아 개인정보보호위원회에 등록을 신청하여야 한다.

제52조(개인정보파일 등록 및 변경 신청) ① 등록대상 개인정보파일을 운용하고 있는 각급기관의 개인정보취급자는 해당 기관의 개인정보 보호분야별책임자에게 개인정보파일 등록을 신청하여야 한다.

② 개인정보파일 등록 신청 사항은 다음의 각 호와 같다. 신청은 「개인정보 처리 방법에 관한 고시」(이하 "고시"라 한다) 제3조제2항에 따른 고시 별지 제2호서식의 "개인정보파일 등록 · 변경등록 신청서"를 활용할 수 있다.

1. 개인정보파일을 운용하는 각급기관의 명칭

2. 개인정보파일의 명칭

3. 개인정보파일의 운영 근거 및 목적

4. 개인정보파일에 기록되는 개인정보의 항목

5. 개인정보파일로 보유하고 있는 개인정보의 정보주체 수

6. 개인정보의 처리 방법

7. 개인정보의 보유 기간

8. 개인정보를 통상적 또는 반복적으로 제공하는 경우에는 그 제공받는 자

9. 해당 기관에서 개인정보 처리 관련 업무를 담당하는 부서

10. 개인정보의 열람 요구를 접수·처리하는 부서

11. 개인정보파일의 개인정보 중 법 제35조제4항에 따라 열람을 제한하거나 거절할 수 있는 개인정보의 범위 및 제한 또는 거절 사유

12. 법 제33조제1항에 따른 개인정보 영향평가를 받은 개인정보파일의 경우에는 그 영향평가의 결과

③ 개인정보취급자는 등록한 사항이 변경된 경우에는 고시 제3조제2항에 따른 별지 제2호서식의 "개인정보파일 등록·변경등록 신청서"를 활용하여 개인정보 보호책임자에게 변경을 신청하여야 한다.

제53조(개인정보파일 등록 및 변경 확인) ① 각급기관의 개인정보파일 등록 또는 변경 신청을 받은 각 실·국·본부 개인정보 보호분야별책임자는 등록·변경 사항을 검토하고 그 적정성을 판단한 후 개인정보보호위원회에 등록하여야 한다.

② 제1항의 등록 및 변경은 60일 이내에 하여야 한다.

제54조(개인정보파일 표준목록 등록과 관리) ① 각급기관의 개인정보 보호책임자는 개인정보파일을 등록대상과 등록제외로 구분하여 별지 제7호서식의 "개인정보파일 표준목록"을 작성하여 각 실·국·본부 개인정보 보호책임자에게 매년 12월 15일까지 정기적으로 제출하고 변경사항이 있는 경우 발생 즉시 제출하여야 한다.

② 각 실·국·본부 개인정보 보호책임자는 제1항에 따라 제출받은 개인정보파일 표준목록을 취합하여 법무부 개인정보 보호책임자에게 매년 12월 20일까지 정기적으로 제출하여야 한다.

③ 법무부 개인정보 보호책임자는 제2항의 개인정보파일 표준목록을 확인하고 관리하여야 하며, 개인정보파일 표준목록 중 등록대상 개인정보파일은 매년 12월 31일까지 개인정보보호위원회에 등록하여야 한다.

제55조(개인정보파일의 파기) ① 개인정보처리자는 개인정보파일의 보유기간 경과, 처리 목적 달성 등 개인정보파일이 불필요하게 되었을 때에는 지체 없이 그 개인정보파일을 파기하여야 한다. 다만, 다른 법령에 따라 보존하여야 하는 경우에는 그러하지 아니하다.

② 개인정보처리자는 개인정보파일의 보유기간, 처리 목적 등을 반영한 개인정보 파기계획을 수립·시행하여야 한다. 다만, 영 제30조제1항제1호에 따른 내부 관리계획이 수립되어 있는 경우에는 내부 관리계획에 개인정보 파기계획을 포함하여 시행할 수 있다.

③ 각급기관의 개인정보취급자는 보유기간 경과, 처리 목적 달성 등 파기 사유가 발생한 개인정보파일을 선정하고, 별지 제4호서식에 따른 개인정보파일 파기요청서에 파기 대상 개인정보파일의 명칭, 파기방법 등을 기재하여 개인정보 보호분야별책임자의 승인을 받아 개인정보를 파기하여야 한다.

④ 각급기관의 개인정보 보호분야별책임자는 개인정보 파기 시행 후 파기 결과를 확인하고 별지 제5호서식에 따른 개인정보파일 파기 관리대장을 작성하여야 한다.

개인정보취급자	개인정보 보호분야별 책임자
개인정보파일 파기 요청서 제출 〈별지 4호 서식〉 →	파기경로
개인정보파일 파기 →	승인
개인정보파일 파기결과 보고 〈별지 5호 서식〉 →	공개된 개인정보 파일 등록 삭제

⑤ 법무부 개인정보 보호책임자 및 각 실·국·본부 개인정보 보호분야별책임자는 각급기관의 개인정보파일 등록·파기 현황에 대한 점검을 실시할 수 있다.

제56조(개인정보파일 등록 사실의 삭제) ① 각급기관의 개인정보취급자는 제55조에 따라 개인정보파일을 파기한 경우, 법 제32조에 따른 개인정보파일의 등록사실에 대한 삭제를 해당 기관의 개인정보 보호분야별책임자에게 요청해야 한다.

② 개인정보파일 등록의 삭제를 요청받은 각급기관의 개인정보 보호분야별책임자는 그 사실을 확인하고, 지체 없이 등록 사실을 삭제한 후 각 실·국·본부 개인정보 보호분야별책임자에게 통보하여야 한다.

③ 제2항에 따라 개인정보파일 등록의 삭제를 통보받은 각 실·국·본부 개인정보 보호분야별책임자는 그 사실을 개인정보보호위원회에 통보하여야 한다.

제57조(등록·파기에 대한 개선권고) 법무부 개인정보 보호책임자 및 각 실·국·본부 개인정보 보호분야별책임자는 제53조제1항에 따라 검토한 개인정보파일이 과다하게 운용되고 있다고 판단되는 경우에는 개선을 권고할 수 있다.

제3절 개인정보파일의 관리 및 공개

제58조(개인정보파일대장 작성) 개인정보처리자는 각 개인정보파일에 대하여 별지 제6호서식에 따른 개인정보파일대장을 작성해야 한다.

제59조(개인정보파일 이용·제공 관리) 개인정보처리자는 법 제18조제2항 각 호에 따라 제3자가 개인정보파일의 이용·제공을 요청한 경우에는 각각의 이용·제공 가능 여부를 확인하고 별지 제11호서식의 "개인정보의 목적 외 이용 및 제3자 제공 대장"에 기록하여 관리해야 한다.

제60조(개인정보파일 보유기간의 산정) ① 보유기간은 전체 개인정보가 아닌 개별 개인정보의 수집부터 삭제까지의 생애주기로서 보유목적에 부합된 최소기간으로 산정하되, 개별 법령의 규정에 명시된 자료의 보존기간에 따라 산정해야 한다.

② 개별 법령에 구체적인 보유기간이 명시되어 있지 않은 경우에는 개인정보 보호분야별책임자의 협의를 거쳐 각급기관 장의 결재를 통하여 산정해야 한다. 다만, 보유기간은 별표 1의 개인정보파일 보유기간 책정 기준표에서 제시한 기준과 「공공기록물 관리에 관한 법률 시행령」에 따른 기록관리기준표를 상회할 수 없다.

제61조(개인정보파일 현황 공개 및 방법) 각급기관의 개인정보 보호책임자는 개인정보파일의 보유·파기현황을 주기적으로 조사하여 그 결과를 해당기관의 개인정보 처리방침에 포함하여 관리해야 한다.

제5장 개인정보의 안전한 관리

제1절 개인정보의 안전성 확보

제62조(개인정보의 안전성 확보 조치) ① 개인정보처리자는 개인정보가 분실·도난·유출·변조 또는 훼손되지 아니하도록 안전성 확보에 필요한 다음 각 호의 기술적·관리적·물리적 보호조치를 하여야 한다.

1. 개인정보의 안전한 처리를 위한 내부 관리계획의 수립·시행

2. 개인정보에 대한 접근 통제 및 접근 권한의 제한 조치

3. 개인정보를 안전하게 저장·전송할 수 있는 암호화 기술의 적용 또는 이에 상응하는 조치

4. 개인정보 침해사고 발생에 대응하기 위한 접속기록의 보관 및 위조·변조 방지를 위한 조치

5. 개인정보에 대한 보안프로그램의 설치 및 갱신

6. 개인정보의 안전한 보관을 위한 보관시설의 마련 또는 잠금장치의 설치 등 물리적 조치

② 제1항에 따른 개인정보의 안전성 확보를 위해 필요한 기술적·관리적·물리적 보호조치 등의 세부 기준은 「개인정보의 안전성 확보조치 기준」에 따른다.

③ 개인정보처리시스템 운영의 근거 법령을 담당하는 본부 부서의 장은 개인정보처리시스템 사용자 권한 관리, 접속기록의 관리, 시스템변경 절차 등을 세부적으로 규정한 운영지침을 제정·시행하여야 하고, 개인정보처리시스템 안전성 확보에 필요한 운영 인력 및 예산을 지원하여야 한다.

제62조의2(공공시스템 운영기관의 개인정보의 안전성 확보 조치) ① 개인정보의 처리 규모, 접근 권한을 부여받은 개인정보취급자의 수 등 보호위원회가 고시하는 기준에 해당하는 개인정보처리시스템(이하 이 조에서 "공공시스템"이라 한다)을 운영 또는 담당하는 부서의 장은 법 제29조에 따라 영 제30조의 안전성 확보 조치 외에 다음 각 호의 조치를 추가로 해야 한다.

1. 법 제30조제1항제1호에 따른 내부 관리계획에 공공시스템별로 작성한 안전성 확보 조치를 포함

2. 공공시스템에 접속하여 개인정보를 처리하는 기관(이하 이 조에서 "공공시스템이용기관"이라 한다)이 정당한 권한을 가진 개인정보취급자에게 접근 권한을 부여·변경·말소 등을 할 수 있도록 하는 등 접근 권한의 안전한 관리를 위해 필요한 조치

3. 개인정보에 대한 불법적인 접근 및 침해사고 방지를 위한 공공시스템 접속기록의 저장·분석·점검·관리 등의 조치

② 정당한 권한 없이 또는 허용된 권한을 초과하여 개인정보에 접근한 사실이 확인되는 경우에는 지체 없이 정보주체에게 해당 사실과 피해 예방 등을 위해 필요한 사항을 통지해야 한다. 이 경우 다음 각 호의 어느 하나에 해당하는 경우에는 통지를 한 것으로 본다.

1. 법 제34조제1항에 따라 정보주체에게 개인정보의 분실·도난·유출에 대하여 통지한 경우

2. 다른 법령에 따라 정보주체에게 개인정보에 접근한 사실과 피해 예방 등을 위해 필요한 사항을 통지한 경우

③ 공공시스템 운영부서의 장은 공공시스템의 안전성 확보 조치 이행상황 점검 및 개선에 관한 사항을 협의하기 위하여 공공시스템별로 다음 각 호의 해당하는 구성원으로 협의회를 설치·운영해야 한다. 다만, 기관별로 또는 동일한 성격의 시스템별로 운영협의회를 통합하여 설치·운영할 수 있다.

1. 공공시스템운영기관

2. 공공시스템의 운영을 위탁하는 경우 해당 수탁자

3. 공공시스템운영기관이 필요하다고 인정하는 공공시스템이용기관

제2절 개인정보 영향평가

제63조(개인정보 영향평가 등) ① 각급기관의 장은 영 제35조에 해당하는 다음 각 호의 개인정보파일의 경우에는 법 제33조1항에 따른 개인정보 영향평가를 실시하여야 한다.

1. 구축·운용 또는 변경하려는 개인정보파일로서 5만명 이상의 정보주체에 관한 민감정보 또는 고유식별정보의 처리가 수반되는 개인정보파일

2. 구축·운용하고 있는 개인정보파일을 해당 기관 내부 또는 외부에서 구축·운용하고 있는 다른 개인정보파일과 연계하려는 경우로서 연계 결과 50만명 이상의 정보주체에 관한 개인정보가 포함되는 개인정보파일

3. 구축·운용 또는 변경하려는 개인정보파일로서 100만명 이상의 정보주체에 관한 개인정보파일

4. 개인정보 영향평가를 받은 후에 개인정보 검색체계 등 개인정보파일의 운용체계를 변경하려는 경우 그 개인정보파일. 이 경우 영향평가 대상은 변경된 부분으로 한정한다.

② 각급기관의 장은 개인정보 영향평가를 실시하는 경우 개인정보보호위원회가 지정하는 평가기관에 개인정보 영향평가를 의뢰하여야 하며 그 평가결과를 각 실·국·본부 개인정보 보호분야별책임자를 통하여 개인정보보호위원회에 제출하여야 한다.

제6장 보칙

제64조(다른 법령과의 관계) 이 지침에 명시되지 않은 사항은 다음 각 호의 법규를 따른다.

1. 「개인정보 보호법」, 같은 법 시행령, 「개인정보 처리 방법에 관한 고시」

2. 「표준 개인정보 보호지침」

3. 「개인정보의 안전성 확보조치 기준」

4. 「공공기관 영상정보처리기기 설치·운영 가이드라인」

5. 그 밖의 관계 법규

제65조(재검토기한) 「훈령·예규 등의 발령 및 관리에 관한 규정」에 따라 이 지침 발령 후의 법령이나 현실 여건의 변화 등을 검토하여 이 지침의 개정, 폐지 등의 조치를 하여야 하는 기한은 2027년 3월 31일까지로 한다.

부칙 〈제1521호, 2024. 3. 21.〉

제1조(시행일) 이 훈령은 2024년 3월 28일부터 시행한다.

개인정보파일 보유기간 책정 기준표

보유기간	대상 개인정보파일
영구	1. 국민의 지위, 신분, 재산을 증명하기 위해 운용하는 개인정보파일 중 영구보존이 필요한 개인정보파일 2. 국민의 건강증진과 관련된 업무를 수행하기 위해 운용하는 개인정보파일 중 영구보존이 필요한 개인정보파일
준영구	1. 국민의 신분, 재산을 증명하기 위해 운용하는 개인정보파일 중 개인이 사망, 폐지 그 밖의 사유로 소멸되기 때문에 영구 보존할 필요가 없는 개인정보파일 2. 국민의 신분증명 및 의무부과, 특정대상 관리 등을 위하여 행정기관이 구축하여 운영하는 행정정보시스템의 데이터 셋으로 구성된 개인정보파일
30년	1. 관계 법령에 따라 10년 이상 30년 미만의 기간 동안 민. 형사상 또는 행정상의 책임 또는 시효가 지속되거나, 증명자료로서의 가치가 지속되는 개인정보파일
10년	1. 관계 법령에 따라 5년 이상 10년 미만의 기간 동안 민. 형사상 또는 행정상의 책임 또는 시효가 지속되거나, 증명자료로서의 가치가 지속되는 개인정보파일
5년	1. 관계 법령에 따라 3년 이상 5년 미만의 기간 동안 민. 형사상 또는 행정상의 책임 또는 시효가 지속되거나, 증명자료로서의 가치가 지속되는 개인정보파일
3년	1. 행정업무의 참고 또는 사실 증명을 위하여 1년 이상 3년 미만의 기간 동안 보존할 필요가 있는 개인정보파일 2. 관계 법령에 따라 1년 이상 3년 미만의 기간 동안 민. 형사상 또는 행정상의 책임 또는 시효가 지속되거나, 증명자료로서의 가치가 지속되는 개인정보파일 3. 각종 증명서 발급과 관련된 개인정보파일(단 다른 법령에서 증명서 발급 관련 보유기간이 별도로 규정된 경우 해당 법령에 따름)
1년	1. 상급기관(부서)의 요구에 따라 단순 보고를 위해 생성한 개인정보파일

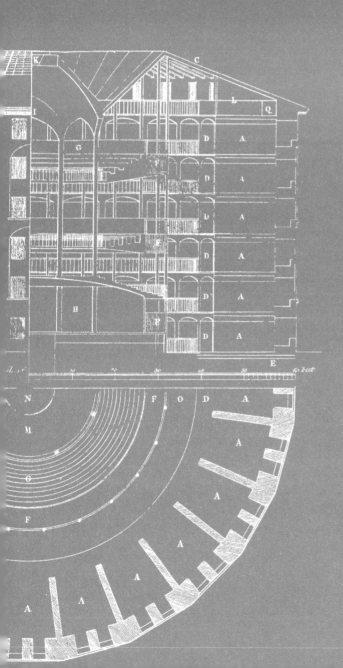

4부
치료감호

치료감호 등에 관한 법률

[시행 2022. 7. 5.] [법률 제18678호, 2022. 1. 4., 일부개정]

제1장 총칙 〈개정 2008. 6. 13.〉

제1조(목적) 이 법은 심신장애 상태, 마약류·알코올이나 그 밖의 약물중독 상태, 정신성적(精神性的) 장애가 있는 상태 등에서 범죄행위를 한 자로서 재범(再犯)의 위험성이 있고 특수한 교육·개선 및 치료가 필요하다고 인정되는 자에 대하여 적절한 보호와 치료를 함으로써 재범을 방지하고 사회복귀를 촉진하는 것을 목적으로 한다.

[전문개정 2008. 6. 13.]

제2조(치료감호대상자) ① 이 법에서 "치료감호대상자"란 다음 각 호의 어느 하나에 해당하는 자로서 치료감호시설에서 치료를 받을 필요가 있고 재범의 위험성이 있는 자를 말한다. 〈개정 2014. 12. 30., 2020. 10. 20.〉

1. 「형법」 제10조제1항에 따라 벌하지 아니하거나 같은 조 제2항에 따라 형을 감경할 수 있는 심신장애인으로서 금고 이상의 형에 해당하는 죄를 지은 자

2. 마약·향정신성의약품·대마, 그 밖에 남용되거나 해독(害毒)을 끼칠 우려가 있는 물질이나 알코올을 식음(食飮)·섭취·흡입·흡연 또는 주입받는 습벽이 있거나 그에 중독된 자로서 금고 이상의 형에 해당하는 죄를 지은 자

3. 소아성기호증(小兒性嗜好症), 성적가학증(性的加虐症) 등 성적 성벽(性癖)이 있는 정신성적 장애인으로서 금고 이상의 형에 해당하는 성폭력범죄를 지은 자

② 제1항제2호의 남용되거나 해독을 끼칠 우려가 있는 물질에 관한 자세한 사항은 대통령령으로 정한다.

[전문개정 2008. 6. 13.]

제2조의2(치료감호 대상 성폭력범죄의 범위) 제2조제1항제3호의 성폭력범죄는 다음 각 호의 범죄를 말한다. 〈개정 2010. 4. 15., 2012. 12. 18., 2013. 7. 30.〉

1. 「형법」 제297조(강간)·제297조의2(유사강간)·제298조(강제추행)·제299조(준강간, 준강제추행)·제300조(미수범)·제301조(강간등 상해·치상)·제301조의2(강간등 살인·치사)·제302조(미성년자등에 대한 간음)·제303조(업무상위력등에 의한 간음)·제305조(미성년자에 대한 간음, 추행)·제305조의2(상습범)·제339조(강도강간)·제340조(해상강도)제3항(사람을 강간한 죄만을 말한다) 및 제342조(미수범)의 죄(제339조 및 제340조제3항 중 사람을 강간한 죄의 미수범만을 말한다)

2. 「성폭력범죄의 처벌 등에 관한 특례법」 제3조부터 제10조까지 및 제15조(제3조부터 제9조까지의 미수범으로 한정한다)의 죄

3. 「아동·청소년의 성보호에 관한 법률」 제7조(아동·청소년에 대한 강간·강제추행 등)·제9조(강간 등 상해·치상)·제10조(강간 등 살인·치사)의 죄

4. 제1호부터 제3호까지의 죄로서 다른 법률에 따라 가중 처벌되는 죄

[본조신설 2008. 6. 13.]

제2조의3(치료명령대상자) 이 법에서 "치료명령대상자"란 다음 각 호의 어느 하나에 해당하는 자로서 통원치료를 받을 필요가 있고 재범의 위험성이 있는 자를 말한다. 〈개정 2017. 12. 12., 2020. 10. 20.〉

1. 「형법」 제10조제2항에 따라 형을 감경할 수 있는 심신장애인으로서 금고 이상의 형에 해당하는 죄를 지은 자

2. 알코올을 식음하는 습벽이 있거나 그에 중독된 자로서 금고 이상의 형에 해당하는 죄를 지은 자

3. 마약 · 향정신성의약품 · 대마, 그 밖에 대통령령으로 정하는 남용되거나 해독을 끼칠 우려가 있는 물질을 식음 · 섭취 · 흡입 · 흡연 또는 주입받는 습벽이 있거나 그에 중독된 자로서 금고 이상의 형에 해당하는 죄를 지은 자

[본조신설 2015. 12. 1.]

제3조(관할) ① 치료감호사건의 토지관할은 치료감호사건과 동시에 심리하거나 심리할 수 있었던 사건의 관할에 따른다.

② 치료감호사건의 제1심 재판관할은 지방법원합의부 및 지방법원지원 합의부로 한다. 이 경우 치료감호가 청구된 치료감호대상자(이하 "피치료감호청구인"이라 한다)에 대한 치료감호사건과 피고사건의 관할이 다른 때에는 치료감호사건의 관할에 따른다.

[전문개정 2008. 6. 13.]

제2장 치료감호사건의 절차 등

제4조(검사의 치료감호 청구) ① 검사는 치료감호대상자가 치료감호를 받을 필요가 있는 경우 관할 법원에 치료감호를 청구할 수 있다.

② 치료감호대상자에 대한 치료감호를 청구할 때에는 정신건강의학과 등의 전문의의 진단이나 감정(鑑定)을 참고하여야 한다. 다만, 제2조제1항제3호에 따른 치료감호대상자에 대하여는 정신건강의학과 등의 전문의의 진단이나 감정을 받은 후 치료감호를 청구하여야 한다. 〈개정 2011. 8. 4.〉

③ 치료감호를 청구할 때에는 검사가 치료감호청구서를 관할 법원에 제출하여야 한다. 치료감호청구서에는 피치료감호청구인 수만큼의 부본(副本)을 첨부하여야 한다.

④ 치료감호청구서에는 다음 각 호의 사항을 적어야 한다.

1. 피치료감호청구인의 성명과 그 밖에 피치료감호청구인을 특정할 수 있는 사항

2. 청구의 원인이 되는 사실

3. 적용 법 조문

4. 그 밖에 대통령령으로 정하는 사항

⑤ 검사는 공소제기한 사건의 항소심 변론종결 시까지 치료감호를 청구할 수 있다.

⑥ 법원은 치료감호 청구를 받으면 지체 없이 치료감호청구서의 부본을 피치료감호청구인이나 그 변호인에게 송달하여야 한다. 다만, 공소제기와 동시에 치료감호 청구를 받았을 때에는 제1회 공판기일 전 5일까지, 피고사건 심리 중에 치료감호 청구를 받았을 때에는 다음 공판기일 전 5일까지 송달하여야 한다.

⑦ 법원은 공소제기된 사건의 심리결과 치료감호를 할 필요가 있다고 인정할 때에는 검사에게 치료감호 청구를 요구할 수 있다.

[전문개정 2008. 6. 13.]

제5조(조사) ① 검사는 범죄를 수사할 때 범죄경력이나 심신장애 등을 고려하여 치료감호를 청구함이 상당하다고 인정되는 자에 대하여는 치료감호 청구에 필요한 자료를 조사하여야 한다.

② 사법경찰관리(특별사법경찰관리를 포함한다. 이하 같다)는 검사의 지휘를 받아 제1항에 따른 조사를 하여야 한다.

[전문개정 2008. 6. 13.]

제6조(치료감호영장) ① 치료감호대상자에 대하여 치료감호를 할 필요가 있다고 인정되고 다음 각 호의 어느 하나에 해당하는 사유가 있을 때에는 검사는 관할 지방법원 판사에게 청구하여 치료감호영장을 발부받아 치료감호대상자를 보호구속[보호구금(保護拘禁)과 보호구인(保護拘引)을 포함한다. 이하 같다]할 수 있다.

1. 일정한 주거가 없을 때

2. 증거를 인멸할 염려가 있을 때

3. 도망하거나 도망할 염려가 있을 때

② 사법경찰관은 제1항의 요건에 해당하는 치료감호대상자에 대하여 검사에게 신청하여 검사의 청구로 관할 지방법원 판사의 치료감호영장을 발부받아 보호구속할 수 있다.

③ 제1항과 제2항에 따른 보호구속에 관하여는 「형사소송법」 제201조제2항부터 제4항까지, 제201조의2부터 제205조까지, 제208조, 제209조 및 제214조의2부터 제214조의4까지의 규정을 준용한다.

[전문개정 2008. 6. 13.]

제7조(치료감호의 독립 청구) 검사는 다음 각 호의 어느 하나에 해당하는 경우에는 공소를 제기하지 아니하고 치료감호만을 청구할 수 있다.

1. 피의자가 「형법」 제10조제1항에 해당하여 벌할 수 없는 경우

2. 고소 · 고발이 있어야 논할 수 있는 죄에서 그 고소 · 고발이 없거나 취소된 경우 또는 피해자의 명시적인 의사에 반(反)하여 논할 수 없는 죄에서 피해자가 처벌을 원하지 아니한다는 의사표시를 하거나 처벌을 원한다는 의사표시를 철회한 경우

3. 피의자에 대하여 「형사소송법」 제247조에 따라 공소를 제기하지 아니하는 결정을 한 경우

[전문개정 2008. 6. 13.]

제8조(치료감호 청구와 구속영장의 효력) 구속영장에 의하여 구속된 피의자에 대하여 검사가 공소를 제기하지 아니하는 결정을 하고 치료감호 청구만을 하는 때에는 구속영장은 치료감호영장으로 보며 그 효력을 잃지 아니한다.

[전문개정 2008. 6. 13.]

제9조(피치료감호청구인의 불출석) 법원은 피치료감호청구인이 「형법」 제10조제1항에 따른 심신장애로 공판기일에의 출석이 불가능한 경우에는 피치료감호청구인의 출석 없이 개정(開廷)할 수 있다.

[전문개정 2008. 6. 13.]

제10조(공판절차로의 이행) ① 제7조제1호에 따른 치료감호청구사건의 공판을 시작한 후 피치료감호청구인이 「형법」 제10조제1항에 따른 심신장애에 해당되지 아니한다는 명백한 증거가 발견되고 검사의 청구가 있을 때에는 법원은 「형사소송법」에 따른 공판절차로 이행(移行)하여야 한다.

② 제1항에 따라 공판절차로 이행한 경우에는 치료감호를 청구하였던 때에 공소를 제기한 것으로 본다. 이 경우 치료감호청구서는 공소장과 같은 효력을 가지며, 공판절차로 이행하기 전의 심리는 공판절차에 따른 심리로 본다. 공소장에 적어야 할 사항은 「형사소송법」 제298조의 절차에 따라 변경할 수 있다.

③ 약식명령(略式命令)이 청구된 후 치료감호가 청구되었을 때에는 약식명령청구는 그 치료감호가 청구되었을 때부터 공판절차에 따라 심판하여야 한다.

[전문개정 2008. 6. 13.]

제11조(공판 내용의 고지) 제10조에 따라 공판절차로 이행하는 경우 피고인의 출석 없이 진행된 공판의 내용은 공판조서의 낭독이나 그 밖의 적당한 방법으로 피고인에게 고지(告知)하여야 한다.

[전문개정 2008. 6. 13.]

제12조(치료감호의 판결 등) ① 법원은 치료감호사건을 심리하여 그 청구가 이유 있다고 인정할 때에는 판결로써 치료감호를 선고하여야 하고, 이유 없다고 인정할 때 또는 피고사건에 대하여 심신상실 외의 사유로 무죄를 선고하거나 사형을 선고할 때에는 판결로써 청구기각을 선고하여야 한다.

② 치료감호사건의 판결은 피고사건의 판결과 동시에 선고하여야 한다. 다만, 제7조에 따라 공소를 제기하지 아니하고 치료감호만을 청구한 경우에는 그러하지 아니하다.

③ 치료감호선고의 판결이유에는 요건으로 되는 사실, 증거의 요지와 적용 법 조문을 구체적으로 밝혀야 한다.

④ 법원은 피고사건에 대하여 「형사소송법」 제326조 각 호, 제327조제1호부터 제4호까지 및 제328조제1항 각 호(제2호 중 피고인인 법인이 존속하지 아니하게 되었을 때는 제외한다)의 사유가 있을 때에는 치료감호청구사건에 대하여도 청구기각의 판결 또는 결정을 하여야 한다. 치료감호청구사건에 대하여 위와 같은 사유가 있을 때에도 또한 같다.

[전문개정 2008. 6. 13.]

제13조(전문가의 감정 등) 법원은 제4조제2항에 따른 정신건강의학과 전문의 등의 진단 또는 감정의견만으로 피치료감호청구인의 심신장애 또는 정신성적 장애가 있는지의 여부를 판단하기 어려울 때에는 정신건강의학과 전문의 등에게 다시 감정을 명할 수 있다. 〈개정 2011. 8. 4.〉

[전문개정 2008. 6. 13.]

제14조(항소 등) ① 검사 또는 피치료감호청구인과 「형사소송법」 제339조부터 제341조까지에 규정된 자는 「형사소송법」의 절차에 따라 상소할 수 있다.

② 피고사건의 판결에 대하여 상소 및 상소의 포기·취하가 있을 때에는 치료감호청구사건의 판결에 대하여도 상소 및 상소의 포기·취하가 있는 것으로 본다. 상소권회복 또는 재심(再審)의 청구나 비상상고가 있을 때에도 또한 같다.

[전문개정 2008. 6. 13.]

제15조(준용규정) ① 법원에서 피치료감호청구인을 보호구속하는 경우의 치료감호영장에 관하여는 제6조제1항을 준용한다.

② 제2조제1항 각 호의 어느 하나에 해당하는 치료감호대상자에 대한 치료감호청구사건에 관하여는 「형사소송법」 제282조 및 제283조를 준용한다.

[전문개정 2008. 6. 13.]

제3장 치료감호의 집행

제16조(치료감호의 내용) ① 치료감호를 선고받은 자(이하 "피치료감호자"라 한다)에 대하여는 치료감호시설에 수용하여 치료를 위한 조치를 한다.

② 피치료감호자를 치료감호시설에 수용하는 기간은 다음 각 호의 구분에 따른 기간을 초과할 수 없다.

1. 제2조제1항제1호 및 제3호에 해당하는 자 : 15년

2. 제2조제1항제2호에 해당하는 자 : 2년

③「전자장치 부착 등에 관한 법률」제2조제3호의2에 따른 살인범죄(이하 "살인범죄"라 한다)를 저질러 치료감호를 선고받은 피치료감호자가 살인범죄를 다시 범할 위험성이 있고 계속 치료가 필요하다고 인정되는 경우에는 법원은 치료감호시설의 장의 신청에 따른 검사의 청구로 3회까지 매회 2년의 범위에서 제2항 각 호의 기간을 연장하는 결정을 할 수 있다. 〈신설 2013. 7. 30., 2020. 2. 4.〉

④ 치료감호시설의 장은 정신건강의학과 등 전문의의 진단이나 감정을 받은 후 제3항의 신청을 하여야 한다. 〈신설 2013. 7. 30.〉

⑤ 제3항에 따른 검사의 청구는 제2항 각 호의 기간 또는 제3항에 따라 연장된 기간이 종료하기 6개월 전까지 하여야 한다. 〈신설 2013. 7. 30.〉

⑥ 제3항에 따른 법원의 결정은 제2항 각 호의 기간 또는 제3항에 따라 연장된 기간이 종료하기 3개월 전까지 하여야 한다. 〈신설 2013. 7. 30.〉

⑦ 제3항의 결정에 대한 검사, 피치료감호자, 그 법정대리인의 항고와 재항고에 관하여는 「성폭력범죄자의 성충동 약물치료에 관한 법률」제22조제5항부터 제11항까지의 규정을 준용하되, "성폭력 수형자"는 "피치료감호자"로 본다. 〈신설 2013. 7. 30.〉

⑧ 제1항에 따른 치료감호시설에서의 치료와 그 밖에 필요한 사항은 대통령령으로 정한다. 〈개정 2013. 7. 30.〉

[전문개정 2008. 6. 13.]

제16조의2(치료감호시설) ① 제16조제1항에서 "치료감호시설"이란 다음 각 호의 시설을 말한다. 〈개정 2022. 1. 4.〉

1. 국립법무병원

2. 국가가 설립·운영하는 국립정신의료기관 중 법무부장관이 지정하는 기관(이하 "지정법무병원"이라 한다)

② 지정법무병원은 피치료감호자를 다른 환자와 구분하여 수용한다.

③ 국가는 지정법무병원에 대하여 예산의 범위에서 시설의 설치 및 운영에 필요한 경비를 보조하여야 한다.

④ 지정법무병원의 지정절차, 운영, 치료, 경비보조, 그 밖에 필요한 사항은 대통령령으로 정한다.

[본조신설 2013. 7. 30.]

제17조(집행 지휘) ① 치료감호의 집행은 검사가 지휘한다.

② 제1항에 따른 지휘는 판결서등본을 첨부한 서면으로 한다.

[전문개정 2008. 6. 13.]

제18조(집행 순서 및 방법) 치료감호와 형(刑)이 병과(倂科)된 경우에는 치료감호를 먼저 집행한다. 이 경우 치료감호의 집행기간은 형 집행기간에 포함한다.

[전문개정 2008. 6. 13.]

제19조(구분 수용) 피치료감호자는 특별한 사정이 없으면 제2조제1항 각 호의 구분에 따라 구분하여 수용하여야 한다.

[전문개정 2008. 6. 13.]

제20조(치료감호 내용 등의 공개) 이 법에 따른 치료감호의 내용과 실태는 대통령령으로 정하는 바에 따라 공개하여야 한다. 이 경우 피치료감호자나 그의 보호자가 동의한 경우 외에는 피치료감호자의 개인신상에 관한 것은 공개하지 아니한다.

[전문개정 2008. 6. 13.]

제21조(소환 및 치료감호 집행) ① 검사는 보호구금되어 있지 아니한 피치료감호자에 대한 치료감호를 집행하기 위하여 피치료감호자를 소환할 수 있다.

② 피치료감호자가 제1항에 따른 소환에 응하지 아니하면 검사는 치료감호집행장을 발부하여 보호구인할 수 있다.

③ 피치료감호자가 도망하거나 도망할 염려가 있을 때 또는 피치료감호자의 현재지(現在地)를 알 수 없을 때에는 제2항에도 불구하고 소환 절차를 생략하고 치료감호집행장을 발부하여 보호구인할 수 있다.

④ 치료감호집행장은 치료감호영장과 같은 효력이 있다.

[전문개정 2008. 6. 13.]

제21조의2(치료감호시설 간 이송) ① 제37조에 따른 치료감호심의위원회는 피치료감호자에 대하여 치료감호 집행을 시작한 후 6개월마다 국립법무병원에서 지정법무병원으로 이송할 것인지를 심사·결정한다. 〈개정 2022. 1. 4.〉

② 지정법무병원으로 이송된 피치료감호자가 수용질서를 해치거나 증상이 악화되는 등의 사유로 지정법무병원에서 계속 치료하기 곤란할 경우 제37조에 따른 치료감호심의위원회는 지정법무병원의 피치료감호자를 국립법무병원으로 재이송하는 결정을 할 수 있다. 〈개정 2022. 1. 4.〉

③ 제37조에 따른 치료감호심의위원회는 제1항 및 제2항의 결정을 위하여 치료감호시설의 장 또는 소속 정신건강의학과 의사의 의견을 청취할 수 있다.

[본조신설 2013. 7. 30.]

제22조(가종료 등의 심사·결정) 제37조에 따른 치료감호심의위원회는 피치료감호자에 대하여 치료감호 집행을 시작한 후 매 6개월마다 치료감호의 종료 또는 가종료(假終了) 여부를 심사·결정하고, 가종료 또는 치료위탁된 피치료감호자에 대하여는 가종료 또는 치료위탁 후 매 6개월마다 종료 여부를 심사·결정한다.

[전문개정 2008. 6. 13.]

제23조(치료의 위탁) ① 제37조에 따른 치료감호심의위원회는 치료감호만을 선고받은 피치료감호자에 대한 집행이 시작된 후 1년이 지났을 때에는 상당한 기간을 정하여 그의 법정대리인, 배우자, 직계친족, 형제자매(이하 "법정대리인등"이라 한다)에게 치료감호시설 외에서의 치료를 위탁할 수 있다.

② 제37조에 따른 치료감호심의위원회는 치료감호와 형이 병과되어 형기(刑期)에 상당하는 치료감호를 집행받은 자에 대하여는 상당한 기간을 정하여 그 법정대리인등에게 치료감호시설 외에서의 치료를 위탁할 수 있다.

③ 제1항이나 제2항에 따라 치료위탁을 결정하는 경우 치료감호심의위원회는 법정대리인등으로부터 치료감호시설 외에서의 입원·치료를 보증하는 내용의 서약서를 받아야 한다.

[전문개정 2008. 6. 13.]

제24조(치료감호의 집행정지) 피치료감호자에 대하여 「형사소송법」 제471조제1항 각 호의 어느 하나에 해당하는 사유가 있을 때에는 같은 조에 따라 검사는 치료감호의 집행을 정지할 수 있다. 이 경우 치료감호의 집행이 정지된 자에 대한 관찰은 형집행정지자에 대한 관찰의 예에 따른다.

[전문개정 2008. 6. 13.]

제4장 피치료감호자 및 피치료감호청구인 등의 처우와 권리 〈개정 2017. 12. 12.〉

제25조(피치료감호자의 처우) ① 치료감호시설의 장은 피치료감호자의 건강한 생활이 보장될 수 있도록 쾌적

하고 위생적인 시설을 갖추고 의류, 침구, 그 밖에 처우에 필요한 물품을 제공하여야 한다.

② 피치료감호자에 대한 의료적 처우는 정신병원에 준하여 의사의 조치에 따르도록 한다.

③ 치료감호시설의 장은 피치료감호자의 사회복귀에 도움이 될 수 있도록 치료와 개선 정도에 따라 점진적으로 개방적이고 완화된 처우를 하여야 한다.

[전문개정 2008. 6. 13.]

[제목개정 2017. 12. 12.]

제25조의2(피치료감호청구인의 처우) ① 피치료감호청구인은 피치료감호자와 구분하여 수용한다. 다만, 다음 각 호의 어느 하나에 해당하는 경우에는 피치료감호청구인을 피치료감호자와 같은 치료감호시설에 수용할 수 있다.

1. 치료감호시설이 부족한 경우

2. 범죄의 증거인멸을 방지하기 위하여 필요하거나 그 밖에 특별한 사정이 있는 경우

② 제1항 단서에 따라 같은 치료감호시설에 수용된 피치료감호자와 피치료감호청구인은 분리하여 수용한다.

③ 치료감호시설의 장은 피치료감호청구인이 치료감호시설에 수용된 경우에는 그 특성을 고려하여 적합한 처우를 하여야 한다.

④ 제3항에 따른 피치료감호청구인에 대한 처우의 구체적 기준 및 절차는 대통령령으로 정한다.

[본조신설 2017. 12. 12.]

제25조의3(격리 등 제한의 금지) ① 치료감호시설의 장은 피치료감호자 및 피치료감호청구인(이하 "피치료감호자등"이라 한다)이 다음 각 호의 어느 하나에 해당하는 경우가 아니면 피치료감호자등에 대하여 격리 또는 묶는 등의 신체적 제한을 할 수 없다. 다만, 피치료감호자등의 신체를 묶는 등으로 직접적으로 제한하는 것은 제1호의 경우에 한정한다.

1. 자신이나 다른 사람을 위험에 이르게 할 가능성이 뚜렷하게 높고 신체적 제한 외의 방법으로 그 위험을 회피하는 것이 뚜렷하게 곤란하다고 판단되는 경우

2. 중대한 범법행위 또는 규율위반 행위를 한 경우

3. 그 밖에 수용질서를 문란케 하는 중대한 행위를 한 경우

② 치료감호시설의 장은 제1항에 따라 피치료감호자등에 대하여 격리 또는 묶는 등의 신체적 제한을 하려는 경우 정신건강의학과 전문의의 지시에 따라야 한다. 다만, 제1항제2호 또는 제3호에 해당하는 경우에는 담당 의사의 지시에 따를 수 있다. 〈개정 2020. 10. 20.〉

③ 제1항 및 제2항에 따라 피치료감호자등을 격리하는 경우에는 해당 치료감호시설 안에서 하여야 한다.

④ 제1항 및 제2항에 따라 피치료감호자등을 신체적으로 제한한 경우에는 그 사유, 제한의 기간 및 해제 시기를 포함한 내용을 대통령령으로 정하는 바에 따라 작성ㆍ보존하여야 한다.

[본조신설 2017. 12. 12.]

제26조(면회 등) 치료감호시설의 장은 수용질서 유지나 치료를 위하여 필요한 경우 외에는 피치료감호자등의 면회, 편지의 수신ㆍ발신, 전화통화 등을 보장하여야 한다. 〈개정 2017. 12. 12.〉

[전문개정 2008. 6. 13.]

제27조(텔레비전 시청 등) 피치료감호자등의 텔레비전 시청, 라디오 청취, 신문ㆍ도서의 열람은 일과시간이나 취침시간 등을 제외하고는 자유롭게 보장된다. 〈개정 2017. 12. 12.〉

제28조(환자의 치료) ① 치료감호시설의 장은 피치료감호자등이 치료감호시설에서 치료하기 곤란한 질병에 걸

렸을 때에는 외부의료기관에서 치료를 받게 할 수 있다. 〈개정 2017. 12. 12.〉

② 치료감호시설의 장은 제1항의 경우 본인이나 보호자 등이 직접 비용을 부담하여 치료 받기를 원하면 이를 허가할 수 있다.

[전문개정 2008. 6. 13.]

제29조(근로보상금 등의 지급) 근로에 종사하는 피치료감호자에게는 근로의욕을 북돋우고 석방 후 사회정착에 도움이 될 수 있도록 법무부장관이 정하는 바에 따라 근로보상금을 지급하여야 한다.

[전문개정 2008. 6. 13.]

제30조(처우개선의 청원) ① 피치료감호자등이나 법정대리인등은 법무부장관에게 피치료감호자등의 처우개선에 관한 청원(請願)을 할 수 있다. 〈개정 2017. 12. 12.〉

② 제1항에 따른 청원의 제기, 청원의 심사, 그 밖에 필요한 사항에 관하여는 대통령령으로 정한다.

[전문개정 2008. 6. 13.]

제31조(운영실태 등 점검) 법무부장관은 연 2회 이상 치료감호시설의 운영실태 및 피치료감호자등에 대한 처우상태를 점검하여야 한다. 〈개정 2017. 12. 12.〉

제31조의2(피감정유치자의 처우) 「형사소송법」 또는 그 밖에 다른 법률에 따라 정신감정을 위하여 치료감호시설에 유치된 자에 대하여는 제25조의2, 제25조의3, 제26조부터 제28조까지, 제30조 및 제31조를 준용한다.

[본조신설 2017. 12. 12.]

제5장 보호관찰

제32조(보호관찰) ① 피치료감호자가 다음 각 호의 어느 하나에 해당하게 되면 「보호관찰 등에 관한 법률」에 따른 보호관찰(이하 "보호관찰"이라 한다)이 시작된다. 〈개정 2017. 12. 12.〉

1. 피치료감호자에 대한 치료감호가 가종료되었을 때

2. 피치료감호자가 치료감호시설 외에서 치료받도록 법정대리인등에게 위탁되었을 때

3. 제16조제2항 각 호에 따른 기간 또는 같은 조 제3항에 따라 연장된 기간(이하 "치료감호기간"이라 한다)이 만료되는 피치료감호자에 대하여 제37조에 따른 치료감호심의위원회가 심사하여 보호관찰이 필요하다고 결정한 경우에는 치료감호기간이 만료되었을 때

② 보호관찰의 기간은 3년으로 한다.

③ 보호관찰을 받기 시작한 자(이하 "피보호관찰자"라 한다)가 다음 각 호의 어느 하나에 해당하게 되면 보호관찰이 종료된다. 〈개정 2017. 12. 12.〉

1. 보호관찰기간이 끝났을 때

2. 보호관찰기간이 끝나기 전이라도 제37조에 따른 치료감호심의위원회의 치료감호의 종료결정이 있을 때

3. 보호관찰기간이 끝나기 전이라도 피보호관찰자가 다시 치료감호 집행을 받게 되어 재수용되었을 때

④ 피보호관찰자가 보호관찰기간 중 새로운 범죄로 금고 이상의 형의 집행을 받게 된 때에는 보호관찰은 종료되지 아니하며, 해당 형의 집행기간 동안 피보호관찰자에 대한 보호관찰기간은 계속 진행된다. 〈신설 2017. 12. 12.〉

⑤ 피보호관찰자에 대하여 제4항에 따른 금고 이상의 형의 집행이 종료·면제되는 때 또는 피보호관찰자가 가석방되는 때에 보호관찰기간이 아직 남아있으면 그 잔여기간 동안 보호관찰을 집행한다. 〈신설 2017. 12. 12.〉

[전문개정 2008. 6. 13.]

제33조(피보호관찰자의 준수사항) ① 피보호관찰자는 「보호관찰 등에 관한 법률」 제32조제2항에 따른 준수사항을 성실히 이행하여야 한다.

② 제37조에 따른 치료감호심의위원회는 피보호관찰자의 치료경과 및 특성 등에 비추어 필요하다고 판단되면 제1항에 따른 준수사항 외에 다음 각 호의 사항 중 전부 또는 일부를 따로 보호관찰기간 동안 특별히 지켜야 할 준수사항으로 부과할 수 있다. 〈개정 2017. 12. 12.〉

1. 주기적인 외래치료 및 처방받은 약물의 복용 여부에 관한 검사

2. 야간 등 재범의 기회나 충동을 줄 수 있는 특정 시간대의 외출 제한

3. 재범의 기회나 충동을 줄 수 있는 특정지역 · 장소에 출입 금지

4. 피해자 등 재범의 대상이 될 우려가 있는 특정인에게 접근 금지

5. 일정한 주거가 없는 경우 거주 장소 제한

6. 일정량 이상의 음주 금지

7. 마약 등 중독성 있는 물질 사용 금지

8. 「마약류 관리에 관한 법률」에 따른 마약류 투약, 흡연, 섭취 여부에 관한 검사

9. 그 밖에 피보호관찰자의 생활상태, 심신상태나 거주지의 환경 등으로 보아 피보호관찰자가 준수할 수 있고 그 자유를 부당하게 제한하지 아니하는 범위에서 피보호관찰자의 재범 방지 또는 치료감호의 원인이 된 질병 · 습벽의 재발 방지를 위하여 필요하다고 인정되는 사항

③ 제37조에 따른 치료감호심의위원회는 피보호관찰자가 제1항 또는 제2항의 준수사항을 위반하거나 상당한 사정변경이 있는 경우에는 직권 또는 보호관찰소의 장의 신청에 따라 준수사항 전부 또는 일부의 추가 · 변경 또는 삭제에 관하여 심사하고 결정할 수 있다. 〈신설 2017. 12. 12.〉

④ 제1항부터 제3항까지의 규정에 따른 준수사항은 서면으로 고지하여야 한다. 〈신설 2017. 12. 12.〉

⑤ 보호관찰소의 장은 피보호관찰자가 제1항부터 제3항까지의 준수사항을 위반하거나 위반할 위험성이 있다고 인정할 상당한 이유가 있는 경우에는 준수사항의 이행을 촉구하고 제22조에 따른 가종료 또는 제23조에 따른 치료의 위탁(이하 "가종료등"이라 한다)의 취소 등 불리한 처분을 받을 수 있음을 경고할 수 있다. 〈신설 2017. 12. 12.〉

[전문개정 2008. 6. 13.]

제33조의2(유치 및 유치기간 등) ① 보호관찰소의 장은 제33조에 따른 준수사항을 위반한 피보호관찰자를 구인(拘引)할 수 있다. 이 경우 피보호관찰자의 구인에 대해서는 「보호관찰 등에 관한 법률」 제39조 및 제40조를 준용한다.

② 보호관찰소의 장은 다음 각 호의 어느 하나에 해당하는 신청을 검사에게 요청할 필요가 있다고 인정하는 경우에는 구인한 피보호관찰자를 교도소, 구치소 또는 치료감호시설에 유치할 수 있다.

1. 제22조에 따른 가종료의 취소 신청

2. 제23조에 따른 치료 위탁의 취소 신청

③ 보호관찰소의 장은 제2항에 따라 피보호관찰자를 유치하려는 경우에는 검사에게 신청하여 검사의 청구로 관할 지방법원 판사의 허가를 받아야 한다. 이 경우 검사는 피보호관찰자가 구인된 때부터 48시간 이내에 유치허가를 청구하여야 한다.

④ 보호관찰소의 장은 유치허가를 받은 때부터 24시간 이내에 검사에게 가종료등의 취소 신청을 요청하여야 한다.

⑤ 검사는 보호관찰소의 장으로부터 제4항에 따른 신청을 받았을 경우에 그 이유가 타당하다고 인정되면 48시간 이내에 제37조에 따른 치료감호심의위원회에 가종료등의 취소를 신청하여야 한다.

⑥ 보호관찰소의 장이 제2항에 따라 피보호관찰자를 유치할 수 있는 기간은 구인한 날부터 30일로 한다. 다만, 보호관찰소의 장은 제5항에 따른 검사의 신청이 있는 경우에 제37조에 따른 치료감호심의위원회의 심사에 필요하면 검사에게 신청하여 검사의 청구로 관할 지방법원 판사의 허가를 받아 20일의 범위에서 한 차례만 유치기간을 연장할 수 있다.

⑦ 보호관찰소의 장은 다음 각 호의 어느 하나에 해당하는 경우에는 유치를 해제하고 피보호관찰자를 즉시 석방하여야 한다.

1. 제37조에 따른 치료감호심의위원회가 제43조제1항에 따른 검사의 가종료등의 취소 신청을 기각한 경우

2. 검사가 제43조제3항에 따른 보호관찰소의 장의 가종료등의 취소 신청에 대한 요청을 기각한 경우

⑧ 제2항에 따라 유치된 피보호관찰자에 대하여 가종료등이 취소된 경우에는 그 유치기간을 치료감호기간에 산입한다.

[본조신설 2017. 12. 12.]

제34조(피보호관찰자 등의 신고 의무) ① 피보호관찰자나 법정대리인등은 대통령령으로 정하는 바에 따라 출소 후의 거주 예정지나 그 밖에 필요한 사항을 미리 치료감호시설의 장에게 신고하여야 한다.

② 피보호관찰자나 법정대리인등은 출소 후 10일 이내에 주거, 직업, 치료를 받는 병원, 피보호관찰자가 등록한 「정신건강증진 및 정신질환자 복지서비스 지원에 관한 법률」 제3조제3호에 따른 정신건강복지센터(이하 "정신건강복지센터"라 한다), 그 밖에 필요한 사항을 보호관찰관에게 서면으로 신고하여야 한다. 〈개정 2013. 7. 30., 2016. 5. 29.〉

[전문개정 2008. 6. 13.]

제35조(치료감호의 종료) ① 제32조제1항제1호 또는 제2호에 해당하는 경우에는 보호관찰기간이 끝나면 피보호관찰자에 대한 치료감호가 끝난다. 〈개정 2017. 12. 12.〉

② 제37조에 따른 치료감호심의위원회는 피보호관찰자의 관찰성적 및 치료경과가 양호하면 보호관찰기간이 끝나기 전에 보호관찰의 종료를 결정할 수 있다.

[전문개정 2008. 6. 13.]

제36조(가종료 취소와 치료감호의 재집행) 제37조에 따른 치료감호심의위원회는 피보호관찰자(제32조제1항제3호에 따라 치료감호기간 만료 후 피보호관찰자가 된 사람은 제외한다)가 다음 각 호의 어느 하나에 해당할 때에는 결정으로 가종료등을 취소하고 다시 치료감호를 집행할 수 있다. 〈개정 2017. 12. 12.〉

1. 금고 이상의 형에 해당하는 죄를 지은 때. 다만, 과실범은 제외한다.

2. 제33조의 준수사항이나 그 밖에 보호관찰에 관한 지시·감독을 위반하였을 때

3. 제32조제1항제1호에 따라 피보호관찰자가 된 사람이 증상이 악화되어 치료감호가 필요하다고 인정될 때

[전문개정 2008. 6. 13.]

제5장의2 치료감호시설 출소자의 치료 및 관리 〈신설 2013. 7. 30., 2017. 12. 12.〉

제36조의2(치료감호시설 출소자의 정신건강복지센터 등록 등) 치료감호가 종료 또는 가종료되거나 제24조에 따라 집행정지된 사람(이하 "치료감호시설 출소자"라 한다)은 정신건강복지센터에 등록하여 상담, 진료, 사회복귀훈련 등 정신건강복지센터의 정신보건서비스를 받을 수 있다. 〈개정 2016. 5. 29., 2017. 12. 12.〉

[본조신설 2013. 7. 30.]

[제목개정 2016. 5. 29., 2017. 12. 12.]

제36조의3(외래진료) ① 치료감호시설 출소자가 치료감호시설에서의 외래진료를 신청한 경우에 치료감호시설의 장은 검사, 투약 등 적절한 진료 및 치료를 실시할 수 있다. 〈개정 2017. 12. 12.〉

② 제1항에 따른 외래진료의 절차 등에 관하여 필요한 사항은 법무부령으로 정한다.

[본조신설 2013. 7. 30.]

제36조의4(보호관찰소와 정신건강복지센터의 공조) ① 보호관찰소의 장과 정신건강복지센터의 장은 피보호관찰자의 치료 및 재범방지, 사회복귀를 위하여 상호 협조하여야 한다. 〈개정 2016. 5. 29.〉

② 보호관찰소의 장은 피보호관찰자에 대한 등록, 상담, 진료, 사회복귀훈련 및 이에 관한 사례 관리 등 정신보건 관련 정보를 정신건강복지센터의 장에게 요청할 수 있다. 〈개정 2016. 5. 29.〉

③ 정신건강복지센터의 장은 피보호관찰자의 공동 면담 등 피보호관찰자의 치료 및 재범방지, 사회복귀를 위하여 필요한 경우 보호관찰소의 장에게 협조를 요청할 수 있다. 〈개정 2016. 5. 29.〉

[본조신설 2013. 7. 30.]

[제목개정 2016. 5. 29.]

제6장 치료감호심의위원회

제37조(치료감호심의위원회) ① 치료감호 및 보호관찰의 관리와 집행에 관한 사항을 심사·결정하기 위하여 법무부에 치료감호심의위원회(이하 "위원회"라 한다)를 둔다.

② 위원회는 판사, 검사, 법무부의 고위공무원단에 속하는 일반직공무원 또는 변호사의 자격이 있는 6명 이내의 위원과 정신건강의학과 등 전문의의 자격이 있는 3명 이내의 위원으로 구성하고, 위원장은 법무부차관으로 한다. 〈개정 2011. 8. 4., 2018. 12. 18.〉

③ 위원회는 다음 각 호의 사항을 심사·결정한다. 〈개정 2013. 7. 30., 2017. 12. 12.〉

1. 피치료감호자에 대한 치료감호시설 간 이송에 관한 사항

2. 피치료감호자에 대한 치료의 위탁·가종료 및 그 취소와 치료감호 종료 여부에 관한 사항

3. 피보호관찰자에 대한 준수사항의 부과 및 준수사항 전부 또는 일부의 추가·변경 또는 삭제에 관한 사항

4. 피치료감호자에 대한 치료감호기간 만료 시 보호관찰 개시에 관한 사항

5. 그 밖에 제1호부터 제4호까지에 관련된 사항

④ 위원회에는 전문적 학식과 덕망이 있는 자 중에서 위원장의 제청으로 법무부장관이 위촉하는 자문위원을 둘 수 있다.

⑤ 위원회의 위원 중 공무원이 아닌 위원은 「형법」과 그 밖의 법률에 따른 벌칙을 적용할 때에는 공무원으로 본다. 〈신설 2015. 12. 1.〉

⑥ 위원회의 구성·운영·서무 및 자문위원의 위촉과 그 밖에 필요한 사항은 대통령령으로 정한다. 〈개정 2015. 12. 1.〉

[전문개정 2008. 6. 13.]

제38조(결격사유) 다음 각 호의 어느 하나에 해당하는 자는 위원회의 위원이 될 수 없다.

1. 「국가공무원법」 제33조 각 호의 결격사유 어느 하나에 해당하는 자

2. 제39조에 따라 위원에서 해촉(解囑)된 후 3년이 지나지 아니한 자

[전문개정 2008. 6. 13.]

제39조(위원의 해촉) 법무부장관은 위원회의 위원이 다음 각 호의 어느 하나에 해당하면 그 위원을 해촉할 수 있다.

1. 심신장애로 인하여 직무수행을 할 수 없거나 직무를 수행하기가 현저히 곤란하다고 인정될 때

2. 직무태만·품위손상, 그 밖의 사유로 위원으로서 적당하지 아니하다고 인정되는 때

[전문개정 2008. 6. 13.]

제40조(심사) ① 위원회는 심의자료에 따라 제37조제3항에 규정된 사항을 심사한다.

② 위원회는 제1항에 따른 심사를 위하여 필요하면 법무부 소속 공무원으로 하여금 결정에 필요한 사항을 조사하게 하거나 피치료감호자 및 피보호관찰자(이하 "피보호자"라 한다)나 그 밖의 관계자를 직접 소환·심문하거나 조사할 수 있다.

③ 제2항에 따라 조사 명령을 받은 공무원은 다음 각 호의 권한을 가진다.

1. 피보호자나 그 밖의 관계자의 소환·심문 및 조사

2. 국공립기관이나 그 밖의 공공단체·민간단체에 대한 조회 및 관계 자료의 제출요구

④ 피보호자나 그 밖의 관계자는 제2항과 제3항의 소환·심문 및 조사에 응하여야 하며, 국공립기관이나 그 밖의 공공단체·민간단체는 제3항에 따라 조회나 자료 제출을 요구받았을 때에는 국가기밀 또는 공공의 안녕질서에 해를 끼치는 것이 아니면 이를 거부할 수 없다.

[전문개정 2008. 6. 13.]

제41조(의결 및 결정) ① 위원회는 위원장을 포함한 재적위원 과반수의 출석으로 개의(開議)하고, 출석위원 과반수의 찬성으로 의결한다. 다만, 찬성과 반대의 수가 같을 때에는 위원장이 결정한다.

② 결정은 이유를 붙이고 출석한 위원들이 기명날인한 문서로 한다.

③ 위원회는 제1항에 따른 의결을 할 때 필요하면 치료감호시설의 장이나 보호관찰관에게 의견서를 제출하도록 할 수 있다.

④ 치료감호시설의 장은 제3항에 따른 의견서를 제출할 때에는 피보호자의 상태 및 예후, 치료감호 종료의 타당성 등에 관한 피보호자 담당 의사의 의견을 참조하여야 한다.

[전문개정 2008. 6. 13.]

제42조(위원의 기피) ① 피보호자와 그 법정대리인등은 위원회의 위원에게 공정한 심사·의결을 기대하기 어려운 사정이 있으면 위원장에게 기피신청을 할 수 있다.

② 위원장은 제1항에 따른 기피신청에 대하여 위원회의 의결을 거치지 아니하고 신청이 타당한지를 결정한다. 다만, 위원장이 결정하기에 적절하지 아니한 경우에는 위원회의 의결로 결정할 수 있다.

③ 제1항에 따라 기피신청을 받은 위원은 제2항 단서의 의결에 참여하지 못한다.

[전문개정 2008. 6. 13.]

제43조(검사의 심사신청) ① 피보호자의 주거지(시설에 수용된 경우에는 그 시설을 주거지로 본다)를 관할하는 지방검찰청 또는 지청의 검사는 제37조제3항에 규정된 사항에 관하여 위원회에 그 심사·결정을 신청할 수 있다.

② 제1항에 따른 신청을 할 때에는 심사신청서와 신청사항의 결정에 필요한 자료를 제출하여야 한다. 이 경우 치료감호시설의 장이나 보호관찰소의 장의 의견을 들어야 한다. 〈개정 2017. 12. 12.〉

③ 치료감호시설의 장이나 보호관찰소의 장은 검사에게 제1항에 따른 신청을 요청할 수 있다. 〈개정 2017. 12. 12.〉

[전문개정 2008. 6. 13.]

제44조(피치료감호자 등의 심사신청) ① 피치료감호자와 그 법정대리인등은 피치료감호자가 치료감호를 받을 필요가 없을 정도로 치유되었음을 이유로 치료감호의 종료 여부를 심사·결정하여 줄 것을 위원회에 신청할 수 있다.

② 제1항에 따른 신청을 할 때에는 심사신청서와 심사신청이유에 대한 자료를 제출하여야 한다.

③ 제1항에 따른 신청은 치료감호의 집행이 시작된 날부터 6개월이 지난 후에 하여야 한다. 신청이 기각된 경우에는 6개월이 지난 후에 다시 신청할 수 있다.

④ 위원회는 제1항에 따른 신청에 대한 심사를 마친 때에는 지체 없이 심사 기준과 그 결정 이유를 피치료감호자와 법정대리인등에게 통보하여야 한다. 〈개정 2017. 12. 12.〉

[전문개정 2008. 6. 13.]

제6장의2 치료명령사건 〈신설 2015. 12. 1.〉

제44조의2(선고유예 시 치료명령 등) ① 법원은 치료명령대상자에 대하여 형의 선고 또는 집행을 유예하는 경우에는 치료기간을 정하여 치료를 받을 것을 명할 수 있다.

② 제1항의 치료를 명하는 경우 보호관찰을 병과하여야 한다. 〈개정 2017. 12. 12.〉

③ 제2항에 따른 보호관찰기간은 선고유예의 경우에는 1년, 집행유예의 경우에는 그 유예기간으로 한다. 다만, 법원은 집행유예 기간의 범위에서 보호관찰기간을 정할 수 있다.

④ 제1항의 치료기간은 제3항에 따른 보호관찰기간을 초과할 수 없다.

[본조신설 2015. 12. 1.]

제44조의3(판결 전 조사) ① 법원은 제44조의2에 따른 치료를 명하기 위하여 필요하다고 인정하면 피고인의 주거지 또는 그 법원의 소재지를 관할하는 보호관찰소의 장에게 범죄의 동기, 피고인의 신체적·심리적 특성 및 상태, 가정환경, 직업, 생활환경, 병력(病歷), 치료비용 부담능력, 재범위험성 등 피고인에 관한 사항의 조사를 요구할 수 있다.

② 제1항의 요구를 받은 보호관찰소의 장은 지체 없이 이를 조사하여 서면으로 해당 법원에 알려야 한다. 이 경우 필요하다고 인정하면 피고인이나 그 밖의 관계인을 소환하여 심문하거나 소속 보호관찰관에게 필요한 사항을 조사하게 할 수 있다.

③ 보호관찰소의 장은 제2항의 조사를 위하여 필요하다고 인정하면 국공립 기관이나 그 밖의 단체에 사실을 알아보거나 관련 자료의 열람 등 협조를 요청할 수 있다.

[본조신설 2015. 12. 1.]

제44조의4(전문가의 진단 등) 법원은 제44조의2에 따른 치료를 명하기 위하여 필요하다고 인정하는 때에는 정신건강의학과 전문의에게 피고인의 정신적 상태, 알코올 의존도 등에 대한 진단을 요구할 수 있다. 〈개정 2016. 5. 29., 2017. 12. 12.〉

[본조신설 2015. 12. 1.]

제44조의5(준수사항) 치료명령을 받은 사람은 다음 각 호의 사항을 준수하여야 한다.

1. 보호관찰관의 지시에 따라 성실히 치료에 응할 것

2. 보호관찰관의 지시에 따라 인지행동 치료 등 심리치료 프로그램을 성실히 이수할 것

[본조신설 2015. 12. 1.]

제44조의6(치료명령의 집행) ① 치료명령은 검사의 지휘를 받아 보호관찰관이 집행한다.

② 치료명령은 정신건강의학과 전문의의 진단과 약물 투여, 상담 등 치료 및 「정신건강증진 및 정신질환자 복지서비스 지원에 관한 법률」에 따른 정신건강전문요원 등 전문가에 의한 인지행동 치료 등 심리치료 프로그램의 실시 등의 방법으로 집행한다. 〈개정 2016. 5. 29., 2017. 12. 12.〉

③ 보호관찰관은 치료명령을 받은 사람에게 치료명령을 집행하기 전에 치료기관, 치료의 방법·내용 등에 관하여 충분히 설명하여야 한다.

④ 그 밖에 치료명령의 집행에 관하여 필요한 사항은 대통령령으로 정한다.

[본조신설 2015. 12. 1.]

제44조의7(치료기관의 지정 등) ① 법무부장관은 치료명령을 받은 사람의 치료를 위하여 치료기관을 지정할 수 있다.

② 제1항에 따른 치료기관의 지정기준 등 필요한 사항은 법무부령으로 정한다.

[본조신설 2015. 12. 1.]

제44조의8(선고유예의 실효 등) ① 법원은 제44조의2에 따라 치료를 명한 선고유예를 받은 사람이 정당한 사유 없이 치료기간 중에 제44조의5의 준수사항을 위반하고 그 정도가 무거운 때에는 유예한 형을 선고할 수 있다.

② 법원은 제44조의2에 따라 치료를 명한 집행유예를 받은 사람이 정당한 사유 없이 치료기간 중에 제44조의5의 준수사항을 위반하고 그 정도가 무거운 때에는 집행유예의 선고를 취소할 수 있다.

③ 치료명령대상자에 대한 경고·구인·긴급구인·유치·선고유예의 실효 및 집행유예의 취소 등에 대하여는 「보호관찰 등에 관한 법률」 제38조부터 제45조까지, 제45조의2, 제46조 및 제47조를 준용한다.

[본조신설 2015. 12. 1.]

제44조의9(비용부담) ① 제44조의2에 따른 치료명령을 받은 사람은 치료기간 동안 치료비용을 부담하여야 한다. 다만, 치료비용을 부담할 경제력이 없는 사람의 경우에는 국가가 비용을 부담할 수 있다.

② 비용부담에 관하여 필요한 사항은 대통령령으로 정한다.

[본조신설 2015. 12. 1.]

제7장 보칙 〈개정 2008. 6. 13.〉

제45조(치료감호 청구의 시효) ① 치료감호 청구의 시효는 치료감호가 청구된 사건과 동시에 심리하거나 심리할 수 있었던 죄에 대한 공소시효기간이 지나면 완성된다.

② 치료감호가 청구된 사건은 판결의 확정 없이 치료감호가 청구되었을 때부터 15년이 지나면 청구의 시효가 완성된 것으로 본다.

[전문개정 2008. 6. 13.]

제46조(치료감호의 시효) ① 피치료감호자는 그 판결이 확정된 후 집행을 받지 아니하고 다음 각 호의 구분에 따른 기간이 지나면 시효가 완성되어 집행이 면제된다.

1. 제2조제1항제1호 및 제3호에 해당하는 자의 치료감호: 10년

2. 제2조제1항제2호에 해당하는 자의 치료감호: 7년

② 시효는 치료감호의 집행정지 기간 또는 가종료 기간이나 그 밖에 집행할 수 없는 기간에는 진행되지 아니한다.

③ 시효는 피치료감호자를 체포함으로써 중단된다.

[전문개정 2008. 6. 13.]

제47조(치료감호의 선고와 자격정지) 피치료감호자는 그 치료감호의 집행이 종료되거나 면제될 때까지 다음 각 호의 자격이 정지된다.

1. 공무원이 될 자격
2. 공법상의 선거권과 피선거권
3. 법률로 요건을 정한 공법상 업무에 관한 자격

[전문개정 2008. 6. 13.]

제48조(치료감호의 실효) ① 치료감호의 집행을 종료하거나 집행이 면제된 자가 피해자의 피해를 보상하고 자격정지 이상의 형이나 치료감호를 선고받지 아니하고 7년이 지났을 때에는 본인이나 검사의 신청에 의하여 그 재판의 실효(失效)를 선고할 수 있다. 이 경우 「형사소송법」 제337조를 준용한다.

② 치료감호의 집행을 종료하거나 집행이 면제된 자가 자격정지 이상의 형이나 치료감호를 선고받지 아니하고 10년이 지났을 때에는 그 재판이 실효된 것으로 본다.

[전문개정 2008. 6. 13.]

제49조(기간의 계산) ① 치료감호의 기간은 치료감호를 집행한 날부터 기산(起算)한다. 이 경우 치료감호 집행을 시작한 첫날은 시간으로 계산하지 아니하고 1일로 산정한다.

② 치료감호의 집행을 위반한 기간은 그 치료감호의 집행기간에 포함하지 아니한다.

[전문개정 2008. 6. 13.]

제50조(군법 적용 대상자에 대한 특칙) ① 「군사법원법」 제2조제1항 각 호의 어느 하나에 해당하는 자에 대한 치료감호사건에 관하여는 군사법원, 군검찰부 군검사 및 군사법경찰관리가 이 법에 따른 직무를 수행한다. 이 경우 "군사법원"은 "법원", "군검찰부 군검사"는 "검사", "군사법경찰관리"는 "사법경찰관리"로 본다. 〈개정 2016. 1. 6.〉

② 「군사법원법」 제2조제1항 각 호의 어느 하나에 해당하는 자에 대한 치료감호의 관리와 그 집행사항을 심사·결정하기 위하여 국방부에 군치료감호심의위원회를 둔다.

③ 군치료감호심의위원회의 구성과 운영에 관하여는 위원회에 관한 규정을 준용한다.

④ 군사법원, 군검찰부 군검사 또는 군치료감호심의위원회는 치료감호대상자가 「군사법원법」 제2조제1항 각 호의 어느 하나에 해당하는 자가 아님이 명백할 때에는 그 치료감호사건을 대응하는 법원·검사 또는 위원회로 이송한다. 이 경우 이송 전에 한 조사·청구·재판·신청·심사 및 결정은 이송 후에도 그 효력을 잃지 아니한다. 〈개정 2016. 1. 6.〉

⑤ 법원·검사 또는 위원회는 치료감호대상자가 「군사법원법」 제2조제1항 각 호의 어느 하나에 해당하는 자임이 명백할 때에는 치료감호사건을 대응하는 군사법원·군검찰부 군검사 또는 군치료감호심의위원회로 이송한다. 이 경우 이송 전에 한 조사·청구·재판·신청·심사 및 결정은 이송 후에도 그 효력을 잃지 아니한다. 〈개정 2016. 1. 6.〉

⑥ 제44조의2에 따른 치료명령을 받은 사람에 대하여는 「보호관찰 등에 관한 법률」 제56조를 준용한다. 〈신설 2015. 12. 1.〉

[전문개정 2008. 6. 13.]

제50조의2(기부금품의 접수) ① 치료감호시설의 장은 기관·단체 또는 개인이 피치료감호자에 대한 적절한 보호와 치료 등을 위하여 치료감호시설에 자발적으로 기탁하는 금품을 접수할 수 있다.

② 기부자에 대한 영수증 발급, 기부금품의 용도 지정, 장부의 열람, 그 밖에 필요한 사항은 대통령령으로 정

한다.

[본조신설 2014. 1. 7.]

제51조(다른 법률의 준용) 치료감호 및 치료명령에 관하여는 이 법에 특별한 규정이 있는 경우 외에는 그 성질에 반하지 아니하는 범위에서 「형사소송법」과 「형의 집행 및 수용자의 처우에 관한 법률」 및 「보호관찰 등에 관한 법률」을 준용한다. 〈개정 2015. 12. 1.〉

[전문개정 2008. 6. 13.]

제8장 벌칙 〈개정 2008. 6. 13.〉

제52조(벌칙) ① 피치료감호자가 치료감호 집행자의 치료감호를 위한 명령에 정당한 사유 없이 복종하지 아니하거나 도주한 경우에는 1년 이하의 징역에 처한다.

② 피치료감호자 2명 이상이 공동으로 제1항의 죄를 지은 경우에는 3년 이하의 징역에 처한다.

③ 치료감호를 집행하는 자가 피치료감호자를 도주하게 하거나 도주를 용이하게 한 경우에는 1년 이상의 유기징역에 처한다.

④ 치료감호를 집행하는 자가 뇌물을 수수·요구 또는 약속하고 제3항의 죄를 지은 경우에는 2년 이상의 유기징역에 처한다.

⑤ 타인으로 하여금 치료감호처분을 받게 할 목적으로 공공기관이나 공무원에게 거짓의 사실을 신고한 자는 10년 이하의 징역 또는 1천500만원 이하의 벌금에 처한다.

⑥ 치료감호청구사건에 관하여 피치료감호청구인을 모함하여 해칠 목적으로 「형법」 제152조제1항의 위증죄를 지은 자는 10년 이하의 징역에 처한다.

⑦ 치료감호청구사건에 관하여 「형법」 제154조의 죄를 지은 자는 10년 이하의 징역에 처한다.

⑧ 치료감호청구사건에 관하여 「형법」 제233조 또는 제234조(허위작성진단서의 행사로 한정한다)의 죄를 지은 자는 5년 이하의 징역, 10년 이하의 자격정지 또는 5천만원 이하의 벌금에 처한다. 〈개정 2014. 1. 7.〉

⑨ 제23조제3항에 따라 치료의 위탁을 받은 법정대리인등이 그 서약을 위반하여 피치료감호자를 도주하게 하거나 도주를 용이하게 한 경우에는 3년 이하의 징역 또는 500만원 이하의 벌금에 처한다.

⑩ 다음 각 호의 어느 하나에 해당하는 사람은 6개월 이하의 징역 또는 500만원 이하의 벌금에 처한다. 〈신설 2017. 12. 12.〉

1. 총기·도검·폭발물·독극물·흉기나 그 밖의 위험한 물품, 주류·담배·화기·현금·수표·음란물 또는 휴대전화 등 정보통신기기(이하 "금지물품"이라 한다)를 치료감호시설에 반입하거나 소지·사용·수수(授受)·교환 또는 은닉(隱匿)한 피치료감호자

2. 피치료감호자에게 전달할 목적으로 금지물품을 허가 없이 치료감호시설에 반입하거나 피치료감호자와 금지물품을 수수 또는 교환한 사람

⑪ 제10항의 미수범은 처벌한다. 〈신설 2017. 12. 12.〉

⑫ 금지물품은 몰수한다. 〈신설 2017. 12. 12.〉

⑬ 치료감호기간의 만료로 피보호관찰자가 된 사람이 정당한 사유 없이 제33조제1항부터 제3항까지의 준수사항을 위반하여 같은 조 제5항에 따른 경고를 받은 후 다시 정당한 사유 없이 제33조제1항부터 제3항까지의 준수사항을 위반한 경우 1년 이하의 징역 또는 1천만원 이하의 벌금에 처한다. 〈신설 2017. 12. 12.〉

[전문개정 2008. 6. 13.].

부칙 〈제18678호, 2022. 1. 4.〉

제1조(시행일) 이 법은 공포 후 6개월이 경과한 날부터 시행한다.

제2조(다른 법률의 개정) 전자장치 부착 등에 관한 법률 일부를 다음과 같이 개정한다.

　제10조제2항 중 "치료감호소"를 "국립법무병원"으로 한다.

치료감호 등에 관한 법률 시행령

[시행 2021. 4. 21.] [대통령령 제31595호, 2021. 4. 6., 일부개정]

제1조(목적) 이 영은 「치료감호 등에 관한 법률」에서 위임된 사항과 그 시행에 필요한 사항을 규정함을 목적으로 한다. 〈개정 2016. 11. 29.〉

[전문개정 2008. 11. 26.]

제2조(마약류 등의 종류) 「치료감호 등에 관한 법률」(이하 "법"이라 한다) 제2조제1항제2호에 따른 마약·향정신성의약품·대마, 그 밖에 남용되거나 해독(害毒)을 끼칠 우려가 있는 물질의 종류는 다음과 같다. 〈개정 2012. 6. 7., 2014. 12. 9., 2016. 11. 29.〉

1. 「마약류 관리에 관한 법률」 제2조제2호부터 제4호까지 및 같은 법 시행령 제2조제1항부터 제3항까지에 규정된 물질
2. 「화학물질관리법」 제22조제1항 및 같은 법 시행령 제11조에 규정된 물질

[전문개정 2008. 11. 26.]

제2조의2(남용되거나 해독을 끼칠 우려가 있는 물질) 법 제2조의3제3호에서 "마약·향정신성의약품·대마, 그 밖에 대통령령으로 정하는 남용되거나 해독을 끼칠 우려가 있는 물질"이란 제2조 각 호의 물질을 말한다.

[본조신설 2018. 6. 12.]

제3조(감호청구서의 기재사항 및 방식) ① 검사가 공소를 제기하면서 동시에 치료감호 청구를 하는 경우 치료감호청구서에 적어야 할 법 제4조제4항제1호의 사항은 공소장에 적힌 피고인의 성명, 연령, 등록기준지, 주거, 직업 등으로 갈음하고, 청구의 원인이 되는 사실 및 적용법조는 공소장의 공소사실 및 적용법조에 추가하여 적는다.

② 검사가 공소를 제기하지 아니하고 치료감호 청구만을 하거나 공소를 제기한 후에 치료감호 청구를 하는 경우에는 치료감호청구서에 치료감호가 청구된 치료감호대상자(이하 "피치료감호청구인"이라 한다)의 성명, 연령, 등록기준지, 주거, 직업, 죄명과 청구의 원인이 되는 사실 및 적용법조를 적는다. 〈개정 2018. 6. 12.〉

③ 제1항 및 제2항의 경우에는 구속영장 또는 치료감호영장이나 그 등본, 변호인 선임서, 피의자 또는 치료감호대상자 수용증명, 구속 또는 보호구속기간 연장결정서나 그 등본 등을 첨부한다.

[전문개정 2008. 11. 26.]

제4조(치료감호의 방법) ① 치료감호를 선고받은 자(이하 "피치료감호자"라 한다)에 대하여는 법 제16조제1항에 따른 치료감호시설(이하 "치료감호시설"이라 한다)에 수용·감호하고 치료와 재활교육을 한다. 〈개정 2014. 1. 28.〉

② 피치료감호자에 대하여는 심신장애의 정도 또는 제2조에 규정된 물질이나 알코올을 식음(食飮)하는 등의 습벽(習癖) 및 중독된 정도, 정신성적(精神性的) 장애의 정도에 따라 분리수용한다.

[전문개정 2008. 11. 26.]

제4조의2(치료감호 기간 연장 신청) ① 치료감호시설의 장은 법 제16조제3항에 따라 피치료감호자의 치료감호 기간 연장을 검사에게 신청하려면 다음 각 호의 사항을 적은 서면에 그 신청사유를 소명(疎明)할 수 있는 자료를 첨부하여 제출하여야 한다.

1. 피치료감호자의 성명 · 주민등록번호 및 죄명

2. 기간 연장이 필요한 사유

3. 기간을 연장한 횟수

② 제1항에 따른 치료감호 기간 연장 신청은 법 제16조제2항 각 호의 기간 또는 같은 조 제3항에 따라 연장된 기간이 종료하기 7개월 전까지 하여야 한다.

[본조신설 2014. 1. 28.]

제4조의3(지정법무병원의 지정절차) ① 법무부장관은 법 제16조의2제1항제2호에 따른 지정법무병원(이하 "지정법무병원"이라 한다)을 지정하기 위하여 필요한 경우 보건복지부장관의 의견을 들을 수 있다.

② 법무부장관은 지정법무병원을 지정한 경우에는 보건복지부장관 및 지정법무병원의 장에게 그 사실을 통보하여야 한다.

[본조신설 2014. 1. 28.]

제4조의4(지정법무병원의 운영 및 치료) ① 지정법무병원의 장은 피치료감호자가 입원하면 지정법무병원의 정신건강의학과 의사 중 피치료감호자의 치료를 담당할 의사를 지정하여야 한다.

② 지정법무병원의 피치료감호자 수용정원은 50명 이내로 한다. 다만, 법무부장관은 치료감호시설 전체 수용인원 및 치료의 적절성을 고려하여 수용정원을 조정할 수 있다.

③ 제1항 및 제2항에서 규정한 사항 외에 피치료감호자의 수용 및 치료에 필요한 세부 사항은 법무부장관이 정한다.

[본조신설 2014. 1. 28.]

제4조의5(지정법무병원에 대한 경비보조) ① 법 제16조의2제3항에 따라 국가는 예산의 범위에서 다음 각 호의 경비를 지정법무병원에 보조하여야 한다.

1. 피치료감호자의 진료 등에 드는 경비

2. 피치료감호자의 수용 및 치료를 위한 병동의 설치 · 증축 및 리모델링에 필요한 경비

② 지정법무병원의 장은 제1항에 따른 경비보조를 받으려면 경비보조 청구서에 다음 각 호의 서류를 첨부하여 매달 10일까지 법무부장관에게 제출하여야 한다.

1. 피치료감호자별 진료비 계산서

2. 그 밖에 경비보조 청구 내용을 설명할 수 있는 자료

[본조신설 2014. 1. 28.]

제5조(동태의 보고 등) ① 치료감호시설의 장은 피치료감호자에 대하여 치료감호 집행을 시작한 후 6개월마다 피치료감호자의 동태 · 치료정도와 그 밖에 필요한 사항을 법 제37조에 따른 치료감호심의위원회(이하 "위원회"라 한다)에 보고하여야 한다. 〈개정 2014. 1. 28.〉

② 지정법무병원의 장은 피치료감호자가 다음 각 호의 어느 하나에 해당하면 지체 없이 위원회에 보고하여야 한다. 〈신설 2014. 1. 28.〉

1. 범죄를 저지른 경우

2. 수용질서를 해치는 행위로 다른 피치료감호자의 수용생활을 방해한 경우

3. 증상이 악화되어 자해 또는 다른 사람을 위해(危害)할 위험성이 있는 경우

4. 그 밖에 지정법무병원에서 계속 치료하기 곤란한 경우

③ 치료감호시설의 장은 치료감호를 종료 또는 가종료(假終了)하거나 치료를 위탁하는 것이 타당하다고 인정하는 경우에는 검사에게 제1항의 사항을 통보하여 위원회에 심사를 신청하도록 요청할 수 있다. 〈개정 2014. 1. 28.〉

[전문개정 2008. 11. 26.]

제6조(치료감호 내용 등의 공개) ① 판사와 검사는 치료감호시설을 수시로 시찰할 수 있다. 〈개정 2014. 1. 28.〉

② 판사나 검사가 아닌 사람이 법 제20조에 따라 치료감호시설을 참관하려면 치료감호시설의 장의 허가를 받아야 한다. 〈개정 2014. 1. 28.〉

③ 치료감호시설의 장은 치료감호시설을 참관하려는 사람에 대하여 그 성명·직업·주소 및 참관의 목적을 명백히 한 후 정당한 이유가 있을 때에는 참관을 허가하여야 한다. 〈개정 2014. 1. 28.〉

④ 치료감호시설의 장은 외국인이 치료감호시설을 참관하려는 경우에는 법무부장관의 승인을 받아 참관을 허가하여야 한다. 〈개정 2014. 1. 28.〉

⑤ 치료감호시설의 장은 참관을 허가받은 사람에게 참관할 때의 주의사항을 고지하여야 한다. 〈개정 2014. 1. 28.〉

[전문개정 2008. 11. 26.]

제6조의2(재이송의 신청 및 결정) ① 지정법무병원의 장은 법 제21조의2제2항의 사유가 있는 경우에는 위원회에 피치료감호자의 재이송을 신청할 수 있다.

② 지정법무병원의 장은 제1항에 따른 재이송 신청을 할 때에는 증상 악화에 대한 담당 의사의 의견서 등 지정법무병원에서 계속 치료하기 곤란한 사유를 확인할 수 있는 관련 자료를 첨부하여야 한다.

③ 위원회는 제1항에 따른 재이송 신청을 받으면 피치료감호자에 대한 재이송이 적절한지를 심사하여 결정하여야 한다.

[본조신설 2014. 1. 28.]

제7조(치료의 위탁) 법 제23조제3항에 따른 치료의 위탁을 받을 수 있는 피치료감호자의 법정대리인, 배우자, 직계친족, 형제자매(이하 "법정대리인등"이라 한다)가 위원회에 제출할 서약서에는 그 법정대리인등과 피치료감호자의 성명, 연령, 등록기준지, 주거, 직업 및 치료를 받을 병원명 등을 적고 입원보증서 등 자료를 첨부하여야 한다.

[전문개정 2008. 11. 26.]

제7조의2(피치료감호청구인의 처우) ① 치료감호시설의 장은 법 제25조의2제3항에 따라 다음 각 호의 사항을 고려하여 피치료감호청구인의 생활실을 구분하는 등 피치료감호청구인에게 적합한 처우를 하여야 한다.

1. 피치료감호청구인의 성별

2. 피치료감호청구인의 심신장애의 정도

3. 제2조에 따른 물질이나 알코올을 식음하는 등의 습벽 및 중독된 정도

4. 정신성적 장애의 정도

5. 그 밖에 피치료감호청구인의 처우를 위하여 필요한 사항

② 치료감호시설의 장은 피치료감호청구인의 처우를 위하여 필요한 경우 피치료감호청구인을 대상으로 상담 등을 통한 신상에 관한 개별사안의 조사, 심리·지능·적성 검사, 그 밖에 필요한 검사를 할 수 있다.

[본조신설 2018. 6. 12.]

제7조의3(격리 등 제한의 금지) ① 치료감호시설의 장은 법 제25조의3제1항에 따라 피치료감호자 및 피치료감호청구인(이하 "피치료감호자등"이라 한다)에게 격리 또는 묶는 등의 신체적 제한(이하 "보호조치"라 한다)을 하려면 다음 각 호의 어느 하나에 해당하는 방법으로 하여야 한다. 이 경우 제2호의 보호조치는 법 제25조의3제1항제1호의 경우에만 할 수 있다.

1. 격리를 통한 보호조치

2. 보호복 또는 억제대를 이용한 보호조치

② 제1항제1호에 따른 보호조치의 기간은 15일 이내로 한다. 다만, 치료감호시설의 장은 다음 각 호의 구분에 따른 의사의 지시에 따라 특히 계속하여 보호조치를 할 필요가 있으면 이를 연장할 수 있다. 〈개정 2021. 4. 6.〉

1. 법 제25조의3제1항제1호에 따른 보호조치를 연장하는 경우: 정신건강의학과 전문의

2. 법 제25조의3제1항제2호 또는 제3호에 따른 보호조치를 연장하는 경우: 정신건강의학과 전문의 또는 담당 의사

③ 제2항 단서에 따른 보호조치 기간 연장은 1회에 7일 이내로 하되, 보호조치 기간은 계속하여 30일을 초과할 수 없다.

④ 제1항제2호에 따른 보호조치의 기간은 24시간 이내로 한다. 다만, 치료감호시설의 장은 정신건강의학과 전문의의 지시에 따라 특히 계속하여 보호조치를 할 필요가 있으면 이를 24시간 이내에서 한 차례만 연장할 수 있다. 〈개정 2021. 4. 6.〉

⑤ 치료감호시설의 장은 피치료감호자등에게 보호조치를 하는 경우 법 제25조의3제4항에 따라 피치료감호자등 보호원부에 다음 각 호의 사항을 작성·보존해야 한다. 〈개정 2021. 4. 6.〉

1. 피치료감호자등의 성명: 한글과 한자(한자 성명이 있는 경우만 해당한다)로 표기하되, 외국인인 경우 한글과 영문으로 표기

2. 피치료감호자등의 생년월일

3. 보호조치 사유: 다음 각 목의 사항

　가. 자신이나 다른 사람을 위험에 이르게 할 가능성이 뚜렷하게 높고 신체적 제한 외의 방법으로 그 위험을 회피하는 것이 뚜렷하게 곤란하다고 판단되는 경우 그 구체적 사항

　나. 중대한 범법행위 또는 규율위반 행위를 한 경우 그 구체적 사항

　다. 그 밖에 수용질서를 문란하게 하는 중대한 행위를 한 경우 그 구체적 사항

4. 보호조치에 대한 정신건강의학과 전문의 또는 담당 의사의 지시 내용

5. 보호조치 장소

6. 보호조치 방법

7. 보호조치 시작 시기

8. 보호조치 해제 시기

9. 보호조치 기간을 연장한 경우에는 그 기간 연장 사유 및 기간 연장에 대한 정신건강의학과 전문의 또는 담당 의사의 지시 내용

10. 보호조치 중 치료활동, 식사, 용변 등 처우

⑥ 피치료감호자등 보호원부의 서식에 관한 사항은 법무부령으로 정한다.

[본조신설 2018. 6. 12.]

제8조(처우개선의 청원) ① 피치료감호자등이나 법정대리인등이 법 제30조제1항에 따라 피치료감호자등의 처

우개선에 관하여 청원할 경우에는 법무부장관에게 문서로 하여야 한다. 〈개정 2018. 6. 12.〉

② 제1항에 따라 청원하려는 사람은 청원서를 작성하여 봉한 후 치료감호시설의 장에게 제출하여야 한다. 〈개정 2014. 1. 28.〉

③ 치료감호시설의 장은 청원서를 개봉하여서는 아니 되며, 지체 없이 법무부장관에게 송부하여야 한다. 〈개정 2014. 1. 28.〉

④ 치료감호시설의 장은 피치료감호자등 또는 법정대리인등이 청원을 하지 못하게 하거나 청원을 하였다는 이유로 피치료감호자등에게 불이익을 주어서는 아니 된다. 〈개정 2014. 1. 28., 2018. 6. 12.〉

⑤ 법무부장관은 청원의 처리 결과를 치료감호시설의 장에게 문서로 통보하고, 치료감호시설의 장은 지체 없이 청원인에게 전달하여야 한다. 〈개정 2014. 1. 28.〉

[전문개정 2008. 11. 26.]

제9조(피보호관찰자의 준수사항) ① 「보호관찰 등에 관한 법률」에 따른 보호관찰(이하 "보호관찰"이라 한다)을 받기 시작한 자(이하 "피보호관찰자"라 한다)에 대한 법 제33조제2항에 따른 준수사항의 부과는 위원회가 하되, 피보호관찰자마다 개인의 성향 등을 고려하여 서면으로 지시한다. 〈개정 2018. 6. 12.〉

② 보호관찰관은 위원회가 피보호관찰자에게 부과한 준수사항의 이행을 독려(督勵)하기 위하여 필요한 범위에서 구체적인 지시를 할 수 있다.

③ 보호관찰관은 피보호관찰자를 지도·감독하기 위하여 특별히 필요한 경우에는 피보호관찰자를 출석하게 하여 사실을 확인하거나 관계자에게 필요한 협조를 요청할 수 있다.

[전문개정 2008. 11. 26.]

제9조의2(피보호관찰자의 준수사항 변경 등) ① 위원회는 법 제33조제3항에 따라 피보호관찰자의 준수사항 전부 또는 일부의 추가·변경 또는 삭제에 관한 심사와 결정을 한 경우 그 내용을 피보호관찰자에게 문서로 알려야 한다.

② 보호관찰소의 장이 법 제33조제3항에 따라 피보호관찰자의 준수사항 전부 또는 일부의 추가·변경 또는 삭제를 위원회에 신청하려면 다음 각 호의 사항을 적은 문서로 하여야 한다.

1. 피보호관찰자의 성명·주민등록번호·직업 및 주거

2. 신청의 취지

3. 피보호관찰자의 준수사항 전부 또는 일부의 추가·변경 또는 삭제를 필요로 하는 사유

③ 위원회는 제1항에 따른 심사를 위하여 필요하다고 인정하는 경우에는 해당 피보호관찰자를 담당하는 보호관찰관을 출석시켜 의견을 들을 수 있으며, 피보호관찰자를 심문하거나 필요한 사항을 조사·심리할 수 있다.

[본조신설 2018. 6. 12.]

제9조의3(피보호관찰자에 대한 경고) 보호관찰소의 장은 법 제33조제5항에 따라 피보호관찰자에게 경고를 하는 경우에는 문서로 하여야 한다.

[본조신설 2018. 6. 12.]

제10조(피보호관찰자 등의 신고의무) ① 피보호관찰자는 2개월마다 다음 각 호의 사항을 보호관찰관에게 서면으로 신고해야 한다. 〈개정 2021. 1. 5.〉

1. 기간 중의 주요 활동사항

2. 약 복용 실태 및 치료 현황

3. 기간 중에 교제하거나 모임을 가진 사람 중 범죄를 범할 우려가 있는 사람에 대한 인적사항과 그 교제·모

임의 일시 · 장소 및 내용

4. 기간 중의 여행에 관한 사항

5. 기간 중의 선행사항

6. 위원회와 보호관찰관이 보호관찰과 관련하여 신고하도록 지시한 사항

② 피보호관찰자는 주거를 이전하거나 30일 이상 여행하려는 경우에는 미리 그 내용을 보호관찰관에게 서면으로 신고하여야 한다.

③ 피보호관찰자가 제1항 및 제2항에 따른 신고를 스스로 할 수 없는 경우에는 그 보호자(보호시설의 경우는 그 시설의 장을 말한다. 이하 같다) 또는 치료를 위탁받은 법정대리인등이 신고하여야 한다.

[전문개정 2008. 11. 26.]

제11조(보호관찰관의 임무) ① 보호관찰관은 피보호관찰자의 동태를 관찰하고 건전한 사회인으로 복귀할 수 있도록 지도 · 감독하여야 한다.

② 보호관찰관은 보호관찰부를 작성하여 갖춰 두고, 매월 1회 이상 피보호관찰자의 주요 동태 및 제9조에 따른 준수사항의 이행 여부를 확인하여야 한다.

③ 보호관찰관은 6개월마다 제2항에 규정한 사항을 검사를 거쳐 위원회에 보고하여야 한다.

④ 보호관찰관은 피보호관찰자에게 다음 각 호의 어느 하나에 해당하는 사유가 있는 경우에는 지체 없이 검사를 거쳐 위원회에 보고하여야 한다.

1. 죄를 범한 경우

2. 보호관찰에 따른 준수사항을 위반한 경우

3. 주거를 이전한 경우

4. 일정한 주거가 없게 된 경우

5. 30일 이상 주거지를 무단이탈하거나 소재불명이 된 경우

6. 사망한 경우

7. 보호관찰의 필요가 없다고 인정되는 경우

8. 그 밖에 신원에 중대한 변화가 생긴 경우

⑤ 제4항제7호의 경우 보호관찰관은 검사에게 법 제43조에 따라 치료감호의 종료에 관한 심사신청을 할 것을 요청할 수 있다.

⑥ 보호관찰관은 제10조제2항에 따른 신고를 받은 경우에는 지체 없이 그 내용을 새 주거지 또는 여행지의 보호관찰관에게 통보하여야 한다. 이 경우 피보호관찰자가 주거를 이전한 때에는 지체 없이 피보호관찰자에 대한 보호관찰부와 그 밖의 관계 서류를 새 주거지 관할 보호관찰관에게 송부하여야 한다. 〈개정 2016. 11. 29.〉

⑦ 제6항 후단에 따라 관계 서류를 받은 새 주거지의 보호관찰관은 그 주거 이전의 사실을 확인한 후 지체 없이 검사를 거쳐 위원회에 보고하여야 한다.

[전문개정 2008. 11. 26.]

제11조의2(유치허가신청의 방식 등) ① 보호관찰소의 장은 법 제33조의2제3항에 따라 피보호관찰자의 유치허가 신청을 하는 경우에는 다음 각 호의 사항을 적은 문서로 하여야 한다.

1. 유치대상자의 성명 · 주민등록번호 · 직업 및 주거지

2. 유치를 필요로 하는 사유

3. 유치할 장소

② 법 제33조의2제3항에 따라 판사가 발부하는 유치허가장에는 청구한 검사의 관직·성명·발부일시 및 제1항 각 호의 사항을 적어야 한다.

[본조신설 2018. 6. 12.]

제11조의3(유치허가신청의 관할) 제11조의2제1항에 따른 유치허가신청을 할 때에는 해당 보호관찰소의 소재지 관할 지방검찰청 또는 지청의 검사에게 하여야 한다.

[본조신설 2018. 6. 12.]

제11조의4(가종료등의 취소 신청 등) ① 보호관찰소의 장은 법 제33조의2제4항에 따라 법 제22조에 따른 가종료 또는 법 제23조에 따른 치료의 위탁(이하 "가종료등"이라 한다)의 취소 신청을 요청하는 경우에는 다음 각 호의 사항을 적은 문서로 하여야 한다. 이 경우 법 제33조의2제4항에 따른 가종료등의 취소신청기간은 보호관찰소의 장이 유치허가장을 받은 때부터 기산한다.

1. 피보호관찰자의 성명·주민등록번호·직업 및 주거지

2. 신청의 취지

3. 취소를 필요로 하는 사유

4. 그 밖에 보호관찰을 계속할 수 없는 사유

② 검사는 법 제33조의2제4항에 따른 보호관찰소장의 가종료등의 취소 신청 요청을 기각한 경우에는 지체 없이 보호관찰소의 장에게 그 사실을 알려야 한다.

③ 검사는 법 제33조의2제5항에 따라 위원회에 가종료등의 취소 신청을 하는 경우에는 보호관찰소의 장이 제1항에 따라 제출한 문서를 첨부하고, 그 사유를 소명하여야 한다.

④ 위원회는 법 제33조의2제5항에 따른 가종료등의 취소 신청을 심리하기 위하여 필요하다고 인정하는 경우에는 치료감호시설의 장이나 보호관찰소의 장을 출석시켜 의견을 들을 수 있다.

[본조신설 2018. 6. 12.]

제11조의5(유치기간연장결정의 통지) 관할 지방법원 판사는 법 제33조의2제6항 단서에 따라 유치기간을 연장한 경우에는 지체 없이 보호관찰소의 장에게 그 사실을 알려야 한다.

[본조신설 2018. 6. 12.]

제12조(신고 의무의 고지) 치료감호시설의 장은 피보호관찰자가 출소할 때에는 죄를 다시 범하지 아니하도록 엄중 훈계하고, 법 제34조제2항에 따른 출소 후 신고를 관할 보호관찰관에게 할 것을 고지하여야 한다. 〈개정 2014. 1. 28.〉

[전문개정 2008. 11. 26.]

제13조(신고와 출소 통보) ① 피보호관찰자가 법 제34조제1항에 따른 출소 전 신고를 할 때에는 다음 각 호의 사항을 적은 신고서를 치료감호시설의 장에게 제출하여야 한다. 〈개정 2014. 1. 28.〉

1. 등록기준지, 입소 전 주소, 성명, 생년월일, 성별

2. 출소 후의 거주 예정지

3. 거주 예정지 도착 예정일시

4. 그 밖에 치료감호시설의 장이 요구하는 사항

② 제1항에 따른 신고서를 받은 치료감호시설의 장은 제1항 각 호의 사항과 다음 각 호의 사항을 적은 출소통보서를 작성하여 1부는 위원회에, 1부는 출소 후 거주 예정지 관할 보호관찰관에게 송부하고, 1부는 치료감호시설에 갖춰 두어야 한다. 〈개정 2014. 1. 28.〉

1. 치료감호의 판결법원, 판결 연월일 및 기간

2. 치료감호처분의 요건이 된 전과, 치료감호경력 및 범죄사실의 요지

3. 병과(倂科)된 형의 죄명, 형명(刑名) 및 형기(刑期)

4. 가족, 동거인 및 교우 관계

5. 본인 및 가족의 재산 상태

6. 학력, 경력 및 병역 관계

7. 종교 및 가입단체

8. 해외여행 관계

9. 치료위탁의 경우 치료받을 병원명 및 소재지

10. 그 밖에 치료를 위하여 필요한 사항

③ 법 제34조제2항에 따른 출소 후 신고를 할 때에는 다음 각 호의 사항을 적은 신고서를 보호관찰관에게 제출하여야 한다. 〈개정 2014. 1. 28., 2017. 5. 29.〉

1. 등록기준지, 주거, 성명, 생년월일, 직업, 성별

2. 주거지 도착일시

3. 생활계획

3의2. 피보호관찰자가 등록한 「정신건강증진 및 정신질환자 복지서비스 지원에 관한 법률」 제15조에 따른 정신건강복지센터(이하 "정신건강복지센터"라 한다)

4. 그 밖에 치료계획 등 보호관찰관이 요구하는 사항

④ 피보호관찰자는 제3항에 따른 신고사항이 변동된 경우에는 지체 없이 보호관찰관에게 신고하여야 한다.

⑤ 피보호관찰자가 제1항·제3항 및 제4항에 따른 신고를 스스로 할 수 없는 경우에는 그 보호자 또는 치료의 위탁을 받은 법정대리인등이 신고하여야 한다.

⑥ 제2항에 따른 통보를 받은 관할 보호관찰관은 피보호관찰자가 법 제34조제2항에 따른 출소 후 신고를 하지 아니한 경우에는 지체 없이 그 사실을 검사를 거쳐 위원회에 보고하여야 한다.

[전문개정 2008. 11. 26.]

제13조의2(보호관찰소와 정신건강복지센터의 공조 범위) ① 법 제36조의4제2항에 따라 보호관찰소의 장이 정신건강복지센터의 장에게 요청할 수 있는 정신보건 관련 정보는 다음 각 호와 같다. 〈개정 2017. 5. 29.〉

1. 정신건강복지센터 등록일·상담일·진료일 등 등록·상담 및 진료 관련 사항

2. 정신건강복지센터의 사회복귀훈련 프로그램 등 사회복귀훈련 및 이에 관한 사례 관리 관련 사항

3. 피보호관찰자의 치료 정도 및 정신보건 상태

② 법 제36조의4제3항에 따라 정신건강복지센터의 장이 보호관찰소의 장에게 협조를 요청할 수 있는 사항은 다음 각 호와 같다. 〈개정 2017. 5. 29.〉

1. 피보호관찰자의 정신건강복지센터 방문·면담 시 보호관찰관의 동행·참여

2. 피보호관찰자의 생활상태 및 특이사항 등에 대한 정보 제공

3. 피보호관찰자의 치료, 재범방지 및 사회복귀를 위한 계획 수립·집행 시 보호관찰관의 의견 제출

[본조신설 2014. 1. 28.]

[제목개정 2017. 5. 29.]

제14조(위원회의 구성) ① 위원회의 위원은 위원장의 제청으로 법무부장관이 임명하거나 위촉한다.

② 공무원이 아닌 위원의 임기는 3년으로 한다.

③ 위원장은 위원회를 대표하고 위원회의 업무를 총괄하며, 위원회의 회의를 소집하고 그 의장이 된다.

④ 위원장이 부득이한 사유로 직무를 수행할 수 없을 때에는 위원장이 미리 지명한 위원이 그 직무를 대행한다.

⑤ 법 제37조제4항에 따른 자문위원은 10명 이내로 하며, 자문위원은 위원회의 심사·결정에 필요한 자문에 응한다.

[전문개정 2008. 11. 26.]

제15조(위원회의 직원) ① 위원회에 간사 2명과 서기 약간명을 둔다.

② 간사와 서기는 법무부 소속 공무원 중에서 위원장이 임명한다.

③ 간사는 위원장의 명을 받아 위원회의 사무를 처리하고 회의에 참석하여 발언할 수 있으며, 서기는 간사를 보조한다.

[전문개정 2008. 11. 26.]

제16조(심사자료 송부 요청) 위원회는 법 제37조제3항에 규정된 사항(이하 "치료감호사안"이라 한다)을 심사할 때 검사, 치료감호시설의 장 또는 보호관찰관에게 치료감호사안 조사기록, 형 및 치료감호 집행기록 또는 보호관찰부 등 심사 자료의 송부를 요청할 수 있다. 〈개정 2014. 1. 28.〉

[전문개정 2008. 11. 26.]

제17조(검사의 심사신청) ① 검사가 법 제43조에 따라 위원회에 피치료감호자의 심사를 신청할 때에는 신청서에 피치료감호자의 성명·연령·주거·직업 등을 적고, 다음 각 호의 자료를 첨부하여야 한다. 〈개정 2014. 1. 28.〉

1. 치료감호시설의 장 또는 보호관찰관의 의견서

2. 치료감호 판결등본

3. 형 및 치료감호 집행기록

4. 치료감호사안 조사기록

② 제1항의 경우 검사는 치료감호사안과 관련된 사건기록을 보존하고 있는 검찰청으로부터 송부받아 이를 심사신청서와 함께 위원회에 송부할 수 있다.

[전문개정 2008. 11. 26.]

제18조(피치료감호자 등의 심사신청) ① 피치료감호자와 그 법정대리인등은 법 제44조에 따라 위원회에 치료감호의 종료 여부에 대한 심사를 신청할 때에는 정신건강의학과 등의 전문의의 진단서 또는 감정서를 첨부하여야 한다. 〈개정 2011. 11. 23., 2018. 6. 12.〉

② 치료감호시설의 장은 피치료감호자와 그 법정대리인등의 심사신청에 대하여 위원회에 의견을 제출할 수 있다. 〈개정 2014. 1. 28., 2018. 6. 12.〉

[전문개정 2008. 11. 26.]

[제목개정 2018. 6. 12.]

제19조(위원회의 결정) 위원회는 다음 각 호의 어느 하나에 해당하는 경우에는 지체 없이 이를 심사·결정하고, 위원장과 출석위원이 기명·날인한 결정서를 작성해야 한다. 〈개정 2021. 4. 6.〉

1. 법 제21조의2제1항에 따른 기간이 된 경우

2. 제6조의2에 따른 재이송 신청이 있는 경우

3. 법 제22조에 따른 기간이 된 경우

4. 법 제43조 또는 제44조에 따른 심사신청이 있는 경우

5. 그 밖의 치료감호사안을 심사·결정하는 경우

[전문개정 2014. 1. 28.]

제20조(결정서의 기재 요건) 결정서에는 피치료감호자의 성명·연령·등록기준지·주거 및 감호소의 명칭과 결정 주문(主文) 및 이유를 적어야 한다. 법 제43조에 따른 검사의 심사신청에 대하여는 결정서에 검사의 관직 및 성명을 함께 적는다.

[전문개정 2008. 11. 26.]

제21조(결정의 송달 등) ① 위원회는 치료감호사안에 관하여 결정을 한 때에는 결정서 등본을 피치료감호자를 감호 또는 보호관찰하는 치료감호시설의 장이나 보호관찰관에게 송달한다. 다만, 검사의 신청을 받아 결정을 한 경우에는 결정서 등본을 심사를 신청한 검사에게 송달하여야 하며, 그 송달을 받은 검사는 이를 치료감호시설의 장이나 보호관찰관에게 통보한다. 〈개정 2014. 1. 28.〉

② 제1항에 따라 송달 또는 통보를 받은 치료감호시설의 장이나 보호관찰관은 그 내용을 피치료감호자에게 고지하여야 한다. 〈개정 2014. 1. 28.〉

③ 위원회는 법 제44조에 따른 피치료감호자와 그 법정대리인등의 신청에 대하여 결정을 한 때에는 그 결정서 등본을 피치료감호자와 그 법정대리인등에게 송달하여야 한다. 〈개정 2018. 6. 12.〉

[전문개정 2008. 11. 26.]

제22조(회의록) ① 위원회는 회의록을 작성·비치하여야 한다.

② 회의록에는 회의와 관련된 모든 사항을 적고 위원장이 기명·날인하여야 한다.

[전문개정 2008. 11. 26.]

제23조(수당 등) ① 위원회의 위원장·위원·자문위원 및 직원에 대하여는 예산의 범위에서 출석수당과 여비를 지급할 수 있다. 다만, 공무원인 위원이 그 소관 업무와 직접적으로 관련되어 위원회에 출석하는 경우에는 그러하지 아니하다.

② 제1항의 수당 및 여비의 금액과 지급방법 및 그 밖에 필요한 사항은 법무부령으로 정한다.

[전문개정 2008. 11. 26.]

제24조(위원회의 운영세칙) 이 영에 규정된 사항 외에 위원회의 운영에 필요한 사항은 위원회의 의결을 거쳐 위원장이 정한다.

[전문개정 2008. 11. 26.]

제25조(판결 전 조사) 법원은 법 제44조의3제1항에 따라 피고인의 주거지 또는 그 법원의 소재지를 관할하는 보호관찰소의 장에게 조사를 요구하는 경우에는 피고인의 인적사항 및 범죄사실의 요지를 통보하여야 한다. 이 경우 필요하다고 인정하면 참고자료를 송부할 수 있다.

[본조신설 2016. 11. 29.]

[종전 제25조는 제33조로 이동 〈2016. 11. 29.〉]

제25조의2

[종전 제25조의2는 제34조로 이동 〈2016. 11. 29.〉]

제26조(집행지휘의 방식) 검사는 법 제44조의6제1항에 따라 치료명령의 집행을 지휘하는 경우에는 법 제44조의2제1항에 따른 치료를 명하는 판결이 확정된 후 지체 없이 치료명령을 선고받은 사람(이하 "피치료명령자"라 한다)의 주거지를 관할하는 보호관찰소의 장에게 판결문 등본을 첨부한 지휘 서면을 송부하여야 한다.

[본조신설 2016. 11. 29.]

[종전 제26조는 제35조로 이동 〈2016. 11. 29.〉]

제27조(치료명령 집행 전의 준비 등) ① 보호관찰관은 법 제44조의6제1항에 따라 치료명령을 집행하기 전에 제26조에 따른 지휘 서면 및 판결문 등본을 모두 확인하여야 한다.

② 보호관찰관은 법 제44조의6제1항에 따라 치료명령을 집행하기 전에 피치료명령자에게 다음 각 호의 사항을 알려 주어야 한다.

1. 법 제44조의5에 따른 준수사항

2. 법 제44조의8에 따른 선고유예의 실효 및 집행유예의 취소에 관한 사항

3. 그 밖에 치료명령의 집행에 필요한 사항

[본조신설 2016. 11. 29.]

제28조(치료명령 집행계획의 수립) 보호관찰관은 법 제44조의6제1항에 따라 피치료명령자에 대한 치료명령을 집행하기 전에 다음 각 호의 사항을 종합적으로 고려한 치료명령 집행계획을 수립하여야 한다.

1. 피치료명령자에 대한 법 제44조의6제2항에 따른 집행 방법

2. 피치료명령자의 신체적·심리적 특성 및 상태, 직업, 생활환경, 치료비용 부담능력

[본조신설 2016. 11. 29.]

제29조(인지행동 치료 등 심리치료 프로그램 등) ① 법 제44조의6제2항에 따른 인지행동 치료 등 심리치료 프로그램에는 다음 각 호의 내용이 포함되어야 한다.

1. 인지 왜곡의 수정 및 이상 행동의 수정

2. 치료 동기의 고취

3. 치료원인의 재발방지 및 피치료명령자의 사회적응능력 배양

4. 그 밖에 재범방지를 위하여 필요한 사항

② 법무부장관은 제1항에 따른 심리치료 프로그램의 개발에 노력하여야 한다.

[본조신설 2016. 11. 29.]

제30조(치료명령의 집행 확인 등) ① 법 제44조의6제1항에 따라 치료명령을 집행하는 보호관찰관은 피치료명령자와의 면담이나 법 제44조의7에 따른 치료기관 방문 등을 통하여 피치료명령자에 대한 치료명령 집행 상황을 확인하여야 한다.

② 법무부장관은 치료명령 집행업무를 전문적으로 수행할 수 있는 인력의 양성을 위하여 노력하여야 한다.

[본조신설 2016. 11. 29.]

제31조(치료명령 집행 협의체) 보호관찰소의 장은 치료명령의 집행에 관한 다음 각 호의 사항을 협의하기 위하여 필요하다고 인정하는 경우에는 보호관찰관, 정신건강의학과 전문의 및 「정신건강증진 및 정신질환자 복지서비스 지원에 관한 법률」에 따른 정신건강전문요원 등 전문가로 구성된 치료명령 집행 협의체를 운영할 수 있다. 〈개정 2017. 5. 29.〉

1. 법 제44조의6제2항에 따른 집행 방법에 관한 사항

2. 보호관찰소와 법 제44조의7에 따른 치료기관 간의 업무 협조에 관한 사항

3. 제28조에 따른 치료명령 집행계획의 수립에 관한 사항

4. 그 밖에 치료명령의 집행과 관련하여 보호관찰소의 장이 필요하다고 인정하는 사항

[본조신설 2016. 11. 29.]

제32조(치료비용의 국가부담) ① 국가는 법 제44조의9제1항 단서에 따라 피치료명령자가 다음 각 호의 어느

하나에 해당하는 경우에는 치료비용을 부담할 수 있다.

1. 「국민기초생활 보장법」 제2조제2호에 따른 수급자 또는 같은 조 제10호에 따른 차상위계층

2. 「긴급복지지원법」 제2조에 따른 위기상황에 처한 사람

② 피치료명령자는 제1항에 따른 치료비용의 국가부담을 신청하려는 경우에는 법무부령으로 정하는 신청서에 다음 각 호의 서류를 첨부하여 보호관찰소의 장에게 제출하여야 한다. 다만, 「국민기초생활 보장법」 제2조제2호에 따른 수급자인 피치료명령자는 신청서만 제출한다.

1. 삭제 〈2018. 6. 12.〉

2. 「긴급복지지원법」 제2조 각 호의 어느 하나에 해당한다는 사실을 증명할 수 있는 자료(제1항제2호인 경우만 해당한다)

3. 소득이 없어 소득신고를 하지 아니한 경우에는 그 사실을 확인할 수 있는 자료

4. 그 밖에 일정한 수입원이나 재산이 없음을 확인할 수 있는 자료

③ 보호관찰소의 장은 제2항에 따라 신청서를 제출받았을 때에는 신청인의 동의를 받아 「전자정부법」 제36조제1항에 따른 행정정보의 공동이용을 통하여 다음 각 호의 행정정보를 확인하여야 한다. 다만, 신청인이 확인에 동의하지 아니하는 경우에는 그 서류를 첨부하게 하여야 한다. 〈개정 2018. 6. 12.〉

1. 소득금액 증명서(소득이 있는 경우만 해당한다)

2. 지방세 세목별 과세증명서 및 지방세 납세증명서

3. 국민기초생활 수급자 증명서(「국민기초생활 보장법」 제2조제2호에 따른 수급자인 경우만 해당한다)

4. 차상위 본인부담경감 대상자 증명서(「국민기초생활 보장법」 제2조제10호에 따른 차상위계층인 경우만 해당한다)

④ 보호관찰소의 장은 필요한 경우에는 신청인을 출석하게 하거나 신청인에게 필요한 자료를 제출하도록 요청할 수 있다.

⑤ 보호관찰소의 장은 국가, 지방자치단체 및 「공공기관의 운영에 관한 법률」 제4조에 따른 공공기관에 신청인의 치료비용 부담 능력을 확인하는 데 필요한 자료의 제출을 요청할 수 있다. 이 경우 법무부령으로 정하는 신청인의 동의서를 첨부하여야 한다.

⑥ 보호관찰소의 장은 제2항부터 제5항까지의 자료를 심사하여 신청인에 대한 치료비용의 국가부담을 결정한다.

⑦ 보호관찰소의 장은 제6항에 따라 치료비용을 국가가 부담하도록 결정한 경우에는 치료행위마다 예산의 범위에서 치료비용 전부를 지급해야 한다. 다만, 「국민건강보험법」, 「의료급여법」이나 그 밖의 다른 법령에서 신청인 또는 그 보호의무자(「정신건강증진 및 정신질환자 복지서비스 지원에 관한 법률」 제39조에 따른 보호의무자를 말한다)가 부담하지 않도록 규정한 치료비용은 국가가 지급하는 비용에서 제외한다. 〈개정 2021. 4. 6.〉

⑧ 제1항부터 제7항까지에서 규정한 사항 외에 국가가 부담하는 치료비용의 구체적인 지급절차는 법무부장관이 정한다.

[본조신설 2016. 11. 29.]

제33조(군치료감호심의위원회) 법 제50조제2항에 따른 군치료감호심의위원회에 관하여는 제14조부터 제24조까지를 준용한다. 이 경우 "법무부장관"은 "국방부장관"으로, "법무부"는 "국방부"로 본다.

[전문개정 2008. 11. 26.]

[제25조에서 이동 〈2016. 11. 29.〉]

제34조(기부금품의 접수 등) ① 치료감호시설의 장은 법 제50조의2제1항에 따라 기부금품을 접수하는 경우 기부자에게 영수증을 발급하여야 한다. 다만, 익명으로 기부하거나 기부자를 알 수 없는 경우에는 영수증을 발급하지 아니할 수 있다.

② 치료감호시설의 장은 제1항에 따른 기부자가 다음 각 호의 어느 하나의 경우에 해당하는 사실을 알게 된 경우에는 기부금품을 접수해서는 아니 된다.

1. 기부자가 피치료감호자인 경우

2. 기부자가 피치료감호자와 친족이거나 친족이었던 경우

3. 그 밖에 기부자가 피치료감호자와 직접적인 이해관계가 있다고 인정되는 기관·단체 또는 사람인 경우

③ 치료감호시설의 장은 제1항에 따른 기부자가 기부금품의 용도를 지정한 경우에는 그 용도로만 사용하여야 한다. 다만, 기부자가 지정한 용도로 사용하기 어려운 경우에는 특별한 사정이 없는 한 기부자의 동의를 받아 다른 용도로 사용할 수 있다.

④ 치료감호시설의 장은 모든 기부금의 수입 및 지출을 기부금 전용계좌를 통하여 처리하여야 한다.

⑤ 치료감호시설의 장은 기부금품의 접수현황 및 사용실적 등에 관한 장부를 갖추어 두고 기부자가 열람할 수 있도록 하여야 한다.

⑥ 치료감호시설의 장은 매 반기별로 기부금품의 접수현황 및 사용실적 등에 관한 사항을 법무부장관에게 보고하여야 한다.

[본조신설 2014. 6. 30.]

[제25조의2에서 이동 〈2016. 11. 29.〉]

제35조(민감정보 및 고유식별정보의 처리) ① 검사는 다음 각 호의 사무를 수행하기 위하여 불가피한 경우 「개인정보 보호법 시행령」 제18조제2호에 따른 범죄경력자료에 해당하는 정보, 같은 영 제19조제1호 또는 제4호에 따른 주민등록번호 또는 외국인등록번호가 포함된 자료를 처리할 수 있다. 〈개정 2014. 1. 28., 2016. 11. 29.〉

1. 법 제4조에 따른 치료감호 청구에 관한 사무

2. 법 제6조에 따른 치료감호영장 청구에 관한 사무

2의2. 법 제16조제3항에 따른 치료감호 기간 연장 청구에 관한 사무

3. 법 제17조 및 제21조에 따른 치료감호 집행에 관한 사무

4. 법 제43조 및 이 영 제17조에 따른 치료감호의 심사신청에 관한 사무

5. 법 제44조의6제1항에 따른 치료명령 집행지휘에 관한 사무

② 위원회는 다음 각 호의 사무를 수행하기 위하여 불가피한 경우 제1항에 따른 개인정보가 포함된 자료를 처리할 수 있다.

1. 법 제23조제3항에 따른 치료위탁에 관한 사무

2. 법 제40조와 이 영 제19조에 따른 심사·결정에 관한 사무

3. 법 제44조에 따른 치료감호 종료 여부의 심사에 관한 사무

③ 치료감호시설의 장은 다음 각 호의 사무를 수행하기 위하여 불가피한 경우 「개인정보 보호법」 제23조에 따른 건강에 관한 정보, 같은 법 시행령 제18조제2호에 따른 범죄경력자료에 해당하는 정보, 같은 영 제19조제1호 또는 제4호에 따른 주민등록번호 또는 외국인등록번호가 포함된 자료를 처리할 수 있다. 〈개정 2014. 1. 28., 2014. 6. 30., 2018. 6. 12.〉

1. 법 제2조·제13조 및 제26조와 이 영 제5조에 따른 치료감호에 관한 사무

2. 제18조에 따른 치료감호 종료 심사에 관한 사무

3. 법 제16조제3항에 따른 치료감호 기간 연장 신청에 관한 사무

4. 법 제16조의2제3항에 따른 경비보조에 관한 사무

5. 법 제21조의2에 따른 치료감호시설 간 이송에 관한 사무

6. 법 제36조의3에 따른 치료감호시설 출소자에 대한 외래진료에 관한 사무

7. 법 제50조의2에 따른 기부금품의 접수에 관한 사무

④ 보호관찰소의 장은 다음 각 호의 사무를 수행하기 위하여 불가피한 경우 제3항에 따른 개인정보가 포함된 자료를 처리할 수 있다. 〈신설 2014. 1. 28., 2016. 11. 29., 2017. 5. 29.〉

1. 법 제36조의4에 따른 정신건강복지센터의 장과의 공조에 관한 사무

2. 법 제44조의3에 따른 판결 전 조사에 관한 사무

3. 법 제44조의9에 따른 치료비용의 국가부담에 관한 사무

4. 제31조에 따른 치료명령 집행 협의체 운영에 관한 사무

⑤ 보호관찰관은 다음 각 호의 사무를 수행하기 위하여 불가피한 경우 제3항에 따른 개인정보가 포함된 자료를 처리할 수 있다. 〈개정 2014. 1. 28., 2016. 11. 29.〉

1. 법 제44조의6에 따른 치료명령의 집행에 관한 사무

2. 제9조부터 제11조까지의 규정에 따른 보호관찰에 관한 사무

⑥ 치료감호시설의 장 또는 보호관찰관은 다음 각 호의 사무를 수행하기 위하여 불가피한 경우 제1항에 따른 개인정보가 포함된 자료를 처리할 수 있다. 〈개정 2014. 1. 28.〉

1. 법 제34조와 이 영 제10조 및 제13조에 따른 피보호관찰자에 대한 신고에 대한 사무

2. 법 제43조에 따른 심사신청의 요청 및 의견 제출

⑦ 정신건강복지센터의 장은 다음 각 호의 사무를 수행하기 위하여 불가피한 경우 제3항에 따른 개인정보가 포함된 자료를 처리할 수 있다. 〈신설 2014. 1. 28., 2016. 11. 29., 2017. 5. 29., 2018. 6. 12.〉

1. 법 제36조의2에 따른 치료감호시설 출소자에 대한 정신보건서비스에 관한 사무

2. 법 제36조의4에 따른 보호관찰소의 장과의 공조에 관한 사무

⑧ 법무부장관은 다음 각 호의 사무를 수행하기 위하여 불가피한 경우 제1항에 따른 개인정보가 포함된 자료를 처리할 수 있다. 〈신설 2014. 8. 6., 2016. 11. 29.〉

1. 법 제38조에 따른 위원회 위원의 결격사유 확인에 관한 사무

2. 법 제39조에 따른 위원회 위원의 해촉에 관한 사무

3. 법 제44조의7제1항에 따른 치료기관 지정에 관한 사무

[본조신설 2012. 1. 6.]

[제26조에서 이동 〈2016. 11. 29.〉]

　　부칙 〈제31595호, 2021. 4. 6.〉

제1조(시행일) 이 영은 2021년 4월 21일부터 시행한다.

제2조(보호조치의 연장에 관한 적용례) 제7조의3제2항제2호의 개정규정은 이 영 시행 전에 개시된 보호조치를 이 영 시행 이후 연장하는 경우에도 적용한다.

치료감호 등에 관한 법률 시행규칙

[시행 2024. 5. 21.] [법무부령 제1078호, 2024. 5. 21., 일부개정]

제1조(목적) 이 규칙은 「치료감호 등에 관한 법률」 및 같은 법 시행령에서 위임된 사항과 그 시행에 필요한 사항을 규정함을 목적으로 한다. 〈개정 2016. 12. 2.〉

[전문개정 2008. 12. 12.]

제2조 삭제 〈2008. 12. 12.〉

제3조(치료감호청구의 방식) ① 「치료감호 등에 관한 법률」(이하 "법"이라 한다) 제4조에 따른 치료감호청구서는 별지 제1호서식과 같다. 다만, 공소를 제기하면서 동시에 치료감호를 청구할 때에는 별지 제2호서식의 공소장 및 치료감호청구서로 하여야 한다. 〈개정 2014. 1. 29., 2016. 12. 2.〉

② 공소를 제기한 후에 치료감호청구를 할 때에는 치료감호사건과 병합심리할 피고사건이나 약식명령 청구 사건이 계속(繫屬)되어 있는 법원명, 사건번호, 피고인 성명, 죄명 등을 분명하게 적어 병합심리를 신청하여야 한다.

③ 공소를 제기하지 아니하고 치료감호청구만을 할 때에는 치료감호사건과 동시에 심리할 수 있었던 피의사건의 사건번호를 적는다.

④ 제1항 본문에 따른 치료감호청구서와 같은 항 단서에 따른 공소장 및 치료감호청구서에는 다음 각 호의 서류를 첨부하여야 한다. 〈개정 2024. 5. 21.〉

1. 구속영장 또는 그 등본이나 치료감호영장 또는 그 등본
2. 변호인 선임서
3. 피의자 수용증명 또는 치료감호대상자 수용증명
4. 구속기간 연장결정서나 그 등본 또는 보호구속기간 연장결정서나 그 등본

[전문개정 2008. 12. 12.]

제4조(조사사항) ① 검사와 사법경찰관리는 법 제5조에 따라 치료감호대상자를 조사할 때 다음 각 호의 사항에 유의하여야 한다. 〈개정 2016. 12. 2.〉

1. 치료감호의 요건이 되는 전과 및 치료감호경력
2. 치료의 필요성과 재범의 위험성
3. 심신장애의 정도 또는 「치료감호 등에 관한 법률 시행령」(이하 "영"이라 한다) 제2조에 규정된 물질이나 알코올을 식음(食飮)하는 등의 습벽(習癖) 및 중독된 정도, 정신성적(精神性的) 장애의 정도
4. 그 밖에 치료감호대상자에게 이익이 되는 사항
5. 제1호부터 제4호까지의 사항을 증명하는 사항

② 제1항제1호의 전과 및 치료감호경력을 조사할 때에는 형 및 치료감호의 판결법원, 판결 연월일, 죄명, 형명(刑名), 형기(刑期)와 치료감호기간, 형 집행사항과 치료감호의 집행사항을 명백히 조사하여야 한다.

[전문개정 2008. 12. 12.]

제5조(치료감호영장청구서 등) 법 제6조제1항의 치료감호영장청구는 별지 제3호서식의 치료감호영장청구서로 하여야 하고, 같은 조 제2항의 치료감호영장신청은 별지 제4호서식의 치료감호영장신청서로 하여야 한다.

[전문개정 2008. 12. 12.]

제6조(송치서류) ① 사법경찰관이 치료감호에 처(處)함이 상당하다고 인정되는 사건(이하 "치료감호대상사건"이라 한다)을 검찰청에 송치할 때에는 의견서에 적용법조와 치료감호를 청구함이 상당하다고 인정되는 이유 및 의견을 덧붙여 적어야 한다. 이 경우 법 제2조제1항제3호에 따른 치료감호대상자에 대하여는 검찰청에 송치하기 전에 정신과 등의 전문의의 진단이나 감정을 받아야 한다.

② 제1항의 경우 사건송치서의 의견란에 괄호를 하고, 붉은색으로 "치료감호"라고 적어야 한다.

③ 제1항의 송치서류에는 범죄경력 자료 등 치료감호의 요건이 되는 사실을 증명하는 서류를 첨부하여야 한다.

④ 치료감호대상사건을 송치할 때에 제3항에 따른 서류를 첨부하지 못한 경우에는 사건송치서의 비고란에 그 사유를 적고, 사건을 송치한 후에 새로운 치료감호의 요건이 되는 사실이 발견된 경우에는 즉시 그 사실을 검사에게 보고하여야 한다.

[전문개정 2008. 12. 12.]

제7조(치료감호불청구의 방식) 검사는 사법경찰관이 치료감호청구의견으로 송치한 사건이나 검사가 수사결과 보호구속한 사건에 대하여 치료감호를 청구하지 아니한다는 결정을 한 때에는 별지 제5호서식의 치료감호불청구결정서를 작성하고, 치료감호사건의 요지와 조사의 결과 및 청구를 하지 아니하는 이유를 적어야 한다.

[전문개정 2008. 12. 12.]

제8조(치료감호사건의 보고) ① 지방검찰청 검사장 또는 지청장은 치료감호대상자에 대하여 치료감호청구를 한 때에는 지체 없이 법무부장관과 상급 검찰청의 장에게 그 사실을 보고하여야 한다.

② 제1항의 치료감호청구사건에 대하여 재판이 확정된 때에는 그 법원에 대응하는 검찰청의 장은 지체 없이 법무부장관과 상급 검찰청의 장에게 그 사실을 보고하여야 한다.

[전문개정 2008. 12. 12.]

제9조(재판 결과의 통보) 지방검찰청 또는 지청에서는 치료감호사건에 대한 재판이 확정된 때에는 지체 없이 그 재판 결과를 송치사건처리결과통지 및 처분결과통보서송부표에 적어서 송치관서에 송부하여야 한다.

[전문개정 2008. 12. 12.]

제9조의2(치료감호 기간의 연장 신청 등) ① 법 제16조제3항에 따른 치료감호 기간의 연장 신청은 별지 제5호의2서식에 따른다.

② 법 제16조제3항에 따른 치료감호 기간의 연장 청구는 별지 제5호의3서식에 따른다.

③ 법원이 법 제16조제3항에 따라 치료감호 기간의 연장을 결정한 경우 검사의 집행 지휘는 별지 제5호의4서식에 따른다. 다만, 법원이 검사의 청구를 기각한 경우에는 검사는 그 결정문 사본을 치료감호시설의 장에게 송부하여야 한다.

[본조신설 2014. 1. 29.]

제9조의3(경비보조 청구) 영 제4조의5제2항에 따른 경비보조 청구서는 별지 제5호의5서식과 같다.

[본조신설 2014. 1. 29.]

제10조(치료감호의 집행지휘서 등) ① 법 제17조에 따른 치료감호의 집행 지휘는 별지 제6호서식의 치료감호 집행지휘서로 하여야 한다.

② 법 제21조제2항에 따른 치료감호집행장은 별지 제7호서식과 같다.

[전문개정 2008. 12. 12.]

제11조(치료감호의 집행 지휘 등) ① 치료감호와 형이 병과(倂科)된 경우에는 먼저 치료감호의 집행을 지휘하고, 그 치료감호 집행지휘서의 비고란에 병과된 형의 내용을 붉은색으로 적어야 한다.

② 치료감호시설의 장은 형이 병과된 치료감호를 선고받은 자(이하 "피치료감호자"라 한다)에 대하여 치료감호의 종료가 결정되었으나 남은 형기가 있을 때에는 즉시 치료감호의 집행을 지휘한 지방검찰청 또는 지청의 검사에게 치료감호의 종료와 남은 형기 등 형의 집행 지휘에 필요한 사항을 통보하여야 한다. 〈개정 2014. 1. 29.〉

③ 법 제37조에 따른 치료감호심의위원회가 치료감호의 가종료에 관련된 사항으로서 피치료감호자에 대한 치료감호의 집행을 정지하고 치료감호와 병과된 형 외의 자유형 또는 노역장유치(이하 이 조에서 "자유형등"이라 한다)를 먼저 집행할 필요가 있다고 심사·결정한 경우 치료감호시설의 장은 치료감호시설 소재지를 관할하는 지방검찰청 또는 지청의 검사에게 해당 피치료감호자에 대한 치료감호의 집행을 정지하고 먼저 자유형등의 집행을 지휘해줄 것을 요청할 수 있다. 〈신설 2023. 5. 4.〉

④ 제3항에 따른 요청을 받은 검사는 소속 검찰청의 장의 허가를 받아 해당 피치료감호자에 대한 치료감호의 집행을 정지하고 먼저 자유형등의 집행을 지휘할 수 있다. 〈신설 2023. 5. 4.〉

⑤ 제3항에 따른 요청은 별지 제6호의2서식에 따르고, 제4항에 따른 지휘는 별지 제6호의3서식에 따른다. 〈신설 2023. 5. 4.〉

[전문개정 2008. 12. 12.]

제12조(피치료감호자 동태보고서) ① 영 제5조제1항에 따른 치료감호시설의 장의 보고는 별지 제8호서식에 따른다.

② 영 제5조제2항에 따른 지정법무병원의 장의 보고는 별지 제8호의2서식에 따른다.

[전문개정 2014. 1. 29.]

제12조의2(재이송 신청서) 영 제6조의2제1항에 따른 지정법무병원의 장의 피치료감호자 재이송 신청은 별지 제8호의3서식에 따른다.

[본조신설 2014. 1. 29.]

제13조(서약서) ① 법 제23조제3항에 따라 치료를 위탁받은 피치료감호자의 법정대리인, 배우자, 직계존속, 형제자매(이하 "법정대리인등"이라 한다)가 제출할 서약서에는 치료받을 병원의 장이 확인한 입원보증서, 법정대리인등과 피치료감호자와의 관계 및 입원치료의 능력을 소명하는 자료를 첨부하여야 한다.

② 제1항의 서약서는 별지 제9호서식과 같다.

[전문개정 2008. 12. 12.]

제13조의2(피치료감호자등 보호원부) 영 제7조의3제5항에 따른 피치료감호자등 보호원부는 별지 제9호의2서식에 따른다.

[본조신설 2018. 6. 12.]

제14조(청원함 설치 등) 치료감호시설의 장은 법 제30조 및 영 제8조에 따른 피치료감호자 처우개선에 관한 청원을 보장하기 위하여 병동 등 이용하기 쉬운 장소에 청원함을 설치하고 안내문을 게시하여야 하며, 청원의 접수·처리 등을 위하여 별지 제10호서식의 청원관리부를 갖춰 두고 운용하여야 한다. 〈개정 2014. 1. 29.〉

[전문개정 2008. 12. 12.]

제15조(보호관찰에 관한 지시) ① 보호관찰관이 영 제9조제2항에 따라 보호관찰을 받기 시작한 자(이하 "피보호관찰자"라 한다)에게 구체적인 지시를 할 때에는 별지 제11호서식의 지시서로 하여야 한다.

② 보호관찰관이 제1항에 따른 지시를 한 때에는 그 내용을 지체 없이 검사를 거쳐 법 제37조에 따른 치료감호심의위원회(이하 "위원회"라 한다)에 보고하여야 한다.

[전문개정 2008. 12. 12.]

제16조(진술서) ① 보호관찰관은 영 제9조제3항에 따라 피보호관찰자를 출석하게 하여 법 제33조에 따른 준수사항이나 그 밖에 지도·감독상 필요한 사실을 확인하는 경우 필요하다고 인정될 때에는 별지 제12호서식의 진술서를 작성하거나 피보호관찰자로 하여금 자필로 이를 작성·제출하게 할 수 있다.

② 제1항에 따른 진술서에는 피보호관찰자가 서명하고 도장 또는 지장을 찍어야 한다. 피보호관찰자가 서명할 수 없을 때에는 보호관찰관이 대신하여 이름을 적되, 그 사유를 적고 피보호관찰자의 도장 또는 지장을 받아야 한다.

③ 영 제9조제3항에 따라 보호관찰관이 피보호관찰자를 지도·감독하기 위하여 관계자로부터 필요한 사실을 확인하는 경우 그 진술서 작성에 관하여는 제1항과 제2항을 준용한다. 이 경우 관계자가 진술 등을 거부할 때에는 그 사유를 적어야 한다.

[전문개정 2008. 12. 12.]

제16조의2(준수사항의 추가·변경 또는 삭제 신청 등) 법 제33조제3항 및 영 제9조의2제2항에 따른 피보호관찰자의 준수사항 전부 또는 일부의 추가·변경 또는 삭제의 신청은 별지 제12호의2서식에 따른다.

[본조신설 2018. 6. 12.]

제16조의3(경고장) 영 제9조의3에 따른 피보호관찰자에 대한 경고는 별지 제12호의3서식에 따른다.

[본조신설 2018. 6. 12.]

제17조(피보호관찰자 정기신고서) 영 제10조제1항의 정기신고는 별지 제13호서식의 피보호관찰자 정기신고서로 하여야 한다.

[전문개정 2008. 12. 12.]

제18조(신고접수부 및 피보호관찰자의 주거이전·여행 신고) ① 보호관찰관은 별지 제14호서식의 신고접수부를 갖추어 영 제10조, 법 제34조제1항·제2항 또는 영 제13조제4항·제5항에 따른 신고를 접수한 때에는 그 사실을 신고접수부에 적고, 신고인에게 별지 제15호서식의 신고확인증을 발급하여야 한다. 〈개정 2024. 5. 21.〉

② 영 제10조제1항제4호 또는 같은 조 제2항에 따른 신고는 별지 제16호서식의 피보호관찰자 주거이전·여행 신고서로 하여야 하며, 주거이전의 신고를 할 때에는 퇴거신고접수증 사본을 첨부하여야 한다.

[전문개정 2008. 12. 12.]

제18조의2(유치허가신청서 등) ① 영 제11조의2제1항에 따른 피보호관찰자의 유치허가 신청은 별지 제16호의2서식에 따른다.

② 영 제11조의2제2항에 따른 유치허가장은 별지 제16호의3서식에 따른다.

[본조신설 2018. 6. 12.]

제18조의3(가종료 또는 치료 위탁의 취소 신청 및 결정 통보) ① 영 제11조의4제1항에 따른 가종료 또는 치료 위탁의 취소 신청 요청과 같은 조 제3항에 따른 가종료 또는 치료 위탁의 취소 신청은 별지 제16호의4서식에 따른다. 〈개정 2021. 4. 6.〉

② 위원회는 제1항의 신청에 따라 또는 직권으로 가종료 또는 치료의 위탁을 취소하는 결정을 한 때에는 해당 피보호관찰자가 수용된 교도소·구치소 또는 치료감호시설의 장과 관할 보호관찰소의 장에게 별지 제16호의5서식에 따라 통보한다. 〈신설 2021. 4. 6.〉

[본조신설 2018. 6. 12.]

[제목개정 2021. 4. 6.]

제19조(보호관찰부) ① 보호관찰관은 영 제13조제2항에 따른 출소통보서를 접수한 때에는 지체 없이 피보호관찰자마다 별지 제17호서식의 보호관찰부를 작성하여 갖춰 두어야 한다.

② 제1항에 따른 보호관찰부에는 피보호관찰자의 주요 동태 및 준수사항의 이행 여부와 피보호관찰자가 신고한 사항을 적는다.

[전문개정 2008. 12. 12.]

제20조(보호관찰관의 보고) 보호관찰관은 영 제11조제3항·제4항·제7항, 영 제13조제6항 또는 이 규칙 제15조제2항에 따른 보고를 할 때에는 별지 제18호서식의 보호관찰보고서 2부를 작성하여 1부는 검사에게 송부하고, 1부는 위원회에 송부한다. 〈개정 2014. 1. 29.〉

[전문개정 2008. 12. 12.]

제21조(여행지 보호관찰관의 임무) ① 영 제11조제6항에 따라 주거이전 또는 여행 사실을 새 주거지 또는 여행지의 보호관찰관에게 통보할 때에는 별지 제19호서식의 피보호관찰자 주거이전·여행 통보서에 관계 서류를 첨부하여야 한다. 〈개정 2016. 12. 2.〉

② 영 제11조제6항에 따라 여행 사실을 통보받은 여행지 보호관찰관은 피보호관찰자가 관할구역에 머무르는 동안 그를 보호관찰하여야 하며, 1개월마다 정기적으로 별지 제19호서식의 피보호관찰자 주거이전·여행 통보서를 작성하여 주거지 관할 보호관찰관에게 송부하여야 하고, 피보호관찰자가 죄를 범하는 등 그의 신상에 중대한 변동이 발생한 경우에는 지체 없이 그 통보서를 작성하여 주거지 관할 보호관찰관에게 송부하여야 한다. 〈개정 2016. 12. 2.〉

[전문개정 2008. 12. 12.]

[제목개정 2016. 12. 2.]

제22조(검사의 자료 이송) 피보호관찰자가 주거를 이전한 경우 피보호관찰자에 대한 자료를 보존 중인 검찰청의 검사는 피보호관찰자의 새 주거지 관할 검찰청에 그 자료를 송부하여야 한다.

[전문개정 2008. 12. 12.]

제23조(출소신고서 등) ① 영 제13조제1항에 따른 신고서는 별지 제20호서식과 같다.

② 영 제13조제2항에 따른 출소통보서는 별지 제21호서식과 같다.

③ 영 제13조제3항에 따른 출소 후 신고서는 별지 제22호서식과 같다.

[전문개정 2008. 12. 12.]

제24조(가종료 등의 취소와 치료감호의 재집행) ① 보호관찰관이 위원회로부터 가종료나 치료위탁의 취소결정서를 송달받은 때에는 지체 없이 그 내용을 치료감호시설의 장에게 통보하여야 한다. 이 경우 보호관찰관 및 치료감호시설의 장은 피보호관찰자에 대한 남은 기간의 치료감호를 집행하기 위하여 보호관찰관의 관할구역이나 치료감호시설 소재지를 관할하는 검사에게 보호구인(保護拘引)을 의뢰할 수 있다. 〈개정 2022. 7. 4.〉

② 보호관찰관이 검사로부터 가종료나 치료위탁의 취소결정서를 통보받은 때에도 제1항과 같이 처리한다.

[전문개정 2008. 12. 12.]

제25조(이송을 위한 수용) 치료감호가 종료된 수형자를 치료감호시설에서 교도소 또는 소년교도소로 이송하는 경우에는 이송에 필요한 기간 동안 치료감호시설에 일시 수용할 수 있다. 〈개정 2014. 1. 29.〉

제26조(보호관찰관 등의 주의 의무) 보호관찰관이 피보호관찰자를 출석하게 하여 법 제33조에 따른 준수사항 또는 그 밖에 지도·감독상 필요한 사실을 확인하는 경우, 관계자의 협조를 요청하는 경우, 검사 또는 사법경찰관리가 특히 치료감호만을 청구하기 위하여 조사를 하는 경우에는 치료감호대상자나 그 밖의 관계자의 생업에 지장을 초래하거나 명예를 훼손하지 아니하도록 주의하여야 한다.

[전문개정 2008. 12. 12.]

제26조의2(외래진료의 기간·방법 등) ① 법 제36조의3에 따른 외래진료(이하 "외래진료"라 한다)는 치료감호시설 출소자의 정신질환 치료를 위하여 출소일부터 10년의 범위에서 실시할 수 있다. 다만, 증상의 악화 등 외래진료가 계속 필요하다고 인정되는 경우에는 10년의 범위에서 한 차례만 그 기간을 연장할 수 있다. 〈개정 2022. 7. 4.〉

② 외래진료는 치료감호시설에서 정신건강의학과의사의 진료, 검사시설에 의한 검사, 처방 및 투약 등의 방법으로 실시한다. 다만, 치료의 편의를 위하여 필요한 경우에는 원격화상장비를 이용하여 진료할 수 있다.

③ 외래진료의 경우 치료감호시설 출소자의 증상이 악화되더라도 치료감호시설에 입소시켜 치료할 수 없다. 〈개정 2022. 7. 4.〉

④ 외래진료를 실시한 치료감호시설의 장은 별지 제22호의2서식의 치료감호시설 출소자 외래진료 접수대장을 작성하여 10년간 보존하여야 한다. 〈개정 2022. 7. 4.〉

[본조신설 2014. 1. 29.]

제26조의3(외래진료비용) ① 외래진료에 필요한 비용은 법무부장관이 부담한다. 다만, 「국민건강보험법」, 「의료급여법」, 그 밖의 다른 법령에 따라 치료감호시설 출소자 또는 그 보호의무자가 부담하지 아니하는 비용은 제외한다. 〈개정 2022. 7. 4.〉

② 법무부장관은 예산의 범위에서 외래진료를 실시한 지정법무병원에 제1항에 따른 외래진료비용을 지급하여야 한다.

③ 제2항에 따라 외래진료비용을 지급받으려는 지정법무병원의 장은 별지 제22호의3서식의 외래진료비용 지급 청구서에 출소자별 진료비 계산서를 첨부하여 매달 10일까지 법무부장관에게 제출하여야 한다. 〈개정 2022. 7. 4.〉

[본조신설 2014. 1. 29.]

제26조의4(정신보건 관련 정보 요청서 등) ① 법 제36조의4제2항에 따른 보호관찰소의 장의 정신보건센터의 장에 대한 정보 요청은 별지 제22호의4서식에 따른다.

② 법 제36조의4제3항에 따른 정신보건센터의 장의 보호관찰소의 장에 대한 협조 요청은 별지 제22호의5서식에 따른다.

[본조신설 2014. 1. 29.]

제27조(가종료 등의 결정기준) 위원회가 법 제37조제3항에 규정된 사항(이하 "치료감호사안"이라 한다)을 심사·결정할 때에는 피치료감호자의 연령·건강상태·경력·가족관계·가정환경·범죄경력·치료 경과·준수사항의 이행 여부, 그 밖에 필요한 사항을 고려하여야 한다.

[전문개정 2008. 12. 12.]

제28조(조사공무원의 임명) 법 제40조제2항에 따라 위원회의 명을 받아 조사의 직무를 수행할 조사공무원은

법무부 소속 공무원 중에서 법무부장관이 임명한다.

[전문개정 2008. 12. 12.]

제29조(조사의 촉탁) 검사인 조사공무원은 치료감호사안을 조사하는 데에 필요하면 지방검찰청 또는 지청의 검사에게 그 조사를 촉탁할 수 있다.

[전문개정 2008. 12. 12.]

제30조(조사공무원의 의견) 조사공무원은 위원회에 제출하는 조사보고서에 의견을 첨부할 수 있다.

제31조(심사신청서 등) ① 법 제43조제1항 및 영 제17조제1항에 따라 검사가 심사·결정을 신청할 때에는 별지 제23호서식으로 하여야 한다.

② 법 제43조제2항에 따라 치료감호시설의 장이나 보호관찰관이 의견을 제출할 때에는 별지 제24호서식으로 하여야 한다.

③ 법 제43조제3항에 따라 치료감호시설의 장이나 보호관찰소의 장이 검사에게 위원회에 심사·결정을 신청해 줄 것을 요청할 때에는 별지 제25호서식으로 하여야 한다. 다만, 보호관찰소의 장이 검사에게 가종료 또는 치료 위탁의 취소 신청을 요청할 때에는 별지 제16호의4서식에 따른다. 〈개정 2024. 5. 21.〉

④ 법 제44조제2항에 따라 피치료감호자와 그 법정대리인등이 위원회에 치료감호의 종료 여부에 대한 심사를 신청할 때에는 별지 제26호서식으로 하여야 한다.

⑤ 영 제18조제2항에 따라 치료감호시설의 장이 의견을 제출할 때에는 별지 제27호서식으로 하여야 한다. 〈개정 2014. 1. 29.〉

[전문개정 2008. 12. 12.]

제32조(위원회의 결정서) 영 제19조에 따른 결정서의 서식은 별지 제28호서식과 같다.

[전문개정 2008. 12. 12.]

제33조(송달 등의 방법) ① 위원회가 한 사람에게 2건 이상의 결정서를 동시에 송달할 때에는 1부의 송달서류만으로 할 수 있다. 검사가 치료감호시설의 장이나 보호관찰관에게 통보할 때에도 또한 같다. 〈개정 2014. 1. 29.〉

② 위원회가 가종료 또는 치료위탁으로 출소하는 피보호관찰자에게 부과하는 준수사항은 치료감호시설의 장을 통하여 보호관찰관에게 송달할 수 있다. 〈개정 2014. 1. 29.〉

[전문개정 2008. 12. 12.]

제34조(수당 등) 영 제23조에 따른 출석수당 및 여비는 별표와 같다.

[전문개정 2008. 12. 12.]

제35조(장부 및 서류의 비치) 치료감호대상사건 및 치료감호사안의 조사 사무를 처리하는 관서에는 다음 각 호의 장부 및 서류를 갖춰 두어야 한다.

1. 치료감호사안심사신청부

   검찰청에만 갖추어 두되, 검사가 법 제43조제1항에 따라 위원회에 심사·결정을 신청한 사항을 적어야 하며, 그 서식은 별지 제29호서식과 같다.

2. 치료감호사안 원부

   위원회에만 갖추어 두되, 위원회가 심사·결정하는 사항의 요지를 적어야 한다.

3. 치료감호사안 처리부

   위원회에만 갖추어 두되, 위원회가 결정한 내용과 집행사항을 적어야 한다.

4. 조사집행관계 예규철

위원회나 그 밖의 감독관청이 발한 훈령·통첩·지침 등의 서류를 편철하여야 한다.

5. 통계철

조사 및 집행 업무에 관한 각종 통계서류를 편철하여야 한다.

6. 잡서류철

제4호와 제5호에 해당하지 아니하는 서류를 편철하여야 한다.

[전문개정 2008. 12. 12.]

제36조(장부 및 서류의 보존기간) 장부 및 서류는 다음의 기간 동안 보존하여야 한다.

1. 치료감호사안 심사신청부: 10년

2. 치료감호사안 원부: 영구

3. 치료감호사안 처리부: 영구

4. 치료감호사안 결정서: 영구

5. 치료감호사안 조사기록: 10년

6. 조사집행관계 예규철: 영구

7. 통계철: 10년

8. 잡서류철: 3년

[전문개정 2008. 12. 12.]

제37조(치료감호사건기록의 보존기간) 완결된 치료감호사건기록은 치료감호의 시효가 완성될 때까지 보존하여야 한다.

[전문개정 2008. 12. 12.]

제38조(치료감호사안 조사기록의 보존기관 등) ① 검사가 위원회에 심사신청한 치료감호사안에 관한 조사기록은 그 소속 지방검찰청 또는 지청에서 보존하고, 그 외의 치료감호사안에 관한 조사기록은 위원회에서 보존한다.

② 제1항에 따라 검찰청에 보존 중인 치료감호사안 조사기록은 피치료감호자가 이감된 경우에는 이감된 감호소의 소재지를 관할하는 지방검찰청 또는 지청에 송부하여야 한다.

[전문개정 2008. 12. 12.]

제39조(「검찰사건사무규칙」 등의 준용) 치료감호대상사건이나 치료감호사안의 조사·보고 및 집행의 절차와 서식에 관하여 이 규칙에 특별한 규정이 있는 경우를 제외하고는 그 성질에 반하지 아니하는 범위에서 「검사와 사법경찰관의 상호협력과 일반적 수사준칙에 관한 규정」 및 「검찰사건사무규칙」, 「검찰압수물 사무규칙」, 「자유형등에 관한 검찰집행사무규칙」, 「검찰보존사무규칙」, 「검찰보고사무규칙」을 준용한다. 〈개정 2011. 12. 30., 2021. 1. 1.〉

[전문개정 2008. 12. 12.]

제40조(집행지휘 서면) 영 제26조에 따른 지휘 서면은 별지 제30호서식에 따른다.

[본조신설 2016. 12. 2.]

[종전 제40조는 제44조로 이동 〈2016. 12. 2.〉]

제41조(치료기관의 지정기준 등) ① 법무부장관은 다음 각 호의 시설·기관 또는 단체 중에서 법 제44조의7제1항에 따른 치료기관(이하 "치료기관"이라 한다)을 지정할 수 있다. 다만, 제2호 및 제3호의 기관을 치료기관으로 지정하려는 경우에는 해당 기관의 장과 협의를 하여야 한다. 〈개정 2021. 4. 6.〉

1. 「정신건강증진 및 정신질환자 복지서비스 지원에 관한 법률」 제3조제5호에 따른 정신의료기관

2. 「정신건강증진 및 정신질환자 복지서비스 지원에 관한 법률」 제15조제1항에 따른 정신건강복지센터

3. 「정신건강증진 및 정신질환자 복지서비스 지원에 관한 법률 시행령」 제10조제1항제1호에 따른 정신건강증진시설 또는 같은 항 제3호에 따른 기관·단체

4. 「정신건강증진 및 정신질환자 복지서비스 지원에 관한 법률 시행령」 제16조제2호에 따른 중독자재활시설

5. 알코올에 의존하거나 중독된 사람에 대한 재활프로그램(「정신건강증진 및 정신질환자 복지서비스 지원에 관한 법률」 제17조에 따른 정신건강전문요원 중 실무경력이 3년 이상인 사람이 담당하는 경우로 한정한다)을 운영하는 기관 또는 단체

② 법무부장관은 치료기관의 시설이나 치료 프로그램이 치료명령을 선고받은 사람의 치료와 상태 개선에 부적당하다고 판단하는 경우에는 치료기관의 지정을 취소할 수 있다. 다만, 치료기관이 다음 각 호의 어느 하나에 해당하는 경우에는 지정을 취소하여야 한다.

1. 제1항 각 호에 따른 시설·기관 또는 단체의 요건을 갖추지 못하게 된 경우

2. 거짓이나 부정한 방법으로 치료 프로그램을 운영하는 경우

③ 제1항 및 제2항에서 규정한 사항 외에 치료기관의 지정 및 지정 취소 등에 대한 세부 사항은 법무부장관이 정한다.

[본조신설 2016. 12. 2.]

제42조(치료비용 국가부담 신청서) 영 제32조제2항에 따른 치료비용 국가부담 신청서는 별지 제31호서식에 따른다.

[본조신설 2016. 12. 2.]

제43조(자료제출 요청 등) ① 보호관찰소의 장은 영 제32조제5항 전단에 따라 자료의 제출을 요청할 때에는 별지 제32호서식의 자료제출 요청서를 국가, 지방자치단체 및 「공공기관의 운영에 관한 법률」 제4조에 따른 공공기관에 보내야 한다.

② 영 제32조제5항 후단에 따른 신청인의 동의서는 별지 제33호서식에 따른다.

[본조신설 2016. 12. 2.]

제44조(기부금품의 접수 영수증 등) ① 영 제34조제1항에 따른 기부금품의 접수 영수증은 「법인세법 시행규칙」 제82조제7항제3호의3의 별지 제63호의3서식에 따른다. 〈개정 2016. 12. 2.〉

② 영 제34조제5항에 따른 기부금품의 접수현황 및 사용실적 등에 관한 장부는 별지 제34호서식에 따른다. 〈개정 2016. 12. 2.〉

[본조신설 2014. 7. 1.]

[제40조에서 이동 〈2016. 12. 2.〉]

　　부칙 〈제1078호, 2024. 5. 21.〉

이 규칙은 공포한 날부터 시행한다.

피치료감호자 분류 및 처우관리준칙

[시행 2023. 9. 11.] [법무부훈령 제1487호, 2023. 9. 4., 일부개정.]

제1장 총칙

제1조(목적) 이 준칙은 피치료감호자(이하 "피감호자"라 한다)의 적정한 분류수용 및 치료와 처우를 통하여 효율적인 사회복귀 촉진을 위해 필요한 사항을 규정함을 목적으로 한다.

제1조의2(정의) 이 준칙에서 사용하는 용어의 정의는 다음과 같다

1. "전달물품"이란 피감호자 외의 사람이 국립법무병원장(이하 '원장'이라 한다)의 허가를 받아 피감호자에게 건넬 수 있는 물품을 말한다.

2. "부정물품"이란 「치료감호 등에 관한 법률」(이하 "법"이라 한다) 제52조제10항제1호의 금지물품 외에 원장이 반입을 허용하지 않은 전달물품 등을 말한다.

제2조(적용범위) 이 준칙은 법에 의하여 치료감호판결이 확정된 자로서 관할검사의 치료감호집행지휘를 받아 치료감호시설에 입소한 자 및 구 사회보호법 제7조제2항의 규정에 의해 치료감호시설에 위탁된 자와 기타 법률의 규정에 의하여 치료감호시설에 입소한 자에게 적용한다. 다만, 제9장은 정신감정 유치된 자, 제10장은 치료감호집행이 정지되어 가수용된 자에 한하여 적용한다.

제2장 피감호자의 분류

제3조(분류심사의 목적) 분류심사는 정신의학, 심리학, 사회학 기타 전문적 지식과 기술을 기초로 하여 검사, 진찰, 상담 등의 방법에 의하여 다음 각 호의 사항을 명백히 하기 위하여 진료심의위원회에서 심의를 거쳐 원장이 결정한다.

1. 분류급의 결정 또는 변경
2. 수용병동의 결정 또는 변경
3. 치료, 감호, 교육 등 개별처우계획의 결정 또는 변경

제4조(분류심사의 종류와 시기) ① 피감호자의 분류심사는 신입심사와 재심사의 2종으로 한다.

② 원장은 피감호자의 신입심사를 치료감호시설에 입소한 후 1월 이내에 실시하여야 한다.

③ 원장은 신입심사 대상 피감호자가 합병증, 기타 사유로 분류심사가 곤란하거나 불가능한 경우에는 그 사유가 소멸될 때까지 분류심사를 연기하고 그 사유가 소멸되면 그때부터 1월 이내에 분류심사를 실시하여야 한다.

④ 원장은 재심사 사유가 발생한 날로부터 1월 이내에 실시하여야 한다.

제5조(신입심사) ① 원장은 신입심사 대상 피감호자를 수용할 병동을 정하고 전문 치료 및 개별처우의 적정

을 기하기 위하여 피감호자의 과거병력 및 가족력, 정신질환별 분류, 정신상태, 심신장애의 정도, 마약·향정신성의약품·대마 그 밖에 남용되거나 해독작용을 일으킬 우려가 있는 물질(이하 "마약류 등"이라 한다) 및 알코올식음 등의 습벽 및 중독된 정도 등을 정신의학적으로 검사 진단하고 피감호자의 전과, 범죄동기, 횟수, 죄질, 연령, 교육, 경력, 환경, 신체상태, 가족관계, 병과된 형 등을 진단·분석하여야 한다.

② 제1항의 심사대상자는 혼거수용을 원칙으로 한다. 다만, 법정전염병 감염, 정신질환 상태가 중대하여 자해 또는 타인을 위해할 위험성이 있는 등의 이유로 격리할 필요가 있을 때에는 독거수용할 수 있다.

제6조(분류심사사항) 원장은 분류심사 시 다음 각 호의 사항을 참고하여 실시하여야 한다.

1. 병력관계
2. 전과관계
3. 가족관계
4. 생육관계
5. 교육관계
6. 신체상태
7. 정신상태

제7조(분류심사방법) 원장은 분류심사 시 정신의학, 심리학, 교육학, 사회학 등을 기초로 하여 다음 각 호의 방법으로 심사하여야 한다.

1. 일반의학적검사, 정신의학적검사, 심리학적검사, 약물검사 등을 통하여 신체 및 정신상태를 파악한 다음 심신장애 또는 마약류 등에 중독된 정도에 맞는 환경요법, 정신요법, 약물요법, 활동요법, 가족요법, 그 밖의 각종 치료방법을 결정한다.
2. 현병력, 가족력, 개인력을 조사하여 정신과적 내력 및 환자의 인격을 알아보고 적정한 치료계획을 수립한다.
3. 문진과 면접 및 관찰을 통하여 의사와 피감호자 사이의 정신의학적 치료관계를 형성한다.
4. 범죄의 동기와 회수를 조사하여 개선의 곤란도와 사고발생의 가능성 여부 등 보안상의 위험도를 측정한다.
5. 출생, 성장과정 및 교육정도를 통하여 가정환경, 교양 및 지능지수를 측정하여 개선교육에 필요한 계획을 수립한다.
6. 보호자의 유무, 근친, 교우관계 및 출소 후 생계관계와 경제적, 사회적 자립능력을 조사하여 사회복귀대책에 필요한 자료를 수집한다.

제8조(관계기관 등에의 조회) ① 원장은 분류심사상 필요한 때에는 병·의원, 시, 읍, 면사무소, 법원, 검찰청, 교도소, 경찰서, 학교, 보호단체, 피감호자의 법정대리인·배우자·직계친족·형제자매(이하 "법정대리인등"이라 한다), 기타 직업상 관계있는 자 등에게 조회하여 필요한 사항을 회보 받을 수 있다.

② 다만, 분류심사대상자가 외국인인 경우에는 그 대상자가 속하는 나라의 영사 또는 가족 기타 관계있는 자 등에게 협조를 요청할 수 있다.

제9조(분류심사표 작성비치) ① 원장은 별지 제1호서식의 분류심사표를 피감호자별로 작성·비치하여야 한다.

② 원장은 제1항의 분류심사표를 진료기록부에 편철하여야 한다.

③ 원장은 피감호자를 이송할 경우에는 분류심사표를 이송 받는 시설의 장에게 인계하여야 한다.

제10조(재심사) 원장은 다음 각 호에 해당하는 사유가 있는 경우 재심사를 하여야 한다.

1. 신입심사에 오류가 있음이 발견된 때
2. 치료의 경과에 현격한 변화가 있어 수용장소를 타 병동으로 변경할 필요가 있을 때

3. 치료위탁 또는 종료 · 가종료 심사조건이 갖추어졌다고 인정될 때

4. 가종료 취소 등으로 재입소한 때

5. 기타 치료, 감호, 교육 등 개별처우계획의 결정 또는 변경 등의 사유로 재심사가 필요하다고 인정할 때

제11조(피감호자의 분류) ① 원장은 피감호자를 각 정신질환별로 심신장애의 정도 또는 마약류 등이나 알코올 식음 등의 습벽 및 중독된 상태, 정신성적 장애의 정도에 따라 다음 각 호와 같이 분류하여야 한다.

1. 양호 : 치료의 경과가 극히 양호하고, 약물 또는 통원치료만으로 치료가 가능할 것으로 예상되나 향후 일 정기간 정신의학적 관찰이 필요하다고 판단되는 자

2. 경증 : 심신장애, 마약류 등이나 알코올 식음 등의 습벽 및 중독된 상태, 정신성적 장애의 정도가 경미하 고, 통상적인 치료만으로 사회복귀가 예상되며, 자해 또는 타인을 위해할 위험이 현저히 감소되었다고 판 단되는 자

3. 중증 : 심신장애, 마약류 등이나 알코올식음 등의 습벽 및 중독된 상태, 정신성적 장애의 정도가 중하고, 정신과적인 전문적 집중 치료가 필요하며, 자해 또는 타인을 위해할 위험이 있다고 판단되는 자

② 피감호자에 대한 정신질환별 분류는 한국표준질병사인분류에 의한 정신장애 분류기준표에 의한다.

제3장 피감호자의 수용

제12조(피감호자의 수용장소) ① 원장은 남성인 피감호자와 여성인 피감호자를 원칙적으로 분리 수용한다.

② 원장은 신입 피감호자 및 감정유치자를 교육병동 및 감정병동에 각각 수용한다.

③ 원장은 진료심의위원회의 심의를 거쳐 마약류 및 알코올에 중독된 자는 중독치료를 담당하는 병동에, 정 신성적 장애자는 인성치료를 담당하는 병동에, 입소 후 치료경과가 호전되어 심리치료 및 사회적응훈련을 필요로 하는 자는 처우 규제가 완화된 병동에 각각 수용한다.

④ 제2항 및 제3항에서 정하고 있는 자 이외의 피감호자의 수용장소는 주치의가 제시한 의견을 참작하여 병 동별 수용밀도 및 치료상의 효율성 등을 고려, 진료심의위원회의 심의를 거쳐 원장이 결정한다.

⑤ 원장은 위 각 항의 규정에도 불구하고 진료심의위원회의 심의를 거쳐 수련의의 임상연구를 위하여 교육 병동을 별도로 설치하여 운영하거나, 수용인원의 조절 기타 치료상 필요한 때에는 피감호자의 수용 장소를 변경 또는 조정할 수 있다.

제13조(피감호자의 수용방법) ① 원장은 피감호자 수용 시 혼거수용을 원칙으로 한다. 다만, 치료의 목적상 필 요한 경우에는 독거수용 할 수 있다.

② 원장은 혼거수용 피감호자의 경우에도 성별, 연령, 병명, 심신장애의 정도 또는 마약류 등이나 알코올식음 등의 습벽 및 중독된 정도, 정신성적 장애의 정도에 따라 병실을 분리 수용할 수 있다.

③ 원장은 제1항 및 제2항의 규정에도 불구하고 진료심의위원회의 심의를 거쳐 피감호자의 수용, 처우, 치료 의 목적상 필요한 때에는 수용방법을 변경할 수 있다.

제4장 피감호자의 치료

제14조(치료의 기본방향) 원장은 피감호자의 정신질환을 치료하여 정상적인 사회복귀를 촉진하고, 건전한 사 회인으로 조속히 복귀할 수 있도록 배려하여야 한다.

제15조(치료) 원장은 피감호자의 증상에 따라 유효하고 적절한 치료를 실시하여야 하며, 치료의 목적상 필요한 경우에는 피감호자에게 일정한 작업을 부과할 수 있다.

제16조(주치의) ① 원장은 피감호자가 입소하면 정신건강의학과 의사 1인을 주치의로 지정하여야 한다.

② 주치의는 피감호자의 출소 시까지 모든 정신건강의학과적 치료를 담당한다.

제17조(자비치료) 원장은 피감호자 또는 법정대리인등이 자비로서 보조치료를 원하는 때에는 이를 허가할 수 있다.

제18조(외부병원 이송치료) ① 원장은 피감호자가 정신건강의학과 외의 진료를 요하는 질병으로 인하여 치료감호시설 내에서의 치료가 불가능하다고 인정되는 때에는 외부병원에서 치료받게 할 수 있다.

② 원장은 제1항의 규정에 의하여 피감호자가 외부병원에 입원하였을 때에는 소속의사의 진단서 또는 입원한 병원 주치의의 소견서를 첨부하여 지체 없이 그 사유를 법무부장관에게 보고하여야 한다.

③ 원장은 외부병원에 입원한 피감호자에 대하여 더 이상 외부병원에서 치료할 필요가 없게 된 때에는 지체 없이 치료감호시설로 복귀시키고 그 사항을 법무부장관에게 보고하여야 한다.

④ 외부병원 이송치료에 필요한 사항은 원장이 정한다.

제19조(의무기록) ① 주치의와 간호사는 각각 진료기록부와 간호기록부를 비치하여 그 의료행위에 관한 사항과 소견을 상세히 기록하고 서명하여야 한다.

② 주치의는 진료기록부에 다음 각 호의 사항을 기재하여야 한다.

1. 피감호자의 성명, 성별, 주민등록번호, 주소, 개인 병력 및 가족력

2. 주된 증상, 진단결과, 치료경과 및 예견

3. 검사결과, 면담내용, 주사, 투약, 처치 등 치료내용

4. 진료 일시 분

③ 간호사는 간호기록부에 다음 각 호의 사항을 기재하여야 한다.

1. 체온, 맥박, 호흡, 혈압에 관한 사항

2. 투약에 관한 사항

3. 섭취 및 배설물에 관한 사항

4. 처치 및 간호에 관한 사항

5. 병실 내 피감호자의 행동에 관한 사항

④ 원장은 진료기록부와 간호기록부를 치료감호기간만료 출소일 또는 치료감호 종료·가종료 결정일로부터 10년간 보존하여야 한다.

⑤ 의무기록에 관한 사항 중 본 준칙에 규정되어 있지 아니한 사항에 대하여는 의료법, 동법시행령, 동법시행규칙 등에 따른다.

제20조(진료심의위원회) ① 원장은 피감호자의 진료평가 및 그 관리에 관한 사항을 심의하고 원장의 자문에 응하기 위하여 국립법무병원에 진료심의위원회를 둔다.

② 진료심의위원회는 위원장 1인을 포함한 9인 이내의 위원으로 구성한다.

③ 위원장은 의료부장이 되고 위원은 위원장의 제청으로 원장이 임명한다.

④ 진료심의위원회는 다음 각 호의 사항을 심의한다.

1. 진료의 타당성 여부

2. 투약의 적정여부

3. 피감호자의 분류

4. 치료감호종료·가종료 및 치료위탁 심사

5. 치료감호기간의 연장

6. 〈삭제〉

7. 감정유치자에 대한 감정

8. 성충동약물치료 실시 여부(법원의 판결 및 결정이 있거나 치료감호심의위원회의 결정이 있는 경우 제외)

9. 피감호자의 지정법무병원 이송

10. 기타 원장이 피감호자의 치료, 수용, 처우, 교육 등과 관련하여 위원회의 심의가 필요하다고 인정되는 사항

11. 치료감호기간만료 출소대상자에 대한 보호관찰 필요 여부

⑤ 진료심의위원회의 회의는 위원장을 포함한 재적위원 3분의 2이상의 출석으로 개의하고 출석위원 과반수의 찬성으로 의결한다.

⑥ 진료심의위원회의 조직과 운영에 관한 세부적인 사항은 원장이 별도로 정한다.

⑦ 진료심의위원회는 제4항제8호의 사항에 대해 심의할 때는 피감호자 본인에게 치료에 대한 정보를 제공하고, 서면 동의를 얻었는지 확인하여야 한다.

제5장 피감호자의 처우

제21조(면회) ① 원장은 피감호자에 대하여 치료감호시설 외부에 있는 사람과 면회를 매일(공휴일은 제외한다) 「국가공무원 복무규정」 제9조에 따른 근무시간 내에서 허용하여야 한다. 다만, 수용질서를 유지하거나 치료를 위하여 필요한 경우 제한할 수 있다.

② 면회는 대면 면회와 화상 면회로 구분한다.

③ 원장은 피감호자의 대면 면회를 면회실에서 실시하게 하여야 한다. 다만, 치료상 필요하다고 인정할 때에는 면회실 이외의 적당한 장소에서 면회하게 할 수 있다.

④ 원장은 피감호자의 대면 면회에 병동근무직원이 참여하게 한다. 다만, 치료상 필요하다고 인정할 때에는 직원의 참여 없이 면회하게 할 수 있다.

⑤ 대면 면회에 참여한 병동근무직원은 면회일지를 작성, 기록·유지하여야 한다.

⑥ 대면 면회의 절차 및 방법 등 필요한 사항은 원장이 정한다.

⑦ 피감호자의 화상 면회는 대면 면회 규정을 준용한다.

제22조(서신) ① 원장은 피감호자에 대하여 치료감호시설 외부에 있는 사람과 서신수발을 허용하여야 한다. 다만, 수용질서를 유지하거나 치료를 위하여 필요한 경우 제한할 수 있다.

② 원장은 피감호자의 서신을 원칙적으로 검열하지 아니한다. 다만, 수용질서를 유지하거나 치료를 위하여 필요한 경우에 직원으로 하여금 피감호자의 서신을 검열하게 할 수 있다.

③ 원장은 외부대행업체 우편물 등을 포함한 특수우편물(이하 '특수우편물 등'이라 한다)에 대해서는 민원실에서 1차 검수한 후 병동에서 2차 검수하도록 하여야 한다. 이때, 특수우편물 등이 금지물품이나 허용되지 않는 전달물품 등(이하 '부정물품'이라 한다)에 해당하지 않는지 주의 깊게 검수하고, 금지물품이나 부정물품에 해당할 경우 그 경위를 엄중히 조사하여야 한다.

④ 민원실 서신 담당자가 병동근무자에게 특수우편물 등을 인계할 때에는 포장재를 제외하고 내용물만 반입하도록 하여야 한다.

⑤ 병동근무자는 피감호자가 특수우편물 등을 신청할 경우에 환자별 반입신청 물품 목록을 사전에 작성하여 보관하고, 특수우편물 등 반입 시 신청 물품 목록이 일치하는지 확인하여야 한다. 이때, 원장은 특수우편물

등이 사전에 작성 보관된 물품 목록과 다른 경우 피감호자에게 그 사유를 확인하고, 금지물품이나 부정물품이 아닌 경우에는 반입을 허가할 수 있다.

⑥ 병동근무자는 피감호자의 보호자 또는 지인 등이 발송한 특수우편물 등에 대해서 금지물품이나 부정물품이 아닌 경우에는 반입을 허가할 수 있다.

⑦ 민원실 및 병동근무자가 제3항에 따른 검수 과정에서 피감호자가 법 제52조제10항제1호에 해당하는 금지물품이나 부정물품의 반입 시도를 적발한 경우에는 행정지원과장에게 보고하고, 1호·3호 피감호자의 경우 간호과장, 2호 피감호자의 경우 약물중독재활센터장에게 보고하여야 한다.

⑧ 제7항에 따라 금지물품이나 부정물품 등의 발견사실을 보고받은 경우에는 피감호자의 명단을 작성 관리하고 다음 각 호의 구분에 따라 조치하여야 한다.

1. 간호과장 또는 약물중독재활센터장 : 피감호자를 대상으로 금지물품이나 부정물품 등의 반입을 시도한 경위를 조사한 후 법 제25조의3에 따라 보호조치를 하거나 국립법무병원 소속 특별사법경찰관에게 수사 의뢰

2. 행정지원과장 : 제1호의 사항과 필요한 경우 관련 직원을 대상으로 그 경위를 조사한 후 법무부 범죄예방정책국 범죄예방기획과 및 치료처우과에 보고

⑨ 민원실 및 병동근무자는 금지물품이나 부정물품 반입을 시도한 피감호자의 명단을 별도로 관리하여 재발하지 않도록 주의하여야 한다.

⑩ 서신수발 등에 관한 절차 및 방법 등 필요한 세부 사항은 원장이 정한다.

제23조(전화통화) ① 원장은 피치료감호자에 대하여 치료감호시설 외부에 있는 사람과 전화통화를 허용하여야 한다. 다만, 수용질서를 유지하거나 치료를 위하여 필요한 경우 제한할 수 있으며, 통화비용은 자비부담을 원칙으로 한다.

② 전화통화의 절차 및 방법 등 필요한 사항은 원장이 정한다.

제24조(피감호자의 두발) 원장은 피감호자의 두발을 단정하게 유지하여야 한다. 다만, 치료상 필요한 경우이거나 여자 피감호자의 경우에는 기르게 할 수 있다.

제25조(전달물품의 사용 허가) 원장은 피감호자 이외의 사람이 피감호자에게 물품을 건네줄 것을 신청하는 경우에는 다음 각 호의 어느 하나에 해당하지 아니하면 국립법무병원의 보관범위 및 피치료감호자가 지닐 수 있는 범위에서 허가한다. 다만, 수용질서를 유지하거나 치료상 부적당하다고 인정되는 물품은 허가하지 아니할 수 있다.

1. 오감 또는 통상적인 검사장비로는 내부검색이 어려운 물품

2. 음란하거나 현란한 그림·무늬가 포함된 물품

3. 사행심을 조장하거나 심리적인 안정을 해칠 우려가 있는 물품

4. 도주·자살·자해 등에 이용될 수 있는 금속류, 끈 또는 가죽 등이 포함된 물품

5. 위화감을 조성할 우려가 있는 높은 가격의 물품

6. 그 밖에 수용질서를 해칠 우려가 있거나 치료상 부적당하다고 인정되는 물품

제26조(피감호자의 복장) 원장은 피감호자에게 환자복을 착용하도록 하되, 치료상 필요한 경우에는 작업복, 체육복 등을 착용하게 할 수 있다.

제27조(피감호자의 위생) ① 피감호자는 그가 수용된 병실의 청결 및 정돈에 필요한 용무에 종사하여야 한다.

② 원장은 피감호자의 전염병 감염예방을 위해 필요한 조치를 하여야 한다.

③ 원장은 병동 및 병실 등의 청결에 유의하여야 하며, 피감호자가 전염병에 감염되었을 때에는 즉시 격리 수

용과 소독 등 필요한 조치를 한 후 그 상황을 법무부장관에게 보고하여야 한다.

④ 원장은 제3항의 경우, 치료감호시설의 소재지를 관할하는 보건소장에게 그 사실을 통보하여야 한다.

제28조(목욕) ① 원장은 신입 피감호자에 대하여 질병 기타 부득이한 경우를 제외하고는 즉시 목욕을 실시하여야 한다.

② 피감호자의 목욕 횟수는 피감호자의 건강상태 등을 고려하여 원장이 정한다.

제29조(라디오 및 텔레비전 시청) ① 원장은 피감호자의 텔레비전 시청과 라디오 청취를 일과시간이나 취침시간 등을 제외하고는 자유롭게 허용하여야 한다.

② 방송내용, 시간 등 필요한 사항은 원장이 정한다.

제30조(체육대회 또는 오락회 개최) ① 원장은 피감호자에게 체육대회 또는 오락회에 참여하게 할 수 있다.

② 제1항의 경우에 원장은 치료상 필요한 때에는 피감호자의 가족 기타 지역사회인사의 참여를 허가할 수 있다.

제31조(귀휴) ① 원장은 병적상태가 경증 또는 양호하고 도주의 우려가 없는 피감호자에 대하여 귀휴를 허가할 수 있다.

② 귀휴의 요건, 기간 및 방법 등 필요한 사항은 원장이 정한다.

제32조(사회견학 등) ① 원장은 치료경과가 경증 및 양호 정도로 치유된 자로서 주치의가 치료상 유익하다고 인정되어 추천된 피감호자에 대하여는 사회견학, 야유회 및 사회봉사활동을 하게 할 수 있다.

② 제1항의 경우에 필요하다고 인정될 경우에 원장은 피감호자에게 사복을 착용시킬 수 있다.

제33조(포상) ① 원장은 치료상 필요한 경우 모범적이고 품행이 단정한 피감호자를 포상할 수 있다.

② 포상의 종류, 대상자 선정 방법 및 절차 등 필요한 사항은 원장이 정한다.

제34조(신문열람 등) ① 원장은 피감호자의 신문열람·구독 등을 허용하여야 한다.

② 구독료는 자비부담을 원칙으로 하고, 신문 등의 종류와 수량 등 필요한 사항은 원장이 정한다.

제35조(도서열람) 원장은 피감호자의 도서열람을 허용하여야 한다.

제36조(가족사진 비치) 원장은 피감호자에게 법정대리인등의 사진을 비치하게 할 수 있다. 다만, 치료상 필요하다고 인정될 때에는 그 이외의 자의 사진도 비치하게 할 수 있다.

제37조(본인사진 송부) ① 원장은 피감호자 본인의 사진을 촬영하여 법정대리인등에게 송부하게 할 수 있다.

② 제1항의 규정에 의한 사진촬영 및 송부에 필요한 비용은 피감호자의 부담으로 한다.

제38조(사진촬영 요령) ① 원장은 제37조에 의한 사진을 직원이 촬영하도록 하고, 필요한 경우 사복을 착용시킬 수 있다.

② 사진촬영에 있어서는 병실 기타 치료감호시설의 설비를 배경으로 할 수 있다.

제39조(보호조치) 원장은 법 제25조의3에 따라 피감호자 등이 자신이나 타인을 위험에 이르게 할 가능성이 뚜렷하게 높고 신체적 제한 외의 방법으로 그 위험을 회피하는 것이 뚜렷하게 곤란하다고 판단되거나, 중대한 범법행위 또는 규율위반행위 등 수용질서를 문란케 하는 중대한 행위를 한 경우 보호조치할 수 있다.

제40조(근로부과) ① 원장은 피감호자 중에서 치료경과가 경증 이상에 해당되고, 치료상 필요한 경우에 본인의 신청 또는 동의를 받아 근로를 부과할 수 있다.

② 제1항의 경우에 원장은 그 근로에 대한 보상금을 지급하여야 한다.

③ 근로부과 등에 관한 절차 및 방법 등 필요한 사항은 원장이 정한다.

제41조(교육) 원장은 심신장애 등의 정도가 완치 또는 양호한 피감호자에 대하여 사회적응력을 배양하고, 재범의 위험성을 제거하기 위해 필요한 교육을 실시하여야 한다.

제42조(직업훈련) ① 원장은 피감호자의 재활치료 및 출소 후의 자립기반조성에 필요한 직업훈련을 실시하여야 한다. 다만, 병적증상이 치유되어 직업훈련능력이 있다고 인정되는 피감호자 중에서 본인의 신청 또는 동의를 받아 직업훈련을 받게 하여야 한다.

② 직업훈련대상자 선발 및 훈련방법 등 필요한 사항은 원장이 정한다.

③ 직업훈련에 대한 근로보상금의 지급 등에 관하여는 제40조제2항 및 제3항을 준용한다.

제43조(병동업무 보조) ① 원장은 피감호자 중에서 치료경과가 양호하고 다른 피감호자의 모범이 된다고 인정되는 경우에 본인의 신청 또는 동의를 받아 병동의 업무를 보조하게 할 수 있다.

② 근로보상금 지급 등에 관한 내용은 제40조제2항 및 제3항을 준용한다.

제44조(처우의 제외) 감정유치자에 대하여는 본 장에 규정된 처우의 대상에서 제외한다. 다만, 제21조 및 제22조, 제25조 내지 제29조, 제35조, 제44조의2의 규정은 예외로 한다.

제44조의2(실외운동) 원장은 피감호자에 대하여 매일(토요일, 공휴일은 제외한다) 「국가공무원 복무규정」 제9조에 따른 근무시간 내에서 1시간 이내의 실외운동을 할 수 있도록 하여야 한다. 다만, 다음 각 호의 어느 하나에 해당하는 경우 실외운동을 실시하지 아니할 수 있다.

1. 질병 등으로 운동이 피감호자의 건강에 해롭다고 인정되는 때
2. 우천, 수사, 재판, 외부병원진료, 그 밖의 부득이한 사정으로 실외운동을 하기 어려운 때

제6장 치료위탁과 종료 · 가종료 및 이송

제45조(동태보고) 치료감호시설의 장은 「치료감호 등에 관한 법률 시행령」 제5조 제1항에 따라 매6월마다 피감호자의 동태, 치료의 경과, 사회적응관계 및 심신장애의 정도파악에 필요한 사항을 치료감호심의위원회에 보고하여야 한다.

제46조(진료심의위원회 회부) ① 주치의는 피감호자가 치유되어 사회에의 복귀가 바람직하다고 인정되는 자, 지정법무병원으로 이송이 바람직하다고 인정되는 자와 법 제44조에 의한 치료감호 종료 · 가종료 심사대상자에 대하여는 의견서를 첨부하여 진료심의위원회에 회부하여야 한다.

② 주치의는 피감호자를 법 제23조의 규정에 의한 치료위탁 의견으로 진료심의위원회에 회부하기 위하여는 주치의의 의견서에 위탁기간까지 표시하여야 한다.

제47조(종료심사신청요청, 치료위탁 심사신청요청) 제46조에 의한 진료심의위원회의 찬성결정이 있는 경우, 원장은 다음 각 호의 서류를 첨부한 후 법 제43조의 경우에는 관할 지방검찰청 또는 지청검사에게 종료 또는 치료위탁심사신청을 요청하고, 법 제44조의 경우에는 치료감호심의위원회에 송부한다.

1. 심사신청요청서
2. 치료감호 판결문(이전에 감호기간 연장 결정이 있었던 경우 그 결정서를 포함한다) 사본
3. 감호사건 당시의 정신감정서 또는 진단서 사본
4. 분류심사표 사본
5. 진료기록부 사본
6. 주치의 작성의 정신감정서 또는 진단서
7. 원장의 의견서
8. 진료심의위원회 결정서 사본

제47조의2(치료감호시설 간 이송) ① 피감호자에 대하여 법 제21조의2제1항에 따른 이송 결정이 있어 원장이

그 결정서 등본을 송달받은 때에는 피감호자를 해당 지정법무병원으로 이송하여야 한다.

② 피감호자에 대하여 법 제21조의2제2항에 따른 재이송 결정이 있어 지정법무병원의 장이 그 결정서 등본을 송달받은 때에는 피감호자를 국립법무병원으로 재이송하여야 한다.

③ 치료감호시설의 장은 제1항 및 제2항에 따라 피감호자가 이송 또는 재이송(이하 "이송 등"이라 한다.)될 치료감호시설의 장에게 피감호자의 인적사항 등을 통보하여야 한다.

제47조의3(이송 등의 시행) ① 이송 등은 치료감호시설의 장이 그 결정서 등본을 송달받은 날로부터 1개월 이내에 시행하여야 한다.

② 치료감호시설의 장은 이송 등 대상 피감호자에 대하여 질병, 추가사건 조사 등 부득이한 사유로 제1항의 기간 내에 이송 등을 시행하기 곤란할 때에는 치료감호심의위원회에 그 사유를 미리 보고하여야 한다.

제47조의4(이송 등의 주관) 이송 등은 국립법무병원의 감호과장이 주관한다.

제48조(직권심사자료 송부) 치료감호시설의 장은 법 제22조에 의거한 종료 또는 가종료, 법 제21조의2제1항에 의거한 이송 심사기간 만료 1개월 전에 동태보고서, 감호집행기록, 진단서 또는 정신감정서 등 심사에 필요한 자료를 치료감호심의위원회에 송부하여야 한다. 다만, 치료감호 종료의견일 경우에는 진료심의위원회의 의결을 거쳐 제47조제2호 내지 제8호의 서류를 송부하여야 한다.

제6장의2 치료감호기간 연장 신청

제48조의2(진료심의위원회 회부) 주치의는 법 제16조제3항에 따라 치료감호기간을 연장할 필요가 있다고 인정되는 사람에 대하여는 의견서를 첨부하여 진료심의위원회에 회부하여야 한다.

제48조의3(치료감호기간 연장 신청) ① 원장은 진료심의위원회 심의결과 치료감호기간 연장이 필요하다고 인정되면 관할 지방검찰청 또는 지청검사에게 치료감호기간의 연장을 신청하여야 한다.

② 제1항에 따른 신청은 다음 각 호의 서류를 첨부하여야 한다.

1. 치료감호 판결문(이전에 연장 결정이 있었던 경우 연장 결정문을 포함한다) 사본
2. 감호사건 당시의 정신감정서 또는 진단서 사본
3. 분류심사표 사본
4. 환경조사서
5. 주치의 작성의 정신감정서 또는 진단서
6. 원장의 의견서
7. 그 밖에 신청사유를 소명할 수 있는 자료

제7장 치료감호기간만료 출소

제49조(출소대상자) 치료감호집행기간만료 출소대상자(이하 "출소대상자"라 한다)는 다음과 같다.

1. 법 제16조제2항제1호 및 3호에 따라 치료감호시설에서의 치료감호집행기간이 15년에 이른 피감호자
2. 법 제16조제2항제2호에 따라 치료감호시설에서의 치료감호집행기간이 2년에 이른 피감호자
3. 법 제16조제3항에 따라 연장된 기간이 만료된 피감호자

제50조(출소대상자 확인 및 보고) ① 원장은 출소대상자의 다음 각 호의 기록을 확인하고 출소에 필요한 조치를 하여야 한다.

1. 출소대상자의 치료감호집행 기록

2. 치료감호집행기간 및 잔형집행대상 여부

3. 법정대리인등의 관계 및 출소 후 거주예정지 등

② 원장은 제1항의 사항을 확인한 후 다음 각 호의 사항을 치료감호집행기간만료 2개월 전일까지 별지 제2호 서식에 따라 법무부장관에게 보고하여야 한다. 다만, 가종료가 취소되어 재입소한 자의 치료감호기간 잔여기간이 2개월 미만인 경우에는 재입소일로부터 3일 이내에 별지 제2호 서식에 따라 법무부장관에게 보고하여야 한다.

1. 대상자의 인적사항 및 치료감호집행기록

2. 노역장 유치, 집행유예실효 등 잔형집행 사항

3. 법정대리인등의 인수, 시설연계, 교도소 이송 등에 관한 사항

4. 치료정도에 대한 주치의 소견 등

5. 보호관찰 필요 여부에 대한 진료심의위원회 심사 사항

제51조(출소대상자 상담 및 교육) ① 원장은 출소대상자의 출소 후 증상관리, 재발·재범방지 및 원활한 사회적응 등에 필요한 상담 및 교육을 실시하여야 한다.

② 제1항의 상담 및 교육내용은 다음 각 호와 같다.

1. 복용할 약의 종류 및 수량 등 개인의 증상관리 방법

2. 재발·재범방지를 위한 행동요령 등 일상생활 기술

3. 원활한 사회적응을 위한 취업과 대인관계 기술 등

제52조(출소통보) 원장은 출소대상자를 인수할 법정대리인등에게 출소 1주일 전까지 유선 등으로 통보하여야 하며, 필요할 경우에는 안내문을 발송할 수 있다. 다만, 사회복지시설연계 출소대상자는 사회복지시설의 장에게 통보하여야 한다.

제53조(출소일 등) ① 원장은 출소대상자의 출소를 치료감호집행기간만료일 당일 공무원의 법정 근무시간 내에 실시하여야 한다. 다만, 부득이한 사유 발생으로 당일 출소가 불가능할 경우에는 치료감호시설에 일시 수용할 수 있다. 이 경우에도 그 기간은 6일을 초과할 수 없다.

② 제1항에 따라 일시 수용된 출소대상자의 신분 및 처우는 피치료감호자의 그것에 준한다.

③ 원장은 출소대상자 출소시 별지 제3호 서식에 따라 '치료감호기간만료출소증명서'를 발급하여야 한다.

제54조(사회복지시설 연계 등) 원장은 법정대리인등이 없거나 법정대리인등이 인수를 거부하는 출소대상자에 대하여는 한국법무보호복지공단 등 사회복지시설에 연계하여 출소시킬 수 있다.

제55조(잔형집행 대상자 이송) ① 원장은 노역장유치, 형집행유예실효 등으로 잔형집행이 필요한 출소대상자에 대하여는 법무부장관에게 이송 상신하고, 법무부장관의 인계지시에 따라 관할 교도소로 이송하여야 한다.

② 원장은 지속적 치료가 필요한 잔형집행 대상자에 대하여는 교도소에 주치의의 소견서 및 처방내역을 제공하는 것에 관한 동의 여부를 미리 확인하여야 한다.

③ 원장은 전항의 동의가 있는 경우 잔형집행 대상자의 교도소 이송 시 소견서 및 처방내역을 인계하여야 한다.

제8장 외래진료

제56조 삭제

제57조 삭제

제58조 삭제

제9장 정신감정

제59조(감정대상 및 기간) ① 감정대상은 형사사건의 피의자 또는 피고인의 정신상태에 대한 감정이 필요하여 법원 또는 검찰 및 경찰로부터 정신감정(이하 "감정"이라 한다)의뢰된 자(이하 "피감정인"이라 한다)로 한다.

② 감정기간은 감정유치영장이 정한 기간에 의하되 감정목적상 필요한 경우 원장은 감정을 의뢰한 기관에 유치기간연장을 요청할 수 있다.

제60조(감정내용 및 방법) ① 감정내용은 다음 각 호와 같다.

1. 정신질환 유무, 정신성적 장애 유무

2. 마약류 등이나 알코올 등 인체에 해로운 물질의 식음, 섭취, 흡입, 흡연 또는 주입받는 습벽이 있거나 그에 중독여부

3. 범죄와 관련성 여부 및 기타 감정의뢰 기관이 요구하는 법정신의학적 판단을 필요로 하는 사항

② 감정방법은 다음 각 호와 같다.

1. 원장은 감정상 필요한 때에는 병원, 시·읍·면사무소, 법원·검찰청·교도소·경찰서, 학교, 보호단체, 법정대리인등, 기타 직업상 관계 있는 자 등에게 조회하여 필요한 사항을 회보 받을 수 있다.

2. 진단 및 감정사항 등은 진료심의위원회에 회부하여야 한다.

제61조(감정의사) 원장은 국립법무병원 소속 정신건강의학과 전문의 1인을 감정의사로 지정하여 피감정인의 입소일로부터 출소할 때까지 감정 및 최소한의 정신건강의학과적 치료를 담당하도록 하여야 한다.

제62조(입소) ① 원장은 감정의뢰가 서면으로 신청된 경우에 한하여 접수, 처리한다.

② 원장은 감정의뢰를 받을 경우, 감정의사를 추천하고 입소 절차 등에 대하여 안내하여야 한다.

③ 원장은 피감정인의 인수를 국립법무병원 내에서 하여야 하며, 다음 각 호의 사항을 확인하고 본인 여부를 대조하여야 한다.

1. 정신감정유치장

2. 감정유치지휘서

3. 범죄사실을 알 수 있는 기록서 사본

4. 정신감정비용 지급확약서

5. 정신감정 입소 의뢰서

제63조(기록 및 증명서) ① 피감정인의 의무기록은 제19조를 준용하되 원장은 피감호자의 의무기록과 구분하여 기록·유지하고 피감정인의 출소와 동시에 별도 보관하여야 한다.

② 원장은 감정서의 발급을 의뢰기관으로 한정하며, 기타 재소사실증명, 진단서, 소견서를 발급할 수 있다. 단, 다른 법령에 규정된 경우에는 감정서 사본을 발급할 수 있다.

제64조(비용) ① 원장은 피감정인에 대한 급양 및 수용비, 진료비, 감정료 등 감정에 필요한 모든 비용을 전액 의뢰기관으로부터 징수한 후 이를 국고에 세입하여야 한다. 다만, 감정수당은 의뢰기관이 감정의사에게 이를 지급하여야 한다.

② 원장은 제1항에도 불구하고 특수검사 등이 필요할 경우에 법정대리인등과 협의하여 자비를 부담하게 할 수 있다.

③ 비용의 징수에 있어서 진료비에 관하여는 의료보험수가에 준하여 산출하고 기타 비용은 피감호자의 수용 및 급양단가에 준한다. 다만, 원장은 필요할 경우 조정하여 시행할 수 있다.

제65조(출소) ① 원장은 감정완료 후 의뢰기관에 정신감정서를 발송하고 동시에 즉시 신병인수를 요청하여야

한다.

② 원장은 감정유치기간 만료일에 해당할 때에는 신병인수요청을 생략할 수 있으며, 신병인도는 국립법무병원 내에서 한다.

③ 원장은 감정 중에 법정전염병에 감염되어 있는 사실이 발견되거나, 기왕증이 위중하여 외부병원 이송치료가 요구될 때에는 즉시 의뢰기관에 통보하여 출소시켜야 하고 외부병원 이송치료시의 진료비는 의뢰기관이 부담하는 것을 원칙으로 한다.

제66조(준용규정) 감정에 관하여 이 장에 특별한 규정이 있는 경우를 제외하고 감정유치의 성질에 반하지 않는 범위 안에서 이 준칙 제5장을 준용한다.

제10장 가수용

제67조(가수용 조건 및 기간) ① 원장은 피감호자 중 질병 등으로 인하여 치료감호집행이 정지된 자로서 인수할 법정대리인등이 없거나, 법정대리인등에게 인도되기 전까지는 일시 가수용할 수 있다.

② 가수용 기간은 15일 이내를 원칙으로 한다. 다만, 부득이한 경우 원장은 1회에 한하여 그 기간을 연장할 수 있다.

③ 제1항 및 제2항의 사유가 발생할 경우, 원장은 그 사실을 즉시 법무부장관에게 보고하여야 한다.

제68조(수용장소 및 치료) ① 가수용자의 수용장소는 치료감호집행정지 이전의 수용장소를 원칙으로 하되 치료상 필요할 경우 원장은 이를 변경할 수 있다.

② 가수용자의 주치의는 치료감호집행정지 이전의 주치의를 원칙으로 한다. 다만, 원장은 치료상 필요할 경우 이를 변경할 수 있다.

제69조(치료감호집행정지 취소 건의) 원장은 가수용 중인 자에 대하여 치료감호집행정지 사유가 소멸했을 때에는 진단서를 첨부하여 관할 검찰청 검사에게 치료감호집행정지 취소를 건의할 수 있다.

제70조(준용규정) 가수용자에 대하여 이 장에 특별한 규정이 있는 경우를 제외하고 가수용의 성질에 반하지 않는 범위 안에서 이 준칙 제4장과 제5장을 준용할 수 있다.

제11장 보칙

제71조(준용법령) 치료감호집행 및 정신감정유치 등 이 준칙에 특별한 규정이 없는 경우, 형사소송법, 형의 집행 및 수용자의 처우에 관한 법률, 동법시행령, 동법시행규칙 등 교정관계법령 등에 따른다.

제72조(재검토기한) 법무부장관은 이 훈령에 대하여 2024년 1월 1일을 기준으로 매3년이 되는 시점(매 3년째의 12월 31일까지를 말한다)마다 그 타당성을 검토하여 개선 등의 조치를 하여야 한다.

부칙 〈제1487호, 2023. 9. 4.〉

이 훈령은 2023년 9월 11일부터 시행한다.

피치료감호자 분류심사표

수용 번호			병동			
성명			성별	남 · 여	생년월일	. . .(만 세)

정 신 상 태	일반적 외모, 태도, 행동 : 의식 및 지남력 : 감정반응 상태 : 사고과정 및 반응 : 지각 및 기억력 : 일반지식 및 지능 : 판단력 및 병식 :
병 력 사 항	입소당시의 증상 과거병력 및 가족병력사항
신 체 사 항	신장 : 흉위 : 체중 : 시력 : 좌, 우 청력 : 혈액형 : 합병증 : <u>신체상황개요 및 특징</u>

국제인권규범

법령

훈령·예규

치료감호

권리구제

부록

주치의 의견	진 단 명 : 향후 치료기간 : 향후 치료방법 : 증 상 정 도 :　　양호,　　경증,　　중증 예후 및 치료요법 작성 일자 20 　　.　　.　　. 주치의　　　　　　　　　(확인)
주치의 의견	진 단 명 : 증 상 정 도 :　　양호,　　경증,　　중증 종 합 의 견 : 진료심의일자 20 　　.　　.　　. 진료심의위원장　　　　　　　(확인)

국립법무병원 의류 및 침구 제식 규칙

[시행 2022. 7. 5.] [법무부훈령 제1428호, 2022. 6. 28., 일부개정.]

제1조(목적) 이 규칙은 국립법무병원에 수용된 피치료감호자에게 지급하는 의류, 침구 및 신발 등(이하 "의류 등"이라 한다)의 종류, 제식과 그 착용 등에 관하여 필요한 사항을 정함을 목적으로 한다.

제2조(의류 등의 종류와 지급기준) 피치료감호자의 의류 등의 종류와 지급기준은 별표 1과 같다.

제3조(의류 등의 제식) 피치료감호자의 의류 및 신발의 제식은 별표 2와 같다.

제4조(의류의 지급시기) 의류는 다음 각 호와 같이 구분하여 피치료감호자에게 지급하여 사용하도록 한다. 다만, 계절의 구별이 없는 의류는 그러하지 아니하다.

1. 겨울옷 : 10월 1일부터 다음 해 5월 9일까지
2. 여름옷 : 5월 10일부터 같은 해 9월 30일까지

제5조(침구의 제식) 피치료감호자의 침구의 제식은 별표 3과 같다.

제6조(생활용품의 지급) ① 피치료감호자에게 일상생활에 필요한 생활용품을 별표 4의 지급기준과 같이 지급한다.

② 국립법무병원장은 필요하다고 인정할 때에는 법무부장관의 허가를 받아 이 규칙에서 규정하지 아니한 일상용품을 피치료감호자에게 지급할 수 있다.

제7조(의류 등의 회수) 국립법무병원장은 피치료감호자가 퇴소할 때에는 지급하였던 의류 등을 회수하여야 한다. 다만, 회수하기 어려운 특별한 사정이 있을 때에는 그러하지 아니하다.

제8조(재검토기한) 법무부장관은 이 훈령에 대하여 2023년 1월 1일을 기준으로 매3년이 되는 시점(매 3년째의 12월 31일까지를 말한다)마다 그 타당성을 검토하여 개선 등의 조치를 하여야 한다.

　부칙 〈제1428호, 2022. 6. 28.〉

제1조(시행일) 이 훈령은 2022년 7월 5일부터 시행한다.

제2조(다른 훈령의 개정) ① 공무원 특수지근무수당 지급대상기관과 그 등급별 지급대상자의 범위에 관한 규칙 일부를 다음과 같이 개정한다.

　제1조 중 "치료감호소"를 "국립법무병원"으로 한다.

　제2조 중 "치료감호소"를 "국립법무병원"으로 한다.

　별표의 기관별란 중 "치료감호소"를 "국립법무병원"으로 한다.

② 교도소와 소년원 및 외국인보호소 등 의무관 임상연구비 지급지침 일부를 다음과 같이 개정한다.

　　제1조 중 "치료감호소"를 "국립법무병원"으로 한다.

제2조제1항 중 "치료감호소"를 "국립법무병원"으로 한다.

별표 중 치료감호소 임상연구평가위원회란을 다음과 같이 한다.

국립법무병원 임상연구평가위원회	국립법무병원	국립법무병원	국립법무병원	국립법무병원 행정지원과장

③ 민원담당공무원 수당지급 규칙 일부를 다음과 같이 개정한다.

제2조제3호 각 목 외의 부분 중 "치료감호소"를 "국립법무병원"으로 한다.

④ 법무부 공무원 행동강령 일부를 다음과 같이 개정한다.

별표 1의 피치료감호자 수용·관리의 직무관련자란 중 "치료감호소"를 "국립법무병원"으로 한다.

⑤ 법무부 성과관리 운영규정 일부를 다음과 같이 개정한다.

별표 2의 보호기관의 평가군란 중 "치료감호소"를 "국립법무병원"으로 한다.

별표 3의 소속기관 과의 비고란 중 "치료감호소"를 "국립법무병원"으로 한다.

별표 7의 소속기관의 평가단위란, 점수반영 기준란 및 비고란 중 "치료감호소"를 각각 "국립법무병원"으로 한다.

⑥ 법무부 소관 회계 관계공무원의 관직지정과 임명권 위임에 관한 규정 일부를 다음과 같이 개정한다.

별표의 구분의 기관별란 중 "치료감호소"를 "국립법무병원"으로 한다.

⑦ 법무부 소속 공무원 보직관리기준 일부를 다음과 같이 개정한다.

별표 1의 보호직의 3·4급 직위란 및 4급 직위란 중 "치료감호소"를 각각 "국립법무병원"으로 하고, "의무직(치료감호소)"을 "의무직(국립법무병원)"으로 하며, 같은 표 의무직(치료감호소)의 3·4급 직위란 및 4급 직위란 중 "치료감호소"를 각각 "국립법무병원"으로 한다.

별표 2의 보호직렬의 직위 또는 부서명란 중 "치료감호소"를 "국립법무병원"으로 한다.

⑧ 법무부소속 공무원 임용권 및 임용시험실시권 위임규칙 일부를 다음과 같이 개정한다.

제3조제9항 각 호 외의 부분 중 "치료감호소장"을 "국립법무병원장"으로 하고, 같은 항 제1호부터 제4호까지 중 "치료감호소"를 각각 "국립법무병원"으로 한다.

⑨ 법무부와 그 소속기관의 보통징계위원회 설치 및 운영에 관한 규정 일부를 다음과 같이 개정한다.

제3조제1호 중 "치료감호소"를 "국립법무병원"으로 한다.

⑩ 법무부 위임전결 규정 일부를 다음과 같이 개정한다.

별표 중 (8-3) 치료처우과 업무명의 치료감호소 운영에 관한 사항란을 다음과 같이 한다.

국립법무병원 운영에 관한 사항	기본계획 수립	
	운영에 관한 일반 집행 사항	
	국립법무병원 직원 복무 관리	
	국립법무병원 수용 관리	
	국립법무병원 자문위원의 위·해촉	
	치료감호 정책연구과제 승인 및 수행	중요 사항
		일반 사항

⑪ 법무부 중앙사고수습본부 구성 및 운영 등에 관한 규정 일부를 다음과 같이 개정한다.

제2조제8호 중 "치료감호소"를 "국립법무병원"으로 한다.

⑫ 보호기 규정 일부를 다음과 같이 개정한다.

　　제1조 중 "치료감호소"를 "국립법무병원"으로 한다.

　　제3조제6호를 다음과 같이 한다.

　　6. 국립법무병원

⑬ 보호직 공무원 인사운영 규정 일부를 다음과 같이 개정한다.

　　별표 2의 구분란 중 "치료감호소"를 "국립법무병원"으로 한다.

　　별표 3의 대전·충남권(12)의 해당기관란 중 "치료감"을 "국립법무병원"으로 한다.

⑭ 연구업무수당 지급규칙 일부를 다음과 같이 개정한다.

　　제3조제4호 중 "치료감호소"를 국립법무병원"으로 한다.

⑮ 육아휴직 결원보충 활성화를 위한 법무부와 그 소속기관에 두는 별도정원 운영 규정 일부를 다음과 같이 개정한다.

　　별표의 나. 중 "치료감호소"를 국립법무병원"으로 한다.

[별표 1]

의류 등의 종류와 지급기준

종류	구분 품명	단위	1인당 지급기준량	내용연한	비 고
환자복 (상)	공 용	매	1	1년	
환자복 (하)	공 용	매	2	1년	
작업복	겨 울 옷	벌	1	2년	직업훈련장 (건축도장, 제과제빵, PC정비, 건축시공 등)
작업복	여 름 옷	벌	1	2년	
운동복	겨 울 옷	벌	1	3년	
운동복	여 름 옷	벌	1	3년	반소매, 반바지
내 의	겨울내의	벌	1	1년	
내 의	런닝셔츠	매	3	6월	
내 의	팬 티	매	3	6월	
신 발	운 동 화	켤레	1	3년	필요시 추가 지급
신 발	슬 리 퍼	켤레	1	6개월	〃
침 구	매트리스	장	1	5년	
침 구	매트리스 커버	장	1	1년	
침 구	이 불 — 겹이불 (여름용)	장	1	3년	
침 구	이 불 — 솜이불 (겨울용)	장	1	4년	
침 구	베 개	개	1	2년	
침 구	요	매	1	3년	
기 타	조 끼	매	1	3년	
기 타	양 말	켤레	4	1년	소모품
기 타	브래지어	개	2	1년	여자 피치료 감호자에게 지급

※ 지급기준 중 매트리스, 매트리스커버, 이불은 병동별로 공동으로 관리한다.

생활용품의 지급기준

구 분	품 명	단위	1인당 보유기준량	1인당 연간 지급기준량	비 고
일상용품	휴 지	개	1	12	필요시 지급 가능
	치 약	개	1	6	〃
	치 솔	개	1	4	〃
	세면비누	개	1	12	
	세탁비누	개	1	12	
	수 건	매	1	4	
	생 리 대	봉지	1	12	1봉지 10개입 기준
	머 리 빗	개	적정량	적정량	
	손톱깎기	개	적정량	적정량	
	주 전 자	개	적정량	적정량	
	물 컵	개	1	1	

※ 생활용품 중 머리빗, 손톱깎기, 주전자는 병동별로 적정량을 갖추어 두고 공동으로 관리한다..

국제인권규범   법령   훈령·예규   지료감호   권리구제   부록

국립법무병원 급식관리규정

[시행 2023. 12. 27.] [법무부훈령 제1505호, 2023. 12. 26., 전부개정.]

제1장 총칙

제1조(목적) 이 규정은 국립법무병원에 수용된 피치료감호자(이하 '피감호자'라 한다)의 급식에 관한 사항을 정함을 목적으로 한다.

제2조(정의) 이 규정에서 사용하는 용어의 정의는 다음과 같다.

1. "주식"이라 함은 각종 곡류(탄수화물) 및 곡류가공식품을 이용한 밥, 빵류, 면류 등 주된 음식물을 말한다.
2. "부식"이라 함은 주식을 제외한 모든 음식물을 말한다.
3. "영양사"라 함은 피감호자 취사장 관리 책임자로 급식업무를 담당하는 식품위생직 공무원 또는 이 업무를 담당하기 위하여 채용된 임기제 공무원이나 기간제근로자를 말한다.
4. "조리장"이라 함은 취사장 내 위생 및 복무 관리책임자로 조리직 공무원 중 국립법무병원장(이하 '원장'이라 한다)이 정하는 1인으로 한다.
5. "조리사"라 함은 영양사를 제외한, 급식업무를 담당하는 조리직 공무원 또는 이 업무를 담당하기 위하여 채용된 임기제 공무원이나 「법무부 공무직 등 근로자 관리지침」 제2조에 따른 근로자를 말한다.
6. "취사장"이라 함은 조리, 배식을 위해 설치된 별도의 장소를 말한다.
7. "특별급식"이라 함은 정기적으로 제공되는 주·부식외에 제공되는 모든 음식물을 말한다.
8. "대용식"이라 함은 주·부식을 대체할 수 있는 모든 음식물을 말한다.
9. "환자식"이라 함은 환자, 허약자, 그 밖에 요양이 필요하다고 인정되는 자를 위해 특별히 제공되는 모든 음식물을 말한다.

제2장 주·부식

제3조(구입) ① 주·부식은 품질이 우수하고 안전한 식재료를 구매하여야 하며, 식재료의 품질관리 기준은 별표 제1호와 같다.

② 원장은 주·부식물을 구입함에 있어서 시장가격 조사, 검수 등 예산회계 및 물품관리 법령을 준수하고, 품질과 안정성을 고려하여야 한다.

제4조(검수) ① 원장은 주·부식물의 검수를 위하여 영양사를 검수관으로 임명하여야 하며, 영양사 부재 시 검수 업무를 대신할 조리장 또는 조리사를 지정할 수 있다. 또한, 필요한 경우에는 검수관을 추가로 임명하여 복수검사를 하는 등 검수업무를 철저하게 하도록 하여야 한다.

② 검수관은 주·부식물을 검사함에 있어 다른 사람으로부터 검사업무에 대하여 간섭받지 않으며 그 결과에

대하여 책임을 진다.

③ 검수관은 주·부식물을 검수할 때에는 별지 제1호의 서식에 따라 검수일지를 기록하여야 한다. 다만, 자체적으로 검수일지를 기록하는 경우에는 별지 제1호의 점검 사항을 포함하여야 한다.

④ 검수 장소는 당해 기관의 취사장으로 한다. 다만, 부득이한 경우나 기타 생산지에서 인수함을 조건으로 계약된 경우에는 검수 장소를 원장이 따로 정할 수 있다.

⑤ 「농수산물의 원산지 표시에 관한 법률」 및 「가축 및 축산물 이력관리에 관한 법률」에 해당되는 주·부식물에 대하여는 원산지 표시를 하여 식당에 게시하여야 한다.

제5조(검수일지 등의 기록·보관) 검수관은 다음 각 호에 따라 검수일지 등을 기록 및 보관하여야 한다.

1. 물품의 규격 및 수량, 견본과 일치 여부, 배송온도, 포장상태, 품질상태 등을 점검하고, 그 결과를 검수일지에 기록

2. 제1호의 검수결과 부적합 사항이 확인될 때에는 지체없이 개선 조치하여 그 결과를 검수일지에 기록

3. 검수일지는 3개월 간 보관

4. 식육의 경우 축산물 등급 판정확인서 및 이력관리 확인서(식별번호)를 구입한 날로부터 6개월간 보관

제6조(보관 및 관리) ① 주·부식 재료는 종류별로 구분하여 식재료에 맞는 적당한 온도·습도를 유지하여 변질되지 않도록 보관하여야 한다.

② 조리사는 주·부식 재료의 재고량, 보관상태, 유통기한, 소비기한, 변질여부 등을 매일 확인하고 보관상태나 변질의 문제가 있는 경우에는 영양사에게 보고한다.

③ 영양사는 보관 중 변질 또는 부패 등으로 급식에 지장을 초래하게 된 경우에는 그 원인을 조사하여 원장에게 보고한 후 공급처 등과 협의하여 식재료를 교환 또는 폐기하고 대체급식을 실시하여야 한다.

④ 영양사는 주·부식 재료의 재고현황을 통합의료정보시스템에 기록 관리하여야 한다.

제3장 급식

제7조(주·부식의 기준열량) 피감호자에게 급식하는 주·부식의 총 열량은 1인당 1일 2,500kcal 이상으로 한다.

제8조(주식의 제공) ① 주식은 1일 3회 혼합식으로 제공하되 1인당 1일 주식 제공량은 390g을 기준으로 한다.

② 원장은 양곡의 수급사정 기타 특별한 사유가 있거나 피감호자를 이송할 때에는 제1항의 규정에 의한 주식의 혼합율을 변경하거나 예산의 범위 안에서 대용식을 제공할 수 있다.

③ 원장은 필요하다고 인정할 때에는 피감호자의 질병 상태, 성별, 연령, 체위 등을 고려하여 예산의 범위 안에서 주식의 기준제공량을 조정할 수 있다.

제9조(부식의 제공) 부식은 피감호자의 건강유지를 위하여 영양이 풍부한 식품을 선별 제공하되, 피감호자의 기호에 맞도록 그 종류 및 표준 식품규격을 원장이 정하여 제공할 수 있다.

제10조(특별급식) ① 원장은 필요하다고 인정할 때에는 예산의 범위 안에서 피감호자에게 특별급식을 제공할 수 있다.

② 원장은 주치의가 필요하다고 인정하는 피감호자에 대하여는 쌀밥, 죽, 기타 적당한 대용식과 특별히 마련된 부식을 제공할 수 있다.

제11조(환자식) ① 원장은 환자, 허약자, 임산부, 그 밖에 요양이 필요하다고 인정되는 피감호자에 대하여 환자식을 제공할 수 있다.

② 제1항 경우에는 주치의의 의견을 들어 환자식의 종류를 결정한다.

③ 환자식은 죽, 당뇨식, 저염식, 영양식 등을 제공할 수 있다.

제12조(외국인 피감호자의 급식) ① 원장은 외국인 피감호자가 국적국의 관습 및 종교 등으로 내국인 피감호자와 식습관을 현저히 달리하는 경우, 소속 국가의 음식문화 등을 고려하여 급식을 달리 제공할 수 있다.

② 제1항에서 규정된 사항 외의 급식 운영에 관한 사항은 내국인 피감호자에 준한다.

제13조(주식의 확보) 원장은 피감호자에 대한 원활한 급식을 위하여 평균급식 인원의 1개월분에 상당하는 주식을 항상 확보하고 있어야 한다.

제4장 식품위생

제14조(조리과정 관리) 조리과정의 위생관리는 다음과 같이 한다.

1. 칼과 도마 등의 조리기구나 용기, 고무장갑 등은 식재료 및 용도에 따라 구분하여 사용하고 수시로 세척·소독하여야 한다.

2. 식품 취급 등의 작업은 바닥으로부터 60㎝이상의 높이에서 실시하여 식품의 오염이 방지되도록 하여야 한다.

3. 조리가 완료된 식품과 세척·소독된 배식기구·용기 등은 식재료 또는 세척·소독되지 않은 기구·용기 등과 구분하여 관리하여야 한다.

4. 해동을 할 때에는 냉장해동(5℃ 이하)과 전자레인지 해동 또는 흐르는 물(21캩이하)을 이용한 방법 중 원재료의 종류 및 상태에 맞게 실시하여야 한다.

5. 해동된 식품은 지체 없이 사용하고, 재냉동을 하여서는 안된다.

6. 날로 먹는 채소류, 과일류는 충분히 세척·소독하여야 한다.

7. 가열조리 식품은 중심부가 75℃(패류는 85℃) 이상으로 가열되고 있는지 온도계로 측정하여 도달 여부를 기록하여야 하며, 식품 종류에 맞게 충분히 가열시간을 유지하여야 한다. 가열조리 작업 기록은 별지 제2호 서식에 따른다.

8. 조리에서 배식까지의 시간은 최대한 단축하여 적온급식을 유지하여야 한다.

9. 검식은 원장이 지정한 공무원(영양사 등)이 실시하며, 매 식사 제공 전 1인분의 양을 식단표대로 준비하여 검식하고 그 내용을 기록한다.

10. 검식 및 보존식 일지의 기록은 별지 제3호 서식에 의한다.

제15조(보존식 관리) ① 보존식은 피감호자에게 제공한 모든 식품의 1인분 분량을 영하 18℃ 이하로 144시간 이상 전용냉동고에 보관하여야 한다. 이때, 가공 완제품은 포장상태 그대로 보관할 수 있다.

② 보존식 전용냉동고는 주 1회 이상 세척·소독하여야 한다. 이때에는 보존식을 다른 냉동고에 옮겼다가 다시 보관하여야 하며, 보존식이 오염되지 않도록 특별히 주의하여야 한다.

③ 보존식은 채취일시(보존일시), 보관기한(폐기일시), 채취물의 내용(식단명), 채취자를 기록하여 관리하여야 한다.

제16조(개인 위생관리) ① 영양사 및 조리장·조리사는 「식품위생법」 제40조(건강진단)에 따른 건강진단을 매년 1회 이상 실시하여야 한다.

② 위생관리 책임자는 조리사의 건강 및 위생상태를 상시 확인하여야 하며, 문제발견 시 의사에게 의뢰하여 조리 참여 여부를 결정하여야 한다.

③ 조리장 및 조리사는 항상 청결을 유지하고, 조리와 배식을 할 때에는 위생복, 위생모, 위생화, 앞치마, 마

스크 등을 착용하여야 한다.

④ 영양사는 조리장·조리사를 대상으로 월 1회 이상 위생교육을 실시하고 그 기록을 유지하여야 한다.

제17조(식중독 사고 예방 등) ① 원장은 식중독 환자가 발생하지 아니하도록 위생관리를 철저히 하여야 하며, 매년 식품안전사고 예방 계획을 수립하고 1월말까지 법무부장관에게 보고하여야 한다.

② 식중독 사고가 발생한 경우 원장은 즉시 법무부장관에게 보고하여야 하며, 행정지원과장(또는 담당공무원)은 관할 보건소 등 보건당국에 즉시 통보하고 역학조사에 적극 협조하여야 한다.

③ 원장은 「감염병의 예방 및 관리에 관한 법률」 제51조제3항 및 동법 시행규칙 제36조제4항 별표 제7호에 따라 급식시설에 대하여 소독을 실시하여야 한다.

제18조(위생관리 책임자) 원장은 식중독 사고 등의 예방을 위해 조리사 면허를 가진 조리장을 위생관리 책임자로 지정하여 식재료, 취사장, 배식 전반의 위생 관리 업무를 감독하게 한다. 다만, 기관 사정에 따라 영양사를 위생관리 책임자로 지정할 수 있다.

제19조(위생점검) ① 위생관리 책임자는 위생관리 사항[별표 2]에 대한 준수여부를 매일 점검하여 별지 제4호의 서식에 따라 기록하여야 한다. 다만, 자체적으로 위생관리 점검표를 기록하는 경우에는 별지 제4호의 점검 사항을 포함하여야 한다.

② 제1항에 따라 점검한 결과 부적합 사항이 확인되는 경우에는 지체없이 개선조치를 하고 그 결과를 기록하여야 한다.

③ 위생관리 점검표는 3개월간 보관하여야 한다.

제5장 시설 및 안전관리 등

제20조(급식시설·설비관리) ① 조리 및 급식에 필요한 시설, 설비와 기구는 작업의 흐름에 따라 위생, 동선, 효율성을 고려하여 배치하고 항상 청결하게 관리하여야 한다.

② 급식기구는 내구성, 경제성, 안전성 및 유지관리의 용이성 등을 고려하여 구비하여야 한다.

③ 급식시설·설비관리의 세부기준은 별표 제3호 및 별표 제4호와 같이 한다.

제21조(먹는 물 및 음식물류 폐기물 관리 등) ① 먹는 물은 매 끼니마다 충분히 끓여서 공급한다. 다만, 별도의 정수기를 설치한 경우에는 정수된 물을 제공할 수 있다.

② 생활폐기물 및 음식물류 폐기물의 수거 용기는 반드시 덮개를 설치하여 악취 및 액체가 새지 않도록 관리하고, 보관장소는 취사장에서 일정거리를 유지하도록 하여야 한다.

③ 취사장 및 식재료 보관실 창문과 출입구 등에는 해충 등이 출입할 수 없도록 방충망 등 적절한 설비를 갖추고 정기적으로 소독하여야 한다.

제22조(유해화학물질 관리) ① 원장은 유해화학물질을 안전하게 사용하고 관리하기 위하여 물질안전보건자료(Material Safety Data Sheet, 이하 MSDS)를 비치하고, 유해화학물질과 식재료를 구분하기 위해 유해화학물질이 주된 성분인 세제 창고는 별도 공간에 운영한다.

② 원장은 유해화학물질을 안전하게 사용하고 관리하기 위해 영양사와 조리장·조리사를 대상으로 정기적으로 교육을 실시하여야 한다.

③ 원장은 매월 유해화학물질 관리일지를 작성하여 보관한다.

제23조(영양사 및 조리장·조리사) ① 원장은 급식시설·설비관리를 위해 영양사와 조리장·조리사를 두어야 하며, 직무 및 근무시간 등 필요한 사항은 원장이 정한다.

② 원장은 식품위생 수준 및 자질의 향상을 위하여 영양사와 조리장·조리사에게 「식품위생법」 제41조(식품위생교육)·제56조(교육) 및 「국민영양관리법」 제20조(보수교육)에 따른 교육의 기회를 부여하여야 한다.

제6장 기타

제24조(급식만족도 조사 등) ① 원장은 이 규정에 따른 급식의 만족도를 분기 1회 조사하여 그 결과를 급식운영 개선에 활용하여야 한다.

② 제1항에 따라 급식만족도를 조사하는 경우에는 별표 제5호의 설문내용을 반드시 포함하여야 한다.

③ 분기별 실시한 급식만족도 조사의 결과는 그 평균치를 구하여 분기말 다음 달 5일까지 법무부장관에게 보고하여야 한다. 이 경우 보고의 대상은 별표 제5호의 설문결과에 한한다.

④ 제3항에 따라 법무부장관에게 보고하는 급식만족도 조사결과는 각 척도별로 각 5, 4, 3, 2, 1의 비율로 배점을 부여하여 백분율로 산출한다.

제25조(적용) 이 규정에 규정되지 않은 사항에 대하여는 「식품위생법」 등 관련 법령의 예에 따른다. 다만, 집단급식소 및 수용시설에 적용되지 않는 규정에 대하여는 그렇지 않다.

제26조(급식관리위원회) 원장은 피감호자의 급식에 관한 자문 및 중요사항을 결정하기 위해 급식관리위원회를 둘 수 있다.

제27조(정보시스템의 이용) 이 규정에 따른 제반 급식관리는 통합의료정보시스템을 이용하여야 한다. 다만, 통합의료정보시스템의 오류 등의 경우에는 수기로 관리할 수 있다.

제28조(재검토기한) 법무부장관은 이 훈령에 대하여 2024년 1월 1일을 기준으로 매 3년이 되는 시점(매 3년째의 12월 31일까지를 말한다)마다 그 타당성을 검토하여 개선 등의 조치를 하여야 한다.

부칙 〈제1505호, 2023. 12. 26.〉

이 훈령은 2023년 12월 27일부터 시행한다.

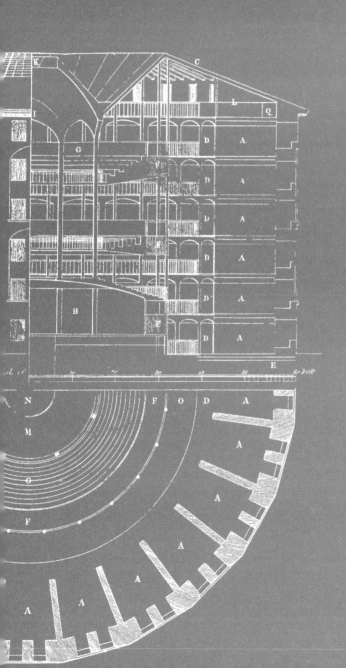

5부
권리구제

정보공개청구

정보공개제도란 국가기관이나 지방자치단체 등 공공기관이 보유하고 있는 정보를 시민들이 이용할 수 있도록 보장하는 제도이다. 정보공개 청구의 방법, 공공기관의 공개 의무 등을 규정하고 있는 법률이 '공공기관의 정보공개에 관한 법률'(이하 정보공개법)이다.

공개대상 정보

정보공개 청구의 대상이 되는 정보는 공공기관이 직무상 작성 또는 취득하여 관리하고 있는 문서(전자문서 포함) 및 전자매체를 비롯한 모든 형태의 매체 등에 기록된 사항을 말한다.

정보공개청구의 주체

정보공개제도는 미성년자, 재외국민, 구금시설 수용자 등 모든 국민이 이용할 수 있다. 그뿐만 아니라 일정 자격을 가진 외국인도 포함된다. 외국인 중 △국내에 일정한 주소를 두고 거주하거나 학술·연구를 위하여 일시적으로 체류하는 사람 △국내에 사무소를 두고 있는 법인 또는 단체는 정보공개 청구권을 가진다.

대상 기관

정보공개 청구의 대상이 되는 공공기관에는 국가기관이 포함된다. 여기에는 (1) 국회, 법원, 헌법재판소, 중앙선거관리위원회 (2) 중앙행정기관(대통령 소속 기관과 국무총리 소속 기관을 포함한다) 및 그 소속 기관, (3) 행정기관 소속 위원회의 설치·운영에 관한 법률」에 따른 위원회가 포함된다. 수용자는 법무부장관, 지방교정청장 또는 교정시설의 소장에게 정보공개를 청구할 수 있다.

이 외에도 정보공개 청구의 대상 기관으로는 △지방자치단체 △「공공기관의 운영에 관한 법률」제2조에 따른 공공기관 △「지방공기업법」에 따른 지방공사 및 지방공단 △「유아교육법」, 「초·중등교육법」, 「고등교육법」에 따른 각급 학교 또는 그 밖의 다른 법률에 따라 설치된 학교 △「지방자치단체 출자·출연 기관의 운영에 관한 법률」제2조제1항에 따른 출자기관 및 출연기관 △특별법에 따라 설립된 특수법인 △「사회복지사업법」제42조제1항에 따라 국가나 지방자치단체로부터 보조금을 받는 사회복지법인과 사회복지사업을 하는 비영리법인 △「보조금 관리에 관한 법률」제9조 또는 「지방재정법」제17조제1항 각 호 외의 부분 단서에 따라 국가나 지방자치단체로부터 연간 5천만원 이상의 보조금을 받는 기관 또는 단체(다만, 정보공개 대상 정보는 해당 연도에 보조를 받은 사업으로 한정)이다.

처리 절차

정보공개 절차는 일반적으로 청구서 제출, 접수, 정보공개 여부 결정, 결정통지, 비용부담, 공개실시 등의 단계를 거친다.

정보공개업무 처리 절차도 [+]

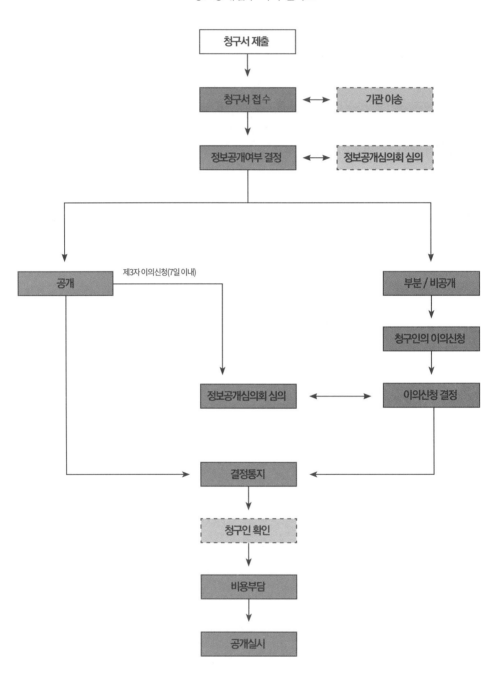

+ 행정안전부, 2024 정보공개 연차보고서, 2024. 8., 9쪽

정보공개 청구서에는 △공개를 청구하는 정보의 내용 △공개방법 △청구인의 성명 등을 기재해야 한다.[+] 청구서 제출 방법에는 △직접 출석 △우편 △팩스 △정보통신망(인터넷) 등이 있다. 청구서를 접수한 공공기관은 정보공개 처리대장에 기록하고 청구인에게 접수증을 발급해야 한다. 다만 △즉시 또는 말로써 처리가 가능한 정보의 정보공개 청구서를 접수한 경우 △우편·팩스 또는 정보통신망을 통하여 정보공개 청구서를 접수한 경우에는 접수증을 발급하지 않을 수 있다. 이 경우에도 청구인이 접수증을 요청하면 발급해야한다.

공공기관은 정보공개 청구를 받은 날부터 10일 이내에 공개 여부를 결정해야 한다. 부득이한 사유로 기간이내에 공개 여부를 결정할 수 없을 때는 그 기간이 끝나는 날의 다음 날부터 기산(起算)하여 10일의 범위에서 공개 여부 결정기간을 연장할 수 있다. 이 경우 공공기관은 연장된 사실과 연장 사유를 청구인에게 지체없이 문서로 통지해야 한다. 만약 정보공개 청구 후 20일이 경과하도록 공공기관이 공개 여부를 통지하지 않으면 비공개 결정과 마찬가지로 이의신청, 행정심판, 행정소송을 할 수 있다.

공공기관은 공개 청구된 공개 대상 정보의 전부 또는 일부가 제3자와 관련이 있다고 인정할 때에는 그 사실을 제3자에게 지체 없이 통지해야 하며, 필요한 경우에는 그의 의견을 들을 수 있다.

공개 청구된 정보가 공공기관이 보유·관리하지 않는 정보인 경우나 공개 청구의 내용이 진정·질의 등 정보공개 청구로 보기 어려운 경우로서 해당 공공기관이 「민원 처리에 관한 법률」에 따른 민원으로 처리할 수 있는 경우에는 정보공개 청구가 아니라 민원으로 처리할 수 있다.

만약 공공기관이 다른 공공기관이 보유·관리하는 정보의 공개 청구를 받았을 때에는 지체 없이 이를 소관기관으로 이송해야 하며, 이송한 후에는 지체 없이 소관 기관 및 이송 사유 등을 분명히 밝혀 청구인에게 문서로 통지해야 한다. 공공기관이 정보의 공개를 결정한 경우에는 공개의 일시 및 장소 등을 분명히 밝혀 문서로 통지하며, 부분 공개와 비공개 결정 시에는 비공개 이유와 불복(不服)의 방법 및 절차를 구체적으로 밝혀야 한다.

공공기관이 정보를 공개할 경우 정보의 공개 및 우송 등에 드는 비용은 실비(實費)의 범위에서 청구인이 부담한다. 비용에는 수수료[++]와 우편요금(공개되는 정보의 사본·출력물·복제물 또는 인화물을 우편으로 보내는 경우로 한정한다)이 포함된다.

비용의 예납

수용자가 현재의 수용기간 동안 법무부장관, 지방교정청장 또는 소장에게 정보공개청구를 한 후 정당한 사유 없이 그 청구를 취하하거나 「공공기관의 정보공개에 관한 법률」 제17조에 따른 비용을 납부하지 아니한 사실이 2회 이상 있는 수용자가 정보공개청구를 한 경우에는 정보의 공개 및 우송 등에 들 것으로 예상되는 비용을 미리 납부하게 할 수 있다. 수용자는 납부 통지를 받은 날부터 7일 이내에 현금 또는 수입인지로 납부해야 한다. 납부기한까지 납부하지 않으면 정보공개 여부 결정의 유예를 통지받을 수 있다.

공개 방법

과거에는 청구인이 사본을 원하는데 공공기관에서는 열람만 허용하는 경우도 있었다. 하지만 공공기관이 공개 방법을 선택할 재량권이 없다는 대법원 판결[+] 이후에는 청구인이 정하는 공개 방법에 따라 공개하는 것이 보통이다. 공공기관이 정보를 공개하는 방법은 아래와 같다.

정보공개 방법 (정보공개법 시행령 제14조 제1항)

1. 문서·도면·사진 등: 열람 또는 사본의 제공
2. 필름·테이프 등: 시청 또는 인화물·복제물의 제공
3. 마이크로필름·슬라이드 등: 시청·열람 또는 사본·복제물의 제공
4. 전자적 형태로 보유·관리하는 정보 등: 파일을 복제하여 정보통신망을 활용한 정보공개시스템으로 송부, 매체에 저장하여 제공, 열람·시청 또는 사본·출력물의 제공
5. 법 제7조제1항에 따른 정보[++] 등 공개를 목적으로 작성되고 이미 정보통신망 등을 통하여 공개된 정보: 해당 정보의 소재(所在) 안내

비공개 결정

공공기관은 정보공개 청구를 받은 경우 원칙적으로 모든 정보를 공개해야 한다. 그러나 아래 정보공개법 제9조 제1항 각호에 해당하는 정보는 예외적으로 공개하지 않을 수 있다.

비공개 대상 정보 (정보공개법 제9조 제1항)

1. 다른 법률 또는 법률에서 위임한 명령(국회규칙·대법원규칙·헌법재판소규칙·중앙선거관리위원회규칙·대통령령 및 조례로 한정한다)에 따라 비밀이나 비공개 사항으로 규정된 정보
2. 국가안전보장·국방·통일·외교관계 등에 관한 사항으로서 공개될 경우 국가의 중대한 이익을 현저히 해칠 우려가 있다고 인정되는 정보
3. 공개될 경우 국민의 생명·신체 및 재산의 보호에 현저한 지장을 초래할 우려가 있다고 인정되는 정보
4. 진행 중인 재판에 관련된 정보와 범죄의 예방, 수사, 공소의 제기 및 유지, 형의 집행, 교정(矯正), 보안처분에 관한 사항으로서 공개될 경우 그 직무수행을 현저히 곤란하게 하거나 형사피고인의 공정한 재판을 받을 권리를 침해한다고 인정할 만한 상당한 이유가 있는 정보
5. 감사·감독·검사·시험·규제·입찰계약·기술개발·인사관리에 관한 사항이나 의사결정 과정 또는 내부검토 과정에 있는 사항 등으로서 공개될 경우 업무의 공정한 수행이나 연구·개발에 현저한 지장을 초래한다고 인정할 만한 상당한 이유가 있는 정보. 다만, 의사결정 과정 또는 내부검토 과정을 이유로 비공개할 경우에는 제13조제5항에 따라 통지를 할 때 의사결정 과정 또는 내부검토 과정의 단계 및 종료 예정일을 함께 안내하여야 하며, 의사결정 과정 및 내부검토 과정이 종료되면 제10조에 따른 청구인에게 이를 통지하여야 한다.

[+] "정보공개를 청구하는 자가 공공기관에 대해 정보의 사본 또는 출력물의 교부의 방법으로 공개방법을 선택하여 정보공개청구를 한 경우에 공개청구를 받은 공공기관으로서는 법 제8조 제2항에서 규정한 정보의 사본 또는 복제물의 교부를 제한할 수 있는 사유에 해당하지 않는 한 정보공개청구자가 선택한 공개방법에 따라 정보를 공개하여야 하므로 그 공개방법을 선택할 재량권이 없다고 해석함이 상당하다." (대법원 2004. 8. 20. 선고 2003두8302 판결)

[++] 정보공개 청구와 관계없이 공공기관이 공개의 구체적 범위, 주기, 시기 및 방법 등을 미리 정하여 정보통신망 등을 통하여 알리고, 이에 따라 정기적으로 공개하는 정보로, △국민생활에 매우 큰 영향을 미치는 정책에 관한 정보 △국가의 시책으로 시행하는 공사(工事) 등 대규모 예산이 투입되는 사업에 관한 정보 △예산집행의 내용과 사업평가 결과 등 행정감시를 위하여 필요한 정보 △그 밖에 공공기관의 장이 정하는 정보가 여기에 해당한다.

6. 해당 정보에 포함되어 있는 성명·주민등록번호 등 「개인정보 보호법」 제2조제1호에 따른 개인정보로서 공개될 경우 사생활의 비밀 또는 자유를 침해할 우려가 있다고 인정되는 정보. 다만, 다음 각 목에 열거한 사항은 제외한다.

가. 법령에서 정하는 바에 따라 열람할 수 있는 정보

나. 공공기관이 공표를 목적으로 작성하거나 취득한 정보로서 사생활의 비밀 또는 자유를 부당하게 침해하지 아니하는 정보

다. 공공기관이 작성하거나 취득한 정보로서 공개하는 것이 공익이나 개인의 권리 구제를 위하여 필요하다고 인정되는 정보

라. 직무를 수행한 공무원의 성명·직위

마. 공개하는 것이 공익을 위하여 필요한 경우로서 법령에 따라 국가 또는 지방자치단체가 업무의 일부를 위탁 또는 위촉한 개인의 성명·직업

7. 법인·단체 또는 개인(이하 "법인등"이라 한다)의 경영상·영업상 비밀에 관한 사항으로서 공개될 경우 법인등의 정당한 이익을 현저히 해칠 우려가 있다고 인정되는 정보. 다만, 다음 각 목에 열거한 정보는 제외한다.

가. 사업활동에 의하여 발생하는 위해(危害)로부터 사람의 생명·신체 또는 건강을 보호하기 위하여 공개할 필요가 있는 정보

나. 위법·부당한 사업활동으로부터 국민의 재산 또는 생활을 보호하기 위하여 공개할 필요가 있는 정보

8. 공개될 경우 부동산 투기, 매점매석 등으로 특정인에게 이익 또는 불이익을 줄 우려가 있다고 인정되는 정보

비공개 대상 정보라 할지라도 기간의 경과 등으로 인하여 비공개의 필요성이 없어진 경우에는 공개 대상이 된다. 한편, 공개 청구한 정보가 공개 가능한 부분과 비공개해야 할 부분이 혼합되어 있는 경우로서 공개 청구의 취지에 어긋나지 아니하는 범위에서 두 부분을 분리할 수 있는 경우에는 공공기관은 공개 가능한 부분만이라도 공개하는 부분 공개 결정을 해야 한다.

비공개 세부기준

공공기관은 업무 성격을 고려하여 비공개 대상 정보의 범위에 관한 세부 기준을 수립하고 이를 공개해야 한다. 법무부의 경우 아래 기준을 수립하고 있다. 원하는 정보가 아래 비공개 대상 정보에 해당하더라도 미리 포기할 필요는 없다. 공공기관은 보유한 정보를 가능한 공개하지 않으려는 경향이 있기 때문이다. 원하는 정보가 아래 비공개 기준에 해당하여 실제로 비공개 결정을 받더라도, 이것이 부당하다고 판단되면 이의신청 등 불복 구제절차를 거치는 것이 좋다.

법무행정정보의 비공개 기준[+]

소관	업무내용	관리부서
1. 다른 법률 또는 법률이 위임한 명령에 의하여 비밀 또는 비공개사항으로 규정된 정보		
공통	○ 보안업무 관련 접수 및 자체생산 비밀·대외비 문서	각 부서
2. 국가안전보장·국방·통일·외교관계 등에 관한 사항으로서 공개될 경우 국가의 중대한 이익을 현저히 해할 우려가 있다고 인정되는 정보		
교정	○ 공안사범의 교육 및 교회에 관한 제도 및 기본계획	사회복귀과
3. 공개될 경우 국민의 생명·신체 및 재산의 보호에 현저한 지장을 초래할 우려가 있다고 인정되는 정보		
범죄예방	○ 가출소심사회의 기초자료 ○ 종료, 가종료, 치료위탁 심사회의 기초자료	치료처우과
4. 진행중인 재판에 관련된 정보와 범죄의 예방, 수사, 공소의 제기 및 유지, 형의 집행, 교정, 보안처분에 관한 사항으로서 공개될 경우 그 직무수행을 현저히 곤란하게 하거나 형사 피고인의 공정한 재판을 받을 권리를 침해한다고 인정할만한 상당한 이유가 있는 정보		
법무	○ 국가를 당사자로 하는 소송(국가소송에 한정한다)관련 정보보고	국가소송과
법무	○ 국가를 당사자로 하는 소송(행정소송에 한정한다)관련 정보보고	행정소송과
검찰	○ 사면실시 계획, 사면대상자 선정 및 관련 자료 ○ 형사사건의 분석 처리 및 보고	형사기획과
검찰	○ 공안 관계 법령의 제·개정 타당성 검토 및 입안 ○ 공안사건(국회의원 체포·구금 동의요구)관련 형집행 및 압수물 처리 지휘·감독 관련 문서 ○ 공안사건에 있어서 공공안전 위해요인 수집자료 ○ 공안사건의 검찰사무보고 감독 및 정보보고 ○ 공안사건에 있어서 무죄, 면소, 공소기각 등 사건 분석 처리	공공형사과
인권	○ 진정조사 내용 등(본인의 진정서, 접수증명원, 결정통지서 등은 공개)	인권조사과
교정	○ 전국교정기관장회의 개최, 그 결과 평가 및 보고 ○ 교정인력 진단	교정기획과
교정	○ 공안사범의 교육·교회에 관한 제도 및 기본계획 내용	사회복귀과
교정	○ 청원조사내용 등(본인의 청원서나 접수증명원, 청원결정통지서 등은 공개)	특별점검팀
교정	○ 수형자이송(형 확정자 등, 개별처우자 등) 승인 ○ 교정사고에 대한 처리 관리·감독 ○ 공안사범 이송 승인 ○ 공안사범의 수용 전반 기본지침 및 정보사항 처리 ○ 수용자 규율·계호 및 보안에 관한 제도와 기본계획 내용 ○ 보안야간근무체계 개편 계획 수립 ○ 수용자 징벌제도 개선 ○ 무인접견관리시스템 구축·운영관리 및 확충	보안과

+ '법무부 행정정보공개지침(시행 2024. 8. 12. 법무부예규 제1345호, 2024. 8. 12. 일부개정) [별표 3] 비공개 대상 법무행정정보의 세부기준표' 중 수용자와 관련된 내용을 재구성

교정	○ 가석방심사 관련 서류, 자료 분류 및 재검토 ○ 가석방 부적격 사유 발생여부 확인 ○ 가석방 집행·취소·실효 ○ 가석방 민원 및 진정 처리 ○ 가석방 통계, 가석방 관련 각종 지시 및 협조 ○ 가석방 관련 정보보고 ○ 수형자자치제 현황 ○ 분류처우 관련 민원 및 진정 처리, 지시 및 보고 ○ 분류처우 관련 정보보고 ○ 분류분과회의	분류심사과
교정	○ 수용자 심리치료 관련 기본계획. 지시 및 보고 ○ 심리치료프로그램 개발 관련 자료 ○ 직원 정신건강 관련 자료	심리치료과 마약사범 재활팀

5. 감사·감독·검사·시험·규제·입찰계약·기술개발·인사관리·의사결정과정 또는 내부검토 과정에 있는 사항 등으로서 공개될 경우 업무의 공정한 수행이나 연구·개발에 현저한 지장을 초래한다고 인정할 만한 상당한 이유가 있는 정보

공통	○ 지도방문 관련 공문 ○ 감사수감 관련 자료, 감사결과 보고서 ○ 규제업무의 적정한 수행에 지장을 주는 정보(다만, 인·허가의 신청절차에 관한 규정 및 인·허가 심사기준은 공개) ○ 개별 인·허가 신청, 심사, 결정에 관한 사항(특정개인식별이 가능한 문서, 법인 등의 사업계획, 생산기술) 및 개인과 법인 등의 정당한 이익 침해할 우려가 있는 정보(다만, 개별 인·허가신청서, 법령 등의 규정에 따른 첨부서류 및 심사·결정에 관한 문서는 인·허가 종료 후 공개) ○ 연구의 자유나 지적소유권을 저해할 가능성이 있는 사항, 연구의 중간단계에 있는 사항으로 국민에게 오해를 줄 우려가 있는 정보(다만 국가의 연구기관 기타 행정기관에서의 연구과제, 연구계획 및 연구성과는 원칙적으로 공개) ○ 행정내부의 심의·협의·조사 등의 자료(내부에서 심의중인 안건 또는 미확인 자료) ○ 행정내부의 자유로운 의견교환에 방해를 줄 수 있는 정보(공공기관 내부의 회의, 의견교환 기록 등) ○ 공개될 경우 장래의 동종의 의사형성에 지장을 주는 정보 ○ 행정내부의 법령 및 제도개선 관련, 부처, 기관, 지방자치단체 등과의 심의·협의·조사 자료 및 자체 검토사항으로 공개될 경우 국민들의 혼선 야기 또는 업무수행에 현저한 지장을 초래할 만한 상당한 이유가 있는 정보	각 부서

공통	○ 법령이 정한 바에 따라 정책·제도·사업 등의 수행을 위하여 추진되는 각종 평가·진단·승인·심사·선정, 정책결정에 관한 사항으로서 ① 당해 평가 등의 수행자·지표·방법 등에 관한 사항으로서 그 특성상 미리 공개될 경우 평가 등의 목적이 실현되기 어렵다고 인정되는 계획에 관한 정보 ② 당해 평가 등이 진행중이거나 검토과정에 관한 정보 ③ 진행이 종료되었더라도 이를 공개함으로 인하여 향후 당해 업무의 공정한 수행에 명백한 지장을 줄 수 있는 정보 ○ 공무수행과 관련하여 연구·검토한 사항으로서 기관의 공식적인 의사로 볼 수 없는 정보 ○ 정부포상에 관한 내부검토, 협의, 결정 등 공개될 경우 당해 업무의 공정성을 현저히 저해할 수 있는 정보 ○ 각종 심사와 관련하여 공개시 사업수행에 중대한 지장이 초래될 수 있는 정보 ○ 법령에서 비공개하도록 규정하는 각종 심의회, 위원회와 공개할 경우 회의의 공정하고 중립적인 운영에 지장을 미칠 수 있는 각종 회의자료	각 부서
법무	○ 국가를 당사자로 하는 소송(국가소송에 한정한다)관련 정보보고 ○ 국가배상심의회 자료	국가소송과
법무	○ 국가를 당사자로 하는 소송(행정소송에 한정한다)관련 정보보고	행정소송과
검찰	○ 사면 실시 계획, 처리지침 및 대상자 선정 작업 ○ 피의자 보상심의회 회의 소집 ○ 마약류보상금지급업무 ○ 형사관계특별법령 제·개정 타당성 검토 및 의견조회 ○ 형사사건의 검찰 정보관리 ○ 수사상 인권침해사건의 사안 파악 및 조치	형사기획과
검찰	○ 공안관계법령의 제·개정 검토	공공형사과
인권	○ 국가인권정책기본계획 수립을 위한 협의 내용 및 관련 자료 ○ 인권 관련 법령·제도 개선을 위한 검토 의뢰 내용 및 자체 검토 내용 ○ UN 인권기구 개인 진정에 대한 검토 및 대응 내용 ○ 인권 관련 국제규범에 대한 정부 의견 ○ 인권규약 정부보고서 작성을 위한 협의 내용 및 관련 자료	인권정책과
인권	○ 인권침해 예방, 인권보호상황 평가, 우수 인권공무원 선정, 실태점검, 인권교육 및 제도개선 건의 ○ 진정조사 내용 등(본인의 진정서, 접수증명원, 결정통지서 등은 공개)	인권조사과
인권	○ 장애인차별 시정명령 관련 위원회 회의 내용	여성아동인권과
교정	○ 교정공무원 사기진작 계획, 의견조회 및 연구용역 의뢰 ○ 교정캐릭터 및 휘장류 개선 계획, 의견조회 및 연구용역 의뢰 ○ 전국교정기관장회의 개최 ○ 교정인력 진단 기본계획 등	교정기획과
교정	○ 수용자교육생 선발보고서	사회복귀과

교정	○ 산하 교정기관 순회점검 실시 및 결과보고 ○ 청원조사내용 등(본인의 청원서나 접수증명원, 청원결정통지서 등은 공개)	특별점검팀
교정	○ 보안 야간근무체계 개편 계획 수립	보안과
운영	○ 폐기심의회 의결에 의한 폐기기록물 목록 ○ 이의신청 관련 의견조회 ○ 법무부 정보공개심의회 의결서 및 회의록 ○ 재분류 대상 목록에 대한 처리과 공개여부 의견조회, 비공개연장신청목록	운영지원과

6. 당해 정보에 포함되어 있는 이름·주민등록번호 등 개인의 사생활의 비밀 또는 자유를 침해할 우려가 있다고 인정되는 정보. 단, 정보공개법 제9조제1항제6호의 단서에 해당되는 개인에 관한 정보는 제외

법무	○ 국가를 당사자로 하는 소송(국가소송에 한정한다)관련 정보보고 ○ 국가배상심의회 자료	국가소송과
법무	○ 국가를 당사자로 하는 소송(행정소송에 한정한다)관련 정보보고	행정소송과
검찰	○ 경제사범관리 및 경제사범의 위반 실태 파악·조치 ○ 경제사범 관리위원회 개최 ○ 사면대상자 선정 작업, 사면자료 및 유공자 표창 내용 ○ 마약류보상금지급 업무 ○ 마약류보상금지급심의위원회 개최 ○ 형사사건의 검찰사무 및 정보보고 관리 ○ 사형집행절차 ○ 국회의원 체포·구속 시 체포·구금 절차 ○ 수사상 인권침해사건 관련 사안 파악 ○ 수사상 인권침해사건 관련 민원접수·처리	형사기획과
검찰	○ 공안사건(국회의원체포·구금 동의 요구) 형집행 및 압수물 처리 지휘·감독	공공형사과
범죄예방	○ 가출소심사회의 기초자료 ○ 종료, 가종료, 치료위탁 심사회의 기초자료	치료처우과
인권	○ 진정조사 내용 등(본인의 진정서, 접수증명원, 결정통지서 등은 공개)	인권조사과
교정	○ 산하교정기관 순회점검 확인서 등 ○ 청원조사내용 등(본인의 청원서나 접수증명원, 청원결정통지서 등은 공개)	특별점검팀
교정	○ 수형자이송(형확정자 등, 개별처우자 등) 승인 ○ 공안사범 이송 접수, 지시 ○ 공안사범의 청원	보안과
교정	○ 가석방 심사 관련 자료(신청서류, 심사 및 신상조사표, 보호관찰 사안조사서 등) ○ 가석방 집행·취소·실효 등 ○ 가석방 관련 민원 및 진정 처리 ○ 가석방 통계, 가석방 관련 각종 지시 및 협조, 국회요구자료 ○ 가석방 관련 정보보고 ○ 가석방 관련 법령 제·개정 등 ○ 수형자자치제 현황 ○ 분류처우 관련 민원 및 진정 처리 ○ 분류처우 관련 정보보고	분류심사과

교정	○ 수용자 심리치료 관련 이송 신청 서류 ○ 직원 교육 신청 관련 서류	심리치료과 마약사범재활팀
7. 법인·단체 또는 개인의 경영·영업상 비밀에 관한 사항으로서 공개될 경우 법인 등의 정당한 이익을 현저히 해할 우려가 있다고 인정되는 정보. 단, 정보공개법 제9조제1항 제7호의 단서에 해당되는 정보는 제외		
공통	○ 각종 용역수행과 관련한 제안업체(개인·법인·단체 등)에 대한 기술평가결과 등 특정업체의 정당한 이익을 침해할 수 있는 정보(다만 사업활동에 따른 위해로부터 사람의 생명·신체 또는 건강을 보호할 필요가 있거나 위법·부당한 사업활동으로부터 국민의 재산 또는 생명을 보호하기 위하여 공개할 필요가 있는 정보는 공개) ○ 각종 용역수행 민간업체가 제출한 사항으로서 당해 업체의 기존기술·신공법·시공실적·내부관리 등에 관한 정보 ○ 업무상 취득한 법인·단체 또는 개인이 보유하는 생산기술 또는 영업상의 정보중에서 공개될 경우 당사자의 이익을 현저히 침해할 수 있는 정보 ○ 특정업체의 경영자료로서 경영방침, 신용, 경리, 인사 등의 사업활동을 하는 데 있어서의 내부관리에 속하는 사항	각 부서
8. 공개될 경우 부동산투기·매점매석 등으로 특정인에게 이익 또는 불이익을 줄 우려가 있다고 인정되는 정보		
공통	○ 정보의 성격상 공개함으로써 정보청구인과 정보제공자와의 사이에 불공평이 발생하고 부당한 이익 또는 불이익을 초래할 수 있는 정보 ○ 법무시설 개발 등 검토 중인 사항으로 공개될 경우 부동산 투기, 매점매석 등의 우려가 있는 정보	각 부서

불복 구제절차

비공개 결정에 관한 불복구제 절차로는 이의신청, 행정심판, 행정소송이 있다. 이의신청은 비공개 또는 부분공개 결정에 대하여 불복할 경우 청구인이 결정통지를 받은 날부터 30일 이내에 비공개결정을 한 기관에 신청해야 한다.[+] 행정심판법에 따라 90일 이내에 행정심판을 청구할 수 있다. 법무부장관과 지방교정청장의 비공개 처분에 대해서는 중앙행정심판위원회에, 교정시설 소장의 비공개 처분에 대해서는 해당 지방교정청 행정심판위원회에 행정심판을 청구할 수 있다. 한편, 행정소송법에 따라 법원에 행정소송도 제기할 수 있는데 행정심판을 거친 후에 제기할 수도 있고 행정심판을 거치지 않고 제기할 수도 있다.

공개 대상 정보와 관련이 있는 제3자도 이의신청을 할 수 있다. 자신이 공공기관에 비공개 요청을 했음에도 공공기관이 공개 결정을 한 경우 통지를 받은 날부터 7일 이내에 이의신청을 할 수 있다. 행정심판 또는 행정소송도 제기할 수 있다.

행정소송 소장 형식

아래는 정보공개거부처분에 불복하는 행정소송의 소장 형식이다. 개별 교도소·구치소에 대한 정보공개 청구가 비공개 되었다면 피고는 교도소장·구치소장이 된다.

[+] 이 책 701쪽의 '정보공개법 시행규칙 [별지 제9호서식] 정보공개 결정 등 이의신청서' 참조

소 장

원 고 ○○○
　　　○○시 ○○구 ○○○로 ○○ (○○동) (우) ○○○○○

피 고 ○○교도소장
　　　○○도 ○○시 ○○로 ○○ (○○동) (우) ○○○○○

정보공개거부처분취소청구의 소

청 구 취 지

1. 피고가 2025. 1. 1. 원고에게 한 정보공개거부처분을 취소한다.
2. 소송비용은 피고가 부담한다.
라는 판결을 구합니다.

청 구 원 인

1. 이 사건 처분의 내용
원고는 2024. 12. 1. 피고에 대하여 '○○○○'에 관한 정보공개를 청구하였습니다. 하지만 피고는 위 정보공개청구에 대하여 2025. 1. 1. 비공개처분을 하였습니다.

2. 이 사건 비공개처분의 위법부당성
(생략)

3. 결론
따라서 피고의 비공개처분은 위법한 것이므로 원고는 피고의 이 사건 비공개처분의 취소를 구하고자 소를 제기하기에 이른 것입니다.

입 증 방 법

1. 갑 제1호증　　　정보공개청구서
1. 갑 제2호증　　　정보공개청구에 대한 회신

첨 부 서 류

1. 소장 부본　　　1부
2. 위 입증방법
3. 납부서

2025. 1. 15
위 원고 ○ ○ ○

○○○○지방법원 귀중

법무부의 정보공개 · 비공개 사례

정보공개청구를 하기 전에 미리 기존 사례를 검토하는 것이 좋다. 이미 공개되거나 비공개된 사례가 있을 경우 공공기관은 동일한 결정을 하는 경우가 대부분이기 때문이다. 한편, 수용자의 입장에서는 교도소·구치소가 어떤 정보를 보유하고 있는지도 알기 어렵다. 기존 사례를 검토하면 어떤 정보를 청구해야 할지 참고할 수 있는 경우도 있다. 아래는 법무부의 정보공개·비공개 사례이다.

법무부 정보공개·비공개 사례[+]

공개 사례	비공개 사례(근거)
○ 청구인의 의무기록, 수용기록 ○ 2020년도 무인경비시스템 계약현황 ○ 전자감독 대상자 재범 현황 ○ 청구인의 접견현황, 접견물수령현황, 영치금대장 ○ 직업훈련생 선발계획 ○ 청구인의 수용기간별 거실면적 ○ 전자장치 부착자 현황 ○ 교정 시설 방역 현황 ○ 행정소송 청구 건수 ○ 교도소 도서관 내 도서목록, 현황 자료 ○ 직업훈련생 모집공고 자료 ○ 종교행사 실시 현황 관련 자료 ○ 교도소 내 수형자 교육 프로그램 ○ 00구치소 협력병원 목록	○ 다른 수용자의 자술서 및 진술조서(제6호) ○ 형집행정지로 출소한 수용자 명단(제6호) ○ 교도소 수용 가능 및 현재 인원(제4호) ○ 수용자 호송에 대한 계호계획(제4호, 제6호) ○ 교도소 설계 도면(제2호) ○ 2016~2021 의약품 폐기물 대장내역(제4호) ○ 수용자 소환 내역(제6호) ○ 교도소 교도관 및 수용 인원(제2호, 제4호) ○ 가석방 예비심사 대상자 선정기준(제4호) ○ 친인척 거주지 정보(제6호) ○ 관심 대상 수용자 관리 현황(제4호, 제6호) ○ 청구인의 접견자 주소(제6호) ○ 전자장치부착법 시행 지침(제4호) ○ 교정기관 시설 등급(제2호, 제4호) ○ 교도소 내 열쇠 취급자 및 범위(제4호) ○ 타인의 접견 녹음·녹화 파일(제6호) ○ 타인의 진술조서 및 징벌내역(제6호) ○ 원격진료 대기자 명단(제6호)

[+] 행정안전부, 2021 정보공개 연차보고서, 2021. 8., 49쪽 재구성; 행정안전부, 2022 정보공개 연차보고서, 2022. 8., 47쪽 재구성; 행정안전부, 2023 정보공개 연차보고서, 2023. 8., 45쪽 재구성; 행정안전부, 2024 정보공개 연차보고서, 2024. 8., 45쪽 재구성.

아래는 비공개 처분에 대한 행정심판 재결례와 행정소송 판례이다.

행정심판 재결례와 행정소송 판례[+]

사건번호(기관)	사건쟁점	재결·판결 내용 (결과)
광주지방교정청 행정심판위원회 2020-38	· 청구인은 2012.1~5. ○○지청 출정내역에 대해 정보공개청구 · 피청구인은 해당 정보가 보존기간 만료로 폐기되어 정보 부존재 결정을 통지함	· 수용자의 관외출정과 관련된 문서는 보존기간을 ○년으로 설정하고 있음 · 결국 청구인의 청구 정보는 이미 보존기간 만료로 모두 폐기되었음이 명백하므로, 부존재 결정 통지가 위법하다고 할 수 없음 · 결국, 부존재 결정 통지는 행정심판의 대상이 되는 처분에 해당하지 아니하며, 결정의 취소를 구할 법률상 이익이 없음(각하)
중앙행정심판위원회 2022-4366	· 청구인은 피청구인에게 피청구인이 제주지방법원에 사실조회 회신한 자료와 그 문서를 정보공개 청구함 · 피청구인은 청구인에게 이 사건 정보는 제주지방법원의 사실조회서에 의거하여 법원에 회보한 자료로써, 정보공개법 제9조제1항제4호에 의거 비공개 결정 통지	· 이 사건 정보는 원칙적으로 공개대상으로 하면서도, 재판의 독립성과 공정성 등 사법작용이 훼손시킬 수 있기에 진행중인 재판에 관련된 정보를 비공개 대상으로 규정하는 정보공개법 제9조제1항제4호에 해당하며, · 이 사건 정보는 그 자체로서 진행중인 재판에 관련된 정보에 해당하며, 청구인에게는 형사소송법 제294조의4에 따라 이 사건 정보의 열람 또는 등사를 재판장에서 신청할 수 있어 피청구인의 비공개 처분은 위법·부당하다고 할 수 없음(기각)
서울행정법원 2018구합61444	· 정보공개심의회를 개최하여 비공개 결정처분을 하자, 원고는 기존 청구한 심의내용 및 비공개 결정을 한 정보공개심의위원들 서명 및 명단 공개를 재청구, 재청구된 심의내용에 대한 언급을 하지 않고 심의위원들 서명 및 명단 비공개 결정	· 정보공개 심의위원들의 서명 및 공무원이 아닌 심의위원들(외부위원)의 성명은 정보공개법 제9조제1항제6호의 비공개대상 정보인 반면, 공무원인 심의위원들(내부위원)의 직책, 계급, 성명은 정보공개법 제9조제1항제6호 단서(라)목이 적용되어 공개대상 정보임 · 청구내용 중 비공개사유를 전혀 밝히지 않은 채 공개를 거부한 부분은 절차적 위법이 있어 위법함(부분인용)

+ 행정안전부, 2018 정보공개 연차보고서, 2019. 8., 61쪽~69쪽 재구성; 행정안전부, 2019 정보공개 연차보고서, 2020. 8., 63쪽~70쪽 재구성; 행정안전부, 2021 정보공개 연차보고서, 2021. 8., 63쪽~70쪽 재구성; 행정안전부, 2022 정보공개 연차보고서, 2022. 8., 61쪽~68쪽 재구성; 행정안전부, 2023 정보공개 연차보고서, 2023. 8., 59쪽~66쪽 재구성; 행정안전부, 2024 정보공개 연차보고서, 2024. 8., 61쪽~69쪽 재구성.

사건번호(기관)	사건쟁점	재결·판결 내용 (결과)
서울행정법원 2018구합55098	· ○○건에 대한 불기소 처분 기록 중 피의자신문조서 공개요청에 대하여 정보공개법 제9조제1항제6항에 따라 비공개	· 피의자신문조서는 수사기관이 질문을 하면서 주로 피의자가 피해자에게 어떤 행위를 하였는지에 관해 답을 하는 내용이 주를 이룰 것이고 피의자의 주민등록번호, 직업 등 개인식별 정보를 제외한다면 그 외의 피의자신문조서의 내용이 공개되더라도 정보공개법 제9조제1항 제6호 개인의 관한 사항의 공개로 인해 개인의 사생활의 비밀이 알려지게 되고 그 결과 인격적, 정신적 내면 생활에 지장을 초래하거나 자유로운 사생활을 영위할 수 없게 될 위험성이 있는 정보라고 보기 힘듦(인용)
대구지방법원 2018구합762	· 「○○○ 우표구매 개선(안) 시달」에 대하여 정보공개 청구 · 교정에 관한 사항으로 공개될 경우 직무수행을 현저히 곤란하게 할 이유가 있어 비공개 결정	· 공문 취지는 우표 구매 개선안을 시달한다는 내용에 불과하고, 구체적인 부정사용 실태나 적발 방법 등이 기재되어 있지 않아 수용자의 관리 및 질서유지 등 교정 업무를 공정하고 효율적인 수행에 장애를 줄 개연성은 보기 어렵고, · 담당공무원 이메일을 제외한 직위, 사무실 전화번호 등은 공개 대상(부분인용)
대구지방법원 2018구합38	· 자신이 형사 고소한 사건의 피의자 2명의 진술조서를 공개 요청하였고, 피의자의 개인정보 침해를 우려하여 비공개 · 개인정보를 제외한 나머지 진술내용의 공개는 가능하다는 취지로 소송 제기	· 정보내용에 포함된 성명, 생년월일, 주소, 주민번호, 연락처, 자동차번호 등 개인정보를 제외한 나머지 부분에 대한 거부를 취소(부분인용)
광주지방법원 2019구단128	· 피고에게 사건 수사기록 중 CCTV 영상 기록 일체에 대한 정보공개를 청구 · 정보공개법 제9조 제1항 제6호에 해당하여 비공개 결정 통지된 바, 이에 대하여 정보공개거부처분취소소송을 제기	· 원고가 청구한 사건 정보(CCTV 영상)는 공개될 경우 타인의 사생활의 비밀 또는 자유를 침해할 우려가 있는 반면, 위 정보의 공개로 인하여 원고가 얻는 이익이 그로 인하여 침해되는 이익보다 크다고 보이지 않으므로, 정보공개법 제9조 제1항 제6호가 규정한 비공개 대상 정보에 해당하여 비공개 처분 적법(기각)

부산지방법원 2019구합96	· 원고는 ○○구치소에 구속되어 현재 수감중인 자로서 수감된 이후 원고 명의의 인감증명서 및 주민등록초본 발급내역 일체와 대리인 발급시 대리인 성명에 대한 정보를 공개하라고 우편으로 정보공개를 청구 · 피고는 이 사건 청구는 인감증명법 및 같은법 시행령과 주민등록법에서 별도의 절차를 정하고 있는바, 피고는 위 절차에 따르지 않아 원고의 정보공개청구를 거부하는 처분을 함	· 원고가 인감증명법 및 주민등록법에 규정된 절차를 따르지 않아 이 부분에 관하여 정보공개청구를 거부한 피고의 이 사건 처분은 적법 · 원고가 제출한 증거만으로는 피고의 이 사건 처분이 불법행위에 해당한다고 보기에 부족하고 달리 이를 인정할 증거가 없으므로, 원고의 피고에 대한 손해배상청구는 이유 없음(기각)
춘천지방법원 2021구합32093	· 원고의 정보공개청구에 대하여 피고는 수수료를 고지하였고, 원고는 수수료를 입금하였으나, 피고가 해당 정보를 발송하지 않았다고 주장하면서 지급명령신청을 함	· 피고는 원고에게 수수료 및 이에 대한 지연손해금을 지급하라고 함(인용)

수수료 (제7조 관련)

공개대상	공개방법 및 수수료	
	열람 · 시청	사본(종이출력물) · 인화물 · 복제물
문서 · 도면 · 사진 등	○ 열람 - 1일 1시간 이내: 무료 - 1시간 초과 시 30분마다 1,000원	○ 사본(종이출력물) - A3 이상 300원 · 1장 초과마다 100원 - B4 이하 250원 · 1장 초과마다 50원
필름 · 테이프 등	○ 녹음테이프(오디오자료)의 청취 - 1건이 1개 이상으로 이루어진 경우 · 1개(60분 기준)마다 1,500원 - 여러 건이 1개로 이루어진 경우 · 1건(30분 기준)마다 700원 ○ 녹화테이프(비디오자료)의 시청 - 1편이 1롤 이상으로 이루어진 경우 · 1롤(60분 기준)마다 1,500원 - 여러 편이 1롤로 이루어진 경우 · 1편(30분 기준)마다 700원 ○ 영화필름의 시청 - 1편이 1캔 이상으로 이루어진 경우 · 1캔(60분 기준)마다 3,500원 - 여러 편이 1캔으로 이루어진 경우 · 1편(30분 기준)마다 2,000원 ○ 사진필름의 열람 - 1장: 200원 · 1장 초과마다 50원	○ 녹음테이프(오디오자료)의 복제 - 1건이 1개 이상으로 이루어진 경우 · 1개마다 5,000원 - 여러 건이 1개로 이루어진 경우 · 1건마다 3,000원 ※ 매체비용은 별도 ○ 녹화테이프(비디오자료)의 복제 - 1편이 1롤 이상으로 이루어진 경우 · 1롤마다 5,000원 - 여러 편이 1롤로 이루어진 경우 · 1편마다 3,000원 ※ 매체비용은 별도 ○ 사진필름의 복제 - 1컷마다 6,000원 ※ 매체비용은 별도 ○ 사진필름의 인화 - 1컷마다 500원 · 1장 초과마다 3"×5" 200원 5"×7" 300원 8"×10" 400원

마이크로필름·
슬라이드 등
	○ 마이크로필름의 열람
	 - 1건(10컷 기준)1회: 500원
	  · 10컷 초과 시 1컷마다 100원
	○ 슬라이드의 시청
	 -1컷마다 200원
		○ 사본(종이출력물)
		 - A3 이상 300원
		  · 1장 초과마다 200원
		 - B4 이하 250원
		  · 1장 초과마다 150원
		○ 마이크로필름의 복제
		 - 1롤마다 1,000원
		 ※ 매체비용은 별도
		○ 슬라이드의 복제
		 - 1컷마다 3,000원
		 ※ 매체비용은 별도

전자파일	○ 전자파일(문서·도면·사진 등)의 열람
	 - 1일 1시간 이내 : 무료
	 - 1시간 초과 시 30분마다 1,000원
	○ 전자파일(오디오자료·비디오자료)의 시청·청취
	 - 1편: 1,500원
	  · 30분 초과 시 10분마다 500원
		○ 사본(종이출력물)
		 - A3 이상 300원
		  · 1장 초과마다 100원
		 - B4 이하 250원
		  · 1장 초과마다 50원
		○ 전자파일(문서·도면·사진 등)의 복제
		 - 무료
		 ※ 매체비용은 별도
		○ 전자파일로의 변환 등(문서·도면·사진 등)
		 - 정보공개 처리를 위하여 전자파일로의 변환 작업이 필요한 경우에는 사본(종이출력물) 수수료의 1/2로 산정
		 - 부분공개 처리를 위하여 지움 작업 및 전자파일로의 변환 작업이 필요한 경우에는 사본(종이출력물) 수수료와 동일하게 산정
		 ※ 매체비용은 별도
		○ 전자파일(오디오자료·비디오자료)의 복제
		 - 1GB마다 800원
		 ※ 매체비용은 별도

〈 비고 〉

1. 정보통신망을 활용한 정보공개시스템 등을 통하여 공개하는 경우에는 전자파일의 복제 및 전자파일로의 변환 등의 경우를 적용하여 수수료를 산정한다.

2. 해당 공공기관에서 사본, 출력물, 복제물을 만들 수 있는 전산장비 등이 없거나 도면 등이 A3 규격을 초과하여 이를 복사할 장비가 없어 외부업체에 대행시키는 경우에는 청구인과 협의를 통하여 그 비용을 수수료에 포함하여 산정할 수 있다.

3. 수수료 중 100원 단위 미만 금액은 계산하지 아니한다.

정보공개 청구서

※ 정보공개시스템(www.open.go.kr)에서도 청구할 수 있습니다.
※ 색상이 어두운 칸은 신청인(대리인)이 작성하지 않습니다.

접수번호		접수일		처리기간	
청구인	성명(법인 · 단체명 및 대표자 성명)		생년월일(성별) ( )		
	여권 · 외국인등록번호(외국인의 경우 작성)		사업자(법인 · 단체)등록번호		
	주소(소재지)		전화번호(또는 휴대전화번호)		
	전자우편주소		팩스번호		
청구 내용					
공개 방법	[ ]열람 · 시청　　[ ]사본 · 출력물　　[ ]전자파일　　　　[ ]복제 · 인화물　　[ ]기타( )				
수령 방법	[ ]직접방문　　[ ]우편　　　　[ ]팩스전송　　[ ]정보통신망　　　[ ]전자우편 등( )				
수수료	[ ]감면 대상임　　　　[ ]감면 대상 아님				
	감면 사유				
	※ 「공공기관의 정보공개에 관한 법률 시행령」 제17조제3항에 따라 수수료 감면 대상에 해당하는 경우에만 적으며, 감면 사유를 증명할 수 있는 서류를 첨부하시기 바랍니다.				

「공공기관의 정보공개에 관한 법률」 제10조제1항 및 같은 법 시행령 제6조제1항에 따라 위와 같이

정보의 공개를 청구합니다.

년　　　　월　　　　일

청구인　　　　　　(서명 또는 인)

(접수 기관의 장) 귀하

- -

접 수 증

접수번호		청구인 성명	
접수부서		접수자 성명	(서명 또는 인)

귀하의 청구서는 위와 같이 접수되었습니다.

년　　　　월　　　　일

접수기관장　　직인

유의사항

1. 공개 청구된 공개 대상 정보의 전부 또는 일부가 제3자와 관련이 있다고 인정되는 경우에는 「공공기관의 정보공개에 관한 법률」 제11조제3항에 따라 청구사실이 제3자에게 통지됩니다.
2. 정보공개를 청구한 날로부터 20일이 경과하도록 정보공개 결정이 없는 경우에는 「공공기관의 정보공개에 관한 법률」 제18조부터 제20조까지의 규정에 따라 해당 공공기관에 이의신청을 하거나, 행정심판(서면 또는 온라인 : www.SIMPAN.GO.KR) 또는 행정소송을 제기할 수 있습니다.
3. 청구인은 정보공개시스템 및 다른 시스템과의 연계를 통해 통지된 문서를 대외적으로 활용하기 위해 필요한 경우 직인날인의 보완을 요구할 수 있습니다.
4. 본인확인이 필요한 정보를 청구하는 경우 「공공기관의 정보공개에 관한 법률」 제10조제1항제2호에 따라 공공기관에서 청구인의 주민등록번호를 추가로 요구할 수 있습니다.

정보공개 결정 등 이의신청서

※ 색상이 어두운 칸은 신청인(대리인)이 작성하지 않습니다.

접수번호		접수일		처리기간	
이의 신청인	성명(법인 · 단체명 및 대표자 성명)		생년월일(성별) ( )		
	여권 · 외국인등록번호(외국인의 경우 작성)		사업자(법인 · 단체)등록번호		
	주소(소재지)		전화번호(또는 휴대전화번호)		
	전자우편주소		팩스번호		

공개 또는 비공개내용	

이의신청 사유 ※ [ ]에는 해당되는 곳에 √표를 합니다.	**정보공개 결정에 대하여 불복이 있는 때** 정보(공개[ ] 부분 공개[ ] 비공개[ ]) 결정 통지서를 년 월 일에 받았음. ※ 공개 결정에 대한 이의신청은 제3자의 경우에만 해당됩니다. **정보공개 청구 후 20일이 경과하도록 정보공개 결정이 없는 때** [ ] 년 월 일에 정보 공개를 청구했으나, 정보 공개 여부의 결정 통지서를 받지 못했음.

이의신청의 취지 및 이유	

「공공기관의 정보공개에 관한 법률」 제18조제1항 또는 제21조제2항 및 같은 법 시행령 제18조제1항에 따라
위와 같이 이의신청서를 제출합니다.

년   월   일

이의신청인   (서명 또는 인)

(접수기관) 귀하

처리절차

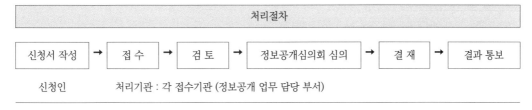

신청서 작성 → 접 수 → 검 토 → 정보공개심의회 심의 → 결 재 → 결과 통보

신청인   처리기관 : 각 접수기관 (정보공개 업무 담당 부서)

국가인권위원회 진정

국가인권위원회(이하 위원회)는 모든 개인이 가지는 불가침의 기본적 인권을 보호하고 그 수준을 향상시 킴으로써 인간으로서의 존엄과 가치를 실현하고 민주적 기본질서의 확립에 이바지하기 위해 설립되었다. 위 원회는 '인권침해행위' 또는 '차별행위'가 있는 때에 이에 대한 조사와 구제를 주요 업무로 한다. 구금시설에 서 인권침해나 차별행위를 당한 사람은 위원회에 진정할 수 있다.

조사 대상

국가기관, 지방자치단체, 각급 학교, 공직유관단체 또는 구금·보호시설의 업무 수행(국회의 입법 및 법원· 헌법재판소의 재판은 제외)과 관련하여 헌법 제10조부터 제22조까지의 규정에서 보장된 인권을 침해당하거 나 차별행위를 당하면 위원회에 진정할 수 있다. 구금시설에서 발생하는 인권침해는 위원회 진정의 주요 대 상이다.

한편 법인, 단체 또는 사인(私人)으로부터 차별행위를 당한 경우에도 진정할 수 있다. 여기서 말하는 '평등 권 침해의 차별행위'의 차별 사유에는 성별, 종교, 장애, 나이, 사회적 신분, 출신 지역+, 출신 국가, 출신 민 족, 용모 등 신체 조건, 기혼·미혼·별거·이혼·사별·재혼·사실혼 등 혼인 여부, 임신 또는 출산, 가족 형태 또는 가족 상황, 인종, 피부색, 사상 또는 정치적 의견, 형의 효력이 실효된 전과(前科), 성적(性的) 지향, 학력, 병력 (病歷) 등이 포함된다.

이러한 사유로 합리적인 이유 없이 △고용++과 관련하여 특정한 사람을 우대·배제·구별하거나 불리하게 대 우하는 행위 △재화·용역·교통수단·상업시설·토지·주거시설의 공급이나 이용과 관련하여 특정한 사람을 우 대·배제·구별하거나 불리하게 대우하는 행위 △교육시설이나 직업훈련기관에서의 교육·훈련이나 그 이용과 관련하여 특정한 사람을 우대·배제·구별하거나 불리하게 대우하는 행위 △성희롱+++ 행위를 하는 것이 국가 인권위원회법에 규정된 차별행위이다. 다만, 현존하는 차별을 없애기 위하여 특정한 사람(특정한 사람들의 집단을 포함)을 잠정적으로 우대하는 행위와 이를 내용으로 하는 법령의 제정·개정 및 정책의 수립·집행은 차 별행위로 보지 않는다.

+ 출생지, 등록기준지, 성년이 되기 전의 주된 거주지 등을 말한다.

++ 모집, 채용, 교육, 배치, 승진, 임금 및 임금 외의 금품 지급, 자금의 융자, 정년, 퇴직, 해고 등을 포함한다.

+++ 업무, 고용, 그 밖의 관계에서 공공기관(국가기관, 지방자치단체, 「초·중등교육법」 제2조, 「고등교육법」 제2조와 그 밖의 다른 법률에 따라 설치된 각급 학교, 「공직자윤리법」 제3조의2제1항에 따른 공직유관단체를 말한다)의 종사자, 사용자 또는 근로자가 그 직위를 이용하여 또 는 업무 등과 관련하여 성적 언동 등으로 성적 굴욕감 또는 혐오감을 느끼게 하거나 성적 언동 또는 그 밖의 요구 등에 따르지 아니한다는 이유로 고용상의 불이익을 주는 것을 말한다.

진정인

국가인권위원회법에서 말하는 구금·보호시설은 △교도소·소년교도소·구치소 및 그 지소, 보호감호소, 치료감호시설, 소년원 및 소년분류심사원 △경찰서 유치장 및 사법경찰관리가 직무 수행을 위하여 사람을 조사하고 유치(留置)하거나 수용하는 데에 사용하는 시설 △ 군 교도소(지소·미결수용실 포함) △외국인 보호소 △다수인 보호시설(장애인복지시설 등)이다. 수용자가 구금·보호시설에서 인권침해나 차별행위를 당하면 위원회에 진정할 수 있다. 진정은 피해자는 물론 피해 사실을 알고 있는 다른 사람이나 단체도 할 수 있다. 국가인권위원회법은 대한민국 국민뿐만 아니라 대한민국의 영역에 있는 외국인에게도 적용되므로, 외국인 역시 진정할 수 있다.

진정 방법

진정 방법에는 △우편 △방문 △전화(국번 없이 1331) △팩스(02-2125-9811) △홈페이지 (www.humanrights.go.kr) △이메일(hoso@humanrights.go.kr) 등이 있다. 수용자는 인터넷을 사용할 수 없으므로 ①구금시설에 설치된 '국가인권위원회 진정함'을 이용하거나 ②진정서를 우편으로 보내거나 ③'면전진정'을 신청할 수 있다.

① 진정함

모든 구금시설은 적절한 장소에 '진정함'을 설치해야 한다. 수용자는 인권침해에 관한 사실을 기재한 진정서를 작성하여 봉함한 후 진정함에 넣으면 된다.

국가인권위원회법과 그 시행령은 수용자의 진정권을 보장하기 위하여 다음과 같이 규정하고 있다. 먼저 구금시설 측은 수용자를 최초 수용할 때 위원회에 진정할 수 있다는 점과 진정 방법을 고지해야 한다. 또한, 그 안내서를 수용자가 상시 열람할 수 있는 곳에 비치해야 한다. 둘째, 수용자가 위원회에 진정하려고 하면 구금시설 소속 공무원은 그 사람에게 즉시 진정서+ 작성에 필요한 시간과 장소 및 편의를 제공해야 한다. 이를 위해 구금시설의 장은 적절한 장소에 진정함을 설치하고, 용지·필기도구 및 봉함용 봉투를 비치해야 한다. 셋째, 수용자가 직접 진정서를 봉투에 넣고 이를 봉함한 후 진정함에 넣을 수 있도록 해야 한다. 소속 공무원은 수용자가 위원회에 제출할 목적으로 작성한 진정서 또는 서면을 열람할 수 없다. 규정을 위반하여 진정을 허가하지 않거나 진정을 방해한 사람은 3년 이하의 징역 또는 3천만원 이하의 벌금에 처해지게 된다(국가인권위원회법 제57조).

담당 공무원은 매일 지정된 시간에 수용자가 위원회에 제출할 목적으로 작성한 진정서 또는 서면이 진정함에 들어 있는지 여부를 확인해야 하며, 진정함에 진정서 또는 서면이 들어 있는 때에는 지체 없이 이를 위원회에 송부해야 한다. 이후 위원회로부터 접수증명원을 받으면 이를 진정인에게 내주어야 한다.

② 우편

진정서를 작성한 후 위원회에 우편으로 보낼 수도 있다. 접수 주소와 우편번호는 "서울특별시 중구 삼일대로 340 (저동 1가) 나라키움 저동빌딩 10층 국가인권위원회 인권상담조정센터 (우) 04551"이다.

③ 면전진정 신청

면전진정 신청이란 수용자가 위원회 직원을 면담하여 직접 진정하기를 원하는 경우이다. 이때 시설 소속 공

+ 이 책 711쪽의 '인권침해 및 차별행위 조사구제에 관한 규정 [별지 제1호서식] 진정서' 참조

무원은 즉시 그 뜻을 위원회에 통지해야 한다. 통지에 대한 위원회의 확인서 및 면담일정서는 발급받는 즉시 진정을 원하는 수용자에게 내주어야 한다. 이후 위원회 직원이 구금시설을 방문하여 진정을 원하는 수용자로부터 구술 또는 서면으로 진정을 접수하게 된다. 구금시설의 직원은 면담 장소에 참석할 수 있으나 대화 내용을 녹음하거나 녹취하지 못한다. 면담 장소에 참석하는 직원은 위원회 직원의 승낙 없이는 면담에 참여할 수 없으며, 자신의 의견을 개진하는 등의 방식으로 수용자의 진술을 방해해서는 안 된다. 진정을 접수한 위원회 직원은 즉시 접수증명원을 작성하여 진정인에게 내주어야 한다.

진정 처리 절차

진정서가 접수되면 위원회는 사건 조사를 진행한다. 조사는 △진정인·피해자·피진정인(이하 당사자) 또는 관계인에 대한 출석 요구, 진술 청취 또는 진술서 제출 요구 △당사자, 관계인 또는 관계 기관 등에 대하여 조사 사항과 관련이 있다고 인정되는 자료 등의 제출 요구 △조사 사항과 관련이 있다고 인정되는 장소, 시설 또는 자료 등에 대한 현장조사 또는 감정(鑑定) △당사자, 관계인 또는 관계 기관 등에 대하여 조사 사항과 관련이 있다고 인정되는 사실 또는 정보의 조회로 진행된다. 위원회는 조사를 위하여 필요하다고 인정하면 위원 또는 소속 직원에게 일정한 장소 또는 시설을 방문하여 장소, 시설 또는 자료 등에 대하여 현장조사 또는 감정을 하게 할 수 있다. 이 경우 위원회는 그 장소 또는 시설에 당사자나 관계인의 출석을 요구하여 진술을 들을 수 있다.

진술서 제출을 요구받은 사람은 14일 이내에 진술서를 제출하여야 한다. 피진정인에 대한 출석 요구는 인권침해행위나 차별행위를 한 행위당사자의 진술서만으로는 사안을 판단하기 어렵고, 인권침해행위나 차별행위가 있었다고 볼 만한 상당한 이유가 있는 경우에만 할 수 있다.

위원회가 자료나 물건의 제출을 요구하거나 그 자료, 물건 또는 시설에 대한 현장조사 또는 감정을 하려고 하는 경우, 관계 국가기관의 장은 △국가의 안전보장 또는 외교관계에 중대한 영향을 미치는 국가기밀 사항인 경우나 △범죄 수사나 계속 중인 재판에 중대한 지장을 줄 우려가 있는 경우에 해당한다는 사실을 위원회에 소명하고 자료 제출 등을 거부할 수 있다. 이 경우 위원회는 관계 국가기관의 장에게 필요한 사항의 확인을 요구할 수 있으며, 요구를 받은 관계 국가기관의 장은 이에 성실히 협조하여야 한다.

사건 처리 기한은 원칙적으로 3개월 이내이다. 부득이한 사정으로 그 기한을 연장할 경우에는 위원회가 진정인에게 그 사유를 문서로 설명하여야 한다. 다만, 진정인에게 면담 또는 전화통화 등의 방법으로 설명하고 그 기록을 남긴 경우 문서 송부를 생략할 수 있다.

진정의 결과

조사가 끝나면 조사관은 조사결과보고서를 작성하고 이를 바탕으로 위원회는 심의·의결과정을 거치게 된다. 의결의 유형으로는 △인용 결정 △기각 결정 △각하 결정 △조정 결정(당사자 사이의 합의) 등이 있다.

인용 결정

인용 결정은 진정인의 주장을 받아들이는 경우이다. 이때 위원회는 △조사 대상 인권침해나 차별행위의 중지 △원상회복, 손해배상, 그 밖에 필요한 구제조치 △동일하거나 유사한 인권침해 또는 차별행위의 재발을 방지하기 위하여 필요한 조치 △법령·제도·정책·관행의 시정 또는 개선을 권고할 수 있다.

위원회는 진정을 조사한 결과 진정의 내용이 범죄행위에 해당하고 이에 대하여 형사 처벌이 필요하다고 인정하면 검찰총장 등에게 고발할 수 있다. 검찰총장 등은 3개월 이내에 수사를 마치고 그 결과를 위원회에 통지해야 하며 3개월 이내에 수사를 마치지 못할 때에는 그 사유를 밝혀야 한다. 위원회는 책임자의 징계를 소속 기관장에게 권고할 수도 있다. 소속 기관장은 권고를 존중해야 하며 그 결과를 위원회에 통지해야 한다.

위원회는 조사 중이거나 조사가 끝난 진정에 대하여 사건의 공정한 해결을 위하여 필요한 구제 조치를 당사자에게 제시하고 합의를 권고할 수 있다. 한편, 위원회는 진정에 관한 위원회의 조사, 증거의 확보 또는 피해자의 권리 구제를 위하여 필요하다고 인정하면 피해자를 위하여 대한법률구조공단 또는 그 밖의 기관에 법률구조를 요청할 수 있다.

기각 결정

기각 결정은 진정 내용이 사실이 아님이 명백하거나 사실이라고 인정할 만한 객관적인 증거가 없는 경우이다. 조사 결과 국가인권위원회법의 인권침해나 차별행위에 해당하지 않는 경우도 기각된다. 이미 피해 회복이 이루어지는 등 별도의 구제 조치가 필요하지 않다고 인정되는 경우에도 진정은 기각된다. 위원회는 진정을 기각하는 경우 진정의 당사자에게 그 결과와 이유를 통지해야 한다.

각하 결정 및 이송

각하 결정은 진정의 내용이 위원회의 조사대상이 아니라고 판단하는 경우 등이다. 이 경우 위원회는 필요하다고 인정하면 그 진정을 관계 기관에 이송할 수 있다. 이 경우 진정을 이송받은 기관은 위원회의 요청이 있으면 지체 없이 그 처리 결과를 위원회에 통지해야 한다. 위원회는 진정을 각하하거나 이송한 경우 지체 없이 그 사유를 구체적으로 밝혀 진정인에게 통지하여야 한다. 아래는 각하 사유이다.

국가인권위원회 진정의 각하 사유 (국가인권위원회법 제32조 제1항)

1. 진정의 내용이 위원회의 조사대상에 해당하지 아니하는 경우
2. 진정의 내용이 명백히 거짓이거나 이유 없다고 인정되는 경우
3. 피해자가 아닌 사람이 한 진정에서 피해자가 조사를 원하지 아니하는 것이 명백한 경우
4. 진정의 원인이 된 사실이 발생한 날부터 1년 이상 지나서 진정한 경우. 다만, 진정의 원인이 된 사실에 관하여 공소시효 또는 민사상 시효가 완성되지 아니한 사건으로서 위원회가 조사하기로 결정한 경우에는 그러하지 아니하다.
5. 진정이 제기될 당시 진정의 원인이 된 사실에 관하여 법원 또는 헌법재판소의 재판, 수사기관의 수사 또는 그 밖의 법률에 따른 권리구제 절차가 진행 중이거나 종결된 경우. 다만, 수사기관이 인지하여 수사 중인 「형법」 제123조부터 제125조까지의 죄에 해당하는 사건과 같은 사안에 대하여 위원회에 진정이 접수된 경우에는 그러하지 아니하다.
6. 진정이 익명이나 가명으로 제출된 경우
7. 진정이 위원회가 조사하는 것이 적절하지 아니하다고 인정되는 경우
8. 진정인이 진정을 취하한 경우
9. 위원회가 기각한 진정과 같은 사실에 대하여 다시 진정한 경우
10. 진정의 취지가 그 진정의 원인이 된 사실에 관한 법원의 확정판결이나 헌법재판소의 결정에 반하는 경우

조정

당사자의 신청이나 위원회의 직권으로 조정 절차를 시작할 수도 있다. 조정은 당사자가 합의한 사항을 조정서에 적은 후 당사자가 기명날인하고 위원회에 성·장애 등의 분야별로 둔 조정위원회가 이를 확인함으로써 성립한다. 당사자 사이에 합의가 이루어지지 않으면 조정위원회는 사건의 공정한 해결을 위하여 조정을 갈음하는 결정을 할 수 있다. 조정을 갈음하는 결정에는 △조사대상 인권침해나 차별행위의 중지 △원상회복, 손해배상, 그 밖에 필요한 구제조치 △동일하거나 유사한 인권침해 또는 차별행위의 재발을 방지하기 위하여 필요한 조치 중 어느 하나의 사항을 포함시킬 수 있다. 이 경우 조정위원회는 지체 없이 그 결정서를 당사자에게 송달해야 하며 당사자가 결정서를 송달받은 날부터 14일 이내에 이의를 신청하지 않으면 조정을 수락한 것으로 본다. '조정'과 '이의를 신청하지 않는 경우의 조정을 갈음하는 결정'은 재판상 화해와 같은 효력이 있다.

기각·각하 결정에 대한 불복

진정이 기각·각하되면 행정심판과 행정소송으로 불복할 수 있다. 행정심판의 경우 중앙행정심판위원회가 아니라 국가인권위원회 행정심판위원회가 담당한다.

위원회의 기각·각하 결정은 헌법소원의 대상이 되지 않는다. 헌법재판소는 종전의 결정에서 위원회의 진정 각하 또는 기각결정에 대해 보충성 요건을 충족하였다고 보고 본안판단을 한 바 있다(헌법재판소 2011. 3. 31. 선고 2010헌마13 결정; 헌법재판소 2012. 7. 26. 선고 2011헌마829 결정 등). 그러나 2015년 "법률상 신청권이 있는 피해자인 진정인의 권리행사에 중대한 지장을 초래하는 것으로서 항고소송의 대상이 되는 행정처분에 해당하므로, 그에 대한 다툼은 우선 행정심판이나 행정소송에 의하여야 할 것"이라고 판단하여 종전의 판례를 변경했다(헌법재판소 2015. 3. 26. 선고 2013헌마214등 결정).

방문조사와 직권조사

위원회가 필요하다고 인정하면 그 의결로써 구금·보호시설을 방문하여 조사할 수 있다. 방문조사를 하는 위원은 소속 직원 및 전문가를 동반할 수 있으며 구체적인 사항을 지정하여 조사를 위임할 수 있다. 방문조사를 통해 수용자와 면담할 수 있고 구술 또는 서면으로 사실이나 의견을 진술하게 할 수 있다. 구금시설의 직원은 면담 장소에 참석할 수 있으나 대화 내용을 녹음하거나 녹취하지 못한다.

한편, 위원회는 진정이 없는 경우에도 인권침해나 차별행위가 있다고 믿을 만한 상당한 근거가 있고 그 내용이 중대하다고 인정할 때에는 직권으로 조사할 수 있다.

국가인권위 진정의 의의

국가인권기구는 기존 국가기구로부터 지위와 권한이 독립되어 삼권 분립의 원칙 바깥에 존재하면서 민간의 협력과 지지를 받아 다른 국가기관을 견제하는 독특한 형태의 국가기구이다. 1993년 유엔총회에서 "국가인권기구는 다른 국가권력으로부터 독립적 지위를 보장받기 위하여 그 구성과 권한의 범위를 헌법 또는 법률에 의하여 구체적으로 부여받아야 한다"는 '파리원칙'(Paris Principle)이 채택되었다. 국내에서는 1993년 비엔나세계인권회의에 참여한 인권단체들이 정부에 국가인권기구의 설치를 요구한 이래 법무부의 오랜 방해 끝에 2001년 국가인권위원회가 출범했다.

위원회는 △국내법에 따라 설치되는 기구이면서도 내용상 국제인권규범에 의존하는 준 국제기구로 국제인권기준의 국내화를 이루는 '창문'의 역할 △재판 등 기존 사법적 권리구제방법과는 달리 신속하고 접근이 쉽고 저렴한, 대안적인 준사법적 권리구제 기구의 역할 △현행법상 명백한 범죄행위로 보기 어려운 '회색 영역의 인권침해'에도 개입하여 인권의 논리를 확장하는 역할 등을 맡고 있다. 이처럼 위원회는 기존 국가기구와 독립되면서도 다른 국가기구를 견제하기 위해 국가기구일 수밖에 없는 모순된 존재이다.

구금시설 처우 문제를 위원회에 진정할 경우 △현행법뿐만 아니라 '유엔 피구금자 처우에 관한 최저기준규칙'(넬슨만델라규칙) 등 피구금자의 처우에 관한 국제인권기준을 잣대로 활용할 수 있고 △시간과 비용이 많이 드는 형사고소·고발, 국가배상청구 등을 거치지 않아도 인권침해임을 확인받을 수 있으며 △현행법으로는 합법적이어서 아무도 책임지지 않는 반인권적 처우를 인권침해로 규정하고 이의 개선을 요구할 수 있는 이점이 있다.

하지만 위원회의 권고는 강제력이 없어 법무부에서 수용하지 않으면 그만이라는 약점이 있다. 위원회의 권고를 받은 국가기관 등은 90일 이내에 이행계획을 위원회에 통지해야 하고, 권고의 내용을 이행하지 아니할 경우에는 그 이유를 위원회에 통지해야 한다. 위원회는 권고의 이행실태를 확인·점검할 수 있다. 위원회는 통지받은 내용과 이행실태의 확인·점검 결과를 공표할 수 있다. 이처럼 위원회의 권고는 강제력이 없지만 추후 고소·고발이나 국가배상청구를 할 경우 수용자에게 유리한 자료로 활용할 수 있다.

한편, 위원회의 의사를 결정하는 위원의 구성에 따라 결정 방향이 바뀔 수도 있다는 점을 기억해야 한다. 위원은 위원장 1명과 3명의 상임위원을 포함해 모두 11명이다. 국회가 선출하는 4명(상임위원 2명 포함), 대통령이 지명하는 4명(상임위원 1명 포함), 대법원장이 지명하는 3명을 대통령이 임명한다. 위원장은 위원 중에서 대통령이 임명하며 이 경우 위원장은 국회의 인사청문을 거쳐야 한다.

인용 사례

아래는 위원회가 진정인의 주장을 인용한 사례이다.

〈결정례〉
의료조치 미흡으로 인한 사망 (국가인권위원회 2011. 7. 11.자 10진정0205500 결정)

피진정 기관의 전문 의료인력은 시간제로 근무하는 피진정인 2와 공중보건의사 1인, 간호사 1인 뿐으로 피진정 기관의 수용자 수에 비하면 턱없이 부족한 상황이고, 중증 환자에 대한 진단 및 적절한 치료가 가능한 의료장비도 전혀 구비되어 있지 않은 상황이다. 또한, 간암은 그 질병의 특성상 조기발견이 어려운 것이 사실이어서, 피진정 기관과 같은 열악한 의료 환경에서 피해자의 간암을 진단하고 그에 대한 적절한 조치를 취하기에는 상당한 고충이 있다는 점은 인정된다. 이런 점에서 2009. 12. 중순경부터 피해자가 통증을 호소할 때마다 피진정인 2가 X-ray 촬영 또는 진경제·소화제 등의 약 처방을 통해 대응했음에도 피해자의 건강 상태를 제대로 진단하지 못하여 적절한 치료 시기를 놓치는 결과를 초래한 것은 우리나라 교정시설의 전반적이고 구조적인 문제에서 기인한 것이라 할 것이다.

그러나 다른 한편으로 교정시설 내에서 발생하는 질병 관련 사망사건의 원인을 전적으로 교정시설의 의료인력 및 장비 부족 탓으로 돌리는 것 또한 적절하지 않다. 입소 시 건강에 이상이 발견된 수용자에 대해서는 정기적인 진료 및 검진을 통해 사후관리하고, 수용 중 발생한 건강이상 증세와 연결하여 조금이라도 의

심되는 질환이 있을 경우 외부의료시설의 진료를 통해 적절한 치료 시기를 놓치는 일이 없도록 체계적인 건강관리시스템을 구축한다면, 부족한 인력과 장비라는 조건 속에서도 이 사건 진정의 피해자와 같이 전혀 의료적 치료나 처치를 할 수 없는 상황에 이르러서야 외부의료시설로 이송되는 일은 최대한 줄일 수 있을 것이기 때문이다.

따라서 피해자가 피진정 기관에 처음 입소할 당시 실시한 건강검진 결과에서 간 기능 이상 소견을 보였음에도 불구하고 이에 대한 사후관리가 전혀 이루어지지 않은 점, 간암 말기의 환자인 경우 환자의 적극적인 호소가 없었다 해도 황달, 복수로 인한 신체적 변화가 증가하였을 것이므로 피진정 기관이 조금 더 주의 깊게 피해자를 관찰하였다면 외부의료시설로의 이송이 이 사건에서와 같이 지연되지는 않았을 것이라는 점 등을 고려할 때, 피진정인들의 이러한 직무집행상 과실로 인해 「헌법」 제10조에서 보장하고 있는 피해자의 생명권이 침해된 측면이 있음이 인정된다고 판단된다.

이와 같은 인권침해에 대한 구제조치로는, 피진정인 1에게 향후 유사 사례가 재발되지 않도록 재방방지 대책을 수립하여 시행할 것과, 피진정인 2에 대하여 의무관으로서의 주의의무를 다하지 못한 직무집행상 과실을 물어 주의 조치하는 것이 필요하다고 판단된다. 또한, 유족에 대한 정신적 고통에 대한 실질적인 구제조치를 위해서는 진정인이 국가 등으로부터 적절한 손해배상을 받을 수 있도록 대한변호사협회에 법률구조를 요청할 필요가 있다고 판단된다.

〈결정례〉
언론사 제보를 이유로 한 서신 검열 및 징벌 (국가인권위원회 2018. 8. 29.자 18진정0214100 결정)

「형집행법」 43조의 "수용자의 서신이 검열을 할 필요가 있는 예외적인 경우에 해당하는지 여부"의 해석은 '명백하고 현존하는 위험', 즉 구체적인 위험성이 있는 경우로 한정되어야 하며, 그 위험이 있는지에 대한 입증책임 역시 검열을 실행하는 교정기관에 있다고 보는 것이 타당하다.

피진정인 1은 이 사건 서신 내용에 대하여 구체적으로 판단할 수 있는 어떠한 정보도 없이 수신처가 언론사라는 추상적인 이유로 검열을 실행하였다. 교정기관이 언론사 등 외부단체로 보내는 수용자의 서신에 대하여, 수용자의 부당한 요구가 있을지도 모른다는 막연한 추정만으로 서신을 검열하는 것이 허용될 경우, 원칙과 예외가 바뀌어 오히려 상당한 정도의 검열이 허용되는 결과를 야기할 수 있으며, 이는 입법자의 입법의사와 상충되는 결과를 초래하게 된다.

(…)

따라서, 피진정인 1이 제시한 법원의 유사사례에 대한 결정에도 불구하고, 서신을 검열할 수 있는 예외사유인 「형집행법」 제43조 제2항 각호는 엄격하게 해석하여 서신 검열 사유에 해당할만한 구체적인 위험성이 있는 경우에만 적용하는 것이 타당하다. 또한, 수용자의 명백히 부당한 요구에 대해서는 해당 언론사 내부의 판단을 통한 적절한 대응을 기대할 수 있으므로, 언론사가 수신처라는 이유를 특별하게 취급해야 할 필요성이 있다고 보기도 어렵다. 그러므로 수용자의 서신의 수신처가 언론사라는 이유가 「형집행법」 제43조 제2항 각호에 따른 서신검열의 사유로 포함되는 것은 타당하다고 볼 수 없다.

(…)

나아가, 이미 위에서 언급한 것처럼 문제가 된 서신의 내용은 "명백한 거짓사실"이거나 "형사법령에 저촉되는 내용"이라고 보기 어려우므로, 진정인에 대한 징벌 사유인 「형집행법」 제107조 제1호 또는 제5호가 적용될 여지가 없을 뿐만 아니라, 위법한 검열 결과에 기반 한 징벌이라는 점에서 정당한 공무집행이라고 도저히 볼 수 없다.

〈결정례〉

교도소의 과도한 전자영상장비계호 등 (국가인권위원회 2019. 11. 28.자 19진정0414300 결정)

그러나 '계호상 독거수용'과 '전자영상장비를 이용한 계호'는 교정사고를 방지하고 수용질서를 유지하기 위하여 필요한 경우에 한하여 최소한도로 실시되어야 하는데, 인정사실 나와 마에서 확인할 수 있듯이, 진정인은 1997년 탈주와 관련된 징벌 이외에 어떠한 징벌도 받은 사실이 없는 점, 2011년 자살시도가 있었으나, 당시 아버지의 사망 소식을 접한 진정인이 심리적으로 힘들었을 수도 있다는 점과 그 후로는 폭행·자살 등 교정사고 없이 지낸 점, 2016년과 2019년에 실시한 2차례의 교정심리검사결과 각 척도별 T점수는 「분류처우 업무지침」이 제시하는 기준 이하의 점수로 일반수형자와 유사한 수준을 보인다는 점을 고려하였을 때, 피진정인이 진정인에 대한 '계호상 독거수용'과 '전자영상장비를 이용한 계호'의 지속 여부를 결정함에 있어 인성검사 결과 및 수용생활 태도 등을 종합적으로 검토하여 판단하였다는 합리적인 이유를 발견하기 어렵고, 형의 집행과 도망의 방지라는 구금의 목적에 한하여 최소한도로 기본권을 제한하려는 노력을 기울였다고 보이지 않는바 결과적으로 20년이 넘도록 '계호상 독거수용'과 '전자영상장비를 이용한 계호'가 지속됨으로서 헌법 제17조에서 보장하는 진정인의 사생활의 비밀과 자유가 크게 제한되었다고 판단된다.

이에 피진정인에게, 진정인에 대한 '계호상 독거수용' 및 '전자영상장비를 이용한 계호' 여부를 재검토할 것을 권고할 필요가 있다고 판단된다. 한편 '계호상 독거수용'과 '전자영상장비를 이용한 계호'의 필요성 여부는 피진정인의 재량에 관한 사항이기는 하지만, 이러한 결정은 수용자의 기본권을 크게 제한하는 것이므로 생명, 신체를 해하거나 시설의 안전 또는 도주 등 수용질서를 해하는 행위, 즉, 교정사고를 일으킬 우려가 있는 자에 대한 보호 및 사고예방을 위한 목적으로 엄격히 제한될 필요가 있다고 보여, 법무부장관에게, 수용자에 대한 계호상 독거수용 및 전자영상장비계호와 관련하여 합리적인 기준을 마련하여 시행할 것을 권고하는 것도 필요하다고 판단된다.

〈결정례〉

교도소의 부당한 보호장비 사용 등 (국가인권위원회 2023. 10. 27.자 22진정0782500·23진정0101000(병합) 결정)

따라서, 교도소 내 수용자들에 대한 보호장비 사용은 그 사용 목적과 필요성이 인정되고, 그 사용으로 인한 기본권의 침해 정도, 목적 달성을 위한 다른 수단의 유무 등 제반 사정에 비추어 상당한 이유가 있는 경우에 한하여, 목적 달성에 필요한 최소한의 범위 내에서만 허용되어야 하고, 보호장비 사용으로 불필요한 신체적 고통을 주거나 신체의 기본적 기능을 훼손하여서는 안 되므로 그 사용에서 보충성의 원칙과 비례성의 원칙을 지켜야 함이 명확하다.

피진정인들은 20××. ×. ××. 13:30경 진정인에게 '자살 및 자·타해의 우려가 크다'는 이유로 양손 수갑을 사용하였고, 이러한 조치는 진정인이 20××. ×. ×.에 샴푸, 섬유유연제 등을 마신 사실이 있다는 점, 발생일 당시 극도의 흥분상태로 자살 또는 자해의 우려가 있었다는 점에 근거함을 주장하고 있다.

그런데 진정인의 이물질 섭취는 이 사건 진정 발생일로부터 2주 전에 발생한 사건이라는 점, 진정사건 발생 당시의 CCTV 영상 확인 결과 피진정인의 진술과 달리 진정인이 교도관에게 달려들 듯한 기세로 거실문을 세게 밀어 여는 등의 모습이 확인되지 않고, 달리 극도로 흥분하였다고 볼 만한 행동이 확인되지 않으며, 자·타해의 우려가 있어 보이는 모습도 확인되지 않는다.

다만, 진정인이 벽에 머리를 박는 모습이 한차례 확인되나, 이는 금속보호대를 착용한 이후에 발생한 것이며 교도관이 진정인을 의자에 앉히는 과정에서 머리가 벽에 부딪혀 진정인이 우발적으로 박은 것으로 보이며 이후 자해하는 모습 등은 확인되지 않는다.

또한, 보호장비를 사용함에 있어 목적 달성에 필요한 최소한의 범위 내에서만 사용되어야 하고, 보호장비 사용으로 불필요한 신체적 고통을 주거나 신체의 기본적 기능을 훼손하여서는 안 됨에도, 진정인에게 금속 보호대를 착용시키는 과정에서 다수의 교도관이 보호대를 강하게 조이는 모습이 확인되고, 이후 진정인의 손이 검붉게 변하고 상당히 부은 모습도 확인된다.

이상의 내용을 종합하면, 피진정기관 교도관들은 진정인에 대하여 보호장비를 사용하면서 진정인에게 구체적인 자·타해의 위험 등이 있는 사정이 확인되지 않음에도 보호장비를 사용하고, 필요 이상의 신체적 고통을 줄 정도로 과도하게 사용하였다고 보이며, 그러한 과도한 보호장비 사용을 정당화하는 다른 특별한 사유가 존재하지 않는다고 판단되므로, 결과적으로 헌법 제12조에서 보호하는 진정인의 신체의 자유를 과도하게 제한하였다고 판단된다.

따라서 피진정인에 대해, 형집행법에 근거하여 보호장비 사용기준에 맞게 필요 최소한으로 보호장비를 사용하도록 직원들을 지도·감독할 것을 권고할 필요가 있다고 판단된다.

접수날짜	년 월 일	사건번호

진 정 서

1. 진정인 (단체의 경우 단체 및 대표자를 함께 써 주시기 바랍니다.)

① 이름*	② 생년월일*　　.　.　.	③ 성별*	④ 국적*
⑤ 주소*			
⑥ 연락처(전화, 휴대전화 또는 이메일)*			

⑦ 진정사건 결과 통지 방법

　□우편(진정서 주소) □휴대전화 문자 □이메일 □팩스

※ 휴대전화 문자를 선택한 경우 종결 결과만을 알려드립니다. 상세한 종결이유는 우편이나 이메일 등 다른 방법을 통해서 안내해드릴 수 있습니다.

2-1. 피해자 (진정인과 피해자가 다른 경우에 써 주시기 바랍니다.)

① 이름*	② 생년월일*　　.　.　.	③ 성별*	④ 국적*
⑤ 주소*			
⑥ 연락처(전화, 휴대전화 또는 이메일)*			
⑦ 진정인과의 관계*		⑧ 기타	

2-2. 진정인과 피해자가 다른 경우, 피해자는 진정을 하는 사실을 알고 있습니까?

① 알고 있으며 조사를 원한다 (　　　)　　　② 알고 있지만 조사를 원하지 않는다 (　　　)

③ 모르고 있다 (　　　)　　　④ 알고는 있으나 조사를 원하는지 여부는 모르겠다 (　　　)

3. 피해자의 인권을 침해하거나 차별행위를 한 당사자(피진정인)는 누구입니까?

① 이름	② 소속
③ 연락처	

4. 피해자가 당한 인권침해 또는 차별행위에 관하여

① 수사기관에 고소·고발·진정을 제기하신 일이 있습니까?

　　□ 있음　　　□ 없음

② 법원·헌법재판소 등 권리구제기관의 구제절차를 제기하신 일이 있습니까?

　　□ 있음　　　□ 없음

　있다면 언제, 누구의 이름으로 하였습니까?

　　□ 언제 (　　　　　　　　　　)　□ 기관 및 사건번호 (　　　　　　　)

③ 국가인권위원회에 동일한 사안에 대하여 진정을 하신 일이 있습니까?

　　□ 있음　　　□ 없음

　있다면 언제, 누구의 이름으로 하였습니까?

　　□ 언제 (　　　　　　　　)　□ 누구 (　　　　　　　　)

* 반드시 기재하여 주시기 바랍니다.

5. 피해자가 어떤 내용의 인권침해 또는 차별행위를 당하였습니까?	
① 때	② 장소

③ 내용(쓸 자리가 부족한 경우 별지에 계속 써주시기 바랍니다)

6. 피해자가 당한 인권침해 또는 차별행위를 보거나 잘 알고 있는 사람 또는 그 사실을 증명하는 데 도움이 되는 증거나
 자료가 있으면 써 주시기 바랍니다.

※ 의료기관 등에 인권침해 또는 차별행위를 증명하는 데 도움이 되는 증거가 있는 경우 진료기록 열람 및 사본발급 동의서,
 위임장을 작성하여 제출하여 주시기 바랍니다.

7. 첨부서류 :　　　□ 있음 (서류명 :　　　　　　　　　　　　　　　　　　　　) 　　□ 없음

진정인　　　　　　　　　　(서명 또는 날인)

* 아래 내용은 접수담당자가 기재하는 부분입니다.

수사기관 등에 진정·고소하면 조사 종결된다는 사실을 안내하였음　□

20　　　년　　　월　　　일

접수담당자 :　　　　　　직급　　　　　　성명　　　　　(서명 또는 날인)

고소 · 고발

고소란 범죄의 피해자 또는 그와 일정한 관계있는 고소권자가 범죄사실을 수사기관에 알려 범인의 처벌을 구하는 것이다. 그리고 고발이란 고소권자 아닌 자가 범죄사실을 신고하여 범인의 처벌을 구하는 것이다. 다시 말해, 고소는 범죄의 피해자 등 일정한 자격이 있는 자가 할 수 있고, 고발은 고소권이 없는 누구라도 할 수 있다. 예를 들어, 수용자가 교도관 등으로부터 폭행 등 범죄를 당하면 피해자로서 고소할 수 있다. 이 사실을 알고 있는 다른 수용자는 고발할 수 있다. 고소 · 고발에 관한 자세한 사항은 형사소송법에 규정되어 있다.

고소 · 고발이 이루어지면 경찰 등 수사기관은 수사를 개시해야 할 의무가 있다. 범죄사실이 있다고 판단되면 검사는 범죄자를 기소할 수 있다. 고소 취소는 1심 판결 전까지 가능하고, 고소를 취소한 사람은 같은 사건을 다시 고소할 수 없다. 한편, 타인으로 하여금 형사처분 또는 징계처분을 받게 할 목적으로 허위 사실을 신고하면 무고죄(형법 제156조)로 처벌(10년 이하의 징역 또는 1,500만 원 이하의 벌금)될 수 있음을 명심해야 한다.

친고죄는 고소가 있어야 수사와 처벌이 가능하다. 모욕죄와 사자명예훼손죄가 여기에 해당한다. 친고죄는 범인을 알게 된 날로부터 6개월이 지나면 고소할 수 없다. 단, 고소할 수 없는 불가항력의 사유가 있는 때에는 그 사유가 없어진 날로부터 6개월이 지나면 고소할 수 없다.

반의사불벌죄는 친고죄와 달리 피해자가 고소를 하지 않아도 범죄 사실이 있다면 수사 기관에서 수사하고 처벌할 수 있다. 하지만 피해자가 가해자의 처벌을 원하지 않으면 처벌할 수 없다. 명예훼손죄가 여기에 해당한다.

고소 · 고발의 절차

고소 · 고발은 글로 적거나 또는 말로 검사 또는 사법경찰관(경찰)에게 해야 한다(형사소송법 제237조). 고소장이나 고발장을 제출하는 것이 일반적이다. 고소 · 고발장의 서식은 정해진 것은 없지만 일반적으로는 고소(고발)인과 피고소(피고발)인의 인적사항, 피해사실, 처벌을 원한다는 뜻은 반드시 들어 있어야 한다. 특히 피해사실은 가능한 한 명확하게 기재해야 하고, 증거자료가 있으면 첨부할 필요가 있다.+

2020년 · 2022년 검사의 직접 수사 개시 범위를 제한하는 내용의 검찰청법 개정으로 검사의 수사 대상이 △부패·경제범죄 등 대통령령++으로 정하는 주요 범죄 △경찰공무원이 범한 범죄 △위 범죄 및 사법경찰관이 송치한 범죄와 관련하여 인지한 각 해당 범죄와 직접 관련성이 있는 범죄로 한정되었다. 이에 해당하지 않는

+ 이 책 719쪽의 '고소장 서식'과 725쪽의 '고발장 서식' 참조

++ 대통령령인 '검사의 수사개시 범죄 범위에 관한 규정' 제2조에서 중요 범죄의 범위를 정하고 있다. 여기에서는 무고·도주·범인은닉·증거인멸·위증·허위감정통역·보복범죄 및 배심원의 직무에 관한 죄 등 사법질서 저해 범죄를 추가하고 있다. 검사의 수사개시 범위에 관해서는 앞으로 법령이 개정될 수 있으므로, 검찰에 고소·고발할 때는 먼저 해당 시점의 규정을 확인할 필요가 있다.

범죄는 검찰에 고소·고발하더라도 경찰 등 다른 수사기관으로 이송된다.

사법경찰관은 고소·고발 사건을 포함하여 범죄를 수사한 후 범죄의 혐의가 있다고 인정되는 경우에는 지체 없이 검사에게 사건을 송치하고, 관계 서류와 증거물을 검사에게 송부해야 한다. 검사는 송치사건의 공소제기 여부 결정 또는 공소의 유지에 관하여 필요한 경우 사법경찰관에게 보완수사를 요구할 수 있다.

경찰 불송치 결정

수사 결과 범죄 혐의가 인정되지 않는 경우 등에는 사법경찰관은 그 이유를 명시한 서면과 함께 관계 서류와 증거물을 지체 없이 검사에게 송부해야 한다. 그로부터 7일 이내에 사법경찰관은 사건을 검사에게 송치하지 아니하는 취지와 그 이유를 고소인 등에게 통지해야 한다. 불송치 결정의 주문(主文)은 아래와 같다.

불송치 결정의 주문(主文) (경찰수사규칙 제108조 제1항)

1. 혐의없음
가. 혐의없음(범죄인정안됨): 피의사실이 범죄를 구성하지 않거나 범죄가 인정되지 않는 경우
나. 혐의없음(증거불충분): 피의사실을 인정할 만한 충분한 증거가 없는 경우

2. 죄가안됨: 피의사실이 범죄구성요건에 해당하나 법률상 범죄의 성립을 조각하는 사유가 있어 범죄를 구성하지 않는 경우(수사준칙 제51조제3항제1호는 제외한다)

3. 공소권없음
가. 형을 면제한다고 법률에서 규정한 경우
나. 판결이나 이에 준하는 법원의 재판·명령이 확정된 경우
다. 통고처분이 이행된 경우
라. 사면이 있는 경우
마. 공소시효가 완성된 경우
바. 범죄 후 법령의 개정·폐지로 형이 폐지된 경우
사. 「소년법」, 「가정폭력범죄의 처벌 등에 관한 특례법」, 「성매매알선 등 행위의 처벌에 관한 법률」 또는 「아동학대범죄의 처벌 등에 관한 특례법」에 따른 보호처분이 확정된 경우(보호처분이 취소되어 검찰에 송치된 경우는 제외한다)
아. 동일사건에 대하여 재판이 진행 중인 경우(수사준칙 제51조제3항제2호는 제외한다)
자. 피의자에 대하여 재판권이 없는 경우
차. 친고죄에서 고소가 없거나 고소가 무효 또는 취소된 경우
카. 공무원의 고발이 있어야 공소를 제기할 수 있는 죄에서 고발이 없거나 고발이 무효 또는 취소된 경우
타. 반의사불벌죄(피해자의 명시한 의사에 반하여 공소를 제기할 수 없는 범죄를 말한다)에서 처벌을 희망하지 않는 의사표시가 있거나 처벌을 희망하는 의사표시가 철회된 경우, 「부정수표 단속법」에 따른 수표회수, 「교통사고처리 특례법」에 따른 보험가입 등 법률에서 정한 처벌을 희망하지 않는 의사표시에 준하는 사실이 있는 경우

파. 동일사건에 대하여 공소가 취소되고 다른 중요한 증거가 발견되지 않은 경우

하. 피의자가 사망하거나 피의자인 법인이 존속하지 않게 된 경우

4. 각하: 고소·고발로 수리한 사건에서 다음 각 목의 어느 하나에 해당하는 사유가 있는 경우

가. 고소인 또는 고발인의 진술이나 고소장 또는 고발장에 따라 제1호부터 제3호까지의 규정에 따른 사유에 해당함이 명백하여 더 이상 수사를 진행할 필요가 없다고 판단되는 경우

나. 동일사건에 대하여 사법경찰관의 불송치 또는 검사의 불기소가 있었던 사실을 발견한 경우에 새로운 증거 등이 없어 다시 수사해도 동일하게 결정될 것이 명백하다고 판단되는 경우

다. 고소인 또는 고발인이 고소·고발장을 제출한 후 혐의 확인을 위한 수사기관의 출석요구, 자료제출 요청 등에 불응하거나 고소인·고발인의 소재가 확인되지 않는 등 고소·고발사실에 대한 수사를 개시·진행할 구체적인 근거가 없는 경우

라. 고발이 진위 여부가 불분명한 언론 보도나 인터넷 등 정보통신망의 게시물, 익명의 제보, 고발 내용과 직접적인 관련이 없는 제3자로부터의 전문(傳聞)이나 풍문 또는 고발인의 추측만을 근거로 한 경우 등으로서 수사를 개시할 만한 구체적인 사유나 정황이 충분하지 않은 경우

마. 법 제223조, 제225조부터 제228조까지의 규정에 따른 고소권자가 아닌 자가 고소한 경우

바. 법 제224조, 제232조제2항 또는 제235조를 위반한 고소·고발의 경우

이러한 불송치 결정에 대해 고소인은 해당 사법경찰관의 소속 관서의 장에게 이의를 신청할 수 있다.[+] 이의신청을 할 수 있는 기간은 별도로 규정되어 있지 않으므로, 해당 사건의 공소시효가 만료되지 않은 한 언제든지 이의신청을 할 수 있다. 그러나 이의신청은 고발인은 할 수 없고 고소인만 할 수 있다는 점에 유의해야 한다. 이의신청이 있으면 사법경찰관은 지체 없이 검사에게 사건을 송치하고 관계 서류와 증거물을 송부하여야 하며, 처리결과와 그 이유를 신청인에게 통지해야 한다.

한편 검사는 사법경찰관의 불송치 결정이 위법 또는 부당한 때에는 그 이유를 문서로 명시하여 사법경찰관에게 재수사를 요청할 수 있다. 이 경우 사법경찰관은 사건을 재수사해야 한다.

검찰 불기소 결정

검사는 기소를 하거나 불기소 처분을 하게 된다. 검사의 기소가 있으면 해당 범죄사건에 대하여 법원의 재판이 시작되며, 재판을 거쳐 유무죄 및 처벌 여부가 결정된다. 그런데 검사는 사건을 판단하여 죄가 되지 않거나 요건이 충족되지 않았다고 판단하면 불기소 처분을 할 수도 있다. 검사의 불기소 처분이 있으면 사건은 재판으로 넘어가지 않고 그대로 종결된다.

검사가 공소 제기 또는 불기소 처분을 할 때에는 그 처분한 날로부터 7일 이내에 서면으로 고소인 또는 고발인에게 그 취지를 통지해야 한다. 고소인·고발인의 청구[++]가 있는 때에는 7일 이내에 그 이유를 서면으로 설명해야 한다. 아래는 불기소 결정의 종류이다.

[+] 이 책 726쪽의 '불송치 결정 이의신청서 서식' 참조

[++] 흔히 '불기소 이유 고지 청구'라 불린다. 서식은 이 책 727쪽의 '민원신청서 서식' 참조.

불기소 결정의 종류 (검찰사건사무규칙 제115조 제3항)

1. 기소유예 : 피의사실이 인정되나 「형법」 제51조 각 호의 사항을 참작하여 소추할 필요가 없는 경우

2. 혐의없음
가. 혐의없음(범죄인정안됨): 피의사실이 범죄를 구성하지 않거나 피의사실이 인정되지 않는 경우
나. 혐의없음(증거불충분) : 피의사실을 인정할 만한 충분한 증거가 없는 경우

3. 죄가안됨: 피의사실이 범죄구성요건에는 해당하지만 법률상 범죄의 성립을 조각하는 사유가 있어 범죄를 구성하지 않는 경우

4. 공소권없음: 다음 각 목의 어느 해당에 해당하는 경우
가. 확정판결이 있는 경우
나. 통고처분이 이행된 경우
다. 「소년법」·가정폭력처벌법·성매매처벌법 또는 아동학대처벌법에 따른 보호처분이 확정된 경우(보호처분이 취소되어 검찰에 송치된 경우는 제외한다)
라. 사면이 있는 경우
마. 공소의 시효가 완성된 경우
바. 범죄 후 법령의 개정이나 폐지로 형이 폐지된 경우
사. 법률에 따라 형이 면제된 경우
아. 피의자에 관하여 재판권이 없는 경우
자. 같은 사건에 관하여 이미 공소가 제기된 경우(공소를 취소한 경우를 포함한다. 다만, 공소를 취소한 후에 다른 중요한 증거를 발견한 경우는 포함되지 않는다)
차. 친고죄 및 공무원의 고발이 있어야 논할 수 있는 죄의 경우에 고소 또는 고발이 없거나 그 고소 또는 고발이 무효 또는 취소된 경우
카. 반의사불벌죄의 경우 처벌을 희망하지 않는 의사표시가 있거나 처벌을 희망하는 의사표시가 철회된 경우
타. 피의자가 사망하거나 피의자인 법인이 존속하지 않게 된 경우

5. 각하
가. 고소 또는 고발이 있는 사건에 관하여 고소인 또는 고발인의 진술이나 고소장 또는 고발장에 의하여 제2호부터 제4호까지의 규정에 따른 사유에 해당함이 명백한 경우
나. 법 제224조, 제232조제2항 또는 제235조에 위반한 고소·고발의 경우
다. 같은 사건에 관하여 검사의 불기소결정이 있는 경우(새로이 중요한 증거가 발견되어 고소인, 고발인 또는 피해자가 그 사유를 소명한 경우는 제외한다)
라. 법 제223조, 제225조부터 제228조까지의 규정에 따른 고소권자가 아닌 자가 고소한 경우
마. 고소인 또는 고발인이 고소·고발장을 제출한 후 출석요구나 자료제출 등 혐의 확인을 위한 수사기관의 요청에 불응하거나 소재불명이 되는 등 고소·고발사실에 대한 수사를 개시·진행할 자료가 없는 경우

바. 고발이 진위 여부가 불분명한 언론 보도나 인터넷 등 정보통신망의 게시물, 익명의 제보, 고발 내용과 직접적인 관련이 없는 제3자로부터의 전문(傳聞)이나 풍문 또는 고발인의 추측만을 근거로 한 경우 등으로서 수사를 개시할만한 구체적인 사유나 정황이 충분하지 않은 경우

사. 고소·고발 사건(진정 또는 신고를 단서로 수사개시된 사건을 포함한다)의 사안의 경중 및 경위, 피해회복 및 처벌의사 여부, 고소인·고발인·피해자와 피고소인·피고발인·피의자와의 관계, 분쟁의 종국적 해결 여부 등을 고려할 때 수사 또는 소추에 관한 공공의 이익이 없거나 극히 적은 경우로서 수사를 개시·진행할 필요성이 인정되지 않는 경우

불기소 처분 중에는 기소유예 처분도 있다. 기소유예 처분은 범죄의 혐의가 인정되더라도 「형법」 제51조의 사항을 참작하여 기소하지 않는 처분을 말한다(형사소송법 제247조). 참작 사항은 △범인의 연령, 성행, 지능과 환경 △피해자에 대한 관계 △범행의 동기, 수단과 결과 △범행 후의 정황이다.

고소·고발에 대하여 검사가 불기소 처분을 한 경우에 고소·고발을 한 사람은 '항고 및 재항고', 그리고 '재정신청' 등의 방법으로 불복할 수 있다.

항고 및 재항고

검사의 불기소 처분에 불복하는 고소인이나 고발인은 그 검사가 속한 지방검찰청 또는 지청을 거쳐 서면으로 관할 고등검찰청 검사장에게 항고할 수 있다(검찰청법 제10조 제1항). 항고를 한 자(재정신청을 할 수 있는 자는 제외)는 그 항고를 기각하는 처분에 불복하거나 항고에 대한 처분이 이루어지지 아니하고 3개월이 지났을 때에는 그 검사가 속한 고등검찰청을 거쳐 서면으로 검찰총장에게 재항고할 수 있다(검찰청법 제10조 제3항). 즉 불기소 처분을 받은 자는 불기소 처분을 한 검사가 속한 지방검찰청에 항고장[+]을 제출하여 불복할 수 있고, 그에 대한 처분에 대해서도 다시 그 처분을 한 검사가 속한 고등검찰청에 재항고장을 제출하여 불복할 수 있다.

재정신청

재정신청이란 검사의 불기소 처분에 대하여 법원에 그 부당함을 시정해달라고 신청하는 제도이다(형사소송법 제260조). 담당 법원은 불기소 처분을 한 검사 소속의 지방검찰청 소재지를 관할하는 고등법원이다. 범죄의 종류와 상관없이 고소인은 재정신청을 할 수 있으며, 고발인의 경우에는 형법 제123조부터 제126조[++]

+ 이 책 729쪽의 '항고장 서식' 참조

++ 형법 제122조(직무유기) 공무원이 정당한 이유 없이 그 직무수행을 거부하거나 그 직무를 유기한 때에는 1년 이하의 징역이나 금고 또는 3년 이하의 자격정지에 처한다.

제123조(직권남용) 공무원이 직권을 남용하여 사람으로 하여금 의무 없는 일을 하게 하거나 사람의 권리행사를 방해한 때에는 5년 이하의 징역, 10년 이하의 자격정지 또는 1천만원 이하의 벌금에 처한다.

제124조(불법체포, 불법감금) ① 재판, 검찰, 경찰 기타 인신구속에 관한 직무를 행하는 자 또는 이를 보조하는 자가 그 직권을 남용하여 사람을 체포 또는 감금한 때에는 7년 이하의 징역과 10년 이하의 자격정지에 처한다.

②전항의 미수범은 처벌한다.

제125조(폭행, 가혹행위) 재판, 검찰, 경찰 그 밖에 인신구속에 관한 직무를 수행하는 자 또는 이를 보조하는 자가 그 직무를 수행하면서 형사피의자나 그 밖의 사람에 대하여 폭행 또는 가혹행위를 한 경우에는 5년 이하의 징역과 10년 이하의 자격정지에 처한다.

제126조(피의사실공표) 검찰, 경찰 그 밖에 범죄수사에 관한 직무를 수행하는 자 또는 이를 감독하거나 보조하는 자가 그 직무를 수행하면서 알게 된 피의사실을 공소제기 전에 공표(公表)한 경우에는 3년 이하의 징역 또는 5년 이하의 자격정지에 처한다.

까지의 죄에 대해서 고발한 자만 재정신청을 할 수 있다(형사소송법 제260조). 다만, 재정신청을 하기 위해서는 원칙적으로 먼저 항고를 거쳐야 한다는 점에 주의해야 한다. 항고를 한 후 항고 기각 결정을 받은 경우에 재정신청을 할 수 있는 것이다. 항고 기각 결정을 통지받은 날부터 10일 이내에 지방검찰청검사장 또는 지청장에게 재정신청서를 제출해야 한다. 재정신청서는 관할 고등검찰청을 경유하여 관할 고등법원에 송부된다.

한편, △항고 이후 재기수사가 이루어진 다음에 다시 공소를 제기하지 아니한다는 통지를 받은 경우 △항고 신청 후 항고에 대한 처분이 행하여지지 아니하고 3개월이 경과한 경우 △검사가 공소시효 만료일 30일 전까지 공소를 제기하지 아니하는 경우에는 예외적으로 재정신청을 할 수 있다.

고 소 장

(고소장 기재사항 중 * 표시된 항목은 반드시 기재하여야 합니다.)

1. 고소인*

성 명 (상호 · 대표자)		주민등록번호 (법인등록번호)	-
주 소 (주사무소 소재지)		(현 거주지)	
직 업		사무실 주소	
전 화	(휴대폰)	(자택)	(사무실)
이메일			
대리인에 의한 고소	☐ 법정대리인 (성명 : , 연락처) ☐ 고소대리인 (성명 : 변호사 , 연락처)		

※ 고소인이 법인 또는 단체인 경우에는 상호 또는 단체명, 대표자, 법인등록번호(또는 사업자등록번호), 주된 사무소의 소재지, 전화 등 연락처를 기재해야 하며, 법인의 경우에는 법인등기부 등본이 첨부되어야 합니다.
※ 미성년자의 친권자 등 법정대리인이 고소하는 경우 및 변호사에 의한 고소대리의 경우 법정대리인 관계, 변호사 선임을 증명할 수 있는 서류를 첨부하시기 바랍니다.

2. 피고소인*

성 명		주민등록번호	-
주 소		(현 거주지)	
직 업		사무실 주소	
전 화	(휴대폰)	(자택)	(사무실)
이메일			
기타사항			

※ 피고소인에 대해 알고 있는 사항을 기재하여 주시기 바랍니다. 피고소인 인적사항 중 모르는 사항은 기재하지 않으셔도 되며, 피고소인 이름도 알지 못하는 경우 기타사항에 피고소인의 성별, 특징적 외모, 인상착의 등을 구체적으로 기재하시기 바랍니다.

3. 고소취지*

(죄명 및 피고소인에 대한 처벌의사 기재)

고소인은 피고소인을 ○○죄로 고소하오니 처벌하여 주시기 바랍니다.*

4. 범죄사실*

※ 범죄사실은 형법 등 처벌법규에 해당하는 사실에 대하여 일시, 장소, 범행방법, 결과 등을 구체적으로 특정하여 기재해야 하며, 고소인이 알고 있는 지식과 경험, 증거에 의해 사실로 인정되는 내용을 기재하여야 합니다.

5. 고소이유

※ 고소이유에는 피고소인의 범행 경위 및 정황, 고소를 하게 된 동기와 사유 등 범죄사실을 뒷받침하는 내용을 간략, 명료하게 기재해야 합니다.

6. 증거자료

(■ 해당란에 체크하여 주시기 바랍니다)

☐ 고소인은 고소인의 진술 외에 제출할 증거가 없습니다.
☐ 고소인은 고소인의 진술 외에 제출할 증거가 있습니다.

☞ 제출할 증거의 세부내역은 별지를 작성하여 첨부합니다.

7. 관련사건의 수사 및 재판 여부*

(■ 해당란에 체크하여 주시기 바랍니다)

① 중복 고소 여부	본 고소장과 같은 내용의 고소장을 다른 검찰청 또는 경찰서에 제출하거나 제출하였던 사실이 있습니다 ☐ / 없습니다 ☐
② 관련 형사사건 수사 유무	본 고소장에 기재된 범죄사실과 관련된 사건 또는 공범에 대하여 검찰청이나 경찰서에서 수사 중에 있습니다 ☐ / 수사 중에 있지 않습니다 ☐
③ 관련 민사소송 유무	본 고소장에 기재된 범죄사실과 관련된 사건에 대하여 법원에서 민사소송 중에 있습니다 ☐ / 민사소송 중에 있지 않습니다 ☐

기타사항

※ ①, ②항은 반드시 표시하여야 하며, 만일 본 고소내용과 동일한 사건 또는 관련 형사사건이 수사·재판 중이라면 어느 검찰청, 경찰서에서 수사 중인지, 어느 법원에서 재판 중인지 아는 범위에서 기타사항 난에 기재하여야 합니다.

8. 기타

본 고소장에 기재한 내용은 고소인이 알고 있는 지식과 경험을 바탕으로 모두 사실대로 작성하였으며, 만일 허위사실을 고소하였을 때에는 형법 제156조 무고죄로 처벌받을 것임을 서약합니다.

년 월 일*

고소인　　　　　　　(인)*

제출인　　　　　　　(인)

※ 고소장 제출일을 기재하여야 하며, 고소인 난에는 고소인이 직접 자필로 서명 날(무)인 해야 합니다. 또한 법정대리인이나 변호사에 의한 고소대리의 경우에는 제출인을 기재하여야 합니다.

○○경찰서 귀중

※ 고소장은 가까운 경찰서에 제출하셔도 됩니다.

별지 : 증거자료 세부 목록

(범죄사실 입증을 위해 제출하려는 증거에 대하여 아래 각 증거별로 해당 난을 구체적으로 작성해 주시기 바랍니다)

1. 인적증거 (목격자, 기타 참고인 등)

성 명		주민등록번호		-	
주 소	자택 : 직장 :			직업	
전 화	(휴대폰)	(자택)		(사무실)	
입증하려는 내용					

※ 참고인의 인적사항과 연락처를 정확히 알 수 없으면 참고인을 특정할 수 있도록 성별, 외모 등을 '입증하려는 내용'란에 아는 대로 기재하시기 바랍니다.

2. 증거서류 (진술서, 차용증, 각서, 금융거래내역서, 진단서 등)

순번	증거	작성자	제출 유무
1			☐ 접수시 제출 ☐ 수사 중 제출
2			☐ 접수시 제출 ☐ 수사 중 제출
3			☐ 접수시 제출 ☐ 수사 중 제출
4			☐ 접수시 제출 ☐ 수사 중 제출
5			☐ 접수시 제출 ☐ 수사 중 제출

※ 증거란에 각 증거서류를 개별적으로 기재하고, 제출 유무란에는 고소장 접수시 제출하는지 또는 수사 중 제출할 예정인지 표시하시기 바랍니다.

3. 증거물

순번	증거	소유자	제출 유무
1			□ 접수시 제출 □ 수사 중 제출
2			□ 접수시 제출 □ 수사 중 제출
3			□ 접수시 제출 □ 수사 중 제출
4			□ 접수시 제출 □ 수사 중 제출
5			□ 접수시 제출 □ 수사 중 제출

※ 증거란에 각 증거물을 개별적으로 기재하고, 소유자란에는 고소장 제출시 누가 소유하고 있는지, 제출 유무란에는 고소장 접수시 제출하는지 또는 수사 중 제출할 예정인지 표시하시기 바랍니다.

4. 기타 증거

고   발   장

1. 고발인

성 명 (상호 · 대표자)		주민등록번호 (법인등록번호)	-
주 소 (주사무소 소재지)			
전 화			

2. 피고발인

성 명		주민등록번호	-
주 소			
전 화	(휴대폰) (자택) (사무실)		
기타사항			

※ 피고발인에 대해 알고 있는 사항을 기재하여 주시기 바랍니다. 피고발인 인적사항 중 모르는 사항은 기재하
지 않으셔도 되며, 피고발인 이름도 알지 못하는 경우 기타사항에 피고발인의 성별, 특징적 외모, 인상착의
등을 구체적으로 기재하시기 바랍니다.

3. 고발 이유

(죄명 및 피고발인에 대한 처벌의사 기재)

　　고발인은 피고소발인을　　　　　　죄로 고소하오니 처벌하여 주시기 바랍니다.

20 년   월   일*

고발인　　　　　　(인)*

불송치 결정 이의신청서

□ 신청인

성 명		사건관련 신분	
주민등록번호		전 화 번 호	
주 소		전 자 우 편	

□ 경찰 결정 내용

사 건 번 호	-
죄 명	
결 정 내 용	

□ 이의신청 이유

□ 이의신청 결과통지서 수령방법

종 류	서 면 / 전 화 / 팩 스 / 전 자 우 편 / 문 자 메 시 지

. . . .

신청인   (서명)

소속관서장 귀하

민원신청서

※ 뒤쪽의 작성방법을 읽고 작성하시기 바라며, [ ]에는 해당되는 곳에 √표를 합니다.   (앞쪽)

접수번호	접수일		처리기간

	성명		주민등록번호	
	주소			사건과의 관계
	(전화번호:)			
	e-Mail		국민에게 다가가는 변화된 검찰의 소식지를 받아보시겠습니까? [ ]	
신청인	아래 에게 민원신청에 관한 일체의 권한을 위임함.			
	위임인 성명 (서명 또는 날인)			
	대리인 성명 (서명 또는 날인) 전화번호			
	주 소 주민등록번호			
	첨 부 위임인이 서명한 경우: 위임인의 본인서명사실확인서 또는 전자본인서명확인서 발급증 1부 위임인이 날인한 경우: 위임인의 인감증명서 1부			

	피의자 · 피고인	죄 명
사건표시	사건번호 ○○지방검찰청 20 형 제 호	

신청 민원

  (뒤쪽 참조)

용도 또는 신청 사유	신청부수

비고

위와 같이 민원을 신청합니다.

년 월 일

신청인   (서명 또는 인)

○ ○ 지 방 검 찰 청 검 사 장 귀하

첨부서류	뒤쪽 참조	수수료 뒤쪽 참조

※ 민원인이 같은 청의 담당부서를 달리하는 민원을 2종 이상 신청할 경우 최초 접수 부서에서 신청서 사본을 해당 부서에 송부하여 처리하도록 조치합니다.

증 명 및 신 청 민 원 종 류

구 분	민원 종류	처리기관	구비서류	수수료
사 건 접 수, 수사 및 처리 등에 관한 민원	① 고소ㆍ고발장 접수증명	지검, 지청	없음	1부마다 500원
	② 사건 처분결과증명	〃	〃	〃
	③ 진정(내사)사건 처분결과증명	각 급 청	〃	〃
	④ 기소(참고인)중지사건 재기신청	지검, 지청	〃	〃
	⑤ 기소(참고인)중지사건 재기신청사실증명	〃	〃	〃
	⑥ 기소(참고인)중지사건 공소시효 완성증명	〃	〃	〃
	⑦ 지명수배해제신청	〃	〃	〃
불기소이유 고지 및 항고, 재항고 관련 민원	⑧ 불기소이유고지청구	〃	〃	5매이내 500원 추가1매당50원
	⑨ 항고장 접수증명	〃	〃	1부마다 500원
	⑩ 항고 기각증명	고ㆍ지검, 지청	〃	〃
	⑪ 항고기각 이유고지청구	〃	〃	5매이내 500원 추가1매당50원
	⑫ 재항고장 접수증명	〃	〃	1부마다 500원
	⑬ 재항고 기각증명	대검, 지검,지청	〃	〃
	⑭ 재항고기각 이유고지청구	〃	〃	5매이내 500원 추가1매당50원
	⑮ 재정신청서 접수증명	지검, 지청	〃	1부마다 500원
압수수색관련	⑯ 압수증명	각 급 청	〃	〃
	⑰ 수색증명	〃	〃	〃
벌과금관련	⑱ 벌과금 납부증명	〃	〃	〃
판결문 등 열람ㆍ등본교부 및 확정증명 관련 민원	⑲ 체포ㆍ구속영장 등본교부청구	지검, 지청	주민등본 1부	5매이내 1,000원 추가1매당50원
	⑳ 재판서ㆍ재판기재조서 등(초)본 교부신청	각 급 청	없음	〃
	㉑ 형사재판 확정증명	〃	〃	1부마다 500원
출국금지 관련 민원	㉒ 출국 가능사실증명	〃	〃	〃
	㉓ 출국금지 의뢰신청	지검, 지청	〃	〃
	㉔ 출국금지 해제신청	〃	〃	〃

신청서 작성 방법

1. 사건과의 관계란에는 고소(고발)인, 피고소(피고발)인, 피의자, 피고인(피고인이었던 자), 피해자, 피진정인, 참고인, 항고인, 피항고인, 재항고인, 피재항고인, ○○○의 가족 등으로 기재합니다.
2. 비고란에는 압수증명 신청 시 압수물품명, 수량, 수색증명 신청시 수색장소, 일시 등을 기재합니다.
3. 출국가능사실증명의 경우 신청사유란에 출국사유 및 출국지를 기재합니다.
4. ① ~ ㉔ 외의 민원은 별도 신청서에 의하여 신청합니다.
5. 수수료는 수입인지 또는 수수료 납부 증명서면을 별도의 "수수료납부서"에 첨부하거나 신청서 여백에 부착하여 납부하여야 합니다.

항 고 장

항 고 인(고소인)
· 성   명 :
· 주민번호 :
· 주   소 :
· 연 락 처 :

피항고인(피고소인) :

사건번호(형제번호) :

고소(고발)사건 처분결과통지서 수령일 :

위 사건에 관하여 불기소 처분 결정을 한 바 있으나, 그 결정은 다음과 같은 이유에 의하여 부당하므로,
이에 불복하여 항고를 제기하는 바입니다.

항 고 이 유(자유 작성)

첨 부 서 류 :

년   월   일

항 고 인   (서명날인 또는 도장)

고등검찰청 검사장 귀하
(성남지청 제출)

재 정 신 청 서

신청인
 · 성　명 :
 · 주민번호 :
 · 주　소 :
 · 연 락 처 :

피신청인 :

사건번호 : 수원고등검찰청　　　불항　　호
　　　　　　(성남지청　　　　　형제　　호)

항고기각 처분 통지서 수령일 :

다음과 같은 이유로 부당하여 재정신청을 하오니, 위 사건을 관한 검찰청에서 공소제기 하도록 하는 결정을
하여 주시기 바랍니다.

신 청 이 유

첨 부 서 류 :

년　월　일

재정신청인　　　　　　(서명날인 또는 도장)

고등법원 귀중
(성남지청 제출)

국가배상청구

국가배상청구란 행정권의 행사에 의하여 발생한 손해에 대한 국가의 배상책임을 묻는 것으로 헌법 제29조 제1항 "공무원의 직무상 불법행위로 손해를 받은 국민은 법률이 정하는 바에 의하여 국가 또는 공공단체에 정당한 배상을 청구할 수 있다"에 근거를 두고 있다. 국가나 지방자치단체의 손해배상 책임과 배상 절차를 규정한 법률은 국가배상법이다.

국가배상책임은 공무원의 위법행위로 인한 국가배상 책임(국가배상법 제2조)과 공공시설 등의 하자로 인한 책임(국가배상법 제5조)으로 구분된다.

국가배상책임은 행정권의 공권력 행사에 의하여 상대방에게 손해가 발생한 경우 그 손해를 금전적 여력이 충분한 국가가 책임짐으로써 피해를 받은 국민의 손해 전보에 주된 목적이 있다. 그뿐만 아니라 공권력을 행사한 공무원에게 고의 또는 중과실이 있는 경우에는 해당 공무원에게도 책임을 물을 수 있다. 간접적으로 공무원의 위법한 공권력 행사를 사전에 압박하여 예방하거나 진행 중에 있는 위법한 공권력 행사를 금지시키는 수단이 될 수 있는 것이다.

국가배상청구권은 헌법상 권리로 모든 국민에게 인정되는 것이기 때문에 수용자에게도 당연히 인정된다. 교도관의 불법행위로 인한 손해나 교도소 시설의 하자로 인한 손해는 국가배상책임이 인정될 수 있다.

공무원의 위법행위로 인한 국가배상 책임 (국가배상법 제2조)

국가나 지방자치단체는 공무원 또는 공무를 위탁받은 사인이 직무를 집행하면서 고의 또는 과실로 법령을 위반하여 타인에게 손해를 입혔을 때에는 그 손해를 배상해야 한다.

여기서 '공무원'이란 국가공무원법 등에 의한 공무원뿐만 아니라 널리 공무를 위탁받아 그에 종사하는 자를 모두 포함하며 교도관 역시 공무원에 속한다.

공무원의 행위가 직무행위에 속하는지 여부는 객관적으로 직무행위의 외관을 갖추고 있는지 여부에 따라 판단한다. 따라서 공무원 자신이 직무를 행할 의사를 가지지 않고 한 행위이더라도 외부적·객관적으로 보아 직무행위로 보인다면 이에 해당한다.

국가배상 책임이 인정되려면 '고의 또는 과실'이 있어야 한다. 따라서 공무원 자신의 행위 및 그에 따른 결과 발생에 대하여 알고 있거나 알 수 있었어야 한다. 또한, 국가배상 책임이 인정되려면 공무원의 직무행위가 법규를 위반해야 하는 것이 원칙이다. 다만 예외적으로 국민의 생명·신체·재산 등을 보호하는 것을 목적으로 하는 국가가 초법규적·일차적으로 개입하지 않으면 국민의 생명·신체·재산 등을 보호할 수 없는 경우 등에는 국가에게 해당 법규가 부존재하더라도 일정한 의무가 주어지는 경우가 있고 그럼에도 이를 위반하면 위법한 경우가 있다.

국가배상 책임이 인정되려면 손해가 발생해야 하며, 공무원의 직무행위와 그 손해 사이에 인과 관계가 있어야 한다. 직무행위의 상대방에게 재산적 또는 정신적으로 손해가 발생하여야 하고 그러한 손해는 공무원의 위법한 직무행위에 따른 것이어야 한다. 재산적 손해에는 적극적 손해(치료비 등)는 물론 그로 인하여 앞으로 얻지 못하게 될 소극적 손해(다치지 않았다면 일할 수 있었을 기간과 소득을 산정)도 포함된다.

공공시설 등의 하자로 인한 책임 (국가배상법 제5조)

도로·하천, 그 밖의 공공의 영조물(營造物) 설치나 관리에 하자가 있어 타인에게 손해가 발생했을 때 국가나 지방자치단체는 그 손해를 배상해야 한다.

여기서 '공공의 영조물'이란 행정주체가 공공목적 달성을 위하여 제공한 물건을 의미한다. '설치 또는 관리의 하자'라 함은 영조물이 그 용도에 따라 갖추어야 할 안전성을 갖추지 못한 상태에 있음을 말하는 것이다. 안전성 구비 여부는 설치·관리자가 그 위험성에 비례하여 사회 통념상 일반적으로 요구되는 정도의 방호 조치 의무를 다하였는지를 기준으로 판단한다. 손해 발생 및 인과관계가 요구되는 점은 앞서 살펴본 '공무원의 위법행위로 인한 국가배상 책임'과 동일하다.

배상심의회에 대한 배상신청

배상금을 지급받으려는 자는 그 주소지·소재지 또는 배상원인 발생지를 관할하는 지구심의회에 배상신청을 해야 한다.[+] 지구심의회는 고등검찰청 소재지에는 고등검찰청에, 그 외의 지역에는 지방검찰청에 둔다.

배상심의회의 경우 같은 행정부에 속해 있어 승소 가능성이 낮다고 생각할 수도 있다. 하지만 명백히 불법행위임을 증명할 수 있는 경우에는 시간이 오래 걸리고 비용도 많이 드는 소송을 제기하기보다는 배상심의회에 배상신청을 하는 것도 하나의 방법이 될 수 있다.

과거에는 소송을 제기하기 전에 배상심의회에 대한 배상신청을 필수적으로 거쳐야 했다. 하지만 법이 개정되어 배상신청 없이도 바로 법원에 소송을 제기할 수 있게 되었다.

국가배상청구 소송

소송을 제기하기 위해서는 우선 관할 법원에 소장을 작성하여 제출해야 한다. 이때 원고는 피해자 자신이 되며 소송의 상대방인 피고는 국가배상청구의 경우 '대한민국', 공무원 개인에게 손해배상을 청구하는 경우 해당 공무원이 된다.

소장은 국가배상 책임을 발생하게 한 행위가 있었던 곳을 관할하는 법원에 제출하면 된다. 교도소·구치소 안에서의 불법행위에 대해서 손해배상을 청구하는 경우에는 해당 교도소·구치소 주소지를 관할하는 법원에 소장을 제출하면 된다.

한편, 송달료와 인지액[++]을 납부하지 않으면 소송 절차가 진행되지 않는다. 이 경우 법원은 일정 기간을 정

+ 이 책 741쪽의 '국가배상법 시행규칙 [별지 제8호서식] 배상신청서' 참조
++ 인지액은 '민사소송 등 인지법' 제2조에 따른다. 1. 소송목적의 값이 1천만원 미만인 경우에는 그 값에 1만분의 50을 곱한 금액 2. 소송목적의 값이 1천만원 이상 1억원 미만인 경우에는 그 값에 1만분의 45를 곱한 금액에 5천원을 더한 금액 3. 소송목적의 값이 1억원 이상 10억원 미만인 경우에는 그 값에 1만분의 40을 곱한 금액에 5만5천원을 더한 금액 4. 소송목적의 값이 10억원 이상인 경우에는 그 값에 1만분의 35를 곱한 금액에 55만5천원을 더한 금액. 계산한 인지액이 1천원 미만이면 그 인지액은 1천원으로 하고, 1천원 이상이면 100원 미만은 계산하지 아니한다. 항소의 인지액은 1.5배, 상고의 인지액은 2배이다.

하여 납부하도록 보정명령을 하는데, 그 기간 내에 인지를 납부하지 않으면 소장을 각하할 수 있다.

소송 과정에서는 앞서 살펴봤던 요건을 주장하고 증명해야 한다. 즉 공무원의 위법한 직무행위가 있었다는 것 그리고 그로 인하여 자신에게 손해가 발생했다는 것을 주장하고 증명해야 한다. 여기서 증명은 증인이나 서류, 사진 등으로 할 수 있는데, 일반인의 상식으로 보았을 때 의심의 여지가 없을 정도의 증명이 필요하다. 따라서 관련 불법행위가 있었음을 증명할 수 있는 자료와 주변인들의 진술서 등을 증거자료로 제출해야 한다.

소멸시효

형사소송의 공소시효와 비슷하게 민사소송에도 시효가 있다. 일정 기간 행사하지 않으면 청구권이 소멸되는데 이를 '소멸시효'라 한다. 국가배상청구 소송은 손해 및 가해자를 안 날로부터 3년 이내, 불법행위가 있은 날로부터 5년 이내에 제기해야 한다.

소송구조

소송구조란 소송비용을 지출할 자금능력이 부족한 사람에 대하여 법원이 신청 또는 직권으로 재판에 필요한 일정한 비용(인지대, 변호사 보수, 송달료, 증인여비, 감정료 기타 재판비용)의 납입을 유예 또는 면제시킴으로써 그 비용을 내지 않고 재판을 받을 수 있도록 하는 제도이다. 소송구조는 민사소송, 행정소송, 가사소송의 본안사건은 물론이고, 독촉사건, 가압류·가처분신청사건도 그 대상이 된다. 따라서 민사소송의 한 종류인 국가배상청구 소송도 소송구조의 대상이 된다. 소송구조의 요건은 (1) 소송비용을 지출할 자금 능력의 부족과 (2) 승소 가능성이다. 소송구조 신청인이 △「국민기초생활 보장법」에 따른 수급자 및 차상위계층 △「한부모가족지원법」에 따른 지원대상자 △「기초연금법」에 따른 기초연금 수급자 △「장애인연금법」에 따른 수급자 △「북한이탈주민의 보호 및 정착지원에 관한 법률」에 따른 보호대상자인 경우에는 자금 능력이 부족한 것으로 보고 다른 요건의 심사만으로 소송구조 여부를 결정할 수 있다. 승소가능성은 신청인이 그 소송에서 패소할 것이 분명하지 아니할 경우 인정된다. 패소할 것이 분명한 경우 법원은 소송구조 신청을 받아들이지 않는다.[+]

소송비용

소송에서 승소하면 손해를 배상받고 불법행위를 예방하는 효과가 있지만, 패소할 경우 상대방의 인지액, 변호사 비용 등 소송비용을 패소자가 부담해야 하므로 소를 제기하기 전에 신중하게 판단해야 한다.

출정비용

법무부는 수용자가 민사·행정·가사 소송의 출석과 소송기록 열람·복사의 사유로 해당 교정시설 관할지역 외의 법원 등에 출정하는 경우에는 출정비용을 납부하도록 하고 있다. 출정비용은 출정에 소요되는 차량운행비(연료비와 통행료)를 말한다. 이는 수용자가 교도소·구치소를 상대로 소송을 제기하기 어렵게 만들고 있다.[++] 수용자가 출정비용을 납부하지 않고 출정을 희망하는 경우에는 일단 출정할 수 있지만 이후 보관금(영치금)에서 출정비용이 상계된다.

[+] 이 책 743쪽의 '소송구조 신청서'와 '소송구조 재산관계진술서' 참조
[++] 자세한 내용은 이 책 487쪽의 '수용관리 및 계호업무 등에 관한 지침' 참고

소장 작성례

소장에는 △당사자 △청구취지 △청구원인 △입증방법 △첨부서류 등을 기재해야 한다. 아래는 대한민국을 피고로 한 국가배상청구 소장의 작성례이다.

〈작성례〉 국가배상청구 소장

소 장

원 고   홍길순
　　　　경기도 의왕시 안양판교로 143 (포일동)
　　　　서울구치소 수용자 (수용번호 0000번)

피 고   대한민국
　　　　경기도 과천시 관문로 47 (중앙동, 정부과천청사) 1동
　　　　법률상 대표자 법무부장관 000

청 구 취 지

1. 피고는 원고에게 0,000,000원 및 이에 대하여 2023. 5. 1.부터 이 사건 소장 부본 송달일까지는 연 5%, 그 다음날부터 다 갚는 날까지는 연 12%의 각 비율로 계산한 돈을 지급하라.
2. 소송비용은 피고가 부담한다.
3. 제1항은 가집행할 수 있다.

라는 판결을 구합니다.

청 구 원 인

1. 청구의 개요

원고는 서울구치소 수용 중 수용밀도가 높은 과밀수용으로 인하여 수인한도를 넘어 인간으로서의 존엄과 가치를 침해받았습니다. 피고(소관 법무부장관)는 '형의 집행 및 수용자의 처우에 관한 법률'(이하 '형집행법'이라고 함)에 따라 수용자의 처우와 권리 및 교정시설의 운영에 관한 책임이 있는 당사자입니다.

2. 과밀수용의 문제점

헌법재판소(헌법재판소 2016. 12. 29. 선고 2013헌마142 결정)와 대법원(대법원 2022. 7. 14. 선고 2017다266771 판결)은 "국가가 형벌권을 행사하여 수용자를 교정시설에 수용하는 과정에서 수용자의 기본권을 일정한 범위에서 제한할 수밖에 없다고 하더라도, 국가는 수용자가 인간으로서 가지는 존엄과 가치를 침해하여서는 아니 된다"고 하고 있는바, 교정시설 내 과밀수용으로 인하여 발생하는 문제점은 다음과 같습니다.

가. 수용환경의 악화

과밀수용으로 인한 공간 부족은 수용자의 사회복귀를 위한 일련의 재사회화프로그램을 실현할 공간의

축소를 가져올 수밖에 없습니다. 뿐만 아니라 교정시설이 적정 수용인원을 넘어서 과밀한 상태가 되면 수용자들의 처우불만이 제대로 해소되지 못하고, 협소한 활동 공간에 빈번하게 교체되어 들어오는 동료 수용자들 사이에 심리적 갈등 및 물리적 충돌을 빚으면서 상호 간의 폭력사건 등이 자주 발생하게 됩니다.

나. 재사회화의 어려움

교정의 궁극적인 목적은 범죄자로 하여금 법을 준수하게 하고 일반시민으로 사회에 복귀하게 하는 재사회화(재사회화)에 있습니다. 이때 재사회화는 수형자가 출소 후에 범행하지 않고 정상적인 사회생활을 영위할 수 있도록 한다는 적극적 의미를 담고 있는 것으로서, 형집행법도 그 제정 목적을 수형자의 교정교화와 건전한 사회복귀 도모에 있음을 밝히는 한편(제1조), 수형자 처우의 원칙으로 교육·교화프로그램, 작업, 직업훈련 등을 통하여 수형자의 교정교화를 도모하며, 수형자가 사회생활에 적응하는 능력을 함양하도록 처우하여야 한다는 점을 규정함으로써(제55조), 교정의 최종 목적이 수형자의 재사회화에 있음을 확인하고 있습니다.

위와 같은 재사회화의 목적을 달성하기 위해서는 교정시설이 그에 알맞은 적절한 환경과 조건을 갖출 것이 요구됩니다. 그런데 적정한 수를 초과하는 수용인원이 교정시설에 수용되는 경우, 교정교화를 위한 적절한 환경과 조건을 갖추지 못하게 되어 교정시설의 질서유지에 부정적 영향을 주고 교정역량을 저하시켜, 결국 교정의 최종 목적인 수형자의 재사회화를 저해하게 됩니다.

다. 분류수용 및 개별처우의 어려움

형집행법 제55조는 "수형자에 대하여는 교육·교화프로그램, 작업, 직업훈련 등을 통하여 교정교화를 도모하고 사회생활에 적응하는 능력을 함양하도록 처우하여야 한다."라고 규정하고, 제59조 제1항 본문은 "소장은 수형자에 대한 개별처우계획을 합리적으로 수립하고 조정하기 위하여 수형자의 인성, 행동특성 및 자질 등을 과학적으로 조사·측정·평가하여야 한다."라고 규정하고 있습니다. 그런데 과밀수용은 수형자에 대한 처우와 상담, 그리고 행정적으로 지원해야 할 인력 부족을 야기한다는 점에서 수형자 분류를 형식적으로 실시하도록 만들고, 결국 적극적인 재사회화 노력보다는 소극적인 구금 위주의 행형이 될 가능성이 높아지게 됩니다.

3. 원고가 수용된 교정시설의 과밀수용 현황

가. 원고의 교정시설 수용

원고는 절도 혐의로 체포되어 2023. 5. 1. 서울구치소에 수용되었습니다(갑제1호증. 수용증명서). 원고는 2023. 5. 1.부터 2023. 12. 31.까지 수용밀도가 높은 과밀수용으로 인하여 수인한도를 넘어 인간으로서의 존엄과 가치를 침해받았습니다.

나. 원고가 수용되었던 수용거실의 1인당 면적

원고는 위 수용기간 동안 서울구치소 1상1호실에 수용되었는데, 수용거실의 면적은 8.0㎡였고, 5명이 함께 수용되었으므로, 수용자 1인당 점유 면적은 1.6㎡였습니다.

다. 과밀수용으로 인해 원고가 받은 고통

(※과밀수용으로 인해 받은 고통을 구체적이고 상세하게 기재)

1) 좁은 면적에 많은 수용자로 인한 취침 공간 부족

2) 운동과 목욕의 불편함

3) 환기와 냉난방 문제

4. 과밀수용으로 인한 손해배상책임의 발생

가. 과밀수용으로 인한 기본권 침해의 법리

인간의 존엄과 가치는 모든 인간을 그 자체로서 목적으로 존중하고, 인간을 다른 목적을 위한 단순한 수단으로 취급하는 것을 허용하지 아니하는바, 이는 특히 국가의 형벌권 행사에 있어 매우 중요한 의미를 갖습니다. 국가의 형벌권 행사는 공동체의 질서를 유지함으로써 인간의 존엄과 가치를 보호하기 위한 것이기도 하지만, 동시에 그 대상이 되는 피의자·피고인·수용자의 인간의 존엄과 가치에 대한 위협이 될 수도 있기 때문입니다.

인간의 존엄과 가치는 국가가 형벌권을 행사함에 있어서 피의자·피고인·수용자를 다른 모든 사람과 마찬가지로 존엄과 가치를 가지는 인간으로 대우할 것을 요구합니다. 그러므로 인간의 존엄과 가치는 국가가 형벌권을 행사함에 있어 사람을 국가행위의 단순한 객체로 취급하거나 비인간적이고 잔혹한 형벌을 부과하는 것을 금지하고, 행형에 있어서는 인간 생존의 기본조건이 박탈된 시설에 사람을 수용하는 것을 허용하지 않습니다. 특히 수형자의 경우 형벌의 집행을 위하여 교정시설에 격리된 채 강제적인 공동생활을 하게 되는바, 그 과정에서 구금의 목적 달성을 위하여 필요 최소한의 범위 내에서는 기본권에 대한 제한이 불가피하다 하더라도, 국가는 인간의 존엄과 가치에서 비롯되는 위와 같은 국가형벌권 행사의 한계를 준수하여야 하고, 어떠한 경우에도 수형자가 인간으로서 가지는 존엄과 가치를 훼손할 수 없는 것입니다(헌법재판소 2016. 12. 29. 선고 2013헌마142 결정 참조).

나. 과밀수용으로 인한 기본권 침해의 판단기준

1) 1인당 수용거실 면적과 국가 형벌권 행사의 한계

수용자가 인간 생존의 기본조건이 박탈된 교정시설에 수용되어 기본권을 침해당하였는지 여부를 판단함에 있어서는 1인당 수용거실의 면적뿐만 아니라 수용거실 현황 등 수용시설 전반의 운영 실태와 수용자들의 생활여건, 수용기간, 접견 및 운동 기타 편의제공 여부, 수용에 소요되는 비용, 국가 예산의 문제 등 여러 사정을 종합적으로 고려하여 판단하여야 합니다.

그런데 수용자는 교정시설 중 대부분의 시간을 수용거실에서 취침, 용변 등 기본적인 일상생활을 영위하게 되므로, 인간다운 생활을 할 수 있는 최소한의 수용거실 공간을 확보하는 것은 교정의 최종 목적인 재사회화를 달성하기 위한 기본조건이 됩니다.

따라서 작업장, 식당 등 다른 수용시설 기준이 충족되고 운동시간 확보, 접견교통 허용 등 다른 기준을 아무리 충족되었다고 하더라도, 1인당 수용거실 면적이 인간으로서의 기본 욕구에 따른 생활조차 어렵게 할 만큼 지나치게 협소하다면, 그 자체만으로도 이미 국가형벌권 행사의 한계를 넘어 헌법에 보장된 인간의 존엄과 가치를 침해하는 것으로 보아야 합니다(대법원 2022. 7. 14. 선고 2017다266771 판결, 부산고등법원 2017. 8. 31. 선고 2014나50975 판결 참조).

1인당 수용거실 면적이 일정한 최저 기준에 미달하여 거기에 수용된 수용자에게 사회통념상 참을 수 없는 피해를 입히는 경우, 즉 수인한도를 초과하는 경우에 해당하는지에 관하여는, 수용자의 신체조건, 생활습관, 수용거실의 구조, 교정시설 및 수용거실 증설에 필요한 예산 등 여러 가지 요소·등을 종합적으로 고려하여 구체적인 사정에 따라 개별적으로 결정하여야 할 것입니다.

대법원은 수용자 1인당 도면상 면적이 2㎡ 미만인 거실에 수용되었는지를 위법성 판단의 기준으로 삼아 국가배상책임을 인정한 원심을 수긍한 바 있습니다(대법원 2022. 7. 14. 선고 2017다266771 판결).

2) 이 사건의 경우

원고는 1인당 수용거실 면적이 2㎡에도 미치지 못하는 거실에 상당 기간 수용된 사실이 인정되므로 그 해당 기간 동안의 수용행위는 수인한도를 초과하여 위법한 것으로 보아야 할 것입니다.

다. 국가배상책임에 있어서 공무원의 가해행위

1) 공무원의 법령위반

국가배상책임에서 공무원의 가해행위는 법령을 위반한 것이어야 하는데, 여기서 법령을 위반하였다 함은 엄격한 의미의 법령 위반뿐 아니라 인권존중, 권력남용금지, 신의성실과 같이 공무원으로서 마땅히 지켜야 할 준칙이나 규범을 지키지 않고 위반한 경우를 포함하여 널리 그 행위가 객관적인 정당성을 결여하고 있음을 뜻합니다(대법원 2020. 4. 29. 선고 2015다224797 판결 등 참조). 따라서 교정시설 수용행위로 인하여 수용자의 인간으로서의 존엄과 가치가 침해되었다면 그 수용행위는 공무원의 법령을 위반한 가해행위가 될 수 있습니다(대법원 2018. 10. 25. 선고 2013다44720 판결 참조).

피고는 객관적인 정당성 없이 적정한 수용수준을 넘어 좁은 공간에 수용자들을 과밀수용함으로써 원고의 기본적인 인권을 침해하였으므로 이는 국가배상책임이 인정되는 법령 위반 행위로 인정될 수 있습니다.

2) 이 사건의 경우

대한민국 헌법 제10조는 "모든 국민은 인간으로서의 존엄과 가치를 가지며, 행복을 추구할 권리를 가진다. 국가는 개인이 가지는 불가침의 기본적 인권을 확인하고 이를 보장할 의무를 진다"라고 선언하고 있습니다.

피고가 원고를 인간의 존엄과 가치를 누릴 수 없는 협소한 수용거실에 수용한 행위는 대한민국 헌법이 보장하는 인간의 존엄과 가치를 침해하는 공권력의 행사로서 객관적으로 그 정당성을 인정하기 어려운 행위에 해당하므로, 피고는 이로 인하여 원고가 입은 정신적 손해를 배상할 의무가 있습니다.

5. 손해배상책임의 범위

원고가 이 사건 교정시설에 수용된 경위, 수용기간, 수용거실의 크기와 환경, 원고들이 수용기간 내내 과밀수용으로 인하여 제대로 된 수면을 취하지 못하는 등 인간으로서 누려야 할 최소한의 존엄성조차 보장되지 않는 협소한 수용거실에 수용된 점 등을 종합하여 볼 때, 피고는 이 사건 과밀수용행위로 인하여 원고가 입은 손해에 대하여 위자료 등 손해배상금 및 이에 대한 지연손해금을 지급함이 상당하다고 할 것입니다.

6. 결론

이상과 같은 사유로 원고는 피고의 과밀수용으로 인하여 입은 손해의 배상을 구하기 위하여 이 사건 제소에 이르게 된 것입니다.

입증방법

1. 갑제1호증   수용증명서

2024. 1. 1.

원고 홍길순

○○지방법원 귀중

원고 승소 사례

아래는 국가배상청구 소송에서 원고가 승소한 판례이다.

〈판례〉 손해배상(기) (대법원 1994. 10. 11. 선고 94다22569 판결)

[판시사항]

교도소 내에서 수감자 상호간의 폭행치사사고에 대하여 교도관의 감시 소홀로 인한 국가의 손해배상책임을 인정한 사례

[판결요지]

국가 소속 공무원으로서 행형업무를 담당하는 교도관으로서는 미결수들을 수용함에 있어서는 그 죄질을 감안하여 구별 수용하여야 하고, 수용시설의 사정에 의하여 부득이 죄질의 구분 없이 혼거수용하는 경우에는 그에 따라 발생할 수 있는 미결수들 사이의 폭력에 의한 사적 제재 등 제반 사고를 예상하여 감시와 시찰을 더욱 철저히 하여야 할 주의의무가 있음에도 불구하고, 소년 미결수들을 수용함에 있어 그 죄질이 현저히 다른 강도상해범과 과실범을 같은 방에 수용하고도 철저한 감시의무를 다하지 못함으로써 수감자 상호간의 폭행치사사고가 일어나도록 한 과실이 인정된다고 하여 국가에게 배상책임을 인정한 사례.

〈판례〉 손해배상(기) (대법원 2022. 7. 14. 선고 2017다266771 판결)

[1] 모든 국민은 인간으로서의 존엄과 가치를 가지며, 국가는 개인이 가지는 불가침의 기본적 인권을 보장할 의무를 진다(헌법 제10조). 국가가 형벌권을 행사하여 수용자를 교정시설에 수용하는 과정에서 수용자의 기본권을 일정한 범위에서 제한할 수밖에 없다고 하더라도, 국가는 수용자가 인간으로서 가지는 존엄과 가치를 침해하여서는 아니 된다. 형의 집행 및 수용자의 처우에 관한 법률(이하 '형집행법'이라고 한다)에 의하면 수용자의 인권은 최대한 존중되어야 하고(제4조), 교정시설의 거실·작업장·접견실이나 그 밖의 수용생활을 위한 설비는 그 목적과 기능에 맞도록 설치되어야 하며, 특히 거실은 수용자가 건강하게 생활할 수 있도록 적정한 수준의 공간과 채광·통풍·난방을 위한 시설이 갖추어져야 한다(제6조 제2항). 따라서 국가가 인간의 생존에 필요한 필수적이면서 기본적인 시설이 갖추어지지 않은 교정시설에 수용자를 수용하는 행위는 수용자의 인간으로서의 존엄과 가치를 침해하는 것으로서 위법한 행위가 될 수 있다(비록 형집행법이 2007. 12. 21. 법률 제8728호로 전부 개정되어 2008. 12. 22. 시행되기 이전 구 행형법에서는 교정시설의 설비 수준에 관한 형집행법 제6조 제2항과 같은 규정을 두지 않았고, 단지 제1조의3에서 '수용자의 기본적 인권은 최대한 존중되어야 한다.'는 취지의 규정만 두고 있었더라도, 수용자의 인간으로서의 존엄과 가치는 헌법상 보호되는 것인 점을 고려하면, 위와 같은 내용은 구 행형법이 시행되던 시기에도 마찬가지라고 보아야 한다).

교정시설 수용행위로 인하여 수용자의 인간으로서의 존엄과 가치가 침해되었는지는 수용 거실의 수용자 1인당 수용면적, 수용자에게 제공되는 의류, 침구, 음식, 식수 및 기타 영양 상태, 채광·통풍·냉난방 시설 및 기타 위생시설의 상태, 수용자가 거실 밖에서 자유로이 운동하거나 활동할 수 있는 시간과 장소의 제공 정도, 교정시설의 의료 수준 등 수용자의 수용 환경에 관한 모든 사정을 종합적으로 고려하여 판단하여야 한다. 그런데 수용자가 하나의 거실에 다른 수용자들과 함께 수용되어 거실 중 화장실을 제외한 부분의 1인당 수용면적이 인간으로서의 기본적인 욕구에 따른 일상생활조차 어렵게 할 만큼 협소하다면, 그러한 과밀수용 상태가 예상할 수 없었던 일시적인 수용률의 폭증에 따라 교정기관이 부득이 거실 내 수용 인원수를 조정하기 위하여 합리적이고 필요한 정도로 단기간 내에 이루어졌다는 등의 특별한 사정이 없는 한, 그 자체로 수용자의 인간으로서의 존엄과 가치를 침해한다고 봄이 타당하다.

[2] 국가배상책임에서 공무원의 가해행위는 법령을 위반한 것이어야 하는데, 여기서 법령을 위반하였다 함은 엄격한 의미의 법령 위반뿐 아니라 인권존중, 권력남용금지, 신의성실과 같이 공무원으로서 마땅히 지켜야 할 준칙이나 규범을 지키지 않고 위반한 경우를 포함하여 널리 그 행위가 객관적인 정당성을 결여하고 있음을 뜻한다. 따라서 교정시설 수용행위로 인하여 수용자의 인간으로서의 존엄과 가치가 침해되었다면 그 수용행위는 공무원의 법령을 위반한 가해행위가 될 수 있다.

[3] 구치소 등 교정시설에 수용된 후 출소한 갑 등이 혼거실 등에 과밀수용되어 정신적, 육체적 고통을 겪었다고 주장하며 국가를 상대로 위자료 지급을 구한 사안에서, 수면은 인간의 생명 유지를 위한 필수적 행위 중 하나인 점, 관계 법령상 수용자에게 제공되는 일반 매트리스의 면적은 약 1.4㎡인데, 이는 수용자 1인당 수면에 필요한 최소한의 면적으로 볼 수 있는 점, 교정시설에 설치된 거실의 도면상 면적은 벽, 기둥의 중심선으로 둘러싸인 수평투영면적을 의미하는데, 벽, 기둥 외의 실제 내부 면적 중 사물함이나 싱크대 등이 설치된 공간을 제외하고 수용자가 실제 사용할 수 있는 면적은 그보다 좁을 수밖에 없는 점 등을 고려하면, 수용자 1인당 도면상 면적이 2㎡ 미만인 거실에 수용되었는지를 위법성 판단의 기준으로 삼아 갑 등에 대한 국가배상책임을 인정한 원심판단을 수긍한 사례.

배 상 신 청 서

접수번호	접수일자		처리기간	
신 청 인	성 명 : (인)		생년월일 :	
	주 소 :		(전화번호 :)	
	직 업 :		피해자와의 관계 :	
	다음 에게 국가배상신청에 관한 일체의 권한을 위임함 위임인 성 명 : (인) 대리인 성 명 : (인) 생년월일 : 주 소 : (전화번호 :)			
피 해 자	성 명 :		생년월일 :	
	주 소 :			
	직 업 :		기왕의 신체상해 :	
사 고 개 요 (상세한 것은 별지에 적음)	발생일시 :			
	발생장소 :			
	가해자 소속 :		성 명 :	
	사고내용 :			
신 청 액	요 양 비	원	장 례 비	원
	휴업배상	원	위 자 료	원
	장해배상	원	재산손해	원
	유족배상	원	기 타	원
	합 계			원

위 사 고 와 관련하여 이미 지급 받은 금액	내 역	금 액	지급일자	지급자

사 전 지 급 신 청 액	내 역	금 액	사 유	

「국가배상법」 제12조에 따라 위와 같이 배상신청을 합니다.

　　　　　　　　　　　　　　　　　　　　　　　　　년　　　　월　　　　일

○○지구배상심의회 위원장 귀하

첨부서류	뒷면참조	수수료 없 음

국제인권규범

법령

훈령·예규

치료감호

권리구제

부록

첨부서류		
배상종류	신청인(대표자) 제출서류	담당공무원 확인사항 (부동의하는 경우 해당서류 제출)
요양비	1. 요양비의 내용을 기입한 의사의 증명서 2. 요양 및 이를 치료할 비용의 청구서 및 영수증 등	주민등록등(초)본
휴업배상	월수입액을 증명하는 관계증명서(시장·군수·구청장과 피해자 근무처의 장의 월수입액 증명서)	1. 주민등록등(초)본 2. 소득금액증명
장해배상	신체장해의 종류를 기입한 의사의 증명서	1. 주민등록등(초)본 2. 소득금액증명
유족배상 및 장례비	1. 사망진단서 2. 가족관계증명서	1. 주민등록등(초)본 2. 소득금액증명
부동산 및 동산 손해배상	수리견적서 또는 수리인 영수증과 그 내역서	1. 주민등록등(초)본 2. 자동차등록원부등본
기타 배상	손해의 내용을 명백히 하는 서류	없음

행정정보 공동이용 동의서
본인은 이 건 업무처리와 관련하여 「전자정부법」 제36조제1항에 따른 행정정보의 공동이용을 통하여 담당공무원이 위의 담당공무원 확인사항을 확인하는 것에 동의합니다. 신청인(대표자)   (서명 또는 인)

신청서 제출시 참고사항
1. 신청서는 신청인의 주소지·소재지 또는 배상원인 발생지를 관할하는 지구배상심의회에 제출하여야 합니다. 2. 신청인이 피해자가 아닌 때에는 신청할 권리가 있음을 증명하는 서류를 첨부하여야 합니다. 3. 대리인에 의하여 신청을 하는 때에는 대리인에게 배상신청을 위임하여야 합니다. 4. 신청시 기재란의 지면이 부족한 경우에는 별지를 사용할 수 있습니다. 5. 신청서에는 신청인(대표자) 제출서류와 배상심의회에서 요청이 있는 때에는 추가로 해당서류를 제출하여 주시기 바랍니다. 6. 위의 서류 외에도 손해의 내용을 입증할 수 있는 서류·도면·사진 등을 첨부할 수 있습니다.

처리절차

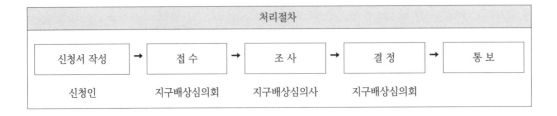

소송구조 신청서

인지
1,000원

구조대상사건:

신청인(원고, 피고)

       주소:

       연락 가능한 전화번호:

       팩스번호:

상대방(원고, 피고)

       주소:

  신청인은 위 사건에 관하여 아래와 같은 사유로 소송구조를 신청합니다.

1. 구조를 신청하는 범위

  □ 인지대 [□ 소장 □ 상소장 □ 기타(   )]

  □ 변호사 비용

  □ 기타 (   )

  □ 위 각 사항 등을 포함한 소송비용 전부

2. 구조가 필요한 사유 및 첨부서면

  가. 사건 내용: 별첨 기재와 같음(소장 사본의 첨부로 갈음 가능).

  나. 신청인의 자금능력

□ 「국민기초생활보장법」에 따른 수급자: 수급자 증명서
□ 「국민기초생활보장법」에 따른 차상위계층: 차상위계층 확인서
□ 「한부모가족지원법」에 따른 지원대상자: 한부모가족증명서
□ 「기초연금법」에 따른 수급자: 수급자 증명서 또는 기초연금 지급내역이 나오는 거래은행통장 사본
□ 「장애인연금법」에 따른 수급자: 수급자 증명서 또는 장애인연금 지급내역이 나오는 거래은행통장 사본
□ 「북한이탈주민의 보호 및 정착지원에 관한 법률」에 따른 보호대상자: 북한이탈주민등록확인서
※ 위 수급자 등 대상자는 해당 증명서면 외에 재산관계진술서 등 자금능력 부족을 소명하는 자료를 별도로 제출할 필요가 없음

□ 위 대상자에 해당하지 않는 경우: 재산관계진술서 및 그 밖의 자료를 첨부하여 자금능력 부족을 소명해야 함

  신청인은 소송진행 중이나 완결 후에 신청인의 직업이나 재산에 중대한 변동이 생겼을 때, 소송의 결과 상대방으로부터 이행을 받게 되었을 때에는 법원에 즉시 그 내용을 신고하겠습니다.

20 . . .

신청인   (서명 또는 날인)

법원 귀중

소송구조 재산관계진술서

<table>
<tr><td rowspan="2">신청인</td><td>성명</td><td></td><td colspan="2">주민등록번호</td><td></td></tr>
<tr><td>직업</td><td></td><td colspan="2">주소</td><td></td></tr>
<tr><td rowspan="5">가족관계</td><td>성명</td><td>신청인과
관계</td><td>나이</td><td>직업</td><td>월수입</td><td>동거 여부</td></tr>
<tr><td></td><td></td><td></td><td></td><td></td><td></td></tr>
<tr><td></td><td></td><td></td><td></td><td></td><td></td></tr>
<tr><td></td><td></td><td></td><td></td><td></td><td></td></tr>
<tr><td></td><td></td><td></td><td></td><td></td><td></td></tr>
<tr><td rowspan="2">신청인의
월수입</td><td>금액</td><td colspan="5"></td></tr>
<tr><td>내역</td><td colspan="5"></td></tr>
<tr><td rowspan="2">신청인의
주 거</td><td>형태</td><td colspan="5">아파트, 단독주택, 다가구주택, 연립주택, 다세대주택
기타(   )</td></tr>
<tr><td>소유관계</td><td colspan="5">신청인 또는 가족 소유 (소유자:)
임대차(전세, 월세: 보증금   원, 월세   원)
기타(   )</td></tr>
<tr><td rowspan="5">신청인과 가족들이
보유한
재산 내역</td><td>부동산</td><td colspan="5"></td></tr>
<tr><td>예금</td><td colspan="5"></td></tr>
<tr><td>자동차</td><td colspan="5"></td></tr>
<tr><td>연금</td><td colspan="5"></td></tr>
<tr><td>기타</td><td colspan="5"></td></tr>
</table>

신청인은 이상의 기재 사항이 모두 사실과 다름이 없음을 확약하며 만일 다른 사실이 밝혀질 때에는 구조결정이 취소되더라도 이의가 없습니다.

20   .   .   .

신청인   (서명 또는 날인)

법원 귀중

※ 작성할 때 유의 사항
1. 가족관계: 배우자, 부모, 동거 중인 형제자매
2. 재산 내역
  ① 부동산: 등기 여부에 관계없이 권리의 종류, 부동산의 소재지, 지목, 면적(㎡), 실거래가액을 기재
    (예시) 임차권, 서울 서초구 서초대로○○ ○○아파트 ○동 ○호 50㎡, 임대차보증금 ○○○만 원
  ② 예금: 50만 원 이상인 예금의 예금주, 예탁기관, 계좌번호, 예금의 종류를 기재
    (예시) 예금주 ○○○, △△은행 서초지점 계좌번호 00-00-00, 보통예금, ○○○만 원
  ③ 자동차: 차종, 제작 연도(연식), 배기량, 차량등록번호, 거래가액을 기재
    (예시) 캐피탈 20 년식, 1500㏄, 서울○○두1234, ○○○만 원
  ④ 연금: 액수 관계없이 연금의 종류, 정기적으로 받는 연금 액수, 기간을 기재
    (예시) 유족연금 매월 30만 원, 20○○. . .부터 20○○. . .까지
  ⑤ 기타: 소유하고 있는 건설기계, 선박 또는 50만 원 이상의 유가증권, 회원권, 귀금속 등을 기재

※ 첨부서면
 1. 가족관계를 알 수 있는 주민등록등본 또는 가족관계증명서, 재산 내역을 알 수 있는 등기사항전부증명서, 자동차 등록원부등본, 예금통장사본, 위탁잔고현황, 각종 회원증 사본
 2. 다음에 해당하는 서류가 있는 경우에는 이를 제출하시기 바랍니다.
    - 법률구조공단의 구조결정서 사본
    - 근로자 및 상업 종사자: 근로소득원천징수영수증 또는 보수지급명세서, 국민건강보험료부과내역서, 국민연금이력요약/가입증명서, 소득금액증명서
    - 공무원: 재직증명서 또는 공무원증 사본
    - 국가보훈대상자: 국가유공자임을 증명하는 서면
    - 소년·소녀가장: 가족관계증명서
    - 외국인: 여권사본 또는 외국인등록증사본
    - 법인: 대차대조표, 재산목록, 영업보고서, 손익계산서

행정소송

　행정쟁송이란 행정법 관계의 법적 분쟁을 당사자의 청구에 의하여 심리·판정하는 심판절차를 말한다. 행정쟁송에는 '행정심판'과 '행정소송'이 있다. 행정심판은 행정기관이 분쟁을 심판하는 절차로 행정심판법에 규정되어 있으며, 행정소송은 법원에 행정청의 처분의 시정을 구하는 절차로서 행정소송법이 그 절차를 규정하고 있다. 행정심판과 행정소송의 승소 요건은 비슷하다.

　행정쟁송은 행정청의 처분에 대하여 다툼으로써 처분을 취소하거나 무효확인 등을 하는 것으로써 대등한 개인들 사이의 다툼을 해결하는 것이 아니라 우월적 지위에 속해 있는 행정청의 처분에 대해 다투는 것이다. 수용자는 교도소나 구치소 측의 처분이 부당하다고 생각하면 그 처분을 취소해 달라는 행정심판이나 행정소송을 제기할 수 있다.

　행정심판은 소송에 비해 절차가 간소하고 비용 등의 부담이 덜하다. 그러나 행정심판은 행정청의 처분의 옳고 그름을 같은 행정기관이 판단하는 것이므로 법원이 그 당부를 판단하는 행정소송에 비해 실효성이 적다는 점을 감안해야 한다. 처분을 취소한다는 심판 또는 판결이 나오게 되면 해당 행정청은 그에 따라야 한다. 따라서 이를 통해 처분의 상대방은 권익을 보호받게 된다. 여기서는 행정소송, 그중에서도 가장 일반적인 취소 소송을 중심으로 살펴본다.

대상 적격

　어떤 행정처분이 취소 소송의 대상이 되려면 "행정청이 행하는 구체적 사실에 관한 법집행으로서의 공권력의 행사 또는 그 거부와 그 밖에 이에 준하는 행정작용 및 행정심판에 대한 재결"(행정소송법 제2조 제1항 제1호)이어야 한다.

　여기에 해당하려면 ① 행정청의 행위여야 하고 ② 구체적 사실에 관하여 한 법 집행 행위여야 하고 ③ 우월적 지위에서 행하는 공권력적 행위여야 하고 ④ 외부적 사실에 대한 법적 행위로서 상대방인 국민의 권리·의무에 직접 영향을 미치는 것이어야 한다.

　여기서 행정청이란 행정권의 의사를 결정하여 외부로 표시하는 자로서 교도소장 등이 행정청에 해당한다. 이러한 처분성이 인정되지 않으면 이에 대한 쟁송은 부적법하게 된다.

원고 적격

　취소 소송은 처분 등의 취소를 구할 법률상의 이익이 있는 자가 제기할 수 있다. 법률상의 이익이란 행정청의 행위가 취소됨으로써 법적으로 보호받을 수 있는 이익이 있는 경우에만 취소 소송이 인정된다는 말인

데, 예를 들어 교도소 이송 처분에 대해 그 처분의 당사자가 아닌 제3자는 일반적으로 법률상 이익이 부정되어 원고 적격이 인정되지 않는다.

소의 이익

취소 소송을 제기하기 위해서는 소의 이익이 있어야 한다. 따라서 쟁송 도중에 처분 등의 효력이 소멸하여 권리침해의 상태가 사라진 경우 등에는 원칙적으로 취소 소송이 부적법하게 된다. 다만 처분 등의 효력이 소멸된 뒤에도 회복되는 법률상의 이익이 있는 경우에는 소가 적법하게 된다. 즉 처분 등의 효력이 소멸되었더라도 당해 처분으로 법률상 보호받을 수 있는 이익이 침해되고 있는 경우에는 소의 이익이 있다.

기타 요건

취소 소송은 다른 법률에 특별한 규정이 없는 한 그 처분 등을 행한 행정청이 피고가 된다. 그리고 처분이 있음을 안 날부터 90일, 처분이 있은 날부터 1년 이내에 제기해야 한다. 위 청구기간 중 어느 하나의 기간이라도 경과하면 부적법한 소가 된다. 그리고 행정심판 청구를 한 경우에는 행정심판 재결서 정본을 송달받은 날로부터 90일, 재결서의 정본을 송달받지 못한 경우에는 재결이 있었던 날로부터 1년 내에 소를 제기해야한다. 반면 행정심판은 처분이 있음을 안 날로부터 90일, 처분이 있은 날로부터 180일 내에 제기해야 하므로 행정소송에 비해 그 기간이 짧다.

본안 요건

취소 소송은 당해 처분이 위법해야 취소 판결이 나오게 되는데, 처분의 적법성에 관해서는 특단의 사정이 없는 한, 피고 행정청이 당해 처분이 적법하다는 증명을 해야 한다. 이러한 위법을 판단하는 시점은 처분을 행한 시기를 기준으로 판단하며, 위법한지 여부는 해당 행위가 현행법을 위배하지는 않았는지 또는 그 처분이 수단으로써 비례성을 훼손하여 상대방의 권익을 심각하게 침해하지는 않는지 또는 평등의 원칙에 위배되지는 않는지 등으로 판단하게 된다.

소송구조

행정소송의 소송구조 제도는 민사소송의 그것과 같으므로 이 책 733쪽의 국가배상청구 소송구조의 설명과 서식을 참조하면 된다.

소장 형식

아래는 행정소송의 소장 형식이다. 사건에 따라 불복하는 행정처분의 내용이 달라지므로 그에 맞게 구성하면 된다.

〈작성례〉 서신검열대상자지정처분 취소 청구 소장

소 장

원 고   ○○○

　　　 ○○시 ○○구 ○○○로 ○○ (○○ 동) (우) ○○○○○

피 고   ○○ 교도소장

　　　 ○○도 ○○시 ○○○로 ○○ (○○ 동) (우) ○○○○○

서신검열대상자지정처분 취소 청구의 소

청 구 취 지

1. 피고가 원고에 대하여 2025. 1. 1.자로 한 서신검열대상자지정처분을 취소한다.
2. 소송비용은 피고의 부담으로 한다.
라는 판결을 구합니다.

청 구 원 인

1. 이 사건 처분의 내용

　원고는 2024. 6. 1.에 ○○법 위반죄로 ○년 ○월의 형을 선고 받고 같은 날부터 ○○도 ○○시에 있는 ○○교도소에 수감 중인 수용자입니다. 피고는 원고에 대하여 2025. 1. 1. 서신검열대상자로 지정되었다는 통보를 하였습니다.

2. 이 사건 처분의 위법부당성
(생략)

3. 결론

이상과 같이 피고가 원고에 대하여 행한 서신검열대상자 지정 처분은 위법합니다. 그러므로 피고의 원고에 대한 이 사건 처분을 취소하여 주시기 바랍니다.

입 증 방 법

　1. 갑 제1호증　　　○○○

첨 부 서 류

　1. 소장 부본　　　　1부
　2. 위 입증방법
　3. 납부서

　　　　　　　　　　　　　2025. 1. 15.
　　　　　　　　　　　위 원고 ○○○

○○○○ 지방법원 귀중

인용 사례

아래는 행정소송에서 원고의 주장이 인용된 사례이다.

〈판례〉 징벌처분취소 (대법원 2024. 10. 25. 선고 2024두45832 판결)

2. 상고이유에 관한 판단

가. 헌법 제12조 제2항은 "모든 국민은 고문을 받지 아니하며, 형사상 자기에게 불리한 진술을 강요당하지 아니한다."라고 규정하여 형사책임에 관하여 자기에게 불이익한 진술을 강요당하지 않을 것을 국민의 기본권으로 보장하고 있다. 이러한 진술거부권은 형사절차에서만 보장되는 것이 아니고 행정절차이거나 국회에서의 질문 등 어디에서나 그 진술이 자기에게 형사상 불리한 경우에는 묵비권을 가지고 이를 강요받지 아니할 국민의 기본권으로 보장된다. 따라서 현재 형사피의자나 피고인으로서 수사 및 공판절차에 계속 중인 사람뿐만 아니라 장차 형사피의자나 피고인이 될 가능성이 있는 사람에게도 그 진술내용이 자기의 형사책임에 관련되는 것일 때에는 그 진술을 강요받지 않을 자기부죄 거절의 권리가 보장된다(대법원 2015. 5. 28. 선고 2015도3136 판결, 헌법재판소 1990. 8. 27. 선고 89헌가118 결정 등 참조). 헌법상 진술거부권의 보호대상이 되는 '진술'이라 함은 언어적 표출, 즉 개인의 생각이나 지식, 경험사실을 정신작용의 일환인 언어를 통하여 표출하는 것을 의미한다. 여기서 '진술'이란 형사상 자신에게 불이익이 될 수 있는 것으로서 범죄의 성립과 양형에서의 불리한 사실 등을 말하는 것이고, 그 진술내용이 자기의 형사책임에 관련되는 것임을 전제로 한다(헌법재판소 1997. 3. 27. 선고 96헌가11 결정, 헌법재판소 2014. 9. 25. 선고 2013헌마11 결정 등 참조).

나. 원심판결 이유와 기록을 관련 법리에 비추어 살펴보면, 원고가 교도관의 이 사건 적발보고서에 대한 무인 요구를 거부한 것이 정당한 사유 없이 교도관의 직무상 지시나 명령을 따르지 않고 교도관의 직무를 방해한 행위에 해당한다고 보기 어렵다. 구체적인 이유는 다음과 같다.

1) '2019년도 기동순찰팀(CRPT) 세부운영 계획'에 따르면, 교도관은 형집행법 제105조 및 형집행법 시행규칙 제214조 등을 위반한 수용자가 자신의 잘못을 인정하는 경우에 적발 보고서를 발부할 수 있다. 적발 보고서에는 징벌대상이 되는 규율위반행위의 일시, 장소, 수용자 인적사항과 함께 행위의 구체적인 내용이 기재되어 있고, 수용자의 성명 부분 옆에는 '(서명 또는 손도장) 란을 두고 있다.

2) 수용자가 적발 보고서의 수용자 인적사항 란 성명 부분 옆에 서명 또는 무인하는 의미는 거기에 기재된 규율위반행위가 사실임을 스스로 인정한다는 것이다. 이러한 서명 또는 무인은 적발 보고서의 기재 내용과 일체가 되어 언어적 표출인 '진술'을 구성하므로 이는 헌법상 진술거부권의 보호대상에 포함된다.

3) 교도관이 원고에게 발부한 이 사건 적발 보고서에는 욕설, 소란행위 등 원고의 규율위반행위가 기재되어 있는데, 이러한 규율위반행위는 형집행법상 징벌사유에 해당할 뿐 아니라 형법상 모욕죄 등과 같은 형사책임에 관련될 가능성도 배제할 수 없다.

4) 이러한 사정에 비추어 보면, 원고는 교도관이 발부한 이 사건 적발 보고서에 기재된 규율위반행위를 형사상 불이익한 진술로서 부인하며 그 서류에 무인할 것을 요구하는 교도관의 지시를 거부할 헌법상 권리가 있다. 그럼에도 교도관이 원고에게 이 사건 적발 보고서에 무인할 것을 지시·명령하는 것은 헌법상 보장되는 자기부죄 거절의 권리를 침해하는 것이어서 부당하다.

다. 같은 취지에서 원심은 교도관이 수용자인 원고로 하여금 이 사건 적발 보고서에 무인을 하도록 지시하는 것은 자기부죄 금지원칙에 반하여 부당하므로 그 무인 지시가 적법함을 전제로 한 이 사건 제2, 3 처분사유는 인정되지 않는다고 판단하였다. 원심 판단에 상고이유 주장과 같이 헌법상 진술거부권에서 진술의 의미, 적발 보고서에 대한 무인 요구행위의 진술거부권 침해에 관한 법리오해 등으로 판결에 영향을 미친 잘못이 없다.

기각 사례

아래는 행정소송에서 원고의 주장이 기각된 사례이다.

〈판례〉 디엔에이 강제처분취소 (서울행정법원 2011. 12. 1. 선고 2011구합11686 판결)

앞서 인정한 사실을 종합하면 인정되는 다음과 같은 사정 즉, ① 법은 디엔에이신원확인정보의 수집·이용 및 보호에 필요한 사항을 정함으로써 범죄수사 및 범죄예방에 이바지하고 국민의 권익을 보호함을 목적으로 하는 것이고(법 제1조), 디엔에이감식시료를 채취하고 디엔에이 신원확인정보를 관리하여 이를 이용함에 있어 인간의 존엄성 및 개인의 사생활이 침해되지 아니하도록 필요한 시책을 국가에게 마련하도록 하고 있으며, 개인식별을 위하여 필요한 사항 외의 정보 또는 인적 사항은 데이터베이스에 수록하지 못하도록 하고 있고(법 제3조), 법에서 정한 일정한 범죄를 저지른 자에 한하여 디엔에이감식시료를 채취할 수 있도록 하여 그 범위를 한정하고 있으며(법 제5조, 원고는 법 제5조 제1항 제6호에 해당한다), 디엔에이감식시료를 채취할 때에는 구강점막에서의 채취 등 채취대상자의 신체나 명예에 대한 침해를 최소화하는 방법을 사용하도록 하고 있는(법 제9조) 등 그 목적이 정당하고, 이를 달성하기 위한 수단 또한 과도해 보이지는 않는 점, ② 피고는 원고가 임의채취를 거부하자 법 제8조에 규정된 대로 영장을 발부받아 이를 강제채취하는 등 법에 정해진 절차를 준수한 것으로 보이는 점, ③ 구강시료를 강제채취하는 방법 자체도 심히 모욕적이거나 인간으로서 존엄성을 지키기 어려운 정도라고 보이지 아니하는 점 등을 종합하면, 원고의 디엔에이감식시료를 강제채취한 이 사건 처분에 어떠한 잘못이 있다고 보이지 아니하므로 원고의 주장은 받아들이지 않는다.

헌법소원

헌법에 따라 헌법재판소는 법관의 자격을 가진 9인의 재판관으로 구성되며 재판관은 대통령이 임명한다. 이 가운데 3인은 국회에서 선출하는 자를, 3인은 대법원장이 지명하는 자를 대통령이 임명한다. 소장은 대통령이 국회의 동의를 얻어 재판관 중에서 임명한다. 헌법재판소에서 법률의 위헌결정, 탄핵의 결정, 정당해산의 결정 또는 헌법소원에 관한 인용결정을 할 때에는 재판관 6인 이상의 찬성이 있어야 한다.

헌법재판의 종류

헌법재판에는 ①입법부가 만든 법률이 헌법에 위반되는지를 심사하고, 헌법에 위반된다고 판단하는 경우에 그 법률의 효력을 잃게 하거나 적용하지 못하게 하는 '위헌법률심판' ②형벌 또는 보통의 징계절차로는 처벌하기 곤란한 고위 공무원이나 특수한 직위에 있는 공무원이 맡은 직무와 관련하여 헌법이나 법률에 어긋나는 행위를 하였을 경우 그에 대한 소추를 통하여 그 공무원을 재판으로 파면하거나 공직에서 물러나게 하는 '탄핵심판' ③어떤 정당의 목적이나 활동이 헌법이 정하는 민주적 기본질서에 반하는 경우, 그 정당을 해산할 것인지를 결정하는 '정당해산심판' ④국가기관 상호 간이나 지방자치단체 상호 간 또는 국가기관과 지방자치단체 사이에 권한이 누구에게 있는지 또는 권한이 어디까지 미치는지에 관하여 다툼이 생기는 경우 이를 해결하는 '권한쟁의심판' ⑤국가권력이 헌법상 보장된 국민의 기본권을 침해하는 경우에 기본권이 침해된 국민이 자신의 기본권을 침해하는 국가권력의 행위가 헌법에 위반되는지를 가려내어 그 행위의 효력을 없애 줄 것을 요청하는 '헌법소원심판'이 있다.

이 가운데 구금시설 처우와 관련 있는 헌법재판은 주로 ⑤헌법소원심판이다. 헌법소원은 공권력의 행사 또는 불행사로 인하여 헌법상 보장된 기본권을 현재 직접 침해받은 자가 헌법재판소에 해당 공권력의 위헌여부심사를 청구함으로써 기본권을 구제받는 제도를 말한다.

공권력의 행사 또는 불행사

'공권력의 행사 또는 불행사'라 함은 공권력 주체의 행위로 인해 국민의 권리, 의무 내지 법적 지위에 직접적인 영향을 가져오는 것이어야 한다. 따라서 단순히 권리에 영향을 주지 않는 행위는 헌법소원의 대상성이 부정된다.

〈결정례〉 교도소 내 두발규제 위헌확인 (헌법재판소 2012. 4. 24. 선고 2010헌마751 결정)

[판시사항]

1. 피청구인이 2010. 7.경부터 2010. 11. 17.경까지 청구인에 대하여 지속적이고 조직적으로 실시한 생활지도 명목의 이발 지도행위(이하 '이 사건 이발지도행위'라 한다) 및 2010. 11. 17.경 앞머리는 눈썹이 보이도록, 옆머리는 귀를 가리지 않도록, 뒷머리는 목을 가리지 않도록 실시한 이발행위(이하 '이 사건 이발행위'라 한다)가 공권력 행사에 해당하는지 여부 및 권리보호이익이 인정되는지 여부(소극)

[결정요지]

이 사건 이발지도행위는 피청구인이 두발 등을 단정하게 유지할 것을 지도·교육한 것에 불과하고 피청구인의 우월적 지위에서 일방적으로 청구인에게 이발을 강제한 것이 아니므로, 헌법소원심판의 대상인 공권력의 행사라고 보기 어렵다.

이 사건 이발행위 역시 청구인의 자발적 참여를 전제로 이발을 하도록 한 것으로서 피청구인의 우월적 지위에서 일방적으로 이발을 강제한 것이 아니므로, 헌법소원심판의 대상인 공권력의 행사라고 보기 어려우며, 가사 청구인의 주장과 같은 공권력 행사가 있었다 하더라도, 이 사건 이발행위는 종료하여 주관적 권리보호이익은 이미 소멸되었으며, 나아가 이 사건에서와 같은 이발행위가 반복될 가능성이 있다거나 개별적인 사건의 성격을 넘어서 일반적으로 헌법적 의미를 부여할 사안으로 보기는 어려우므로 심판청구의 이익 또한 인정되지 아니한다.

국회가 제정한 법률에 의하여 직접 기본권을 침해받은 경우나 국회가 일정한 내용의 법률을 만들어야 할 의무가 있음에도 만들지 않아 기본권이 침해되는 경우에도 헌법소원을 청구할 수 있다. 법률의 위임에 따라 행정부가 명령·규칙 등을 만든 경우에도 그 명령·규칙에 의하여 기본권을 직접 침해받았으면 헌법소원을 청구할 수 있다.

청구인 자격

대한민국 국민이면 누구나 청구할 수 있다. 자연인뿐만 아니라 회사와 같은 법인도 청구할 수 있다. 미성년자도 청구할 수 있으나 부모와 같은 법정대리인이 소송행위를 대신해야 한다. 헌법이 내외국인을 구별하지 않고 기본권을 보장할 때에는 외국인도 헌법소원을 청구할 수 있다.

자기관련성

헌법소원을 청구하기 위해서는 공권력에 의하여 현재 자신의 기본권이 직접 침해되어야 한다. 먼저 공권력에 의하여 자기 자신의 기본권이 침해되어야 한다. 따라서 남의 기본권이 침해되었다는 이유로는 헌법소원을 청구할 수 없다. 이러한 요건을 '자기관련성'이라 한다.

침해의 현재성

원칙적으로 기본권이 현재 침해받고 있어야 한다. 그러므로 가까운 장래에 기본권이 침해될 우려가 거의 확실한 경우를 제외하고는 장래에 기본권의 침해가 있을 것으로 막연히 예상된다는 이유만으로 곧바로 헌법소원을 청구할 수 없다. 그리고 과거에는 기본권의 침해가 있었으나 현재에는 그 침해가 없어진 경우에도 원칙적으로 헌법소원을 청구할 수 없다. 이러한 요건을 '침해의 현재성'이라 한다. 다만 공권력에 의한 기본권의 침해가 일시적으로만 생기는 경우가 있는데, 헌법재판이 끝나기까지에는 상당한 기간이 필요하므로 이러한 경우 최종재판을 하기 전에 기본권 침해의 상태가 이미 종료되었다는 이유로 헌법소원의 요건이 갖추어지지 않은 것으로 처리하면 국민의 기본권을 보장할 수 없는 사각지대가 생기게 된다. 따라서 헌법재판이 있기 전에 기본권 침해의 상태가 종료되었더라도 그러한 형태의 기본권 침해가 반복될 가능성이 있는 경우에는 예외적으로 헌법소원이 허용된다.

〈결정례〉 교도소내 징벌수용자 화장실 관리행위 위헌확인 (헌법재판소 2009. 3. 17. 선고 2009헌마113 결정)

1. 사건의 개요

청구인은, 피청구인이 2008. 12. 23.부터 같은 해 12. 30.까지 청송 제2교도소 징벌실에서 청구인에게 징벌처분을 받게 하면서 다른 일반거실에 비하여 너무 좁고 바닥이 경사진 화장실을 이용하게 함으로써 (이하 '이 사건 징벌실 수용 처우'라고 한다) 청구인의 헌법상 보장된 인간의 존엄과 가치, 행복추구권, 평등권, 인간다운 생활을 할 권리 등을 침해하였다고 주장하며 2009. 2. 25. 이 사건 헌법소원심판을 청구하였다.

2. 판단

청구인에 대한 이 사건 징벌실 수용 처우는 권력적 사실행위로서 2008. 12. 30. 종료하였으므로 심판청구일 현재 청구인의 주관적인 권리보호이익은 이미 소멸하였다.

한편, 헌법소원은 주관적 권리구제뿐만 아니라 객관적인 헌법질서보장의 기능도 겸하고 있으므로 가사 청구인의 주관적 권리구제에는 도움이 되지 아니한다고 하더라도 같은 유형의 침해행위가 앞으로 반복될 위험이 있고, 헌법질서의 수호 유지를 위하여 그에 대한 헌법적 해명이 긴요한 사항에 대하여는 심판청구의 이익을 인정하여야 한다(헌재 1997. 11. 27. 94헌마60, 판례집 9-2, 675, 688).

살피건대, 이 사건의 경우 심판대상인 개별적인 행위에 대한 당부판단을 넘어서 일반적인 헌법적 해명의 필요성이 인정된다고 보기 어렵고, 징벌실 수용 처우에 관한 이 사안을 통하여 독자적으로 헌법질서의 수호 유지를 위하여 특별히 헌법적 해명을 할 필요성은 크지 아니하다 할 것인바, 결국, 이 사건 심판청구는 주관적 권리보호이익이 없고 예외적으로 헌법적 해명의 필요성이 인정되는 사안도 아니므로 부적법하다.

침해의 직접성

공권력에 의해 기본권이 직접 침해되어야 헌법소원을 제기할 수 있다. 예를 들어 국회가 만든 법률이나 하위 법령인 행정부의 명령·규칙에 의해 기본권을 침해받았다는 이유로 헌법소원을 제기하는 경우가 있다. 이때 기본권을 직접 침해한 것은 법률 등에 따른 행정부의 처분행위이지 법률이나 명령·규칙 자체는 아니다. 따라서 그 법률이나 명령·규칙에 대해서는 직접 헌법소원을 청구할 수 없다. 이러한 요건을 '침해의 직접성'이라 한다.

〈결정례〉 형의 집행 및 수용자의 처우에 관한 법률 시행규칙 제90조 위헌확인

(헌법재판소 2018. 10. 16.자 2018헌마950 결정)

1. 사건개요

청구인은 '형의 집행 및 수용자의 처우에 관한 법률'(이하 '형집행법'이라 한다) 제59조 등에 의한 수형자 분류처우심사에서 일반경비처우급·중경비처우급의 등급을 받은 자는 처우상 특히 필요한 경우에만 전화통화를 허용하고 있는 반면, 개방처우급·완화경비처우급의 등급을 받은 자는 그러한 제한을 두지 않고 월 5회 또는 3회 전화통화를 허용하고 있어 일반경비처우급을 받은 자의 평등권이 침해되었다고 주장하며, 전화통화의 허용횟수에 관하여 규정하고 있는 '형의 집행 및 수용자의 처우에 관한 법률 시행규칙' 제90조에 대하여 2018. 9. 18. 이 사건 헌법소원심판을 청구하였다.

3. 판단

법령 또는 법령조항 자체가 헌법소원의 대상이 될 수 있으려면 청구인의 기본권이 구체적인 집행행위를 기다리지 아니하고 그 법령 또는 법령조항에 의하여 직접 침해받아야 한다. 여기서 말하는 기본권침해의 직접성이란 집행행위에 의하지 아니하고 법령 그 자체에 의하여 자유의 제한, 의무의 부과, 권리 또는 법적 지위의 박탈이 생긴 경우를 말하므로, 당해 법령에 근거한 구체적인 집행행위를 통하여 비로소 기본권침해의 법률효과가 발생하는 경우에는 직접성의 요건이 결여된다(헌재 2012. 5. 31. 2009헌마299 등 참조).

수형자의 전화사용과 관련하여 형집행법 제44조 제1항은 '수용자는 소장의 허가를 받아 교정시설의 외부에 있는 사람과 전화통화를 할 수 있다'고 규정하고, 같은 조 제5항은 '전화통화의 허가범위, 통화내용의 청취·녹음 등에 관하여 필요한 사항은 법무부령으로 정한다'고 규정하고 있다. 위 법률조항에 따라 심판대상조항은 수형자의 경비처우급별로 전화통화의 허가범위를 다르게 정하고 있는데, 수형자의 전화통화는 앞서 살펴본 바와 같이 심판대상조항에서 정한 횟수 이내에서 교도소장이 허가하여야만 이루어질 수 있다. 따라서 청구인에 대한 기본권침해의 법률효과는 교도소장의 전화사용불허행위라는 구체적인 집행행위를 통하여 비로소 발생한다 할 것이므로, 이 사건 심판청구는 기본권침해의 직접성 요건을 흠결하여 부적법하다.

보충성

보충성이란 다른 구제수단이 있는 경우에는 이를 거쳐야 함을 말한다. 헌법소원은 다른 법률에 구제절차가 있는 경우에는 그 절차를 모두 거친 후에 청구할 수 있다.

〈결정례〉 수감인이송 위헌확인 (헌법재판소 2013. 1. 15. 선고 2012헌마1011 결정)

청구인은 현재 순천교도소에 수용중인 자로서, 인천구치소에 수용중이던 자신을 2012. 12. 4. 순천교도소로 이송한 것이 청구인의 기본권을 침해한 것이라고 주장하며 2012. 12. 21. 이 사건 헌법소원심판을 청구하였다.

헌법소원의 대상이 되는 공권력의 행사에 대한 헌법소원은 다른 법률이 정한 구제절차를 모두 거친 후에야 비로소 청구할 수 있는데, 교도소장의 수용자 이송처분에 대하여는 행정심판 내지 행정소송으로 다툴 수 있다(헌재 1992. 6. 19. 92헌마110, 판례집 4-1, 294, 296 참조). 그런데 이러한 구제절차를 거치지 아니한 채 이루어진 이 사건 심판청구는 보충성 요건이 흠결되어 부적법하다.

따라서 이 사건 심판청구는 부적법하고 그 흠결을 보정할 수 없는 경우에 해당하므로 헌법재판소법 제72조 제3항 제1호 전단 및 제4호에 따라 이를 각하하기로 하여 관여 재판관 전원의 일치된 의견으로 주문과 같이 결정한다.

청구기간

헌법소원을 제기하기 위해서는 청구기간을 반드시 준수해야 한다. 헌법소원을 제기하기 위해서는 기본권의 침해가 있음을 안 날로부터 90일 이내에, 기본권의 침해가 있었던 날로부터 1년 이내에 청구해야 한다. 이 둘 중 어느 하나의 기간이 지났으면 헌법소원은 부적법하게 된다.

법령에 의해 직접 기본권이 침해되었을 경우는 법령의 시행일이 청구기간의 기산일이 된다. 따라서 법령이 시행된 사실을 안 날부터 90일 이내에, 법령이 시행된 날부터 1년 이내에 청구해야 한다. 그러나 법령이 시행된 뒤에 비로소 그 법령에 해당하는 사유가 발생하여 기본권이 침해를 받게 된 때에는 시행일이 아니라 그 사유가 발생하였음을 안 날부터 90일 이내에, 그 사유가 발생한 날부터 1년 이내에 청구하면 된다.

한편, 다른 법률에 의한 구제절차를 거친 헌법소원심판은 그 최종결정을 통지받은 날로부터 30일 이내에 청구해야 한다. 국선변호인을 신청하는 경우에는 국선변호인을 신청할 때를 기준으로 청구기간을 판단하게 된다.

〈결정례〉 교도소 내 TV시청 제한행위 위헌확인 (헌법재판소 2010. 2. 9. 선고 2010헌마24 결정)

1. 사건의 개요

청구인은 살인죄로 징역 10년의 형을 선고받고 현재 ○○교도소에 수용되어 있는데, 피청구인이 2009. 9. 4.부터 현재까지 청구인을 지정된 노역을 거부하였다는 이유로 평일 오전 및 오후에는 텔레비전을 시청할 수 없는 별도의 수용시설에 수용하여 텔레비전 시청 시간을 제한하고(이하 '이 사건 시청 일부 제한 처우'라 한다), 특히 2009. 11. 23.부터 같은 해 12. 3.까지 청구인을 교도관의 지시를 이행치 않았다는 이유로 텔레비전이 설치되지 않은 조사실에 분리 수용하여 텔레비전을 전혀 시청할 수 없게 하자(이하 '이 사건 시청 전면제한 처우'라 하고, 위 각 처우를 통틀어 '이 사건 수용처우'라 한다), 피청구인의 이 사건 수용처우로 인하여 행복추구권 등 기본권이 침해되었다며 2010. 1. 15. 그 위헌 확인을 구하는 이 사건 헌법소원심판을 청구하였다.

2. 판단

가. 이 사건 수용처우는 피청구인이 우월적 지위에서 일방적으로 강제하는 권력적 사실행위로서, 헌법소원의 대상이 되는 헌법재판소법 제68조 제1항의 '공권력의 행사'에 해당한다 할 것이다.

그러나 이 사건 시청 전면제한 처우의 경우에는, 앞서 본 바와 같이 2009. 12. 3. 이미 종료되어 이에 대하여 위헌확인의 선언을 하더라도 청구인에 대한 권리구제가 불가능한 상태이므로, 이로써 주관적 권리보호의 이익은 이미 소멸되었고, 또한 이 사건 시청 전면제한 처우에 관한 사안은 그 심판 대상인 피청구인의 개별적인 행위에 대한 당부의 판단을 넘어서 독자적으로 헌법질서의 수호·유지를 위하여 특별히 헌법적 해명이 긴요한 경우에 해당한다고 보기도 어려우므로, 이 부분 심판청구는 부적법하다.

나. 이 사건 시청 일부제한 처우의 경우에는, 앞서 본 바와 같이 현재에도 그로 인한 기본권 침해행위가 이루어지고 있으므로 이에 대하여 위헌 확인을 구하는 심판청구는 권리보호의 이익이 있다고 보아야 할 것이나, 헌법재판소법 제68조 제1항의 규정에 의한 헌법소원심판은 그 사유가 있음을 안 날부터 90일 이내에, 그 사유가 있은 날부터 1년 이내에 청구하여야 하는바(헌법재판소법 제69조 제1항 본문), 피청구인에 의한 최초의 기본권침해는 청구인이 2009. 9. 4.부터 텔레비전 시청이 일부제한되어 있는 별도의 수용시설에 수용됨으로써 시작되었고, 그 이후부터 현재까지는 어떠한 새로운 기본권 침해행위가 있는 것으로 평가할 만한 사정없이 최초의 기본권 침해의 상태가 그대로 지속되어 오고 있는 것뿐이라 할 것으로서, 청구인은 2009. 9. 4. 이 사건 시청 일부제한 처우로 자신의 기본권이 침해되었음을 이미 알았다고 보아야 할 것인데, 이 사건 심판청구는 2010. 1. 15. 비로소 제기되어 그로부터 90일이 경과하였음이 역수상 명백하므로, 이 부분 심판청구는 청구기간이 도과되어 부적법하다.

〈결정례〉 형의 집행 및 수용자의 처우에 관한 법률 제108조 제12호 등 위헌확인
(헌법재판소 2012. 12. 11. 선고 2012헌마950 결정)

1. 사건의 개요

청구인은 현재 수원구치소에 수용 중인 자로서 2012. 6. 22. 화성직업훈련교도소 징벌위원회로부터 20일의 금치처분을 받았는바, 그에 따라 서신수수 및 접견이 제한되자 자신의 기본권이 침해되었다고 주장하면서 2012. 11. 27. 이 사건 헌법소원심판을 청구하였다.

2. 판단

가. 청구인은 '형의 집행 및 수용자의 처우에 관한 법률' 제108조 제12호 및 제14호를 심판대상으로 삼고 있으나, 기록에 의하면 청구인의 주장은 금치기간 중 서신수수 및 접견 제한을 함께 부과하는 것이 헌법에 위반된다는 것이므로, 이 사건 심판의 대상은 '형의 집행 및 수용자의 처우에 관한 법률' 제112조 제3항 본문 중 제108조 제11호 및 제12호에 관한 부분(이하 '이 사건 법률조항'이라 한다)이라 할 것이다.

나. 법령에 대한 헌법소원심판의 경우, 법령이 시행된 후에 그 법령에 해당하는 사유가 발생하여 기본권의 침해를 받게 된 경우에는 그 사유가 발생하였음을 안 날로부터 90일 이내에, 그 사유가 발생한 날로부터 1년 이내에 청구하여야 한다(헌법재판소법 제69조 제1항 본문).

살피건대, 청구인은 이 사건 법률조항이 시행된 후 2012. 6. 22. 징벌위원회가 징벌의결을 함에 따라 서신수수 접견이 제한되었으므로 그 당시 이 사건 법률조항에 의한 기본권 침해 사유가 발생하였음을 알았다고 할 것인바, 그로부터 90일이 훨씬 경과한 2012. 11. 27. 제기된 이 사건 청구는 청구기간이 도과되었다.

절차

헌법소원을 제기하려면 청구서[+]를 작성하여 헌법재판소에 제출해야 한다. 청구서의 내용이 불분명하거나 내용에 부족함이 있으면 재판장이 이를 보충하여 제출하도록 명령(보정명령)하는데 청구인은 이에 따라야 한다. 헌법소원을 제기하기 위해서는 변호사를 대리인으로 반드시 선임하여야 하고 그렇지 않으면 각하된다. 다만 헌법소원심판을 청구하려는 자가 변호사를 대리인으로 선임할 자력(資力)이 없는 경우에는 헌법재판소에 국선대리인을 선임하여 줄 것을 신청할 수 있다.[++]

〈결정례〉 교도소내 수용자 흡연금지 위헌확인 (헌법재판소 2005. 4. 12. 선고 2005헌마273 결정)

기록에 의하면, 청구인은 변호사를 대리인으로 선임하지 아니한 채 이 사건 심판청구를 하였고 변호사를 대리인으로 선임하라는 보정명령을 받고도 보정기간내에 보정하지 아니하였으므로, 헌법재판소법 제25조 제3항, 제72조 제3항 제3호에 따라 이를 각하하기로 하여 주문과 같이 결정한다.

심리 방식

위헌법률심판과 헌법소원심판은 당사자나 이해관계인이 낸 서류를 검토하는 방식으로 한다. 이를 '서면심리'라고 한다. 다만, 재판부가 필요하다고 인정할 때에는 구두변론을 열 수 있다. 구두변론은 공개하지만, 서면심리와 평의는 공개하지 않는다.

심판에 관하여 이해관계가 있는 당사자나 국가기관 등은 헌법재판소에 의견서를 낼 수 있다. 재판부는 당사자가 신청하거나 재판부가 필요하다고 인정하는 증거에 관하여 증거조사를 할 수 있다. 또한, 다른 국가기관 또는 공공단체의 기관에 대하여 심리에 필요한 사실을 조사하여 보내 주도록 요청하거나 기록이나 자료를 보내줄 것을 요구할 수도 있다. 그러나 재판·소추 또는 범죄수사가 진행 중인 사건의 기록을 보내 줄 것을 요구할 수는 없다. 헌법재판에 소요되는 비용은 국가가 부담한다.

인용 사례

아래는 헌법재판소가 청구인의 주장을 인용한 사례이다.

〈결정례〉 형의 집행 및 수용자의 처우에 관한 법률 제43조 제3항 등 위헌확인 (헌법재판소 2012. 2. 23. 선고 2009헌마333 결정)

[판시사항]

1. 교도소장으로 하여금 수용자가 주고받는 서신에 금지 물품이 들어 있는지를 확인할 수 있도록 규정하고 있는 '형의 집행 및 수용자의 처우에 관한 법률'(2007. 12. 21. 법률 제8728호로 개정된 것) 제43조 제3항(이하 '이 사건 법률조항'이라 한다)이 청구인의 기본권을 직접 침해하는지 여부(소극)

+ 청구서 작성례는 이 책 762쪽의 '헌법소원심판청구서(행정행위)'와 '헌법소원심판청구서(법령)' 참조
++ 이 책 764쪽의 '국선대리인 선임신청서' 참조

2. 수용자가 밖으로 내보내는 모든 서신을 봉함하지 않은 상태로 교정시설에 제출하도록 규정하고 있는 '형의 집행 및 수용자의 처우에 관한 법률 시행령'(2008. 10. 29. 대통령령 21095호로 개정된 것) 제65조 제1항(이하 '이 사건 시행령조항'이라 한다)이 청구인의 통신 비밀의 자유를 침해하는지 여부(적극)

[결정요지]

1. 이 사건 법률조항은 수용자의 서신에 금지물품이 들어 있는지 여부에 대한 확인을 교도소장의 재량에 맡기고 있으므로 교도소장의 금지물품 확인이라는 구체적인 집행행위를 매개로 하여 수용자인 청구인의 권리에 영향을 미치게 되는바, 위 법률조항이 청구인의 기본권을 직접 침해한다고 할 수 없다.

2. 이 사건 시행령조항은 교정시설의 안전과 질서유지, 수용자의 교화 및 사회복귀를 원활하게 하기 위해 수용자가 밖으로 내보내는 서신을 봉함하지 않은 상태로 제출하도록 한 것이나, 이와 같은 목적은 교도관이 수용자의 면전에서 서신에 금지물품이 들어 있는지를 확인하고 수용자로 하여금 서신을 봉함하게 하는 방법, 봉함된 상태로 제출된 서신을 X-ray 검색기 등으로 확인한 후 의심이 있는 경우에만 개봉하여 확인하는 방법, 서신에 대한 검열이 허용되는 경우에만 무봉함 상태로 제출하도록 하는 방법 등으로도 얼마든지 달성할 수 있다고 할 것인바, 위 시행령 조항이 수용자가 보내려는 모든 서신에 대해 무봉함 상태의 제출을 강제함으로써 수용자의 발송 서신 모두를 사실상 검열 가능한 상태에 놓이도록 하는 것은 기본권 제한의 최소침해성 요건을 위반하여 수용자인 청구인의 통신비밀의 자유를 침해하는 것이다.

〈결정례〉 구치소 내 과밀수용행위 위헌확인 (헌법재판소 2016. 12. 29. 선고 2013헌마142 결정)

[판시사항]

1. 이미 종료된 권력적 사실행위의 위헌확인을 구하는 헌법소원심판청구에 대하여, 주관적 권리보호이익이 소멸하였음에도 예외적으로 심판의 이익이 있음을 인정한 사례

2. 인간의 존엄과 가치에서 비롯하는 국가형벌권 행사의 한계

3. 구치소 내 과밀수용행위가 수형자인 청구인의 인간의 존엄과 가치를 침해하는지 여부(적극)

[결정요지]

1. 청구인은 형기만료로 이미 석방되었으므로, 이 사건 심판청구가 인용되더라도 청구인의 권리구제는 불가능한 상태이다. 그러나 이 사건에서 문제되는 교정시설 내 과밀수용행위는 계속 반복될 우려가 있고, 수형자들에 대한 기본적 처우에 관한 중요한 문제로서 그에 대한 헌법적 해명의 필요성이 있으므로 예외적으로 심판의 이익을 인정할 수 있다.

2. 헌법 제10조에서 보장하는 인간의 존엄과 가치는 국가가 형벌권을 행사함에 있어 사람을 국가행위의 단순한 객체로 취급하거나 비인간적이고 잔혹한 형벌을 부과하는 것을 금지하고, 행형(行刑)에 있어 인간 생존의 기본조건이 박탈된 시설에 사람을 수용하는 것을 금지한다. 구금의 목적 달성을 위하여 필요최소한의 범위 내에서는 수형자의 기본권에 대한 제한이 불가피하다 하더라도, 국가는 어떠한 경우에도 수형자의 인간의 존엄과 가치를 훼손할 수 없다.

3. 수형자가 인간 생존의 기본조건이 박탈된 교정시설에 수용되어 인간의 존엄과 가치를 침해당하였는지 여부를 판단함에 있어서는 1인당 수용면적뿐만 아니라 수형자 수와 수용거실 현황 등 수용시설 전반의 운영 실태와 수용기간, 국가 예산의 문제 등 제반 사정을 종합적으로 고려할 필요가 있다. 그러나 교정시설의 1인당 수용면적이 수형자의 인간으로서의 기본 욕구에 따른 생활조차 어렵게 할 만큼 지나치게 협소하다면, 이는 그 자체로 국가형벌권 행사의 한계를 넘어 수형자의 인간의 존엄과 가치를 침해하는 것이다.

이 사건의 경우, 성인 남성인 청구인이 이 사건 방실에 수용된 기간 동안 1인당 실제 개인사용가능면적은, 2일 16시간 동안에는 1.06㎡, 6일 5시간 동안에는 1.27㎡였다. 이러한 1인당 수용면적은 우리나라 성인 남성의 평균 신장인 사람이 팔다리를 마음껏 뻗기 어렵고, 모로 누워 '칼잠'을 자야 할 정도로 매우 협소한 것이다. 그렇다면 청구인이 이 사건 방실에 수용된 기간, 접견 및 운동으로 이 사건 방실 밖에서 보낸 시간 등 제반 사정을 참작하여 보더라도, 청구인은 이 사건 방실에서 신체적·정신적 건강이 악화되거나 인격체로서의 기본 활동에 필요한 조건을 박탈당하는 등 극심한 고통을 경험하였을 가능성이 크다. 따라서 청구인이 인간으로서 최소한의 품위를 유지할 수 없을 정도로 과밀한 공간에서 이루어진 이 사건 수용행위는 청구인의 인간으로서의 존엄과 가치를 침해한다.

재판관 박한철, 재판관 김이수, 재판관 안창호, 재판관 조용호의 보충의견

불가침의 인간의 존엄과 가치를 천명한 헌법 제10조, 수형자의 기본적 처우 보장을 위한 '형의 집행 및 수용자의 처우에 관한 법률', '법무시설 기준규칙', '수용구분 및 이송·기록 등에 관한 지침', 관련 국제규범, 외국의 판례 등에 비추어 볼 때, 국가는 수형자가 수용생활 중에도 인간으로서의 존엄과 가치를 지킬 수 있도록 교정시설 내에 수형자 1인당 적어도 2.58㎡ 이상의 수용면적을 확보하여야 한다. 다만, 교정시설 확충과 관련된 현실적 어려움을 참작하여, 상당한 기간(늦어도 5년 내지 7년) 내에 이러한 기준을 충족하도록 개선해 나갈 것을 촉구한다.

기각 사례

아래는 헌법재판소가 청구인의 주장을 기각한 사례이다. 이미 기각된 사례와 비슷한 사례라 하더라도 시간이 지나면 인권 의식이 변하고 재판관 구성이 달라지므로 헌법재판소가 다른 결정을 할 수도 있다.

〈결정례〉 국민기초생활 보장법 시행령 제2조 제2항 제3호 위헌확인
(헌법재판소 2011. 3. 31. 선고 2009헌마617, 2010헌마341(병합) 결정)

[판시사항]

1. 기초생활보장제도의 보장단위인 개별가구에서 교도소·구치소에 수용 중인 자를 제외토록 규정한 '국민기초생활 보장법 시행령'(2008. 10. 29. 대통령령 제21095호로 개정된 것) 제2조 제2항 제3호 중 "'형의 집행 및 수용자의 처우에 관한 법률'에 의한 교도소·구치소에 수용 중인 자" 부분(이하 '이 사건 조항'이라 한다)이 교도소·구치소에 수용 중인 자를 기초생활보장급여의 지급 대상에서 제외시켜 헌법상 인간다운 생활을 할 권리를 침해하는지 여부(소극)

2. 이 사건 조항이 헌법 제10조의 인간의 존엄과 가치 및 행복추구권을 침해하는지 여부(소극)

3. 이 사건 조항이 무죄추정의 원칙에 위배되는지 여부(소극)

[결정요지]

1. 생활이 어려운 국민에게 필요한 급여를 행하여 이들의 최저생활을 보장하기 위해 제정된 '국민기초생활 보장법'은 부양의무자에 의한 부양과 다른 법령에 의한 보호가 이 법에 의한 급여에 우선하여 행하여지도록 하는 보충급여의 원칙을 채택하고 있는바, '형의 집행 및 수용자의 처우에 관한 법률'에 의한 교도소·구치소에 수용 중인 자는 당해 법률에 의하여 생계유지의 보호를 받고 있으므로 이러한 생계유지의 보호를 받고 있는 교도소·구치소에 수용 중인 자에 대하여 '국민기초생활 보장법'에 의한 중복적인 보장을 피하기 위하여 개별가구에서 제외키로 한 입법자의 판단이 헌법상 용인될 수 있는 재량의 범위를 일탈하여 인간다운 생활을 할 권리를 침해한다고 볼 수 없다.

2. 이 사건 조항이 수용자의 생계보장과 관련하여 그 내용상 최소한의 필요한 보장수준을 제시하지 아니하여 인간으로서의 존엄이나 본질적 가치를 훼손하였다고 볼 수는 없으므로 헌법 제10조의 인간의 존엄과 가치를 침해한다고 할 수 없으며 헌법 제10조의 행복추구권은 국민이 행복을 추구하기 위한 활동을 국가권력의 간섭 없이 자유롭게 할 수 있다는 포괄적인 의미의 자유권으로서의 성격을 가진다고 할 것이므로 자유권이나 자유권의 제한영역에 관한 규정이 아닌 이 사건 조항이 행복추구권을 침해하는 규정이라고 할 수도 없다.

3. '국민기초생활 보장법'상의 수급권자가 구치소에 수감되어 형이 확정되지 않은 상황에서 개별가구에서 제외되는 것은 그 사람을 유죄로 취급하여 어떠한 불이익을 주기 위한 것이 아니라 '국민기초생활 보장법'의 보충급여의 원칙에 따라 다른 법령에 의하여 생계유지의 보호를 받게 되는 경우, 중복적인 보장을 피하기 위해 개별가구에서 제외시키는 것으로 이를 '유죄인정의 효과'로서의 불이익이라고 볼 수 없는바, 이 사건 조항이 무죄추정의 원칙에 위반된다고 볼 수 없다.

〈결정례〉 공직선거법 제18조 제1항 제2호 등 위헌확인
(헌법재판소 2017. 5. 25. 선고 2016헌마292·568(병합) 결정)

[판시사항]

1년 이상의 징역의 형의 선고를 받고 그 집행이 종료되지 아니한 사람의 선거권을 제한하는 공직선거법(2015. 8. 13. 법률 제13497호로 개정된 것) 제18조 제1항 제2호 본문 중 "1년 이상의 징역의 형의 선고를 받고 그 집행이 종료되지 아니한 사람"에 관한 부분(이하 '심판대상조항'이라 한다)이 청구인들의 선거권을 침해하는지 여부(소극)

[결정요지]

심판대상조항은 공동체 구성원으로서 기본적 의무를 저버린 수형자에 대하여 사회적·형사적 제재를 부과하고, 수형자와 일반국민의 준법의식을 제고하기 위한 것이다. 법원의 양형관행을 고려할 때 1년 이상의 징역형을 선고받은 사람은 공동체에 상당한 위해를 가하였다는 점이 재판 과정에서 인정된 자이므로, 이들에

한해서는 사회적·형사적 제재를 가하고 준법의식을 제고할 필요가 있다. 심판대상조항에 따른 선거권 제한 기간은 각 수형자의 형의 집행이 종료될 때까지이므로, 형사책임의 경중과 선거권 제한 기간은 비례하게 된다. 심판대상조항이 과실범, 고의범 등 범죄의 종류를 불문하고, 침해된 법익의 내용을 불문하며, 형 집행 중에 이뤄지는 재량적 행정처분인 가석방 여부를 고려하지 않고 선거권을 제한한다고 하여 불필요한 제한을 부과한다고 할 수 없다. 1년 이상의 징역형을 선고받은 사람의 선거권을 제한함으로써 형사적·사회적 제재를 부과하고 준법의식을 강화한다는 공익이, 형 집행기간 동안 선거권을 행사하지 못하는 수형자 개인의 불이익보다 작다고 할 수 없다. 따라서 심판대상조항은 과잉금지원칙을 위반하여 청구인의 선거권을 침해하지 아니한다.

재판관 이진성의 반대의견

수형자에 대한 형벌 이외의 기본권 제한은 수형자의 정상적 사회복귀라는 목적에 부응하는 것일 때 정당화될 수 있다. 수형자라고 하여 선거권을 제한하는 것은 이러한 목적에 부합한다고 볼 수 없으므로 수형자에 대한 사회적·형사적 제재라는 입법목적은 정당하지 않다. 법정의견은 입법목적으로 수형자 및 일반국민의 준법의식을 제고한다는 점도 제시하고 있으나, 선거권 제한이 준법의식을 제고하는 데 어떻게 기여하는지 밝히지 않고 있다. 수형자의 선거권을 박탈한다면 사회구성원으로서 무력감, 반사회성, 정치혐오 등이 나타날 우려가 있으므로 준법의식을 강화하는 적절한 수단이라 볼 수도 없다. 이상을 고려하면, 심판대상조항은 여전히 1년 이상 징역형을 선고받은 수형자의 선거권을 침해하여 헌법에 위반된다.

헌법소원심판청구서

청구 인 　　　○ ○ ○
　　　　　　　서울 성북구 ○○로 ○○, ○○○호(○○동)
　　　　　　　대리인 변호사 ○ ○ ○
　　　　　　　서울 서초구 ○○로 ○○, ○○○호(○○동)

피청구인 　　　공정거래위원회

청 구 취 지
"피청구인이 20 ． ． ． ○○회사에 대하여 한 무혐의결정은 청구인의 평등권 및
재판절차진술권을 침해한 것이므로 이를 취소한다."라는 결정을 구합니다.

침 해 된 권 리
헌법 제11조 제1항 평등권
헌법 제27조 제5항 재판절차에서의 진술권

침 해 의 원 인
피청구인의 20 ． ． ． ○○자 ○○회사에 대한 무혐의결정

청 구 이 유
1. 심판청구에 이르게 된 경위(사건의 개요)
2. 행정행위의 내용
3. 적법요건의 충족 여부(예: 공권력 행사, 법적관련성, 청구기간 등)
4. 기본권을 침해하는 이유

첨 부 서 류
1. 각종 입증서류
2. 소송위임장(소속변호사회 경유)

20 　　 ．　　 ．　　 ．

청구인 대리인 변호사 　○ ○ ○ (인)

헌법재판소 귀중

헌법소원심판청구서

청 구 인   ○ ○ ○
　　　　　 서울 성북구 ○○로 ○○, ○○○호(○○동)
　　　　　 대리인 변호사 ○ ○ ○
　　　　　 서울 서초구 ○○로 ○○, ○○○호(○○동)

청 구 취 지

"구 아동복지법(2014. 1. 28. 법률 제12361호로 개정되고, 2017. 9. 19. 법률 제14887호로 개정되기 전의 것) 제29조의3 제1항 제18호 중 '아동학대관련범죄로 형을 선고받아 확정된 사람'에 관한 부분은 헌법에 위반된다." 라는 결정을 구합니다.

침 해 된 권 리

헌법 제11조 평등권, 제15조 작업선택의 자유

침 해 의 원 인

 구 아동복지법(2014. 1. 28. 법률 제12361호로 개정되고, 2017. 9. 19. 법률 제14887호로 개정되기 전의 것) 제29조의3 제1항 제18호 중 '아동학대관련범죄로 형을 선고받아 확정된 사람'에 관한 부분

청 구 이 유

1. 심판청구에 이르게 된 경위(사건의 개요)
2. 심판대상조항 및 관련조항(법문 기재)
3. 적법요건의 충족 여부(예: 법적관련성, 청구기간 등)
4. 기본권을 침해하는 이유

첨 부 서 류

1. 각종 입증서류
2. 소송위임장(소속변호사회 경유)

20   .   .   .

청구인 대리인 변호사 ○ ○ ○ (인)

헌법재판소 귀중

국선대리인 선임신청서

사　　건 :

신 청 인　　(성 명)
　　　　　　(주 소)
　　　　　　(전 화)

신청인은 변호사를 대리인으로 선임할 자력이 없으므로 아래와 같이 국선대리인의 선임을 신청합니다.

1. 무자력 내역(**해당란에 V표 하십시오**)

☐ 월 평균수입이 300만원 미만인 자
☐ 국민기초생활보장법에 따른 수급자 및 차상위계층
☐ 국가유공자 등 예우 및 지원에 관한 법률에 의한 국가유공자와 그 유족 또는 가족
☐ 한부모가족지원법에 따른 지원대상자
☐ 기초연금법에 따른 기초연금 수급자
☐ 장애인연금법에 따른 수급자
☐ 북한이탈주민의 보호 및 정착지원에 관한 법률에 따른 보호대상자
☐ 위 각호에는 해당하지 아니하나, 청구인의 시각·청각·언어·정신 등 신체적·정신적 장애 여부 또는 청구인이나 그 가족의 경제능력 등 제반사정에 비추어 보아 변호사를 대리인으로 선임하는 것을 기대하기 어려운 경우

2. 소명자료(**해당란에 V표 하고 소명자료를 신청서에 첨부하십시오. 해당란이 없는 경우에는 '기타'에 V표 하신 뒤 소명자료의 명칭을 기재하고 소명자료를 신청서에 첨부하십시오**)

☐ 월 평균수입이 300만원 미만 : 봉급액확인서, 근로소득원천징수영수증 등
☐ 국민기초생활보장법에 따른 수급자 및 차상위계층 : 수급자 증명서, 차상위계층확인서 등
☐ 국가유공자 등 예우 및 지원에 관한 법률에 의한 국가유공자 등 : 국가유공자와 그 유족 또는 가족증명서
☐ 한부모가족지원법에 따른 지원대상자 : 한부모가족증명서 등
☐ 기초연금법에 따른 기초연금 수급자 : 기초연금 수급자 확인서 등
☐ 장애인연금법에 따른 수급자 : 장애인연금 수급자 확인서 등
☐ 북한이탈주민의 보호 및 정착지원에 관한 법률에 따른 보호대상자 : 북한이탈주민등록확인서 등
☐ 기타(장애인증명서, 지방세 세목별 과세증명서 등)

3. 국선대리인 선정 희망지역(**해당란에 V표를 하십시오**)

☐ 서울　　☐ 부산　　☐ 대구　　☐ 인천　　☐ 광주　　☐ 대전　　☐ 울산
☐ 의정부　☐ 수원　　☐ 강원　　☐ 충북　　☐ 전북　　☐ 경남　　☐ 제주

※ 다만, 신청인의 희망에도 불구하고 신청인과 대리인의 상담 편의나 신청인의 소재지 등 제반 상황을 고려하여 다른 지역이 선정될 수도 있습니다.

4. 헌법소원심판청구사유(헌법재판소법 제71조에 규정된 침해된 권리, 침해의 원인이 되는 공권력의 행사 또는 불행사, 청구이유 및 그 밖에 필요한 사항을 간단 명료하게 별지에 기재하여 신청서에 첨부하십시오. 다만, 이 사건과 관련하여 이미 헌법소원심판청구를 한 경우에는 첨부하지 아니하여도 무방합니다.)

20 ．　 ．　 ．

신 청 인　　　　　　(인)

헌법재판소 귀중

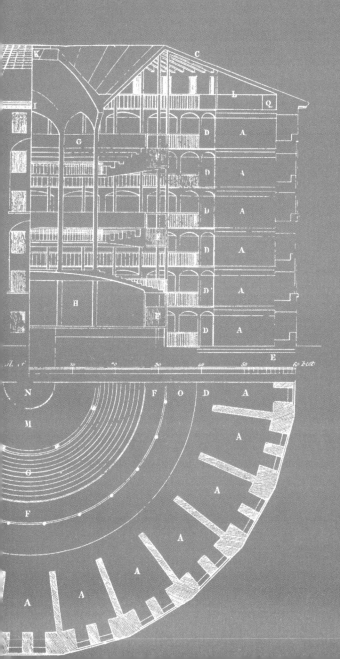

부록

교정공무원 계급장⁺

고위공무원단 소속 교정공무원 (교정본부장)	고위공무원단 소속 교정공무원 (지방교정청장, 교정정책단장, 보안정책단장 및 법무연수원 교정연수부장)	고위공무원단 소속 교정공무원 (교정시설의 장)
2.5cm / 2.4cm / 1cm / 10.3cm	2.5cm / 2.4cm / 1cm / 7.7cm	2.5cm / 2.4cm / 1cm / 5.2cm
부이사관, 3급 및 3급상당 교정공무원	**서기관, 4급 및 4급상당 교정공무원**	**교정관·교정관시보, 5급 및 5급상당 교정공무원**
2.5cm / 2.4cm / 1cm	2.2cm / 2.1cm / 0.9cm / 8.8cm	2.2cm / 2.1cm / 0.9cm / 6.6cm
교감, 6급 및 6급상당 교정공무원	**교위·교위시보, 7급 및 7급상당 교정공무원**	**교위·7급 및 7급상당 신규교육생**
2.2cm / 2.1cm / 0.9cm / 4.4cm	2.2cm / 2.1cm / 0.9cm	2.2cm / 2.1cm / 0.9cm
교사, 8급 및 8급상당 교정공무원	**교도·교도시보, 9급 및 9급상당 교정공무원**	**9급 신규교육생**
1.9cm / 2cm / 0.9cm / 5.7cm	1.9cm / 2cm / 0.9cm / 3.8cm	1.9cm / 2cm / 0.9cm / 3.8cm

+ '교정공무원 복제규칙'(시행 2024. 1. 3., 법무부령 제1069호, 2024. 1. 3., 일부개정)의 [별표 4]를 재구성

전국 교정시설 주소록

기관명	주 소	우편번호	전화
서울지방교정청			
서울지방교정청	경기도 과천시 관문로 47 정부과천청사 5동 5층	13809	02-2110-8680 (F) 02-2110-0861
서울구치소	경기도 군포시 군포우체국 사서함 20호 경기도 의왕시 안양판교로 143 (포일동)	15829 16001	031-423-6100 (F) 031-423-6111
안양교도소	경기도 안양시 안양우체국 사서함 101호 경기도 안양시 동안구 경수대로508번길 42 (호계동)	14047 14122	031-452-2181 (F) 031-456-2184
수원구치소	경기도 수원시 수원우체국 사서함 17호 경기도 수원시 팔달구 팔달문로 176 (우만동)	16326 16492	031-217-7101 (F) 031-217-7108
서울동부구치소	서울특별시 송파구 송파우체국 사서함 177호 서울특별시 송파구 정의로 37 (문정동)	05661 05857	02-402-9131 (F) 02-402-6137
인천구치소	인천광역시 남동구 남인천우체국 사서함 343호 인천광역시 미추홀구 학익소로 30 (학익동)	21552 22220	032-868-8771 (F) 032-865-0191
서울남부구치소	서울특별시 구로구 구로우체국 사서함 164호 서울특별시 구로구 금오로 865 (천왕동)	08576 08367	02-2105-0391 (F) 02-2105-0220
화성직업훈련교도소	경기도 화성시 화성우체국 사서함 3호 경기도 화성시 마도면 화성로 741	18270 18539	031-357-9400 (F) 031-357-9325
여주교도소	경기도 여주시 여주우체국 사서함 30호 경기도 여주시 가남읍 양화로 107	12627 12655	031-884-7800 (F) 031-881-5141
의정부교도소	경기도 의정부시 의정부우체국 사서함 99호 경기도 의정부시 송산로 1111-76 (고산동)	11778 11797	031-850-1000 (F) 031-842-7080
서울남부교도소	서울특별시 구로구 구로우체국 사서함 165호 서울특별시 구로구 금오로 867 (천왕동)	08576 08367	02-2083-0200 (F) 02-2083-0222
춘천교도소	강원특별자치도 춘천시 춘천우체국 사서함 69호 강원특별자치도 춘천시 동내면 신촌양지길 5	24335 24406	033-262-1332 (F) 033-261-6944
원주교도소	강원특별자치도 원주시 원주우체국 사서함 87호 강원특별자치도 원주시 북원로 2155 (무실동)	26485 26383	033-741-4800 (F) 033-743-3993
강릉교도소	강원특별자치도 강릉시 강릉우체국 사서함 43호 강원특별자치도 강릉시 공제로 413-15 (홍제동)	25534 25522	033-649-8100 (F) 033-649-8292
영월교도소	강원특별자치도 영월군 영월우체국 사서함 2호 강원특별자치도 영월군 영월읍 팔괴로 110-27	26233 26240	033-372-1730 (F) 033-372-1734
강원북부교도소	강원특별자치도 속초시 속초우체국 사서함 2호 강원특별자치도 속초시 동해대로4511번길 13 (장사동)	24862 24802	033-634-7114 (F) 033-634-7234

수원구치소 평택지소	경기도 평택시 평택우체국 사서함 6호 경기도 평택시 평남로 1046-10 (동삭동)	17895 17848	031-650-5800 (F) 031-650-5858
소망교도소 (민영)	경기도 여주시 여주우체국 사서함 23호 경기도 여주시 북내면 아가페길 140	12627 12612	031-887-5900 (F) 031-887-5980
대구지방교정청			
대구지방교정청	대구광역시 달서구 화암로 301 (대곡동) 정부대구지방합동청사 1층	47268	053-230-5800 (F) 053-654-5861
대구교도소	대구광역시 달서구 성서우체국 사서함 7호 대구광역시 달성군 하빈면 하빈로 204	42620 42902	053-430-1600 (F) 053-581-0184
부산구치소	부산광역시 사상구 사상우체국 사서함 58호 부산광역시 사상구 학장로 268 (주례동)	46974 47016	051-324-5501 (F) 051-324-5509
경북북부제1교도소	경상북도 청송군 진보우체국 사서함 1호 경상북도 청송군 진보면 양정길 231	37409 37402	054-874-4500 (F) 054-872-9505
부산교도소	부산광역시 강서구 강서우체국 사서함 50호 부산광역시 강서구 대저중앙로29번길 62 (대저1동)	46700 46700	051-971-0151 (F) 051-971-0155
창원교도소	경상남도 창원시 마산우체국 사서함 7호 경상남도 창원시 마산회원구 송평로 39 (회성동)	51304 51308	055-298-9010 (F) 055-295-4198
진주교도소	경상남도 진주시 진주우체국 사서함 68호 경상남도 진주시 대곡면 월암로23번길 39	52684 52604	055-741-2181 (F) 055-741-2428
포항교도소	경상북도 포항시 흥해우체국 사서함 2호 경상북도 포항시 북구 흥해읍 동해대로 1001	37542 37565	054-262-1100 (F) 054-262-3903
대구구치소	대구광역시 수성구 수성우체국 사서함 48호 대구광역시 수성구 달구벌대로541길 36 (만촌동)	42123 42066	053-740-5200 (F) 053-581-0904
경북직업훈련 교도소	경상북도 청송군 진보우체국 사서함 2호 경상북도 청송군 진보면 양정길 231	37409 37402	054-874-4600 (F) 054-872-9689
안동교도소	경상북도 안동시 안동풍산우체국 사서함 1호 경상북도 안동시 풍산읍 경서로 4380-23	36621 36621	054-858-7191 (F) 054-858-7195
경북북부 제2교도소	경상북도 청송군 진보우체국 사서함 5호 경상북도 청송군 진보면 양정길 110	37409 37402	054-872-4700 (F) 054-872-4704
김천소년교도소	경상북도 김천시 김천우체국 사서함 12호 경상북도 김천시 영남대로 1968 (지좌동)	39590 39655	054-436-2191 (F) 054-436-2295
경북북부 제3교도소	경상북도 청송군 진보우체국 사서함 3호 경상북도 청송군 진보면 양정길 231	37409 37402	054-872-9511 (F) 054-872-9704
울산구치소	울산광역시 울주군 온양우체국 사서함 1호 울산광역시 울주군 청량읍 청량천변로 103-9	44974 44960	052-228-9700 (F) 052-228-9799
경주교도소	경상북도 경주시 경주우체국 사서함 45호 경상북도 경주시 내남면 포석로 550	38153 38197	054-740-3100 (F) 054-745-8171
통영구치소	경상남도 통영시 통영우체국 사서함 17호 경상남도 통영시 용남면 용남해안로 277	53043 53029	055-649-8911 (F) 055-642-3205
밀양구치소	경상남도 밀양시 밀양우체국 사서함 8호 경상남도 밀양시 부북면 춘화로 124	50445 50403	055-350-7700 (F) 055-355-7827

상주교도소	경상북도 상주시 상주우체국 사서함 20호 경상북도 상주시 사벌면 목가2길 130	37190 37123	054-531-4100 (F) 054-531-4103
거창구치소	경상남도 거창군 거창우체국 사서함 1호 경상남도 거창군 거창읍 거열산성로 73	50132 50130	055-940-4700 (F) 055-943-7756
대전지방교정청			
대전지방교정청	대전광역시 유성구 한우물로66번길 6 (대정동)	34222	042-543-7100 (F) 042-543-7104
대전교도소	대전광역시 유성구 유성우체국 사서함 136호 대전광역시 유성구 한우물로66번길 6 (대정동)	34186 34222	042-544-9301 (F) 042-544-9304
천안개방교도소	충청남도 천안시 천안우체국 사서함 36호 충청남도 천안시 서북구 신당새터1길 1 (신당동)	31158 31082	041-561-4301 (F) 041-561-4303
청주교도소	충청북도 청주시 서청주우체국 사서함 100호 충청북도 청주시 서원구 청남로1887번길 49 (미평동)	28426 28634	043-296-8171 (F) 043-296-7950
천안교도소	충청남도 천안시 성환우체국 사서함 20호 충청남도 천안시 서북구 성거읍 상고1길 127	31016 31051	041-521-7600 (F) 041-567-3464
청주여자교도소	충청북도 청주시 서청주우체국 사서함 145호 충청북도 청주시 서원구 청남로1887번길 78 (산남동)	28426 28634	043-288-8140 (F) 043-292-1134
공주교도소	충청남도 공주시 공주우체국 사서함 13호 충청남도 공주시 장기로 21-45 (금흥동)	32546 32589	041-851-3200 (F) 041-852-5813
충주구치소	충청북도 충주시 엄정우체국 사서함 1호 충청북도 충주시 산척면 천등박달로 222	27313 27315	043-856-9701 (F) 043-856-9704
홍성교도소	충청남도 홍성군 홍성우체국 사서함 9호 충청남도 홍성군 홍성읍 충서로 1245	32247 32244	041-630-8600 (F) 041-630-8783
홍성교도소 서산지소	충청남도 서산시 성연우체국 사서함 1호 충청남도 서산시 성연면 두치로 343	31930 31930	041-669-6891 (F) 041-669-6895
대전교도소 논산지소	충청남도 논산시 성동우체국 사서함 1호 충청남도 논산시 성동면 금백로 662-19	32927 32928	041-733-2220 (F) 041-733-2227
광주지방교정청			
광주지방교정청	광주광역시 북구 첨단과기로208번길 43 (오룡동) 정부광주지방합동청사(고층부) 6층	61011	062-975-5900 (F) 062-975-5992
광주교도소	광주광역시 북구 북광주우체국 사서함 63호 광주광역시 북구 북부순환로 396 (삼각동)	61244 61047	062-251-4321 (F) 062-611-0299
전주교도소	전북특별자치도 전주시 전주우체국 사서함 72호 전북특별자치도 전주시 완산구 구이로 2034 (평화동3가)	54966 55128	063-224-4361 (F) 063-221-3327
순천교도소	전라남도 순천시 순천우체국 사서함 9호 전라남도 순천시 서면 백강로 790	57987 57905	061-751-2114 (F) 061-752-3440
목포교도소	전라남도 무안군 일로우체국 사서함 1호 전라남도 무안군 일로읍 일로중앙로 78	58574 58574	061-284-4101 (F) 061-281-4170
군산교도소	전북특별자치도 군산시 군산우체국 사서함 10호 전북특별자치도 군산시 옥구읍 할미로 127	54025 54172	063-462-0101 (F) 063-462-5159

제주교도소	제주특별자치도 제주시 제주우체국 사서함 161호 제주특별자치도 제주시 정실동길 51 (오라이동)	63166 63147	064-741-2800 (F) 064-742-1067
장흥교도소	전라남도 장흥군 장흥우체국 사서함 1호 전라남도 장흥군 용산면 장흥대로 2667	59328 59345	061-860-9114 (F) 061-862-7961
해남교도소	전라남도 해남군 해남우체국 사서함 6호 전라남도 해남군 옥천면 해남로 521	59027 59021	061-530-9300 (F) 061-534-6338
정읍교도소	전북특별자치도 정읍시 정읍우체국 사서함 1호 전북특별자치도 정읍시 소성면 저동길 45	56163 56213	063-928-9114 (F) 063-927-1004

기관·언론·단체 주소록

기관명	주 소	우편번호	전 화
기 관			
국회	서울특별시 영등포구 의사당대로 1 (여의도동)	07233	02-6788-2114
헌법재판소	서울특별시 종로구 북촌로 15 (재동)	03060	02-708-3456
감사원	서울특별시 종로구 북촌로 112 (삼청동)	03050	02-2011-2114
국가인권위원회	서울특별시 중구 삼일대로 340 (저동 1가) 나라키움 저동빌딩	04551	02-2125-9700
법무부	경기도 과천시 관문로 47 (중앙동) 정부과천청사 1동	13809	02-2110-3000 1363 (교정민원콜센터)
행정안전부	세종특별자치시 도움6로 42 (어진동)	30112	02-2100-3399
보건복지부	세종특별자치시 도움4로 13 (어진동) 정부세종청사 10동	30113	129
고용노동부	세종특별자치시 한누리대로 422 (어진동) 정부세종청사 11동	30117	1350
여성가족부	서울특별시 종로구 세종대로 209 (세종로) 정부서울청사	03171	02-2100-6000
개인정보보호위원회	서울특별시 종로구 세종대로 209 (세종로) 정부서울청사	03171	02-2100-3025
국민권익위원회	세종특별자치시 도움5로 20 (어진동) 정부세종청사 7동	30102	(국번없이) 110
중앙행정심판위원회	세종특별자치시 도움5로 20 (어진동) 정부세종청사 7-2동	30102	(국번없이) 110
경찰청	서울특별시 서대문구 통일로 97 (미근동)	03739	(국번없이) 182
대한법률구조공단	경상북도 김천시 혁신2로 26 (율곡동)	39660	054-810-0132 132 (법률상담)
대한변호사협회	서울특별시 서초구 서초대로45길 20 (서초동) 대한변협회관 3층	06595	02-3476-4000
한국형사·법무정책연구원	서울특별시 서초구 태봉로 114 (우면동)	06764	02-575-5282
유엔난민기구	서울특별시 중구 퇴계로 110 (회현동3가) 서울N스퀘어 5층	04631	02-773-7011
한국의료분쟁조정중재원	서울특별시 중구 소월로2길 30 (남대문로5가) T타워(8층)	04637	1670-2545
언 론			
BBS 불교방송	서울특별시 마포구 마포대로 20 (마포동) 다보빌딩	04175	02-705-5114
CBS 기독교방송	서울특별시 양천구 목동서로 159-1 (목동)	07997	02-2650-7000
cpbc 가톨릭평화방송	서울특별시 중구 삼일대로 330 (저동1가) 평화빌딩	04552	02-2270-2114
JTBC	서울특별시 마포구 상암산로 38 (상암동)	03909	02-751-6000
KBS	서울특별시 영등포구 여의공원로 13 (여의도동)	07235	02-781-1000
MBC	서울특별시 마포구 성암로 267 (상암동)	03925	02-789-0011
MBN	서울특별시 중구 퇴계로 190 (필동1가)	04627	02-2000-3114
SBS	서울특별시 양천구 목동서로 161 (목동)	07996	02-2061-0006

YTN	서울특별시 마포구 상암산로 76 (상암동)	03926	02-398-8000
가톨릭평화신문	서울특별시 중구 삼일대로 330 (저동1가) 평화빌딩	04552	02-2270-2114
가톨릭신문	서울특별시 광진구 능동로37길 11 (중곡동)	04919	02-778-7671
경향신문	서울특별시 중구 정동길 3 (정동)	04518	02-3701-1114
국민일보	서울특별시 영등포구 여의공원로 101 (여의도동)	07241	02-781-9114
내일신문	서울특별시 종로구 새문안로3길 3 (신문로1가)	03175	02-2287-2300
노컷뉴스	서울특별시 양천구 목동서로 159-1 (목동) 7층 (주)씨비에스미디어캐스트	07997	02-2650-0500
뉴스1	서울특별시 종로구 종로 47 (공평동) SC빌딩 17층	03160	02-397-7000
뉴스타파	서울특별시 중구 퇴계로 212-13 (필동2가)	04625	02-2038-0977
뉴시스	서울특별시 중구 퇴계로 173 (충무로3가) 남산스퀘어빌딩 12층	04554	02-721-7400
더시사법률	경기도 남양주시 다산중앙로123번길 22-16 (다산동) 샤르망프라자 507호	12248	031-522-6890
동아일보	서울특별시 종로구 청계천로 1 (서린동)	03187	02-2020-0114
매일노동뉴스	서울특별시 마포구 동교로16길 15 (서교동) 동호빌딩 3층	04029	02-364-6900
문화일보	서울특별시 중구 새문안로 22 (충정로1가)	04516	02-3701-5114
민중의소리	서울특별시 종로구 삼일대로 469 (경운동) 서원빌딩 11층	03147	02-723-4266
법률신문	서울특별시 서초구 서초대로 396 (서초동) 강남빌딩 14층	06619	02-3472-0601
서울신문	서울특별시 중구 세종대로 124 (태평로1가)	04520	02-2000-9000
세계일보	서울특별시 용산구 서빙고로 17 (한강로3가)	04387	02-2000-1234
시사인	서울특별시 중구 중림로 27 (중림동) 가톨릭출판사빌딩 3층	04506	02-3700-3200
시사저널	서울특별시 용산구 한강대로43길 5 (한강로2가)	04376	02-3703-7024
여성신문	서울특별시 종로구 삼일대로 447 (경운동) 부남빌딩 8층	03148	02-318-9300
연합뉴스	서울특별시 종로구 율곡로2길 25 (수송동)	03143	02-398-3114
연합뉴스TV	서울특별시 종로구 율곡로2길 25 (수송동)	03143	02-398-7800
오마이뉴스	서울특별시 마포구 월드컵로14길 42-5 (서교동)	04003	02-733-5505
중앙일보	서울특별시 마포구 상암산로 48-6 (상암동)	03909	02-751-5114
채널A	서울특별시 종로구 청계천로 1 (서린동)	03187	02-2020-3114
코리아타임스	서울특별시 중구 세종대로 17 (남대문로5가) 와이즈타워 14층	04512	02-724-2114
코리아헤럴드	서울특별시 용산구 후암로4길 10 (후암동) 헤럴드스퀘어	04336	02-727-0114
쿠키뉴스	서울특별시 금천구 가산디지털2로 95 (가산동)	08505	02-852-5110
프레시안	서울특별시 마포구 양화로10길 49 (서교동) BK빌딩 101호	04043	02-722-8494
한겨레	서울특별시 마포구 효창목길 6 (공덕동)	04186	1566-9595
한국일보	서울특별시 중구 세종대로 17 (남대문로5가)	04512	02-724-2114

인권사회단체			
경북북부이주노동자센터	경상북도 안동시 옥동1길 19 (옥동) 근로자복지관 민주노총 내	36664	054-858-2260
광주민중의집	광주광역시 광산구 사암로340번안길 6-5 (월곡동) 세진빌딩 601호	62328	062-952-1299
구속노동자후원회	서울특별시 서대문구 충정로6길 53 (미근동) 201호	03739	02-364-3733
국제앰네스티 한국지부	서울특별시 종로구 우정국로2길 21 (관철동) 대왕빌딩 6층	03189	02-730-4755
난민인권센터	서울특별시 종로구 삼일대로 428 (낙원동) 낙원상가 500호	03140	02-712-0620 (수·목요일)
다산인권센터	경기도 수원시 팔달구 정조로 767-4 (팔달로3가) 지환빌딩 401호	16261	031-213-2105
레드리본사회적협동조합	대구광역시 동구 동호로9길 65 (신서동) 뉴하모니 2층	41088	053-555-5448
모두를 위한 이주인권문화센터	경기도 용인시 처인구 중부대로 1480 (김량장동) 4층	17063	031-333-6644
울산인권운동연대	울산광역시 중구 다운로 40 (다운동) 2층	44406	052-242-1119
유엔인권정책센터	서울특별시 중구 청계천로 100 (수표동) 시그니쳐타워 서관 10층 1058호	04542	02-6287-1210
이주민과 함께	부산광역시 부산진구 전포대로256번길 7 (전포동) SM빌딩 5층	47301	051-802-3438
인권운동사랑방	서울특별시 영등포구 도신로51길 7-13 (신길동)	07313	02-365-5363
빈곤과 차별에 저항하는 인권운동연대	대구광역시 중구 동덕로36길 58 (동인동4가) 2층	41908	053-290-7474
이주노동자노동조합 (MTU)	서울특별시 구로구 디지털로33길 50 (구로동) 벽산디지털밸리7차 201호	08377	02-2285-6068
의정부EXODUS 이주민센터	경기도 의정부시 비우로 99 (녹양동)	11612	031-878-6926
장애여성공감	서울특별시 강동구 올림픽로 664 (천호동) 대우베네시티 상가 411호	05328	02-441-2384
장애와인권 발바닥행동	서울특별시 종로구 동숭길 25 (동숭동) 유리빌딩 5층	03086	02-794-0395
장애우권익문제연구소	서울특별시 영등포구 의사당대로 22 (여의도동) 이룸센터 303호	07236	02-2675-5364
장애인차별금지추진연대	서울특별시 종로구 동숭길 25 (동숭동) 유리빌딩 508호	03086	02-732-3420
전북평화와인권연대	전북특별자치도 전주시 완산구 고사평2길 7-3 (서신동) 1층	54943	063-278-9331
정의·평화·인권을 위한 양심수후원회	서울특별시 관악구 남부순환로247길 14-3 (봉천동)	08802	02-874-4063
제주평화인권연구소 왓	제주특별자치도 제주시 충효1길 17-1 (삼도일동) 1층	63177	-
종교자유정책연구원	서울특별시 중구 동호로24길 27-17 (장충동2가) 우리함께빌딩 3층	04617	02-2278-1141
진보네트워크센터	서울특별시 서대문구 독립문로8길 23 (천연동) 3층	03745	02-774-4551
참여연대	서울특별시 종로구 자하문로9길 16 (통인동)	03036	02-723-5300

천주교인권위원회	서울특별시 중구 명동길 80 (명동2가)	04537	02-777-0641
트랜스젠더인권단체 조각보	서울특별시 마포구 서강로 138 (노고산동) 6층	04100	-
한국게이인권운동단체 친구사이	서울특별시 종로구 돈화문로 39-1 묘동빌딩 3층 (묘동)	03139	02-745-7942
한국성폭력상담소	서울특별시 마포구 성지1길 32-42 2층 (합정동)	04072	02-338-5801
한국여성민우회 성폭력상담소	서울특별시 마포구 월드컵로26길 39 (성산동) 시민공간 나루 3층	03969	02-335-1858
한국이주민건강협회 위프렌즈	서울특별시 서대문구 통일로9길 12 (냉천동) 2층	03735	02-3147-0516
한국이주여성인권센터	서울특별시 종로구 종로65길 27-1 (숭인동) 코콤빌딩 2층	03112	02-3672-8988
함께서봄	-	-	070-7567-1595
행동하는성소수자인권연대	서울특별시 마포구 월드컵북로12길 20-5, 1층 (성산동)	03978	02-715-9984
화성외국인보호소방문 시민모임 마중	-	-	070-4458-3200
HIV/AIDS인권행동 알	-	-	02-6448-1201
4·9통일평화재단	서울특별시 종로구 삼봉로 81 (수송동) 두산위브파빌리온 1130호	03150	02-720-7511
공익법 단체			
공익법단체 두루	서울특별시 중구 퇴계로8길 58, 3층 (회현동1가)	04635	02-6200-1853
공익변호사와 함께하는 동행	광주광역시 동구 천변우로 339, 302호 (수기동, 제일오피스텔)	61478	062-351-0518
공익인권법재단 공감	서울특별시 종로구 창덕궁길 29-6, 3층 (원서동)	03058	02-3675-7740
공익인권변호사모임 희망을만드는법	서울특별시 영등포구 영등포로 21 (양평동2가) 양평빌딩 407호	07275	02-364-1210
디엘지 공익인권센터	서울특별시 서초구 강남대로 311 (서초동) 8층	06628	02-2051-1870
민주사회를 위한 변호사모임 공익인권변론센터	서울특별시 서초구 서초대로46길 74 (서초동) 스탠다드빌딩 3층	06649	02-522-7284
서울대학교 법학전문대학원 공익법률센터	서울특별시 관악구 관악로 1, 15-1동 1층 (신림동)	08826	02-880-6864
서울지방변호사회 프로보노지원센터	서울특별시 서초구 서초대로45길 20 (서초동) 변호사교육문화관 4층	06595	02-6959-9593
이주민센터 친구	서울특별시 영등포구 대림로 157 (대림동) 일승빌딩 2층	07413	02-6406-7179
재단법인 동천	서울특별시 종로구 우정국로 26 (공평동) 센트로폴리스빌딩 B동 10층	03161	02-3404-7590
재단법인 화우공익재단	서울특별시 강남구 영동대로 517 (삼성동) 19층 메일룸	06164	02-6182-8011

법원 주소록

※가정법원, 회생법원, 시·군법원 제외

고등법원	지방법원	지원	주소	우편번호	전화번호
대법원			서울특별시 서초구 서초대로 219 (서초동)	06590	02-3480-1100
서울행정법원			서울특별시 서초구 강남대로 193 (양재동)	06749	02-2055-8114
서울			서울특별시 서초구 서초중앙로 157 (서초동)	06594	02-530-1114
	서울중앙		서울특별시 서초구 서초중앙로 157 (서초동)	06594	02-530-1114
	서울동부		서울특별시 송파구 법원로 101 (문정동)	05856	02-2204-2114
	서울남부		서울특별시 양천구 신월로 386 (신정동)	08088	02-2192-1114
	서울북부		서울특별시 도봉구 마들로 749 (도봉2동)	01322	02-910-3114
	서울서부		서울특별시 마포구 마포대로 174 (공덕동)	04207	02-3271-1114
	의정부		경기도 의정부시 녹양로34번길 23 (가능동)	11616	031-828-0114
		고양	경기도 고양시 일산동구 장백로 209 (장항동)	10413	031-920-6114
	인천		인천광역시 미추홀구 소성로 163번길 17 (학익동)	22220	032-860-1113
		부천	경기도 부천시 원미구 상일로 129 (상동)	14602	032-320-1114
	춘천		강원특별자치도 춘천시 공지로 284 (효자2동)	24342	033-259-9000
		강릉	강원특별자치도 강릉시 동해대로 3288-18 (난곡동)	25463	033-640-1000
		원주	강원특별자치도 원주시 시청로 149 (무실동)	26478	033-738-1000
		속초	강원특별자치도 속초시 법대로 15 (동명동)	24822	033-639-7600
		영월	강원특별자치도 영월군 영월읍 영월향교1길 53	26228	033-371-1114
대전			대전광역시 서구 둔산중로78번길 45 (둔산동)	35237	042-470-1114
	대전		대전광역시 서구 둔산중로78번길 45 (둔산동)	35237	042-470-1114
		홍성	충청남도 홍성군 홍성읍 법원로 38 (월산리)	32226	041-640-3100
		공주	충청남도 공주시 한적2길 34-15 (금흥동)	32568	041-840-5700
		논산	충청남도 논산시 강경읍 계백로 99 (대흥리)	32930	041-746-2700
		서산	충청남도 서산시 공림4로 24 (예천동)	31988	041-660-0600
		천안	충청남도 천안시 동남구 청수14로 77 (청당동 476)	31198	041-620-3000
	청주		충청북도 청주시 서원구 산남로62번길 51 (산남동)	28624	043-249-7114
		충주	충청북도 충주시 계명대로 103 (교현2동)	27357	043-841-9119
		제천	충청북도 제천시 칠성로 53 (중앙로2가)	27165	043-640-2070
		영동	충청북도 영동군 영동읍 영동황간로 99 (매천리)	29150	043-740-4000
대구			대구광역시 수성구 동대구로 364 (범어동)	42027	053-757-6600
	대구		대구광역시 수성구 동대구로 364 (범어동)	42027	053-757-6600
		서부	대구광역시 달서구 장산남로 30 (용산동)	42635	053-570-2114

		안동	경상북도 안동시 강남로 304 (정하동)	36752	054-850-5091
		경주	경상북도 경주시 화랑로 89 (동부동)	38145	054-770-4300
		포항	경상북도 포항시 북구 법원로 181 (양덕동)	37573	054-250-3050
		김천	경상북도 김천시 물망골길 39 (삼락동)	39518	054-420-2114
		상주	경상북도 상주시 북천로 17-9 (만산동)	37160	054-530-5500
		의성	경상북도 의성군 의성읍 군청길 67 (중리리)	37339	054-830-8030
		영덕	경상북도 영덕군 영덕읍 경동로 8337 (화개리)	36427	054-730-3000
부산			부산광역시 연제구 법원로 31 (거제동)	47510	051-590-1114
	부산		부산광역시 연제구 법원로 31 (거제동)	47510	051-590-1114
		동부	부산광역시 해운대구 재반로112번길 20 (재송동)	48053	051-780-1114
		서부	부산광역시 강서구 명지국제7로 77 (명지동)	46726	051-812-1114
	울산		울산광역시 남구 법대로 55 (옥동)	44643	052-216-8000
	창원		경상남도 창원시 성산구 창이대로 681 (사파동)	51456	055-239-2000
		마산	경상남도 창원시 마산합포구 완월동7길 16 (장군동4가)	51265	055-240-9300
		진주	경상남도 진주시 진양호로 303 (신안동)	52676	055-760-3300
		통영	경상남도 통영시 용남면 동달안길 67 (동달리)	53029	055-640-8500
		밀양	경상남도 밀양시 밀양대로 1993-20 (내이동)	50424	055-350-2500
		거창	경상남도 거창군 거창읍 죽전1길 31 (중앙리)	50129	055-940-7170
광주			광주광역시 동구 준법로 7-12 (지산2동)	61441	062-239-1247
	광주		광주광역시 동구 준법로 7-12 (지산2동)	61441	062-239-1114
		목포	전라남도 목포시 정의로 29 (옥암동)	58671	061-270-6600
		장흥	전라남도 장흥군 장흥읍 읍성로 121-1 (남동리)	59330	061-860-1500
		순천	전라남도 순천시 왕지로 21 (왕지동)	57932	061-729-5114
		해남	전라남도 해남군 해남읍 중앙1로 330 (구교리)	59031	061-534-9151
	전주		전북특별자치도 전주시 덕진구 사평로 25 (덕진동1가)	54889	063-259-5400
		군산	전북특별자치도 군산시 법원로 68 (조촌동)	54079	063-450-5000
		정읍	전북특별자치도 정읍시 수성6로 29 (수성동)	56172	063-570-1000
		남원	전북특별자치도 남원시 용성로 59 (동충동)	55761	063-620-2700
	제주		제주특별자치도 제주시 남광북5길 3 (이도이동)	63223	064-729-2000
수원			경기도 수원시 영통구 법조로 105 (하동)	16512	031-639-1555
	수원		경기도 수원시 영통구 법조로 105 (하동)	16512	031-210-1114
		성남	경기도 성남시 수정구 산성대로 451 (단대동)	13143	031-737-1114
		여주	경기도 여주시 현암로 21-12 (현암동)	12638	031-880-7500
		평택	경기도 평택시 평남로 1036 (동삭동)	17848	031-650-3114
		안산	경기도 안산시 단원구 광덕서로 75 (고잔동)	15472	031-481-1114
		안양	경기도 안양시 동안구 관평로 212번길 70 (관양동)	14054	031-8086-1114

검찰청 주소록

고등 검찰청	지방 검찰청	지청	주 소	우편번호
대검찰청			서울특별시 서초구 반포대로 157 (서초동)	06590
서울			서울특별시 서초구 반포대로 172 (서초동)	06594
	서울중앙		서울특별시 서초구 반포대로 158 (서초동)	06594
	서울동부		서울특별시 송파구 정의로 30 (문정동)	05836
	서울남부		서울특별시 양천구 신월로 390 (신정동)	08088
	서울북부		서울특별시 도봉구 마들로 747 (도봉동)	01322
	서울서부		서울특별시 마포구 마포대로 174 (공덕동)	04207
	의정부		경기도 의정부시 녹양로34번길 23 (가능동)	11616
		고양	경기도 고양시 일산동구 장백로 213 (장항동)	10413
		남양주	경기도 남양주시 다산중앙로82번안길 161 (다산동)	12249
	인천		인천광역시 미추홀구 소성로 163번길 49 (학익2동)	22220
		부천	경기도 부천시 원미구 상일로 127 (상동)	14602
	춘천		강원특별자치도 춘천시 공지로 288 (효자동)	24342
		강릉	강원특별자치도 강릉시 동해대로 3288-17 (난곡동)	25463
		원주	강원특별자치도 원주시 시청로 139 (무실동)	26478
		속초	강원특별자치도 속초시 법대로 17 (동명동)	24822
		영월	강원특별자치도 영월군 영월읍 영월향교1길 53	26228
대전			대전광역시 서구 둔산중로 78번길 15 (둔산동)	35237
	대전		대전광역시 서구 둔산중로 78번길 15 (둔산동)	35237
		홍성	충청남도 홍성군 홍성읍 법원로 40 (월산리)	32226
		공주	충청남도 공주시 한적2길 34-13 (금흥동)	32568
		논산	충청남도 논산시 강경읍 계백로 99 (대흥리)	32930
		서산	충청남도 서산시 공림4로 23 (예천동)	31988
		천안	충청남도 천안시 동남구 청수14로 67 (청당동)	31198
	청주		충청북도 청주시 서원구 산남로70번길 51 (산남동)	28624
		충주	충청북도 충주시 계명대로 101 (교현동)	27357
		제천	충청북도 제천시 칠성로 51 (의림동)	27165
		영동	충청북도 영동군 영동읍 영동황간로 77 (매천리)	29150
대구			대구광역시 수성구 동대구로 366 (범어동)	42027
	대구		대구광역시 수성구 동대구로 366 (범어동)	42027
		서부	대구광역시 달서구 장산남로 40 (용산동)	42635

		안동	경상북도 안동시 강남로 306 (정하동)	36752
		경주	경상북도 경주시 화랑로 89 (동부동)	38145
		포항	경상북도 포항시 북구 법원로 181 (양덕동)	37573
		김천	경상북도 김천시 물망골길 33 (삼락동)	39518
		상주	경상북도 상주시 북천로 17-9 (만산동)	37160
		의성	경상북도 의성군 의성읍 군청길 67 (중리리)	37339
		영덕	경상북도 영덕군 영덕읍 경동로 8335 (화개리)	36427
부산			부산광역시 연제구 법원로 15 (거제동)	47510
	부산		부산광역시 연제구 법원로 15 (거제동)	47510
		동부	부산광역시 해운대구 재반로112번길 19 (재송동)	48053
		서부	부산광역시 강서구 명지국제7로 67 (명지동)	46726
	울산		울산광역시 남구 법대로 45 (옥동)	44643
		창원	경상남도 창원시 성산구 창이대로 669 (사파동)	51456
		마산	경상남도 창원시 마산합포구 중앙동로 21 (중앙동3가)	51736
		진주	경상남도 진주시 진양호로 301 (신안동)	52676
		통영	경상남도 통영시 용남면 동달안길 67 (동달리)	53029
		밀양	경상남도 밀양시 밀양대로 1993-20 (내이동)	50424
		거창	경상남도 거창군 거창읍 죽전1길 31 (중앙리)	50129
광주			광주광역시 동구 준법로 7-12 (지산동)	61441
	광주		광주광역시 동구 준법로 7-12 (지산동)	61441
		목포	전라남도 목포시 정의로 9 (옥암동)	58671
		장흥	전라남도 장흥군 장흥읍 읍성로 121-1 (남동리)	59330
		순천	전라남도 순천시 왕지로 19 (왕지동)	57932
		해남	전라남도 해남군 해남읍 중앙1로 332 (구교리)	59031
	전주		전북특별자치도 전주시 덕진구 가인로 11 (만성동)	54867
		군산	전북특별자치도 군산시 법원로 70 (조촌동)	54079
		정읍	전북특별자치도 정읍시 수성6로 27 (수성동)	56172
		남원	전북특별자치도 남원시 용성로 59 (동충동)	55761
	제주		제주특별자치도 제주시 남광북5길 3 (이도이동)	63223
수원			경기도 수원시 영통구 법조로 91 (하동)	16512
	수원		경기도 수원시 영통구 법조로 91 (하동)	16512
		성남	경기도 성남시 수정구 산성대로 451 (단대동)	13143
		여주	경기도 여주군 여주읍 현암로 21-11 (현암리)	12638
		평택	경기도 평택시 평남로 1040 (동삭동)	17848
		안산	경기도 안산시 단원구 광덕서로 73 (고잔동)	15472
		안양	경기도 안양시 동안구 관평로212번길 52 (관양동)	14054

■ 전국 검찰청 전화번호 : 국번없이 1301

참고문헌

국가인권위원회

- 구금시설 인권실태에 관한 보고서, 국가인권위원회설립준비기획단, 구금시설연구모임, 2002
- 군내 구금시설 인권실태조사를 위한 기초 현황파악, 성공회대학교 인권평화센터, 2002.12
- 구금시설 내 여성수용자 인권실태조사(2003년도 인권상황실태조사 연구용역사업 보고서), 조은경·이인영, 2003
- 구금시설 내 진정권 보장 현황 실태조사(2002년도 인권상황 실태조사 연구용역사업 보고서), 이순래·장규원, 2003.3.31
- 구금시설의 의료실태조사 및 의료권보장을 위한 연구(2002년도 인권상황 실태조사 연구용역사업 보고서), 김정범·김인회·이상희·우석균·주영수, 2003.4
- 구금시설내 계구사용과 수용자의 인권 : 국가인권위원회 공청회, 2003.7.8
- 구금시설 내 인권침해의 유형분석 및 지침개발(안)(2003년도 인권상황실태조사), 2003.11.30
- 구금시설 수용자 건강권 보장방안 마련을 위한 청문회, 2003.12.9
- 구금시설 내 인권침해유형 및 예방지침(안) 개발을 위한 공청회, 2003.12.16
- 구금시설 평가지침서 개발연구(2003년도 인권상황실태조사), 2004.8
- 수용자의 인권보호와 처우개선을 위한 정책연구, 2004.12
- 자의적 구금에 관한 실무그룹(유엔인권해설집), 2005.11
- 국제피구금자처우준칙(Making Standards Work), 국제형사개혁위원회(Penal Reform International, PRI), 국가인권위원회, 인권운동사랑방, 이호중 옮김, 2007.12
- 구금시설 내 수용자 건강권 보장을 위한 토론회 자료집, 2009.11
- WHO 구금시설 건강권 보장을 위한 지침서, 2009.11
- 구금시설 수용자 건강권 실태조사(2010년도 인권상황실태조사 보고서), 인권의학연구소, 2010.11
- 빌딩형 구금시설 시설구조의 인권보호기능 방문조사 결과보고서, 2011.12
- 「보호수용법(안)」 관련 토론회 자료집, 2014.11
- 고문방지협약 선택의정서 가입국 이행상황 및 가입방안 연구(2015년도 인권상황실태조사 연구용역보고서), 한양대학교 산학협력단, 2015.8
- 구금시설 건강권 실태조사(2016년도 인권상황실태조사 연구용역), 한림대학교 산학협력단, 2016.12
- 수용자자녀 인권상황 실태조사 결과발표 및 정책토론회 자료집, 2017.10
- 수용자자녀 인권상황 실태조사(2017년도 인권상황실태조사 연구용역보고서), 사단법인 아동복지실천회 세움, 2017.11
- 구금시설 과밀수용과 수용자 인권 토론회 자료집, 2017.11
- 구금시설 장애인 수용자에 대한 정당한 편의제공 실태조사(2020년 장애인 인권증진을 위한 실태조사), 장애우권익문제연구소, 2020.12

- 교정시설 수용자의 인권 및 처우 개선방안에 대한 연구, 법률정책연구소 창덕, 2022.11
- 형집행법 개정 방안 마련을 위한 토론회 자료집, 2023.4
- 인권친화적 교정시스템 구축 및 교정사각화 방지를 위한 연구(2024년도 인권상황실태조사 연구용역보고서), 한국형사·법무정책연구원, 2024.12

한국형사·법무정책연구원[+]

- 교정처우의 현황과 개선방안, 김상희·정동진, 1990
- 교정공무원의 의식에 관한 연구, 박재윤, 1991
- 교정교화분야의 민간참여에 관한 연구, 한인섭, 1991
- 교정시설의 교화활동에 관한 연구, 김상희·이인순, 1991
- 누범수형자의 효율적 관리방안, 임웅, 1991
- 수형자 직업훈련의 효율성에 대한 연구, 문영호·이인순, 1992
- 강력범 수형자의 교정처우에 관한 연구, 이병기·승성신, 1993
- 소년원 교정교육 프로그램의 운영실태와 개선방안, 이병기·김성언, 1994
- 근대감옥과 사회통제에 관한 역사–사회적 연구, 한인섭, 형사정책연구 제21호, 1995
- 소년수형자 교정처우에 관한 연구, 이훈규·이정규, 1995
- 여성수형자의 수형생활 실태, 김두섭·전영실, 1995
- 외국의 수형자 직업훈련제도에 관한 연구, 장규원, 1995
- 사설교도소의 도입 및 운영에 관한 연구, 한국교정학회, 1996
- 수용자 교정교육의 효율성에 관한 연구, 이훈규·이정규, 1996
- 피보호감호자의 사회적응증진과 재범방지를 위한 교정처우프로그램에 관한 연구, 조성희, 1996
- 피보호감호자의 교정처우실태, 김종정, 1997
- 수형자의 외부통근제도에 관한 연구, 김종정, 1998
- 교도소내 수용자폭력행위에 관한 연구, 임재표, 1999
- 민영교도소 도입을 위한 예비연구, 한국교정학회, 1999
- 노인수형자의 특성 및 처우실테에 관한 연구, 강은영, 2001
- 마약류관련 수용자 교정처우에 관한 연구, 홍남식, 2001
- 미결구금제도에 관한 연구, 도중진, 2001
- 출소전 수형자의 의식조사, 탁희성, 2001
- 미국의 교정현황에 대한 연구, 홍남식, 2002
- 수형자의 법적 권리에 관한 연구, 정진수, 2002
- 여자비행청소년의 교정처우실태에 관한 연구, 전영실, 2002
- 21세기 교정비젼과 처우의 선진방안, 정진수·박양빈·이윤호·임재표·김종정·홍남식·이종택, 2003
- 교정처우모델에 관한 연구, 장규원, 2003

[+] 2021. 5. '한국형사정책연구원'의 명칭이 '한국형사·법무정책연구원'으로 변경됨

- 교정행정에 대한 국민의식 조사, 박성래, 2003
- 미결수용자 처우에 관한 연구, 정진수, 2003
- 보호감호제도의 개선방안 연구, 김혜정, 2003
- 소년미결구금제도에 관한 연구, 김지선, 2003
- 한국과 선진국의 교정조직 구성, 최유성·정창화·최무현, 2003
- 미국의 민영교도소에 관한 연구, 한국교정학회, 2004
- 교정단계에서 회복적사법의 가능성, 김용세·류병관, 2006
- 교정사고의 처리실태와 개선방안, 박형민·류종하, 2006
- 장기 수형자 처우모델 개발을 위한 탐색적연구, 정영진·신연희, 2006
- 민영교도소의 두 모델과 한국에서의 도입추진 상황, 이승호, 형사정책연구 제18권 제3호 통권 제71호, 2007
- 수형자의 사회복귀와 처우 연계, 최영신·홍영오·이법호·정영진·이창한·김안식, 2007
- 수용자 정보공개 이용실태 분석, 박미숙·최영신·노용준, 2009
- 수형자의 법질서 확립방안에 관한 연구, 연성진·노용준·신경우, 2009
- 교도작업의 개선방안 연구-교도작업의 법적 지위, 탁희성·안성훈, 2010
- 교정시설 경비등급별 차등화 처우모델 개발, 김지영 외, 2010
- 여성과 구금 : 교도소 관리자와 정책입안자들을 위한 핸드북(유엔 형사사법 핸드북), 윤옥경 옮김, 2010
- 교도소 수형자의 규율위반 행동에 대한 분석 : 피해 경험과 절차적 공정성의 효과를 중심으로, 윤옥경, 형사정책연구 제22권 제3호 통권 제87호, 2011
- 구금시설 수용자에 대한 징벌제도의 개선방안, 정승환, 형사정책연구 제22권 제2호 통권 제86호, 2011
- 수형자의 교도소 내 규율위반 : 교도소화의 적용과 자기통제이론에 근거한 재해석, 민수홍, 형사정책연구 제22권 제2호 통권 제86호, 2011
- 형집행정지제도의 공정한 운용을 위한 개선방안 모색, 정영훈, 형사정책연구 제24권 제4호 통권 제96호, 2013
- 수용자 자녀문제에 관한 미국과 영국의 사례분석과 우리나라의 대응방안, 박선영·신연희, 2013
- 고령화 사회에 따른 노인수형자 처우방안, 강은영·권수진·원혜욱, 2014
- 재범방지를 위한 교정보호의 선진화방안 연구(Ⅲ): 교정처우 관련 국제규범에 관한 연구, 이승호·윤옥경·금용명, 2014
- 재범방지를 위한 교정보호의 선진화방안 연구(Ⅲ): 교정처우의 국제규범 이행실태와 개선방안, 최영신·이승호·윤옥경·금용명, 2014
- 자유형에 대한 형집행정지제도의 문제점 및 개선방안, 박찬걸, 형사정책연구 제27권 제2호 통권 제106호, 2016
- 교정시설에서의 과밀수용 현상과 그 대책에 관한 연구, 안성훈, 2016
- 형사정책과 사법제도에 관한 평가 연구(XI): 교정시설 의료처우에 관한 연구, 권수진·한민경·권창모·주영수, 2017
- 동기 없는 범죄 수용자 재범방지를 위한 치료적 개입 및 제도화 방안 연구, 윤정숙·김재현·박은영, 2017
- 개방처우제도의 개선방안에 관한 연구, 권수진·권창모·오영근, 2018
- 형사정책연구 30년의 성과와 과제(Ⅰ): 범죄학 연구, 최영신·한민경·라광현·신동준·노성훈·강지현·이정주·김

연수·윤상연·장안식·최지선·장현석·박현호·윤옥경·박선영·조윤오·박미랑, 2018

- 교정보호시설의 입지갈등과 대응방안 연구, 김민영·배상균·박경규, 2018
- 형사사법기관의 인권보장역량 종합평가 연구(Ⅱ) : 행형기관의 인권보장역량 평가, 강태경·최영신·김영중·고재익·임태훈·김형남·방혜린·박선영, 2019
- 사형확정자의 생활 실태와 특성, 박형민·김대근, 2019
- 수용자 자녀 양육 지원을 위한 처우 개선방안, 권수진·신연희, 2019
- 고령범죄자의 범죄 경력 연구, 박형민·김연수, 2019
- 가석방제도의 운영현황과 개선방안에 관한 연구, 김정연·윤옥경·차종진·배상균, 2019
- 공정하고 인권친화적인 형사절차를 위한 형사사법의 선진화 방안 연구(Ⅱ) :형사절차에서의 각종 불복제도의 합리적인 운영 방안 연구, 김유근·김정연·김재봉·이순욱·문희태, 2020
- 교정시설내 성범죄자 심리치료 프로그램 효과성 평가 연구, 윤정숙·김민영·이태헌, 2020
- 재택구금제도에 관한 연구, 권수진·오병두·유주성, 2020
- 코로나19 위기관리 정책의 인권·형사정책적 개선 방안 연구, 강태경·유진, 2021
- 모범수형자에 대한 형기자기단축제도에 관한 연구, 윤해성·강우예·주성빈, 2021
- 형사정책과 사법제도에 관한 평가 연구(XV)-민영교도소 운영 10년의 성과 분석 및 발전방안, 권수진·임정호·박선영·오병두, 2021
- 수형자 경비처우급 분류지표 및 교정재범예측지표 개선방안 연구, 윤정숙·성유리·이태헌, 2021
- 포스트코로나 시대의 형사사법체계의 변화와 대응(Ⅱ)-팬데믹에 따른 교정과 보호관찰의 변화와 대응, 권수진·장진환·금용명·박선영·최준혁·조윤오·오병두·정지혜, 2022
- 지적장애피고인의 형사사법절차상 처우에 관한 연구, 김지영·황지태·김강원·정제형, 2022

논문

- 자본주의국가의 감옥과 사회통제에 관한 연구: 역사적 형성과 사회적 작용을 중심으로, 한인섭, 서울대학교 대학원 법학과 학위논문(박사), 1989
- 북구의 형사정책 연구: 형벌 및 행형의 이론과 실제, 한인섭, 지역연구 3권 2호, 서울대학교 지역종합연구소, 1994
- 수형자의 법적 지위의 이론적 논증: 특별권력관계 및 교정이론의 분석, 이호중, 법학논총 2, 경원대학교법학연구소, 1995
- 한국 교정의 딜레마와 당면과제, 한인섭, 법학 제40권 제1호, 서울대학교법학연구소, 1999
- 과밀수용 해소방안의 모색, 한영수, 형사정책 제12권 제1호, 한국형사정책학회, 2000
- 교도소 민영화에 관한 연구, 이승호, 형사정책 제12권 제2호, 한국형사정책학회, 2000
- 교도소의 과밀수용 해소방안, 최정학, 민주법학 제17호, 민주주의법학연구회, 2000
- 소년교도소 교정교육의 문제점과 개선방안에 관한 연구, 주세현, 청소년정책연구 제1권 제1호, 한국청소년정책학회, 2000
- 스웨덴의 교정정책과 행형실태에 대한 조사연구, 한인섭, 법학 제114호, 서울대학교법학연구소, 2000
- 자본주의 국가에 있어서 감옥의 정치경제적 기능, 이승호, 일감법학 제5권, 건국대학교법학연구소, 2000

- 교도소 수형자들의 정신건강 문제 실태연구, 이수정, 논문집 제45집 제1호-인문·사회과학편, 경기대학교, 2001
- 소년범죄에 대한 시설내처우의 문제점Ⅱ-기결구금제도(소년교도소)의 문제점을 중심으로-, 원혜욱, 교정연구 제16호, 한국교정학회, 2002
- 우리나라 '민영교도소법'의 허용성과 위험성, 김성돈, 경남법학 제17집, 경남대학교법학연구소, 2002
- 구금시설실태조사보고서, 서울지방변호사회, 2002
- 교도소도서관의 교화교육에 관한 연구, 홍명자, 한국문헌정보학회지 제37권 제4호, 한국문헌정보학회, 2003
- 교도소 민영화의 문제점에 관한 연구, 이수현, 법학논고 제19집, 경북대학교 출판부, 2003
- 미국 민영교도소에 대한 연방헌법 적용논의, 이노홍, 헌법학연구 제9권 제4호, 한국헌법학회, 2003
- 미국의 교정제도 : 회고와 전망, 최병문, 형사정책 제15권 제1호, 한국형사정책학회, 2003
- 수형자의 불만과 저항, 최정기, 진보평론 제16호, 현장에서미래를, 2003
- 아메리카의 교도소와 수형자의 상태, 藤本哲也, 교정 제47권 제8호 통권 제328호, 법무부, 2003
- 일선 교정기관의 기록물 관리실태와 개선방안의 연구: 순천교도소를 중심으로, 김순빈, 경남대학교 대학원 학위논문(석사), 2003
- 행정상 수형자 권리구제제도에 관한 한일간의 비교, 이경재, 법학연구 제14권, 충북대학교법학연구소, 2003
- 현대행형의 위기와 원인, 박강우, Juris forum. 제3호, 충북대학교 법학연구소, 2003
- 교도소 수용자에 대한 알몸수색의 허용 여부, 고시면, 교정 제48권 제6호 통권 제338호, 법무부, 2004
- 민주사회에서의 교도소의 역할과 올바른 관리방법, 앤드루 코일 저, 신용해 역, 교정 제48권 제9호 통권 제341호, 법무부, 2004
- 문화적인 교정시설 조성방안 연구, 김효정, 한국문화관광정책연구원, 2004
- 교도소 내 인권문제의 미시적 접근 : 인권시비와 관련된 수용자의 개인적·심리적 특성을 중심으로, 이윤호·이수정·공정식, 한국공안행정학회보 제19호, 한국공안행정학회, 2005
- 구금시설 내 합리적인 CCTV 운영방안, 장훈도, 교정 제49권 제8호 통권 제352호, 교정협회, 2005
- 구금시설의 인권개선 방안 연구 : 외부교통권을 중심으로, 전준형, 한일장신대 NGO정책대학원 학위논문(석사), 2005
- 구금시설 수용자 인권분야에 있어 국가인권위원회의 활동성과와 과제, 공법연구 제35집 제2-2호, 한국공법학회, 2006
- 교도소 수형자의 수형생활실태, 심리적 요인 및 시설내 적응태도, 민정희, 전북대 대학원 학위논문(석사), 2006
- 교정시설 성폭력 예방을 위한 혁신 제안, 임광기, 교정 제50권 제1호 통권 제357호, 교정협회, 2006
- 마약류 수형자의 수용실태 및 처우 개선방안, 하 : 대전교도소를 중심으로, 김상기, 교정 제50권 제1호 통권 제357호, 교정협회, 2006
- 비행 청소년의 소년 교도소에서의 처우실태, 박영숙, 성산논총 제6/7집, 성산서원, 2006
- 수용자의 권리제한 : 보안조치와 징벌 : 행형법 개정안에 대하여, 이호중, 형사정책 제18권 제1호, 한국형사정책학회, 2006
- 수형자의 교도소 내 징계경험 : 자기통제이론 대 낙인이론의 경합, 민수홍, 형사정책 제18권 제1호, 한국형

사정책학회, 2006

- 개방교도소 재소자를 위한 사회 재적응 프로그램의 효과, 박상규, 교정복지연구 제10호, 한국교정복지학회, 2007
- 교도소 수형자의 선거권 부여 방안에 대한 연구, 오경식, 교정연구 제36호, 한국교정학회, 2007
- 독거수형자의 수용실태 및 의식에 관한 연구 : 대전교도소를 중심으로, 김상기, 교정 제51권 제11호 통권 제379호, 교정협회, 2007
- 수형자 귀휴제도의 문제점과 개선방안, 박영규, 교정연구 제37호, 한국교정학회, 2007
- 수형자의 교도소 생활에 대한 적응, 홍성열, 교정연구 제35호, 한국교정학회, 2007
- 집단프로그램이 교도소 재소자의 특성불안감소에 미치는 영향, 서혜석, 교정복지연구 제10호, 한국교정복지학회, 2007
- 행형법 개정안에 관한 의견 : 수용자 인권보장의 관점에서, 이호중, 인권과 공익법 제1권, 서강대학교 법학연구소, 2007
- 교도소의 과밀수용 해소방안, 연성진, 범죄방지포럼 통권 제23호, 한국범죄방지재단, 2008
- 소년사건처리절차에 있어서 시설내처우에 대한 비판적 검토 : 미결구금시설을 중심으로, 원혜욱, 비교형사법연구 제10권 제2호 통권 제19호, 한국비교형사법학회, 2008
- 의료교도소의 필요성과 대책 방안, 류여해, 교정연구 제40호, 한국교정학회, 2008
- 수형자의 선거권 제한의 위헌성, 이호중, 비교형사법연구 제11권 제1호, 한국비교형사법학회, 2009
- 구금시설의 치과진료체계 및 구강보건의료인력 현황 조사, 강정윤·김영현·오경선·조연숙·이민선·김남희, 치위생과학회지 제9권 제5호, 한국치위생과학회, 2009
- 교도소 교정제도 발전 방안 연구, 전병창, 단국대 행정법무대학원 학위논문(석사), 2010
- 효율적인 징벌집행 방안 : 천안소년교도소 소년수용자를 중심으로, 정상규·윤담, 교정연구 제46호, 한국교정학회, 2010
- 교정시설 내 종교의 자유에 관한 연구 : 수용자의 종교적 행위의 자유를 중심으로, 박종숙, 전북대학교 법무대학원 공법학과 학위논문(석사), 2010
- 현행법상 징역형에서의 작업임금제 도입에 관한 연구, 김선영, 고려대학교 대학원 법학과 학위논문(석사), 2010
- 수형자의 개방처우에 관한 연구, 윤상로, 건국대학교 대학원 법학과 학위논문(박사), 2010
- 외국인수용자의 처우개선에 대한 연구, 진수경, 한양대학교 대학원 법학과 학위논문(석사), 2010
- 교정시설 수용자에 대한 헌법상 기본권 적용범위의 확대방안, 하기수, 경기대학교 대학원 교정보호학과 학위논문(박사), 2010
- 보호감호제의 재도입과 감호자 처우제도 개선방안, 최은하·이언담, 교정연구 제51호, 한국교정학회, 2011
- 수형자의 행동과 교도소 문화에 관한 연구 : 행동규범과 규율위반행동의 관계를 중심으로, 윤옥경, 교정연구 제51호, 한국교정학회, 2011
- 외국인수형자의 교정처우 경험과 인식에 관한 연구, 윤옥경·이현영, 교정연구 제50호, 한국교정학회, 2011
- 형의 집행 및 수용자의 처우에 관한 연구, 최준·허영희, 한국치안행정논집 제8권 제1호, 한국치안행정학회, 2011
- 가석방의 사법처분화 방안 연구, 정승환·신은영, 형사정책 제23권 제2호, 한국형사정책학회, 2011

- 현행 가석방제도에서 사법적 기능의 보완방안, 신은영, 고려대학교 대학원 법학과 학위논문(석사), 2011
- 민영교도소의 운영실태와 개선과제, 김남영·이혜미, 국회입법조사처, 2011
- 교도소 여성재소자들의 인권실태 및 개선방안, 정재훈, CNU law review 제5호, 전남대학교 법학전문대학원 CNU law review 편집위원회, 2012
- 민영교도소에 대한 비교법적 고찰, 김효진·박정성, 사회과학연구 통권 제16호, 경운대학교 사회과학연구소, 2012
- 민영교도소에 대한 비판적 고찰, 장규원·윤현석, 교정연구 제54호, 한국교정학회, 2012
- 수용자 서신검열 제도의 위헌성, 노희범, 법학논총 제32집 제2호, 전남대학교 법학연구소, 2012
- 우리나라 교도소 행형의 연원(淵源), 유병철, 교정연구 제56호, 한국교정학회, 2012
- 소년수형자의 처우 개선방안 연구, 김경태, 교정연구 제62호, 한국교정학회, 2014
- 수용자 징벌제도의 개선방안, 김옥기·송문호, 교정연구 제63호, 한국교정학회, 2014
- 정보보호에 관한 수형자의 권리, 조성용, 저스티스 통권 제144호, 한국법학원, 2014
- 수형자에 관한 헌법재판소 결정의 분석과 평가, 여경수, 인권과 정의 통권 449호, 대한변호사협회, 2015
- 수형자와 변호사 간의 접견내용 녹취행위 - 헌법재판소 결정(2011헌마398)에 대한 평석 -, 조성용, 법조 64권 5호, 법조협회, 2015
- 교정시설 내 자살예방대책, 김옥기·송문호, 교정연구 제68호, 한국교정학회, 2015
- 한국교정 70년의 회고 - 수용자 기본권 확장을 중심으로 -, 이언담, 교정연구 제69호, 한국교정학회, 2015
- 공동체의 회복과 범죄인의 '다시 찾은 갱생', 민윤영, 법과사회 50호, 법과사회이론학회, 2015
- 무죄추정원칙에 입각한 미결수용자 방어권 보장에 관한 연구, 신진수, 건국대학교 대학원 법학과 학위논문(박사), 2015
- 국내 교정시설의 건축프로세스 개선 방안 연구보고서, 서울대학교 건축도시이론연구실, 법무부, 2016
- 민영교도소의 한계와 대안 : 영리화 비판을 중심으로, 주현경, 원광법학 제32권 제1호, 원광대학교 법학연구소, 2016
- 소년수형자의 교도소 내 피해와 가해 경험에 대한 연구, 윤옥경, 교정연구 제70호, 한국교정학회, 2016
- 캐나다의 정신장애 범죄자에 대한 정신건강전략 연구, 허경미, 교정연구 제71호, 한국교정학회, 2016
- 교도소 수용자노동의 쟁점에 관한 연구, 허경미, 교정연구 제73호, 한국교정학회, 2016
- 교정시설 내 회복형 징벌제도 구현에 관한 연구, 박병선·김안식, 교정연구 제73호, 한국교정학회, 2016
- 한국 여성 수형자의 처우 현황과 과제, 연성진, 교정담론 제10권 제3호, 아시아교정포럼, 2016
- 형집행에 관한 새로운 입법정책적 접근의 필요성에 대하여: 독일 연방 및 개별 주의 형집행법을 중심으로, 이정념, 법과사회 52호, 법과사회이론학회, 2016
- 여성수용자의 처우에 대한 개선방안, 천정환, 교정복지연구 제46호, 한국교정복지학회, 2017
- 교정시설 과밀수용의 문제점과 해소방안, 안성훈, 교정연구 제74호, 한국교정학회, 2017
- 교정시설의 특성과 경비등급제도 개선방안, 유병철, 교정연구 제74호, 한국교정학회, 2017
- 젠더적 관점에서 여성수용자 교정정책에 대한 비판론, 천정환, 이화젠더법학 제19호, 이화여자대학교 젠더법학연구소, 2017
- 수용자의 종교적 기본권 행사 보장 문제-미연방 대법원 Holt v. Hobbs, 574 U.S. (2015) 사건을 계기로-, 성중탁, 법학연구 제20집 제1호, 인하대학교 법학연구소, 2017

- 수형자의 서신수수권 제한의 헌법적 문제점과 개선방안, 천정환, 인권과 정의 통권 466호, 대한변호사협회, 2017
- 외국인 수용자 인권처우 관련 법령의 한계 및 개정 방향에 관한 연구, 허경미, 교정연구 제75호, 한국교정학회, 2017
- 노인수용자의 처우 관련 현행법의 한계 및 개정방향에 관한 연구 -국제인권규범과의 비교를 중심으로-, 허경미, 경찰학논총 제12권 제4호, 원광대학교 경찰학연구소, 2017
- 교정시설의 과밀수용에 관한 법·정책적 개선방안 연구: 유럽인권재판소 판례를 중심으로, 심민석, 법과사회 56호, 법과사회이론학회, 2017
- 정신장애 범죄인의 처우에 관한 연구, 권수진, 이화여자대학교 대학원 법학과 학위논문(박사), 2017
- 소년수형자 작업 처우의 개선에 관한 연구, 남선모, 소년보호연구 제31권 제3호, 한국소년정책학회, 2018
- 형의 집행 및 수용자의 처우에 관한 법률상 금치의 문제점과 개선방안, 조성용, 저스티스 통권 제168호, 2018
- 여성수용자의 대동유아처우에 관한 천정환 교수의 새로운 접근론, 천정환, 교정연구 제81호, 한국교정학회, 2018
- 교정시설 수용거실 및 커뮤니티 공간의 치유환경 조성을 위한 설계 가이드라인 개선방안 : 10년 이내 신축된 국내 교정시설 사례를 바탕으로, 이연미, 서울대학교 대학원 건축학과 학위논문(석사), 2018
- 한국 교도소도서관 발전사 연구, 백시현, 중앙대학교 대학원 문헌정보학과 학위논문(석사), 2018
- 교정시설 교화방송의 개선방안, 천정환, 교정복지연구 제61호, 한국교정복지학회, 2019
- 수용자의 서신 수수 제한과 그 한계에 관한 판례 연구 - 서울고등법원 2017. 11. 29. 선고 2017누34669 판결에 대한 평석을 중심으로 -, 심유진, 법학연구 제75호, 한국법학회, 2019
- 변호인 접견교통권과 인권 보장 간의 괴리, 송승현, 법학논문집 제43집 제3호, 중앙대학교 법학연구원, 2019
- 국제인권법상 수용자 의료처우 준칙 및 형집행법령 개정방향, 허경미, 교정연구 제85호, 한국교정학회, 2019
- 노인범죄자의 처우에 관한 연구, 선영화, 동국대학교 대학원 법학과 학위논문(박사), 2019
- 소년교도소의 운영과 개선방안에 대한 소고- 교정과 양육의 결합 시도 -, 김도윤, 법학연구 제77호, 한국법학회, 2020
- 헌법 측면에서 본 형집행법 개정방향 : 수형자 인권, 이무선, 교정담론 제82호, 아시아교정포럼, 2020
- 교정과 인권 -형의 집행 및 수용자의 처우에 관한 법률 및 헌재결정을 중심으로-, 이규호, 법무보호연구 제6권 제1호, 한국법무보호복지학회, 2020
- 통일대비 남북한 수용자의 형집행법 비교연구: UN 넬슨만델라규칙을 기준으로, 공정식, 한국치안행정논집 제55호, 한국치안행정학회, 2020
- 교정시설내 발달장애인에 대한 교정이념의 방향, 천정환, 교정연구 제88호, 한국교정학회, 2020
- 노르웨이 교도소 수용자 교육의 시사점 연구, 허경미, 한국공안행정학회보 제82호, 한국공안행정학회, 2020
- 교정시설 수용자 교육의 한계 및 형집행법령 개정 방향, 허경미, 교정연구 제88호, 한국교정학회, 2020
- 취업알선제도를 통한 수형자의 효율적인 재범방지 방안에 관한 연구, 조미애, 경운대학교 일반대학원 경찰행정학과 학위논문(박사), 2020

- 교정기본계획에 대한 발전적 고찰, 김안식·박병선, 교정상담학연구 제6권 제1호, 한국교정상담심리학회, 2021
- 구금시설 장애인 수용자에 대한 일상생활 영역에서의 정당한 편의제공 방안 고찰 – 형집행법령 개정안을 중심으로 –, 사회복지법제연구 제12권 제3호, 사회복지법제학회, 2021
- 평생교육기관으로서 교도소의 기능 변천에 관한 연구, 유주영, 서울대학교 대학원 교육학과 학위논문(박사), 2021
- 변호인의 조력을 받을 권리의 보장과 한계 : 접견교통권과 신문참여권을 중심으로, 신애리, 이화여자대학교 법학전문대학원 법학과 학위논문(박사), 2021
- 민간 – 군(軍) 사형확정자의 비교를 통한 형사정책적 제언, 김성곤·곽대훈·최우석, 교정연구 제92호, 한국교정학회, 2022
- 여성수형자 처우에 대한 국제기준과 법적과제: 인권과 차별금지, 이무선, 교정담론 제16권 2호, 아시아교정포럼, 2022
- 일본에서의 교정처우·교정교육과 피해자 관여에 관한 최근 동향 – 형 집행 단계 등에서의 피해자 심정 등 청취·전달제도의 신설을 중심으로 –, 피해자학연구, 한국피해자학회, 2023
- 수용자의 출판물 구독에 관한 연구: 형집행법 제47조를 중심으로, 태승모, 교정연구 제95호, 한국교정학회, 2023
- 국영교정시설의 개선방안에 관한 연구 – 수형자의 권리보호를 중심으로 –, 정보영, 배제대학교 일반대학원 법학과 학위논문(박사), 2023
- 수용자 경미범죄에 대한 즉결심판절차 적용방안, 박행렬, 한국공안행정학회보 제98호, 한국공안행정학회, 2024
- 가석방제도 개선을 위한 형기단축제도(Good Time System)의 활용 방안에 관한 연구, 문창위, 교정연구 제99호, 한국교정학회, 2024
- 형사집행절차상 형집행법원 도입방안에 관한 고찰 – 형 집행 및 보안처분 집행 단계에서의 불복절차 정비를 중심으로 –, 이인곤, 입법학연구 제21집 1호, 한국입법학회, 2024
- 교정시설 과밀수용 방지를 위한 정책적·법적 대책, 신용해, 서울대학교 법학전문대학원 법학과 학위논문(박사), 2024
- 남·북한 교정행정 통합방안에 관한 연구, 정상규, 동국대학교 일반대학원 북한학과 학위논문(박사), 2024
- 헌법 및 인권규범이 교정(矯正) 분야에 끼친 영향, 한인섭, 법과정책 제31집 제1호, 제주대학교 법과정책연구원, 2025

나홀로소송

- 쫄지 마, 형사절차! : 수사편 – 민변 변호사들이 쓴 수사·재판 완전정복, 민주사회를 위한 변호사모임, 생각의 길, 2015 (15,000원)
- 나홀로 하는 민사소송실무–제2판, 김동근·김병모, 진원사, 2017 (44,000원)
- 나홀로 민사소송 개시에서 종결까지, 김만기, 법문북스, 2018 (70,000원)
- 판사 검사 변호사, 그들이 알려주지 않는 형사재판의 비밀 (2019년 개혁 증보판) – 합의에서 승소까지 형사사건·고소·소송을 위한 액션 플랜, 순눈, 2019 (25,000원)

- 쫄지 마, 형사절차! : 재판편 – 민변 변호사들이 쓴 형사재판 완전정복, 민주사회를 위한 변호사모임, 생각의 길, 2019 (17,000원)
- 형사소송절차실무 : 이론·사례·서식·해설 – 나홀로 소송 도우미 제2판, 김덕원, 진원사, 2019 (45,000원)
- 나홀로 하는 행정소송과 행정심판-제3판, 김덕원·이창희, 진원사, 2021 (36,000원)
- 행정심판 나 홀로 슬기롭게, 박노철·김우영, 휴먼하우스, 2021 (19,000원)
- 이병일의 나홀로 하는 민사소송-2판, 이병일, 유로, 2025 (48,000원)
- 한권으로 끝내는 행정심판·행정소송 실무, 김동근, 법률출판사, 2025 (50,000원)

기타

- 교도소 관리에 대한 인권적 접근 : 교도관을 위한 지침서, 앤드루 코일, 장은명 옮김, 주한 영국대사관, 2003
- 스트레인지웨이스 감옥봉기-감옥운동의 지평, 문성호, 사람소리, 2009 (18,000원)
- 교정시설 수형자 직업훈련 실태 및 개선방안, 김기홍, 한국직업능력개발원, 2010 (5,000원)
- 교도소 도서관, 아비 스타인버그, 한유주 옮김, 이음, 2012 (13,800원)
- 구금과 의료 – 감시와 처벌을 넘어서(반양장), 신준식, 한울, 2016 (17,000원)
- 감시와 처벌, 미셸 푸코, 오생근 옮김, 나남출판, 2020 (28,000원)
- 오크나무 이야기 – 교도소 생활가이드(개정판), 오크나무, 지식과감성#, 2021 (16,000원)
- 진짜 아픈 사람 맞습니다 – 교도소로 출근하는 청년 의사, 그가 만난 감춰진 세계, 최세진, 어떤책, 2021 (15,000원)
- 교정용어사전, 김영식·서운재·윤백일·김우석, 박영사, 2021 (22,000원)
- 감옥이란 무엇인가 – 철학자가 묻고 교정학자가 답하다, 이백철·박연규, 지식의날개, 2021 (17,000원)
- 교정학 : 행형론과 수용자 처우, 금용명, 박영사, 2021 (38,000원)
- 범죄학과 사회이론, 지그문트 바우만 등, 추지현 등 옮김, 두 번째테제, 2021 (25,000원)
- 교도소 대학 – 가장 낮은 곳에서 교양은 사람을 어떻게 높이는가, 대니얼 카포위츠, 장상미 옮김, 유유, 2022 (18,000원)
- 전근대 한국의 감옥과 행형, 나까시 마사요시, 금용명·남재주·이연미 옮김, 민속원, 2023 (32,000원)
- 감옥의 대안 – 미셸 푸코의 미공개 강연록, 미셸 푸코, 이진희 옮김, 시공사, 2023 (15,800원)
- 교정판례백선, 교정판례연구회·천주교인권위원회 지음, 박영사, 2024 (36,000원)
- 형벌과 사회구조, 게오르크 루쉐·오토 키르쉬하이머, 이경재 옮김, 한울, 2024 (39,800원)
- 식민지 조선의 감옥, 이종민, 역사공간, 2024 (20,000원)
- 낮은 자를 위한 지혜 – 유현석 공익소송기금, 오늘의 소수가 내일의 다수를 꿈꾸다, 천주교인권위원회 엮음, 도서출판 경계, 2024 (17,000원)
- 국가가 조절하는 범죄의 적당한 양, 닐스 크리스티, 최정학 옮김, 에피스테메, 2024 (21,000원)
- 감옥이란 무엇인가 2 – 교정학자가 묻고 사형수가 답하다, 이백철, 지식의날개, 2025 (17,000원)
- 인간존엄의 형사법, 형사정책 및 제도개혁, 한인섭, 박영사, 2025 (79,000원)

제3판
수용자를 위한 **감옥법령집**

ⓒ 4·9통일평화재단, 천주교인권위원회 2025

엮은이 ㅣ 4·9통일평화재단, 천주교인권위원회
제3판 1쇄 인쇄 ㅣ 2025년 5월 12일
제3판 1쇄 발행 ㅣ 2025년 5월 16일

펴 낸 곳 ㅣ 도서출판 경계
펴 낸 이 ㅣ 최재훈
책임편집 ㅣ 허 웅

등록 ㅣ 2011년 1월 19일, 제2012-000279호
주소 ㅣ 서울시 마포구 동교로 129, 형진빌딩 301-B
전화 ㅣ 02-3144-1313
팩스 ㅣ 02-3144-0852
이메일 ㅣ gyeonggyebooks@gmail.com

값 ㅣ 44,000원
ISBN ㅣ 979-11-972002-4-3 (13360)